상담심리학

Samuel T. Gladding 저
노성덕 · 김호정 · 이윤희 · 윤은희 · 채중민 · 김병관 공역

학지사

Counseling: A Comprehensive Profession, 6th ed.
by Gladding, Samuel T.

Authorized translation from the English language edition,
entitled COUNSELING: A COMPREHENSIVE PROFESSION, 6th Edition,
ISBN: 0132434563 by GLADDING, SAMUEL T., published by Pearson
Education, Inc., publishing as Merrill, Copyright © 2009 Pearson Education, Inc.

KOREAN language edition published by HAKJISA PUBLISHER,
Copyright © 2014
The Korean translation rights published by arrangement with
Pearson Education, Inc.

역자 서문

상담을 무엇이라고 정의해야 할까? 상담은 어떤 것이라고 정의해야 할까? 그런 고민을 하던 중에 이 책을 접하게 되었다. 이 책의 저자인 Gladding 박사는 학문적인 측면에서, 실천적인 측면에서, 그리고 현실적인 측면에서 이러한 고민을 해 왔던 사람이다. 우리는 그런 고민을 이 책 구석구석에서 발견할 수 있었다.

우리나라에 상담이라는 학문이 소개된 지도 어언 70여 년이 되어 가고 있다. 처음에 상담은 생활지도의 한 영역으로 소개되었지만, 얼마 지나지 않아 교육학과 심리학의 중요한 하위 학문 영역으로 자리 매김하였다. 그에 따라 상담 및 심리치료학회가 한국심리학회 분과 학회로 태동하였고, 한국교육학회 산하에는 상담교육학회가 분과로 생길 만큼 발전하게 되었다. 이를 계기로 상담이론이나 대상 또는 주요 문제를 중심으로 다양한 군소 학회가 우후죽순격으로 창립을 하다가, 2000년대에 이르러서 전국적인 규모로는 처음으로 소규모이거나 분과 학회가 아닌 상담을 주로 하는 '한국상담학회'가 출범하기에 이르렀다. 그리고 일반대학원이나 교육대학원에서 하나의 전공으로 설치되던 상담 전공이 학부 내의 학과로 자리 매김하는 일들이 유행처럼 확산되었다. 이런 과정에는 대학상담에 머물러 있던 상담의 영역이 청소년상담을 선두로 해서 학교상담, 기업상담, 시설상담, 군상담 등으로 확대된 것과 무관하지 않을 것이다.

역자들은 한국청소년상담복지개발원의 통합지원관리팀에 적을 두었던 사람들이다. 비록 연륜은 짧지만 청소년상담이라는 영역의 변천과 발전, 그리고 우리나라 청소년들에게 적합한 개입 전략들을 창의적으로 모색하고 실험하고 연구하면서 과연 상담을 무엇이라고 해야 할지 지속적으로 고민해 온 현장의 사람들이라고 할 수 있다. 현장에 밀접한 전문가들일수록 이런 고민이 클 수밖에 없다고 본다. 서울대학교 김계현 교수님이나 청주교육대학교 박성희 교수님, 경희대학교 강진령 교수님, 경성대학교 천성문 교수님, 가톨릭대학교 장성숙 교수님, 숙명여자대학교 김봉환 교수님, 공주대학교 이재규 교수님, 중앙대학교 김동민 교수님 등 일일이 열거할 수 없는 많은 학자가 저술을 통해서 또는 새로운 개입에 대한 시도를 통해서 이런 고민들을 발전시켜 나가고 있음을 엿볼 수 있다. 한국청소년상담복지개발원에서는 우리나라 청소년의 특성과 문제 유형에 적합한 개입 전략들을 꾸준히 개발하면서 정부정책으로 채택되도록 노력해 오고 있다. 지역사회를 기반으로 하는 청소년상담 모형인 'CYS-Net', 찾아가는 상담 모형 '청소년동반자', 인터넷 중독 청소년들을 위한 탈중독 프로그램 '레스큐 스쿨(인터넷 치유학교)', 학업중단 청소년들에 대한 진로상담인 '해밀'과 '두드림 존' 등 새로운 개입 전략들이 지속적으로 개발되고 적용되고 검증되고 있다. 역자들은 이런 프로그램 개발에 참여하거나 전국적으로 런칭되도록 하는 데 참여하였다.

번역이 진행되는 동안 역자들도 유학, 서울대학교, 삼성전자 등으로 직장을 옮기는 일들이 생겼다. 그래서 시간이 다소 지체된 감도 있었다. 그렇지만 이 기간 동안 묵묵히 작업을 지켜보고 격려해 주신 김진환 사장님과 한 땀 한 땀 수정하고 디자인해 주신 이하나 선생님께 감사의 말씀을 드린다.

2014년 초
겨울로 접어든 남산 아래에서 역자 일동

저자 서문

상담은 집중적으로 그리고 극히 개별적인 돌봄의 방법으로 인간의 문제를 다루고 가능성을 다루는 역동적이고도 흥미진진한 직업이다. 또한 상담은 복잡하고 혼란한 세상에서 문제를 예방하고, 발달을 촉진시키며, 무의식의 세계를 탐색하고, 내담자에게 힘을 북돋아 주며, 내담자를 변화시키고 치료해 내는 직업이다. 과거에는 상담이라는 직업이 사람들로 하여금 현명한 선택을 하도록 돕는 가이던스에 초점을 두었다. 그러나 지금은 가이던스가 상담이라는 전문 영역의 여러 가지 기능 중 하나가 되었다.

이 책은 상담의 역사, 상담이론, 상담 실제, 특수 영역에서의 상담, 그리고 상담 동향에 대해 폭넓게 다루고 있다. 게다가 이 책은 상담자의 개성과 상담자가 다루어야 하는 다문화적, 윤리적, 법적 환경의 중요성을 강조하고 있다. 저자는 상담의 맥락과 과정에 초점을 두고 독자에게 상담자가 해야 할 것과 상담자가 할 수 있는 방법들에 대해 더 나은 아이디어를 제공하고자 노력하였다.

『상담심리학(*Counseling: A Comprehensive Profession*, 6th ed.)』은 네 부분으로 나뉘어 있다. 1부는 상담의 역사적 · 전문적 기초로, 상담의 발달과정을 개괄하는 것과 오늘날 상담자가 가져야 할 중요한 수행 능력을 위한 내용이 포함되어 있다. 해당 장을 구체적으로 제시하면 다음과 같다.

- 상담의 역사와 동향
- 상담의 개인적 · 전문적 측면
- 상담의 윤리적 · 법적 측면
- 다문화 사회에서의 상담
- 대상별 상담

2부는 상담 과정과 이론으로, 상담의 주요 과정과 상담 단계 그리고 상담 이론에 대한 내용을 담고 있다. 2부에서는 전 세계적으로 보편화되어 있는 상담 접근방법들과 특정 이론들 그리고 내담자의 문제를 다루는 방법들에 대해 언급하고 있다. 2부는 다섯 개의 장으로 구성되어 있는데, 각 장은 다음과 같다.

- 상담관계 형성하기
- 상담관계에서 작업하기
- 상담관계 종결하기
- 정신분석 이론, Adler 이론, 인간주의 상담이론
- 행동주의 상담, 인지상담, 체계이론, 단기상담, 위기상담 이론

3부는 다양한 장면에서의 핵심 상담 활동으로, 거의 모든 상담 장면에서 요구되는 일반적인 기술들을 소개하고 있다. 상담자들은 다양한 영역에서 집단상담, 자문, 연구, 평가 등을 수행한다. 3부의 장은 다음과 같은 내용들을 포함하고 있다.

- 집단상담
- 자문
- 평가와 연구
- 상담에서의 검사, 평가 및 진단

마지막으로, 4부는 상담의 특수 영역으로, 상담자들이 특정 장소에서 상담하는 특정 대상에 초점을 두고 있고, 총 여섯 개의 장으로 구성되어 있다. 각 장의 제목은 다음과 같다.

- 생애주기와 진로상담
- 결혼 · 커플 · 가족상담
- 전문적인 학교상담
- 대학생 상담 및 학생생활 서비스
- 학대 및 장애 상담
- 정신건강과 지역사회 상담

이 책 전반에 반영되어 있는 공통 주제는 상담이 일반적인 조력 영역과 전문화된 조력 영역 모두를 가지고 있다는 것이다. 상담직은 상당한 역사를 가지고는 있지만 아직 성장하는 중이기도 하다. 이것을 가장 잘 표현해 주는 것이 미국상담학회(American Counseling

Association: ACA)와 미국심리학회(American Psychological Associaton: APA) 17분과인 상담심리학분과와 같은 전문가 조직이다. 사회사업가, 정신보건 간호사, 정신과 의사, 결혼 및 가족 치료사, 목회상담자 등과 같은 다른 전문가 집단들도 있는데, 그들도 매일 상담 이론과 절차들을 활용하고 있다. 결국 조력과정을 가지지 않은 직업은 없다는 말이다.

이 책은 상담이라는 직업에 대해 이해하고자 노력해 온 나 자신이 평생 헌신한 결과라고 말하고 싶다. 나는 과거부터 노력해 왔고, 현재도 노력하고 있으며, 앞으로도 그럴 것이다. 내 삶의 여정에는 굉장히 다양한 경험이 포함되어 있다. 예컨대, 다양한 연령의 내담자와의 상담, 임상 장면에서의 경험들, 그리고 효과적인 상담에 관하여 더 공부하고사 흥미를 보였던 학생들과 함께했던 것들이 그것이다. 조사, 관찰, 대화, 연구는 이 책을 구성하는 데 크게 도움이 되었다.

감사의 글

나의 멘토들에게 감사드릴 수밖에 없다. 웨이크포레스트 대학교의 Thomas M. Elmore, Wesley D. Hood와 노스캐롤라이나 대학의 W. Larry Osborne은 나의 진실된 멘토들이다. 나의 안목과 상담에 도움을 준 동료들에게도 감사하고 싶다. 그들은 C. W. Yonce, Peg Carroll, Allen Wilcoxon, Jim Cotton, Robin McInturff, Miriam Cosper, Charles Alexander, Michael Hammonds, Chuck Kormanski, Rosie Morganett, Jane Myers, Diana Hulse-Killacky, Ted Remley, Jerry Donigian, Donna Henderson, Debbie Newsome, Art Lerner, Thomas Sweeney 등이다. 그리고 이 책을 위해 중요하게 공헌한 대학원생들도 있는데, 특히 Shirley Ratliff, Marianne Dreyspring, Hank Paine, Don Norman, Tom McClure, Paul Myers, Virginia Perry, Pamela Karr, Jim Weiss, Tim Rambo 등에게 감사하고 싶다. 나는 또한 대학원 조교들인 Sheryl Harper, Brandi Flannery, Elizabeth Cox 등에게도 감사하고 싶다. 그들은 이 책의 마지막 세 권의 개정판 동안 나를 열심히 도와주었다.

나는 또한 최근 동향을 개괄해 주고 내게 조언과 도움말을 제공해 준 사우스플로리다 대학교의 Lisa Costas, 웨인 주립대학교의 Stuart Itzkwitz, 스탠퍼드 대학교의 John Krumboltz, 조지메이슨 대학교의 Sally Murphy, 거버너스 주립대학교의 Julie Yang에게 감사드린다.

이 책의 앞 판 저술에 도움을 주신 분들께도 감사드리고 싶다. 이스턴미시간 대학교의 Irene M. Ametrano, 오번 대학교의 Jamie Carney, 웨스트버지니아 대학교의 James S. DeLo, 노던애리조나 대학교의 Thomas DeStefano, 텍사스 A&M 대학교의 Michael Duffy, 웨이크포레스트 대학교의 Thomas M. Elmore, 아이다호 주립대학교의 Stephen

Feit, 콜로라도 스프링스 소재 콜로라도 대학교의 David L. Fenell, 사우스캐롤라이나 대학교의 Joshua M. Gold, 노스텍사스 대학교의 Janice Holden, 볼 주립대학교의 Roger L. Hutchinson, 샌 루이스 오비스포 소재 캘리포니아 폴리테크닉 주립대학교의 Robert Levison, 샘휴스턴 대학교의 Michael Forrest Maher, 롱아일랜드 대학교의 A. Scott McGowan, 조지아 주립대학교의 Karen N. Ripley, 웨스턴 메릴랜드 컬리지의 Simeon Schlossberg, 캔자스시티 소재 미주리 대학교의 Holly A. Stadler, 캔자스 대학교의 Arthur Thomas, 조지아 주립대학교의 JoAnna White, 센트럴플로리다 대학교의 Mark E. Young, 미시시피 주립대학교의 Scott Young. 이들의 피드백과 뛰어난 아이디어들이 이 책의 가치를 높이는 데 공헌하였다. 나는 또한 Merrill 출판사의 편집자들인 Vicki Knight, Linda Sullivan, Kevin Davis, Meredith Fossel에게도 특별한 감사의 마음을 전하고 싶다.

마지막으로, 나의 부모님인 Russell Gladding, Gertrude Gladding 두 분께 감사드린다. 나의 부모님은 내가 좋은 교육을 받을 수 있도록 기회를 제공해 주셨고, 여러모로 도와주셨다. 또한 그분들은 내게 사람을 돕는 일의 중요성을 일깨워 주시기도 하셨다. 그들의 영향은 아직까지도 내 삶의 일부가 되어 나의 삶 전반에 크게 작용하고 있다. 나의 아내 Claire에게도 충심으로 감사의 마음을 바친다. 그녀는 여러 해 동안 내가 글을 쓰고 책을 개정해 가는 데 다양한 도움을 주었다. 그녀는 인내심과 이해심을 바탕으로 나를 격려해 주었을 뿐 아니라, 책이 6판까지 나오는 동안 3번의 임신과 3번의 이사를 감당해 주었고, 현재는 3명의 10대를 키우고 있다. 그녀로 인해서 나는 매일이 즐겁고, 힘든 일도 재미나게 해내고 있다.

Samuel T. Gladding

차 례

역자 서문 _ 3
저자 서문 _ 5

| 제1부 | 상담의 역사적 · 전문적 기초

제1장 상담의 역사와 동향 ——— 17

1. 상담의 정의 • 20
2. 상담의 역사 • 24
3. 2000년대의 새로운 동향 • 41

제2장 상담의 개인적 · 전문적 측면 ——— 53

1. 상담자의 성격적 특성과 배경 • 55
2. 상담의 전문적 측면 • 62
3. 상담자 자격 제도 • 65
4. 상담자의 귀인 양식과 조직화 방법 • 69
5. 상담과 관련된 전문적인 활동에 참여하는 것 • 75

제3장 상담의 윤리적 · 법적 측면 ——— 83

1. 정의: 윤리, 도덕, 법 • 85
2. 윤리와 상담 • 86
3. 전문가 윤리 규정 • 88
4. 윤리적 의사결정 • 91
5. 윤리적 의사결정에 대한 상담자 교육 • 94
6. 특정 상담 상황에서의 윤리 • 96
7. 다중관계 • 101
8. 비윤리적 행동이 의심되는 상담자에 대한 대처 방안 • 102

9. 법과 상담 • 103
10. 상담에 대한 법적 인정 • 104
11. 상담관계의 법적 측면 • 105
12. 민사상 · 형사상 책임 • 108
13. 미성년자 상담 관련 법적 사안 • 109
14. 내담자 권리 및 기록 • 110
15. 법정에서의 상담자 • 112
16. 윤리와 법: 두 가지 방식의 사고 • 113

제4장 다문화 사회에서의 상담 ——— 117

1. 문화와 민족에 맞춘 상담 • 120
2. 문화와 다문화 상담을 정의하기 • 121
3. 다문화 상담의 역사 • 122
4. 다문화 상담의 어려움 • 124
5. 다문화 상담에서 다루는 이슈 • 125
6. 특정 문화 집단을 상담할 때 고려해야 할 점 • 130

제5장 대상별 상담 ——— 145

1. 노인상담 • 147
2. 성별에 따른 상담 • 153
3. 상담과 성적 지향성 • 162
4. 상담과 영성 • 164

| 제2부 | 상담과정과 상담이론

제6장 상담관계 형성하기 ——— 175

1. 상담과정에 영향을 미치는 요소 • 177
2. 초기 상담의 유형 • 192
3. 첫 회기 진행 • 198
4. 탐색과 목표 확인 • 204

제7장 상담관계에서 작업하기 ——— 209

1. 이해 및 행동 과정에서의 상담 기법 • 213
2. 전이와 역전이 • 231
3. 진실된 관계 • 235

제8장 상담관계 종결하기 ——— 239

1. 종결의 기능 • 241
2. 종결의 시작 • 243
3. 종결의 주제 • 244
4. 종결에 대한 저항 • 247
5. 조기 종결 • 250
6. 상담자 주도 종결 • 253
7. 긍정적인 태도로 종결하기 • 255
8. 종결과 연관된 문제 : 추후상담과 의뢰하기 • 256

제9장 정신분석 이론, Adler 이론, 인간주의 상담이론 ——— 261

1. 상담이론 • 264
2. 정신분석 이론 • 269
3. Adler 이론 • 275
4. 인간주의 이론 • 280

제10장 행동주의 상담, 인지상담, 체계이론, 단기상담, 위기상담 이론 ——— 297

1. 행동주의 상담 • 299
2. 인지, 인지-행동주의 상담 • 306
3. 체계이론 • 317
4. 단기상담 접근 • 328
5. 위기상담 접근 • 334

| 제3부 | 다양한 장면에서의 핵심 상담 활동

제11장 집단상담 ——— 345

1. 집단의 역사 한눈에 보기 • 347
2. 집단에 대한 오해와 진실 • 351
3. 상담에서 집단상담의 위치 • 352
4. 집단의 유익과 문제점 • 354
5. 집단의 유형 • 355
6. 지도 집단의 이론적 접근 • 359
7. 집단의 단계 • 360
8. 집단의 주제 • 363
9. 효과적인 집단 리더의 자질 • 370
10. 집단 작업의 미래 • 371

제12장 자 문 ——— 375

1. 자문: 다면적인 활동에 대해 정의 내리기 • 377
2. 자문 vs. 상담 • 380
3. 네 가지 개념적 모델 • 382
4. 자문의 차원 • 383
5. 자문의 단계 및 태도 • 388
6. 자문의 고유 영역 • 390
7. 자문 훈련 • 395

제13장 평가와 연구 ——— 399

1. 평가와 연구의 본질 • 401
2. 평 가 • 403
3. 상담자와 연구 • 409
4. 연 구 • 410
5. 통 계 • 424

제14장 상담에서의 검사, 평가 및 진단 — 429

1. 상담에서 검사 사용의 역사 • 432
2. 심리검사 및 결과 • 433
3. 예상되는 문제점 • 435
4. 좋은 검사의 조건 • 438
5. 검사의 분류 • 441
6. 검사의 실시와 해석 • 451
7. 평 가 • 455
8. 진 단 • 457

| 제4부 | 상담의 특수 영역

제15장 생애주기와 진로상담 — 465

1. 진로상담의 중요성 • 468
2. 진로상담협회와 자격 • 469
3. 진로상담과 진로의 범위 • 470
4. 진로 정보 • 470
5. 진로 발달이론과 상담 • 474
6. 다양한 대상자와 진로상담 • 483

제16장 결혼 · 커플 · 가족 상담 — 501

1. 가족생활의 변화하는 형태 • 504
2. 결혼 · 커플 · 가족 상담의 시작 • 505
3. 학회, 교육 그리고 연구 • 508
4. 가족생활과 가족생활 주기 • 511
5. 결혼/가족 상담 vs 개인/집단 상담 • 514
6. 결혼 · 커플 · 가족 상담 개요 • 516
7. 결혼 · 커플 · 가족 상담의 절차 • 520

제17장 전문적인 학교상담 — 531

1. ASCA 모델 • 534
2. 초등학교 상담 및 지도 • 536
3. 중학교 상담 및 지도 • 549
4. 고등학교 상담 및 지도 • 556
5. 21세기 학교상담 • 565

제18장 대학생 상담 및 학생생활 서비스 — 571

1. 학생생활 서비스와 대학상담의 시작 • 575
2. 대학생 상담 및 학생생활 서비스를 위한 이론적 배경 및 전문가 배치 • 576
3. 대학상담 • 579
4. 학생생활 서비스 전문가 • 589
5. 비전통적인 학생과의 상담 및 학생생활 서비스 • 593

제19장 학대 및 장애 상담 ——— 601

1. 학 대 • 603
2. 장애상담 • 621

제20장 정신건강 상담과 지역사회 상담 ——— 633

1. 정신건강 상담과 지역사회 상담의 역사적 개관 • 635
2. 전문 분야로서의 정신건강 상담 • 637
3. 전문 분야로서의 지역사회 상담 • 647
4. 전문 분야로서의 사설상담 • 648

부록 A 미국상담학회 윤리 규정 • 653
B 인터넷 상담 실행 지침(NBCC 윤리 요강) • 680
C DSM-IV-TR 분류 • 684
D 상담 관련 기관 • 696

참고문헌 _ 698
찾아보기 _ 764

제1부

상담의 역사적 · 전문적 기초

제1장 … 상담의 역사와 동향
제2장 … 상담의 개인적 · 전문적 측면
제3장 … 상담의 윤리적 · 법적 측면
제4장 … 다문화 사회에서의 상담
제5장 … 대상별 상담

상담은 20세기 초 이래로 다양한 방법을 발전시켜 왔다. 1장에서는 상담에 대해 정의하는데, 10년 단위로 역사적 의미를 재조명한다. 물론 여기에는 21세기의 동향도 포함된다. 2장에서는 상담의 개인적인 측면과 전문적인 측면을 탐색하고, 상담자들의 역량을 강화시킬 방법들에 대해 논의한다. 3장에서는 상담에서의 윤리적 · 법적 영역들에 대해 논의하는데, 특히 상담자가 가져야 할 내담자 및 사회에 대한 책무성에 초점을 둔다. 4장에서는 다른 문화적 배경을 가지고 있는 내담자들을 위한 상담자의 감수성과 상담 능력의 중요성을 다룬다. 5장에서는 노인, 성별, 성적 지향성 차이, 영성 등과 같은 다양한 요인을 살펴본다.

이 5개의 장을 읽고 나면, 아마도 당신은 상담에서 명백하게 드러나 있는 측면과 다소 애매하게 감추어져 있는 측면 모두를 이해하게 될 것이다. 물론 당신은 각기 다른 훈련 배경으로 인한 차이와 역사적으로 중요한 몇 가지 사건도 당연히 이해하게 될 것이다. 1부는 당신이 상담자의 개인적 특성과 교육이 얼마나 중요한지를 이해하는 것을 도울 뿐 아니라, 다양한 상담 장면과 상황에서 만나게 될 다양한 내담자와의 상담에서 반드시 알아야 할 윤리적 · 법적 지식들도 제공할 것이다.

제1장

상담의 역사와 동향

1. 상담의 정의
2. 상담의 역사
3. 2000년대의 새로운 동향

도움을 구하는 이의
자각을 불러일으키고
삶의 의미 있는 지점을 회상시키는
고요가 있다네.

혼란 그리고 방향 잡기는
그의 과거로의 여행과 더불어
어려움을 벗어나게 하려는
하나의 과정.

상담은
마음의 자취가
뒤범벅되기도, 명확해지기도 하는
복잡한 만남의 수수께끼.
그 만남을 통해
고통의 늪을 벗어나게 되네.

상담은
그림이 완성될 때까지
퍼즐 조각 하나하나를 맞추어 가는
인내의 과정이라네.

– Gladding (1978)

전문직은 특정 지식의 내용들을 소유함으로써 그 존재감을 인정받게 된다. 이를테면 공인된 훈련 프로그램, 전문가 조직, 면허와 같은 자격, 윤리 규정, 법적 승인, 뛰어난 표준 등이 그 지식의 내용들이다(Myers & Sweeney, 2001). 상담은 전문직으로서의 모든 표준을 갖추고 있고, 다른 정신건강 전문 영역과 관련되어 있을 뿐 아니라 그 자체로도 독특한 형태를 가지고 있다. 상담은 치료뿐만 아니라 성장도 강조한다. 상담자들은 개인, 집단, 가족 그리고 문제를 반성적으로 경험하게 하는 상황과 시스템을 다룬다. 발달, 예방, 처치에 초점을 두는 상담은 건강한 삶을 살고 싶어 하는 사람들과 장애로부터 자유롭게 생산적인 삶을 살고자 하는 사람들에게 매력적일 수밖에 없다.

상담은 해가 거듭될수록 다양한 학문으로부터 영향을 받아 변화하는데, "인류학, 교육학, 윤리학, 역사, 법, 의학, 철학, 심리학 그리고 사회학에 포함되지만 제한받지 않는 형태로 변화한다"(Smith, 2001, p. 570). 많은 사람은 상담과 가이던스를 같다고 생각하는데, 이는 그들이 상담의 발전을 인식하지 못하기 때문이다. 그들의 이러한 뒤처져 있는 생각은 어느새 서서히 그들의 마음에 파고들어 가서 마침내 상담이라는 전문직을 이해하지 못하게 한다. 심지어 상담자들조차도 자신들의 직업적 발달을 따라잡지 못하고 혼란스러워할 수 있다. 상담 전문직의 개척자인 C. H. Patterson은 상담 저널의 몇몇 필자가 "상담 전문직의 역사를 모르고…… (따라서) 1950년대와 1960년대의 저술들에 비슷한 양상이 나타나고 있다."라고 말했다(Goodyear & Watkins, 1983, p. 594).

따라서 상담의 역사를 고찰하는 것은 중요한 일이다. 상담 전문직의 발전에 대해 아는 상담자는 전문적인 정체성을 가지게 될 것이고, 그러면 그는 상담 전문직의 발전에 더 기여하게 될 것이기 때문이다. 이 장에서는 역사적으로 현저했거나 오늘날의 상담학 형성에 영향을 준 사람들, 사건들 그리고 상황들에 대해 살펴보려고 한다. 과거를 이해함으로써 당신은 상담 전문직의 현재와 미래 동향을 더 잘 이해하게 될 것이다.

생/각/해/보/기

당신은 당신의 삶에 도움이 되는 당신의 가족사에 대해 무엇을 알고 있는가? 당신은 왜 이런 가치 있는 정보를 찾는가? 당신의 가족사를 아는 것과 상담의 역사를 아는 것 사이에서 당신은 어떤 유사성을 발견할 수 있는가?

1. 상담의 정의

사람들은 상담자들을 '다른 사람의 어려움을 해결해 주는 사람' 이라고 말한다. 그러나 상담자라는 말은 용어 자체가 가지는 보편성 때문에 오랫동안 잘못 사용되어 왔다. 당신은 부동산 상담자, 카펫 상담자, 재정 상담자 등에 대해 들었을 것이다. 여기에서 사용된 상담자들은 대부분 판매업자이거나 정보 제공자들이다. 그들이 상담자라면 가구 수선공이 사람을 치료하는 의사와 같다고 해도 무방할 것이다([그림 1-1] 참고).

전문직으로서의 상담은 가이던스 운동을 뛰어넘어 성장했다. 오늘날에도 전문적 상담은 정신장애 치료뿐만 아니라 성장과 웰니스(wellness)에 초점을 두고 있는 상담자들 사이에서 매우 폭넓게 성장하고 있다. 상담이 무엇인지 이해하기 위해서는 먼저 가이던스, 심리치료의 개념을 이해하고, 전문직의 역사를 이해하는 것이 필요하다.

"내가 당신에게 말했듯이, 당신은 당신의 설탕 문제를 해결하긴 했지만 여전히 디카페인 커피 애호가라고 말하기에는 부족합니다."

[그림 1-1] 커피 상담자

출처 : Millard (1987).

가이던스

가이던스는 사람들이 자신이 선호하는 생활 스타일을 선택하는 것과 같이 자신의 삶에 영향을 미치는 중요한 선택을 하도록 돕는 과정이다. 비록 가이던스에서 의사결정과 같은 활동은 상담에서도 오랫동안 중요한 역할이었음에 틀림은 없지만, 가이던스는 그 용어 자체가 가지고 있는 개념에서 볼 수 있는 것처럼 "의학에서 말하는 '소모' 의 길을 걸어왔다" (Tyler, 1986, p. 153). 가이던스는 오늘날 활용되는 것보다도 더 역사적인 의의를 가지고 있다. 그럼에도 불구하고 가이던스는 때때로 상담과는 다른 뛰어난 조력 방법이다.

가이던스와 상담을 구별하는 한 가지는 가이던스가 내담자들이 가장 가치 있다고 여기는 것을 그들이 선택하도록 돕는 데 초점을 둔다면, 상담은 내담자들을 변화시키는 데 초점을 둔다는 것이다. 가이던스의 초기 활동의 대부분은 학교나 진로지도 센터에서 이루어졌는데, 그것은 성인들이 학생들의 의사결정을 돕는 것이었다. 여기서 의사결정은 대체로 진학이나 진로에 대한 선택이었다. 이때의 대인관계는 평등하지 않은 것이었고, 경험이 적은 사람이 경험이 많은 사람으로부터 인생의 방향을 찾는 데 도움을 받는 관계였다.

아이들은 오랫동안 부모, 종교 지도자 그리고 코치들로부터 '가이던스' 를 제공받아 왔다. 이 가이던스를 통해 아이들은 자신과 세계를 이해해 왔다. 이런 형태의 가이던스는 결코 한물간 것이 아니다. 어느 시대, 어떤 연령을 막론하고 사람은 때때로 의사결정을 위해 도움을 받아야 할 필요가 있기 때문이다. 이런 점 때문에 가이던스는 전문적인 상담에서 제공하는 중요한 부분의 하나가 되었다.

심리치료

전통적으로 심리치료는 심리 내적, 개인 내적, 성격적인 것과 결부된 심각한 문제와 갈등에 초점을 맞추어 왔다. 심리치료는 충분한 회복에 관심이 있다(Casey, 1996, p. 175). 심리치료는 분석적인 치료에 기초하고 있는데, 특히 ① 현재보다는 과거, ② 변화보다는 통찰, ③ 치료자의 중립성, ④ 전문가로서의 치료자의 역할을 강조한다. 그리고 심리치료는 **단기치료**(6개월 이내에 진행되는 8~12회기 치료)보다는 **장기치료**(6개월 이상 2년간 진행되는 20~40회기 치료)를 더 선호하는 것으로 보인다. 또한 심리치료는 **외래**(지역사회 기관 등에서 상담받는 외래치료)보다는 **입원**(정신병원 같은 입원치료 시설에서의 치료)을 더 선호하는 것으로 알려져 왔다.

그렇지만 오늘날에 이르러서는 심리치료와 상담 간에 차이가 거의 없어지고 있고, 내담자들은 종종 상담이나 심리치료를 선택하게 된다. 몇몇 상담이론은 보통 치료이론으로 불

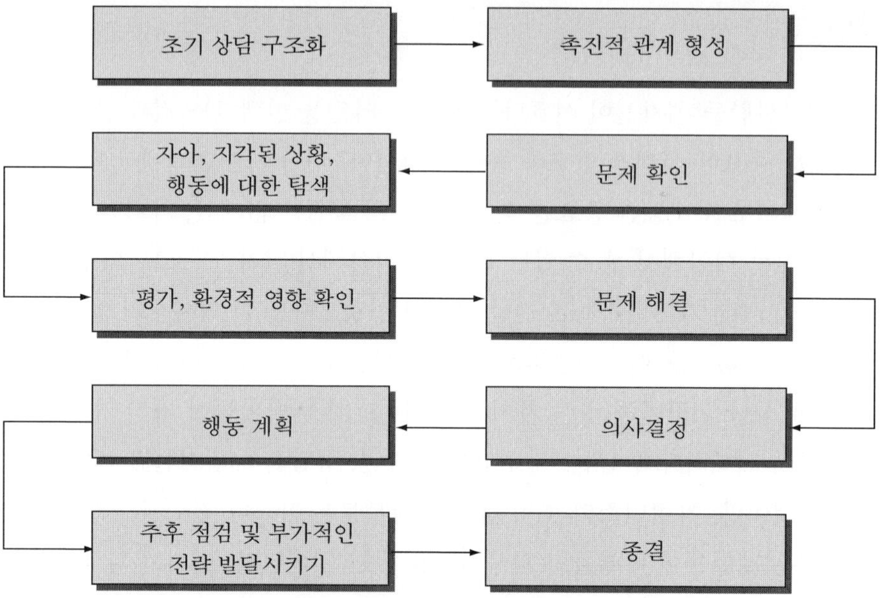

[그림 1-2] 상담과 심리치료 작업과정의 유사성

출처: Pietrofesa, Hoffman, & Splete (1984).

릴 뿐만 아니라 상담이나 치료 상황에 동일하게 사용된다. 종종 상담과 심리치료 과정은 유사하게 중복된다. 그것은 [그림 1-2]와 같다.

상담

상담의 개념은 수년 동안 정의하기가 어려웠다. 그래서 미국 내 최대 상담 전문가 조직인 미국상담학회, 즉 ACA 이사회에서 1997년 10월에 **전문적 상담의 실행 지침**(the practice of professional counseling)을 채택하였고(Smith, 2001), **전문상담**을 다음과 같이 정의했다.

> 전문상담은 정신병리적인 것뿐만 아니라 안녕, 개인 성장 또는 직업 발달을 위하여 인지적, 정서적, 행동적, 체계적 개입과 전략들을 통해 정신건강을 위한 심리적이거나 인간 발달적인 원리들을 적용하는 것이다(http://www.counseling.org).

이 정의는 고객들뿐만 아니라 상담자들을 위해 중요한 내적, 외적 내용들을 담고 있다.

- **상담은 병리적 문제뿐만 아니라 안녕, 개인 성장, 진로 등도 다룬다.** 다른 말로 하면, 상담자

들은 대인관계가 영향을 미치는 영역에서 일한다. 이들 영역에는 학교, 가족, 직장 등이 포함되는데, 이곳에서 내담자들이 의미를 찾고 적응하도록 돕는 것과 관련된 개인 내적 문제, 대인관계 문제 등을 다룬다.

- 상담은 더 잘 기능하기를 원하는 내담자와 심각한 문제를 가진 내담자를 다룬다. 상담은 내담자들의 폭넓은 욕구에 직면한다. 내담자들은 적응이나 회복과 관련해 도움을 받아야 하는 발달적, 상황적 문제들을 가지고 있다. 그들의 문제는 종종 단기치료를 요구하지만, 미국정신의학회에서 출판한 DSM(Diagnostic and Statistical Manual of Mental Disorders)의 진단에 따른 장애까지도 다룰 수 있다.
- 상담은 이론에 근거한다. 상담자들은 인지적, 정서적, 행동적 그리고 체계적 이론과 같은 많은 이론적 접근을 취한다. 이들 이론은 개인상담, 집단상담, 가족치료에 적용된다.
- 상담은 발달적 또는 중재적 과정이다. 상담자들은 내담자의 목표에 초점을 둔다. 따라서 상담은 의사결정과 변화 모두를 포함한다. 몇몇 경우에 "상담은 행동을 위한 연습이다"(Casey, 1996, p. 176).

일반적으로 상담을 정의하는 것 외에도 ACA는 전문적인 상담의 전문 분야(counseling specialty)도 정의했다. 전문 분야는 상담의 영역 중에서 "특정 분야에 초점을 두고 보다 더 세부적인 관련 지식을 구축한" 영역이다(http://www.counseling.org). 상담 내에서의 특수 영역 전문가들은 학교, 대학 등과 같은 장면에서 상담하는데, 결혼, 정신건강, 재활, 발달, 중독, 진로 문제 등을 다룬다. ACA에 따르면, 특수 영역의 전문가가 되기 위해서 "모든 전문 상담자들은 먼저 상담의 일반적인 측면에 대한 훈련과 상담 경험을 가져야만 한다"(http://www.counseling.org).

생/각/해/보/기

당신은 어떤 특별한 재능을 가지고 있는가? 당신은 그것을 당신 자신의 것이 될 수 있도록 어떻게 개발하였는가? 당신은 당신이 가지고 있는 것을 상담의 일반적인 정의 그리고 상담의 특정 영역과 어떻게 연관시킬 수 있겠는가?

2. 상담의 역사

1900년 이전

상담은 상대적으로 뒤늦게 출발한 직업이다(Aubrey, 1997, 1982). 상담은 1890년대 후반과 1900년대 초반에 발전했는데 시초부터 다학문적이었다. "상담자들이 가지는 몇몇 기능은 다른 전문가들과 공유되었고 또 공유되고 있다."(Herr & Fabian, 1993, p. 3) 1900년대 이전의 상담은 대부분 충고를 해 주거나 정보를 제공해 주는 형태였다. 미국에서 상담은 1800년대 중반의 산업혁명으로 인간성이 소외되는 상황에서 자신들의 삶을 향상시키고자 하는 인간적 관심에서 발전하였다(Aubrey, 1983). 사회복지 운동(오늘날의 사회정의), 공교육의 확산, 인종 구성의 다양한 변화(이민자 대거 유입) 등도 상담학의 발전에 영향을 미쳤다(Aubrey, 1997; Goodyear, 1984). 무엇보다도 "상담은 한 세대가 끝나고 한 세대가 시작되는 사회적 격동의 시기에 부각되었는데, 이런 시기에는 사람들이 자신과 타인을 보는 방식에서 큰 변화를 경험하기 때문이다"(Ginter, 2002, p. 220).

초창기 상담학의 개척자들은 자신을 교사 또는 사회 개혁자, 옹호자로 인식했다. 그들은 아동들과 아직 성인이 되지 않은 청소년들에게 자신과 타인에 대하여, 직업에 대하여 가르치는 일에 초점을 두었다. 대표적으로 이들 조력자의 활동에는 아동복지, 교육적/직업적 가이던스, 법 제정 등이 포함되었다. 그들의 일은 개인 내적인 문제와 대인관계 문제를 다루는 것뿐만 아니라 선한 것과 옳게 행하는 것 등의 도덕적 가르침과 같은 특정 정보와 교훈에 토대를 두었다(Nugent & Jones, 2005). 그들은 미국 사회에서 자신의 역할이 필요함을 알았고, 그 필요를 채워 주기 위하여 발걸음을 내디뎠던 것이다. 그럼에도 불구하고 "1931년 이전까지는 상담을 전문적인 학문으로 언급하지 못했다"(Aubrey, 1983, p. 78). 교사와 학교 관리자가 주요한 상담자였다.

상담의 발전을 추적하는 한 가지 방법은 20세기 전반에 걸쳐 사람들에게 영향을 준 중요한 사건을 따라가는 것이다. 전문적인 상담의 발달은 상담 활동 자체에서 드러나는 것처럼 현장에서의 실행과정 자체에서 이루어져 왔다는 것을 기억하기 바란다. 따라서 몇몇 용어와 사건이 연대표에 정확하게 맞지는 않는다.

1900~1909년

1900년대 초의 상담은 초보적인 수준의 전문직이었다. 그러나 이 시기에 상담의 발전에 선구적인 리더들이 나타났는데, 그들은 Frank Parsons, Jesse B. Davis, Clifford Beers 였다.

Frank Parsons는 종종 가이던스의 설립자로 불리며, 성장과 예방에 초점을 두고 일했다고 알려져 있다. 그 당시 Parsons의 영향력은 대단했다. "Parsons가 이룬 작업의 내용과 그가 다른 사람들을 돕기 위해 수고한 것은 오늘날의 상담에 중요한 영향을 미쳤다." (Ginter, 2002, p. 221) Parsons는 다양한 학문 영역에서 독특한 직업을 경험하며 살았는데, 변호사, 엔지니어, 대학교수, 사회사업가, 청소년을 위한 사회운동가 등으로 일했다 (Hartung & Blustein, 2002; Pope & Sweinsdottir, 2005; Sweeney, 2001). 그는 박식한 학자, 설득력 있는 저술가, 지치지 않는 활동가, 지적으로 뛰어난 사람 등으로 불리고 있다 (Davis, 1988; Zytowski, 1985). 그리고 그는 1908년 보스턴 시에 직업국을 설립한 것으로 유명한데, 이것은 가이던스를 직업으로 제도화하는 데 중요한 계기가 된 것으로 평가받고 있다.

직업국에서 Parsons는 진로 의사결정을 준비하는 청소년들을 위해 일했다. 그는 "합리성에 기초하여 서비스, 타인을 위한 관심, 협력, 핵심 가치에 관한 사회정의 등에 대한 직업 가이던스를 생각했다" (Hartung & Blustein, 2002, p. 41). 그는 직업 선택의 3대 요소를 이론화했는데, 직업에 대한 지식, 자신에 대한 지식, 그리고 '합리적으로' 직업과 자기 자신의 조화를 이루는 것이다(Drummond & Ryan, 1995). Parsons는 내담자가 자기 자신과 일의 세계에 대하여 배울 수 있는 많은 절차를 고안하였다. 이러한 것 중 하나가 광범위한 질문지다(Gummere, 1988, p. 404).

> 경험("당신은 지난 한 주간 매일 밤 어떻게 보냈는가?")
> 선호("직무에서 당신이 첫 번째로 기대하는 것은 무엇인가? 두 번째는? 세 번째는?")
> 도덕("당신은 정의를 위해 언제 자신의 이득을 포기했는가?")

Parsons의 사망 1년 뒤에 출판된 『*Choosing a Vocation*』(1909)은 직업상담 영역에 많은 영향을 미쳤는데, 특히 보스턴 시에 큰 영향을 미쳤다. 예로, 보스턴 시의 교육장인 Stratton Brooks는 117명의 초등 및 중등 학교 교사를 직업 상담자로 임명했다(Nugent & Jones, 2005). 이른바 '보스턴의 사례'는 곧 다른 중요 도시들로 번져 갔고, 1910년에는 35개 도시가 보스턴의 사례를 따랐다(Lee, 1966).

Jesse B. Davis는 최초로 가이던스 프로그램을 공립학교에 정착시킨 사람이다(Aubrey, 1977; Brewer, 1942). 그는 미시간 주 그랜드래피즈의 교육장으로서, 1907년에 작문 교사들로 하여금 일주일에 한 번씩 학생들의 문제를 예방하기 위하여 자신들의 학생들에게 가이던스를 실시하도록 하였다. 진보주의 교육자들인 Horace Mann, John Dewey 등으로부터 영향을 받은 Davis는 적절한 가이던스가 미국 사회의 병을 치료할 수 있을 것이라고 믿었다(Davis, 1914). Davis와 진보주의 교육자들은 오늘날의 상담과 같은 형태가 아닌 상담의 초기 형태, 즉 학교 가이던스를 실시했던 것이다(이것은 학생에게 예방교육, 즉 학생들이 어떻게 효과적으로 일상의 문제들을 다룰 것인지를 가르쳤음을 의미한다).

Clifford Beers는 예일대 학생 시절에 우울증으로 여러 번 정신병동에 입원했다(Kiselica & Robinson, 2001). 그는 정신병동의 비참한 환경을 경험하였고, 이를 그의 책 『*A Mind That Found Itself*』(1908)를 통해 알렸다. 이 책은 베스트셀러가 되었다. Beers는 그의 책을 정신병동 내의 환경 개선과 정신병 환자들을 인간적으로 다루도록 만드는 토대로 활용하였고, 포드재단이나 록펠러재단 등으로부터 기금을 요청하는 근거로 활용하였다. 그의 활동은 정신의학과 임상심리학에 강력한 영향을 끼쳤다. "이 영역에서 일하는 많은 사람은 상담이 내담자들로 하여금 자기 자신과 사회에 적응하는 것을 돕는 수단이라고 생각했다." (Hansen, Rossberg, & Cramer, 1994, p. 5)

Beers의 활동은 미국 내에 정신건강 운동을 유발시켰을 뿐만 아니라 오늘날의 National Mental Health Association, National Alliance for the Mentally Ill 등이 조직되도록 기여하기도 했다.

사례 **Doug의 생각**

전문 상담 영역의 중요한 세 선구자들에 대해 읽은 후에 Doug는 그들 중 누가 가장 중요한 인물인지에 대해 생각했다. 처음에 그는 Frank Parsons가 가장 과학적이고 영향력 있어 보였기 때문에 그가 제일 중요하다고 생각했다. 하지만 확신이 서지 않았다. 정신건강 분야에서의 Clifford Beers의 영향이나 학교에서의 Jesse Davis의 활동 없이 어떻게 상담을 논한단 말인가?

당신은 어떤가? 이 세 사람 중 누가 가장 중요하다고 생각하는가? 또 그렇게 생각하는 이유는 무엇인가?

1910년대

이 10년 동안 상담 영역의 발달에 영향을 미친 세 가지 사건이 있었다. 첫째는 1913년에

National Vocational Guidance Association(NVGA)이 설립된 것인데, NVGA는 1915년부터 학술지를 출간하기 시작했다(Goodyear, 1984). 1921년에는 『*Natioanl Vocational Guidance Bulletin*』이 정기적으로 출간되기 시작했다. 이것은 후에 『*National Vocational Guidance Magazine*』(1924~1933), 『*Occupations: The Vocational Guidance Magazine*』(1933~1944), 『*Occupations: The Vocaional Guidance Journal*』(1944~1952), 『*Personnel and Guidacne Journal*』(1952~1984), 그리고 『*Journal of Counseling and Development*』(1984~현재)로 발전하였다. NVGA는 그 설립으로 가이던스 문헌들이 제공되었고, 직업상담에 흥미를 가진 사람들이 모일 수 있었다는 점에서 매우 중요하다고 할 수 있다.

NVGA는 1917년에 Smith-Hughes 법안이 통과되도록 기여했는데, 이 법으로 인해 공립학교에서의 직업교육이 지지받을 수 있었다.[1)]

제1차 세계대전은 이 시기에 있었던 세 번째 중요한 사건이다. 전쟁 기간 동안 "군인을 선발하고 배치하는 데 상담이 필요하다는 인식이 광범위하게 확산되었다"(Hollis, 2000, p. 45). 이 과정에서 국방성에서는 Army-α, Army-β 지능검사와 같은 많은 심리검사를 개발하였다. 군인을 선발하는 데 사용된 도구 중 몇 가지는 전쟁이 끝난 후 일반인들에게도 활용되었고, 심리측정은 대중적인 운동과 상담이 기초로 하는 근거가 되기도 하였다.

Aubrey(1977)는 직업 가이던스 운동이 분명한 철학적 배경 없이 발전했기 때문에 심리학에 기초한 심리측정을 빠르게 수용할 수 있었다는 것을 발견했다. 심리측정학에 의존하는 것은 긍정적 영향과 부정적 영향 모두를 가지게 했다. 긍정적 영향의 측면에서 심리측정학은 전문가들에게 힘을 실어 주었고 그들의 활동이 더욱 '과학적'이게 만들어 주었다. 부정적 영향의 측면에서 심리측정학은 전문가들이 사회학, 생물학, 인류학과 같은 다른 행동과학에서 멀어지게 만들었다.

1920년대

1920년대는 상담 영역의 발전이 상대적으로 침체된 시기였다. 이때는 한마디로 정리의 시기였다. 1911년 하버드 대학교에서 상담자를 위한 교육과정이 시작되었지만 1920년대에는 대부분 직업 가이던스가 강조되었다. 새로 출현한 전문직에 대한 주된 영향은 진보주의 교육사상과 연방정부의 재향군인에 대한 가이던스 제공이었다.

1920년대에 주목할 만한 사건은 보스턴과 뉴욕에서 상담자 자격증을 만든 것이었다. 그

1) 역자 주: 두 번째로 중요한 사건이다.

리고 또 하나는 최초로 직업 준비 및 평가를 위한 도구가 표준화된 것이었다(Lee, 1966). 1927년에 Edward Strong의 Strong Vocational Interest Inventory(SVII)가 출판되었다. 이 도구의 출판은 향후 상담에서 평가가 나아갈 방향을 마련한 셈이었다(Strong, 1943).

마지막으로 주목할 만한 일은 Abraham과 Hannah Stone이 1929년 뉴욕에 the first marriage and family counseling center를 설립한 것이다. 이 센터는 전국적으로 영향을 주었고, 결혼 및 가족 상담이 전문화되는 데 이정표가 되었다.

이 10년 동안 가이던스 운동은 미국 사회에 뿌리를 내렸다. 동시에 가이던스 운동이 직업적 흥미에만 집중하는 것이 비판받게 되었다. 이곳 상담자들은 성격 문제, 발달적 문제, 가족 관련 문제 등을 포함하여 그들의 관심사를 확장해 나갔다.

1930년대

1930년대는 1920년대처럼 상담이 침체되지는 않았다. 대공황의 영향으로 상담 연구자들과 현장 상담자들, 특히 대학과 직업 장면에서 일하던 상담자들은 고용과 관련된 지원 전략과 상담방법들을 개발하게 되었다. 이 10년간의 정점은 미네소타 대학교의 E. G. Williamson과 동료들(John Darley와 Donald Paterson)이 상담의 첫 번째 이론을 개발한 것이다. Williamson은 Parsons의 이론을 수정하여 학생들과 구직자들에게 활용했다. 그는 직접적이고 상담자 중심적인 접근을 강조했는데, 이 이론은 **미네소타 이론** 또는 **특성-요인 상담** 등으로 불렸다. 그의 실용주의적 접근은 상담자의 가르침, 멘토링, 영향을 미치는 기술 등을 강조했다(Williamson, 1939).

Williamson 이론의 한 가지 전제는 사람이 **요인**(개인적 특징들의 군집)을 형성하는 다양한 방식을 통합할 수 있게 하는 **특성**(태도, 흥미, 성격, 성취 등)을 가지고 있다는 것이다. 상담은 과학적, 문제 해결 지향적, 실험적 방법에 기초해야 하며, 내담자들이 자신의 비생산적인 사고와 행동을 중단하고 효과적으로 의사결정을 하도록 도와야 한다(Lynch & Maki, 1981). Williamson은 상담자의 책무는 내담자가 지식과 기술에 결핍이 있는지를 확인하고 문제를 해결할 수 있는 절차를 제시하는 것이라고 주장했다. Williamson은 그다음 20년간 상담 분야에 지배적인 영향을 미쳤고, 1970년대까지 그의 이론에 관한 저술을 지속했다(Williamson & Biggs, 1979).

또 한 가지 중요한 움직임은 상담이 직업적 관심을 넘어 다양한 영역으로 확장된 것이다. 이런 움직임은 이미 1920년대에 시작되었는데, Edward Thorndike가 가이던스 운동이 직업 가이던스에 치우치는 것을 비판하면서 시작되었다(Lee, 1966). John Brewer의 작업은 이 변화를 더욱 확장시켰다. Brewer는 1932년에 『*Eduacation as Guidance*』라는 책을 출판했다. 그는 이 책을 통해 모든 교사가 상담자가 되어야 한다고 주장하였고, 가이던스가 학교 교육과정에 교과목으로 편성되어야 한다고 주장했다. Brewer는 모든 교육이 학생들의 학교 밖 생활 준비에 맞추어져야 한다고 믿었다. 그의 주장은 상담자들로 하여금 직업적 의사결정이 그들의 책무 중 하나인 것으로 인식하게 만들었다.

1930년대 동안 미국 정부는 가이던스와 상담에 더욱 개입하였다. 예를 들면, 1938년에 미 의회는 George-Dean 법안을 통과시켰는데, 이 법은 미국의 교육부에 직업교육국을 설치하도록 하였다(Sweeney, 2001). 이에 따라 미국 전역의 주 교육국에 가이던스 감독자들이 임명되었다. 그리하여 학교상담이 1930년대에 가이던스라고 알려진 이후 아직까지도 전국적으로 그렇게 인식되고 있다. 미국 정부는 1930년대에 U.S. Employment Service라는 기관도 설립했다. 이 기관은 1939년에 『*Dictionary of Occupational Titles*』(DOT) 초판을 출판했다. DOT는 학생과 구직자를 다루는 가이던스 전문가들에게 중요한 진로 정보 자료가 되었는데, 이는 미국의 모든 고용 형태를 직업명에 따라 분류하여 정리한 것이다.

1940년대

1940년대에는 Carl Rogers의 이론 출현, 제2차 세계대전, 그리고 전쟁 후 상담에 대한 정부의 개입 등 세 가지 주요 사건이 있었다.

Carl Rogers는 1942년에 『*Counseling and Psychotherapy*』를 출판했다. 이 책에는 Freud 학파의 정신분석과 Williamson의 상담자 중심 접근에 대한 도전이 담겨 있다. Rogers는 이 책에서 내담자의 중요성과 상담에서의 비지시적 접근을 강조했다. 그의 주장은 광범위한 지지와 함께 거센 비판을 불러일으켰다. Rogers는 내담자가 자신의 성장에 책임을 지도록 해야 한다고 주장했다. 그는 내담자가 충분히 수용되고 자신의 이야기가 충분히 경청되는 기회를 가지게 되면 내담자는 자신에 대해 더 잘 알게 되고 이로 인해 더 유능해질 수 있다고 생각했다. 그는 전문 조력자의 역할은 무비판적이고 수용적인 태도를 보이는 것이라고 하였다. 즉, 상담자는 거울과 같이 내담자의 언어적, 정서적 태도를 반영해 주어야 한다는 것이었다.

Aubrey(1977, p. 292)는 Rogers 이전에는 가이던스와 상담 문헌들이 매우 실제적이고, 검사를 다루며, 기록의 누적을 강조하고, 절차 지향적이며, 직업 탐색과 배치 기능을 강조하였다고 기록했다. 게다가 이전 문헌에서는 가이던스의 목적과 용도를 강조해서 다루었다. 하지만 Rogers는 상담, 연구, 상담 기법의 개선, 상담자의 선발과 훈련에서의 관계의 중요성 그리고 상담의 목적과 목표를 강조했다. 가이던스는 문헌에서 갑자기 자취를 감추게 되었고, 10여 년 동안 보다 더 상담에 집중하는 것으로 대치되었다. Rogers의 이론은 상담과 심리학 모두에 중요한 영향을 가져왔다. Rogers의 이론뿐만 아니라, 많은 대안적인 심리치료 이론이 이 시기에 출현하였다(Corsini, 2008).

제2차 세계대전 발발로 미국 정부는 군인과 군수공장 노동자들을 선발하였는데, 그들을 훈련시키기 위하여 상담자들과 심리학자들이 필요하게 되었다. 전쟁은 또한 남성과 여성의 직업관을 새롭게 바꾸어 놓았다. 전쟁 동안 많은 여성은 집 밖에서 일을 해야 했다. 전쟁의 위기기간 동안 미국에서 여성들이 직업 영역에 끼친 공헌은 이후에도 지속되었다. 직업에서의 전통적인 성역할이 의문시되었고 개인적인 자유가 보다 더 강조되었다.

전쟁 후 미국 정부는 1946년에 George-Barden 법안 통과를 계기로 상담의 역할을 더욱 확대하였는데, 미 교육부에서는 상담자 훈련을 위한 전문가 교육 기금을 마련토록 하였다(Sweeney, 2001). 또한 Veterans Admininstration(VA)에서는 상담자들과 심리학자들을 훈련시킬 수 있는 기금을 마련하였고, 학생들이 대학원에 진학할 수 있도록 인턴십 기금을 제공하였다. 또한 VA에서는 "직업 상담자들을 위한 자격증 제도를 마련하였는데 이들 상담자를 '상담심리학자' 라고 하였다"(Nugent, 1981, p. 25). VA와 GI(재향군인을 위한 연금)로부터의 자금 지원은 대학원 교육이 좀 더 전문화된 교육과정으로 이루어지도록 영향을 미쳤다. 이때부터 전문직으로서의 상담심리학은 직업 가이던스와 더 차별화되기 시작했다.

1950년대

"상담자들에게 역사적으로 가장 큰 영향을 미친 10년을 거론한다면 그것은 아마도 1950년대일 것이다."(Aubrey, 1977, p. 292) 이 시기에는 다섯 가지의 주요 사건이 상담의 역사를 극적으로 변화시켜 놓았다.

1. American Personnel and Guidance Association(APGA) 창립
2. American School Counselor Association(ASCA) 설립
3. 미국심리학회, 즉 APA 내 17분과로 Society of Counseling Psychology 설립
4. National Defense Education Act(NDEA) 의회 통과
5. 새로운 가이던스 및 상담 이론의 출현

American Personnel and Guidance Association(APGA)

APGA는 '교육적, 직업적 가이던스와 다른 활동 모임들' 이 느슨하게 연합되어 있었던 Council of Guidance and Personnel Associations(CGPA)가 발전한 것이다(Harold, 1985, p. 4). CGPA는 1934년부터 1951년까지 있었지만, 회원을 결속시키는 힘이나 연합 활동을

전개할 만한 힘이 없었다. APGA는 1952년에 가이던스, 상담 그리고 취업지도에 관심을 가지고 있는 모임들을 제대로 된 조직으로 구성하고자 하는 목적에서 출범되었다. 이 조직은 처음에 American College Personnel Association(1분과), National Association of Guidance Supervisors and Counselor Trainers(2분과), NVGA(3분과), Student Personnel Association for Teacher Education(4분과)의 네 개의 분과로 구성되었다(Sheeley, 2002). APGA 창립 초기에는 전문가 조직보다는 집단에 더 관심이 있었는데, 그것은 APGA가 회원들에게 의무를 지을 수 있는 규정이 없었기 때문이었다(Super, 1955).

American School Counselor Association(ASCA)

ASCA는 1953년에 창립되었는데, 창립 5년 후에 APGA와 통합하였다. APGA와 ASCA의 통합으로 조직이 수적, 실용적 및 철학적으로 강해질 수 있었다.

17분과

1952년에 Society of Counseling Psychology(17분과)가 APA 분과로 창립되었다. 이것은 처음에는 Division of Counseling Psychology로 알려졌다. 그러나 후에 APA의 Counseling and Guidance Division으로 바뀌었는데, 이 명칭에서 guidance라는 용어를 빼 줄 것을 요구받았기 때문이다. 상담심리분과 설립은 VA의 요구 때문이기도 했지만, 더 주요한 원인은 APA 회원들이 임상심리학자들이 만나는 사람보다 좀 더 '정상적인' 사람들과 일하는 데 관심을 가졌기 때문이다(Whiteley, 1984).

초기에 17분과는 그 대상이 확실하게 정의되기도 했다. 예를 들어, Super(1955)는 상담심리학과 임상심리학을 구별하였다. 그에 따르면, 상담심리학은 보다 정상적인 인간의 성장과 발달에 관여하는 것이었고, 직업상담과 인간주의 심리치료 등의 영향을 받은 것이었다. 이와 같은 Super의 작업에도 불구하고 상담심리학은 APA 내에서 명확한 정체성을 세우는 데 어려운 시기를 보냈다(Whiteley, 1984). 여하튼 17분과의 존재는 상담이 전문직으로 성장하고 발달하는 데 중요한 영향을 끼쳐 왔다. Gilbert Wrenn과 Donald Super 등과 같은 상담 전문직 영역의 선구자들은 17분과와 APGA 두 조직에 모두 참여했다.

National Defense Education Act(NDEA)

세 번째 주요 사건은 1958년에 국가방위교육법, National Defense Education Act (NDEA)이 의회를 통과한 것이다. NDEA는 소련이 최초의 인공위성인 스푸트니크 1호를 발사한 것에 대한 대응으로 마련된 것이었다. 이 법안의 기본적인 목적은 과학적으로나 학문적으로 재능이 있는 학생들을 선발하여 그들의 발달을 증진시켜 주는 것이었다. 그 기금은 Title V-A를 통해 마련되었는데, 이 기금은 학교상담 프로그램 향상, 상담 및 가이던스 연구소 설립, 상담자 훈련 등에 사용되었다. 1964년에 NDEA는 초등학교 상담에까지 적용이 확대되었다. 결과는 매우 인상적이었다. "채 10년도 못 되어 학교 상담자의 수가 4배로 증가하였다. 학생당 상담자 비율이 1958년에 학생 960명당 상담자 1명이었는데 1966~1967년에는 학생 450명당 상담자 1명으로 줄어들었다."(Bradley & Cox, 2001, p. 34) 1950년대 말에 학교상담 붐이 시작되어 1960년대까지 이어졌는데, 아이러니하게도 이것은 냉전 덕분이었고, 곧이어 학교상담도 베이비붐 세대를 맞이하게 되었다(Baker, 1996).

생/각/해/보/기

1950년대 상담의 발전은 외적 사건이나 압력의 영향을 받았다. 자연재해 또는 인재와 같은 위기로부터 당신은 어떤 긍정적인 결과들을 찾아볼 수 있겠는가? 예를 들어, 뉴욕 주에서는 2001년 9월 11일 이후에야 비로소 정신건강 전문가로서 상담자 자격을 입법화했다.

새로운 이론

이 10년 동안의 마지막 주요 사건은 가이던스와 상담의 새로운 이론들의 출현이었다. 1950년 이전에는 네 개의 주요 이론이 상담자들에게 영향을 미쳤었다. ① 정신분석 그리고 통찰이론(S. Freud 등), ② 특성-요인 이론 또는 지식적 상담이론(E. G. Williamson 등), ③ 인간주의 그리고 내담자 중심 이론(C. R. Rogers 등), ④ 행동주의 이론(B. F. Skinner 등)이 그것이다. 상담자들 간에 지시적/비지시적 상담에 대해서 어느 것이 가장 효과적인지에 대한 논쟁이 있었다. 하지만 대부분의 상담자는 정신분석(방어기제)에 대해서는 논쟁이 없었다.

1950년대 동안에 논의는 점차 새로운 이론의 출현으로 옮아 갔다. Joseph Wolpe의 체계적 감감과 같은 응용행동주의 이론이 영향력을 발휘하기 시작했다. Albert Ellis의 합리적-정서적 치료(RET), Eric Berne의 교류분석(TA), Aaron Beck의 인지치료(CT) 등과 같은 인지이론들도 출현하였다. 학습이론, 자아개념 이론, 직업 발달에서의 Donald Super의 이론, 발달심리학의 진보 등도 이루어졌다(Aubrey, 1977). 이 시기 말에는 많은 이론이 상담과 연계되어 눈부신 발전을 보여 주었다.

1960년대

1960년대 초에 상담은 발달적 문제를 돕는 직업으로 이해되었다. Gilbert Wrenn도 『*The Counselor in a Changing World*』(1962)를 출판하였는데, 이 시기 동안에 광범위한 영향을 미쳤다. 그의 주장은 발달적 욕구를 해결해 주기 위해 사람들을 상담했던 Leona Tyler와 Donald Blocher와 같은 상담 전문가들의 지지를 받았다. Wrenn의 책은 1960년대 동안 영향을 미쳤으며, 그는 Tyler와 함께 미국에서 상담을 가장 강력하게 옹호한 사람 중 한 명이었다.

그러나 이 시기가 지속되는 동안 발달 모델의 영향력이 감소하였는데, 그것은 베트남 전쟁, 시민 권리 운동 그리고 여성 운동의 세 가지 사건 때문이었다. 각각의 사건은 사회에 내재된 욕구를 다양하게 촉발시켰다. 또한 많은 상담자가 각 사건에 의해 발생하는 특정 욕구에 집중해서 각각의 문제를 해결하려고 시도하였다.

다른 강력한 사건은 Dugald Arbuckle, Abraham Maslow, Sidney Jourard 등의 인간주의 상담이론들의 출현이었다. 또한 집단 운동의 성장도 중요한 현상이었다(Gladding, 2008). 상담에서의 강조점도 일대일 작업에서 소집단 상호작용을 중시하는 쪽으로 옮겨 갔다. 행동주의 상담도 John Krumboltz의 『*Revolution in Counseling*』(1966) 출판과 함께 그 중요성이 커졌다. 이에 따라 이 시기 초기에 대두되었던 발달에 대한 강조도 큰 흐름에서 밀려나게 되었다. Aubrey는 "상담자들에 의해 다양한 상담방법이 서로 경쟁하며 풍요의 뿔처럼 일어서더니 1960년대 말에 이르러 절정을 이루었다."라고 기록했다(1977, p. 293).

또 다른 주목할 만한 일은 1963년에 Community Mental Health Centers Act의 의회 통과였다. 이 법안은 지역사회 정신건강 센터 설립에 관한 것이었다. 이 상담 센터들이 문을 열면서부터 상담자들은 교육 장면 이외의 곳에서 일할 기회를 가지게 되었다. 예를 들어, 알코올 남용 상담과 중독상담은 처음에는 약물 남용 상담이라 불렸는데, 1960년대에는 각기 다른 장소의 정신건강 센터에서 서비스를 제공하기 시작했다. 결혼과 가족 상담 역시 이 시기에 이혼율 증가로 인해 정신건강 센터 내에 자리를 잡았다(Hollis, 2000).

1960년대 이후 APGA와 APA의 17분과 내에서도 전문화 움직임이 증가하였다. 1961년에 APGA에서는 '상담자 윤리요강'을 내놓았다(Nugent, 1981, p. 28). 또한 1960년대 동안에 Loughary, Stripling과 Fitzgerald(1965)는 학교 상담자를 위한 역할 규정과 표준 훈련안을 마련하여 APGA에 보고했다. 1964년 17분과에서는 그레이스톤 컨퍼런스에서 상담심리학자들의 역할 규정을 더욱 명료화하였고, 1969년에는 학술지인 『*The Counseling Psychologist*』를 발간하기 시작했는데, 첫 번째 편집인이 Gilbert Wrenn이었다.

마지막으로 주목할 만한 사건은 미시간 대학교의 Counseling and Personnel Services

(CAPS)에 ERIC Clearing House를 설립한 것이었다. 1966년에 Garry Walz와 미 교육부의 Office of Education Research and Improvement에 의해 기금이 조성되었는데, ERIC/CAPS는 정부의 지원이 상담 발전에 어떤 영향을 미치는지를 보여 주는 한 예가 되었다. ERIC/CAPS는 미국뿐 아니라 전 세계에서 상담자들이 가장 광범위하게 그리고 가장 많이 사용하는 자원 중 하나가 되었다. 또한 ERIC/CAPS는 상담에서의 최신 주제들을 다룰 컨퍼런스를 지원했는데, 여기에 국가의 정책 관련 인사들도 참석하도록 했다.

1970년대

1970년대에는 상담 영역의 주변 환경으로부터 영향을 받은 몇 가지 경향이 출현했다. 새로운 경향은 여성, 소수인종, 장애를 가진 사람들과 일하기 등과 같은 것이었는데, 이것은 상담에서의 다양성과 관련된 것들이었다. 그것들은 부분적으로는 Title IX 법률안 통과와 장애를 가진 사람들을 위한 입법 추진의 결과였다. 상담 내에서의 동향으로는 조력기술 프로그램의 구성, 자격증 제도, APGA의 발전 등이 있었다.

상담 환경에서의 다양성

교육 연구소들의 급격한 성장이 1970년대에 시작되었는데, 그때는 정신건강 센터와 지역사회 기관들이 상담자들을 고용하기 시작한 시기였다. 상담자 고용은 여성, 소수인종, 장애인 등에 대한 서비스를 시작하도록 했던 새로운 연방법의 통과를 포함하여 몇 가지 이유가 있었다. 특히 교육 개정안인 Title IX는 장애를 가진 사람들에 대한 차별을 금지하는 적극적인 법이었다.

상담 전문가 훈련에서도 다양성에 대한 상담자 교육 프로그램이 등장하였다. 이것은 상담에서의 새로운 개념의 발달을 의미하는 것이었다. 예를 들어, Lewis와 Lewis(1977)는 지역사회 상담자(community counselor)라는 새로운 개념을 제시했는데, 이는 상담자가 고용된 환경에 따라 다양한 역할을 수행해 내야 하는 새로운 상담자 유형이었다. 이로 인해 많은 지역사회 상담 프로그램이 만들어졌고, 상담자들은 정신건강 클리닉, 호스피스, 고용지원 프로그램, 정신병원, 재활 센터, 약물 중독 센터 등과 같은 기관에서 일하게 되었다. 그리고 APGA 내에 American Mental Health Counseling Association(AMHCA)이 극적으로 구성되었다. AMHCA는 1976년에 구성된 이후 APGA의 가장 큰 분과로 급성장하여 전문가 조직 내에 정신건강 상담자들을 집결시키고, 그들의 역할과 목표를 정립하도록 했다.

조력기술 프로그램

1970년대에는 대인관계와 대화 기술에 초점을 둔 조력기술 프로그램이 개발되었다. Truax와 Carkhuff(1967), Ivey(1971)에 의해 프로그램이 시작되었는데, 이 프로그램에서는 전문가와 비전문가 모두에게 기본적인 상담 기술을 가르쳤다. 이 프로그램은 인간주의적인 면과 통합적인 면을 강조했다. 이 프로그램은 특정 기초 기술이 만족스러운 개인 간 상호작용에 토대를 두고 숙달되어야 한다는 전제를 가지고 있었다. 이런 유형의 훈련을 받은 상담자들은 그것을 다른 사람들에게 훨씬 더 쉽게 가르칠 수 있었다. 이제 상담자들은 이런 기술들을 교육을 통해 가르칠 수 있었는데, 교사와 준전문가들이 주요 대상이었다. 이런 경향은 Brewer가 제시했던 가이던스로서의 교육이라는 개념과 일맥상통하는 것이라고 할 수 있을 것이다.

주정부 자격증

1970년대 중반에 심리학자를 위한 주정부의 시험관리 위원회는 상담에 대해 매우 제한적인 태도를 가지고 있었다. 그들의 한계는 심리학 자격시험으로부터 상담 프로그램을 분리해 내되 상담 자격증을 허용하지 않고자 하는 장벽 같은 것이었는데, APA와 APGA 사이의 갈등만 있었던 것이 아니라 APA 내부에도 존재했던 긴장이 그 원인이었다. 결과적으로 APGA는 상담자들을 위한 주정부 그리고 국가 자격증을 단독으로 추진하게 되었다.

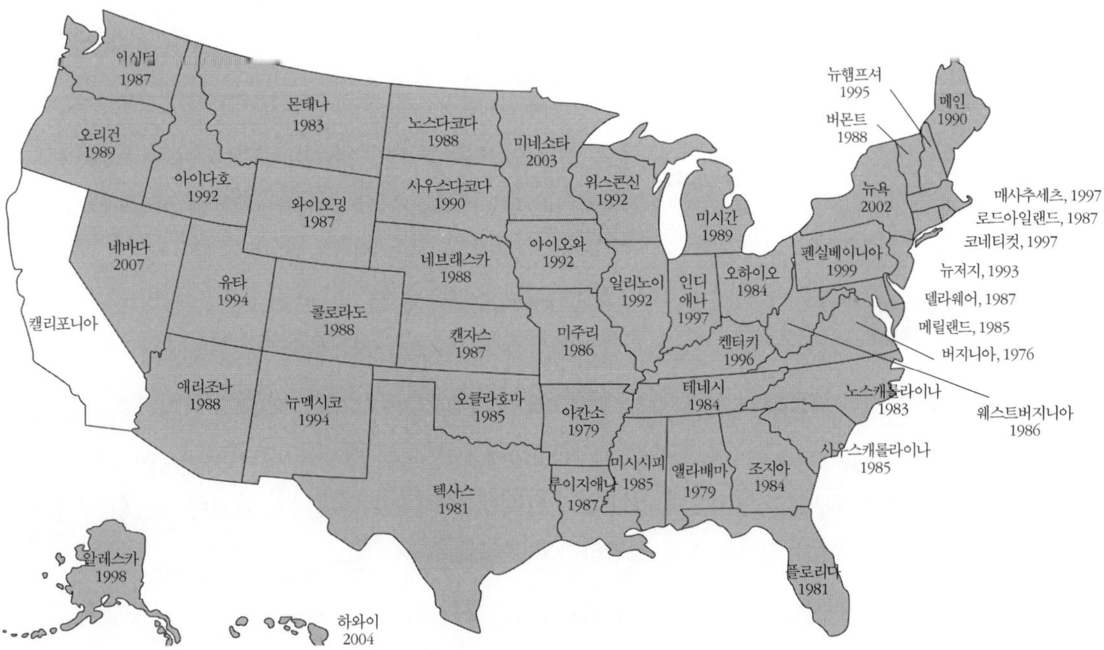

[그림 1-3] 미국 각 주의 상담자 자격 법제화(2007)

Thomas J. Sweeney(1991)는 자격증 위원회의 첫 의장이었는데, 그와 그의 뜻을 이어받은 사람들은 많은 업적을 이루어 냈다. 버지니아 주는 1976년에 전문 상담자 자격증 법을 최초로 승인한 주가 되었다. 이후 10년이 채 되기도 전에 아칸소 주와 앨라배마 주가 빠르게 동참했다([그림 1-3] 참고). 자격증에 관하여서는 캘리포니아 주가 결혼, 가족 및 아동 상담자 법을 1962년에 통과시켰던 것을 주목할 필요가 있다. 그러나 캘리포니아 법이 가지고 있는 문제는 상담자(counselor)라는 용어를 너무 광범위하게 정의했다는 것인데, 후에 치료자(therapist)라는 단어로 바꾸었지만 이번엔 너무 좁게 정의하여 상담자의 다른 역할들을 빼앗아 버린 용어가 되어 버렸다. 2007년 이후에도 캘리포니아 주는 전문 상담자 자격증 법을 통과시키지 못하였다.

APGA의 발전

1970년대 동안 APGA는 더욱 강력한 전문가 조직으로 발전했다. APGA는 이미지와 기능에서 몇 가지 변화를 가져왔는데, 그중 하나가 버지니아 주 알렉샌드리아에 사무국을 설치한 것이었다. APGA는 또한 전문적 정체성에 의문을 제기하기 시작했는데, 그것은 가이던스라는 용어가 시대에 뒤처진 방식으로 보였기 때문이다.

1973년에 APGA의 분과인 Associaton of Counselor Educators and Supervisors(ACES)에서 상담 석사과정을 위한 표준화된 교육과정을 제안했다. 플로리다 대학교의 Robert Stripling이 앞장을 섰다. 1977년에는 ACES에서 상담 박사과정을 위한 지침도 마련했다(Stripling, 1978). 이 10년 동안 APGA 회원은 약 4만 명으로 증가했다. 그리고 Association for Religious and Value Issues in Counseling, Association for Specialists in Group Work, Association for Non-white Concerns in Personnel and Guidance, Public Offender Counselor Association의 네 개 분과가 신설되었다.

사례 Justin의 자부심

Justin은 1970년대 중반에 상담으로 학위를 받았다. 당시에는 상담이 오늘날처럼 발전하지는 못했으나 Justin은 '그가 상담을 배운 10년' 동안 상담이 얼마나 전문직이 되었는지에 대해 자부심을 가지고 있었다. 그는 1970년대야말로 상담자가 되기에 최상의 시기라고 다른 사람에게 말하는 것을 정당하다고 생각했다.

그의 주장은 어떻게 지지될 수 있는가? 그가 놓친 것은 무엇인가?

1980년대

1980년대에 상담이 전문직으로서 발전한 것은 APGA와 APA의 17분과에 상담자들이 함께한 것이 그 좋은 예다. 1980년대에 주목할 만한 일들은 상담자 훈련 및 자격증의 표준화, 명확한 전문직으로서의 상담에 대한 인식 증진, 상담자 전문 영역의 다양화, 그리고 인간 성장과 발달의 강조 등이 그것이었다.

훈련 및 자격증의 표준화

훈련 및 자격증 표준화의 본격적인 움직임은 1980년대 초에 시작되었고, 해가 갈수록 점점 커졌다. 1981년에 Council for Accreditation of Counseling and Related Educational Programs(CACREP)가 APGA 내에 구성되었다. 위원회는 1970년대 후반에 ACES에서 처음 제안했던 표준안을 재검토하였고, 다른 네 개의 프로그램과 캘리포니아주 상담자 협회와 ACES에 의해 제안된 프로그램을 검토하였다(Steinhauser & Bradley, 1983). 1987년에 CACREP는 Council on Postsecondary Accreditation(COPA)의 회원이 되었고, 그것은 APA가 가지고 있는 인증과 '동등한 인증 지위를 획득한 것' 이었다(Herr, 1985, p. 399). CACREP는 학교, 지역사회, 정신건강, 결혼 및 가족 상담, 대학상담 등의 영역에서 석사 및 박사 과정의 교육과정을 표준화했다.

CACREP의 업무가 마무리되고, 1982년에 National Board for Certified Counselors (NBCC)가 구성되어서 전국적으로 인증 작업을 시작했다. NBCC는 표준화된 자격시험을 개발했고, 상담자가 배워야 할 여덟 가지 주요 과목을 정의했는데, 그것은 ① 인간 성장 및 발달, ② 사회적, 문화적 기초, ③ 조력관계, ④ 집단, ⑤ 생활양식과 진로발달, ⑥ 진단, ⑦ 연구 및 평가, ⑧ 전문직 적응이다. 사람들은 National Certified Counselor(NCC)가 되기 위하여 표준화된 시험을 통과하고 질적 경험을 하였다. 1980년대 말에 NBCC 전문가는 약 1만 7,000여 명이었다.

마지막으로, AMHCA의 National Academy of Certified Clinical Mental Health Counselors(NACCMHC)는 CACREP와의 공동 연구를 통해 1970년대 말부터 정신건강 상담에서의 상담자 훈련과 자격기준 표준안 마련을 지속적으로 진행시켰다(Seiler, Brooks, & Beck, 1987; Wilmarth, 1985). 또한 1988년부터는 정신건강 상담자들의 슈퍼바이저 훈련도 시작하였다. 이 두 개의 프로그램으로 수천 명의 전문가들이 상담 영역에서 새로 일하게 되었고, 이미 현장에서 일하던 사람들은 자격을 갱신하였다.

명확한 전문직으로의 자리 매김

1980년대에 상담이 명확한 조력 전문직으로서 발전한 것은 APGA 내외적으로 있었던 사건들과 주요 문제들이 미친 영향력의 결과였다(Heppner, 1990). APGA 내부적으로 지도부는 더 이상 취업지도와 가이던스가 회원들의 대표적 활동처럼 학회명에 기록될 수 없다고 자각하기에 이르렀다(Sheeley, 2002). 그 결과, 1983년에 많은 논의 끝에 APGA의 명칭을 American Associaton for Counseling and Development(AACD)로 바꾸었는데, 이는 "회원 구성의 변화와 회원들이 일하는 직업 장면이 변화된 것을 반영한 것" 이었다(Herr, 1985, p. 395). 명칭의 변경은 APGA 회원들에게 훈련, 자격증 그리고 표준화된 매뉴얼과 관련된 정책들에서 빠른 변화가 있을 것임을 상징하는 것이었다. APGA가 명칭을 바꾸고 법률 제정 등에 집중하게 된 것은 특히 연방정부 수준에서 다른 정신건강 서비스 협회들이 등장하였기 때문이다.

게다가 AACD 회원들이 참여한 새로운 전문가 집단이 형성되었다. Chi Sigma Iota, 즉 국제 학문적, 전문적 명예회원 제도가 1985년에 Thomas J. Sweeney에 의해 상담 전문직에서의 우수성을 증진시킬 목적으로 구성되었다. 이 시기 말에 Chi Sigma Iota는 100개 분야의 5,000명으로 커졌다(Sweeney, 1989). 또한 책임보험 정책, 새로운 상담 전문 영역에 대한 저술, 법적 변호 기금, 법률 발의 그리고 다양한 서비스가 학회 임원들에 의해 AACD 회원들에게 제공되었다(Myers, 1990). 1989년에 AACD 회원은 5만 8,000명을 넘어서서 10년 전보다 1만 8,000명이 증가하였다.

APA의 17분과도 안정적인 비율로 계속하여 성장했다(Woody, Hansen, & Rossberg, 1989). 1987년에 학회장이었던 George Gazda에 의해 전문적 표준 마련을 위한 컨퍼런스가 개최되었고, 상담심리학과 일반적인 상담의 독특성이 더욱 깊이 있게 정의되었다.

생/각/해/보/기

이름이 무엇인가? 당신 자신의 이름을 생각해 보고 그것이 당신의 인간관계에 어떤 영향을 미쳤는지 생각해 보라. 만약 당신의 이름을 바꾼다면 그 변화가 미칠 영향을 몇 가지만 써 보라. 상담학회가 이름을 바꿈으로 인해 발생하는 결과들은 무엇인가?

상담의 다양화

1980년대 동안 상담자들은 더욱 다양해졌다. 많은 상담자가 초등학교, 중 · 고등학교 그리고 대학교에서 다양한 학생 지원 서비스에 고용되어 일했다. 정신건강 상담자들과 지역사회/기관 상담자들도 학교 장면 밖에서 큰 집단을 형성했다. 게다가 기업 노동자, 성인, 결혼한 개인과 가족 등에게 상담을 제공하는 상담자도 증가했다.

이러한 성장으로 1987년과 1990년에 Association for Adult Development and Aging (AADA)와 International Association for Marriage and Family Counselors(IAMFC)가 각각 AACD의 분과 학회로 창립되었다. 1980년대에 AACD의 분과는 집단상담, 상담자 교육, 인간주의 교육, 측정과 발달, 종교와 가치, 고용과 진로 발달, 재활, 다문화, 중독, 군상담 등 다양하게 구성되었다. AACD의 학술지는 폭력(『*Journal of Counseling and Development*』, 1987. 3), 재능(『*Journal of Counseling and Development*』, 1986. 5), 예술(『*Journal of Mental Health Counseling*』, 1985. 1), 예방(『*Elementary School Guidance and Counseling*』, 1989. 10) 등과 같은 주제를 특집으로 다루기도 하였다. 학술지에서의 이러한 시도는 상담의 영역을 넓히고 상담자들의 자각을 확대시키는 데 도움이 되었다.

인간 성장과 발달에 대한 강조 증가

상담에서 인간 성장과 발달에 대한 강조는 1980년대에 몇 가지 형태로 나타났다. 예를 들어, 새로운 관심이 생애 전반을 통한 발달과정을 다루는 발달상담으로 출현했다(Gladstein & Apfel, 1987). 새로운 행동주의 개념들은 Erik Erikson의 생애 발달 초기 다섯 단계와 연결되었고, 성인기와 노년기 발달에 대한 관심의 증가로 Association for Adult Aging and Development(AAAD)가 구성되었다.

인간 성장과 발달이 강조된 두 번째 방식은 성차에 대한 관심과 성적 지향성(예: O'Neil & Carroll, 1988; Pearson, 1988; Weinrach, 1987 참고)에 대한 관심이 증가한 것이었다. Carol Gilligan(1982)의 여성의 도덕적 가치 발달에 관한 대표적인 연구는 상담 영역에 여성주의 이론을 소개하는 데 도움을 주었는데, 인간 성장에 관심을 가진 전문가들이 성차를 검증하도록 촉구했다.

도덕성 발달에 대한 강조는 인간 성장 문제에 초점을 두는 세 번째 방식이었다(Colangelo, 1985; Lapsley & Quintana, 1985). 이들 연구는 Lawrence Kohlberg의 이론(1969)과 같은 도덕성 발달 모델을 새롭게 했고, 도덕성 발달 증진 영역에서의 연구를 증가시켰다. 상담자 교육에서는 도덕성 발달이 인지 능력과 공감에 밀접하게 관련이 있다는 것을 밝혀냈다(Bowman & Reeves, 1987).

마지막으로, 상담자가 인종적으로나 문화적으로 다른 집단과 일하는 데 따른 도전이 보다 더 논의되었다(Ponterotto & Casas, 1987). 다문화 이슈가 중요시됨에 따라 Association for Multicultural Counseling and Development(AMCD)가 구성되었고, 다양성의 중요성과 같은 다문화 이슈들이 모든 집단의 중심 이슈가 되었으며, 특히 1980년대에 대두된 인종주의가 새롭게 조명되도록 했다(Carter, 1990).

1990년대

1990년대에도 상담 전문직의 발전은 계속되었다. 아주 큰 변화 중 하나는 1992년에 AACD가 그 명칭을 American Counseling Association(ACA)로 바꾼 것이다. ACA는 새로운 명칭과 함께 회원의 가치를 조직의 책무에 더 세심히 반영하였다.

1990년대에 있었던 두 번째 큰 사건은 역시 1992년에 일어났는데, 기초적인 정신건강 전문직으로서의 상담이 처음으로 Center for Mental Health Service와 the National Institute of Mental Health에 의해 건강 관리 인간 자원 통계에 올라갔다는 것이다(Manderscheid & Sonnenschein, 1992). 이것은 상담이 심리학, 사회사업, 정신의학과 동등하게 정신건강 전문직으로 인식되었음을 의미한다. 21세기 초에 미국에는 약 10만 명의 상담자가 있었다(Wedding, 2008).

역시 1992년에 시작된 상담에서의 세 번째 큰 사건은 Sue, Arredondo와 McDavis (1992)에 의해 다문화 상담 지침이 저술된 것이었다. 비록 그 대부분이 유색인종에게 적용되기는 하였으나 다문화 상담의 본질에 대해 많은 논의가 일어나게 했는데, 장애를 가진 사람들과 같은 다른 집단을 보는 관점에 영향을 미친 것 등이 그 예다. 그리하여 이 10년 동안 다원화 사회에서 다양성과 상담이 어떤 관계인지에 대한 생생한 토론들이 진행되었다(Weinrach & Thomas, 1998).

1990년대의 네 번째 이슈는 건강 관리와 건강에 대한 민간보험 조직들의 증가와 관계가 있다. 많은 상담자는 새롭게 조직화된 서비스 제공방법하에서 상담을 하게 되었다. 결과적으로 단독으로 일하던 상담자가 감소했고, 상담자들은 민간보험의 허용 범위 내에서 상담을 하게 되었다. 이 새로운 방식은 결국 상담자들이 규정을 지키면서 활동하도록 하는 압력으로 작용하였다.

게다가 이 10년 동안 상담은 전인(全人)과 관련된 이슈들에 새롭게 초점을 두기도 했다. 상담자들은 정신 장애 및 건강 발달과 유지에 중요한 역할을 하는 사회적 요인들을 좀 더 고려해야 했고, 물론 여기엔 맥락적 상호작용(맥락주의 등)의 중요성을 인식하는 것이 포함되었다(Thomas, 1996). 이들 요인에는 영성, 가족환경, 사회경제적 고려사항, 집단과 집단 활동의 영향, 예방 등이 포함되었다(Bemak, 1998).

1990년대에는 다음과 같은 기타 변화와 발전이 있었다.

- NBCC와 National Academy of Clinical Mental Health Counselors의 통합

- CACREP의 발전과 석사 · 박사 과정 수준에서 상담자 교육과 상담심리학 교육과정에 대한 APA의 인증
- ACA, APA, 출판사, ERIC/CASS에서의 상담 관련 서적 출판 증가
- Chi Sigma Iota가 200개 영역과 회원 수 2만 명으로 성장

3. 2000년대의 새로운 동향

2002년 ACA에서는 상담이 전문직으로서 자리 매김하게 된 지 50년이 됨을 알리는 기념식을 가졌다. 이 기념식에서는 상담이 더욱 변화해야 함을 강조하였는데, 특히 21세기를 시작하면서 주제나 문제 영역에서 내담자와 사회의 요구에 더욱 민감할 필요가 있음을 강조하였다. 남자와 여자의 역할 변화, 미디어와 과학 기술의 혁신적 발전, 가난, 무주택자, 증상, 고독, 노년기 그리고 기타 주제들이 21세기를 시작하면서 상담자들의 주목을 받았다(Lee & Walz, 1998; Webber, Bass, & Yep, 2005). 다른 주제들로는 폭력 · 증상 · 위기, 민간보험 체계, 웰니스, 사회 정의, 공학적 기술, 리더십 그리고 정체성을 다루었다.

폭력, 증상 및 위기 다루기

갈등은 모든 사회에 존재하며, 심지어는 에덴 동산에서도 있었다. 갈등은 "어떤 사람이 다른 사람에게 간섭을 받거나 자신의 중요한 욕구 충족이 방해받을 때 발생한다"(Corcoran & Mallinckrodt, 2000, p. 474). 폭력은 어떤 사람이나 조직이 상대방과 이기고 지는 갈등에서 일어난다. 미국에서는 갈등과 안전에 관하여 예방과 처치의 두 관점을 모두 다루는데, 이는 1990년대에 있었던 학교 총격 사건과 많은 사람의 목숨을 앗아간 오클라호마 시 폭탄 테러 사건 때문이다(Daniels, 2002). 갈등과 폭력에 대한 고민의 정점은 뉴욕 시의 국제무역센터와 워싱턴 시의 국방부가 항공기를 이용한 테러를 당한 9 · 11 테러였다. 이러한 사건들은 상담이 카타리나 허리케인, 이라크 전쟁, 버지니아 공과대학 총격 사건 등과 관련된 증상들에 대해 어떻게 준비하고 대응할 것인가를 준비하도록 영향을 미치는 시발점이 되었다(Walz & Kirkman, 2002; Webber et al., 2005). 이러한 작업에는 위기 개입 지침 개발하기, 아이부터 노인까지 서로 다른 연령 집단에 대해 초기에 개입함으로써 회복과정을 촉진시켜 주도록 협력하는 전략 등과 같은 실제적인 것에 초점을 두었다.

증상을 다루는 영역으로는 스트레스에 대한 처치에서 최근 몇 년간 급성 스트레스 장애(ASD)와 외상후 스트레스 장애(PTSD)에 새롭게 관심을 가져왔다(Jordan, 2002; Marotta,

2000; Taylor & Baker, 2007). ASD와 PTSD는 실제적 또는 위협적 상처와 관련된 외상 사건에 노출된 결과로 인해 나타나는 증상이다(American Psychiatric Association, 1994). 이 사건에는 신체적 학대, 자연재해, 사고, 전쟁 등이 포함된다. 위협은 두려움, 도움받지 못함, 공포 등과 관련된다. ASD는 보다 더 일시적이다. 사람들은 상황 4주 내에 증상을 보이고, 4주 내에 증상이 해결될 수 있다(Jordan, 2002). 그러나 PTSD는 ASD와 다르다. 증상은 예외적인 사례도 있으나, 보통 사건 후 한 달 내에 나타나며, 치료되지 않으면 수개월 또는 수년 동안 증상이 지속될 수 있다. PTSD를 가진 사람들은 플래시백을 통해 외상 사건을 재경험하고, 외상과 관계된 활동을 회피하며, 약물 중독, 강박장애, 공황장애 등 다른 장애들을 중복으로 경험하는 경향이 있다.

따라서 ASD나 PTSD 내담자를 돕는 상담자들은 특수한 훈련을 받을 필요가 있다. 위기는 종종 사람들의 마음에서 사건 이후에도 오랫동안 지속된다. 그러므로 장기상담뿐만 아니라 위기상담이 필요한데, 특히 PTSD를 가진 사람의 경우 더욱 그렇다. 예를 들어, 전쟁에서 귀환한 군인들은 심리사회적 · 도덕적 발달에 악영향을 받고, 성공적인 대인관계 형성에 어려움을 겪을 수 있으며, "전투로 인해 야기된 증상, 혼란, 잔인함 그리고 공포"를 혼자서 극복하기 어렵다(Taylor & Baker, 2007, p. 368). "이것은 오직 많은 사람이 PTSD를 인지하여 PTSD의 희생자가 증상의 영향을 과거로부터 정리하고 건강한 삶을 살게 함으로써 그들에게 희망을 가지게 할 수 있다." (Grosse, 2002, p. 25)

민간보험의 도전

"민간보험은 정신건강 전문가와 보험회사 간의 계약에 의해 이루어지는데, 돈을 지불하는 내담자에게 돌봄과 상담을 제공함에 따라 보험금을 지급하는 방식이다." (Murphy, 1998, p. 3) 민간보험은 21세기 동안 상담자들에게 주요한 관심사이거나 앞으로의 관심사일 것인데, 사실 이미 민간보험은 정신건강 상담의 새로운 문지기 노릇을 하고 있다(Lawless, Ginter, & Kelly, 1999). 민간보험 사업에는 단 몇 개의 회사가 있을 뿐인데도 그들의 영향력이 매우 크다. 민간보험 회사는 돌봄을 제공하는 방식을 결정하고 있다.

"비록 민간보험 모델이 서비스의 양보다는 질을 강조함으로써 상담에서의 책무성에 대한 태도를 향상하기는 하였으나, 이 모델은 종종 특별한 문제나 특별한 대상에게 필요로 하는 매우 민감한 개입의 차이를 간과하곤 한다." (Calley, 2007, p. 132) 건강보험 회사에서는 상담자와 같은 전문가에게 내담자를 의뢰하기 전에 우선적으로 의사를 만나러 갈 것을 요구하곤 한다. 이런 상황은 상담자의 재정 확보를 제한하고, 민간보험하에서 실행하는 상담에서 회기를 제한받게 되는 결과를 초래하기도 한다.

민간보험 회사는 상담자들이 서비스를 제공하는 사람으로 일하면서 민간보험 위원회에 참여하도록 함으로써 전문적인 상담이 발전하도록 하였다(Goetz, 1998). 그러나 민간보험은 전문가들에게 부정적인 영향을 주기도 했다(Daniels, 2001). 상담자들은 대부분의 민간 보험하에서 제대로 보상받지 못하는 경험을 하기도 하고, 내담자들은 그들이 필요로 하는 서비스를 받는 데 종종 한계를 경험하기도 한다. 또한 상담자들은 내담자에게 적절한 처치를 제공하거나 민간보험 위원회에 참여하는 것에서 좌절을 경험한다. 그뿐 아니라 민간보험하에서 제공되는 상담 서비스에는 동의 구하기, 비밀보장, 기록 관리, 자격, 성실성, 이익에 따른 갈등, 고용 조건 등에서 윤리적인 문제들이 제기되기도 한다(Daniels, 2001).

미래의 상담자들은 더 효과적으로 민간보험 회사와 일을 하거나 또는 이런 회사들과 별개로 정신건강 영역에서 중요하게 일을 하는 방법을 찾아내야 할 과제를 안게 될 것이다. 만약 상담자들이 보험 서비스에서 일을 한다면, 보험회사들이 내담자가 받을 서비스를 결정하는 데 있어 영향력이 커질 것이 분명하기 때문에 상담자들이 그에 참여하는 것의 중요성도 커질 것이다. 여하튼 상담자들이 융통성 있게 자신의 서비스를 국가 차원에서 제공할 수 있는 상황들을 만들어 내는 것이 아마도 중요한 일이 될 것이다.

사례 Lauren이 경험한 한계

Lauren은 상담자로 자리 잡은 사람이다. 그녀는 유능한 상담자로 알려져 있다. 그녀는 장기상담을 활용하는 상담자였으나, 3개월 개입이 상담자나 내담자에게 낭비라고 결코 생각하지 않았다.

Lauren는 우울증으로 보험회사로부터 6회기 상담을 허가받은 내담자 Lucy를 상담하게 되었을 때 심각하게 고민하였다. Lauren은 6회기 가지고는 Lucy를 효과적으로 도울 수 없다는 것을 알고 있었기 때문이다.

당신이 Lauren의 경우라면 무엇을 하겠는가?

웰니스 증진

최근 상담 분야에서 웰니스(wellness)를 증진시키는 것에 대한 관심이 증가하고 있다(Lawson, Venart, Hazler, & Kottler, 2007; Myers & Sweeney, 2005). 웰니스는 신체적, 지적, 사회적, 심리학적, 정서적, 환경적 국면들과 같은 다양한 측면을 포함한다. Myers,

Sweeney와 Witmer(2000)는 웰니스를 최적의 건강 및 웰빙을 지향하는 삶의 방식과 몸, 마음, 영성 등이 이웃과 더불어 제 기능을 다할 수 있도록 통합되는 것으로 정의하였다. "웰니스란 개인이 도달할 수 있는 건강과 웰빙의 최적 상태를 말한다"(p. 252).

웰니스를 증진시키기 위한 모델이 Myers 등(2000)에 의해 개발되었다. 이 모델은 영성, 자기지향, 일과 여가, 우정 그리고 사랑의 다섯 가지 요소를 포함하고 있다. 이 다섯 가지 요소는 다시 하위요소들로 구성되어 있는데, 자기지향은 가치감, 통제감, 문제 해결 및 창의성, 유머 감각, 자기돌봄 등으로 구성되어 있다. 이 모델은 건강한 기능이 발달과정의 영향을 받는다는 것을 전제로 하고 있다. 따라서 삶의 어느 시기에서의 건강한 행동은 이후의 발달과 기능에 영향을 미친다고 할 수 있다.

사회 정의에 대한 관심

상담의 초창기 선구자들은 사회에 속해 있는 구성원들의 복지에 관심을 가졌다. 따라서 오늘날의 상담자들이 사회 정의에 관심을 가지는 것은 놀라운 일이 아니다. 사회 정의는 "자원, 권리에서의 공정과 평등이라는 가치를 반영하는 것인데, 이민, 인종, 연령, 경제력, 종교, 신체장애, 성적 지향성 등으로 인해 사회적으로 힘을 나누어 갖지 못한 개인이나 집단들을 옹호하는 것이다."(Constantine, Hage, Kindaichi, & Bryant, 2007, p. 24) 사회 정의의 중요한 요소들로는 "내담자의 성공을 제한하는 환경을 확인하고 도전하도록 돕는 것" "상담자의 사회적 행동을 통해 체계적인 압제 형태에 도전하는 것" "내담자를 압제로부터 자유케 하는 것" 등이 포함된다(Astramovich & Harris, 2007, p. 271).

상담자들이 사회 정의를 위해 참여하는 활동에는 옹호(상담자와 내담자에 대한 옹호), 지역사회 내 아웃리치 활동, 공공정책 입안에의 참여 등이 있다(Constantine et al., 2007). 옹호에는 "학업적, 직업적, 사회적 발달을 저해하는 사회적 장벽에 내담자가 도전하도록 돕는 것"이 포함되어 있다(Lee, 1998, pp. 8-9). 옹호의 목적은 "내담자가 개인적 필요를 더 잘 반영할 수 있도록 정책을 변화시킬 수 있는 힘이 자신에게 있음을 자각하도록 돕는 것"이다(Kiselica & Robinson, 2001, p. 387).

상담자가 효과적으로 옹호자 역할을 하기 위해서는 "비언어적 또는 언어적 의사소통 기술, 다각적 조망 능력 등을 통해 인간의 고통을 이해하고 또 돕기 위해 헌신하는 것", 개인상담 및 집단상담 기술, 그리고 "미디어, 공학, 인터넷에 대한 지식과 활용 능력 그리고 평가 및 연구 능력"(p. 391)을 필요로 한다. 그뿐 아니라 옹호자는 자신과 타인 그리고 그들을 둘러싸고 있는 체계를 이해하는 능력을 보유하여야만 한다. 그들은 때로 매우 전략적이어야 하고, 때로는 투쟁적이어야 한다. 그들은 내담자의 안녕에 대한 지식과 열정을 가져야 하며, 현실적인 목표를 얻어 내기 위하여 기꺼이 숙이고 화해할 줄 알아야 한다.

ACA의 Counselors for Social Justice(CSJ)와 ACES는 옹호를 위한 모임을 주도하고 있다. Chi Sigma Iota(Counseling Academic and Professional Honor Society International)와 NBCC는 ACA의 외곽에서 옹호를 위한 모임을 주도하고 있다.

공학적 기술 활용의 증가

상담 분야에서 공학적 기술 활용이 급속하게 증가하고 있다(예: Shaw & Shaw, 2006). 한때 가능성 있는 것으로 인식되었던 공학은 이제 현실이 되었을 뿐 아니라 “교육, 사업, 과학, 종교, 정치, 의학, 농업 등 거의 모든 삶의 영역에 엄청난 영향을 미치고 있다” (Hohenshil, 2000, p. 365). 예를 들어, 공학, 특히 인터넷은 오늘날 직업 계획에서 가장 중요한 도구로 사용되고 있다(Harris-Bowlsbey, Dikel, & Sampson, 2002).

공학 활용 초기에는 기록, 자료 관리, 워드프로세스 활용 등이 전부였다. 하지만 지금은 전화, 인터넷 등을 활용하여 내담자와 상호작용하는 데 이르렀다(Reese, Conoley, & Brossart, 2006). “네트워크를 기반으로 하는 컴퓨터를 상담에 활용하는 일이 급속히 증가하고 있다.” (Sampson, Kolodinsky, & Greeno, 1997, p. 203) Listservs와 BBSs(bulletin board systems)는 상담자들끼리 메시지를 전달하고 의사소통하는 데 매우 인기 있는 도구가 되었다. 이메일은 상담자 간 상호작용뿐만 아니라 상담자와 내담자가 의사소통하는 데 사용되고 있다. 웹사이트는 상담조직, 상담자 교육 프로그램 그리고 개인상담에서도 활용되고 있다(Pachis, Rettman, & Gotthoffer, 2001). 심지어 ‘온라인’ 상담 저널도 출간되었는데, 최초의 저널은 『*Journal of Technology in Counseling*』이다(Layne & Hohenshil, 2005; http://jtc.colstate.edu/WhatisJTC.htm). 공학(컴퓨터, 전화 등)을 활용하여 내담자와 작업하는 것(관계 형성, 내담자의 언어 배우기, 내담자의 사고과정을 배우기, 목표 설정, 목표 달성의 과정 이해)은 매우 도움이 된다. 그렇지만 공학의 활용은 윤리적, 법적 위험성을 내포하고 있기도 하다. 이를테면 ① 비밀보장 문제, ② 위기 상황에 대처하는 문제, ③ 비언어적 정보 수집의 한계, ④ 불법적인 온라인 서비스 제공의 위험성, ⑤ 온라인 상담 서비스의 효과성에 대한 성과 연구의 한계, ⑥ 기술상 문제, ⑦ 내담자와의 라포(rapport) 형성에서의 어려움 등이 그것이다(Pollock, 2006; Shaw & Shaw, 2006).

많은 상담자와 상담 관련 단체는 인터넷을 통해(예: 자살 예방; Befrienders International, 2007), 또 전화를 통해(청소년 금연; Tedeschi, Zhu, Anderson, Cummins, & Ribner, 2005) 서비스를 제공하고 있다. 이런 동향은 시간과 공간의 제약을 받고 있는 사람들을 생각한다면 매우 바람직한 것으로, 전화와 인터넷은 이런 제약을 극복하는 데 도움이 된다.

전화 상담자들은 인터넷을 활용하여 내담자들에게 제공하는 서비스를 향상할 수 있는데, NBCC는 사이버 상담을 위한 지침을 제시하였다(부록 B 참고). 온라인 상담을 필요로 하는 내담자들은 ① 지리적으로 고립된 사람, ② 신체장애를 가진 사람, ③ 통상적으로 상담 요청을 하지 않는 사람, ④ 말로 하기보다는 글을 써서 표현하는 것이 더 나은 사람이다(Shaw & Shaw, 2006).

상담자들이 심리치료에서 공학적 기술을 활용하는 것을 지속적으로 발전시키는 것은 반드시 필요하다. 이런 활용 능력에는 워드프로세스 프로그램, 오디오/비디오 장비, 이메일, 인터넷, 데이터베이스 활용 등이 포함된다. 비록 인터넷, 전화, 기타 공학적 기기들이 면대면 상담을 완전히 대치하는 일은 결코 없겠지만 현재 활용되고 있는 것은 사실이다. 이들 기기는 강점과 한계 양면을 모두 가지고 있다(Haberstroh, Duffey, Evans, Gee, & Trepal, 2007). 또한 무선기기들은 장차 상담자들이 미래에 어떻게 기능해야 하는지에 더욱더 영향을 미치게 될 것이다(Layne & Hohenshil, 2005). 상담자들은 "이 시대에 도래하고 있는 윤리적, 공학적 이슈들을 따라잡기 위해 스스로를 더 연마해야 할 것이다"(Pollock, 2006, p. 69).

리더십

사회적으로나 상담이라는 학문의 영역에서나 워낙 빠른 변화를 경험하다 보니, 상담자에게 리더십과 기획 능력이 더욱 요구된다. 이런 능력은 상담자들이 사회적으로 더욱 긍정적이고 강력한 영향력을 발휘하게 한다. 비록 공감, 집단과정, 목표 설정 등 많은 상담 기법이 상담자로 하여금 리더십을 발휘하도록 할 수 있다 하더라도, "실행 점검 완료하기, 철학과 실천의 소통, 동료의 실행 문제 검토하기, 팀워크와 생산성을 위한 책무 등과 같이 보다 더 특별하게 리더십을 발휘할 수 있도록 하는 것은 전통적인 상담교육에서 교육되지 않는다"(Crutis & Sherlock, 2006, p. 121).

ACA에서는 상담자들에게 새로운 리더십 훈련과 법률 훈련을 제공하기 위하여 국가적인 차원과 지역적인 차원에서 노력해 왔다. ACA의 분과에서도 리더십 발달과 법률적 훈련에 초점을 맞추고 있다. 특히 Chi Sigma Iota(Counseling Academic and Professional Honor Society International)는 세미나와 워크숍을 통해 상담자들에게 리더십 훈련을 제공하고 있다.

리더십의 한 영역인 **전략적 기획**(strategic planning)은 미래를 그려 보고, 출현할 욕구를 예측하여 준비하는 것을 포함하고 있다. 상담에서의 지도 기술(leading skill)과 비슷하게, 전략적 기획은 보통 집단 작업을 통해 완성되며, 예견과 기대치뿐만 아니라 확실한 자료를 포함하고 있다(C. Kormanski, 개인적 인터뷰, 1994. 6. 20). 2005년에 ACA와 28개의 다른 상담 전문 조직은 2020년을 겨냥한 상담 전문 영역의 미래를 위하여 The 20/20 Futures of Counseling을 시작했다. 2007년 가을에 이 모임은 상담자들이 일반적으로 활동하는 영역을 50개 이상 창출하기로 계획을 세웠다. 이렇듯 상담 전문 영역을 이끌고 성장시키기 위해서 전략적 기획에 대한 요구는 매우 커졌다.

정체성

1952년 이래로 미국을 비롯하여 세계 여러 나라에서 일하는 대부분의 상담자는 ACA 회원으로 참여하고 있다. ACA 구성은 "다양한 색상의 털실로 짜인 공처럼" 혼재되어 있지만 ACA는 상담의 전문성을 강조하고 있다(Bradley & Cox, 2001, p. 39). 의학과 같은 전문 영역은 혼재를 극복하고, 전체 의학을 하나의 길로 단일화하였다. ACA는 아직 그렇지 못하다.

그러나 상담은 성장을 거듭하면서 대중에게 널리 수용되었고, 상담자라는 명사를 수식하던 형용사는 감소하기 시작했다(Myers & Sweeney, 2001). 마침내 ACA는 커졌고, 모든 상담자는 이 사회에서 자리 매김을 하고 있다. ACA 조직에는 다음과 같은 분과들이 있다.

1. National Career Development Association(NCDA): 1913년 설립. 이전 명칭은 National Vocational Guidance Association
2. Counseling Association for Humanistic Education and Development(CAHEAD): 1931년 설립. 이전 명칭은 Student Personnel Association for Teacher Education
3. Association for Counselor Education and Supervision(ACES): 1938년 설립. 이전 명칭은 National Association of Guidance Supervisors and Counselor Trainers
4. American School Counselor Association(ASCA): 1953년 설립
5. American Rehabilitation Counseling Association(ARCA): 1958년 설립. 이전 명칭은 Division of Rehabilitation Counseling
6. Association for Assessment in Counseling and Education(AACE): 1965년 설립. 이전 명칭은 Association for Measurement and Evaluation in Guidance
7. National Employment Counselors Association(NECA): 1966년 설립
8. Association for Multicultural Counseling and Development(AMCD): 1972년 설립. 이전 명칭은 Association for Non-white Concerns in Personnel and Guidance
9. International Association of Addictions and Offender Counselors(IAAOC): 1972년 설립. 이전 명칭은 Public Offender Counselor Association

10. Association for Specialists in Group Work(ASGW): 1973년 설립
11. Association for Spiritual, Ethical, and Religious Values in Counseling(ASERVIC): 1974년 설립. 전신은 National Catholic Guidance Conference
12. American Mental Health Counselors Association(AMHCA): 1976년 설립
13. Association for Counselors and Educators in Government(ACEG): 1984년 설립
14. Association for Adult Development and Aging(AADA): 1986년 설립
15. International Association of Marriage and Family Counselors(IAMFC): 1989년 설립
16. American College Counseling Association(ACCA): 1991년 설립
17. Association for Gay, Lesbian, Bisexual, and Transgender Issues in Counseling (AGLBTIC): 1996년 설립
18. Counselors for Social Justice: 1999년 설립
19. Association for Creativity in Counseling: 2004년 설립

요약 및 결론

상담은 독특한 전문직이다. 상담은 부적응적인 개인을 도울 뿐 아니라 인간의 안녕, 발달, 상황적 어려움에 관여한다. 상담은 수십 년 동안 발전해 온 원칙들과 개념에 기초하고 있다. 그리고 상담은 많은 전문 영역을 포함하고 있다.

상담의 역사를 고찰해 보면 상담직이 둘 이상의 학문적 토대를 가지고 있음을 알 수 있다. 상담은 Frank Parsons, Jesse B. Davis, Clifford Beers의 활동과 거의 동시에 시작되었는데, 그들은 직업적 가이던스, 학생들의 성격 발달, 정신건강 개입 등의 영역에서 서비스를 제공하고 개혁하고 개선시켰다. 상담은 초기에 심리측정, 심리학, 인류학, 윤리학, 법, 철학, 사회학 등이 혼합되면서 시작되었다. 또한 상담이론과 실제에서의 발전은 제1차 세계대전, 대공황, 제2차 세계대전, 스푸트니크 쇼크와 같은 중요한 사건들과 깊은 관계가 있다.

상담은 Frank Parsons, E. G. Williamson, Carl Rogers, Gilbert Wrenn, Donald Super, Leona Tyler, Thomas J. Sweeney 등과 같은 선구자들에 의해 더욱 발전하고 영역을 넓히게 되었다. ACA(1913년에 설립된 National Vocational Guidance Associaton을 토대로 하였다)와 APA의 17분과(Society of Counseling Psychology)의 출현과 성장은 상담 전문 영

역의 성장에 중요한 요인이 되었다.

21세기의 상담 전문직에 대한 도전적 주제들로는 폭력 · 증상 · 위기 다루기, 민간보험 회사와 긍정적으로 상호작용하기, 웰니스 증진시키기, 공학적 기술을 광범위하고도 효과적으로 활용하기, 리더십 준비하기, 전문직에 대한 확실한 정체성 확립하기 등이 포함된다. 다음 요약에서는 상담학의 역사에서 주목할 만한 사건들과 더불어 현재 및 미래에 관심을 받고 있는 주요 이슈들을 제시한다.

요약

상담학 역사에서의 주요 사건

1900~1909년

- 가이던스의 창립자인 Frank Parsons가 젊은이들의 진로 의사결정을 돕기 위하여 보스턴 시에 직업국을 설치하였고, 『*Choosing a Vocation*』을 출판하였다.
- Jesse B. Davis는 처음으로 공립학교(미시간 주 그랜드래피즈)에 체계적인 가이던스 프로그램을 적용하였다.
- 이전에 정신병 환자였던 Clifford Beers는 정신병을 가진 환자들이 보다 좋은 대우를 받도록 옹호하였다. 그의 『*A Mind That Found Itself*』 출판은 매우 중요한 영향을 끼쳤다.
- Sigmund Freud의 정신분석 이론은 정신장애를 가진 사람들을 치료하는 기초가 되었다.

1910년대

- American Counseling Association의 전신인 National Vocational Guidance Association (NVGA)이 설립되었다.
- Smith-Hughes 법안이 통과되어 공립학교에서 직업교육을 실행할 수 있도록 예산이 지원되었다.
- 제1차 세계대전 이후에 심리측정이 직업적 가이던스에 적용되었다.

1920년대

- 보스턴과 뉴욕에서 처음으로 상담자 자격증이 시행되었다.
- Strong Vocational Interest Inventory (SVII)가 출판되었다.
- Abraham과 Hannah Stone이 뉴욕 시에서 the first marriage and family counseling center를 설립했다.
- 상담자들이 그들의 관심을 직업적 흥미를 넘어서서 보다 광범위하게 확장하기 시작했다.

1930년대

- E. G. Williamson과 동료들이 학생들과 실업자들을 돕기 위하여 상담자 중심 상담, 즉 특성-요인 상담이론을 개발하였다. 이것은 상담의 첫 번째 이론으로서 종종 미네소타 이론으로도 불린다.
- John Brewer는 가이던스를 직업적 의사결정으로서의 교육으로 주장하였다. 이 시기의 획기적인 사건은 『*Dictionary of Occupational Titles*』의 출간이었는데, 이것은 정부가 직업 목록을 체계적으로 작성한 첫 번째 성과였다.

1940년대

- Carl Rogers가 내담자 중심 상담이론을 개발하였고, 『*Counseling and Psychotherapy*』를 출판하였다.
- 제2차 세계대전 발발로 전통적인 직업의 역할이 공공연하게 의문시되었으며, 개인의 자유가 공적 권위보다 더 강조되었다.
- 미국 Veterans Administration(VA)에서는 상담자와 심리학자를 훈련시킬 재정을 지원하였고, 상담심리학자라는 개념이 출현하였다. 이는 상담이 전문 영역으로 인정되기 시작하였음을 뜻한다.

1950년대

- ACA의 전신인 American Personnel and Guidance Association(APGA)가 설립되었다.
- APA의 17분과(Society of Counseling Psychology)가 설립되었다.
- American School Counselor Association이 APGA 분과 학회로 설립되었다.
- National Defense Education Act(NDEA)가 통과되었으며, Title V-B는 상담자 훈련의 계기가 되었다.
- 새로운 이론들(교류분석, RET)이 형성되었다. 새로운 이론들은 기존 이론들(정신분석, 행동주의, 특성-요인 상담, 내담자 중심 상담)에 도전하였다.

1960년대

- 상담에서 발달적 이슈들이 강조되었다.
- Gilbert Wrenn이 『*The Counselor in a Changing World*』를 출판하였다.
- Leona Tyler는 상담과 상담심리학에 관하여 저술하였다.
- 행동주의 상담이 강력한 상담이론으로 대두되었는데, 『*Revolution in Counseling*』을 저술한 John Krumboltz가 대표 주자였다.
- 시민 권리 운동, 여성 운동, 베트남 전쟁 등으로 인해 사회적으로 큰 변화가 있었다. 상담은 발달을 강조하는 데서 벗어나 사회 문제와 위기 문제들에 관심을 가지게 되었다.
- Community Meutal Health Centers Act가 통과되어 전국적으로 지역사회 정신건강 센터들이 설립되었다.
- 집단상담이 개인의 문제를 해결하는 인기 있는 방법으로 자리 매김하였다.

- APGA에서 처음으로 윤리요강을 만들었다.
- ERIC/CAPS가 설립되어 상담에서의 연구 자료들을 축적하기 시작했다.
- 학교 상담자들을 위한 역할 및 훈련 표준 매뉴얼이 제작되었다.
- 그레이스톤 컨퍼런스에서 상담심리학의 개념을 정리하였다.
- 학술지 『*The Counseling Psychologist*』가 발행되었다.

1970년대

- 상담이 교육 장면을 넘어서서 다양해졌다. **지역사회 상담자**라는 개념이 상담자의 다양한 역할을 보여 주고 있다.
- 『*Personnel and Guidance Journal*』의 편집자인 Derald Sue는 다문화 이슈에 주목하였다.
- American Mental Health Counseling Association이 설립되었다.
- 기초적인 조력기술 프로그램이 Robert Carkhuff, Allen Ivey 등에 의해 개발되었다.
- Title IX 법률안이 통과되었다.
- 버지니아 주에서 최초로 전문 상담자 자격증 법이 시작되었다.
- APGA가 강력한 전문학회로 대두되었다.

1980년대

- Council for Accreditation of Counseling and Related Educational Programs(CACREP)가 설립되었다.
- National Board of Certified Counselors(NBCC)가 설립되었다.
- Chi Sigma Iota(Counseling Academic and Professional Honor Society International)가 시작되었다.
- 상담학회의 회원 수가 꾸준히 증가하였다. AACD는 새로운 임원진을 구성하였다.
- 인간 성장과 발달이 상담에서 주목받게 되었다. 『*In a Different Voice*』를 저술한 Carol Gilligan은 상담에서 여성 문제 연구의 중요성을 강조하였다.

1990년대

- 1992년에 AACD는 American Counseling Association(ACA)로 명칭을 바꾸었다.
- 상담에서 차이와 다문화 이슈가 강조되었다.
- 상담에서 영적 이슈들이 더 공개적으로 언급되었다.
- 상담자들에게 규칙과 책무성을 더욱 강조하게 되었다.
- National Academy of Clinical Mental Health Counselors가 NBCC와 통합되었다.
- 상담자들이 국가적인 건강 문제를 개선하는 핵심적인 역할을 담당하기 위해서 토론하고 법제화하는 노력을 진행하였다.

2000년대

- 상담자들이 학교폭력, 테러 공격, 무차별 총격, 이라크 전쟁 등으로 인해 위기와 외상을 다루는 일이 새롭게 대두되었다.
- 민간보험 회사들이 상담자들의 상담 실행에 관여하게 되었다.
- 웰니스(긍정심리학)이라는 주제가 대두되었다.
- 상담에서 사회 정의 운동이 힘을 얻었다.
- 상담에서 공학적 기술을 활용하는 일이 증가하였는데, 특히 전화와 인터넷이 상담에 적극적으로 활용되고 있다.
- 많은 상담자는 그들의 첫 학회로 ACA를 선택하고 있으며, ACA는 전문가 조직으로 더욱 성장하고 있다.
- 상담 전문 영역에서 공통된 주제로서 The 20/20 Futures of Counseling 프로젝트가 시작되었다.

학습활동

1. 당신은 상담, 가이던스, 심리치료를 어떻게 구별하는가? 당신은 이 세 가지 방식의 조력방법이 가지고 있는 유사점과 차이점을 어떻게 생각하는가? 당신의 생각을 친구들과 논의해 보라.

2. 당신은 앞에서 설명한 시기 중 어느 시기가 상담의 발전에서 가장 중요하다고 생각하는가? 그리고 가장 덜 중요하다고 생각되는 시기는 언제인가? 그렇게 생각하는 이유를 설명해 보라.

3. 이 장을 읽고 당신은 상담에 대하여 무엇을 알게 되었는가? 그것이 당신이 기대했던 것과 어떻게 유사하거나 다른지를 설명해 보라. 상담 전문직에 대해서는 무엇을 발견하게 되었는가? 그것을 답해 보라.

4. 상담이 현재의 형태로 발달하기까지 영향을 미친 것들을 보다 더 상세하게 고찰해 보라. 당신은 이 장에 나오는 여러 선구자 중 한 사람을 선택하거나 또는 당신의 지도교수가 제안해 준 사람을 선택할 수 있을 것이다. 그것을 당신의 친구와 논의해 보라.

5. 당신은 상담 전문 영역에서 미래에 고려해야 할 중요한 이슈가 무엇이라고 생각하는가? 상담자들이 이런 주제들을 어떻게 다루어야 한다고 생각하는가? 이런 주제에 대한 여론이 있는지 알아보고 친구들에게 이야기해 보라.

제2장

상담의 개인적 · 전문적 측면

1. 상담자의 성격적 특성과 배경
2. 상담의 전문적 측면
3. 상담자 자격 제도
4. 상담자의 귀인 양식과 조직화 방법
5. 상담과 관련된 전문적인 활동에 참여하는 것

회색 하늘과 장대비가 휘몰아치는
한낮의 정오에
두 잔의 커피와 함께
당신은 내가 변화하길 꿈꾸며 온다.
Daniel Boone과 같은 스타일을 가진 Houdini의 모습과
Charming 왕자의 우아함을 지니고 Abe Lincoln의 지혜를 지닌 사람으로……
그의 마법 언어와 지팡이,
도전가 정신 그리고 미소는 한 줄기 빛으로 모든 근심 걱정을 사라지게 한다.
하지만 현실에서의 나는
녹색 쿠션을 받친 의자에 앉아 있고
나무 사이로 번개가 치고 있으며
어제와는 또 다른 하루를 보내고 있다.
나는 침묵 속에 불편함을 느끼며
환상 속의 내가 아님을 알게 된다.
안타깝게도 나는 당신 생각 속에 있는
항상 그런 사람일 수 없다.

– Gladding (1973)

상담은 '이타적이고 고귀한 전문 직업'이다. 이 직업에 끌리는 사람은 대부분이 "사려 깊고, 따뜻하고, 감수성이 풍부하고, 친절한" 것이 특징이다(Myrick, 1997, p. 4). 하지만 실제로 상담자들은 다양한 이유로 상담이라는 직업 세계로 입문하게 된다. 상담자가 상담을 시작하는 특정 동기는 교육 프로그램, 이론, 상담 시스템들이 발휘하는 힘만큼 중요한 역할을 한다. 따라서 상담자가 되기를 원하는 사람은 우선 스스로를 살펴보는 것이 중요하다. 상담을 직업으로 선택할 것인지와 관계없이 전체적으로 자신의 삶을 살펴보는 것은 도움이 될 것이다. 그 과정 중에 자신의 생각, 감정, 행동에 대한 통찰을 갖게 되고, 어떻게 다른 사람과 잘 소통할 수 있는지를 배우게 되며, 상담이 어떻게 작용하는지를 이해하게 된다. 또한 자신의 도덕적 추론과 공감 능력을 더 발달시킬 수 있다.

상담자와 상담의 효과성은 다음과 같은 수많은 요소에 의해 영향을 받는다.

- 상담자의 성격적 특성과 배경
- 상담자의 정규교육 수준
- 상담자의 전문적인 능력: 전문성을 향상시키기 위한 상담자의 지속적인 노력, 슈퍼비전, 옹호, 포트폴리오 제작 등

상담자와 상담과정은 역동적으로 영향을 주고받는 과정이다. 유익하지 않으면 오히려 해로울 수도 있다(Carkhuff, 1969; Ellis, 1984; Mays & Franks, 1980). 이 장에서는 상담의 전문성에 영향을 주는 개인적, 전문적 측면이 논의될 것이다.

1. 상담자의 성격적 특성과 배경

상담자의 성격적 특성은 때때로 상담에서 중요한 요소가 되기도 한다. 상담자는 인격적으로 성숙한 사람이어야 하고 따뜻한 공감 능력을 지니고 있어야 한다. 또한 이타적이고 쉽게 화내지 않으며 좌절하지 않는 사람이어야 한다. 하지만 불행하게도 상담자들이 모두 이러한 것은 아니며, 때로는 다른 부정적인 요인이 영향을 미치기도 한다.

상담자가 되고자 하는 부정적인 동기

상담자가 되고자 하는 사람들 또는 상담 교육과정 중에 있는 사람들 모두가 이쪽 분야로 들어오는 것은 아니다. 이것은 겉으로 드러나지 않는 상담자가 되고자 하는 동기와 관련이 있는데, 때로 상담자가 되고자 하는 것과 상담과 잘 맞지 않는 성격적 특성을 보이기도 한다.

수많은 학생이 "상담자라는 전문 직업에 매료되는데…… 그들은 또한 심각한 성격적, 적응적 문제를 나타내기도 한다"(Witmer & Young, 1996, p. 142). 그들 대부분은 상담자 훈련 프로그램을 끝마치기 전에 깊은 실의에 빠진 후 다른 직업을 찾기로 결정한다. 따라서 상담자가 되기 위한 대학원 과정을 시작하기 전에 왜 자신이 상담을 하려고 하는지에 대해서 탐색해 보아야 한다. Guy(1987)에 따르면, 상담자가 되고자 하는 부정적인 동기는 다음과 같다.

- 정서적 고통: 해결되지 않은 개인적 외상을 가진 사람들
- 대리적 대처: 자신의 의미 있는 삶보다는 다른 사람을 통해 자신의 삶을 사는 사람들
- 외로움: 친구가 없어서 상담 경험을 통해 친구를 구하려는 사람들
- 힘에 대한 욕구: 자신의 삶에 무능력하고 겁에 질려 있어 다른 사람을 통제하려고 하는 사람들
- 사랑의 필요: 자기도취적이고, 거들먹거리기 좋아하고, 사랑과 부드러움의 표현을 통해 모든 문제가 해결된다고 믿는 사람들
- 대리반항: 평소에 해결되지 않는 분노를 가지고 있어서 내담자의 반항적인 행동을 통해 자신의 생각이나 감정을 표출하는 사람들

다행히 상담자가 되거나 이 분야에 남는 대부분의 사람은 긍정적 이유로 상담이라는 직업을 선택하게 되며, 때로 어떤 상담자는 소명으로까지 받아들이기도 한다(Foster, 1996). 상담자와 상담자가 되려는 사람들은 항상 자신이 어떤 사람인지, 지금 무엇을 하고 있는지 스스로를 평가해야 한다. 다시 말해, 그것은 개인의 발달사, 자신의 장단점, 직업적 목표와 계획을 살펴보고 질문하는 것이 될 수 있겠다(Faiver, Eisengart, & Colonna, 1995).

사례 Roberta의 직업 전환

Roberta는 MBA을 취득하려고 하는 경영학과 학생이다. 하지만 어느 날 Roberta는 도표와 그림을 지겹게 바라보고 있는 자신을 발견했다. 그래서 그녀는 그 길로 경영학 공부를 그만두었다. "자, 그래서 이제 무엇을 할 것인가?" 그녀는 스스로에게 질문했다. 몇 달의 고민 끝에 경력관리 전문가를 찾아갔다. 자신의 흥미를 조사한 후에 Roberta는 자신이 사람들과 일하는 것을 좋아한다는 것을 알았다. "바로 이거야! 나는 상담자가 될 거야. 경영 쪽의 일에 지겨워지고, 필요 이상의 교육을 받고 지나치게 몰두해 있는 사람들을 도울 수 있는 방법이야. 내가 해야 할 일은 오로지 들어 주는 것 그뿐이지, 멋져!"라고 Roberta는 신나게 외쳤다.

당신은 Roberta가 상담 프로그램에 들어오는 것을 원하는가? 그렇다면 이유는? 당신은 그녀가 무엇을 더 고려해야 한다고 생각하는가?

유능한 상담자의 자질

Foster(1996)와 Guy(1987)는 상담자의 길로 들어서게 만드는 상담이라는 직업에 잘 맞는 실제적이고 긍정적인 상담자의 자질로 다음의 요소들을 꼽았다. 이 목록은 상담자가 되기 위한 긍정적인 자질을 모두 포함한 것은 아니지만 상담자로서 기능하기 위해 필요한 개인적인 자질이 무엇인지를 알려 준다.

- 호기심과 탐구심: 인간에 대한 흥미
- 경청: 잘 듣는 능력
- 대화에 편안함을 느끼는 것: 대화하는 것을 좋아해야 함
- 공감과 이해: 자신과 전혀 다른 사람이라 해도 그 사람의 입장에서 생각해 볼 줄 아는 능력
- 감정에 대한 통찰: 분노와 환희에 이르기까지 다양한 감정을 다룰 줄 아는 능력
- 자기성찰: 스스로에 대해 보고 느낄 줄 아는 능력
- 자제심: 자신의 개인적인 욕구보다 타인의 욕구를 우선시할 수 있는 능력
- 포용력: 감정적인 단절 상태를 견뎌 낼 수 있는 능력
- 유머 감각: 절박한 상황에서도 웃음과 유머를 발견해 낼 수 있는 능력

상담자의 길로 들어서게 만들고, 유능한 상담자가 되는 것은 개인적인 자질뿐만 아니라 수많은 성격적 특성들과 관련이 있다(Patterson & Welfel, 2005). 이는 정서적인 안정성, 조화로움, 끈기, 목적 등과 같은 특징들을 포함한다. 일반적으로 상담의 효과는 이러한 상담자의 개인적인 자질들이 어떻게 조화를 이루느냐에 달려 있다(Carkhuff & Berenson, 1967; Gladding, 2002; Kottler, 1993). 상담자의 개인적인 특징이나 성격은 내담자의 변화를 가져오는 데 있어 지식이나 기술, 특정 기법의 습득보다 더 중요한 요소다(McAuliffe & Lovell, 2006; Rogers, 1961). 교육을 받는다고 해서 사람의 기본적인 성격적 특성이 변하는 것은 아니다. 유능한 상담자는 자신도 성숙하면서 동시에 내담자가 성숙하도록 돕는 역할을 한다. 즉, 유능한 상담자는 자신과 내담자 모두에게 민감하게 반응하는 사람이다. 유능한 상담자는 자신의 편견을 꿰뚫어 볼 줄 알고, 열심히 듣고, 명료성을 요구하고, 긍정적이고 열린 소통의 방식으로 인종과 문화의 차이를 고려할 줄 아는 사람이다(Ford, Harris, & Schuerger, 1993).

유능한 상담자의 성장하고자 하는 욕구를 충족하는 방법은 상담과정상의 도구로서 자신을 적합하게 사용하는 것이다(Brammer & MacDonald, 2003; Combs, 1982). 유능한 상담자는 즉각적으로 대처할 수 있고 창조적이고 공감적이 될 수 있다. "상담 개입 방법의 선택과 개입 시점의 절묘한 조절은 예술작품을 창조하는 것과 같다."(Wilcox-Matthew, Ottens, & Minor, 1997, p. 288) 유능한 상담자는 어떤 접근방법이 작업을 가장 잘 이끌 수 있는지에 따라 직관적으로 자신이 움직이는 시기와 방법을 선택한다. 만일 상담자의 삶이 수많은 경험에 의해 단련되어 있고, 현재 자신의 내담자가 어떤 일을 겪고 있는지 이해할 수 있다면 도움이 될 것이다.

Rollo May는 상담자의 잘 해결된 정서적인 경험으로부터 얻어진 상담자의 감지 능력을 상처받은 치료자의 특징으로 보았다(May, Remen, Young, & Berland, 1985). 이것은 역설적인 현상이기는 하다. 상처를 받았지만 자신의 고통을 극복하고 자신과 세상에 대한 통찰을 가진 사람들은 정서적인 문제로 고통받는 사람들을 도울 수 있다(Miller, Wagner, Britton, & Gridley, 1998). 그래서 "고통스러운 삶의 여정을 거쳐 온 상담자는 절망 속에 있는 내담자와 진정으로 소통할 수 있다."(Foster, 1996, p. 21)

또한 유능한 상담자는 자신의 이론적인 지식과 기술을 자신의 삶에 성공적으로 통합시킨다. 즉, 그들은 개인이 가진 능력과 기술적인 능력을 잘 조화시킨다(Cormier & Cormier, 1998). 유능한 상담자의 자질에는 앞에서 살펴본 것 이외에도 다음의 것들이 포함된다.

- 인지 능력: 배움에 대한 열의, 능력, 빠르고 창조적으로 생각하는 능력
- 에너지: 끝없이 늘어선 내담자를 봤을 때도 적극적으로 활동할 수 있는 에너지를 유지하는 능력

- 융통성: 내담자의 요구에 능동적으로 적응하는 능력
- 지지: 내담자가 스스로 결정하도록 북돋는 능력
- 선의: 내담자가 합법적으로 독립된 삶을 살 수 있도록 내담자를 대신하여 일하는 열의
- 자기 인지: 자신의 태도, 가치, 감정이 무엇인지, 어떤 요소가 어떻게 자신에게 영향을 미치는지 아는 것

Holland(1997)에 따르면, 특정 성격 유형에 따라 매력을 느끼고 잘 기능할 수 있는 영역이 있다. 상담자가 잘 기능하는 영역은 친화력이 중요하고 문제 지향적인 영역이다. 따라서 상담자에게는 대인관계와 창조적인 능력이 필수적이다. 창조적인 활동은 용기를 필요로 하는데(Cohen, 2000; May, 1975), 대인관계에서뿐만 아니라 내부 관계를 북돋으면서 일하고 아이디어를 창출해 내는 것을 말한다(Gladding, 2004). 상담자의 성격이 자신의 환경과 일치할수록 그들은 더 효과적이고 만족스럽게 일할 수 있을 것이다.

Wiggins와 Weslander(1979)는 Holland의 가설을 뒷받침하는 연구 결과를 내놓았다. 그들은 개인의 성격적 특성을 연구하였는데, 네 개 주의 320명 상담자의 직업 수행 능력을 채점하였다. 일반적으로 '아주 유능한' 수준의 상담자들은 Holland의 직업 선호도 조사 결과, 주로 사회적이고(친화적이고 봉사적인) 예술적인(창조적이고 상상력이 풍부한) 영역에서 가장 높은 점수를 나타냈다. '유능하지 않은' 수준의 상담자는 주로 현실적이고(세부적이고 기술적인) 관습적인(조직적이고 실제적인) 영역에서 높은 점수를 나타냈다. 나이와 성, 교육 수준과 같은 다른 요소는 유능성을 추정하는 데 통계적으로 유의미하지 않았다. 이 연구 결

사례 고통이여 지나가라

Patricia는 부유한 환경에서 성장하였다. 사립학교를 다녔고, 개인교습을 받았으며, 주위에는 그녀를 칭찬하는 사람들뿐이었다. 대기업 CEO인 아버지의 뒤를 이어서 일하려고 하는 시점에서 Patricia는 치료적인 환경에서 일하고 싶어 하는 자신의 바람을 깨달았다. 곧 그녀는 많은 상담 프로그램에 지원하여 합격했다. 하지만 본격적으로 상담자가 되는 준비 작업에 들어가기 전에 제3세계의 가난한 사람들과 함께하면서 아픔을 느껴 보는 것이 좋겠다고 생각하였다.

당신은 이러한 Patricia의 결정에 대해 어떻게 생각하는가? 이러한 경험이 그녀에게 도움이 될 수 있을까?

과와 다른 연구들은 상담자 개인의 성격 요소가 상담이라는 직업 영역에서 유능성을 결정하는 데 중요한 역할을 한다는 것을 보여 준다. 인간과 환경의 관계는 복잡한 것이기 때문에 다른 많은 성격 유형의 개인들이 상담의 넓은 영역에서 일하면서 공헌하고 있다.

상담자의 유능성 유지하기

상담자가 되려는 사람들은 보통 다른 사람들과 마찬가지로 삶의 여러 가지 사건을 경험한다. 상담자도 병들고, 나이 들고, 죽음, 결혼, 자녀 양육, 전직, 이혼 등을 경험한다. 이러한 삶의 사건들 중 어떤 것—가령 결혼을 늦게 하거나 아이의 죽음과 같은 것—은 발달을 멈춰 서게 하거나 경로를 이탈하는 듯하게 여겨지고, 심지어는 비극적으로 여겨지기도 한다(Skovholt & McCarthy, 1988). 또한 어떤 사건은 의도하지는 않았지만 마음이 맞는 친구를 만나는 것과 같은 기회를 주는 사건도 있다(Bandura, 1982; Krumboltz & Levin, 2004).

비극적인 경험이든, 운 좋은 경험이든 스트레스를 일으킨다는 면에서는 둘 다 문제가 될 수 있다. 중요한 점은 상담자가 이러한 삶의 사건들을 어떻게 다루는가에 있다. Roehlke (1988)에 따르면, Carl Jung이 말한 **공시성**의 원리, 즉 "두 개의 사건이 동시에 우연히 일어나지만 결국에는 의미 있는 관계로 결론지어진다는 생각을 가지는 것"은 상담자가 인생의 예기치 않은 사건들을 받아들이고 다루는 가장 생산적인 방법이다(p. 133).

상담자는 위기 상황을 다룰 때 그 상황 자체에서 의미를 찾는 것 이외에도 객관성을 유지하면서 직면한 문제를 받아들이고, 자신이 무엇을 바라는지 확인하며, 건강한 생활에 참여하고, 필요하다면 애도해야 한다(Lenhardt, 1997; Myers & Sweeney, 2005; Witmer & Young, 1996). 건강한 삶을 유지하고 실패와 성공 모두를 배우는 상담자는 다른 사람들보다 더 치료적으로 성장할 것이고 내담자의 문제에 민감하게, 전력으로 집중할 수 있을 것이다. 따라서 상담자나 상담자가 되고자 하는 사람들은 얻는 것뿐만 아니라 잃는 것에도 적응해야 하고 가족, 특히 부모와의 반복되는 파괴적인 패턴으로부터도 자유로워야 한다. 이러한 입장은 상담자로 하여금 현재 상황에 충분히 친밀하고 자율적인 관계를 만들어 유지하게 하는 데 도움이 된다(Gaushell & Lawson, 1994).

유능한 상담자가 되는 또 다른 방법은 자신의 건강을 유지하고 소진되지 않도록 예방 조치를 취하는 것이다(Grosch & Olsen, 1994). **소진**(burnout)은 감정과 신체가 도저히 기능을 수행할 수 없는 지점까지 이르게 되는 것이다. 소진 상태가 되면 상담자는 부정적인 자기개념과 부정적인 직업 태도, 심지어 타인에 대한 관심과 연민을 잃어버리게 된다(Lambie, 2007). 상담자에게 소진은 일을 하면서 흔히 일어나는 현상이다. 학교와 지역센터에 종사하는 상담자 중 39% 정도가 소진 현상을 경험하는 것으로 나타난다(Emerson & Markos,

1996; Lambie, 2007).

소진을 피하기 위해 상담자는 개인적, 대인관계적 요소뿐 아니라 환경적 요소도 조정하는 것이 필요하다(Wilkerson & Bellini, 2006). 예를 들어, 일에서 벗어나 상담과 관계 없는 취미생활을 가지는 것도 방법이 될 수 있다. 집에까지 일을 가지고 오는 것은 반드시 피해야 한다. 또한 몇 년에 한 번씩 사무실의 가구 배치를 바꾸거나, 파일을 정리하거나, 자신 있는 주제에 대해 글을 쓰거나, 발표를 하는 것으로 전문 역량을 높이는 등 작은 변화를 시도함으로써 스스로를 활기차게 만들려는 노력을 의무적으로 해야 한다(McCormick, 1998). 상담자가 소진을 막거나 다룰 수 있는 또 다른 방법은 다음과 같다.

- 건강한 사람과 교류하기
- 사명감을 가지고 일하는 동료나 조직과 함께하기
- 상담이론을 가지기
- 스트레스 감소 훈련을 이용하기
- 환경에서 스트레스 요인을 제거하기
- 자기평가 해 보기(예를 들어, 스트레스가 무엇인지, 무엇이 해결책인지 알아보기)
- 정기적으로 상담의 역할과 기대, 믿음을 명확하게 평가해 보기(즉, 쓸데없이 늦게까지 일하지 않고 현명하게 일하기)
- 상담 치료 받기
- 자유시간 가지기(즉, 삶의 균형을 맞추기)
- 내담자와 작업할 때 거리를 두는 태도 가지기
- 희망 가지기

상담자가 가지는 성격, 자질, 흥미와 관련해서 Auvenshine과 Noffsinger(1984)는 다음과 같이 결론 내렸다. "유능한 상담자는 정서적으로 성숙되어 있고 안정적이고 객관적이다. 자신에 대해서 잘 알고 있으며 확신이 있고 자신의 장점과 단점을 현실에 맞게 잘 통합하여 지니고 있는 사람이다." (p. 151)

생/각/해/보/기

당신을 생기가 돌게 하거나 기쁘게 하는 것은 무엇인가? 어떤 활동이나 취미를 즐기는가? 그 활동의 어떤 점을 좋아하는가? 당신은 어떻게 어려움을 극복하는가?

2. 상담의 전문적 측면

도움의 수준

도움을 주는 수준에는 비전문적, 준전문적, 전문적 수준의 세 가지 수준이 있다. 일정 수준에서 기능하기 위해서는 업무에 따라 필수적인 기술이 요구된다([그림 2-1] 참고).

도움의 첫 번째 수준은 비전문적 도움이다. 이 수준에 있는 사람들은 친구, 동료, 훈련받지 않은 자원봉사자, 또 할 수 있는 범위 내에서는 무엇이든 도움을 주려고 하는 슈퍼바이저일 수도 있다. 비전문적인 수준에서 도움을 주려고 하는 사람들은 다양한 수준의 지혜와 기술을 가지고 있다. 이 수준에서는 특정한 교육 수준을 요구하지 않고 도움을 받는 정도도 매우 다양하다.

도움의 두 번째 수준은 인적 서비스와 관련된 일을 하는 사람을 포함한다. 이 수준에 속하는 사람들은 인간관계 기술과 관련된 정규 훈련을 받으며 개인보다는 팀의 일부로 일을 한다. 정신건강 전문요원이나 아동돌봄 요원, 보호관찰 요원, 청소년 지도요원 등이 이 수준에 속하는 사람들이다. 이러한 준전문가 수준에서 일하는 사람들은 적합한 훈련과 슈퍼비전을 받으면 사회적 환경을 통해서 정신건강을 증진시키는 데 중요한 역할을 할 수 있다(Waldo, 1989).

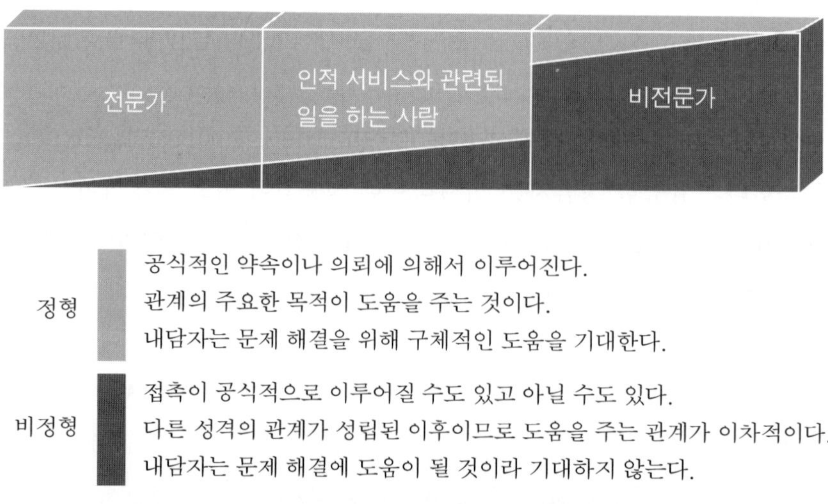

[그림 2-1] 도움을 주는 관계의 종류

출처: Okun (1997).

마지막으로 전문적 도움이 있다. 이에 속하는 사람들은 예방과 치료의 양쪽 측면에서 도움을 줄 수 있도록 훈련받는다. 상담자나 심리학자, 정신과 의사, 사회복지사, 정신건강 관련 간호사, 가족 치료사가 여기에 속한다. 이 수준에 있는 사람들은 주로 특정 분야의 학위를 가지고 있으며 인턴들이 다양한 상황을 다룰 수 있도록 준비시키는 슈퍼바이저 역할을 할 수 있다.

Robinson과 Kinnier(1988)는 비전문가와 준전문가 수준에서 행해지는 교육의 경우 자기훈련 방법과 전통적인 수업 형태의 훈련 방법이 동일하게 효과적이라고 하였다.

고도의 전문가 집단

특정 분야의 전문가가 되기 위해서는 그에 맞는 교육과 숙련 수준이 요구된다. 상담자는 다른 전문가들의 서비스를 이용하고 소통하고 상호 협력하기 위해서 그들의 교육 배경을 알 필요가 있다. 상담자가 주로 함께 일하는 세 종류의 전문가 집단은 정신과 의사, 심리학자, 사회복지사다.

정신과 의사는 의학 학위를 받고 정신과에서 수련을 마친 사람이다. 그들은 주요한 심리학적 장애를 가진 사람들과 일하는 고도의 전문가 집단이다. 그들은 "정신적, 정서적 장애의 기저가 되는 신체 작용에 초점을 맞추는" 생체의학적 관점의 교육을 받았다(MacCluskie & Ingersoll, 2001, p. 8). 정신과 의사들은 약을 처방하고 그 결과를 정신건강 클리닉과 같은 센터에서 평가한다. 일반적으로 대부분의 정신과 의사는 포괄적인 생물심리학적 접근 방법으로 치료를 하고 집단상담 활동에 아주 많이 참여하지는 않는다. 그들은 연방시험과 주시험을 모두 통과해야 자격이 주어진다. 그들의 내담자는 환자(patients)라고 불린다.

심리학자는 심리학 관련 학위인 철학 박사(Ph.D.), 교육학 박사(Ed.D.), 심리학 박사(Psy.D.) 중 하나를 소지한 사람이다. 그들이 받는 학위와 인턴십 과정은 임상, 상담, 학교와 관련된 분야에 집중되어 있다. 모든 주에서 심리학자들에게 자격을 부여할 수 있는데, 자격 조건은 주마다 다르다. 임상 쪽에 치중한 대부분의 심리학자는 일정한 기준을 충족했을 때 National Register of Health Service Provider에 등록된다. 상담심리학 프로그램은 과학적이고 전문적인 상담자 윤리와 기준, 연구 계획, 연구 방법론, 통계, 심리학적 도구, 행동의 원인이 되는 생물학적 측면, 인지-정서적 측면, 사회적 측면, 개인의 행동, 기타 특정 영역의 과정을 포함하는 교육과정이다. 상담심리학과 상담교육은 많은 공통된 관심사와 비슷한 뿌리, 역사를 가진다(Elmore, 1984).

사회복지사는 주로 사회복지학 석사(MSW)를 취득하지만 학사 수준의 학위를 가지기도 한다. 물론 박사 수준의 심화된 훈련도 있다. 교육적인 배경과 관계 없이 모든 수준의 사회복지사는 사회기관에서 인턴십을 수행해야 한다. 사회복지사는 어떻게 기능하느냐에 따라 매우 다양하다. 정부 프로그램을 관리하면서 혜택을 받지 못하고 권리를 박탈당한 사람들을 위해 일하기도 하고 상담 활동에 개입하기도 한다. "사회복지는 상담이나 심리학, 정신의학과는 다르다. 사회복지는 사회 시스템을 변화시키기 위해 협상하고 옹호하는 일을 하며 고유한 문화 속에 있는 내담자의 신체적, 사회적 배경을 이해하고 지역사회 내의 상황과 틈새 역할을 찾아내어 사회복지 서비스를 제공하는 일이다." (MacCluskie & Ingersoll, 2001, p. 13) 미국 국립사회복지사협회, 즉 National Association of Social Workers (NASW)에서는 고도의 임상 경험과 교육 조건을 갖춘 회원들에게 자격을 부여하고 있다.

전문 상담자 교육

인간 발달에 대한 지식과 상담에 대한 정규교육 없이 유능한 상담자가 되기는 힘들다(Kurpius, 1986). 상담자에게 요구되는 교육 수준은 관련된 업무의 강도, 전문성, 업무에서 무엇이 강조되느냐와 직접적으로 관련이 있다. 전문 상담자가 되기 위해서는 정규교육을 통해서 석사 학위나 박사 학위를 받거나 관련 교육을 받고 학교상담, 지역사회 상담, 정신건강 상담, 진로상담, 노인상담, 중독상담, 결혼과 가족 상담의 영역에서 인턴십을 수료하는 방법이 있다. National Board of Certified Counselors(NBCC)에 의해 연방정부에서 공인하는 상담자격(NCC)이 부여되는데, 때로는 학교상담, 정신건강 상담, 중독상담 같은 특수한 영역의 자격이 주어지기도 한다. 또한 각 해당 주에서 자격을 부여하기도 한다.

주로 석사나 박사 수준의 상담교육 프로그램이 공인된다. 이러한 프로그램을 승인하는 주체는 Council for Accredifation of Counseling and Related Education Programs (CACREP)다. 이러한 독립적인 주체를 만든 것은 National Council for Accreditation of Teacher Education(NCATE)와 독립적인 상담의 기준과 지침을 수립하기 위한 Association for Counselor Education and Supervision(ACES)과 ACA의 노력에서 시작되었다.

CACREP는 석사 수준에서 진로상담, 지역사회 상담, 정신건강 상담, 학교상담, 결혼 · 커플 · 가족 상담과 관련한 프로그램들을 승인한다. 승인된 석사 프로그램의 졸업자들은 승인되지 않는 프로그램 졸업자에 비해 다음과 같은 이점이 있다. ① 승인된 박사과정에 들어가는 데 이점이 있고, ② 자격증 취득을 위한 필수 교육 과목을 채울 수 있고, ③ 상담자로서 직업을 찾는 데 유리할 수 있다.

프로그램의 승인 기준이 정기적으로 바뀜에도 불구하고 다음의 사항은 석사 수준의 상담교육 프로그램에 공통적으로 해당하는 사항이다(CACREP, 2001).

- 입문 프로그램은 최소한 2년 학위과정에 최소 48학점으로 구성되어야 한다. 정신건강 상담을 위한 프로그램은 60학점이고, 결혼 및 가족 관련 프로그램도 60학점으로 이루어져 있다.
- 교육과정에는 다음의 영역에서 경험과 지식, 기술을 배양할 수 있는 내용을 포함해야 한다. ① 인간 성장과 발달에 대한 내용, ② 사회적, 문화적 배경, ③ 도움을 주는 관계, ④ 집단, ⑤ 생활양식과 진로 개발, ⑥ 진단, ⑦ 연구와 평가, ⑧ 전문적 방향성.
- 임상 경험에서는 특정 자격을 갖춘 슈퍼바이저로부터 지도받는 것이 필수적이다. 일주일에 1번, 1시간의 개인상담, 1.5시간의 집단상담에 대한 슈퍼비전을 받아서 전체 100시간의 슈퍼비전 시간을 채워야 한다.
- 프로그램은 600시간의 인턴십을 포함해야 한다. 이 인턴십은 슈퍼비전도 함께 진행되어야 하고 실습을 성공적으로 완료한 이후에 시작할 수 있다.
- 3명의 담당교수가 상담교육 프로그램에 배치되어 있어야 한다.

CACREP는 상담교육과 슈퍼비전에서 박사 수준의 프로그램(Ed.D.와 Ph.D.)도 승인한다. 2004년 기준으로 70개의 상담교육 프로그램이 있는데, 그중 45개가 CACREP의 승인을 받았다(Clawson, Henderson, & Schweiger, 2004). 박사 수준의 기준들은 석사학위 수준의 교육을 완료했다는 것을 가정한다. 박사 수준의 프로그램들은 좀 더 심도 깊은 연구와 임상 슈퍼비전 경험, 전문화를 요구한다. 교육대학들은 CACREP의 승인을 받는 것이 학교와 학생에게 혜택이 많다고 판단하기 때문에 점점 더 많이 승인 신청을 하고 있다. 따라서 승인의 기준과 절차를 맞추기 위해 교육 프로그램 과정이 전체적으로 점점 더 내실을 갖추어 가고 있다.

3. 상담자 자격 제도

상담을 독립된 전문직으로 인식시키기 위한 노력이 꾸준히 이루어져 왔다. 이러한 일련의 노력 중 가장 중요한 부분 중 하나가 상담자에 대한 자격 승인과정이다. 상담자로서 활동할 수 있도록 적합한 승인을 받는 것은 상담 전문성에 있어 중요한 요소다. 이러한 자격 승인은 주로 자격증이나 면허를 취득하면서 이루어진다. "자격을 갖춘 상담자는 높은 가시성과 신뢰성을 가진다." (Clawson & Wildermuth, 1992, p. 1)

전문성을 승인하는 방법에는 네 가지가 있을 수 있는데, 그중 상당히 신뢰할 수 있는 방법은 자격증과 면허 제도다. 과거에 대부분의 자격증 수여는 주정부에 의해 이루어졌는데,

현재는 NBCC와 같은 전문기관에서 이루어진다. 어떤 방법으로 전문성을 승인받을 것인지 결정하기 이전에 상담자는 우선 법적으로 무엇이 요구되는지를 알아서 신뢰성과 역량을 강화해야 할 것이다(Anderson & Swanson, 1994).

자격과정에는 검증, 등록, 자격증, 면허의 네 가지 수준이 있다.

검증

이 과정에서 "전문가가 공공의 안전과 건강, 복지를 향상할 수 있도록 전문성을 유지하고 있는지 전문가의 활동을 주정부 기관이 정기적으로 조사한다"(Swanson, 1983, p. 28). 많은 주정부 기관이 정신건강 센터와 같은 곳에 상담자를 고용하고 있는데, 이러한 곳에서 일하고 있는 인력과 프로그램에 대한 점검이 정기적으로 이루어져야 한다. 이러한 점검은 특정 기간 동안의 치료 사례 검토, 기관의 이용 절차 등에 대한 검토, 직접 인터뷰 등으로 행해질 수 있다.

등록

등록은 실무자들이 실무행위의 본질과 관련하여 주정부에 정보를 제공할 것을 요구하는 것과 관련이 있다. 주로 ACA의 주정부 분과와 같은 전문 기관이 상담자 등록과 그 자격 유지를 위해 필요한 자격 기준을 정할 의무가 있다고 가정한다. 이러한 방법은 '등록된 전문상담자'라고 명명되고 상담자로서 법적인 승인을 얻을 수 있는 방법이다.

자격증

자격증은 "기관이나 협회가 특정의 정해진 전문 자격을 갖춘 사람을 승인하는, 법에 명시되었거나 명시되지 않은 전문적 과정이다. 간단명료하게 말해서, 자격증은…… '제한된 면허'다. 즉, 직함에 대한 보호를 말한다"(Fretz & Mills, 1980, p. 7). 이 경우 주정부나 연방정부에서는 전문적인 능력을 갖춘 개인에게 자격을 인증한다. 자격증은 기본적으로 그 사람이 해당 전문 영역에서 활동할 수 있는 최소한의 필요한 기술을 갖추었고 전문성을 발휘하는 데 있어 나쁜 영향을 미칠 수 있는 성격적인 결함도 없다는 것을 의미한다. 종종 주정부에서는 자격을 인증하기 위해 필요한 자격을 갖추었는지 시험을 통해 검사하고 자격증이 발행되기 전에 추천서 제출을 요구한다. 학교 상담자는 자격증이 발행된 최초의 상담자였다.

NBCC는 상담자 자격을 승인하는 주 연방기관이다. NBCC를 통해 받을 수 있는 전문 자격증으로는 학교상담, 정신건강 상담, 중독상담, 슈퍼비전 자격증이 있다([그림 2-2] 참고).

연방상담사자격증인 NCC를 원하는 상담자들은 상담과 관련 영역에서 최소 학기제일 경우에는 48시간, 쿼터제일 경우에는 72시간의 대학원 학점과 승인된 교육기관에서 상담 석사 학위를 갖추어야 한다. 대학원 프로그램은 인간 성장과 발달, 집단 작업, 연구와 프로그램 평가, 상담이론/협력관계, 전문적인 방향성, 진로와 생활양식 개발, 도덕, 사회적/문화적 기초, 평가를 포함하여야 한다. 또한 최소 2학기 동안 상담 현장에서 슈퍼비전을 받

NBCC란?

NBCC(National Board for Certified Counselors, Inc. and Affiliates)는 상담자 자격을 승인하는 독립적인 비영리 기관으로서 1982년에 설립되어 연방자격 시스템을 모니터하고 자발적으로 자격증을 취득하고자 하는 상담자를 발굴하여 상담자 자격을 유지토록 하는 기관이다.

NBCC의 자격 프로그램은 상담자 면허와 자격을 위한 가장 신뢰할 만한 시험인 연방상담사시험(NCE)의 훈련 기준과 경험, 수행 능력 기준에 적합한 상담자를 선별해 낸다. NBCC에는 약 4만 2,000명의 자격을 갖춘 상담자가 등록되어 있다. 이 상담자들은 미국과 50개국 이상의 나라에 살고 있고, 상담자로서 일하고 있다. 주정부 수준의 자격을 갖춘 상담자를 배출하기 위해 NBCC의 시험은 48개 주, 콜롬비아 지역과 괌에서 시행되고 있다.

NBCC는 초기에 ACA의 위원회 중 하나였다. 위원회는 NBCC를 독립적인 승인기관으로 만들었다. NBCC와 ACA는 역사적으로 강하게 결합되어 있고, 상담의 전문화를 위해 함께 노력하고 있다.

하지만 두 기관은 두 가지 목적에서 전혀 다른 조직이기도 하다.

- ACA는 컨퍼런스나 전문 역량 개발, 출판 활동, 정부와의 관계 같은 회원들 간의 제휴 활동에 중점을 둔다.
- NBCC는 자격 제도를 통하여 상담의 질을 향상하는 데 중점을 둔다. 사설과 정부 조직의 상담 전문성을 높이고자 한다.

NBCC가 주력하는 승인 제도는 연방상담사자격증(NCC)이다. NBCC는 또한 다음의 몇몇 분야의 전문 자격증을 제시하고 있다.

- 학교상담: 연방학교상담자격증(NCSC)
- 정신건강임상상담: 정신건강임상상담자격증(CCMHC)
- 중독상담: 중독상담자격증(MAC)

NCC 취득은 다른 전문 분야 자격증 취득의 필수 조건이거나 병행 조건이다.

[그림 2-2] NBCC 소개

출처: http://www.nbcc.org/about

으면서 실전 경험을 쌓아야 한다. 그리고 연방상담사시험(NCE)을 통과해야 한다. CACREP 프로그램을 졸업하지 않은 사람일 경우에는 석사 학위 후 2년의 실전 경험과 내담자 상담 300시간, NCC나 동일한 수준의 자격을 갖춘 슈퍼바이저로부터 100시간의 면대면 슈퍼비전이 요구된다.

상담자들은 네 가지 이유로 NBCC 자격증과 주정부 면허를 모두 취득해야 한다(Clawson & Wildermuth, 1992). 첫째, 연방 자격증은 주정부 면허보다 더 광의의 개념이고 더 많은 사람들을 대상으로 한다. 둘째, 면허는 연방 자격증보다 주정부의 정책에 더 영향을 받기 쉽다. 셋째, 연방 자격증을 가짐으로써 주정부 라인을 통해 내담자 의뢰를 받기 쉽고 네트워킹을 구축할 수 있다. 마지막으로, 대부분의 주정부 상담 자격증은 연방 자격증과는 달리 전문 영역이 없다.

면허

Fretz와 Mills(1980)는 면허란 "주정부 같은 정부기관이 특정 업무를 수행하는 데 필수 자격사항을 갖추고 활동하는 사람에게 허가를 주는 법적인 과정이다."(p. 7)라고 정의했다. 면허는 자격증과는 그 목적에서 다르지만 교육과정과 능력을 검사하는 면에서 비슷한 과정을 거친다. 면허의 필수 요구사항이 일단 정해지면 법적으로 자격을 갖추어야 활동할 수 있다(Anderson & Swanson, 1994; Wheeler & Bertram, 2008). 면허는 거의 주정부에 의해서 독점적으로 주도되는 과정이고, 주정부는 면허 발행을 감독하기 위해 위원회를 설립한다. 활동을 규제하기 위해 위원회에서 채택한 법적, 도덕적 규정을 위반한 면허 취득자는 위원회가 요구하는 징벌 규정을 따라야 한다. 규정을 어기고도 면허 정지나 취소를 당하지 않은 정신건강 서비스 관련 면허 취득자는 활동을 계속하기 위해서는 다음의 요구사항 중 하나 이상을 수행해야 한다(Cobia & Pipes, 2002, p. 140).

- 교정교육 참여
- 치료받기
- 감독받는 것에 대한 동의
- 활동 범위 제한
- 동료 중 지정된 사람에게 슈퍼비전 받기

일반적으로 타인에게 도움을 주는 전문적인 서비스 영역에서 일하는 사람들은 일반 대중, 비슷한 영역의 다른 분야 전문가 및 주정부 입법기관으로부터의 면밀한 감독하에 항상 놓여 있다. 1960년대와 1970년대의 심리학자 면허처럼 상담자 면허 발행은 1970년대와 1980년대에 탄력을 받았다. 2008년 초, 49개 주와 푸에르토리코, 콜럼비아 지역에서는 법적으로 상담 활동을 통제하였다. 상담자 면허 제도의 성장과 일관적인 적용을 위해서 American Association of State Counseling Board(AASCB)가 1986년에 조직되었다 (Dingman, 1990).

사례 Alice와 알파벳

새로운 주로 이사 왔을 때 Alice는 면허를 취득하기 위해서 작업을 시작하였다. 열심히 작업했고 주정부 면허 위원회는 면허를 허가했다. Alice는 친구 Luke에게 새로 나온 명함을 보여 주며 Luke의 반응을 보고 놀랐다. Luke는 "왜 너의 이름 뒤에 그 알파벳을 적어 넣었지? 누가 LPC 같은 철자에 신경이나 쓰겠니?" 라고 이야기했다.

Alice는 정신을 차리고 진지하게 말했다. "나는 이 면허가 내 전문성을 나타낸다고 생각했어. 전문성을 승인받은 것은 나에게뿐 아니라 내 내담자에게도 중요한 일이야."

당신은 Luke의 반응에 대해 어떻게 생각하는가? Alice의 대답에 대해서는?

4. 상담자의 귀인 양식과 조직화 방법

상담자의 귀인 양식과 조직화 방법은 무엇을 할 것인지, 어떻게 일할 것인지에 영향을 미친다. 귀인 양식은 상담자가 내담자의 문제 원인을 무엇으로 바라보느냐와 관련이 있다(예를 들어, 문제의 원인을 외부 환경의 요인으로 귀인하는지 혹은 개인 내적 요인으로 귀인하는지에 대한 것이다). 조직화 방법은 일관되고 체계화된 일련의 사고와 원칙, 행동들이다. 상담과 관련한 조직화 방법은 내담자에 대해서 상담자가 어떻게 접근하고 귀인과 이론을 어떻게 연관시키느냐와 관련이 있다. 여기서 두 가지 조직화 방법을 살펴볼 것인데, 상담자가 작업하는 두 가지 관점에서 발달적 사건에 기반을 둔 조직화 방법과 장애 진단에 기반을 둔 조직화 방법을 살펴볼 것이다.

귀인 양식

상담자와 내담자는 무엇이 문제의 원인인지에 대한 가정을 가지고 작업에 들어가게 된다. 때로는 이러한 각각의 가정들이 너무 다르다. 하지만 "진단에 따른 결정, 증상의 인식, 치료 반응과 결과에 관련된 예측 모두 현재 내담자에게 발생한 문제의 원인에 대한 상담자의 설명에 영향을 받는다"(Kernes & McWhirter, 2001, p. 304). 예를 들어, 내담자 문제에 대한 책임을 내담자의 잘못, 즉 내담자의 잘못된 결정 때문으로 돌린다면 그러한 결정을 내린 내담자는 비난받을 수도 있다. 반대로 예기치 않은 죽음과 같은 외상 사건을 바라보듯이 문제에 대한 책임을 내담자의 통제권을 넘어선 영역으로 본다면 내담자는 아주 호의적으로 다루어질 수 있을 것이다. 상담자가 의식적으로든 무의식적으로든 사용하는 네 가지 주요 귀인 모델은 다음과 같다(Kernes & McWhirter, 2001).

의학적 모델

"이 모델에 의하면, 내담자는 문제에 대해서도, 그 해결책에 대해서도 책임이 없다."(p. 305) 이 모델을 채택하는 상담자는 기본적으로 고도의 전문가로서 행동을 취해야 하고 변화를 위해 필수적인 서비스를 제공한다. 내담자는 비난받지는 않지만 의존적이 될 수 있다.

도덕적 모델

이 모델은 의학적 모델과는 기본적으로 반대되는 개념이다. "내담자는 문제의 원인과 해결의 두 가지 측면 모두에서 책임이 있는 것으로 보인다."(p. 305) 상담자는 코치나 촉진자로 여겨진다. 이 모델의 결점은 내담자를 주변 환경의 희생자로 볼 수도 있음에도 불구하고 자신의 문제에 대한 책임을 지울 수 있다는 점이다.

보상적 모델

보상적 모델에서 내담자는 "문제 원인에는 책임이 없고 오로지 문제 해결에만 책임이 있는 것"(p. 304)으로 본다. 기본적으로 내담자는 "자신의 욕구를 충족하기 위한 사회환경의 실패로 고통을 겪는 것"(p. 304)으로 비춰진다. 따라서 상담자와 내담자는 문제 해결을 위한 파트너 관계를 수립하게 되는데, 상담자는 내담자에게 교육과 기술, 기회를 제공하는 선생님과 같은 부차적인 역할을 하게 된다. 이 모델의 결함은 내담자가 '자신이 만들지 않은 문제를 해결하기 위해 지속적으로 필요 이상의 압박감을 느낄 수 있다'는 점이다.

계몽 모델

이 모델은 "내담자는 자신의 문제 원인에 대해서는 책임이 있지만 문제 해결에는 책임이 없다" (p. 304)는 관점을 가진다. 내담자는 "자신의 인생을 통제 불능의 상태로 빠뜨린 장본인" (p. 304)으로 여겨진다. 내담자들은 이러한 자기 문제의 본질을 알고 상담자가 도울 수 있도록 문제 해결 방법에 눈을 뜨는 것이 필요하다. 내담자는 이러한 접근 방식에 안도감을 느낄 수도 있지만, 이 모델의 단점은 절대적인 역할을 하는 상담자의 모습에 의존할 수 있으며 상담이 종료된 후에도 외부 자원에서 이러한 절대적인 역할을 해 주는 존재를 찾으려 할 수도 있다는 것이다.

생/각/해/보/기

자신의 삶에서 힘겨웠던 순간을 생각해 보자. 당신이 내담자라면 우리가 앞에서 논의한 귀인 모델 중 어느 것이 가장 편안하게 받아들여지겠는가?

상담 조직화 방법

유능한 상담자는 상담이론뿐만 아니라 특정 상담 조직화 방법을 고수한다. 상담의 강점은 궁극적으로 이러한 과정의 지속적인 견지에 달려 있다.

상담이 하나의 뚜렷한 접근 방식으로만 이루어지지 않는다는 점은 상담의 역사적 발달 과정을 살펴보았을 때 놀랄 만한 일도 아니다. 상담은 말을 타고 어느 방향으로 갈지 정해지지 않은 채 출발한다. 즉, 그것은 중심도 없고 나아가고자 하는 방향도 없다(Ungersma, 1961).

1940년대 후반 전문가들은 상담에서 조직화 방법이 부족한 점을 주목하였다. Robert Mathewson(1949)은 "상담이 전통적인 철학, 교육, 심리학, 민주정부의 정치관, 물리과학의 개념 등으로부터 빌려온 부적합한 틀에서 자유로워지는 과정" (p. 73)에 있다는 점을 발견하였다.

1940년대 후반까지 상담은 다양한 조직화 방법을 사용하였다. 상담 전문직의 체계적인 기초가 없었기 때문에 각각의 소집단들은 자신에게 가장 잘 맞는 조직화 방법에 따라 활동하였다. 서로의 관점이 옳다는 주장이 종종 제기되었는데, 이러한 관점들이 특히 이론과 연계되어 있을 때는 더욱 경쟁적이었다. 예를 들어, E. G. Williamson과 Carl Rogers는 자신들의 접근 방식에 대한 장점을 열정적으로 토론하였다. 몇몇 상담자는 상담자 훈련의 조직화 방법에 따라 접근 방식을 일치시키는 것이 중요하다는 것을 인식하였으나 계획성 없는 전문성의 성장이 걸림돌로 작용하였다. 하지만 1990년대에 몇몇 상담 조직화 방법이 부상하였고 가장 눈에 띄는 두 가지는 발달적/웰니스 접근 방식과 의학적/병리적 모델이다.

발달적/웰니스 접근 방식

상담에 대한 발달적/웰니스 관점은 여러 성격 이론가가 인간의 정상적인 성장과정으로 보는 단계들에 기초한다. 이러한 관점에서 상담은 내담자가 가지는 문제가 성장과정상에 나타나는 문제가 맞는지 아닌지를 살펴보려고 한다. 특정 성장 단계에서는 적합한 행동으로 볼 수 있는 것이 다른 단계에서는 건강한 것으로 여겨지지 않기 때문이다.

Allen Ivey(1990)는 상담 조직화 방법을 발달적 관점에 기초하여 바라본 최초의 학자는 아니지만 이 이론의 가장 독특한 특징 중의 하나인 발달적 성장과 상담 전략의 결합을 주장하였다. 기본적으로 Ivey는 Piaget 학파의 인지 수준의 개념(즉, 감각운동기, 구체적 사고 단계, 형식적 사고 단계, 후기 형식적 사고 단계)을 성인, 아동과의 면접에 적용할 것을 제안하였다. 따라서 내담자가 초기에 자신의 감정을 인지하지 못하면 상담자는 감정을 일깨울 수 있도록 감각운동기의 수준에서 작업해야 할 것이다. 비슷한 방법으로, 변화하고자 하는 전략을 세우려는 단계에 있는 내담자들은 형식적 사고 패턴을 활용함으로써 도움을 받을 수 있을 것이다. 발달상담과 치료(Development Counseling and Therapy: DCT)에서는 "면접 시 자연스럽게 사용하는 언어를 통해 발달 순서와 과정이 구체적으로 나타난다"(Ivey & Ivey, 1990, p. 299)고 본다.

웰니스 접근 방식은 인간 존재의 긍정적인 측면을 강조한다(Myers & Sweeney, 2005). "역사적으로 상담자들은 내담자들이 자신의 강점을 발견하고 찾아낼 수 있도록 돕는 사람들이다."(Rak & Patterson, 1996, p. 368) 이러한 관점에서 개인은 실제적이고 즉각적으로 자신의 문제를 스스로 해결할 수 있는 자원을 가진 존재다. 즉, "문제적 증상은 기저에 있는 병리적 현상의 증거가 아니다"(Mostert, Jonhson, & Mostert, 1997, p. 21). 더욱이 Rak과 Patterson(1996)이 지적한 바에 따르면 심지어 최고의 위기 상태에 있는 아동들조차 탄력성을 보여 주며 문제 해결이 가능한 성인으로 성장한다.

웰니스 모델을 기초로 한 상담 접근 방식의 예는 **문제 해결 중심 이론**(solution-focused theory)에서 찾아볼 수 있다. 가령 **스트레스 감소 훈련**(stress inoculation training: SIT)은 학교에서 또는 성인을 대상으로 활용될 수 있는 예방 차원의 심리교육적 개입인데, 현재와 미래의 웰니스를 강조하는 접근방법의 예가 될 수 있다(Israelashvili, 1998). 이 모델에서 개인은 자신의 문제 상황을 다룰 수 있는 기술을 획득하며 이러한 기술을 현재와 미래에 일어날 수 있는 상황에 적용함으로써 도움을 받는다.

발달적/웰니스 접근 방식의 기본 바탕은 예방과 교육의 강조에 있다(Kleist & White, 1997). 상담자와 내담자는 자신의 정신적, 신체적, 사회적 영역에 대해 잘 알고 있을 때 가장 잘 기능할 수 있다. 이러한 과정을 통하여 어떻게 내적 · 외적으로 붕괴시키는 힘을 피하거나 최소화할 수 있는지 알게 된다.

의학적/병리적 접근 방식

상담의 발달적/웰니스 관점과 상반되는 인간 본질에 대한 의학적/병리적 모델은 『정신장애의 진단과 통계 편람(*Diagnostic and Statistical Manual of Mental Diorders*: DSM)』(American Psychiatric Association, 2000)을 치료 계획을 세우는 데 기초로 삼는 사람들에 의해 소개되었다. DSM은 정신병리 장애를 분류한 것으로 세계보건기구에 의해 출간된 『국제질병분류체계(*International Classification of Diseases*: ICD-10)』 매뉴얼과 양립한다. DSM 수정 4판(DSM-IV-TR)은 297개의 임상 진단을 포함한다(1952년 초판의 106개와는 차이가 있다). DSM-IV-TR은 더 두꺼워졌을 뿐만 아니라 이전 버전보다 문화적 측면을 더 많이 고려하였다. 예를 들어, "16개의 주요 진단체계 중 14개(예: 기분장애, 불안장애)가 문화적 이슈에 따른 차이점에 대해 논의하고 있다"(Smart & Smart, 1997, p. 393). DSM은 "각 진단과 관련된 과정, 유병률…… 성과 가족 이슈에 대한 정보를 제공하기 때문에 내담자를 완전히 이해하는 데 어려움을 겪는 상담자에게 이러한 정보가 도움이 될 것이다"(Erikson & Kress, 2006, p. 203). 1980년 이래로 DSM 분류체계의 독특한 점 중 하나는 내담자의 진단명을 기술하기 위해 다섯 가지 축을 사용한다는 것이다.

- 축1: 임상적으로 주목할 만한 초점이 될 수 있는 증상이나 상태를 포함한다. 현재 내담자에게 드러나는 문제와 주요 진단명이 이 축에서 나타난다.
- 축2: 성격장애와 정신과적인 한계에 대한 진단적 정보를 포함한다.
- 축3: 만성 통증과 같은 내담자의 일반적 의학 상태에 대한 정보를 나타낸다.
- 축4: 진단, 치료, 정신장애의 예후에 영향을 미칠지 모르는 심리사회적, 환경적 문제에 대한 정보를 포함한다. 친구가 없는 문제, 부적절한 집안 환경 등이 예가 될 수 있다.
- 축5: 0에서 100까지 내담자의 전체적인 관계기능평가(Global Assessment of Relational Functioning: GARF) 점수를 줄 수 있다(Ginter, 2001). (점수가 높을수록 더 잘 기능한다는 것을 나타낸다.) 평가는 과거에 대한 것일 수도 있고 현재에 대한 것일 수도 있다.

모든 축이 종합되면 다음과 같은 결과가 나올 수 있다.

- 축1: 305.00; 알코올 남용, 중등도
- 축2: 317.00; 경증 정신지체
- 축3: 만성 통증
- 축4: 이혼, 실업, 친구 없음
- 축5: GARF = 40(현재)

전체적으로 DSM은 아주 흥미롭기는 하지만 논란의 여지가 많은 모델이다(Eriksen & Kress, 2006; Hinkle, 1994; Lopez et al., 2006). DSM은 비이론적이고 정신장애를 기질적인 것으로 체계화한다. "즉, 개인 안에 내재되어 있는 심리적 구성 요소의 일부로 본다." (Lopez et al., 2006, p. 259). 인종주의, 차별, 가부장제, 동성애 혐오증, 가난과 같은 사회문제와 관련된 점들은 "정신장애를 개인 안에 깊게 내재된 것으로 강조하는 DSM의 관점에서는 의미가 없을지도 모른다"(Kress, Eriksen, Rayle, & Ford, 2005, p. 98). 더구나 DSM은 개인의 진단명 이외에 다른 심각한 사항들을 충분히 다루지 않는다. 그러므로 이 분류 체계는 집단 상담자나 결혼 · 가족 상담자, 고도의 분열 증상을 가진 내담자가 없는 상담자, 인간 중심적 관점에서 일하는 상담자에게는 제한된 가치를 지닌다. 하지만 DSM-IV-TR은 논리적으로 구성되어 있으면서 좀 더 발전된 진단 분류체계를 가지고 있다(DSM-IV-TR 분류 체계에 대한 부록 C 참고).

상담자들은 DSM의 한계를 알고 있으며, 특히 Eriksen과 Kress(2006)에 의해 폭넓게 논의되었다. 하지만 상담자들이 어디에서, 어떠한 전문 분야에서 일하고 있든, 이 분류 체계에 동의하든 그렇지 않든 관계 없이 DSM의 전문 용어를 익혀야 한다. 그 이유는 다음과 같다(Geroski, Rodgers, & Breen, 1997; Kress et al., 2005; Seligman, 1997, 1999).

- DSM 체계는 협력관계에 있는 다른 분야의 전문가 사이에서도 널리 사용되고 있고, 상담자와 다른 정신건강 관련 전문가들 사이에서 공통의 대화를 위한 기초가 된다.
- DSM 체계는 다른 정신건강 전문가에게 의뢰할 때 또는 다른 종류의 치료가 필요할 때 내담자의 정신 문제 패턴을 상담자가 알려 줄 수 있게 한다.
- DSM을 배움으로써 상담자는 책임감과 신뢰감을 줄 수 있고, 일관되게 기록할 수 있으며, 치료 계획을 알리고, 연구하고, 품질에 대한 보증을 할 수 있다.

생/각/해/보/기

DSM을 통해 내담자를 진단하는 것에 흥미가 있는가? 상담자가 되려고 했을 때 당신이 진단도 할 것이라 예측했는가? 제시된 두 모델 중 더 선호하는 쪽은 어디인가? 구체적으로 어느 모델이 더 좋다고 생각하며 그 이유는 무엇인가?

5. 상담과 관련된 전문적인 활동에 참여하는 것

상담자가 되는 것은 긴 인생의 과정과 같다. 석사와 박사 학위를 취득하기 위해서는 정규 교육 과정을 마쳐야 하고 상담과 관련된 전문적인 활동에도 참여해야 한다. 상담자들은 최신 정보를 유지하고 최고의 치료 서비스를 제공하기 위해 슈퍼비전도 받아야 하며 내담자와 상담자의 전문성을 위해 보호하는 활동도 하면서 보수교육 과정(CEUs)을 받아야 한다. 또한 상담자들은 정부의 규정, 특히 HIPAA(Health Insurance Portability and Accountability Act), 즉 의료보험의 휴대성과 책임에 관한 법률에 대한 정보를 지속적으로 익혀야 한다.

보수교육

모든 상담자에게는 지속적인 교육이 필요한데, 특히 상담 프로그램 과정을 막 졸업한 상담자의 경우 더욱 그러하다. 내담자를 치료하는 방법에 대한 새로운 기법들을 계속적으로 익혀야 하고, 효과를 평가하고 필요하다면 그 기법들을 통합해야 한다. 전문 저작물들을 읽고 관련 워크숍 참석을 더 이상 하지 않는 상담자는 새로운 기술을 익히는 데 있어 곧 뒤처지게 된다. 따라서 상담자는 일정한 보수교육 과정에 참가해서 최신의 상담 기법을 유지 · 발전시켜야 한다.

보수교육 과정은 연방이나 주 단위, 지역의 기관에 의해서 승인된 후 제공된다. 워크숍에 참석하는 것뿐만 아니라 통신 강좌를 통해서도 보수교육 과정을 받을 수 있다. 보수교육 과정을 통해 상담 저널이나 ACA의 『*Counseling Today*』를 읽을 수도 있다. 면허 자격이 있거나 자격증을 가진 상담자들은 자신의 자격사항을 유지하기 위해 일정 시간 동안 보수교육 과정을 수강하는 것이 필요하다. 이러한 노력을 지속하는 것은 많은 비용과 시간이 들지만 전문성을 유지하지 않음으로써 드는 비용보다는 덜하다.

슈퍼비전

슈퍼비전은 상담 전문 기술을 향상하는 또 다른 방법 중 하나다. 슈퍼비전은 상호 교환적이고 평가적인 과정으로, 상담에 더 숙달된 상담자가 상담 지식과 기술에 좀 덜 숙련된 상담자의 전문 기능을 강화시켜 주기 위해서 이루어진다(Bernard & Goodyear, 2004). 가장 좋은 상태의 슈퍼비전은 발전적인 관계의 맥락에서 교훈적이고 경험적인 배움을 결합시키는 촉진적인 경험이다. 슈퍼비전을 통하여 다른 방법으로는 얻기 힘든 이론과 실제에 대한 전문성을 습득할 수 있다(Borders & Leddick, 1988).

슈퍼비전은 모든 CACREP에서 승인한 박사 프로그램이 요구되는 분야다. 또한 상담자는 숙련된 훈련을 받은 전문가로부터 슈퍼비전을 받을 수 있고, 이러한 과정을 통해 자신이 슈퍼바이저로 승인받을 수 있다. 상담 슈퍼바이저가 되는 기준이 점차 발전되고 있는데, NBCC는 전문 영역에 있어 슈퍼비전 자격 승인을 제안하고 있다. 종종 이미 면허를 취득한 상담자들은 보수교육 과정에 슈퍼바이저가 되는 경험을 끼워 넣을 수 있다.

효과성을 위해 슈퍼비전은 상담자의 발전 수준에 맞게 이루어져야 하고, 상담 사례를 더 잘 개념화할 수 있도록 돕는다. 이론에 대한 지식과 실제 상담에서 뚜렷한 격차가 있는 초보 상담자들에게는 아주 잘 구조화된 교수법을 가진 슈퍼바이저들이 가장 효과적이다(Ronnestad & Skovholt, 1993). 예를 들어, 슈퍼바이저들은 슈퍼비전에서 초보 상담자들과의 상호작용에서 더 권위적이고 설교적이고 지지적일 수 있다. 따라서 슈퍼바이저는 Prieto와 Scheel(2002, p. 11)의 STIPS를 사용하여 사례를 정리하고 구조화하는 형식을 통해 사례 개념화 기술을 초보 상담자들에게 가르칠 수 있다. STIPS의 의미는 다음과 같다.

S = 신호와 증상들
T = 상담에서 논의된 주제
I = 사용된 상담 개입 방법
P = 내담자의 진척과 상담자의 지속적인 치료 계획
S = 내담자와 관련된 중요한 이슈(예: 자살 경향성)

이러한 두문자어를 사용함으로써 견습 상담자들은 "내담자에 관련된 사실들을 얻는 능력과 현재 내담자에게 발생된 문제를 더 잘 이해하는 능력, 상담과정을 더 잘 살피는 능력, 치료 개입 방법을 더 잘 평가하고 적용하는 능력"(p. 11)을 강화시킨다. 또한 그들은 진단, 치료 계획과 같은 상담과정과 관련된 요소를 더 조직적으로 살펴보는 기술을 강화할 수 있다. 이러한 기술들은 슈퍼바이저와의 상호작용에서 언어적으로 더 상호 교환적으로 만들고 더 날카롭게 많은 것을 볼 수 있도록 돕는다.

높은 수준의 학위를 가졌지만 이론적인 부분만 경험한 상담자는 일반적으로 적합하지 않다. 슈퍼바이저들은 더 직면적이고 직접적인 자문을 한다. 슈퍼비전을 통해서도 실제 상담처럼 개인의 자기인식 수준을 향상시킬 수 있다. 하지만 이 과정은 개인의 성장보다는 전문성 향상에 초점을 맞추고 있다(Ronnestad & Skovholt, 1993). 슈퍼비전 상황에서는 몇 가지 오해가 있다. 예를 들어, "슈퍼바이저는 모든 역할을 감당할 수 있다." "개별 슈퍼비전이 가장 효과적이다." "슈퍼비전을 하기 위한 훈련은 필요 없다."라는 것들이다(McCarthy, DebBell, Kanuha, & McLeod, 1988). 하지만 현실은 다음과 같다.

- 슈퍼비전에는 한 가지 이론적 모델만 있는 것이 아니라 여러 가지가 있다(예: 행동적, 촉진적, 역도적, 시스템적 모델 등)(Landis & Young, 1994).
- 생산적인 슈퍼바이저 관계가 수립되기 이전에 슈퍼비전을 받는 사람의 발달 수준이 파악되어야 하고 현실적인 목적을 계획하도록 해야 한다(Borders & Leddick, 1987).
- 슈퍼바이저의 가치감과 같은 믿음과 슈퍼바이지의 역할 수행 사이에는 뚜렷한 관계가 있다(Carey, Williams, & Wells, 1988).
- 슈퍼비전이 수년 동안 지속될 때 전이, 역전이, 불안, 저항과 같은 도전이 일어날 수 있는데, 이런 경우 적절히 다루어져야 한다(Pearson, 2000).

일반적으로 상담 슈퍼비전 관련 기술은 점차 세분화되고 연구 저작물들도 많아지고 있다(Borders & Brown, 2005; Dye & Borders, 1990). 예를 들어, 성찰 팀 모델은 특히 커플, 가족과 함께 일할 때 집단 슈퍼비전을 제공하는 혁신적인 방법이다(Landis & Young, 1994). 이 모델에서 석사 학생들은 협력하고, 브레인스토밍하고, 내담자 행동에 대한 가설을 발달시키고, 내담자의 관점에서 상황을 바라보며 협력적으로 일함으로써 내담자의 관점을 가지기를 요청받는다. 특히 동료 슈퍼비전의 기회를 가진 상담자는 자신과 자신의 임상적인 능력에 대한 정보를 주고받을 수 있다. 이 향상된 자기인식은 다른 긍정적인 전문적 경험들이 만들어질 수 있는 튼튼한 기초가 된다.

옹호

상담자의 성격적 특성과 자질, 상담과정에 덧붙여 유능한 상담자는 옹호 활동에 참여한다. "옹호는 홍보를 통하여 아이디어를 증진시키는 것으로 정의될 수 있다."(Tysl, 1997, p. 16) 상담자는 상담의 전문성과 내담자의 우려를 지지하고 적극적으로 옹호할 필요가 있다.

그렇게 함으로써 정의롭지 못한 것을 바르게 하고 개인이나 집단을 위한 환경을 향상시킨다(Osborne et al., 1998). 이러한 과정은 수많은 방법으로 성취될 수 있는데, 클럽이나 지역 단체에서 프레젠테이션을 하거나 신문에 기사를 쓰는 등의 방법이 있을 수 있다. 특히 대중들로 하여금 내담자에 대한 사회적 관심을 촉구하는 것이 필요한데, 도움이 필요한 내담자들은 스스로 목소리를 내지 못하거나 대중의 관심을 촉구할 필요성을 느끼지 못하기 때문이다. 이러한 사람들을 대신해서 목소리를 내며 그들의 권리가 존중받도록 여러 가지 방법으로 힘쓰고 그들의 요구가 사회 운동을 통하여 배려되어야 한다(McClure & Russo, 1996).

다른 형태의 옹호는 정치적인 과정을 통해 이루어진다. 상담자들은 사회문제에 대해 알아야 할 뿐만 아니라 법 제정에도 영향을 주어야 한다. 법 조항이 내담자에게 영향을 주고 상담 전문성에 영향을 줄 때, 상담자들은 법 제정자들을 방문하거나 그들에게 편지를 씀으로써 변화를 가져올 수 있다. 사회적으로 강화될 필요가 있는 사항에 대해 법 제정을 제기하는 것, 즉 초등학교, 중학교의 상담 프로그램 제정, 재활 법률의 개정과 같은 것은 건강 관련 상담자나 유권자에게 중요하다. 옹호는 지역 단위, 주 단위, 연방 단위로 다양한 수준에서 일어난다(Goetz, 1998). 상담자는 법 제정에 긍정적인 영향을 주기 위해 수많은 방법으로 일할 수 있다. 첫 번째는 어떤 법안이 논의되고 있는지 잘 알고 있는 것이다. ACA의 공공정책과 정보부(Public Policy and Information office)는 연방 법률 제정과 관련된 훌륭한 자원이고, ACA 웹사이트를 통해 접속할 수도 있다(http://www.counseling.org).

옹호의 두 번째 방법은 법률 제정과 관련한 효과적인 대화의 규칙을 아는 것이다. 비속어, 과장된 언어, 산만한 언어의 사용은 상담자의 발표 내용을 반감시킨다. 따라서 특정 행동을 옹호할 때는 조직되고, 구체적이고, 세밀하게 아는 것이 중요하다. 반대 관점에 대한 융통성과 예측은 성공에서 절대적으로 중요하다. 마지막으로, 지속적으로 노력해야 한다. 상담에서 추수 작업은 법률적인 상황에서 필수적이다. 법의 제정은 발현되기 전에 수년간의 준비를 필요로 할지 모른다. 예를 들어, 상담자 면허 제도는 1998년에 통과되었는데, 그 전에 20년간의 노력이 있었다.

포트폴리오

포트폴리오는 "개인의 수련 경력, 업무 경력, 삶의 경험"에 대해 서류로 정리한 소통의 형식이다(James & Greenwalt, 2001, p. 161). 상담자는 미리 포트폴리오를 준비해 두고 지속적으로 갱신하는 것이 중요한데, 자격 취득, 보험 제공기관, 고용자 평가, 새 직업을 위해서 빠르게 수정해야 한다.

상담자 포트폴리오는 경력사항을 포함할 수도 있고, 프레젠테이션 형식일 수도 있다. 경력 포트폴리오는 상담자의 전문적 유능성의 증거로 사용될 수 있는 정보들을 지속적으로 고스란히 모은 것이다. 이 포트폴리오는 일반적으로 이력서, 학위 과정에서 수행한 실습, 인턴십 동안에 수행한 상담과정들의 서류화, 슈퍼비전 경험, 업무 경력, 전문가 승인사항, 지속적 교육사항, 프레젠테이션, 논문 발표사항, 전문적 서비스 사항 등의 정보를 담는다. 프레젠테이션 포트폴리오는 성격상 더 제한될 수 있는데, 주로 특정 프로젝트에 필요시되는 자료들로 구성되어 있다. 예를 들어, 법정에서 전문가 증인을 하는 경우가 될 수 있다.

어떤 유형의 포트폴리오든 지속적으로 갱신하는 것이 중요하다. 이러한 작업은 한 달에 한 번이든, 분기당 한 번이든 정기적으로 행해져야 한다.

HIPAA[1)]

HIPAA는 1996년에 통과된 연방 법률의 약자다. 이 법안은 다음의 내용을 포함한다.

- 전자 데이터 교환을 표준화함으로써 건강 서비스 보급의 효율성을 향상한다.
- 기준을 만들고, 그 기준을 강화함으로써 건강 서비스 관련 데이터의 비밀보장과 안전성을 보호한다(http://www.hhs.gov/ocn/hippal).

더 구체적으로 HIPAA는 미국 보건후생부에 다음과 같은 새로운 규칙을 제정하기를 요청하였다.

- 환자의 건강, 관리, 재정 관련 자료의 표준화
- 개인과 고용주, 건강 관련 서비스 제공자들을 위한 개인마다의 고유한 식별 기준 부여(unique health identifiers)
- 개인의 과거, 현재, 미래의 건강 정보의 통합적인 비밀보장 기준(HIPPAAdvisory, http://www.hippaadvisorg.com/REGS/HIPPAAprimer.htm, 2007. 8. 25. 참고)

HIPAA 통제하에 상담자를 포함한 건강 서비스 제공자는 전자 형식의 건강치료 정보를 제공하는 데 있어 필수 요청사항과 규정을 반드시 준수해야 한다. 따라서 상담자는 HIPAA

1) 역자 주: 개인 정보 보호 및 보안체계와 관련한 법률. 전자 식별이 가능한 모든 건강 관리 정보에 대한 기밀 유지와 보호를 위한 기준 및 건강 정보의 사용 범위를 포괄적으로 규정하고 있다.

에 대해서 상세히 알고 있어야 할 뿐만 아니라 최신 법률에 대해서도 알고 있어야 한다. 그렇지 않으면 벌금을 내거나 소송에 휘말리는 상황에 처할 수도 있다.

필수 요구사항은 상담 세팅마다 다른데, 주로 주요 기관에서는 다음과 같은 내용을 포함한다.

- HIPAA에 대해 기관 내에서 인지하게 하는 것
- 기관의 역할 수행, 정보 보호 시스템과 절차, 전자 거래 사용에 대한 포괄적인 평가
- 각 규칙을 수행하기 위한 계획 수립
- 그 계획들을 실행하기 위한 기술과 관리에서의 기반 구축
- 다음의 내용을 포함하는 포괄적 실행 계획 수립
  - 환자 및 내담자들의 권리와 안전, 사생활을 보호할 수 있는 새로운 정책과 절차의 개발
  - 사업적 제휴관계에 있는 회사나 하청업체도 환자 및 내담자 정보 보호의 의무를 함께 지는 것으로 계약
  - 안전한 기술적, 물리적 정보 관리 체계 개발
  - 보안이 필요한 환자의 건강정보를 보호하고, 요구되는 표준 조항에 맞는 방식대로 정보를 처리할 수 있도록 시스템 갱신
  - 업무에 관여하는 모든 구성원들에 대한 정보보호 훈련
  - 내부 개인정보 보호 및 보안 관리체계를 개발하고 유지하기. 정보관리 책임자와 보안 담당자를 고용하는 등의 보안관리 실행 기반 마련(HIPAAdvisoy; http://www.hipaadvisory.com/REGS/HIPAAprimer.htm; retrieved August 25, 2007)

요약 및 결론

전문성에 대한 요구가 높아짐에 따라 유능한 상담자가 되기 위해 요구되는 자질과 행동은 점점 더 많아질 것이다. 하지만 모든 상담자가 유능하게 되기 위해서는 구체화되어야 할 기본적인 자질과 능력이 있다.

그러한 자질 중의 하나가 상담자의 성격이다. 상담자는 자신의 흥미, 배경, 능력 등으로 인해 상담환경 내에서 작업하는 것을 편안하게 느낄 수 있다. 대다수의 유능한 상담자는 사회적인 것과 예술적인 것에 흥미를 보이고 다양한 문제 해결 방식을 가지고 사람들과 함

께 일하는 것을 즐긴다. 유능한 상담자들은 일반적으로 따뜻하고, 친절하고, 개방적이고, 감수성이 있고, 인내심이 있고, 창조적인 특징을 지닌다. 지속적으로 자신의 정신건강을 돌보고 소진되거나 비능률적이 되는 것을 피하려고 노력한다.

교육은 상담자의 유능성과 관련 있는 두 번째 자질이다. 유능한 상담자들은 박사나 석사 수준에서 승인된 상담 프로그램이나 관련 프로그램을 이수한다. 이로써 많은 사람이 상담 전문 영역에서 필요한 기술과 경험을 획득한다.

세 번째로 상담의 유능성과 관련 있는 것은 이론과 구조화 방식이다. 유능한 상담자들은 이론이 상담에서 사용하는 기법과 실제 상담을 어떻게 할 것인지와 그 이유에 대한 근거가 된다는 것을 알고 있다. 이러한 상담자들은 실제 상담 상황에서 이론과 상담 기법을 사용하는 데 있어 체계적이고 일관성이 있다. 많은 상담자가 실제 작업에서 긍정적인 의미의 절충주의를 사용한다. 구조화 방식으로 발달적/웰니스 접근 방식이나 의학적/병리적 모델 또는 둘 사이의 중간 지점에 있는 방식으로 운영한다. 어떤 접근 방식을 사용하는지에 관계 없이 유능한 상담자들은 인간 삶의 발달과정에 대해서도 알고 있고, DSM 최신판의 전문 용어들에 대해서도 잘 알고 있다.

마지막으로, 유능한 상담자들은 상담 관련 활동에 적극적이다. 그들은 보수교육 과정이나 슈퍼비전에 참여함으로써 최신 정보로 자신을 갱신시키는 것의 중요성을 잘 인식하고 있다. 더욱이 상담 전문성 향상과 내담자 요구를 반영하는 활동에도 적극적이다. 또한 포트폴리오나 다른 조직적인 방법으로 자신의 자격사항을 지속적으로 유지하려고 적극 노력한다. 아울러 유능한 상담자들은 HIPAA와 같이 상담에 영향을 미치는 연방 법률에 대해 갱신된 최신 정보를 유지한다.

학 습 활 동

1. 연구조사에 따르면 상담자가 되기에 적합한 특정 유형이 있다고 나타낸다. 당신 자신이 상담이라는 직업에 적합한 성격이 아니라면 어떨지 가정해 보라. 예를 들어, 자신의 성격 유형이 사회적이고 예술적이고 진취적인 성격이 아니라고 해 보라. 이러한 점을 어떻게 보충할까? 3명씩 묶어서 유능한 상담자가 되기 위한 성격 자질에 대한 자신의 생각을 논의해 보라.

2. 이상적으로 상담자가 지녀야 할 성격 자질, 이론적 배경, 교육에 대해서 다시 정리를 해 보라. 만일 당신이 미국 이외의 지역, 예컨대 인도, 스웨덴, 이스라엘, 오스트리아, 아르헨티나에서 활동하고 있는 상담자라면 이러한 조건에 대해서 어떻게 생각할지 논의해 보라.

3. 만일 상담자끼리의 능력이 비슷하지 않다면 어떻게 서로의 전문성을 향상할 수 있을지 토의해 보라. 목록을 만들어서 같은 집단의 두 사람과 이야기해 보고, 학급 전체로 이야기해 보라. 당신의 전략이 상담자로서의 발전에 도움이 될 것인지 논의해 보라.

4. 만일 의학적/병리적 모델과 상반되는 발달적/웰니스 관점을 당신이 가지고 있다면 어떤 다른 방법으로 내담자에게 접근할 수 있는지, 아니면 접근 방식의 비슷한 점으로 어떤 것이 있는지 다른 학생들과 논의해 보라. 결과를 학급 전체에 보고하라.

5. 상담협회나 상담자들이 내담자의 요구사항과 상담성 전문성을 어떻게 옹호하고 있는지 조사해 보라. 이것을 시도하기 좋은 장소는 ACA 홈페이지의 공공정책분과다.

제3장

상담의 윤리적 · 법적 측면

1. 정의 : 윤리, 도덕, 법
2. 윤리와 상담
3. 전문가 윤리 규정
4. 윤리적 의사결정
5. 윤리적 의사결정에 대한 상담자 교육
6. 특정 상담 상황에서의 윤리
7. 다중관계
8. 비윤리적 행동이 의심되는 상담자에 대한 대처 방안
9. 법과 상담
10. 상담에 대한 법적 인지
11. 상담관계의 법적 측면
12. 민사상 · 형사상 책임
13. 미성년자 상담 관련 법적 사안
14. 내담자 권리 및 기록
15. 법정에서의 상담자
16. 윤리와 법: 두 가지 방식의 사고

9월 초 서늘한 뿌연 새벽녘,
마지막 옷가방을 차에 실으며
노스캐롤라이나의 고요한 아름다움과
조용히 이별을 고했다.

망설임 끝에
새로운 미지의 장소로 가는
코네티컷의 푸른 해안선으로 향했다.

강아지 엘리가 함께 여행 중이며,
마지막 상담의 기억은 여전히 생생하다.

두려움과 오랜 기간 씨름해 왔기에
내가 농담 삼아 야곱[1)]이라고 불렀던 당신은
여전히 나에게 큰 짐으로 남아 있소.

삶에서 변화란
친구, 두려움을 단념하는 것처럼
쓰면서도 달콤한 것.

그 맛은 부드럽고, 오렌지, 떨어진 감과 같이
시큼하지만 마치 맛있는 것처럼 속이는 것.

– Gladding (1984)

1) 역자 주: 성경에 등장하는 유대인의 조상으로 천사와 씨름을 하다가 환도뼈가 부러진 인물이다.

상담은 가치에 구애받지 않거나 중립적인 활동이 아니다(Cottone & Tarvydas, 2007; Welfel, 2006). 그보다는 오히려 무엇이 좋은 것이며…… 좋은 것을 어떻게 성취할 수 있는가를 지향하는 가치에 기반을 둔 활동적인 직업이다(Bergin, 1985, p. 99). 가치는 상담관계의 핵심에 위치한다. 상담에서의 모든 목표는 증상 완화 혹은 삶의 양식을 수정하는 것으로 가치체계와 대응된다(Bergin, 1992, p. 9). 덧붙여 상담은 이처럼 복잡하고 다면적인 작업이므로 상담자는 윤리뿐만 아니라 법과 같은 외적 규정에 의존하는 것이 필요하다(Remley & Herliby, 2005).

자신은 물론 내담자의 가치관, 윤리, 법적 책임에 대해 명쾌하지 않은 상담자는 아무리 좋은 의도를 가지고 있다 해도 피해를 끼칠 수 있다(Remley, 1991; Wilcoxon, Remley, Gladding & Huber, 2007). 그러므로 상담자는 자기 자신에 대해, 또한 상담이라는 직업에 관련된 법과 윤리에 대해 잘 알아야 한다.

이 장에서는 상담자 활동에 대한 윤리적 기준과 법적 제약에 대해 알아볼 것이다. 윤리와 법 모두 상담 작업 및 상담자와 상담과정의 안녕을 위해 중요하다. 이는 상담의 전문성을 직간접적으로 고취시킨다. 몇몇 경우에 윤리적, 법적 고려는 서로 중복되기도 한다(Wilcoxon et al., 2007). 하지만 상담과 법은 상당히 다르며, 다르다는 전제에 따라 기능한다(Rowley & MacDonald, 2001).

1. 정의: 윤리, 도덕, 법

윤리란 "사회에서 사람과 그들 사이의 상호작용에 대한 도덕적 본질을 결정하는 것"을 의미한다(Kitchener, 1986, p. 306). 이 용어는 종종 '도덕'과 같은 의미로 사용되며, 어떤 때는 두 용어가 혼용되기도 한다. 두 가지 모두 "좋은 것과 나쁜 것 또는 인간의 행동과 가치에 대한 연구"를 다루고 있다(Van Hoose & Kottler, 1985, p. 2). 그러나 각각은 다른 의미를 포함하고 있다.

"일반적으로 윤리는 인간의 행동과 도덕적 의사결정과 관련된 철학적 원칙으로 정의된다."(Van Hoose & Kottler, 1985, p. 2) 윤리는 본질적으로 규범적이며, 상담자와 내담자 같은 개인 간의 관계를 지배하는 원칙과 규준에 초점을 맞추고 있다. 하지만 도덕은 행동에 대한 판단이나 평가를 내포한다. 도덕은 좋은, 나쁜, 옳은, 틀린, 의무, 당위와 같은 용어와 관련이 있다(Brandt, 1959; Grant, 1992). 상담자는 도덕성을 지녀야 하며, 상담자에 대한 이론은 그 안에 "첫째, 인간이란 무엇이며, 둘째, 인간은 어떠해야 하며, 어떤 존재가 되어야 하는가"에 대해 명쾌하면서도 함축적으로 인간의 본질에 대한 도덕적 명제를 포함해야 한다(Christopher, 1996, p. 18).

법은 법적, 도덕적 정의를 보장하기 위해 구축된 규범을 정확하게 체계화한 것이다(Hummell, Talbutt, & Alexander, 1985; Remley & Herlihy, 2005). 법은 영국의 관습법과 같이 제정, 법원의 결정, 전통에 따라 만들어진다(Wheeler & Bertram, 2008). 법은 주어진 상황에서 윤리적인 것이 아닌 합법적인 것을 서술하는 것이다. 간혹 특정한 상황에서 합법적인 것(예: 인종, 나이, 성별과 관련된 것)이 사회에서 몇몇 유의미한 요소에 따라 비윤리적이거나 비도덕적인 것으로 간주되기도 한다. 1994년 초 · 중등교육법, 즉 Elementary and Secondary Education Act(ESEA) Helms-Smith 수정 조항의 법과 윤리 간에 벌어진 논란에서 동성애자인 학생들에게 상담 서비스를 제공하는 학교에 자금 지원을 중단하려는 시도가 있었던 것이 그 대표적인 예라 할 수 있다.

2. 윤리와 상담

전문 상담자들은 윤리 및 가치에 관심이 있지만, 많은 상담자는 윤리적 고소를 소송과 동일한 수준으로 심각하게 다루고 있다(Chauvin & Remley, 1996). 하지만 몇몇 상담자는 이러한 주제에 대해 보다 잘 알고 있으며 적절하게 대응하고 있다. Patterson(1971)은 상담자의 전문성은 그들의 지식, 윤리의 실천과 관련이 있다는 것을 발견했다. 이에 덧붙여 Welfel(2006)은 상담자의 성과에는 그들의 윤리적 지식뿐 아니라 행동도 관련이 있다고 언급했다.

상담에서의 비윤리적 행동은 다양한 형태로 일어난다. 사람들에게 흔히 일어나는 유혹이 상담자들에게도 존재한다. 이러한 유혹에는 "신체적 성행위, 험담하고 싶은 충동, 승진의 기회(만일 위험을 무릅쓴 도박이 성공한다면)" 등이 포함된다(Welfel & Lipsitz, 1983b, p. 328). 비윤리적 행동 중 어떤 것은 누가 봐도 명백하고 계획적인 반면, 몇몇 행동은 좀 더 미묘하고 고의성이 없기도 하다. 그럼에도 해로운 결과를 야기한다는 점에선 동일하다. 다음에 제시된 내용은 상담에서 흔하게 일어나는 비윤리적 행동 중 일부다(ACA, 2005; Herlihy & Corey, 2006).

- 비밀보장 위반
- 상담자가 자신의 전문성을 초과하는 것

- 상담 업무 태만
- 자신이 모르는 전문 지식을 알고 있다고 주장하는 것
- 내담자에게 특정 가치를 강요하는 것
- 내담자로 하여금 의존적이 되게끔 하는 것
- 내담자와 성적인 행동을 하는 것
- 이중관계—상담자의 역할이 사적인 것 혹은 직업적인 관심사로 인해 내담자와 다른 관계로 얽히는 것—와 같은 개인적 관심으로 인한 마찰
- 과금 부과와 같은 의심스러운 금전 처리 방식
- 부적절한 홍보
- 표절

사례 Carl이 내담자와 무엇을 해야 할지 고민하다

정신건강 관련 기관에서 일한 후, Carl은 개인 영업을 운영하기로 결심했다. 처음 몇 달간은 시간이 매우 느리게 흘렀다. 사실 그는 실습을 그만두고 다시 기관으로 가야 할지를 고민 중이었다. 그러다가 어느 날 분노 조절과 관련된 두 가지 사례를 위탁받게 되었다.

Carl은 온순한 성격의 소유자여서 지금껏 분노 조절에 관련된 사례를 다뤄 본 적이 없었다. 그런데 자신의 경제적인 상황 때문에 두 가지 사례 모두 받기로 하고 약속을 정했다. 그 전날 밤, 그는 자신이 분노 조절에 관해 할 수 있는 모든 자료를 다 읽었지만, 약속시간이 다가올수록 마음이 편하지 않았다.

만일 당신이 Carl이라면 안정적인 사업 운영 외에 무엇을 고려해야 할 것 같은가? Carl은 분노 조절 문제의 내담자라는 사실을 알고도 그 사례를 받아들였는데, Carl이 위반한 윤리적 원칙은 무엇이라고 생각하는가?

미국상담학회, 즉 ACA 내 분과 중 영성, 윤리, 종교적 가치와 관련된 상담분과(ASERVIC, http://www.aservic.org/)는 특히 상담 전문가들의 윤리적 가치와 관련이 있다(Bartlett, Lee, & Doyle, 1985). 정기적으로 윤리적 관심사를 다루는 이 분과는 상담자에 대한 관심을 다루기 전에는 노인상담, 교육적 가치, 장기적 남녀평등주의와 같은 주제에 대해 다뤄 왔다. ASERVIC는 전문 상담기관의 리더를 위한 윤리적 지침을 공표하기도 했다. ASERVIC는 상담 윤리 및 가치 분야의 업적을 선봉적으로 이뤄 왔으며, 이에 덧붙여 윤리적 상황에 관한 논문이 실린 『*Counseling and Values*』라는 저널도 출간하였다.

3. 전문가 윤리 규정

윤리적 상황을 다루기 위해 상담자는 "동의를 얻은 가치체계에 기반을 둔" 행동에 대해 윤리 규정을 수립하였다(Hansen et al., 1994, p. 362). 상담 전문가는 여러 가지 이유로 이러한 규정을 자발적으로 준수하고 있다. "규정의 많은 목적 중 윤리적 행동에 대한 규정은 상담 전문가에 대한 기대를 확인하는 과정에서 내담자의 권리를 보호하기 위한 공식적인 진술을 제공하기 위해 만들어졌다."(Wilcoxon, 1987, p. 510) 그리고 윤리 규정을 만든 다른 이유는 "윤리 규정이 없으면 유사한 관심사를 가진 사람들의 집단은 전문가 조직으로 간주되지 않기 때문이다"(Allen, 1986, p. 293). 윤리는 학회를 일반적 수준에서 전문화되게끔 도울 뿐만 아니라, "각자 다른 수준의 구성원들에게 전문가적 행동에 대한 지침을 제공하기 위해 만들어졌다"(Swanson, 1983a, p. 53). Van Hoose와 Kottler(1985)에 따르면, 윤리 규정에는 다음과 같은 세 가지 존재 이유가 더 있다.

1. 윤리 규정은 정부로부터 전문가를 보호한다. 윤리 규정은 법에 의해 통제받는 대신 전문가가 상담자로서의 역할을 자체적으로 규제할 수 있도록 한다.
2. 윤리 규정은 내부의 의견 충돌과 논쟁을 통제하는 역할을 하여 상담 전문가들의 안정성을 증진시킨다.
3. 윤리 규정은 의료과실 소송과 같은 일반 대중들의 조치로부터 상담자들을 보호한다. 만일 상담 전문가들이 윤리적 지침에 따라 처신하지 않는다면 그런 행동을 한 사람은 규정에 의거하여 재판을 받게 된다.

덧붙여 윤리 규정은 전문가들의 공적 신뢰도를 증가시키고, 내담자들을 일부 사기꾼과 무능한 상담자로부터 보호할 수 있도록 돕는다(Vacc, Juhnke, & Nilsen, 2001). 상담자와 같이 내담자도 의심스러운 치료를 평가하는 지침으로 윤리 규정 및 표준을 활용할 수 있다.

상담자를 위한 윤리 규정 개발

첫 번째 윤리 규정은 APA(그 후에는 APGA) 윤리 규정을 기반으로 하여 ACA에서 개발하였다(Allen, 1986). ACA 초기 규정은 Donald Super가 만들었고 1961년에 승인을 얻었다(Herlihy & Corey, 2006). 이후 1974년, 1981년, 1995년, 2005년에 개정되었다. ACA는 『윤리적 표준 사례집(*Ethical Standards Casebook*)』(Herlihy & Corey, 2006)도 발간하였다.

ACA의 가장 최근의 윤리 규정은 사실상 포괄적이며, 상담에서 성숙한 규정으로 발전하는 주된 지표라고 할 수 있다. ACA 윤리 규정에는 크게 여덟 개의 주제가 있는데, 다른 많은 윤리 규정에서도 확인할 수 있는 유사한 주제들을 포함하고 있다(Merrill Education, 2007). 하지만 상담의 전문성에서는 고유하다. 섹션 1은 내담자와 그들의 복지(역할 및 내담자와의 관계, 상담에서의 장비 사용 등)를 위한 상담자의 전문적인 책임을 포함하여 상담관계를 다루고 있다. 또한 이 섹션에서는 상담 비용, 교환, 위탁, 종결과 같이 문제가 많은 주제를 다루는 방식에 관해서도 서술하고 있다. 예컨대, ACA는 상담자와 이전 내담자 간의 성적인 행위나 연애관계에 대해 시작 전에 주의 깊게 검토할 것과 상담자-내담자 관계로 마지막으로 만난 날로부터 5년간은 관계를 맺지 못하도록 규정하고 있다.

섹션 2는 상담에서의 비밀보장, 특별한 의사소통, 사생활을 다루고 있는데, 사생활 권리의 예외사항, 기록, 소수이지만 무능한 내담자, 자문, 연구와 훈련 등을 포함하고 있다. 섹션 3은 전문가로서의 능숙함, 홍보, 자격증 수여, 공적 책임 등과 같은 전문가로서의 책무에 초점을 맞추고 있다. 섹션 4는 동료, 고용주, 종업원 등이 포함된 다른 직종의 사람들과의 관계를 다루고 있다.

섹션 5는 평가, 사정, 해석에 대해 다루고 있다. 이는 능숙한 사용, 이해도 검사, 사전 동의, 능숙한 전문가에 대한 정보 안내, 정신장애에 대한 적절한 진단, 법의학적 평가, 검사 채점 및 해석 등이 포함된 일반 정보를 포함하고 있다. 섹션 6은 상담 지도자와 학생, 상담 교육 프로그램에 대한 기대와 책임 등에 관한 내용이 포함된 교육, 훈련, 슈퍼비전에 초점을 맞추고 있다. 섹션 7은 연구 및 출판, 연구 책임에 대한 기술, 연구 참여자들의 권리, 연구 결과에 대한 보도(등재 포함)에 대해 다루고 있다. 끝으로, 섹션 8은 윤리와 법 사이의 충돌을 다루는 방법, 위반이 의심되는 사례, 윤리 위원회와의 협력 등을 포함하고 있는 윤리와 관련된 주제를 해결하는 방법을 다루고 있다.

생/각/해/보/기

2005년 ACA 윤리 규정이 다양한 주제를 다루고 있지만 상담에서 일어나는 모든 상황을 다루지는 못한다. 당신이 생각하기에 규정의 여덟 개 섹션에서 언급되지 않았지만 상담과 관련된 다른 주제로 어떤 것이 있다고 생각하는가?

윤리 규정의 한계

Remley(1985)는 윤리 규정이 특정한 질문에는 거의 답을 줄 수 없기 때문에 일반적이면서 이상주의적이라고 언급했다. 그는 이러한 규정은 "상담 장면에서 예측되는 딜레마"(p. 181)를 다룰 수 없다고 지적했다. 그럼에도 규정은 상담자가 어떻게 행동해야 하는가에 대해 경험과 가치를 기반으로 지침을 제공한다고 할 수 있다. 여러 면에서 윤리적 기준은 특정 시기에 전문가들의 선별된 지식을 대표한다고도 볼 수 있다.

어떤 윤리 규정이든 많은 제한이 존재하게 되는데, 여기에서는 가장 빈번하게 언급되는 제한점을 소개하고자 한다(Beymer, 1971; Corey, Corey, & Callanan, 2007; Talbutt, 1981).

- 윤리 규정에서 다룰 수 없는 주제도 있다.
- 윤리 규정을 강요하기는 어렵다.
- 규정 내에 기술된 기준에서도 갈등이 있을 수 있다.
- 몇몇 법적, 윤리적 주제는 규정에서 다룰 수 없다.
- 윤리 규정은 역사적 문서이므로 한때는 용납되던 관례가 이후에는 비윤리적인 것으로 간주될 수도 있다.
- 가끔 윤리 규정과 법 사이에 분쟁이 일어나기도 한다.
- 윤리 규정은 다문화 주제를 다루지 않는다.
- 윤리 규정이 모든 상황을 다룰 수는 없다.
- 수반된 윤리적 논쟁에 대해 모든 구성원의 관심을 조직적으로 함께 모으는 데에는 많은 어려움이 따른다.
- 윤리 규정은 상담자가 새로운 상황에서 무엇을 해야 하는가에 도움을 주기 위한 사전 예방용 문서가 아니다.

윤리 규정은 여러 방면에서 유용하긴 하지만 이처럼 제한점을 가지고 있다. 상담자는 윤리 규정이 그들이 원할 때 모든 지침을 제공해 주지는 못한다는 것을 인식할 필요가 있다. 그럼에도 상담 장면에서 윤리와 관련된 이슈가 생길 때면 우선은 윤리 규정을 통해 그 상황을 다룰 것인지 말 것인지를 확인해야 한다.

윤리 규정 내에서의 갈등

윤리 규정을 채택하고 그에 대해 강조해 온 것은 상담의 전문성이 증가해 온 것과 평행

선상에 존재해 왔다(Remley & Herlihy, 2005). 하지만 그러한 규정의 존재는 많은 상담자에게 세 가지 이유에서 잠재적인 딜레마를 제기하고 있다. 첫째, Stadler(1986)가 지적한 것처럼 상담자는 윤리 규정에 대해 인식하고 있어야 하며, 다른 형태의 딜레마와 윤리적 딜레마를 구분할 수 있어야 한다. 그런데 그 구분은 쉽지 않다. 예컨대, 한 사람이 동성애와 같은 논란의 여지가 많은 주제에 대해 주장을 제기하는 상황이 생길 수 있다. 그 사람은 겉으로는 윤리적 원칙을 갖고 지지하는 것처럼 보이나, 실제로는 개인적인 신념이나 편견만으로 지지할 수도 있는 것이다.

둘째, 간혹 한 규정 내의 윤리 원칙들이 주어진 상황에서 어떻게 해야 할 것인가에 대한 지침에 대해 상반된 입장을 제공할 수도 있다. 이와 관련된 예는 내담자가 누군가를 공격하거나 자해를 시도할 것이라는 자신의 가장 큰 관심사를 언급한 상황에서 비밀을 지켜야 하는 것과 그에 대해 반응하는 것에 대한 잠재적인 갈등이다. 이런 상황에서 비밀을 유지해야 하는 상담자는 내담자의 가장 큰 관심사와 내담자가 살고 있는 지역 공동체에 대해 실제적인 행동을 취해야 할 수도 있다.

셋째, 갈등은 상담자가 APA, ACA와 같이 서로 다른 윤리 규정을 갖고 있는 전문가 집단에 둘 이상 속해 있을 때 생길 수 있다. 이런 상담자들은 취해야 할 윤리 행동이 명확하지 않은 상황에 처할 수도 있다. 예를 들면, APA 윤리 규정에서는 상담자가 내담자와 가장 최근의 회기 진행 이후 최소 2년 이내에는 성적인 관계를 가져서는 안 된다고 하는 데 반해 ACA 윤리 규정은 그 기간을 최소 5년으로 정하고 있다. 만일 두 학회에 모두 속해 있는 상담자가 이 딜레마를 다뤄야 한다면 그는 어떤 규정을 따라야 할 것인가?

4. 윤리적 의사결정

윤리적 의사결정을 하는 것이 항상 쉬운 것은 아니지만, 이는 상담자가 되어 가는 과정의 일부다. 이는 지식뿐만 아니라 기개, 진실함, 도덕적 용기와 같은 덕목을 요구한다(Welfel, 2006). 몇몇 상담자는 학회에서 만든 윤리적 지침에 구애받지 않고 개인적인 윤리 규준을 근거로 행동하는 경우가 있다. 그들은 "누가 봐도 적절하거나 최선의 해법이 없어서"라는 딜레마에 직면하기 전에는 대체로 잘 기능한다(Swanson, 1983a, p. 57). 그런데 딜레마에 직면하게 되면 윤리와 관련된 주제들이 부각되고, 그제서야 이러한 상담자들은 자신의 행동을 결정하는 데 있어 불안, 의구심, 주저함, 혼란스러움을 경험하게 된다. 하지만 불행히도 그들은 윤리 규정에 기반을 두지 않았거나, 자신의 행동을 정당화하기 위해 뽑아낸 일부 규정에만 기반을 두었기 때문에 그들이 행동했을 때는 이미 비윤리적으로 판정될 수밖에 없다.

뉴욕에서 이루어진 연구(Hayman & Covert, 1986)에서 연구자들은 그들이 조사한 대학 상담자들 사이에서 가장 흔하게 발생하는 윤리적 딜레마의 다섯 가지 유형을 발견했다. ① 비밀보장, ② 역할 갈등, ③ 상담자의 능숙함, ④ 고용주 혹은 소속기관과의 갈등, ⑤ 위험성의 정도. 이 중에서 위험과 관련된 상황적 딜레마가 그나마 덜 어려운 편에 속하고, 상담자의 능숙함과 비밀보장이 가장 다루기 어려운 편에 속했다. 연구 결과에서는 놀랍게도 응답자 중 딜레마를 해결하기 위해 공인된 전문 윤리 규정을 근거로 한다는 응답자는 1/3이 채 안 되었다. 응답자의 대다수는 어쩌다가 한두 번은 전문적일 수도 있겠지만 대부분 비윤리적이고 현명하지 못한 방법인 '상식'을 사용하고 있었다.

어렵고 눈앞이 캄캄한 곤란한 상황에 처해 있을 때 상담자는 윤리적 의사결정을 위해 윤리에 대한 서적과 논문, 보다 경험 많은 동료 같은 자원에 대해 인식할 필요가 있다(Welfel, 2006). 이러한 자원은 상담 비용 산정 및 수납, 이중관계 문제, 상담자가 동의할 수 없는 신념과 생활양식을 지닌 개인과의 작업 등과 같이 잠재적으로 논란이 많은 행위가 발생될 때 중요하다. "윤리적 원칙이 수반되었고, 이런 원칙을 가장 우선순위에 두고 결정한 과정" 인 윤리적 추론은 매우 중요하다(Lanning, 1992, p. 21).

윤리적 의사결정 과정에서 상담자는 특정한 상황에서 직업상 적합하다고 생각되는 반응을 하는 데 있어 "주의 깊고 반영적인 사고에 기반을 둔" 행동을 취해야 한다(Tennyson & Strom, 1986, p. 298). 몇몇 윤리적 원칙은 다음에 제시된 상담자의 활동 및 윤리적 선택과 관련이 있다(Remley & Herlihy, 2005; Wilcoxon et al., 2007).

- 선행(beneficence): 이로운 것을 하고 해로운 것은 방지하는 것
- 무해성(nonmaleficence): 해를 끼치지 않는 것
- 자율성(autonomy): 선택 및 자기결정의 자유를 존중하는 것
- 정의(justice): 공평함
- 충실함(fidelity): 신의 또는 지조 있는 책무

이러한 모든 원칙은 상담과정 전반에 걸쳐 상담자의 의식적인 의사결정을 동반한다. 몇몇 전문가는 이러한 원칙 중에서 무해성의 원칙을 상담 분야에서 가장 주된 윤리적 책임으로 구분하기도 한다. 무해성의 원칙은 "현존하는 피해를 예방하는 것" 뿐만 아니라 "미래의 피해를 예방하는 것과 피해의 수동적 회피" 도 포함하는 것이다(Tompson, 1990, p. 105). 이는 상담자가 자해하거나 타인을 위협할 가능성이 있는 내담자에게 대응해야 하는, 혹은 동료 상담자의 비윤리적 행동에 대응해야 하는 근거가 된다(Daniluk & Haverkamp, 1993).

생/각/해/보/기

이로움을 증진시키려는 행동은 언제 하는가(선행)? 당신은 피해를 회피하려는 행동을 언제 하는가(무해성)?

윤리적 행동을 위한 다른 지침

Swanson(1983a)은 상담자가 윤리적으로 책임지는 방식으로 행동할 것인지의 여부를 평가하는 지침을 작성하였다. 첫 번째 지침은 사적으로나 전문가로서도 정직한 것이다. 상담자는 자기 자신 및 함께 작업하는 사람들에게 개방적으로 활동할 필요가 있다. 숨겨진 의제나 의식하지 못하는 감정은 관계를 방해하며, 상담자로 하여금 불안정한 윤리적 기반에 처하게 만든다. 상담자가 윤리적으로 활동할 수 있도록 문제를 극복하는 한 가지 방법은 슈퍼비전을 받는 것이다(Kitchener, 1994).

두 번째 지침은 내담자가 가장 관심을 갖는 주제를 다루는 것이다. 하지만 이 이상적인 상황이 실제 일어나는 경우는 별로 없다. 가끔 상담자는 내담자가 정말 원하는 것이 무엇인가는 무시한 채 내담자에게 자신의 개인적인 가치를 강요할 수도 있다(Gladding & Hood, 1974). 다른 한편으로는 상담자가 긴급 상황임을 인지하지 못한 채 내담자가 아무것도 하지 않는 상황을 문제가 해결된 것으로 너무 성급하게 받아들이는 경우도 있다.

세 번째 지침은 상담자가 악의나 개인적인 이득 없이 행동하는 것이다. 상담자가 좋아하거나 다루기 어려운 내담자들을 만나는 경우가 있는데, 이런 사람들에게는 상담자의 각별한 주의가 필요하다. 상담자는 개인적으로나 직업상의 근거로 호감이 가는 내담자들과 관계가 형성되는 것도 피하도록 신경을 써야 한다. 이러한 판단의 오류는 상담자의 개인적 관심이 내담자와의 관계의 일부가 될 때 잘 일어나는 것 같다(St. Germaine, 1993).

마지막 지침은 "상담 전문가의 현재 상태에 근거하여 이루어져야 하는 최상의 판단"으로서 지금의 행동을 정당화할 수 있는가 하는 것이다(Swanson, 1983a). 이러한 의사결정을 하기 위해 상담자는 전문서적 읽기, 워크숍 및 대규모 학회 참여하기, 지역사회나 국제적 상담 활동에 적극적으로 참여하기 등을 지속적으로 유지해야 할 것이다.

ACA 『윤리적 표준 사례집』(Herlihy & Corey, 2006)에는 상담자가 당면한 사안, 의심스러운 윤리적 상황에 대한 사례 연구, 윤리적 반응이 되도록 결정한 것이었는지 되돌아볼 수 있는 질문 및 지침 등이 예시로 포함되어 있다. 또한 각각의 상황에는 윤리 규정이 포함되어 있다.

사례집이 도움이 될 수도 있지만, 대다수의 경우 실제 상담 장면에서 적용할 만큼 적절한 행동이 명백하게 보이지는 않는다(Wilcoxon et al., 2007). 예를 들어, 에이즈에 걸린 내담자의 개인적 권리와 병의 전염을 예방하기 위한 사회의 권리와의 균형을 맞추는 측면에서 비밀보장에 대한 질문은 몇몇 상담자 사이에서 논쟁의 여지가 있다(Harding, Gray, & Neal, 1993). 비슷하게 근친상간을 경험한 성인상담에서 비밀보장에 관련된 것, 학대신고 사례에 관한 일련의 의사결정 등 다양한 윤리적 딜레마가 있을 수 있다(Daniluk & Haverkamp, 1993). 따라서 상담자들은 주어진 상황에서 어떻게 해야 할지 의심스러울 때는 주어진 상황에 대해 원칙, 지침, 사례집, 전문 윤리 규정 등을 참고하거나 동료들에게 조언을 구하거나 대화를 하는 것이 중요하다.

5. 윤리적 의사결정에 대한 상담자 교육

상담에서의 윤리적 의사결정 능력은 다양한 방식으로 발전할 수 있다. 하지만 가장 좋은 방법은 현재 대부분의 대학원 상담 과목으로 개설된 학점을 이수하고, 전문 상담자 자격 갱신을 위한 교육과정을 지속적으로 받는 것이다. 이러한 수업과정들은 학생 및 임상 전문가들에게 자각, 이중관계, 장애, 다문화주의 윤리 분야에 관한 지식을 배우는 것을 포함하여 태도의 변화를 가져다줄 수 있다(Coll, 1993). 왜냐하면 윤리에 대한 태도의 변화는 윤리적 행동의 변화와 관련이 있기 때문에 어떤 수준인가에 상관없이 윤리 관련 수업은 매우 가치 있는 일이다.

Van Hoose와 Paradise(1979)는 상담자의 윤리적 행동을 연속된 5단계의 발달과정으로 개념화하였다.

1. 처벌 지향: 이 단계에서 상담자는 외적인 사회 규준이 행동 판단의 근거가 된다고 믿는다. 내담자나 상담자가 사회적 규칙을 위반했다면 처벌받아야 한다.
2. 기관 지향: 이 단계의 상담자는 자신이 소속된 기관의 규칙을 믿고 따른다. 그들은 그 규칙에 의문을 품지 않고 그에 근거해 결정을 내린다.
3. 사회 지향: 이 단계의 상담자는 사회적 표준에 근거하여 결정을 내린다. 사회의 필요가 먼저인지, 개인이 먼저인지에 대한 의문이 떠오르면 항상 사회의 필요에 우선을 둔다.
4. 개인 지향: 이 단계에서는 개인의 필요가 가장 앞선 우선순위를 차지한다. 상담자는 사회적 필요를 인식하고 있으며 법에 관심을 가진다. 하지만 그들의 관심의 초점은

개인에게 무엇이 최상인가 하는 것이다.

5. 원칙(의식) 지향: 이 단계에서는 개인에 대한 관심이 우선시된다. 윤리적 결정은 외적인 고려보다는 내면화된 윤리 표준에 근거한다.

Welfel과 Lipsitz(1983a)는 Van Hoose와 Paradise의 연구가 "상담자들이 윤리적 주제에 대해 어떻게 판단하는가에 대해 설명하고자 시도한 문헌상의 첫 번째 개념화된 모델"이라는 측면에서 매우 중요하다고 언급하였다(p. 36). 그것은 체험적(연구할 수 있는 혹은 연구에 개방적인)이며, 윤리적 행동 수준을 승격시키는 경험적 연구의 근간을 이룰 수 있다.

윤리적 의사결정 분야에서 상담자 교육에 제안되고 있는 몇 가지 모델이 있다. 예를 들어, Gumaer와 Scott(1985)는 훈련 집단 참여자들에게 사례 삽화와 Carkhuff의 조력 모델(자기탐색, 자기이해, 활동)을 사용하는 방법을 제공하고 있다. Kitchener(1986)는 도덕적 행동과 현재 사고 이면에 존재하는 심리학적 과정에 대한 연구에 기반을 둔 윤리학 교육과정에 대한 목표와 요소의 통합 모델을 제안하였다. 그녀의 교육과정은 "상담자로 하여금 윤리적 이슈에 민감하게 만들고, 윤리적 판단을 할 수 있도록 능력을 키워 주고, 책임 있는 윤리적 행동을 할 수 있도록 격려하며, 윤리적 의사결정의 애매함을 견딜 수 있게끔 하는 것"(p. 306)을 포함한다. 그녀가 제안한 것과 Pelsma와 Borgers(1986)가 제안한 모델은 상담자가 자신만의 기준으로 윤리적 의사결정을 하는 것을 배워서는 안 된다는 것을 지향한다. 특히 Pelsma와 Borgers는 윤리에 관한 것이 아니라 끊임없이 변화하는 현장에서 어떻게 윤리적으로 판단할 것인가를 강조하였다. 윤리적 의사결정을 위한 다른 지침들로는 종합적인 전문 문헌을 근거로 한 7단계 의사결정(Forester-Miller & Davis, 1996)이나 결정적 평가 판단(Welfel, 2006)에 기반을 둔 9단계 윤리적 의사결정 모델, 혹은 1984년에서 1998년 사이에 만들어진 7종류의 다른 모델 등이 있다. 이러한 윤리적 의사결정 모델은 뚜렷하게 구분되는 단계를 따르며, 종종 특정 상담 영역에서 사용된다(〈표 3-1〉 참고). "아직 어느 모델이 다른 모델에 비해 더 나은지는 밝혀지지 않았다."(p. 281) 하지만 경험적 비교와 의견 교환을 통해 모델들의 효율성은 입증될 것이다.

이미 언급된 모델에 덧붙여 ACA 윤리위원회(ACA Ethics Commiffee)는 다양한 교육적 경험을 제공하고 있다. 예컨대, 위원회의 구성원들이 전국 및 지역 ACA 대회에서 여러 기관에게 교육을 제공하고 있으며, 아울러 ACA 뉴스레터인 『*Counseling Today*』에 연구물을 게재하고 있다.

〈표 3-1〉 윤리적 의사결정 모델 기반 실습 단계별 요약

Corey, Corey, & Callanan(2007)	Forester-Miller & Davis(1996)	Keith-Spiegel & Koocher(1985)	Rae, Fournier, & Roberts(2001)	Stadler (1986)
1. 문제 확인하기	1. 문제 확인하기	1. 한도 정하기		1. 대립되는 원칙 확인하기
2. 수반된 잠재적 사안 확인하기		2. 잠재적 사안 정의하기	1. 정보 수집하기	2. 추가 정보 획득하기
3. 관련된 윤리 지침 재검토하기	2. ACA 윤리 규정 적용하기	3. 법적, 윤리적 지침 참고하기	2. 법적, 윤리적 지침 참고하기	3. 동료들에게 자문 구하기
4. 자문 구하기	3. 딜레마의 본질 밝히기	4. 지침에 언급된 권리, 책임, 복지 평가하기		4. 기대되는 목표 확인하기
5. 잠재적 결과 생각해 보기, 행동 방침 결정하기	4. 잠재적 행동 방침 창출하기	5. 대안적 결정 창출하기	3. 가능한 결정 창출하기	5. 목표 달성에 필요한 활동 브레인스토밍하기
6. 다양한 결정에 대한 결과 열거하기	5. 가능하고 개연성 있는 행동 방침 생각해 보기	6. 각 결정에 대한 결과 열거하기	4. 주어진 맥락에서 가능한 결과물 검토하기	6. 활동의 영향 평가하기
		7. 각 결정에 대한 결과물의 확률 추정하기		7. 대립되는 가치 확인하기
7. 최상의 행동 방침 결정하기		8. 의사결정하기		8. 행동 방침 선택하기
	6. 정해진 행동 방침 평가하기			9. 행동 방침 실험해 보기
	7. 행동 방침 시행하기		5. 최상의 선택 결정 및 평가하기	10. 단계를 확인한 후 행동으로 옮기고 평가하기
			6. 다가올 문제를 피하기 위한 실천 방안 개선하기	

출처: Cottone & Claus (2000).

6. 특정 상담 상황에서의 윤리

윤리적 행동은 한 개인이 활동하는 작업환경에서의 일반적인 태도, 동료 및 상담자가 수행하는 업무 등에서 많은 영향을 받는다(진단 등). 그래서 상담 장면에서 윤리적 결정을 실행하고 행동에 옮기는 것은 종종 상당한 수준의 위험이나 불편함을 수반한다(Faiver,

Steinman, Richardson, & McEnroe(1998)	Tarvydas (1998)	Tymchuk (1986)	Welfel (2006)
1. 문제 확인하기	1. 상황 해석하기	1. 이해당사자 결정하기	1. 윤리적 민감성 개발하기
2. 수반된 잠재적 사안 확인하기	2. 문제 혹은 딜레마 재검토하기		2. 딜레마, 선택사항 정의하기
3. 관련 윤리 지침 재검토하기	3. 딜레마에 적용할 규준 결정하기		3. 전문 규정 살펴보기
4. 자문 구하기			4. 윤리 관련 학문 찾아보기
5. 잠재적 결과 생각해 보기, 행동 방침 결정하기	4. 가능하고 개연성 있는 행동 방침 창출하기	2. 모든 가능한 대안 고려해 보기	5. 상황에 윤리 원칙 적용하기
6. 다양한 결정에 대한 결과 열거하기	5. 각 행동 방침에 대한 결과 생각해 보기	3. 각 대안에 대한 결과 생각해 보기	
	6. 슈퍼바이저 및 동료들에게 자문 구하기		6. 슈퍼바이저 및 동료들에게 자문 구하기
7. 최상의 행동 방침 결정하기	7. 경쟁 가치, 전후 사정을 저울질하여 행동 선택하기	4. 의사결정을 위한 손익 따져 보기	7. 심사숙고하여 결정하기
		5. 재검토 수준 결정하기	
	8. 선택된 행동 계획 수립 및 실행하기	6. 결정 시행하기	8. 슈퍼바이저에게 알리고 행동하기
	9. 행동 방침 평가하기	7. 행동 및 결과물 모니터링하기	9. 경험 반영하기

Eisengart, & Colonna, 2004). 그 이유는 다양하지만, Ladd(1971)에 따르면 윤리적 의사결정에서의 어려움은 종종 상담자가 활동하는 주위 환경에 기인한다. "상담자를 채용한 대부분의 기관은 합의제로 구성되지 않았으며 직업적이지도 않다. 반면 대학이나 병원의 경우는 계급 조직의 형태로 구성되어 있다. 계급 조직 형태의 기관의 경우 간부급의 관리자가 어떤 특권이 행정적인 것이며, 어떤 것이 전문가적인 것인가를 결정한다."(p. 262)

상담자는 채용을 수락하기 전에 해당 기관의 일반 정책이나 원칙을 면밀하게 살펴보아야 한다. 왜냐하면 특정 환경에서의 채용은 상담자가 그 정책, 원칙, 윤리 규정에 동의한다는 것을 내포하기 때문이다. 만일 상담자가 자신이 근무하는 기관이 상담을 오용하거나, 내담자의 주 관심사에 대해 다루지 못하게끔 한다는 사실을 알게 되었다면 교육이나 설득 등을 통해 기관을 변화시키거나 아니면 다른 직장을 찾아봐야 할 것이다.

사례 Fred의 첫 번째 직장

Fred는 외래 정신건강 기관에서 상담자로 일하는 것이 처음이었기에 다소 들떠 있었다. 그런데 그는 숙련된 경험자였기 때문에 Fred가 매달 만났던 내담자의 수에 대해 대충 얼버무릴 것을 자신의 관리자가 요구했을 때 뭔가 문제가 있다는 것을 알아챘다. 관리자는 그의 실적 때문에 Fred가 실제로 했던 것보다 10% 더 많은 내담자를 만났다고 작성해야 한다고 말했다. Fred는 그렇게 하는 것은 윤리적이라고 생각하지 않는다고 말했다. 그러자 관리자는 그에게 윤리는 잊고 자신의 급료에 대해 생각해 보라고 말했다. Fred는 노부모를 부양하기 위해 직장이 절실하게 필요했고, 자신이 시골에서 일해 왔기 때문에 이런 조건의 다른 직장을 구할 수 없다는 사실도 알고 있었다.

당신은 Fred에게 어떻게 하라고 조언할 것이며, 그 이유는 무엇인가? 그의 사례는 명백한가?

학교상담과 윤리

상담자와 고용주 사이에 존재하는 주된 윤리적 위기는 학교 장면에서도 발생할 가능성이 높다(Davis & Ritchie, 1993; Stone, 2005). 학교 관리자들은 종종 학교 상담자를 도구로 활용하고 있다(Boy & Pine, 1968). 고용주와 내담자에 대한 상담자의 충성도에 갈등이 존재할 경우, "상담자는 항상 내담자의 권리 보호에서 해법을 찾으려고 해야 한다. 즉, 윤리적 책무는 내담자를 최우선으로 하고, 그다음이 학교(또는 다른 장면)인 것이다" (Huey, 1986, p. 321). 학교 상담자들이 자신이 제공하는 프로그램이 윤리적으로 건전한지 스스로 확인할 수 있는 한 가지 방법은 그들이 학생, 학부모, 교사들에게 상담 서비스를 제공하는 과정에서 다양한 딜레마에 부딪힐 수 있다는 것을 인식하는 것이다. 따라서 이런 여러 집단과 상호작용하기 전에 학교 상담자는 자신이 활동하는 집단에 대한 상담자의 책무에 대한 개요를 명시해 놓은 American School Counseling Association(ASCA; http://www.schoolcounselor.org/ content.asp?contentid=173)의 윤리 규정을 숙지해야 한다(Henderson, 2007; Remley, Hermann, & Huey, 2003).

컴퓨터, 상담과 윤리

상담에서의 컴퓨터 및 장비의 활용은 윤리적 어려움이 존재하는 또 다른 잠재 영역이다. 300여 개 이상의 웹사이트가 개인 상담자에 의해 운영되고 있는 상황에서(Ainsworth, 2002) 상담자들이 컴퓨터를 사용하여 정보를 전송할 때 내담자에 대한 정보에 빈틈이 생길 가능성이 존재한다.

윤리적으로 민감할 수 있는 또 다른 영역에는 내담자나 상담자의 오용, 컴퓨터로 제공되는 정보의 유효성 등도 포함된다(Sampson et al., 1997). 덧붙여 사이버 상담 혹은 웹 상담—소위 수백 마일 떨어져 있을지도 모르는 상담자와 인터넷으로 상담하는 것—도 윤리적 딜레마 투성이다. 그래서 NBCC는 이러한 행동을 평가하는 윤리 지침을 공표하였다(부록 B 참고).

결혼 · 가족 상담과 윤리

일상적으로 윤리적 위기가 발생하는 상담 분야는 결혼 및 가족 상담이다(Corey et al., 2007; Margolin, 1982; Wilcoxon et al., 2007). 그 이유는 이 상담 분야가 구조적으로 여러 사람을 함께 다루게 되는데 시스템 내의 모든 구성원이 동일한 목표를 가지기가 쉽지 않기 때문이다(Wilcoxon, 1986). 이러한 잠재적 문제를 극복하기 위한 방법으로 Thomas(1994)는 상담자가 가족을 대상으로 작업할 때 사용할 수 있는 역동적 과정 지향 체계를 고안해 냈다. 이 모델은 상담자, 내담자, 상담과정에 영향을 미칠 수 있는 여섯 가지 가치, 즉 ① 책무, ② 진실성, ③ 헌신, ④ 선택의 자유, ⑤ 권한 이양, ⑥ 관리자에 대한 권리에 대해 논하고 있다.

그 밖의 상담 장면과 윤리

앞에서 언급한 것 외에도 윤리적 딜레마(그리고 종종 법적인 결과)가 내재된 상담 장면에는 노인상담(Myers, 1998), 다문화 상담(Baruth & Manning, 2007), 관리 의료 활동(Murphy, 1998), 내담자 진단(Braun & Cox, 2005; Rueth, Demmitt, & Burger, 1998), 상담 연구(Jencius & Rotter, 1998) 등이 포함되어 있다. 이러한 상담 분야에서 상담자는 새로운 상황, 일부는 ACA 윤리 규정에서도 다뤄지지 않은 상황에 직면하곤 한다. 예컨대, 상담자가 관리 의료 분야의 진단 규정을 사용할 때 윤리적, 법적 딜레마에 의해 이의가 제기되는 경우가 있다(Braun & Cox, 2005). 그 이유는 몇몇 DSM 규정이 관리 의료 기업을 대상으로 보상받지 못하기 때문이다. 하지만 외국인 오진은 2005년 ACA 윤리 규정 위반일 뿐 아니라 사기죄에 해당한다. 그러한 행위는 법적 결과를 가져올 수 있다.

노인상담에서도 상담자는 윤리적 결정을 해야 한다. 그들은 인지적 손상, 말기 질환을 갖고 있거나 학대 피해자로 살아오는 등 노인들만의 독특한 필요에 대해 평가를 해야 한다(Schwiebert, Myers, & Dice, 2000). 그렇게 하기 위해 상담자는 '내가 무엇을 해야 하는가?'와 같은 질문에 사회적, 역사적으로 적절한 대답을 찾는 것에 초점을 맞춘 의무 기반 상황에 대해 윤리적 원칙을 적용해야 할 수도 있다(Corey et al., 2007). 다르게 말하자면 '이런 활동이 윤리적인가?' 라고도 할 수 있겠다. 또한 그들은 "상담자의 성격적 특성과 상담자가 열망하는 비의무적 이상향"(p. 13)에 초점을 맞춘 덕 윤리(virtue ethics)를 적용할 수도 있다. 덕 윤리는 특정 윤리적 문제를 해결하는 것보다는 '나는 내 내담자를 위한 최선의 것을 하고 있는가?' 와 같은 질문에 초점을 맞춘다. 가능한 한 최상의 결정을 하길 원하는 상담자라면 심사숙고하여 윤리적 추론의 방식들을 통합하는 것이 현명한 방법이다.

윤리적 의사결정을 위한 지침이 없는 경우에는 상담자가 현재 직면한 상황과 관련된 현안, 동향, 제정법에 대해 한쪽으로 치우치지 않고 머물러 있는 것이 매우 중요하다. 그 과정에서 상담자는 현재 작업 중인 내담자에 대해 고정관념적 사고로 대하지 않도록 해야 하며 민감함을 유지해야 한다. 예컨대, "연구 윤리에서 주로 강조되는 점은 연구 대상자들을 보호하는 것이다"(Parker & Szymanski, 1996, p. 182). 특정 연구 분야에서 해결해야 할 네 가지 주요한 윤리적 사안이 있다(Robinson & Gross, 1986, p. 331).

- 사전동의
- 강압과 기만
- 비밀보장 및 사생활 보호
- 결과 보고

이 영역에는 그 삶이 연구자들의 관심사인 사람들이 포함되어 있다. 문제 예측, 인도적이며 공정한 결과를 가져오는 정책 시행이 그 본질이다.

생/각/해/보/기

사람들로 하여금 그들이 실제로 다른 사람들을 괴롭혔거나 혹은 나중에 후회하고 속상해할 행동을 했다고 믿게끔 속였던 실험에서 윤리적 이슈가 점점 커지게 되었다. 만약 당신과 함께 연구하기로 서명했던 사람들 중 한 명이 마음을 바꿔 참여하지 않게 됐다면 그 상황에서 당신이 해야 할 일은 무엇이라고 생각하는가? 당신이 연구를 완성하는 데 한 명만 더 있으면 되는데 서명하는 사람이 아무도 없고, 자료 수집 마감까지는 겨우 이틀밖에 남지 않은 상황에서 그때까지 마무리하지 못하면 연구가 실패할지도 모르는 상황이라고 가정해 보라. 이러한 가정은 그 생각에 영향을 주는가?

7. 다중관계

윤리적 고려 대상으로서 다중관계 문제는 상담자-내담자의 성적 관계에 대한 윤리적 본질을 다룬 1970년대의 논란으로 비교적 새롭고 최근에 부각되기 시작한 문제다. 전문가 집단에서 상담자-내담자의 성적 관계를 비윤리적이라고 결론지었을 때, 사업 거래, 친구 관계 등과 같이 상담자와 내담자 간에 생길 수 있는 다른 관계 유형의 형성에 대한 문제가 제기되었다. 그러한 관계는 과거에 그 사람들의 관계가 치료적 본질에 바탕을 두었기 때문에 상호관계를 기반으로 이루어진 것이라고 할 수 없다. 즉, 한 사람(내담자)은 다른 한 사람(상담자)에 비해 취약한 상태였다고 할 수 있다.

전문가 집단 간의 논의에서는 성적 관계 이외의 다중관계도 피해야 한다고 결론지었다. 그 이유는 그 관계가 무해한 것처럼 보여도 "관심사에 대한 갈등은 거의 항상 존재하며, 상담자의 어떤 판단이라도 영향을 미치게 된다"는 것이다(St. Germaine, 1993, p. 27). 그렇게 되면 상담자는 객관성을 잃게 되고, 내담자는 자신의 의견을 주장하지 못하게 되어 스스로 일 처리를 못하는 상황에 처하게 될 수도 있으므로 대개 유해한 결과가 따라오게 된다. 예를 들어, 상담이 진행되는 중에 상담자와 내담자 사이에 사업상의 거래가 생긴다면, 당사자들은 그 결과가 잘 진행되든 혹은 기대한 만큼 잘 진행되지 않든 부정적인 영향을 받게 된다. 그에 따른 생각이나 감정은 대부분 치료적 관계에 영향을 주는 것 같다. 따라서 윤리적 측면에서 상담자는 이전 혹은 현재 내담자와 비즈니스를 하는 것, 내담자로부터 선물을 받는 것, 혹은 가까운 친구, 가족, 제자, 연인, 고용주와 상담관계를 형성하는 것을 피해야 한다.

다중관계 윤리에 내포된 원칙은 매우 명료해 보임에도 불구하고 실행에 옮기는 것이 때로 어려울 수 있다. 예컨대, 시골 지역에 거주하는 상담자가 자신의 내담자였던 사람과 사업하는 것을 피한다는 것은 쉽지 않을 수도 있다. 그 때문에 다중관계는 가끔은 피할 수 없는 일이 되기도 한다. 마찬가지로 다수의 약물 남용 상담에서도 회복 중에 유사한 경우가 발생한다. "이러한 개인에 대해 현존하는 윤리 규정은 그들이 정기적으로 자신이 어떤 상황인가를 알아차리는 독특한 상황을 적절히 다루지 못하고 있다."(Doyle, 1997, p. 428) 이처럼 문제가 있어 심사숙고의 과정이 필요한 사안들에는 비밀보장과 익명성, 자조집단에 내담자와 함께 참여하는 것, 자조집단 구성원들 간의 사회적 관계, 고용, 자조 프로그램 협찬 등이 있다.

8. 비윤리적 행동이 의심되는 상담자에 대한 대처 방안

대부분의 상담자가 윤리적이지만, 그렇지 않은 경우도 가끔 발생한다. 이러한 상황이 발생하면 상담자는 몇 가지 조치를 취해야 한다. 그렇지 않으면 상담자는 그 상황을 묵과하거나 무시함으로써 자신의 도덕적 자아에 대한 감각이 무너지는 위험을 각오해야 하며, 이후 윤리적 위반을 용납하기가 점점 쉬워지는, 소위 '미끄러운 경사면 효과'로 알려진 현상을 경험하게 될 것이다. Herlihy(1996)는 특히 윤리적으로 결함이 있는 상담자와의 관계에서 잠재적인 윤리적 딜레마를 겪게 될 경우에 적용할 수 있는 몇 가지 단계를 제안하고 있다. 첫 번째 단계는 가능한 한 객관적으로 그 문제를 확인하고, 그 문제와 상담자의 관련성을 확인하는 것이다. 이 과정에서 입장을 명확하게 하기 위해 서면으로 작성하는 것이 가장 좋다.

두 번째 단계는 그 문제와 관련하여 상담자에게 현재 ACA 윤리 규정을 적용하는 것이다. 그런 과정을 통해 행동 방침에 관한 명확한 방침이 드러날 가능성도 있다. 세 번째 단계로, 상담자는 이 장의 앞부분에서 언급된 선행, 정의, 자율성과 같은 상담자를 돕는 도덕적 원칙을 고려해야만 한다. 이 과정에서 동료에게 자문을 구하는 것도 고려해 볼 수 있다.

만일 행동이 정당했다면 문제의 그 동료 상담자에게 비공식적으로 접촉해야 한다. 이러한 접근은 도움을 청한 문제의 상담자에게 희망적으로 접근한다는 맥락에서의 직면을 포함하게 된다. 그렇지 않은 경우, 직면하는 상담자는 다른 모든 선택사항의 잠재적인 결과를 고려한 후에 행동 절차를 정의해야 한다. 이러한 절차는 ACA, 주, 국가에서 인증하는 자격기관에 접수된 윤리적 항의 서안에 관한 정보를 포함하게 된다. 그 항의 서안은 동료 상담자에 대해 의문을 제기한 상담 전문가나 자신이 비윤리적인 대우를 받았다고 생각하는 내담자가 제출한 것이다.

행동 절차를 검토하는 과정에서 상담자는 각각의 잠재적 행동이 야기할 수 있는 결과에 대해 평가해야만 한다. 판단 기준은 대상 주변의 제반 사항을 포함한다. ① 언론의 관심(즉, 직면한 상담자의 행동이 언론에 보도가 되었는지 여부), ② 정의(즉, 공정함), ③ 도덕적 흔적(즉, 의심의 느낌이 남아 있음), ④ 보편성(즉, 이러한 상황에서 다른 사람들도 그렇게 했을 것이라고 생각되는 방침인가).

마지막 단계는 행동 방침을 선택하고 실행하는 것이다. 이런 과정에서 상담자는 모든 사람이 동의하는 것은 아니라는 사실을 깨달아야 한다. 그러므로 상담자는 이미 되어 버린 것에 대한 신용뿐 아니라 비판도 받아들일 준비가 되어 있을 필요가 있다.

9. 법과 상담

상담이라는 직업은 법적 규준에 따른 지배도 받는다. 법적이란 "법 또는 합법적인 것에 대한 진술"을 나타내며, 법이란 "그 구성원들에 대한 법적 구속력이 있는 것으로서 진술이나 공동체 의식에 의해 인식되는 역할의 본체"를 나타낸다(Shertzer & Stone, 1980, p. 386). 일반적으로 알고 있는 것과 달리, "법은 분명하고 확실해서 변경이 불가능하거나 명백하고 정확한 것이 아니다"(Van Hoose & Kottler, 1985, p. 44). 오히려 그것은 개인과 단체 사이에서 타협을 추구한다. 법은 소수의 확실한 대답을 제공하며, 어떤 선례에서도 주목할 만한 예외는 항상 존재한다.

"조력 전문가를 다루는 일반적인 법은 없다."(Van Hoose & Kottler, 1985, p. 45) 하지만 상담에 관련된 법적 견해에 영향을 끼칠 만한 다수의 법정 판결과 법령은 존재하며, 상담자는 이에 대한 최신의 정보를 알 필요가 있다. 1993년 캘리포니아 나파 카운티에서 있었던 Gary Ramona 소송은 그러한 법적 결정의 한 사례다. 대중에게 널리 알려진 이 재판에서 Ramona는 "그들이 딸의 마음에 성적 학대에 대한 허위 기억을 가득 채움으로써 딸의 삶을 망쳤다"며 자기 딸의 치료자들을 상대로 소송을 제기했다(Butler, 1994, p. 10). 배심원들은 "치료자들이 부주의하게 허위 기억을 강요했다는 사실을 알게 됐다"(p. 11)고 언급하면서, Ramona는 47만 5,000달러의 보상금을 수령하게 됐다. 이 사례에서 결정된 법적 견해는 돌봄에 대한 의무, 즉 보건 종사자들의 부주의한 행동을 하지 않아야 할 법적 의무였다.

최근에 있었던 또 다른 중요한 법적 사례는 1996년 Jaffee가 Redmond를 상대로 낸 소송에 대한 연방대법원의 판결로, 인가받은 심리치료자들과 그들의 내담자 사이의 기밀한 의사소통이 연방법정에서 열린 소송에서 밝혀져서는 안된다는 판결이다(Remley, Herlihy, &

Herlihy, 1997). 이 사례가 상담에 시사하는 중요성은 법적 판례가 석사급 임상의(이 사례에서는 사회복지사)와 그 내담자 사이의 비밀보장에 관해 다루었다는 것이다. 이 사례는 상담을 포함한 정신건강 서비스에 대한 긍정적 관심을 야기했다.

상담자에게 영향을 준 세 번째 법적 사례는 1997년 미연방대법원에 앞서 논란이 되었던 법정 조언자에 의한 의견서다. 이 의견서는 '내과의가 도움을 준 자살'과 관련된 정신건강 사안을 다루었다(Werth & Gordon, 2002). 이 법정에서 ACA는 상담자들과 죽음이 임박한 사람들을 돕는 여타 조력 전문가들의 권리를 보호하기 위해 몇몇 다른 정신건강 단체와 협력했다.

대부분의 사례에서 법은 일반적으로 전문가 윤리 규정과 상담에 대해 "대개 지지적이거나 중립적"이다(Stude & McKelvey, 1979, p. 454). 법은 적어도 최소한의 규준에 도달한 전문가 집단에 소속된 이들을 보장하는 수단으로 상담자들에 대한 면허 교부 및 인증을 지원한다. 또한 "치료과정 내에서 내담자가 제공한 진술과 기록에 대한 비밀보장"(p. 454)을 지원한다. 게다가 법은 "전문가들이 스스로를 감시하도록 하고, 상담자들이 자신의 내담자, 동료 상담자와의 관계를 통제할 수 있도록 한다는 측면에서는"(p. 454) 중립적이라고 할 수 있다. 유일하게 법이 전문 윤리 규정에 앞서 적용되는 시점은 "공공의 건강, 안전, 복지를 보호하기 위해"(p. 454) 필요할 때뿐이다. 이러한 필요는 비밀보장이 관련된 상황, 즉 손해를 예방하기 위해 정보 노출이 필요한 시점에서도 거의 유사한 듯하다. 그런 경우 상담자는 내담자의 폭력 행동에의 가능성에 대해 잠재적인 희생자들에게 알릴 의무가 있다(Costa & Altekruse, 1994).

10. 상담에 대한 법적 인정

Swanson(1983b)은 부분적으로나마 상담이 법적 시스템을 통해 전문성에 대한 인정과 승인을 받게 되었다는 것을 지적하였다. 최근인 1960년까지만 해도 상담은 법적으로 인정받는 전문 분야로서의 정체성을 충분히 확보하지 못하고 있었다. 당시에 판사는 Bogust가 Iverson을 상대로 한 소송에서 상담자는 교육학과에서 훈련을 받은 '단순한 교사'이므로 의사의 동의를 받은 상담자는 자신의 내담자 중 한 명의 자살에 대해 법적 책임이 없다고 판결을 내렸다.

이러한 인식은 1971년 아이오와 주 법정 심리 기록에서 상담자가 개인상담뿐만 아니라 진로 · 교육상담도 제공하는 전문가로서 법적 인정을 받게 될 때까지 계속되었다. 그러한 전문성은 Weldon이 버지니아 주 심리학자 심사위원회를 상대로 한 소송에서 보다 더 명확하게 정의되었다. 그 판결은 이 사례를 통해 상담은 심리학과 구별되는 전문 영역임을 제시하는 계기가 되었다. 더 나아가 미국 하원은 H.R. 3270(1976년 94차 의회)에서 "상담은 개인 혹은 집단에게 만족을 주고 개인, 교육, 진로 개발과 관련된 책임 있는 결정을 하게끔 돕는 숙련된 상담자를 통해 이루어지는 과정"이라고 언급함으로써 상담의 정의를 개선하고 전문성을 인정했다.

Swanson(1983b)은 1976년 전문 영역으로서 상담을 독점적으로 인정한 버지니아 주에서 처음으로 통과된 법과 같은 주립 상담 규제법은 상담을 진로상담과 같이 전문성을 가진 "일반적 전문 영역"으로 상담을 인식했다고 기술했다(p. 29). 더 나아가 전문 영역으로서의 상담을 규정하는 추진력은 1970년대 후반 CACREP에 의해 채택된 것과 같은 최소 대비 규정의 채택 및 실행과 더불어 이루어졌다.

11. 상담관계의 법적 측면

상담자들은 어떤 사람들과 상담을 진행하는 과정에서 특정 법적 지침을 따라야만 한다. 예컨대, 공법(PL) 94-142(1975년 미국에서 제정된 Education of All Handicapped Children Act)는 학교가 최소한의 제한된 환경에서 가능한 한 모든 아동에게 자유롭고 적절한 공교육을 제공해야 함을 규정하고 있다. 이 과정 중 일부는 모든 장애아동에 대한 기록을 확인하고 유지하기 위한 '개별화교육계획(individualized education plan: IEP)'에서 발전된 것이다(Cobia & Henderson, 2007; Humes, 1978). 장애아동들과 활동하는 학교 상담자들은 이러한 법 조건하에서 완수해야 할 특정한 업무가 있다.

이와 유사하게, 상담자들은 아동학대법하에서 학대 문제로 의심되는 사례를 주립 사회복지기관과 같은 해당 기관에 보고할 법적 의무를 가진다(Henderson, 2007). 그런 상황은 상담자가 학대가 의심되는 가족들과 직접적으로 상대해야 할 때 특히 더 어려울 수도 있다(Stevens-Smith & Hughes, 1993). 더욱이 상담자의 법적 의무는 Buckley 개정안으로 알려진 1974년 Family Educational Rights and Privacy Act(FERPA)에 잘 정의되어 있다. 이 법규는 학생들에게 교육기관이 자신들에 대해 가지고 있던 몇몇 기록에 접근할 수 있는 권한을 제공하고 있다.

상담자는 법이 명확하지 않거나 법과 전문상담 윤리가 상충되는 상황에서 상당한 어려움을 경험하게 된다. 그럼에도 불구하고 정신보건 서비스 종사자들이 그들이 법적으로 할 수 있는 것과 없는 것에 대해 충분히 알고 있는 것은 대단히 중요하다. 그런 상황은 대개 내담자, 상담자, 법정 간에 정보 공유를 수반하게 된다.

정보 공유는 비밀보장, 사생활, 비밀 정보를 와해시킬 수도 있다. **비밀보장**은 "치료가 진행되는 동안 밝혀진 정보들은 무단으로 공개되지 않는다고 내담자와 계약하거나 약속한 것을 지킬 윤리적 의무다" (Arthur & Swanson, 1993, p. 7). 비밀보장은 의도적이건 그렇지 않건 간에 깨졌을 경우 법적, 윤리적 관심사가 된다. 매년 ACA 윤리위원회에 접수된 윤리적, 법적 관심사 중 가장 빈번하게 물어보는 것은 "내담자의 사생활 권리, 불법적이며 불필요한 비밀 정보 노출(법원이 정보 공개를 명령한 것은 예외임)을 피하는 상담자에 관한 딜레마나 질문이다" (Williams & Freeman, 2002, pp. 253-254).

"**사생활**은 시간, 환경, 사적 정보에 대해 공유하거나 하지 않을 정도를 선택할 개인의 권리를 인식하는 보다 발달된 법적 개념이다." (Herlihy & Sheeley, 1987, p. 479) 자신이 상담자로부터 일상적으로 공개하지 않는 정보에 대해 이야기하기를 강요받았다고 생각하는 내담자들은 상담자에 맞서 법에 의지하려 할 수도 있다.

비밀 정보는 자신의 허가 없이 법정에서 비밀리에 이루어진 의사소통이 공개되는 것으로부터 내담자를 보호함으로써 사생활 보호와 비밀을 규제하는 것이다.

그것은 "치료적 관계에서 제공된 정보는 보호받을 것이라는 법으로 확정된 내담자의 법적 권리" 로 정의된다(Arthur & Swanson, 1993, p. 7). 대부분의 주에서는 상담자-내담자 관계에서의 비밀 정보를 인정하고 보호한다(Glosoff, Herlihy, & Spence, 2000). 하지만 예외에 해당하는 아홉 가지 범주가 존재한다.

1. 상담자와 내담자 사이에 분쟁이 생긴 경우
2. 소송 절차에서 내담자가 정신 상태와 관련된 사안을 제기할 때
3. 내담자의 상태가 자신이나 타인에게 위험을 제기할 때
4. 아동학대 혹은 방치의 경우
5. 내담자가 범죄를 저지를 생각을 하고 있음을 상담자가 알게 되었을 때
6. 법정이 심리학적 평가를 명령한 기간 동안
7. 본의 아니게 입원을 해야 하는 경우
8. 내담자가 범죄의 희생자였다는 사실을 상담자가 알게 되었을 때
9. 연약한 성인에게 해를 끼치는 경우

대개 비밀 정보의 개념은 개인과 달리 집단상담이나 가족상담에는 적용되지 않는다 (Wheeler & Bertram, 2008). 그러나 상담자는 집단 및 가족 상담 구성원들의 비밀보장에 대한 윤리적 관심사를 염두에 두어야 한다.

내담자와 상담자 사이의 의사소통을 다루는 법에서 주된 어려움은 주별로 법이 너무 다

양하다는 것이다. 그 때문에 상담자가 비밀이 깨어질 수도 있는 내담자의 잠재적인 상황에 대해 알고 소통하는 것은 매우 중요하다(Glosoff et al., 2000; Woody, 1988).

비밀보장의 한계의 중요성을 보여 주는 역사적인 법정 사례는 Tarasoff가 캘리포니아 대학교 운영위원회를 상대로 제기한 소송(1976)이다. 이 사례에서 캘리포니아 대학교 버클리 캠퍼스에서 학생 보건 서비스를 받던 학생인 Prosenjit Poddar는 자신이 상담받던 심리학자에게 전 여자친구인 Tatiana Tarasoff가 복학하게 되면 그녀를 죽일 거라고 말했다. 그 심리학자는 교내 경찰에게 그 사실을 알렸고, 경찰은 그 학생을 구금하여 그가 작정한 행동에 대해 심문했다. 그 학생은 Tarasoff를 죽일 어떤 의도도 없다며 부인하였고, 이성적으로 행동하였기 때문에 결국 석방되었다. Poddar는 이후 그 심리학자와의 치료를 더 진행하는 것을 거부하였고, 그가 자신이 의도한 행동을 단념하게끔 하기 위한 추가적인 조치는 이루어지지 않았다. 두 달 뒤 그는 Tarasoff를 살해했고, 그녀의 부모는 자신의 딸을 위협하는 의도된 피해를 제대로 알리지 못한 것에 대해 캘리포니아 대학교 운영위원회를 상대로 소송을 제기했다. 캘리포니아 주 대법원은 "치료자는 대중을 보호하기 위한 목적이라면 내담자의 비밀을 유지할 의무보다 우선시해야 할 직무가 있다."며 사실상 그녀의 부모를 지지하는 판결을 내렸다(Haggard-Grann, 2007).

이처럼 상담자가 할 수 있거나 해야 할 비밀보장에는 한계가 있다. 내담자가 자신이나 다른 사람들에게 위험해 보일 때, 미국의 주법은 그러한 정보를 적절한 기관에 보고해야 함을 명시하고 있다. 예를 들어, 아동이 자살 충동을 느끼는 위험에 처해 있을 때, 법원은 상담자를 포함하여 학교 직원들이 위탁할 준비가 되어 있어야 하며, "타인으로부터 지원을 받을 의무가 있다"고 평가했다(Maples et al., 2005, p. 401).

Knapp과 Vandecreek(1982)은 미국의 주법이 비밀보장에 대해 서로 다르며, 잠재적으로 위험한 상황에 대해 기록한 정보는 종종 까다롭다는 것에 주목했다. 이 영역을 다루는 데 있어 두 사람은 내담자의 폭력이 위험한 상황인 것 같으면 상담자가 위험을 진정시키도록 해야 하며, 또한 법적인 의무도 다할 수 있도록 애써야 함을 언급했다. 그들은 또한 폭력적인 내담자와의 상담 경험이 있고, 그 과정에서 조치한 바를 기록해 놓은 전문성 있는 동료 상담자에게 자문을 구할 것을 추천하였다. 덧붙여 Haggard-Grann(2007)은 언제든지 사용 가능한 평가도구를 사용할 것을 권하고 있다. 또한 그녀는 생활환경(생활 상태 등), 행동 패턴(약물 남용, 약물치료 등), 예측되는 사건이나 스트레스 요인(자녀양육권, 딜레마, 별거/이혼 등)과 같은 상황적 측면이 포함된 다양한 변수를 고려한 위험 척도를 추천하고 있다.

12. 민사상 · 형사상 책임

Tarasoff의 사례는 상담자의 법적 책임과 위법 행위 문제를 제기하고 있다. 기본적으로 상담에서의 법적 책임은 상담자가 내담자에게 해를 끼쳤는가에 대한 사안을 수반한다(Wilcoxon et al., 2007). 법적 책임의 개념은 위법 행위와 직접적으로 관련이 있다. 상담에서의 위법 행위(malpractice)는 "용인된 직무 규정에서 벗어나는 것을 의미하는, 즉 직무 태만으로 내담자에게 끼치는 손해"로 정의된다(Hummell et al., 1985, p. 70). 최근까지 상담자 위법 행위에 대한 소송은 비교적 드물었다. 하지만 자격증을 갖춘 공인 상담자들이 늘어나면서 위법 행위 소송도 빈번해졌다. 따라서 전문 상담자들은 그러한 가능성으로부터 스스로를 보호해야 할 필요에 직면하게 되었다.

위법 행위로부터 스스로를 보호하는 두 가지 방법은 전문 윤리 규정을 준수하는 것과 일반적인 관행 규준을 준수하는 것이다(Wheeler & Bertram, 2008). 하지만 아무리 상담자가 조심하더라도 위법 행위 소송은 발생할 수 있다. 따라서 책임보험 가입은 필수사항이다(Bullis, 1993). 『*Avoiding Counselor Malpractice*』(Crawford, 1994)는 위법 행위의 본질과 범위, 소송에 연루되었음이 드러나게 되는 것을 피하기 위한 합리적 예방책을 안내하는 탁월한 책이다.

법적 책임은 크게 민사, 형사, 행사의 세 가지로 분류될 수 있으며, 이들의 조합도 가능하다(Leslie, 2005). 민사상 책임은 개인이 다른 사람에게 잘못 행동한 것에 대해, 혹은 그렇게 해야 한다고 공인된 의무사항이 있는데 그렇게 하지 못한 것에 대해 소송을 당할 수 있음을 뜻한다(Wheeler & Bertram, 2008). 대개 민사상 책임은 상담자의 직무상 위법 행위(직무 태만 등)나 중과실에 대해 내담자가 제기하는 소송인 경우가 많다. 형사상 책임은 내담자에 대한 상담자의 활동이 법이 금지하는 방식으로 이루어졌을 때 관련된다. 예컨대, 아동학대 사실을 알리지 않거나, 내담자와 성적인 관계로 연루되거나, 보험사기를 치는 것이다. 행사상 책임은 치료자의 자격증이 자격증 취소 및 유예 권한을 보유하고 있는 위원회로부터 조사받아야 할 상황에 처해 있음을 의미한다(Leslie, 2005, p. 46). 덧붙여 내담자는 상담자가 속한 전문가 협회의 윤리위원회에 항의를 제기할 수 있으며, 협회는 그 상담자의 자격을 박탈할 수 있는 권한을 가지고 있다.

민사상 책임의 개념은 정의 구현을 위한 법적 활동에 위배되는, 즉 불법 행위의 개념에 기초하고 있다(Wheeler & Bertram, 2008). 법적 과실은 사람, 재산, 심지어 한 개인의 명예에 대해서도 제기될 수 있으며, 고의성이 없을 수도 있지만 직접적일 수도 있다. 상담자들은 주로 ① 특정 상황에서의 위법 행위(산아 제한, 낙태, 약물 처방 및 투여, 치료), ② 불법 조사, ③ 명예훼손, ④ 사생활 침해, ⑤ 계약 위반(Wheeler & Bertram, 2008)과 같은 상황에서의 위법 행위로 민사상 책임 소송을 당하게 되는 듯하다. 그리고 ① 범죄에 대한 방조, ② 민사상 위반, ③ 미성년자 범행에 원인 제공과 같은 경우는 상담자에게 형사상 책임 위험이 따르게 된다(Wheeler & Bertram, 2008).

13. 미성년자 상담 관련 법적 사안

미성년자는 18세 미만의 청소년들을 뜻한다. 많은 학교 상담자가 이 연령대의 아이들을 대상으로 활동하고 있다. 학교 밖에서는 지역사회 관련 기관 소속의 상담자들이 이 연령대의 아이들을 대상으로 활동한다. 학교 밖 장면에서 미성년자들을 대상으로 하는 경우에는 학교 내부에서 다룰 때와는 다른 법적(혹은 윤리적) 사안이 수반된다(Lawrence & Kurpius, 2000). 예를 들면, "내담자-상담자 관계는 신탁이므로 계약법의 영향을 받는다. 대개 미성년자는 다음의 세 가지 중 하나로 적용되어 심리치료 계약이 체결될 수 있다. ① 부모의 동의로, ② 부모의 강요로, ③ 소년법원의 지시에 따라" (p. 133). 아동에 대한 법원의 치료 명령은 부모의 동의를 필요로 하지 않는 반면, 나머지 두 경우는 부모의 동의를 필요로 한다. 심지어 법원의 치료 명령의 경우에도 부모나 보호자에게 통지가 되어야 한다. "만일 부모의 동의를 받지 않았다면 상담자는 동의 미획득, 아동 유인 등과 같은 사유로 고소당할 수도 있다." (p. 133) 만일 아동의 부모가 이혼한 상태라면 해당 아동의 양육권자인 부모의 허가를 얻은 학교 및 관련 기관 모두로부터 동의를 얻는 것이 중요하다. 덧붙여 양육권이 없는 부모에게 주어진 권리가 있다면 그것이 무엇인가를 알아내는 것은 신중하고 필요한 과정이다.

Lawrence와 Kurpius(2000, p. 135)는 미성년자와 그 가족을 대상으로 작업을 진행함에 있어 포함되어야 할 몇 가지 과정을 다음과 같이 제안하고 있다.

- 주 법령, 특히 면책특권 정보와 관련된 사항을 철저히 숙지하라.
- 상담 초기에 아동 및 부모와 비밀보장에 관한 상담자의 규정을 명확히 알리고, 그들의 협조를 구하라. 서면으로 된 규정에 서명을 받고 양측에서 보관하라.
- 내담자와 상담자 간에 이루어진 상호작용 및 상담 회기에 대해 정확하고 객관적인 자료로 보관하라.
- 직무상 책임 범위를 적절하게 유지하라. 이러한 범위는 최소한의 기준 이상을 충족해야 한다.

- 도움이 필요한 경우 동료와 상의하여 이용 가능한 법적 도움을 받도록 하라.

14. 내담자 권리 및 기록

내담자의 권리는 크게 묵시적 권리와 명시적 권리로 구분된다(Hansen et al., 1994). 두 가지 모두 정당한 법적 절차와 관련이 있다. 우선 **묵시적 권리**는 실체적 적정과정과 관련이 있다. 어떤 규정이 한 개인을 독단적으로 제한할 때(즉, 내담자에게서 합헌적 권리를 박탈할 때), 그 사람은 실체적 적정과정을 거부당하는 것이다. **명시적 권리**는 절차적 적정과정(명시적 규정이 파기되었을 때 소송을 착수하거나 완료하는 데 필요한 과정)에 초점을 맞추고 있다. 한 개인의 절차적 적정과정은 명시적 규정이 파기되고 그 개인이 해당 사건의 개선 방안에 대해 통지받지 못했을 때 침해를 받게 된다. 내담자는 이러한 두 가지 권리 중 하나라도 침해를 당했을 경우 도움을 받을 수 있는 방안에 대해 알 권리가 있다.

모든 내담자의 기록은 특별한 상황을 제외하고는 법적으로 보호받게 된다. 예를 들면, Buckley Amendment[2)]에 명시된 조항과 같은 몇몇 규정에 의해 한 개인은 자신의 기록을 살펴볼 수 있는 법적인 권한을 가진다. 또한 제삼자가 학생이나 부모의 동의가 없더라도 학생의 정보에 접근할 수 있는 경우도 더러 있다. 대부분의 사례에 대해 상담자는 업무 관련 자료와 분리하여 별도의 잠금장치에 보관하고, 내담자의 서면 동의 없이는 내담자에 관한 어떤 정보도 노출하지 않음으로써 모든 연령대의 내담자를 법적으로 보호할 의무가 있다(Mitchell, 2007). 정보 공개에 대한 요구를 충족하는 가장 좋은 방법은 변호사를 통해 작성되는 정보 공개 방식이다(Rosenthal, 2005). 상담자는 그들이 직접 듣지 않은 내담자의 정보를 공개해선 안 된다.

기록 보관은 상담자의 법적 책임에 속하는 다섯 가지 영역 중 가장 중요한 사항이므로 (Snider, 1987), 종종 무엇이 기록되어야 하는가에 관한 질문이 제기된다. 기본적으로 기록은 "내담자의 치료에 필요한 모든 정보"가 포함되어야 한다(Piazza & Baruth, 1990, p. 313). 상담 기록 형태의 종류는 기관 및 전문가에 따라 다양하지만 대개 다음 여섯 가지 범주가 포함된다.

- 기본 인적사항: 이름, 주소, 전화번호, 생년월일, 성별, 직업 등
- 정보 평가: 심리학적 평가, 대인관계/가족사, 건강사 등

2) 역자 주: 1974년에 제정된 가족 교육권 및 사생활권에 관한 미국연방헌법이다.

- 치료 계획: 현재의 문제, 행동 계획, 목표 행동에 도달하기 위한 단계 등
- 사례 기록: 예컨대, 합의 목표에 도달하기까지 각 회기에서의 진전 상황에 대한 기록
- 종결 요약: 치료 결과물, 최종 진단(만약에 있다면), 향후 관리 계획 등
- 기타 자료: 치료에 대한 내담자 서명 동의서, 서신 사본, 흔치 않은 내담자에 대한 개입, 행정상의 문제에 관한 근거 기록 등

보관된 기록에 관한 정확한 지침에 대하여 자신이 속한 주의 법적 규정을 점검하는 것은 상담자에게 중요한 일이다. 내담자에 관한 기록에 치료 계획 및 진단 측면에서의 진전이 있는지 알아보는 과정에서 확신을 주는 것은 제삼자로부터 배상을 받는 상담자에게는 대단히 중요하다(Hinkle, 1994). 하지만 내담자에 관한 비밀 정보가 전화상으로 주어지는 경우는 한 번도 없었다. 또한 상담자는 상담 사례가 공개적으로 언급되지 않게끔 함으로써 내담자의 권리가 보호되고 있다는 것을 보장하기 위해 윤리적이고 법적으로 행동할 의무가 있다. 종합적으로 볼 때, 잘 보관된 기록은 내담자와 상담자 모두에게 유익하다고 할 수 있다.

사례 Diane 삭제하다

Diane은 자신의 컴퓨터에 기록을 보관했다. 그것이 최근의 자료로 유지하기가 편했고, 그녀 생각에 아무도 알지 못하도록 기록을 변경하고 편집할 수 있으리라 판단했기 때문이었다. 하지만 Diane이 자신의 내담자 중 한 사람과 관련하여 법정 출두 명령을 받았을 때, 그녀 자신은 물론 컴퓨터도 그 대상이 되었다. 그녀에게 던져진 질문 중 하나는 “이 내담자의 기록을 수정한 적이 있습니까?” 였다.

Diane은 “아니요.” 라고 대답하고 싶었지만 그것이 사실이 아님을 스스로 알고 있었다. 그녀는 계속해서 자신의 기록에 새롭게 알게 된 사실을 수정하거나 첨가했다.

만약 당신이 Diane이라면 뭐라고 말할 것이며, 어떻게 할 것인가? 내담자에 관한 기록을 컴퓨터상에 두고 그것을 수정하는 것이 비윤리적이라고 생각하는가? 그렇다고 생각하거나 아니라고 생각하는 이유는 무엇인가?

15. 법정에서의 상담자

미국의 법원 조직은 연방법원과 주립법원으로 구분된다. 이들 각각은 사실심(제1심) 법원, 중급 항소심 법원, 대법원이라는 유사한 형태로 구성되어 있다(Wheeler & Bertram, 2008). 상담자들 대부분은 주립법원 법정에 출두한다. 연방법원은 미합중국법의 영향 아래에서 발생하거나 혹은 분쟁 대상이 5만 달러를 초과하는 규모인 서로 다른 주에 소속된 사람들이 대상인 경우를 주로 다루기 때문이다.

대부분의 상담자는 주로 두 가지 상황으로 법정에 서게 된다. 하나는 자발적이며 직업상 적합한 경우다. 즉, 상담자가 전문가 증인 자격으로 출두하는 것이다. "전문가 증인이란 특별한 지식이나 기술, 정보를 가진 객관적이며 선입견이 없는 사람으로, 판사나 배심원단이 적절한 법적 결론을 내릴 수 있도록 지원하는 역할을 한다."(Remley, 1992, p. 33) 전문가 증인으로 서는 상담자는 자신이 제공한 시간만큼 금전적인 보상을 받게 된다.

상담자가 법정에 출두하는 다른 상황은 법원 명령(특정 사례와 관련하여 특정 시간에 법정에 출두하라는 소환장)을 발부받는 것이다. 이러한 소환은 상담자가 현재나 이전의 내담자를 지지하거나 또는 반대하는 입장에서 증언하기 위한 의도로 이루어진다. 법정 구조는 서로 대립관계에 있기 때문에 상담자는 법원 명령에 대응하기 전에 변호사에게 조언을 구하는 것이 현명한 대처 방안이다(Remley, 1991; Remley & Herlihy, 2005). 그렇게 함으로써 상담자는 법, 법정에서의 진행 절차, 법적 요구에 대응할 수 있는 선택지를 이해할 수 있게 된다. 예컨대, 일단 소환장을 발부받게 되면 상담자는 내담자-상담자 권리가 철회되거나 법원이 상담자에게 '기록을 제출하거나 증언하라.' 고 할 때까지는 자신의 기록을 작성하거나 증언을 해선 안 된다(Leslie, 2005, p. 46). 법원에 출두하기 전에 가능한 상황에 대해 역할 연습을 해 보는 것은 실제 상황에서 상담자가 더 잘 수행하는 데 도움이 될 수도 있다.

결론적으로 법과 관련된 접촉을 준비하면서 상담자는 ACA Legal 시리즈 12권(일부 혹은 전체)을 읽어 보는 것이 좋다. Theodore P. Remley, Jr.가 편집한 이 책들은 법 관련 학위를 갖고 있거나, 법원 출두 준비, 상담 기록 입증, 미성년자 상담, 비밀보장 및 비밀 정보, 제3자로부터의 보상금 수령, 상담기관 관리 등과 같은 중요한 법적 사안에 전문적인 지식을 보유한 전문가들이 집필하였다.

16. 윤리와 법: 두 가지 방식의 사고

이 장이 마무리되는 시점에서 변호사와 상담자가 서로 다른 방식으로 생각하는 경향이 있다는 것은 누가 봐도 명백해 보인다. 이러한 전공을 이수한 전문직 종사자들은 대부분 독특한 세계관을 토대로 서로 다른 두 가지 문화와 업무 영역을 기반으로 살아간다. 이런 이유로 문화적 관점에서 상담과 법조직을 고려하는 강력한 근거가 있다(Rowley & MacDonald, 2001, p. 423). 상담자와 변호사 간의 상대적 문화 차이에 대한 개요는 〈표 3-2〉에 나타나 있다. 이들 간의 차이를 살펴봄에 있어 뚜렷한 예외가 있음을 주목할 필요가 있다.

소송을 일삼는 사회에서 소수에 해당되는 상담자가 성공하기 위해서는 주류 문화인 법조계에 성공적으로 동화되어야만 한다. 이러한 목표를 이루는 데 도움이 되는 몇 가지 방법이 있다.

- 정신건강과 법 모두에 공통으로 포함되는 내용에 박식해지기
- 동의 없이 상담자로부터 정보를 알아내는 것처럼 정신보건 문화와 다른 법조계 사람들과 작업하는 것에 대한 이해 및 준비하기
- 1년에 한 번은 ACA 윤리 규정 및 타 윤리 규정 검토하기
- 상담 전공과 관련된 법률에 대해 배우는 교육 프로그램에 지속적으로 참여하기
- 정신보건 분야와 법 분야가 만나는 접점에 속해 있는 기관, 간행물(예: 『*American*

〈표 3-2〉 상담과 법 사이의 상대적 문화 차이

상담	법
구조적이며 선형적인 근거	선형적 근거
예술적, 주관적-객관적 이해	객관적, 공정성 이해
성장, 치료에 우선순위	명령, 보호 우선순위
개인 혹은 소집단에 초점	사회에 초점
변화에 우선순위	안정성에 우선순위
상대성, 맥락적 이해	규범적 이분법 이해
협력적, 상관관계 강조	대립적, 진상조사 강조
추천, 자문 강조	법적 제재, 지도 강조
윤리적, 경험적, 교육 기반	법적 근거 기반
결정론적 내지 미지의 세계관(혹은 두 관점을 모두 용납)	결정론적 세계관

출처: Rowley & MacDonald (2001).

Psychology-Law Society News』 혹은 『*The Forensic Examiner*』) 등을 통해 법 조직에 관해 학습하기

- 변호사, 판사, 기타 법조계 종사자들과의 협력적 관계 구축하기
- 법 분야에 해박한 상담자들과의 관계 발전시키기
- 윤리적-법적 딜레마에 빠졌을 때 선택 가능한 결정에 대한 조언 및 피드백 받기 (Rowley & MacDonald, 2001, pp. 427-428).

비록 사고방식이 다르더라도 법적, 윤리적 견해가 유사한 결론에 도달할 때도 있다. 2001년 북 미시시피 보건 서비스 주식회사를 상대로 한 Bruff의 소송에서 일어난 일이 그 예라고 할 수 있다(Hermann & Herlihy, 2006). 이 상황에서 상담자는 자신의 파트너와 보다 더 좋은 성적인 관계를 갖기 위해 도움을 요청한 여성 동성애자와의 상담을 종교적인 이유로 거절하였다. 그 상담자는 자신이 받아들일 만하다고 확인된 의무들만 수행해야 한다고 추측했으며, 덧붙여 자신의 내담자를 다른 상담자에게 위탁하는 근거를 뒷받침할 목적으로 2005년도 ACA 윤리 규정 섹션 A.11.b와 C.2.a(상담자로서의 역량과 한계에 대한 사안을 다루는)를 인용했다. 법원은 "상담자의 종교적 신념과 대치되지 않는 사안에 대해서만 상담 서비스를 제공하는 것은 법에 의해 보장될 수 없는 경직된 태도"(p. 416)라는 판결을 내렸다. 법원은 또한 미국연방헌법 수정 제14조에 있는 평등 보호 조항과 소도미 법(sodomy laws)[3] 위반을 확인한 1996년 Evans를 상대로 한 Romer의 소송 판례 및 2003년 텍사스 주를 상대로 한 Lawrence의 소송 판례를 인용했다. 윤리적으로 "정의에 대한 도덕적 원칙(공평함), 선행, 무해성(해를 끼치지 않는 것), 자율성 존중"(p. 417)의 모든 것이 이 사례에 적용되었다.

요약 및 결론

윤리 규정을 갖고 있는 다른 직업들처럼 상담자들도 타인을 조력하는 업무에서 그들을 안내하는 규정이 있다. 2005년 ACA 윤리 규정은 상담자들이 윤리적 딜레마에 직면했을 때 도움을 주는 주요한 문서 중 하나다. 윤리적으로 행동하는 것이 항상 쉽고 편안하거나 명확한 것은 아니다. 윤리적 의사결정을 하는 과정에서 상담자들은 윤리적 표준과 법의 판례는 물론 개인적 가치에 의존해야 할 수도 있다. 그들은 또한 동료 상담자, 사례집, 원칙

3) 역자 주: 동성 간의 성행위를 금지하는 텍사스 주의 법을 이른다.

등으로부터 도움을 받을 수도 있다. 상담자가 자신과 내담자의 안녕을 위해 윤리 분야를 잘 아는 것은 반드시 필요한 과정이다. 상담자가 윤리에 대한 학문적 지식을 갖고 있는 것만으로는 충분하지 않다. 실용적 지식을 알아야 하며, 자신과 동료들이 작업하고 있는 윤리적 발달 수준이 어느 정도인지 평가할 수 있어야 한다.

덧붙여 상담자들은 자신이 속한 주와 국가의 제정법, 법적 판결에 대해 알고 있어야 한다. 이러한 것들은 그들이 작업하는 방식에 영향을 준다. 만일 상담자들이 내담자의 권리를 침해하거나 사회적 규범을 위반했다면, 민사 및 형사상 위법 행위 소송에 응할 의무가 있다. 이런 경우 상담자들이 자신을 합법적으로 보호할 수 있는 방법은 공인된 일상적 관례에 따라 자신들이 가입하고 활동하는 전문 단체의 윤리 기준을 따르는 것이다. 상담자들이 자신이 한 것을 정당화할 수 있는 것은 매우 중요하다. 상담자들은 의료과실보험에 가입해야 한다.

윤리 기준과 법적 규정은 현재 상태를 반영하며 늘 조금씩 발전하고 있다. 이러한 규정들이 모든 상황에 다 적용될 수는 없지만, 상담자의 개인적 신념과 가치에 포함된 것을 넘어서는 무언가를 제공해 준다. 전문직으로서 상담이 계속 발전하는 한 윤리적, 법적 측면도 점점 복잡해져 갈 것이며, 시행 절차도 점차 엄격해질 것이다. 현장에서 활동하는 상담자가 윤리와 법을 모른다는 것은 어떤 변명도 될 수 없다. 상담자는 주목될 만한 예외 상황에 대해 변호사와 다르게 생각할 수 있다는 것을 인식하는 것이 매우 중요하다. 이처럼 소수 문화라는 측면에서 상담자들은 법률 문제와 변호사들을 다루는 방법을 배우는 과정에서 주도적인 태도를 취할 필요가 있다.

학 습 활 동

1. ACA 초기 윤리 규정 사본을 구해 가장 최근에 공표된 ACA 윤리 규정과 비교해 보라. 어떤 차이점이 보이는가? 알게 된 사실을 학급 내 다른 구성원들과 토론해 보라.

2. 네 개 집단으로 나눈 후 다른 구성원들 앞에서 특정 윤리적 딜레마가 발생했을 때 활용하는 지침으로 ACA 『윤리적 표준 사례집』을 사용해 보라. 다른 집단들로 하여금 주어진 상황을 해결하기 위해 취할 행동 방침을 최소 두 가지 이상 작성해 보게 하라. 그리고 그러한 행동을 하게 된 개인적, 직업상의 이유를 정당화하는 설명을 해 보게 하라. 각각의 상황에 대해 학급 전체와 지도자가 함께 토론해 보라.

3. 자신들이 경험한 특정 윤리적 · 법적 관심사에 대해 토론할 수 있는 3~4명의 전문 상담자를 초빙하라. 그들이 다루기 가장 어려웠던 분야는 무엇이었는지 물어보라. 전문가들의 프레젠테이션이 끝난 후, 앞으로의 상담 분야에서 윤리와 법의 역할에 관해 질문해 보라.

4. 자신이 상담자 자격을 취득한 주의 상담 관련 법령을 최대한 많이 수집해 보라. 이 과제를 하면서 NBCC 웹사이트를 검토해 보라. 이러한 법령의 유사점과 차이점을 비교해 보라. 아직 다루어지지 않아 다룰 필요가 있는 법령은 어떤 분야라고 생각되는가?

5. 전문 상담자로서 상담 윤리와 법의 발전에 영향을 끼칠 수 있는 방안에 대해 작성해 보라. 특정한 분야로 국한하라. 동료 구성원들과 자신의 생각을 공유해 보라.

제4장

다문화 사회에서의 상담

1. 문화와 민족에 맞춘 상담
2. 문화와 다문화 상담을 정의하기
3. 다문화 상담의 역사
4. 다문화 상담의 어려움
5. 다문화 상담에서 다루는 이슈
6. 특정 문화 집단을 상담할 때 고려해야 할 점

비가 내리는 늦은 밤,
우리는 펜실베이니아의 오래된 언덕을 넘었다.

마치 오랫동안 알아 온 친한 친구 사이인 양
서로 많은 이야기를 나누었지만
사실은 여기서 마주친 지 몇 분밖에 지나지 않았다.

그는 아랍 태생의 남자,
나는 남부에서 태어난 미국인,
우리는 함께 노란색 택시 안에 앉아서
샐러드 속 채소들을 뒤섞듯이 몇 마디의 말과 서로 다른 악센트를 나누고 섞었다.
그 사이에 택시는 주와 주 사이의 경계를 넘어갔지만, 우리는 그것조차 알아차리지 못할 정도였다.

몇 분이 지나면 우리는 서로 헤어질 터였다.
나는 남부의 샬럿으로 가는 비행기를 타기로 했고,
그는 다른 비행기를 타고 피츠버그로 돌아가야 하니까.

하지만 지금 이 순간 우리는 하나가 되었다.
이슬람교 신자인 그 사람과 백인, 앵글로색슨, 개신교 신자인 내가 서로 하나가 되어
열정적으로 조지 부시와 오사마 빈 라덴에 대해 의견을 나누었다.
어느덧 밤이 지나 아침이 열릴 때까지.

– Gladding (2007)

상담의 효과에 영향을 미치는 요소는 다양하다. 그중 가장 중요한 요소는 상담자와 내담자가 서로 협력적인 관계를 잘 맺어 갈 수 있는지의 여부와 서로를 충분히 이해할 수 있는지의 여부다. 상담자와 내담자가 같은 문화권에서 혹은 서로 비슷한 환경에서 살아왔다면 이러한 관계를 맺어 가는 것이 훨씬 수월할 것이다. 모든 것을 다 제쳐 두고라도 상담자는 내담자의 배경과 특히 중요하게 여기는 것이 무엇인지를 파악하기 위해 매우 민감해져야 하며, 내담자가 가진 가치관, 편견, 능력에 대해서도 잘 이해할 수 있어야 한다(Atkinson, 2004; Brinson, 1996; Holiday, Leach, & Davidson, 1994). 그렇지 않으면 상담자가 내담자를 잘못 이해하거나, 내담자를 몹시 실망시키거나, 심지어 내담자에게 해를 입히는 결과를 가져올 수도 있다. 내담자의 문화적 다양성을 긍정적으로 다루고 이해하는 것은 상담자의 자기인식, 즉 자기 안에서 일어나는 일에 대한 이해를 발달시켜 가는 과정인 동시에 타인인식, 즉 외부에서 일어나는 일을 어떻게 받아들이고 있는지에 대한 이해를 증진시켜 나가는 것이다(Okun, Fried, & Okun, 1999). 중요한 것은 상담자와 내담자 사이의 문화적 차이가 상담과정에 부정적인 영향을 미쳐서는 안 된다는 사실이다.

이 장에서는 다문화 사회, 특히 북미 지역에서의 상담 분야에 영향을 미치는 사람들과 이슈에 대해 다룰 것이다. "미국과 캐나다의 인종적, 민족적 다양성은 계속해서 증가하고 있고, 정신건강 및 상담 관련 종사자들은 그러한 다문화적 배경을 가진 사람들에게 맞추어 정신건강 및 상담 서비스를 제공해야 할 필요에 직면하고 있다" (Constantine et al., 2007, p. 24). 문화적인 영향에서 자유로운 상담이란 존재하지 않는다(Coleman, 1998).

여기에서는 문화적, 민족적으로 구분된 내담자들과 함께 상담하는 과정 중 일어나는 일들에 대해 주로 다룰 것이다. 확실히 "한 문화에서는 가치 있고 바람직하게 여겨지는 성격적 특성이 다른 문화에서는 폄하되거나 약점으로 여겨지는 경우가 많이 있다" (Harris, Thoresen, & Lopez, 2007, p. 5). 그러므로 상담자들은 반드시 평생 동안 끊임없이 공부해야만 한다. 그리고 주류 문화와 구분되는 문화의 사람들과 상담하는 효과적인 새로운 방법을 받아들이고 익히기 위해 언제나 애를 써야만 한다.

1. 문화와 민족에 맞춘 상담

현재 미국에는 여러 문화와 민족 집단이 뒤섞여 함께 살아가고 있다. 그중에는 유럽계 미국인이 70% 이상으로 대다수를 차지하고 있고, 그 외 주요 민족으로는 아프리카계 미국인, 아메리카 인디언이라고 불리는 미국 원주민들, 아시아계 미국인, 히스패닉/라틴계 미국인 등이 있다(Baruth & Manning, 2007). 아랍계 미국인들은 아직까지 소수이지만 북미 지역과 아랍 세계와의 관련성을 고려할 때 중요하게 다루어져야 할 집단이다.

앞에서 언급한 문화적, 인종적 소수집단의 인구 비율은 미국 및 캐나다 등지에서 점점 더 빠른 속도로 증가하고 있다. 미국의 열 개 자치주(county)[1] 중 하나는 거주자의 대다수가 유색인종이다. 또한 유색인종 인구는 나라에서 가장 인구가 많은 자치주의 1/3을 차지하고 있다. 예를 들어, 현재 시카고에 사는 아시아인 인구가 호놀룰루에 사는 아시아 인구보다 더 많다. 워싱턴에 사는 라틴계 거주자의 수는 엘 파소의 라틴계 거주자의 수보다 많다. 마찬가지로 휴스턴에 사는 흑인 인구의 수는 로스앤젤레스에 사는 흑인 인구에 비해 더 많다(Roberts, 2007).

다문화, 다민족 상담에 영향을 미치는 요인에는 여러 가지가 있을 것이다. 그러나 현실적으로 소수 문화에 속하는 내담자의 50%가 첫 회기 이후에 종결하는 반면, 다수 문화에 속하는 내담자는 약 30% 정도가 단회상담 후에 종결한다(Sue & Sue, 2003. p. 85). 이 통계적 결과는 소수 문화에 속하는 내담자들이 상담 장면에서 좀 더 많이 부정적인 경험을 하고 있다는 사실을 반영한다. 소수민족 집단에서는 상담 서비스가 폭넓게 활용되지 못하거나 아예 그들을 위한 상담 서비스 자체가 제공되지 않는다. 상담의 결과가 이러한 내담자와 내담자의 가족, 그들이 속한 일반적인 환경에 긍정적으로 작용하지 않기 때문이다.

생/각/해/보/기

다른 사람에게 오해를 받았을 때를 생각해 보자. 어떤 느낌이었는가? 그 상황은 당신에게 어떤 일을 하도록 했거나 또는 하지 않도록 만들었는가? 당신이 만약 타인에 대한 민감성과 배려 깊은 태도를 유지하는 것이 직업인 상담자에게서 이러한 오해를 받았다면 어떤 느낌일 것 같은지 생각해 보라.

1) 역자 주: 미국의 행정구역은 주(state)-자치주(county)-시(city)로 구분된다.

2. 문화와 다문화 상담을 정의하기

문화란 여러 가지로 정의될 수 있을 것이다. 문화의 정의에는 "민족, 국적, 종교, 언어 등이 포함된 민족적 변인과 나이, 성별, 사는 곳 등이 포함된 인구통계학적 변인, 사회적, 경제적, 교육적 배경 및 공식적, 비공식적 조직 등을 포함한 계층적 변인"이 포함된다(Pedersen, 1990, p. 550). 문화는 "우리의 행동과 사고와 인식, 가치관과 목표, 도덕, 인식 체계를 구축"한다(Cohen, 1998. p. B4). 의식적 영역에서든, 무의식적 영역에서든 마찬가지다.

넓은 의미에서의 문화는 좀 더 포괄적으로 "비슷한 목표, 욕구, 환경을 기반으로 하여 사람들이 스스로 한 집단이라고 느끼는 연합"으로 정의할 수 있다(Axelson, 1999, p. 2). 같은 문화의 요소들을 공유한다는 것은 경험, 신념, 가치관을 학습한다는 것과 같은 의미다. 이러한 측면은 문화가 '의미 있는 연계'이며 개개인의 인생에 비슷한 일관성과 의미를 부여한다는 시각을 반영한다(Geertz, 1973). 어떤 문화권에서는 자신들을 정의할 때 부분적으로 비슷한 신체적 특성을 중요시할 수도 있고, 다른 문화권에서는 역사와 철학을 공유하는 것을 중요하게 생각할 수도 있다. 또 어떤 문화권에서는 그 두 가지가 다 중요할 수도 있다. 사람들이 자신들의 문화와 정신적 유산을 어떻게 정의하는지가 한눈에 드러나지 않는 경우도 많이 있다.

단어로서의 문화는 다면적인 의미를 갖는다. 다문화(multiculture)라는 용어 역시 여러 가지 다른 방식으로 개념화되었다. 다문화에 대한 합의된 정의는 아직 존재하지 않는다. CACREP와 같은 상담학회에서 넓은 의미에서의 정의를 남겨 놓았을 뿐이다. 이렇듯 "다문화주의에 대한 구체적인 정의가 없는 것이 문제를 지속시킨다"(Middleton, Flowers, & Zawaiza, 1996, p. 19). 다문화주의의 가장 주된 초점은 구분된 집단의 독특성에 대한 인식과 개개인의 차이를 바라보는 개념 틀인 것 같다(Locke, 1998).

그러므로 다문화 상담은 아마도 "상담자와 내담자의 차이"를 인식하는 상담으로 바라볼 수 있을 것이다(Locke, 1990, p. 18). 그 차이는 아마도 독특한 문화적 방식에서 사회화된 결과이거나, 발달적, 외상적 인생 경험, 혹은 특정한 민족 배경에서 성장한 결과에서 비롯한 것일 것이다. 다문화 상담 영역에서는 이러한 포괄적인 차이를 어떻게 정의할 것인지에 대한 논의가 활발하다. 한편으로 어떤 사람들은 에틱 관점(etic perspective), 즉 관찰하는 외부자 판단 관점에서 상담에는 문화를 초월하는 어떤 질적 측면이 있다는 것을 중시한다. 반면 어떤 사람들은 에믹 관점(emic perspective), 즉 관찰되는 대상의 내부자 판단 관점에서 상담적 접근이 문화적으로 세분화되어 설계될 필요가 있다고 주장한다.

"에틱 관점, 즉 외부자 관점은 문화적 차이의 중요성을 고려하지 않는다는 점에서 비판받을 수 있다. 에믹 관점, 즉 내부자 관점 역시 내담자의 변화를 자극하는 세부적인 기술을 지나치게 강조했다는 점에서 비판받을 수 있다."(Fischer, Jome, & Atkinson, 1998, p. 578) 따라서 어떤 전문가들은 이러한 두 관점을 아우를 수 있는 통합된 요소를 찾아내기 위해 여러 시도를 계속하고 있다. 예를 들어, Fischer 등(1998)은 어떤 유형의 상담치료에서도 적용할 수 있는 다음의 네 가지 조건을 제시하였다(p. 531).

- 치료적 인간관계
- 상담자와 내담자 사이의 세계관의 공유
- 긍정적인 변화에 대한 내담자의 기대
- 치료적 개입이 내담자의 치유를 의미한다는 상담자와 내담자의 공통된 믿음

그러나 이러한 주장이 많은 이에게 받아들여지지는 못하였다. 21세기인 현재 시점에서 다문화 상담의 정의에 대한 논의는 지속될 것으로 보인다. 어떤 관점이 좀 더 포괄적인가 또는 좀 더 배타적인가의 차이일 뿐인 것 같다. 이 장에서는 먼저 에믹 관점, 즉 내부자 관점을 사용하여 다음 장에서 제시될 다양성의 요소들을 어떠한 방식으로 적용하여 다문화주의를 이끌어 가는지를 다룰 것이다. 내담자를 진정으로 이해하기 위해 상담자들은 자신 앞에 앉은 그 사람이 복잡하고 여러 얼굴을 가진 사람이라는 사실을 깨달아야 한다. 따라서 다양한 문화적 요소를 이해하는 것이 필수적이다.

3. 다문화 상담의 역사

미국에서 문화적으로 구분된 사람들에 대한 상담 서비스를 제공한 역사를 살펴보면 짧다고 이야기하기보다는 흔하지 않은 일이라고 표현하는 것이 맞을 것이다(Arredondo, 1998). 예를 들어, Ponterotto와 Sabnani(1989)의 연구에 따르면, "1970년대 이전에 출간된 연구의 8.5%에서만 다문화에 대하여 언급하고 있다"(p. 35). 다문화 상담의 초점은 이 짧은 역사 중에서도 조금씩 변화가 있었는데, 1950년대에는 내담자를 좀 더 강조하였으며, 1960년대에는 상담자, 1970년대부터 지금까지는 전반적인 상담의 과정 자체에 강조점을 두고 있다. 1980년대에는 다문화 상담을 "이 직업에서의 가장 뜨거운 주제"라고 묘사하였다(Lee, 1989, p. 165). 1990년대를 거쳐 21세기인 지금에 이르기까지 상담 관련 학회지에서는 다문화 상담에 대한 관심이 지속되고 있는데, 정신병리학적 관점보다는 발달적,

탐색적 관점에서의 연구가 주류를 이루고 있다(Arredondo, Rosen, Rice, Perez, & Tovar-Gamero, 2005). 현재 ACA의 주력 학회지인 『*Journal of Counseling and Development*』에서는 발간된 양적 연구의 12%가 다문화 상담을 다룬 논문이다. 진로/학업과 관련된 주제가 14%인 것에 비하면 아주 약간 적은 수준이다(Nisson, Love, Taylor, & Slusher, 2007). 그래서 다문화 상담은 정신분석, 행동주의, 인간중심주의 상담에 이어 제4의 물결이라는 말까지 나오는 것이다.

많은 수의 학자가 상담 영역에서의 문화적 한계성에 대하여 지적할 때, Gilbert Wrenn (1962)은 최초로 다른 문화권에서 온 사람들을 상담할 때 고려해야 할 문화적 독특성에 대하여 관심을 가졌다. 이정표적인 이 연구에서 Wrenn은 문화적 차이를 간과하고 모든 사람에게 똑같은 이론과 기술을 적용하는 실수를 하는 상담자들을 일컬어 '문화적으로 쪼그라든(culturally encapsulated) 상담자' 라고 불렀다. 이러한 상담자들은 모든 내담자를 똑같이 대함으로써 자신의 내담자들이 다른 문화적, 인종적, 민족적 배경에서 성장하여 차별받은 실제 경험을 간과하고 있는 것이다. Clemmont Vontress(1966, 1967, 1996) 역시 상담관계에서 문화가 어떤 식으로 정의되어야 하는지에 관심을 가진 적극적인 개척자 집단에 속하는 학자라고 할 수 있다. 1973년 Paul Pedersen은 APA 연차대회의 다문화 상담 패널로 있으면서 동료 연구자들과 함께 『*Counseling Across Cultures*』(Pedersen, Lonner, & Draguns, 1976)라는 책을 출판하였다. 이 책은 현재 6판까지 출간되었다. 다문화 상담을 전문적으로 다룬 이 책이 처음 출판된 이래로 다문화 상담의 특성을 다룬 여러 논문과 워크숍이 활발히 나오기 시작하였다.

Association for Multicultural Counseling and Development(AMCD)는 ACA의 분과 학회로, 미국 내 다문화와 연관된 여러 이슈에 대하여 다루어 왔으며 다문화 이슈를 정의하기 위해 초기에 여러 노력을 하였다. 이 학회는 원래 Association for Non-white Concerns in Personnel and Guidance(ANWC)로 출범하여 1972년 ACA의 분과 학회가 되었다 (McFadden & Lipscomb, 1985). 이 학회는 계간지인 『*Journal of Multicultural Counseling and Development*』를 발간하였는데, 이는 다문화 사회에서의 상담과 관련된 이슈를 다루는 학회지다. AMCD는 상담자들로 하여금 유럽계를 제외한 다른 문화권의 내담자들과 상담하는 데 필요한 자질이 무엇인지를 인식하도록 도왔으며, 다문화 역량 표준(Multicultural Competence Standards)을 세우기 위해 노력하였다(Sue et al., 1992). "다문화 역량이란 일반적으로 상담자의 자기인식 수준과 지식 수준 그리고 다문화적 배경을 가진 내담자 개인과 상담하는 기술을 적정 수준으로 끌어올리는 것으로 정의된다." (Constantine et al., 2007, p. 24)

AMCD는 ACA와 협력관계에 있으면서 정기적으로 학회와 회의를 열어 서로 다른 문화에서 온 내담자와 상담자 사이의 상담관계와 관련하여 실제 일어나는 문제에 대해 함께 논의하고 있다. 학회에서 이런 방식으로 상담자를 훈련시키는 일의 초점은 상담자로 하여금 한 가지 이상의 문화에 대한 문화적 전문성과 각각의 문화에 따른 개개인의 차이를 인식하는 것을 뜻하는 문화적 지향성을 증진시키는 데 있다. 미국 내 인구통계학적 특성은 계속해서 변화하고 있는데 다문화 상담 훈련을 받은 상담자는 거의 없다. 따라서 상담자에 대한 이러한 교육적 노력은 끊임없이 지속되어야 한다.

4. 다문화 상담의 어려움

Smith와 Vasquez(1985)는 문화적 배경에서 비롯된 문제와 가난 등 결핍된 계층에서 비롯된 문제를 구분할 필요가 있다고 지적하였다. 이러한 구분을 제대로 해내지 못한다면 문화적 영향의 지나친 적용, 즉 "가난과 차별의 경험으로 인한 사람들의 심리적 반응을 그들이 가진 문화적 경향성으로 오해하는"(p. 533) 결과를 가져올 수 있다. 사실상 미국의 많은 소수 문화 사람은 가난하게 산다. 이 문제는 이러한 내담자들에게는 영어가 제1언어가 아닌 제2언어라는 데에서도 원인을 찾을 수 있다. 이런 식의 언어 문제 역시 다문화 상담에서 경험하는 문제 영역이다. 또한 특히 이민자들에게서 나타나는 비언어적 행동들 역시 상담자들로 하여금 내담자를 제대로 이해하거나 받아들이지 못하게 하는 결과를 불러일으키기도 한다.

다문화 상담에서의 세 번째 문제 영역은 인종차별적 관점이다. 인종차별적 관점이란 사람들의 신체적, 심리학적 배경의 차이에 대해 미묘하게 혹은 드러내 놓고 편견을 표출하는 것을 뜻한다. 사실상 인종차별주의란 대부분의 경우 일종의 공포 그리고 혹은 무지를 드러내는 투사의 형태가 많다.

다문화 상담에서 경험하는 또 다른 어려움으로는 문화 변용(acculturation)이 있다. 문화 변용이란 "특정 집단의 사람들이 예전의 방식을 버리고 새로운 방식만을 채택하는 과정"이라고 정의할 수 있다(Romero, Silva, & Romero, 1989, p. 499). 문화 변용과정에서 개인은 두 가지의 다른 문화로부터 동시에 영향을 받는다. 이 과정은 몹시 복잡한 형태로 일어나는데, 연구에 따르면 다른 두 문화의 상반된 가치관 사이에서 균형을 잡기 위해 시도하는 일은 "심리적 스트레스, 죄책감, 감정 결여, 우울, 비행, 분노, 혼란감, 낮은 자기존중감" 등을 불러일으킨다(Yeh & Hwang, 2000, p. 425). 그러므로 상담자가 내담자에게 적절한 지원을 하기 위해서는 현재 그 내담자가 문화 변용과정의 연속선상에서 어디에 위치하고 있는지를 반드시 확인하여야 한다(Weinrach & Thomas, 1998).

상담자들이 자신과 다른 문화에서 온 내담자들을 효과적으로 돕기 위해서는 반드시 앞서 제시한 다문화 상담에서의 어려움에 대해 제대로 인지하고 이해하며 공감적으로 접근해야 한다(Ridley, 2005).

사례 Mary와 메이플라워호

Mary는 자신이 가진 뉴잉글랜드의 전통과 가치관에 대해 강한 자부심과 신념을 가지고 있었다. 그녀의 집안은 메이플라워호를 타고 영국에서 건너왔고, 그녀의 선조들은 미국 사회에 많은 공헌을 하며 살아왔다. 그러한 Mary에게 문제가 생겼다. Mary는 자기 집안의 과거에 대해 강한 매력을 느끼고 있었으나 실제 현실에서 다른 사람들이 특히 그에 대해 호응을 해 주지 않는다는 것에 직면했다. 이러한 문제는 Mary가 보스턴에 개소한 개인상담 클리닉에서 그녀의 첫 번째 히스패닉 내담자 Maria를 만나면서 드러나기 시작하였다.

Mary는 처음에 Maria가 말하는 영어 액센트를 듣고 불편함을 느꼈다. 그리고 그녀는 자기 내담자인 Maria가 자신의 '외국 문화'에 대한 자부심을 갖고 있다는 사실에 화가 나기 시작했다. Mary는 언젠가부터 자기가 Maria와 '누구의 문화가 더 나은가'의 문제로 심리적 싸움을 하고 있으며, 이러한 갈등 때문에 상담이 제대로 이루어지지 않고 있다는 사실을 깨달았다.

당신은 Mary가 이 상황에서 어떤 식으로 행동했어야 한다고 생각하는가? 문화적 경쟁은 어떤 점에서 잘못되었는가?

5. 다문화 상담에서 다루는 이슈

미국에서 다문화 상담을 다루는 상담자들, 특히 에믹 관점을 갖는 상담자들이 주로 고려하는 첫 번째 이슈는 대부분의 상담이론이 유럽/북미 지역의 문화적 가치관을 기반으로 하고 있다는 사실이다. 유럽/북미 지역의 지배적인 신념은 개인주의적 가치가 중요하고, 행동 중심적 문제 해결 방식을 선호하며, 윤리의식을 높이 사고, 과학적 방법을 중요시하며, 꽉 짜인 시간과 일정의 필요성을 강조한다(Axelson, 1999). 상담 장면에서 다른 문화적 전통을 가진 내담자들을 만날 때 이러한 가치관들을 바탕으로 한 상담이론을 동일하게 적용해서는 안 된다(Lee, 2006; Nwachuku & Ivey, 1991; Sue, 1992). 이런 부분이 고려되지 않거나 제대로 다루어지지 않으면 상담자-내담자 사이의 협력적 관계를 깨뜨릴 수도 있다

(Pedersen, 1987).

다문화 상담에서 두 번째로 다루어지는 이슈는 일반적인 면에서든, 특정 영역에서든 문화에 대한 민감성을 갖추는 문제다. Pedersen(1982)은 상담자가 다음의 세 가지 영역에서 반드시 민감해져야 한다고 주장하였다.

- 다른 문화를 가진 내담자의 세계관에 대해 아는 것
- 개인이 가진 세계관에 대해 자각하고 그러한 관점이 문화적 배경과 어떻게 관련이 있는지를 아는 것
- 다른 문화를 가진 내담자들과 상담하기 위해 필요한 기술을 갖추는 것

이 세 가지 영역은 1992년 AMCD에서 다문화 상담 역량(Multicultural Counseling Competencies) 발달의 기초로 정립되고 활용되었다(Arredondo et al., 1996). Pedersen(1977, 1978)은 상담자들이 문화에 대해 깊이 이해하는 데 도움이 되는 삼합 모델(triad model)을 제시하였다. 이 모델에서는 "내담자의 문화적 관점으로 인한 문제를 명료화하기, 다른 문화에서 살아온 내담자가 보여 줄 저항 예견하기, 방어적 대응에 대해 깊이 탐색하는 것을 통해 방어기제의 발현을 감소시키기, 문화적 요인으로 상담과정에서 어려움을 발견했을 때 이를 극복할 수 있는 회복의 기술 배우기"의 네 가지 영역을 다룬다(1978, p. 481). 이 모델에서 또 다른 자아가 있는 것처럼 기능하며 의도적으로 상담체계를 무너뜨리는 듯하는 태도로 임하는 반 상담자(anticounselor)를 상담자 및 내담자와 함께 상담 회기를 진행하도록 하여 비디오 촬영을 하였다. 이 과정에서 생성된 상호작용과 피드백은 상담 장벽을 극복하고 상담자들의 민감성과 이해도를 증진시키는 데 크게 기여하였다(Parker, Archer, & Scott, 1992).

Nwachuku와 Ivey(1991)에 의해 고안된 특정 문화를 이해하는 또 다른 모델이 있다. 그들은 상담자들이 이론을 적용하기 이전에 특정 문화의 내담자들에게 맞출 수 있도록 그들의 문화와 그 가치관에 대해 먼저 공부해야 한다고 주장하였다. 특정 문화를 다룬 다양한 관점의 대중영화를 보는 것도 도움이 될 것이다. Pinterits와 Atkinson(1998)은 상담자들이 다른 문화에 대해 이해하고 그 문화권에서 다루어지는 이슈를 생생하게 경험하는 데 도움이 되는 영화의 목록을 만들었다(〈표 4-1〉 참고).

다문화 상담의 세 번째 이슈는 어떻게 문화 시스템이 내담자들의 행동을 조절하고 영향을 미치는지를 이해하는 것이다. 상담자가 문화 시스템에 대한 지각과 지식을 가지고 있는 것은 특정 문화에서 살아온 내담자들을 잘 도울 수 있는 기초가 된다. 상담자들이 이러한 면모를 갖추었을 때 내담자들과 특정한 세계관을 공유할 수 있고, 적절한 개입 전략 역시

〈표 4-1〉 다문화 인구를 주제로 다룬 영화 목록 예시

아프리카계 미국인	더블 해피니스(Double Happiness)
미스 제인 핏맨의 자서전(Autobiography of Miss Jane Pittman)	마자나여 잘 있거라(Farewell to Manzanar)
보이즈 앤 후드(Boyz'n the Hood)	조이 럭 클럽(Joy Luck Club)
컬러 퍼플(The Color Purple)	워쉬(The Wash)
범죄와의 전쟁(Colors)	결혼 피로연(Wedding Banquet)
똑바로 살아라(Do the Right Thing)	
드라이빙 미스 데이지(Driving Miss Daisy)	라틴계 미국인
아이 온 더 프라이즈(Eye on the Prize)	분노의 아메리칸(American Me)
초대받지 않은 손님(Guess Who's Coming to Dinner)	코르테즈의 애가(Ballad of Gregorio Cortez)
새장에 갇힌 새가 왜 노래하는지 나는 아네(I Know Why the Caged Bird Sings)	이스트 LA에서 태어나다(Born in East L.A.)
정글 피버(Jungle Fever)	엘 노트(El Norte)
롱 워크 홈(Long Walk Home)	달콤 쌉싸름한 초콜릿(Like Water for Chocolate)
말콤 X(Malcom X)	마이 패밀리(Mi Familia)
메이트원(Matewan)	반항의 계절(Milagro Bean Field War)
미시시피 마살라(Mississippi Masala)	로메로(Romero)
모 베터 블루스(Mo' Better Blues)	스탠드 업(Stand and Deliver)
월터의 선택(Raisin in the Sun)[2]	
뿌리(Roots I & II)	아메리카 인디언
사운더(Sounder)	늑대와 함께 춤을(Dances with Wolves)
앵무새 죽이기(To Kill a Mockingbird)	라스트 모히칸(The Last of the Mohicans)
존 트라볼타의 증오(White Man's Burden)	미션(The Mission)
	울지 않는 늑대(Never Cry Wolf)
아시아계 미국인	포우 고속도로(Pow Wow Highway)
폭풍의 나날(Come See the Paradise)	붉은 사슴비(Thunderheart)
딤섬(Dim Sum)	
	인도계 미국인
	미시시피 마살라(Mississippi Masala)

출처: Pinterits & Atkinson (1998).

능숙하게 세울 수 있다. 이러한 면은 종합적으로 개인을 이해하는 방식과도 연관이 있다. 이러한 유형의 문화적 민감성을 획득하기 위해서는 "상담자의 적극적인 관여"와 자기인식 능력이 필요하다(Brinson, 1996, p. 201).

다문화 상담에서 네 번째 이슈는 다른 문화의 사람들에게도 효과적인 상담 서비스를 제공하는 것이다. Sue(1978)는 다문화 상담에 적용할 수 있는 효과적인 상담을 위한 다섯 가

2) 역자 주: 〈Raisin in the sun〉은 원작이 1961년 〈월터의 선택〉, 1989년 리메이크 영화는 〈태양의 계절〉로 번역되어 한국에 들어왔는데, 어떤 영화를 언급하는지 확실하지 않아 원작 영화 제목으로 번역했다.

지 지침을 제시하였다.

1. 상담자들은 자신이 받아들일 수 있고 바람직하다고 생각하는 인간 행동이 무엇인지에 대한 가치와 믿음에 대해 잘 파악하고 있어야 한다. 그래야 적절한 감정과 행동에 대한 자신의 이해를 통합시킬 수 있다.
2. 상담자들은 기존의 상담이론과 전통이 갖는 문화적이고 본래적인 가치에 대해 잘 인식하고 있어야 한다. 어떠한 상담도 완벽하게 문화로부터 자유로울 수는 없다.
3. 상담자들은 소수집단 사람들의 삶에 영향을 미치는 사회적이고 정치적인 환경에 대해 이해하고 있어야 한다. 사람들은 자신들이 살아가고 있는 환경의 산물이다.
4. 상담자들은 내담자가 가진 세계관을 공유할 수 있어야 한다. 그 타당성에 대하여 따지지 마라.
5. 상담자들은 상담 장면에서는 진정으로 다방면에 능통한 사람이 되어야 한다. 따라서 어떠한 종류의 삶의 방식이나 경험에 대해서라도 그에 걸맞는 상담 방식을 적용할 수 있도록 다양한 상담 기술에 대해 폭넓게 이해하고 있어야 한다.

Sue(1978)는 이차원적 개념에 근거한 발전된 방식의 다문화 상담의 체계를 제안하였다. 즉, 통제 소재를 나타내는 가로축과 책임 소재를 나타내는 세로축([그림 4-1] 참고)의 모형을 제안한 것이다. 네 개의 사분면은 다른 문화적 배경을 가지고 있는 내담자들에게서 나타나는 변인들 사이에 가능한 상호작용의 종류와 정도를 보여 준다.

다문화 상담에서 다루는 이슈는 상담이론의 발달과 적용에 대한 것이다. 다수 집단에 속하는 상담자와 소수집단에 속하는 상담자 사이에 실제로 문화적 편견이 존재하고 있으며(Wendel, 1997), 여러 상담이론에도 이러한 편견이 퍼져 있다. 다수 문화에 제한된 상담이론과 편견을 다루고 문화적 제약을 극복하기 위해 McFadden(1999)을 비롯한 다수의 상담 교육자는 다문화 상담의 필요성에 대한 자각이 있기 이전에 개발된 상담이론과 방법을 극복하기 위한 방안을 고안하였다. McFadden의 모형은 상담 전문가가 갖추어야 할 세 가지 기본적 차원의 문화 초월적 시야를 제시하고 있다.

- 문화적-역사학적 차원: 상담자가 반드시 알아야 할 내담자 문화에 대한 지식
- 사회심리적 차원: 내담자가 속한 민족적, 인종적, 사회적 집단에서 의미 있는 소통을 위해 상담자가 하는 수행, 연설, 행동 등을 아는 것
- 과학적-이론적 차원: 내담자를 둘러싼 지역적, 국가적, 국제적 환경과 관련된 문제를 다루기 위해 상담자가 사용해야 할 적절한 상담 접근을 아는 것

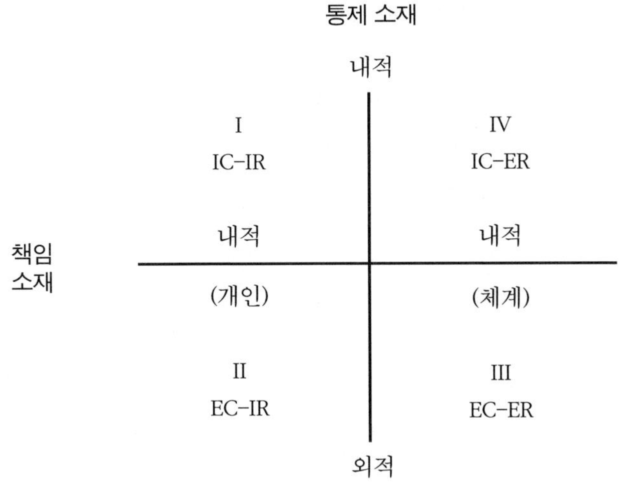

[그림 4-1] 세계관 도표

출처: Sue (1978).

특정 인구를 위한 현존 이론과 그 적용에 대한 해석이 이미 문화 보편적으로 변한 경우도 있다(예: Corsini & Wedding, 2008; Sue, Ivey, & Pedersen, 1996; Vontress, 1996). 실존주의 상담 역시 McFadden의 문화 초월적 관점과 마찬가지로 전체적이면서 "모든 문화와 사회경제적 집단"에 걸쳐 적용 가능한 상담 접근 중 하나다(Epp, 1998, p. 7). 실존주의 상담은 일종의 이론적인 접근으로서 의미, 인간관계, 삶과 죽음에 대한 근본적인 주제를 다룬다.

다문화 상담에서 또 다른 흥미로운 발달은 이론이 각각의 다른 문화에 맞추어 강조하는 점이 달라졌다는 사실이다(Lee, 2006). 최근에는 서양의 상담이론이 좀 더 보편화되어 있지만 아시아의 전통에서는 3,000여 년에 걸쳐 심리치료자들이 존재해 왔다(Walsh, 2000). 동양에서는 존재론적이고 인간 초월적인 건강 그리고 내적 발달을 통해 병리를 극복해 왔으며, 명상이나 요가 등의 방법을 사용하기도 한다. 이러한 동양의 전통은 그 자체로나 다른 상담 접근과 접목되었을 때 개인의 웰니스와 심리적인 성장을 촉진한다.

사례 Katie의 지식

Katie는 무엇이든 빨리 배우는 사람이었다. 무언가 해결해야 할 과업이 있을 때마다 그녀의 마음은 기계처럼 반응하면서 그 일을 척척 해냈다. 상담자가 되어서도 Katie는 자신의 높은 지적 기량을 활용해서 내담자들을 잘 도울 수 있을 것이라고 믿었다. 그리고 실제로 첫 번째 내담자와의 작업은 성공적이었다. 그러나 그다음 내담자와의 상담은 그렇지 못했다. 두 번째 내담자와 Katie는 여러 면에서 서로 다른 문화에 사는 사람들이었다. 처음에는 내담자의 말을 경청하고 내담자의 세계관을 잘 파악하는 것처럼 보였으나 Katie는 언제부턴가 상담이 벽에 부딪혀 막혀 버린 것 같은 느낌을 받았으며, 상담 회기가 방향을 잃어가고 있다는 것을 깨달았다.

Katie의 상황을 볼 때 지식의 힘이나 인지적 이해 능력이 당신에게 어떤 의미로 다가오는가? Katie가 좀 더 문화적 유능성(culturally competene)을 갖춘 상담자가 되도록 돕기 위해 어떤 조언을 하고 싶은가?

6. 특정 문화 집단을 상담할 때 고려해야 할 점

특정 문화 집단의 내담자와 작업할 때 상담자가 명심해야 할 것이 있다. 문화적으로 다른 내담자와 상담하기 위한 일반적인 지침을 이야기하는 것이 아니다. 지침보다 중요한 것은 상담자 자신의 분명한 자각이다. 각각의 상담 회기가, 각각의 내담자가 고유하다는 사실을 언제나 스스로에게 주지시켜야 한다. 그리고 특정 문화의 전통을 가진 내담자들을 상담하더라도 집단 간의 차이보다 집단 내 차이가 더 클 수도 있다(Atkinson, 2004; Swartz-Kulstad & Martin, 1999). 따라서 내담자의 문화적 전통에 대해 아는 것은 효과적인 상담을 위해 알아야 할 것들의 부분에 지나지 않는다. 상담자는 반드시 자기 내담자에 대해, 내담자가 가진 문제에 대해, 그리고 상담자 자신에 대해 잘 알기 위해 노력해야 한다.

상담자가 자기 자신에 대해 더 잘 알기 위한 방법으로는 먼저 소수 문화 출신의 상담자들은 의식 차원과 무의식 차원에서 존재하는 주류 문화에 속한 사람들을 향한 '역사적인 적개심'에 대해 좀 더 깨어 있어야 한다(Wendel, 1997). 반면 주류 문화에서 살아온 상담자들은 자기 자신이 가진 우월감이나 특권의식에 대해 경계해야 한다. 양쪽 모두 건강하거나 생산적인 상담자가 되기 위해 극복해야 할 모습을 가지고 있다.

유럽계 미국인

유럽계 미국인에 대한 배경 지식

유럽계 미국인은 다양한 집단으로 구성되어 있다. 유럽계 미국인의 조상들이 같은 유럽 대륙을 공유하고 있었더라도, 각각이 가진 문화적 유산은 다를 수 있다. 특히 스웨덴, 이탈리아, 프랑스, 영국, 폴란드, 독일, 러시아, 오스트리아 등의 나라는 각각의 문화적 특색을 가지고 있다(스페인 출신이거나 스페인계 문화를 지닌 이들은 스스로 자신들의 문화적 전통이 일반적인 유럽 문화와 또 다르다고 여긴다). 사실 최근에 유럽에서 이주해 온 이들과 몇 세대 이전에 유럽에서 이주해 와 북미 지역에 정착한 이들 사이에는 차이가 있다. 오랜 세대를 걸쳐 살아온 유럽계 미국인들은 스스로를 단순히 '미국인' 이라고 여기며, 자신들의 조상이 유럽에서 살았다는 사실을 간과한다(El Nasser & Overberg, 2002). 다시 말해 유럽계 미국인 집단은 단순히 '미국인' 으로 간주되기 때문에 '전형적인 유럽계 미국인' 이라는 고정관념이 존재하지 않는다.

그러나 유럽계 미국인은 미국 내에서 오랜 기간 주류를 차지하며 살아왔고, 그들만의 일종의 공통된 맥락을 가지고 있다(Baruth & Manning, 2007). 유럽계 미국인들은 다른 문화 집단에 비해 서로 잘 융화되어 있다. 오랜 기간 동안 집단 간의 결혼관계를 포함하여 집단에 영향을 미치는 다른 관계들을 맺으며 살아왔기 때문에 유럽계 미국인들의 문화는 더욱 동질적이다. 유럽계 미국인들은 선형적, 분석적, 실증적, 문제 해결적인 것을 중시하는 세계관을 가지고 있는데, 그보다 더 우선시되는 가치는 철저한 개인주의다. 따라서 구성원들의 자율성이 집단의 조화보다 더 중요하게 여겨진다.

유럽인 및 유럽계 미국인을 상담할 때

전문가들은 유럽과 미국에서 통용되는 대부분의 상담이론이 유럽인과 유럽계 미국인 모두에게 적용될 수 있다고 주장한다. 왜냐하면 서양에서 사용되는 대부분의 이론이 유럽과 미국인 집단의 특성으로부터 생겨났기 때문이다. 이는 유럽인 및 유럽계 미국인을 상담할 때의 상당한 이점이라고 할 수 있다. 대부분의 상담이론은 다른 어떤 문화 집단보다도 유럽계 미국인의 생활양식과 가치관에 어울리며 그들에게 적용하기 좋다. 그러나 모든 이론이 모든 유럽계 미국인과 잘 들어맞는 것은 아니다. 유럽계 미국인의 가치관, 예를 들어 이성적이거나 논리적인 방법을 통해 자신과 타인을 이해하고자 하는 그들의 성향을 잘 반영하는 이론들이 따로 있다. 인지치료나 인지-행동적 접근이 대표적이며, 이 접근은 거의 대부분의 유럽계 미국인에게 적용하기 좋다. 반면에 실존주의, 정신역동, Adler, 인간중심 그리고 다른 정서중심 상담이론들은 유럽계 미국인 집단 중 일부 사람에게 적절할 것이다.

사실 전형적인 유럽계 미국인이란 실제로는 존재하지 않을 것이고, 따라서 한 가지 상담이론이나 한 가지 관점만을 적용하려고 해서는 안 된다.

생/각/해/보/기

연변 지역 출신 조선족을 상대했던 경험이 있는가? 만약 당신이 대한민국 본토인이라면 다른 연변 출신 조선족들과 어떤 점에서 비슷하고, 어떤 점에서 다른가? 당신이 대한민국 본토인이 아니라면 스스로에게 질문해 보라. "연변 출신 조선족 또는 대한민국 출신 이민 2세대 미국인들과 당신은 어떤 점에서 비슷하고, 어떤 점에서 다른가?"

아프리카계 미국인

아프리카계 미국인에 대한 배경 지식

아프리카계 미국인을 상담하려면 상담자들은 반드시 그들의 역사와 문화적 가치, 갈등 및 갈등 대처 방식에 대해 이해해야 한다. 또한 그들 집단에 대해 가지는 그들 스스로의 태도와 편견이 무엇인지에 대해 민감하게 지각할 필요가 있다(Atkinson, 2004; Garretson, 1993; Vontress & Epp, 1997). 다른 문화권 출신의 상담자들이 아프리카계 미국인 내담자와 효과적으로 상담하기 위해서는 인종차별의 속성과 개인적, 제도적, 문화적 인종차별이 "현대 사회를 살아가는 아프리카계 미국인들에게도 삶의 질과 관련된 주된 이슈라는 것"을 이해해야 하며(Utsey, Ponterotto, Reynolds, & Cancelli, 2000, p. 72), 인종차별의 정도와 자기존중감이 반비례 관계라는 것을 알아야 한다. 또한 상담자들은 아프리카계 미국인들이 다양한 감정, 사고, 행동의 범주를 지닌 다문화 집단이라는 것에 대해서도 잘 인지하고 있어야 한다(Baruth & Manning, 2007; Harper, 1994; Smith, 1977). 따라서 한 가지의 상담 방법이나 접근법을 모든 내담자에게 적용하려고 해서는 안 된다.

"아프리카계 미국인들은 종종 상담을 자신의 독립성을 버리는 일로 지각한다. 왜냐하면 상담은 내담자로 하여금 '자기 이야기를 낯선 사람들에게 하도록 요구' 하는 행위이고, '그 낯선 사람의 청하지도 않은 충고에 귀를 기울여야 하는' 행위이기 때문이다"(Priest, 1991, p. 215). 따라서 많은 아프리카계 미국인이 상담관계를 형성하는 데 비자발적인 경우가 많다.

아프리카계 미국인들의 상담 참여에 영향을 미치는 다른 요인으로는 상담이 동등하지 않은 관계에서 시작한다는 지각이다. 미국의 노예 제도 역사와 상담기관에서 빈번하게 발생한 아프리카계 미국인에 대한 오진 때문에 아프리카계 미국인들은 어떠한 동등하지 않은 관계를 맺는 데 매우 부정적이다(Garretson, 1993).

아프리카계 미국인들을 대상으로 하는 상담에 영향을 미치는 세 번째 요소로는 그들이 전통적으로 공동체를 중요하게 여겨 온 점이다. "역사적으로 공동체는 씨족이나 부족이었다." (Priest, 1991, p. 213) 근래에는 가족, 즉 함께 살고 일하고 가까이에서 서로 흠모하는 사람들이 공동체로 여겨진다. 공동체 의식이나 집단이 가진 치유의 힘, 예를 들어 마을 공동체를 강조하는 것은 전적으로 개인이 자신에게 당면한 어려움을 해결할 책임이 있다는 식의 미국식 개인주의와 대조를 이룬다(McRae, Thompson, & Cooper, 1999).

아프리카계 미국인들의 문화에서 영성, 목사, 교회의 역할 역시 사람들에게 많은 영향을 미치는 요인이다(Baruth & Manning, 2007). 따라서 상담자보다는 교회의 목사가 "정신적 감정적 유지의 원천" 으로 여겨지는 경우가 많다(Priest, 1991, p. 214).

아프리카계 미국인을 상담할 때

아프리카계 미국인 내담자의 상담을 시작할 때는 그들이 상담에 대해 가지고 있는 기대를 세심하게 명료화해야 한다. 아프리카계 미국인 집단 내에는 여러 종류의 하위 집단이 존재하는데, 각 집단은 상담을 받으러 오는 목적에 대해 부여하는 의미가 저마다 다르고, 그들이 근거하는 세계관 또한 서로 확연히 다른 경우가 많다. 따라서 상담을 통해 해결하려는 문제가 무엇인지, 상담을 받고 나서 무엇을 그리고 어떻게 변화시키고 싶은지에 대해 내담자와 함께 결정하는 것이 좋다(Parham, 2002; Sue & Sue, 2003). 만약 내담자와 상담자가 서로 다른 문화적, 민족적 배경을 가지고 있다면 그것이 미치는 영향에 대해서도 면밀히 검토되어야 할 것이다(Brammer, 2004; Sue & Sue, 2003). 또한 아프리카계 미국인 내담자가 경험한 차별과 인종주의의 충격에 대해서도 고려되어야 한다. 나아가 내담자의 인종적 정체성에 대해서도 다루는 것이 바람직하다.

실용적인 측면에서 아프리카계 내담자들과 상담자들 사이에 평등한 관계를 확립하는 것은 중요하다(Sue & Sue, 2003). 관계가 확립된 후에는 내담자의 입장에서 필요를 중점적으로 찾는 것이 좋다. "많은 아프리카계 미국인들에게 상담을 받으러 오는 목적은 자신의 고통을 가라앉히기 위한 실용적인 방법을 찾기 위한 것이기도 하다. 그 단계는 교육이나 직업 훈련의 형태를 갖기도 하고, 약물치료일 수도 있으며, 부모로서의 양육 기술을 습득하는 일이기도 하다. 상담적 개입은 실제적인 필요를 반영하는 유사 서비스와 잘 어우러져 활용될 때 가장 효과적이다." (Brammer, 2004, p. 53) "지나치게 내담자의 감정을 강조하는 일" 은 아프리카계 미국인과 작업할 때는 적절하지 않은 경우가 있다(p. 53).

좀 더 상담을 잘하기 위해 상담자는 아프리카계 미국인들의 강점에 집중해야 하며, "내담자 개인에게만 집중하는 것이 아니라 가족, 이웃, 거주지 등의 맥락 안에서 파악해야 한다"(Brammer, 2004, p. 54). 때로는 다른 가족 구성원이나 이웃을 불러 함께 상담하는 것이 도움이 되기도 한다. 아프리카계 내담자들에게는 교회나 영성이 삶의 일부인 경우가 많기 때문에 가능한 한 내담자가 속한 공동체가 가진 영적 자원을 활용하는 것이 좋다(Ahia, 2006).

라틴계

라틴계에 대한 배경 지식

미 대륙에서 살고 있는 스페인어를 쓰는 조상들을 가진 다양한 출신의 사람들을 히스패닉 혹은 라티노라고 칭한다. 히스패닉 사람들은 스페인어라는 공통분모를 가진다. 그러나 히스패닉은 매우 각양각색의 집단이다. 반면에 라티노라는 용어는 "한때 멕시코의 영토였던 미국 중서부 지역에서 살았던 인디언 혹은 스페인인 조상들을 가진 사람들" 또는 중미나 남미의 스페인어를 주로 사용하는 라틴계 혈통을 가진 사람들을 칭한다(Fontes, 2002, p. 31). 이러한 배경을 차치하고서라도 미국에 살고 있는 대부분의 라틴계-히스패닉 사람들은 두 가지 문화를 가지고 살아간다. 그러나 사람마다 문화 변용된 정도가 매우 다르다(Baruth & Manning, 2007). 그들이 가진 민족적 역사와 문화는 그들이 가진 세계관, 가족 역동 그리고 건강에도 많은 영향을 미쳤다(Miranda, Bilot, Peluso, Berman, & Van Meek, 2006). 히스패닉 및 라틴계 집단에도 하위 집단 간에 다양한 차이점이 존재한다(Atkinson, 2004; Romero et al., 1989).

라틴계 내담자를 상담할 때

라틴계 사람들은 상담 서비스를 잘 이용하지 않으려는 경향이 있다. 부분적으로는 자존심을 중요시하는 등의 문화적 전통 때문이고, 한편으로는 대가족 형태의 가족 연합이 잘 이루어지는 문화적 유산 때문이기도 하다. 좀 더 실용적인 관점에서 보면 상담기관까지의 거리가 너무 먼 것(특히 남서부 지역), 교통의 불편함이나 의료보험을 가지고 있지 못한 사람이 많은 것, 그리고 스페인어를 할 줄 알거나 라틴계 문화에 익숙한 상담자가 거의 없는 것이 이유이기도 하다(Gonzalez, 1997; Ruiz, 1981; Sue & Sue, 2003).

많은 라틴계 사람은 심리적 문제를 신체적 문제와 비슷하게 여긴다(Lopez-Baez, 2006; Ruiz & Padilla, 1977). 따라서 라틴계 내담자들은 상담자가 좀 더 적극적이고 구체적이고 목표 중심적이 되기를 기대하는 경향이 있다. 이러한 경향은 '매우' 라틴계적인 사람들에게 좀 더 뚜렷하다(Ruiz, 1981).

전반적으로 상담자들은 라틴계 내담자를 상담할 때 내담자의 문화적 관점과 신념을 반영한 여러 종류의 주제에 대해 다룰 필요가 있다. 특히 가족을 상담에 포함시키는 것은 중요한 일이다. 라틴 문화에서 가족에 충실한 것이 매우 중요한 요소이기 때문이다. 또한 대부분의 히스패닉 혹은 라틴계 사람들은 천주교를 믿기 때문에 내담자의 영적, 종교적 전통을 상담에 조화시키는 것 역시 필요하다(Baruth & Manning, 2007).

많은 히스패닉 혹은 라틴계 사람들이 스페인어로 감정 표현을 하는 것을 더 선호하기 때문에 상담자가 이중 언어자이면 도움이 된다. 낮은 사회경제적 지위, 인종주의, 차별은 라틴계 내담자들이 직간접적으로 광범위하게 경험하는 문제이기 때문에 상담 장면에서 다루어질 필요가 있다(Sue & Sue, 2003). 하지만 다른 모든 이와 마찬가지로 히스패닉 혹은 라틴계 개인, 부부, 가족은 각자의 고유하고 개인적인 문제로 인해 상담을 받으러 온다.

사례 Collin이 공동체 정체성(the collective)을 고려하다

Collin은 말을 많이 하는 상담자가 아니었다. 운동선수 출신답게 그는 내담자에게 일일이 설명하는 것보다 어떻게 정신건강을 유지할 수 있는지를 몸소 보여 주는 것이 더 도움이 된다고 믿었다. 그러던 어느 날, Collin은 자기 가족에 의해 의뢰된, 가족이 그녀 인생의 가장 중요한 부분이라고 하는 Margareta가 상담을 받으러 왔을 때 좌절을 경험했다. 그가 알고 있던 개인상담과 관련된 어떤 기술도 효과를 보지 못했다. 결국 그는 동료 상담자에게 도움을 청했다. Collin과 같은 나이, 비슷한 성숙도를 가진 Collin의 동료 상담자는 "아, 너는 그냥 잘하고 있는 거야. 언젠가는 네 내담자도 그걸 알게 될 걸." 하고 말했다.

당신은 Collin의 동료가 한 조언에 대해 어떻게 생각하는가? 가족의 중요성에 대해 강조하는 내담자와 더 잘 작업하기 위해 Collin은 무엇을 더 준비해야 하는가? Collin은 지금 Margareta를 상담하기 위해 무엇을 해야 하는가?

아시아-태평양계 미국인

아시아-태평양계 미국인에 대한 배경 지식

아시아-태평양계 미국인(아시아계 미국인으로 통칭)은 중국계, 일본계, 필리핀계, 인도네시아계, 인도계, 한국계 및 여러 나라 사람을 포함한다. 그들은 매우 다양하고 광범위한 문화적 배경을 가지고 있다(Atkinson, 2004; Morrissey, 1997). "아시아-태평양계 미국인들을 살펴보면 40종류가 넘는 문화 집단으로 구성되어 있다는 것을 알 수 있다."(Sandhu, 1997, p. 7) 역사적으로 그들은 미국 내에서 심한 차별을 받아 왔으며 여러 종류의 신화에 시달려 왔다(Sue & Sue, 1972, 2003). 여러 요인의 조합을 통해 아시아계 미국인에 대한 여러 종류의 고정관념이 생겨났다.

이러한 편견과 오해로 인해 아시아계 미국인들은 "시민권을 획득할 권리를 부인당하고, 토지를 소유하는 것을 금지당했으며, 강제 수용소에 갇히고, 비방당하며, 부당한 대우를 받고, 학살당해 왔다"(Sue & Sue, 1973, p. 387). 역설적으로 아시아계 미국인에 대한 긍정적인 고정관념 역시 생겨났다. 전반적으로 아시아계 미국인은 열심히 일하고, 성공하는 사람이 많으며, 정서적-감정적 혼란에 잘 빠지지 않는다는 식이다. 때때로 아시아계 미국인은 "모범적인 소수자"로 불리곤 한다(Bell, 1985). 모든 종류의 고정관념과 마찬가지로 아시아계 미국인에 대한 고정관념 역시 어느 정도 일리가 있는 것은 사실이지만, 여전히 현실적이라거나 정확한 정보를 담고 있는 것은 아니다. 또한 아시아계 미국인의 문화에 대해 많은 종류의 해석이 존재하지만, 여전히 간접적이거나 전체적인 맥락과 떨어져 있는 방식의 접근인 경우가 많다.

아시아계 미국인을 상담할 때

아시아계 미국인 내담자를 제대로 도울 수 있으려면 그들이 가진 문화유산의 맥락을 고려해야만 한다(Henkin, 1985). 아시아계 미국인이 가진 세계관에 영향을 미치는 문화적 요소 중 하나는 그들이 심리적 어려움과 장애를 종교적인 관점으로 설명하려는 경향이 있다는 것이다. 만약 어떤 사람이 심리적 어려움을 겪고 있다면 그것은 나쁜 영혼의 괴롭힘 때문이거나 혹은 일종의 종교적, 도덕적 금기를 깨뜨렸기 때문이라고 설명하는 식이다. 즉, 정신건강과 정신장애의 원인을 이해하는 방식에 종교적인 전통이 강력한 영향을 미친다. 마찬가지로 치유 역시 "어떠한 초월적인 힘의 도움으로 인한 것이거나 올바른 행동과 믿음으로 인해 고통에서 벗어나 편안한 상태가 되는 것"으로 보는 경향이 있다(Das, 1987, p. 25).

아시아계 미국인들의 진로상담에 중요한 영향을 미칠 수 있는 것 중 하나는 전형적인 아시아계 미국인들의 경우 자기표현을 강요당하는 직업군은 회피하려는 경향이 있다는 것이다(Watanabe, 1973). 그들과 강력한 상담관계를 확립하기 위해서는 그들이 가진 문화적 전통과 그로 인한 점잖은 방식의 의사소통을 긍정적으로 여겨야 한다.

상담자들이 중국계, 일본계, 베트남계와 같은 아시아계 미국인들의 독특한 특성과 문화에 대해 충분히 이해하는 것은 매우 중요하다(Atkinson, 2004; Axelson, 1999; Sandhu, 1997). 이러한 민감성은 상담자가 다른 가능한 방식으로 돌려서 상담과정을 촉진하는 것을 가능하게 한다(Lum, 2007). 예를 들면, 중국계 미국인을 상담할 때는 직접적이고 직면적인 방식의 심리치료 접근보다 교육의 형태나 진로상담의 형태를 취하는 것을 통해 내담자의 자기개방을 좀 더 촉진할 수 있다.

미국 원주민

미국 원주민에 대한 배경 지식

미 대륙에 온 초기 유럽 이주민들은 미국 대륙 서쪽의 토착민들을 인도인(인디언)이라고 잘못 불렀다(Garreett & Pichette, 2000). 현재 "미국 인디언 관리국(U.S. Bureau of Indian Affairs) 추산 478개 부족이 있고, 비공식적으로 52개 부족이 더 존재하는 것으로 알려져 있다"(Heinrich, Corbin, & Thomas, 1990, p. 128). 미국 원주민 내에서도 엄청난 정도의 다양성이 존재한다. 심지어 149개의 다른 언어가 미국 원주민 집단 내에서 발견되었다. 그러나 그들은 또한 공통의 정체성과 가치관을 공유하고 있기도 하다. 예를 들어, 자연과의 조화, 협동의식, 전체의식, 현재를 중요시하는 관점, 대가족 간의 연합을 강조하는 식의 공통의 가치관이다(Heinrich et al., 1990). 일반적으로 미국 원주민들은 조상들의 땅을 잃었다는 강한 상실감, 민족 자결에 대한 열망, 미국 주류 문화가 가진 가치관과의 갈등, 오랜 기간 동안의 고정관념으로 인한 자기상의 혼란 등의 감정을 가지고 있는 경우가 많다(Atkinson, 2004). 따라서 오랜 기간 침해를 입어 온 것에 대한 분노 감정을 적절하게 다룰 필요가 있다(Hammerschlag, 1988). 전체적으로 이야기하면, 미국 원주민들은 좀 더 높은 자살률, 실업률, 알코올 중독률, 그리고 삶에 대한 낮은 기대 수준을 가지고 있는 것으로 보고된다(Garrett & Pichette, 2000). 또한 "지역이나 부족에 상관 없이 미국 원주민들이 고등학교 수준에서 다른 민족 집단에 비해 가장 높은 중도 탈락률을 보이고 있기도 하다"(Sanders, 1987, p. 81). 간단히 말해 "미국 원주민들은 여러 가지 문제에 직면하고 있다"(Heinrich et al., 1990, p.128).

미국 원주민을 상담할 때

실존주의 상담부터 지시적 상담까지 미국 원주민을 위한 많은 상담적 접근이 시도되었다. 하지만 상담의 효과성은 어떤 이론을 배경으로 하고 있는가보다는 그들이 인디언 보호구역에서 살았는지의 여부, 다른 미국 원주민이 상담과정의 촉진을 돕고 있는가의 여부, 그리고 그들의 문화 변용이 전통적인지, 양가적인지, 아니면 동화적(assimilated)인지의 여부에 더 영향을 받는다(Avasthi, 1990; Garrett, 2006; Valle, 1986). 따라서 상담자들이 미국 원주민의 고유문화에 대해 깊이 이해하고, 그들 문화에 적절하지 않은 상담이론을 무조건적으로 적용하는 것을 지양하는 것은 매우 중요하다(Herring, 1996, 1997; Ivey, 1990).

특히 고유의 전통과 조상들의 삶의 방식에 좀 더 밀착된 미국 원주민의 경우에는 인간 문제 제반에 대해 순환적이고 전체적인 관점으로 이해하려고 하고, 치료 역시 순환의 일부로 생각한다. "공동체는 일종의 신성한 원(medicine wheel)을 이루고 있으며, 상담자와 다른 사람들이 인간 조건의 다양한 측면을 그 원 안에서 함께 검토해 나간다."(Rybak, Eastin, & Robbins, 2004, p. 25)

미국 원주민 문화 변용 척도(Native American Acculturation Scale)를 통해 미국 원주민이 지키고 있는 문화적 가치의 정도를 측정할 수도 있다(Garrett & Pichette, 2000). 이 척도는 개인이 전통적인 미국 원주민으로부터 완전히 미국 주류 문화에 동화된 미국 원주민까지의 범주 사이에 어느 단계에 와 있는지를 측정한다(<표 4-2> 참고).

Richardson(1981)에 따르면, 미국 원주민을 상담할 때는 침묵, 수용, 재진술, 총체적인 안내의 네 단계를 따라야 한다. Richardson은 미국 원주민 상담 기술의 모형을 제시하였는데, 그중 하나는 **비전 탐색**이다. 비전 탐색은 성인 남성의 종교적인 쇄신을 위한 일종의 통과의례로, 미국 원주민 상담 사례에서 종종 권장된다(Heinrich et al., 1990). 예술 활동을 하는 것 역시 효과적이다. 정서적이고 종교적이고 예술적인 표현 활동은 "미국 원주민 문화와 떼려야 뗄 수 없는 측면이기 때문이다"(Herring, 1997, p. 105). 또한 예술 활동은 언어적인 개방을 강요하지도 않을뿐더러 미국 원주민 문화의 영적 제례와 웰니스에 초점을 두고 있어 도움이 된다. 관계망 활용 상담, 가정방문 상담, 토착-구조 상담 등 여러 종류의 상담방법을 같이 사용해서 공동 상승 작용을 도모하거나 대화원(talking circle), 돌아가며 말하기(talking stick),[3] 이야기하기 등 미국 원주민의 전통적인 활동을 활용하는 것 역시 권

<표 4-2> 문화 변용의 연속성(Little Soldier, 1985에서 차용)

단일 문화	위험	이중 문화	단일 문화
전통적	구역	문화 변용	동화
미국 원주민의 가치관, 행동양식, 기대 양상을 자신의 문화와 정체성으로 받아들임		미국 원주민의 가치관과 세계관을 받아들이도록 양육되나 미국 주류 문화에서 요구하는 행동양식과 기능을 받아들임	미국 주류 문화의 가치관, 행동양식, 기대 양상을 자신의 문화와 정체성으로 받아들임

출처: Garrett & Pichette (2000).

3) 역자 주: 막대기를 쥔 사람이 발언권을 가지며, 다른 사람은 경청하고, 말이 끝나면 다음 사람에게 막대기를 넘기는 방식이다.

장된다(Garrett, 2006; Herring, 1996).

미국 원주민과 상담관계를 맺을 때 더 중요한 것은 특정한 방법을 선택해서 사용하는 것이 아니라 '진짜(realness)' 에 민감해지는 것이다. 또한 상담자 스스로가 배우는 입장을 취하는 것, 그리고 스스로의 실수를 인정할 수 있는 태도 역시 미국 원주민과의 관계를 돈독하게 하는 데 도움이 된다.

아랍계 미국인

아랍계 미국인에 대한 배경 지식

아랍계 미국인들은 주로 이집트, 레바논, 모로코, 예멘, 튀니지, 팔레스타인을 포함한 22개 국가 출신 사람들로 구성되어 있으며, 현재 미국 내에서 빠르게 늘어 가고 있는 집단이다. 현재 350만 명의 아랍계 미국인이 있으며, 대부분이 기독교인이지만, 상당한 비율의 사람들이 이슬람교를 믿고 있다(http://www.aaiusa.org/arab-americans/22/demographics, retrieved August 29, 2007; Negy, 2004). 그러나 "아랍 문화와 이슬람 문화는 종종 겹치는 부분이 많이 있다. 다시 말해 대부분의 아랍계 미국인이 기독교인지만 양 종교인에 의해 이슬람교의 전통과 가치관이 지켜지고 있는 것이다" (Nassar-McMillan & Hakim-Larson, 2003).

아랍계 미국인 내에도 다양성이 존재한다. 사회계층, 교육 수준, 언어(아랍어 내의 구별되는 억양의 다름), 국가의 기원마다 다른 보수성의 정도, 미국으로 이주한 시기, 문화 변용 정도에 따라 여러 차이가 잠재되어 있다(Abudabbeh & Aseel, 1999). 상담자들은 아랍계 미국인들이 이러한 문화적 차이에도 불구하고 충분한 공통점을 가지고 있다는 것에 대해 잘 알아두어야 한다.

아랍계 미국인 개인에게 가족과 가족관계가 미치는 영향은 매우 크다. 가족이 대부분의 아랍계 미국인 하위 문화에서 가장 중요한 요소라는 것을 기억해 두어야 한다. 남성들은 가족 내에서 가부장 역할을 할 것을, 그리고 여성들은 가족의 명예를 지키고 유지할 것을 기대받는다. 또한 아랍계 미국인 가정에서 교육은 중요한 가치이며, 아랍계 미국인 10명 중 4명이 대학교육 이상의 교육을 받는 것으로 알려져 있다(http://www.aaiusa.org/arab-americans/22/demographcis, 2007. 8. 29 참고).

아랍계 미국인을 상담할 때

아랍계 미국인, 특히 이주민을 상담할 때는 그들 가족에서의 성역할이 매우 분명하다는 것을 상담자가 기억해야 한다. 나아가 가족 내에서의 가부장제의 권위, 성에 대한 보수적인 기준, 자기희생의 중요성에 대해 이해해야 한다. 또한 아랍계 문화에서 명예와 수치심을 강조하는 것도 염두에 두어야 하는데, 그들에게 가족 바깥에 존재하는 상담자의 도움을 구한다는 것은 최후의 수단이었을 경우가 많다(Abudabbeth & Aseel, 1999). 9 · 11테러 사건 이후로 이들 집단에 대한 불신, 긴장, 지나친 경계 때문에 문제가 더 복잡해지고 있는 추세다(Beitin & Allen, 2005).

따라서 아랍계 미국인을 상대할 때는 다음의 상황들에 대해 생각해야 한다.

- 아랍계 미국인의 문화적 맥락에 대해 깨어 있기
- 아랍계 미국인 내담자의 인생에서 어떤 사람이 권위자로서 기능했으며, 그 사람이 얼마만큼 중요한지, 그리고 내담자가 가진 리더십에 대한 관점은 어떠한지를 확인하기
- 의사결정에서 대가족 구성원들이 영향을 미치고 있는 것에 주목하기
- 상담에 있어 문화가 상당 부분 강력하고 실제적인 공동 참여자로서 기능하고 있다는 것에 민감해지기
- 내담자의 강점을 강조하는 방식의 상담이 바람직하며 더 좋은 결과를 가져올 것을 인식하기
- 적극적인 상담자로서 활동하지만, 반면에 가족의 구성원처럼 보이거나 위협적인 존재가 되지 않도록 중도를 지키기

때때로 내담자의 지지 자원이 될 수 있고, 내담자가 공동체의 일원으로 받아들여질 수 있는 집단에 잘 들어가도록 도와주는 것이 상담자가 할 일이다. 공동체 내에서 혹은 공동체와 함께 작업하는 것이 "특정 내담자들에게는 새로운 문제가 될 수도 있다. 특히 이라크로부터 탈출해 온 전쟁 난민들에게는 더욱 그렇다. 난민들은 전쟁기간 동안의 외상으로 인한 PTSD 진단과 더불어 편집증적 증상이 나타나기도 한다. 반면에 기본적으로 아랍계 나라의 문화에는 공동체주의적인 면모가 있기 때문에 양육 집단이나 중독 치료를 위한 알코올 중독자 치료모임(Alcoholic Anonymous: AA)의 12단계 프로그램 같은 것들은 전쟁 난민이 아닌 아랍계 미국인 내담자에게 효과적이다"(Nasser-McMillan & Hakim-Larson, 2003).

국제적인 상담

상담(counseling)은 이제 세계 곳곳에서 일어나는 현상이다. 영국에서는 주로 l을 두 개 쓰는 counselling으로 표기된다. 미국에서는 마치 상담이 세계에서 미국에서만 존재하는 한 가지 형태라고 생각하지만, 다른 많은 대륙에서 자신들만의 상담학회를 가지고 있다(아

프리카-African Counselling Association, http://www.geocities.com/kim1122a; 유럽-European Association for Counselling, http://www.eacnet.org/prospectus.html, 미국상담학회 유럽지부, http://www.online-infos.de/eb-aca/about.htm). 그리고 다른 많은 나라에서도 자신들을 위한 상담학회를 가지고 있다(영국, 호주, 말레이시아, 뉴질랜드, 터키, 캐나다 등). 또한 홍콩을 포함한 여러 다양한 지역에서도 상담 실무에 대한 관심이 증가하고 있다.

지역이나 나라를 기반으로 한 것이 아니라 Adler 학회, 교류분석학회, 현실치료처럼 특정 상담이론이나 상담자를 중심으로 한 다양한 학회도 존재한다. 이탈리아 같은 나라에서는 공식적인 상담학회가 있는 것은 아니지만, 말 그대로 수십 개의 상담 훈련기관이 존재한다(Gemignani & Giliberto, 2005). 매년 나라를 옮겨가며 연차대회를 열고, 『*International Journal for the Advancement of Counseling*』이라는 학회지를 발행하는 International Association for Counseling(IAC; http://www.iac-irtac.org)도 있다.

Super(1983)는 20년이 넘는 기간 동안 북미에서 주로 통용되는 상담 방식이 다른 나라에서도 적용 가능한지에 대해 의문을 제기해 왔다. 그의 문화와 상담에 대한 분석 결과, 사회가 안정되고 풍요로운 나라에서는 상담이 개인의 이익과 능력을 증진시키는 방법으로 인식되고 있었다. 반면에 경제적으로 어렵거나 다른 나라로부터 위협을 받고 있는 나라에서는 상담을 문화적 생존을 위해 개인을 변화시키는 방법이라고 인식하는 경향이 있었다(Super, 1954). 국제적인 상담에서 다른 문화에 대한 지식은 필수적이며, 상담의 전문성과도 연관되어 있다(Watkins, 2001).

국제적으로 상담하기 위해서는 반드시 필수적인 지식의 종류도 있다. 예를 들어, 폴란드에서는 진로상담을 가장 중요하게 생각하는데, 이런 특성은 개발도상국의 특성이기도 하다(Richard Lamb, 개인적 대화, 1997. 6. 7). 일본과 같은 다른 나라에서는 상담이 좀 더 치료적이면서도 심리사회적이다(Seto, Becker, & Akutsu, 2006). 일본의 경우, 여전히 통합적인 자격증의 기준이 부족한 것과 직업의 안정성이 현안이다(Iwasaki, 2005). 반면에 말레이시아에서는 미국의 상담 모델을 대부분 따르고 있으면서도 일본과 마찬가지로 학사 출신 상담자가 존재하며, 대부분의 상담자가 학교 현장에서 교사와 비슷한 자격으로 일하고 있다.

현재 미국의 대학에는 다른 나라 출신의 학생들이 많이 있는데, 상담 서비스를 이용하는데 주저하는 경우가 많다(Mori, 2000). 외국인 학생들은 발달적인 측면에서 오는 스트레스 외에도 "언어에 대한 어려움, 학업, 대인관계, 재정, 개인 내부의 혼란"(p. 137) 같은 여러 스트레스를 겪는다. 또한 가족이나 친구처럼 의지할 수 있는 관계망이 없는 것과 실패에 대한 두려움, 실패로 인해 고향으로 쫓겨나는 것에 대한 두려움, 그리고 일상적인 스트레스 역시 존재한다(Boyer & Sedlacek, 1989). 경험적인 연구에서는 미국에 온 초반 6개월 동안에 외국인 학생들이 겪는 스트레스의 강도가 미국인 학생들에 비해 매우 크다고 밝혀졌다(Schneller & Chalungsooth, 2002).

상담을 받으려는 외국인 학생들을 도우려면 Mori(2002)가 제시한 다음의 영역들을 생각해 보는 것이 좋다.

- 스트레스 관리 기술의 개발
- 단호한 태도를 유지하며 의사소통하는 기술의 습득
- 미국 교육 시스템에 대한 이해
- 진로 및 인생 계획을 잘하는 방법

Henkin(1985)은 외국인과 상호작용하기 위한 여러 개의 실용적인 지침을 제안하였다. Henkin에 따르면 상담과정에 대한 명백한 구조를 짜고 그에 대해 내담자에게 설명하는 것이 중요하며, 상담자들이 내담자가 가진 문화를 공부하는 것, 내담자의 문화에서 가족과 공동체가 가진 중요성에 대해 아는 것 역시 중요하다. "사람에 대한 서양의 이해를 동양인에게 그대로 적용하는 것은 부정적인 결과를 낳을 것이다."(Raney & Cinarbas, 2005, p. 157) 따라서 "서양의 이론과 각 나라의 고유한 상담적 접근을 통합적"으로 활용하는 것, 필요에 따라 가족과 친구를 상담시간에 부르는 것, 내담자의 종교적인 활동을 돕는 것이 대안이 될 수 있다(p. 158).

생/각/해/보/기

당신이 성장하는 동안 당신을 지지하고 용기를 주었던 자원이 무엇이었는지를 생각해 보라(예: 당신이 예전에 속했던 집단의 성인 지도자나 형제, 친구들, 부모님 등). 당신이 문제를 해결하도록 그 사람들이 충분히 지지해 주었는가? 다른 나라에서 온 내담자와 상담할 때 이와 같은 사람들이 어떻게 치료적으로 활용될 수 있을지 생각해 보라.

요약 및 결론

이 장에서 우리는 상담과 관련된 특수한 주제인 '문화'를 다루었다. 이 장에서 제시된 각각의 집단에 대한 전문적인 자료들이 많이 있으며, 그들을 돕기 위해 가장 적절한 방법이 무엇인지에 대한 상담 이론과 기술에 대한 논의도 활발하다. 대부분의 대학원 상담자 양성과정에 이러한 종류의 전문성과 지식을 강화하기 위한 강좌들이 개설되어 있기도 하다.

만약 특정 집단의 문화적 측면이 상담의 다른 요소들과 연관되지 않는다면 이런 정보가 적절하게 활용될 수 없을 것이다. 문화적으로 다른 내담자와 상담하기 위해 상담자는 내담자가 가진 공동체성이나 하위 문화 등에 대한 지식을 갖추어야 하는데, 고정관념이나 역할 규정에 한정되지 않도록 주의해야 한다. 문화에 대한 고정관념은 사람들뿐만 아니라 사회적 · 발전적으로 기능하지 못한다. 전통, 편견, 두려움, 불안을 극복하고, 정확한 정보를 기반으로 한 새로운 기술을 배우고, 다문화 사회에서의 상담에 대한 민감성을 높이는 것 역시 중요하다.

국제적인 상담은 점차 성장하고 있다. 마찬가지로 다른 문화적 맥락에 속한 사람들을 어떻게 이해하고 돕는지에 대한 논의 역시 점점 더 활발해지고 있다.

학 습 활 동

1. 자기 자신과는 다른 문화를 가지고 있는 사람과 이야기를 나누어 보라. 그가 직면한 어려움에 대해 이야기를 나누어 보라. 그 어려움 중 문화적인 요소가 연관된 것들은 몇 가지가 있는가? 어떤 것들이 그 개인의 고유한 문제인가? 이러한 질문에 대한 대답을 수업시간에 발표해 보라. 같이 수업을 듣는 사람들의 발표와 비교해 보면 공통점이 있는가? 이 장에서 제시된 관련 내용과 개인적으로 했던 면담에 대해 논의해 보라.

2. 소수 문화 집단에 속하는 사람들을 효과적으로 상담하는 방법에 대해 찾아보라. 책에서 언급되지 않은 방법이어도 좋다. 또는 가지고 있는 책에서 다문화를 다룬 부분이 있다면 가능한 한 자세하게 읽어 보라.

3. Collins와 Pieterse(2007)가 언급한 문화적인 민감성을 기르는 방법을 시도해 보라. "일기를 써 보고, 역할극을 해 보기도 하고, 그 장면을 비디오로 찍어 보라. 다문화 상황에 대한 경험을 정리해 보고, 모의 상황을 만들어 경험해 보라. 여러 실험 상황을 만들어 경험해 보고, 관찰자들 앞에서 행동한 뒤 피드백을 들으라. 소집단 활동이나 포커스 집단 활동을 해 보라"(p.16). 문화에 대한 학습을 할 때 효과적인 교육방법이 무엇인지 더 고민해 보라.

4. 다른 나라의 상담학회를 인터넷으로 검색해 보라(예: 말레이시아 상담학회, 영국 상담 및 심리치료학회 등). 각각의 웹사이트에서 다문화 상담과 관련하여 강조하고 있는 것은 무엇인가?

각각의 강조점들은 당신이 알고 있는 다문화 상담의 주제와 어떻게 연결되는가?

5. 다른 나라의 상담 접근 방식을 찾아보라. 그들의 문화에 맞추어 상담이론과 기술을 어떤 방식으로 적용하고 있으며, 그것은 그들 사회와 개개인의 욕구에 어떻게 맞추어지는가? 당신이 당신 나라에서 일하고 상담해 온 방식에 대해서도 생각해 보라.

제5장

대상별 상담

1. 노인상담
2. 성별에 따른 상담
3. 상담과 성적 지향성
4. 상담과 영성

아침에 눈을 떠서
갑자기 당신이 나이가 들었다고 느껴질 때
서가로부터 시를 가져와서
젊음의 기억처럼 퇴색되어 가는
시구의 한 줄, 한 줄을 천천히 읽으라.
시간이 말로가 아니라 보이는 모습으로 알 수 있던
우리 기억 속의 순간이 있다.
비록 빛바래긴 했지만
세련된 양피지 문서처럼,
조용한 시절이지만 강렬한 인상을 남기는
혹독한 계절의 추위에도
따뜻함과 미소를 가져오는
회색으로 가득찬 세상의 밝음 같은…….

– Gladding (1968/1989)

우리 삶에서 다양성은 중요한 요소다. 사람은 여러 가지 측면에서 다양성을 가지고 있는데, 이 장에서는 상담과 관련된 다양성의 측면을 다룬다. 즉, 연령, 성, 성적 지향성, 영성 측면에서 다양성에 바탕을 둔 상담에 초점을 둔다. 이들 영역에서 보편적으로 드러나는 이슈뿐 아니라 각 영역마다의 독특한 욕구와 관심사를 다룰 것이다. 사람들은 선입견을 가지고 특정 집단의 사람들을 바라보기도 하고, 문제를 축소하거나 가치 절하하거나 억압하기도 한다. 이러한 이유로 이 집단에 속한 사람들은 때로는 자신의 재능과 가능성을 인지하지 못할 수도 있다.

상담의 기본은 각기 다른 집단 사람들의 다양성을 인정하는 것이다. 이러한 점을 무시하면 내담자의 복지와 존중과 고귀함이 무시될 수 있다. 게다가 내담자의 연령, 성별, 성적 지향성, 인종, 종교에 대한 부정적인 태도는 상담 진행과정 중에 좋지 않은 영향을 미친다(Miller, Miller, & Stull, 2007, p.325).

이전 장에서 논의된 것뿐만 아니라 이 장에서 언급되는 부분을 생각하면서 각자 어떤 관점을 가졌는지 스스로에게 질문해 보라. 이러한 생각과 감정은 내담자와의 상호작용에 어떤 영향을 주고 있는가? 이 장에서 논의되는 각 집단의 특징은 어떤 점에서 당신과 비슷하고 어떤 점에서 다른가? 이러한 지식은 당신의 생각과 행동을 변화시키는 데 어떤 도움을 줄 수 있는가?

고정된 생각은 자신뿐만 아니라 내담자에게도 나쁜 영향을 미친다. 다문화 상담에서는 내담자를 열등한 사람으로 분류하거나 병리인 측면으로 판단하지 않는 것이 무엇보다 중요하다.

1. 노인상담

일반적으로 발달은 일생 동안 지속되고 점점 축적되는 구조적인 변화의 일종으로 정의된다. 일생을 통해 인간은 인지적인 면, 정서적인 면, 신체적인 면, 영적인 면 등에서 다양한 수준의 발달 단계를 거친다. 아동기의 신체 발달처럼 성장과정이 발달 단계에 맞게 이루어질 때는 어려움을 겪는다고 하지만 일반적인 적응과 변화의 문제라고 볼 수 있다. 하지만 생활 사건들이 가속화되거나 지연되거나 구체화되지 못하면 개인과 그 주위 사람들의 웰니스는 부정적인 영향을 받는다(Goodman, Schlossberg, & Anderson, 2006).

Jean Piajet, Lawrence Kohlberg, Erik Erikson, Carol Gilligan, Nancy Schlossberg 같

은 이론가들은 영아기에서 노년기까지의 발달 단계와 관련된 이슈에 주목하였다. Association for Adult Development and Aging(AADA)은 청소년기 이후의 시간 흐름에 따른 성숙에 특히 초점을 맞춘 ACA 분과 중 하나다.

여기서 노년기는 65세 이상으로 정의된다. 1935년 사회보장제도법 이래로 65세는 노년기의 시작점으로 여겨지고 있다. 이 시점부터 대부분의 경로 할인이 시작되었다. 미국의 역사가 시작되었을 때는 전체 인구의 2%가 65세 이상이었으나 1900년대에 4%, 2000년대에는 13%에 이르렀고, 2030년에는 20%에 이를 전망이다.

현재 미국에서 태어난 영아의 평균 수명은 80세에 이를 것으로 전망된다(ACA, 2007). 이렇게 급격한 노인 인구의 증가는 20세기의 높은 출생률, 나이 든 사람에 대해 호의적인 이민정책, 의료 기술의 발달, 질 좋은 영양분의 섭취, 치명적 질병의 감소 등에서 비롯되었다(Lefrancois, 1999). 따라서 상담자는 이 집단, 특히 미국 성인 인구의 40%, 7,600만을 차지하고 있는 베이비붐 세대를 주목할 필요가 있다(Maples & Abney, 2006).

노인에 대한 수많은 신화와 오해가 있는데 대부분은 부정적인 것들이다. 이런 것들은 대부분 상실과 기능 말소에 주목하고 있다. 하지만 노년기에 이른 대부분의 사람은 젊은 시절 못지않게 활기차게 생활하고 있다. 예를 들어, Sohpicles는 100세 때도 여전히 생산적으로 활동하였다. 게다가 Cohen(2000)에 의하면 가장 창의적이고 주목할 만한 작업은 65세 이후에 이루어진다고 하였다.

지금까지 노인상담은 전문적인 영역에서 소홀하게 취급되었다. 가령 노인 인구의 6%만이 정신건강 서비스를 받는데, 이 수치는 노인 인구의 15%가 중증의 정서 문제를 보이는데 비해 치료는 절반도 받지 못한다는 점을 나타낸다(Hashimi, 1991; Turner & Helms, 1994). 부분적으로 이런 상황은 노인 집단만의 독특한 발달적 고려사항들, 특히 경제적, 사회적, 신체적 손실에서 비롯되기도 한다.

1970년대 중반, Blake(1975)와 Salisbury(1975)는 노인상담과 관련한 연구 문헌이 거의 없고 노년층을 대상으로 그들의 요구를 반영한 교육 프로그램이 부족하다는 점에 대해 상담자들의 관심을 촉구하였다. 하지만 1980년대 중반에 이러한 상황은 변화하였다. 전국 조사를 한 결과, Myers(1983)는 전체 상담 프로그램의 36%가 노년층과 관련되어 운영되고 있다고 보고하였다. 이 수치는 노년층에 대한 새로운 연구들과 함께 점차 증가하고 있다(Hollis, 1997; Myers, Poidevant, & Dean, 1991). 지금은 노인 인구와 작업하는 표준적인 기준들이 있다(Myers, 1995).

노년기

노화와 관련된 몇몇 눈에 띄는 다차원적인 이론이 소개되고 있다. 예를 들어, Birren, Schaie와 Gatz(1996)는 노화를 생물학적, 심리학적, 사회학적 관점에서 보는데, 이러한 차원들이 모두 동일하게 일어나지는 않을 것이라고 보고 있다(DeLaszlo, 1994; Erikson, 1963; Friedan, 1994; Havighurst, 1959). 사람은 성장 단계에 따라 성취해야 할 특정 과업이 있다. 예를 들어, Erikson은 중기, 후기 성인기를 생산성과 자기통합을 발전시키거나 혹은 이것이 성취되지 못했을 때 침체되고 절망하는 시기로 보고 있다. Jung은 40세 이상의 사람들이 특히 잘 탐색해 볼 수 있는 영역이 바로 신앙심이라고 생각하였다.

Neugarten(1978)은 발달을 강조하면서 노년기를 두 시기로 나누었다. 젊은 노년기(the young-old)는 55~75세 사이에 해당한다. 이 시기에 속하는 사람들은 은퇴를 했을 수도 있지만 여전히 신체적, 정신적, 사회적으로 왕성하게 활동하고 있다. 나이 든 노년기(the old-old)는 75세 이상으로 신체적 제약이 있는 시기에 해당한다. 이 집단은 나이가 들어 감에 따라 서로 다른 패턴으로 영향을 받는 것이 뚜렷하게 나타난다.

노년기에 속하는 사람이 늘어나면서 노화에 대해 더 많이 이해하게 되었지만 노인에게는 여전히 '망령되고 정신 나갔고 무기력하다'는 모욕적인 용어가 달라붙기도 한다(McCracken, Hayes, & Dell, 1997, p. 385). 이런 부정적인 태도는 노인차별(ageism)로 알려져 있으며, 이러한 편견은 다른 세대에 속하는 사람과의 친밀한 관계를 방해하고 때로는 노골적인 차별로 이끈다(Butler, 1998, 2001; Kimmel, 1988; Levenson, 1981). 안타깝게도 나이 들어 가고 있는 많은 사람들이 노화의 과정을 부인하고 두려워한다. Friedan(1994)은 이를 '노화의 신비로움(the age mystique)'이라고 부른다. 상담자들조차 이러한 노화에 대한 태도에 면역이 되어 있지 않다(Blake, 1982; Maples & Abney, 2006).

노년기에 필요한 것

미국의 성인들은 중년기에서 연장자의 지위로 전환될 때 다양하고 복잡한 문제들을 다루어야 한다. 이러한 변화는 신체적인 면, 사회적 역할, 관계적인 면, 때로는 주거 이동까지 포함할 수 있다(Cox, 1995; Kampfe, 2002). 이러한 변화 중 많은 부분이 개인 내면의 정체성의 위기까지 일으킬 가능성이 있다. 하지만 노인들의 발달적 요구는 아동에 비해서 덜 고려될 수도 있다. Havighurst(1959)에 따르면, 노인들은 다음의 것들을 성공적으로 다루는 것을 배워야 한다. ① 친구와 배우자의 죽음, ② 신체적 활력의 감소, ③ 은퇴와 수입의 감소, ④ 늘어난 여가시간과 새로운 친구를 사귀는 과정, ⑤ 새로운 사회적 역할 개발,

⑥ 성장한 자녀 다루기, ⑦ 생활방식의 변화 또는 만족감의 변화.

신체적 힘이 감소되는 것과 같은 노화와 관련된 몇몇 필수적인 변화가 점차 일어나지만 죽음과 같은 것들은 갑작스럽게 일어나는 일이다. 전체적으로 노년기는 긍정적인 면과 부정적인 면 모두를 포함하는 전환과 변화의 시기다(Myers, 1990a, p. 249). 노년기로의 긍정적인 전환은 조부모가 된다든가 노인 할인을 받는 것이 될 수 있다. 많은 스트레스를 주는 전환은 손실과 관련이 있는데, 가령 배우자의 죽음, 실직, 중병의 고통 등이 관련될 수 있다. 이러한 상황에서 노년기에 이른 사람들은 슬픔을 나누고 정서적인 작업을 함께할 수 있는 지지집단이 부족하기 때문에 어려움을 겪는다(Morgan, 1994).

노화의 주요 문제로는 외로움, 신체적 질병, 은퇴, 아무 일도 하지 않는 것, 가족의 죽음, 학대를 들 수 있다(Morrissey, 1998; Shanks, 1982; Williams, Ballard, & Alessi, 2005). 게다가 노년기의 사람들은 나이가 들어 감에 따라 더 많은 우울감과 불안, 정신병으로 고통받는데, 정신병원에 입원한 환자 중 30%는 노인들이다. 자살의 25%는 60세 이상의 사람들에게서 나타나며, 특히 백인 남성의 비율이 높다. 가정 내 노인학대 또한 문제다. 가정 내 학대란 노인과 밀접한 관계를 가진 사람의 학대 또는 방임을 포함한다(Morrissey, 1998, p. 14). 가장 흔한 형태의 학대는 신체적 학대, 정신적 학대, 경제적 착취, 또한 자유로울 권리, 자유롭게 말할 권리, 사생활 권리의 방해인데, 이러한 학대는 연간 60만 건이나 일어나고 있다(Welfel, Danzinger, & Santoro, 2000). 또한 알코올 남용이 노년기에 만연한데, 진단은 되지 않았지만 6~16%에 이른다(Williams et al., 2005).

사례 자존감이 낮은 Gene

Gene은 12명의 형제자매가 있는 가정에서 성장하였다. Gene의 부모님은 열심히 일하였지만 항상 생활고에 시달렸다. 그래서 Gene은 물려받은 옷을 입거나 중고가게에서 산 옷을 입었다. 또 어려운 가정 형편 탓에 학교에서 방과 후에 하는 동아리나 스포츠단 활동에 돈을 낼 수 없었기 때문에 또래와 어울릴 기회도 많지 않았다. 게다가 Gene은 일정 나이가 되자 바로 일을 하기 시작했다. Gene이 하는 일은 대부분 가내 수공업과 관련되었거나 지저분한 일이었다. Gene은 결혼하지 않았고, 지금은 65세다. 그녀는 자신에 대한 낮은 자존감을 갖고 있으며, 상담에 와서 '더 잘 살고 싶다' '극복하고 싶다' 고 하면서 더 생산적으로 살 수 있기를 희망하였다.

당신은 상담이 Gene에게 그의 과거를 충분히 고려하여 도움을 줄 수 있을 거라고 생각하는가? 만일 도움을 줄 수 있다고 생각한다면 어떻게 Gene을 도울 수 있을까? Gene에게 도움이 되는 활동으로는 어떤 것이 있을까?

노인상담

노인상담에 관심이 있는 상담자는 추가적인 훈련이 필요하다(Myers, 1990b; Schlossberg, 1990; Sinick, 1979). 많은 상담자가 노인들을 잘 모르기 때문에 노인상담을 하지 않는다. 이런 상황은 노인과 관련한 새로운 현상(예: 손자를 키우는 조부모) 때문에도 더욱 그러할 수 있다(Pinson-Milburn, Fabian, Schlossberg, & Pyle, 1996). 이러한 상황으로 상담 관련 서비스는 다양한 수준에서 제공되는 것이 필요하다. 예를 들어, 새로운 대처 전략을 가르치거나 기술 훈련을 하는 것과 같은 직접적 개입이 요구될 수도 있고, 지지집단을 제공하거나 학교에서 '조부모의 날'과 같은 행사를 개최하는 것과 같은 지지적이고 간접적인 개입이 필요할 수도 있다.

정신건강 전문가들로부터 노인들이 더 많은 관심을 받지 못하는 이유는 Colangelo와 Pulvino(1980)에 의하면 투자증후군(investment syndrome) 때문이다. 이들 저자에 의하면, 어떤 상담자들은 내담자가 젊은 사람이면 그들이 "결국 사회에 공헌할 것"(p. 69)이기 때문에 자신들의 시간과 에너지를 더 효율적으로 쓰는 것이라고 생각한다. 이러한 태도를 보이는 상담자들은 젊은 사람으로부터 얻을 수 있는 미래의 수익을 저축해 놓은 것으로 볼 수 있지만 노인들로부터 얻을 수 있는 변화의 가능성에 대해서는 알지 못하고 있기 때문이다.

상담자와 정신건강 관련 전문가들로부터 노인들이 관심을 받지 못하는 세 번째 이유는 노화에 대한 비합리적인 두려움과 그것이 만들어 내는 노인들에 대한 심리적 거리감 때문이다(Neugarten, 1971).

마지막으로, 노인들이 자신들의 욕구에 부합되는 좋은 서비스를 상담자들로부터 받지 못하는 이유는 노인들의 문제가 노화와 관련 있다고 보는 관점 때문이다(Williams et al., 2005). 예를 들면, 이러한 관점에서 알코올 남용도 자주 잘못 진단된다.

노인들과 성공적으로 작업할 수 있는 일반적이고도 중요한 접근 방식은 바로 그들을 보통 성인처럼 대하며 상담하는 것이다(Cox & Waller, 1991). 노년기는 독특한 삶의 단계이며, 이 시기에도 지속적인 성장이 이루어진다. 상담자들이 감정 반영, 내용 재진술, 패턴 확인, 개방형 질문하기, 감정과 생각 확인하기, 불일치성 직면하기와 같은 기본적인 상담 기술을 노인상담에서도 적용한다면 노인 내담자들은 자신들의 어려움과 적응 문제를 자유롭게 탐색할 수 있고 적합하게 반응할 수 있을 것이다(Kampfe, 2002).

노년의 변화를 촉구할 수 있는 또 다른 전략은 주변 사람들의 태도를 변화시키는 것이다(Colangelo & Pulvino, 1980; Ponzo, 1978; Sinick, 1980). 주변 사람들의 많은 회의적인 태도는 노인들의 스스로에 대한 태도에 부정적 영향을 미친다. 종종 주변 환경들이 그렇게 행동하도록 만들기 때문에 노인들은 스스로 나이 든 것처럼 행동하기도 한다. 미국 사회는 "나이 드는 것을 진부화되는 것과 동일시하고 그에 따라 차례로 우선순위를 매긴다" (Hansen & Prather, 1980, p. 74). 따라서 상담자는 이러한 사회적 태도를 변화시키기 위한 교육자와 옹호인이 되어야 하고, 나이 제한과 선입견이 극복될 수 있도록 해야 한다. "우리는 사람들이 나이 든 사람처럼 행동하는 것 대신에 자신의 있는 모습 그대로 행동할 수 있도록 사회를 발전시키는 것이 필요하다."(Ponzo, 1978, pp.143-144)

상담자들은 노인들을 존중하고 사회 시스템의 변화를 도모하는 동시에 노년층의 구체적이고 즉각적인 문제를 도울 수 있어야 한다. Tomine(1986)은 노년층을 위한 상담 서비스는 교육적이고 문제 해결에 초점을 맞추는 등 실용적인 것이 가장 도움이 될 것이라 보고 있다. 예를 들어, Hitchcock(1984)은 노인들의 구직을 돕는 성공적인 프로그램들을 살펴보았다. 노인 구직자들에게 특히 성공적인 프로그램은 참가자들이 정규적으로 만나서 구직에 관한 정보를 나누는 잡 클럽(job club) 형태의 프로그램이었다.

알츠하이머병을 가진 노인들에게 Rogers의 이론에 바탕을 둔 상담과 Carkhuff의 실용적인 적용은 병의 초기 단계에 도움이 된다. Yalom의 실존주의 이론에 바탕을 둔 집단상담은 병이 진행됨에 따라 가족 구성원이 상황을 다루도록 도움을 준다(LaBarge, 1981).

노인상담을 할 때 삶을 돌아보는 과정을 구조화하는 것 또한 효과가 있는 것으로 밝혀졌다(Beaver, 1991; Westcott, 1983). 이러한 과정은 그들이 과거를 통합하고 미래를 위해 준비할 수 있도록 돕는다.

단기 합리적-정서적 행동치료(rational-emotional behavior theory: REBT) 또한 노인상담에 성공적으로 활용되는데, 이 치료는 나이 드는 것에 대한 합리적 사고를 증가시키고 불안을 줄여 준다(Keller, Corake, & Brooking, 1975). 마찬가지로 12단계 프로그램과 독서요법은 알코올 남용 노인상담에 성공적인 것으로 밝혀졌다. 다음은 65세 이상의 노년층에 가장 많이 활용되는 집단 형태다(Gladding, 2008).

- 현실지향 집단: 혼란스러운 집단 구성원들이 주변 현실로 관심을 돌릴 수 있도록 한다.
- 재동기화 치료 집단: 노인들이 지금 자신의 현재와 미래에 더 많은 노력을 기울일 수 있도록 돕는 것을 목표로 한다.
- 성찰 집단: 현재의 의미를 발견하고 통합하기 위해 과거 문제 해결에 초점을 맞추어 삶을 되돌아보도록 돕는다(Zalaquett & Stens, 2006).
- 집단심리치료: 상실과 같은 노화로 인한 특정 문제에 적합하도록 맞추어져 있다.
- 특정 주제 집단: 노년층이 관심을 갖는 주제, 즉 건강이나 미술 같은 것에 초점이 맞추어져 있다.

- 특정 구성원 집단: 입원이나 법률 상황 같은 특정 변화 상황에 있는 사람들의 특정 관심사에 초점을 맞춘다.

노년층과 작업할 때는 종종 상담자가 학생이 되기도 하고 내담자인 노인이 가르치는 선생님이 되기도 한다(Kemp, 1984). 이처럼 열린 태도로 상담이 이루어질 때 내담자는 자신의 인생에서 중요한 사건들을 더 적극적으로 다루려고 할 것이며, 상담자는 인생의 다른 측면에 대해서 배우려고 함으로써 그 과정 자체가 도움이 될 것이다.

생/각/해/보/기

노화는 물리적인 현실일 뿐만 아니라 심리적인 상태이기도 하다. 당신이 알고 있는 65세 이상의 사람들을 떠올려 보라. 당신이 생각하기에 자신의 나이에 잘 적응하며 살고 있는 사람은 어떤 사람인가? 어떤 요소가 잘 적응하도록 만든다고 생각하는가?

2. 성별에 따른 상담

이 장에서 두 번째로 관심을 가지는 것은 성별에 따른 상담이다. 내담자들은 자신이 소속된 사회 집단이나 살고 있는 문화적 환경에 따라 분명히 결정되는 관심사와 요구사항을 지닌다(Cook, 1993; Hoffman, 2006; Moore & Leafgren, 1990). 여성과 남성은 기본적으로 문화적-사회적 존재다(McFadden, 1999, p. 234). 성별에 따른 다른 사회적인 차별, 편견, 역할에 대한 기대를 완전히 알지 못하는 상담자는 내담자를 돕지 못할 수 있다. 효과적인 상담을 위해서는 성과 성적 지향성에 대한 일반적인 측면과 특수한 측면 모두를 아우르는 최적화된 지식과 통찰이 필요하다. "여성과 남성의 차이점과 공통점에 대한 이러한 관심은 상담에서 모순적인 도전이다."(Lee & Robbins, 2000, p. 488)

상담자들이 남성과 여성을 공통점을 가진 존재로서뿐만 아니라 개별적인 집단으로서 상담할 수 있는 전문화된 지식과 기술이 필요하다는 것에는 논쟁의 여지가 없다. 하지만 여성과 남성은 "발달 단계에서 서로 다른 경험"을 하기 때문에 서로 다른 스타일의 전문적인 접근방법이 필요할 것이다(Nelson, 1996, p. 343). 더욱이 남성, 여성 양쪽 성의 사람들을 상담하는 상담자는 더 많은 훈련과 경험이 필요할 것이다. 예를 들어, 700만의 미국 여성이 우울증을 경험하고 있는데, 이는 우울증을 앓고 있는 350만 남성의 두 배에 이르는 수치다(McGrath, Keita, Strickland, & Russo, 1990). 이러한 결과는 우울증에 대한 정의가 변화됨에도 불구하고 다른 문화나 나라에서도 일반적으로 나타나는 현상이다(Shea, 1998). 이런 현상이 나타나는 것은 부분적으로는 분노라는 감정이 전통적인 남성의 역할에는 어울리는 것이라고 보지만 여성에게는 상충되는 것이라고 사회화되기 때문이라고도 볼 수 있다(Newman, Fugua, Gray, & Simpson, 2006, p. 157).

여성상담

여성은 상담 서비스의 주 고객층이다(Wastell, 1996). 여성은 상담에 대한 관심이 남성과는 많이 다른데, 이는 생물학적인 차이와 사회화의 패턴에서 특별한 욕구를 가지기 때문이다(Cook, 1993; Hoffman, 2006; Huffman & Myers, 1999). 여성 운동으로 급격한 변화를 가져왔던 1960년대 이래로 여성의 권리와 사회적인 역할이 확장되어 왔지만, 여성은 여전히 남성에 비해서 자유와 사회적 지위, 접근성, 수용의 정도가 부족하다(Kees, 2005).

여성은 남성과는 여러 가지 영역에서 다른 관심사를 가진다. 가령 여성과 남성은 친밀감과 관련된 욕구, 직업 선택, 생의 발달과 같은 근본적인 문제에서 서로 다른 관심사를 가진다(Kopla & Keitel, 2003). 이는 ACA와 다른 전문가 협회들이 여성과 상담이라는 주제로 특별판을 제작하는 이유이기도 하다(『*Journal of Counseling and Development*』, 2005, 여름호 참고). "여성은 관계 속에서, 관계를 통하여, 관계를 향하여 성장하고 발전한다."(Jordan, 1995, p. 52) 여성은 다른 사람과 관계를 맺고 있다고 느꼈을 때 에너지가 발생하고 자신과 타인에 대해 정확하게 인식하게 된다. 더욱이 자신 안에 에너지가 있기 때문에 관계 밖에서도 행동하도록 지지받을 수 있다. 또한 더 많은 관계를 형성하는 데 가치를 두고 더 많은 욕구를 가진다(Miller & Stiver, 1997). 이 집단의 주요한 관심사는 발달과 성장, 우울증, 섭식장애, 성적 희생자, 미망인 상태, 역할의 다양성이 될 수 있다.

여성을 상담하는 것은 단순히 상담이론과 접근 방식을 선택해서 상담을 시작하는 것이 아니다(Hanna, Hanna, Giordano, & Tollerud, 1998, p.181). 그보다 상담자의 태도, 가치, 지식은 여성 내담자의 잠재적인 발전을 촉구할 수도 있고 방해할 수도 있다(Chung, 2005). 여성은 기본적으로 관계 중심적인 존재이고, 상담자의 접근 방식은 이러한 사실을 충분히 고려한 것이어야 한다(Davenport & Yurich, 1991; Nelson, 1996). 문헌 조사에 의하면, 여성을 상담하는 전문가는 높은 수준에서 공감적이고 따스하며 이해심 있고 여성이 처할 수 있는 곤경에 대해서 충분히 잘 알고 있어야 한다(Hanna et al., 1998, p. 167).

불행히도 여성의 성역할에 대해 편견을 가지고 있는 상담자들이 여전히 존재하고(Mollen, 2006; Simon, Gaul, Friedlander, & Heatherington, 1992), 어떤 상담자들은 여성들이 생의 발달 단계에 따라 경험할 수 있는 일이나 일반적으로 겪을 수 있는 어려움에 대해서 잘 알지 못한다. 아이가 없는 여자, 싱글, 장애인, 레즈비언, 소수인종, 대가족의 일원인 중년 여자를 대상으로 한 문헌 연구를 보면 발달 수준 면에서 상당한 차이가 존재한다(Lippert, 1997, p. 17). 예를 들어, Mollen(2006)은 아이를 자발적으로 낳지 않고 사는 여성을 상담할 때 여성이 자신의 선택으로 인해 직면하게 되는 사회적 편견을 다룰 수 있도록 돕는 것뿐만 아니라 그들을 수용하고 힘을 북돋아 주는 것이 중요하다고 강조했다.

잘못된 추측, 부정확한 믿음, 상담자의 이해 부족은 여성 내담자를 상대하는 데 문제의 소지가 될 수 있다(Gibson & Myers, 2000). 상담자가 여성 내담자의 현재 드러나 있는 문제와는 관계 없이 문화적으로 무의식중에 여성에게 느끼는 부적절성에 대하여 스스로를 비난하게 되는 경우에는 실제 드러난 사실들뿐만 아니라 사회 · 정치적인 면에서의 고려도 필요하다(Petersen, 2000, p. 70).

전문 상담기관에서는 여성상담과 관련된 문제를 다루는 분과나 팀을 만들고 있다. 가령 ACA 안에는 전국적인 여성위원회가 있고, APA에는 오로지 여성심리학을 다루는 35분과가 있다. 더욱이 ACA의 주력 정기 간행물인 『*Journal of Counseling and Developmen*』(83권, 2005, 여름호)에 여성과 상담에 대한 특별호를 출간하기도 했다.

여성상담의 관심사

여성상담의 중요한 관심사 중의 하나는 여성의 삶에 대한 충분한 정보를 확보하는 것이다. 여성의 본질과 개발과 관련된 많은 초기 연구, 특히 정신분석적 원칙에 기반을 둔 것들은 여성을 "수동적이고, 의존적이고, 도덕적으로 남자에 비해 열등한 존재"로 규정하는 경향들이 있었다(Hare-Mustin, 1983, p. 594). 이러한 이론들은 여성이 현재 처한 상황을 촉진하여 여성에게 선택의 기회를 제한한다(Lewis, Hayes, & Bradley, 1992). 일반적으로 건강한 성인 행동의 기준은 남성으로부터 이미지화되고, 성인 여성에 대해서는 정신건강의 이중 잣대를 갖고 바라본다(Lawler, 1990; Nicholas, Gobble, Crose, & Frank, 1992). 이러한 이중 잣대는 기본적으로 성인 여성의 행동을 사회적으로 덜 건강하고 바람직하지 않은 것으로 바라보고 행동에 대해 기대를 하지 않으며, 전통적이지 않은 역할 진입에 대해서는 장벽을 가지게 한다(Broverman, Broverman, Clarkson, Rosenkrantz, & Vogel, 1970).

하지만 여성학과 여성심리학 분야의 문헌들은 1970년대 초에 단 3권의 저서에서 시작해서 오늘날 수많은 연구 논문과 관련 책자가 발행되는 상황에까지 이르렀다. 이러한 출판물 중 많은 것이 여성에 의해, 여성을 위해 쓰였으며, 여성 문제에 대한 직접적인 경험이 없는 남성들에 의해 만들어진 낡은 이론적인 관점을 바로잡는 여성주의자와 여성주의 이론으로부터 만들어졌다(Axelson, 1999; Enns, 1993; Evans, Kincaide, Marbley, & Seem, 2005). 예를 들어, 많은 이론가가 여성의 발달은 Erikson이 말한 심리사회적 발달 단계와는 극명하게 반대된다고 말하고 있다. 어떤 이론가들은 완전히 다르다기보다는 수정될 필요가 있으며 여성만의 독특함이 강조될 필요가 있다고 보기도 한다. 더욱이 그들은 여성의 자아정체성 발달을 몇 가지 관점에서부터 윤곽을 잡고 도덕적 정체성 모델과 비교하거나 대조하기도 한다(Hoffman, 2006).

여성상담의 두 번째 주요한 관심사는 성차별과 관련된 문제인데, Goldman(1972)은 "인종차별보다 더 뿌리 깊게 박힌"(p. 84) 것으로 기술한다. 성차별은 여성이 취미나 능력과 같은 요소와는 관계 없이 그들의 성에 기반하여 대우받아야 한다고 생각하는 신념에서 비롯된 행동이고 믿음이다. 이것은 제멋대로이고, 비논리적이고, 비생산적이며, 자기 위주의 태도다. 과거에 성차별은 노골적으로 이루어졌는데 특정 직업에는 여성의 접근을 제한하였으나 간호사와 같이 여성에게 적합하다고 생각하는 직업만을 갖기를 종용하곤 했다. 오늘날에 나타나는 성차별은 그렇게 노골적이지 않고 은밀하며 "노골적으로 드러나기보다는 오히려 제외하는" 형태로 나타난다(Leonard & Collins, 1979, p. 6). 여성을 제외하는 행위들은 정보의 차단이나 새로운 사실들에 대한 생각을 변화시키지 않음으로써 일어난다. 어떤 경우든 성차별은 여성뿐 아니라 일반적으로 그 사회에도 이로운 것이 못된다.

여성상담 이론과 이슈

여성상담의 중요한 이슈 중 하나는 여성에 대한 상담자의 연구 지식과 개인이나 집단이 여성들에게 반응하는 방식과 관련이 있다(Leech & Kees, 2005). 여성은 다양하기 때문에 상담자는 그들의 동질성 못지 않게 각각의 독특성에 어떻게 반응해야 할지 아는 것이 중요하다(Cook, 1993; Kopla & Keitel, 2003; Van Buren, 1992). 상담자는 여성의 다양한 삶의 단계, 즉 유년기, 청소년기, 중년기, 노년기마다 특별한 지식이 요구된다는 사실을 인지하고 있어야 한다. 또한 상담자는 섭식장애(Marino, 1994), 성적 학대와 강간(Enns, 1996), 자살(Rogers, 1990), 경력 개발(Cook, Heppner, & O'Brien, 2002) 등 내담자마다의 다양한 상황에서의 역동도 잘 이해하고 있어야 한다.

Johnson과 Scarato(1979)는 여성 심리에 관한 주요한 영역을 설명하는 모델을 제시하였다. 이 모델은 상담자가 발달시켜야 할 여성에 대한 지식을 일곱 가지로 분류하고 있는데, 이것을 잘 알고 있으면 선입견을 줄일 수 있다고 한다. ① 전통적인 여성의 성역할 역사와 사회학, ② 여성과 남성의 정신생리학, ③ 성격과 성역할 발달이론들, ④ 발달사, ⑤ 특수대상들, ⑥ 경력 개발, ⑦ 상담/심리치료. 마지막 영역에서 저자들은 여성만의 특수한 문제뿐만 아니라 전통적 상담 접근의 대안적인 방법에 초점을 맞추었다.

Thames와 Hill(1979)은 여성상담의 기본적인 이슈를 다루는 것 이외에 효과적으로 여성을 상담하기 위해서는 언어 영역, 비언어 영역, 상담과정, 상담 기술의 네 가지 상담 영역에 대한 기술을 갖추는 것이 필요하다고 보았다. 또한 각 개인마다 적합한 개입 기술을 적용할 수 있어야만 한다. 마지막으로, 상담자들은 여성 내담자들을 다룰 때 가지는 자신의 어려움에 대해서도 잘 인식하고 있어야 한다.

여성(또는 어떤 경우에는 남성에게도 적용되는)상담에서 주요한 상담 접근 방식은 페미니스트 이론이다(Mejia, 2005). 페미니스트적 관점의 상담은 1960년대 폭발적인 여성주의 운동으로부터 확장되었다. 초기 여성주의 운동은 가부장제에 대한 도전으로부터 시작되었다. 하지만 이러한 움직임이 확장됨에 따라 보편적이고 특수적인 성질을 가지는 인간으로서 여성의 발달에 초점이 맞춰지기 시작하였다(Okun, 1990). Carol Gilligan의 『다른 목소리 안에서(*In a Differnet Voice*)』(1982)의 출간으로부터 시작해서 페미니스트 이론을 상담이론과 접목하려는 시도가 증가하였다. 이러한 접근 방식은 스스로 자신의 사회화 패턴과 전통적 성역할을 전환시키는 것이 자신의 선택임을 인식하게 한다. 또한 내담자로 하여금 변화를 가져오는 방법으로 평등을 강조함으로써 사회 변혁 활동에 참여하도록 독려한다(Enns & Hackett, 1993).

여러 측면에서 여성주의 이론은 잘 구조화된 형태라기보다는 상담 접근 방식에 좀 더 가깝다. 여성주의 이론은 전통적 이론들이 남성 중심의 위계적인 사회를 유지하고 옹호하고 있기 때문에 이에 대해서 도전하고 의문을 제기해야 한다고 확신하고 있다. 여성주의 관점에서의 다음 두 가지 강조점은 다른 도움의 형태와 구분된다.

- 여성주의 이론은 도움을 주는 관계에서 평등함을 강조한다. 이것은 여성의 문제가 여성에 대한 사회의 억압과 분리될 수 없다는 믿음에서 비롯된다(Okun, 1997).
- 여성주의 이론은 치료과정의 주요한 일부로서 사회적, 정치적, 경제적 활동의 가치를 강조한다.

양성성, 관계의 중요성, 자신의 신체를 '있는 그대로' 받아들이는 것, 성역할 구분 없는 경력 개발 등이 여성주의 관점에서 강조되는 부분이다. 전체적으로 "여성주의 이론은 여성의 경험에서부터 시작하고 추정되는 체계로서 여성의 가치와 믿음을 활용한다"(Nwachuku & Ivey, 1991, p. 106).

사례 Paula는 사람은 사람일 뿐이라고 생각한다.

Paula는 가장 열심히 일하는 학생 상담자는 아니지만 그럭저럭 자신의 일을 해 왔다. 하지만 자신의 첫 실습에서 36세의 자녀가 없는 여성 내담자를 상담하게 되었을 때 문제가 발생하였다. Paula가 규칙을 잘 지키지 않는 것은 현장 슈퍼바이저에게 고민을 가져다주었다. Paula가 첫 면접상담에서 어떻게 했는지 다루게 되었을 때, 그녀는 단지 "사람은 사람일 뿐이에요. 저는 그 사람들의 배경이나 삶이 어떠했는지에는 신경 쓰지 않아요."라고 말했다.

이 장에서 읽은 여성상담을 적용하여 우리는 Paula에게 어떻게 응답해 줄 수 있을까? Paula가 이야기하는 것 중 맞는 부분이 있을까? 그녀의 입장에서는 어떻게 답변할 수 있을까?

남성상담

여성상담의 발전과 성차별의 감소는 남성의 관심사와 욕구에 대한 관심을 새롭게 조명하였다. 1980년대 초에 Collison(1981)은 "상담이 남성보다는 여성에게 더 맞추어져 있는 것 같다."(p. 220)라고 지적하였다. 그 시점 이래로 남성심리학에 대한 폭발적인 관심이 남성에게 맞춤화된 임상 서비스에 대한 요구를 이끌어 내면서(Johnson & Hayes, 1997, p. 302) "남성, 남성성, 남성의 경험"(Wade, 1998, p. 349)에 대한 연구가 증가하였다. 하지만 대부분은 이 이슈에 대한 공식적인 교육이 부족한 상황이다(Gold & Pitariu, 2004).

남성상담의 관심사

남성상담에 대한 관심은 종종 그들의 사회화에서 비롯된다. 일반적으로 남성의 사회적인 행동의 경우 전통적인 성역할의 개념이 여성보다는 더 협소하게 정의되고, 어린 시절부터 여자아이에게 허용되는 것보다 더 엄격하게 남성적인 것만을 선택하도록 강요된다(Robinson & Howard-Hamilton, 2000, p. 196). 또한 어린 시절 동안 여자아이는 정서적, 행동적으로 표현하는 것에 대해 긍정적인 피드백을 받는 반면, 남자아이는 기본적으로 정서적이지 않고 신체적인 행동을 할 것을 강요받는다. 또한 많은 남성이 감정적 반응을 내면화하고, 자율적이고 저돌적이고 경쟁적이기를 추구한다(Scher & Stevens, 1987). 남성들은 양육하고 보살피는 모습보다는 싸움꾼으로 보이기를 바라고, 특히 청년기에는 "양성성을 가진 모습으로 변하면 자신의 힘과 지위를 모두 잃는 것"이라고 받아들이게 된다(Brown,

1990, p. 11). 따라서 남성은 인지적인 관점에서 주로 기능하게 된다(Pollack & Levant, 1998; Scher, 1979). 정서적인 표현은 자제하게 되는데, 이것은 이러한 상황을 다루어 본 경험도 없고 정서적인 표현을 함으로써 발생하게 될 불안 때문이기도 하다.

이러한 제한적인 역할 속에서 자신과 타인의 요구에 대한 무심함이 발달하게 되고 정신적, 신체적 문제에 대한 부인은 생명을 단축시키는 치명적인 것이 된다(Jourard, 1971). 또한 "남성은 의존과 친밀성에 대한 두려움 안에서 심리적인 안전함을 추구한다" (Davenport & Yurich, 1991, p. 65). 따라서 남성 내담자와 일할 때 상담자는 그들 중 많은 사람이 외롭고 그것을 말하기를 꺼린다는 사실을 잘 알고 있어야 한다. 이러한 고립감 때문에 남성들은 자신의 행동과 다른 사람에 대한 반응을 최소화할지도 모른다. 대부분의 경우에 남성들은 그들이 고집해서가 아니라 단지 그러한 행동을 하도록 강요되어 왔기 때문에 그러한 행동을 한다. 많은 남성이 자기노출에 대한 사회적인 터부를 어린 시절부터 내재화했고, 또한 같은 남성 앞에서는 더욱더 금기시되는 남성적이지 않은 모습으로 여긴다(Mejia, 2005).

Scher(1981)은 상담자의 남성 이해를 위한 지침을 제공하고 있는데, 그것은 ① 대부분의 남성은 변화가 어렵다는 점에 대한 강조, ② 전형적인 성역할에 대한 주입된 제약들, ③ 도움을 요청하고 정서적인 문제를 다루는 것의 중요성, ④ 사적인 생활과 직장생활에서 역할과 규칙이 다르다는 것을 구별할 필요성을 다루고 있다.

집단으로서 남성은 여성보다 상담을 받는 것을 꺼린다(Gertner, 1994; Worth, 1983). 대부분의 남성은 오직 외상 같은 위기 상황에서만 상담 서비스를 구한다. 일반적으로 그들은 자기충만적이고, 욕구를 부인하고, 오히려 다른 사람을 보살펴 줄 것으로 기대되어 왔기 때문이다(Maija, 2005; Moore & Leafgren, 1990). 남성 내담자의 연령과 그들이 인생의 어느 단계에 속해 있는지는 상담 서비스를 찾는 것과 관련이 있을 것이다. 소수집단의 남성의 경우, 인종적인 부분은 성역할의 정체성과 같은 부분에 취약함을 느끼게 할 수도 있다 (Wester, Vogel, Wei, & McLain, 2006). 따라서 남성 내담자를 상담할 때는 발달 모델에 대해서 이야기하고 문화적으로 특정 문화를 낮게 평가하는 잘못된 태도가 있음을 설명해 주는 것이 필요하다.

남성상담의 이슈와 이론

남성상담에서는 실제 사실들뿐만 아니라 수많은 잘못된 믿음이 존재한다(Kelly & Hall, 1994). 상담에서도 남성들은 열심히 노력해서 전통적인 제한을 뚫고 나갈 수 있다고 생각할 수 있는데, 이때도 마치 또 다른 경쟁인 것처럼 이 상황을 본다. 남성들은 이 과정에 대해서 높은 기대를 가지고 있고, 상담 회기로부터 생산적인 결과를 얻기를 원한다. 또한 집단상담에서도 남성들은 명확하고 진솔한 과정을 원하고, 자신을 직접적이고 정직하게 표현하는 경향이 있다. 남성들의 인지적 기능의 탁월함은 상담자에게 특별한 도전이 될 수 있다. Marino(1979)는 남성 내담자일 경우 상담자가 인지적 영역에서 벗어나 내담자 목소리의 감정 톤, 행동과 느낌의 불일치성, 통제하고 싶기도 하고 배려받고 싶기도 한 모순된 마음을 탐색하도록 권하고 있다. Scher(1979) 또한 남성 내담자가 인지적 영역에서 정서적 영역으로 옮겨 갈 수 있도록 해야 한다고 충고하고 있다. 또한 초기 단계에서 현재의 어려움을 극복하기 위해 내담자가 품고 있는 감정 표현의 중요성을 꾸준히 설명하고 내재된 정서를 밝혀낼 수 있게 작업해 갈 것을 권하고 있다.

이렇게 인지적 영역의 탐색을 피하는 것과는 반대로, Burch와 Skovholt(1982)는 Holland(1997)의 인간과 환경의 상호작용 모델이 남성 내담자를 이해하고 상담하는 데 틀을 제공해 줄 수 있을 것이라고 제안하였다. 이 모델에서 남성은 대부분이 현실적 기능 영역에 속할 것이다. 이 영역에 속하는 사람은 주로 사회 기술이 부족하지만 기계적이고 과학적인 기술을 소유하고 있다. 그래서 저자들은 상담자가 라포를 형성하고 상담을 촉진시키기 위하여 인지-행동적 접근 방식을 적용하기를 권하고 있다. Giles(1983)는 이 주장을 뒷받침할 수 있는 이론적 근거가 없다는 점을 지적하면서 이러한 생각에 동의하지 않았다. 그는 상담자들이 내담자의 성격 유형에 따라 상담 접근방법을 바꾸는 것이 반드시 효과적인 것은 아니라고 주장한다.

인지적 요소뿐 아니라 문화적 요소도 남성 내담자를 상대로 작업할 때 고려되어야 할 점이다. 예를 들어, 소수인종에 속하는 남자, 특히 아프리카계 미국인은 종종 어려운 상황에 처해 있을 수 있다. 만일 아프리카계 미국인이 주류인 유럽계 미국인 문화에서 통용되는 일련의 성역할 기대를 맞추려고 한다면, "그들은 자신들의 문화가 지닌 남성의 성역할과 충돌하기 때문에 위축될 수 있다"(Wester et al., 2006, p. 420). 이러한 경우, 상담자들은 일과 대인관계 상황에서 자아정체감과 남성 성역할 갈등이 교차되는 문제(예: 전통적인 행동과 비전통적인 행동의 교차)에 대해서 다루어야 한다.

남성 내담자에 대한 개입 전략으로 집단 속에서 대인관계 학습을 강조하는 것이 효과적일 수 있다(Andronico, 1996; Jolliff, 1994). 남성 집단에서의 목표는 무의식적으로 주어진 성역할에 대한 인지 수준을 높이고, 새로운 행동과 개인적인 욕구에 기반을 둔 새로운 생활 양식을 습득하는 것이다. 특히 성적 가해자, 게이, 노숙자 집단의 세 종류의 남성 집단은 집단 작업의 혜택을 볼 것이다(DeAngelis, 1992). 집단 작업이 유용하지 않는 집단은 조증, 중증 우울, 심각한 위기에 있는 사람, 중독, 알코올 중독자, 편집증 집단이다(Horne & Mason, 1991).

일반적으로 남성 집단 내에서 부인과 같은 방어를 제거하고 공동체 의식을 구축하는 것이 강력한 집단 작업이 될 수 있다. 그 효과를 높이기 위해서 상담자는 이러한 집단이 있을 수 있음을 집단에서 공식화하고, 집단원을 주의 깊게 선발하는 것, 행동의 목표를 명확히 정하는 것, 시작과 끝의 형식(ritual)을 구축하는 것, 갈등 관리와 같은 심리적 이슈 해결을 목적으로 하는 개입 전략을 발전시키는 것이 필요하다(Hetzel, Barton, & Davenport, 1994; Horne & Mason, 1991).

Moore와 Haverkamp(1989)는 "30~50세의 남성들을 대상으로 집단 작업을 한 연구에서 그들이 충분히 정서적인 표현 능력을 증진시킬 수 있음을 자기보고와 행동검사를 통하여 발견하였다"(p. 513). 생의 발달 단계를 거치면서 많은 남성은 더 친밀하고 깊은 인간관계를 추구하고 직접적으로 자신들의 감성을 다루기를 원한다. 따라서 이 정도의 성숙 단계에 있는 남성들은 변화를 효과적으로 이끌어 낼 수 있는데, 특히 저자들이 언급했던 것처럼 다른 남성 역할 모델을 보고 새로운 행동양식이 강화되는 사회학습 패러다임을 따르게 되면 더 효과적일 수 있다. Robert Bly와 mythopoetic 운동(신화, 시를 이용한 남성 집단 작업)이 이러한 강력한 변화 패러다임의 예다(Erkel, 1990).

정서와 관련한 문제를 탐색하고 변화를 촉구하면서도 상담자가 명심해야 할 것은 남성의 직업 세계 규칙이 개인적인 영역에서는 모두 다르다는 점이다. 상담자는 남성 내담자가 개인적인 영역에서 새롭게 발견한 행동을 그것이 적대적으로 수용될 수 있는 직업 세계에 자동적으로 그리고 부정적으로 도입하지 않도록 주의를 주어야 한다.

남성 내담자를 상담하는 것은 다른 집단과 마찬가지로 복잡한 작업이다. 하지만 잠재적 성과는 무궁무진하다. 상담자들은 남성 내담자가 기대와 역할의 변화를 위한 생산적인 전략을 발전시키도록 도울 수 있다(Moore & Leafgren, 1990). 상담을 통해 남성은 새로운 기술을 배울 수 있는데, 이 기술은 "결혼생활에서의 의사소통, 건강과 관련된 스트레스 다루기, 직업 · 진로결정, 가족 상호작용"에 적용할 수 있다(Moore & Haverkamp, 1989, p. 516). 남성 내담자에게 적용할 수 있는 아주 효과적인 방법 중의 하나는 그들로 하여금 자신의 아버지를 인터뷰하게 하는 것이다. 일련의 구조화된 형식을 가지고 가족의 전통에 대해 개방형 질문을 하는 것은 남성 내담자들로 하여금 자신의 아버지를 좀 더 이해하게 함으로써 스스로에 대한 통찰을 갖게 한다. 이러한 가족에 대한 새로운 이해는 내담자가 가족에게 다르게 행동할 수 있게 만드는 촉매제 역할을 한다.

생/각/해/보/기

남성 내담자를 상담하는 것과 여성 내담자를 상담하는 것에는 수많은 차이가 있다. 당신이 반드시 알고 있어야 하는 부분은 어떤 점인가? 양쪽 성의 상담에서 공통된 특성은 무엇인가?

3. 상담과 성적 지향성

인정하든 그렇지 않든 사람은 누구나 자신만의 생활양식과 분명한 사회적, 성적 지향성을 가지고 있다. 미국 전체 인구의 5~10%는 게이 또는 레즈비언으로 불리는 동성애자다(Moursund & Kenny, 2002). 자신을 게이나 레즈비언으로 보고한 사람들은 전체 연령대에 인종 구분 없이 고루 분포하고 있다(Degges-White & Shoffner, 2002). 양성애자와 트랜스젠더의 수는 아직 집계되지 않고 있다.

하지만 이러한 성적 소수자들은 종종 편견을 가지고 받아들여지며 차별을 받기도 한다(Savage, Harley, & Nowak, 2005). 수많은 미신과 정형화된 생각이 오랜 세월 동안 쌓여 왔다. 예를 들어, 이 사람들은 아동 성추행자고, 같은 성을 가진 다른 사람과 관계는 맺지 않는다고 생각하기도 한다(Chen-Hayes, 1997). ACA 안의 Association for Gay, Lesbian, Bisexual and Transgender Issues(AGLBTIC; http://algbtic.org/)에서는 이 집단에 속하는 사람들의 여러 관심사들을 다루고 있다.

게이, 레즈비언, 양성애자, 트랜스젠더들이 겪는 어려움은 삶의 초기부터 시작된다. 이러한 아동들은 보통 사람들과 다른 형태의 삶을 지향하고자 할 때 자신의 정체성에 어려움을 겪으며 성장할 수 있다. 또한 가족과의 단절, 소외감, 낙인감, 또래관계의 어려움을 종종 겪는다(Marinoble, 1998). 많은 사람이 자주 놀림을 당하곤 한다. 때로는 상담자 중에서도 보통 사람들보다 이러한 성적 소수자들을 더 받아들이기 힘들어하는 사람들이 있다(Matthews, 2005). 이러한 불편감은 지난 세월의 잔재일 수 있는데, 1970년대까지만도, 즉 APA의 정신건강 분류체계인 DSM에서는 동성애를 장애로 분류하였다. Rudolph(1989)는 "동성애자와 양성애자의 심리치료의 요구에 부응하는 것은 역사적으로 많은 내담자와 상담자에게 불만족과 불편감으로 받아들여졌다"(p. 96)고 하였다.

주류 문화에서는 대부분이 이성애자가 아닌 사람들에 대하여 부정적으로 바라보고 있다. 이러한 대중적 관점이 독단적인 방향으로 강해질 때, 성적 소수자들은 정신건강에 나쁜 영향을 받고 그들의 성장은 심각하게 저해될 수 있다. 예를 들면, 진로 결정에서 게이들은 역할 모델이 부족한 탓에 주로 사회적으로 게이의 직업이라고 받아들이는 직업을 선택하게 된다(Hetherington, Hillerbrand, & Etringer, 1989). 이렇게 사회의 소수자들이 선입견에 얽매여 좋지 않게 보이면서 그들은 고통 속에서 지내게 되고, 결국 전체 문화에도 부정적인 영향을 미치게 된다.

게이, 레즈비언, 양성애자, 트랜스젠더 상담

게이, 레즈비언, 양성애자, 트랜스젠더의 삶의 형태는 다양하며, 따라서 그들이 상담에 가지고 오는 문제도 다양하다. 그러므로 상담에 가지고 오는 문제는 몇 가지의 특정 관심사로 분류될 수 있는 것이 아니다. 이 사람들도 다른 이성애자들과 마찬가지로 비슷한 문제들을 가지고 상담을 구하게 된다. 예를 들어, 2년간의 Lesbian Connection의 토론 포럼 분석에서 Erwin(2006)은 레즈비언의 중요한 관심 주제 다섯 개를 다음과 같이 정리하였다. "① 외로움, 안정, 노화, ② 자녀 문제, ③ 레즈비언 관계와 성적 문제, ④ 신체적, 정신적 건강, ⑤ 정치적 이슈들"(p. 99). 이 목록들은 보통 사람들의 고민 목록과 거의 비슷하다. 따라서 내담자의 문제가 무엇인지 듣기 전에는 문제를 추측하지 않는 것이 중요하다.

하지만 상담관계에서 서서히 표면화될지 모르는 게이, 레즈비언, 양성애자, 트랜스젠더만의 특정 이슈가 있다. 이러한 이슈에는 '커밍아웃(coming out)' 하는 것, 지역의 커뮤니티를 형성하는 것, 종교 지침을 따르는 것, AIDS와 그에 따른 관계에 대처하는 것들을 포함한다(House & Miller, 1997). 커밍아웃, 즉 자신이 게이, 레즈비언, 양성애자, 트랜스젠더라고 세상에 공표하는 것은 가족과 친구들로부터 분노와 같은 강렬한 감정을 불러일으킬 수 있으며 때로는 관계를 와해시키기도 한다. 같은 결과가 지역 내 성적 소수자 단체를 형성하거나 종교적 지침을 따르는 문제에서도 나타날 수 있다. 따라서 이러한 행동 전에 어떻게 말하고 행동할 것인지 미리 연습해 보는 것이 도움이 될 것이다. 사람들의 반응을 미리 스스로 말해 보는 식의 인지적 접근 또한 도움이 될 것이다.

게이들은 자신에게 붙어 있는 낙인감을 다루기 위해 특별한 도움이 필요할지도 모른다. "사회의 반응은 내재화된 동성애 혐오증을 가져올 수 있다. 죄책감과 두려움, 자기증오를 일으키고, 이는 삶의 다른 영역에도 악영향을 미칠 수 있다."(Granello, 2004, p. 59) 게이들이 어려움을 겪고 있는 외부 요인으로는 AIDS로 인해 친구와 가까운 사람을 잃는 것이다(Moursund & Kenny, 2002; Springer & Lease, 2000). 이런 상황에서 우울증과 외상후 스트레스 장애로 악화되지 않도록 애도상담이 필요하다.

Savage 등(2005)은 상담 대신 사회역량 강화 모델(social empowerment model: SEM)을 지지하는데, 그 이유는 그것이 자신이 속한 집단과 자신을 보호하기 위한 행동을 강화화기 때문이다. 이 모델에서 내담자들은 성적 지향성의 기원인 "명확하게 이해되지 않았고 완벽하게 이해되지 못했다"(p. 135)는 것을 알게 된다. 마찬가지로 레즈비언과 게이는 다양한 삶의 형태를 가지며 삶을 만족스럽고 충만하게 채워 나가는 법을 배우게 된다. 더욱이 레즈비언이나 게이가 되는 것은 정신병이 아니므로 상담자는 성적 지향성을 바꾸려고 하는 것이 아니라 그들의 걱정과 관심사를 다루는 것이 필요하다.

게이, 레즈비언, 양성애자, 트랜스젠더 내담자와 작업하는 것은 많은 현장에서 흔하지 않은 활동일 수 있지만 잘 수행되면 좋은 성과를 낼 수 있다. 소수집단에 속하는 성적 지향성을 지닌 내담자와의 상담 작업에서는 그들이 살고 있는 문화적 환경의 변화를 다루는 것도 필요하다(Carroll, Gilroy, & Ryan, 2002). 이를 위하여 어떻게 게이나 레즈비언, 다른 성적 소수자들의 삶을 도울 수 있을지 배울 수 있는 워크숍에 참석하는 것도 한 가지 방법이 될 수 있다(Granello, 2004).

생/각/해/보/기

성적 지향성은 여러 가지 면에서 강한 논쟁을 불러일으키는 주제다. 당신의 현재 관점은 어떠한가? 당신의 관점이 변화되었는지, 아니면 여전히 같은 관점을 가지고 있는지 설명해 보라.

4. 상담과 영성

"영성은 상담관계, 상담과정과 결과에 영향을 미치는 중요한 문화적 요소이자 대처방법으로 점차 인식되고 있다."(Harris et al., 2007, p. 4) Carl Jung, Victor Frankle, Abraham Maslow, Rollo May와 같은 권위자들 또한 상담에서 영성의 중요성을 강조하였다. 영성은 복잡하고 다차원적으로 이야기될 수 있다. "현재 영성에 대해서 일반적으로 받아들여지고 있는 정의는 없다."(Ganje-Fling & McCarthy, 1996, p. 253) 하지만 "영성은 초월성(transcendence), 자기실현(self-actualization), 목적과 의미(purpose and meaning), 일체감(wholeness), 균형(balance), 신성불가침(sacredness), 이타성(altruism), 절대권력에 대한 의식(a sense of a Higher Power) 같은 개념을 포함하고 있다"(Stanard, Sandhu, & Painter, 2000, p. 209). 따라서 영성은 그 개념에서 주로 개인적으로 독특하게 경험하는 일체감과 안녕감과 연결된 초월적인 영역으로 취급된다(Hinterkopf, 1998; Westgate, 1996).

상담에서는 영성의 중요성이 더욱더 강조되고 있는데, 영성은 도움이 필요한 사람, 건강을 유지하고자 하는 사람, 건강하게 늙어 가고자 하는 사람들의 안녕감에 중요한 역할을 한다(Burke & Miranti, 1995; Hudson, 1998; Snyder, 2005). 평균적으로 상담자를 찾는 많은 수의 사람들에게는 영성과 종교가 "자신의 인생에서 중요한 요소다"(Burke et al., 1999, p. 251). 갤럽 조사에 의하면, 응답자의 2/3가 자신과 동일한 신앙적 가치와 믿음을 가진 상담자를 선호한다고 나타났다(Young, Wiggins-Frame, & Cashwell, 2007, p. 47).

최근 "심리치료에서 종교와 영성과 관련된 연구가 많이 진행되고 있다"(Ottens & Klein, 2005, p. 32). 예를 들어, Ingersoll(1994)은 영성, 종교, 상담과 관련해서 개괄적으로 살펴보는 연구를 진행하였다. 저자는 영성을 정의하면서 그 중요성에 주목하고, 영성 설명 영역을 목록화하였다. 다음은 Ingersoll이 정의한 영성의 특징이다.

- 신에 대한 개념 또는 자신을 초월하는 강력한 힘에 대한 개념
- 의미
- 신과의 관계
- 신비스러움에 대한 열린 마음
- 명랑함
- 영성을 강화시키는 활동의 참여
- 삶을 통합시키는 힘으로 영성을 사용

대부분의 사람에게 영적 탐구는 본질적으로 발전적이다. 이는 현재의 문제를 벗어나 신과의 일체 같은 삶의 궁극적인 의미에 대한 적극적인 탐색과 관련되어 있다(Chandler, Holden, & Kolander, 1992; Kelly, 1995). Snyder(2005)는 개인의 스토리텔링을 통해 점점 나이가 들어 감에도 어떻게 지역 커뮤니티를 형성하는지와 동시에 영성을 획득할 수 있는지 살펴보았다. 저자는 나이 영역을 5년마다 나누고 어떻게 자신의 결정이 스스로의 운명을 변화시키고 의미 있는 삶으로 환원시킬 수 있는지를 표시하였다.

직간접적으로 상담에서 미국인의 영성에 대한 태도에 궁극적으로 영향을 준 세 가지 사건이 있다. 하나는 "알코올 중독자 치료모임(Alcoholics Anonymous: AA), 알코올 중독 가정 출신 성인 지원모임(Adult Children of Alcoholics), 다른 12단계 프로그램들을 통해 알려진 일상 속에 있는 영성이 될 것이다"(Butler, 1990, p. 30). 다른 것은 Scott Peck의 저서 『아직도 가야 할 길(*The Road Less Traveled*)』(1978)을 통해 제시되었던 전통적인 심리치료와 종교 사이의 간극을 메우는 역할로서의 영성이다. 마지막은 Bill Moyers가 인터뷰하고 Joseph Campbell이 출연했던 영화인데, 여기서 Campbell은 지금 현대에도 기능하고 있는 영성과 심리 탐구 자체에 대해 존경을 표현하였다(Butler, 1990, p. 30).

이 세 가지 사건에 영성이 어떠한 매력으로 영향을 미치는지 이유를 아는 것은 불가능하다. 하지만 ACA의 분과인 Association for Spirifual, Ethical, and Religious Values in Counseling(ASERVIC)에서는 상담에서 영성의 역할을 탐색하고 있다.

1995년에 ASERVIC는 'Summit on Sprituality'를 개최하고 상담 전문성에 여전히 영향을 미치고 있는 영성과 종교적 이슈에서 아홉 가지 상담자의 역량을 추출하였다(Young et

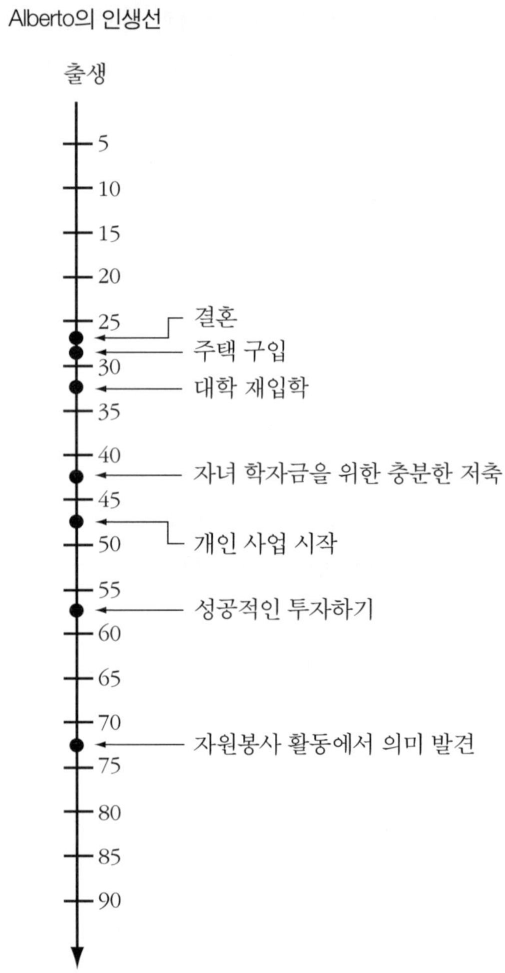

[그림 5-1] Alberto의 인생선

al., 2007). 다른 영역의 전문가와는 달리 상담자가 영적인 면을 가지는 것의 중요성을 강조하고 있다(Goud, 1990; Kottler, 1986). "상담자의 영적인 역량이 제안되고 전국에 적용되고 있으며 상담자 훈련 프로그램에 포함되기 시작하고 있다." (Myers & Truluck, 1998, p. 120) 상담 진행을 할 때 내담자의 영성과 종교를 살펴봄으로써 내담자 가치를 활용하고 있다(Aust, 1990; Goldberg, 1994).

Ingersoll(1994)은 특정한 영적인 관점을 가진 내담자와의 작업에 흥미를 느끼는 상담자는 다음의 사항들을 활용하는 것이 도움이 될 것이라고 하였다.

- 내담자 삶에 영성의 중요성을 확인하기
- 문제 해결에서 언어와 함께 형상화를 활용하는 것

- 내담자의 관점과 일치하는 치료방법의 도입
- 목사님, 신부님, 랍비 등 내담자 인생에 중요한 '치료자' 들과의 공동 작업

이러한 과정은 엄격하게 도덕적으로 실행되어야 할 뿐만 아니라 높은 수준의 문화적 민감성이 요구된다. 따라서 내담자의 종교에 대한 질문은 많은 상담 현장에서 초기 접수면접 시 조사되고 있다.

때로 영성은 도교나 기독교처럼 특정한 철학이나 종교적 믿음으로 외현적으로 나타나기도 하고 모호하게 눈에 띄지 않기도 한다. 상담자는 영성이 종교적인 믿음의 형태로 나타났을 때 내담자의 종교를 인정하고, 믿음의 긍정적인 측면을 최대한 활용하도록 내담자가 경험하고 있는 어려움과 연결시켜 가치와 작업한다. 상담에서 종교적인 문제를 다루는 상담자는 다원론자가 되거나(즉, 절대적인 종교적 존재가 있음을 인정하지만 다양한 해석과 거기에 다다를 수 있는 다양한 방법이 있음을 인정하는 사람) 구성주의자(즉, 신 또는 영적인 존재와 관련한 내담자의 관점을 인정하는 것)가 되어야 한다(Zinnbauer & Pargament, 2000, p. 167).

영성의 형태와 관계 없이 내담자의 삶에서 영적인 측면이 잘 활용될 수 있는데, 내담자가 자신을 가치 절하하기보다는 영성을 통하여 스스로를 인정할 수 있는 방법을 찾도록 도와주어야 한다. 예를 들어, 종교적 의례에 열성적으로 참여하는 내담자에게는 자신이 감사하고 있는 다섯 가지 항목을 적어 보도록 할 수 있다(Hudson, 1998). 이러한 과제는 내담자로 하여금 고통에서 잠시 떨어져서 그 순간의 다양한 측면을 보도록 돕는다. 내담자를 돕는 것과 함께 명상이나 기도 같은 영성의 형태는 상담자의 삶에도 도움이 되는 중요한 측면이다.

Kelly(1995)는 ACA에 소속된 상담자를 전국적으로 조사했는데, 응답자의 대부분이 자신의 인생에서 제도화된 종교 이상으로 영성의 중요성에 많은 가치를 부여하고 있었다. 많은 경우에 "상담자의 영성과 종교는 내담자의 영적이고 종교적인 문제를 조율하기 위한 기본적인 가치다"(Kelly, 1995, p. 43). 따라서 상담자는 내담자의 영성뿐만 아니라 자신의 영성에 대해서도 잘 알고 있어야 한다.

사례 불가지론자의 고통

불가지론자인 John은 5년 동안 상담자로 일하고 있다. John의 개인상담은 번창하고 있고, 그는 자신의 일에 만족하고 있다. John은 상담실 운영을 위해 다양한 주제에 대해서 상담을 해야 한다. 최근에 그의 상담실을 찾는 내담자의 수가 급감하였다. 그의 가장 최근 내담자인 Mag은 John에게 자신이 10대 이후로 모른 척하고 살아왔던 종교적인 측면에 대하여 50대가 되기 몇 달 전인 지금의 시점에서 탐색해 보고 싶다고 말하였다.

당신은 John에게 어떻게 하라고 조언해 줄 수 있을까? 그 이유는?

요약 및 결론

이 장은 서로 다른 연령대와 성, 성적 지향성, 영성을 가진 집단을 상담하는 데 초점을 맞추고 있다. 이 네 가지 영역은 내담자와 상담자에게 좋게든 나쁘게든 영향을 미치고 있다. 자신의 삶에 영향을 미치고 있는 이러한 영역에 관심을 가지고 탐색해 본다면 생산적인 통찰과 행동을 가져올 수 있다. 만약 이 네 가지 영역을 탐색하는 데 두려움이 있다면 아마도 억압될 수도 있고, 스트레스를 받을 수도 있고, 부적응으로 악화될 수도 있다.

노인상담에서는 나이 들어 간다는 것이 삶의 자연스러운 일부라는 것을 인식하는 것이 중요하다. 이는 흥분될 수도 있고 만족스러울 수도 있지만 두렵게 느껴질 수도 있다.

특정 집단을 상담할 때 상담자는 그 집단만이 가진 독특하고도 공통적인 관심사에 대해서 잘 알고 있을 필요가 있다. 또한 상담이론 적용에서도 어떤 부분이 한계가 있는지 또는 어떤 부분이 적합할지 잘 알고 있어야 한다. 많은 문화에서는 자기노출과 말하기를 꺼리는데, 특히 자신과 다른 문화를 가졌다고 생각되는 사람의 경우 더욱 이러한 말하기와 자기노출을 어려워한다. 마찬가지로 성과 성적 지향성은 자신의 감정과 나약함을 나타낸다고 여겨질 수 있는 요소다. 나이 듦과 영적 발전 또한 상담과정에서 중요한 역할을 한다. 노인들은 상담으로부터 혜택을 받고자 한다면 스스로의 정서를 표현하고 자신만의 독특한 방법으로 과거의 갈등을 해결하는 것이 필요하다. 마찬가지로 영적인 면에 많은 영향을 받는 사람은 전형적이지 않은 방법으로 문제를 해결하거나 다른 부분에 초점을 맞추려고 할지 모른다.

상담자는 스스로에게 자신의 내담자가 다른 사람과 어떻게 다른지, 어떤 공통점을 가졌는지에 대한 질문을 지속적으로 제기해야 한다. 집단 간 또는 집단 내의 차이점과 유사점은 무엇인가? 상담자는 개인의 이슈뿐만 아니라 보편적인 이슈에도 민감하게 지각하고 있어야 한다. 내담자가 상담자와 확연히 다르다고 생각될 경우, 추가적인 관심과 기술이 상담관계를 형성하고 발전시키기 위해 필요하다.

ADRESSING 모델은 상담에 영향을 미치는 복잡하고 다양한 요소를 체계적으로 정리한 모델이다(Hayes, 1996; 〈표 5-1〉 참고). 이 모델의 글자들은 "Age(연령, 세대 간 영향), Disability(장애), Religion(종교), Ethnicity(인종과 문화가 포함된 의미), Social status(사회적 위치), Sexual orientation(성적 지향성), Indigenous heritage(토착 유산), National origin(출신 국가), Gender(성별)" (p. 332)를 상징한다. 이 모델은 문화 간에 적용될 수 있는데, "소수집단과 관련한 다양성과 특정 문화의 전문 지식에 많은 가치를 부여한다" (p. 334).

〈표 5-1〉 ADRESSING 모델: 아홉 가지 문화 요소, 관련된 소수집단, 억압 형태

문화 요소	소수집단	편견
연령/세대	노인들	노인차별
장애	장애를 가진 사람들	______[a]
종교	종교적 소수자들	______[b]
인종	소수인종	인종주의
사회적 위치	하위 계층	계급주의
성적 지향성	성적 소수자들	이성애주의
토착 유산	원주민들	인종주의
출신 국가	난민들, 이민자들, 유학생들	인종주의와 식민주의
성별	여성	성차별주의

[a] 장애인에 대한 선입견과 차별.

[b] 반유대주의(유대인, 무슬림)를 포함한 종교적 편협성과 다른 종교적 소수자(불교, 힌두교, 모르몬교)에 대한 억압.

출처: Hayes (1996).

학습활동

1. 집단을 성별로 나누라. 남성은 전통적인 여성 역할, 여성은 반대 역할을 하게 하라. 진로와 결혼에 관한 결정을 하는 토론을 하고 의사결정 과정에서 느낀 점에 대해서 이야기하라. 만일 어떤 사람이 게이, 레즈비언, 양성애자, 트랜스젠더라면 어떻게 다르게 느꼈을지 토론하라.

2. 세 집단으로 나누어 상담에서 종교는 어떤 역할을 하는지를 집단 내에서 토의하라.

3. 다른 집단 구성원과 다음의 상황에 대해서 역할극을 해 보라. 당신이 65세라고 가정하라. 이 나이에 당신은 무엇을 하고 있는가? 무엇이 필요하고, 무엇을 기대하고 있는가? 상담자는 어떤 도움을 줄 수 있을까? 지금의 관점과 다른 점을 발견했는가? Ponzo(1978)의 조언을 참고로 나이를 고려하지 않고 개인에게 무엇이 필요할지에 대해서 토론하라.

4. 동성애자들이 직면하는 이성애자라면 겪지 않을 어려움은 무엇일지 생각해 보라. 집단원들과 특정 사례에 대해서 이야기해 보라.

5. 여성주의적 관점의 상담에 대해서 생각해 보라. 다른 접근 방식과 어떻게 다르고, 어떤 점이 같은가?

제2부

상담과정과 상담이론

제 6 장 … 상담관계 형성하기

제 7 장 … 상담관계에서 작업하기

제 8 장 … 상담관계 종결하기

제 9 장 … 정신분석 이론, Adler 이론, 인간주의 상담이론

제10장 … 행동주의 상담, 인지상담, 체계이론, 단기상담, 위기상담 이론

상담은 이론에 의해 설명될 수 있는 하나의 과정이다. 6~8장에서는 상담관계의 형성, 작업, 종결의 세 가지 주요 단계를 강조하여 다룰 것이다. 각 장에서는 각각의 단계와 관련된 보편적인 특징들과 문제들에 대해 설명할 것이다. 그 자신의 이론적인 바탕이 어떻든 간에 상담자들은 상담의 과정에 대해 명확하게 인식하고 있어야 한다.

9, 10장에서는 상담과정에서 이론이 갖는 중요성과 절충적인 상담의 유형에 대해 설명하고 간략하게 논의해 보고자 한다. 각 장에서는 상담자들에게 가장 널리 활용되고 있는 정신역동 이론, Adler 이론, 인간주의 이론, 행동주의 이론, 인지이론, 체계이론, 단기이론, 위기이론에 대해 다루어 볼 것이다. 각 이론은 주창자/개발자, 인간 본성에 대한 관점, 상담자의 역할, 목표, 기술, 강점과 기여도, 제한점과 같은 일곱 가지 요소를 통해 비교 및 검토해 볼 것이다.

제6장

상담관계 형성하기

1. 상담과정에 영향을 미치는 요소
2. 초기 상담의 유형
3. 첫 회기 진행
4. 탐색과 목표 확인

당신의 이야기는
황혼 무렵 나의 지붕에 후드득 떨어지는
시월의 차가운 빗방울처럼
나의 마음속을 강하게 파고듭니다.

우르릉 쾅쾅 강하게 내리치던 빗줄기가
맑고 잔잔한 빗방울로 변해 가는 가을 폭풍처럼
당신은 조금씩 변해 갑니다.

이 모든 과정을 통해
나는 지난날의 두려움과 혼란에 흠뻑 빠져들고 있는
당신의 모습을 봅니다.

당신이
당신의 요동치는 마음속에서 오랫동안 머물고 있는
검은 구름들을 걷어 나가는 동안
나는 그 어둠 속에서 잠잠히 당신을 지켜봅니다.

그리고…… 새로운 시작을 알리듯
당신의 얼굴에는 잔잔한 미소가 떠오릅니다.

– Gladding (1975)

상담과정은 서로 구분되는 몇 가지 단계를 통해 발전해 나간다. 첫 번째 단계에서는 상담관계를 형성하고, 내담자에게 직접적으로 영향을 미치고 있는 문제들을 탐색하는 데 초점을 맞추게 된다. 이 시기에는 두 번 정도의 힘겨루기가 발생할 수 있다(Napier & Whitaker, 1978). 첫 번째는 상담 구조화에 관한 힘겨루기로, 상담 일정, 비용, 참석과 같은 행정적인 문제가 포함될 수 있다. 두 번째는 변화의 동기나 내담자의 책임감과 관련된 자발성에 대한 힘겨루기다. 이 과정에서 상담자는 첫 번째 힘겨루기에서 자신이 승리하고, 두 번째 힘겨루기에서는 내담자가 승리하도록 하는 것이 매우 중요하다. 그렇지 못한 경우 상담은 너무 이른 시기에 종결되어 버리고, 상담자와 내담자 모두 이러한 경험에 대해 언짢은 기억을 갖게 될지도 모른다.

상담의 과정과 방향성에 영향을 미치는 또 다른 요소로는 물리적인 환경, 내담자의 배경, 상담자의 기술, 형성된 관계의 질 등이 있다. 이 장에서는 이 모든 요소와 더불어 첫 면담의 유형 및 탐색 단계에 대해서도 다룰 것이다. Carkhuff(1969, 2000), Daniel과 Ivey(2007)는 몇몇 상담 반응이 상담자–내담자 관계를 구축할 때 도움이 되는 이론적, 문화적인 부분에도 영향을 미칠 수 있다는 것을 입증하였다. 세부 기술(microskill)이라고도 알려진 이러한 상담 반응들로는 주의 집중, 격려, 반영, 경청과 같은 비이론적, 사회적 학습 행동 등이 포함된다. 이러한 기술에 숙달하게 되면 상담자들은 "문화적으로 적절한 방법으로 행동할 뿐 아니라 인생의 경험에서 긍정적인 것들을 찾아낼 수 있게 됨으로써" 내담자들과 보다 충분히 함께할 수 있게 될 것이다(Weinrach, 1987, p. 533). 따라서 이 장의 일부분은 이와 같은 세부 기술들에 초점을 맞추게 될 것이다.

1. 상담과정에 영향을 미치는 요소

좋든 나쁘든 다양한 요소가 상담과정에 영향을 미치게 되는데, 여기에서는 제시된 문제의 심각성, 구조화, 자발성, 물리적 환경, 내담자의 자질, 상담자의 자질 등과 같은 요소들에 대해 다루게 될 것이다.

제시된 문제의 심각성

상담은 내담자가 제시한 문제의 심각성에 영향을 받는다. 상담 초기에 내담자의 불안 수준과 치료과정 간에 상관관계가 있을 수 있다는 것을 뒷받침하는 연구 결과가 있다. 따라서 내담자들이 상담 초기에 더 낮은 수준의 고통을 호소한 경우에 비해 더 높은 수준의 고통을 호소한 경우 임상적으로 의미 있는 변화를 보이기 위해서는 더 많은 상담 회기가 진행되어야 한다(Leibert, 2006, p. 109).

또한 보통 내담자들은 치료 초기에 가장 많은 변화를 보이게 되는 데 비해, 이렇게 불안 수준이 심각하게 높은 사람의 경우에는 더 장기간의 치료를 받아야 효과가 있다는 연구 결과도 있다. 그뿐 아니라 정신분열증이나 반사회성 인격장애와 같은 증상을 보이는 경우, 전통적인 대화치료(talk therapies)를 통해서는 거의 변화를 보이지 않는다.

대체로 치료 초기에 보다 나은 모습을 보이는 내담자들은 최단 시간에 가장 많은 변화를 보이며, 장기적인 결과도 가장 좋은 것으로 나타나고 있다. Leibert(2006)가 요약한 연구에 따르면, "불안이나 우울로 진단받은 내담자의 50%는 8~13회기를 통해 변화를 보였으며, 85%는 주기적인 치료를 1년간 받은 후에 변화를 보였다" (p. 109).

구조화

때때로 내담자와 상담자는 상담의 목적과 본질에 대해 서로 다르게 지각한다. 흔히 내담자들은 상담과정에서 무엇을 기대해야 하는지, 어떻게 행동해야 하는지 모르는 경우가 많다. 상담자를 만난다는 것은 고통을 받고 있는 사람들이 취할 수 있는 최후의 수단인 경우가 많다. 어려움을 겪고 있는 사람들은 이미 친구들이나 가족, 성직자, 교사와 같이 보다 친근한 사람들에게 도움을 요청해 본 적이 있을 것이다(Hinson & Swanson, 1993). 그렇기 때문에 많은 내담자는 상담을 시작하면서 주저하거나 꺼리는 모습을 보인다. 어느 정도 상담이 구조화되는 경우에도 이러한 불확실성으로 인해 상담이 잘 진행되지 않을 수 있다(Ritchie, 1986). 상담에서 **구조화**란 "상담의 특성, 조건, 절차, 제한 범위 등에 대한 상담자와 내담자 간의 합의된 이해"라고 정의할 수 있다(Day & Sparacio, 1980. p. 246). 구조화는 상담자-내담자의 관계를 명확히 해 주고, 상담의 방향을 제시해 주며, 상담자와 내담자 모두의 권리, 역할, 의무를 보호해 주며, 상담의 성공을 보장해 준다(Brammer, Abrego, & Shostrom, 1993).

구조화를 하는 한 가지 방법은 내담자에게 상담에 관한 실제적인 지침을 제공하는 것이다. 예를 들어, 시간 제한(1회기는 50분간 진행됨), 행동 제한(파괴적인 행동을 예방하기 위함),

역할 제한(각각 참석자들에게 어떤 점들을 기대하는지 나눔), 절차상 제한(특정한 목표나 욕구를 달성하기 위해 내담자는 어떤 절차상 필요한 행동을 해야 할 책임을 지게 됨) 등을 제공할 수 있다. 또한 이러한 지침에는 수수료 지불 일정에 대한 정보와 내담자의 다른 중요한 관심사에 대한 것들이 포함될 수 있다. 일반적으로 구조화는 상담과정에 틀을 제공함으로써 상담의 발달을 촉진시킨다. 구조화는 그 자체로 치료적인 효과가 있다(Day & Sparacio, 1980. p. 246).

구조화는 상담의 모든 단계를 통해 제공될 수 있지만, 초기에는 특히 더 중요하다. Dorn (1984)은 "내담자들은 보통 행동적인 변화를 할 수 없는 상태이기 때문에 상담을 받기 원한다." (p. 342)라고 하였다. 즉, 내담자들은 곤경에 빠져 있고 행동 변화를 통제할 수 없는 상태에 있다고 할 수 있다. 상담자들은 내담자들이 자신의 삶에서 새로운 방향을 찾도록 돕기 위해서 건설적인 지침들을 제공하게 되는데 상담자 자신의 이론적 방향, 내담자의 성격, 다루어야 할 주요한 문제 범위에 따라 구조화를 하게 된다. 너무 과도한 구조화는 오히려 부족한 것만큼이나 해로울 수 있다(Welfel & Patterson, 2005). 따라서 상담자들은 융통성을 발휘해야 하고, 지속적으로 내담자들과 구조화의 본질에 대해 논의할 수 있어야 한다.

구조화의 중요성은 내담자들이 비현실적인 기대를 가지고 상담을 시작하려고 할 때 가장 두드러지게 나타난다(Welfel & Patterson, 2005). 그런 경우 상담자들은 재빨리 구조화를 해야 할 필요가 있다. 상담자가 선택할 수 있는 한 가지 방법은 상담과정뿐 아니라 상담자 자신의 성향, 기대, 책임, 방법, 윤리와 같은 세부적인 정보가 포함된 전문가 자격 설명서(professional disclosure statement)를 제공하는 것이다([그림 6-1] 참고).

생/각/해/보/기

당신의 삶에서 구조화가 도움이 된 때는 언제인가? 구조화가 되지 않은 경우와 달리 구조화는 어떤 면에서 당신에게 도움이 되었는가?

전문가 자격 설명서

Samuel T. Gladding, Ph.D.- 자격증 소지 전문 상담자

저를 상담자로 선택해 주셔서 감사합니다. 저의 전문적 배경과 임상적인 접근에 대해 설명해 드리고자 합니다.

전문적 배경

저는 웨이크포레스트 대학교에서 상담학 전공 문학석사(M.A.) 학위를 취득하였고, 예일 대학교 신학대학에서 종교학 전공으로 문학석사(M.A.) 학위를 취득하였으며, 노스캐롤라이나 대학교에서 상담심리학 전공, 친족 간 가족관계에 대한 논문으로 박사학위를 취득하였습니다. 또한 그린즈버러 소재 노스캐롤라이나 대학교(UNCG) 심리학과에서 18학기 동안 박사후 연구과정을 마쳤습니다. 이와 더불어 저는 공공정신보건 센터(노스캐롤라이나 주 로킹엄 카운티)와 사설치료 센터(앨라배마 주 버밍엄)에서 일한 경력이 있습니다. 또한 저는 코네티컷(페어필드 대학교), 앨라배마(버밍엄 소재 앨라배마 대학교), 노스캐롤라이나(웨이크포레스트 대학교) 등의 대학원 과정에서 상담을 가르친 경험이 있습니다.

저는 노스캐롤라이나 주 전문상담사자격증(#636)을 소지하고 있으며, 국가공인상담사(#334), 임상정신보건상담사 면허증(#351)을 소지하고 있습니다.

제공되는 상담 서비스

정신보건 분야의 전문 자격을 갖춘 상담자로서, 저는 온전한 인간(whole person)의 성장, 발달 그리고 건강에 관심을 가지고 있습니다. 저는 개개인의 독특함과 그들의 인생 여정을 존중합니다. 저의 의무는 당신의 삶에 치유와 온전함을 가져다주기 위하여 당신의 사고와 감정, 행동을 촉진시키고 힘을 불어넣는 것입니다. 저는 비록 순차적(sequential)이진 않지만, 1971년부터 외래, 유료 상담 서비스를 제공해 왔습니다. 저는 우울, 불안, 슬픔, 남용, 직업 탐색, 환경 적응, 인생 발달, 위기와 같은 분야의 고민을 가진 개인, 커플, 가족 그리고 집단과 함께 작업을 해 왔습니다.

상담을 통해 당신은 '도움을 주는 관계'라는 맥락에서 당신의 개인적, 정서적, 인지적, 행동적 그리고 정신적 복지와 성장에 대해 탐구해 보는 기회를 갖게 될 것입니다. 제가 앞으로 자주 탐색하고 다루게 될 당신의 상담 목표는 우리가 함께하는 작업에 방향을 제시해 줄 것이며, 제가 사용하는 치료적 접근에 영향을 미치게 될 것입니다. 제 상담 스타일은 인간중심, 게슈탈트, 실존주의, 가족체계 그리고 인지-행동 이론에 기반을 두고 있습니다. 몇몇의 상담적 변화는 쉽고 빠르게 이루어질 수도 있으나, 그 외의 변화는 느리고 신중하게 진행될 수도 있습니다. 이러한 후기의 변화가 나타나기 위해서는 당신이 상당히 주도적인 노력을 해 주어야 합니다. 이러한 노력에는 상담 회기 외의 시간에 독서, 자기성찰, 여행, 인지-행동적 과제 등을 수행하는 것이 포함될 수 있습니다.

상담 초기에 저는 구체적인 초기 치료 목표들을 설정하기 위하여 당신의 이야기를 주의 깊게 듣고 연구할 것입니다. 또한 상담과정 중에 전개되는 이러한 목표들을 평가하고 세부적으로 조율하기 위해 당신과 밀접하게 작업할 것입니다. 진행되는 회기 중 언제라도 우리는 어떻게 이러한 과정이 전개되고, 어느 부분을 수정할 필요가 있는지 재평가할 수 있습니다. 상담과정의 후반부에 당신은 우리가 함께한 작업을 반영할 수 있는 평가서를 받게 될 것입니다. 당신 스스로에 대해 깊이 있게 알게 되고 변화를 하게 된다는 것은 고통스러울 뿐 아니라 고무적이기까지 할 것입니다. 당신은 아마도 이 과정 중에 좌절, 슬픔, 불안, 죄책감, 분노를 포함하여 무궁무진한 생각과 감정을 경험하게 될 것입니다. 저는 당신의 상황과 관련한 진단을 내리게 될 것이며, 이것은 치료 기록의 일부가 될 것입니다.

직업 윤리

우리가 서로 존중하고 효과적인 상담을 하기 위해서는 비밀보장이 매우 중요합니다. 저는 상담 회기 외의 상황에서는 우리가 작업한 내용에 대해 논하지 않을 것입니다. 주(state)의 법뿐만 아니라 제가 속한 조직(American Counseling Association, National Board for Certified Counselors, North Carolina Board of Licensed Professional Counselors)의 윤리 원칙에는 다음의 두 가지 상황을 제외하고는 반드시 내담자의 비밀을 유지하도록 하고 있습니다. ① 당신이 자신이나 다른 사람에게 해를 끼치려는 의도를 가지고 있다고 생각될 때, ② 아동이나 노인이 과거부터 현재까지 혹은 앞으로 학대당하거나 방임될 위험성이 있다고 판단될 때. 매우 드문 경우이지만 법정에서 저에게 당신에 대한 정보를 요구할 수도 있습니다. 이러한 경우가 아니라면 저는 당신의 이력, 진단 또는 진행 사항에 대해 어떠한 정보도 노출하지 않을 것입니다. 저는 당신이 관련사항을 숙지하고, 정보 공개 양식에 서명을 하지 않는 한, 당신이 저에게 상담을 받은 적이 있다는 사실조차 인정하지 않을 것입니다. 당신의 보험과 관련하여 정보를 제공할 때에도 마찬가지로 이와 같은 정보 공개 양식에 서명이 되어 있어야 할 것입니다.

아무리 우리의 관계가 여러 방면에서 열정적이고 친밀하다 할지라도, 우리는 윤리적, 법적 규범에 따라 서로 사회적인 관계보다는 전문적인 관계를 유지해야만 합니다. 당신과 나의 관계와 상담 장면이 오로지 당신의 문제에만 집중되어 있을 때 당신은 최선의 서비스를 받을 수 있을 것입니다. 따라서 저는 어떠한 행사에 참석하거나 선물을 받지 않을 것이며, 상담 회기 내에 전문적인 관계 외에는 어떤 방법으로도 당신과 연관되지 않도록 할 것입니다.

상담기간

저는 American Counseling Association, National Board for Certified Counselors, North Carolina Board of Licensed Professional Counselors가 공인한 임상 규범과 일치하는 전문적인 방식으로 상담을 제공할 것입니다. 1회기는 50분간 진행될 것입니다. 우리는 상호 간 동의하에 상담 일정을 정하게 될 것입니다. 흔히 내담자들은 상담시간을 일정하게 정해 놓는 것을 선호합니다. 만약 당신이 상담 약속을 취소하고자 한다면 당신이 아프거나 응급 상황이 아닌 한 반드시 24시간 전에 연락을 해야 합니다. 이러한 예외의 경우가 아니라면 당신이 불참한 회기에 대해 수수료가 청구될 것입니다. 상담을 정해진 시간에 시작하고 마치기 위해 저는 모든 노력을 다할 것입니다. 이 점에 대해서는 우리 각자가 민첩하게 행동해야 할 책임이 있습니다.

상담 수수료 및 지불방법

첫 접수면접 수수료는 115달러이며, 이후에는 1회기당 95달러가 청구됩니다. 수수료는 매 회기가 시작될 때 개인 수표나 현금으로 지불이 가능합니다. 저희 사무실은 당신이 보험회사 제출용 혹은 기록 보관용으로 요청할 경우, 증명 서류(super bill)[1]를 제공해 드립니다. 어떤 보험사들은 상담 수수료를 지불하지만, 그렇지 않은 경우도 있습니다. 그런 경우에는 당신의 보험회사가 아닌 바로 당신이 위에 언급된 수수료를 지불할 책임이 있다는 것을 반드시 기억해 주시기 바랍니다.

항의 절차

당신이 우리의 작업 중 어떤 부분에서라도 불편한 점이 있었다면 즉시 알려 주셔서 우리가 더 나은 방법

---

1) 역자 주: 보험료 상환을 위해 임상의나 의료 전문가가 발급해 주는 일종의 서류. 환자 개인의 신상 정보 및 의사 이름, 면허 번호, 진단명, 제공된 치료방법, 내용, 비용, 서명 등이 기록된다.

에 대해 의논해 볼 수 있도록 해 주시기 바랍니다. 이러한 논의는 우리가 상담과정을 지속적으로 평가함에 있어 중요한 측면이 될 것입니다.

저 혹은 다른 상담자가 당신을 부당하거나 비윤리적으로 대했다고 느끼는 경우, 당신은 하단에 기재된 면허교부위원회 혹은 협회에 공식적으로 항의하실 수 있습니다.

North Carolina Board of Licensed Professional Counselors
PO BOX 2105
Raleigh, NC 27619-1005
919-661-0820

National Board for Certified Counselors
3 Terrace Way
Greensboro, NC 27403
336-547-0607

American Counseling Association
5999 Stevenson Avenue
Alexandria, VA 22304
1-800-347-6647

본 양식 2장에 오늘 날짜를 적으시고 서명해 주시기 바랍니다.
한 장은 당신에게 돌려드릴 것이며, 나머지 한 장은 제가 기밀서류로 소장하고 있겠습니다.

____________________	____________________
내담자/부모/보호자 서명	날짜
____________________	____________________
상담자 서명	날짜

[그림 6-1] 전문가 자격 설명서

자발성

자발성이란 변화의 동기로 생각할 수 있다. 대부분의 상담자와 상담이론은 내담자가 협조적일 것이라고 추정한다. 게다가 많은 내담자는 자발적으로 혹은 스스로 신청하는 방식으로 상담을 시작하기도 한다. 그들은 상담 중에 긴장감을 경험하거나 자신 또는 다른 사람들에 대한 불안을 느끼기도 하지만, 상담 회기 중에 기꺼이 열심히 참여한다. 그러나 어떤 내담자들은 상담 회기 중에 자신의 감정이나 의견에 대해 극도로 말을 잘 하지 않는다. Vriend와 Dyer(1973)는 상담자를 방문하는 대다수의 내담자가 어느 정도 좀 꺼리는 면이 있다고 생각했다. 자발성이 부족한 것처럼 보이는 내담자를 만나게 될 때, 상담자들은 그들과 무엇을 해야 할지, 어떻게 상담을 진행해야 할지 모르는 경우가 많다. 그렇기 때문에 어떤 상담자들은 이런 상황을 잘 받아들이지 못하거나 짜증을 내고, 심지어 그런 사람들과 작업하는 것을 포기할 수도 있다. 이러한 결과는 관계의 종결일 뿐 아니라 희생양을 양산하는 것(즉, 문제가 전적으로 그 사람의 잘못이 아닐 때 어떤 사람을 비난하는 것)일 수 있다. 많은 상담자는 상담이 성공적이지 못한 경우 자신이나 내담자를 비난하면서 끝을 맺는다. 만약 상담자가 이렇게 어려운 내담자들과 작업하면서 발생할 수 있는 역동에 대해 이해하고 있다면 이러한 맞대응은 발생할 필요가 없을 것이다. 예를 들어, 상담자 스스로 비자발적인 내담자라고 가정하고, 상담을 받으러 오는 것이 어떤 기분일지 상상해 보는 것도 한 가지 방법일 수 있다. 또한 역할전환 훈련을 해 보는 것도 상담자의 공감을 촉진시킬 수 있다.

비자발적 내담자란 제삼자에 의해 상담에 의뢰되었거나 혹은 도움을 구하고자 하는 동기부여가 되어 있지 않은 사람이다(Ritchie, 1986, p. 516). 학령기 아동들과 법정에서 상담에 의뢰한 내담자들이 비자발적 내담자의 좋은 예다. 그들은 상담을 받기 원하지 않으며, 스스로에 대해 이야기하고 싶어 하지 않는다. 비자발적인 내담자들 중 다수는 상담을 조기에 종결하며 상담과정이 불만족스러웠다고 보고한다.

사례 비자발적인 Rachel

Rachel은 학교 여자 화장실에서 마리화나를 피우다가 붙잡혔다. 그녀가 다니던 고등학교는 규율상 약물을 절대 허용하지 않았기 때문에 Rachel은 상담을 받을 때가지 정학 처분을 받게 되었다. Rachel은 격분했으나 학교에서 추천한 상담자와 약속을 잡을 수밖에 없었다. 그녀가 상담자에게 한 첫마디는 "선생님은 나를 여기에 오게 할 수 있을지 몰라도 내가 말하게 하진 못할 거예요." 였다.

당연히 처음 2회기 동안 Rachel은 거의 말을 하지 않았고 시무룩하게 행동했다. 그녀의 상담자인 Rose는 좌절감을 느꼈을 뿐 아니라 Rachel의 태도에 화가 났다. 따라서 Rose는 만약 Rachel이 3회기에 더 협조적으로 행동하지 않는다면 상담을 종결해야겠다고 결심했다.

화를 내는 것 외에 상담자는 Rachel의 삶과 상담과정에 변화를 주기 위해 무엇을 할 수 있겠는가? 당신의 생각과 앞으로 이 장에서 소개될 '비자발적이고 저항적인 내담자를 상담하는 일곱 가지 방법' 을 비교해 보자. 어떤 점이 당신의 생각과 일치하며 어떤 것이 그렇지 않은지 살펴보자.

상담과정에서 저항적인 내담자란 변화하는 것을 꺼리고, 변화의 준비가 되어 있지 않거나 그에 반대하는 사람이다(Otani, 1989; Ritchie, 1986). 이런 사람은 적극적으로 상담을 받으려고는 하지만 상담과정 중 요구되는 정서적인 고통이나 시각의 변화, 의식의 강화 등을 경험하려고 하지 않는다(Cowan & Presbury, 2000). 대신에 이러한 내담자들은 심지어 자신의 현재 행동이 비생산적이고 역기능적일 때도 그러한 행동의 확실성에 집착하는 면이 있다. 저항적인 내담자들 중 일부는 결정을 내리는 것을 거부하고, 문제를 피상적으로 다루려고 하며, 문제를 해결하기 위해 아무 행동이나 하기도 한다(즉, 상담자가 말하는 아무 행동이나 다 하려고 함). Sack(1988)에 의하면, "저항은 가장 공통적으로 '잘 모르겠다' 는 단순한 문장으로 표현된다"(p. 180). 이런 반응은 상담자가 다음 조치를 취하기 힘들게 하며, 내담자 스스로는 어떤 행동도 하지 않아도 되도록 보호막을 설치하는 역할을 한다.

Otani(1989)는 다음과 같이 저항의 네 가지 확장된 범주를 제시했다. "언어화된 양, 메시지의 내용, 의사소통 방식, 상담자와 상담 회기에 대한 태도."(p. 459) [그림 6-2]에는 네 가지 범주에 포함된 스물두 가지 저항 유형이 제시되어 있다.

상담자들은 내담자들이 자발성에 대한 힘겨루기에서 승리하고 상담과정에서 승리를 맛보도록 다방면으로 도울 수 있다. 한 가지 방법은 내담자가 보일 수 있는 분노, 좌절, 방어를 예상해 보는 것이다. 자신의 내담자 중 일부가 비자발적이거나 저항적일 수 있다는 것을 깨달은 상담자는 이러한 내담자들이나 그들의 행동에 놀라지 않을 수 있기 때문에 그들과의 작업을 지속할 수 있다.

자발성이 부족한 내담자를 다루는 두 번째 방법은 내담자에게 전반적으로 비판단적인 태도와 더불어 수용, 인내심, 이해를 보여 주는 것이다. 이러한 태도는 상호관계의 기본인 신뢰 형성을 촉진한다. 비판단적인 행동은 또한 내담자가 상담에 대한 자신의 생각이나 느낌을 더 잘 이해할 수 있도록 돕는다. 즉, 내담자는 이와 같은 수용을 경험함으로써 다른 사람들과 그들 자신 그리고 상담과정에 자신을 개방할 수 있게 된다.

자발성 힘겨루기에서 승리하기 위한 세 번째 방법은 상담자가 내담자를 설득하는 것이다(Kerr, Claiborn, & Dixon, 1982; Senour, 1982). 모든 상담자는 내담자에게 어느 정도 영향력을 미치며, 내담자 또한 상담자에게 영향을 미친다(Dorn, 1984; Strong, 1982). 상담자가 내담자에게 직간접적으로 반응하는 방식은 '내담자가 변화를 보이기 위해 자발적으로 상

저항의 네 가지 범주

범주 A: 반응의 양
- 정의: 내담자가 상담자와 의사소통하는 정보의 양을 제한함
- 형태: 침묵, 최소한의 대화, 장황하게 말을 늘어놓음

범주 B: 반응의 내용
- 정의: 내담자가 상담자와 의사소통하는 정보의 유형을 제한함
- 형태: 지적인 대화, 증상에 대한 몰두, 잡담, 정서 표현, 미래/과거에 대한 몰두, 수사의문문[2)]

범주 C: 반응 방식
- 정의: 내담자가 상담자와 정보를 교류하는 방식을 조종함
- 형태: 무시, 생각 검열/수정, 예측, 마지막 순간에 임박한 폭로, 한계 설정, 외재화, 상담자에게 초점을 맞추거나 상담자를 구슬림, 망각, 거짓 약속

범주 D: 실행 관리
- 정의: 내담자가 상담의 기본 규칙을 위반함
- 형태: 약속을 잘 지키지 않음, 지불 연기/거부, 사적인 부탁

[그림 6-2] 스물두 가지 저항 유형

출처: Otani (1989).

담 작업에 참여할지 그렇지 않을지' 에 매우 중요한 영향을 미친다. Roloff와 Miller(1980)는 상담자가 활용할 수 있는 두 가지 직접적인 설득 기술, 즉 '단계적 설득법(foot in the door)' 과 '양보적 설득법(door in the face)' 에 대해 언급하였다.

단계적 설득법이란 상담자가 내담자에게 아주 간단한 요청에 응하도록 한 후에 그보다 좀 더 큰 요청을 하는 것을 말한다. 예를 들어, 처음에는 "이번 한 주 동안 당신의 생각과 느낌에 대한 일기를 써 줄 수 있겠습니까?" 라고 요청해 본 후, 다음 주에는 "앞으로 당신의 생각과 느낌을 일기로 써 주었으면 합니다." 라고 요청하는 것이다. 양보적 설득법이란 상담자가 내담자에게 외견상 불가능해 보이는 요청을 한 후에 그보다 더 합리적인 요청을 하는 것이다. 예를 들어, 처음에는 "지금부터 다음 회기까지 매일 100명에게 간단히 말을 걸어 보길 바랍니다." 라고 요청한 후에 내담자가 거절하면 "이 과제를 당신이 부담스럽게 느끼는 것 같으니 매일 3명의 새로운 사람에게 간단히 '안녕' 이라고 인사를 해 보시기 바랍니다." 라고 요청하는 것이다.

2) 역자 주: 상대방의 답변을 기대해서 물어보는 것이 아니라 자신의 생각을 반어법으로 표현하는 것을 이른다.

생/각/해/보/기

사람들이 단계적 설득법이나 양보적 설득법을 사용하는 것을 본 적이 있는가? 당신도 이 기술을 사용할 수 있겠는가?

상담자가 내담자가 자발성을 획득하도록 도울 수 있는 네 번째 방법은 직면을 사용하는 것이다. 상담자는 내담자가 정확하게 무엇을 하고 있는지, 가령 내담자가 일관성 없이 행동한다는 것 등을 간단하게 언급해 주는 것이다. 가령 어떤 때는 자녀들이 잘못 행동한 것에 대해 혼을 내다가 또 어떤 때는 아이들이 하고 싶은 대로 행동하도록 그대로 놓아두는 부모가 있을 수 있다. 이 경우, 내담자는 직면에 대응해야 할 책임이 있다. 직면에 대응하는 세 가지 기본적인 방법은 그러한 행동을 부정하거나, 직면의 모든 또는 일부분을 사실로서 받아들이거나, 혹은 위의 두 가지 방법을 통합한 중도의 방법을 고안해 내는 것이다(Young, 2005). 특별히 이전에 노력했던 방법이 별로 효과가 없었을 때, 지금과는 다른 어떤 행동을 하거나 문제에 대한 새로운 인식을 갖게 되는 것이 직면의 이로운 측면이라고 할 수 있다.

상담자는 또한 언어, 특히 은유를 사용하여 내담자의 저항이나 꺼리는 마음을 누그러뜨릴 수 있다. "상담자는 은유를 사용하여 이야기를 해 주거나 그림을 그려 줄 수도 있고, 새로운 시각을 제공하거나 경직된 사고에 도전하고, 새로운 신념을 용인해 주거나 저항하는 내담자와 상담자 간에 흔히 존재하는 긴장을 극복하게 해 줌으로써 내담자의 경계 수준을 알려 주거나 감소시킬 수 있다."(James & Hazler, 1998. p. 122) 예를 들어, 상담자는 매번 같은 실수를 반복하는 내담자에게 "매번 싸울 때마다 심하게 두들겨 맞기만 하는 사람이 있다면 그는 어떻게 행동해야 할까요?"(p. 127)라고 말할 수 있을 것이다.

상담자가 상담을 꺼리고 저항하는 내담자뿐만 아니라 모든 내담자를 도와주고 상담관계를 강화할 수 있는 여섯 번째 방법은 "인간으로서 우리는 매우 중요하며, 우리는 주변 세상뿐 아니라 주변 사람들에게도 특별한 의미가 있다."는 것을 인식시켜 주는 것이다(Rayle, 2006). 다른 사람에 대한 자신의 영향력(mattering to others)은 직접적으로 개개인의 삶이나 관계에 영향을 미친다는 연구 결과도 있다.

마지막으로, Sack(1988)은 내담자의 저항을 극복하기 위한 방법으로 '침묵(또는 잠시 멈추기), 반영(또는 공감), 질의, 묘사, 평가, 흉내 내기, 상담자의 관점을 공유하기'와 같은 실용적인 기법들을 사용해 볼 것을 권장하였다. 이러한 기법들은 특히 상담자에게 "잘 모르겠는데요."라고 대답하는 사람들에게 더욱 도움이 될 수 있다. 물론 자신의 이론적 성향에 따라 공식적으로 저항을 인정하지 않는 경우도 있다(deShazer, 1984). 이러한 관점에서 변화는 불가피한 것이며, 내담자들은 협조적인 존재라고 생각한다. 변화가 발생하지 않는 이유는 '곤경에 빠진 내담자들이 그동안 자신을 괴롭혀 온 행동양식에서 탈피하기 위한 충분한 힘을 가지도록 도울 방법' 을 상담자가 아직 찾지 못했기 때문이라고 본다.

물리적 환경

상담은 거의 모든 장소에서 할 수 있지만 물리적 환경이 상담과정에 더 좋은 영향을 미칠 수 있다. 상담을 하는 장소는 상담과정에 영향을 미칠 수 있는 가장 중요한 요소라고 할 수 있다. Benjamin(1987)과 같이 상담을 텐트에서 실시하는 경우도 있었지만 대부분의 상담은 방에서 이루어진다. Benjamin은 "방이 압도적이거나 시끄럽거나 마음을 산란하게 하지만 않는다면 상담실이 갖추어야 할 일반적인 특징은 없다"(p. 3)고 하였다. Shertzer와 Stone(1980)은 "상담실이 안락하고 매력적이어야 한다"(p. 252)고 보았다. Erdman과 Lampe(1996)는 상담실의 어떤 특성으로 인해 상담실의 일반적인 외형이 더 돋보이게 되며, 아마도 내담자의 마음을 산란하게 하지 않음으로써 상담을 촉진시킬 것이라고 생각했다. 이러한 특징들로는 부드러운 조명, 차분한 색상, 잡동사니의 부재, 조화롭고 안락한 가구, 다양한 문화적 예술품 등이 있다. 나아가 그들은 자녀가 있는 가족과 상담하거나 가족들과 별도로 아동들을 상담할 때는 아동에게 적합한 크기의 가구들을 사용할 필요가 있다고 권고하였다.

물리적 환경과 상담에 대한 연구를 광범위하게 검토한 논문에서 Pressly와 Heesacker(2001, p. 156)는 공통적인 건축학적 요소 여덟 가지와 상담 회기에 미치는 그것들의 잠재적인 영향을 살펴보았다. 그들이 검토한 요소들과 연구 결과는 다음과 같다.

- 장신구(예: 미술품, 물건들, 식물): 사람들은 인물화나 도시생활, 추상적인 작품보다 문자 그대로 자연환경이 있는 작품을 선호한다. 사람들은 깨끗하고 식물이나 미술품이 있는 사무실을 더 안락하게 느낀다.
- 색상(예: 색깔, 명도, 광도): 밝은 색에서는 긍정적인 정서가, 어두운 색에서는 부정적인 정서가 연상된다.
- 가구, 방 디자인(예: 형태, 선, 색, 질감, 규모): 내담자들은 상담을 받을 때 상담자들이 선호하는 것보다 중간 정도의 간격과 보다 방어적인 가구 배치를 좋아한다.
- 조명(예: 인공적인, 자연스러운): 밝은 조명에서는 일반적인 대화를 하는 경향이 있는 반면, 보다 사적인 대화는 부드러운 조명에서 많이 하게 되는 경향이 있다. 자연광에

근접한 조명은 우울증의 종합적인 증상을 감소시키는 데 도움이 된다. (일본에서 80명의 대학생을 상대로 실험한 결과, Miwa와 Hanyu[2006]는 흐릿한 조명이 밝은 조명보다 더 즐겁고 편안한 감정을 양산하며, 상담자에 대해 보다 호의적인 인상을 갖도록 하고, 자기노출을 더 많이 하도록 한다는 점을 발견했다.)

- 향(예: 식물, 주변의 향, 일반적인 냄새): 불쾌한 냄새는 불행한 기억을 떠오르게 하는 반면, 향긋한 냄새는 행복한 기억을 떠오르게 한다. 음식이나 과일 냄새를 흡입한 경우, 내담자 자기보고 우울 증상이 나타났다.
- 음향(예: 소리의 세기, 빈도): 소리는 과업 수행을 향상시킬 수도 있고 감소시킬 수도 있다. 음악은 치유과정을 향상시키고, 근육 긴장, 혈압, 심장 박동 수, 고통 경험에 영향을 미칠 수 있다.
- 질감(예: 마루, 벽, 천장, 가구): 상담자들은 소리를 흡수할 뿐만 아니라 내담자가 사생활을 보장받고 있다는 느낌을 받을 수 있도록 마루나 벽, 천장, 가구 등의 표면을 부드럽고 질감을 살린 것으로 사용하는 것을 고려해 보아야 한다.
- 열환경(예: 온도, 상대습도, 공기 속도): 대부분의 사람은 20~26℃ 범위의 온도, 30~60% 범위의 상대습도에서 가장 편안함을 느낀다.

상담자와 내담자의 거리(공간적 특성 또는 공간학) 또한 상담관계에 영향을 미칠 수 있고, 이와 관련된 연구도 실시된 바 있다. 개인마다 다른 사람과의 상호작용에서 경험한 친근감은 각기 다를 수 있다.

그중에서도 친근감은 문화적 배경, 성, 관계의 본질에 영향을 받는다. 미국에서 남성, 여성 모두 편안함을 느끼는 상담자와 내담자 사이의 간격은 보통 75~100cm 정도인 것으로 나타났다(Haase, 1970). 이러한 적정 거리는 방의 크기와 가구 배치에 따라 다양해질 수 있다(Haase & DiMattia, 1976).

가구를 어떻게 배치할 것인지는 상담자에게 달려 있다. 어떤 상담자들은 상담을 하는 중에 책상 뒤에 앉는 것을 선호하지만, 대부분은 그렇지 않다. 일반적으로 상담자들이 책상을 선호하지 않는 이유는 상담관계가 발달하는 데 책상이 물리적, 상징적 장벽이 될 수 있기 때문이다. Benjamin(1987)은 상담실에 두 개의 의자를 놓고 그 근처에 탁자를 배치하는 방법을 제안했다. 의자는 서로 90도 각도로 놓아서 내담자들이 상담자를 볼 수도 있고, 정면을 바라볼 수도 있도록 해야 한다. 탁자는 티슈 상자를 올려놓는 것과 같은 다양한 용도로 사용될 수 있다. Benjamin의 아이디어는 절대적으로 그 자신의 방법이다. 각 상담자는 자신에게 적합한 물리적 배치방법을 찾아내야 한다.

상담실 내부 배치에 상관없이 상담자들은 상담 회기를 진행할 때 어떤 것에도 방해받지 않도록 해야 한다. 모든 전화기는 꺼 놓아야 하며, 필요한 경우에는 다른 사람들이 상담실에 들어오지 못하도록 '방해하지 마시오' 라는 팻말을 붙여 놓을 수도 있다. 상담자 윤리규정에 따라 내담자의 청각적, 시각적 사생활이 엄격하게 보호되어야 하며, 내담자의 자기노출 또한 최대한 보장되어야 한다.

내담자의 자질

상담관계는 첫인상으로 시작된다. 상담자와 내담자가 서로를 인지하는 방식은 생산적인 관계를 수립하는 데 필수적인 요소다. Warnath(1977)는 모든 내담자는 "체형, 신체 치수, 성격 특성, 매력 정도가 다 다를 수 있다."(p. 85)는 점을 지적했다. 어떤 내담자들은 다른 사람들에 비해 훨씬 더 성공적으로 상담을 받을 가능성이 있다.

전통적인 접근에서 가장 성공적인 내담자는 YAVIS, 즉 젊고(young), 매력적이고(attractive), 언어적 기술을 갖추고(verbal), 총명하고(intelligent), 성공적인(successful) 사람인 경향이 있다(Schofield, 1964). 보다 덜 성공적인 내담자는 HOUNDs, 즉 못생기고(homely), 나이 들고(old), 영리하지 못하고(unintelligent), 말이 서투르고(nonverbal), 빈곤한(disadvantaged) 사람이거나 또는 DUDs, 즉 말을 못하고(dumb), 영리하지 못하고(unintelligent), 빈곤한(disadvantaged) 사람인 경향이 있다(Allen, 1977). 이러한 두문자어들이 잔혹하긴 하나(Lichtenberg, 1986), 상담자들은 함께 일하는 사람들의 외모와 교양에 영향을 받는다. 상담자들 대부분은 그들이 생각하기에 변화 가능성이 있는 사람과 함께 작업하는 것을 가장 즐긴다.

사람들의 신체적 매력에 대해서는 수많은 고정관념이 존재하는데, 이러한 고정관념은 내담자에게도 일반화될 수 있다. 신체적인 매력은 건강함으로 인식되고, 다른 사람에 비해 더 긍정적인 반응을 이끌어 낼 수 있다. 예를 들어, Goldstein(1973)은 상담자들이 가장 매력적이라고 인식한 내담자들은 다른 내담자들에 비해 더 많이 이야기를 하고 더 자발적이라는 점을 발견했다. 필시 상담자들은 매력적인 내담자들과 관계를 더 잘 맺고, 격려를 더 많이 했다. 따라서 나이 들고 신체적 장애가 있는 내담자들은 상담 장면에서 '보이지는 않지만 강력한' 장벽을 경험하게 될 수 있다. Ponzo(1985)는 상담자들이 자신의 삶에서 신체적 매력의 중요성을 인식하기 시작했으며, 매력적인 내담자들과 작업할 때 자신의 행동 반응을 모니터링하기 시작했다고 보았다. 그렇지 않다면 고정관념들과 아직 밝혀지지 않은 추정들로 인해 "자기충족적인 예언을 이끌어 내게"(p. 485) 될 수도 있다.

내담자의 비언어적인 행동들 또한 매우 중요하다. 내담자들은 지속적으로 상담자에게 그들이 어떻게 생각하고 느끼고 있는지 비언어적인 메시지를 보낸다. Mehrabian(1971)과 동료들은 사람들이 선호/비선호를 다음과 같이 표현한다는 점을 발견했다.

> 선호도의 표현은 7%의 언어 표현, 38%의 목소리 표현, 55%의 얼굴 표현으로 구성된다. 얼굴 표현의 영향이 가장 강력하나 그다음은 목소리 톤(또는 목소리 표현)의 영향이 강력하고, 마지막으로 단어(말)의 영향력이 가장 적다. 만약 얼굴 표현이 말과 모순된다면 얼굴 표현의 영향력이 전체적인 메시지에 압도적인 영향을 미치며, 그 내용을 결정짓게 된다(p. 43).

따라서 모든 것이 괜찮다고 말하면서도 땅바닥을 쳐다보고 얼굴을 찡그리고 있는 내담자는 아마도 말과 반대의 상황에 처해 있을 수 있다. 상담자는 상담관계에서 내담자의 언어적 의사소통뿐 아니라 내담자의 신체 동작, 눈 맞춤, 얼굴 표정 등을 모두 잘 고려해야 한다. 또한 내담자의 신체언어를 평가할 때는 그 사람의 문화적 배경을 반드시 고려해야 하며 비언어적 메시지를 조심스럽게 해석해야 한다는 점을 유념해야 한다(Sielski, 1979).

상담자의 자질

상담자의 개인적, 전문가적 자질은 어떠한 조력 관계를 촉진시키는 데에도 매우 중요한 영향을 미친다. Okun과 Kantrowitz(2008)는 조력자의 기능 수준이나 양상 그리고 성격 특성은 밀접한 관계가 있기 때문에 서로 분리하기 힘들다고 보았다. 그들은 조력자가 반드시 갖춰야 할 다섯 가지 중요한 특징으로 자기인식, 정직성, 일치성, 의사소통 능력, 지식을 언급하였다.

지속적으로 자신의 자기인식 기술을 발전시켜 나가는 상담자들은 그들의 가치, 사고, 감정과 접촉한다. 그들은 그들 자신뿐 아니라 내담자의 욕구를 명확하게 인식하고 평가하고 있다고 할 수 있다. 이러한 인식을 가지고 있기 때문에 그들은 자신과 다른 사람들에게 정직할 수 있는 것이다. 그들은 일치성과 신뢰를 동시에 구축할 수 있다. 이러한 유형의 지식을 갖춘 상담자들은 더 명확하고 정확하게 의사소통을 하는 경향이 있다.

초기에 상담자를 더 영향력 있게 만드는 다른 세 가지 특성은 인식된 전문성, 매력, 신뢰성이다(Strong, 1968). 전문성은 상담자가 얼마나 지식을 갖추었고, 자신의 전문성을 잘 알려 주었는지에 대한 것이다. 사무실에 자신의 전문성을 잘 알릴 수 있는 자격증이나 학위증과 같은 증거물을 전시해 놓은 상담자들은 그렇지 않은 사람에 비해 더 신뢰를 받고 결과적으로 더 유능한 사람으로 인식될 수 있다(Loesch, 1984; Siegal & Sell, 1978). 내담자들은 보다 전문성을 갖춘 것처럼 보이는 상담자와 일하고 싶어 한다.

매력은 신체적 특성뿐 아니라 내담자가 상담자와 자신을 얼마나 유사하게 인식하는지에 영향을 받는다. 상담자들은 명확하고 간결하고 내담자가 알아 듣기 쉬운 문장으로 말하며, 적절한 자기노출을 함으로써 자신을 더 매력적으로 보이게 할 수 있다(Watkins & Schneider, 1989). 상담자가 내담자를 반기거나 눈 맞춤을 지속하는 태도 또한 매력 지수를 증가시킬 수 있다. 내담자에게 대답할 때 고개를 끄덕이거나 눈 맞춤을 하는 등 비언어적인 신호를 사용하는 상담자는 그렇지 않은 상담자에 비해 더 매력적으로 보인다(Claiborn, 1979; LaCross, 1975). 상담자의 복장 또한 영향을 미칠 수 있다(Hubble & Gelso, 1978). 상담자는 깨끗하고 단정하고 전문적인 복장을 갖추되 주의를 끌어서는 안 된다. 신체적 특징도 영향을 미친다. 통제된 조건하에서 이루어진 연구 결과, 내담자들은 매력적이지 않은 상담자에 비해 매력적인 상담자에게 자기노출을 더 하였다(Harris & Busby, 1998).

신뢰는 상담자의 성실성, 일관성과 관련되어 있다. 상담자는 진심으로 내담자에게 관심을 가지고 친밀한 관계를 구축함으로써 이러한 관심을 반복적으로 보여 줄 수 있다. "즉각적인 친밀함이나 신뢰라는 것은 있지도 않고 또 있을 수도 없다." (Patterson, 1985, p. 124) 친밀함과 신뢰는 보살핌과 배려 있는 행동을 통해 생겨나는 것이다. 대부분의 내담자는 상담자를 완벽하게 불신하지도 않고 상담자에게 맹목적인 신뢰를 보여 주지도 않는다. 그러나 Fong과 Cox(1983)에 따르면 많은 내담자는 정보를 요청하거나, 비밀을 말하거나, 부탁을 하거나, 상담자를 불편하게 하거나, 그들 스스로를 비난하거나, 상담자의 동기나 헌신에 대해 의구심을 가짐으로써 상담자의 신뢰성을 시험해 본다. 그러므로 상담관계를 촉진시키기 위하여 상담자는 반드시 내담자가 말하고 있는 '내용' 에 대한 반응을 보이기보다 '신뢰에 대한 질문' 에 반응해야 한다.

많은 초심자는 정말 중요한 내면의 문제를 다루기보다 표면에 노출되어 있는 사안을 다루는 실수를 저지르곤 한다. 예를 들어, 내담자가 상담자에게 "내가 어떤 말을 좀 해도 될까요?" 라고 묻는 경우, 초심자들은 아마도 "어떤 것이라는 것이 무슨 의미죠?" 라고 대답할 것이다. 경험이 풍부한 상담자라면 아마도 "그 말은 당신이 상담자나 이러한 상담관계를 정말 믿어도 될지 확신이 서지 않는다는 것처럼 들리는군요. 조금 더 자세히 말해 주시겠어요?"라고 말할 것이다. 어른들이 아이를 믿어 줄 때처럼 일단 아이들이 언어적 혹은 비언어적 수준에서 자기 자신을 자유롭게 표현할 수 있게 해 주고, 먼저 들어 주는 것 같이 상담자도 반응을 하기 전에 일단 들어 주어야 한다(Erdman & Lampe, 1996).

사례 Brigit의 실패

48세의 Brigit은 얼굴에 얽은 자국이 있고 빼드렁니가 난데다 교육도 제대로 받지 못했다. 대부분의 사람이 그녀를 피하려고 하였고, 설상가상으로 그녀는 내향적인데다 외로움을 느끼고 있었다. 주말 내내 그녀의 가장 친한 친구는 TV였다. 그래서 여동생이 상담을 받아 보라고 했을 때, 그녀는 '나는 더 이상 잃을 게 없어.'라고 생각하고 동의했다. 그러나 그녀는 시작부터 어려움에 봉착했다. Brigit의 상담자인 Channel은 Brigit의 형편없는 외모가 전염성이라도 있는 것처럼 행동했고, Brigit에게서 거리를 두려는 것처럼 보였으며, Brigit이 외향적이지 않은 점에 대해 그녀를 비난했다. Brigit은 몹시 화가 났고, 이러한 상황에 대해 무엇이라도 하기로 결심했다.

2회기 동안, Brigit은 자신이 거절당한 것처럼 느끼게 한 Channel의 특정한 행동을 지적했다. Channel은 당황했고, Brigit이 지적한 모든 행동을 인정했지만 그런 후에 다시 미묘한 방법으로 Brigit을 비난했다.

이 상황에서 Brigit이 할 수 있는 행동은 무엇일까? 당신이라면 Channel에게 그녀가 자신의 실수를 바로잡고 상담을 더 생산적으로 진행하도록 조언을 해 줄 수 있을까?

2. 초기 상담의 유형

상담과정은 첫 회기와 함께 시작된다. Levine(1983)은 "상담의 목표는 시간에 따라 변화하며, 상담관계의 친밀성이나 효과성에 따라 변화한다."(p. 431)는 점을 이 분야의 권위자들이 주시했다는 것을 지적하였다. 얼마나 많은 변화가 생길까, 혹은 정말 2회기는 보통 1회기의 결과에 영향을 받는 걸일까.

1회기에 상담자와 내담자는 그들이 이 관계를 원하는지 혹은 지속할 수 있는지 결정하는 작업을 하게 된다. 상담자들은 솔직하고 개방적인 태도와 적절한 맞대면을 통해 내담자의 문제를 자신이 다루고 감당할 수 있는지 재빨리 평가해 보아야 한다(Okun & Kantrowitz, 2008). 또한 내담자들은 상담관계에 들어서기 전에 그들이 상담자를 신뢰할 수 있는지, 편안하게 느끼는지 스스로에게 진심으로 물어보아야 한다.

내담자 대 상담자 착수형 상담

Benjamin(1987)은 첫 회기를 내담자에 의해 시작된 것과 상담자에 의해 시작된 것의 두 가지 유형으로 구분했다. 첫 회기가 내담자의 요청에 의해 시작되었을 때, 상담자는 흔히 내담자의 목적을 확실히 알지 못한다. 이러한 불확실성은 상담자에게 불안을 유발할 수 있는데, 첫 회기 전에 내담자의 배경 정보가 수집되지 못한 경우는 특히 그렇다. Benjamin(1987)은 상담자가 내담자가 하는 말을 가능한 한 열심히 주의 깊게 들음으로써 이러한 불안감을 극복해야 한다고 조언했다. 이러한 상황에서 상담자는 일반적인 상담에서와 마찬가지로 "자신의 감정 상태에서 벗어나 상대방에게 온전히 집중해야 한다"(Nichols, 1998, p. 1). 상담 회기를 시작하기 위한 공식은 없다. 누군가에게 도움을 주기 위한 면담은 과학이자 예술이라고 할 수 있으며, 모든 상담자는 경험, 자극, 반영을 기초로 하나의 양식을 만들어 내야 한다. 내담자가 전통적인 단어 의미 그대로의 문제를 가지고 있지 않고 단지 정보를 구하는 것일 수도 있기 때문에, 상담자는 처음부터 어떤 문제에 대해 묻지 말고 신중해야 한다.

첫 회기가 상담자에 의해 시작되었을 때, Benjamin(1987)은 상담자가 내담자를 보길 원하는 이유를 즉시 언급해야 한다고 믿었다. 예컨대, 학교 상담자의 경우는 요청에 의해 상담이 시작되었을 수 있는데, 이때 상담자는 반드시 내담자에게 자신에 대한 소개를 해야 한다. 만약 상담자가 상담을 요청한 이유를 바로 이야기해 주지 않는다면 내담자는 계속 추측을 하게 되고 더 긴장을 하게 될 것이다.

Welfel과 Patterson(2005)은 모든 내담자가 사전 준비와 관계없이 어느 정도의 불안과 저항감을 가지고 상담을 시작한다고 생각했다. Benjamin(1987)은 대부분의 상담자 또한 첫 회기를 진행할 때 어느 정도 두려워하거나 머뭇거리게 된다는 가설을 세웠다. 내담자나 상담자들이 모두 느끼는 이러한 불확실한 느낌은 유혹이나 공격과 같은 행동을 유발할 수도 있다(Watkins, 1983). 상담자들은 내담자와 정보를 교환함으로써 이러한 일이 발생하는 것을 예방할 수 있다. Manthei(1983)는 상담자들이 시각적, 청각적, 서면, 대화 및 묘사적 방법으로 스스로에 대해 설명하는 것이 좋다고 보았다. 스스로에 대해 설명하는 것은 어려울 수 있지만 훌륭한 상담자-내담자 관계를 형성할 수 있다는 점에서 충분히 가치가 있다. 전반적으로 조기에 정보를 교환하게 되면 내담자와 상담자가 의미 있는 선택을 하게 하고,

상담과정에 더 충분히 참여하게 될 가능성이 커진다.

정보 지향적인 첫 회기

Cormier와 Hackney(2007)는 첫 상담 회기가 두 가지 기능을 수행할 수 있다고 보았다. 즉, 내담자에 대해 필요한 정보를 수집하는 접수 면접이 될 수도 있고, 관계의 시작을 암시할 수도 있다. 각각이 강조하는 기술은 다를 수 있지만, 둘 중 어떤 유형의 인터뷰도 적절하며, 어떤 과업의 경우에는 두 가지 유형에 모두 공통적으로 적용될 수도 있다.

만약 첫 회기의 목적이 정보를 수집하는 것이라면, 회기의 구조는 상담자에게 초점이 맞춰질 것이다. 상담자는 내담자가 어떤 주제에 대해 이야기하기를 원할 것이다. 상담자는 대개 조사문(probe), 강조(accent), 폐쇄형 질문(closed question), 설명 요청(requests of clarification)을 사용하여 내담자에게 반응할 것이다(Cormier & Hackney, 2007). 이러한 반응은 끌어낼 수 있는 사실을 목표로 한다.

조사문은 흔히 '누가, 무엇을, 언제 또는 어떻게' 로 시작되는 문장이다. 조사문은 "당신은 직업을 얻기 위해 무슨 계획을 세우고 있습니까?" 와 같이 한 단어 또는 두 단어 이상의 대답을 요구한다. 조사문들 중에 '왜' 로 시작되는 문장은 거의 없는데, 그것은 보통 못마땅한 감정을 내포하고 있기 때문에 내담자를 방어적으로 만들고(예: 왜 그렇게 했나요?) 대답을 잘 이끌어 내지 못한다(Benjamin, 1987).

강조는 내담자가 한 말의 마지막 몇 단어를 강조하는 것이다. 예를 들면 다음과 같다.

내담자: 제가 지금 처한 상황은 저를 미치게 해요!

상담자: 미치게 한다고요?

폐쇄형 질문이란 '예' '아니오' 를 요구하는, 제한적이고 정해진 대답만을 이끌어 내는 질문이다.

상담자: 다른 사람들이랑 만난 거 재미있었어요?

내담자: 예.

폐쇄형 질문은 단시간에 많은 양의 정보를 이끌어 낼 수 있는 꽤 효과적인 방법이다. 그러나 이 질문은 상담에 도움이 되는 상세한 답변을 이끌어 내지는 못한다.

폐쇄형 질문의 반대는 개방형 질문인데, 전형적으로 '무엇을, 어떻게 또는 혹시' 로 시작되고, 내담자가 더 자유롭게 반응할 수 있도록 하는 문장이다. 예를 들어, 내담자에게 "이것이 어떻게 당신에게 영향을 미쳤습니까?" "혹시 저에게 더 많은 정보를 줄 수 있겠습니까?" "더 자세히 이야기해 주세요."라고 이야기할 수 있다. 폐쇄형 질문과 개방형 질문의 가장 중요한 차이점은 질문이 내담자로 하여금 더 많은 이야기를 하도록 하는지의 여부라고 할 수 있다(Galvin & Ivey, 1981, p. 539). 이것은 해당 사실을 선택하게 하는 선다형 질문과 그보다 더 깊은 수준의 이해와 탐색을 필요로 하는 주관식 질문의 차이와 같다고 할 수 있다.

마지막으로, **설명 요청**은 내담자가 말한 것을 상담자 스스로 잘 이해하고 있는지 확인하기 위해 사용하는 반응이라고 할 수 있다. 상담자가 설명을 요청한 경우, 내담자는 방금 한 이야기를 반복해서 말하거나 더 정교하게 풀어서 이야기하게 된다. 예를 들어, 상담자는 "이 관계에 대해 제가 더 잘 이해할 수 있도록 도와주시기 바랍니다."라고 하거나 "저는 그 둘이 어떤 관계인지 잘 모르겠군요."라고 말할 수 있다.

상담자들은 정보 지향적인 첫 회기에서 몇 가지 사실을 얻어 가길 원한다. 그들은 흔히 이러한 정보가 심리적, 직업적 또는 심리사회적 평가의 일부분으로 사용될 수 있을 것이라고 생각한다. 의료, 정신건강, 교정, 재활, 사회사업 기관에 종사하는 상담자들이 특히 이러한 유형의 면담을 하는 경우가 많다. Cormier와 Hackney(2008)는 상담자들이 첫 회기에서 수집하는 정보들을 다음과 같이 개략적으로 기술하였다([그림 6-3] 참고).

I. 정보 확인

A. 내담자의 이름, 주소, 연락 가능한 전화번호: 이 정보들은 상담자가 각 회기와 회기 사이에 내담자에게 연락을 취해야 할 때 매우 중요한 자료가 된다. 내담자의 주소 또한 내담자가 어떤 환경에서 살고 있는지에 대한 약간의 힌트를 제공해 줄 수 있다(예: 대형 아파트, 학생 기숙사, 개인 주택 등).

B. 나이, 성별, 결혼 유무, 직업(또는 학년, 반): 이 정보 또한 중요할 수 있다. 이 정보를 통해 내담자가 여전히 법률적으로 미성년자인지 알 수 있고, 이후 상담 회기에서 드러나게 될 정보를 이해하는 근거가 될 수 있다.

II. 일차적, 이차적 문제 제시

내담자가 보고하는 방식 그대로 기록되는 것이 가장 좋다. 만약 문제에 행동적인 요소들이 있다면 그 또한 기록해야 한다. 이러한 종류의 정보를 밝혀내는 데 도움이 되는 질문들은 다음과 같다.

A. 그 문제가 내담자의 일상적인 기능에 얼마나 많은 지장을 주는가?

B. 그 문제가 어떤 식으로 드러나는가? 그 문제와 관련된 사고, 느낌 등은 어떠한가? 그것과 관련된 행동 중 관찰 가능한 행동에는 어떤 것이 있는가?

C. 얼마나 자주 그 문제가 발생하는가? 얼마나 오랫동안 문제가 지속되었는가?

D. 내담자가 그 문제를 둘러싼 사건의 양상을 식별해 낼 수 있는가? 언제 그런 일이 발생하는가? 누구와

함께 있을 때? 이 사건이 발생하기 전후로 어떤 일이 일어났는가?

E. 이때 내담자가 상담을 받기로 결심한 이유는 무엇인가?

Ⅲ. 내담자의 현재 삶의 환경

내담자는 보통 하루, 일주일을 어떻게 보내는가? 사회적 · 종교적 활동, 여가 활동 등을 하고 있는가? 내담자의 직업적, 교육적 상황은 어떠한가?

Ⅳ. 가족력

A. 아버지, 어머니의 나이, 직업, 부모님 성격에 대한 묘사, 부모님의 부부관계, 내담자, 다른 형제들과 부모님과의 관계

B. 이름, 나이, 형제자매 순서, 내담자와 형제자매 간의 관계

C. 가족 내에 정신장애력이 있는가?

D. 이직 횟수, 이사 횟수와 같은 가족 안정성에 대한 묘사(이 정보는 이후 상담 회기에서 내담자의 안정성이나 관계와 관련된 문제가 부각되었을 때 통찰력을 제공해 줄 수 있다.)

Ⅴ. 개인력

A. 병력: 태아기부터 현재까지 어떤 특이한 또는 유의미한 질환이나 부상을 입은 적이 있는가?

B. 교육력: 초등학교, 고등학교, 고등학교 이상의 학력 등 학력사항. 과외의 흥미나 또래와의 관계도 포함

C. 군복무 기록

D. 이력: 내담자가 어디서 일했는지, 직업 유형, 지속기간, 직장 동료와의 관계는 어땠는가?

E. 성 · 결혼 관련 내력: 어디서 성적 정보를 얻게 되었는가? 내담자의 데이트 전력? 약혼 또는 결혼? 과거에 다른 심각한 연애 경험이 있었는가? 이전 관계가 종결된 이유는? 현재 배우자와의 교제기간은 어땠는가? 배우자의 성격, 개인적 생각 등 배우자와 결혼에 이르게 된 이유는? 결혼 이후로 배우자와의 관계는 어떠했는가? 자녀가 있는가?

F. 어떤 경험으로 인해 상담을 시작하게 되었고, 이 경험에 내담자가 어떻게 반응했는가?

G. 개인적인 인생의 목표는 무엇인가?

Ⅵ. 면담 중 내담자의 행동 묘사

내담자의 옷, 자세, 몸짓, 얼굴 표현, 음색, 긴장 등, 상담 회기 중에 내담자가 상담자와 어떤 식으로 관계를 맺고 싶어 하는 것처럼 보였는지, 내담자의 반응 준비도, 동기, 따뜻함, 거리, 수동성 등에 대한 기록을 남기고 싶을 수도 있다(상담자의 관찰 기록). 내담자가 나타낸 정보, 어휘, 판단, 추출 능력의 일반적인 수준은 어땠는가? 사고의 흐름, 균형, 말하는 속도는 어땠는가? 내담자의 발언은 논리적이었는가? 서로 연관이 있었는가?

Ⅶ. 요약, 권고사항

이 부분에서 상담자는 내담자가 문제에 대해 진술한 내용과 이 회기에서 수집된 다른 정보 간에 어떤 연관성이 있을 수도 있다는 것을 인정하고 싶을 수도 있다. 이 내담자에게는 어떤 유형의 상담자가 제일 적합할 것이라고 생각하는가? 만약 당신이 이 내담자의 상담자가 된다면 당신의 어떤 특성이 특별히 더 도

움이 될 것이라고 생각하는가? 어떤 부분이 특히 도움이 되지 않을 것이라고 생각하는가? 내담자의 상담 목표는 어느 정도 현실적인가? 상담이 얼마나 지속될 수 있을 것이라고 생각하는가?

[그림 6-3] 정보 지향적인 첫 회기

출처: Cormier & Hackney (2008).

관계 지향적인 첫 회기

감정이나 관계 역동에 초점을 맞춘 회기는 정보 지향적인 첫 회기와 현저하게 다르다. 이 경우 내담자의 태도나 정서에 훨씬 더 집중하게 된다. 보통 상담자는 재진술, 감정의 반영, 감정의 요약, 설명 요청, 비언어적 행동에 대한 인정 등을 포함한 반응을 한다(Cormier & Hackney, 2008).

재진술(restatement)은 상담자가 내담자의 말을 적극적으로 듣고 있다는 것을 내담자가 알 수 있도록 내담자가 한 말을 거울과 같이 그대로 반영해 주는 것이다. 재진술만을 사용하는 것은 아무 소용이 없으며 효과적이지도 않다.

내담자: 저는 제가 적당한 짝을 찾게 될 수나 있을지 확신할 수가 없어요. 제 직업 때문에 저는 항상 장기간 여행을 해야 하고 고립되어서 살고 있거든요.

상담자: 당신은 당신 직업의 본질상 배우자를 찾게 될 수 있을지 잘 모르겠다고 생각하고 있군요.

감정의 반영(reflection of feeling)은 재진술과 유사하지만 언어적, 비언어적 표현을 다룬다. 반영은 몇 가지 수준으로 구분될 수 있으며, 각 수준에 따라 전달되는 공감의 정도가 다를 수 있다. 예를 들어, 상담자는 부모를 잃고 흐느껴 울고 있는 내담자에게 다음과 같이 반응할 수 있다. "당신은 여전히 진정으로 고통의 감정을 느끼고 있군요."

감정의 요약(summary of feeling)은 내담자가 전달한 수많은 감정을 다른 말로 바꾸어 표현하는 행동이다. 예를 들어, 상담자는 내담자에게 다음과 같이 말할 수 있다. "만약 내가 당신을 제대로 이해하고 있다면, 당신은 당신 아버지의 죽음으로 인해 우울함을 느끼고 있고, 친구들이 당신이 슬픔을 극복할 수 있도록 도와주지 않은 것에 대해 낙담하고 있군요. 게다가 당신은 당신의 일을 매우 지루하게 느끼고 있으며, 당신의 부인에게서 정서적인 거리감을 느끼고 있군요."

비언어적 행동의 인정(acknowledgement of nonverbal behavior)은 앞선 예들과 다르다. 예를 들어, 상담자는 내담자에게 "나는 당신이 가슴에 팔짱을 끼고 있고 바닥을 보고 있다는 것에 주목하고 있습니다."라고 말할 수 있다. 이런 종류의 반응이 행동의 의미를 해석하는 것은 아니다.

3. 첫 회기 진행

첫 회기를 시작할 수 있는 장소가 정해진 것은 아니지만 전문가들은 상담을 시작할 때 내담자가 편안하게 느낄 수 있도록 노력할 것을 권유하고 있다(Cormier & Hackney, 2008). 상담자들은 자신의 현안은 별도로 제쳐 두고, 내담자의 이야기와 내담자가 제시한 문제를 포함하여 '내담자' 에게 초점을 두어야 한다(Myers, 2000; Wilcox-Matthew et al., 1997). 이렇게 내담자에게 순수한 관심을 가지고 내담자를 받아들이는 것과 같은 유형의 행동을 라포라고 한다.

Ivey와 Ivey(2007)는 라포를 형성하는 가장 중요한 두 가지 세부 기술로 기본적인 참여 행동과 내담자 관찰 기술을 제시하였다. 상담자는 내담자가 어떤 생각을 하고, 어떻게 느끼고 있으며, 어떻게 행동하는지를 잘 알아야 할 필요가 있다. 이 과정에서 "내담자의 은유적 표현에 대한 상담자의 민감성은 내담자의 독특한 방법을 상담자가 이해하고 있다는 것을 전달할 뿐 아니라, 내담자와 상담자 간 언어의 공유, 공동의 유대관계 발전에 기여할 수 있다"(Lyddon, Clay, & Sparks, 2001, p. 270). 예를 들어, 어떤 내담자는 스스로에 대해 묘사할 때 '다른 사람들이 과거의 잔재로 취급하는 사람' 이라고 표현할 수 있다. 이러한 은유는 내담자와 상담자 모두에게 '내담자가 blue plate special[3]처럼 보이길 원한다는 것' 과 같이 내담자의 내면에 흐르는 생각과 행동에 대한 정보를 제공해 준다. 이와 관계없이 라포를 형성하고 유지하는 것은 정보 공개, 변화의 시작, 상담의 궁극적인 성공에 필수적인 요소라고 할 수 있다.

라포를 형성하기 위한 한 가지 방법으로 상담자는 '내담자가 도움을 구하게 된 이유' 에 초점을 맞출 수 있다. 이렇게 강제적이지 않은 방법으로 내담자가 이야기를 하도록 하는 방법을 잠긴 문을 여는 기술(door openers)이라고 부르며, 이와 반대로 판단적이거나 평가적인 반응을 보이는 것을 문을 서서히 닫히게 하는 기술(door closers)이라고 부른다(Bolton, 1979). 잠긴 문을 열기 위한 적절한 표현으로는 "어떤 일로 인해 상담을 시작하게 되셨나요?" "어떤 이야기를 하고 싶으신가요?" "많이 고통스러워 보이는군요. 저에게 그 부분에 대해 이야기해 주세요."와 같은 질문이나 관찰이 포함된다. 이렇게 비구조화되어 있고 개

3) 역자 주: 레스토랑에서 매일 다르게 제공되는 값싼 음식. 접시 하나에 고기와 세 가지 종류의 채소가 제공된다.

방적인 질문을 통해 내담자가 자발성을 갖도록 할 수 있다(Cormier & Hackney, 2007; Young, 1998). 이 경우, 내담자들은 가장 우선적인 주제에 대해 이야기하는 경향이 있다.

내담자가 참여한 이야기의 양, 첫 회기에서 얻을 수 있는 통찰력이나 혜택은 상담자의 적절한 공감, 격려, 지지, 보살핌, 주의, 수용, 진실함에 의해 강화될 수 있다. 이러한 모든 자질 중에 공감이 가장 중요하다.

공감

Rogers(1961)는 **공감**을 "내담자의 경이적인 세상에 들어가 상담자 자신의 자질은 잃지 않으면서 내담자의 세계를 마치 자신의 것처럼 경험할 수 있는"(p. 284) 상담자의 능력이라고 묘사했다. 공감은 인지, 의사소통과 같은 두 가지 세부 기술을 포함하고 있다(Welfel & Patterson, 2005).

유능한 상담자는 내담자의 지각적, 인지적 과정을 포함하여 내담자가 작동시키고 있는 문화적 준거 틀을 인지한다(Weinrach, 1987). 이러한 방식의 민감성이 상담자와 내담자 간의 문화적 간극을 메워 줄 수 있는 경우에 이러한 민감성을 **문화적으로 민감한 공감**(culturally sensitive empathy)이라고 부르는데, 이는 상담자들이 함양할 수 있는 자질이라고 할 수 있다. 그럼에도 내담자가 느끼고 있는 것을 정확하게 인지해 낼 수는 있지만 그 경험에 대해 의사소통을 할 수 없는 상담자는 제한적인 능력을 가진 조력자라고 할 수 있다. 이러한 상담자는 내담자의 역동을 인지할 수 있을지는 몰라도 내담자를 포함하여 아무도 상담자가 지각한 것을 알아차릴 수는 없다. 어떤 상담관계에서도 명백히 의사소통 능력이 가장 핵심적인 역할을 한다고 할 수 있다(Okun & Kantrowitz, 2008).

초기 면접에서 상담자는 기본적인 공감을 반드시 전달할 수 있어야 한다(Welfel & Patterson, 2005). **기본적인 공감**(primary empathy)이란 상담자가 내담자의 주요한 주제를 이해했다는 것을 내담자와 상담자 모두 분명하게 알 수 있도록 반응을 보이는 능력이다. 기본적인 공감은 비언어적 의사소통과 다양한 언어적 반응 등을 통해서 전달된다. 예를 들어, 상담자가 내담자 쪽으로 몸을 기울이고, 부드럽고 이해심 있게 이야기하면서 내담자에게 "나는 당신의 인생이 '심각한 상실의 연속'으로 규정되어 왔다고 들었어요."라고 이야기할 수 있을 것이다. 이보다 **발전된 수준의 공감**(advanced empathy)이란 내담자가 그동안 인지하지 못했던 내담자 자신의 주제, 문제 그리고 감정에 대해서 탐색할 수 있도록 돕는 과정이다(Welfel & Patterson, 2005). 이러한 수준의 공감은 너무 많은 주제를 너무 빨리 다루게 되기 때문에 보통 초기 면접에서는 부적절하다. 상담이 내담자에게 도움이 되기 위해서는 내담자들도 상담을 받을 준비가 되어 있어야 한다.

생/각/해/보/기

공감을 전달할 수 없는 상담자는 주변에 아무도 없는 상태에서 쓰러지는 숲 속의 나무 한 그루와 같다는 말이 있다. 이 비유에 대해 어떻게 생각하는가?

언어적 · 비언어적 행동

형태가 어떻든 간에 공감은 내담자에게 주의를 기울임(내담자에게 전달되는 언어적, 비언어적 행동의 양)으로써 형성된다. 언어적 행동에는 내담자에게 중요한 것이 무엇인지 이해하거나 논의하고자 열의를 보이는 의사소통이 포함된다(Cormier & Cormier, 1998). 이러한 행동(조사하기, 설명 요청하기, 재시작하기, 감정 요약해 주기 등)은 상담자가 내담자 개개인에게 초점을 맞추고 있다는 것을 보여 주는 것이다. 이와 마찬가지로 중요한 것이 상담자의 비언어적 행동이다. Mehrabian(1970)에 따르면 미소를 짓는 것, 내담자 쪽으로 몸을 기울이는 것, 눈 맞춤, 몸동작, 머리를 끄덕이는 것과 같이 신체적으로 주의를 기울이는 행동들은 상담자가 내담자에게 관심을 가지고 있으며 개방적인 마음을 가지고 있다는 것을 내담자에게 전달할 수 있는 효과적인 비언어적 수단이다.

Egan(2007)은 상담 초기에 사용할 수 있는 다섯 가지 비언어적 기술들을 다음과 같이 요약하였다. 이 기술들은 'SOLER' 라는 두문자를 통해 가장 잘 기억할 수 있다. S(squarely, 정면으로)는 상황에 따라 문자 그대로 또는 은유적으로 생각될 수 있다. 중요한 것은 상담자가 내담자에 대한 열중과 관심을 보여 주는 것이다. O는 팔짱을 끼거나 다리를 꼬지 않고, 방어적이지 않은 태도를 보여 주는 개방적(open)인 자세를 나타낸다. L은 상담자가 내담자쪽으로 몸을 기울이는 것(lean)을 뜻한다. 그러나 너무 앞으로 혹은 너무 가까이 몸을 기울이는 것은 내담자를 깜짝 놀라게 할 수 있고, 반면에 너무 멀리 몸을 기울이는 것은 무관심을 표현할 수 있다. 상담자는 내담자와 상담자 모두에게 편안한 중간 정도의 거리를 찾아야 한다. E는 눈(eye) 맞춤을 뜻한다. 대부분의 경우, 내담자와 눈 맞춤을 잘하는 것은 상담자가 내담자에게 적절하게 대응하고 있다는 신호가 될 수 있다. 그러나 일부 내담자의 경우, 눈 맞춤을 덜하는 것(또는 전혀 하지 않는 것)이 적절할 수도 있다. R은 상담자가 긴장을 푸는 것(relax)을 의미한다. 상담자는 편안하게 있어야 한다.

Okun과 Kantrowitz(2008)는 상담자가 상담 중에 활용할 수 있는 지지적인 언어적, 비언어적 행동 목록을 제시하였다(〈표 6-1〉 참고)

Okun과 Kantrowitz가 제시한 목록 중 가장 마지막에 제시된 비언어적 행동인 '때때로

〈표 6-1〉 도움이 되는 행동

언어적	비언어적
• 내담자가 이해할 수 있는 단어를 사용함 • 과거를 잘 반영해 주고, 내담자가 말한 내용을 명료화해 줌 • 적절하게 해석해 줌 • 내담자를 위해 요약해 줌 • 주요한 메시지에 반응을 보임 • 언어적 강화 인자 사용 (예: '음' '그렇군요' '네') • 내담자의 이름을 부르거나, '당신' 이라고 부름 • 적절하게 정보를 제공함 • 자기 스스로에 대한 질문에 대답함 • 긴장을 감소시키기 위해 가끔 유머를 사용함 • 비판단적이고 존중하는 말을 사용함 • 내담자가 한 말을 잘 이해할 수 있는 말을 덧붙임 • 잠정적으로 해설해 줌으로써 내담자의 진실한 피드백을 이끌어 냄	• 내담자와 유사한 어조를 사용함 • 눈 맞춤을 잘 유지함 • 때때로 고개를 끄덕임 • 얼굴에 생기를 띰 • 때때로 미소를 지음 • 때때로 손동작을 취함 • 내담자와 신체적으로 가까운 거리를 유지함 • 이야기 속도를 적절히 유지함 • 내담자 쪽으로 몸을 기울임 • 편안하고 개방적인 자세를 유지함 • 자신감 있는 목소리 어조를 사용함 • 때때로 내담자와 접촉함

출처: Okun & Kantrowitz (2008).

내담자와 접촉(touch)함' 은 정치적으로 민감할 뿐 아니라 다소 논란이 될 수 있는 부분이다.

Okun과 Kantrowitz에 동의했던 Willison과 Masson(1986)은 사람들 간의 접촉이 상담에서 치유적인 효과가 있을 수 있다고 보았지만, Alyn(1988)은 "접촉에 대한 광범위한 개개인의 동기, 해석, 반응이 극도로 불명확하며 치료에서는 위험한 의사소통 수단이 될 가능성이 있다." (p. 433)고 강조했다. 일반적인 상담 원칙으로서, Young(1998)은 접촉이 적절하게 사용되고, 간단하고 드물게 적용되어야 하며, 의사소통에 관한 것으로만 사용되어야 한다고 보았다. 예를 들어, "낯선 사람과 이런 행동을 합니까?" 라고 단순히 물어보는 '접촉 검사' 를 해 보는 것은 Young의 제안을 실행해 보는 한 가지 방법이 될 수 있다(Del Prete, 1998, p. 63). 따라서 작업 중에 접촉을 사용하는 상담자들은 매우 조심스럽게 접촉 기술을 사용해야 하며, 그들의 행동이 부정적인 효과를 초래할 수 있다는 것을 이해하고 있어야 한다. 그뿐 아니라 어떠한 언어적 또는 비언어적 기술을 사용할 때도 자신의 기술이 적절한 것인지 철저하게 검토해 볼 필요가 있다.

면접에서 도움이 되지 않는 행동

관계를 구축할 때 상담자들은 그들이 하지 말아야 할 것이 무엇인지에 대해 반드시 알고 있어야 한다. 그렇지 않으면 상담 중 내담자에게 도움이 되지 않는 행동들을 할 가능성이 있다. Welfel과 Patterson(2005)은 상담자와 내담자의 의사소통이 단절되는 일을 막기 위해 상담자가 조심해야 할 네 가지 주요한 행동들로 충고하기, 강연하기, 과도하게 질문하기, 이야기 늘어놓기를 제시하였다.

충고하기는 앞의 네 가지 행동 중 가장 논란이 되는 부분이다. Knowles(1979)는 위기상담 전화에서 활동하는 자원봉사자의 응답 중 70~90%가 충고하기라는 사실을 발견했다. 상담자가 충고를 하는 경우, 특히 첫 회기에 충고를 하는 경우에는 내담자가 자신의 고민거리에 대해 개인적인 생각이나 감정을 다루어 볼 기회를 가로막을 뿐 아니라 궁극적으로는 어려운 결정을 할 수 있는 내담자의 능력을 감퇴시키는 영향을 줄 수 있다. 도움을 주려던 반응이 도리어 내담자의 능력을 감퇴시킴으로써 마음 아프게 끝나는 경우가 생길 수 있다. 예를 들어, 내담자가 양가감정을 느끼는 어떤 관계를 단절하라는 충고를 받은 경우, 그 내담자는 초기에 그러한 양가감정을 야기했던 사고나 감정에 대해 다루어 보거나 인지해 볼 기회조차 갖지 못할 수 있다.

Sack(1985)은 충고를 하는 것이 항상 해로운 것만은 아니라고 보았다. 그는 위기상담과 같은 응급 상황에서 내담자의 즉각적인 복지나 안전을 위해 어떤 직접적인 행동을 해야만 하는 경우에는 충고하기가 도움이 될 수 있다고 보았다. 그러나 그는 내담자가 정말로 충고를 구하고 있는 것인지, 단순히 질문을 통해 자기반영을 하고 있는 것인지 확실히 하기 위해 내담자의 말을 주의 깊게 들어야 한다고 경고하였다. "내가 무엇을 해야만 하나요?"와 "나는 내가 무엇을 해야 할지 모르겠어요."는 큰 차이가 있다. 덧붙여 Sack은 내담자가 상담자에게 직접적으로 충고를 요청할 때 상담자가 대답할 수 있는 방법으로 Carkhuff (1969)가 개발한 반응을 매우 높이 평가하였다. 이 모델에서 상담자는 존중, 공감, 진실성, 구체성, 자기노출, 직면, 즉각성의 일곱 가지 접근 중 한 가지를 사용하여 반응할 수 있다. Sack(1985)은 "충고에 대한 제약이나 위험성으로부터 상담자 스스로 벗어나기 위해 자신의 역할이 무엇인가를 검토해야만 하며, 내담자의 요구를 더 적절하게 다룰 수 있는 다양한 반응을 활용할 수 있어야 한다"는 결론을 내렸다(p. 131).

강연이나 설교는 실제로 위장된 형태의 '충고'라고 할 수 있다(Welfel & Patterson, 2005). 이것은 상담자와 내담자 사이에 누구도 이길 수 없는 권력 투쟁을 시작하는 것이다. 예를 들어, 성적으로 왕성한 소녀에게 "더 이상 남자아이들과 어울리지 마라."라고 한다면 그 소녀는 자신의 독립성을 주장하기 위해 정반대로 행동할 수도 있다. 그런 경우 상담자와 내담자 모두 내담자의 행동을 변화시키는 데 실패하게 될 수 있다.

내담자에게 세 문장 이상을 연속적으로 말하고 있다면 상담자가 내담자에게 강연을 하고 있다고 볼 수 있다. 강연을 하는 대신 내담자가 이끄는 대로 따라가는 것이 효과적일 수 있다(Evans, Hearn, Uhlemann, & Ivey, 2008).

생/각/해/보/기

충고하는 것이 효과적이었던 때는 언제인가? 반대로 해로웠던 때는 언제인가? 각각의 결과는 어떠했는가?

과도한 질문은 다수의 상담자가 경험하는 흔한 실수 중 하나다. 내담자와의 언어적 상호작용에는 질문뿐 아니라 서술, 관찰 그리고 격려가 포함되어야 한다. 과도하게 질문을 할 경우, 내담자는 자신이 상담을 받기보다 추궁을 당한다고 느낄 수 있다. 내담자는 주도권을 가질 기회가 거의 없었던 상태에서 감시를 받게 될 수 있다. 아동의 경우 특히 이러한 방식으로 반응을 보일 수 있으며, 혹은 단지 질문에 대답을 하고, 또 다음 질문을 기다리고, 또 답하고, 또 다음 질문을 기다리는 것과 같은 방식으로 대답만 하게 될 수도 있다(Erdman & Lampe, 1996). 상담자들은 연속적으로 질문을 두 가지 이상 하지 않으며, 폐쇄형 질문보다 개방형 질문을 할 때 보다 생산적인 상담관계가 구축될 수 있다.

상담자가 이야기를 하는 것은 결정적으로 도움이 안 되는 행동이라고 볼 수 있다. 물론 내담자에게 도움이 되도록 이야기를 할 수 있는 몇 명의 중요한 전문가들도 있었다. 가족상담 분야의 전설적인 선구자인 Milton Erickson이 그중 한 명이다. 그의 이야기는 항상 각각의 내담자 상황에 은유적으로 적합하게 딱 맞추어져 있었다. 그가 한 이야기가 내담자들로 하여금 스스로의 상황에 대해 생각해 볼 수 있게끔 이끌어 주기 때문에, 그의 이야기들은 내담자들에게 도움이 될 수 있었다. 그러나 대부분의 상담자가 하는 이야기는 내담자보다는 상담자의 관심사에 초점이 맞추어져 있고 문제 해결에 도움이 되지 않을 수 있기 때문에 가급적 상담 중에는 자제해야 한다.

Okun과 Kantrowitz(2008)는 도움이 되지 않는 언어적, 비언어적 행동 목록을 작성하였다(〈표 6-2〉 참고). 이러한 행동에는 하품과 같이 상담자의 무관심을 명백하게 보여 주는 것들이 있다. 그 외에 충고하기와 같이 단지 특정 시기(예: 내담자가 관심을 보이는 시기, 또는 위기 상황일 때)에만 도움이 되는 것처럼 보이는 행동들도 있다. 이 목록을 검토해 보면서 당신이 여기 언급된 행동들을 마지막으로 해 본 것이 언제인지 생각해 보라.

〈표 6-2〉 도움이 되지 않는 행동

언어적	비언어적
• 간섭 • 충고 • 설교 • 화를 달램 • 비난 • 회유 • 간곡히 권고함 • 특히 '왜' 라는 질문을 사용한 과도한 탐색과 질문 • 지시, 요구 • 가르치려는 태도 • 과도한 해석 • 내담자가 이해하지 못하는 단어나 전문 용어 사용 • 주제로부터 벗어남 • 지적인 분석 • 과도한 분석 • 자신에 대해 너무 많이 이야기함 • 최소화 혹은 불신	• 내담자에게서 눈길을 돌림 • 내담자에게서 멀리 떨어져 앉거나 내담자를 외면함 • 비웃음 • 얼굴을 찌푸림 • 노려봄 • 입을 꽉 다뭄 • 손가락질을 함 • 산만한 몸짓 • 하품 • 눈을 감음 • 무례한 어조 • 말을 너무 느리거나 빨리 함 • 서두르는 행동

출처: Okun & Kantrowitz (2008).

4. 탐색과 목표 확인

상담관계 구축의 최종 단계에서 상담자는 내담자가 특정 영역을 탐색하도록 돕고 내담자가 성취하기 원하는 목표를 확인하기 시작한다. Hill(2004)은 상담의 어떤 단계에서도 상담의 방향을 제시하는 데서 가장 중요한 것은 목표 설정이라는 점을 강조하였다. Egan(2007)은 내담자 스스로 상황에 대해서 이야기하거나 개인적인 이야기를 할 기회가 주어졌을 때 목표 탐색이나 궁극적인 목표 확인이 빈번히 이루어진다는 것을 목격하였다. 상담자는 내담자의 이야기를 구조화하고, 적극적으로 경청하며(내용과 감정을 모두 귀 기울여 들음), 내담자가 자신의 목표를 확인하고 명확하게 하도록 도움으로써 스스로에게 초점을 맞출 수 있도록 강화시킬 수 있다.

Rule(1982)은 목표가 "내담자의 일상생활에 활기를 불어넣어 주는 요소" 이나 흔히 달성하기는 힘든 것이라고 밝혔다(p. 195). 그는 몇몇 목표의 경우 초점이 맞지 않고(unfocused), 비현실적이며(unrealistic), 조직화되어 있지 않다(uncoordinated)고 묘사하였다. 초점이 맞지 않는(unfocused) 목표란 확인이 되지 않고, 너무 광범위하거나 우선순위가 정해지지 않은 것이다. 때때로 상담자와 내담자는 목표를 추구하는 데 드는 시간과 비용이 '원하지 않는 행동들을 변화시키는 것' 만큼 생산적이지 않기 때문에 초점이 맞지 않는 목표들을 그대로 남겨 둘 수도 있다. 그러나 대부분의 경우에는 내담자의 목표를 확인하고 그것을 실행 가능한 형태로 변화시키며, 어떤 목표를 가장 먼저 추구할 것인지 결정하는 것이 도움이 된다.

비현실적인 목표란 상담자 혹은 내담자에 의해 규정된 것으로, 행복, 완성, 진전, 최고가 되는 것, 자아실현과 같은 것이 포함된다. 이러한 목표는 가치는 있지만 쉽사리 획득하거나 유지하기 어렵다. 예를 들어, 열심히 일해서 승진한다는 것에 대해 행복해하는 내담자는 승진을 하자마자 곧 새로운 일에서 부과되는 의무들과 현실에 적응해야만 할 것이다. 비현실적인 목표들은 보다 광범위한 인생의 목표라는 맥락에서 볼 때 가장 잘 다루어질 수 있다. 그 후에 상담자는 내담자가 자신의 목표를 잘 다루기 위한 탐색적, 대비적 전략들을 고안하도록 격려해 줄 수 있을 것이다.

Rule(1982)에 따르면 조직화되지 않은 목표는 일반적으로 "정말 조직화되지 않은 것과 외견상 조직화되지 않은 것처럼 보이는 것의 두 가지 집단"으로 나뉜다(p. 196). 첫 번째 집단(정말 조직화되지 않은 목표들)에는 목표들끼리 혹은 내담자의 성격과 양립할 수 없는 목표들이 해당된다. 상담을 청하긴 하지만 실제로는 변화를 위한 작업을 하고 싶어 하지 않는 사람이 바로 '공존할 수 없는 목표를 가진 사람' 의 전형적인 예라고 할 수 있다. 이런 내담자들은 흔히 '저항적인' 내담자라고 한다. 반면 Rule은 조직화되지 않은 목표를 가진 것처럼 보이지만 실제로는 그렇지 않은 내담자의 경우 두 번째 집단에 해당한다고 보았다. 이러한 사람들은 "네, 그렇지만……." 이라는 대화 방식을 유지하면서 개인적인 책임을 지거나 어떤 조력자와 관계를 맺는 것을 두려워하는 사람들일 수 있다.

Dyer와 Vriend(1977)는 상담에서 효과적인 목표를 판단할 수 있는 일곱 가지 구체적인 기준을 제시하고 그 중요성을 강조하였다.

1. 내담자와 상담자 모두 상호 동의하는 목표여야 한다. 상호 합의 없이는 내담자와 상담자 모두 그 목표에 대해 작업하는 데 많은 에너지를 투자하지 않을 것이다.
2. 목표는 구체적이어야 한다. 목표가 너무 광범위하면 결코 충족될 수 없다.
3. 목표는 자멸적인 행동과 적절하게 관련된 것이어야 한다. 내담자와 작업할 수 있는 목표는 많이 있지만 반드시 자멸적인 행동을 변화시키는 데 적절한 목표를 먼저 추구해야 한다.
4. 목표는 성취와 성공 지향적이어야 한다. 상담 목표는 현실적이어야 하고, 내담자에게 내적, 외적 수익을 가져다주는 것이어야 한다.

5. 목표는 수량화할 수 있고 측정 가능한 것이어야 한다. 내담자와 상담자 모두 목표가 성취된 시점을 아는 것이 중요하다. 목표가 수량화되었을 때 성취를 가장 잘 인지할 수 있다.
6. 목표는 행동적이고 관찰 가능한 것이어야 한다. 이 기준은 바로 위 기준과 연관되어 있다. 효과적인 목표는 성취되었다는 것을 알아볼 수 있는 것이어야 한다.
7. 목표는 이해할 수 있고 명확하게 재진술될 수 있는 것이어야 한다. 내담자와 상담자가 명확하게 목표에 대해 의사소통을 하는 것이 필수적이다. 이 과정이 잘 이루어졌는지 평가할 수 있는 한 가지 방법은 상담자와 내담자가 각각 자신의 말로 목표를 재진술해 보는 것이다.

사례 골라인 넘어서기

Benjamin은 자신의 인생을 뒤덮고 있는 우울증에 시달려 왔다. 이제 그는 대학에 입학했고, 자신의 우울증에 대해 무엇인가 해 보기로 결심했다. 그가 대학 상담센터를 방문했을 때, 상담자인 Charlene은 Benjamin에게 자신의 우울증을 어떻게 다룰 것인지 계획을 세워 볼 것을 세안하였다. Benjamin은 나음과 같이 목록을 삭성하였다.

- 매일 아침 수업을 듣기 전에 운동을 한다.
- 건강식품을 먹는다.
- 대학 내에서 운동을 하는 것과 같이 학내 활동 중에도 적어도 한 가지에 참여한다.
- 어떤 생각이나 감정이 떠오를 때 일기를 쓴다.
- 한 달 동안 상담을 받으러 온다.

Benjamin의 목표에 대해 어떻게 생각하는가? 현실적인 목표인가? 이외에 그가 해야 하는 것들(무엇이라도)에는 어떤 것이 있을까?

Egan(2007)은 상담 중 탐색과 목표 설정 단계에서 상담자-내담자 관계를 견고하게 구축하는 데 제약을 줄 수 있는 몇 가지 문제가 있다는 점을 경고했다. 가장 주목할 만한 것들 중에는 너무 빠른 혹은 너무 느린 진행, 강렬함에 대한 두려움, 장황하고 두서없음, 과거를 탐색하는 데 너무 과도한 시간과 에너지를 투입하는 것 등이 있다. 이러한 잠재적인 문제들에 대해 경계하는 상담자들은 이 문제들을 효과적으로 다룰 수 있는 보다 나은 위치에 있다고 할 수 있다. 시작부터 상담자와 내담자가 상호 만족할 수 있는 관계를 구축하기 위해 작업을 하는 것이 매우 중요하다. 이러한 과정이 진행될 때 보다 능동적인 상담이 시작된다고 할 수 있다.

요약 및 결론

상담의 첫 단계인 관계 구축은 지속적인 과정이다. 이 과정은 상담자가 구조에 대한 힘겨루기에서, 내담자는 자발성에 대한 힘겨루기에서 승리하도록 함으로써 시작된다. 이 경우 양쪽 모두 승자가 된다. 내담자는 상담의 본질에 대해 더 많은 정보를 얻고, 무엇을 기대해야 하는지 배우기 시작하면서 승기를 잡게 된다. 상담자는 내담자가 편안하게 자신의 생각이나 감정을 나눌 수 있는 분위기를 조성함으로써 이 과정에서 승리하게 된다.

상담은 어떤 장면에서나 이루어질 수 있지만, 어떤 환경에서는 다른 환경에 비해 상담이 더 잘 발전되는 경향이 있다. 상담자들은 상담이 이루어지는 물리적 환경에 대해 인식할 필요가 있다. 내담자들은 어떤 방에도 적응할 수 있을지 모르지만, 자리 배치와 같은 환경 차이가 상담에 더 도움이 될 수 있다. 이보다는 덜 분명한 질적 차이 또한 관계 구축에 영향을 미칠 수 있다. 예를 들어, 내담자와 상담자가 상대방을 어떻게 인식했는지가 중요할 수 있다. 젊고, 언어적 기술을 갖추고, 총명하고, 사교적인 '매력적인 내담자' 들은 늙고, 영리하지 못하고, 동기 부여가 안 된 것 같아 보이는 내담자에 비해 더 긍정적인 방식으로 다루어질 수 있다. 내담자들은 신뢰할 수 있고, 매력적이며, 지식이 풍부하다고 생각되는 상담자들과 작업을 가장 잘할 가능성이 크다.

외적 환경과 초기 인식에 상관없이 내담자의 언어적, 비언어적 표현에 주의를 기울이는 상담자는 라포를 형성할 가능성이 더 크다. 상담자의 공감 전달과 다른 도움이 되는 세부 기술들(예: 재진술, 상담이론을 초월한 반영 등)이 관계를 더욱 강화시킬 수도 있다. 상담자 스스로의 가치와 감정이 조율될 때 훨씬 더 효과적일 수 있다. 초기 상담 면접은 상담자 또는 내담자에 의해 시작될 수 있으며, 정보 수집 혹은 관계 역동에 집중될 수 있다. 어떤 경우에서든 상담자가 내담자와 함께 상담이 가능한 이유들을 탐색해 보는 것이 매우 중요하다. 이렇게 새로운 정보를 제공함으로써 내담자가 목표를 정하도록 격려해 주고 상호 합의하에 상담에서 다룰 안건을 결정하도록 촉진할 수 있다. 이 단계가 이루어지면 목표에 도달하는 작업이 시작된다.

학습활동

1. 당신이 직접 선택할 수 있는 환경에서 당신이 이제 막 첫 상담 회기를 진행하게 되었다고 상상해 보라. 가구 배치는 어떻게 할 것이며, 당신이 꿈꾸는 이상적인 내담자와 첫 10분을 어떻게 보낼 것인가? 이 경험에 대해 기록해 보고, 그림을 그려 본 후에 다른 학생들과 나누어 보라.

2. 당신의 내담자에게 당신이 더 매력적으로(호감이 가도록) 보이기 위해서 당신이 할 수 있는 것에는 무엇이 있는가? 당신이 적은 목록은 자유토론 형식으로 친구들과 나누어 보라. 당신과 친구들이 작성한 목록은 Okun과 Kantrowitz의 목록과 다른가? 어떻게 다른가? 효과적인 상담자가 되기 위해 당신이 가장 중요하게 고려하는 요소는 무엇인가?

3. 상담과정이 어떻게 진행되는지에 대해 좀 알게 된 지금, 당신은 상담자가 된다는 것에 대해 어떻게 느끼고 있는가? 이에 대한 당신의 감정이나 생각을 다른 학생들과 나누어 보라. 함께 나누어 본 감정이나 생각이 수업 초반에 느낀 것과 많이 다른가? 어떻게 다른가?

4. '설득'을 적절한 상담자의 기술로 언급하였다. 3명이 한 집단이 되어 다음에 제시하는 상황에 대해 설득을 활용한 역할극을 진행해 보라. ① 어떤 어린 소년이 모든 개를 무서워함, ② 어떤 학생이 높은 시험불안을 가지고 있음, ③ 어떤 노인이 내향적인 성격을 가지고 있음, ④ 어떤 기혼자가 자신의 배우자와 공정하지 못한 방식으로 싸움. 이와 같은 상황에서 당신은 각각 다른 방식으로 어떻게 설득을 사용하겠는가? 당신이 사용한 설득 기술들은 얼마나 효과적이었는가? 당신의 느낌에 대해 반 전체와 의견을 나누어 보라.

5. 당신이 생각하기에 내담자가 상담관계에서 불안해하거나 불편해하는지 그렇지 않은지 당신이 알 수 있는 방법들을 적어 보라. 그런 후에 조용히 동료들 앞에서 두 개 혹은 그 이상의 행동들을 시연해 보고, 동료들에게 당신이 무엇을 하고 있는지, 만약 그들이 상담자라면 어떻게 반응하겠는지 묘사해 보도록 하라.

제7장

상담관계에서 작업하기

1. 이해 및 행동 과정에서의 상담 기법
2. 전이와 역전이
3. 진실된 관계

당신 안의 감정이 얼마나 격렬하고 요동하는지
나는 듣고 당신은 말했습니다.

엄마가 죽고, 아이는 버려지고
아이였던 당신은
홀로 되었던 그때를 잊지 못합니다.

어릴 적 기억 속의 분노 속에서
계속되는 당신의 말을 들으며 나는 고개를 끄덕입니다.

세월이 흐르면서 불확실한 기억 속에
조심스레 두드리는 감정들

당신이 일곱 살 즈음 맛본 듯한
그 씁쓸한 향에 취할 때

세월이 지날수록 강해져
넘쳐흐르는 어둠의 고통을 향해
삶을 여는 당신을 보면서
저는 움찔 놀라고 말았습니다.

– Gladding (1977)

어떤 상담이든 얼마나 성공적인 결과물을 내는가는 상담자와 내담자 간의 작업 동맹에 달려 있다(Kottler, Sexton, & Whiston, 1994; Okun & Kantrowitz, 2008). 이러한 관계 구축은 상담자가 내담자를 돕고자 하는 동기에서 작업하는 상황 탐색과 더불어 이루어지는 발달과정이다. Carkhuff와 Anthony(1979)에 따르면, 그러한 조력과정에서 개입과 탐색은 거의 동시에 이루어진다(상담관계를 구축하는 방법에 대한 개관은 6장 참고). 이러한 과정이 이루어진 후, 상담자는 내담자와 함께 이해 및 행동 단계로 접어들게 된다. 이러한 단계가 완료된 후, 상담자는 내담자와 더불어 이해 및 행동 단계로 들어간다. 초기에는 내담자의 두려움이 광범위하고 일반적인 표현으로 진술되지만, 상담과정이 진행됨에 따라 점점 구체적인 목표들로 정의되거나 다듬어진다.

내담자는 상담을 통해 자신의 삶에서 개방되어 있거나 이해되는 영역이 있는 반면, 감춰져 있거나 억압되어 있는 영역도 있음을 인식하게 된다. [그림 7-1]에 있는 Johari의 창은 대부분의 사람이 상담관계를 시작하는 방식을 표현하는 과정에서 흔히 사용되는 개념적 도구다(Luft, 1970).

상담의 첫 두 단계에는 내담자가 충분히 긴장을 풀고 자신의 이야기를 이야기할 수 있도록, 그리고 내담자가 스스로도 인지하지 못하고 있는 자기 내부의 사각지대(blind area)에 대해 탐색할 수 있도록 돕는 것을 목표로 한다([그림 7-1] 참고). 내담자들이

	자기에게 알려진	자기에게 알려지지 않은
타인에게 알려진	I. 자유활동 영역	III. 사각지대 -자기에게는 보이지 않으나 타인에게는 보이는
타인에게 알려지지 않은	II. 회피하거나 숨겨진 영역 -타인에게 숨겨진 자기	IV. 미지의 활동 영역

[그림 7-1] Johari의 창

출처: Luft (1969; 1984).

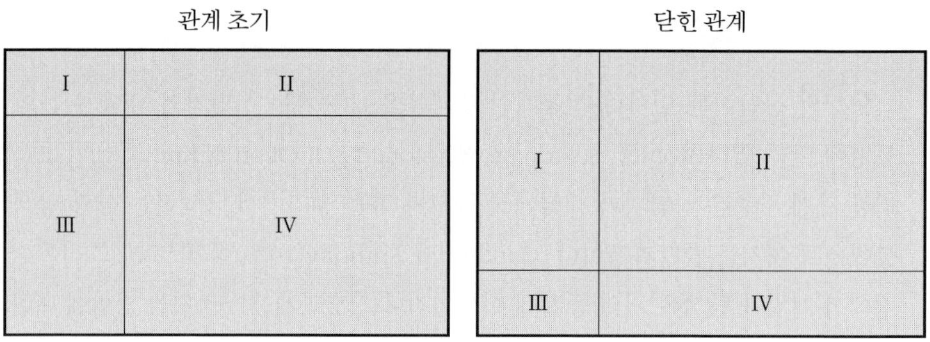

[그림 7-2] 상담자와의 관계에 따라 수정된 Johari의 창

출처: Luft (1969; 1984).

(언어적인 방식이든 비언어적인 방식이든) 이러한 마음의 영역에 대해 더 잘 이해하게 되면, 앞으로의 방향을 결정하는 것이 가능해진다. 상담자와 내담자가 이러한 작업을 성공적으로 하고 나면, Johari의 창에서 표현되는 자유 활동 영역(Area of Free Activity)의 크기를 넓히고, 나머지 제한 영역의 크기를 줄일 수 있게 된다([그림 7-2] 참고).

이 책에서는 상담과정을 Johari의 창으로 설명하면서 마치 선형적인 것처럼 묘사했지만(Moursund & Kenny, 2002), 상담은 다면적이며 서로에게 지속적으로 영향을 주는 다양한 요인으로 구성되어 있다.

그래서 절차들은 상당히 겹치게 된다(Egan, 2007). 초기 개입 및 탐색 과정에서 사용되는 몇몇 기법은 이해 및 행동 과정에서도 사용된다. 하지만 대개는 상담이 진척됨에 따라 새롭고 다른 기법들이 포함된다. 상담은 상담관계 및 내담자의 발달적 본성에 대해 항상 민감할 것을 요구한다. 상담자는 내담자의 발달을 위해 필요한 요구에 민감해야 한다.

이 장에서 우리는 상담과정 중 이해 및 행동 과정과 연관된 기법들에 대해 살펴볼 것이다. 이 과정은 인식 바꾸기, 이끌기, 다초점 반응, 정확한 공감, 자기개방, 즉시성, 직면, 계약하기, 시연 등 다수의 상담 기법을 포함하고 있다. 또한 내담자와 상담자는 초기 상황이나 현재 장면 이외의 상황에서 발생하는 전이, 역전이를 통해서도 작업을 해야 한다(Gelso & Carter, 1985). 물론 상담자-내담자 관계에서 실제로 드러나는(즉, 부인이나 투사 같은 방어기제로 위장되지 않은) 측면을 알아채고, 그것들을 치료적으로 사용할 필요가 있다.

1. 이해 및 행동 과정에서의 상담 기법

상담자는 내담자의 변화를 돕는 일에 적극적이어야 한다. 라포가 형성되고 나면 상담자는 내담자가 자신의 삶을 다르게 볼 수 있게 되고, 그에 따라 사고, 감정, 행동이 변화되게끔 하는 기법을 도입할 필요가 있다.

인식 바꾸기

내담자들은 상황이 심각할 뿐만 아니라 희망이 없다고 인식할 때 마지막 수단으로 상담에 오는 경우가 많다(Watzlwick, 1983). 사람들은 자신의 자각과 해석이 정확하다고 생각한다. 그들이 다른 사람에게 현실에 대한 자신의 관점을 전달할 때 흔히 그것은 사실로 받아들여진다(Cavanagh, 1990). 소위 **기능적 영구성**으로 불리는 이 현상은 오로지 한 가지 방법으로만 어떤 것을 해석하거나, 혹은 하나의 관점에서 특정한 상황이나 자질이 주제라는 생각에 집착하여 어떤 사물이나 현상을 해석하는 것을 의미한다(Cormier & Cormier, 1998).

예컨대, 자신의 노모를 돌보는 것에 대해 걱정하는 한 중년 남성이 있다고 하자. 그는 자신이 그 일에 집중함으로써 다른 가족들과 멀어지게 되었을 뿐만 아니라 그로 인해 자신과 가족이 큰 부담을 느끼고 있다는 것을 알게 되었다. 게다가 직장에서도 기력이 고갈되었으며, 또한 자신이 승진하지 못할지도 모른다고 인식하고 있었다. 그는 양쪽의 가족을 돌보느라 몸부림치고 있었으며, 지금 상황에서 양자택일을 해야 한다는 것을 알게 되었다. 이에 대한 적절한 현실적인 상담 목표는 그 남성이 노모와 가족, 자신 모두를 돌볼 수 있도록 도움을 줄 수 있는 지역 공동체와 가족 자원을 찾는 것을 포함해야 할 것이다. 이러한 과정 속에서 그 남성은 자신에게 주어진 무거운 책임감을 덜어 내고, 그가 직장에서 스트레스가 아닌 업무 효율성을 높일 수 있는 구체적인 방법을 찾을 필요가 있음을 발견할 수 있을 것이다. 자신과 다른 사람들을 돌보는 것에 초점을 맞추고, 지역 공동체와 가족 자원을 활용하는 것은 자신에게 처한 상황을 다른 관점에서 볼 수 있도록 할 뿐만 아니라 자신의 문제를 건강한 방식으로 다룰 수 있도록 하는 데 도움을 줄 수 있다.

상담자는 내담자에게 안전하고 수용적이며 판단받지 않는 환경 가운데 자신의 생각이나 소망을 탐색할 수 있는 기회를 제공함으로써 그들이 왜곡되거나 비현실적인 목표를 바꾸도록 도울 수 있다. 목표는 다음에 제시된 바와 같이 인지적, 행동적, 인지-행동적 전략을 활용함으로써 개선되거나 바뀔 수 있다(Okun & Kantrowitz, 2008).

- 문제 재정의하기
- 몇 가지 상황에서의 행동 수정하기
- 보다 관리하기 쉬운 방식으로 문제를 이해하고 그에 맞춰 행동하기

상담자는 내담자의 언어적(즉, 말) 및 비언어적(즉, 행동) 비유에 주의를 기울임으로써 내담자들이 자신이 현재 어디에 있고, 앞으로 어떻게 되기를 원하는가에 대해 더 잘 인식하도록 도울 수 있다(Lyddon et al., 2001).

일반적으로 인식은 내담자에게 어떤 상황에 대해 개연성 있고 긍정적인 측면의 다른 관점을 제공하는 기법, 즉 **재구조화**를 통해 변화된다. 이러한 변화된 관점은 내담자에게 다른 방식의 대처 방안을 제공한다(Young, 2005). 유능한 상담자는 자신과 내담자 모두에 대해 삶 속에서의 경험을 끊임없이 재구조화한다. 예컨대, 한 개인의 무례한 행동은 무례하게 취급받은 사람에 대한 반감이라고 볼 수도 있지만 그보다는 일을 빨리 완수하려는 노력에서 오는 압박의 결과물이라고 설명할 수도 있는 것이다.

재구조화는 모든 형태의 상담에서 대부분 활용된다. 예를 들면, 가족상담에서 재구조화는 자신들의 문제의 원인(즉, 희생양)으로 가족 구성원 중 한 명을 보는 것에서 가족 전체가 책임져야 하는 것으로 초점을 바꾸는 데 도움을 준다. 취업상담 분야에서 Amundson(1996)은 내담자들이 자신과 노동시장을 보는 관점을 넓히는 데 도움을 줄 수 있는 과거, 현재, 미래를 살펴보는 열두 가지 전략을 개발해 냈다. 개인상담 분야에서 Cormier와 Cormier(1998)는 재구조화가 저항을 줄이고 내담자의 문제에 대한 관점을 변화시킴으로써 어떤 것을 다른 방법으로 할 수 있는 에너지를 모을 수 있음을 지적하였다. 요컨대, 재구조화는 내담자들이 행동과 관련된 상황적 요인들을 더 잘 인식할 수 있도록 돕는다고 할 수 있다. 이는 초점이 "나는 게으름뱅이야."와 같이 특성에 대한 단순 귀인에서 "일이 잘 안 풀려서 내가 무가치하게 느껴지는 날도 있는 거지."와 같이 좀 더 복잡하고 정교한 관점으로 이동하는 것이다(Ellis, 1971). 재구조화를 통해 내담자들은 자신과 자신이 속한 환경을 보다 더 정밀하고 통찰력 있게 보게 된다.

생/각/해/보/기

우리 셋째 아이가 태어났을 때, 내 아내 Claire는 나를 보며 이렇게 말했다.

"신혼은 끝나지 않았어요. 단지 식구가 늘었을 뿐이에요!"

당신 혹은 주변 사람들 중에 자신이 처한 상황이나 환경을 재구조화해 본 적이 있는가? 그것은 상황이나 환경에 대한 당신의 인식에 어떤 영향을 주었는가?

이끌기

내담자의 인식을 바꾸는 것은 상담자에게 상당한 수준의 설득력과 어느 정도의 통솔력이 요구된다. 이러한 것은 소위 이끌기(leading)로 알려져 있다. 이 용어는 Francis Robinson

최소한의 이끌기 반응	
침묵	상담자가 어떤 언어 반응도 하지 않을 때, 대개 내담자는 말을 꺼내는 것에 대해 약간의 압박을 느끼게 되고, 상담자로부터 최소한의 조언을 이끌어 내기 위한 방법을 선택하게 된다.
수긍	상담자가 내담자의 이전 진술에 대해 "네." 혹은 "응."과 같은 반응으로 단순히 인정한다. 내담자는 계속 말하는 것에 대해 언어적으로 격려를 받기는 하지만 상담자로부터 만족스러운 자극을 받는 것은 아니다.
재진술	상담자는 내담자의 말을 거의 비슷한 표현을 사용하여 내용과 감정 모두를 담아 재진술한다. 내담자는 이를 통해 자신이 말한 것을 재검토하게 된다.
설명	상담자는 내담자가 말하고자 한 것을 정확하게 하기 위해 내담자 자신의 단어로 진술한 것의 의미를 얘기해 준다. 내담자의 말 속에 포함되어 있는 몇 가지 내용은 종종 하나의 대답으로 표현되곤 한다. 정확하게 인식하고 대화하는 상담자의 능력은 중요하다. 그래서 내담자는 상담자의 이끌기의 '적합성'을 검사하게 된다.
인정(확인)	상담자는 "그거 좋은 정보네요." 혹은 "통제력이 좀 더 생긴 것 같아요."와 같은 말로 정보의 정확성을 확인하고 내담자의 자기결정에 대한 노력을 격려한다. 내담자는 자신이 적절하다는 것을 앎으로써 보다 더 탐색할 수 있게 된다.
일반적인 이끌기	상담자는 "무슨 의미인지 말해 주세요." 또는 "그것에 대해 좀 더 말해 보세요."와 같은 질문으로 내담자에게 좀 더 구체적인 주제에 대해 말하도록 이끌어 간다. 내담자는 상담자의 제안에 따라가게 될 것이다.
해석	상담자는 내담자의 스트레스 원인을 설명하거나 내담자의 동기 부여 및 행동에 대해 설명하기 위해 정신진단학적 원칙을 사용한다. 상담자의 설명은 가설로 표현되며, 내담자는 새로운 방식의 자기탐색에 직면하게 된다.
거절(설득)	상담자는 내담자가 해 왔던 것들과는 다른 행동을 적극적으로 권하거나 일상의 사건에 대한 다른 해석을 제안함으로써 내담자의 행동이나 인식을 바꾸고자 시도한다.
안심시키기	상담자는 그가 판단할 때 내담자의 걱정은 심각한 것이 아니며, 보통 사람들이 극복해 내는 문제라고 얘기한다. 내담자는 이러한 안심시키기를 통해 위로를 받지만 한편으로는 상담자가 자신의 문제를 심각한 것으로 간주하지 않는다는 것도 느끼게 된다.
새로운 정보나 아이디어 소개	상담자는 내담자의 마지막 진술에서 벗어나 내담자로 하여금 새로운 내용을 생각해 보도록 이끌어 간다.
최대한의 이끌기 반응	

[그림 7-3] 이끌기의 종류

출처: Patterson & Eisenberg (1983).

(1950)이 상담자가 내담자의 결과물에 관여하고자 행동하는 몇몇 의도적인 행동을 묘사하기 위해 고안되었다. 이끌기는 길이가 다양하며, 몇몇은 다른 것과 달리 상담의 첫 번째 단계에서 더 적합하다. Robinson은 이끌기를 묘사하기 위해 미식축구의 쿼터백과 리시버에 대한 비유를 사용했다. 좋은 쿼터백은 리시버가 필드 위에 설 지점과 공을 던질 지점이 어디인가를 예측한다. (참고로 Robinson은 미식축구와 상담으로 유명한 오하이오 주립대에서 활동했다.)

쿼터백과 리시버에 관한 비유는 상담자와 내담자에게도 적용될 수 있다. 상담자는 내담자가 현재 어디에 있으며 또 어디로 갈 것 같은지를 예측한다. 만약 잘못 판단하게 되어 그 이끌기가 너무 멀리 가 버리면(즉, 너무 설득적이거나 너무 지시적인 경우), 혹은 충분치 않으면(즉, 너무 동기 부여가 되지 않거나 너무 비지시적인 경우) 상담관계는 악화된다.

Welfel과 Patterson(2005)은 상담자가 내담자에게 사용할 수 있는 이끌기 목록을 만들었다([그림 7-3] 참고). 침묵, 수긍, 재진술 등과 같은 것들은 상담과정 초기에 적합하다. 그 외에 설득은 이해 및 행동 과정에서 직접적으로 작용하고 보다 효과적이다.

상담자가 사용하는 이끌기의 종류는 상담자가 수용한 이론적 접근방법 및 현재 상담의 진행 단계에 따라 결정된다. "흠." "그렇죠." "듣고 있습니다."와 같은 최소한의 이끌기(때때로 최소한의 촉매제로 언급되기도 함)는 위험이 적기 때문에 관계 구축 단계에서 가장 빈번하게 사용된다(Young, 2005). 그러나 직면과 같은 최대한의 이끌기는 보다 도전적이며, 견고한 관계가 구축된 이후에나 사용된다.

다초점 반응

사람들은 자신의 감각을 통해 정보를 처리하는 방식을 더 선호한다. 상담자는 각 개인이 세상으로부터 다르게 정보를 받아들인다는 것과 그 선호 양식은 인식과 행동에 영향을 준다는 것을 기억함으로써 효과를 강화할 수 있다. 몇몇 내담자는 시각적으로 세상을 경험한다. 그들은 일어나는 일을 본다. 다른 일부는 청각을 우선으로 한다. 그들은 자신을 둘러싼 세상을 듣는다. 또 다른 일부는 운동 감각을 지향한다. 그들은 상황을 마치 물리적으로 접촉한 것처럼 느낀다(내 세 아이 중 둘은 후각적이다. 그들은 냄새로 주위 환경의 대부분을 판단하는데, 특히 식당에서는 더 그렇다). 아무튼 Ivey와 Ivey(2007), Lazarus(2000)는 인식 및 학습에 대한 내담자의 주요한 방식을 조정하는 것은 변화를 이끌어 내는 데 결정적인 것이라고 생각하였다. 왜냐하면 많은 내담자는 세상을 이해하는 데 다양한 방식을 가지고 있기 때문이다. 따라서 상담자는 내담자의 세계를 이해하고 있다는 것을 내담자에게 반영하기 위해 다양하게 반응할 수 있어야 하며, 그에 적합한 용어를 구체화할 수 있어야 한다. 예컨대,

상담자는 다양한 감각을 표현하는 사람에게는 이렇게 말할 수도 있다. "전 당신의 요점을 봤고 두려움을 들었습니다. 당신이 얼마나 속상해하는지 느낄 수 있습니다."

내담자 자신의 언어로 반응하는 것의 중요성은 매우 강력하다. 상담자는 대개 말에서 정서적, 행동적, 인지적 유형을 구분할 필요가 있다. 정서적 반응은 내담자의 감정에 초점을 맞추며, 행동적 반응은 행동에, 인지적 반응은 사고에 초점을 맞춘다. 이처럼 정서적인 면을

〈표 7-1〉 일반적으로 사용되는 감정 표현의 단어

	감정의 범주						
강도	행복	슬픔	두려움	불확실	분노	강함, 힘	약함, 부적절함
강	흥분되는 황홀한 아주 기뻐하는 열광하는 마냥 신나는 의기양양한	절망하는 가망 없는 암울한 으스러진 비참한 버려진 패배한 황량한	공황 상태의 공포에 쌓인 무서워하는 겁에 질린 압도당한	당혹스러운 갈피를 못 잡는 의심 많은 혼란스러운	격분한 적대적인 광란의 분노의 가혹한 가증스러운 비열한 앙심을 품은	강력한 고압적인 단호한 힘센	수치스러운 무기력한 취약한 비겁한 기진맥진한 허약한
중	기분 좋은 좋은 행복한 낙관적인 발랄한 열렬한 기쁜 흥미를 끄는	낙심한 낭패한 환멸의 쓸쓸한 안 좋은 불행한 염세적인 슬픈 상처받은 상실한	우려하는 떨리는 팽팽한 불안한 협박받는 동요하는	의심스러운 혼동되는 불안정한 회의적인 얼떨떨한	짜증나는 화가 나는 기분 상한 미친 불만스러운 분해하는 감정 상한 속상한 안달하는 완강한 자신감 있는 능수능란한	거친 권위 있는 확신하는 용감한 활력 있는 용기 있는 대담한 자신만만한 충분한	쑥스러운 소용없는 의기소침한 무력한 고단한 서투른 무능한 부적격의 부적절한 겁먹은
약	기쁜 반가운 자족하는 느긋한 평온한	가라앉은 기가 죽은 실망한 우울한 외로운 홀로 남겨진	초조한 조마조마한 과민한 불편한 긴장된 방어적인 날카로운 주저하는 마음 졸이는	불확실한 놀란 미결정의 신경 쓰이는	동요한 약이 오르는 투덜거리는 귀찮은 성가신 불쾌한	단호한 확고한 할 수 있는 강한	노쇠한 온순한 하지 못하는 약한

출처: Carkhuff & Anthony (1979).

지향하는 내담자와 상담을 진행하는 상담자는 그에 맞춰 단어를 선택해야 한다. 〈표 7-1〉에는 Carkhuff와 Anthony(1979)에 의해 확립된 이러한 용어 중 가장 보편적으로 사용되는 단어의 일부가 정리되어 있다.

정확한 공감

상담에서 공감의 사용이 필수적인 요소라는 것은 현장 전문가와 이론가들 사이에서는 대부분이 동의한다(Fiedler, 1950; Gladstein, 1983; Hackney, 1978; Rogers, 1975; Truax & Mitchell, 1971). 6장에서는 공감의 두 가지 유형이 주로 언급되었다. 기본 수준은 **기본적인 공감**으로, 두 번째 수준은 **발전된 수준의 공감**으로 흔히 알려져 있다(Carkhuff, 1969). 정확한 공감(accurate empathy)은 양쪽 수준 모두 상담자가 내담자의 세계를 내담자의 관점에서 보고, 그러한 이해를 배경으로 내담자와 대화할 때 가능하다(Egan, 2007). 공감을 가능하게 만드는 두 가지 요인은 ① '무한개의 감정'은 존재하지 않는다는 것을 알아차리는 것, ② "당신은 자신을 다른 사람의 세상으로 보낼 수 있고 다시 당신 자신의 세상으로 돌아올 수 있다는 것을 안다. 당신이 느끼는 모든 것은 '마치 ~인 것처럼'이다."라는 담보를 가지는 것이다(Rogers, 1987, pp. 45-46).

기본적인 공감이 정확하게 이루어지면 내담자가 느끼는 것과 이러한 감정 이면에 존재하는 경험과 행동에 대한 기본적인 이해에 대한 소통이 이루어지게 된다. 이는 상담관계를 구축하고, 자료를 수집하고, 문제를 명확하게 하는 데 도움이 된다. 예컨대, 내담자가 "저 자신을 위해서는 아무것도 못할 것 같다는 느낌이 들어요."라고 말할 수도 있다. 그러면 상담자는 "무력하다고 느끼시는군요."라고 대답할 수 있다.

발전된 수준의 공감이 정확하게 이루어지면 내담자가 공공연하게 얘기하는 것뿐만 아니라 그것이 내포하고 있거나 충분히 언급되지 않은 것에 대해서도 반영이 이루어지게 된다. 예컨대, 내담자가 허공으로 시선을 옮기면서 "……그리고 모든 게 잘 풀렸으면 좋겠어요."라고 말한 것에 주목했다면, 상담자는 내담자에게 "잘 안 풀린다면 이후에 무엇을 하게 될지 잘 모르겠군요."라고 반응할 수 있다.

공감은 예민함, 노하우, 자기주장이라는 세 가지 요소를 포함한다(Egan, 2007). 반응의 몇몇 수준은 상담자 공감의 다른 측면을 반영한다. Carkhuff(1969)가 만든 **대인관계에서의 공감적 이해**(Empathic Understanding in Interpersonal Process)라고 불리는 척도는 이러한 수준을 측정한다. 5단계로 구성된 각 수준의 공감은 내담자의 말에 의미와 감정을 더하거나 혹은 감소시킨다.

1. 상담자의 언어적, 비언어적 표현은 내담자의 언어, 행동 표현을 처리하지 못하거나 상당히 감소시킨다.
2. 상담자가 내담자와의 대화에서 내담자의 표출된 감정에 대해 반응을 하더라도 내담자의 뚜렷한 감정을 오히려 감소시키는 방식으로 반응한다.
3. 내담자의 표현과 그에 대한 반응으로서의 상담자의 표현이 서로 오고 간다.
4. 상담자의 반응이 내담자가 표현한 것보다 더 깊은 수준의 감정을 표현함으로써 내담자의 표현을 뚜렷하게 증가시킨다.
5. 상담자의 반응이 내담자가 표현할 수 있는 것 이면의 감정을 정확하게 표현하는 방식으로 내담자의 감정과 의미를 상당히 증가시킨다.

처음 두 단계의 반응은 공감으로 간주되지 않는다. 사실 이러한 반응은 공감적 분위기를 조성하는 데 방해가 된다. 예컨대, 내담자가 연인과의 결별로 비통한 마음을 표현했는데 상담자가 처음 두 단계 중 한 가지 방법으로 공감을 했다면 이렇게 반응했을 것이다. "음…… 이전 애인이 행복해지길 바라시는 건가요?" 이런 반응은 내담자가 느끼는 고통을 놓치게끔 한다.

Carkhuff 척도 중 3수준에서 상담자의 반응은 내담자의 반응과 '상호 교환되는' 것으로 평가된다. [그림 7-4]의 삽화는 이러한 상호 교환의 본질을 묘사하고 있다.

4수준, 5수준에서 상담자는 내담자가 말한 것을 '두드러지게 증가시키거나' '유의미하게 증가시키게' 된다. 내담자가 말한 것 이상을 탐색하는 이러한 능력은 상담을 일상적인 대화나 덜 도움이 되는 행동과 차별화한다(Carkhuff, 1972). 다음 대화는 보다 높은 수준의

[그림 7-4] 내담자, 상담자의 상호 교환 작용

출처: Goud (1983).

공감적 반응의 예를 보여 준다.

내담자: 저는 너무 피곤해서 쓰러질 것 같은 느낌이 들 때까지 이런저런 일들을 계속해 왔습니다.

상담자: 당신 삶이 회전목마처럼 계속 반복되다 보니 무너지기 전에 멈추고 싶으신가 봅니다. 자신의 삶에 좀 더 책임지고 싶어 하시는군요.

Means(1973)는 상담자가 정서적 경험, 환경 자극, 행동 패턴, 자기평가, 자기기대, 자기신념에 대한 내담자의 인식을 유의미하게 증가시키는 것을 보여 주기 위해 4수준과 5수준을 자세히 설명했다. 내담자의 진술은 매우 다양하므로 상담자는 그러한 것에 대해 유연하게 반응할 수 있어야 한다(Hackney, 1978). 상담자의 반응이 공감적인가 그렇지 못한가는 내담자의 반응에 따라 결정된다(Turock, 1978). 그럼에도 상담과정 중 이해 및 행동 단계에서 도움을 구하는 내담자에게 상담자가 반응할 때 사용하는 두 가지 수준의 공감을 통합하는 것은 중요하다.

사례 Edwina가 공감을 시도하다

Edwina는 2년 동안 상담자로 일해 왔지만 여전히 자신을 초보자로 여기고 있다. 특히 공감을 전달하는 것에 어려움을 겪고 있는 것 같다.

하루는 최근에 친구의 죽음으로 고뇌하고 있는 내담자 Jack과 만나기로 약속했다. 그는 상담 중에 울먹이면서 이렇게 말했다.

"제가 마치 속이 빈 나무처럼 느껴집니다. 겉으로 보면 서 있긴 하지만 속엔 아무것도 없어요. 그래서 비바람만 불면 옴짝달싹 못해요."

Edwina는 "마치 로봇처럼 느껴지나 봅니다. 외형적으로는 좋아 보이는데 속으로는 삶에 필요한 모든 것이 부족한 상태로 보이시는군요."

Edwina의 반응에 대해 어떻게 생각하는가? 공감적인가? 그렇다면 몇 수준인가? 만약 아니라면 그렇게 생각하는 이유는 무엇이며, 만약 당신이라면 Jack에게 어떻게 말할 것 같은가?

자기개방

자기개방(self-disclosure)은 200편 이상의 연구가 진행된 복잡하고 다면적인 현상이다

(Watkins, 1990). "상담관계 외부에서 그들의 삶에 관한 정보를 임상적으로 공유하는 의식적이며 의도적인 기법"으로 간결하게 정의할 수도 있다(Simone, McCarthy, & Skay, 1998, p. 174). Sidney Jourard(1958, 1964)는 이 분야에서 독창적인 업적을 남겼다. 그는 자기개방을 개인적인 정보를 공개함으로써 상대방에게 자신에 대해 알리는 것이라고 하였다. Jourard는 자기개방이 신뢰 구축을 돕고 상담관계를 가능하게 한다는 것을 발견하였다. 그는 상호 간의 자기개방에 양자 효과(dyadic effect)라는 이름을 붙였다(Jourard, 1968).

상담이 성공적으로 진행되기 위해서는 내담자의 자기개방이 필요하다. 하지만 상담자가 항상 자기개방을 해야 하는 것은 아니다. "개방에 있어 각각의 상담자-내담자 관계는 개별적으로 평가되어야 하고" 개방이 일어났을 때는 "내담자의 필요에 대해" 적절한 개방을 하는 것으로 다루어져야 한다(Hendrick, 1988, p. 423).

내담자는 개인의 정보를 노출하는 상담자를 좀 더 신뢰하게 되는 것 같고, 그래서 상호 자기개방이 이루어지기 쉽다(Curtis, 1981; Kottler et al., 1994). 특히 청소년들은 "경계심이 느껴지지 않고 사적으로 대할 수 있는" 상담자들에게 좀 더 편안함을 느끼는 것 같다(Simone et al., 1998, p. 174). 상담자는 내담자에게 상담자와 상담과정에 대해 안내된 문서를 제공하여 자기개방에 대한 공식적인 근거로 이용할 수도 있다(능숙한 개방 표현의 예시는 [그림 6-1] 참고). 그들은 또한 상담 장면에서 자신의 내담자에게 사적인 정보를 적절하게 드러내고자 대개 이해 및 행동 단계에서 자발적으로 자기개방을 사용한다. 자발적인 자기개방은 내담자의 변화를 야기하는 데 중요하다(Doster & Nesbitt, 1979; Watkins, 1990).

Egan(2007)에 따르면, 상담자의 자기개방은 모델링과 새로운 관점의 개발이라는 두 가지 주요한 기능을 제공한다. 내담자는 상담자가 개방하는 것을 관찰함으로써 좀 더 개방하는 것을 학습한다. 상담자의 자기개방은 내담자로 하여금 상담자가 문제에서 자유롭거나 무감각하지 않다는 것을 알 수 있도록 돕는다(Cormier & Hackney, 2008). 이처럼 상담자의 사적인 생활 중 선별된 내용을 들으면서 내담자는 자신의 삶에서 완강하거나 두려운 측면을 살펴볼 수도 있고, 그중 몇몇의 어려움이나 경험은 평범하고 감당할 수 있는 것임을 깨달을 수도 있다. Egan(2007)은 상담자의 자기개방을 다음과 같이 강조했다.

- 간단하고 핵심적일 것
- 내담자의 문제를 증가시키지 않을 것
- 자주 사용하지 말 것

자기개방의 과정은 선형적이지 않다. 즉, 자기개방이 많아질수록 효과가 반드시 더 좋은 것은 아니다. 상담자는 자기개방을 하기 전에 "내가 자기개방을 하려는 이유에 대해 생각했는가?" "동일한 상담 목표 달성을 위해 더 효과적이고 덜 위험한 방법이 있지는 않은가?" "타이밍은 적절한가?"와 같은 질문을 스스로에게 해 봐야 한다(Simone et al., 1998, pp. 181–182).

Kline(1986)은 내담자가 자기개방을 위험하다고 인식하면 그런 위험을 감수하기를 망설일 수도 있음을 발견했다. 망설임은 그 화제로 토론하기를 거절하기, 대화 주제 바꾸기, 침묵하기, 과도하게 말하기와 같은 형태로 나타날 수 있다. 상담자는 이러한 두려움에 대해 모델링하고 자기개방에 초대하는 방법뿐만 아니라 상담과정에 대해 내담자가 갖고 있는 부정적인 감정 탐색하기, 얽매인 영역에 관해 이야기하기로 내담자와 계약하기, 특정 화제에 대한 회피에 내담자를 직면시키기 등의 방법으로 내담자가 두려움을 극복하도록 도울 수 있다.

사례 Della 개방하다

Della의 내담자인 Candace는 대화하기를 주저한다. 그녀는 성적으로 문제가 되는 행동을 저질렀으며, 그녀의 어머니가 이 문제를 다루는 데 도움을 필요로 했기 때문에 Della를 만날 것을 지시받았다. Della는 Candace를 대화에 초대하기 위해 자신이 알고 있는 모든 방법을 동원했지만 잘 되지 않았다. 결국 그녀는 최후의 수단으로 자기개방을 했다. "나는 열여덟 살이었을 때 엄마나 다른 어른들을 받아들일 수가 없었어. 난 그들을 내 삶이나 내가 하고 싶었던 일과는 상관없는 사람들이라고 생각했지. 너도 나처럼 그런 감정을 느끼고 있는 건 아닌지 궁금해."

Della의 자기개방이 Candace에게 도움이 됐다고 생각한다면 그 이유는 무엇이며, 반대로 아니라고 생각하는 이유는 무엇인가?

즉시성

"즉시성(immediacy)은…… 상담에서 가장 중요한 기법 중 하나다."(Wheeler & D'Andrea, 2004, p. 117) 이는 내담자와 상담자 모두가 어떻게 느끼는가에 대한 관점으로 "here and now와 치료적 관계에 초점을 맞추고 있다"(p. 117). 즉시성은 상담자와 내담자의 조력관계에서 이루어지는 것들, 특히 감정, 상대방에 대한 느낌, 기대에 대한 이해와 소통을 수반하게 된다(Turock, 1980). 기본적으로 즉시성에는 다음 세 종류가 있다(Egan, 2007, pp. 180–

181).

- 관계 전반에 걸친 즉시성: “어떻게 지냈어요?”
- 회기 내에서 특정 사건에 초점을 맞춘 즉시성: “지금 우리 사이에 무슨 일이 일어나고 있나요?”
- 자기개입 진술(즉, 도전적인 내담자에 대한 현재 시점에서의 개인적인 반응): “저는 그런 상황에서 당신이 자신의 삶에 대해 책임지는 방식을 좋아합니다.”

Egan(2007)은 즉시성은 어렵고 부담스러우며, 어떤 의사소통 기법보다 대담함과 자기주장이 필요한 기법이라고 생각했다.

Turock(1980)은 많은 상담자가 즉시성에 대해 갖는 두려움을 세 가지로 나열했다. 첫째, 상담자는 내담자가 자신의 메시지를 잘못 이해할 것을 두려워한다. 즉시성은 내담자의 사고나 감정에 대한 상담자의 잠정적인 추측이나 해석을 필요로 하며, 잘못된 추측으로 인해 내담자의 신뢰를 잃게 될지도 모른다.

둘째, 즉시성은 예상치 못한 결과를 가져올 수도 있다. 많은 상담 기법 중 반영과 같은 기법은 예측 가능한 결과를 가져오지만 즉시성은 그렇지 않다. 이는 상담자와 내담자 사이의 친숙한 패턴을 망가트릴 수도 있으며, 그 과정에서 관계가 악화될 수도 있다.

셋째, 즉시성은 내담자가 상담에서 관계를 통제할 수 없게 되어 상담 종결을 결정하는 데 영향을 줄 수도 있다. 몇몇 내담자는 ‘정말 끔찍하지 않아?(ain’t it awful)’ [1] 같은 게임을 하면서 상담자가 그에 부응하는 반응을 보이길 바란다(Berne, 1964). 내담자가 예상치 못한 결말을 맞이했을 때는 관계 속에 계속 머무르지 않을 수도 있다. Egan(2007)은 즉시성이 다음과 같은 상황에 적합하다고 언급하고 있다.

- 갈피를 못 잡는 관계일 때
- 긴장 상태일 때
- 신뢰에 의문이 들 때
- 상담자와 내담자 사이에 인종과 같은 상당한 사회적 간격이 존재할 때
- 내담자가 의존적일 때
- 반의존성이 나타날 때
- 상담자와 내담자 사이에 성적인 끌림이 있을 때

1) 역자 주: 교류분석(TA)에서 등장하는 게임의 한 종류를 말한다.

유머

유머는 질문이나 상황에 어울리지 않거나 예기치 않은 반응을 할 때 수반되는데 상담자의 민감성과 타이밍을 요구한다. 상담에서의 유머는 누군가를 비하하는 방향으로 진행되어선 안 된다(Gladding, 1995). 대신 상담자와 내담자 사이에 다리를 놓을 수 있도록 사용되어야 한다. 유머가 적절하게 사용되면 "많은 치료적 적용점을 갖는 임상도구가 된다" (Ness, 1989, p. 35). 유머는 내담자의 저항을 맞닥뜨리지 않으며, 라포를 형성하고, 긴장을 떨쳐내며, 내담자가 심리적 고통으로부터 거리를 둘 수 있도록 도울 수 있으며, 내담자의 자기효능감이 커지도록 돕는다(Goldin et al., 2006; Vereen, Butler, Williams, Darg, & Downing, 2006). 예컨대, 자신이 원하는 것이 무엇인지 확신하지 못하는 내담자와 상담할 때, 상담자는 다음과 같은 변화를 야기할 수 있다.

상담자: Joan, 전구 하나를 교체하기 위해 몇 명의 상담자가 필요할까요?

내담자: (주저하면서) 잘 모르겠어요.

상담자: 한 명이면 됩니다. 다만 그 전구가 정말 교체되길 진심으로 바라야겠지요.

내담자: (웃으며) 추측컨대, 제가 결심하지 못한 전구겠군요.

상담자: 결심하지 못한 것은 괜찮아요. 우리가 그에 대해 다루면 됩니다. 당신이 자신의 삶에 대해 다르게 보고, 우리가 함께 작업하는 것에 관심을 가질 수 있게 되면, 우리가 진행할 회기는 아마도 유익할 겁니다.

유머는 내담자가 창의적으로 사고하며, 상황을 긴 안목으로 볼 수 있도록 돕고, 삶의 어렵고 불편하거나 무의미한 측면을 좀 더 수월하게 탐색할 수 있도록 하는 데 기여한다 (Bergman, 1985; Goldin et al., 2006; Piercy & Lobsenz, 1994). 하지만 "상담자는 유머를 효과적으로 활용하기 위해서는 무엇이 유머러스하며 어떤 상황에서 유머러스한가에 대해 이해하고 있어야 한다는 것을 기억해야 한다" (Erdman & Lampe, 1996, p. 376). 따라서 상담 장면에서 유머를 시도하기 전에 내담자와 상담자 사이에 유머가 통할 만큼의 편안함이 있는지, 유머를 활용해야 하는 목적이 있는지, 신뢰와 존경의 마음이 있는지, 내담자만의 문화적 성향과 독특함을 고려한 유머인지를 살펴봐야 한다(Maples et al., 2001). 상담자는 내담자의 신념에 도전하고, 비합리적인 신념을 과장하고, 심지어 역설적 개입을 위해 유머를 사용한다(Goldin & Bordan, 1999). 제대로 활용만 된다면 유머로 인해 상담자-내담자 관계가 시작될 수 있다.

생/각/해/보/기

내게는 대부분의 관점에서 내담자와 보는 방식이 다른 상담자 친구가 한 명 있다. 그는 내담자에게 "우리는 정말 다른 것 같네요."와 같이 말하는 대신에 "만약에 제가 잘 몰랐다면 우리가 서로에게 결코 동의하지 못하거나 같은 관점으로 보지 못하는 걸로 봐서, 당신은 분명 저의 다른 반쪽일 거라고 말했을 겁니다." 당신 생각에 이런 반응을 유머러스한 반응의 관점으로 본다면 몇 점을 주겠는가? (1~10점) 당신이 이런 상황에서 좀 더 유머러스하게 반응한다면 어떻게 할 것 같은가? (10점을 주지 않은 경우)

직면

즉시성과 마찬가지로 직면(confrontation)도 종종 오해의 대상이 된다. 직면에 대해 익숙하지 않은 상담자들은 직면이 '네 표정에는(in your face)' 접근법과 같이 내담자에 대한 공격을 포함한다고 생각하곤 한다. 하지만 직면은 그보다는 초대의 성격을 띤다. 가장 좋은 직면은 내담자로 하여금 실체가 없거나 부적절하게 사용되는 행동에 대해 검토, 수정, 통제하는 것을 시도해 보게끔 한다. 간혹 직면은 내담자가 원하거나 기대하는 것에 상충되는 비언어적인 피드백을 동반하기도 한다. 이러한 반응은 자신이나 주변 환경에 대한 내담자의 인식과 일치하지 않을 수도 있다(Wilcox-Matthew et al., 1997).

직면은 "사람들에게 현재 일어나고 있는 것, 일련의 진행되는 과정을 보다 명확하게 볼 수 있게끔 하며, 보다 효율적인 삶, 다른 사람들과 보다 좋고 공정한 관계로의 변화를 위해 필요한 행동에 대해 책임지는 방법을 배우도록" 도울 수 있다(Tamminen & Smaby, 1981, p. 42). 좋은(책임지는, 돌보는, 적절한) 직면은 개인의 성장과 더불어 자신을 솔직하게 점검할 수 있도록 격려하는 역할을 한다. 하지만 간혹 상담자가 직면에 실패하면 내담자에게 해로운 경우도 있다. 직면을 회피하는 내담자의 행동은 대개 MUM 효과로 알려져 있는데, 상담자가 직면을 하지 않은 것보다 더 비효율적인 결과를 가져온다(Rosen & Tesser, 1970).

직면을 사용하는 과정에는 몇 가지 주의사항이 있다(Leaman, 1978). 상담자는 내담자와의 관계가 직면을 견뎌 낼 만큼 견고하다는 것에 대한 확신이 있어야 한다. 또한 시기적으로 직면은 적절하게 필요한 타이밍을 맞춰야 하며, 상담자가 그것을 사용하게 된 동기가 꾸준히 유지되어야 한다. 결국 내담자의 약점보다는 강점에 초점을 맞춘 직면이 보다 효과적이다(Berenson & Mitchell, 1974). 상담자는 내담자가 이전에 시도했으나 실패한 자원을 사용하는 데 도전하도록 격려해야 한다.

강점이든 약점이든 어디에 중점을 둔 직면인가에 상관없이 상담자는 "당신이 ~라고 말했지만 ~하게 보입니다."라는 표현 형식을 직면 과정에서 사용하게 된다(Cormier & Hackney, 2008). 예컨대, 직면의 첫 번째 부분에서는 "당신은 좀 더 자주 밖에 나가서 사람들을 만나고 싶다고 하셨지요."라고 말할 수 있을 것이다. 그리고 두 번째 부분에서는 상담자가 내담자의 말과 행동에서 보이는 불일치나 모순을 강조하게 된다. "하지만 현재 당신은 밤에 4~6시간 TV를 보고 계시는군요."

계약하기

계약(contracting)에는 두 가지 측면이 있다. 하나는 목표에 도달하기까지의 과정에 초점을 맞추고, 반면 다른 하나는 최종 결과에 집중한다. 목표 설정 시, 상담자는 이론적 기반을 토대로 작업한다. 내담자는 목표를 달성하기 위해 자신의 사고, 감정, 행동을 변화시키는 방식을 배우게 된다. 상담자와 내담자가 계약 행동을 하는 것은 자연스러운 과정이다. Goodyear와 Bradley(1980)는 모든 대인관계가 계약적이지만 몇몇은 다른 것에 비해 좀 더 명시적이라고 지적했다. 왜냐하면 일반적으로 진행되는 상담 회기 수는 5~6회기 정도로 적다. 그러므로 상담자와 내담자가 계약 시스템을 통해 목표를 설정하는 것은 유용하고 시간도 아낄 수 있다. 이러한 시스템을 통해 상담자와 내담자 모두가 상담 방향을 결정하고 내담자의 변화를 평가하는 데 참여할 수 있게 된다. 이는 양쪽 모두가 보다 더 분명해질 수 있도록 돕는다(Brammer et al., 1993).

그 외에 상담에서 계약하기를 사용함으로써 얻게 되는 이득에는 다음과 같은 것들이 있다(Thomas & Ezell, 1972).

- 계약은 상담자와 내담자가 추구해야 할 것으로 합의한 목표와 그에 따른 행동 방침을 서면으로 제공한다.
- 계약이라는 절차가 지닌 본질과 시간 제한은 미루는 성향의 내담자에게 동기를 부여하기도 한다.
- 만일 상담이 계약에 명시된 회기 수에 맞춰 종결된다면 내담자는 문제가 해결됐음을 좀 더 명확하게 느낄 것이다.
- 계약은 내담자로 하여금 어떤 변화든지 그에 대한 책임감을 주며, 내담자의 기운을 북돋우는 잠재력을 가지고 있어 환경에 대해 보다 반응적이며, 자신의 행동에 대해 더 책임질 수 있게끔 한다.
- 특히 회기 수가 정해진 계약 시스템은 내담자가 상담에 정기적으로 참석할 수 있게끔

한다.

계약 설정을 위한 몇 가지 방법이 있다. Goodyear와 Bradley(1980)는 가장 효율적인 방법으로 다음과 같은 내용을 제시하였다.

- 상담자가 자신의 내담자에게 진행될 상담의 목적에 대해 알리는 것은 매우 중요하다.
- 상담 회기에 없는 사람에 대한 것보다는 내담자 내부의 변화를 위한 계약이 필수적이다. 상담자는 내담자가 화를 내는 아동과 같이 타인의 행동을 점검하고자 할 때는 컨설턴트의 역할을 하게 되는데, 이런 활동은 한계가 있다.
- 상담자는 계약 내용에 내담자가 '노력하겠다' '아마 ~일 것이다'와 같이 한정되지 않은 용어를 포함하는 것을 피해야 한다. 이러한 단어의 사용은 대개 내담자의 목표 달성 실패라는 결과로 이어진다.
- 상담자는 내담자의 목표가 타인을 기쁘게 하는 것을 지향하거나 '해야 한다'와 같은 단어를 포함하는 것을 경계해야 한다. 이런 표현은 외부에 중심을 두는 목표를 포함하게 된다. 예컨대, 초기 목표에 "내 배우자를 좀 더 기쁘게 해야 한다."와 같은 진술을 포함시킨 내담자는 단지 일시적으로만 그렇게 할 뿐이다. 결국 그 목표는 내부에 중심을 두지 않았기 때문이다. 이러한 계약 목표를 피하기 위해서 상담자는 내담자가 진정 원하는 것이 무엇인지 물어볼 필요가 있다.
- 내담자가 상담을 통해 성취하고자 하는 것을 명확하게 정의하는 것이 중요하다. 행복해지고 싶다고 말하는 내담자와 10파운드 감량을 원한다고 설명하거나 하루에 최소 3명의 새로운 사람들을 만나겠다고 말하는 내담자 사이에는 큰 차이가 있다. 후자의 목표가 보다 구체적이며, 상담자와 내담자 모두 목표가 이루어졌을 때 그 사실을 인식할 수 있게 된다.
- 상담자는 계약이 변화에 초점을 두도록 해야 한다. 내담자는 자신이 뭔가를 해야 하는 이유를 이해하고 싶어 하지만 단지 통찰만으로는 행동으로 이어지기 어렵다. 그래서 상담자는 내담자의 행동, 사고, 감정에서 변화를 촉진하는 계약을 강조해야 한다.

계약에 무엇을 포함할 것인가에 대해 좀 더 간편하게 할 수 있는 방법은 SAFE(Specificity, Awareness, Fairness, Efficacy)를 사용하는 것이다. S는 명시화하는 것(즉, 치료 목표 설정)을 나타내며, A는 인식(즉, 상담의 절차, 목표, 부가적 효과에 대한 지식), F는 공정성(즉, 상담관계가 균형적이며, 상담자와 내담자 모두 앞으로의 작업에 대한 정보를 충분히 갖고 있는 것), 그리고 E는 효과(즉, 내담자가 선택하고 의사결정을 한 영역에서 스스로 해낼 것을 확신하는 것)를 나타낸다(Moursund & Kenny, 2002).

계약이 내담자의 삶 중 특정한 측면에 대해 규정하고 이해하고 작업하는 것을 돕는다는 중요한 부분도 있으나 약점도 가지고 있다. Okun과 Kantrowitz(2008)는 계약이 상담자와 내담자 양쪽에서 재협상이 가능하도록 개방될 필요가 있다고 강조했다. 하지만 이러한 과정은 종종 시간이 소모되며, 개인적으로 매우 부담이 되기도 한다. Thomas와 Ezell(1972)은 계약 시스템의 약점을 나열하였다.

- 상담자는 내담자를 계약으로 구속해선 안 된다. 동의 내용에 내담자가 동의한 것을 실행하도록 강요하기 위해 상담자가 사용하는 외부적인 보상이나 처벌이 포함되지 않아야 한다.
- 내담자의 문제 중 어떤 것은 계약에 적합하지 않다. 예컨대, 새 친구를 사귀고 싶은 내담자는 그들이 친해지고 싶은 유형의 사람들과 만날 수 있는 좋은 기회가 제공되는 장소를 방문하기로 계약할 수도 있다. 그런데 그러한 계약이 내담자가 새로운 친구들을 사귀게 될 것이라고 보장할 방법은 없다.
- 문제를 다루는 것에 대한 계약서상의 방법은 가시적인 행동에 초점을 맞춰야 한다. 그렇지 않으면 계약이 성공적으로 실행되더라도 내담자는 통찰을 얻지 못하거나 인식을 바꾸지 못할 수도 있다.
- 계약은 상담 초기의 호소 문제에 제한되어 있다. 그렇다 보니 변화에 동기 부여가 되어 있고, 새롭고 매력적인 아이디어를 찾는 내담자들은 계약 시스템에 지루함을 느끼게 될 수도 있다.

계약의 형식을 결정함에 있어 상담자는 내담자의 배경 및 동기 부여 수준, 현재 경험하고 있는 문제의 본질, 계약의 성공적인 완수를 확신하기 위해 내담자에게 있는 자원은 무엇인가에 대해 고민해 봐야 한다. Goodyear와 Bradley(1980)는 상담자가 내담자에게 어떤 식으로 계약을 파기할 수 있는가에 대해 물어볼 것을 제안했다. 이러한 질문은 내담자가 자신이 동의한 내용을 수행하는 것에 대해 품고 있는 저항을 인식하게끔 돕는 역할을 한다.

시연

일단 계약이 성립되면, 상담자는 내담자로 하여금 명시된 행동에 대해 연습 혹은 시연(rehearsal)을 해 보도록 함으로써 그것을 실행할 가능성을 최대한 높이도록 도울 수 있다.

옛 격언에 연습이 완벽을 만든다는 말이 있는데, 이는 운동선수나 예술가뿐만 아니라 목표에 도달하고자 하는 내담자에게도 적용될 수 있다. 내담자들은 이를 '명시적인' 방식과 '은밀한' 방식의 시연으로 해 볼 수 있다(Cormier & Cormier, 1998). 명시적인 시연에는 내담자 자신이 하려는 것을 언어화하거나 행동화하는 과정이 필요하다. 예컨대, 한 남성에게 데이트 신청을 하려는 여성이 있다고 하자. 그녀는 그 남성에게 실제로 접근하기 전에 자신이 하려는 말과 어떻게 행동할 것인가에 대해 미리 연습해 보길 원할 것이다. 은밀한 시연은 원하는 목표를 상상하거나 깊이 생각해 보는 것이다. 예를 들면, 연설을 준비하는 학생은 우선 자신이 연설하는 상황을 상상해 본 후, 자신이 표현할 주제를 어떻게 조직할 것인가에 대해 심사숙고하게 된다. 미리 그 상황을 상상해 보는 것은 불필요한 불안을 감소시키고 더 잘 발표할 수 있도록 돕는다.

간혹 내담자는 시연 기간 동안 상담자의 코칭을 필요로 한다. 그러한 코칭은 내담자가 다음에 할 것을 기억할 수 있도록 돕는 일시적인 도움의 형태로 제공된다(Bandura, 1976). 그것은 단순히 내담자가 현재 어떻게 하고 있는가에 대한 피드백을 주는 것일 수도 있다. 피드백은 과도하게 과장된 움직임과 같이 내담자가 행동을 숙달함에 있어 자신이 갖고 있는 특정한 문제들을 인식하고 수정할 수 있도록 돕는 것을 뜻한다. 피드백은 과장되지만 않는다면 효과적으로 사용될 수 있다(Geis & Chapman, 1971). 피드백은 말과 서식으로 동시에 제공될 때 그 효과가 가장 크다.

또한 상담자는 내담자가 상담 회기에서 배운 기법을 연습하고, 자신의 삶과 관련되는 영역에서 그런 기법을 보편적으로 활용할 수 있도록 돕기 위하여 숙제('힘을 실어 주는 과제' 혹은 '회기 사이에 주어지는 임무' 라고도 함)를 낼 수도 있다. 숙제는 특정 기법 혹은 상담 회기 밖에서 사용할 기법에 대한 부가적인 작업을 수반한다. 숙제는 다음과 같이 무수한 이점을 가지고 있다(Hay & Kinnier, 1998; Hutchins & Vaught, 1997).

- 내담자로 하여금 회기와 회기 사이의 적절한 행동에 초점을 유지하도록 하기
- 상담자와 내담자가 함께하는 작업에서 어떤 부분이 나아졌는지 명확하게 보여 주기
- 내담자에게 행동 변화의 동기 부여하기
- 내담자가 자신의 활동을 평가하고 수정하도록 돕기
- 내담자가 자신을 통제하는 것에 보다 책임을 질 수 있도록 하기
- 상담에서 이뤄 낸 성과를 축하하기

인지-행동적 상담자는 대개 과제 부여를 강조하는 것 같다. 예컨대, 이 이론적 배경을 가진 상담자들은 회기 내에서 내담자에게 인지-행동을 강화시키는 워크북을 사용하도록

한다. 워크북은 적극적인 참여를 필요로 하며, 내담자가 성취한 가시적 성과를 제공한다. 아동을 대상으로 하는 탁월한 인지-행동 워크북으로는 두 종류가 있는데, 그중 하나는 Vernon(1989)의 『*Decisions and Consequences*』다. 이 책에서 사고, 감정, 행동은 사발에 계란을 떨어뜨리는 것과 같은 행동을 상담자가 함으로써 원인과 결과에 초점을 맞춘다. 다른 한 책은 Kendall(1990)의 『*Coping Cat Workbook*』으로, 아동들에게 고양이의 관점으로 삶을 보는 것과 같은 활동을 제공함으로써 사고와 감정의 연결 고리를 집중적으로 다루고 있다.

하지만 어떤 이론적 배경의 상담자도 내담자가 스스로 잘해 낼 수 있도록 돕기를 원한다면 과제 부여를 사용할 수 있다. 과제가 가장 효과적으로 사용되려면 행동의 변화를 측정 가능하도록 설정해야 한다(Okun & Kantrowitz, 2008). 또한 내담자에게 의미 있고 도움이 되려면 내담자의 상황에 적절해야 한다(Cormier & Cormier, 1998; Young, 2005). 더욱이 상담자와 내담자가 과제 부여를 사용하여 효과를 얻고자 한다면 내담자는 부여된 과제를 완수해 내야 할 것이다.

"부여될 수 있는 과제의 종류는 상담자와 내담자가 독창적으로 고안한 것으로만 제한된다."(Hay & Kinnier, 1998, p. 126) 흔히 주어지는 과제의 유형은 역설적인 것(역효과를 야기하기 위한 시도), 행동적인 것(새로운 기술의 습득), 위험 감수하기(두려운 뭔가를 해 보는 것), 사고하기(선택한 생각을 심사숙고하기), 작문하기(일지 작성하기), 독서요법하기(문학작품 읽기, 듣기, 보기), 끝으로 아무것도 하지 않기(자신의 일상 습관으로부터 잠깐 벗어나 보기) 등이 있다.

사례 Conrad, 계약 이행에서 어려움을 겪다

Conrad는 사회성이 부족하여 상담자를 만났다. 그는 비언어적인 단서를 제대로 포착하지 못했으며, 짧은 대화조차 하지 못했다. Conrad의 상담자인 Penelope는 그와 계약을 체결하고자 시도했다. 우선 소리 없이 TV 시청을 하면서 감정적 표현을 찾아보기로 했다. 그 다음으로는 매일 공원에서 세 사람을 만나 그들의 안부를 묻고 최대한 오랜 시간 동안 대화해 보기로 했다.

Conrad는 계약 첫째 주에 그러한 시도를 했지만 이내 포기하고 말았다. "너무 어렵다."고 말했다.

만약 당신이 Penelope라면 Conrad가 다시 계약을 이행할 수 있도록 돕기 위해 어떻게 할 것인가?

2. 전이와 역전이

만일 상담자가 이전 회기에서 다루었던 내용이 또 반복되는 식의 상담이 계속되는 것을 피하고자 한다면 상담이 진행되는 동안 내담자의 발전을 돕기 위한 상담자의 기술이 매우 중요하다. 하지만 상담 성과의 질적 측면에 영향을 미치는 또 다른 중요한 요인이 있다. 그것은 바로 상담자와 내담자의 관계다. 상담자와 내담자가 서로 효율적으로 작업하기 위해 요구되는 역량은 그들이 발전시킨 관계에 큰 영향을 받는다. 상담은 강렬한 정서적 경험이 될 수도 있다(Cormier & Cormier, 1998; Sexton & Whiston, 1994). 어떤 경우에는 상담자와 내담자가 진정으로 서로를 미워하거나 양립할 수 없는 분위기에 처하기도 한다(Welfel & Patterson, 2005). 하지만 대개는 상담자와 내담자가 서로에 대해 생각하고 느끼고 표현하는 사고와 정서로부터 경험하는 전이와 역전이를 통해 작업을 할 수 있으며 또 그렇게 해야 한다. 몇몇 상담이론은 전이와 역전이를 다른 어떤 것보다 더 강조하기도 하지만, 이 두 가지 개념은 대부분의 상담관계에서 어느 정도는 발생하게 된다.

전이

전이(transference)는 내담자가 상담자에게 자신의 과거 또는 현재의 감정이나 태도, 바람을 투사하는 것이다(Brammer et al., 1993; Brammer & MacDonald, 2003). 전이는 두 가지 방식으로 사용된다. 첫째는 상담자가 내담자를 더 잘 이해할 수 있도록 돕는 데 사용되며, 둘째는 내담자의 문제를 해결하는 방식으로 활용된다(Teyber, 2000). 개념으로서의 전이는 정신분석 문헌에서 유래되었다. 이는 본래 치료 장면에서 다루는 내담자의 초창기 감정이 치료자에게로 전이되는 것을 강조한 것이었는데, 오늘날에는 전이가 정신분석 치료에 국한되지 않고 현재와 과거의 경험에 토대를 두게 되었다(Corey et al., 2007).

모든 상담자는 Gelso와 Carter(1985)가 전이 유도로 묘사한 것, 즉 특정한 이론적 접근을 활용하여 만들어 낸 이미지를 갖고 있다. 내담자는 자신의 개인적 배경과 현재 상태와 관련된 상담자의 이미지에 반응한다. 상담자가 앉고, 말하고, 행동하고, 보이는 방식은 내담자의 반응을 촉발시킨다. 이러한 반응은 전이가 일어났음을 보여 주는 예다. "마치 제 어머니처럼 말씀하시는군요." 이러한 진술과 똑같은 대화가 관찰될 수도 있지만, 만일 내담자가 마치 상담자가 자신의 어머니인 양 행동하기를 시작하더라도 전이가 시작된 것이다.

상담에서는 흔히 다섯 가지 패턴으로 전이 행동이 나타난다. 내담자가 상담자를 이상적인 존재, 예언자, 양육자, 좌절시키는 사람, 별 볼일 없는 사람으로 인식하는 것이다(Watkins,

1983, p. 207). 상담자는 자신을 긍정적으로 보는 전이 현상에 대해 처음에는 즐길 수도 있다. 그러나 그런 유희는 점차 사라진다. 전이 경험과 관련된 효과를 극복하기 위한 방안으로 Watkins(1983)는 〈표 7-2〉에 제시된 접근법을 제안하고 있다.

Cavanagh(1990)는 전이가 직접적 또는 간접적으로 일어날 수 있다고 언급했다. 직접적 전이는 상담자를 자신의 어머니처럼 생각하는 내담자의 예로 대표된다. 간접적 전이는 알아차리기가 어려운데, 이는 대개 상담자와 직접적으로 관련이 없어 보이는 내담자의 말이나 행동에서 드러난다(예: "대화는 하찮고 비효율적이에요." 혹은 "상담은 제가 항상 원했던 경험이라고 생각합니다.").

이러한 직접성의 정도에 상관없이, 전이는 부정적이거나 긍정적이다. 부정적 전이는 내담자가 자신에 대해 등한시하거나 부정적으로 행동한다고 상담자를 비난할 때 일어난다. 처음에는 다루기가 힘들지만 부정적 전이는 현실로 돌아오게 하고, 궁극적으로는 가치 있는 일이므로 상담관계에서 반드시 다루어져야 한다. 이는 관계의 질적인 면에 직접적으로 영향을 준다. 긍정적 전이는 상담자에 대한 내담자의 존경과 같이 부드러운 형태로 나타나는데, 초기에는 두 사람의 관계에 뭔가를 더하는 것처럼 보이기 때문에 쉽게 드러나지 않을 수도 있다(Watkins, 1983). 간접적이거나 부드러운 형태의 긍정적 전이는 상담 작업에 덜 해롭다.

Cavanagh(1990)는 부정적, 긍정적 전이 모두 저항의 형태를 띤다는 입장을 유지하고 있다. 내담자가 전이에 대해 상담자의 주의를 계속 끈다면 목표를 설정하고 성취하는 데 있어서 진전이 거의 일어나지 못하게 된다. 이 문제를 해결하려면 상담자가 분석적으로 접근하기보다는 직접적이고 관계 중심적으로 작업할 필요가 있다. 예컨대, 상담자가 칭찬받는 것에만 관심이 있다고 내담자가 불평하는 경우, 상담자는 "저는 몇몇 상담자가 그럴 수 있다는 것과 그것이 매우 유익하지 않음에 동의합니다. 그런데 우리는 당신의 목표에 초점을 맞춰 왔습니다. 이 목표로 다시 돌아가 봅시다. 만일 상담자 입장에서 당신이 그것을 살펴보는 것이 상담 목표와 관련이 있어 필요한 것이라면 우리는 그 주제를 다룰 것입니다."라고 반응할 수 있다.

Corey와 동료들(2007)은 전이를 통한 작업이 치료적 가치가 있다고 본다. 그들은 내담자가 상담자에 대해 왜곡된 인식을 해결하게 되면 상담자-내담자 관계가 좋아진다고 믿는다. 만약 그 상황이 민감하게 다뤄진다면 상담자에 대한 내담자의 깊어진 신뢰와 상담자의 확신을 통해 증진된 관계가 드러날 것이다. 더욱이 전이 감정이 해결됨으로써 내담자는 과거에 대한 통찰을 얻게 되고, 현재와 미래에는 다르게 행동할 수 있게 된다.

〈표 7-2〉 전이 패턴에 대한 개념화 및 개입 방안

전이 패턴	내담자의 태도/행동	상담자 경험	개입 방안 (초점의 대상)
이상적 존재로서의 상담자	• 많은 칭찬, 동의 • 타인에게 상담자 자랑하기 • 상담자 행동 모방하기 • 비슷한 옷 입기 • 상담자의 존재에 대한 갈망 • 일반적인 이상화	• 자부심, 만족, 강함 • 긴장, 불안, 혼란, 좌절, 분노 등 모든 감정을 잘 다루는 느낌	• 내담자의 기대 • 이러한 기대의 결과 • 내적인 처벌 표현 • 자기부인 • 자포자기의 경향
예언자로서의 상담자	• 상담자를 전지전능한 존재로 봄 • 상담자를 전문가로 봄 • 답, 해결 방안을 요구함 • 조언을 구함	• 모든 것을 아는 존재로 느낌 • 전문성, '신(God) 컴플렉스' • 자기의심, 자신에 대한 심문 • 자기환멸 • 무능함	• 조언에 대한 내담자의 필요 • 결정의 부재 • 자기신뢰의 부재 • 선택사항의 개방
양육자로서의 상담자	• 많은 감정 표현, 울음 • 의존 및 무기력함 • 미결정, 조언을 구함 • 신체적 접촉, 돌봄에 대한 갈망 • 허약함	• 슬픔, 동정심 • 달래고, 애지중지하고, 쓰다듬어 주고 싶은 충동 • 좌절감, 역량 부족을 느낌 • 우울과 절망 • 고갈됨	• 의존에 대한 내담자의 필요 • 의존의 감정 • 자기 행동에 대해 책임지는 것이 내키지 않음-사고방식의 대안
좌절시키는 존재로서의 상담자	• 방어적인, 신중한, 경계하는 • 의심하며 믿지 못하는 • 'enter-exit' 현상 • 상담자를 시험함	• 불안, 가장자리에 서 있는, 긴장됨 • '달걀껍질 위를 걷는' 경험 • 반응에 대한 점검 증가 • 상담 취소, 예고 없이 안 오기 • 내담자에 대한 반감 • 적대감, 증오심	• 신뢰 구축하기, 관계 강화 • 전이 패턴의 목적 • 타인을 신뢰하게 되는 일련의 과정 • 초기 경험의 재작업
별 볼 일 없는 존재로서의 상담자	• '화제 전환', 초점의 부재 • 수다스러움, 압박 사고 • 두서없이 진행되는	• 압도되는, 진압당하는 • 충격받는 • 이용당하는, 평가 절하되는 느낌 • '하찮은 존재'가 되는 느낌 • 억울함, 좌절의 감정 • 무가치함 경험	• 접촉하기 • 내담자의 언어적 장벽으로 이면의 것 획득 • 내담자의 침묵 반영 효과 • 전이에 개입하지 않는 효과

출처: Watkins (1983).

역전이

역전이(countertransference)란 내담자에 대한 상담자의 정서적 반응이나 행동을 의미한다(Fauth & Hayes, 2006; Hansen et al., 1994). 이 반응은 상담자 자신의 미해결 과제가 원인으로 비합리적이며, 대인관계로 인한 스트레스가 많고, 신경증적으로 발산될 수 있다. 더욱이 역전이는 종종 상담자의 대안에 있어 "해롭고, 위협적이며, 저항적이거나 매우 부담이 큰" 대상이 된다(Fauth & Hayes, 2006, p. 431). 역전이의 예를 두 가지 들어 보겠다. 하나는 여성 상담자가 어릴 적 자신의 언니에게 했던 것과 같은 행동을 자신의 내담자에게 나타내는 것이고, 다른 하나는 여성 상담자가 섭식장애가 있는 자신의 내담자에게 자신을 과도하게 동일시하는 것이다. 이러한 상호작용은 상담자의 치료적 능력을 파괴할 수 있으며, 상담 목표에서 동떨어지게끔 한다. 만약 역전이가 적절히 해결되지 못하면 상담관계에 해를 끼칠 수 있다.

Kernberg(1975)는 크게 두 가지 방법으로 개념화된 역전이 문제에 접근했다. 고전적인 접근에서는 역전이는 부정적이며, 상담자의 내담자에 대한 직간접적인 무의식적 반응으로 보인다. 총체적인 접근에서는 역전이를 좀 더 긍정적으로 본다. 이런 관점에서 역전이는 내담자의 무의식적 동기를 이해할 수 있는 진단적 도구라고 할 수 있다. Blanck와 Blanck (1979)는 제3의 방법으로 역전이를 묘사했다. 이는 역전이를 긍정적인 관점과 부정적인 관점 모두에서 보는 것이다. Watkins(1985)는 제3의 방법을 앞의 두 가지 접근법보다 더 현실적인 것으로 간주했다.

역전이는 몇 가지 형태로 드러난다(Corey et al., 2007). 가장 일반적인 형태들은 다음과 같다. ① 내담자를 기쁘게 하려는 지속적인 열망을 느낌, ② 목표를 상실할 만큼 내담자의 문제를 자신의 문제와 동일시함, ③ 내담자에 대한 감정이 성적 혹은 연애 감정으로 발전함, ④ 억지로 충고함, ⑤ 내담자와 사회적 관계로 발전되길 원함.

Watkins(1985)는 역전이가 무수히 많은 방식으로 표현될 수 있다고 생각했는데, 그중에서도 특히 '과잉보호하는' '상냥한' '거부하는' '적대적인'의 네 가지 형태에 주목했다. 처음 두 가지 형태는 과도하게 동일시하는 것의 예로서, 상담자가 내담자로부터 정서적인 거리를 둘 수 있는 능력을 상실한 상태다. 후자의 두 가지 형태는 동일시하지 않는 것의 예로서, 상담자가 내담자로부터 정서적으로 단절된 상태다. 동일시하지 않는 것은 상담자의 냉담한, 비공감적인, 적대적인, 차가운 행동으로 표현된다.

중요한 것은 상담자가 이런 부정적이고 비생산적인 역전이를 통해 작업하는 것이다. 제대로 하지 못하면 내담자의 진전이 차츰 줄어들고, 상담자와 내담자 모두 그 과정에서 상처를 받게 된다(Brammer & MacDonald, 2003; Watkins, 1985). 또한 상담자가 자신이 역전이를 경험하고 있음을 알아차리는 것도 중요하다. 이런 감정을 일단 인식하게 되면 상담자는 그런 감정 이면의 원인을 찾아낼 필요가 있다. 이러한 자기이해를 모니터링하는 일관성 있는 몇 가지 방법을 개발하는 것이 중요한데, 한 가지 방법은 슈퍼비전을 받는 것이다(DeLucia-Waack, 1999). 상담자도 내담자와 마찬가지로 맹점, 숨겨진 영역, 자신이 알아채지 못한 삶의 영역을 가지고 있다.

슈퍼비전은 상담자가 보다 경험이 많은 상담자와의 전문적인 관계에서 지도 · 감독을 받음으로써 자신이 내담자에게 제공하는 상담 서비스를 모니터링함과 동시에 강화할 수 있게 되는 과정을 포함한다(Bernard & Goodyear, 2004). 슈퍼비전에서 사용되는 절차 중에는 상담자-내담자 상호작용을 일방경 뒤에서 관찰하기, 상담 회기 녹음테이프 모니터링하기, 상담 회기 비디오테이프 평가하기 등이 있다(Borders, 1994). 상담자가 회기 내에서 하는 역할을 분석하는 것은 슈퍼비전의 중요한 요소다.

생/각/해/보/기

당신은 만나자마자 좋아하거나 싫어하게 될 것 같은 사람을 만났던 적이 있는가? 그런 사람들을 어떻게 다루었는가? 그들과 상호작용하면서 어떤 느낌이 들었는가? 역전이 같은 경험을 하지는 않았는가? 그것은 어떤 차이가 있었는가?

3. 진실된 관계

이 장에서는 상담자와 내담자 사이의 작업 동맹에 기여하여 궁극적으로 내담자의 자기이해와 목표 달성을 위한 상담 기법과 대인관계의 질적인 측면을 강조하였다. 이끌기, 수준별 공감하기, 직면하기, 격려하기, 계약하기, 전이 및 역전이 알아차리기, 전문적인 방식으로 내담자의 개인적인 문제에 대해 작업하기 등 모든 방식은 상담과정에 기여한다. Gelso와 Carter(1985)에 따르면, 내담자를 돕는 상담 기법이 잘 사용된다면 진실된 관계(현실 지향적이며, 적절하고, 왜곡되지 않은)가 구현될 것이다. 진실된 관계는 상담자와 내담자 사이에서 그들의 첫 만남부터 두 가지 방식의 경험으로 시작된다. 상담자는 진실한 존재가 됨(자신의 사고와 느낌을 소유함)으로써, 자신의 내담자에게 진실함을 촉진함으로써, 그리고 현실적인 방식으로 내담자를 보고 이해하려고 노력함으로써 진실하게 된다. 내담자는 진실한 존재가 되고, 자신의 상황을 현실적으로 인식함으로써 관계가 진실하게 되는 것에 기여하게 된다.

상담에서 존재하는 진실된 관계는 대부분 상담자의 관점에 대해 쓰여 있어 잘못 이해되거나 불충분하게 정의되어 왔다. Gelso와 Carter(1985)에 따르면 진실된 관계의 본질에 대한 구체적인 명제가 존재한다. 하나는 관계란 상담과정 속에서 커지고 깊어진다는 것이고, 다른 하나는 상담자와 내담자는 진실된 관계 같은 것에 대한 기대와 현실화에서 서로 차이가 있다는 것이다.

Gelso와 Carter의 연구는 상담자-내담자 관계에 관한 임상적 문헌을 검토해 온 Sexton과 Whiston(1994)에 의해 평가되었다. 여러 결과 중에서 그들은 "내담자와 상담자 사이의 동맹은 복잡하고 상호작용적인 현상이라는 것"(p. 45)을 발견하였다. 상담은 역동적이고, 상호작용적인 과정이며, 상담자와 내담자 관계의 강도는 때에 따라 다르다.

진실된 관계에 대한 연구는 사회 구조적 관점, 즉 "사람들이 묘사하고 설명하거나 혹은 그들이 살고 있는 세상(그들이 소속된)을 설명하는 과정"으로 이루어져 왔다(Sexton & Whiston, 1994, p. 60). 진실됨과 성장은 현재 정확하게 정의되진 않았지만 계속해서 관심 대상으로 중요하게 여겨지고 있는, 상담관계에서 중요한 부분인 것 같다.

요약 및 결론

이 장에서는 상담의 이해 및 행동 단계를 강조하였다. 이 단계에서는 내담자와 상담자가 관계를 형성하고 이후에 작업이 일어날 수 있도록 가능한 목표를 탐색하는 과정이 이루어진다. 이 단계는 상담자와 내담자 사이에 관련된 상호작용에 따라 가능해진다. 상담자는 적절한 이끌기, 인식 바꾸기, 다초점 반응, 정확한 공감, 자기개방, 즉시성, 직면, 계약하기, 시연 등을 통해 내담자를 도울 수 있다. 이러한 기법들은 내담자에게 초점을 맞추지만 상담자의 자기통찰에도 도움을 준다.

내담자와 상담자는 전이와 역전이를 통해 작업을 해야 한다. 이는 상담에서 몇 가지 형태로 생길 수 있다. 어떤 내담자와 상담자는 다른 사람들에 비해 전이, 역전이를 덜 경험할 수도 있지만, 중요한 것은 각자가 자신이 전이-역전이 상태라는 것을 지각하고 있느냐는 것이다. 상담자와 내담자가 이러한 관계 방식에 대해 많이 인식할수록 그들이 중요한 대상과의 관계 속에서 피해를 받는 정도도 덜해질 것이며, 자기통찰도 더 깊이 이루어질 것이다. 이러한 주제를 성공적으로 해결함으로써 진실함이 고취되며, 더 나아가 궁극적으로는 세상을 실제적으로 경험하는 능력을 갖추게 될 것이다.

학습활동

1. 3명이 한 조가 되어 이 장에서 배운 상담 기법을 사용하는 방식에 대해 토의해 보라. 예를 들면, 침묵할 때와 직면시켜야 할 때를 어떻게 알 수 있을 것인가?

2. 이전 장에 이어 이 장에서도 '설득'이 상담자가 지녀야 할 적절한 기술로 언급되고 있다. 3명이 한 조가 되어 다음의 상황에서 설득을 활용하여 역할극을 해 보라. ① 개를 두려워하는 작은 소년, ② 높은 수준의 시험불안을 갖고 있는 학생, ③ 소심한 연장자, ④ 자신의 배우자와 공정하게 싸우지 못할 것이라는 기혼자. 이러한 상황에서 어떤 식으로 설득을 경험하겠는가? 당신이 사용한 기법은 얼마나 설득적이겠는가? 당신의 느낌을 수업 내에서 다 같이 공유해 보라.

3. 4명이 한 조가 되어 두 사람은 상담자와 내담자 역할을 하고, 나머지 두 사람은 관찰하라. 상담자는 자신이 알고 있는 공감을 수준별로 나열해 보라. 나열이 끝나면 내담자와 관찰자는 각 수준별 공감의 표현에 대해 피드백을 하라.

4. 활동 3에서 짝지은 조를 그대로 유지한 상태로 직면과 즉시성 기법을 연습해 보라. 그런 후에 두 가지 기법의 유사점과 차이점을 수업 내에서 다 같이 토론해 보라.

5. 전이와 역전이는 여전히 뜨겁게 논쟁되는 주제다. 학급을 두 팀으로 나누고, 한 팀은 이런 현상은 상담 내에서 발생한다는 입장을 견지하고, 다른 한 팀은 상담자와 내담자 사이에는 실제 관계만 나타나야 한다는 것을 입증하라. 학급에서는 각각의 입장에서 주장하는 핵심에 대해 판정하고 피드백을 줄 수 있는 3명의 패널을 선발하라.

제8장

상담관계 종결하기

1. 종결의 기능
2. 종결의 시작
3. 종결의 주제
4. 종결에 대한 저항
5. 조기 종결
6. 상담자 주도 종결
7. 긍정적인 태도로 종결하기
8. 종결과 연관된 문제: 추후상담과 의뢰하기

너와 함께 감정의 한가운데로 가는 상담을
열심히 하는 동안에
우리의 여행은 끝이 난다.
오늘 밤, 네가 주저하며
겨울의 이른 어둠 속,
12월 밤의 차가움 속으로
나의 사무실을 떠날 때와 같이
이제 당신 스스로 하라.
이 눈의 계절 변화는 비록 느리지만
함께했던 우리의 시간과 말들은
네 안에서 삶의 새로운 씨앗으로 자랄 수 있는
기억이 될 것이다.
지난 고통스러운 시간에 대한 인식과
기회는 만들어진다는
정신이 번쩍 드는 깨달음으로 인한
다양한 감정으로 시간을 채운다.
조용한 시간, 홀로 있을 때
그것들을 음미하라.

– Gladding (1977)

종결이란 상담을 그만두기로 결정하는 것이다. 이러한 결정은 일방적으로 또는 상호 간에 이루어질 수 있다. 종결은 상담에서 가장 마지막에 연구되면서 동시에 가장 소홀히 취급되는 측면이라 할 수 있다. 많은 이론가와 상담자는 종결이 자연적으로 일어나며, 내담자와 상담자 모두가 그 결과에 기뻐하고 만족해하며 떠나는 것이라는 점에 동의한다. Goodyear(1981)는 "종결은 상담자가 (내담자로부터) 떨어져 있는 상태를 유지하는 것에서부터 내담자 홀로 있는 것에 이르기까지 반응하는 과정으로, 마치 우리가 신화를 이룩하는 것과 같다."(p. 347)라고 말했다.

그러나 상담관계의 종결은 관련된 모든 것에 영향을 미치며, 종종 복잡하고 어렵다. 종결은 상담자와 내담자 모두에게 뒤섞인 감정을 유발시키기 쉽다(Kottler, Sexton, & Whiston, 1994). 예를 들어, 내담자는 특정한 상담 경험에 대해서 고마움과 후회스러운 감정을 동시에 느낄 수도 있다. 만약 이러한 감정이 충분히 다루어지지 않는다면 종결은 치료적 효과만큼이나 강력한 해로운 영향을 발휘할 수 있다.

이 장에서는 종결을 다양한 형태를 취할 수 있는 다차원적인 과정으로 설명하려 한다. 구체적으로 우리는 종결의 일반적인 기능뿐만 아니라 개인상담 종결과 상담관계의 종결을 모두 알아볼 것이다. 종결 전략, 종결에 대한 저항, 조기 종결, 합의 종결, 긍정적인 태도로 관계를 종결하기의 중요성 역시 논의할 것이다. 추후상담, 의뢰하기, 재검토하기와 관련된 영역 역시 다뤄질 것이다.

1. 종결의 기능

역사적으로 봤을 때 종결의 과정을 직접적으로 설명하는 것은 많은 이유로 환영받지 못했다. Ward(1984)는 두 개의 중요한 이유를 제안했다. 먼저 종결은 사회 전반에 걸쳐 금기시되는 주제인 상실감과 연관되어 있고, 특히 상담은 일반적으로 종결이 아닌 성장과 발달을 강조하는 것처럼 보여서 종결과는 관계가 없어 보인다. 두 번째로, 종결은 상담관계를 촉진하는 세부 기술과 직접적인 연관이 없다. 그러므로 종결은 흔히 상담에서 강조되는 과정이 아니다. 그러나 종결의 중요성은 미국 인구 내 노인 인구(Erber, 2005), 생애 단계 개념에 대한 넓은 수용(Sheehy, 1976), 죽음을 생애 주기의 한 부분으로 바라보는 관심의 증가(Kubler-Ross, 1969), 상실이 재창조, 초월성, 더 큰 자기이해, 새로운 발견과 연관될 수 있다는 사실(Hayes, 1993) 등과 같은 사회적 경향성으로 인해 나타나기 시작했다.

종결은 여러 가지 중요한 기능을 한다. 첫째, 종결은 어떤 것이 끝났다는 것을 알린다. 삶은 만남과 헤어짐의 연속이다(Goldberg, 1975; Maholick & Turner, 1979; Meier & Davis, 2008). 만남은 출생으로 시작하며, 헤어짐은 죽음으로 끝난다. 개인은 출생과 죽음 사이에 있는 직업, 관계, 삶의 단계를 포함한 일련의 경험 속에 들어갔다가 나오게 된다. 성장과 적응은 이러한 경험들을 잘하고 그로부터 배우는 능력에 달려 있다. 무언가 새로운 것을 시작하기 위해서는 먼저 이루어진 경험들이 반드시 완결되고 해결되어야 한다(Perls, 1969). 종결은 개인적 단계에서든 전문적 단계에서든 간에 학습된 경험을 적절하게 마무리하는 기회다(Hulse-Killacky, 1993). 상담에서 종결은 치료가 끝났다는 것을 의미하는 행위 이상이며, 그 자체가 동기를 부여하는 것이다(Yalom, 2005).

내담자와 상담자 모두는 상담 경험이 시간 제한적이라는 점에 동기 부여를 받게 된다(Young, 2005). 이러한 인식은 초기 성인기에 접어든 사람이 자신은 전도유망한 젊은이로 영원히 남을 수 없다는 것을 깨닫는 것과 유사한데, 이것은 종종 서른 번째 생일에 일어나는 사건이다. 이러한 깨달음을 통해 무언가 중요한 일을 할 시간이 남아 있다고 느낄 수 있고, 열심히 일을 하도록 자극을 받을 수 있다. 전략적 · 조직적이며 문제 해결 가족치료와 연관되어 있는 몇몇 상담자는 상담 횟수를 일부로 제한함으로써 내담자와 상담자가 제한된 시간에 대해 더욱 인식하면서 대부분의 회기를 진행하게끔 한다(Gladding, 2007). 또한 개인상담에서 회기 수가 제한되어 있는 것은 효과적이다(Munro & Bach, 1975).

둘째, 종결은 이미 성취된 변화를 유지하게끔 하는 방법이며, 상담에서 획득된 문제 해결 기술을 일반화하는 방법이다(Dixon & Glover, 1984). 성공적인 상담은 내담자가 생각하고 느끼고 행동하는 방식으로 중요한 변화를 이끌어 낸다. 이러한 변화는 상담에서 미리 연습되지만 현실 세계에서 행해져야만 한다. 종결은 이런 연습을 할 수 있는 기회를 제공한다. 내담자는 추후에 필요로 하는 도움을 구하기 위해 언제든 상담자에게 돌아올 수 있으나, 종결은 독립적인 연습이 시작될 수 있는 자연스러운 지점이다. 이것은 내담자에게 잠재적으로 힘을 실어 주는 경험이 되며, 내담자가 완전히 새로운, 수정된 방법으로 그 순간을 설명할 수 있게끔 한다. 종결 시점에는 “행동에 대한 통찰”을 할 수 있는 기회가 생긴다(Gladding, 1990, p. 130). 다시 말해서, 나가는 문처럼 보였던 것이 들어가는 문인 것이다.

셋째, 종결은 내담자가 성장했음을 일깨우는 데 도움이 된다(Vickio, 1990). 효과적인 상담 종결은 내담자에게 새로운 기술이나 그 자신에 대해 다양하게 생각하는 방법들을 제공해 주는 것 외에도, 내담자의 삶 속에서 내담자가 매여 있는 개인적인 문제들로 인해 덜 소진될수록 외부 사람들과 사건들을 더욱 잘 다룰 수 있는 때를 보여 준다. 외부 상황을 다룰 수 있는 이 능력으로 더욱 상호 의존적인 관계가 만들어질 수 있으며, 서로 지지해 주는 관계, 결과적으로 “더욱 독립적이고 만족스러운 삶”으로 나아갈 수 있다(Burke, 1989, p.

47). 문제에 대한 성공적인 해결책을 성취함으로써 이제 내담자는 기억에 저장된 새로운 통찰과 능력을 얻을 수 있으며, 상황에 따라 그것들을 불러내어 활용할 수 있다.

생/각/해/보/기

당신이 자발적으로 사건이나 관계를 종결했던 때를 생각해 보라. 당신에게 종결은 무엇으로 느껴졌는가? 그 경험을 통해 배운 점은 무엇인가? 그 경험 속에서 당신이 발견한 가치는 무엇인가?

2. 종결의 시작

관계를 종결하기 위한 때는 정확한 답이 없는 질문이다. 그러나 "종결은 계획되어야 하지 갑작스러워서는 안 된다" (Meier & Davis, 2008, p. 16). 만일 관계가 너무 빨리 종결된다면 내담자는 상담에서 얻었던 지지 기반을 잃을 수 있고, 초기에 한 행동들을 후회할 수 있다. 그러나 종결이 전혀 언급되지 않는다면 내담자는 상담자에게 의존적이 될 수 있고, 어려움을 해결하고 인간으로서 성장하는 데 실패할 수 있다. 종결 시점에서 살펴볼 만한 몇 가지 실제적인 고려사항들이 있다(Cormier & Hackney, 2008; Young, 2005).

- 내담자가 약속한 행동적, 인지적, 정서적 목표를 성취했는가? 내담자와 상담자가 특정한 목표에 다다랐는지에 대해 함께 명확하게 생각할 때 종결의 때를 더욱 쉽게 알 수 있다. 이 고려사항의 핵심은 상담이 시작되기 전에 상호 합의된 계약이 만들어졌는지의 여부다.
- 내담자가 성취하고자 원했던 것들이 어느 정도 진척되었는지를 구체적으로 보여 줄 수 있는가? 이 상황에서 명확한 진척은 종결 결정을 내리는 데 기초가 될 수 있다.
- 상담관계는 도움이 되는가? 내담자든 상담자든 간에 상담 회기가 도움이 되지 않는다고 느낀다면 종결하는 것이 적합하다.
- 초기에 세운 상담 계획의 내용과 달라졌는가? 이사나 지속되는 질병이 있는 경우에는 종결(의뢰하기와 함께)이 고려되어야 한다.

종합적으로 상담관계를 종결하는 하나의 정확한 시점은 없다. 상담을 '언제' 종결할 것인지는 상황의 특성과 더불어 전반적인 윤리적, 전문적 지침과 함께 고려되어야 한다.

3. 종결의 주제

개인 회기 종결하기

종결은 개인상담 회기 중 일어나는 주제다. 초기 회기에서 시간 제한에 대해 명확하게 정의해 주어야 한다(Brammer, & MacDonald, 2003: Cormier & Hackney, 2008). 일반적으로 45~50분 정도가 개인상담 회기로 적절하다고 여겨진다. 상담자가 내담자 및 내담자의 관심사를 다루는 데는 보통 5~10분 정도의 시간이 소요된다. 너무 일찍 마치는 상담 회기는 너무 오래 지속되는 상담 회기만큼이나 비생산적이다.

Benjamin(1987)은 면접을 마칠 때의 두 가지 중요한 요인을 언급했다. 첫째, 내담자와 상담자 모두는 그 회기가 종료된다는 것에 대해 인식해야 한다. 둘째, 이 종료 시점에 새로운 내용이 등장하거나 논의되지 않아야 한다. 만약 내담자가 새로운 내용을 소개한다면 상담자는 그 내용을 다음 회기에서 초점을 두고 이야기하도록 조치할 필요가 있다. 드문 경우, 상담자는 긴급함을 느끼고 새로운 문제를 다뤄야 한다.

상담자는 여러 다양한 방법을 활용하여 면접을 효과적으로 종료할 수 있다. 하나는 간단한 문장으로 시간이 다 되었다는 것을 알리는 것이다(Benjamin, 1987; Cormier & Hackney, 2008). 예를 들어, 상담자는 "오늘의 상담시간이 다 된 것 같네요."라고 말할 수 있다. 문장은 간결할수록 좋다. 만약 내담자가 회기의 끝 무렵에 여러 주제에 대해 주절주절 이야기한다면 상담자는 시간이 5~10분가량 남았음을 알려 주어야 한다. 예를 들어, 상담자는 "Lily, 오늘의 상담시간이 5분 정도 남은 것 같네요. 오늘 당신이 무엇을 배웠는지 요약해 보고 다음 시간에는 어떤 점에 집중하고 싶은지 이야기해 주겠어요?"라고 이야기할 수 있다. 그러면 내담자는 현재 중요한 일들에 집중할 수 있을 뿐만 아니라 미래에 언급될 필요가 있는 내용들에 대해서도 주의집중을 할 수 있을 것이다. 직접적으로 이야기하는 것을 대신하거나 추가하고자 할 경우, 상담자는 그 회기가 끝나고 있다는 것을 암시하는 비언어적 동작을 사용할 수 있다. 이러한 행동에는 상담자가 시계를 보거나 일어서는 행동들이 포함된다. 비언어적 동작은 언어적 지시와 함께 가장 잘 사용된다. 비언어적 동작과 언어적 지시는 서로의 효과를 강화시킨다.

면접이 끝을 향해 가고 있다는 것을 암시할 때는 보통 회기 안에서 어떤 것들이 일어났는지 요약해 보도록 하는 것이 효과적이다. 상담자나 내담자 중 어느 쪽이라도 이러한 요약을 시작할 것이다. 좋은 요약은 회기의 중요한 요점들을 함께 묶어 내고, 간결하면서 해석 없이 요점을 짚어 주는 것이다. 상담자와 내담자가 함께 요약을 한다면 두 사람은 회기를 통해 각각 얻은 내용 안에서 통찰을 얻을 수 있다. 이와 같은 과정은 어떠한 오해가 있더라도 그것을 명확하게 풀도록 하는 방법을 제공한다.

어떠한 개인 회기 종결에서든지 중요한 부분은 다음 약속을 정하는 것이다. 대부분의 문제는 시간이 지나면서 해결된다. 내담자와 상담자는 작업을 지속하기 위해서 언제 다시 만날 것인지를 알 필요가 있다. 나중에 전화로 하는 것보다 회기의 마지막 즈음에 다음 시간을 정하는 것이 더 쉽고 더 효율적이다.

사례 **Tina의 회기 종결**

Tina는 그녀의 내담자인 Molly에 대해 점점 인내심을 잃어 갔다. Molly는 그녀의 삶 속의 비극에 지속적으로 잠겨 있는 것처럼 보였다. Tina는 Molly를 동정하고 공감했으나 단지 거기까지만이었다.

그때 그녀는 자신이 상담자로서 내담자에게 도움을 줄 수 있는 작업을 하지 않았다는 것을 깨닫고 마음이 불편해졌다. 다음 날, Tina는 상담시간의 50분 중 35분밖에 지나지 않았음에도 회기를 마치기로 결정했다. Tina는 Molly에게 그녀를 따라가기가 어렵다는 이야기와 Molly가 전하고자 하는 이야기를 요약해 달라고 요청했다. Molly는 깜짝 놀라긴 했지만 그 부분에 대해 생각했고 몇 개의 문장으로 그 회기의 중요한 점들을 이야기할 수 있었다.

당신은 Tina의 방법에 대해 어떻게 생각하는가? Tina가 Molly와의 이 회기에서 좀 더 생산적이 될 수 있도록 했던 것은 무엇인가?

상담관계 종결하기

상담관계는 그 기간과 목적이 다양하다. 종결의 주제가 일찍 나타나는 것은 모든 사람들의 건강과 웰빙에 중요한데, 상담자와 내담자는 대부분의 시간을 함께 만들 수 있다(Cavanagh, 1990). 개인들은 의미 있는 관계의 끝을 준비할 시간이 필요하다. 그 시간은 어쩌면 슬플 수 있고, 관계가 끝남에도 불구하고 긍정적인 방향으로 끝날 수도 있다. 그러므로 상담관계가 절정일 때는 종결이 나타나서는 안 된다. Cormier와 Hackney(2008)는 종결의 중요성을 강조하지 않는 것보다는 강조하는 것이 낫다고 주장한다.

상담자와 내담자는 언제 관계를 종결하는 것이 적절하고 도움이 되는지에 대해서 동의해야 한다(Young, 2005). 일반적으로 그들은 종결 준비에 대해 서로 언어적 메시지를 나눈다. 예를 들어, 내담자는 "제 생각에 지난 몇 달간 참 많은 진전이 있었던 것 같아요."라고 말할 수 있다. 반면 상담자는 "당신은 이제 더 이상 제 도움이 필요하지 않을 정도로 잘하고 있군요."라고 언급할 수 있다. 이와 같은 진술은 상담관계의 끝이 시작되었음을 암시한다. 상담자와 내담자는 보통 그들이 깨달은 성장과 해결책에 대해 나눈다. 다른 많은 행동 역시 상담의 끝을 알려 줄 수 있다. 이런 행동들에는 작업의 강도가 감소하는 것, 더 유머러스해지는 것, 대처 능력 향상을 이야기하는 것, 미래에 대해 언급하는 것, 덜 부인하고, 덜 철수하고, 덜 화내고, 덜 슬퍼하고, 덜 의존하는 것이 있다(McGee, Schuman, & Racusen, 1972; Shulman, 1999; Welfel & Patterson, 2005).

Cormier와 Hackney(1999)는 3개월 이상 지속된 관계에서 마지막 3주 또는 4주는 종결의 영향에 대해 논의하는 시간을 가져야 한다고 믿었다. 예를 들어, 상담자는 지지적인 관계 없이 내담자가 얼마나 잘 대처할 수 있을지에 대해 질문해 봐야 한다. 상담자는 또한 내담자에게 상담관계의 의미에 대해 질문해 보아야 하며, 그들이 배운 것을 미래에 어떻게 사용할 것인지에 대해서도 물어보아야 한다. Shulman(1999)은 일반적인 경험 규칙에 따라 상담관계의 1/6은 종결에 초점을 맞추는 데 사용되어야 한다고 제안했다.

Maholick과 Turner(1979)는 상담 종결 여부를 언제 결정할지와 연관된 구체적인 관심 영역에 대해 논의했다.

- 내담자의 초기 문제 또는 증상이 경감되거나 사라졌는지에 대한 검토
- 상담에 오게끔 했던 스트레스를 유발하는 감정이 사라졌는지에 대한 확인
- 내담자의 대처 능력과 자신과 다른 사람들을 이해하는 정도에 대한 평가
- 내담자가 다른 사람들과 관계를 잘 맺을 수 있는지와 사랑할 수 있고 사랑받을 수 있는지에 대한 확인
- 내담자가 계획을 세우고 생산성 있게 일할 수 있는 능력을 얻었는지에 대한 검토
- 내담자가 더 즐겁게 활동하고 삶을 즐길 수 있는지에 대한 평가

이러한 영역은 모든 내담자에게 동일하게 중요한 것은 아니지만, 내담자가 상담이 종결되기 전에 상담자와의 관계가 없어도 삶을 효율적으로 살 수 있다는 자신감을 느끼도록 하는 데 핵심적인 사항들이다(Huber, 1989; Ward, 1984; Young, 2005).

상담자-내담자 관계의 종결에 작용하는 두 가지의 방법이 있다. 하나는 용암법(fading)을 사용하는 것이다. Dixon과 Glover(1984)는 용암법을 "부자연스러운 구조가 점점 감소하고 원했던 변화의 창조가 발달하는 것"(p. 165)이라고 정의한다. 다른 말로, 내담자는 특정한 방식으로 행동하기 위해서 상담자로부터 강화받는 것을 점차적으로 중단한다. 그리고 상담 약속은 전보다 더 띄엄띄엄해진다. 상담에서 추구되는 모든 목표는 내담자가 상담

자와의 상담 회기에 덜 의존적이 되고, 그들 스스로에 더욱 의존하는 것이며, 다른 사람들과 상호 의존적이 되는 것이다. 또한 내담자들은 상담을 통해서 자연적으로 발생하는 일에 대해 긍정적으로 강화하는 것을 배워야 한다. 용암법을 촉진하기 위해 상담 회기에 간격을 둘 수도 있고(예: 주 1회에서 격주 1회로), 상담시간을 짧게 줄일 수도 있다(예: 50분에서 30분으로)(Cormier & Cormier, 1998; MacCluskie & Ingersoll, 2001).

종결을 촉진하는 또 다른 방법은 내담자가 성공적인 문제 해결 기술을 개발하도록 돕는 것이다. 다른 모든 사람과 마찬가지로 내담자는 지속적으로 문제에 직면해 왔다. 만약 상담자가 그들의 내담자들이 이러한 문제들에 좀 더 효과적으로 대처할 수 있는 방법을 배우도록 도울 수 있다면 내담자는 더 이상 상담관계를 필요로 하지 않을 것이다. 이것이 상담 경험에서 삶으로 옮겨 가는 일반적인 과정이다. 가장 좋은 것은 이런 과정에 교육과 예방을 강조하는 것뿐만 아니라 매일의 삶과 위기 상황 속에서 필요한 의사결정 기술도 포함하는 것이다.

생/각/해/보/기

공식적인 교육을 통해서든, 혼자 공부를 했든, 무엇인가를 그만두는 데 도움이 되는 교육을 언제 받았는가?(예: 흡연, 손톱 물어뜯기, 신경성 경련, 지나치게 많이 말하기) 그만두기 위해서 어떤 새로운 노력을 기울여 봤는가?

4. 종결에 대한 저항

종결에 대한 저항은 상담자 또는 내담자로부터 나타날 수 있다. Welfel과 Patterson(2005)은 상담관계가 오랜 기간 지속되어 왔거나 높은 수준의 친밀감을 가지고 연관되어 있을 때 특히 이런 저항이 생기기 쉽다고 이야기한다. 저항을 촉진시키는 다른 요인으로는 초기 상실의 고통, 고독함, 해결되지 않은 슬픔, 만족 추구, 거절에 대한 두려움, 자기 의존적이 되는 것에 대한 두려움이 있다. 이러한 요인들 중 몇 가지 또는 그 이상은 내담자와 주된 연관성이 있는 반면, 다른 요인들은 상담자에게 특징적으로 나타나는 경향이 있다.

내담자의 저항

내담자는 다양한 방법으로 종결에 저항한다. 저항의 표현으로 인식되는 두 가지 행동으로는 ① 회기의 마지막 즈음에 더 많은 시간을 요구하는 것, ② 이미 도달한 목표에 대해 더 많은 예약을 요청하는 것이 있다. 내담자의 저항으로 나타나는 또 다른 골치 아픈 형태로는 내담자의 주요한 문제 영역이 아님에도 우울이나 불안과 같은 새로운 문제를 만들어 오는 것이 있다. 이러한 증상의 발현은 종결을 더욱 어렵게 만든다. 이와 같은 상황 속에서 내담자는 상담자만이 자신을 도울 수 있다고 상담자를 확신시킬 수 있다. 따라서 상담자는 개인적 또는 윤리적 이유로 그 사람과 함께 작업을 지속하는 것에 의무감을 느낄 수 있다.

종결의 과정은 사용된 전략들에 관계없이 점차적으로 서서히 나타난다. 회기는 시간이 지나면서 횟수가 줄어들 수 있고, 동시에 내담자의 기술, 능력, 자원이 증가할 수 있다. 때때로 내담자가 종결에 대해 특별히 저항을 할 때 상담자는 앞으로 회기가 얼마나 남았는지를 '처방' 해 줄 수 있고, 내담자들 스스로가 재발 방지를 위해 어떻게 준비할 수 있는지에 집중하도록 할 수 있다(Anderson & Stewart, 1983). 이런 절차는 가려져 있는 부분을 공개함으로써 상담자와 내담자가 도움관계를 종료하는 것과 연관된 문제가 무엇인지를 정의하는 데 도움을 준다.

Vickio(1990)는 상실감과 종결 문제를 다루고 있는 대학생들을 위해 독특한 구체적 전략 수행방법을 개발했다. 『*The Goodbye Brochure*』에서 그는 'good-bye' 라고 말하는 것이 무엇을 의미하는지, 왜 'good-bye' 라고 해야 하는지에 대해 설명한다. 그는 떠남과 상실을 성공적으로 다루기 위한 다섯 가지 방법과 그 반대의 경우에 해당하는 다섯 가지 방법에 대해 다음과 같이 말한다(Vickio, 1990, p. 576).

상실을 성공적으로 다루기

- 전환이 점진적인 과정으로 이루어지는 방법을 결정한다.
- 삶 속에서 진행되어 온 다양한 활동의 중요성을 발견한다.
- 그 중요성을 다른 사람들에게 설명한다.
- 내가 얻은 것과 내 앞에 놓인 것에 기뻐한다.
- 내 삶에서 연속적으로 이어지는 영역을 정의한다.

상실을 비성공적으로 다루기

- 상실을 부인한다.
- 지나치게 열광함으로써 나의 경험을 왜곡한다.

- 스스로의 활동과 관계를 손상시킨다.
- 떠남에 대해 생각하지 않는다.
- 활동과 관계로부터 갑작스럽게 멀어진다.

Lerner와 Lerner(1983)는 내담자의 저항이 종종 변화에 대한 두려움으로부터 온다고 믿는다. 만약 내담자가 상담관계에 가치를 부여하며 오고 있다면, 그런 관계 없이 잘 기능할 수 없을 것이라는 두려움을 느낄 수 있다. 예를 들어, 알코올 중독 또는 이혼과 연관된 불안정하거나 혼란스러운 환경에서 자란 사람은 특히 상담 및 상담자와의 관계의 안정성을 유지하려는 경향이 있다. 상담자가 이러한 개인들의 특수한 욕구를 인식하고 그들이 외로움과 친밀감에 대처하는 데 어려움이 있다는 것을 인식하는 것은 중요하다(Loewenstein, 1979; Weiss, 1973). 더욱 문제가 되는 것은 내담자가 지지집단이나 자조집단과 같은 다른 치료적 이점을 알아보도록 상담자가 조치를 취하는 것이다. 그 같은 내담자들에게 상담은 잠재적으로 중독적이다. 만약 내담자들이 건강한 방법으로 기능한다면 상담자들은 지지의 양가적인 두 모습을 발견해 내야 한다.

상담자의 저항

"상담자에게 상담의 궁극적인 목적은 그들의 내담자들이 그들을 필요로 하지 않게 하는 것" 임에도 불구하고 몇몇 상담자는 적절한 시점에서 종결을 고하는 것을 꺼린다(Nystul, 2006, p. 36). 특별한 욕구를 가지고 있거나 매우 생산적인 내담자들은 상담자들에게 특별히 매력적으로 느껴진다. Goodyear(1981)는 상담자에게 특히 어려울 수 있는 여덟 가지 종결 조건을 열거한다.

- 종결이 중요한 관계의 끝이라고 파악될 때
- 종결이 내담자가 독립적으로 기능할 수 있는지에 대한 상담자의 불안을 불러일으킬 때
- 종결이 (자신이) 내담자에게 더 이상 효과적이지 않다는 상담자의 죄책감을 불러일으킬 때
- 상담자의 전문가적 자기개념이 자신을 갑자기 화난 듯이 떠나는 내담자에 의해 위협받을 때
- 종결이 상담자에게 학습 경험의 끝이라 파악될 때(예: 상담자가 장애의 역동성 또는 특정 문화에 대해 더 배우기 위해 내담자에게 의존해 온 경우)
- 종결이 내담자의 모험을 통해 대신 체험하는, 특별히 흥미로운 경험의 끝이라 여겨

질 때
- 종결이 상담자의 삶 속에서 (특히 미해결된) 다른 작별로서 상징적으로 반복될 때
- 종결이 상담자 자신의 갈등을 불러일으킬 때

상담자가 특정 내담자를 떠나보내는 데 어떤 어려움이 있든 그 점을 알아차리는 것은 중요하다. 상담자는 이 문제를 다루기 위해 동료들에게 조언을 구할 수 있고, 문제 해결을 위해 상담을 받을 수도 있다. 후자의 경우 만약 상담자가 분리, 고립, 친밀감에 대한 과도한 두려움과 연관된 개인 과거력이 있다면 꽤 가치 있는 작업이다. Kovacs(1965, 1976)와 Guy(1987)는 돕는 직업을 가진 몇몇 사람이 이와 같은 성격을 가지고 있다고 보고한다.

생/각/해/보/기

사람들은 대부분 삶 속에서 너무 일찍 끝난 상황이나 이상적인 기대에 못 미쳤던 상황이 있다. 당신의 삶 속에서도 이와 같은 순간들을 탐색해 볼 수 있다.
당신이 종결하고 싶지 않은 내담자와 작업을 할 때 이와 같은 감정과 행동을 알아차리는 것이 당신에게 도움이 되겠는가?

5. 조기 종결

내담자의 상담 종결 여부와 관련된 질문은 내담자가 수행해 온 회기의 횟수에 의해 측정될 수 있는 것이 아니다. 조기 종결은 내담자가 초기에 세웠던 개인적 목표를 얼마나 잘 성취했는지와 내담자가 일반적으로 얼마나 잘 기능하고 있는지가 함께 고려되어야 한다 (Ward, 1984).

가령 현재 환경을 바꾸기 위한 책임이나 동기가 거의 없는 내담자들은 상담 첫 회기 이후에 종결을 요구하기도 한다. 어떤 내담자들은 변화를 위해서 작업이 필요하다는 것을 깨달은 이후에 이러한 욕구를 표현한다. 또 다른 내담자들은 약속에 빠지거나 약속에 늦음으로써 더 우회적으로 이러한 소망을 나타낸다. 내담자가 조기 종결에 대한 욕구를 어떻게 표현하는지와 관계없이, 이것은 상담자가 내적으로 반드시 다뤄야 하는 생각과 감정을 유발하는 경향이 있다. Hansen, Warner와 Smith(1980)는 상담자와 내담자 사이에서 공개적으로 논의되어야 하는 조기 종결의 주제를 제시하는데, 여기에는 내담자가 구체화된 목표

에 도달하기 전에 종결하고자 하는 경우와 상담자가 조기 종결이 일어날 것이라고 추측하는 경우가 있다. 토론을 통해 내담자와 상담자의 생각과 감정 모두가 검토될 수 있고 조기 종결이 예방될 수 있다.

때때로 내담자가 약속에 오지 못한 이후에 다시 일정을 잡지 않는 경우가 있다. 이와 같은 경우에 상담자는 전화나 이메일을 통해 내담자와 접촉하려는 시도를 해야 한다. 내담자에게 편지를 보내는 것은 내담자로 하여금 상담을 지속할지 여부를 생각해 보도록 좀 더 '여지'를 줄 수 있다(MacCluskie & Ingersoll, 2001). '오지 않는' 상황에서 보낼 수 있는 편지의 견본은 다음과 같다(p. 179).

> 친애하는 ___________
>
> 전에 약속했던 상담시간에 보지 못했네요. 저는 우리가 이 상담을 진행하기를 간절히 바라고 있습니다. 그렇지만 상담을 할지 여부에 대한 선택은 당신에게 있습니다. 만약 다시 상담시간을 정하기를 원한다면 한 달 안에 약속시간을 잡아 주시겠어요?
>
> 연락이 없다면 저는 이 차트를 덮으며 당신이 이 상담에 관심이 없는 것으로 생각하도록 하겠습니다.
>
> sincerely
>
> 상담자 Mary

만약 내담자가 그만두고자 한다는 것을 상담자가 알게 된다면 종결 면접이 이루어질 수 있다. Ward(1984)는 이러한 면접을 통해 얻을 수 있는 네 가지 장점을 보고한다.

- 종결 면접은 상담 경험으로 인한 어떠한 부정적인 감정도 풀도록 도울 수 있다.
- 종결 면접은 내담자가 원하는 경우 상담을 지속하도록 내담자를 초대하는 방법으로 사용될 수 있다.
- 내담자가 원하는 경우 종결 면접에서 다른 형태의 치료 또는 다른 상담자가 고려될 수 있다.
- 종결 면접은 다음에 내담자가 도움이 필요한 경우 내담자가 상담을 찾을 수 있는 기회를 높여 줄 수 있다.

조기 종결에서 상담자는 종종 두 가지 실수 중 하나를 하게 된다. 하나는 상담자 자신을 비난하거나 그렇게 상황을 만든 내담자를 비난하는 것이다. 상담자는 내담자를 비난하는 경향이 좀 더 있다. 그러나 어느 한쪽이라도 누군가는 욕을 먹고, 문제는 뒤섞인다. 좀 더 생산적인 방법은 상담자가 그 상황을 어느 누구의 잘못도 아니라고 생각하는 것이다. 이와 같은 전략은 내담자와 상담자 사이의 연결이 다른 이들의 연결보다 낫다는 생각을 전제로 한다.

상담자가 하는 두 번째 실수는 상황에 대해서 거만한 태도로 행동하는 것이다. 예를 들어, 상담자가 다음과 같이 말하는 것이다. "상담을 계속하지 않겠다는 선택을 하다니 이 내담자는 참 어리석구나. 그렇지만 난 다른 내담자들이 있어." 이러한 실수를 피하기 위해 Cavanagh(1990)는 내담자가 왜 일찍 종결하는지를 상담자가 찾아야 한다고 언급한다. 가능한 이유는 다음과 같다.

- 상담자가 정말 돌봐 주는지를 보기 위해서
- 상담자로부터 긍정적인 감정을 이끌어 내기 위해서
- 상담자에게 벌을 주거나 상처를 주기 위해서
- 불안을 없애기 위해서
- 내담자가 치료받을 수 있는 다른 곳을 발견했다는 것을 보여 주기 위해서
- 내담자가 이해받지 못했다는 느낌을 상담자에게 전하기 위해서

상담자는 그들이 무엇을 했든 상관없이 몇몇 내담자가 조기 종결을 한다는 것을 이해할 필요가 있다. 이와 같은 깨달음은 상담자들이 완벽할 필요가 없다는 것을 알게 해 주고, 그들이 치료적인 관계에서 좀 더 진실해질 수 있도록 자유를 준다. 또한 그들이 얼마나 재능이 있고 능력이 있는지와 상관없이 몇몇 내담자는 더 도움이 되는 다른 상담자를 찾아간다는 것을 숨김없이 인정해야 한다. 이상적으로 말하면, 상담자는 종결의 구조를 인식해야 한다([그림 8-1] 참고). 이 같은 지식이 있을 때 내담자 종결과 연관된 상황을 실제로 다루는 상황에서 힘을 낼 수 있게 된다.

상담을 찾는 모든 사람이 이런 관계 속에서 상담을 하도록 동등하게 준비된 것은 아니다. 준비 수준은 관계가 지속됨에 따라 다양할 수 있다. 어떤 내담자는 좋은 이유로 조기 종결을 원한다. 내담자의 행동이 반드시 상담자의 능력을 반영하는 것은 아니다. 상담자는 상담관계 속에서 단지 제한된 수의 변인들을 통제할 수 있다. 다음의 목록은 조기 종결을 예방하는 데 가장 효과적인 몇 가지의 변인이다.

- 예약: 예약시간 간격이 적고 일정이 규칙적일수록 더욱 좋다.
- 상담에 대한 오리엔테이션: 상담과정에 대해 내담자가 더 잘 알고 있을수록 더 잘 머물러 있는 경향이 있다.

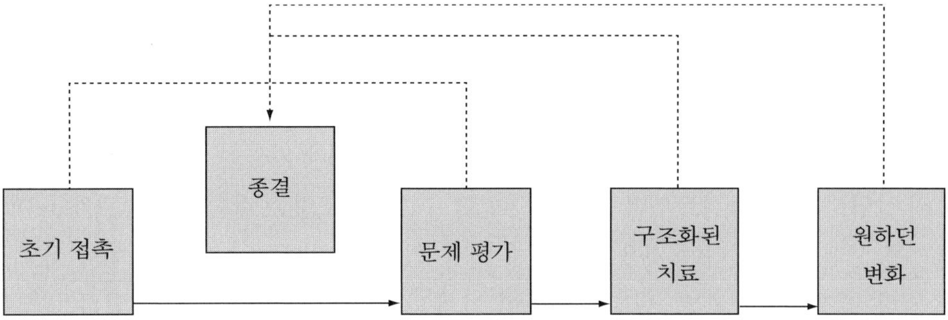

[그림 8-1] 종결의 구조

출처: Burke (1989).

- 상담자의 일관성: 내담자는 한 상담자에서 다른 상담자로 넘어가는 과정을 좋아하지 않는다. 그러므로 가능한 한 초기 면접을 진행한 상담자가 그 내담자의 상담을 진행해야 한다.
- 내담자가 참여한 동기를 생각하게 하는 것: 카드, 전화 연락, 이메일은 효과적인 알람이다. 그러나 상담의 민감성 때문에 상담자는 예약 알람을 보내기 위해 내담자의 승낙을 항상 받아야 한다.

6. 상담자 주도 종결

상담자 주도 종결(counselor-initiated termination)은 조기 종결과 반대다. 상담자는 때때로 소수 또는 모든 내담자와 관계를 종결하는 것이 필요하다. 병, 반대 지역에서 일을 해야 하는 것, 다른 지역으로 재배치되는 것, 인턴십 또는 실습 경험의 종료, 해외 여행, 내담자가 다른 상담자의 도움을 받는 것이 더 필요하다는 인식 등이 그 이유가 될 수 있다. 이것은 Cavanagh(1990)가 상담자가 종결을 하는 데 '좋은 이유' 라고 분류한 것이다.

물론 상담자 주도 종결 중 좋지 않은 이유들도 있다. 그것은 상담자의 감정, 즉 분노, 권태, 불안 등과 연관된 것들을 포함한다. 만약 상담자가 이런 감정들 때문에 관계를 종결한다면 내담자는 거부당한 느낌을 받을 수 있고, 심지어 상담 초기의 상태보다 더 안 좋아질 수 있다. 동료에게 받은 거절감을 다뤄야 할 사람이 상담자에게 받은 거절감을 다뤄야 하는 상황이 된 것이다. 비록 상담자가 내담자에게 부정적인 감정을 가질 수 있다 하더라도, 극단적이거나 해로운 방법을 사용하지 않고 이러한 감정을 통해 정보를 얻고 작업을 하는 것은 가능하다.

London(1982)과 Seligman(1984)은 내담자를 돕기 위해 상담자의 일시적인 부재를 다루는 모델을 제안한다. 그들은 내담자와 상담자가 가능한 한 사전에 강한 분리 감정이 나타나는 절박한 사건이나 작업들에 대해 솔직하게 이야기함으로써 일시적인 종결을 준비해야 한다고 강조한다. 내담자는 실제로 상담자도 사람이며 대체 가능한 존재라는 것을 깨달음으로써 상담자 주도 종결로부터 유익을 경험할 수 있다. 또한 사람들이 대인관계를 어떻게 다룰지를 선택할 수 있다는 것을 이해하게 될 수 있다. 더 나아가 이전의 경험과 삶 속에서의 중요한 결정을 탐색하고, 새로운 행동이 삶의 다른 경험을 이끌어 낼 수 있다는 것을 좀 더 명확하게 배울 수 있다(London, 1982). 그리고 다시 초점 맞추기는 종결의 과정 동안 발생할 수 있고, 내담자들이 좀 더 분명하게 작업해야 할 주제를 볼 수 있도록 도와준다.

Seligman(1984)은 London이 언급한 것보다 상담자 주도 종결에 내담자들이 준비할 수 있는 보다 더 구조화된 방법을 언급한다. 그러나 두 모델 모두 효과적일 수 있다. 어느 상황에서든지 내담자에게 긴급할 때 연락할 수 있는 몇몇 상담자의 이름과 연락처를 알려 주는 것은 중요한 일이다.

또한 상담자 주도 종결 시 완전종결의 문제도 있다. 오늘날의 이동 사회에서 "예전보다 더 빈번하게, 떠나간 상담자들은 확실히 돌아오지 않는다"(Pearson, 1998, p. 55). 이 같은 경우 종결은 내담자들에게 더욱 고통스러우며, 상담자들은 상당한 도전을 느낀다. 상담 진행과정에서 예상되었던 적절한 종결 시기는 멀어질 수 있다.

완전종결에서 내담자의 진행 상황, 특정한 때에 관계를 종결하기, 추후상담 계획하기를 검토하는 것은 중요한 일이다. 성취되어야 할 다른 많은 과제(Pearson, 1998) 중에는 상담자가 종결에 대해 느끼는 슬픔, 비통함, 분노, 공포 등과 같은 상담자 자신의 감정을 다루는 것들이 있다. 상담자는 내담자들의 상실감을 균형 잡힌 관점에서 볼 필요가 있으며, 그에 상응하게 각각의 내담자들이 상담관계의 상실감을 어떻게 다루도록 할지에 대해 계획을 세워야 한다. 상담자는 필수적으로 전문적, 개인적 지지를 찾는 것만큼 신체적인 건강도 잘 돌볼 수 있어야 한다.

상담자는 종결 준비과정에서 그들이 어떤 진행을 하고 있고 어떤 일을 하게 될 것인지를 내담자에게 공개해야 한다. 상담자는 적절한 태도로 이런 언급을 해야 하며, 내담자가 자연스럽게 반응하도록 해야 한다. "발전된 수준의 공감은 내담자가 자신의 감정을 표현하고 작업하도록 도울 수 있는 강력한 방법이다."(Pearson, 1998, p. 61) 다른 상담자에게 보내거나 연계하기 위한 계획은 내담자의 욕구도 그러한지가 중요한 부분이다. 마지막으로, 작별을 고하는 문제와 관계를 종결하는 문제가 있다. 이 과정은 직접적인 방법, 의례적인 방법을 통해 촉진될 수 있다.

사례 Mike의 이사

Mike는 가족 전문 상담자로서의 자신의 일을 즐겼다. 그는 열정적이었고, 에너지가 넘쳤으며, 맡고 있는 사례도 상당했다. 그러나 그의 아내가 직장에서 승진을 하게 되어 다른 도시로 이사를 가게 됨에 따라 현재 상담 사례들을 종결해야 한다는 것을 깨닫게 되었다. 가장 문제가 되는 것은 정리할 수 있는 기간이 한 달밖에 남지 않았다는 점이었다. Mike는 어렸을 때 상실에 관해 약간의 외상을 가지고 있었다. 그래서 Mike는 무엇을 어떻게 해야 할지 정확하게 확신할 수 없었다. 그는 전문적이기를 원했고, 내담자들에게 도움이 되기를 원했으나, 또한 스스로를 돌보기 원했다.

당신은 Mike가 내담자들을 대하는 데 첫 번째로 가져야 할 행동에 대해 어떻게 우선순위를 정할 것인가? 그들에게 편지를 써서 그가 떠날 것임을 알리는 것은 비전문적인 또는 어리석은 짓인가? Mike가 자신을 돌보도록 어떻게 제안할 것인가?

7. 긍정적인 태도로 종결하기

종결의 과정은 상담 자체처럼 일련의 체크 포인트와 연관이 되는데, 상담자와 내담자는 그들이 이루어 온 과정을 평가하기 위해 조언을 구할 수 있고, 다른 과정으로 넘어가기 위한 준비가 되었는지 결정할 수 있다. 가능하면 종결은 상호 동의를 구하는 것이 중요한데, 그렇게 함으로써 연관된 모든 것이 가장 생산적인 방향으로 옮겨질 수 있다. 그럼에도 불구하고 이것이 항상 가능한 일은 아니다. Welfel과 Patterson(2005, pp. 124-125)은 상담자가 긍정적인 태도로 몰입도 높은 상담관계를 종결할 수 있는 네 가지 지침을 언급한다.

- "내담자의 욕구와 열망을 인식하고 내담자들이 그것을 표현하도록 시간을 허용하라." 상담관계의 끝 무렵에 내담자는 도움받은 것에 대해 감사함을 표현할 시간을 필요로 할 수 있다. 상담자는 그와 같은 표현을 '그들의 작업의 가치를 축소하지 않고' 받아들여야 한다.
- "상담 경험의 주요한 사건들을 돌아보고 현재 시점에서 반영하라." 이 과정의 목적은 내담자가 상담을 처음 시작할 때와 비교하여 현재 어디에 있는지를 보도록 하고, 이룩해 온 성장을 충분히 느끼도록 하는 것이다. 이 진행은 과거의 중요한 순간들과 관계 안에서의 전환점을 돌아보는 것을 포함하며 개인적 요약에 집중되어 있다.

- "내담자가 이룩한 변화를 지지적으로 인식하게 하라." 이 시점에서 상담자는 성취해 온 과정에서 알아차린 것들을 내담자에게 알리고, 내담자가 그것을 유지하도록 독려한다. '내담자가 활동 계획을 수행하지 않기로 결정한 때', 즉 상담에서 나타난 문제들에 대해서 '종결의 과정은 그런 문제를 발견하는 것과 미래에 상담을 할지를 선택하는 토론을 포함해야 한다.'
- "추후 만남을 요청하라." 상담관계는 결과적으로 끝난다. 그러나 상담자가 내담자를 위해 쏟은 돌봄, 관심, 존경 등이 마지막 회기 때 자동적으로 종결되는 것은 아니다. 내담자는 상담자가 내담자의 삶 속에 있는 일에 대해 관심을 가질 것인지 알 필요가 있다. 이것은 상담을 통해 일어난 변화를 유지하도록 하는 부가적인 포상물이다.

8. 종결과 연관된 문제: 추후상담과 의뢰하기

추후상담

추후상담은 어떤 문제였든 간에 내담자에 대한 존중을 가지고 종결 이후 어느 시점에서 내담자가 어떻게 하고 있는지를 점검해 보는 것을 필요로 한다(Okun & Kantrowitz, 2008). 요약하면, 추후상담은 내담자의 성장을 북돋는 긍정적 점검과정이다(Egan, 2007). 추후상담은 몇몇 상담자가 무시하는 단계다. 추후상담은 내담자가 상담을 통해 얻은 것을 강화하고 상담자와 내담자 모두 그 경험을 재평가하도록 한다는 점에서 중요하다. 또한 추후상담에서는 내담자를 위한 상담자의 마음에서 우러나온 돌봄과 관심이 강조된다.

추후상담은 단기 또는 장기적으로 진행될 수 있다. 단기 추후상담은 보통 상담관계 종결 이후 3~6개월 후에 진행되고, 장기 추후상담은 종결 이후 적어도 6개월 후에 진행된다.

추후상담은 많은 형태를 가질 수 있지만 일반적으로 사용되는 주요한 네 가지 방법이 있다(Cormier & Cormier, 1998). 첫 번째는 내담자를 초청해 회기를 진행하면서 내담자가 성취한 목표를 유지하고 있는 과정에 대해 토론하는 것이다. 두 번째 방법은 내담자에게 전화를 하는 것이다. 비록 언어적 상호작용만 가능하긴 하지만 내담자는 상담자에게 보고할 수 있다. 세 번째 방법은 상담자가 내담자의 현재 상황에 대한 질문을 담은 편지를 보내는 것이다. 네 번째 방법이면서 좀 더 사무적인 방법은 내담자가 상담자에게 자신의 현재 기능 수준이 어떠한지를 묻는 질문지를 보내는 것이다. 많은 공공기관에서 기록 보존의 책임을 보여 줄 수 있는 방법으로서 이런 형태의 추후상담을 사용한다. 이 같은 절차가 개인 상담자가 진행하는 좀 더 인간적인 추후상담 절차의 사용을 방해하는 것은 아니다. 시간이 소요됨에도 불구하고, 개인적 추후상담은 지난 상담 경험을 평가하는 방법으로 가장 효과적이다. 추후상담은 내담자들이 단지 통계 자료 이상의 개인으로서 돌봄을 받고 있다는 확신을 준다.

때로는 사용된 추후상담의 종류와 상관없이 그래프나 차트를 사용해서 내담자가 자신의 진전을 모니터링하는 것이 도움이 된다. 내담자는 상담자에게 정보를 이야기할 때 좀 더 구체적이고 객관적인 방법으로 스스로를 모니터링할 수 있다. 상담자와 내담자가 추후상담을 종결하기로 동의한다면 이런 형태의 자기 모니터링은 내담자에게 특별히 의미 있을 것이며, 내담자의 진보를 알려 주는 증거가 되고, 내담자의 현재 욕구에 좀 더 분명한 통찰을 제공할 수 있을 것이다.

사례 Flo의 추후상담

Flo는 탁월한 상담자이지만 한 가지 중요한 실수를 했다. 그녀는 내담자들과 한 번도 추후상담을 하지 않았다. 입증되지는 않았지만 그녀가 생각하는 한 내담자들은 잘했다고 기억되었다. 20여 년간의 상담 속에서 Flo의 내담자 중 극소수만이 추가 치료를 위해 돌아왔을 뿐이었다. 그러므로 Flo는 그녀가 호전된 다른 내담자들과 상호작용하느라 시간을 소비하지 않았기 때문에 다른 내담자들을 보고 도울 수 있었다고 가정했다.

Flo의 철학은 옳은가? 만약 그렇지 않다면 왜 그러한가? 당신은 그것을 적용하겠는가?

의뢰하기와 재검토하기

상담자가 도움을 바라는 모든 사람을 도울 수는 없다. 상담자는 상황이 생산적이지 못하다고 느꼈을 때 관계를 종결할 것인지 혹은 의뢰할 것인지를 아는 것이 중요하다. 의뢰하기는 초기 계획이 도움이 되지 못하거나 도움이 될 수 없을 때 내담자를 위해 다른 조력자를 배치하는 것과 관련이 있다(Okun & Kantrowitz, 2008). 의뢰를 위한 사유들은 다음과 같다.

- 내담자의 문제를 상담자가 어떻게 다뤄야 할지 모르는 경우
- 상담자가 특정 영역(예: 물질남용 또는 정신장애)에서 경험이 충분하지 못한 경우, 내담자를 돕기 위한 필수적인 기술들을 가지고 있지 않은 경우

- 상담자가 내담자에게 더 도움을 줄 수 있는 인근 전문가를 알고 있는 경우
- 상담자와 내담자의 성격이 서로 맞지 않는 경우
- 상담자와 내담자의 관계가 초기 상담 단계에 고착된 경우

의뢰하기는 어떻게, 언제, 누구에게 할 것인지와 연관되어 있다. 어떻게는 도움 자원을 어떻게 요청할지를 아는 것과 의뢰하기 과정을 통해 내담자가 가지게 될 기회를 최대화하기 위해 내담자를 다루는 것과 연관되어 있다. 만약 내담자가 상담자로부터 거절당했다고 느낀다면 아마도 의뢰하기에 저항할 것이다. Welfel과 Patterson(2005)은 의뢰를 하기 위해서는 내담자와 적어도 한 회기 정도는 상담을 진행해야 한다고 제안한다. 몇몇 내담자는 여러 회기를 필요로 하게 될 것이다.

언제 의뢰를 할 것인지는 타이밍과 연관이 있다. 상담자와 오래 작업을 한 내담자일수록 다른 상담자를 보게 되는 것을 더 내켜 하지 않는다. 그러므로 타이밍이 중요하다. 만약 상담자가 특정 내담자와 막다른 골목에 이르렀다는 낌새를 알아차린다면 상담자는 가능한 한 내담자를 의뢰해야 한다. 그러나 상담자가 내담자와 얼마간 작업을 해 왔다면 내담자가 다른 누군가와 작업을 할 생각이 있는지 고려해 보도록 충분한 시간을 주는 데 신경을 써야 한다.

누구에게 의뢰를 할 것인가는 당신이 내담자를 보내게 될 사람과 연관되어 있다. 의뢰가 잘 진행되게 하기 위해서 전문가의 상담 기술만큼이나 초기에 중요한 것은 전문가의 대인관계 능력이다. 의뢰를 할 때 스스로에게 물어볼 수 있는 좋은 질문은 새로운 상담자가 내 가족을 보낼 수 있을 만큼 나에게 편안하게 느껴지는 사람인지의 여부다(MacCluskie & Ingersoll, 2001).

재검토하기(recycling)는 상담자가 생각할 때 상담과정이 아직 진행되지 않았지만, 작업이 진행될 수 있다고 생각될 때 사용할 수 있는 대안이다. 그것은 치료과정의 모든 단계를 재검토하는 것을 의미한다. 아마도 목표가 적절하게 정의되지 않았거나 부적절한 전략이 사용되었을 것이다. 어떤 사례든 상담과정을 재탐색함으로써 상담자와 내담자가 상담과정을 어떻게 수정할지, 또는 어떻게 재개입할지를 결정할 수 있다. 다른 경험들처럼 상담은 첫 번째 시도에서 언제나 성공적이지는 않다. 재검토하기는 상담자와 내담자 모두에게 각각 원하는 긍정적인 변화를 성취하는 두 번째 기회를 제공한다.

요약및결론

종결은 중요하지만 상담의 과정 속에서 종종 무시되거나 오해를 받는 단계다. 상실과 종결의 주제는 대부분 상담에서 성장과 발전의 주제보다 덜 강조된다. 따라서 종결의 주제는 빈번하게 무시된다. 그러나 성공적인 종결은 상담자와 내담자 모두의 건강과 안녕에 중요한 영향을 미친다. 종결 단계는 이전의 모든 단계의 성공을 결정짓고 기술을 활용해야 하는 상담의 단계다. 마찬가지로 상담관계 안에 있는 모든 사람은 거의 사용되지 않았던 영역에서 재검토한 자료들을 한 번에 일괄 정리하게 될 것이다. 덧붙여서 종결은 내담자에게 새로운 행동을 시도할 기회를 제공하고 동기를 부여한다.

이 장에서는 개인뿐만 아니라 확장된 상담관계를 종결하는 것과 연관된 절차를 강조한다. 이런 과정은 집단 또는 가족 상담 회기를 마치는 데 일반화할 수 있다. 내담자와 상담자 모두 종결을 준비해야 한다. 종결 준비를 촉진하는 하나의 방법은 시간 설정과 같은 구조와 언어적, 비언어적 신호를 사용하는 것이다. 내담자는 상담관계가 끝나기 전에 문제해결 기술을 배울 필요가 있다. 그렇게 함으로써 내담자는 자신이 직면한 다른 삶의 상황에서도 상담자보다 스스로에게 의존할 수 있다. 그럼에도 불구하고 내담자가 필요한 경우 상담자와 다시 접촉할 수 있도록 허가해 주는 것은 중요하다. 이런 열려 있는 대안은 불안을 크게 완화시킨다.

때때로 상담자, 내담자 혹은 둘 모두 관계를 종결하는 것에 저항한다. 대부분의 경우 이러한 저항은 슬픔과 분리에 대한 해결되지 않은 감정과 연관이 있다. 내담자가 이와 같은 감정을 가질 때는 조기에 관계를 종결하는 것을 선택할 수 있다. 상담자가 종결을 주도할 때는 보통의 경우 좋은 이유로 종결을 한다. 누가 종결을 주도하는지와 관계없이 관련된 모두에게 어떤 일이 일어났고, 따라서 어떻게 준비해야 하는지를 아는 것이 중요하다. 가능하다면 긍정적인 태도로 상담을 종결하는 것이 가장 좋다. 종결이 완성되면 일 년 안에 어떤 형태로든지 추후상담이 이루어지는 것이 도움이 된다. 때때로 의뢰하기나 재검토하기 절차는 내담자에게 필요로 하는 도움을 받는다는 확신을 준다.

학 습 활 동

1. 2명씩 짝지어 당신의 삶에서 가장 중요하게 경험한 종결 경험을 토론하라. 예를 들어, 사랑하는 사람의 죽음, 졸업, 또는 인생의 단계에서 다른 단계로 넘어가는 것과 같은 것을 들 수 있다. 이런 경험을 통해 당신이 배웠던 긍정적인 점과 당신이 느꼈던 고통을 평가해 보라.

2. 작은 소집단을 만들어서 회기 끝 무렵 종결에 대한 상담자–내담자의 저항을 역할연기로 해 보라. 한 사람은 상담자의 역할, 다른 사람은 내담자의 역할, 또 다른 사람은 관찰자/평가자의 역할을 맡는다. 모든 사람이 상담자 역할을 할 기회를 얻은 후에 당신이 상담자와 내담자로서 느낀 저항과 그것을 극복하는 데 사용했던 전략이 무엇인지를 논의하라.

3. 유머를 사용하는 것, 다가올 삶에 대해 긍정적으로 이야기하는 것, 혹은 지루하게 행동하는 것과 같이 상담자와 내담자가 관계를 종결하기 위해 준비하는 것에 대해서 적어 보라. 반 학생들 앞에서 두 가지의 행동을 보여 주고, 그들이 당신이 보여 준 행동에 대해 어떻게 반응하는지 이야기해 보라.

4. 상담관계는 긍정적인 방식으로 끝나야 하는가? 당신의 대답을 뒷받침해 줄 수 있는 논리는 무엇인가? 내담자와 상담자가 부정적인 방식으로 상담을 종결한다면 어떤 이득이 생길 수 있는가?

5. 재검토하기에 대해 당신은 어떻게 생각하고 느끼는가? 당신은 어려운 내담자를 다른 전문가에게 어떻게 의뢰할 것인가? 당신은 내담자에게 어떻게 이야기할 것인가?

제9장

정신분석 이론, Adler 이론, 인간주의 상담이론

1. 상담이론
2. 정신분석 이론
3. Adler 이론
4. 인간주의 이론

나는
당신의 커피포트 안에서
언제 압력이 발생할 수 있는지를 압니다.
커피포트 안의 물이 끓어 넘치면
당신은 내게 기쁨의 휘파람을 붑니다.
끓는 소리 아래 어딘가에
고요가 서려 있고
감성은 빠르고 강하게 흘러넘쳐
이제 당신의 마음까지 끓어오르고
스팀 가득한 대화 속에 빠져듭니다.

– Gladding (1974)

상담은 사람과 사람 사이의 관계를 포함한 하나의 조력과정이다(Patterson, 1985). 상담은 종종 상담자와 내담자 간의 의사소통, 계획, 변화, 성장을 증진시키는 것으로 설명된다. 상담 장면에서 내담자가 얻는 이득은 상담자로부터 자신의 행동, 감정, 계획, 진보에 관하여 즉각적으로 피드백을 받을 수 있다는 것이다.

어떤 형태의 상담 유형에서든 내담자의 성장과 변화에 영향을 미치는 네 가지 변인이 존재한다.

- 상담자
- 내담자
- 상담 장소
- 상담이론

우리는 이미 유능한 상담자와 상담과정의 일반적인 질에 대해 검증해 왔다. 어떤 특성은 상담의 이런 측면을 뒷받침하는 것으로 보인다. 예를 들어, 유능한 상담자는 자신과 타인을 잘 수용하는 특성을 가지고 있고, 문화의 영향을 잘 평가하며, 좋은 교육적 배경을 가지고 있다. 그들은 내담자와 합의된 목표를 달성하기 위해 일하고, 상담자와 내담자가 서로의 관계와 상담과정에 영향을 끼칠 수 있음을 이해한다. 상담 장소 역시 중요한 변인이다. 상담자는 학교, 기관, 정신건강 센터 등 상담 장소에 따라 내담자에게 다른 방식으로 반응한다.

이 장에서는 정신분석 이론, Adler 이론, 인간주의 상담이론의 세 가지 상담이론에 초점을 둔다. 정신분석과 Adler 이론 간에는 분명 차이가 있으나 공통점도 있다. 인간주의 상담이론 영역에도 내담자 중심 상담, 실존주의 상담, 게슈탈트 상담의 서로 다른 세 가지 이론이 포함되어 있다. 이 장에서 소개하는 상담이론은 상담 전문 영역에서 초기에 형성된 이론과 비교적 최근에 형성된 이론이 포함되어 있다. 이 이론들에 대해 본격적으로 다루기 전에 먼저 상담과정에서 이론이 차지하는 중요성에 대하여 이야기하려고 한다.

1. 상담이론

상담이론은 상담자가 문제를 해결하기 위하여 세우는 가설과 목표를 달성하도록 안내하는 하나의 모형이다. "상담이론에 대한 이해는 효과적으로 상담을 하는 데 있어서 필수적이다. 상담이론은 상담자가 임상 자료를 정리하고, 복잡한 과정을 일관성 있게 유지하도록 하며, 상담 개입을 위한 개념적인 틀을 제공해 준다." (Hansen, 2006, p. 291) 상담자들은 자신들의 교육적 배경, 철학 그리고 내담자의 필요에 따라 사용할 상담이론을 결정한다. 특정 상담이론이 모든 상담자와 내담자에게 적합한 것은 아니다. 자신의 경험과 관찰에만 의존하여 상담을 진행하는 상담자도 없다. 지금까지 상담이론의 창시자들은 한 가지 이론이 모든 상황과 내담자에게 맞다고 주장하지 않았다(Tursi & Cochran, 2006). 더구나 동일한 내담자에게 한 가지 상담이론을 적용한다 하더라도 상담 시기에 따라 적절성이 달라진다. 상담자들은 자신의 이론을 선택할 때 주의하여야 한다.

어떤 상담이론은 다른 이론에 비해서 적용 범위가 더 넓으나 "모든 상담이론은 안타깝게도 문화, 정치, 언어의 영향을 받는다" (Hansen, 2006, p. 293). 유능한 상담자는 이 사실을 알고 있고, 어떤 이론이 가장 포괄적이며 또 왜 그러한지를 알고 있다. 상담이론은 그들이 무엇을 보아야 하는지, 어떻게 상담해야 하는지를 결정해 준다는 것과 상담이론은 모더니즘과 포스트모더니즘 등을 포함한 방식 등 다양한 방법으로 범주화할 수 있다는 것을 알고 있다. Hansen, Stevic과 Warner(1986)는 좋은 상담이론의 조건으로 다음 다섯 가지를 제시하였다.

- 명확하고 쉬운 이해와 설명: 상담이론은 명확해야 하고 모순이 있어서는 안 된다.
- 광범위성: 상담이론은 다양한 현상에 대해 설명해야 한다.
- 탐구적 특성: 상담이론은 연구를 산출할 수 있어야 한다.
- 기대하는 결과 산출을 위한 구체적 방법: 상담이론은 기대하는 산출물을 성취해 내는 방법을 포함해야 한다.
- 상담자에게 유용: 상담이론은 연구와 실제에 대한 지침을 제시해야 한다.

이 다섯 가지 조건 외에 상담자에게 좋은 상담이론은 상담자 자신의 개인적인 철학과 맞아야 한다는 것이다. Shertzer와 Stone(1974)은 좋은 상담이론이란 옷이 주인에게 맞아야 하듯이 상담자에게 맞아야 한다고 했다. 어떤 상담이론은 마치 옷처럼 주인을 위해 재봉이 필요하다. 따라서 유능한 상담자는 상담이론의 개정이 중요하다는 것을 알고 있어야 한다.

유능하기를 바라는 상담자는 다양한 상담이론을 배워야 하고, 각각의 이론들을 상담의 정수에서 어긋나지 않는 범위 내에서 적용하는 법을 알아야 한다(Auvenshine & Noffsinger, 1984).

> **생/각/해/보/기**
>
> 당신은 운동선수로서 또는 예술가로서의 재능을 향상하기 위하여 공을 차는 법이나 그림을 그리는 법을 배워 봤는가? 그 경험을 좋은 상담이론과 관련지어 어떻게 생각해 볼 수 있을까?

이론의 중요성

이론은 상담의 토대다. 상담이론은 성장과 통찰을 위해 구성되는 대인관계 특성의 한계 내에서 상담자가 창의적으로 적용하기를 요구한다(Gladding, 1990b). 상담이론은 상담자가 내담자와 의사소통하기, 인간관계 발달시키기, 전문가 윤리 실천하기, 상담자가 전문가로서 자기를 바라보는 관점 등에 영향을 미친다. 이론적인 훈련이 없다면 상담자는 우연한 시행착오를 통해 상담을 하게 될 것인데, 이것은 비효과적이고 해롭기까지 하다. Brammer 등(1993)은 상담자에게 명확한 상담이론이 실제적인 가치를 가진다고 강조했다. 상담이론은 상담관계에서 어떤 일이 일어나고 있는지를 설명해 주고, 결과 예측, 평가, 성과 증진 등의 측면에서 상담자에게 도움이 된다. 상담이론은 과학적 관찰의 틀을 제공해 준다. 상담이론의 구성은 상담에 관한 응집력 있는 사고를 가능하게 하고, 새로운 사고를 촉진시킨다. 따라서 상담이론은 상담자가 관찰한 것을 이해하도록 돕는다는 측면에서 볼 때 실용적이라 할 수 있다.

Boy와 Pine(1983)은 상담이론이란 상담자의 역할이 어떠해야 하는지의 이면에 있는 왜 해야 하는지를 설명하는 것이라고 제안함으로써 이론의 실제적 가치에 대하여 설명하였다. 상담이론을 토대로 상담을 진행하는 상담자는 정확한 역할을 알게 되는데, 상담자가 해야 할 것에 대한 이유를 알게 되기 때문이다. Boy와 Pine은 상담의 실제에서 상담이론이 상담자에게 도움이 되는 여섯 가지를 제시했다.

- 이론은 상담자가 다양한 사건 내에서 사건 간의 관계와 공통점을 발견하도록 돕는다.
- 이론은 상담자가 다른 관점들 간의 관계를 검증하도록 독려한다.
- 이론은 상담자에게 잘 정리된 지침을 제공해 준다. 이 지침은 상담자가 자신의 전문적

발달을 평가하는 것에 도움이 된다.

- 이론은 상담자가 의미 있는 자료에 초점을 두도록 도우며, 상담자가 찾는 것을 얻도록 돕는다.
- 이론은 상담자가 내담자의 행동을 효과적으로 수정하도록 돕는다.
- 이론은 상담자가 옛 이론과 최근 이론을 평가하도록 돕는다. 이런 기능은 새로운 상담 접근방법을 구성하는 토대가 된다.

"모든 상담이론의 궁극적 기준은 상담이론이 상담에서 일어나는 일들을 얼마나 잘 설명하느냐 하는 것이다."(Kelly, 1988, pp. 212-213) 상담이론의 가치는 "사람들이 실제 삶에 근거해서 동의하는 것에 의해 결정된다"(Young, 1988, p. 336).

상담 실제에서의 상담이론

2008년 기준 400개 이상의 상담 및 심리치료 이론이 전 세계적으로 활용되고 있다(Corsini, 2008). 따라서 상담자는 선택하기에 따라 다양한 이론들을 활용할 수 있다. 유능한 상담자는 효과성이 입증된 것인지, 상담자 자신의 신념과 맞는 것인지, 사람들이 변화하는 데 현실적인 것인지 등 이론을 꼼꼼히 따져 본다.

Okun(1990)은 오늘날 상담에서 강조하는 것은 새로운 이론을 개발하기보다는 이론들을 서로 연결 짓는 것이라고 말했다. 이러한 상황은 "오늘날 우리가 만나는 내담자들을 위하여 모든 질문에 답할 수 있는 이론은 없다."(p. xvi)라는 가정에 기초하고 있다. 게다가 상담자들은 자신들의 상담 개입을 위하여 각 이론으로부터 큰 구애됨 없이 기법과 개입방법을 유연하게 적용하는 것으로 보인다. 이것은 어쩔 수 없어 보이는데, 상담자가 내담자와 상담할 때는 개인 내적, 대인 간 그리고 외부 요인들을 고려해야만 하고, 이론들이 모두 이런 측면들을 공유하고 있기 때문이다.

오늘날 대부분의 전문 상담자(대략 60~70%)는 상담이론과 기법의 활용에서 자신을 **절충주의자**라고 생각하고 있다(Lazarus & Beutler, 1993). 그들은 내담자의 욕구와 맞추기 위하여 다양한 이론과 기법을 사용하는데, "내담자와의 상담 장면에서 평균 4.4개의 이론을 사용하고 있다"(Cheston, 2000, p. 254). 상담 도중 변화가 필요하면 상담자는 사용하던 이론에서 벗어나 다른 접근방법을 사용한다(이런 현상을 **방식전환 상담**[style-shift counseling]이라고 부른다). 상담자가 접근방법을 바꾸는 것은 내담자의 발달 수준과 관계가 있다(Ivey, Ivey, Myers, & Sweeney, 2005). 효과적인 상담을 위하여 상담자는 어떻게 하면 내담자가 Piaget가 제안한 다음 발달 단계로 성장할 수 있는지를 고려해야만 한다. 예를 들어, 발달적으로 자각이 없는 내담자는 "정서, 신체 그리고 지금-여기에서의 경험"에 초점을 둔 치료적 접근이 필요할 것이고, 반면에 좀 더 발달 수준이 앞선 내담자는 행동을 위해 생각하기에 더 초점을 두는 "자문 형태의 접근"에 더 잘 반응할 것이다(Ivey & Goncalves, 1988, p. 410). 중요한 것은 상담이론은 내담자의 발달 수준에 맞게 적용되어야 하며, 내담자의 전인적 발달을 조력하는 것이어야 한다는 것이다.

절충적 방법의 강점은 내담자의 요구에 맞추기 위하여 다양한 이론과 기법을 활용할 수 있다는 것이지만 결점 또한 가지고 있다. 예를 들어, 절충적 접근은 상담자가 활용하고자 하는 이론에 대해 정통하지 않을 경우 상담과정에서 위태로울 수 있다. 그런 상황에서 상담자는 왜 그 접근방법이 특정 내담자를 상담할 때 유용한지, 언제 사용하는 것이 유용한지, 어떤 방법으로 사용하는 것이 유용한지에 대한 이해 없이 단순한 기교를 부리는 사람으로 전락할 것이다(Cheston, 2000). 이런 검증되지 않은 접근을 사용하는 훈련이 덜 된 상담자들은 때때로 기법을 이것저것 섞어 사용하면서 '절충적'이라고 말하는데, 이런 상담자는 가능한 한 모든 방법을 '돌려가며 사용'하려고 한다. 이런 절충적 접근의 문제는 상담자가 내담자를 조력하는 것에 대한 이해가 없거나 부족한 상태에서 도움보다는 오히려 해로울 수 있다는 것이다.

이런 문제들 때문에 McBride와 Martin(1990)은 절충주의의 단계를 제시하고, 충실한 이론적 토대를 가지는 것의 중요성을 주장했다. 절충주의의 첫 번째 단계는 **혼합주의**(syncretism)로, 깊이와 체계 없이 서로 관련성이 적은 임상적 개념들을 한데 합쳐 놓은 것이다. 이것은 막 졸업한 학생들이 모델에 대한 검증 없이 자신의 상담이론을 구성하려고 노력할 때 일어난다. 절충주의의 두 번째 단계는 **전통적**(traditional) 단계다. 이것은 "다양한 정보로부터 모순되지 않는 것들을 혼합하여 조화로운 전체로 결합하는 것이다"(English & English, 1956, p. 168). 이 단계는 혼합주의보다는 진일보한 것이며, 이론들도 보다 진지하게 검증하게 된다.

세 번째 단계에서, 절충주의는 전문적 또는 이론적으로서, 또는 **이론적 통합**(theoretical integrationism)으로서 묘사된다(Lazarus & Beutler, 1993; Simon, 1989). 이 단계에서는 상담자가 이론을 통합하기 전에 최소 두 가지 이론은 숙달해야 한다. 이 접근은 이론 간의 동등성과 "각 이론의 어떤 부분을 포함하거나 삭제해야 하는지를 결정하는" 기준이 존재함을 가정한다(Lazarus & Beutler, 1993, p. 382). 이것은 이론을 숙달하지 않으면 접근을 기대하기 어렵다는 점에서 전통적인 접근에서 다르다.

절충주의의 네 번째 단계는 **기법의 절충**(technical eclecticism)이라고 하는데, Arnold Lazarus(2008)가 일곱 가지 요소로 제시한 다중 모델이 좋은 예다. 이는 다음과 같은 알파벳 첫 글자를 조합하여 만든 BASIC ID로 요약된다.

행동(**B**ehavior)
정동(**A**ffect)
감각(**S**ensations, 예: 보기, 듣기, 냄새 맡기, 맛보기, 만지기)
심상(**I**magery)
인지(**C**ognitions, 예: 신념, 가치)
대인관계(**I**nterpersonal relationships)
약품(**D**rugs, 즉, 약물 사용, 건강, 다이어트 등을 포함하여 건강에 관한 관심)

이 접근에서는 다른 이론으로부터 절차와 기법들을 선택하여 상담에 활용한다(Lazarus & Beutler, 1993, p. 384). 이 접근의 기본적인 아이디어는 이론보다는 실제적으로 내담자를 상담하는 데 사용되는 기법 활용에 있다. 따라서 상담자는 내담자를 적합하게 평가한 후에 행동상담 기법(자기주장 훈련과 같은)을 사용하면서 상황에 적절하다면 실존상담 기법(자신의 삶의 의미에 직면하기)을 병행한다.

이 접근방법은 Cavanagh(1990)가 제안했던 상담에서의 좋은 절충이라는 것과 같다. Cavanagh의 절충주의는 상담자가 다음의 몇 가지를 갖출 것을 요구한다. ① 상담이론에 대한 지식과 이해, ② 인간 행동에 대한 기초적인 통합적 사고, 즉 다른 이론들의 공통점이 없는 부분임에도 의미 있는 그림을 그려 내는 사고, ③ 내담자에게 적합한 접근방법을 유용하게 활용. 이 모델을 따르는 상담자는 절충적 틀 내에서 실제적이고 효과적으로 상담한다. 건강한 절충주의적 상담자가 되는 중요한 변인은 이론을 숙달하는 것과 어떤 접근방법을 언제, 어디서, 어떻게 사용할 것인지에 대한 지식에 민감해야 한다는 것이다(Harman, 1977).

절충주의의 마지막 단계는 변화를 위한 **초이론 모델**(transtheoretical model: TTM)이다(Norcross & Beutler, 2008; Prochaska & DiClemente, 1992). 이 모델은 시간이 지남에 따라 발달적 그리고 경험적으로 얻어진다. 이것은 "다양한 요소가 빈약하게 함께 모여 있다고 보이는 기법 중심의 절충적 접근에 대한 대안이다" (Petrocelli, 2002, p. 23). 이 모형은 심사숙고 전 단계부터 유지 단계까지 변화의 다섯 단계를 가지고 있다. 여기에는 변화의 다섯 가지 수준이 있다.

- 증상/상황 문제
- 부적응적 인지
- 현재의 대인 갈등
- 가족 갈등

• 개인 내적 갈등

"TTM 덕분에 상담은 단순한 개인적 조절(personal adjustment)보다 더 거시적 접근(macroscopic approach, 폭넓고 포괄적인 이론적 틀)과 개인적 적응(personal adaptation, 논리적이고 정확한 과학적 사고의 증가를 포함한)을 얻었다." (Petrocelli, 2002, p. 25) TTM에는 결점이 있는데, 매우 제한적인 집단(중독자 집단과 같은)에서만 효과가 검증되었다는 것이다.

과거에는 순수한 이론 관점과 절충적 접근이었다면, 지금은 상담이론이 포스트모더니스트의 시각에 진입하고 있다. 상담이론은 "옛것을 객관적으로 발견하는 것에 의해서가 아니라" 내담자를 돕기 위하여 새로운 체계를 창조하는 것으로 받아들여지고 있다(Hansen, 2006, p. 295). 이런 관점의 핵심은 사회 구성주의적 접근에서 발견할 수 있다. 이밖에도 널리 알려진 13개의 주요 이론에 대해 이 장과 다음 장에서 설명할 것이다.

사례 Tim이 선택한 절충주의

Tim은 새내기 상담자였다. 그는 훌륭한 관찰자였는데, 다양한 치료적 접근에서 미묘한 차이를 빨리 알아챘다. 그렇지만 Tim에게는 문제가 있었다. 그는 그가 읽은 대부분의 이론을 좋아했고, 한 가지씩 숙달하기로 어렵게 결심했다. 하지만 대부분의 상담이론을 제대로 상담에 적용하기까지 숙달하는 데는 한 이론을 부지런히 훈련해도 최소 10년이 소요되는데, 그가 그것을 깨달았을 때는 이미 상당한 시간을 소비한 뒤였다.

Tim이 궁지에 빠진 것과 그가 단지 한 가지 기법만을 사용하기를 원하지 않는다는 것을 알았을 때, 당신은 그가 이론적 접근을 결정하도록 어떤 충고를 해 주겠는가? Tim과 같이 아직 이론을 결정하지 않은 누군가에게 절충주의적 접근은 맞는 것인가? 왜 그렇게 생각하는가 또는 왜 그렇지 않다고 생각하는가?

2. 정신분석 이론

역사적으로 볼 때 정신분석은 매우 중요하다. 정신분석은 처음으로 대중에게 상담을 인지시키고 수용하도록 한 이론이다. 여기에서는 Sigmund Freud에 의해 개발된 정신분석에 대해 다루려고 한다. Freud가 개념화하고 실행한 정신분석은 이후 다른 많은 상담이론

개발의 기초가 되었는데, 정신분석을 수정하거나 반대하면서 이론들이 개발되었다.

정신분석

창시자

비엔나의 정신과 의사 Sigmund Freud(1856~1939)는 정신분석(psychoanalysis)의 창시자로 고전학파를 형성하였다. 그의 딸 Anna Freud는 정신분석 이론을 더욱 정교화했는데, 특히 아동을 대상으로 이론을 적용하고 방어기제의 발달을 규명하는 데 공헌했다. 최근에는 Heinz Kohut이 이 이론을 발달적 문제에까지 확장시켰으며, 특히 애착과 대상관계 이론을 구성하였다.

인간의 본질에 대한 관점

인간 본질에 대한 Freud의 관점은 개인 성격 내에서 에너지가 전이되고 전환되는 것과 같이 역동적이다(Hall, 1954). 인간은 **의식**(conscious mind: 외부 세계에 대해 지각하는 상태), **전의식**(preconscious mind: 기억할 수 있는 경험들을 잊어버린 상태), **무의식**(unconscious mind: 본능적이고, 억압적이고, 강력한 힘을 담고 있는 상태)을 가지고 있다. Freud에 따르면, 성격은 다음 세 가지 부분으로 구성되어 있다.

- **이드**(id): 도덕관념이 없는 본능에 기초함. 쾌락의 원리에 의해 작동됨
- **자아**(ego): 의식적 수준에서 의사결정을 하는 '마음의 집행자'. 현실의 원리에 의해 작동됨
- **초자아**(superego): 부모의 가치를 수용한 마음의 의식. 도덕의 원리에 의해 작동됨

이드와 초자아는 무의식에 속하고, 자아는 기본적으로 의식 수준에서 작동하나 전의식과 무의식에도 있다.

정신분석은 또한 Freud가 언급한 **심리성적 발달 단계**(psychosexual developmental stage)에 확립되어 있다. 각 단계는 특정 시기에 쾌락이 어디에 위치하느냐에 초점을 둔다.

- **구강기**(the oral stage): 쾌락이 입에 집중되는 시기로 빨기와 씹기를 통해 만족을 느낀다.
- **항문기**(the anal stage): 보유와 배설에서 쾌락을 느낀다.
- **남근기**(the phallic stage): 쾌락이 성감대에 집중되어 남녀 모두 성적 갈망을 가진다.
- **잠복기**(latency): 에너지가 또래 활동과 인지적 학습, 신체적 기술을 학습하는 데 집중

됩다.

- 성기기(the genital stage): 이전 단계들을 잘 지내 왔다면 남녀 모두 상대방에게 관심을 가지게 되고, 정상적인 이성애적 태도가 나타나게 된다.

첫 세 단계에서의 과도한 좌절이나 방임은 이 시기를 지날 때 나타날 수 있는 주요한 어려움이다. 따라서 그런 경우에는 각 발달 수준에 고착되거나 방어기제(defense mechanism: 현실 부정이나 왜곡 같은 기제를 무의식 수준에서 대처 전략으로 사용하는 방법)에 지나치게 의존할 수 있다(〈표 9-1〉 참고).

〈표 9-1〉 방어기제

억압	방어기제의 가장 기본적인 형태. 억압은 고통스러운 생각이나 기억을 무의식적으로 배제하는 것이다. 다른 모든 방어기제는 억압을 일부 사용한다.
부인	부인은 어떤 사람이 자신의 인생에서 문제를 보거나 수용하기를 거부하는 것이다. 부인은 전의식 또는 의식 수준에서 작동된다.
퇴행	개인이 스트레스 상황에 놓여 있을 때 종종 성숙되지 못한 행동방식으로 돌아간다.
투사	그가 정말 생각하고 느끼는 것을 말하는 대신에 수용될 수 없는 생각, 느낌 또는 동기를 다른 사람의 탓으로 돌리는 것이다.
주지화	이 방어기제는 어떤 행동을 정당화하기 위하여 '지적인 이유'를 대는 것이다.
반동형성	사람이 자신이 느끼는 것과 반대되게 행동할 때 그것을 '반동형성'이라고 부른다. 이런 행동 유형은 보통 과장되게 나타난다. 예를 들어, 어떤 사람을 매우 싫어하면서도 그 사람을 좋아하는 것이 그것이다.
치환	이 방어기제는 '안전한 표적, 목표물……'에 정서적으로 반응하는 것이다. 치환의 대상이 된 사람이나 사물은 직접적으로 그것과 관련 있는 사람 대신에 감정의 대상이 된다.

출처: Gladding (2008).

상담자의 역할

고전적인 정신분석을 실시하는 상담자는 전문가로서 상담을 실시한다. 상담자는 내담자의 마음에 떠오르는 생각, 특히 아동기 시절의 경험을 말하도록 격려한다. 내담자가 곤란한 생각들을 자유롭게 말하도록 분위기를 조성하기 위해서 분석가는 몇 회기 후에 내담자를 긴 의자에 눕히고 자신은 내담자가 보이지 않는 곳에 앉는다(대체로 내담자 머리 뒤편에 앉는다). 분석가의 역할은 몇 회기가 진행되는 동안에 내담자가 가지고 있는 미해결된 과거의 경험들을 자유롭게 풀어 놓게 함으로써 내담자가 통찰을 얻도록 하는 것이다. 전이의 발달은 내담자가 무의식적 자료들을 현실적으로 다루도록 돕는다. 다른 상담 접근법과 달리 정신분석에서는 상담자가 내담자를 위하여 해석하는 것을 지지한다.

목표

정신분석의 목표는 내담자에 따라 다양하지만, 대체로 개인의 적응과 개인 내적 힘의 재구조화에 가장 초점을 둔다. 대부분의 경우, 기본적인 목표는 내담자의 현재 삶에 영향을 미치는 무의식적 측면이나 성격적 측면을 더 잘 자각하도록 돕는 것이다(Tursi & Cochran, 2006).

두 번째 주요 목표는 내담자가 이전 단계에서 이루지 못한 발달 단계를 이루도록 돕는 것이다. 만약 발달을 완수하면 내담자는 보다 더 생산적으로 살게 될 것이다. 미해결된 발달 단계를 극복하도록 상담하기 위해서는 성격의 재구성이 요구된다.

정신분석의 마지막 목표는 내담자가 속해 있는 사회의 요구에 적응하도록 돕는 것이다. 정신분석의 주장에 따르면, 운 없는 사람은 그 자신이나 사회에 조화를 이루지 못하게 된다. 정신분석은 환경적 적응을 강조하는데, 특히 직업과 가정에의 적응을 더욱 강조한다. 그리고 주변 여건들을 좀 더 현실적으로 지각하고 합리적으로 대응하도록 하기 위하여 자아의 힘을 키우는 것을 중요시한다.

상담 기법

정신분석 기법들은 대부분 특별한 환경, 즉 상담자의 사무실이나 병원의 면담실 등에서 사용된다. 정신분석의 유명한 기법으로는 자유연상, 꿈의 분석, 전이 분석, 저항 분석, 해석 등이 있다. 여기에서는 각각의 기법을 나누어서 소개하지만, 상담 장면에서는 기법들이 통합되어 적용된다.

- **자유연상**(free association): 자유연상을 할 때 내담자는 의식적으로 억제하는 도덕적 검열을 극복하고, 비록 그것이 부끄럽고 비합리적이고 고통스럽다 하더라도 마음에 떠오르는 대로 말한다. 그렇게 되면 이드가 말하기를 원하게 되고, 자아는 침묵하게 된다(Freud, 1936). 무의식이 의식에 들어가게 되고, 상담자는 그런 상황에서 무의식의 표현을 해석하게 된다.
- **꿈의 분석**(dream analysis): Freud는 꿈이 무의식을 이해하는 주요 통로라고 생각했는데, 심지어 꿈을 "무의식에 이르는 왕도"라고 지칭하기까지 했다. 그는 꿈이 아동기의 바람이나 이해할 수 없었던 성적 갈망을 표현한다고 생각했다. 꿈의 분석에서 내담자는 꿈을 꾸고, 꿈을 기억하기를 요구받는다. 상담자는 꿈의 두 가지 측면에 특별히 주목하는데, **표면적 내용**(manifest content: 표면적 의미)과 **잠재적 내용**(latent content: 감추어져 있으나 실제 의미하는 것)이 그것이다(Jones, 1979). 분석가는 내담자에게 두 가지 측면을 해석해 준다.

• 전이 분석(analysis of transference): 전이는 내담자가 과거의 의미 있는 존재, 보통 부모에게 느꼈던 것과 같은 방식으로 상담자에게 반응하는 것을 말한다. 분석가는 이런 전이를 격려하고, 긍적적이거나 부정적인 느낌을 해석해 준다. 감정의 방출은 치료적인 것이며, 정서적인 카타르시스가 된다. 그러나 이 경험의 진정한 가치는 상담자가 전이를 분석해 줌으로써 내담자의 자기인식이 증가된다는 것에 있다. 전이를 경험하고 그것이 일어나게 된 원인을 이해하게 되는 사람은 억압으로부터 자유를 경험하고 다음 발달 단계로 옮겨 가게 된다.

• 저항 분석(analysis of resistance): 때때로 내담자는 정신분석을 하는 동안 문제 극복이 진전을 보이다가도 느려지거나 멈추어 버릴 때가 있다. 치료과정에 대한 내담자의 저항은 약속을 잊거나, 약속에 늦거나, 상담료를 지불하지 않거나, 전이를 지속하거나, 자유연상 중에 생각을 멈춰 버리거나, 꿈을 회상하기를 거부하거나, 생애 초기의 기억을 떠올리는 것을 거부하는 등 여러 가지 형태로 나타난다. 상담자가 저항을 분석해 줌으로써 내담자가 통찰을 얻도록 도울 수 있다. 만약 저항이 다루어지지 않는다면 아마도 치료과정은 중단될 것이다.

• 해석(interpretation): 해석은 이미 검증되고 실행된 기법이다. 해석을 통해 상담자는 내담자가 과거의 의미와 현재 대인관계에서 일어난 일의 의미를 이해하도록 도울 수 있다. 해석은 내담자의 생각, 감정, 행동에 대한 설명과 분석을 포함한다. 상담자는 해석을 적용하는 시점에 주의하여야 한다. 만약 해석을 상담 초기에 하게 되면 내담자는 상담을 중단할 것이다. 그리고 해석을 너무 남발하거나 혹은 하지 않으면 내담자가 통찰하는 데 실패하게 될 것이다.

강점과 공헌

고전적인 정신분석은 몇 가지 독특한 강조점을 가지고 있다.

• 정신분석은 인간 행동에서의 성과 무의식의 중요성을 강조한다. 정신분석 태동 이전에는 성(특히 아동기 성)은 부인되거나 주목받지 못했다.

• 정신분석은 그 자체가 실험적 연구에 기초하고 있다. Freud의 제안은 많은 연구를 토대로 하고 있다.

• 정신분석은 많은 진단도구에 대해 이론적 토대를 제공해 준다. 주제통각검사(Thematic Apperception Test)나 로르샤흐 잉크 반점(Rorschach Ink Blots) 등 많은 심리검사가 정신분석 이론에 뿌리를 두고 있다.

• 정신분석은 변화를 계속하고 있는데, 최근에는 적응과정과 사회적 관심에 강조점을

두고 있다.

- 정신분석은 히스테리, 나르시시즘, 강박장애, 성격장애, 불안장애, 공포증, 성적 문제 등 다양한 장애로 고통받는 사람들에게 효과적으로 적용되고 있다(Luborsky, O'Reilly-Landry, & Arlow, 2008).
- 정신분석은 발달적 성장 단계의 중요성을 강조한다.

한계

정신분석은 다음과 같은 한계를 가지고 있다.

- 정신분석은 시간을 많이 요구하고 비용이 비싸다. 정신분석을 받고 싶은 사람은 보통 1년 이상 일주일에 3~5시간 정도를 투자해야 한다(Bankart, 1997; Nye, 2000).
- 정신분석은 나이가 많은 내담자 또는 다양한 내담자에게는 적합하지 않은 것으로 보인다. "정신분석으로부터 도움을 받는 환자"는 보통 "무망감으로 고통받는 중년, 인생의 의미를 탐색할 수 있는 중년의 남녀"다(Bradley & Cox, 2001, p. 35).
- Freud의 바람에도 불구하고 이 접근은 대체로 정신의학이 주도하는 배타적인 특성을 가진다(Vandenbos, Cummings, & Deleon, 1992). 의학 학위가 없는 상담자나 심리학자는 정신분석 훈련을 받는 데 어려움을 가진다.
- 이 접근은 이드, 자아, 초자아와 같이 쉽게 이해되지 않는 많은 개념에 기초하고 있다. 정신분석의 전문 용어들은 매우 복잡해 보인다.
- 정신분석은 결정론적이다. 예를 들어, Freud는 성의 결과로 여성 안에 한계가 있다고 생각했다.
- 정신분석은 모든 사람이 전문상담을 받을 필요는 없다고 본다. 정신분석은 적응에 어려움이 있거나, 무의식을 탐색하기를 원하거나 탐색할 필요가 있는 사람만을 대상으로 본다.

생/각/해/보/기

고전적 정신분석은 다음과 같이 특징짓는다. 초자아가 너무 강하면 당신은 무기력한 사람이 되고, 이드가 너무 강하면 당신은 야만인이 된다.
이런 특징이 건강한 자아를 이루는 데 어떻게 진가를 발휘하게 하거나 또는 못하게 하는가? 이것이 정신분석 상담을 실시할 때 어떤 치료적 난제가 되는가?

3. Adler 이론

Adler 이론은 행동의 목적, 건강한 생활양식의 발달뿐만 아니라 사회적 관심에도 초점을 둔다. 이 이론은 국제적으로도 대중화되었다.

Adler 상담

창시자

Alfred Adler(1870~1937)는 상담에서의 Adler 학파의 창시자인데 **개인심리학**(individual psychology, 인간의 전체성을 강조하는)으로도 잘 알려져 있다. 그는 Sigmund Freud와 동시대 사람이었고, 비엔나 정신분석학회의 회원이기도 했다. 그러나 Adler는 기본적인 동기로서의 추동의 중요성을 강조한 Freud와 입장을 달리하고 주관적 감정과 사회적 관심의 중요성을 강조했다. 그의 이론은 보다 더 희망적이다. 개인심리학은 그의 죽음 이후 쇠퇴했으나, Rudolph Dreikurs, Manford Sonstegard, Oscar Christensen, Raymond Corsini, Donald Dinkmeyer, Thomas Sweeney 등에 의하여 다시금 활성화되었다.

인간의 본질에 대한 관점

인간 본질에 관한 Adler의 생각은 사람이 기본적으로 **사회적 관심**(social interest)에 의해 동기화된다는 것이다. 사회적 관심은 사회 전체의 일부로서 자신의 존재를 느끼는 것인데, 일반적인 사회 정의에 공헌하는 것과 타인에게 관심을 가지고 타인과 공감하는 활동들을 포함한다(Mosak & Maniacci, 2008). 사회적 관심을 가지고 있는 사람은 자신과 타인에 대해 책임감을 가지며, 자신의 정신건강에 대해서도 긍정적으로 협력한다. "신경증이나 정신병 또는 범죄적 성향을 가진 사람들은 실패자인데, 그들에게는 사회적 관심이 결핍되어 있다." (Daugherty, Murphy, & Paugh, 2001, p. 466)

Adler 이론에서는 무의식보다는 행동의 의식적인 측면이 성격 발달의 중심에 놓여 있다고 본다. Adler 이론의 핵심 전제는 사람들이 성공하기(자신이 할 수 있는 최선의 상태가 되는 것) 위해 분투한다는 것이다. Adler는 이것을 **완전하게 되기 위해 분투하기**(striving for perfection)라고 했다(Adler, 1964). 또한 사람은 타인에 대해 열등감을 느끼는 경향이 있다. 만약 이런 느낌을 극복하지 못하면 사람은 **열등감**(inferiority complex)을 가지게 된다. 이런 콤플렉스는 개인의 성격을 규정짓는 토대가 된다. 반대로 열등감을 과도하게 보상하려고 하는 사람은 **우월감**(superiority complex)을 발달시키게 되는데, Adler는 이것을 신경증적 허구(neurotic fiction)로 묘사하면서 비생산적이라고 했다.

Adler는 인간이 과거로부터 영향을 받을 뿐 아니라 미래의 목적에 의해서도 영향을 받는다고 생각했다. 그의 이론에서는 출생 순위도 중요하게 강조한다. 출생 순서로 인한 지위(첫째 아이와 같은)는 가족들에게 공통적으로 나타난다(Dreilkurs, 1950). Adler는 가족 구도에서 첫째 아이, 둘째 아이, 중간 아이, 막내 아이, 외동아이의 다섯 가지 유형의 출생 순위를 강조했다(Dreikurs, 1967; Dreikurs & Soltz, 1964; Sweeney, 1998).

출생 순위뿐만 아니라 가정 환경도 개인 발달에서 매우 중요한데, 특히 생후 5년간을 중요하게 생각했다. Adler 이론은 생후 5년간 가족 구성원과의 상호작용을 통해 형성되는 생활양식을 강조한다. 부정적인 가정 분위기는 권위주의적, 거부적, 억압적, 물질주의적, 과잉보호적, 동정적인 것이 특징이다(Dreikurs & Soltz, 1964). 반면에 긍정적인 가정 분위기는 민주적, 수용적, 개방적, 사회적인 것이 특징이다. 가족 분위기에 대한 지각은 생활양식 발달에 결정적인 영향을 미친다(Adler, 1964). 사람들은 자신과 자신의 환경에 대하여 주관적으로 평가하고 그에 기초하여 행동한다.

무엇보다도 Adler는 삶에서 세 가지 중요한 과제가 있다고 생각했다. 그 세 가지는 사회, 일, 성이다. 앞서 언급한 바와 같이, Adler 이론은 사회적 관심과 사회에 대한 공헌을 발달시키는 것을 중요하게 여긴다. 이 이론에서는 일이 인간 생존에서 필수적이며, 사람은 경쟁보다는 협력정신 아래에서 서로 돕는 것을 배워야만 한다고 강조한다. Adler는 또한 삶에서 중요한 두 가지를 언급했는데, Adler 자신도 충분히 발달시키지는 못했다고 했지만 영성과 자신과의 만남이 그것이다(Dreikurs & Mosak, 1966). Adler 이론에 의하면 삶의 과제에 직면했을 때 **용기**(courage: 잘 모르는 상황에서도 위기를 기꺼이 받아들이는 것)는 매우 중요하다.

상담자의 역할

Adler 이론의 상담자는 내담자와 동등한 관계를 형성한 상황에서 기본적으로 진단자, 교사, 역할 모델로 기능한다. 상담자는 왜 내담자가 특정 방식으로 생각하고 행동하는지를 평가하려고 노력한다. 상담자는 가족적 배경과 내담자의 초기 기억들에 관한 정보를 모아서 평가한다. 이때 상담자는 자신의 느낌, 의견, 감정 등을 내담자와 나누면서 치료적 관계를 증진시키는 데 집중한다. 내담자는 사회적 관심을 발달시키는 작업을 통해 그릇된 생활양식을 시험하고 변화시킨다(Adler, 1927, 1931).

상담자는 종종 내담자와 예감과 추측 등을 나누는 활동을 하고, 내담자에게 '마치 ~인 것처럼', 즉 내담자가 자신이 원하는 사람이 된 것처럼 행동하도록 하는 과제를 직접적으로 부여하기도 한다. 상담자는 다양한 상담 기법을 사용하는데, 그중 일부는 다른 이론으로부터 가져온 것이다.

목표

Adler 상담의 목표는 내담자가 건강과 총체적 생활양식을 발달시키도록 돕는 것이다. 이것은 상담자가 내담자로 하여금 자신의 열등감을 극복할 뿐만 아니라 생활양식에 대하여 교육과 재교육을 받도록 하는 것을 의미한다. Adler 상담의 중요한 목표 중 하나는 내담자가 자신의 **그릇된 생활양식**(faulty style of life)을 극복하도록 돕는 것인데, 이것은 자기중심적인 삶과 잘못된 목표 그리고 열등감과 관련된 그릇된 가정에 기초하고 있다. 이런 정서는 출생 시부터 부모의 과잉보호 또는 방치로 인해 영향받은 신체적, 정신적 결함으로부터 생긴다.

이러한 정서는 반드시 교정되어야 하고, 부적절한 행동 패턴은 멈추어져야만 한다. 그렇게 하기 위해서 상담자는 교사 그리고 사건에 대한 해석자 역할을 하게 된다. Adler 상담은 전인적 인간을 다룬다(Kern & Watts, 1993). 내담자는 사회적 관심을 추구하든지, 아니면 자기 자신의 관심을 추구하든지의 양단 간에 결정할 책임을 지닌다.

상담 기법

Adler 상담의 목표를 달성하기 위해서는 상담관계 형성이 매우 중요하다. 어떤 기법들은 이런 과정을 증진시키는 데 도움이 된다. Adler 상담자는 내담자와 따뜻하고, 지지적이고, 공감적이며, 친근하고, 동등한 관계를 맺기 위해 노력한다. 이런 면에서 상담은 공동의 노력으로 보인다(Adler, 1956). 상담자는 내담자 중심의 상담자들이 하는 것과 똑같은 방식으로 내담자의 말을 적극적으로 경청하고 반응한다(James & Gilliland, 2003).

상담관계가 형성된 후에 상담자는 내담자의 생활양식, 즉 가족 구도, 초기 기억, 꿈, 열등감 등을 분석하는 데 집중한다. 앞에서도 언급한 바 있는 것처럼, 아동이 성장하는 가족의 구도와 분위기는 자기지각과 타인지각 모두에 막대한 영향을 미친다. 두 아이가 똑같은 환경에서 태어났다고 하더라도, 아동의 출생 순위와 가족의 평가 분위기는 발달과 행동에 큰 영향을 미친다. 종종 내담자는 초기 기억들, 특히 10세 이전의 사건들을 회상하는 것을 통해 통찰을 얻는다. Adler(1931)는 사람들이 아동기 사건이 자기, 타인 그리고 세계에 대한 현재의 관점에 영향을 미친다는 것을 기억한다고 주장했다. Adler를 따르는 상담자들은 이런 초기 회상에서 주제와 상세한 사건 모두를 살핀다(Slavik, 1991; Statton & Wilborn, 1991; Watkins, 1985). 과거로부터의 회상 형태는 구체적인 개성이라기보다는 원형이다. 과거의 꿈과 현재의 꿈도 생활양식 분석의 한 부분이 된다. Adler 이론은 꿈이 미래 행동 방향을 위한 가능한 연습이라고 가정한다. 특히 정기적으로 되풀이되는 꿈이 중요하다. 내담자의 열등감에 주목하는 것은 그의 생활양식을 이해하는 데 도움이 된다. 내담자는 변화를 추구하지 않는 한 즐거움을 지향하고자 하는 것과 같은 생활양식에 집착할 것이다.

다음으로, 상담자는 개방형 질문과 해석을 통해 내담자가 통찰을 발달시키도록 돕는다. 개방형 질문은 내담자가 미처 주목하지 못했던 자신의 삶에 스며 있는 패턴들을 발견하도록 돕는다. 해석은 종종 직관적 추측의 형태를 가진다. 감정이입을 하는 능력은 이 과정에서 특히 중요한데, 내담자의 현재 행동에 대한 이유에 집중하기 전에 내담자가 되고 싶어 하는 것을 상담자가 느낄 수 있어야 하기 때문이다. 해석은 출생 순위와 가족 구도에 대한 상담자의 일반적 지식에 기초한다.

행동을 변화시키기 위해서 상담자는 다음과 같은 기법들을 사용한다.

- 직면하기(confrontation): 상담자는 내담자가 자신의 사적인 논리에 도전하도록 한다. 내담자가 이 논리를 시험할 경우, 내담자는 종종 그 논리와 자신의 행동을 변화시킬 수 있음을 자각하게 된다.
- 질문 요청하기(asking 'the question'): 상담자는 질문한다. "만약 당신이 잘된다면 무엇이 달라지겠는가?" 내담자는 초기 면접에서 질문을 요청받는데, 그것은 언제든지 좋다.
- 격려하기(encouragement): 격려하기는 사람에 대한 믿음을 포함하고 있다(Dinkmeyer & Losoncy, 1980; Dreikurs & Soltz, 1964). 상담자는 내담자가 자신과 타인에 대하여 좋은 느낌을 가지도록 격려한다(Adler, 1931). 상담자는 내담자의 행동 변화가 가능하다는 신념을 이야기해 준다. 격려는 생산적인 생활양식을 선택하여 사는 것을 배우도록 하는 중요한 열쇠다.
- '마치 ~인 것처럼' 행동하기(acting 'as if'): 내담자는 자신이 원하는 사람이 '된 것처럼' 행동한다. 예를 들어, 자신이 꿈속에서 본 이상적인 사람을 흉내 내는 것이다(Gold, 1979). Adler는 '마치 ~인 것처럼' 행동하기 기법에 대한 아이디어를 Hans Vaihinger(1911)에게서 얻었는데, Vaihinger는 사람들이 가정을 통해 자신들이 사는 세상을 창조한다는 글을 썼다.
- 내담자 스프에 침 뱉기(spitting in the client's soup): 상담자는 내담자의 특정 행동을 지적하여 행동으로 인한 이득을 얻지 못하게 한다. 예를 들어, 항상 자신의 딸에게 실수를 폭로하는 식으로 우월감을 과시하는 엄마는 그런 행동을 계속하게 되는데, 이때 그 행동을 지적함으로써 그런 행동을 하지 못하게 하는 것이다.
- 자기 포착하기(catching oneself): 내담자가 자신의 자기 파괴적인 행동이나 생각을 자각하는 법을 가르치는 것이다. 처음에 상담자는 상담과정 중에 내담자를 돕지만, 실제적

으로는 내담자가 책임감을 가지게 한다.

- 과제 설정하기(task setting): 내담자는 처음에 단기적이고 달성 가능한 목표를 설정한다. 그리고 상담이 진행됨에 따라 장기적이고 현실적인 목표를 세운다. 내담자가 행동 변화를 가져오고 자신의 삶을 통제할 수 있다는 것을 자각하면 상담을 종결한다.
- 버튼 누르기(push button): 내담자는 자신의 삶에서 집중할 것을 선택하는 것을 특정한 것에 주목함으로써 깨닫도록 격려받는다. 내담자는 자신의 생각에 집중함으로써 자신이 원하는 감정을 창조할 수 있음을 배우게 된다. 이 기법은 버튼을 누르는 것과 비슷한데, 내담자가 부정적인 경험이나 긍정적인 경험을 기억하는 것을 선택할 수 있기 때문이다(Mosak & Maniacci, 2008).

강점과 공헌

Adler 이론은 상담에 많은 독특한 공헌을 하였다.

- 이 이론은 상담자가 증진시킨 긍정 기법을 통해서 평등주의적 분위기를 조성했다. 라포는 이 이론에 의해 확산되었고, 변화를 위한 기회가 증가되었다. 상담자의 격려와 지지는 매우 가치 있는 개념이다. Adler 상담자는 내담자에게 교육적 개입을 제공하고 삶에 대해 낙관적인 관점을 갖게 해 준다.
- 이 이론은 인생 전반에 걸쳐 적용된다. "Adler 상담자들은 아동, 청소년, 부모, 가족 전체, 교사 집단 그리고 다른 사회에 적합한 상담 모델을 개발하였다."(Purkey & Schmidt, 1987, p. 115) 4~9세 아동을 위한 놀이치료는 특별히 효과적인 것으로 보인다.
- 이 이론은 아동과 청소년의 품행장애, 반사회적 장애, 불안장애와 몇몇 정서장애 및 성격장애 등 다양한 장애를 다루는 데 유용하다(Seligman, 1997).
- 이 이론은 다른 이론들과 공공 지식에 도움을 주었으며, 인간 상호작용을 이해하는 데 공헌하였다. 이 이론은 다른 상담 접근들에 통합되어 적용되어 왔다.
- 이 이론은 다른 문화적 맥락에도 선별적으로 적용될 수 있다(Brown, 1997). 예를 들어, '격려(encouragement)' 라는 개념은 히스패닉이나 아시아계 미국인들처럼 전통적으로 협력을 강조하는 집단과 작업할 때 적절할 수 있다. 반면에 '형제 간 경쟁(sibling rivalry)' 이라는 개념은 경쟁을 강조하는 유럽계 북미인들에게 적합할 수 있다.

한계

Adler 이론은 다음과 같은 한계를 가지고 있다.

- 이 이론은 확고하고 지지적인 연구가 부족하다. 그럼에도 불구하고 몇몇 실험적 연구들은 Adler의 상담이론이 효과적임을 명백하게 보여 준다.
- 이 이론에서 사용하는 어떤 개념들은 다소 애매하다.
- 이 이론은 인간에 대하여 너무 낙관적인데, 특히 사회적 협력과 관심에서 그렇다. 어떤 비평가들은 권력과 무의식 등과 같은 삶의 다른 국면들에 대한 Adler의 부정적 관점을 염려한다.
- 이 이론의 기본적인 원리 중 어떤 것은 분화적으로 다른 관점을 강조하는 내담자에게 잘 맞지 않는다. 예를 들어, 민주적인 가족 구조와 같은 개념은 아랍계 미국인처럼 선형적인 사회관계를 강조하는 문화와 잘 맞지 않는다(Brown, 1997).
- 이 이론은 지적으로 명석하지 못한 내담자에게 적용하는 데 한계를 가지는데, 그것이 언어적 표현의 박식함, 논리, 통찰 등에 크게 의존하기 때문이다(James & Gilliland, 2003).

사례 Ansley는 '마치 ~인 것처럼' 행동한다

Ansley는 늘 언어적으로 호전적이었다. 그녀는 예리하게 이야기하고 예외적인 단어들을 사용한다. 그녀는 다른 소녀들을 빨리 붙잡아 둘 수 있었다. 그래서 그녀는 칭찬과 미움을 모두 받았다.

친구의 제안으로 Ansley는 Adler 상담자를 만났다. 그녀는 자신이 배운 사회적 강세를 좋아했지만 자신의 방식을 변화시키기로 결심했다. Ansley는 자신이 원하는 사람이 되는 가장 빠른 방법은 '마치 ~인 것처럼' 행동하는 것이라고 생각했다.

Ansley는 마치 ~인 것처럼 행동하는 것이 그녀를 도울 수 있다고 생각할 만큼 순진했던 것인가? Adler 이론의 관점에서 볼 때 그녀가 실행하거나 노력하도록 제안할 수 있는 다른 것이 있다면 무엇일까?

4. 인간주의 이론

인간주의는 자신과 자신의 환경과 관련된 것들을 역동적으로 선택하고 의도적으로 결정하는 개인의 잠재성에 초점을 둔다. 인간주의 이론을 사용하는 상담 전문가는 사람들이 자신의 감정을 경험하는 것을 통해 자기이해를 증진시킬 수 있도록 돕는다. 인간주의라는 개념은 여러 상담이론을 광범위하게 포함하고 있는데, 이 이론들은 인간을 자기 성장과 발달의 주체이자 의사결정자라고 본다. 여기에서는 이 이론들 중 인간중심 상담, 실존주의 상담, 게슈탈트 상담을 다루고자 한다.

인간중심 상담

창시자

Carl Rogers(1902~1987)는 인간중심 상담(person centerd courseling)의 창시자다. Rogers는 1942년에 출판한 그의 책 『*Counseling and Psychotherapy*』를 통해 비지시적 심리치료 이론을 처음으로 제안했다. 이 이론은 훗날 내담자 중심 상담, 인간중심 상담 등으로 발전했고, 적용 영역에서도 개인뿐만 아니라 집단, 가족, 지역사회 등으로 확장되었다.

인간의 본질에 대한 관점

그 명칭에 이미 함축되어 있듯, 인간중심 상담의 인간의 본질에 대한 관점은 '인간은 본질적으로 선하다.' 는 것이다(Rogers, 1961). 인간은 "긍정적이고, 앞으로 전진하며, 건설적이고, 실재적이며, 신뢰할 만하다"(Rogers, 1957, p. 199). 사람은 유아기 때부터 자기실현을 향해 움직여야 함을 알고 있다.

Rogers에 의하면, 자기실현 성향은 전인에 영향을 미치는 행동의 가장 강력한 동기다. "유기체는 자기를 실현하고, 유지하고, 유기체의 경험을 증신시키고자 하는 한 가지 기본적 성향을 가지고 있다."(Rogers, 1951, p. 487) 인간중심 이론가들은 각 개인이 삶에서 개인적 의미와 목적을 찾을 수 있다고 믿는다. "부적응은 배움과 변화에서의 실패다."(Bohart, 1995, p. 94)

Rogers는 "중요한 것은 사실 자체보다도 그것에 대한 사람의 지각이다."라는 현상학적 관점(phenomenological perspective)으로 사람을 보았다(Rogers, 1955). 사람을 보는 이런 관점은 Adler 방식과 비슷하다. 자기개념은 Rogers와 Adler가 서로 나눈 또 다른 아이디어다. 그러나 Rogers에게 이 개념은 그의 이론의 중심이 되었는데, 그 때문에 종종 그의 아이디어는 자기이론(self theory)이라고 불린다. 자기는 사람이 경험하는 것의 결과이며, 자기에 대한 자각은 자신을 타인과 구별하도록 도와준다(Nye, 2000).

건강한 자기가 출현되도록 하기 위해서는 긍정적인 존중(positive regard), 즉 사랑, 따뜻함, 돌봄, 존경, 수용 등이 필요하다. 그러나 아동기 또는 아동기 이후에 사람들은 종종 부모나 타인으로부터 조건적인 존중을 받는다. 가치감은 사람이 특정 방식으로 행동할 때 발달하는데, 타인의 바람에 적합할 때만 가치를 느끼도록 조건화된 수용을 가르치기 때문이다. 그래서 사람은 자기가 의지하는 누군가가 상황을 다르게 보고 칭찬하면 그 지각한 것을 부인하거나 왜곡할 것이다. 이런 딜레마에 붙들린 사람은 자기지각과 경험 사이에 나타나는 부조화를 경험하게 된다. 누군가가 타인이 원하는 대로 행동하지 않는다면 수용되지 않을 것이고 가치가 없게 될 것이다. 하지만 그가 타인이 원하는 대로 따른다면 **이상적 자기**(ideal self)와 **실제적 자기**(real self) 사이의 공백을 경험하게 된다. 이상적 자기와 실제적 자기 사이의 공백이 커질수록 부적응도 심해질 것이다.

상담자의 역할

상담자의 역할은 전인적인 것이다. 상담자는 내담자가 자유로움을 느끼고 자기의 모든 면을 표현하도록 지지적인 분위기를 만든다(Rogers, 1951, 1980). 이런 분위기는 상담자-내담자 관계에 초점을 두는데, Rogers는 이를 '나와 너' 라는 개념으로 묘사했다. 상담자는 내담자의 언어적, 비언어적 메시지를 자각하고, 상담자가 듣고 관찰한 것을 반영해 준다(Braaten, 1986). 내담자와 상담자는 회기 중에 어떤 방향으로 가게 될지, 어떤 목표가 출현할는지 알지 못한다. 내담자는 상담 진행 중에 치료 방향을 결정하는 사람이다(Moon, 2007, p. 277). 따라서 상담자는 내담자가 상담 계획을 세울 수 있다고 믿는다. 상담자의 일은 방향을 정해 주는 것이라기보다는 내담자가 자기 방향을 찾아가도록 촉진하는 것이다. 내담자 중심 상담에서 상담자는 과정 전문가이자 전문적인 학습자인데, 이때 인내심이 필수적이다(Miller, 1996).

목표

인간중심 상담에서의 상담 목표는 내담자의 문제가 아닌 인간으로서의 내담자에게 초점을 둔다. Rogers(1977)는 사람들이 상황을 극복하는 법을 배울 수 있도록 지원받을 필요가 있다는 것을 강조했다. 이것을 완수하는 중요한 한 가지 방법은 내담자가 매일의 경험에 대해 방어기제를 사용할 필요가 없도록 충분히 기능하는 사람이 되게끔 돕는 것이다. 충분히 기능하는 사람은 점차적으로 변화를 기꺼이 수용하고 성장한다. 그는 경험에 보다 더 개방적이고, 자기지각, 자기탐색 및 자기평가를 보다 더 신뢰한다(Rogers, 1961). 또한 충분히 기능하는 사람은 자기와 타인을 보다 더 수용하고, 지금-여기에서 최상의 의사결정을 한다. 결국 내담자는 자신의 자원과 잠재력을 인식하고 활용하고 통합하도록 도움을 받게 된다는 것이다(Boy & Pine, 1983; Miller, 1996).

상담 기법

인간중심 상담자들에게는 상담관계의 질이 기법보다 훨씬 중요하다(Glauser & Bozarth, 2001). Rogers(1957)는 상담에 세 가지 필요충분조건이 있다고 생각했다.

- 공감
- 무조건적인 긍정적 존중(수용 등)
- 진실성(진심, 개방, 진정성, 투명성 등)

공감은 주관적이고, 대인관계적이거나 객관적이다(Clark, 2004; Rogers, 1964). 종종 공감은 이 세 가지의 조합이다. 치료 장면에서의 공감은 내담자에 대한 느낌을 지각하고 그것을 내담자에게 전달하는 상담자의 기본적인 능력이다. 이것은 다양한 방법으로 이루어지는데, 필수적으로 공감은 내담자의 의사소통, 의도, 의미를 이해하는 것에 관한 것이라기보다는 내담자와 함께 생각하는 것이다(Brammer et al., 1993; Clark, 2007; Moon, 2007). Rogers(1975)는 "우리는 연구를 통해 관계에서의 높은 수준의 공감은 변화와 학습을 가져오는 가장 중요한 요소라는 것을 확인할 수 있다."(p. 3)라고 기록했다. 무조건적인 긍정적 존중은 수용으로도 알려져 있는데, 내담자를 사람 자체로 존중하고 돌보는 깊이 있는 개입이다(Rogers, 1961, 1980). 진실성은 치료관계에서 역할과 외관을 포기하는 것에 의해 투명성을 답보하는 조건이다(Rogers, 1980). 이것은 "염려와 개인적 선입관을 버리기 위한 상담자의 준비이고, 내담자와의 관계에서 유용하고 개방적이도록 하는 상담자의 준비다"(Moon, 2007, p. 278).

1980년 이후 인간중심 상담자들은 감정, 사고, 가치 등에 대하여 제한된 자기노출과 같은 다양한 기법을 마련하기 위해 노력해 왔다(Corey, 2005). 내담자는 관계에서의 자신과 타인을 경험하는 것을 통해 성장한다(Cormier & Cormier, 1998). 그래서 Rogers(1967)는 "유의미한 긍정적 성격 변화"는 관계에 의하지 않고는 일어날 수 없는 것이라고 했다(p. 73).

상담자-내담자 관계를 증진시키도록 돕는 방법에는 적극적 경청, 사고와 감정에 대한 정확한 반영, 정화, 요약, 직면, 일반적이거나 개방적이고 편안한 이끌기 등이 포함된다. 질문은 가능하면 피한다(Tursi & Cochran, 2006).

강점과 공헌

인간중심 상담의 독특성은 다음과 같다.

- 이 접근은 상담과 심리치료를 연결시킴으로써 상담이라는 직업에 혁명을 가져왔고, 실제적인 상담 회기를 녹음테이프를 이용해 녹음한 뒤 녹취록을 출간함으로써 상담 과정에 숨겨진 수수께끼를 제거했다(Goodyear, 1987; Sommers-Flanagan, 2007).
- 인간중심 상담은 광범위한 인간 문제에 응용되고 있다. 여기에는 기관의 변화, 노사관계, 리더십 개발, 진로 의사결정, 국제 외교 등이 포함된다. 예를 들면, Cornelius-White (2005)는 내담자 중심 상담이 다문화 상담을 촉진시키는 데 효과적일 수 있음을 보여주었다. 또한 Lemoire와 Chen(2005)은 "인간중심 상담은 결점을 없애는 필수 조건을 창조할 수 있는 잠재성을 가지는 것으로 보이며, 성적 소수자 집단의 청소년들이 보다 더 건설적인 방법으로 성적 정체성 혼란을 극복하도록 돕는 것으로 보인다." (p. 146) 고 주장했다.
- 이 접근은 다방면에 걸친 연구물을 내놓았다(Tursi & Cochran, 2006). 이는 기본적으로 치료적 변화를 가져오는 "필요충분조건인" (Rogers, 1957) 상담 변인에 대한 연구를 실행하기 위한 표준을 마련했다.
- 이 접근은 많은 임상 장면에서 효과적이다. 인간중심 상담은 심리적 적응, 학습, 좌절 극복을 증진시키고 방어를 감소시키는 데 도움을 준다. 또한 보통 수준의 불안 상태나 적응장애에 개입하는 데 적절하지만, 정신장애를 다루는 데는 적합하지 않다(Seligman, 1997).
- 인간중심 상담은 비극적인 사건을 경험하고 "그 비극적 사건과 관련하여 충분히 감정을 경험하지 못함으로써 자신의 정서와 씨름하고 있는" 내담자와의 상담에 특히 유용하다(Tursi & Cochran, 2006, p. 395).
- 이 접근은 상담자와 내담자, 그리고 단기 조력과정에 기초한 개방적이고 수용적인 관계에 초점을 둔다.
- 이 접근의 기초는 배우는 데 상대적으로 짧은 시간이 소요된다. 경청 기술을 숙달하는 것을 강조한다는 점에서 인간중심 상담은 많은 준전문 조력자를 훈련시키기 위한 토대를 제공해 준다. 그리고 이 기초는 몇몇 새롭게 출현하는 개입방법과 조화를 이루며, 또한 인지행동치료 등과 같은 다른 상담이론과도 잘 어울린다(Prochaska & Norcross, 2007; Seligman, 2006).
- 이 접근은 인간 본질에 대한 긍정적 관점을 가지고 있으며 계속 발전하고 있다.

한계

인간중심 상담이론은 다음과 같은 한계를 가지고 있다.

- 이 접근은 지나치게 단순하고 낙관적이며 느긋하다. 그리고 위기에 처한 내담자나 좀 더 구조적이고 직접적인 것을 필요로 하는 사람에게 적합하지 않다(Seligman, 2006; Tursi & Cochran, 2006).
- 이 접근은 최상의 결과를 얻기 위하여 명석하고 통찰적이며 열심히 참여하는 내담자에게 의존한다. 따라서 심각하게 장애를 가지거나 어린 아동에게 적용하는 데 한계가 있다(Thompson & Henderson, 2007).
- 이 접근은 진단, 무의식, 발달이론, 성적 추동과 공격 추동을 무시한다. 그래서 많은 비판론자는 이것이 지나치게 낙관론적 태도라고 생각한다.
- 이 접근은 단지 표면적인 이슈들을 다루며 내담자가 좀 더 깊은 영역을 탐색하도록 하지는 않는다. 왜냐하면 인간중심 상담은 단기상담으로서 내담자에게 영속적인 영향을 주지는 않기 때문이다.
- 이 접근은 기법 중심이기보다는 상담자의 태도 중심이다. 내담자의 변화를 가져오는 특수한 기법이 없다(Moon, 2007).

생/각/해/보/기

당신이 인간중심 접근에서 발견한 가장 선호되는 것은 무엇인가? 왜 그런가? 당신이 발견한 가장 선호되지 않는 것은 무엇인가? 왜 그런가?

실존주의 상담

창시자

Rollo May(1909~1994)와 Viktor Frankl(1905~1997)은 실존주의 상담(existential counseling) 영역에서 가장 영향력 있는 전문가다. May는 결핵으로 사투를 벌이면서 경험했던 자신의 불안에서 영향을 받았다. Frankl은 제2차 세계대전 당시 나치 수용소에 갇혀 있으면서도 극도의 공포 상황에서 삶의 의미를 추구했던 자신의 경험에 영향을 받았다.

인간의 본질에 대한 관점

"실존적 접근은 인간에 대한 결정론적 관점을 거부하고, 인간은 자신의 환경을 선택할 수 있는 자유를 가지고 있다는 것을 강조한다."(Fernando, 2007, p. 226) 실존주의자들은 사람이 스스로 만든 선택에 의해 자신의 삶의 모양을 형성한다고 믿는다. 비록 나치 수용소 같은 최악의 상황에서일지라도 거기에는 삶과 죽음을 선택할 수 있는 기회가 있다(Frankl, 1969). 실존주의자들은 이런 선택의 자유와 선택한 행동을 취할 자유를 중시한다. 그들은 인간이 자신의 삶을 기술하는 자라고 본다. 실존주의자들은 사람이 자신의 선택에 대하여 책임을 져야 하며, 사람들이 선택한 것은 다른 어떤 것보다도 건강하고 의미가 있다고 주장한다.

Frankl(1962)에 의하면, "삶의 의미는 항상 변화무쌍하며 중단되지 않는다"(p. 113). 의미요법으로 알려진 그의 이론은 그 의미가 자기실현을 능가한다. 그리고 의미는 세 가지 수준, 즉 ① 궁극적 의미, ② 순간의 의미, ③ 보통, 매일의 의미로 존재한다(Das, 1998). 우리는 다음 세 가지 방식으로 일상의 의미를 발견한다.

- 행위를 통해서. 즉, 무엇인가를 성취하거나 달성하는 것을 통해서다.
- 가치 있는 것을 경험하는 것을 통해서. 자연, 문화, 사랑 같은 것을 통해서다.
- 고통을 통해서. 피할 수 없는 죽음에 대한 적절한 태도를 찾아내는 것을 통해서다.

실존주의자들은 정신병리가 발생하는 것은 의미 있는 선택을 하는 데 실패하고 자신의 잠재력을 극대화하는 것을 해내지 못한 결과라고 생각한다(McIllroy, 1979). 선택을 회피하고 잠재력을 실현하지 못하는 것은 행동에 내재되어 있는 불안 때문이다. 불안은 종종 무기력을 동반하지만, May(1977)는 정상 수준의 불안은 동기를 유발시키고 사람들이 변화하는 것을 돕는다고 주장했다.

상담자의 역할

실존상담에는 일정한 상담자 역할이 없다. 실존상담에서는 모든 내담자가 독특하다고 생각한다. 따라서 상담자는 내담자의 특성이 가진 모든 면에 민감하게 반응하는데, "목소리, 제스처, 얼굴 표정, 심지어 옷차림과 우연히 보이는 몸동작까지도 민감하게 다룬다"(May, 1939, p. 101). 기본적으로 상담자는 내담자와의 신뢰에 초점을 두고, 내담자와 깊이 있는 개인적인 관계 형성에 들어간다. "상담자는 지금-여기에서 내담자와 함께하기 위해 노력하고, 내담자의 정서적 상태와 정신 상태를 따라가면서 내담자를 이해하고 그의 세계를 함께 경험하기 위해 애쓴다. 이를 위해서 상담자는 자신의 정서를 표현할 필요가 있다."(Fernando, 2007, p. 231) 그러므로 실존주의 상담자들이 내담자와 개인적인 경험을 나누고, 내담자와 깊이 있는 관계를 형성하며, 내담자가 인간적인 면을 나누도록 돕는 것은 이상한 일이 아니다. Buhler와 Allen(1972)은 실존주의 상담자가 상호작용, 전체성 그리고 성장을 중요시하는 개인 대 개인 관계에 초점을 맞춘다고 주장했다. Frankl의 의미요법을 사용하는 상담자는 내담자와 대화하면서 소크라테스식 대화를 한다(Alex Vesley, 개인적 대화, 2007. 6. 19).

모든 실존적 상담자는 개인의 잠재력을 성취하는 법과 의사결정을 하는 법을 보여 주는 모델이 된다. 상담자는 내담자가 주관적으로 정서를 경험하는 것, 보다 더 명확한 자기이해를 얻는 것, 세상에 존재하는 새로운 방식을 개발하는 것 등을 돕는 데 집중한다. 이 이론은 개인의 과거를 회복하는 것이 아니라 현재의 생산적인 삶에 초점을 맞춘다. 상담자는 또한 "인간의 궁극적 관심(죽음, 자유, 고독, 무의미 등)에 초점을 둔다"(May & Yalom, 2000, p. 289).

목표

실존상담의 목표는 내담자가 의미, 책임성, 인식, 자유, 그리고 잠재성의 중요성을 자각하도록 돕는 것이다. 실존 상담자들은 상담의 과정에서 내담자가 자신의 삶에 대하여 보다 더 책임감을 가지게 될 것이라고 기대한다. "상담의 목표는 내담자가 자신의 실존을 있는 그대로 경험하도록 하는 것이다."(May, Angel, & Ellenberger, 1958, p. 85) 내담자는 사건에 대한 관찰자로 존재하지 않고, 개인적 활동의 의미를 구성해 가는 사람이며 의미 있는 생활양식을 만들어 내는 개인의 가치를 추구하는 사람이다.

상담 기법

"실존주의 이론은 특정 기법이나 개입에 제한되지 않는다."(Fernando, 2007, p. 230) 실존주의 접근은 대부분의 다른 상담이론보다도 기법을 덜 활용한다. 이런 약점(치료적 책략과 심리학적 은어의 결핍 등)은 역설적이게도 실존주의 상담자들이 아이디어뿐만 아니라 다양한 전문 기술을 사용하는 것을 허용한다는 강점이 된다. "인간에게 접근할 시 상담 기법이라는 것이 그들을 능숙하게 다루어야 함을 내포하는 것은 아니고" 인간을 능숙하게 다룬다는 개념은 실존주의자들이 지향하는 것과 반대되는 것이다(Frankl, 1967, p. 139). 따라서 실존주의자는 기법을 광범위하게 그리고 다양하게 사용하는 데 자유로운데, 체계적 감감법과 자유연상을 함께 사용하거나 또는 완전히 따로 쓰거나 하는 식으로 자유롭게 사용한다(Corey, 2005).

실존주의 상담자들에게 가장 효과적이고 강력한 상담 기법은 내담자와의 관계 형성이다. 이상적으로 상담자는 자신의 필요에 얽매이지 않고 내담자에게 초점을 맞춘다. 상담자는 내담자가 보다 더 자기 경험과 감정을 다루는 것을 돕기 위해 개방과 자기노출을 사용한다. 관계를 위해 강조하는 것은 진실성, 정직, 즉시성이다(Mendelowitz & Schneider, 2008).

또한 실존주의 상담자는 직면 기법을 사용한다. 내담자는 자신의 삶에 책임을 져야 한다는 생각에 직면하게 된다. 따라서 실존주의 상담자는 다른 상담이론에서 자각 연습, 상상 기법, 역설, 편향, 목표 설정 기법 등 몇 가지 기법을 빌려서 사용한다.

강점과 공헌

실존주의 접근은 많은 강점을 가지고 있다.

- 이 접근은 각각의 개인이 가진 독특성을 강조하고, 각자의 삶에 있는 의미의 중요성을 강조한다. 이런 관점은 매우 인간주의적이다(Alex Vesley, 개인적 대화, 2007. 6. 19).
- 이 접근은 불안을 부정적인 조건이라고 보지 않는다. 불안은 삶의 한 부분이며, 어떤 사람에게는 불안이 생산적 의사결정에 도움이 될 수 있다(Fernando, 2007).
- 이 접근은 상담자에게 인간 본질에 관한 정보와 통찰을 가져다주는 철학을 제공해 준다(Mendelowitz & Schneider, 2008).
- 이 접근은 계속적인 인간 성장과 발달을 강조하고, 내담자가 독서와 상담자와의 치료 관계를 통해 희망을 가지도록 한다.
- 이 접근은 다문화 상담 상황에 효과적이다. 왜냐하면 인간 실존에 대한 글로벌한 관점으로 인해 상담자가 인종이나 사회적 배경에 관계없이 내담자와 '나와 너(I-Thou)' 라는 인간 존중의 관점을 강조하기 때문이다(Epp, 1998; Jackson, 1987).
- 이 접근은 한 개인이 평화와 빈곤과 같은 인류의 문제에 관심을 가지는 것을 돕는다(Baldwin, 1989).
- 이 접근은 중독과 같이 아주 어려운 문제들을 다루기 위해 다른 상담 이론이나 방법들(학습이론이나 행동주의와 같은)을 수용한다(Fernando, 2007).

한계

좀 더 구조화된 접근방법을 사용하는 상담자들은 실존주의 접근에 대해 몇 가지 한계를 지적한다.

- 이 접근은 잘 개발된 상담 모델을 제시하지 않는다. 상담의 발달 단계를 강조하는 상담자는 특히 이런 측면을 비판한다.
- 이 접근은 교육이나 훈련 프로그램이 부족하다. 각각의 상담자들은 독특하다. 비록 독특한 것이 가치 있다고는 하지만, 그것은 체계적인 이론교육에는 도움이 되지 않는다.
- 이 접근은 개별적 수준을 초월해서 적용하기가 어려운데 매우 주관적인 특성을 가지고 있기 때문이다. 실존주의는 대부분 다른 접근에 비해 방법론이나 타당화 과정의 명

료함이 부족하다. 따라서 초보 상담자들이 쉽게 이해하기 어렵다.

• 이 접근은 다른 상담이론들에 비해 실존철학에 가깝다. 이것이 어떤 사례에서는 적용하는 데 한계가 있다.

사례 Ned의 공

Ned는 공(空, nothingness)을 믿는 실존주의자였다. 그는 인생에는 어떤 의미나 논리가 없다고 생각했다. 그의 강한 입장 때문에 다른 사람들은 때로 그를 멀리하였다. 그러나 대체로 Ned는 그의 철학적 추론에 대해 존경을 받았다.

어느 날 자신의 관점을 지지해 주는 사람들을 찾던 중 한 지역의 사설 상담 집단에 전화를 해서 실존주의 상담자로 명성을 얻고 있는 Jim을 만나기로 약속했다. Ned는 Jim과 철학에 대해 토론하며 자신의 허무주의를 지지받으리라고 기대했다. 그러나 Jim은 Ned에게 자기가 매일 하는 모든 것에서 큰 의미를 찾고 있다고 말했다. Ned는 놀랐다.

Ned는 Jim이 자신에 대해 평가한 것을 어떻게 그릇되었다고 할까? Ned와 Jim 사이에는 얼마나 넓은 간격이 있는 것인가?

게슈탈트 상담

게슈탈트 상담(Gestalt therapy)은 완전함과 전체성에 대한 지각을 강조하는 게슈탈트 심리학에서 나왔다. 게슈탈트라는 용어는 전체적인 모습을 의미한다. 게슈탈트 심리학과 치료는 정신분석이나 행동주의와 같은 다른 학파에 대한 반발로 출현하였다. 따라서 게슈탈트 상담은 사람들이 그들의 전체성 안에서 기능하는 것을 강조한다.

창시자

게슈탈트 상담의 창시자인, Frederick(Fritz) Perls(1893~1970)는 대담한 성격과 저술을 통해 유명해졌다. Laura Perls(그의 아내)와 Paul Goodman은 Perls의 본래 아이디어를 재정리하고 이론을 발전시키는 것을 도왔다. 다른 많은 이론가, 특히 Joen Fagan과 Irma Lee Shepherd(1970)는 그 모델을 더욱 발전시켰다.

인간의 본질에 대한 관점

게슈탈트 상담자는 인간이 삶의 완전성과 전체성을 지향한다고 믿는다. 각각의 사람은 환경과의 상호작용을 통하여, 그리고 자기자각의 시작을 통하여 나타나는 자기실현의 경향성을 가지고 있다. 자기실현은 현재의 중심이 되며, "존재의 과정이지 무엇이 되기 위해 노력하는 과정이 아니다"(Kempler, 1973, p. 262). 게슈탈트의 인간 본질에 대한 관점은 인간중심 상담이 그러했던 것처럼 사람을 내적 지혜를 가진 존재로 생각하는 것이다. 각 사람은 통합적 · 생산적으로 삶을 추구하며, 자신이 가진 다양한 부분, 즉 건강, 전체성 등을 관리한다. 게슈탈트의 관점에서 개인은 부분의 종합 이상이다(Perls, 1969).

게슈탈트는 결정론적 인간관을 반대한다. 각각의 사람은 변할 수 있으며 책임 있게 행동할 수 있다(Hatcher & Himelsteint, 1997). 개인은 그들 주변에서 일어나는 사건들의 배우들이다. 게슈탈트 관점은 실존적, 경험적, 현상학적인 것과 맥락이 통하는데, 이를테면 지금이 실제적으로 중요한 것이다. 한 사람은 말이 아닌 경험을 통해 자신의 다른 국면을 발견하게 되고, 순간순간 주어지는 자신의 삶에 대한 스스로의 평가와 해석이 가장 중요하다.

게슈탈트 상담에 의하면, 많은 문제를 가진 사람은 지적 경험에 의존하는 사람이다(Simkin, 1975). 감정과 감각의 중요성을 감소시키는 것을 강조하면 다양한 상황에 대해 반응하는 개인의 능력에 한계를 가져오게 된다. 다른 문제는 미해결 과제를 찾아내고 해결하는 것에 대한 무능력이다. 미해결 과제는 아직까지도 개인의 기능과 현재의 삶에 영향을 미치는 초기의 기억, 감정, 반응을 말한다. 가장 전형적인 미해결 과제는 부모가 자기에게 저지른 실수를 용서하지 못하는 것이다. 게슈탈트 상담자는 개인 내적인 무의식적 힘으로 인한 어려움을 해결하는 것이 아니다. 오히려 초점을 자각에 두는데, 자각은 "현재를 정신적, 감각적으로 충분히 경험하게 하는 내담자의 능력"이다(James & Gilliland, 2003, p. 49). 모든 사람은 최고의 자각 상태에서부터 최저의 자각 상태에 이르기까지 몇 가지 의식 수준을 보여 준다.

게슈탈트 상담자에 따르면, 사람은 몇 가지 방식에서 어려움을 경험한다. 첫째, 사람은 환경과 자원과의 접촉을 상실한다. 둘째, 사람은 환경에 과도하게 몰두해서 그 자신과 접촉하지 못한다. 셋째, 미해결 과제 해결에 실패한다. 넷째, 많은 방향으로 쪼개어지거나 흩어진다. 다섯째, 승자(top dog: 해야만 하는 것을 생각하는 것)와 패자(underdog: 원하는 것을 하는 것) 사이에서 갈등을 경험한다. 마지막으로, 사람은 사랑과 미움, 남성성과 여성성, 즐거움과 고통과 같은 대극을 다루는 데 어려움을 가지게 된다.

상담자의 역할

게슈탈트 상담자의 역할은 성장할 필요가 있는 부분에 대한 내담자의 탐색을 증진시키는 분위기를 만들어 내는 것이다. 상담자는 내담자와 긴밀하게 연관되어 있고, 또 내담자에게 정직한 분위기를 제공한다. Polster와 Polster(1973)는 상담자가 흥미롭고 정열적이며 인간적이어야 함을 강조했다. 연관됨은 현재 일어나지만 계속되는 과정이다(Perls, 1969). 현재는 종종 내담자가 에너지에 초점을 두고 그것을 긍정적이고 적응적인 방법으로 사용하도록 돕는 것을 포함한다(Zinker, 1978). 또한 내담자가 자신의 생활에 나타나는 패턴을 인지하도록 돕는 것을 포함한다(Fagan, 1970).

목표

게슈탈트 상담의 목표는 잘 정의되어 있다. 상담자는 지금-여기를 강조하고, 경험의 즉시성을 시각하는 것을 강조한다(Bankart, 1997). 또한 상담 목표는 비인어직, 인어직 표현 둘 다에 초점을 두는 것을 포함하고 있으며, 삶이 선택을 포함하고 있다는 개념에 초점을 두는 것을 포함하고 있다(Fagan & Shepherd, 1970). 게슈탈트 상담은 내담자가 과거를 해결하고 통합적이 되도록 돕는 것에 집중한다. 이런 목표는 정신적 성장의 완결을 내포하고 있다. 따라서 게슈탈트 상담은 정서, 인지, 행동의 통합을 강조한다. 게슈탈트 상담은 개인 내에 있는 대립을 수용하는 것을 기본적인 기조로 삼는다(Gelso & Carter, 1985).

집단상담에서 게슈탈트 상담자는 행동을 강조하며, 내담자들이 감정과 행동을 경험하도록 한다. 상담자는 또한 현재(now)라는 용어의 의미를 강조한다. Perls(1969)는 다음과 같이 표현했다. "현재＝경험＝자각＝현실. 과거는 더 이상 아무것도 아니며, 미래는 아직 오지 않았다. 오로지 현재만 존재한다." (p. 14)

상담 기법

이제까지 개발된 가장 혁신적인 상담 기법 중 몇 가지는 게슈탈트 상담에서 찾을 수 있다(Harman, 1997). 이들 기법은 연습과 실험의 두 가지 형태로 분류할 수 있다. 연습(exercise)은 상상 연기, 역할 연습, 사이코드라마 같은 기존의 기법들이다(Coven, 1977). 이 기법들은 내담자로부터 분노와 같은 특정 반응을 불러일으키는 것들이다. 실험(experiment)은 상담자와 내담자 간의 상호작용을 싹트게 하는 활동들이다. 이 기법은 계획되어 있지 않으며, 종종 상담자와 내담자 모두를 깜짝 놀라게 하는 것들이다. 게슈탈트 상담의 많은 기법은 계획되지 않은 실험의 형태를 가진다(Zinker, 1978). 그렇지만 여기에서는 연습 지향적인 상담 기법에 초점을 둔다.

일반적인 연습 기법은 꿈 작업이다. Perls는 꿈을 개인의 지위를 표현하는 메시지라고 보았다. 정신분석과는 달리, 게슈탈트 상담자는 해석을 하지 않는다. 오히려 내담자는 꿈을 제시하고, 그때 마치 드라마틱한 자유연상의 한 유형인 것처럼 꿈의 각 부분을 경험하도록 지시받는다. 이런 방법을 통해서 내담자는 자신의 다양한 측면들을 좀 더 잘 경험할 수 있다.

또 다른 효과적인 상담 기법 중 하나는 빈 의자 기법이다([그림 9-1] 참고). 빈 의자 기법에서 내담자는 자신의 주된 성격 또는 수동적 부분 등 자기 성격의 다양한 부분과 대화를 한다. 빈 의자에 초점을 맞추게 된다. 내담자는 자신의 한 부분이 빈 의자에 앉아 있다고 생각하고 단순하게 말한다. 내담자는 자신의 다른 부분을 표현하는 빈 의자에서 다른 의자로 번갈아 바꿔 앉는다. 이 대화에서 내담자의 합리적인 부분과 비합리적인 부분 모두에 초점을 맞추는데, 내담자는 이런 면들을 볼 수 있을 뿐만 아니라 자기 내의 분열을 다룰 수 있게 된다. 이런 방법은 정서적으로 심각하게 장애를 겪고 있는 사람에게 추천되지는 않는다.

게슈탈트에서 가장 강력한 연습 가운데 하나는 직면이다. 상담자는 내담자가 불안해하면서도 미소를 짓는 것과 같이 불일치하는 행동과 감정을 지적한다. 진짜로 불안한 사람은 미소 짓지 않는다. 직면은 무엇과 어떻게라는 질문을 포함한다. 왜라는 질문은 주지화를 초래하기 때문에 피하도록 한다.

개인상담에서 사용되는 다른 강력한 게슈탈트 연습 중 어떤 것은 종종 집단에서 사용된다(Harman, 1997).

- 원 만들기: 이 연습은 내담자가 집단에서 모든 구성원을 한 명씩 만나면서 특별한 주제나 감정을 표현할 필요가 있을 때 상담자가 사용하는 기법이다. 예를 들어, 내담자는 "견딜 수가 없어요."라고 말한다. 내담자는 집단에서 각 사람에게 이 말을 하고, 또 각 구성원들에 관하여 몇 가지 말을 더한다. 원 만들기 기법은 비언어적인 것이나 긍정적인 감정들을 표현하는 데도 적용할 수 있다. 이 기법에 참여하는 것을 통해 내담자는

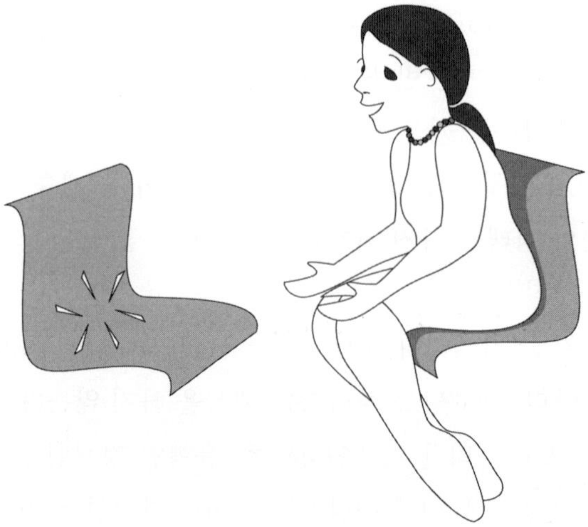

[그림 9-1] 빈 의자 기법

자신의 내적 감정을 보다 더 잘 자각할 수 있다.

- 책임 표현하기: 이 연습은 내담자가 지각에 관하여 말을 하고, "그것에 대하여 나에게 책임이 있어요."라고 말하는 것이다. 이 연습은 내담자가 자신의 지각과 행동을 통합하도록 돕는다.
- 과장: 내담자는 의식하지 않은 동작이나 제스처에 집중한다. 그렇게 함으로써 이런 행동들의 내적 의미가 보다 더 명확해진다.
- 의견 주기: 내담자의 태도나 이야기에 무엇인가 함축되어 있음을 느낄 때, 상담자는 내담자에게 자신의 생각을 표현하도록 요청한다. 만약 이면의 메시지에 대하여 상담자의 느낌이 맞다면, 내담자는 표현을 되풀이하는 것을 통해 통찰을 얻게 될 것이다.

강점과 공헌

게슈탈트 상담은 많은 강점을 가지고 있다.

- 이 접근은 사람들이 삶의 모든 면을 수용하도록 총체적으로 도울 것을 강조한다. 사람에 대해 생각할 때 현재의 환경에서 행동을 선택하는 전체 맥락을 도외시한 채 이해될 수 없다(Passons, 1975).
- 이 접근은 내담자가 미해결 과제를 해결하도록 돕는다. 내담자가 그것을 해결할 수 있을 때, 삶은 더욱 생산적이 될 수 있다.
- 이 접근은 말하기보다 행동하기를 더 중시한다. 행동은 내담자가 변화과정을 경험하도록 도우며 보다 더 빠르게 성장하도록 돕는다.
- 이 접근은 유연하며 몇 가지 기법에 제한되지 않는다. 내담자를 돕는 데 이롭다면 어떤 활동이든 게슈탈트 상담에 통합될 수 있다.
- 이 접근은 몇몇 정서장애, 불안상태, 신체형 장애, 적응장애 등에 적절하며, 직업적 문제와 대인관계 문제와 같은 DSM-IV-TR 진단을 받은 내담자에게 적절하다(Seligman, 1997). 한마디로 말해서, 게슈탈트 상담은 다양한 문제에 적용이 가능하다.

한계

게슈탈트 상담은 몇 가지 한계를 가지고 있다.

- 이 접근은 확고한 이론적 기초가 부족하다. 어떤 사람은 게슈탈트 상담의 모든 경험과 기법이 지나치게 겉만 번드르르하다고 비판한다(Corey, 2005). 그들은 이 접근법이 반이론적이라고 주장한다.

- 이 접근은 현재와 경험하는 방법을 엄격하게 다룬다(Perls, 1969). 이 두 가지는 어떤 내담자의 경우 아마도 사용될 수 있지만 반응 없는 내담자의 경우는 통찰과 변화를 가져오지 못한다.
- 이 접근은 진단과 검사를 피한다.
- 이 접근은 지나치게 개인적 발달에 관여하고, 그것의 자기중심성을 비난한다. 그래서 초점을 완전히 감정과 개인적 발견에 둔다.

생/각/해/보/기

당신의 삶에서 부분의 합보다 더 큰 것은 무엇인가?

요약 및 결론

이 장은 상담에서의 이론의 본질과 중요성에 대해 쓰고 있다. 그리고 오늘날 상담이론의 실제에 초점을 두었다.

상담의 세 가지 동향인 정신분석, Adler 그리고 인간주의 관점을 서술하고 논의하였다. 정신분석과 Adler의 상담이론은 몇 가지 변화가 있었으나, 이들 접근의 핵심은 기본적으로 이론이 강조하는 것에 관계없이 같았다. 인간주의 접근에는 인간중심, 실존주의 그리고 게슈탈트의 세 가지 다른 이론이 있다. 각각의 동향은 내담자가 선택을 하고, 자신의 정서를 다루도록 도울 때 차이가 있다. 인간주의 상담은 정신분석이나 Adler의 접근보다도 다양했다. 이들 다섯 가지 상담이론에 대해서는 다음과 같은 방식으로 요약하여 제시하였다.

- 이론의 창시자
- 인간의 본질에 대한 관점
- 상담자의 역할
- 목표
- 상담 기법
- 강점과 공헌
- 한계

학습활동

1. 상담이 이론이 없으면 어찌 될지 다른 학생들과 서로 이야기를 나누어 보라. 이론 없이 비논리적인 학문이 될 때 어떤 장점과 단점이 있을지 전체적으로 발표해 보라.

2. 정신분석의 강점과 한계에 대해 비교해 보라. 어떻게 정신분석에 익숙하지 않은 사람에게 그것의 득과 실을 설명하겠는가?

3. Adler는 그의 이론의 한 부분으로서 용기(결과가 무엇일지 모르는 위험을 기꺼이 감수하는)를 강조했다. 당신이 용기를 가졌을 때, 그것이 당신의 삶에서 어떤 차이를 느끼게 했을지 급우들과 서로 의견을 나누어 보라.

4. 이 장에 제시된 인간주의 이론 가운데 가장 선호되는 것은? 당신의 학급을 다시 소집단으로 나누어서 그 이론의 강점과 약점을 찾고 논의해 보라.

5. 각 이론적 동향에 관계없이 이 장에서 설명한 이론들 중 가장 기억에 남는 것은 무엇인가? 왜 그러한지 생각해 보라. 정서적으로, 인지적으로 또는 실용적인 면에서 더 선호하게 되는가? 당신이 더 끌리는 이론에 대해 그 이유를 다른 사람들과 이야기해 보라.

제10장

행동주의 상담, 인지상담, 체계이론, 단기상담, 위기상담 이론

1. 행동주의 상담
2. 인지, 인지-행동주의 상담
3. 체계이론
4. 단기상담 접근
5. 위기상담 접근

그녀는 한껏 뻗은 그의 팔에 기대어 서서
격렬하게 흐느끼고 있다……

마치 나뭇가지를 스치며 지나가는 바람 속에서
흩날리고 있는
여름 끝 날의 나뭇잎 한 장처럼
그녀는 그의 어깨와 허공 사이에
사실상 걸쳐져 있을 뿐이었다……

조용한 이조로 부드럽게 말을 건네며
그녀를 편안하게 해 주려 노력하는 그 남자,

자신의 입술을 떠난 그 말들이 거짓임을 알면서도
또한…… 그들의 하나밖에 없는 아들을 앗아가 버린
세계무역센터의 사우스타워처럼
그들 모두의 인생이 무너져 내리고 있음을 알면서도
그는 그녀에게 "다 괜찮아질 거야……." 라고 속삭인다……

– Gladding (2002)

이 장에서는 상담 분야에서 유행하고 있는 여러 이론에 대해서 다룰 것이다. 이 이론들은 다섯 가지 주요 부류, 즉 행동주의 상담, 인지상담, 체계론적 상담, 단기상담 그리고 위기상담으로 나누어질 수 있다. 각각의 이론들은 지향하는 바에 따라 각기 다른 접근 방식을 취하고 있다. 비록 행동주의 상담자 중에는 보다 인지적인 기반을 가지고 있는 사람도 있고, 행동 지향적인 성향을 가진 전문가들도 있긴 하지만, 이 장에서는 행동주의 상담을 하나의 독립적인 이론으로 다루게 될 것이다. 인지상담에서는 오늘날보다 훨씬 더 인지 지향적으로 시작된 이론인 '합리적-정서적 행동치료(REBT)' 와 현실치료(RT), 그리고 Aaron Beck의 인지치료(CT)에 대해 다룰 것이다. 때때로 이 이론들은 인지-행동 이론으로 서술되기도 한다. 그 외에 위기이론에 대한 설명과 더불어 체계론적 상담 및 단기상담 접근, 그리고 이 이론들이 상담과정에서 활용되고 있는 독특한 방식들에 대해서도 다루게 될 것이다.

이 장에서는 모든 이론을 동일한 방식, 즉 이론의 창시자, 인간의 본질에 대한 관점, 상담자의 역할, 목표, 상담 기법, 강점과 공헌 그리고 한계에 초점을 맞추어 설명하게 될 것이다.

1. 행동주의 상담

행동주의 상담에서는 광범위한 내담자의 행동에 초점을 맞춘다. 흔히 사람들은 어떤 행동의 결핍이나 과잉으로 인해 어려움을 겪는다. 행동주의 접근을 취하는 상담자들은 내담자가 새롭고 적절한 방식으로 행동하는 방법을 배우게 하거나 그들이 보이는 과도한 행동을 변경시키거나 제거할 수 있도록 돕는다. 이 경우, 적응적인 행동이 부적응적인 행동을 대체하게 되고, 상담자는 내담자를 위한 학습 전문가의 역할을 하게 된다(Krumboltz, 1966a).

행동주의 상담 접근들은 특히 정신병원이나 보호 시스템을 갖춘 작업장과 같은 '제도적인 체계를 갖춘 환경' 에서 인기가 있다. 즉, 섭식장애, 물질남용, 심리성적인 장애와 같이 특별한 문제를 가진 내담자들과 작업할 때 주로 선택되는 접근이라고 할 수 있다. 행동주의 접근들은 또한 불안, 스트레스, 자기주장, 양육 그리고 사회적 상호작용과 관련된 어려움을 다루는 데도 매우 유용하다(Cormier & Hackney, 2008; Seligman, 1997, 2006).

행동주의 상담

창시자

행동주의 상담 기법의 대중화에 가장 기여한 인물은 B. F. Skinner(1904~1990)라고 할 수 있다. 응용행동분석(applied behavior analysis)은 조작적 조건형성에 기반을 둔 것으로, "Skinner(1953)의 급진적 행동주의 철학과 밀접히 관련되어 있는 행동치료의 한 형태"라고 볼 수 있다(Wilson, 2008, p. 224). 그 외에 행동주의 치료 접근의 중요 인물로는 Ivan Pavlov, John B. Watson, Mary Cover Jones와 같은 역사적 인물들이 있다. Albert Bandura, John Krumboltz, Neil Jacobson, Steven Hayes 그리고 Marsha Linehan과 같은 동시대 인물들 또한 이론의 발전에 많은 기여를 하였다.

인간의 본질에 대한 관점

행동주의자들은 인간 본질에 대해 다음과 같은 생각을 공유하고 있다(Rimm & Cunningham, 1985; Seligman, 2006).

- 행동적인 과정들—즉, 분명한 행동과 밀접하게 관련된 과정들(인지-행동주의자들은 제외)—에 집중한다.
- 그때 그곳에서 일어난 행동과는 대조적으로 지금 여기에서의 행동에 초점을 맞춘다.
- 적응적 행동이든, 부적응적인 행동이든 모든 행동은 학습된 것이라는 가정을 가진다.
- 부적응적인 행동을 변화시키는 데 있어 학습이 효과적일 수 있다는 신념을 가진다.
- 내담자와 함께 잘 정의된 치료 목표들을 설정하는 데 초점을 맞춘다.
- 인간의 성격(personality)이 특성들(traits)로 구성된다는 생각에 반대한다.

그뿐 아니라 행동주의자들은 그들이 사용하는 기법들을 뒷받침하기 위해 경험적인 증거와 과학적인 증거들을 획득하는 것이 중요하다는 점을 강조한다. 사회-인지적 형태의 학습을 받아들인 행동주의자들은 사람들이 직접 어떤 행동에 참여하거나 그들에게 어떤 직접적인 결과가 없는 상태에서도 '다른 사람들이나 사건들을 관찰함으로써 새로운 지식을 획득할 수 있다.'는 것을 강조한다(즉, 모델링). 이러한 형태의 학습은 적극적인 참여를 필요로 하지 않는다.

상담자의 역할

상담자는 자신의 행동주의적 성향과 내담자의 목표에 따라 몇 가지 역할 중 하나를 맡게 된다. 그러나 일반적으로 행동주의에 기반을 둔 상담자는 상담 회기 중에 매우 능동적인 태도를 취한다. 결과적으로 내담자는 특정한 방식의 행동들을 배우거나, (좋지 않은 행동일 경우) 감소시키려고 하거나 다시 배우게 된다. 이 과정 중에 상담자는 자문가, 교사, 조언자, 강화자 그리고 촉진자로서의 역할을 하게 된다(James & Gilliland, 2003). 심지어 상담자는 내담자의 환경 내에서 변화과정에 도움을 주는 사람을 지도하거나 감독하는 역할도 할 수 있다. 효과적인 행동주의 상담자는 광범위한 관점에서 작업을 하며, 상담의 모든 국면에 내담자를 참여시킨다.

목표

행동주의자의 목표는 다른 많은 상담자들의 목표와 유사하다. 기본적으로 행동주의 상담자는 내담자가 생활환경에 잘 적응하도록 돕길 원하며, 개인적이고 전문적인 목표들을 성취하길 원한다. 따라서 상담의 초점은 내담자가 건강하고 건설적인 행동 방식들을 획득할 수 있도록 돕는 한편, 부적응적인 행동들을 변화시키거나 제거하는 것이다. 단순히 행동을 제거하는 것만으로는 충분하지 않다. 비생산적인 행동들은 반드시 생산적인 반응 방식으로 대체되어야 한다. 상담자와 내담자에게는 행동주의적 접근이 중요한 진전을 보인다는 것이 상호 합의한 목표에 도달하는 것을 의미한다.

상담 기법

행동주의 상담자들은 '매우 잘 연구되었을 뿐 아니라 가장 효과적인' 상담 기법들을 재량껏 사용할 수 있다.

일반적인 행동 기법

특정 기법은 특정한 시간 또는 상황에서 특별한 접근에 더 적용될 수 있지만, 일반적인 기법들은 모든 행동주의 이론에 적용 가능하다. 가장 일반적인 행동주의 기법들 중 일부를 간단히 설명하면 다음과 같다.

- 강화 인자의 사용: 강화 인자는 어떤 행동 뒤에 뒤따르게 될 경우 그 행동이 반복적으로 일어날 가능성을 증가시키는 것을 뜻한다. 강화 인자는 긍정적인 것일 수도 있고 부정적인 것일 수도 있다.
- 강화 계획: 처음 어떤 행동이 학습되었을 때는 그 행동이 발생하는 모든 순간 강화를 해

주어야 한다(지속적 강화). 그러나 어떤 행동이 한 번 획득된 후에는 강화 빈도를 줄이게 된다(간헐적 강화). 강화 계획은 강화 인자들 간의 '반응의 수(비율)' 또는 '시간의 길이(간격)' 에 따라 작동된다. 비율과 간격은 고정적일 수도 있고 변동적일 수도 있다.

생/각/해/보/기

앞서 기술된 다양한 강화 계획을 사용했던 기억을 떠올려 보았을 때, 당신은 어떤 것을 가장 선호하였는가? 그 이유는 무엇인가?

- 행동 형성: 단계적인 접근을 통해 점차적으로 행동을 배워 나가는 것을 행동 형성이라고 한다. 내담자가 새로운 기술들을 배울 때, 상담자는 그 행동을 측정 가능한 단위들로 나누어 학습할 수 있도록 돕는다.
- 일반화: 일반화는 본래 학습된 공간(예: 집, 회사) 밖의 환경에서 학습된 행동들을 보이는 것을 뜻한다. 이는 다른 환경으로 전이(transference)가 발생했다는 것을 나타낸다.
- 유지: 유지는 어떤 누구의 지지도 받지 않은 상태에서 원하는 행동들을 지속적으로 수행하는 것을 의미한다. 이 과정에서 내담자의 자기통제와 자기조절 능력을 향상하는 것이 매우 중요하다. 한 가지 방법으로 내담자가 스스로 자신의 행동을 수정하는 것을 배울 때 자기 모니터링을 적용해 보도록 할 수 있다. 자기 모니터링 과정에는 자기관찰과 자기기록이 포함된다(Goldiamond, 1976). 자기관찰을 하기 위해서는 자신의 행동 중 특정한 행동들을 주목할 수 있어야 하며, 자기기록은 이러한 행동들을 잘 기록하는 것에 초점을 두고 있다.
- 소거: 소거는 강화 인자를 제거함으로써 어떠한 행동을 제거하는 것을 말한다. 보상이 주어지지 않는 행동을 지속하는 사람은 거의 없을 것이다.
- 처벌: 처벌은 어떤 행동을 억제하거나 제거하기 위해 혐오스러운 자극을 제시하는 것이다.

특정 행동 기법

특정 기법은 일반적인 기법들을 특정한 방식으로 결합시킨 개선 기법을 뜻한다. 특정 기법들은 각기 다른 행동적 접근에서 사용되고 있다.

- 행동 시연: 행동 시연은 어떤 행동이 내담자가 바라는 방식으로 수행될 때까지 행동을

연습하는 것이다(Lazarus, 1985).

- 환경 계획: 환경 계획은 어떤 행동을 촉진시키거나 제한하기 위해서 내담자 환경의 일부를 설정하는 것이다.
- 체계적 감감법: 체계적 감감법은 특정 상황에서 내담자가 두려움을 극복하도록 돕기 위해 고안된 것이다. 내담자에게 불안을 유발하는 환경에 대해 묘사하도록 한 후에 〈표 10-1〉에 제시된 것과 같이 관련된 사건들을 아무런 영향을 미치지 않는 단계(0)부터 가장 문제가 되는 단계(100)까지 위계적 등급으로 나열해 보는 것이다. 내담자가 불안을 가라앉히고 상황에 직면할 수 있도록 돕기 위해 상담자는 내담자가 신체적 혹은 심리적으로 긴장을 풀 수 있도록 가르친다. 그런 후에 표에 제시된 단계들을 낮은 단계부터 점검해 보게 된다. 내담자의 불안이 다시 상승하기 시작할 때는 내담자가 다시 긴장을 풀 수 있도록 도와준 후에 처음부터 이 절차를 다시 시작하게 되는데, 내담자가 가장 불안을 느꼈던 사건을 생각하거나 상상했을 때도 안정을 유지할 수 있을 때까지 이러한 과정이 지속된다.

〈표 10-1〉 Joe의 불안 위계 서열

불안 정도(%)	사건
90	결혼관계
85	인척관계
80	새로 태어난 자녀와 관련된 일들
75	친정아버지와 관련된 일
70	친정어머니와 관련된 일
65	일반적인 가족관계와 책임
60	직장 내 프로젝트 매니저로서의 역할
50	일반적인 업무와 관련된 일들
40	상담을 받으러 오는 것
35	개인의 자산 관리
20	재미있게 즐기는 것(자발적으로)
10	잠자리에 드는 것

- 자기주장 훈련: 자기주장 훈련에서 중요한 사항은 훈련에 임하는 사람이 지나친 불안감을 느끼지 않은 상태에서 자유롭게 자신의 사고와 느낌을 적절하게 표현할 수 있어야 한다는 점이다(Alberti & Emmons, 2001). 이 기법은 '불안에 대한 역조건 형성' 과 '자기주장 강화' 로 구성되어 있다. 내담자는 모든 사람은 자기표현에 대한 (의무가 아닌)

권리를 가지고 있다는 점을 배우게 된다. 그런 후에 공격적인 것과 소극적인 것 그리고 적극적인 행동들 간의 차이점에 대해 배우게 된다.

- 보상 계약: 보상 계약에는 수행되거나 변화되어야 하는 행동, 혹은 중단되어야 하는 행동들, 이러한 목표들이 성취되었을 때 주어지는 보상들, 그리고 이러한 보상이 주어질 수 있는 조건들이 포함된다(Corey, 2005).
- 내파치료와 홍수법: 내파치료는 내담자로 하여금 끔찍한 결과를 불러일으킬 수 있는 불안 유발 상황을 상상하게 함으로써 어떤 상황에 둔감해지도록 하는 것을 포함하는 고등 기법이다. 이 기법에서는 (체계적 감감법에서 하듯) 내담자에게 먼저 긴장을 풀도록 하지 않는다. 홍수법은 내담자가 떠올리는 불안 유발 장면이 끔찍한 결과를 유발하지는 않기 때문에 덜 충격적인 기법이다.
- 타임아웃: 타임아웃은 내담자를 긍정적인 강화를 받을 수 있는 기회에서 분리시키는 것으로 가벼운 혐오 기법에 속한다. 타임아웃은 5분 정도로 짧은 시간 내에 시행될 때 가장 효과적이다.
- 과잉교정: 과잉교정은 우선 내담자에게 환경을 원래 모습대로 복구시키도록 한 후 '보통보다 나은 모습으로' 만들게끔 하는 기법이다.
- 내현적 민감화: 내현적 민감화는 바람직하지 못한 행동을 악감정과 연관시킴으로써 제거하는 기법이다.

강점과 공헌

행동주의 접근의 독특하고 강력한 양상은 다음과 같다.

- 직접적으로 증상에 대해 다룬다. 대부분의 내담자가 특정 문제에 대한 도움을 구하기 때문에 증상에 대해 직접적으로 작업하는 상담자들은 흔히 내담자에게 즉각적인 도움을 줄 수 있다.
- 지금 여기에 초점을 둔다. 현재 도움을 얻기 위해 내담자가 반드시 과거를 돌아볼 필요는 없다. 행동주의 접근에서는 시간과 돈 모두를 절약할 수 있다.
- 새로운 행동이 어떻게 획득되는지에 대해 훌륭하게 설명하고 있는 '학습이론'에 기반을 두었다(Krumboltz & Thoresen, 1969, 1976).
- 행동주의 상담 실천의 확장에 앞장서고 있는 행동 및 인지치료학회, Association for Behavioral and Cognitive Therapies(ABCT)의 지지를 받고 있다.
- 행동주의 기법들이 상담과정에 어떻게 영향을 미치는지에 대한 매우 훌륭한 연구들에 의해 지지를 받고 있다.

• 문제들을 정의하고 다루어 주고, 상담과정을 이해하기 쉽게 설명해 줄 수 있는 객관적인 기법이다.

한계

행동주의 접근에는 다음과 같은 몇 가지 한계가 있다(James & Gilliland, 2003).

• 전반적인 인간에 대해 다루는 것이 아니라 단지 분명하게 나타나는 행동을 다룬다. 이와 관련하여 행동주의자들은 사람의 인격을 배제한다는 비판을 받기노 한다.
• 때때로 기계적으로 적용되기도 한다.
• 일반적인 상담 장면에서는 나타나기 어려운 통제된 조건하에서 가장 잘 설명될 수 있다.
• 내담자의 과거 경험이나 무의식적인 힘에 대해서는 무시한다.
• 발달 단계들을 고려하지 않는다.
• 내담자가 최소한의 혹은 참고 견딜 정도의 행동만을 하도록 고안하며, 순응력을 강화시키고 창의력을 억제하며, 자기달성, 자기실현, 자기존중감과 같은 내담자의 욕구를 무시한다.

사례 행동주의자가 되기 시작한 Bill

Bill은 상담이론들을 좋아하는데, 특히 어떤 목적이나 문제 해결을 위해 '행동적인' 접근을 한다는 점에서 행동주의 접근을 좋아한다. Bill은 상담자는 아니지만 5학년을 담당하는 교사이며, 질서 있고 성취 지향적인 학급을 만들기 위해 이 이론을 학급에 적용하였다.

Bill은 숙제를 정시에 제출한다든지, 점심시간에 적절한 식사예절을 보여 주는 등 신속하고 공손한 행동을 하는 학생에게 보상을 주었고, 아무도 이에 대해 불평을 하지 않았다.

당신은 초등학교에서 교사가 Bill과 같이 행동주의 이론을 광범위하고 효과적으로 적용할 수 있다고 생각하는가? 그렇게 생각하는 이유는?

2. 인지, 인지-행동주의 상담

인지란 사고, 신념, 그리고 사람들이 자신의 삶에서 발생하는 사건들에 대해 떠올리는 내적 이미지를 의미한다(Holden, 1993, 2001). 인지 상담이론은 정신적 과정, 그리고 정신적 과정이 정신건강과 행동에 미치는 영향에 초점을 둔다. 모든 인지 접근의 기본 전제는 사람들이 어떻게 생각하는지에 따라 그들이 어떻게 느끼고 행동할지 상당 부분 결정된다는 것이다(Beck & Weishaar, 2008).

대체로 인지이론들은 다음과 같은 특성을 지닌 내담자들에게 잘 적용될 수 있다(Cormier & Hackney, 2008).

- 평균에서 평균 이상의 지능을 지닌다.
- 보통에서 높은 정도의 기능적인 고통을 호소한다.
- 사고와 느낌을 식별할 수 있다.
- 당면 문제들로 인한 정신병이나 신체/심리적 장애를 겪고 있지 않다.
- 조직적인 과제를 완수할 수 있고 또 기꺼이 완수하고자 한다.
- 행동적 기술이나 반응 목록들을 소유하고 있다.
- 시각적이고 청각적인 수준의 정보를 처리할 수 있다.
- 우울과 같은 정신적 기능 억제를 보인다.

여기서는 인지적 기반을 가진 세 가지 이론으로, 합리적-정서적 행동치료(REBT), 현실치료(RT) 그리고 인지치료(CT)에 대해 논의하게 될 것이다. 실제 이 이론들은 인지와 행동 모두를 강조하기 때문에 사실상 인지-행동주의적이라고 할 수 있다. 또한 이 이론들은 인본주의적이기도 하다.

합리적-정서적 행동치료

창시자

합리적-정서적 행동치료(rational-emotive behavioral therapy: REBT)의 창립자는 Albert Ellis(1913~2007)다. 그의 이론은 Aaron Beck의 인지치료(거의 동시에 독립적으로 만들어진 이론), David Burns의 새로운 기분치료(new mood therapy)와 유사점을 가지고 있다. REBT의 흥미로운 변형으로는 Maxie Maultsby에 의해 만들어진 합리적 행동치료(RBT)가 있는데, 합리적-행동치료는 합리적 정서적 행동치료보다 더 행동적인 면을 강조한다.

인간의 본질에 대한 관점

Ellis(2008)는 사람들이 자기 이익과 사회적 이익 모두에 관심을 가지고 있다고 보았다. 그러나 REBT는 또한 사람들이 "본질적으로 합리적이지만 비합리적이며, 분별이 있지만 비정상적인 면도 가지고 있다"고 보았다(Weinrach, 1980. p. 154). Ellis(2008)에 따르면, 후자의 이중성은 새로운 방식의 사고가 학습되지 않는 한 생물학적으로 내재되어 있고 영속적인 것이다(Dryden, 1994). 비합리적 사고, 혹은 Ellis의 정의에 따르면 비합리적 신념(irrational Beliefs: iBs)은 화를 내거나 불안한 생각을 유발할 수 있다.

Ellis는 개인의 발달 단계들을 다루지는 않았지만, 아동이 외적 영향이나 비합리적 사고에 성인보다 더 취약하다고 생각했다. 본래 그는 인간은 남에게 잘 속아 넘어가고, 남에게 영향을 받기 쉬우며 쉽게 불안감을 느낀다고 믿었다. 대체로 사람은 그들의 사고와 감정, 행동을 통제하기 위한 내적 수단을 가지고 있지만, 그전에 그들은 반드시 자신의 삶에 대한 지시를 하기 위해 자신이 스스로에게 어떤 이야기(자기대화)를 하고 있는지를 먼저 깨달아야 한다(Ellis, 1962; Weinrach et al., 2001). 이것은 개인적이고 자각적인 의식에 관한 문제다. 무의식적인 마음은 Ellis의 인간 본질의 개념에 포함되지 않는다. 나아가 Ellis는 모든 사람은 실수할 수 있는 존재라는 생각을 하지 않은 채 사람들이 자신을 평가하거나 순위를 매기는 것은 실수라고 믿었다.

상담자의 역할

REBT 접근에서 상담자는 적극적이고 직접적이다. 그들은 내담자의 인식을 가르치고 교정해 주는 강사의 역할을 한다. "깊이 스며든 신념에 맞서는 것은 더 많은 논리를 필요로 한다. 이를 위해서는 지속적인 반복이 필요하다."(Krumboltz, 1992) 따라서 상담자들은 내담자의 비논리적이고 불완전한 진술을 주의 깊게 듣고 그들의 신념에 도전해야 한다. Ellis (1980), Walen, DiGuiseppe와 Dryden(1992)은 REBT 상담자에게 적합한 몇몇 특성을 발견하였다. 그들은 현명하고 지식이 풍부하고 감정이입을 잘하며, 공손하고 진실하고 사실에 근거하고 끈질기고 과학적이며, 다른 사람들을 돕는 데 관심이 있어야 하고 그들 스스로 REBT를 잘 사용하는 사람이어야 한다.

목표

REBT의 주된 목표는 사람들로 하여금 자신이 더 합리적이고 생산적인 삶을 살 수 있다는 것을 깨닫게 하는 데 초점을 두고 있다. REBT는 재앙화(catastrophizing)[1]를 통해 내담자가 지나친 요구를 하거나 화를 내는 것을 그만둘 수 있도록 돕는다. REBT 내담자는 일부 부정적인 감정을 표현할 수 있지만, REBT의 주된 목표는 내담자가 어떤 사건에 대해 정당한 수준 이상의 정서적인 반응을 보이지 않도록 하는 것이다(Weinrach et al., 2001).

REBT의 또 다른 목표는 사람들이 자기 패배적인 사고 혹은 행동 습관을 변화시키도록 돕는 것이다. 한 가지 방법은 내담자에게 REBT의 A-B-C-D-E 모델을 가르치는 것이다 (Ellis, 2008).

A: 선행 사건
B: A사건에 대해 각 개인이 가지게 되는 사고
C: B에 대한 정서적 반응
D: 흔히 REBT 상담자의 도움에 의해 행해지는 비합리적인 사고에 대한 논박. 이를 E로 대체하고자 함
E: D의 결과로 나타난 효과적인 사고, 내담자로 하여금 높은 삶의 만족도를 성취할 수 있도록 돕는 새로운 개인적 철학

이 과정을 통해 REBT는 사람들이 **감정의 해부학**(emotional anatomy), 즉 감정이 어떻게 사고와 연관되어 있는지에 대해 인식할 수 있도록 돕는다. 경험에 대한 사고는 긍정적, 부정적, 중립적 혹은 혼합적인 네 가지 방식으로 특징지을 수 있다.

REBT는 또한 내담자가 자신과 다른 사람들에게 보다 더 관대해질 수 있도록 독려하고 내담자들이 개인적인 목표들을 성취할 수 있도록 권고한다. 이러한 개인적 목표들은 내담자들의 자기 패배적인 행동을 변화시키기 위해 합리적으로 생각하는 방법을 배우도록 하고, 새롭게 행동하는 방법들을 배우도록 함으로써 성취될 수 있다.

사례 술에 취해 버린 Delores

어느 날 밤 동아리 파티에서 Delores는 열광적으로 놀았고 눈에 띌 정도로 취해 버렸다. 동아리 회장인 Kissa는 Delores에게 다가가 그녀가 잡고 있던 맥주잔을 뺏으면서 술을 너무 많이 마셔 버렸기 때문에 오늘 밤에는 더 이상 술을 마실 수 없다고 이야기했다. REBT

1) 역자 주: 상황을 실제보다 더 나쁜 최악의 상황으로 생각하는 것을 이른다.

철학의 신봉자인 Delores는 지금의 이 상황을 다음의 네 가지 방법 중 하나로 생각할 수 있다는 것을 알았다. 가장 쉬운 방법은 'Kissa는 자기 일이나 신경 쓰고 나의 잔을 뺏거나 나에게 야단을 쳐서는 안 돼!' 와 같이 부정적으로 생각하는 것이었다.

Delores가 생각할 수 있는 긍정적인 방법으로는 어떤 것이 있을까? 그녀는 스스로 어떤 엇갈리는 메시지를 줄 수 있을까? 그러한 메시지들은 그녀의 감정에 어떤 영향을 미칠 수 있을까?

상담 기법

REBT에는 수많은 기법이 다양하게 존재한다. 이 중 가장 주요한 기법은 교육과 논박이다. 교육은 내담자가 REBT의 기본적인 아이디어들을 배우고, 사고가 정서, 행동과 어떻게 연관되어 있는지 이해할 수 있도록 하는 것이다. 이러한 절차는 교훈적이고 지시적이며, 일반적으로 '합리적 정서적 교육(rational emotive education: REE)' 으로 알려져 있다.

사고와 신념에 대한 논박은 인지적, 심상적 그리고 행동적인 세 가지 형태 중 하나를 취하게 된다. 이 과정은 세 가지 형태가 모두 사용될 때 가장 효과적이다(Walen et al., 1992). 인지적 논박은 직접적 질문, 논리적인 추론 그리고 설득을 사용하는 과정이다. 심상적 논박은 내담자의 상상력과 합리적 정서적 형상화(rational emotive imagery: REI)라고 알려진 기법들을 활용하는 것이다(Maultsby, 1984). 행동적 논박은 역할극을 하거나 과거 내담자가 사실상 불가능하다고 생각했던 과제를 완수하는 것 등을 통해 내담자가 기존에 해 오던 방식과는 반대로 행동해 보는 것이다. 때때로 행동적 논박은 독서요법의 형태를 취할 수도 있는데, 이 과정에서 내담자들은 『합리적인 삶을 살기 위한 가이드 또는 비합리적인 세상에서 합리적으로 살아가기(*A Guide to Rational Living or Staying Rational in an Irrational World*)』와 같이 자신에게 도움이 되는 책을 읽게 된다.

REBT 기법 중 또 다른 두 가지 강력한 기법으로는 대립과 격려가 있다. REBT 상담자들은 내담자들이 효과가 없는 사고과정들을 포기하고 REBT를 시도할 수 있도록 적극적으로 용기를 북돋아 준다. 또한 상담자들은 합리적으로 사고하고 있다고 주장하지만 실제는 그렇지 않은 내담자들에게 도전하기도 한다.

강점과 공헌

REBT는 수많은 독특한 관점과 특별한 강조점을 가지고 있다(Puterbaugh, 2006).

- 명백하고 쉽게 학습할 수 있으며 효과적이다. 대부분의 내담자는 REBT의 원칙들과 용어들을 이해하는 데 거의 문제가 없다.
- 내담자들이 학습하고 있는 것을 보다 충분히 경험할 수 있도록 돕기 위해 다른 행동적 기법들과 쉽게 결합하여 사용할 수 있다.
- 비교적 단기간에 시행되며, 내담자 혼자서도 스스로 지속적으로 사용할 수 있다.
- 내담자들과 상담자들을 위한 방대한 양의 문헌과 연구가 존재한다. REBT처럼 수많은 치료 자료를 개발해 온 이론들은 거의 없다.
- 기법들이 개선되면서 수년간 지속적으로 발달해 오고 있다.
- 우울증이나 불안과 같은 주요 정신건강 장애에 효과가 있는 것으로 알려져 있다.

한계

REBT의 한계는 많지는 않으나 분명하게 존재한다.

- 정신분열증이나 심각한 사고장애와 같이 정신적인 문제나 제한이 있는 사람들에게는 효과적으로 사용될 수 없다.
- 창립자인 Albert Ellis와 너무 밀접하게 연관이 되어 있다. 많은 사람이 이 이론을 Ellis의 기이한 행동들과 분리하는 데 어려움을 겪고 있다.
- 이 기법은 단도직입적이며, 상담자로 하여금 지나치게 열성적이 되게 하고, 이상적으로 생각하는 것보다는 덜 치료적일 수도 있는 가능성이 있다.
- 이 접근에서 강조하는 사고의 변화는 내담자의 정서를 변화시키도록 돕는 가장 간단한 방법이 아닐 수도 있다.

현실치료

창시자

William Glasser(1925~2013)[2]는 1960년대 중반에 현실치료(reality therapy: RT)를 발전시켰으며, Robert Wubbolding은 이 이론에 설명과 연구를 더함으로써 기법을 발전시켜 왔다.

---

2) 역자 주: William Glasser는 2013년 8월 23일 88세를 일기로 소천했다.

인간의 본질에 대한 관점

현실치료는 Freud 체계에서처럼 인간 발달에 대해 포괄적인 설명을 제공하지는 않는다. 그러나 실행가들에게 인간의 삶과 본질의 몇몇 중요한 양상에 대한 집중적인 견해를 제공하고 있다. 현실치료의 주요한 교리는 무의식에 대한 집중이라고 할 수 있다. 인간은 의식적 수준에서 가동되는 존재다. 인간은 무의식적인 힘이나 본능에 의해 움직여지지 않는다(Glasser, 1965, 1988, 2005).

인간 본질에 대한 두 번째 신념은 모든 사람이 신체적, 심리적 두 가지 수준으로 나타날 수 있는 건강/성장 동력을 가지고 있다는 것이다(Glasser & Wubbolding, 1995). 신체적으로는 음식, 물, 주거지와 같이 생명을 유지하기 위한 필수품을 획득하고 사용하고자 하는 욕구를 가지고 있다. Glasser에 의하면, 인간의 행동은 생존을 위한 신체적 욕구(예: 숨 쉬고, 소화하고, 땀을 흘리는 것과 같은 행동)에 의해 통제를 받는다. 그는 이러한 행동들이 자동적으로 신체에 의해 통제되기 때문에 그것을 신체적 혹은 구뇌(old-brain)의 욕구와 연관지었다. 현대에는 대부분의 중요한 행동이 심리적 혹은 신뇌(new-brain)의 욕구와 관련되어 있다. 주요한 네 가지 심리적 욕구는 다음과 같다.

- 소속: 친구들, 가족, 사랑에 대한 욕구
- 힘: 자부심, 인정, 경쟁에 대한 욕구
- 자유: 선택과 결정을 하고자 하는 욕구
- 즐거움: 놀이, 웃음, 학습, 오락에 대한 욕구

이러한 심리적인 욕구를 충족하는 것과 관련된 것이 **독자성**에 관한 욕구다. 즉, 심리적으로 건강한 자아 감각을 발달시키는 것이다. 독자성은 다른 사람들에게 하나의 개인으로서 받아들여질 때 충족된다.

현실치료는 인간의 학습이 선택에 근거한 일생의 과정이라고 본다. 만약 개인들이 인생의 전반기에 어떤 것, 예를 들어 다른 사람과 어떻게 관계를 맺어야 하는지에 대해 배우지 않았다면 그들은 그것을 나중에 배우겠다고 선택할 수 있다. 그 과정에서 그들은 자신의 독자성이나 행동하는 방법을 변화시킬 수도 있다(Glasser, 2000, 2005; Glasser & Wubbolding, 1995).

상담자의 역할

상담자는 주로 내담자를 따뜻하고 포용적인 방법으로 받아들이고 상담이 진행될 수 있는 환경을 만드는 교사와 모델의 역할을 한다. 상담자는 친절, 견고함, 공정함을 통해 신뢰를 쌓아 감으로써 내담자와 즉각적으로 관계를 구축하고자 한다(Wubbolding, 1998). 상담자는 '화가 난다' '약자를 괴롭힌다' 와 같이 현재형 동사를 사용하여 내담자의 사고와 행동을 묘사하며, 내담자가 무엇을 할지 또는 선택할지 그의 '선택' 을 강조한다. 상담자-내담자 상호작용은 내담자가 변화시키고 싶어 하는 행동들과 이러한 욕구들을 현실로 만들기 위한 최선책에 초점을 맞추게 된다. 현실치료는 긍정적이고 건설적인 행동들을 강조한다(Glasser, 1988, 2005). 또한 내담자는 말로 표현하는 은유와 주제에 특별한 관심을 기울인다.

목표

현실치료의 주요한 목표는 내담자가 심리적으로 강해지고 합리적이 될 뿐 아니라 자신과 다른 사람들을 대하는 방법을 선택할 수 있다는 것을 깨달을 수 있도록 돕는 것이다.

첫 번째 목표와 관련된 두 번째 목표는 내담자가 자신의 삶에서 원하는 것을 분명하게 할 수 있도록 돕는 것이다. 사람들이 책임감 있게 행동하기 위해서는 필수적으로 삶의 목표를 인지하고 있어야 한다. 목표를 평가할 때, 현실 치료자들은 내담자가 환경적인 지지 요인과 장애 요인뿐 아니라 개인적 자산을 평가할 수 있도록 돕는다. 개인적인 욕구를 충족할 수 있는 행동들을 선택하는 것은 내담자의 책임이다. 현실치료의 세 번째 목표는 내담자가 개인적인 욕구와 바람을 성취하기 위한 현실적인 계획을 만들어 낼 수 있도록 돕는 것이다.

현실치료의 다음 목표는 상담자가 내담자와 의미 있는 관계를 맺을 수 있도록 하는 것이다(Glasser, 1980, 1981, 2000). 이러한 관계는 이해, 수용, 공감, 그리고 상담자가 내담자의 변화 능력에 대한 신뢰를 기꺼이 표현하는 것 등을 기반으로 한다. 현실치료의 다섯 번째 목표는 행동과 현재에 초점을 맞추는 것이다. Glasser(1988)는 행동(즉, 사고와 행위)은 감정 그리고 생리적인 부분과 밀접하게 연관되어 있다고 믿었다. 따라서 행동의 변화는 또한 다른 긍정적인 변화를 유발한다고 본다.

마지막으로, 현실치료는 내담자의 삶에서 처벌과 변명을 제거하고자 한다. 흔히 내담자는 외부 환경에 속한 사람이나 상담자로부터 실패로 인한 처벌을 받기 때문에 자신이 계획을 실행하지 못한 것에 대한 변명을 늘어놓곤 한다. 현실치료에서는 내담자가 세운 과거 계획이 효과가 없었다면 새로운 계획을 만들어 낼 수 있도록 돕는다.

생/각/해/보/기

과거 계획이 효과가 없었을 때 새로운 계획을 만들어 본 적이 있는가? 당신의 계획을 완전히 포기해 버린 적이 있는가? 어떤 점에서 차이가 있었는가?

상담 기법

기본적으로 현실치료는 내담자로 하여금 '자신이 사건이나 사람들에 대해 어떻게 반응할지는 내담자 스스로 선택할 수 있으며, 그런즉 다른 사람들은 내담자 자신이 다른 사람을 제어하는 것보다 그들을 제어할 수 없다는 것' 을 깨달을 수 있도록 돕는 행동 지향적인 기법들을 사용한다(Glasser, 1998; Onedera & Greenwalt, 2007). 현실치료는 외적 통제심리, 그리고 Glasser(2000)가 치명적인 일곱 가지 습관이라고 명명한 "비판, 비난, 불평, 잔소리, 위협, 처벌 그리고 매수"를 지양하고자 한다(p. 79). 현실치료 기법 중 더 효과적이고 적극적인 기법으로는 가르침, 유머 사용, 대면, 역할극, 피드백 제공, 구체적인 계획 수립, 계약서 작성 등이 있다.

현실치료는 상담자와 내담자가 진전을 보이고 기법을 활용할 수 있도록 하기 위해 WDEP 체계를 사용한다. W는 바람(wants)을 의미한다. 상담과정 초기에 상담자는 내담자가 원하는 것이 무엇이고 그들이 지금까지 무엇을 해 오고 있는지 알아 가게 된다(Wubbolding, 1988, 1991). 상담자는 차례로 그들의 바람과 내담자의 상황에 대한 인식을 공유한다. D는 내담자가 자신의 삶의 방향(direction)에 대해 분석해 가는 과정을 포함한다. 이 과정에서는 그들이 사용하는 효과적, 비효과적 자기대화에 대해 논의하고 심지어 직면시키기도 한다. 이 두 단계에 전략적으로 포함된 기본적인 사항은 관계를 확고히 하는 것과 현재 행동에 초점을 두는 것을 포함한다.

E는 평가(evaluation)를 의미하며, 이는 현실치료의 초석이라고 볼 수 있다. 이 과정을 통해 내담자가 자신의 개인적 행동에 대해 얼마나 책임감을 느끼고 있는지 스스로 평가해 볼 수 있도록 돕는다. 내담자의 욕구를 충족하는 데 도움이 되지 않는 행동들은 흔히 내담자 자신과 의미 있는 다른 사람들로부터 외면받게 된다. 내담자가 스스로의 행동 중 어떤 행동이 비생산적이라는 점을 인지했다면 변화에 대한 동기 부여를 느끼게 될 것이다. 만약 이를 인지하지 못한다면 치료과정은 실패로 끝날 수도 있다. 따라서 상담자가 아닌 '내담자가 평가를 할 수 있도록 하는 것' 이 매우 중요하다. 유머, 역할극 활용, 피드백 제공 또한 이 단계에 도움이 될 수 있다.

평가가 끝난 후에는 WDEP 체계의 마지막에 해당하는 P, 즉 계획(plan)이 분명하게 나타나게 된다. 내담자는 행동을 변화시키기 위한 계획을 수립하는 데 집중하게 된다. 계획은 내담자가 제거해야 하는 행동이 아닌 취해야 하는 행동을 강조하는 것이어야 한다. 가장 좋은 계획은 단순하고, 달성 가능하며, 측정 가능하고, 즉각적이며, 일관적인 것이어야 한다(Wubbolding, 1998). 또한 가장 좋은 계획은 내담자가 통제할 수 있는 것이어야 하며, 때로는 책임감 있는 대안들이 명백히 기술된 서면계획서의 형태를 띠기도 한다. 이후 내담자는 자신이 세운 행동 계획을 달성하기 위해 최선을 다할 수 있어야 한다.

강점과 공헌

현실치료는 수많은 강점을 가지고 있으며, 상담에 다음과 같은 공헌을 하였다.

- 다양한 목적으로 다양한 사람들에게 적용될 수 있다. 특히 품행장애, 물질남용장애, 충동조절장애, 성격장애 그리고 반사회적 인격장애 등의 치료에 적용될 수 있다. 아동, 청소년, 성인, 고령자의 상담에도 적용될 수 있으며, 집단상담, 결혼 및 가족 상담에도 적용될 수 있다.
- 구체적이다. 상담자와 내담자 모두, 특히 목표가 분명한 계약이 성립된 경우 어떤 부분에서 얼마나 많은 진전이 있었는지 평가할 수 있다.
- 단기치료를 강조한다. 현실치료는 보통 현재 행동들에 초점을 두며, 비교적 단기간에 진행된다.
- 국립훈련센터가 있으며 국제적인 교육이 실시되고 있다.
- 비난이나 비판 혹은 전체적인 성격을 재구조화하려는 시도를 하지 않고 개개인의 책임감과 자유를 중요시한다.
- 내담자 치료에 대한 의료 모델에 성공적으로 도전해 왔다. 현실치료의 근거와 긍정적인 강조점은 병리 중심적인 모델에 신선한 대안을 제시하였다(James & Gilliland, 2003).
- 갈등 해결에 대해 다룬다.
- 현재의 행동이 내담자 통제에 가장 잘 적용되기 때문에 현재를 강조한다. 현실 치료자들은 행동주의자나 게슈탈트 학자, 합리적-정서적 행동치료자와 마찬가지로 과거에는 관심을 두지 않는다(Wubbolding, 2000).

한계

현실치료는 또한 다음과 같은 한계를 가지고 있다.

- 지금 여기의 행동을 지나치게 강조하기 때문에 때때로 무의식이나 개인의 역사와 같은 다른 개념들을 무시하곤 한다.
- 모든 형태의 정신질환들은 외적인 사건들을 다루기 위한 시도라고 본다(Glasser, 1984).
- 지금은 선택이론과 연결되어 있기는 하나 이론적 구조가 적은 편이다. 즉, 점차적으로 정교화되어 가고 있는 중이다.
- 인간 삶의 모든 복잡성에 대해 다루지 않으며, 발달 단계들을 중요하게 생각하지 않는다.

- 지나치게 도덕주의적이 되기 쉽다.
- 좋은 상담자-내담자 관계를 수립하는 것에 의해 영향을 많이 받는다.
- 언어적 상호작용과 양방향 의사소통에 의존한다. 어떤 이유로든지 자신의 욕구, 선택, 계획 등을 적절하게 표현하지 못하는 내담자를 돕는 데 한계가 있다(James & Gilliland, 2003).
- 상담의 초점이 지속적으로 변한다(Corey, 2005).

인지치료

창시자

인지치료(cognitive therapy: CT)의 창시자로 여겨지는 인물은 정신과 의사인 Aaron Beck(1921~)이다. 그의 초기 작업은 Ellis와 거의 같은 시기에 시작되었다. Ellis와 마찬가지로 처음에 Beck은 정신분석 훈련을 받았다. 그가 인지치료 이론을 만들어 낸 것은 우울증 치료에 정신분석 이론을 적용한 후, 효과성을 알아보는 연구를 수행했으나 그것만으로는 충분하지 않다는 것을 발견한 직후였다.

인간의 본질에 대한 관점

Beck은 지각과 경험은 "조사적 자료와 자기관찰적 자료를 수반하는 활동적인 과정"이라고 보았다(Tursi & Cochran, 2006, p. 388). 나아가 사람이 "상황을 알아차리는 방법은 일반적으로 그의 인지(사고와 시각적 이미지)에서 분명해진다."(p. 388)고 보았다. 따라서 역기능적인 행동은 역기능적인 사고에 의해 유발되며, 만약 신념이 변하지 않는다면 한 사람의 행동이나 증상들은 개선되지 못할 것이고, 신념이 변화한다면 증상이나 행동이 변화될 수 있다고 보았다.

상담자의 역할

인지치료 상담자는 상담 회기 중에 적극적인 역할을 한다. 상담자는 내담자의 은밀한 사고를 보다 분명하게 만드는 작업을 한다. 이러한 과정은 특히 '모든 사람은 내가 지루하다고 생각해.' 와 같은 내담자의 자동적 사고를 검토할 때 매우 중요하다.

목표

인지치료의 목표는 분석되지 않았던 부정적인 사고를 검토하고 수정하는 데 중점을 둔다. 인지치료 상담자들은 특히 모 아니면 도 식의 사고, 부정적 예견, 과도한 일반화, 스스로 낙인 찍기, 자기비판이나 개인화(즉, 자신과 관련이 없는 사건을 의미 있는 것으로 받아들이는 것, "내가 테니스를 치러 갈 땐 항상 비가 와.")와 같은 과도한 인지 왜곡에 관심을 갖는다. 동시에 상담자들은 내담자들이 동기 부족을 극복할 수 있도록 작업을 하는데, 이러한 동기 부족은 흔히 내담자 스스로 자신의 문제를 극복할 수 없는 것으로 보는 경향과 연관이 있다.

상담 기법

인지치료와 관련된 수많은 기법이 있다.

- 개개인이 정보를 처리하는 방법에 도전한다.
- 잘못된 신념체계에 대항한다.
- 부정적인 '자동적 사고'를 멈추기 위해 고안된 자기 모니터링 활동을 실시한다.
- 의사소통 기술을 향상시킨다.
- 긍정적인 자기진술과 활동을 증가시킨다.
- 비합리적인 사고들에 대한 논쟁이 포함된 과제를 수행한다.

강점과 공헌

- 인지치료는 우울이나 불안을 포함한 광범위한 장애의 치료에 적용되어 왔다(Puterbaugh, 2006).
- 인지-행동 치료와의 협력하에 경계성 인격장애로 진단받은 사람과 같이 스스로에게 해를 가할 위험이 있는 사람들에 대한 심리사회적 치료방법인 변증법적 행동치료(dialectical behavior therapy)를 만들어 낸다. 이 치료의 목적은 내담자가 쉽게 변화시킬 수 없다고 생각했던 것들을 염두에 두고 받아들이도록 하며, 그들이 보다 가치 있는 삶을 살도록 돕기 위한 것이다(Day, 2008).
- 다양한 문화에 적용 가능하다. 예를 들어, Beck의 인지치료 모델은 1989년 중국에 소개되었고 지금까지도 중국에서는 인지치료의 변형 모델이 꾸준히 인기를 얻고 있다(Chang, Tong, Shi, & Zeng, 2005).
- 다양한 배경을 지닌 내담자들에 대한 효과성 연구가 과학적 근거를 바탕으로 잘 이루어진 치료법이다.
- Beck 불안척도(Beck Anxiety Inventory), Beck 무망감 척도(Beck Hopelessness Scale) 그리고 Beck 우울척도(Beck Depression Scale)를 포함한 다수의 유용하고 중요한 임상적 도구들을 양산한다(Beck & Weishaar, 2008).

- 펜실베이니아 주 발라신위드에 위치한 Beck 연구소를 포함하여 미국과 유럽에 수많은 훈련센터가 운영되고 있다(Beck & Weishaar, 2008).

한계

인지치료는 다음과 같은 몇몇 한계를 가지고 있다.

- 구조화되어 있는 접근이며, 내담자가 치료과정에서 주어진 과제를 완수하는 등 적극적으로 치료에 참여할 수 있어야 한다.
- 내담자의 적극적인 참여를 요하지 않는 '비구조화되어 있고 통찰 지향적인 접근'을 선호하는 내담자에게는 적합하지 않은 치료법이다(Seligman, 2006).
- 본질적으로 주로 인지적인 접근이며, 보통 지적인 제한이 있거나 변화의 동기가 부족한 사람들에게는 최상의 접근이 아닐 수 있다.
- 많은 노력을 요하는 치료법이다. 내담자들뿐 아니라 임상가들 또한 적극적이어야 하며 혁신적이어야 한다. 외적으로 드러나는 것보다 훨씬 더 복잡한 접근법이다

3. 체계이론

체계이론(system theory)은 하나의 집합체로서 상호작용하고 있는(예: 가족 또는 집단) 연관된 요소들의 집단(예: 사람들)을 개념화하기 위한 포괄적인 용어다. 개념상 체계이론은 "논리정연하고 표준화되어 있는 이론이라기보다는 일종의 생각하는 방식이라고 볼 수 있다" (Worden, 2003, p. 8). 일반적인 체계이론의 창시자는 생물학자인 Ludwig von Bertalanffy (1968)다. 그의 이론에 따르면, 생물은 상호 영향을 주고받는 요소들로 구성되어 있다. 체계이론을 다른 상담 접근들과 구분 짓는 세 가지 기본적인 가정은 다음과 같다.

- 인과관계는 대인관계와 관련되어 있다.
- 심리사회적 체계들은 반복적으로 나타나는 대인관계 상호작용 양상에 의해 가장 잘 이해될 수 있다.
- "증상적인 행동들은 반드시⋯⋯ 상호작용의 관점으로부터 이해되어야 한다." (Sexton, 1994, p. 250)

따라서 일반체계 이론은 부분들의 상호작용이 전체 체계의 작동에 어떻게 영향을 미치

는지에 초점을 두고 있다.

순환적 인과관계(circular causality)는 이 이론에서 도입된 주요 개념 중 하나다. 하나의 사건은 상호작용하는 일련의 피드백 고리와 관련이 있으며, 희생양(한 사람이 어떤 문제의 원인으로 지목되는 것)과 직선적 인과관계(하나의 행동이 다른 행동의 원인으로 받아들여지는 것) 개념은 제거되었다.

체계이론에 기반한 수많은 상담 접근이 존재하는데, 그중 하나는 사람들이 자신의 원가족으로부터 스스로를 분화시킬 수 있도록 돕기 위해 개발된 Bowen의 체계이론이다. 구조적 가족치료는 건강한 경계를 만들어 가는 것에 초점을 맞춘 이론이며, Milton Erickson의 작업을 기반으로 한 전략적 치료는 다양한 형태, 다양한 방식으로 적용될 수 있는 치료법이다.

Bowen 체계이론

창시자

초기 체계론적 접근 중, 특히 가족 구성원과 관련된 접근을 개발한 사람은 Murray Bowen(1913~1990)이다. Bowen에 따르면, 자신의 원가족과 개인적인 어려움이 있었던 사람, 이전 세대로부터 전수되어 온 양상들을 검토하고 바로잡지 못한 사람은 그것을 자신의 현재 가족 내에서 반복할 가능성이 있다(Kerr, 1988). 따라서 현재를 이해하기 위해서는 과거를 검토해 보는 것이 매우 중요하다. Michael Kerr는 조지타운 가족센터에서 Bowen을 계승한 사람이며, Edwin Friedman은 Bowen 체계 작업에 중요한 기여를 한 사람이다.

인간의 본질에 대한 관점

Bowen은 모든 삶에는 정서적이고 신체적인 만성적 불안이 존재한다고 보았다. 어떤 사람들은 "그들의 가족 내에서 이전 세대의 방식이 전수되어 왔기 때문에" 다른 사람들에 비해 이러한 불안에 더 영향을 받는다(Friedman, 1991, p. 139). 만약 불안이 낮은 수준에 머물러 있다면 개인이나 가족들에게 문제가 거의 없을 수 있지만, 만약 불안 수준이 높아진다면 사람들은 병에 걸리기 쉬우며 만성적으로 역기능적이 될 수도 있다(Greene, Hamilton, & Rolling, 1986, p. 189). 따라서 Bowen 체계이론의 초점은 분화 혹은 자신의 사고를 자신의 정서로부터, 그리고 스스로를 다른 사람들로부터 구별짓는 것에 맞추어져 있다(Kerr & Bowen, 1988; Kim-Appel, Appel, Newman, & Parr, 2007).

예를 들어, 동일한 수준의 정서적 성숙도를 지닌 커플이 결혼했을 때 비교적 덜 성숙된 사람이 더 성숙된 사람에 비해 결혼관계에서 더 어려움을 겪기 쉽다. 결혼생활 중 심각한 마찰이 발생했을 때, 덜 성숙된 사람은 자신의 원가족으로부터 건강한 방식으로 분리되지 못했기 때문에 혹은 안정적인 자기개념을 형성하지 못했기 때문에 높은 수준의 융해(미분화된 정서적 연합성) 혹은 단절(육체적 혹은 심리적 회피)을 보일 수 있다. 결혼관계에서 스트레스를 받았을 때, 이러한 사람들은 삼각관계(제3자에게 초점을 맞추는 것)를 보이는 경향이 있다(Papero, 1996). 제3자는 결혼 자체일 수도 있고, 자녀나 기관(예: 교회 혹은 학교) 또는 심지어 신체적인 증상으로 나타날 수도 있다. 그것이 무엇이든 이는 두 사람 간의 비생산적인 상호작용을 초래한다.

상담자의 역할

상담자의 역할은 내담자가 다른 사람들과의 관계를 보다 인지적으로 이끌어 갈 수 있도록 지도하고 가르쳐 주는 것이다. 최적의 상담은 "소크라테스 대화법처럼 교사 혹은 코치가 학생이 스스로 생각하는 것을 배울 때까지 조용히 질문을 하는 것이다"(Wylie, 1991, p. 27). 상담자는 이러한 과정을 돕기 위해 내담자와 함께 다세대 가계도를 작성할 수도 있다([그림 10-1] 참고).

목표

만약 상담이 성공적으로 진행된다면 내담자는 세대에서 세대로 전수되어 온 대처 전략들과 스트레스 대처 양상들을 이해하고 수정하게 될 것이다. 그들은 일상생활에서 불안 반응을 보이지 않게 될 것이며, 그들의 사고를 감정으로부터, 그들 스스로를 다른 사람들로부터 분리할 수 있게 될 것이다.

상담 기법

기법들은 내담자들을 '다른 사람들과 상호작용을 잘할 수 있고, 관계 내에서 스트레스를 받을 때마다 지나친 불안을 경험하지 않는, 건강한 자기개념을 가진 개성 있는 사람'을 만드는 방법에 초점을 두고 있다. 이 목표를 성취하기 위해 자신과 가족을 평가하는 수많은 방법이 활용될 수 있다. 그중 하나는 기하학적인 수치, 선 그리고 단어들을 활용하여 한 가족의 가족관계를 시각적으로 표현한 다세대 가계도를 작성하는 것이다(Sherman, 1993). "가계도는 최소한 3세대의 가족과 가족 구성원 간의 상호관계와 관련된 정보를 포함하고 있다. 가계도는 사람들로 하여금 역사적 사건과 동시대의 사건의 맥락에서 정보를 수집하고, 가설을 세우고, 관계의 변화를 추적할 수 있도록 해 준다."(Gladding, 2007, pp. 143, 145)

또 다른 기법으로는 내담자의 가족에 대해 내용 기반의 질문들을 하는 것과 같이 인지적

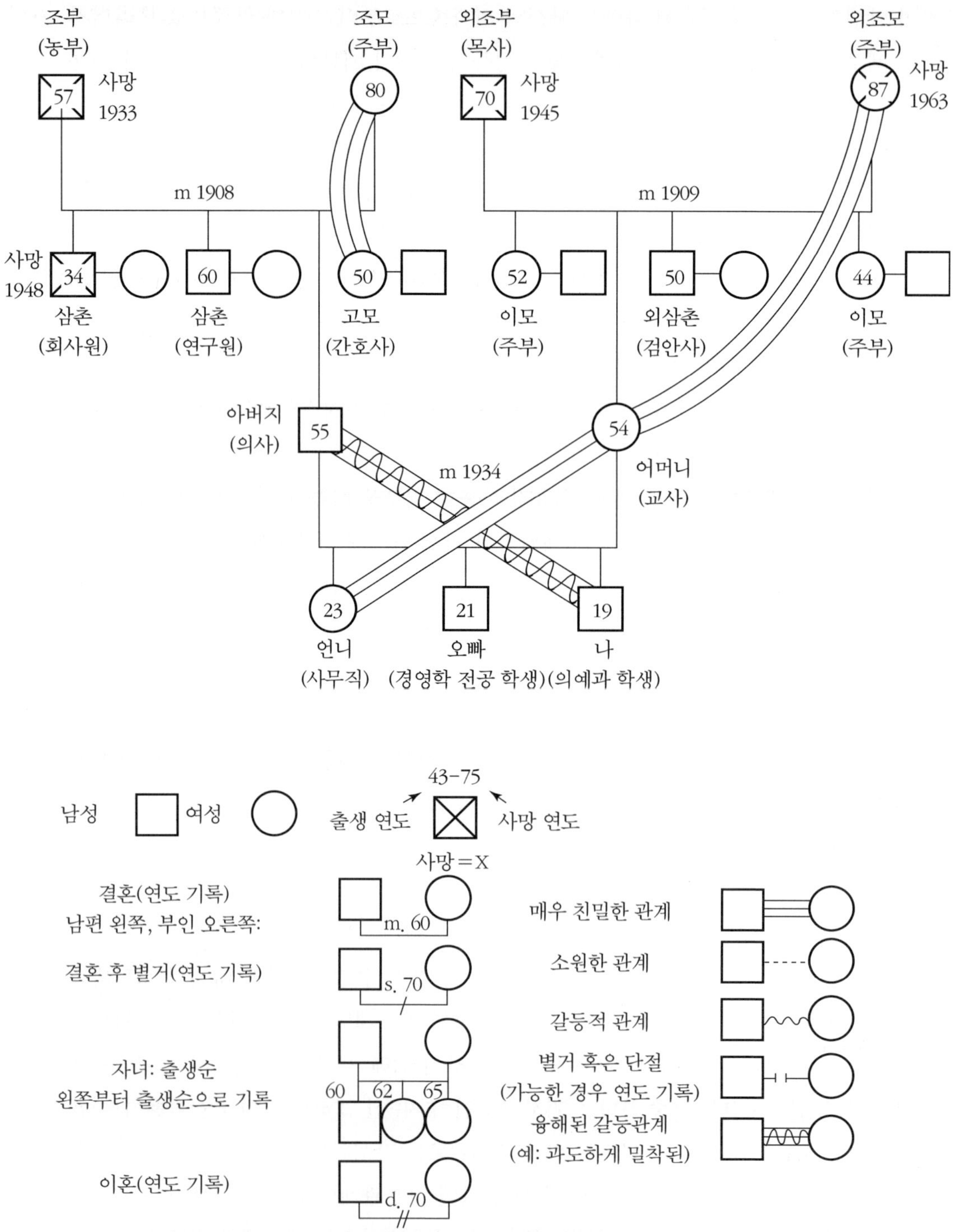

[그림 10-1] 가계도: Smith 가족의 3세대(1965년 기준)

출처: Gladding (1997, p. 132).

인 과정에 초점을 두는 방법이 있다(Bowen, 1976). 이 기법의 목적은 어떠한 정서적 개입 없이 내담자의 가족 내에 무엇이 발생했는지를 이해하기 위한 것이다. 내담자는 자신의 가족들을 보다 잘 이해하기 위해 가정으로 돌아가서 그들의 가족을 찾아가게 될 수도 있다. 이러한 절차를 통해 양자적인 관계에서 사람과 사람의 관계 그리고 죽음, 출생, 결혼과 같이 가족에게 영향을 미친 중심적인 사건에 대한 질문이 촉진될 수 있다. 질문 기법은 Bowen의 작업에서 특히 중요한 도구라고 할 수 있다.

또한 Bowen 접근에서는 "친밀함은 유지하되, 정서적으로는 분리되는 과정인" 탈삼각관계에도 주목한다(Kerr, 1988, p. 55). 탈삼각관계화는 두 수준에서 작동된다. 첫 번째 수준은 가족 상황에서 오는 불안을 해소하고 다른 사람에게 감정을 투사하지 않는 것이다. 두 번째 수준은 불안을 극복한 것으로 보이는 사람을 목표물이나 희생양으로 삼지 않도록 하는 것이다. 마지막으로 중요한 기법으로는 주관적인 감정과 객관적인 사고를 구분 짓는 능력인 자기분화를 들 수 있다. 자기분화의 과정은 전부는 아니더라도 앞서 언급한 기법들 중 내담자와 상담자 간의 대립을 가장 잘 보여 주는 과정일 수 있다.

강점과 공헌

Bowen 체계이론에는 수많은 독특한 양상이 존재한다.

- Bowen 체계이론에서는 내담자가 과거에 나타냈던 행동들을 현재 대인관계에서 반복하지 않도록 하기 위해 가족의 다세대적인 역사와 과거에 나타났던 양상들을 주목하고 다루는 것을 중요하게 여긴다.
- 역사적인 관련성을 구성해 보기 위해 Bowen 접근에서 고안한 독특한 도구인 가계도를 사용한다. 가계도는 이제 수많은 접근에서 활용하는 도구가 되었다.
- 인지의 강조, 자기분화 그리고 탈삼각관계화 또한 이 접근의 독특한 강점이라고 할 수 있다.

한계

그러나 Bowen 체계이론은 몇 가지 한계를 지니고 있다.

- 광범위하고 복잡하다. 이론은 치료로부터 분리될 수 없으며, 이러한 밀접한 연관성으로 인해 이 접근은 다른 어떤 치료적 접근들보다 더 복잡한 양상을 띤다.
- Bowen 작업을 통해 가장 도움을 받을 수 있는 내담자는 심각하게 역기능적이거나 낮은 자기분화 수준을 지닌 사람이다.

• 이 접근은 다양한 수준에서 상당한 투자를 요할 수 있는데, 어떤 내담자의 경우는 기꺼이 하고 싶어 하지 않거나 그렇게 할 수 없는 상황에 있을 수도 있다.

구조적 가족상담

창시자

구조적 가족상담(structural family counseling)의 창시자는 Salvador Minuchin(1921~)이다. Minuchin은 1960년대에 필라델피아 아동지도클리닉의 책임자로 있는 동안 이 이론을 만들었다. Braulio Montalvo와 Jay Haley 또한 이 접근에 주목할 만한 기여를 한 사람들이다.

인간의 본질에 대한 관점

Minuchin(1974)에 따르면, 모든 가족은 구조를 가지고 있다. **구조**란 가족이 스스로를 체계화하고 상호작용하는 비공식적인 방법이다. 구조는 가족 내에서 사람들이 기능을 더 잘하거나 더 못하도록 영향을 미친다. 만약 계층적인 구조가 존재한다면 사람들은 서로 관계를 잘 맺을 수 있다. 그러나 그러한 구조가 아예 없거나 약하게 존재한다면 발달적 혹은 상황적 사건들이 가족의 스트레스, 경직, 혼돈, 역기능성을 증가시키고 가족을 위기로 치닫게 할 수 있다. 그런 상황에서 **연합체**(즉, 제3의 구성원에 대항하는 특정한 사람들 간의 동맹) 또는 **세대 간의 동맹**(다른 두 세대 가족 구성원 간의 동맹)이 발생할 수 있다. 두 가지 모두 개인 또는 가족이 건강한 성장을 이루고 있을 때는 잘 기능하지 못한다.

상담자의 역할

구조적 가족 상담자는 겉으로 잘 드러나지 않는 가족의 구조를 수정하고 변화시키기 위해 개입을 하는 관찰자이자 전문가의 역할을 한다. 그들은 가족 단위 조직의 구조적 변화를 지지하며, 부부 하위체계와 같이 가족의 하위체계 내부의 상호작용 양상을 변화시키는 것에 특별한 주의를 기울인다. 그들은 또한 가족 구성원 간의 명료한 경계를 구축하기 위한 작업을 한다(Minuchin, Montalvo, Guerney, Rosman, & Schumer, 1967).

구조적 가족 상담자는 가족들과 작업을 하면서 지도자의 위치에서 가족들과 합류한다. 그들은 마음속에 가족의 구조에 대한 지도를 그리고, 이것이 가족 내에서 어떻게 역기능적인 양상에 갇혀 있는지, 그리고 그것을 어떻게 변화시키도록 도울 수 있는지 결정하게 된다.

목표

가족을 더 기능적이고 생산적인 단위로 변경하고 재구조화하기 위해서 구조적 가족치료에서는 통찰력보다 행동이 강조된다. 구세대적이고 과도하게 설정된 규칙들은 가족의 현재 상황에 더 적합한 규칙으로 대체된다. 부모가 그들의 자녀에 대한 책임이 있다는 점에 특별히 주목하면서 하위체계 간에 구분과 구별이 강조된다. 만약 모든 작업이 잘 이루어진다면 가족의 문화적 맥락이 변화하게 된다.

상담 기법

구조주의자들은 가족이 운용되는 방식을 변화시키기 위해 수많은 기법을 활용한다(Minuchin & Fishman, 1981). 가장 주요한 기법은 가족의 상호작용에 대한 작업을 하는 것이다. 가족 구성원이 비생산적인 일련의 행동을 반복하거나 가족 구조 내에서 분리되거나 밀착된 양상을 보일 때, 상담자는 물리적인 환경을 재조성하여 그들이 다른 방식으로 행동할 수 있도록 한다. 이 기법은 가족이 대화를 할 때 서로의 얼굴을 바라보도록 하는 것과 같이 단순한 것일 수도 있다.

구조적 가족 상담자는 또한 가족이 그들의 문제를 지금까지와는 다르고 더 긍정적인 관점에서 볼 수 있도록 돕는 재정의 기법을 활용하기도 한다. 예를 들어, 아이가 잘못된 행동을 한다면 그 행동은 '정상이 아닌' 것 대신에 '버릇이 없는' 것으로 명명할 수 있다. 그리하여 그 아이는 자신의 행동들을 덜 병리적인 관점에서 볼 수 있게 될 것이다.

그 외의 구조적 기법들은 다음과 같다.

- 구두법: "어떤 교류과정에 대한 선택적인 서술"(Colapinto, 2000, p. 158). 예를 들어, 적절한 시점, 특정한 순간에 '어떤 사람이 유능하다는 것'을 분명히 말해 주는 것
- 불균형: 상담자가 다른 가족 구성원에 대항하여 한 개인이나 하위체계(예: 통행금지 시간을 늦춰 달라고 부모에 맞서 영향력을 행사하는 딸)를 지지하는 절차
- 실연화: '가족 내에서 어떤 결정들을 내리는 것과 같이 문제가 되고 있는 행동들'을 치료 회기 내에서 직접 재연해 보도록 하는 것. 이 과정에서 상담자는 가족의 문제 양상에 도전을 하거나, 가족이 기능하는 방식을 스스로 보다 잘 인식할 수 있도록 하기 위해 결정을 내리는 역할을 하기도 함
- 경계 설정: 개인과 집단의 발달과 기능을 최대화하기 위해 사람이나 하위체계를 심리적으로 구분하는 선을 만들어 내는 과정
- 강도: 개인이나 가족이 지금까지와는 다른 것을 시도함으로써 목표에 도달하도록 하기 위해 강한 영향력, 반복적인 개입 혹은 장기적인 압력을 활용하여 부적응적인 교류

를 변화시키는 구조적 기법

- 재구조화: 존재하는 체계나 상호작용 양상들을 변화시킴으로써 문제들이 더 이상 유지되지 못하게 하여 가족의 구조를 변화시키는 것(예: 특정한 요청에 복종하거나 특정한 방식으로 행동하는 것을 한결같이 거부함)
- 인지적 구조 첨가: 충고, 정보, 실용적 허구(즉, 사람들이 변화하도록 돕기 위한 일종의 선언) 등 주로 행동 지향적인 접근의 언어적 요소와 역설('변화해서는 안 된다'와 같이 좌절을 시키고 개인이나 집단이 대안적인 행동들을 찾아보도록 동기 부여를 시키는 혼란스러운 메시지)을 활용하는 것

강점과 공헌

구조적 가족치료는 다음과 같이 상담에 독특한 기여를 하였다.

- 다양한 용도를 가지고 있다. 고소득 가족뿐 아니라 낮은 사회경제적 수준의 가족에게도 적합한 접근이다(Minuchin, Colapinto, & Minuchin, 1999).
- 효과적인 접근이며, 청소년 비행, 알코올 중독 그리고 신경성 식욕부진의 치료에 활용되어 왔다(Fishman, 1988).
- 문화적으로 민감하여 다문화적 배경을 가진 경우에도 적절하게 활용될 수 있다.
- 용어나 절차의 정의가 명확하며 쉽게 적용 가능하다.
- 증상 제거와 가족을 실용적인 방법으로 재구조화하는 것을 강조한다.

한계

구조적 접근의 주된 한계들은 다음과 같다.

- 구조적 작업은 충분하다고 느껴질 만큼 복합적이지 않고, 때로는 성차별주의적이며, 지나치게 현재에 초점을 맞춘다는 비판이 제기되어 왔다.
- 구조적 치료는 전략적 가족치료에 의해 영향을 받아 왔으며, 때로는 전략적 치료와 구조적 치료를 구분하기가 어렵다는 부분이 문제가 될 수 있다.
- 상담자가 변화의 과정에 책임이 있기 때문에 가족은 충분한 자율권을 갖지 못할 수 있고, 이는 미래에 그들의 적응과 변화를 제한하게 될 수도 있다(Friesen, 1985).

생/각/해/보/기

모든 가족은 '가족의 춤', 즉 가족 내에서 어떤 상황이 발생했을 때 가족 내부에서 반복되어 나타나는 일련의 행동, 예를 들어 스트레스 상황에서 서로에게 고함을 지른 후에 서로 거리를 두는 것과 같은 일종의 '춤'을 소유하고 있다. 당신이 성장한 원가족에서는 어떤 '가족의 춤'이 있었는가? 당신의 가족에서 이러한 '춤'을 다른 방법으로 구조화(즉, 새로운 양상을 만들어 내는 것)할 수 있었던 경험이 있었는가?

전략적(단기) 상담

창시자

John Weakland, Paul Watzlawick, Jay Haley, Cloe Madanes 그리고 밀란 그룹(Selvini-Palazzoli, Boscolo, Cecchin, & Prata, 1978)은 전략적 상담(strategic counseling) 집단의 중요한 리더들이었다. 전략적 상담집단과 그들의 지지자들은 정신건강연구소(MRI, 캘리포니아), 밀란 체계이론 접근(이탈리아) 그리고 가족치료연구소(워싱턴 DC)의 몇몇 분파로 나누어진다. 그럼에도 불구하고 전략적 상담 접근들을 하나로 엮는 어떤 공통적인 맥락이 존재하기 때문에 전략적 상담 집단은 하위 집단들의 수많은 강조점을 유지하면서도 하나의 독립체로서 쉽게 인지되고 있다.

인간의 본질에 대한 관점

전략적 이론은 '역기능적인 증상의 발생은 사람들의 적응을 돕기 위한 시도'라는 신념에 기반을 두고 있다. 이 접근은 문제가 가족 생애 주기의 발달적 체계 내에서 발생하는 것으로 본다. 예를 들어, 부부관계의 어려움은 부부가 속한 체계에 의해 발생한다. 결과적으로는 증상이 그들이 작동되고 있는 결혼체계를 유지하도록 하기 위해 발생한다(Todd, 1986).

집단적으로 전략적 상담자들은 발달적으로 특별한 의미가 있는 가족 생애의 몇 가지 관점에 초점을 두고 있다.

- 가족 규칙: 가족이 스스로를 통제하기 위해 사용하는 공공연한 규칙과 은밀한 규칙들
- 가족 항상성: 가족이 다른 방식으로 행동하도록 도전을 받지 않는 한 그들이 현재 기능하고 있는 패턴을 유지하고자 하는 경향
- 보상: 가족 구성원이 '다른 가족 구성원이 자신을 대한 방식대로' 다른 구성원을 대하

고자 하는 반응성
- 순환적 인과관계: 사건들은 상호 연결되어 있으며 어떤 행동 이면의 요소들은 복합적이라는 발상

상담자의 역할

전략적 상담자들은 문제행동에 대해 체계적인 관점을 취하며, 역기능적인 상호작용의 내용보다는 과정에 초점을 맞춘다. 전략적 상담자의 역할은 내담자가 '과거에 효과가 없었던 행동들을 대신할 수 있는 새로운 행동들을 시도하도록' 돕는 것이다. 보통은 변화를 만들어 가기 위해 특정한 행동을 목표로 삼게 된다. 만약 그 행동이 수정될 수 있다면 파급효과 또한 가정해 볼 수 있다. 즉, 내담자가 다른 행동들 역시 변화시키기 위한 시도를 해보도록 도울 수 있다.

따라서 전략적 상담자들은 현재 문제들을 해결하기 위해 노력하며, 통찰력을 주입시키는 데에는 거의 주의를 기울이지 않는다. 변화를 불러오기 위해 상담자들은 문제에 초점을 맞추고, 실용적이고 단기적인 접근을 할 뿐 아니라 적극적이고 직접적이며 목표 지향적으로 행동한다(Snider, 1992; Todd, 1986). 또한 보통 가족들을 만나는 회기를 10회기 혹은 그 이하로 제한한다.

목표

전략적 접근은 내담자들이 상담 회기에 가져온 문제행동을 해결하고 제거하거나 개선하고자 하는 신념을 지니고 있다. 그 과정에서 새롭고 기능적인 행동들이 생성되어 개인, 부부 그리고 가족이 특정한 목표를 성취할 수 있도록 돕는다. 전략적 상담자들은 치료에 활용되는 회기의 수를 제한함으로써 성공을 위한 내담자의 동기와 투지가 증가되길 바란다. 전략적 접근의 또 다른 목표는 이 과정에 참여한 사람들이 미래의 갈등 상황을 해결하도록 하기 위해 새로운 기술들을 배우도록 하는 것이다.

상담 기법

전략적 가족 상담자들은 꽤 혁신적이다. 각각의 개입은 특정한 사람과 문제들에 따라 만들어진다. 이러한 맞춤형 개입으로 인해 전략적 상담은 체계이론 접근 중 가장 기법 중심적인 접근의 하나가 될 수 있었다. 전략적 가족 상담자들은 가족들을 비난하지 않고, 그들에게 병리적인 꼬리표를 달려고 하지 않으며, 가족의 현존하는 문제들을 수용하고 증상들이 그들의 의사소통에서 긍정적인 의도를 가지고 있다고 본다.

재명명(어떤 행동에 새로운 관점을 부여하는 것)도 흔히 사용된다(예를 들어, 파이를 더 먹겠다

고 여러 차례 요청한 Johnny의 행동은 '무례한 것' 대신에 '적극적인 것'으로 재명명될 수 있다). **역설**(원하는 것과 정반대를 요구하는 것)과 **증상 처방**(논쟁과 같이 연인이나 가족이 이전에는 비자발적으로 보이던 것을 자발적으로 보이도록 하는 것) 또한 활용된다. 덧붙여 상담자는 내담자로 하여금 변화가 일어난 것처럼 행동하게 하거나 그렇게 하지 않으면 완수되지 않았을 과제를 수행해 보도록 할 수도 있다(Madanes, 1984; Minuchin, 1974).

개개인 혹은 가족은 때때로 치료과정의 일환으로 여행이나 고통과 같은 일종의 시련을 경험하게 될 수도 있다. 이러한 발상은 만약 사람들이 상황을 개선시키기 위해 스스로 어느 정도 희생을 할 수 있다면 장기적인 치료 효과도 향상될 수 있다는 생각에서 비롯된 것이다. 또한 전략적 가족상담의 주요한 측면으로 회기와 회기 사이에 독창적인 **과제**(흔히 처방이나 지시 형태로 주어짐)를 완수하도록 하는 방법도 활용되고 있다.

강점과 공헌

다른 접근들과 마찬가지로 전략적 상담자들은 나름대로 독특한 방식을 활용한다. 이 중 가장 중요한 측면들은 다음과 같다(Nelson, 2006).

- 전략적 치료자들 중 다수는 팀으로 작업한다.
- 본질적으로 실용적이며 융통성이 있다.
- 전략적 실행가들은 내담자들을 돕기 위해 새로운 방법들을 고안하는데, 특히 능했던 Milton Erickson의 계승자로서 혁신과 독창성에 초점을 둔다.
- 새로운 행동들을 촉진시키기 위해 사람들의 내부 인식을 변화시키는 것을 강조한다.
- 내담자의 변화 동기와 초점을 향상시키기 위해 의도적으로 한 번에 하나의 문제에 대해서만 작업을 하고, 내담자를 만날 수 있는 회기의 수를 제한한다.
- 이 접근은 수정이 가능하며, 학교와 같은 장소에도 활용될 수 있는데, 이 경우 개개인이나 가족뿐 아니라 그 집단의 모든 사람에게 도움이 될 수 있도록 체계적으로 적용될 수 있다.

한계

전략적 접근의 한계는 그 수는 적지만 매우 중요한 의미가 있다.

- 전략적 이론의 기저를 이루는 토대와 기법들 중 일부는 다른 체계이론 및 단기치료 이론들과 중복된다. 따라서 때때로 어떤 상담자가 전략적 접근을 사용하는지, 구조적 접근과 같은 다른 접근을 사용하는지에 대해 혼동이 올 때가 있다.

- '정신분열증은 생물학적 기반을 둔 것이 아니라는' Jay Haley의 관점과 같이 일부 선두적인 전략적 치료자들의 태도가 논란이 되고 있다.
- 전략적 진영에서 상담자의 전문 지식과 능력을 강조하는 것이 때로는 내담자가 그와 동일한 독립심이나 능력을 얻지 못한다는 것을 의미할 수도 있다.

4. 단기상담 접근

최근 단기상담은 범위와 영향력 면에서 성장을 지속해 오고 있다. MRI(Mental Research Institute) 접근이나 캘리포니아 주 팔로 알토의 전략적 치료(Watzlawick, Weakland, & Fisch, 1974)와 같은 과거의 몇몇 체계론적 접근은 본래부터 단기적 접근이었고, 단기치료 방안으로 고안된 것이었다. 해결중심 상담이나 이야기치료와 같은 새로운 상담 접근들 또한 치료에 관해서는 분명하게 단기적 접근으로 고안된 것이다. 어찌 되었든 단기치료 접근은 요즘과 같이 사람이나 기관 모두 빠르고 효과적인 정신건강 서비스를 요구하는 시대에서 특히 중요한 의미를 가진다. 이러한 접근에 적용되는 기법들은 관리의료 환경(managed care setting)에서 작업하는 상담자들이나 보다 단기간에 치료를 시행해야 하는 공공부문(public setting)의 상담자들에게도 필수적인 접근이라고 할 수 있다(Presbury, Echterling, & McKee, 2002).

단기상담 접근에서는 초점과 시간 제한을 강조한다. 단기상담에서 사용되는 기법들은 구체적이며 목표 지향적이다. 게다가 상담자들은 변화가 일어날 수 있는 환경을 조장하고, 실제로 변화가 일어나도록 돕기 위해 적극적으로 개입한다. 단기상담에서는 인과관계나 병적 이상 측면, 역기능적인 측면에 초점을 두기보다는 해결책이나 자원들을 발견하는 것을 강조한다. 따라서 내담자의 집중력과 동기 부여를 증진시키기 위해 단기상담에서는 상담 회기 수를 제한한다.

해결중심 상담

창시자

해결중심 상담(solution-focused counseling), 혹은 보통 해결중심 단기상담(solution focused brief therapy: SFBT)으로도 알려진 접근은 1940년대 단기치료의 창시자인 Milton Erickson의 직접적인 영향을 받은 Steve deShazer와 Bill O'Hanlon에 의해 1980년대 중서부 지방에서 현재와 같은 형태를 갖추어 나가기 시작하였다. 해결중심 상담에 영향을 미친 다른 중요한 실천가와 이론가로는 Michele Weiner-Davis와 Insoo Kim Berg가 있다.

인간의 본질에 대한 관점

해결중심 상담은 인간 본질에 관해서 포괄적인 견해를 가지고 있지는 않지만 내담자의 건강과 그들이 가진 강점에 초점을 둔다(Fernando, 2007). 이 장에서 다룬 다른 몇몇 이론과 마찬가지로 해결중심 상담은 Milton Erickson(1954)의 작업, 특히 사람들은 평소에 잘 이해하고 있지는 못하더라도 스스로의 문제를 해결할 수 있는 자원과 능력을 내부에 가지고 있다는 Erickson의 신념에 기원을 두고 있다. Erickson은 또한 문제의 맥락에서 볼 때 보다 심오한 변화를 이끌어 내는 데 필요한 것은 한 사람의 행동에서 나타난 아주 작은 변화로 충분하다는 믿음을 가지고 있었다(Lawson, 1994, p. 244).

Erickson의 사상에 영향을 받았을 뿐 아니라 해결중심 상담에서는 사람을 본질적으로 구성주의적인 존재로 보았는데, 이는 사람들이 경험하는 현실은 관찰과 경험의 반영이라는 것을 의미하는 것이다. 마지막으로, 해결중심 상담은 사람들이 진심으로 변화를 원하며 변화는 필수적으로 일어날 수밖에 없다는 가정에 기반을 두고 있다.

상담자의 역할

해결중심 상담자의 첫 번째 역할은 내담자가 변화의 과정에 얼마나 적극적이며 헌신적인지를 알아내는 것이다. 내담자들은 보통 다음과 같은 세 부류로 나누어진다.

- 방문형: 문제에 관여하려 하지 않으며, 해결과정에 참여하려고 하지도 않는다.
- 불평형: 상황에 대해 불평을 하고 문제 해결에 적극적으로 참여하지는 않을지라도, 관찰자로서의 역할은 할 수 있으며 문제에 대해 설명할 수 있다.
- 고객형: 문제에 대해서 설명하고 그들이 문제에 어떻게 관련되어 있는지 이야기할 수 있을 뿐 아니라 해결 방안을 찾기 위해 적극적으로 동참한다(Fleming & Rickord, 1997).

이와 더불어 해결중심 상담자들은 "내담자들 스스로 이미 가지고 있지만 알아차리지 못하고 사용하지도 못했던 자원들과 강점들을 찾아내도록 돕기 위해" 변화 촉진자로서의 역할을 하게 된다(Cleveland & Lindsey, 1995, p. 145). 그들은 내담자들을 격려하고 도전하며 내담자들이 변화에 대한 기대를 가질 수 있도록 한다. 상담자들은 내담자를 비난하거나 "왜 그랬죠?"라는 질문을 하지 않는다. 그들은 특히 어떻게 문제가 발생했는지에 특별한 관심을 가지지 않는다. 오히려 그들은 문제에 대한 해결책에 도달하기 위해 내담자와 함께 작업하는 것에 더 관심을 가진다. 기본적으로 그들은 내담자로 하여금 그들 스스로의 인생에 대한 전문가가 되게끔 한다(Helwig, 2002).

목표

해결중심 상담의 주요 목표는 내담자가 괴로움을 겪을 때 자신의 내부 자원을 이용하고 때때로 예외 상황들을 알아차리도록 돕는 데 있다. 그런 후에는 이러한 예외 상황들 속에 존재하고 있는 상황에 대한 해결책들을 바라볼 수 있도록 하는 것이다(West, Bubenzer, Smith, & Hamm, 1997). 따라서 상담 회기나 과제는 현재 혹은 미래의 긍정적인 부분과 가능성에 초점을 맞추게 된다(Walter & Peller, 1992).

상담 기법

해결중심 상담은 상담자와 내담자가 공동으로 이루어 가는 과정이다. 내담자가 어려움을 겪을 때 예외들을 발견하도록 격려하는 것 외에 다른 기법들 또한 흔히 사용된다. 그중 하나는 **기적질문**으로서, 기본적으로 문제가 사라진 가상 상황에 초점을 맞춘 것이다. 예를 들어, "오늘밤 당신이 잠든 사이에 기적이 일어나서 당신이 상담에 가지고 왔던 모든 문제가 해결되었다고 가정해 봅시다. 당신은 그것을 어떻게 알아차릴 수 있나요? 무엇이 달라졌죠?"라고 질문할 수 있다(deShazer, 1991).

또 다른 기법으로는 **척도질문**이 있는데, 내담자에게 자신이 겪고 있는 문제가 얼마나 심각한지 척도 1(낮은 상태)에서 10(높은 상태) 중에 선택해 보도록 하는 것이다. 척도질문을 통해 내담자는 어떤 문제에 관해 자신이 어느 정도 상황에 놓여 있는지, 그리고 현실적으로 자신의 목표를 달성하기 위해 자신이 어느 상황까지 움직일 필요가 있는지에 대해 이해할 수 있게 된다.

그 외 개입으로는 내담자에게 **칭찬하기**를 들 수 있는데, 칭찬하기는 내담자의 강점에 대해 칭찬을 해 주고, 스스로 'yes set' (즉, 어려움을 스스로 해결해 나갈 수 있다는 신념)를 구축해 나갈 수 있도록 하기 위해 고안된 일종의 서면 메시지라고 할 수 있다. 칭찬은 보통 내담자에게 임무나 과제들을 부과하기 바로 전에 제공된다.

마지막으로 다루게 될 두 가지 기법들은 다음과 같다.

- 단서: 내담자에게 그들이 지금 하고 있는 몇몇 행동은 지속될 수 있으며, 그에 대해 걱정할 필요는 없다는 신념을 가질 수 있도록 고안된다.
- 결쇠(skeleton key)[3]: 이미 과거에 효과가 있었으며, 다양한 문제를 해결할 때 보편적

3) 역자 주: 여러 자물쇠에 쓸 수 있는 열쇠를 가리킨다.

으로 적용될 수 있는 절차들을 활용한다.

강점과 공헌

해결중심 상담의 독특한 강점들은 다음과 같다.

- 간결성, 내담자 가족의 역량강화를 강조한다(Fleming & Rickord, 1997).
- 융통성 있게 적용될 수 있으며, 상담의 효과성을 뒷받침하는 훌륭한 연구들이 수행되었다.
- 다양한 내담자들과 작업할 때 긍정적인 본질이 발휘된다.
- 변화에 초점을 맞추며 내담자의 행동에서 나타나는 작은 변화를 강조하는 것을 전제로 한다.
- 실존주의와 같은 다른 상담 접근들과 함께 사용될 수 있다(Fernando, 2007).

한계

해결중심 상담은 다음과 같은 한계들을 가지고 있다.

- 내담자의 병력에 대해 전혀 주의를 기울이지 않는다.
- 통찰력에 대해 초점을 맞추는 면이 부족하다.
- 적어도 몇몇 상담자의 경우에는 팀 접근을 시도하는데, 그렇기 때문에 치료 비용이 상승될 수 있다.

사례 **해결에 초점을 맞추기 시작한 Saul**

Saul은 해결중심 치료에 대한 자료들을 읽고 공부해 왔으며, 심지어 해결중심 교육 세미나에도 지속적으로 참여하였다. 그는 해결중심 철학을 좋아했으며, 무엇보다 해결중심 상담이 내담자의 역량강화를 중시한다는 것과 해결중심 상담의 전반적인 효과성에 호감을 가지고 있었다.

어느 날 어떤 가족이 지속적으로 가출하는 딸의 문제로 Saul을 찾아왔다. Saul이 가족에게 딸의 예외적인 행동들에 대해 질문했을 때 가족 구성원들은 예외가 없었다고 입 맞추어 이야기하였고, 이에 Saul은 충격을 받았다.

예외 상황을 알아내고 조사하는 것 외에 어떻게 하면 Saul이 치료적인 상담을 지속할 수 있을까?(힌트: 기적질문이나 척도질문에 대해 생각해 볼 것)

이야기치료

창시자

포스트 모더니즘과 사회적 구성주의 접근인 이야기치료(narrative counseling)는 호주와 뉴질랜드 출신의 치료자인 Michael White와 David Epston(1990)에 의해 시작되었다. 이 분야에서 중요한 역할을 한 치료자와 이론가로는 Michael Durrant와 Gerald Monk가 있다.

인간의 본질에 대한 관점

이야기치료 상담자들은 "의미나 지식은 사회적 상호작용을 통해 구성된다."는 점을 강조한다(Worden, 2003, p. 8). 사회적 산물이면서 절대적인 현실은 없다. 사람들은 '자신의 삶에 대한 이야기들을 만들어 내면서 스스로를 내면화하고 판단하는 존재'로 여긴다. 그들이 만들어 낸 이야기들 중 다수는 자신의 삶에 속한 개개인들이나 상황에 대해 부정적인 면을 강조하고 고질적이며 우울한 것들이다. 치료를 통해 내담자들은 자신의 삶을 재집필하고, 인생관을 긍정적으로 변화시킬 수 있다.

상담자의 역할

이야기치료 접근에서는 상담자를 협력자이며 질문의 달인으로 본다(Walsh & Keenan, 1997). 다른 전통적인 접근의 상담자들처럼, 이야기치료를 지향하는 상담자들은 내담자와 관계를 잘 맺을 뿐 아니라 내담자의 이야기나 문제를 정확하게 들었는지 확인하기 위하여 주의를 기울이기, 재진술하기, 명료화하기, 요약하기, 확인하기와 같은 기본적인 관계 기술들을 활용한다(Monk, 1998). 그들은 내담자의 증상이 기능적으로 도움이 되는 역할을 하는 것이 아니라 사실은 상황을 더욱 답답하고 힘들게 만든다고 가정하였다. 따라서 상담자는 가능한 한 빨리 문제를 다루고 제거하고자 노력하였다. 종합적으로 이야기치료 상담자는 내담자가 새로운 이야기를 통해 자신의 삶과 관계를 재정립할 수 있도록 돕기 위한 노력의 일환으로 '이야기, 의미심장함, 활기'로 특징짓는 이야기 추론을 활용한다.

목표

이야기치료의 관점에 따르면, "사람들은 이야기를 통해 자신의 삶을 살아간다"(Kurtz & Tandy, 1995, p. 177). 따라서 이 접근에서 강조하는 것은 세상을 개념화하고 해석하는 이야기 방식을 변화시키는 것이다. 성공적으로 이야기치료를 받은 내담자들은 자신의 삶의 경험과 이야기들을 소중하게 여기는 법을 배우게 될 것이다. 또한 그들은 자신의 삶 속에 새로운 이야기와 의미를 어떻게 구성해 가야 하는지에 대해 배우게 될 것이며, 그 과정에서 자신을 새롭게 만들어 가는 법에 대해서도 배우게 될 것이다.

상담 기법

이야기치료 접근에서는 내담자가 자신의 삶을 위해 새로운 선택과 전략들을 찾아낼 수 있을 것이라는 희망을 가지고 그들의 삶에서 독특하고 대안적인 이야기들을 발전시켜 나가는 것을 강조한다. 이를 위해 내담자가 상담에 가져온 문제들은 외재화된다. 외재화 과정에서 문제는 단지 문제일 뿐이다. 문제의 외재화는 사람을 문제로부터 분리시키고 어려움을 객관화함으로써 내담자가 혼란과 같은 상황, 우울과 같은 감정들을 어떻게 다루어야 할지에 초점을 맞출 수 있도록 한다. 또한 문제가 어떻게 사람에게 영향을 미쳤고, 사람은 그 문제에 어떻게 영향을 미쳤는지에 대해 질문함으로써 내담자의 인식이나 객관성 또한 향상될 수 있다.

이야기치료 접근의 다른 방법은 딜레마를 불러일으킴으로써 문제가 가진 양상들이 발생하기 전에 내담자가 미리 검토해 볼 수 있도록 하는 것이다. 또한 시련을 예견함으로써 내담자가 역경을 마주하게 되었을 때 무엇을 해야 할지 생각해 볼 수 있도록 한다. 삶을 재진술하는 기법은 이야기치료의 핵심이라고 할 수 있다. 새로운 이야기를 통해 자신의 인생과 관계들을 정제해 나감으로써 변화가 일어날 수 있게 된다(White, 1995). 자신의 이야기를 변화시키는 과정에서 내담자는 세상을 다르게 인지하게 되고, 생각과 행동을 다른 방식으로 이끌어 나갈 수 있게 된다.

상담자는 내담자의 가족에게 그가 보인 진전에 대한 편지를 보내며, 종결 회기에서 공식적인 축하를 해 주고, 내담자가 무관심이나 우울 같은 외재화된 문제를 극복했을 때 성과 증명서를 수여하기도 한다.

강점과 공헌

이야기치료 접근은 수많은 독특한 특성을 통해 상담 분야에 기여하고 있다.

- 모든 사람이 공통의 문제를 해결하기 위한 작업에 참여하게 되면서 비난이 줄어들고

대화가 증가하게 된다(Walsh & Keenan, 1997).
- 내담자가 행동을 하기 위한 새로운 이야기와 새로운 가능성을 만들어 내게 된다.
- 해결중심 치료와 마찬가지로 문제에 대한 예외가 강조된다.
- 상담자의 질문을 통해 내담자가 시련이나 딜레마에 대한 준비를 미리 할 수 있게 된다.

한계

그러나 이야기치료 또한 한계를 가지고 있다.

- 꽤 이지적인 접근으로 지적 수준이 높지 못한 내담자들에게는 별로 효과가 없다.
- 어떤 내담자부터 시작해야 할지에 관한 규준이 없다.
- 어려움의 내력에 대해서는 전혀 다루지 않다.

5. 위기상담 접근

위기란 "어떤 사건이나 상황을 현재 개인이 지닌 자원들과 대처 방안으로는 해결할 수 없는 어려움으로 인지하거나 경험하는 것" 이다(James, 2008, p. 3). 위기상담은 개개인이 자신의 내부 자원들을 발견하거나 위기를 외적으로 다룰 수 있도록 돕기 위하여 직접적이고 행동 지향적인 다양한 접근을 활용하는 것이다. 모든 형태의 위기상담에서는 신속하고 효과적인 서비스들이 전문적인 방식으로 제공된다.

위기상담

창시자

위기상담(crisis counseling) 분야에서 가장 중요한 2명의 선구자로는 Erich Lindemann (1944, 1956)과 Gerald Caplan(1964)을 들 수 있다. Lindemann은 전문가들이 '상실로 인한 슬픔과 개개인이 그러한 슬픔을 경험하는 단계들' 을 인식하는 데 도움을 주었다. Caplan은 Lindemann의 개념을 모든 외상 사건으로 확장시켰다. 그는 위기를 '상황적이며 발달적인 인생의 목표들을 가로막는 장애물로부터 기인된 상태' 라고 보았다.

인간의 본질에 대한 관점

상실은 인생에서 피할 수 없는 일부분이다. 발달적이고 상황적으로 건강한 사람은 성장하고 이동해 가면서 의도적이든, 우연히든, 혹은 성장에 의해서든 무언가를 뒤에 남긴 채 떠나가게 된다. 떠나갈 때는 상실에 대한 자연스러운 반응인 슬픔이 있게 마련이다. 슬픔의 정도와 깊이는 무엇이 어떻게 상실되었는지 그 가치와 관련되어 있다. 어떤 경우에는 떠나간 사람들이 남겨진 사람들과 크게 연관되어 있지 않았거나, 남겨진 사람들에게 시간이나 노력을 투자하지 않았거나, 혹은 남겨진 사람들에게 상실을 받아들이고 준비할 만한 충분한 시간이 있었기 때문에 고통이 작게 느껴질 수도 있다.

그 외의 경우, 사람들은 떠나간 사람이나 그의 소유물이 자신의 삶에 주는 가치로 인해 혹은 너무 삽삭스럽거나 충격적인 상실로 인해 압도당하는 느낌을 받을 수 있다. 그런 경우에 위기가 발생한다.

사람들이 경험할 수 있는 다양한 위기 중 가장 보편적인 네 가지 위기는 다음과 같다.

- 발달적인 위기: 정상적인 것으로 간주되는 환경하에서 인간의 성장과 발달로 인해 자연스러운 흐름 속에서 발생한다(예: 출산, 은퇴 등).
- 상황적인 위기: 개개인이 예견하거나 통제할 수 없는 흔치 않고 보기 드문 사건으로 인해 발생한다(예: 자동차 사고, 유괴, 실직 등).
- 실존적인 위기: "결단력, 책임, 독립, 자유, 헌신 등 중요한 인간사가 동반된 내적 갈등이나 불안"을 포함한다(James, 2008, p. 13)(예: 50세에 자신의 인생을 낭비했으며, 과거로 다시 돌아가 살 수는 없다는 것을 깨닫는 것).
- 생태계적인 위기: "자연적 혹은 인재로 인한 재앙이 스스로 어떤 잘못이나 행동을 하지 않은 어떤 사람이나 …… 집단에 불어닥침으로써 사건의 여파가 그들이 살고 있는 환경에 속한 모든 구성원에게 감당할 수 없을 정도로 부정적인 영향을 줄 때" 발생한다(James, 2008, p. 14)(예: 카트리나와 같은 허리케인, 눈보라, 테러 행위 등).

목표

모두 그런 것은 아니지만 대부분의 위기는 한시적이고 6~8주쯤 지속된다. 위기상담의 목표는 고통을 겪은 사람에게 다양한 형태(예: 심리적, 재정적, 법적)로 즉각적인 도움을 주는 것이다. "위기 사건의 여파가 지속되는 동안에 무엇이 발생하였는지에 따라 위기가 만성적이고 장기적인 양상으로 변형되어 질병의 저장소가 될 것인지가 결정된다."(James, 2008. p. 5) 초기에 상담자는 "위기에 처한 사람들이 외상 사건으로 인해 일시적으로 야기된 정서적, 행동적, 인지적 왜곡을 인식하고 바로잡을 수 있도록"(p. 11) 돕기 위해 기본 위기이론을 활용한다. 이렇게 제공되는 서비스는 '사람들이 진행 중인 문제에 대해 개선 방안을 찾을 수 있도록 돕는' 단기상담 접근과는 다르다. 장기적인 적응과 건강을 위해서는 위기상담의 일환으로 혹은 다른 조력 전문가에 의해 상당한 후속 조치가 취해져야 할 수도 있다.

상담자의 역할

위기 상황에서 작업하는 상담자들은 스스로 성공적으로 다루어 본 다양한 인생 경험을 가진 성숙한 사람이어야 한다. 그들은 또한 매우 강렬한 상황에서 작업할 때 기본적인 조력 기술, 높은 에너지 수준, 그리고 신속한 정신적 반사 작용 및 차분하고 침착하며 창의적이고 융통성 있는 능력을 갖추고 있어야 한다.

위기 상담자들은 위기 상황에서 직접적이고 적극적으로 활동해야 한다. 위기 상담자의 역할은 일반적인 상담자의 역할과 꽤 다르다.

상담 기법

위기상담에서 활용되는 기법들은 앞서 언급된 위기의 종류 및 잠재적인 피해 가능성에 따라 다양하다. 그러나 James(2008)에 따르면 위기 상담자가 언제, 무엇을 해야 할지는 개개인이 위기를 반복적인 방식으로 경험하는지, 가변적인 방식으로 경험하는지에 따라 달라지게 된다([그림 10-2] 참고).

적절한 평가가 이루어진 후에는 다음 세 단계의 필수적인 경청 활동이 시행되어야 할 필요가 있다.

1. 문제 정의: 특히 내담자의 관점에서 문제를 바라보아야 한다.
2. 내담자의 안전보장: 내담자 또는 다른 사람들에 대한 신체적, 심리적 위험을 최소화하는 것을 의미한다.
3. 지지 제공: 내담자에게 진실하고 무조건적인 돌봄을 제공하는 것을 의미한다.

이 과정 후 혹은 때로는 그 과정 중에 경청 기법에서 행동 전략으로 이행하게 된다.

1. 대안 검토(즉, 활용 가능한 대안들을 알아보고, 몇몇 선택권은 다른 것보다 더 나은 점이 있다는 것을 깨닫는 것)
2. 계획 수립: 이 과정 중에 내담자가 통제감과 자율성을 갖게 됨으로써 의존적이 되지 않도록 한다.
3. 헌신에 대한 확인: 내담자로 하여금 계획된 행동들을 실행에 옮기도록 한다.

평가:
위기가 지속되는 내내 매우 중요하고, 지속적이며, 역동적으로 진행되고 있는가?
내담자의 현재와 과거의 상황적인 위기들을 내담자의 대처 능력,
위험 정도, 기동성 또는 부동성의 관점에서 평가하고,
위기 상담자에 의해 행해져야 할 행동 유형에 대한 판단을 내림
(하단의 위기 상담자의 행동 연속체 참고)

경청	행동
경청: 공감, 진실성, 존중, 수용, 비판단, 배려로서 주의 기울이기, 관찰하기, 이해하기 그리고 반응하기	행동: 평가된 내담자의 욕구와 환경적 지지 자원의 유효성에 따라 비지시적, 협력적 혹은 지시적 수준에서 개입하기
1. 문제 정의: 문제를 내담자의 관점에서 분석하고 규정하기. 개방형 질문을 포함한 적극적 경청 활용하기. 내담자의 언어적, 비언어적 메시지에 주의를 기울이기	4. 대안 검토: 내담자가 자신이 가진 선택 중 지금 즉시 활용할 수 있는 것들을 분석할 수 있도록 돕기. 직접적인 상황적 지지 자원, 대처기제, 긍정적 사고를 찾아보도록 촉진시키기
2. 내담자의 안전보장: 내담자의 신체적, 심리적 안전에 가해진 위협의 치명성, 임계성, 부동성 또는 심각성 평가하기. 내담자의 내적 사건과 내담자를 둘러싼 상황적 환경 평가, 필요한 경우 내담자에게 충동적이고 자기 파괴적인 행동을 대체할 수 있는 대안 행동을 인식시키기	5. 계획 수립: 내담자가 추가 자원과 대처기제(내담자가 가질 수 있고 이해할 수 있는 분명한 행동 단계)를 발견해 낼 수 있는 '현실적인 단기 계획' 을 수립할 수 있도록 돕기
3. 지지 제공: 내담자에게 위기 상담자는 정당한 지지 자원이라는 점을 전달하기(단어, 목소리, 신체언어 등 활용). 내담자에게 보살핌, 긍정성, 무소유, 일방적인 판단을 하지 않는 수용적인 태도로 개입하기	6. 헌신에 대한 확인 : 내담자가 스스로 가질 수 있고 현실적으로 성취하거나 수용할 수 있는 확실하고 긍정적인 행동 단계에 헌신적으로 참여하도록 돕기

위기 상담자의 행동 연속체

비지시적	협력적	지시적
(한계점은 내담자마다 다름)		(한계점은 내담자마다 다름)
내담자의 움직임이 자유로움	내담자의 움직임이 부분적으로 자유로움	내담자의 움직임이 자유롭지 못함

위기 상담자의 행동/개입 수준은 내담자의 가동성/부동성 수준에 따라 타당하고 현실적인 평가에 의해 연속체상의 어느 곳이든 위치할 수 있음

[그림 10-2] 위기 개입의 6단계 모델

출처: James (2008).

가능하다면 상담자들은 후속 조치를 통해 내담자가 자신의 계획을 완수할 수 있었는지 확인하고, 그들이 경험한 위기에 대해 지연 반응을 겪고 있지는 않은지(예: 외상후 스트레스 장애) 평가해 보아야 한다.

위기 상황 스트레스 해소활동(Critical Incident Stress Debriefing: CISD)과 일대일 위기상담은 앞서 언급한 기법들을 활용한 가장 일반적인 상담 접근들에 해당한다. CISD에서는 두 명의 상담자가 통제된 환경에서 내담자가 자신의 생각과 감정을 다룰 수 있도록 돕기 위해 7단계 집단 접근을 활용한다(Roberts, 2000). 이 접근에서는 도입, 사실, 생각, 반응, 증상, 가르침 그리고 재돌입을 강조한다. CISD 집단은 1시간에서부터 3시간에 이르기까지 다양하며, 일반적으로 "극심한 위기 후에는 1~10일, 대형참사를 겪은 후에는 3~4주간 제공된다"(Roberts, 2000, p. 86). 일대일 상담에서는 CISD와 같은 기법들을 일부 사용하지만 치료 지속시간이 15분~2시간이고, 1~3회기 정도만 실시된다(Everly, Lating, & Mitchell, 2000).

강점과 공헌

위기상담은 하나의 전문 영역으로서 독특성을 지녔으며, 상담 분야에 다음과 같은 공헌을 하였다.

- 간결함과 단순 명쾌한 특징을 지닌다.
- '위기' 상황이 지닌 갑작스럽고 외상적인 본성으로 인해 과하지 않고 적정 수준의 목표와 목적을 설정한다.
- 일반적인 상담에서 행해지는 것보다 더 큰 '특유의 강렬함'에 의존하는 접근이다.
- 보다 과도기적인 본성(transitional nature)을 활용하는 접근이다.

한계

위기상담은 다음과 같은 한계를 지니고 있다.

- 당면한 상황들을 다룬다.
- 해결에 관해서는 대부분의 상담 접근에서 다루는 깊이까지 들어가지 않는다.
- 대부분 치료 개입보다 더 한시적이며 외상 위주로 개입한다.

요 약 및 결 론

이 장에서는 다양한 상담 접근에 대해 다루었는데, 특히 다음의 내용을 다루었다.

- 행동주의 상담
- 세 가지 형태의 인지-행동 이론: 합리적-정서적 행동치료(REBT), 현실치료(RT), 인지치료(CT)
- 세 가지 형태의 체계이론: Bowen 체계이론, 구조적 가족상담, 전략적(단기) 상담
- 두 가지 형태의 단기상담 접근: 해결중심 상담과 이야기치료
- 위기상담

앞서 언급된 접근들은 모두 그 기초를 이루는 전제와 상담의 효과성으로 인해 폭넓게 활용되고 있으며 수요도 많은 편이다. 이 접근들 중 어느 것도 '많은 시간을 투입해야 하는 접근이 없다' 는 점이 그 인기도에 긍정적인 요인으로 작용하고 있다. 앞 장과 마찬가지로 이 장에서도 각 이론의 창시자, 인간의 본질에 대한 관점, 상담자의 역할, 목표, 상담 기법, 강점과 공헌 그리고 한계에 대해 간단하게 논의하며 검토해 보았다.

상담자들은 이 장에서 상담자 자신이나 그들의 내담자에게 적합한 이론이나 이론들을 발견할 수 있었을 것이다.

학 습 활 동

1. 이 장과 앞 장에서 다룬 상담이론들 중에 어떤 이론들이 가장 당신의 흥미를 끌었는가? 그 이론들을 앞서 다룬 방식들로 통합해서 당신 스스로 절충적인 접근을 개발해 내는 것을 상상해 볼 수 있는가? 당신의 아이디어에 대해 학급 동료들과 가능한 한 구체적으로 논의해 보라.

2. Albert Ellis와 Aaron Beck에 의해 만들어진 접근들에 대해 생각해 보라. 만약 당신이 내담자라면 어떤 접근을 더 선호하겠는가? 구체적인 이유에 대해 말해 보라.

3. 행동주의 상담 접근의 주된 장점은 무엇이라고 보는가? 어떤 경우에 당신은 행동주의 상담을 사용하거나 혹은 사용하지 않겠는가?

4. 위기상담은 이 장과 앞 장에서 다루었던 주류에 속하는 상담 접근들과 어떤 점에서 다른가? 그리고 어떤 점에서 같은가?

5. 인지-행동주의 상담 접근들은 대부분 매우 효과적인 것으로 알려져 있다. 어떠한 요인들로 인해 이 접근이 이렇게 강력한 영향력을 지니게 되었을까? 당신은 인지-행동주의 이론들이 인간주의 상담보다 더 강력하고 유용하다고 생각하는가? 그 이유는 무엇이라고 생각하는가?

제3부

다양한 장면에서의 핵심 상담 활동

제11장 … 집단상담

제12장 … 자 문

제13장 … 평가와 연구

제14장 … 상담에서의 검사, 평가 및 진단

전문 상담자들은 다양한 상황에서 다양한 사람들과 함께 일해야 한다. 그뿐만 아니라 상담자들은 동시에 여러 활동을 겹쳐서 해야 하는 경우가 많다. 이 책의 1부에서 기술한 대로 상담이라는 학문과 직업의 영역이 형성되어 온 역사를 보면 예전에도 상담자들은 이러한 여러 핵심적인 상담 활동을 중복적으로 실행했다. 상담자들이 주로 하는 상담 활동에는 집단상담 진행, 자문 제공, 상담 관련 연구 및 평가 참여, 내담자 진단 및 치료를 위한 심리검사 및 사정 등이 있다

다음의 네 개 장(11~14장)에서는 이러한 핵심적인 업무에 대해 다룰 것이다. 거의 모든 상담자는 이러한 다양한 활동들을 적절하게 통합하여 실행하는 것이 자신의 책임이라고 여긴다. 따라서 이 주제가 상담자들의 전문적인 모임이나 교육세미나에서 지속적으로 회자되는 것은 놀라운 일이 아니다. 상담자들은 집단상담을 이끌어야 하고, 자문을 해야 하며, 자신들이 제공하는 서비스에 대해 평가해야 한다. 또한 상담 서비스를 필요로 하는 사람들을 정확하게 진단하여 그들이 필요로 하는 서비스를 제공할 수 있어야 한다.

제11장

집단상담

1. 집단의 역사 한눈에 보기
2. 집단에 대한 오해와 진실
3. 상담에서 집단상담의 위치
4. 집단의 유익과 문제점
5. 집단의 유형
6. 지도 집단의 이론적 접근
7. 집단의 단계
8. 집단의 주제
9. 효과적인 집단 리더의 자질
10. 집단 작업의 미래

이해가 서로 다른 사람들이 모인
이 순례자 집단 안에서 나는 누구인가?
개인적으로 나 자신이 위협을 받지 않으면
실패의 경험이 줄어들기 때문에
다른 이들이 나에 대해 이야기하도록 하는
Miles Standish처럼 소심한가?
아니면 아름다움의 정원에서
다른 사람들에게 큰 소리로 이야기하지만
나 스스로에 대해서는 찾지 못하는
John Alden과 더욱 닮았는가?
어쩌면 나는 때에 따라 그들 이상의 사람일 수도,
양쪽 모두일 수도 있으리.
다른 사람들의 앞, 그 침묵 속에서
그 질문을 새롭게 생각해 본다.

– Gladding (1979)

집단 작업은 개인이 개인적, 대인관계적인 문제를 풀도록 돕는 데 종종 효과적인 상담 활동이다. 조직화된 집단은 사람들이 협조적으로 일하고 즐기게끔 할 뿐만 아니라, 사람들의 자연스러운 경향성을 활용하여 생각과 감정을 모으고 공유한다. "집단은 구성원들이 친밀함을 경험하도록 하고, 공동의 문제를 공유하도록 하며, 다른 이들의 행동과 그 결과를 지켜보도록 하고, 자기탐색과 변화의 과정 동안 지지를 칫도록 한다는 면에서 가치 있다."(Nims, 1998, p. 134) 사람들은 집단에 참여하면서 사회적 관계와 정서적 연대감을 발달시키고 종종 통찰을 가지게 된다(Posthuma, 2002).

이 장에서는 집단의 역사, 가장 빈번하게 사용된 집단의 유형을 포함하여 상담에서 집단의 위치, 집단의 이론적 근거, 집단의 주제와 단계 그리고 효과적인 집단 리더의 자질을 살펴보게 될 것이다. 최초로 선두에 선 집단과 관련된 전문가를 위해 국제 조직과 지역 조직 모두가 설립되었다. 그중 가장 포괄적이면서 전문적인 상담자들이 속해 있는 조직은 Association for Specialists in Group Work(ASGW; http://www.asgw.org/)로, ACA의 국제 분과다. 다양한 회원 자격을 가진 이 조직은 1974년에 ACA에 의해 설립 인가를 받았다(Carroll & Levo, 1985). 이 조직은 최고의 실습 지침과 표준화된 훈련, 다양한 자격을 갖춘 집단 작업자들을 위한 원칙을 세우는 데 선두적인 역할을 했다. 또한 ASGW는 분기별로 『*Journal for Specialists in Group Work*』를 출판했다. 다른 두드러진 집단 조직으로는 American Group Psychotherapy Association(AGPA), American Society of Group Psychotherapy and Psychodrama (ASGPP), APA의 Group Psychology and Group Psychotherapy division(49분과)가 있다.

1. 집단의 역사 한눈에 보기

집단은 상담 영역에서 길고도 구별되는 역사를 가지고 있다. 일반적으로 1905년 보스턴의 내과의사인 Joseph Hersey Pratt이 심리치료 상담 집단을 처음 시작한 것으로 인정받고 있다. Pratt의 집단 구성원은 매사추세츠 종합병원의 결핵 외래환자들이었는데, 그들은 규칙적으로 함께 보낼 수 있는 유익하고 지지적이며 치료적인 시간을 찾았다. 이 집단이 성공적이었음에도 불구하고 다른 장면으로 집단이 확산되는 것과 다른 유형의 집단이 발달하는 것은 1970년대까지 순탄하지 않았고, 또 있다 하더라도 단회적이었다. Pratt과 더불어 집단 운동을 일으킨 선구자들로는 다음과 같은 사람들이 있다.

- Jacob L. Moreno는 1920년대에 집단심리치료(group psychotherapy)라는 용어를 상담 역사에 처음으로 소개하였다.
- Kurt Lewin이 1930년대와 1940년대에 소개한 현장이론 개념은 대영제국의 작은 스터디 집단인 Tavistock의 기초가 되었고, 미국의 T-집단 운동의 시초가 되었다.
- Fritz Perls는 자각의 중요성을 강조하여 자기 안에서 일치를 얻는 게슈탈트 접근을 집단에 접목시켜 그 분야의 새로운 관심을 끌었다.
- W. Edwards Deming은 과정과 사람들이 생산하는 생산품을 향상시키고, 노동자들의 근로 의욕을 불러일으키기 위해서 작업 집단의 질에 대한 아이디어를 개념화하고 수행했다.
- William Schutz와 Jack Gibb은 적절한 목표를 가지고 개인적 성장에 집중하는 T-집단의 인간적인 측면을 강조했다.
- Carl Rogers는 1960년대에 기초 참만남 집단을 고안했는데, 이것은 성장중심 집단 접근의 모델이 되었다.

영향력 있는 개인 외에 많은 유형의 집단들, 방금 언급되었던 몇몇 집단이 오늘날과 같이 집단이 구분되기 이전에 발달되었다. 연대기적으로 보면 사이코드라마가 첫 번째, T-집단, 참만남 집단, 마라톤 집단 그리고 자조/자기지지 집단이 그 뒤를 잇는다. 각각의 유형이 현재의 집단에 영향력을 가지고 있기 때문에 각 집단의 유형을 간단히 살펴볼 것이다.

사이코드라마

비엔나의 정신의학자인 Jacob L. Moreno는 사이코드라마의 창시자로 인정받는다. 이런 형태의 집단 경험은 워싱턴 DC에 있는 세인트 엘리자베스 병원의 정신과 환자들에게 수십 년간 사용되었는데, 이것은 원래 20세기 초반에 오스트리아 비엔나(Moreno의 고향)의 일반 시민들에게 사용되었다. 사이코드라마에서 구성원들은 의도되지 않은 역할연기를 하게 되며, 집단 리더는 연출자의 역할을 하게 된다. 다른 집단 구성원들은 연극에서 주인공(protagonist)이거나, 주인공에게 피드백을 주는 관객이거나, 둘 모두일 수 있다(Blatner, 2000). 이런 형태의 집단은 행동주의자, 게슈탈트주의자, 그리고 이것을 사건의 정서적 질을 경험하도록 하여 내담자를 돕는 방법으로 사용한 정서 중심의 집단 리더들에게 인기 있다.

T-집단

첫 번째 T-집단(T는 훈련[training]을 의미한다)은 1946년 미국 메인 주 베델에 있는 National Training Laboratories(NTL)에서 실시되었다. 이 집단은 집단상담과 집단심리치료가 아직 나타나지 않았을 때 등장했다. 사실 이 집단은 현대 집단 작업의 시초로 여겨질 수 있다(Ward, 2002). 집단 역동에 대한 Kurt Lewin의 아이디어는 이 집단의 기초를 형성했다. 그 때 이후로 T-집단은 과업 성취에 집중하는 것에서부터 대인관계에 우선순위를 두는 것에 이르기까지 서서히 등장했다. 비록 T-집단을 하나의 방식으로 분류하는 것은 어려운 일이지만, 그 구성원들은 집단 안에서 누군가의 행동이 다른 이의 행동에 어떻게 영향을 미치는지에 대한 경험을 통해 배우는 경향이 있다. 이러한 관점에서 T-집단은 시스템이 어떻게 작동하는지와 한 개인이 그 시스템 안에서 어떻게 기능하는지 모두를 강조하는 가족상담의 형태와 유사하다.

참만남 집단

참만남 집단(encounter group)은 집단 자체보다 집단 구성원 개개인의 성장에 초점을 두고자 했던 T-집단에서 나왔다. 이 집단은 성장과 변화, 발전을 원하는 "일반적으로 기능하는" 사람들을 대상으로 한다(Lieberman, 1991). 이 집단은 전성기인 1970년대에 Carl Rogers(1970)의 비구조화된 집단에서부터 William Schutz(1971)의 구조화된 개방형 집단에 이르기까지 다양한 형태를 가지게 되었다. 구조와 상관없이 이 집단에서 최우선적으로 강조된 점은 개인의 표현과 감정의 재인식이었다.

마라톤 집단

마라톤 집단(group marathon)은 확장된 형태의 단회 집단 경험으로서, 개인이 사용할 수 있는 방어벽을 무너뜨린다. 마라톤 집단은 최소 24시간 동안 유지된다. Frederick Stoller와 George Bach가 1960년대에 이 개념을 처음으로 소개했다. 마라톤 집단은 재활 프로그램에 참여한 물질남용 환자들과 다른 집단상담에 속한 개인들에게 효과적으로 사용되어 왔다. 종종 노사 중재자, 평화 중재자들이 문제 타개를 위해 마라톤 집단을 한다.

자조/자기지지 집단

자조집단(self-help group)과 **성숙한 조력 집단**(mutual help group)은 동의어다(Klaw & Humphreys, 2004, p. 630). 여기엔 두 개의 형태가 있는데, 하나는 확고한 지위를 가진 전문적인 돕기 조직이나 개인(지지집단)에 의해 조직된 것이고, 다른 하나는 자연스럽게 만들어져서 그들의 자율성과 내적 집단 자원을 강조하는 것이다(가장 진실한 감각 안에서의 자조집단). 자조집단은 보통 한 가지 주제 안에서 자연스럽게 발달하며, 공식적인 훈련을 거의 받지 못했지만 집단에 오도록 한 스트레스가 심한 상황을 경험했던 아마추어에 의해 진행된다(Riordan & Beggs, 1987). 예를 들어, 자연재해를 겪은 후에 이웃에 사는 사람들이 서로 수리나 청소를 돕기 위해 만날 수 있다. 또는 독성이 강한 쓰레기 처리 문제 등과 같이 그들 삶의 질에 직접적인 영향을 미치는 어떤 주제에 대해 정치적인 입장을 주장하며 모일 수도 있다. 자조집단은 단기 혹은 장기로 진행될 수 있으나 기본적으로 구성원들이 그들 삶에 대한 보다 큰 통제력을 얻도록 돕는다. 미국에는 약 50만 개의 이런 집단 안에 1,000만이 넘는 사람들이 속해 있으며, 그 수는 증가하고 있다.

앞에서 언급한 것처럼 자기지지 집단은 특정한 관심사나 문제에 집중한다는 점에서 자조집단과 유사하지만, 이 집단은 전문적인 돕기 조직이나 개인들로 이루어진다(예: 알코올 중독자 치료모임[AA], 점등원, 체중에 신경을 쓰는 사람 등). 어떤 자기지지 집단은 참가비를 받기도 하며, 그렇지 않은 곳도 있다. 집단 리더로서 비전문가의 관여는 다양하다. 자조집단처럼 자기지지 집단은 신체적, 정서적, 사회적 주제들에 집중한다(L'Abate & Thaxton, 1981).

자조집단과 자기지지 집단은 부분적으로 다른 경우였다면 도움을 받지 못했을 구성원, 즉 집단을 통해 가장 도움을 잘 받을 수 있는 구성원의 욕구를 채운다. 그들은 교회, 레크리에이션 센터, 학교, 정신건강 시설과 같은 지역사회 건물에서 만난다.

Lieberman(1994)은 자조집단과 자기지지 집단이 일반 대중에게 건전한 도움을 준다고 보았고, Corey(2008)는 이런 집단들이 다른 정신건강 서비스를 상호 보완적으로 돕는다고 생각했다. 그러나 다른 집단 경험처럼 "응집성은 언제나 성공을 위한 필수적인 특징"이며, 집단이 긍정적이 되고 파괴적이 되지 않기 위해서는 적절한 안내가 필요하다(Riordan & Beggs, 1987, p. 428).

생/각/해/보/기

당신이 직접 참여했거나 관찰했던 자조집단은 어떤 것이었는가? 대부분의 자조집단이 성공적이라고 생각하는가? 그 이유는 무엇이라고 생각하는가?

2. 집단에 대한 오해와 진실

집단의 역사가 순탄하지 않았기 때문에 집단에 대한 오해도 있어 왔다. 이러한 오해 중 몇 가지는 집단이 아직 규제화되지 않은 상태였으나 동시에 대중문화의 한 부분이 되었던 1960년대에 발생했는데, 〈뉴욕 타임스(New York Times)〉는 1968년을 '집단의 해'으로 선언하기까지 했다. 이 시기에 집단 안에서 무수히 많은 부적절한 행동이 발생했는데, 어떤 사람이 했던 행동이 시간이 지나 입에서 입으로 누설되기도 했다. 이런 문제들로 인해 사람들은 집단에 대해 회의를 가지게 되었고, 집단에 참여하는 것을 그만두게 되었다(Gladding, 2008). 상담과 심리치료 집단(심리교육적 과업/수행 집단에 반대하는)과 연계된 주요 오해가 있는데, 집단과 관련해서 널리 퍼져 있는 신화는 다음과 같다(Childers & Couch, 1989).

- 집단은 인공적이고 진실하지 않다.
- 집단은 문제를 해결하는 데 이류 정도로 그다지 훌륭하지 못한 구조를 가지고 있다.
- 집단은 사람들의 심리적 방어를 무너뜨림으로써 그들의 정체성을 상실하게 한다.
- 집단은 사람들로 하여금 정서적이 되게 하여 핵심을 놓치게 한다.
- 집단은 감정 표현이 너무 과하고, 대립을 일삼고, 적대적이고, 참여자들을 세뇌시킨다.

적어도 잘 운영되는 집단 안에서는 이 신화들 중 그 어느 것도 진실이 아니다. 사실 일반적으로 실제 상황에서는 이와 반대되는 상황이 펼쳐진다. 그러므로 집단에 대해서 확신하지 못한 개인이 집단의 일원이 되기 전에 질문을 하는 것이 중요하다. 이 과정을 통해 그들이 가질 수 있는 의심과 오해에 대한 설명을 들을 수 있고, 그럼으로써 불안이 완화될 수 있으며, 집단환경 내에서 의미 있는 유익을 얻을 수 있다.

3. 상담에서 집단상담의 위치

집단은 자신의 상호 이익 목적 달성을 위해서 2~3명 이상의 사람들이 상호작용을 하는 것으로 정의된다. 대부분의 사람은 일반적으로 매일 집단 활동을 하며 일정 시간을 보낸다(예: 학교나 회사 등). 군집은 인간 본질의 한 부분이며, 집단 상호작용을 통해 많은 개인적 · 전문적 기술을 얻을 수 있다. 게다가 집단은 상담자들이 인간 상호작용의 주요한 방법을 사용할 수 있는 매우 적합한 방법이다.

대부분의 상담자는 언제, 어디서, 누가 집단에 참여하도록 할지 중요한 사항들을 결정해야 한다. 어떤 상황 속에서 집단은 도움을 주는 데 적절하지 않다. 예를 들어, 회사에 고용된 상담자는 회사 내 직위와 연륜에서 동등하지 않은 개인적 문제를 가진 회사원들을 상담할 때 집단을 사용하는 것에 있어 분별이 없을 수 있다. 이와 비슷하게, 학교에 있는 상담자의 경우도 전적으로 행동 문제를 보이는 아이들을 대상으로 작업할 때 집단 장면을 이용하는 것에 있어 실수를 할 수 있다. 그러나 집단은 집단에 지나치게 지장을 주지 않으면서 처한 상황이 너무 다르지 않은 사람들과 일반적인 관심사를 가진 사람들을 돕는 데 이상적인 방법이 될 수 있다. 이런 경우, 상담자는 일반적으로 사람들이 조용하게 만날 수 있으면서 방해받지 않고 상호작용을 할 수 있는 일정한 시간을 짜게 된다.

집단은 목적과 구성, 길이에 따라 달라진다. 그러나 기본적으로 집단은 Gazda(1989)가 "어려움을 예방하거나 치료하기 위한, 또는 개인적인 성장과 풍요로움을 향상하기 위한 개인들 간의 역동적인 상호작용"(p. 297)이라 표현한 '작업'과 연관되어 있다. 그러므로 '집단 작업'이란 용어는 종종 집단 안에서 벌어지고 있는 일을 묘사하는 데 사용된다. ASGW(2000)는 '집단 작업'을 다음과 같이 표현한다.

> 집단 촉진에 있어 지식과 기술을 적용하는 것과 관련된 광범위한 전문적 실습이다. 사람들의 독립적인 모임을 지지하여 상호 간의 목표에 도달하도록 한다. 목표는 개인 내적, 대인관계적, 또는 일과 관련된 것이다. 집단의 목표는 일, 교육, 개인적 발전, 개인과 대인관계 문제 해결, 또는 정신적/정서적 장애의 치료와 연관된 과제를 완수하는 것이다(pp. 329-330).

집단은 개인을 돕는 데 수많은 일반적인 이점이 있다. Yalom(2005)은 이러한 긍정적인 힘을 집단 내의 '치료적 요인'이라고 특징지었다. 상담과 심리치료에서 집단은 다음과 같은 요인을 포함한다.

- 점진적인 희망(즉, 치료가 효과가 있으리라는 확신)
- 보편성(즉, 내가 혼자이거나 특이하다거나 비정상이 아니라는 자각)
- 정보 제공(즉, 정신건강과 정신병, 삶의 문제를 어떻게 다뤄야 하는지에 대한 안내)
- 이타주의(즉, 경험과 생각을 다른 사람들과 나누고, 자신이 가진 것을 다른 사람에게 줌으로써 돕는 것, 일반적인 선[善]을 위해 일하는 것)
- 초기 가족 집단의 정확한 반복(즉, 초기 가족 갈등이 재현되고 그것을 해결하는 것)
- 사회화 기술의 발달(즉, 다른 사람들과 상호작용하고 사회 기술을 배우는 것뿐만 아니라 사회적 상황 속에서 더욱 스스로의 모습이 되는 것)
- 모방 행동(즉, 다른 구성원의 긍정적인 행동을 따라 함)
- 대인관계적 학습(즉, 통찰을 얻고 과거 경험을 통해 정확하게 일하기)
- 집단 응집력(즉, 집단 내 구성원들과의 결속)
- 카타르시스(즉, 감정을 경험하고 표현하기)
- 존재적 요인(즉, 인간의 기본적인 고독에 대한 책임을 받아들이고 자신의 유한성과 존재의 가변성을 인식하는 것)

또한 집단은 사람들이 개인상담 또는 개인적 목표 달성의 욕구를 발견하는 것을 돕는 촉매제 역할을 할 수 있다.

사례 Gerald가 집단에 참여하다

Gerald는 아는 사람이 아무도 없는 대도시로 이사를 왔다. 그는 컴퓨터 프로그래밍을 하는 직장에서 외롭게 일을 했다. 그래서 지역 교회에서 소규모 집단 모임을 시작한다는 것을 알게 되었을 때 함께하기로 결정했다. 그는 사회적 문제에 중심을 둔 그 집단이 점점 활성화되는 것을 보았고, 그 주간 모임을 기대하게 되었다. 그뿐 아니라 그 집단은 '이웃 프로젝트'를 향상시키기 위해 시(市)와 함께 일하고 있었다. 모임 안에서 구성원들은 서로 활발하게 이야기를 나누었다. 한 달이 지난 후, Gerald는 그의 친구들에게 현재 그가 전보다 더 마음이 편안해졌고, 새로운 환경에도 더 익숙해진 것 같다고 이야기했다.

이 집단이 상담에 기여하지 않았다 하더라도 Gerald에게 도움이 되었다고 생각하는가? Yalom의 요인들 중에서 어느 것이 이 과정에서 중요한 작용을 한 것으로 보이는가?

4. 집단의 유익과 문제점

집단에는 다양한 문제와 관심사를 가진 개인을 돕는 데 유익할 수 있는 특정한 이점이 있다. 실제로 수백 편의 연구가 집단 접근을 서술하고 있고, 다양한 형태의 집단이 가지는 효과성이 통계적으로 지지되고 있다. 그러나 집단 경험에 대한 기록들이 빠른 속도로 쏟아져 나오면서 최근의 기록들을 그대로 받아들이는 것은 어려운 실정이다. 현장에 있는 몇몇 연구자는 실제 진행자들이 집단 활동을 이해하는 데 도움이 되는 리뷰들을 정기적으로 쓴다.

집단과 관련하여 최근에 발견된 결과들은 다음과 같다.

- 집단상담은 9~10학년 학생들이 직업 결정 준비과정에서 도움이 될 만한 사회 문제 해결 행동을 배우도록 하는 데 사용될 수 있다(Hutchinson, Freeman, & Quick, 1996).
- 집단은 일반적으로 직업 발달을 향상시킨다(Pyle, 2000). 또한 폭행을 당하거나 학대를 받은 여성과 같이 서비스를 충분히 받지 못하는 사람들이 직업 계획을 세우는 데 효과적으로 사용될 수 있다(Peterson & Priour, 2000).
- 양질의 조건 속에서 진행되는 집단치료는 성인 여성이 잘 기능하도록 돕고, 그들의 일반적인 주관적 안녕감을 향상시키는 데 도움을 줄 수 있다(Marotta & Asner, 1999).
- 집단상담과 심리교육 프로그램은 심장병을 가진 사람들이 생활 속에서 스트레스의 원인을 더 잘 다루도록 하는 데 도움을 줄 수 있다(Livneh & Sherwood-Hawes, 1993).
- 일의 능률 향상과 다른 사람들과의 관계에서 감각을 키우는 데 도움이 될 수 있다(Viney, Henry, & Campbell, 2001).

그러나 집단은 모든 사람과 모든 문제에 있어 만병통치약은 아니다. 집단은 명백한 한계와 불이익을 가지고 있다. 예를 들어, 어떤 사람은 자신의 관심사와 성격이 집단과 잘 맞지 않을 수 있다. 마찬가지로 어떤 개인의 문제가 집단 안에서 충분히 깊이 있게 다루어지지 못할 수도 있다. 게다가 미처 준비되지 않은 구성원이 집단의 압력으로 인해 자기개방과 같은 행동을 하도록 강요받을 수도 있다. 또한 집단은 정신적으로 집단사고(groupthink)에 빠질 수 있는데, 그것은 규준이 되어 창의성과 문제 해결을 억누르는 고정관념적이고 방어적이며 진부한 사고과정이다. 집단의 또 다른 문제점은 개인이 도망가기 위해서 또는 이기적인 목적으로 집단을 사용할 수 있고 집단과정을 방해할 수 있다는 점이다. 게다가 집단은 구성원들이 정상적으로 활동하는 사회적 환경을 반영하지 못할 수 있고, 이로 인해 집단 경험을 통해 배우는 것을 실생활에 적용하는 것이 적절하지 않을 수도 있다. 결과적으로 집단은 갈등 또는 발달 단계를 통해 성공적으로 진행되지 않는다면 후퇴하게 될 수 있으며 비생산적일 수 있고, 책임 전가하기, 집단 나르시시즘, 투사 등의 파괴적인 행동들까지 나타날 수도 있다(McClure, 1994).

생/각/해/보/기

역기능적 집단과 관련하여 수많은 무서운 사례가 있는데, 그중 많은 수가 삶의 상실로 끝난다(예: Jim Jones와 Peoples Temple 집단). 그런가 하면 개인의 삶과 사회에서 변화를 만들어 낸 수많은 집단도 있다(예: 9 · 11 테러 사건 동안의 소방관들과 경찰관들). 당신이 본 집단의 목록을 작성하여 각각의 기능에 대해 1점(가장 낮음)~10점(가장 높음) 척도로 평가해 보라.

5. 집단의 유형

집단에는 여러 유형이 있다. "실질적으로 심리치료, 개인적 성장, 다른 사람들로부터 그저 지지를 받는 것, 다른 사람들과의 유대감 등을 찾는 사람이라면 누구라도 흥미와 욕구에 맞게 이루어진 집단 경험을 하는 것처럼 보인다."(Lynn & Frauman, 1985, p. 423) 다양한 상황에 적합한 집단 모델들이 많이 있다. 그럼에도 불구하고 집단이 특히 목적과 과정에서 어떻게 묶여야 하는지에 대한 생생한 논쟁이 제기되고 있고, 다음의 집단 형태들은 ASGW (2000)에 의해 개발된 표준 훈련 형태를 갖추고 있다.

심리교육 집단

종종 안내 집단 또는 교육 집단으로 알려져 온 심리교육 집단은 예방적이고 지시적이다(Brown, 1998: Pence, Paymar, Ritmeester, & Shepard, 1998). 이 집단의 목적은 집단 참여자들이 그들의 잠재적 위협(예: 에이즈)과 발달적 인생 사건(예: 나이가 드는 것), 직접적인 연관이 있는 인생의 위기(예: 사랑하는 이의 죽음)를 어떻게 다룰 수 있을지 가르쳐 주는 데 있다. 이 집단의 형태는 종종 학교와 같은 교육적 장면에서 발견할 수 있지만, 병원, 정신건강 센터, 사회 서비스 제공기관, 대학 등과 같은 다른 장면에서도 점차적으로 사용되고 있다(Jones & Robinson, 2000).

이런 집단과정의 가장 중요한 부분 중 하나는 구성원들이 집단 맥락 안에서 제시되는 정보들을 어떻게 자기 일로 받아들일지에 대해 집단 토론을 하는 것에 집중하는 것이다(Ohlsen, 1977). 학교 장면에서 미완성 이야기, 손가락 인형 놀이, 영화, 오디오 인터뷰, 외부인의 이야기 듣기 등과 같은 교육적인 방법들이 사용된다. 어른들을 대상으로 한 장면에서는 서면 자료나 외부 강연과 같은 연령에 적합한 방법이 사용된다.

심리교육 집단의 한 예는 대학에서 이루어지는 학생 발달 촉진 집단이다. 전통적인 대학생활 기간 동안에 "학생들은 다양한 특성을 따라 복잡성 속에서 성장하고 도전한다"(Taub, 1998, p. 197). 학생들의 발달은 화 통제하기, 이성관계, 학업 기술 등과 같은 중요한 문제들에 대해 설명해 주는 심리교육 집단을 통해서 향상될 수 있다. 이런 집단은 집단기간이 상대적으로 짧고 시간 제한을 두고 만난다. 그러나 이런 집단은 드러나지 않은 문제에 있어 보다 더 적절하게 대응하고자 하는 사람들을 준비시켜 준다.

상담 집단

때때로 대인관계 문제 해결 집단으로 알려진 상담 집단은 "일상적이지만 종종 어려운 삶의 문제들을 대인관계적 지지와 문제 해결을 통해 해결하도록 집단 참가자들을 돕는다. 한 가지 목적을 추가하자면 집단 구성원들이 그들 안에 존재하고 있는 대인관계적 문제 해결 기술을 개발하여 미래의 문제를 더 잘 다룰 수 있도록 하는 것이다. 크게 심각하지 않은 직업적, 교육적, 개인적, 사회적, 발달적 관심사가 자주 나타난다"(ASGW, 1992, p. 143).

상담 집단과 심리교육 집단을 구분하는 것은 때때로 어렵다. 일반적으로 상담 집단은 태도와 행동에 동기 부여를 하는데, 심리교육 집단보다 더욱 직접적이다. 예를 들어, 심리교육 집단은 집단 구성원들의 인지적인 이해를 돕는 것에 보다 집중하는 반면, 집단상담은 집단 구성원들의 정서적 관여를 강조한다. 두 번째 차이점은 심리교육 집단은 강의 규모의 환경에서 좀 더 효과가 있는 반면, 상담 집단은 작은 규모의 친밀한 장면에서 진행된다는 점이다(Gazda, Ginter, & Horne, 2001).

상담 집단과 심리교육 집단은 가끔 중복될 수 있다(Taub, 1998: Waldo & Bauman, 1998). 심리교육 집단과 다소 중복되어 있으면서 동시에 간단하지만 효과적인 상담 집단 접근의 한 예로, 고3 학생들이 대학과 군대로 넘어갈 수 있도록 만들어 주는 구조화된 집단을 들 수 있다(Goodnough & Ripley, 1997). 이 집단은 곧 고등학교를 졸업하는 졸업 예정자들을 위해 마련된다. 이를 통해 학생들은 그들이 정보를 받아들이는 동안 경험하게 되는 복잡한 감정을 다룰 기회를 갖게 된다. 그리고 학생들은 그들이 무엇을 해야 할지에 대해 인지적으로 도움이 되는 관점을 얻는다. 이런 집단상담에서 구성원들은 고유의 관심사에 대해 토론할 수 있는 '방송시간(말할 수 있는 기회)'을 얻게 된다. 집단 구성원들 간의 상호작용과 정보의 개인화는 심리교육 집단보다 더 크게 일어난다.

심리치료 집단

성격 재구성 집단으로 알려진 심리치료 집단은 어느 정도 심리적 문제가 있는 집단 구성원들의 치료를 돕기 위해 만들어졌다. "심리적 장애(disturbance)의 깊이와 내용이 유의미하기 때문에 그 목적은 각각의 개인이 주요한 성격 특성을 재구성하는 것을 돕는 데 있다." (ASGW, 1992, p. 13)

이따금 집단상담과 집단심리치료 간에 겹치는 부분이 있긴 하지만, 보통 이 둘은 성격 특성의 주요 재구성에 대한 강조 여부를 통해 구분된다. 집단심리치료는 치료에 참여하는 사람들을 다루는 데 근접성이 요구되기 때문에 종종 지역적으로 자연 속에 위치한 정신병원이나 정신건강 시설 같은 입원환자 시설에서 사용된다. 집중 집단심리치료를 필요로 하는 외래환자의 유형 중 적합하지 않은 특정 유형이 있다. 그중에는 우울한 사람들, 수다쟁이, 망상 환자, 분열성 성격장애 또는 반사회적 성격장애, 자살 위험 환자, 극단적인 자기애 환자들이 포함된다(Yalom, 2005). 집단심리치료 지원자를 가려낼 때는 포함되어야 할 사람을 고르는 것보다 제외되어야 할 사람을 고르는 것이 더 쉬울 수 있다. 어쨌든 집단심리치료는 미국식 치료 형태이며, 집단상담의 이론적 설명으로서 매우 많이 제공되어 왔다.

과제/작업 집단

과제/작업 집단은 집단 구성원들이 집단 역동의 원리와 과정을 적용하여 실제 대응을 향상시키고, 명시된 작업의 목적을 성취하도록 돕는다. "과제/작업 집단 전문가는 기능을 교정하거나 발전시키기 위해서 과제 집중 집단, 후원 집단, 계획 집단, 지역사회 기관, 토론 집단, 스터디 모임, 학습 집단과 다른 유사 집단을 지지해 줄 수 있어야 한다."(ASGW, 1992, p. 13)

다른 집단 유형과 같이 과제/작업 집단은 다음의 요소들이 있을 때 가장 잘 운영된다 (Hulse-Killacky, Killacky, & Donigian, 2001).

- 집단의 목적이 모든 집단 구성원에게 명확할 것
- 과정(역동)과 내용(정보)이 균형 잡혀 있을 것
- 분위기를 만들어 가고 서로에 대해 배울 수 있는 시간이 확보될 것

- 갈등이 나타날 것
- 구성원들 간의 피드백이 교환될 것
- 리더가 지금-여기에 집중할 것
- 무엇이 일어나고 있는지를 반영하는 시간이 리더와 구성원들에 의해 확보될 것

과제/작업 집단의 고전적인 예로는 팀을 들 수 있다. 운동, 예술, 고용 장면에서 팀은 혼자서는 성취가 불가능할 수 있는 목적을 달성하기 위해 종종 만들어진다. **품질관리 모임**은 고용인들이 운영하는 집단으로, 매주 모임을 통해 그들의 직업 속에서 사용되는 과정과 그 과정을 향상시키는 방법을 설명하는데, 이것은 과제/작업 집단의 사업적 예다(Johnson & Johnson, 2006). 그러나 상담자들은 내적, 외적 상황을 해결하기 위해서뿐 아니라 아이디어를 계획하고 수행하기 위해서 종종 팀으로 일을 하는데, 이 때문에 이 집단은 넓은 범위의 응용 가능성을 가진다.

상담자들이 사용할 수 있는 과제/작업 집단의 또 다른 예로 **포커스 집단**(Kress & Shoffner, 2007)이 있다. 이 집단은 "특정 관심 분야에 대해서 8~12명 사이의 개인이 집단 사회자의 지시하에 한두 시간 정도 토론하는 기술이라고 대략적으로 정의될 수 있다"(p. 190). 사회자는 집단 구성원들에게 개방형 질문을 함으로써 상호작용을 향상시킬 수 있으며, "개인 면접을 통해서는 얻을 수 없는 시너지 효과"를 이상적으로 끌어낸다(p. 192). 주제는 과정 속에서 드러나며, 집단 촉진자는 그 안에서 드러나는 집단 구성원의 선호성에 대해 가치 있는 정보를 얻을 수 있을 뿐 아니라 설명 · 평가할 수 있으며, 정신건강 서비스와 같은 프로그램을 검토할 수 있다.

사례 과제 마스터 Thomas

Thomas는 회사의 혁신 팀을 담당하고 있었다. 팀의 목적은 간소화 작업을 도울 수 있는 방법과 협력 정신을 향상할 수 있는 보다 좋은 아이디어를 생각해 내는 것이다. 과제는 도전적이었고, 몇 가지 좋은 아이디어가 나왔으나, 그 이후 주중 모임에서는 새로운 것들이 더 이상 나오지 않았다. 따라서 Thomas는 팀원들이 더욱 집중하여 새로운 아이디어를 발견할 수 있도록 돕기 위해 사무실을 벗어나 휴식을 가지기로 결정했다.

Thomas는 팀원들에게 편안한 마음으로 아침을 맞이할 때 사람들이 모든 것에 열린 생각을 갖게 된다는 점과 재충전을 가질 수 있을 것이라는 점을 확신시켰다. 그리고 그는 집단을 셋으로 나누고 각각 과제를 부여했다.

Thomas의 계획에 대해 어떻게 생각하는가? 이 집단이 과제에 더 밀착하게 할 수 있는 다른 방법이 있을까? 그들은 무엇을 하게 될까? 특정 작업에 집중하기 위해 전체적으로 집단 작업을 하는 것이 소집단으로 진행하는 것보다 더 생산적이 될 수 있다고 생각하는가? 왜 그런가? 왜 그렇지 않은가?

6. 지도 집단의 이론적 접근

집단상담의 이론적 접근은 개인상담 접근만큼이나 다양하다. 대부분의 경우, 이론들은 동일하다. 예를 들어, 집단 작업 안에서도 정신분석, 게슈탈트, 개인중심, 합리적-정서적 행동주의, 인지-행동 이론에 근거한 접근이 있다. 이런 이론들에 대해서는 이 책의 다른 곳에서 설명되었기 때문에 여기서 다시 설명하지는 않겠다. 그러나 어떤 이론적 접근방법이라 하더라도 집단에 사용될 때는 **집단 역동**(집단 구성원들 간의 상호작용)으로 인해 달라지게 된다.

집단에 사용되는 일곱 가지 주요 이론적 접근을 평가함에 있어, Ward(1982)는 각각의 접근이 개인적, 대인관계적, 집단과정 단계에 관심을 기울이는 정도를 분석했다. 예를 들어, 정신분석, 게슈탈트, 행동주의 접근은 개인적인 부분에 집중하는 데 강점을 보였으나, 대인관계적인 면과 집단과정 내의 집단 단계 구성 면에서는 취약했다. 그러나 인간중심 접근법은 개인적 단계에서는 강점을, 대인관계적인 면과 집단 단계에서는 중간 정도를 보였다. Ward는 집단 과제를 이끌어 갈 때 각 접근의 제한적인 면, 집단 과제, 구성원의 성숙도와 같은 다른 요소들을 고려하는 것이 중요함을 지적했다.

유사하게, Frey(1972)는 집단 작업에서 여덟 가지의 접근법을 제안했는데, 통찰에서 행동으로, 이성적인 면에서 정서적인 면으로의 연속선상에서 어떻게 개념화될 수 있는지에 대해 설명하였다. 반면 Hansen 등(1980)은 과정에서 결과로, 리더 중심에서 구성원 중심으로의 집단 접근을 개념화했다. 집단 리더와 잠재적 집단 구성원들은 현명한 선택을 하기 위해서 이론들이 어떻게 다른지 알아야 한다. 전반적으로는 집단을 운영하는 데 복합적인 이론적 모델이 풍성한 다양성을 제공한다.

이미 언급된 내용에 한 가지를 덧붙이자면, 집단 리더가 언제, 어떤 이론적 접근을 할 것인지에 대해 다음의 세 요인을 살펴보는 것이 도움이 된다.

- 집단을 운영하는 데 이론적인 기초가 필요한가?
- 어떤 이론을 사용하는 것이 최상의 효과가 있을 것인가?
- 선택과정에서는 어떤 영역들을 선택할 수 있는가?

이론은 지도와 흡사하다. 집단에서 이론은 인간에 대한 기본적 가정을 설명하는 데 방향과 지침을 제공한다. 또한 집단의 목표를 결정하는 것, 누군가의 역할을 규정하는 것, 리더의 역할을 수행하는 것, 집단의 상호작용을 설명하는 데 유용하다. 결과적으로 이론은 집단의 결과를 평가하는 데 도움이 될 수 있다. 명백한 이론적 배경 없이 집단을 운영하고자 하는 것은 지도와 도구에 대한 지식이 없이 비행기를 타려고 시도하는 것과 같다. 어느 쪽이라도 바보스럽고 위험하며 다칠 수 있다.

또한 좋은 이론은 실제적으로 기능하는 데 도움이 된다(Gladding, 2008). 예를 들어, 좋은 이론은 장면 안에서 발생하는 경험에 의미를 부여하고 틀을 짜는 데 도움이 된다. 좋은 이론은 무슨 일이 벌어지는지에 대해 이론적인 감각을 사용하게 하여 생산적인 발견에 이르도록 돕는다. 많은 이론을 선택할 수 있는 잠재적인 집단 리더는 현명하고 신중한 접근을 선택할 수 있다.

Ford와 Urban(1998)은 상담자들이 이론을 선택할 때 개인적 경험, 전문가의 의견, 신망, 지식 검증의 네 가지 주요 요인을 고려해야 한다고 믿었다. 이 모든 기준에는 장점과 단점이 포함되어 있다. 그러므로 경험이 많지 않은 상담자는 다른 사람들의 의견을 듣거나 전문적인 글을 읽는 것이 필수적인데, 이를 통해 가장 증명할 만하며 동시에 개인의 성격 유형에 부합하는 이론을 평가할 수 있다.

7. 집단의 단계

집단은 다른 살아 있는 시스템과 함께 단계를 거치게 된다. 만약 개인 또는 집단의 리더가 이러한 단계를 자각하지 못한다면 집단 안에서 일어나는 변화가 의미 있기보다는 혼란을 가져올 수 있고 그 유익이 크게 감소될 것이다. 리더는 집단의 단계를 촉진시킬 수 있는 조건들을 배치하거나 "개인적 단계와 집단적 단계에 발달에 기초한 개입을 사용함으로써" 학습을 극대화할 수 있다(Saidla, 1990, p. 15).

어떤 집단이 언제 단계를 거치는지에 대한 전문 연구와 관련해서 논쟁이 있다. 발달 단계는 학습 집단, 훈련 집단과 같은 다양한 형태의 집단에서 확인되어 왔으나, 단계에 대한 논쟁의 대부분은 집단상담에 있다. 집단상담은 종종 4단계 또는 5단계로 나뉘는데, 어떤 모델은 겨우 3단계 정도이며, 다른 모델은 6단계도 가진다. Tuckman의 단계 모델이 주류로 인정된다.

Tuckman(1965)은 집단상담의 단계과정을 처음으로 설계한 이론가 중 한 명이다. 그는 형성기, 격동기, 규범기, 성과기의 4단계 집단 발달이 있다고 믿었다. 이 개념은 이후에 확장되어 종결기(휴식기; Tuckman & Jensen, 1977)라는 다섯 번째 단계를 포함하게 되었다. 각 단계에서는 특정 과제가 수행된다. 예를 들어, **형성기**에서는 기본적으로 보통 무슨 일이 벌어지는지, 집단 검토를 통해 누가 함께하게 되거나 나가게 될지에 관심을 기울인다. 이 단계(집단의 유아기)에서 집단 구성원들은 불안과 의존을 드러내며 문제와 연관 없는 주제에 대해 이야기한다. 이 단계에서 집단에 변화를 주는 한 가지 쉬운 방법은 그것들을 구조화함으로써 구성원들이 편안함을 느끼도록 하고 무엇을 기대하는지 확신을 가지도록 하는 것이다. 예를 들어, 첫 번째 만남 이전에 구성원들은 그들이 누구인지에 대해 3분간 다른 사람들에게 이야기하게 될 것이라는 이야기를 들을 수 있다(McCoy, 1994).

두 번째 단계인 **격동기**에는 그들이 청소년기에 그랬던 것처럼 고려할 만한 혼란과 갈등이 일반적으로 발생한다. 이 경우 집단 안에서 발생하는 갈등은 "집단원들이 다른 사람들과의 관계에서 어느 정도로 독립심과 상호 의존성을 가질 것인지 결정하도록 한다"(Rybak & Brown, 1997, p. 31). 집단 구성원들은 집단의 위계 질서 안에서 그들 스스로의 위치를 찾으며 불안, 힘, 미래에 대한 기대와 연관된 문제들을 성공적으로 다룬다. 때때로 이 단계에서 집단의 리더가 공격을 받기도 한다.

세 번째 단계는 초기 성인기와 유사한 **규범기**로, "집단의 폭풍으로부터 살아남아 종종 열정과 응집성을 생산해 낸다. 목표와 함께 작업하는 방식들이 결정된다"(Saidla, 1990, p. 16). 때때로 이 단계는 격동기와 결합되나, 그 여부와 상관없이 이 단계는 발달적인 면에서 성인기와 동등한 선상에 있는 성과/작업을 따라간다. 네 번째 단계인 **성과/직업기**에 집단 구성원들은 그들의 개인적, 집단적 목표와 서로 연관되게 된다. 만약 잘만 진행된다면 이 단계는 집단이 생산적으로 되는 때다.

마지막으로 **종결기**에서는 집단이 마무리되며, 집단 구성원들이 구성원 및 집단 경험과 작별을 하게 된다. 종결에서 구성원들은 충만함을 느끼거나 불쾌감을 느낀다. 때때로 이 시점에서 축하 경험을 하게 되는데, 대부분의 경우 폐회 의식이 치러지게 된다.

〈표 11-1〉에는 여기에서 논의된 다섯 개의 각 단계의 특성에 대한 간략한 분석과 요약이 제시되어 있다.

전반적으로 집단의 발달 단계는 어느 한 시점에서 쉽게 구분되지는 않는다. "집단은 생애 단계를 통해 한 걸음씩 꼭 이동할 필요는 없지만, 일반적인 발달의 일부분으로서 앞뒤로 이동할 수 있다."(Hansen et al., 1980, p. 476) 지금 집단이 무슨 단계인지, 집단이 어디

〈표 11-1〉 5단계 특성에 대한 간략한 분석과 요약

구분	형성기	격동기	규범기	성과/작업기	종결기
특징	• 새로운 경험과 연관된 초기 경고 • 다른 사람들에 게 거절당하는 것을 피하려는 시도	• 갈등과 불안을 경험하는 시간 • 집단이 초기 단계에서 두 번째 긴장으로 이동 • 지나친 긴장과 약간의 긴장 사이의 균형을 잡으려는 시도	• 개인이 집단에 속해 있다는 '우리 의식'을 느낌 • 이 시기에 종종 열정과 협동심을 느낌	• 개인과 집단의 목적 성취에 집중 • 보다 연합되고 생산적인 시스템으로서 집단이 움직이는 데 초점	• 참여자들이 그들 스스로에 대해 깊은 수준으로 이해하게 됨 • 종결 시 중요한 활동: 과거 경험 반영, 과정 기억, 배운 것에 대해 평가, 양가감정 이해, 인지적 결정에 참여
동료관계	• 집단 구성원들과 피상적인 관계를 맺는 경향 • 집단에 직접적인 영향이 없는 과거와 미래의 사건으로 전환	• 서로의 상호작용에 대해 더 불안해지는 경향 • 일반적으로 힘에 대한 관심이 나타남	• 집단 내 다른 사람들과 공감 • 희망, 협동, 공동작업, 응집	• 집단 구성원 간에 개인적으로 깊은 차원의 진실한 관심을 보임 • 집단의 일부분으로서 자기개방을 하고자 하는 의지가 커짐 • 개인 참여자와 개인이라는 세계에 대한 집단 내 자각이 증가	• 공감, 동정심, 충분한 돌봄 • 참여자들은 서로 깊이 연관되며 때로 감정적인 단계에서 만남 • 따뜻함과 슬픔의 감정이 종종 동시에 일어남
과제 수행 과정	• 염려 나누기 • 집단 구성원들의 목적과 계약 살펴보기 • 집단 규칙을 더욱 명확하게 명시하거나 반복하기 • 한계 정하기 • 집단 구성원 간에 긍정적인 교환을 촉진함으로써 집단을 계속 하도록 하기	• 직접적인 목표에 대한 집중이 사라짐 • 건강한 '멈춤'이 일어남 • 책임 떠넘기기가 일어날 수 있음	• 집단 구성원들은 집단을 운영하도록 하는 규준을 세워 가는 데 동의해야 함 • 집단은 지시적인 규칙과 금지하는 규칙 모두를 받아들임 • 약속의 중요성이 이 단계 동안 강조됨	• 결과가 가시적으로 보이든 그렇지 않든 생산성에 대해 강조 • 대인관계의 지속이 나타나며 생산성과 더불어 균형을 이룸	• 집단의 성공적인 종결과 집단 내 관계를 촉진하는 것을 강조 • 얻은 것들을 통합하기: 집단 내 의미 발견하기, 새로운 행동 결정 방법을 만들기, 집단 종결 후 새로운 시작을 준비하기
유용한 절차	함께하기, 연결하기, 자르기, 목적을 끌어내고 명백히 하기	구분하기, 비공식적/공식적 피드백	지지하기, 공감하기, 촉진하기, 자기개방	모델링, 연습, 집단관찰, 브레인스토밍, 명목집단 기법, 창조적 문제 해법, 예상 쓰기, 집단처리, 가르치기 기술	요약하기, 돌아가며 말하기, 2명씩 짝지어 말하기, 반응 쓰기, 척도화 활동지, 숙제, 시간 제한, 모델링

로 향하고 있는지 묻는다면 회상 및 통찰력 있는 지각을 통해 최선의 답을 얻을 수 있을 것이다.

8. 집단의 주제

성공적인 집단을 만들어 가기 위해서는 많은 주제를 고려해야 한다. 어떤 내용은 집단을 운영하는 절차를 다루며, 다른 내용은 집단 훈련과 윤리학을 다룬다. 하나의 집단이 꾸려지기 전에 그 집단의 지도자는 집단이 왜 세워지고 있으며 궁극적으로 목표하는 바가 무엇인지를 생각해야 하며, 중간 매개가 되는 것은 무엇인지를 고려해야 한다.

집단 구성원에 대한 선택과 준비

선별과 준비는 성공적인 집단을 만들어 내는 데 필수적이다(Couch, 1995). 그 이유는 집단 구성원들의 성숙도, 준비성 그리고 구성도가 성공적인 집단이 되느냐 되지 못하느냐에 핵심적인 역할을 하기 때문이다(Riva, Lippert, & Tackett, 2000). 집단 구성원이 되기 원하는 사람 중 몇몇은 적정한 후보자가 되지 못한다. 만약 이 같은 사람들이 어느 한 집단 안에 참여하게 된다면 그들은 결국 까다로운 집단 구성원이 될지 모르며(독점하거나 조종하는 모습을 통해), 그 집단의 지도자에게 상당한 스트레스를 야기할지도 모른다(Kottler, 1994b). 또한 동등하게 낮은 수준으로 기능하는 사람들과 함께하면서 집단의 퇴보에 기여할지도 모른다. 이런 일이 벌어졌을 때, 집단 구성원들은 심리적으로 타격을 받게 되며 그 집단은 집단이 표방하는 목적을 이룰 수 없게 될 수 있다(McClure, 1990).

선별과 준비는 대개 그 집단의 리더와 잠재적 집단 구성원 간에 열리는 사전 집단 인터뷰 훈련을 통해 이루어진다. 사전 집단 인터뷰가 진행되는 동안 집단 구성원들은 그들의 필요와 목적이 그 집단의 목적과 부합하는가에 따라 선택되어야 한다. 이러한 선택을 통해 구성원들은 그 집단이 전개하고자 하는 과정들을 방해하지 않을 것이며 그들의 행복은 집단 경험에 의해 위태로워지지 않을 것이다. 연구에 따르면, 구성원들은 집단과 그들이 기대하고 있는 바가 무엇인지에 대해 배우게 되는 사전 집단 훈련을 통해 중요한 정보를 제공받고 불안감을 낮출 수 있는 기회를 가질 수 있다고 한다(Sklare, Petrosko, & Howell, 1993).

다음과 같은 윤리적인 지침들과 집단 상담자를 위한 모범 사례에서(ASGW, 1998), 특정한 개인들은 선별될 필요가 있거나 혹은 그들 스스로 집단 밖으로 나올 수도 있다. 선별은 두 가지의 방식이 있다. 잠재적 집단 구성원은 지정된 리더와 함께하는 특정 시간, 특정 집단에 적절하지 않을 수 있다. 만약 그들이 어느 한 집단에 선택되지 않았다면, 그들은 선택할 수 있는 사항들(예: 다른 집단에 참여하기, 그들에게 더욱 잘 어울리는 집단을 기다리기)을 놓고서 조언을 들어야 한다. 집단 구성원을 선별할 때, 리더는 그 집단에 참여한 개인이 최소한 몇몇 주제에서는 자신과 다른 구성원들을 동일시할 수 있다는 Gazda(1989)의 충고에 귀를 기울여야만 한다. 본질적으로 선별 인터뷰는 그 집단의 과정이 안정적인가에 기초를 둔다(McCoy, 1994, p. 18).

생/각/해/보/기

집단에 선택되지 못했다는 것은 많은 이에게 고통스러울 수 있다. 당신은 특정 집단에 선택되지 못한 사람에게 어떻게 재치 있으면서도 진실한 방법으로 이야기를 하겠는가?

집단이 시작하기 전에 집단 구성원과 리더는 가능한 한 집단과정에 대해서 많은 정보를 알 필요가 있다(집단 구성원의 상호작용이 집단의 발달에 어떤 영향을 미치는가). 예를 들어, **동질적인 집단**(집단 구성원들이 다르기보다는 비슷한)에서는 보통 갈등이나 위험 감수의 부담이 적고, 더욱 응집력이 있고, 지지적이며, 출석률이 좋다. 대조적으로 **비동질적인 집단**(집단 구성원들이 비슷하기보다는 다른)에서는 초기에 갈등이나 위험 감수의 부담이 큰 반면, 지지와 응집력은 떨어지며 구성원들이 조기 탈락할 수 있다(Merta, 1995). 결과적으로 집단의 성공을 결정짓는 것은 내용이나 초점, 목적이 아닌 집단의 과정이다. 성공적인 집단은 과정과 내용이 균형을 이룬다(Donigian & Malnati, 1997; Kraus & Hulse-Killacky, 1996) ([그림 11-1] 참고). "내용이든, 과정이든…… 집단은 불균형적이고 작업을 수행하는 데 어려움을 경험하게 된다."(Nelligan, 1994, p. 8) 초보 참가자들은 과도한 준비를 요구하는 반면, 집단 경험에 능숙한 전문가들은 집단이 어떻게 나아갈 것인지에 대해 최소한의 정보를 필요로 한다. 집단을 시작하기 전에 집단의 절차와 초점에 대해 정보를 제공받은 구성원들은 집단이 시작되었을 때 집단 안에서 더 잘할 수 있다.

집단에 참여할 때는 집단을 조직하는 사람과 우선 상의하는 것이 중요한데, 이를 통해 집단 경험에서 어떤 가능성과 결과를 기대할 수 있는지 명확히 알 수 있다. Corey(2008) 목록은 잠재적인 참여자가 집단 안에 들어오기 전에 명확하게 해야 할 것들에 대해 언급한다. 다음은 그중 가장 중요한 것들이다.

- 집단의 목적에 대한 명료한 언급

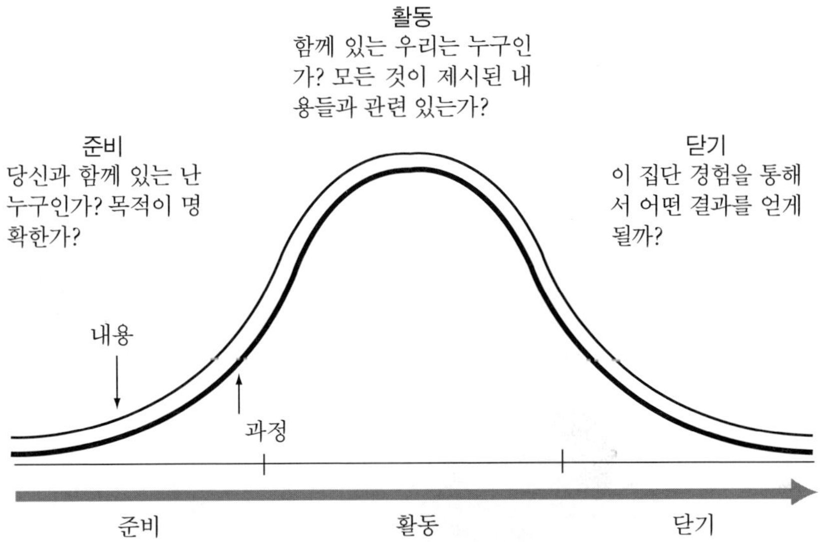

[그림 11-1] 균형 잡힌 과정과 내용

출처: 〈집단 리더십: 균형 잡힌 과정과 내용〉, 1994년 4월에 미네아폴리스에서 열린 ACA에서 발표, 뉴올리언스 대학교 Diane Hulse-Killacky의 허가를 받음

- 집단 구성 방식, 기본 원칙, 기본 절차에 대한 설명
- 집단 리더의 교육적 자질 및 훈련 자질에 대한 언급
- 잠재적인 집단 리더와 구성원들이 그들의 욕구와 시간을 적절히 맞출 수 있을지 결정을 하기 위한 사전 집단 인터뷰
- 집단 참여와 연관된 위험 및 구성원들의 권리와 책임에 대한 언급
- 비밀보장의 한계 및 집단 장면 안에서 집단 리더와 참여자에게 기대되는 역할에 대한 논의

정보 지각에 대한 필요성과 상관없이, 연구조사는 "집단을 시작하기에 앞서 참여자들에게 기대를 제공해 주는 것은 구성원들의 성공적인 집단 경험 가능성을 향상시킨다."는 생각을 지지한다(Sklare, Keener, & Mas, 1990, p. 145). 구체적으로 집단 리더는 '너' 와 '우리' 언어를 막는 것, 질문하기, 제삼자의 입장에서 말하기, 증거 찾기, 구조하기, 분석하기를 통해서 지금-여기 집단상담을 가능하게 할 수 있다. 집단 리더는 [그림 11-2]처럼 'I message' 와 같은 방법을 사용하여 다른 이들이 모방하기를 바라는 행동의 본을 보여야 한다(Kraus, 1994).

결과적으로 집단 리더는 리더십에 대한 도전과 집단 구성원 개인 또는 집단 전체의 저항을 어떻게 다룰지에 대해서 알아야 한다.

[그림 11-2] 집단 내에서 I message 사용하기

출처: Kraus (1994).

집단의 크기와 유지기간

집단의 크기는 집단의 목적과 선호도에 따라 결정된다. 규모가 큰 집단에서는 개인의 욕구가 주목받을 가능성이 더 적다. 그러므로 몇 명의 인원이 최적의 인원인지에 대한 지도가 이루어져야 한다. 비록 Gazda(1989)가 집단이 6개월 정도 지속되는 경우라면 10명 이상이 참여하는 것이 생산적일 것이라 말한 바 있지만, 일반적으로 6~8명의 인원이 적절하다고 여겨진다. 집단의 크기와 유지기간은 상호 간에 영향을 미친다. Corey(2008)에 따르면, "어른들로 진행되는 집단에서는 8명의 집단 구성원과 한 명의 리더로 이루어진 집단이 적절한 크기의 집단이라 볼 수 있다. 어린아이들로 진행되는 집단에서는 3~4명 정도로 작은 집단이 적절하다. 일반적으로 집단은 풍부한 상호작용을 경험할 수 있는 충분한 인원이 있어야 한다. 그래서 '집단' 이라는 감각을 느슨하지 않게 하면서 활발하게 참여할 수 있는 기회를 모든 사람에게 줄 수 있도록 집단을 지나치게 끌거나 집단의 규모가 작아지게 해서는 안 된다" (p. 72).

개방형 집단과 폐쇄형 집단

개방형 집단은 집단이 시작한 이후에도 새로운 구성원이 들어오는 것을 허용한다. 그러나 폐쇄형 집단은 그렇지 않다. Lynn과 Frauman(1985)은 개방형 집단은 탈락한 구성원을 빠르게 메워서 적정한 크기를 유지할 수 있다는 점을 지적한다. 많은 장기 외래 집단은 개방형 집단이다. 폐쇄형 집단은 비록 크기 면에서는 유연하지 못하지만, 집단 구성원의 응집력을 향상시켜서 구성원이 언급했던 목표를 성취하는 데 생산적일 수 있다.

비밀보장

집단의 기능은 구성원들의 비밀보장, 즉 집단 안에서 말한 것이 밖에서 드러나지 않음을 느낄 때 가장 잘 이루어진다. 집단 리더는 비밀보장을 향상하고 신뢰를 형성하기 위해서 활동적이어야 한다. 비밀보장은 사전 인터뷰에서 반드시 언급되어야 한다. 비밀보장의 중요성은 집단의 첫 모임과 그 이후에도 정기적으로 강조되어야 할 필요가 있다(Corey et al., 2007).

더욱이 비밀보장이 무엇인지, 그것을 지키는 것의 중요성과 어려움은 어떤 것인지 명확하게 정의해 줌으로써 자기 집단의 구성원들을 보호하는 것이 집단 리더의 역할이다. 집단 안에서 비밀보장을 깨뜨리는 질문이 나오면 즉시 다루어져야 한다. 그렇지 않으면 문제가 커지고 집단의 응집력은 깨지게 된다. Olsen(1971)은 상담자들이 보장할 수 있는 것은 스스로 비밀보장의 원칙을 고수하는 것 정도라는 점을 깨달아야 한다고 지적한다. 그럼에도 상담자들은 모든 집단 구성원의 권리를 보장하기 위해 노력해야 한다.

물리적 구조

Terres와 Larrabee(1985)는 집단 구성원의 안전과 성장을 보증하는 물리적 구조(방 또는 무대)의 필요성을 강조한다. 학교와 지역사회 단체 내에서의 집단은 집단의 안녕을 촉진하는 장소에서 진행될 필요가 있다. 장소에 비치된 매력적인 가구 및 비품들과 집단이 모인 방식(원으로 앉는 것을 선호함)은 집단이 잘 기능하도록 한다.

코리더

집단 진행 시 코리더(coleader)가 반드시 필요한 것은 아니지만, 특별히 집단이 큰 경우

(10명 이상)에는 이러한 배치가 집단과 리더에게 도움이 될 수 있다. 코리더와 함께 진행 시, 한 리더가 집단의 과정을 모니터링하는 동안에 다른 한 리더는 집단 작업을 할 수 있다. 코리더 배치는 경험이 없는 리더와 경험이 있는 리더가 함께 작업을 할 때도 도움이 될 수 있다. 이러한 배치에서는 경험이 없는 리더가 경험이 있는 리더로부터 배울 수 있다. 많은 집단 전문가는 경험이 없는 리더가 혼자 진행하기 전에 함께 진행하는 경험을 먼저 해 볼 것을 권한다.

Dinkmeyer과 Muro(1979)는 성공적이면서 숙련된 코리더는 다음과 같다고 말한다. ① 비슷한 철학, 운영 방식을 가짐, ② 비슷한 경험과 숙련도를 가짐, ③ 효과적인 상호작용을 위해 모델이 되는 관계를 세워 감, ④ 집단의 분열 및 구성원의 충성도가 한 리더 또는 다른 리더에게 향하는 것을 인식하고 그것을 다루도록 집단을 도움, ⑤ 상담의 목적과 과정을 달성하기 위해 함께 뜻을 모으며 힘의 투쟁을 피함.

Pietrofesa, Hoffman과 Splete(1984)는 코리더가 집단 안에서 서로 반대편에 앉을 것을 권했는데, 그럼으로써 리더의 책임감과 관찰력이 극대화된다. 그들은 또한 집단의 코리더가 반대의 성별을 가져야 한다거나 서로 다른 기술을 가져야 할 필요는 없다고 말한다.

자기개방

Shertzer와 Stone(1981)은 자기개방을 "지금 여기에서 느끼는 감정, 태도 그리고 신념" (p. 206)이라고 정의한다. 자기개방의 과정은 집단 구성원이 서로에게 가지는 믿음에 달려 있다(Bunch, Lund, & Wiggins, 1983). 만약 강한 믿음이 있다면 높은 수준의 자기개방이 나타난다. 이러한 현상의 재미있는 측면은 자기개방이 스스로를 기반으로 한다는 것이다. 집단의 첫 번째 단계가 진행되는 동안 자기개방을 하도록 격려받을 수 있다. Morran(1982)은 리더들이 집단의 초기 과정에서 종종 자기개방을 사용함으로써 그 과정을 촉진시키는 데 다른 이들에게 모델이 될 수 있다고 제안한다. Stockton, Barr와 Klein(1981)은 언어적인 자기개방을 거의 하지 않는 집단 구성원이 집단에서 탈락하기가 더 쉽다고 언급한다.

피드백

피드백은 서로 간의 언어적 메시지와 비언어적 행동에 대한 집단 구성원들의 반응으로 이루어지는 다차원적인 과정이다. 이것은 어떤 집단 경험에서든지 가장 중요한 경험이자 가혹한 경험 중 하나다. 피드백이 정직하고 조심스럽게 전해졌을 경우, 집단 구성원은 다른 사람들에게 그들의 행동이 미치는 영향에 대해 알아차릴 수 있고, 새로운 행동을 시도할 수 있다.

Corey(2008)는 회기 후반부에 주어진 피드백과 집단의 종결 시점에 주어진 피드백을 구별한다. 후자의 과정에서 Corey는 집단 구성원들이 서로에게 명료하고 정확하며 구체적인 피드백을 하도록 격려한다. 집단 구성원들은 집단 경험을 통해 자신들이 어떻게 변화했는지에 대해 스스로 피드백을 해야 한다. 피드백 과정 이후에 집단 구성원들은 마지막 피드백 회기에서 이야기한 것들을 기록해야 하는데, 이렇게 해서 그것들을 잊지 않고 그들의 목표를 향해 가는 과정을 평가하는 데 그 경험을 사용할 수 있다.

도움이 되는 피드백을 촉진하기 위해 Pietrofesa 등(1984)은 피드백 평가를 위한 기준을 제시했다. 여기 몇 가지 중요한 사항이 있다.

- 피드백은 주는 사람의 필요에 의해 제공되는 것이 아니라 받는 사람에게 유익해야 한다.
- 피드백은 행동적으로 묘사될 때 더욱 효과적이다.
- 집단 발달과정의 초기에서는 부정적인 피드백보다 긍정적인 피드백이 더욱 유익하고 쉽게 수용된다.
- 피드백은 자극 행동 이후에 즉각적으로 주어지고, 그것이 다른 이들에 의해 입증될 때 가장 효과적이다.
- 피드백은 받는 사람이 주는 사람에게 마음을 열고 신뢰할 때 더욱 효과가 크다.

추후모임

추후모임은 집단 구성원들이 종결 이후에 개인 및 집단의 목표를 어떻게 진행시켜 가고 있는지를 알기 위해 서로 연락을 유지하는 데 사용된다. 종종 집단 리더는 적절한 추후모임을 진행하는 것에 실패한다. 이러한 실패는 특히 단기상담 집단이나 외부 리더에 의해 진행된 집단에서 일반적으로 볼 수 있다(Gazda, 1989). ASGW의 『*Best Practice Guidelines*』(1998, 집단 작업 현장에 대한 ACA의 윤리 규정을 명확하게 적용했음)에서는 집단 상담자가 집단 종결 이후에 결과를 적절히 평가하거나 집단 구성원들의 요청을 받을 때 추후모임을 제공한다고 말한다. 추후모임은 집단 구성원들과 리더가 집단 경험을 통해 얻은 것들을 평가하는 데 도움을 주며, 만약 적절히 이루어진 경우에 리더는 집단 구성원에게 도움을 줄 수 있다. 추후모임 과정은 집단 경험의 효과를 극대화하며, 집단 구성원들이 고유의 목표를 지속적으로 추구해 가도록 격려한다(Jacobs, Harvill, & Masson, 2006).

Corey(2008)는 단기 집단의 경우에는 종결 이후에 약 3개월 정도의 추후모임이 있어야 한다고 말한다. 그는 이 시기에 다른 집단 구성원들로부터 받는 성숙한 피드백과 지지의 과정이 매우 가치 있을 수 있다고 말한다. 만약 집단원들이 더 만날 필요가 있다고 느낀다면 추가적인 회기를 진행할 수 있다. 전체 구성원이 만나든, 집단 리더와 집단원의 개별 만남이든 모두 중요하다. 설령 전화를 사용하여 회기가 진행되더라도 중요하게 다루어야 한다.

9. 효과적인 집단 리더의 자질

효과적인 또는 비효과적인 집단 리더를 구별하는 자질이 있다. 예를 들어, 권위주의적이고, 공격적이고, 대립각을 세우고, 집단으로부터 정서적으로 분리되어 있는 집단 리더는 효과적이지 않으며, 집단 피해자(탈락되거나 집단 경험 이후에 더 안 좋아지는)를 발생시킨다(Yalom & Lieberman, 1971). 그러나 적절히 사용될 때 집단 결과에 긍정적인 효과를 가지게 하는 네 가지 리더십 자질이 있다.

- 돌봄: 많을수록 좋다.
- 의미 부여: 명확히 하기, 설명하기, 변화를 위한 인지적 구조를 제공하는 것을 포함한다.
- 정서적 자극: 활동하기, 격려하기, 위험 감수하기, 자기개방을 포함한다.
- 주요 기능: 일반적인 규준을 개발하기, 구조화하기, 절차 제안하기를 포함한다.

집단 리더가 집단의 안녕을 위해 정서적 자극과 주요 기능 사이에서 적절한 지점을 찾는 것은 필수적인 일이다. 리더는 집단 구성원이 집단 내에서 지나치게 정서적이 되거나 반대로 정서가 전혀 표현되지 않는 상황이 되지 않도록 주의해야 한다.

Kottler(1994a)는 효과적인 리더는 집단 내에서 힘이 작용하는 것을 이해하고, 이러한 힘이 효과적인지 아닌지 인식하며, 만약 효과적이지 못하다면 집단 구성원을 보조하면서 집단이 더 잘 운영되도록 해야 한다고 말한다. 리더십에 대한 그의 평가는 좋은 집단 리더는 집단의 과정이 어디를 향해 가는지 예상할 수 있고, 집단의 욕구를 인식할 수 있기 때문에 의도를 가지고 행동한다고 믿었던 Yalom(2005)과 Osborne(1982)의 의견을 보충해 준다. 이런 현상의 한 예로, 집단의 긴장감을 다룰 필요가 있을 때 집단의 동질성을 언급하는 집단 리더의 능력과 집단이 지나치게 편안해져서 기능을 하지 못할 때 이질적인 특성을 강조하는 집단 리더의 능력을 들 수 있다.

덧붙여서 Corey(2008)는 효과적인 집단 리더는 인간 존재로서 더욱 효율적인 존재가 되기 위해 자기향상을 한다고 말한다. 그는 효율적인 집단 리더십과 관련된 여러 개인적 자질에 대한 목록을 만들었다. 여기에는 존재, 개인적 힘, 용기, 스스로를 직면하고자 하는 의지, 진실함, 진정성, 열정, 정체성, 발명성/창조성이 포함된다.

효과적인 집단 리더의 마지막 자질은 집단이론, 실제, 기술에 대해 잘 교육받아야 한다는 것이다. 이러한 예로 집단상담과 집단 심리치료를 들 수 있다. "집단 리더의 과제는 증상을 개인적인 문제로 통역해 주는 것이다."(Pistole, 1997a, p. 7) 그럼으로써 리더는 참여자들이 고통에서 자유로워지는 방법과 관계에 만족하는 방법을 어떻게 개발할 수 있는지를 배우도록 돕는다. 집단의 유형에 관계없이 리더는 적극적으로 경청하기, 명확히 하기, 요약하기, 질문하기, 지지하기, 공감하기, 평가하기, 피드백하기, 모델링하기, 방어하기, 종결하기와 같은 많은 기술을 사용한다.

사례 리더 Lydia

Lydia는 돌보는 능력이 뛰어나고 에너지가 넘치는 상담자다. 그녀는 그녀가 해 온 것들을 좋아하고, 개인과 함께 작업하는 일에 많은 성공을 해 왔다.

어느 날, Lydia의 슈퍼바이저인 Susan이 그녀에게 다양한 종류의 외상을 경험한 환자 집단을 이끌어 달라고 요청했다. Lydia는 도움이 되고 싶었지만 자신이 외상을 경험해 본 적이 없었고, 무엇을 해야 할지 확신할 수 없었다. 그녀가 Susan에게 유보적인 입장을 전하자, Susan은 "당신이 개인 상담자로서 이미 가지고 있는 기술을 사용하세요. 그렇게 한다면 그 집단은 잘될 거예요."라고 답했다.

Lydia에게 해 준 Susan의 조언은 큰 도움이 되는가? 맡겨진 집단을 이끌기 위해 Lydia에게 필요한 다른 기술과 능력은 무엇인가?

10. 집단 작업의 미래

집단 작업의 미래는 가능성으로 가득하며 많은 방향이 제시되고 있다. 집단 작업의 한 초점은 집단 작업을 할 때 이론이 이끄는 대로 다양한 방법을 발달시키는 것이다. 예를 들어, 해결중심 상담과 단기치료 집단은 점점 대중적인 인기를 얻고 있고 연구를 통해 효과가 있음이 입증되고 있다(LaFountain, Garner, & Eliason, 1996; Shapiro, Peltz, & Bernadett-

Shapiro, 1998). 이들 집단은 "변화에 대한 신념, 불평에 대한 신념에 집중하고 해결책을 만들어 내는" 문제 해결 집단과 구별된다(LaFountain et al., 1996, p. 256).

또한 집단은 더욱 예방적인 모습이 될 수 있다. 집단 내의 생활기술 훈련은 예방을 강조하는 한 예다. 이러한 접근의 네 가지 영역이 있다. ① 대인관계에서의 의사소통과 인간관계, ② 문제 해결과 의사결정, ③ 신체 가꾸기와 건강 유지, ④ 정체성과 삶의 목적 개발이 그것이다. 그러나 집단의 예방적인 측면에서 가장 크게 나타나는 부분은 건강 관리 부분으로, 개인의 안녕을 돕고 미래의 어려움을 예방하는 것과 관련이 있다.

전반적으로 집단 작업의 미래는 인내심이 필요해 보이며, 이론과 실습 모두의 다양성에 보다 더 초점을 맞출 것으로 보인다(DeLucia-Waack, 1996). 특히 다른 사람들의 인식, 자기(self), 훈련, 연구와 관련된 다문화 문제는 더욱 주목을 받고 있다(Merta, 1995). 예를 들어, Conyne(1998)은 '다문화 민감성' 세트를 개발했는데, 이는 학생과 피훈련자들이 집단 작업에서 다문화 문제를 더욱 인식하도록 돕는 Hanson(1972)의 원집단(original group) 과정 관찰 지침과 함께 사용될 수 있다. 마찬가지로 특정 문화적 소수자들과 작업하는 것에 초점을 맞춘 집단을 위한 지침이 만들어졌다. 예를 들어, 집단 안에서 아프리카계 미국인 여성과 작업하는 방법이 만들어지고 출판되었다(Pack-Brown, Whittington-Clark, & Parker, 1998). 이러한 개발은 21세기에 더욱 활발하게 이루어질 것이다.

요약 및 결론

집단은 사람들을 돕는 데 흥미롭고 필수적이면서 효과적인 방법이다. 집단은 교육적, 예방적, 치료적 형태를 띨 수 있다. ASGW는 심리교육 집단, 상담 집단, 심리치료 집단, 과제/작업 집단의 기준을 만들었다. 집단에서 사용되는 이론과 몇 가지 기술은 종종 개인에서 사용되는 것들과 같으나 응용에서는 다르다.

효과를 극대화하기 위해서 집단 리더는 집단 문제뿐 아니라 개인 문제를 다루는 데 충분한 역량이 있어야 한다. 이를 어떻게 할지를 배우는 것은 발전적인 과정이다. 효과적인 집단 리더는 그들이 이끄는 집단이 어떤 종류의 집단인지 알며, 이런 정보를 잠재적 구성원들과 나눈다. 리더는 윤리적이고, 법적이며, 전문 단체의 절차 지침을 따른다. 그들은 집단과 집단 내에 있는 사람의 전반적인 안녕에 관심을 가진다. 또한 문제가 발생하기 전에 예측하며, 그것을 교정하기 위해 선행 절차를 밟는다. 아울러 집단이 종결된 후, 집단 구성원들과 체계적인 추후과정을 가지며, 집단에 대한 전문적인 보고를 놓치지 않으며, 그들의 개인적, 전문적인 기능 수준을 향상시키기 위해 지속적으로 노력한다.

전반적으로 집단은 과정 기반이며, 개인적 · 단체적 목표를 성취하기 위해 개인들과 작업하는 확장된 방법이다. 전문적인 상담자들이 다재다능하고 융통성 있는 상담자가 되기를 원한다면 집단 기술을 습득해야 한다.

학습활동

1. 이 장에서 언급된 집단의 종류를 떠올려 보라. 현재 가장 잘 알고 있고 편안하게 느껴지는 집단에 대해 논의하라. 미래에 이끌게 될 집단의 유형을 예측해 보라.

2. 집단을 이끌 때 나타날 수 있는 문제와 가능성에 대해 두 조로 나누어 논의해 보라. 당신의 선택에 따라 집단을 이끌도록 요청을 받았다고 가정해 보라. 앞으로 다가올 사건에 대해 무엇을 느낄 수 있는가? 과정의 각 단계 동안 스스로가 어떻게 행동하고 생각하는 것처럼 보이는가?

3. 과거 5년 동안의 전문 상담 저널 내용을 설명하라. 당신이 특히 관심이 있는 집단의 기사를 사람들에게 이야기하라. 발견한 것을 동료의 것과 비교해 보라.

4. 당신이 아무런 집단 기술도 가지지 못한 상담자라고 상상해 보라. 학교, 직원지지 프로그램, 사설 실무에서 당신이 어떻게 행동하는 것처럼 보이는가? 다양한 형태의 집단에 상담자가 관여하는 것에 대한 당신의 생각을 동료들과 논의해 보라.

5. 개인적으로 다양한 관심사(적절한 다이어트, 분노 다루기 등) 중 하나의 주제를 선정하고, 당신이 조사한 정보를 바탕으로 심리교육 집단 레슨에 대해 동료들에게 설명해 보라. 이 과제는 어려웠는가, 쉬웠는가?

제12장

자 문

1. 자문: 다면적인 활동에 대해 정의 내리기
2. 자문 vs. 상담
3. 네 가지 개념적 모델
4. 자문의 차원
5. 자문의 단계 및 태도
6. 자문의 고유 영역
7. 자문 훈련

그녀는 옛날 이야기책에서 본 대로
개구리들에게 다가가
입을 맞추기 시작하였다.

입을 맞추는 순간마다
끈적끈적한 초록색이 우아한 흰색의 무언가로 변하기를 기대했지만,

매일 마주한 것은
빠른 혀를 가진, 파리를 잡아먹는, 개굴개굴하는 생명체였을 뿐이었다.

부드러운 속삭임과 조곤조곤한 입맞춤 직후,
마법처럼 개구리가 왕자님으로 변하는 일 같은 건 일어나지 않았다.

그래서 그녀는 후회하며
마을 도서관의 책무더기 옆, 백합 연못으로 되돌아왔다.

책에는 우리가 너무 잘 아는 이야기가 적혀 있지만
현실에서는 아름다운 아가씨가 아무리 높은 희망을 품고 있더라도
개구리는 그저 개구리로 머물러 있을 뿐이라는 걸 그녀는 이제 알았다.

– Gladding (1976, p. 17)

다양한 분야에서 상담자들이 "직무와 관련된 책임이라는 차원에서 상담 서비스를 제공하는 경우도 볼 수 있지만, 전문적인 상담이나 자문(consultation)이 무엇을 의미하는가에 대한 충분하고 확고한 논의는 1960년대 말~1970년대 초에 와서야 수면에 떠오르기 시작했다"(Randolph & Graun, 1988, p.182). 이와 같은 논의에 따르면, 자문가(consultant)란 어떠한 특별한 지식을 갖고 이를 내담자와 공유할 수 있는 전문가로 규정된다. 이러한 점에서 교수 활동 및 실제에 대한 적용에 조점을 맞춘 몇몇 이론(Adler 학파, 인지이론, 행동이론 등)에 입각한 접근을 기반으로 한 상담에 대한 논의와 잘 들어맞는다고 할 수 있다. 하지만 오늘날에 접어들면서 자문이란 내담자 또는 내담자 집단의 필요를 충족하기 위한 다양한 형태의 이론적 개념임을 전제로 하는 활동으로 자리 매김하게 되었다.

자문을 위한 능력과 자질은 목적과 분야를 막론하고 상담에 임하는 모든 사람에게 요청되는 자질이라고 할 수 있다. 이에 대한 관심 또한 계속해서 증가하고 있다. 이러한 능력을 갖춘 상담 종사자를 '상담자-자문가(counselor-consultant)'라 지칭하기도 한다(Randolph & Graun, 1988). 물론 경우에 따라 '자문'이라는 개념은 상담 전문가가 행하게 되는 상담 활동 또는 관련 기능을 일컫는 용어로 국한되기도 한다. "(상담이란) 무엇보다도 인간관계"에 입각한 활동이다(Daugherty, 2005, p. v.). 이런 점에서 효과적인 상담을 위한 전문적인 지식이나 기능은 물론 인간적인 교감 또한 필요하다. 문화적으로 미묘한 사안이라든가 다문화적인 문제를 살피기 위한 세심한 감수성 또한 전문 상담 활동에 요구되는 중요한 자질이기도 하다(Jackson & Hayes, 1993).

1. 자문: 다면적인 활동에 대해 정의 내리기

자문에 대한 정의를 내리기 위한 시도가 다년간에 걸쳐 다양하게 이루어져 왔지만, 이에 대한 보편적인 합의는 아직 도출되지 않고 있다. 1970년대 초반에 Caplan은 이를 "전문적인 능력과 자격을 갖춘 전문 상담자, 그리고 당면한 문제와 관련하여 전문 상담자의 조력을 필요로 하는 내담자라는 직업상 관계의 두 사람 사이에서 일어나는 과정"(p.19)이라고 정의 내린 바 있다. 1970년대 후반에는 『*Personnel and Guidance Journal*』의 특별호 2권(1978. 2, 3)이 발행되었는데 자문에 관한 논문들이 수록되었다. 7년 후에 발간된

『*Counseling Psychologist*』 특별호(1985. 7)도 이와 동일한 주제를 다루었다. 8년 후에 발간된 『*Journal for Counseling and Development*』의 두 개 권호(1993, 7/8 · 11/12)는 자문이라는 주제를 다양한 방법으로 재조명하였다. 지금까지 언급한 다섯 개 권호의 학술지들 및 이와 유사한 내용을 담은 여러 문헌은 자문이라는 주제를 상담의 전면으로 부각시킴과 동시에 자문과정의 일반적인 특징을 학술적으로 도출하는 데 기여하기도 하였다(Dougherty, 2005).

- 문제 해결에 초점을 맞춘 활동
- 본질적으로 3단계로 분류되는 활동
- (상담을 통한) 발전을 중시하는 활동

자문이라는 개념은 많은 주목을 끌었지만 그 속성을 제대로 이해하지 못한 수많은 상담자는 그것을 충분히 이해하지 못하였다(Drapela, 1983). 그러다 보니 몇몇 상담자는 자문의 개념을 제대로 이해하지 못하거나 이러한 활동을 못마땅해하는 경우도 생겼다(Goodyear, 1976). Brown(1983)은 자문가란 "불쑥 나타났다가 요란을 떨고 사라져 버리는"(p. 124) 존재라는 이미지를 가진 사람이라고 제시한 바 있다. 이 예는 비록 정확한 비유라고 하기는 어려운 측면이 있지만, 자문이라는 개념이 가진 모호함을 잘 반영한 것이기도 하다.

자문 분야는 1970년대 초 이후에 '거칠게 성장해' 왔다. 하지만 그 실제에 비해 "이론과 연구는 한참 뒤처져 왔다"(Gallessich, 1985, p. 336). 이처럼 이론적인 측면이 뒤처지게 된 까닭은 다음과 같이 설명된다.

- 자문의 이론적 발달을 저해하는 학술적 풍토가 존재한다. 자문은 다양한 환경에서 다양한 유형의 사람들과 집단을 대상으로 다양한 형태로 이루어지는 활동이며, 이로 인해 조직화하기가 어렵다(Gallessich, 1982). 게다가 다수의 자문가는 상담 활동을 특수성과 전문성을 가진 활동으로 개념화하고 그것을 실천하는 일을 제대로 하지 않는다.
- 자문이 어떠한 전문가 집단 또는 그들이 행하는 전문적인 활동에서 우선순위를 부여받지 못하는 문제도 있다. 즉, "조직적인 지원, 리더십, 이론체계 형성 및 연구 활동을 위해 요청되는 자원의 분배"가 결여되고 있다는 점이다(Gallessich, 1985, p. 342).
- 자문의 실제가 급속히 변화하고 있다. 대부분의 다른 종류의 지원 활동과는 달리, 자문은 사회적, 정치적, 기술적 변화에 민감하게 반응한다. 예를 들면, 1960년대 후반에 유행했던 인본주의적 자문(humanistic consultation)은 사회가 한층 보수화되었던 1980년대에는 널리 활용되지 못했다.

자문의 성장과 발전을 저해하는 또 다른 요인으로는 ① 조직적인 환경 속에서 특화된 연구 진행을 위한 변인의 정의와 동의 및 허가 획득, ② 전문 상담 활동의 목표라는 개념은 근본적으로 변화하는 속성을 가졌다는 사실에 대한 이해의 문제를 들 수 있다. 다시 말해서 근본적인 목표가 변화해 가고 있는 것이다.

생/각/해/보/기

누군가가 자문가에서 상담자로 나아가야겠다는 마음을 먹었을 때 우선 상담자로서의 경험을 쌓는 것이 중요하다고 여기게 되는 까닭은 무엇인가? 경험 부족 문제를 보완해 줄 것은 무엇인가?

자문에 대한 명확한 정의에 관한 논의는 오늘날에도 여전히 존재한다(Kurpius & Fuqua, 1993). 자문을 "전문적인 조력자와 도움을 필요로 하는 개인, 집단 또는 사회적 단위 사이에 맺어지는 자발적인 관계로, 전문 상담자의 역할은 내담자가 직면한 문제 또는 잠재적인 문제에 대하여 직간접적인 도움을 제공하는 것"이라고 규정한 Kurpius(1978)의 정의는 그 중에서도 대표적인 것이라 하겠다.

일반적으로 자문 활동은 다음과 같은 공통분모를 지닌다(Gallessich, 1985; Kurpius & Fuqua, 1993; Newman, 1993).

- 자문은 내용적 토대 위에서 행해진다(지식체계에 대한 이해를 바탕으로 이루어진다).
- 자문은 목표 지향적인 활동이다. 이는 객관적인 성격을 지니며, 직무와 관련되는 경우도 흔히 존재한다.
- 자문은 다양한 관련 규칙과 규정하에서 이루어진다.
- 자문은 자료 수집, 대안 제시, 내담자에 대한 추가 지원 등을 수반하는 과정 지향적인 활동이기도 하다.
- 자문은 크게 3단계의 하위 과정으로 구분된다.
- 자문이란 이념, 가치체계, 윤리라는 토대 위에 존재하는 개념이다.

Kurpius(1986a, 1988)는 자문의 체제 지향적인 속성 또한 강조하였다. 이는 어떠한 체제를 구성하는 하위구조라든가 구성 인원 등의 모습이 변화될 수 있도록 조력하는 데 목적을 둔 활동이기도 하다는 것이다. 체제 내부에는 전문 상담의 수용을 촉진하는 동력과 저해하는 동력이 공존한다(Kurpius, Fuqua, & Rozecki, 1993; [그림 12-1] 참고).

	변화에 대한 폐쇄적인 체제	변화에 대한 개방적인 체제
평형 (equilibrium)	1. 전문 상담을 위한 제안을 받아들이지 않으며, 따라서 변화 가능성은 희박함	2. 전문 상담의 제안을 받아들이지만, 변화 속도는 느리게 이루어질 것으로 예상됨
비평형 (disequilibrium)	3. 전문 상담 제안을 받아들이지만, 그 과정에서 많은 진통이 예상되며 변화 또한 느리게 이루어짐	4. 성공적인 조력을 위한 최적의 상황임

[그림 12-1] 변화에 대하여 개방적인 정도와 힘의 균형

출처: Fuqua & Rozecki (1993).

상담자의 전반적인 역할을 짚어 보는 것이 중요성을 갖는 만큼, "대다수의 상담자 양성 프로그램에서는 자문 개론과정을 요구한다. 또한 자문 경력은 Council for Accreditation of counseling and Related Program(CACREP)의…… 자격요건을 구성하는 요소이기도 하다" (Randolph & Graun, 1988, p. 182).

2. 자문 vs. 상담

Schmidt와 Osborne(1981)은 조사연구를 통하여 대부분의 상담자는 실제 상황에서 자문 활동과 상담 활동을 구분 짓지 않는다는 사실을 확인하였다. 그들은 이를 토대로 "이들 두 활동의 최종적인 목표는 유사하며, 따라서 일반적인 맥락에서 양자를 명확히 구분하기는 쉽지 않다." (p. 170)라는 결론을 내렸다. 실제로 양자의 원칙과 세부과정을 살펴보면 유사한 측면이 많다. 일례로 자문과 상담은 예방적인 차원에서 제공되는 경우가 많으며, 양자 모두 대인관계를 통해 이루어지는 활동이기도 하다. 하지만 이 둘 간에는 차이점도 존재한다.

자문과 상담의 대표적인 차이로는 "상담과 달리 자문 인터뷰의 내용은 내담자의 외부에 존재하는 것을 다룬다" (Stum, 1982, p. 297). 대부분의 자문은 자연스러운 환경(내담자의 직업 또는 생활이 이루어지는 환경인 경우가 많음)에서 이루어지는 반면, 상담은 대부분 전문 상담자를 고용한 상담기관에서 행해진다(Kurpius, 1986b).

또 다른 차이점은 자문 서비스의 경우 "어떠한 체제가 쇠퇴기 또는 위기에 접어들었을 때" 주로 요청된다는 점이다(Nelson & Shifron, 1985, p. 301). 상담은 주로 예방적인 목적, 또는 어떠한 상황이 예측되는 경우에 주로 실시되며, 어려움이나 위기를 해결하기 위한 목적으로 이루어지는 경우는 자문에 비해 적다.

의사소통 기술은 이들 두 활동을 구분 짓는 또 하나의 기준이다. 자문에서 활용하는 의사소통 기술은 상담에서 활용하는 기술과 크게 다르지 않다(Kurpius, 1988; Schmidt, 2007). 상담자와 자문가는 공히 경청하기, 주의를 기울이기, 질문하기, 명확히 하기, 직면하기, 요약하기 등의 기술을 활용한다. 하지만 자문가들은 감정보다는 내용을 우신시한다. 자문이란 문제와 사안에 초점을 맞춘 활동이기 때문이다.

또 다른 차이점으로는 전문가(practitioner)의 역할을 들 수 있다. 자문과 상담 분야의 전문가들은 사람들의 변화를 시도하게 된다. 하지만 자문가들은 "내담자 또는 내담자의 고객에 대한 직접적인 통제력"을 갖지 못하기 때문에 사람들에게 더욱 감화를 주고 자극하는 역할을 맡게 된다(Kurpius, 1986a, p. 58).

상담과 자문은 개인이 당면한 문제를 더 효율적이고, 효과적이고, 독립적으로, 그리고 자신의 능력을 더 잘 활용할 수 있는 방식으로 해결할 수 있도록 돕는다는 점에서 매우 비슷하다. 하지만 자문 활동은 좀 더 간접적으로 이루어진다(Nelson & Shifron, 1985, p. 298). 상담은 내담자 개인이나 집단, 혹은 구체적인 사회체계에 직접적으로 개입하려는 반면에, 자문가들은 자신의 고객이 보험회사에 적용할 수 있는 기술을 가르치는 경우가 많다.

사례 Katie의 자문

Katie는 수년 동안 상담자로 일했으며, 보수도 꽤 많이 받는 자리에 있었다. 하지만 Katie는 한층 폭넓은 사회를 무대로 일하고 싶어졌다. 이때 친구인 Shawn이 Katie에게 자문가로 전직하기를 권했다. Katie는 자문가로 전직할 경우 지금까지 해 왔던 업무가 구체적으로 어떻게 달라질 것인지 확신하지 못했다.

지금까지 살펴본 내용을 토대로 자문가는 상담자와 어떤 차이가 있을지 생각해 보자. 자문가의 영향력은 상담자와 비교해서 어떠할 것이라고 생각하는가? 상담과 자문을 통합할 수 있다고 생각하는가?

3. 네 가지 개념적 모델

자문에 관한 여러 종류의 모델이 존재하지만 의미 있고 상담에 유용한 것들은 몇 가지에 불과하다. 전문가들의 평가(Keys, Bemak, Carpenter, & King-Sears, 1998; Kurpius, 1978; Kurpius & Brubaker, 1976; Schein, 1978)를 참조하여 이러한 모델들 중에서도 가장 유용하고 주목할 만한 네 가지 모델을 다음과 같이 제시해 본다(Keys et al., 1998).

- **전문가(제공) 모델**(expert [provision] model): 전문가 모델에서 자문가는 특정 분야의 문제에 대처할 수 있는 시간, 성향, 능력을 갖추지 못한 내담자에게 직접적인 서비스를 제공한다. 이 모델은 여러 자문 모델 중에서도 맨 먼저 개발된 것(Kurpius & Robinson, 1978)으로, 1940년대와 1950년대 초에 특히 폭넓게 활용되었다. 이 모델의 이점으로는 전문가들이 어려운 문제를 해결함으로써 내담자들은 다른 방해 없이 직무 수행에 임할 수 있다는 점이다. 한편, 대표적인 단점으로는 문제점이 개선되지 못할 경우 자문가에게 책임이 전가될 수 있다는 점이다.
- **의사-환자(처방) 모델**(doctor-patient [prescription] model): 이 모델에서는 자문가가 내담자들에게 무엇이 잘못되었으며 이를 위해 어떤 조치가 행해져야 하는가를 제3자의 시각으로 안내하게 된다. 의사가 환자를 진단하고 처방을 내리는 과정을 연상한다면 이 모델에 대한 개념도 쉽게 이해할 수 있을 것이다. 이 모델은 주로 내담자가 문제 상황을 효과적으로 중재할 방안을 스스로 마련할 수 있는 능력이 결여된 경우에 활용된다. 이는 전문가 모델과 달리 자문가가 변화나 해결책을 마련해 줄 것을 요구하지는 않는다.
- **중재 모델**(mediation model): 이 모델에서 자문가는 조정자의 역할을 맡게 된다. 여기서 자문가의 핵심적인 역할은 문제 해결을 요하는 다양한 유형의 내담자들에게 통합적, 총괄적인 서비스를 제공하는 것이다(Baker & Gerler, 2008). 이러한 목표는 이미 제공된 서비스에 추가적인 조정을 가미하거나, 개별적인 해결 방안들을 상호 보완적으로 종합한 형태의 대안적인 계획안을 제안하는 형태로 달성될 수 있다. 어떤 자문가가 장애아동들이 다니는 학교에 부임했는데 부임 전까지의 학교에서 이루어지던 자문 서비스가 학교 측과 해당 아동 모두에게 만족스럽지 못한 것이었다는 문제점을 발견했다고 가정해 보자. 중재 모델은 바로 이러한 경우에 특히 활용될 수 있다. 중재 활동을 통하여 한층 체계적인 자문 서비스를 제공하고 이를 통해 더욱 만족스러운 결과를 기대할 수 있을 것이다.

- 과정적 자문-협동적 자문 모델(process consultation or collaboration model): 이 모델에서 자문가는 문제 해결 과정의 촉진자 역할을 맡게 된다. 이때 자문가가 핵심적으로 수행해야 할 과업은 내담자들이 겪고 있는 어려운 문제를 적극적으로 해결해 나갈 수 있도록 하는 데 있다. 학교라는 상황을 가정해 보면 내담자(학부모, 교사 및 교직원, 학생, 상담자, 지역사회 상담 전문가[community agency professionals][1])는 자신의 문제를 명확히 하고 이를 전반적으로 분석하여 실천 가능한 대안을 마련한 다음, 결과에 대한 반성과 강평을 거쳐 마련된 대안을 수정 · 보완해 나갈 수 있는 것이다. 이 모델은 어떤 개인이 완벽한 지식이나 해결책을 갖는 것이 아니며, 상호 협력적인 집단 활동을 통해 대안을 도출할 수 있다는 관점을 지닌다.

협동적 자문 모델에서는 상호 협력적인 집단 활동이 실제로 일어날 수 있는 분위기를 조성하는 것이 중요시된다. 따라서 공감, 경청, 구조화 등 다양한 상담 능력의 활용이 요청된다(Baker & Gerler, 2008). 나아가 이러한 환경에서 자문가로 일하는 상담자들은 의욕과 하면 된다는 자신감을 불어넣을 수 있는 뛰어난 통찰력과 분석적 사고력을 갖출 필요가 있다. 그들은 문제 해결과 관련된 효과적이고 실천적이면서도 인지적인 측면을 통합 · 활성화할 수 있는 능력을 갖추어야만 한다.

생/각/해/보/기

이상에서 살펴본 자문의 네 가지 모델 가운데 어떤 모델이 가장 실용적이고 합리적이라고 생각하는가? 그렇게 생각하는 이유를 상세한 예(가능하면 경험에 뒷받침한 사례)를 들어 설명해 보자.

4. 자문의 차원

자문은 여러 차원에서 접근할 필요가 있다. 일반적인 경우 개인, 집단, 조직/지역사회의 세 가지 차원을 상정할 수 있다(Kurpus, 1988).

---

1) 역자 주: 지역사회 상담기관을 한국에서는 '상담 센터' 라고 하지만 미국에서는 community agency라고 한다.

개인 자문

Kisch(1977)는 일대일 자문이 이루어지는 양상에 대해 논의한 바 있다. 여기서 그는 내담자와 자문가의 역할을 서로 바꾸어서 해 보게 하는 역할전환 프로그램을 진행하면서 내담자에게 능동적인 자문가와 수동적인 자문가의 역할을 모두 해 보게 하였다. 이때 내담자를 자신이 맡은 역할에 따라 서로 다른 의자에 앉게 하였다. 내담자가 수동적인 자문가 역할을 맡았을 때는 내담자 역할을 맡은 자문가에게 안전하고 익숙하며 위험 부담이 없는 조언만을 해 주었고, 내담자-자문가 간의 대립이나 논쟁도 벌어지지 않았다.

반면 내담자가 능동적인 자문가 역할을 맡았을 때는 "생각과 감정을 드러내고 자기만의 해결 방안을 제시했으며, 그들이 보여 준 논쟁적인 태도는 때로는 무섭다는 생각이 들 정도"(p. 494)였다. 상담자는 내담자들에게 각각의 상황에 맞는 행동 지침 및 자문가와 내담자의 역할전환에 따른 유의사항에 대해 알려 주었다.

자기관리 기법의 전수를 포함하는 또 다른 형태의 개인 자문도 있다. Kahn(1976)은 외부적인 요법으로는 별다른 효과를 기대하기 어렵다는 지적을 한 바 있다. 그는 이에 대한 대안으로 네 개의 상호 보완적인 하위요소들로 구성된 모델을 제시하였다. 세부적인 내용은 다음과 같다.

- 자기모니터링(self-monitoring): 스스로의 행동을 관찰하기
- 자기평가(self-measurement): 직면한 문제점에 대해서 확인하기
- 자기중재(self-mediation): 대안을 마련하고, 마련된 대안을 보완하기
- 자기관리(self-maintenance): 지속적으로 자신을 돌아보고 점검하기

Kahn은 이러한 모델을 통해 조정할 수 있는 부적절한 행동들의 예—흡연, 과식, 독선, 우울 등—를 제시하였다. 그는 사람들이 자신이 제시한 자기관리 기법을 배움으로써 그러한 행동들을 교정할 수 있다고 주장하였다.

Kurpius(1986a)는 개인 자문 차원에서는 "상호 신뢰와 존중이 필수적"(p. 61)임을 강조한 바 있다. 예컨대, Fogle(1979)은 내담자들에 대한 건설적인 부정적 사고과정(constructive negative-thinking process)을 교육하는 것이 불안감 완화와 동기의 회복, 위기 극복 능력 제고 및 현실에 대한 태도 변화로 이어질 가능성을 가진다고 언급한 바 있다. 이를 통해 내담자들은 미래 지향적인 사건의 부정적인 측면을 고려할 수 있는 방법을 학습함으로써 최악의 사태에 대처할 계획을 세울 수 있는 것이다. 자문가의 조언이 신뢰성을 얻기 위해서는 내담자들이 이러한 조언이 실효성을 신뢰한다는 전제가 우선되어야 한다.

종합하면, 개인 자문 차원에서 자문가는 해결책을 구상하거나 처방할 수 있는 능력을 갖출 필요성이 있다. 개인 차원에서의 자문 활동은 내담자가 자신의 문제를 명확히 인지하고 있는 경우, 체제를 통한 개입이 적절하지 않거나 불가능한 경우, 개인의 변화가 요청되는 경우에 적절하다고 할 수 있다(Fuqua & Newman, 1985). 최근 들어 특히 비즈니스 분야에서 주목을 끌고 있는 경영자 코칭(executive coaching)도 이러한 개인 자문의 한 유형이라고 볼 수 있다.

집단 자문

집단 자문은 다수의 개인들이 유사한 문제점을 공유하고 있는 경우(예: 직장환경 등)에 활용된다. Kurpius(1986a)는 직장에서 집단 자문을 도입할 경우 해당 집단은 문제 해결 및 집단 구성원 개개인에 더욱 주목할 개연성이 커진다고 언급한 바 있다. 문제 해결이 요청되는 집단에서 자문가는 촉진자의 역할을 수행하게 된다. 구성원 개개인에게 초점을 맞춘 경우, 자문가는 개인 문제의 이해 및 해결을 위해 집단 구성원 간의 팀워크를 구성하는 데 노력을 집중하게 된다(Sears et al., 2006).

C집단은 협력적 자문 모델의 효용성을 보여 준 선구적인 사례라 할 수 있다(Dinkmeyer, 1971, 1973b; Dinkmeyer & Carlson, 1973, 2006). 이러한 접근 방식은 협력(collaboration), 자문(consultation), 명료화(clarification), 직면(confrontation), 배려(concern), 비밀보장(confidentiality), 실천(commitment)과 같은 하위 구성 요소들로 이루어지며, 이들의 영어 표기는 알파벳 C로 시작한다는 공통점을 지닌다. 이 접근법의 우선적인 목표는 집단 구성원들에게 인간 행동에 대한 새로운 지식과 정보를 제공하는 것이다.

이를 통해 집단의 결속과 단결력 증진(협력), 구성원 간의 의사교환(자문), 구성원 개개인의 신념과 감정, 행동이 형성하는 관계에 대한 이해(명료화), 구성원 상호 간의 열린 태도와 공감(직면), 서로에 대한 더 높은 관심(배려), 집단 내에서의 정보 공유(비밀보장), 구체적인 변화를 위한 계획(실천)과 같은 것들을 촉진시킬 수 있다. 한편, C집단 모델은 부모-자녀 상호작용에 지대한 영향을 줄 수 있는 모델이기도 하지만, 자문의 경우에는 집단 구성원이 전원 성인이라는 문제점을 지적할 수 있다. 왜냐하면 Adeal 학파에 기초하고 있는 이 모델은 성인이 부모-자녀 관계를 통제하는 상황을 상정한 것이기 때문이다. 나아가 이 모델의 적용은 정보 공유와 상호 지지에만 국한되어야 하며, 상담 목적으로 활용되어서는 안 된다.

Voight, Lawler와 Fulkerson(1980)은 중년기 여성들의 인생 진로 선택과 결정 문제를 지원하기 위한 프로그램을 개발하였다. 이 프로그램은 집단환경에서의 자조와 정보 공유를 촉진하는 데 초점을 맞춘 것으로, 이러한 점에서 C집단 모델에 대응하는 요소들을 포함하고 있다. 이는 여성들이 기존에 맺어 온 인맥과 인간관계를 활용하여 그들을 돕는 것을 주된 내용으로 한다. 이를 통해 여성들에게 한층 수준 높은 교육을 제공하고 자기 주도적인 태도를 함양케 함은 물론, 비슷한 경험을 가진 동료 여성들과 지속적으로 도움을 주고받게 함으로써 그들이 한층 높은 수준의 정신건강을 유지할 수 있도록 하는 것이다. 이와 유사하게 청소년 자립지원 센터에서도 집단 자문이 개발되었다(O'Brien & Lewis, 1975). 이 기관은 처음에는 약물남용 환자들을 위한 목적으로 설립되었으나, 점차 내담자 상호 간의 정보 및 문제 해결 방안을 공유하는 방식을 독려하는 방향으로 프로그램을 사용하게 되었다.

조직/지역사회 자문

조직/지역사회 자문은 개인 또는 집단 자문보다 훨씬 큰 범위를 대상으로 한다. 따라서 자문가는 이처럼 거대한 차원에서 효과적인 자문을 수행할 수 있도록 조직체계에 대한 수준 높은 지식을 갖출 필요가 있다. 개인 또는 집단 자문가들과는 달리, 조직/지역사회 자문—물론 이 역시 개인/집단 자문의 연장선이라는 측면 또한 갖고 있지만—에 종사하는 자문가는 자문 프로젝트를 외부에 있는 제삼자의 눈으로 바라볼 수 있는 시야를 갖출 필요가 있다(Sears et al., 2006). "지방정부나 주정부 또는 연방정부의 정책 결정자들과 마찬가지로 상담자가 의사결정의 정점에 서 있기 때문에" 상담자가 마치 정치 자문가처럼 행동할 여지가 있을 때도 있다(Solomon, 1982, p. 580). 이러한 행태는 로비, 또는 최종적인 조언을 하기 전에 실험적인 조치를 해 보는 등의 형태로 나타날 수 있다.

Conyne(1975)은 이 차원에서의 자문을 위한 또 다른 방안을 제시하였다. 그는 환경의 구성원으로서의 개인을 강조하고, **환경 지도**(environmental mapping)를 중시한다. 다시 말해서 그는 정신건강상 취약한 조직 구성원을 대하는 상담자는 그가 처해 있는 조직환경을 개선하는 식으로 문제를 해결할 수 있다고 본 것이다. 사회 정의를 증진시키고 사회적 참여를 촉진함으로써 내담자의 정신건강과 태도를 증진시키고 이를 통해 상담을 요하는 문제 요인을 완화시켜 갈 수 있다는 것이다(Lee, 2006a; Lee & Walz, 1998).

Barrow와 Prosen(1981) 또한 환경 요인과 관련하여 자문가의 역할을 중시했지만, 그들은 한층 큰 규모의 변화과정이 필요함을 주장하였다. 그들에 따르면, 상담자는 내담자들에게 스트레스 대처 능력을 길러 줌은 물론, 그들이 스트레스를 야기하는 환경을 바꿀 수 있도록 도와주어야 한다. 이는 내담자 자신을 바꾸기보다는 그들이 처한 환경을 바꾸는 것과 더 많은 관련성을 가진다. Aplin(1985)은 자문가가 조직 또는 사회를 단위로 직무를 수행할 때 염두에 두어야 할 요소들을 [그림 12-2]와 같이 도식화하였다.

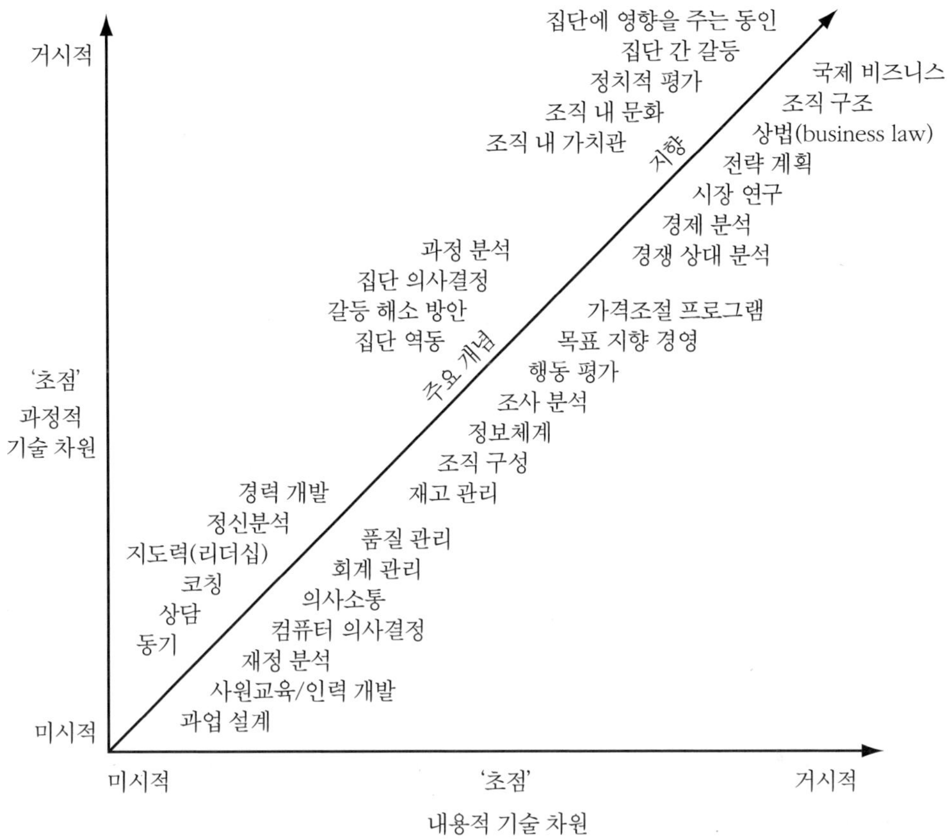

[그림 12-2] Aplin의 모델

출처: Aplin (1978).

사례 Rebecca의 조언

Rebecca는 상담기관의 총책임자인 Roy에게 초빙된 자문가다. Roy의 보좌 역으로 근무하던 Rebecca는 Roy가 자신의 조언을 제대로 따르지 않는다는 사실을 인지하게 되었다. Roy의 행동은 그가 Rebecca 앞에서 한 말과 일치되지 않았다. Roy는 이러한 자신의 행동에 대해서 자신이 Rebecca보다 조직에 대해 더 잘 알고 있다는 논리를 들어 변명하고 있었다.

시간이 흘러도 Roy에게는 아무런 변화를 기대할 수 없었고, 그러다 보니 상담기관 직원들의 근무 의욕도 저하되고 말았다. Roy의 구태의연한 태도에 Rebecca는 질색할 지경이었고, 기관 전체의 업무 효율은 급격히 나빠져 갔다.

당신은 여기서 Rebecca가 어떤 행동을 취해야 한다고 생각하는가? 그렇게 생각하는 까닭은 무엇인가?

5. 자문의 단계 및 태도

자문 발생 단계는 여러 자문 활동 중 중요한 부분이다(Wallace & Hall, 1996). 각각 다른 단계를 제안하고 있는 유명한 두 가지 이론이 있는데, 그중 하나는 사전에 협의된 관심사에 대한 작업을 목적으로 내담자가 자문가에게 협력하는 것을 전제로 한 Splete(1982a)의 9단계 과정이다. 이 접근법의 단계별 과정은 다음과 같다.

1. 예약: 자문가는 자신의 사적인 기량과 자문가 과정에서 활용되는 전문적 지식을 분명하게 구분할 필요가 있다.
2. 계약을 위한 관계 형성: 자문가는 자신과 의뢰인 사이에 보다 형식이 갖춰진 합의가 이루어질 수 있도록 한다. 의뢰인의 준비 정도와 그에 대응하기 위한 자문가의 기량이 어느 정도면 되는지 가늠할 수 있어야 한다.
3. 계약 진행: 제공할 서비스의 종류와 실행 방안을 명시한 상호 간의 합의사항을 체결한다.
4. 문제 확인: 자문가와 의뢰인은 착수할 문제와 원하는 결과물을 명확하게 결정하고 정의한다.
5. 문제 분석: 관련 정보를 검토하고 가능한 한 해결 방안을 구상하는 데 초점을 맞춘다.
6. 피드백 및 계획 수립: 이 과정에서는 5단계에서 구상한 해결 방안을 평가하고 성공 가능성을 가늠해 본다. 그 후 한 가지 혹은 그 이상의 해결 방안을 체계적으로 시행할 계획을 구상해 본다.
7. 계획 실행: 의뢰인은 자문가의 지원을 받으며 제안된 계획을 실행에 옮긴다.
8. 계획 평가: 자문가와 의뢰인은 계획 초기에 설정한 결과를 기준으로 얼마나 잘 수행되었는가를 평가한다.
9. 마무리 및 계약 종결: 자문가와 의뢰인 모두 실행과정 중에 어떤 일들이 있었는가를 검토해 보고, 의뢰인 단독 혹은 자문가와 함께 할 추후과정을 구상해 본다.

Splete가 제안한 과정은 자세하고 유용한 반면, 과정 중에 포함되는 상담 기법에서는 정교하지 못하다는 약점이 있다. 두 번째 모델은 Dustin과 Ehly(1984)가 제안하였다. 이 모델에는 각 단계별로 필요한 상담 기법과 행동이 포함되어 있으며, 모두 다섯 단계로 구성되어 있다. 이 모델은 자문가가 학교 장면에서 부모나 교사들과 활동한다는 가정하에 제시되었지만, 학교 밖 상황(예: 기업, 정부, 교정, 사회 복귀 등)에서도 유용하게 사용될 수 있을 것으로 보인다. 각 단계는 다음과 같다.

1. 도입 단계: 관계 형성에 초점이 맞춰져 있으며, Splete 모델과 비교하자면 예약 단계에 해당된다고 볼 수 있다. 자문가는 적극적 경청, 자기노출, 공감 등과 같은 기법을 활용하여 의뢰인의 신뢰감을 증진시킬 필요가 있다.
2. 문제 규정: Splete 모델의 2~4단계에 해당하는 이 단계에서는 의뢰인의 문제가 제삼자의 관점에서 볼 때도 정말 존재하는 문제인가를 결정하는 것에 그 초점이 맞춰져 있다. 자문가는 초점화 기법과 더불어 의역, 재진술, 진실성, 목표 설정과 같은 여러 상담 기법을 활용할 필요가 있다.
3. 실행: Splete 모델의 5~7단계와 유사한 이 단계에서는 사용할 전략들을 정의하고 기간을 설정한다. 피드백 과정이 중요하며, 저항과 부정적 감정을 다룰 수 있는 유연성, 인내력, 기타 상담 기법 활용이 필요한 단계다.
4. 후속 과정 및 평가: 이 단계는 앞의 3단계와 합쳐서 진행되기도 하지만 초점은 분명히 구분된다. 이 단계에서는 자문과정을 통해 얻어진 결과, 특히 변화의 결과물에 의뢰인이 만족하는가의 여부에 초점을 맞춘다. 위기 관리, 개방성, 인내와 같은 상담자의 기량이 필요한데, 특히 의뢰인이 결과에 만족하지 못하거나 실망스러워할 때 필요한 기량이라고 할 수 있다.
5. 종결: 자문가는 앞의 활동들이 잘 마무리되도록 돕는다. 공감, 진실성과 같은 관계 기술이 필요하며, 피드백 시간을 갖는 것이 중요하다. 이를 통해 각자에게 무엇이 가장 유익했는지, 절차상 덜 효율적이었던 측면은 무엇이었는지 평가할 수 있도록 한다.

Splete(1982a)는 자문가에게 중요한 네 가지 태도도 제안하였다. 첫째, 자문가는 전문성을 보여 주어야 한다. 그들 의뢰인에게 오랫동안 고민해 온 당면한 문제를 다룰 수 있도록 돕는 것에 책임을 져야 한다. 둘째, 자문가는 성숙함을 보여 주어야 한다. 자신의 관점을 견지하기 위해 위험을 감수하며, 적개심과 거부감을 기꺼이 다룰 수 있어야 한다. 셋째, 자문가는 개방적인 태도를 보이고, 다양한 아이디어를 수용하며, 문제 해결 과정에 지체 없이 개입할 필요가 있다. 마지막으로, 자문가는 인간에 대해 신뢰하며, 기술보다 사람을 먼저 생각하는 태도를 가질 필요가 있다.

6. 자문의 고유 영역

자문은 대개 학교 및 기관에서 이루어지지만 다양한 장소에서 이루어질 수 있다. 여기에서는 학교 및 기관에서 시행되고 있는 자문 중 일부를 현장에서 구성해 볼 수 있는 프로그램의 예를 통해 살펴볼 것이다.

학교 자문

Kahnweiler(1979)는 1950년대 후반부터 학교 상담자가 자문가의 역할을 하기 시작했음을 밝혀냈다. 그가 지적한 바에 따르면 이를 입증하는 문헌들은 이론과 실제에서 꾸준히 발전해 왔다. 그리고 Bundy와 Poppen(1986)은 학교 자문의 발전과정을 요약 정리하였다. 그들은 지난 28년간 발행된 『*Elementary School Guidance and Counseling*』 및 『*The School Counselor*』에 게재된 논문을 조사하여 학교에서의 예방과 중재에 자문이 효과적이라는 사실을 알아냈다. 학교 상담자에 의한 자문은 전반적인 학업 성취를 강화시키고, 학생들의 자아개념을 증진시키며, 또 몇몇 집단의 스트레스를 감소시키고, 더 나은 학급 운영 기량을 이끌어 내며, 학생들의 도덕적 성장을 촉진시킨다(Carlson & Dinkmeyer, 2001; Cecil & Cobia, 1990; Conoley & Conoley, 1992; Kampwirth, 2006). 과정적 측면에서 "자문은 상담자에 의해 직접적으로 드러나는 것보다 더 많은 학생들에게 자신의 행복과 성장에 영향을 줄 수 있는 효과적인 방법이다"(Otwell & Mullis, 1997, p. 25).

보통 학교 상담자들은 자문가와 변화 매개인(change agent)[2]으로 활동할 수 있는 최적의 위치에 있다고 할 수 있다(Baker & Gerler, 2008; Podemski & Childers, 1980). 대부분의 학교 조직 구성도에서 상담자는 직속 권한체계에 속해 있기보다는 참모 역할에 속해 있다고 할 수 있다. 참모 역할을 하는 사람들은 지역법령, 주 및 연방 법과 같은 분야에서 전문 지식을 갖추고 있다(McCarthy & Sorenson, 1993). 따라서 그들은 다른 사람들에게 조언하고 지원하는 방식으로 활동할 수 있다. 이러한 기능을 통해 학교 상담자들은 환경적, 구조적 변화를 야기하는 데 도움을 줄 수 있다(Schmidt, 2007). 그들은 바꿀 필요가 있는 것들을 결정하는 위치에 있는 사람들에게 조언하며, 그들이 성과를 낼 수 있도록 활동을 지원해야 할 것이다.

Umansky와 Holloway(1984)는 추가 경비 없이도 학생 및 학교 관계자들에게 서비스를

2) 역자 주: 변화 매개인(change agent)은 『사회복지학사전』(2009)의 번역에 따른 것이다.

제공할 수 있는 방법으로써 자문의 다양한 측면을 조망했다. 그들은 학교에서 자문을 하기 위한 네 가지 접근법을 각각 Adler 학파, 행동주의적, 정신건강적, 조직발전적 관점에서 제안하였다.

Adler 학파의 접근법은 개인과 집단, 공동체의 정보 부재를 문제의 원인으로 추정하는 심리학적 교육 모델이다. 자문가는 학교 조직 내에서 교육하면서 학생들의 긍정적 행동을 촉진할 수 있는 방법을 강조한다(Carlson, Watts, & Maniacci, 2006).

행동주의적 접근법 역시 교육과 맞물려 있으며, 의뢰인이 학생들과의 활동에서 행동 원칙을 어떻게 활용할 것이며, 중재 전략의 타당성을 입증할 경험적 자료 수집을 어떻게 할 것인가를 교육하는 데 초점을 맞추고 있다(Kampwirth, 2006).

정신건강적 접근법은 Caplan(1970)에 의해 개발되었으며, 보다 광범위한 지역사회 정신건강에 기반을 두고 있다. 정신역학을 이론적 배경으로 하고 있는 이 접근법의 목표는 교사 및 학교 운영진이 자신과 학생들에 대한 새로운 통찰을 얻도록 돕는 것이다.

마지막으로, **조직발전적 접근법**은 문제가 발생한 맥락을 강조한다. 그래서 학생과 교사에게 문제가 생긴다면 해당 학교의 전반적 분위기가 주 관심사가 된다. 가장 효과적으로 돕는 방법은 자문가가 학교의 분위기 및 구조 개선을 위한 작업을 하는 것이다(Baker & Gerler, 2008). 이 과정에서 그 업무가 그러한 목표에 동의하지 않는 학교 관리자의 지원을 필요로 하는 경우가 생길 수도 있다. 또 학교 직원, 주로 교사들이 학교 상담자에게 자문을 구하거나 같이 작업하는 게 자연스럽다는 느낌을 받을 수 있도록 학교 상담자들에게 그런 분위기를 조성해 달라는 요청이 들어오는 경우도 생길 수 있다(Edgemon, Remley, & Snoddy, 1985, p. 298).

교사 대상의 자문은 교사와 그들이 속한 학교에 서비스를 제공하는 효과적인 방법이다. 이러한 체계적 과정에서 학교 상담자들은 교사들이 학생의 행동을 어떻게 개념화하고 있는가를 확인하기 위해 발달적 상담 및 이론 기반 모델을 활용해야 할 수도 있다. 더 나아가 교사들이 특정한 몇몇 행동과 관련 있다고 느끼는 스트레스에 대처해야 할 때도 있다. 또한 중요한 것은 그렇게까지는 아니더라도 그들의 자문을 제공하려는 노력을 통해 학급 시스템에 간접적으로 영향을 미칠 수도 있다는 것이다(Clemens, 2007; Kampwirth, 2006).

교육과정 개발자 및 지역사회 기관에 자문을 제공하는 것은 학교 상담자들이 제공할 수 있는 또 다른 형태의 서비스다. 이러한 보다 광범위한 서비스는 시간과 노력이 필요하지만 그만한 가치가 있다. 이러한 집단 자문과정에 대한 이론적 기반에는 인간중심 이론, Adler 학파, 행동주의 등이 포함되어 있다.

또한 학교 상담자들은 학생들의 문제(행동, 사고방식, 사회)를 해결하고, 특정 상황에서 자녀들을 도울 수 있도록 부모를 교육하는 것을 지향하는 부모-상담자 자문을 기반으로 활동할 수도 있다(Campbell, 1993a; Ritchie & Partin, 1994). 상담자는 학부모에게 자문을 제공하는 과정에서 다음과 같은 저항에 직면할 수도 있다.

- 핑계("주 중에는 제가 갈 수가 없어요.")
- 부정적 태도("저희 아이는 괜찮아요. 왜 자꾸 귀찮게 하세요?")
- 부인("저희 아이는 학교에서 대인관계에 아무런 문제가 없어요.")

이러한 저항을 극복하기 위해 학교 상담자는 부모의 입장을 공감할 수 있어야 하고, 아이들을 양육적 태도로 관찰할 수 있어야 하며, 부모가 다른 시각에서 상황을 볼 수 있도록 돕고, 우화(유사한 상황에 대한 이야기)를 함께 나눌 수 있어야 한다.

생/각/해/보/기

록가수인 Bruce Springsteen에게는 다음과 같은 가사의 곡이 있다. '극심한 저항 속에서 그곳까지 갈 순 없을 거야.' 이 가사에서처럼 자문 상황 속에서도 저항은 분명히 존재한다. 핑계, 부성석 태도, 부인을 다루기 위해 당신이 할 수 있는 것은 무엇인가?

학교 자문의 한 가지 양상(지역 센터에서도 동일함)은 바로 동료를 활용하는 것이다. 동료 자문가 집단은 자신감, 자기관리, 자립심을 향상시킴과 더불어 "학교 상담자들에게 적절한 슈퍼비전과 피드백을 제공"할 수 있다(Logan, 1997, p. 4). 동료 자문은 시간 면에서도 효율적이다. "① 사례 자문, ② 해결 중심적 문제 해결, ③ 동료 지지, ④ 그 구성원이 그렇게 해 보겠다고 하지 않는 한 평가에 대한 걱정이나 변화의 필요성에 대한 부담이 없는 건설적인 피드백, ⑤ 필요한 재정 및 자원에의 접근"(p. 4)을 위해 운용할 수 있다. 학교 상담자를 위한 구조화된 동료 자문 모델(Structured Peer Consultation Model for School Counselors: SPCM-SC)에서는 90분, 총 9회기로 구성된 모임이 매주 열리는데, 그 모임에서 상담자들은 "기본적인 조력 기술을 활용하여" 전문가로 성장 중에 있는 다른 사람들을 돕는다(Benshoff & Paisley, 1996, p. 314). 이러한 모델을 통해 유사 분야에 있는 상담자들은 모임 속에서 재능을 활용해 볼 수 있으며, 보다 격식을 갖춘 슈퍼비전 회기를 통해 모임을 보다 유용하고 생산적으로 활용해 볼 수도 있을 것이다.

학교 자문에서 마지막으로 제안할 모델은 실천연구 접근법 관점에서 학교 공동체와 더불어 활동할 수 있는 외부 전문가, 협동 자문가를 영입하는 것이다(Lusky & Hayes, 2001).

이런 접근법은 범위 면에서 포괄적이며, 많은 학교 상담자가 여러 이유로 자신이 속한 학교에 전반적인 자문 서비스를 제공하지 못한다는 사실을 전제로 한다. 그들은 교내 사람들과 함께 연구 및 평가에 참여할 수 있으며, 그 과정에서 나온 결론을 시행하는 데 도움을 줄 수 있다. 이런 형태의 자문은 주로 계획 수립, 분석, 설계, 실행, 평가의 5단계를 포함하고 있다. 이 과정 초기에 외부 자문가는 교내 현재 상황 및 향후 목표를 재검토하기 위한 자문 중재 방안 도입을 목적으로 학교 관리자와 교육위원회를 포함한 학교 프로그램 이해당사자들을 만나게 된다. 학교 임직원, 학부모, 학생들은 아이디어 제안, 방안에 대한 피드백 제공, 자문가 관점에서의 활동 등을 통해 과정이 구축될 수 있도록 돕는다. 시간과 노력이 들겠지만 이러한 절차가 성공적으로 진행된다면 학교의 독특성과 풍토가 충분히 반영되어, 향후 지속적인 기반 위에서 학교에 필요한 변화가 실행될 수 있는 그러한 과정이 개발될 것이다.

기관 자문

Werner(1978)에 따르면, 기관 자문은 1963년 지역사회 정신건강 센터 법안, 즉 Community Mental Health Centers Act가 통과되면서부터 시작되었다. 그 법안에는 정신건강은 지역사회적 관점에서 예방이 강조되어야 한다는 철학이 내포되어 있다.

Caplan(1964)은 예방을 3단계로 정의했다. 첫 번째 단계는 정신장애의 발생 감소가 목표인 1차 예방으로 구성되어 있다. 이 목표는 일반 시민들을 대상으로 "주변 환경의 개선 및 정착 활성화, 생활 기술의 교육을 통해" 달성될 수 있다(Goodyear, 1976, p. 513). 이 수준에서 이루어지는 주된 활동 중 하나는 자문이다. 다음 단계가 2차 예방이며, 정신장애의 기간을 감소시키는 것이 목표다. 이 목표는 문제 영역을 미연에 방지하거나 경감할 목적으로 개개인을 대상으로 하여 활동이 이루어지며, 급박한 심리적 위기 상황을 조기에 발견하여 상황을 전환시킴으로써 달성될 수 있다. 3차 예방은 심리적 장애에서 기인하는 장애를 감소시키는 것이다. 이 수준의 예방을 개념화한 것 중 하나가 바로 치료(treatment)다. 1, 2차 예방이 성공적일수록 3차 예방의 필요성은 감소한다.

기관에서 운영되는 1차적 예방의 예는 많이 있다. Werner(1978), Caplan과 Caplan(1993)은 여섯 개 분야로 구성된 지역사회 정신건강 자문을 제안하였다.

- 내담자 중심 사례 자문: 목표는 내담자로 하여금 현재 상황 및 향후 유사 상황에 보다 더 효과적으로 대처하게끔 하는 것이다.
- 의뢰인 중심 사례 자문: 목표는 의뢰인이 어떤 유형의 내담자와의 활동에서 경험하는 어

려움을 찾을 수 있도록 협력하고, 그 어려움과 더불어 향후 유사 상황 발생 시에도 효과적으로 다룰 수 있는 기법을 개발하도록 돕는 것이다.

- 프로그램 중심 관리 자문: 목표는 의뢰인이 정신건강 프로그램의 특정 부분을 보다 더 효율적으로 다룰 수 있도록 돕고, 향후 유사 프로그램에서 문제가 생겼을 때도 제대로 수행할 수 있는 능력을 향상시키는 것이다.
- 의뢰인 중심 관리 자문: 목표는 정신건강 프로그램 실행을 통해 의뢰인의 문제를 확인하고, 향후 유사 문제 발생 시 이를 다룰 수 있는 의뢰인의 기량이 개발될 수 있도록 협력하는 것이다.
- 지역사회 중심 즉석 자문: 목표는 임시 의뢰인이 한시적으로 제공되는 정신건강 서비스 프로그램을 개발하는 과정에서 맞닥뜨린 지역사회 문제를 보다 더 효율적으로 해결할 수 있게끔 하는 것이다.
- 의뢰인 중심 즉석 자문: 목표는 한시적으로 제공되는 정신건강 프로그램을 보급하는 과정에서 발생한 임시 의뢰인의 문제를 확인하고, 이러한 문제를 다루는 의뢰인의 기량 개발을 돕는 조치를 취하는 것이다.

Aplin(1985)은 공기업, 정부, 대학과 같은 기관과 함께 활동하는 자문가들이 자문과정 자체에 영향을 주는 동향을 인식해야 한다고 지적한다. 그는 기관 자문에 지속적으로 영향을 미치는 다섯 가지 동향을 제시하였다.

- 기관 축소
- 합병으로 야기되는 반자율적 업무 생성
- 경영진의 헌신적 리더십 부활
- 제조업에서의 과정 기반 기술(로봇공학, 컴퓨터 등)
- 평등주의 기반의 사회적, 조직적 가치

기관들의 급속한 변화로 인해 자문 기술에 대한 수요도 커지게 되었다. 하지만 "시스템을 성공적으로 바꾸기 위한 열쇠는 변화를 일으키는 자문가의 기본적인 역량을 증대시키는 것에 달려 있다." Alpin(1985)은 자문가에 대한 수요가 "조직의 복잡성 및 근원적인 사회적, 경제적 변화와 관련된 격동의 크기에 정비례하여 증가함"(p. 401)을 강조했다.

사례 Preston의 예방책

Preston은 수년간 상담기관에서 일해 오고 있다. 어느 날 그는 곰곰이 생각하던 중에 자신이 같은 종류의 문제를 가진 내담자를 계속해서 만나고 있다는 사실을 깨닫게 됐다. 또한 자신이 치료－3차 예방－에만 몰두하고 있다는 것도 자각하게 됐다. 그는 자신의 슈퍼바이저인 Fredrica를 찾아가서 기관 차원에서 3차 예방뿐 아니라 1, 2차 예방 업무도 할 수 있는 방법은 없는지 물어보았다. Fredrica는 Preston의 생각에 공감하면서 수긍은 했지만 너무 바쁘다고 했다. 그러면서 그에게 구체적인 계획을 자신에게 제시하면 고려해 보겠다고 했다.

당신이 생각하기에 Preston이 자신이 속한 기관으로 하여금 1, 2차 예방에 비중을 둘 수 있게끔 하는 보다 포괄적인 전략은 무엇인가? 그러한 변화는 센터 운영진에게 어떤 영향을 줄 수 있겠는가? 센터가 자문 활동에 너무 집중한다면 사람들이 일자리를 잃을 가능성은 없는가? 계획 수립 시 그러한 결과가 고려되어야 하는가?

7. 자문 훈련

1970년대 후반부터 자문 기법의 개인 훈련 모델이 많이 제안 · 개발되기 시작했다(Brown, 1993; Brown, Pryzwansky, & Schulte, 2005; Conoley, 1981; Kampwirth, 2006; Sears et al., 2006). 대부분 역량 기반 모델이며, 교육이나 실험실 혹은 현장 실습, 슈퍼비전과 같은 성격의 다양한 훈련 방식을 강조한다(Gallessich, 1974).

Stum(1982)의 Directed Individual Response Educational Consulting Technique (DIRECT)은 기존의 지식을 통합하여 학생들이 자문 인터뷰에서 자신이 해야 할 것과 그에 대한 실행 방안을 배울 수 있도록 도움을 주고자 시도된 탁월한 예라고 할 수 있다. Stum은 자문을 순차적 단계를 지닌 구조적 과정으로 보았다. 이 모델은 처음 접하는 학생들도 자문과정을 발전적으로 개념화할 수 있을 만큼 구조화되어 있다. 각 단계는 다음과 같다. ① 자문관계를 수립한다. ② 문제 상황을 정의하고 명료화한다. ③ 원하는 결과물을 결정한다. ④ 아이디어와 전략을 개발한다. ⑤ 계획을 전개한다. ⑥ 계획을 명시한다. ⑦ 자문관계를 확정한다. 또한 DIRECT 모델의 7단계에는 각각 네 개의 단서가 순차적으로 명시되어 있다. 체계적 대인관계 훈련에 기반한 이 단서는 자문가와 의뢰인이 자문에서 도입, 개시, 교육, 평가의 각 단계를 진행할 수 있도록 지침을 제공하고 있다. 단서가 되는 단어는 각 단계마다 교육생에게 제공된다. Technique and Relationship Evaluation Chart

(TREC)는 교육생이 성취한 역량의 정도를 평가하는 데 활용할 수 있다([그림 12-3] 참고).

Brown(1985, 1993)도 대인 서비스 자문가 훈련을 위한 발달 단계를 제안하였는데, 교

행동	예문
단계 A - 자문 형식 수립	
단계 1 자문가는 듣고, 관찰하고, 반복하고, 다른 말로 바꿔 표현한다. 참여와 반응은 이해를 촉진한다.	"지금 ____라고 말씀하시는 거군요." "그 문제는 ____인 것 같습니다." "그래서 그 상황은 ____입니다."
단계 2 자문가는 함께 작업하는 과정에 대해 '자문' 이나 '협력' 이라는 용어를 사용한다. 체계적 과정의 용도를 설명할 때는 인터뷰할 때의 어조로 말한다.	"우리는 ______ 에 관해 함께 자문할 수 있습니다." "이번 작업에서는 문제 해결 과정을 활용할 것입니다."
단계 3 자문가는 문제 해결 과정의 도입 단계를 간단하게 설명한다. 이는 그 모델에서의 첫 번째 '교육' 이며, 더 나아가 자문 인터뷰의 방향을 수립한다.	"앞으로 함께 작업하게 될 몇몇 과정을 살펴보겠습니다." "우선 그 문제를 명확히 하는 과정에서 우리는 ______하게 될 겁니다." "이후에 우리는 ______ 에 대해 몇 가지 목표를 설정해 보려 합니다.
단계 4 자문가는 이 단계에 대한 확인 절차를 거친 후 다음 단계로의 이동을 제안한다.	"이 과정대로 함께 작업하면 되겠습니까?" "계속해서 그 문제를 좀 더 명확히 해 보도록 합시다."
단계 B - 문제 정의, 명확화	
행동	예문
단계 1 자문가는 문제 상황의 내력, 주변 상황, 인과관계를 명확히 한다.	" ____의 배경에 대해 좀 더 말씀해 주십시오." " ____의 결과로 무엇을 예상하십니까?" "그래서 여기에서 당신의 위치는 _____라는 거네요."
단계 2 자문가는 문제 상황을 대표하는 주된 요인을 정리한다. 가장 유력한 '주제' 가 언급된다.	"주된 요인은 ____ 같습니다." "요약하자면 ____입니다."

[그림 12-3] DIRECT 차트

출처: Stum (1982).

육, 실험실, 현장 실습에 관련된 주요 역량은 반드시 숙달해야 한다고 강조했다. 덧붙여 그는 문제 상황(예: 저항) 및 이러한 상황을 극복하기 위한 전략(예: 적절한 개입 방안을 선택하는 방법)에 대해서는 보다 상세히 서술하였다. 이 모델은 교육생이 사례력 분석, 사례에 관한 토론을 통한 인지적 전략 모델링, 소크라테스식 문답법 사용 등을 통해 자문 기법을 숙달할 수 있도록 돕는 강사를 필요로 한다.

Brown은 잘 훈련된 자문가는 다음의 자문 5단계에서 개념적인 대인관계 기술을 숙달해야 한다고 강조한다. ① 관계 혹은 도입, ② 평가 혹은 문제 정의, ③ 목표 설정, ④ 결정 및 변화 전략 실행, ⑤ 평가 및 종결.

Gallessich(1985)는 미래의 자문 모델 및 훈련은 세 가지 모델 중 하나를 기반으로 하게 될 것이라는 견해를 지지하였는데, 그 모델들은 상호 배타적이지 않다.

- 과학적/기술적 자문: 이 모델은 지식의 결손에 초점을 맞추고 있으며, 자문가의 주된 역할은 정보와 기술 면에서 전문가 역할을 하는 것이다.
- 인간 발달 자문: 이 모델에서 자문가의 주된 역할은 조직 내 업무적, 사적 대인관계에 영향을 미치는 정서 및 인지 과정에 대한 교육자 혹은 촉진자가 되는 것이다.
- 사회적/정치적 자문: 이 모델에서 자문가는 조직이 민주주의와 같은 특정한 가치에 따르게끔 변화할 수 있도록 하기 위해 편파적인 역할을 맡게 된다. 이 모델에서의 자문가 훈련방법은 아직 개발 중에 있다.

자문가 훈련에 덧붙여 Zins(1993)는 실제 자문 과정에 들어가기 전에 문제 해결, 의사소통, 중재 기법과 같은 기술적인 면에서 의뢰인 교육의 필요성을 강조했다. 만일 의뢰인이 이런 기량을 갖추게 된다면 그들은 특정 상황에서 자문 서비스를 보다 더 잘 활용하게 될 것이다.

요약 및 결론

자문은 여러 기법으로 이루어진 체계적 개념이다(Parsons, 1996). 그 중요성이 차츰 커지고 있지만 여전히 정립되는 과정 중에 있다고 할 수 있다. 자문에 대한 몇몇 정의는 간접적인 서비스, 대개 3단계로 분류된다는 것, 자발적이라는 것, 역할 · 규칙 · 가치 · 목표에 기초한다는 것을 강조하고 있다. 자문과 상담은 활동의 단순 명쾌함, 진행되는 장소, 의사소통에 초점이 맞춰지는 방식 등에서 분명한 차이가 있다. 상담자는 대인 서비스를 제공하는 자문가로서는 기능하는 데 가장 이상적인 위치에 있다고 할 수 있다. 하지만 그렇게 하기까지는 특별한 훈련이 요구된다.

문헌에서 찾아볼 수 있는 자문의 네 가지 포괄적 모델(즉, 전문가[제공], 의사-환자[처방], 중재, 과정적-협동적)은 자문의 다차원적 양상을 강조하고 있다. 자문은 분명히 구분되는 수준이 존재하며(개인, 집단, 조직), 각 단계는 그 과정에 따라 명확하게 구별된다(예: 도입, 문제 규정, 실행, 후속 과정, 종결). 중요한 기법과 태도는 그 과정이 더욱 완벽해질 수 있도록 보완하는 역할을 한다. 자문은 학교와 기관에서 주로 행해지며, 훈련 모델은 자문 기법을 가르칠 때 사용된다. 상담자가 자문가로서의 역할을 하는 것에 대한 개념과 실행 방안은 아직 개발 중에 있다.

학 습 활 동

1. 당신은 자문과 상담을 어떻게 구분하겠는가? 주변 동료들과 자신의 생각에 대해 상의해 본 후, 학급 전체에서 토론해 보라.

2. 네 가지 포괄적 자문 모델 중 당신이 앞으로 함께 작업하기로 계획 중인 내담자에게 가장 적절할 것 같은 모델은 어느 것인가? 그 이유는? 또한 그중에서 당신이 향후에 가장 덜 선호할 것 같은 모델은 어느 것인가? 다른 동료와 의견을 나눠 보고 학급 전체에서 토론해 보라.

3. 자문과정의 단계 중에서 당신이 생각하기에 가장 중요한 단계는 무엇인가? 어느 단계가 가장 어렵다고 생각하는가? 그 둘은 같은 단계인가? 당신이 사용할 수 있는 기법 중 효과적인 자문을 위해 사용할 것은 무엇인지 다른 3명의 동료와 함께 토의해 보라. 활동을 위해 당신이 할 수 있는 범위 안에서 개선하거나 개발해야 할 기량들을 확인해 보라.

4. 당신이 자문 서비스의 기반으로 가장 매력적이라고 생각하는 이론적 접근법은 무엇인가? 수업에서 유사한 성향의 사람들끼리 모여 집단을 만들고, 각 집단별로 그에 대한 생각을 서로 토론한 뒤 그 결과를 동료들과 공유해 보라.

5. 상담이나 자문 영역에 포함되지 않지만 상담자가 관여할 수 있는 여타 사전 조치 활동이 있다고 생각하는가? 이러한 영역에 둘 수 있다고 생각하는 특정 행동에는 어떤 것이 있는가? 집단을 네 개로 나누고 그 속에서 자신의 생각을 서로 토론한 후, 학급 전체에서 토론해 보라.

제13장

평가와 연구

1. 평가와 연구의 본질
2. 평 가
3. 상담자와 연구
4. 연 구
5. 통 계

수요일 정오의 권태로움 속에……
그곳 긴 창문이 있는 교실 뒷부분 정중앙에 앉은 당신은
당신 스스로를 들려오는 강의 소리와
당신을 지지하고 있는
파란 플라스틱 책상의 차가움에 적응시켜 가고 있다……

가벼운 말들과 하드록, 마돈나,
긴 머리카락, 짧은 추억……
그리고 변화로 가득 찬 세상에서
당신의 꿈들은 청바지 색처럼 바래져 가고……
배움은 책 저편으로 향하여 가는데
이런 일들은 학기 내내 우리를 구속하고 있고
여름이 시작될 때까지 지속된다……

– Gladding (1980/1986)

평가와 연구는 상담뿐 아니라 상담과 관련된 활동에서 필수적인 요소라고 할 수 있다(LaFountain & Bartos, 2002). 상담자의 역할은 상담 이론, 방법, 기법들을 훈련받고, 내담자들을 따뜻하게 대하고 보살펴 주고 공감해 주는 것만으로는 충분하지 않다. 오히려 상담자들은 평가자이자 연구자의 역할도 해낼 수 있어야 한다. 평가와 연구를 통해 상담자들 스스로 자신의 상담 실제에 대해 더 이해하게 되고 향상할 수 있기 때문이다(Hadley & Mitchell, 1995; May, 1996). 연구와 평가 능력이 부족한 상담자들은 자신뿐 아니라 상담계, 일반 대중, 제3의 지급인, 그리고 합법적으로 책임을 요구할 수 있는 특정 내담자들 모두를 위험에 빠트릴 수 있다. 상담 기법에 대한 평가와 연구를 제대로 하지 못하는 경우, 상담자들은 자신이 제공하는 상담 서비스가 전문상담협회가 요구하는 윤리강령을 합리적으로 충족하고 있다는 것을 증명할 수 없기 때문에 비윤리적이 되어 버릴 수 있는 위험이 있다(Heppner, Wampold, & Kivlighan, 2008; Sexton & Whiston, 1996).

따라서 평가와 연구는 상담자가 내담자에게 양질의 서비스와 긍정적인 결과를 보장해 줄 수 있는 방법이라고 할 수 있다(Herman, 1993). 또한 이러한 과정을 통해 상담자들은 잠시 멈추어 서서 자신의 상담과정에 대해 평가해 볼 수 있는 기회를 가지게 될 수 있다. 때때로 상담자들은 이렇게 "다른 방법으로 생각해 보고" 심지어 "다르게 행동해 봄으로써" 그들 스스로뿐 아니라 상담 분야를 발전시킬 수 있다(Watkins & Schneider, 1991, p. 288).

평가자, 연구자, 그리고 평가와 연구의 소비자가 된다는 것은 시간뿐 아니라 이 분야에서 일반적으로 사용되고 있는 기법들에 대해 철저하게 이해하고 있어야 한다는 것을 의미한다(Sexton, 1996). 이 장에서는 상담자들이 이 분야의 기량을 발전시켜 나갈 수 있을 것이라는 가정하에 상담 분야의 평가와 연구과정에 대해 알아볼 것이다.

1. 평가와 연구의 본질

평가와 연구는 다르지만 공통점도 많다. Wheeler와 Loesch(1981)는 두 용어가 흔히 개념적으로 함께 사용되기도 하고 서로 교체되어 사용되기도 한다는 점에 주목하였다. Krauskopf(1982)는 "평가와 연구 간에는 근본적으로 차이가 없다. 동일한 실증적인 자세를 취하고 있을뿐더러 필요로 하는 도구 또한 같다."(p. 71)고 주장하였다. 그러나 Burck과

Peterson(1975)은 두 개념을 다음과 같이 구별하였다. 그들에 따르면, 평가는 "보다 임무 지향적이고, 통제를 덜 받는 편이며, 결정권자들에게 정보를 제공하는 데 더 관심이 있고 비교적 덜 엄격하고 덜 정교한 편이며, 주로 어떤 사건이나 설정된 목표, 목적과 사건들의 관계를 설명하는 것과 관련이 있다"(p. 564). 예를 들어, 상담자가 되기 위한 준비과정에서 학생들은 학기 말 프로젝트로 포트폴리오를 준비해서 평가를 받을 수 있다(즉, 점수를 받음). 이때 교수와 학생은 학생이 받은 점수에 근거하여 한 학기 동안 해당 학생이 얼마나 많이 발전했는지를 평가하고 이 과정을 지속할 것인지를 결정하게 된다. 학술적이든 임상적이든, "양질의 서비스, 세심한 평가 그리고 평가과정에서 타당한 소통 능력"은 훌륭한 상담 프로그램의 세 가지 주요 요소라고 할 수 있다(Ohlsen, 1983, p. 357). 만약 평가가 수행되지 않았거나 긍정적인 결과가 도출되지 않았다면 해당 상담 프로그램은 어려움을 겪을 가능성이 크다.

그러나 연구는 "보다 이론 지향적이고 학술적이며, 전문가들이 해당 활동에 대해 보다 통제를 하게 되고 즉각적으로 적용 가능한 것은 아니더라도 보다 많은 결과를 도출해 내며, 설계의 복잡성이나 정확성 측면에서 보다 정교하고 연구자의 판단을 중요시하며, 현상을 설명하고 예측하는 것과 보다 관련이 있다"(Burck & Peterson, 1975, p. 564).

예를 들어, 상담자들은 몇 가지 이론적 기법들 중 어떤 기법이 동일한 장애로 고통받고 있는 내담자 집단에 가장 긍정적인 결과를 불러올 수 있는지 평가하는 연구를 수행할 수 있다. 이 경우, 연구자는 내담자들의 나이, 성 그리고 문화적 배경과 같은 변인들을 가능한 한 엄격하게 통제함으로써 어떤 기법이 어떤 사람들에게 효과가 있는지 분명한 그림을 얻게 될 수 있고, 보다 정확한 결과를 보고하거나 적절한 해석을 내릴 수 있다. 상담 연구에서 대부분의 상담자는 자신의 작업환경 내에서 연구를 통해 얻은 지식을 활용하는 '실전 연구자(applied researcher)'라고 할 수 있다.

다음에서 우리는 실제 전문 상담 분야에서 평가와 연구가 일반적으로 어떻게 적용되는지에 대해 알아볼 것이다.

생/각/해/보/기

당신은 평가와 연구의 차이점이 무엇이라고 생각하는가? 이 둘은 어떤 면에서 상호 보완적인 특성을 가지고 있는가?

2. 평 가

평가과정에는 보통 자원 배분에 대한 결정에 도움을 주고 프로그램 효과성을 최대한으로 보장하기 위하여 상담 프로그램의 다양한 측면에서 의미 있는 정보들을 모으는 과정이 포함된다(Gay, Mills, & Airasian, 2006; Wheeler & Loesch, 1981). 평가는 즉각적인 이용이 가능하다는 장점을 가지고 있다. 임상 장면에서 상담자는 평가를 통해 자신이 제공하는 서비스에 대한 직접적인 피드백을 받을 수 있을 뿐 아니라 향후에 제공해야 할 필요가 있는 새로운 서비스에 대한 통찰력을 얻게 될 수도 있다. 또한 평가를 통해 내담자는 자신이 참여하는 상담 프로그램에 대해 체계적이고 긍정적인 조언을 제공할 수 있는 기회를 가지게 될 수 있다. 몇몇 종류의 평가는 환경에 관계없이 모든 상담 프로그램에 반드시 적용되어야 한다(Hosie, 1994; Oetting, 1976).

부정확한 평가방법

상담자들이 사용할 수 있는 확실한 평가 모델들이 많이 있음에도 불구하고, 제대로 된 정보를 갖고 있지 않은 부정확한 평가 절차들 또한 많이 사용되고 있다(Daniels, Mines, & Gressard, 1981). 다음에 열거된 것 중 일부 혹은 모든 결함을 가지고 있는 평가방법들은 근거도 없고 신뢰할 수도 없는 결과를 양산할 수 있다(Burck & Peterson, 1975).

- 여론조사를 제한한다.
- 동등하지 않은 집단 간 비교를 실시한다.
- 서비스를 평가하기보다는 홍보한다.
- 어떤 분명한 목표 없이 프로그램을 평가하고자 한다.

평가 단계

프로그램 평가는 체계적이어야 하며 순차적인 단계를 밟아 가야 한다. 평가방법에 따라 필요한 단계들은 다양해질 수 있지만, Burck와 Peterson(1975)은 상담자들이 쉽게 따라 할 수 있도록 평가 절차를 제시하였다.

그들에 따르면, 평가 프로그램을 실시하기 위한 첫 번째 단계는 '**욕구 평가**'라고 할 수 있다. 책임감 있는 상담자라면 반드시 먼저 프로그램 내부의 문제점이나 우려점이 무엇인지부터 확인해 보아야 한다. **욕구**란 "어떤 것이 부족하다는 인식(지각) 또는 실제적으로 어떤 것의 부족을 나타내는 특정 집단 구성원들의 상태"를 의미한다(Collison, 1982, p. 115). 욕구는 직관적 혹은 개인적인 철학, 당국의 명령, 활용 가능한 자원들, 역사나 전통 그리고 전문가의 의견과 같은 수많은 요소에 기반을 두고 존재하는 것으로 추정된다. "욕구를 평가하기 위해서는 조사 대상을 명확하게 확인하고, 조사 대상과의 연락 방법을 구체적으로 명시하고, 측정과 관련된 이슈들을 해결해 나가는 등의 기법을 활용할 수 있다."(Cook, 1989, p. 463)

두 번째 단계는 '평가의 목표와 실행 목적을 기술하는 것'이다. 실행 목적으로는 **최종적인 프로그램 결과**(가장 즉각적으로 인식할 수 있는 결과)와 궁극적인 프로그램 결과(가장 오래 지속되는 결과)가 측정 가능한 형태로 서술되며, "각각의 목표마다 몇 가지 실행 목적이 뒤따르게 된다"(Burck & Peterson, 1975, p. 567).

세 번째 단계는 프로그램을 고안하는 것이다. 평가자가 기술한 목적들을 충족하는 프로그램이 개발되었을 때, 평가자가 원하는 목표에 초점을 맞춘 활동들 또한 정확하게 고안될 수 있다.

네 번째 단계는 프로그램을 개정하고 개선시키는 것이다. 이 시점에서 구체적인 활동들과 의사소통 패턴의 적절성을 평가하게 된다.

다섯 번째이자 마지막 단계는 "프로그램 결과에 대해 언급하고 보고하는 것이다"(Burck & Peterson, 1975, p. 567). 이 단계의 과업은 주로 프로그램 평가 결과를 일반 대중에게 널리 보급하는 것이다. 이러한 정보는 잠재적인 내담자들에게는 현명한 결정을 내리는 데 도움을 줄 수 있고, 임상 장면에 있는 상담자들에게는 자신이 제공하는 기술과 서비스를 향상하기 위한 피드백을 제공해 줄 수 있다.

평가자들은 프로그램에 직접적인 영향을 줄 수 있는 연구 결과를 도출하기 위하여 평가 과정에 반드시 다른 사람들을 포함시켜야 한다. 욕구 평가를 수행하는 데 참여한 사람들은 그렇지 않은 사람들에 비하여 상담자들이 확인된 욕구를 충족하고 프로그램 목표를 수립하는 데 더 도움을 줄 가능성이 크다.

평가 모델 선택

평가는 상담을 하는 중에도 지속적으로 반복되는 부분이기 때문에 상담자들은 반드시 이에 따른 준비를 해야 하며(Wheeler & Loesch, 1981), 평가를 수행하기 위한 여분의 시간을 확보해 두어야 한다. 이와 마찬가지로 중요한 것이 활용 가능한 여러 가지 평가 모델에 대해 배워 두는 것이다. House(1978)는 여러 평가 모델과 각각의 중요한 차원에 대해 기술한 표를 제시하였다(〈표 13-1〉 참고). 이 표에는 체제분석 평가, 행동목적 평가, 의사결정 평가, 탈목표(goal free) 평가, 예술비평 평가, 승인 평가, 적대 평가 그리고 과정 평가에 대한 내용이 포함되어 있다.

Daniels 등(1981)은 주요 평가 모델들에 대해 연구한 후, 특정한 상황에서 가장 적합한 모델을 결정하고자 할 때, 이 모델들을 비교할 수 있는 몇몇 실질적인 방법을 제시하였다. 그들은 "각각의 모델이 효과적으로 적용될 수 있는 범위를 규정짓는"(p. 580) 내적, 외적 규제들에 대해 언급하였을 뿐 아니라, 주어진 상황에서 상담자들이 어떤 모델을 적용하는 것이 좋을지 판단할 수 있는 틀을 제공하였다([그림 13-1] 참고).

〈표 13-1〉 주요 평가 모델 간 비교

모델 유형	주요 대상	결과	합의된 사항	방법론	전형적 질문
체제분석 평가	경제학자, 경영자	프로그램 효율성	목표, 알려진 원인과 결과, 수량화된 변인들	PPBS(기획, 계획, 예산제도), 비용 효익 분석	기대했던 결과가 성취되었는가? 가장 효율적인 프로그램은 무엇인가?
행동목적 평가	경영자, 심리학자	생산성, 책임성	기존에 명시된 목적, 수량화된 변인들	행동목적, 성취 평가	학생들은 목적을 달성하였는가? 교사들은 생산적이었는가?
의사결정 평가	관리자	효과성, 품질 관리	일반적인 목표, 평가 기준	설문조사, 설문지, 인터뷰, 자연발생적인 변화	프로그램은 효과가 있었는가? 어떤 부분이 효과적이었는가?
탈목표 평가	소비자	소비자 선택, 사회적 효용성	결과, 평가 기준	편견 통제, 논리적 분석	프로그램의 전체 효과로는 어떤 것들이 있는가?
예술비평 평가	감정 전문가, 소비자	수준 향상	비평가, 비평 기준	비평적 검토	비평가들이 이 프로그램을 승인할 것인가?
승인 평가	전문가 동료, 대중	전문가의 승인	동료 패널, 평가 절차와 기준	독학 또는 패널에 의한 검토	전문가들이 이 프로그램을 어떻게 평가할 것인가?
적대 평가	배심원단, 대중	해결	절차, 심사위원	준법률적(quasilegal) 절차들	프로그램에 대한 찬성론과 반대론은 무엇인가?
과정 평가	내담자, 전문직 종사자	이해	협상, 활동	사례 연구, 인터뷰, 관찰	프로그램이 다른 사람들에게는 어떻게 보일 것인가?

출처: Daniels, Mines, & Gressard (1981), House (1978) 재인용.

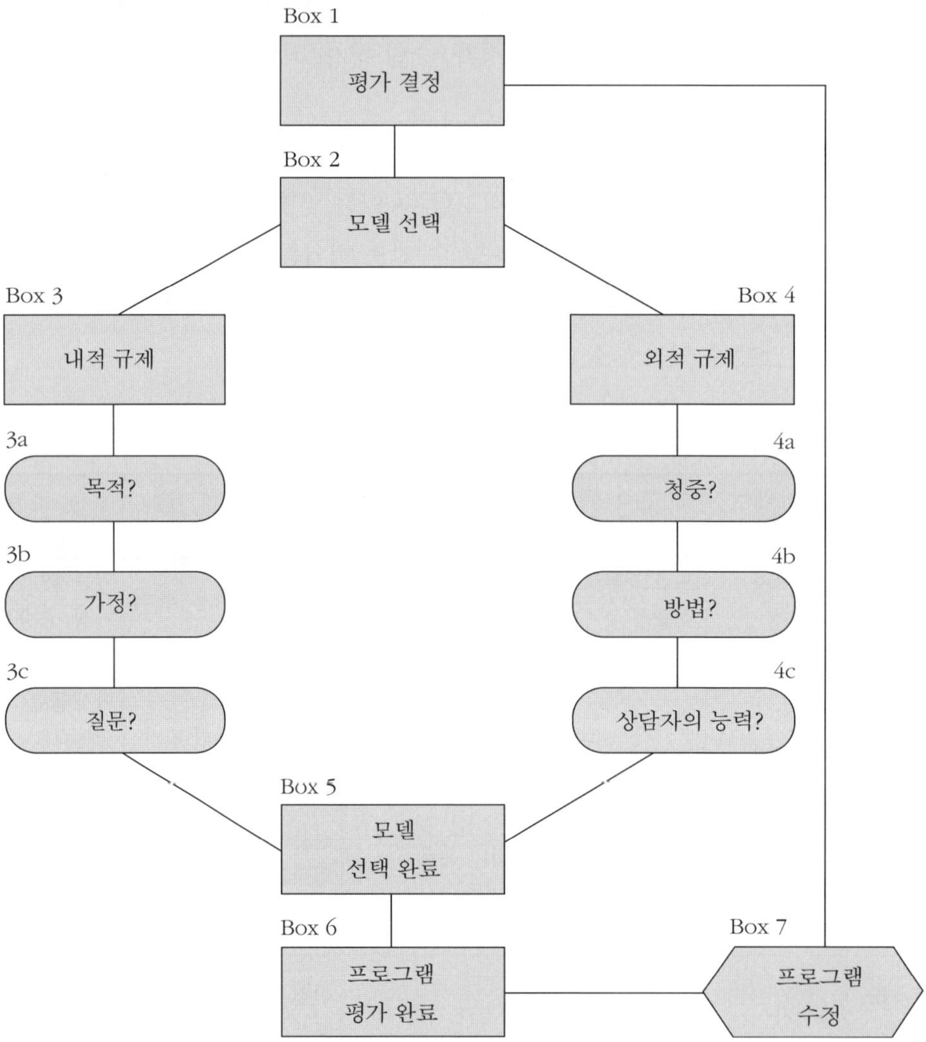

[그림 13-1] 평가 틀

출처: Daniels, Mines, & Gressard (1981), House (1978) 재인용.

평가 전에 제기된 질문들(즉, 사전 질문들)은 평가가 완료된 후에 제기된 질문들(즉, 사후 질문들)에 비해 만족스러운 답을 얻게 될 가능성이 크다. 몇몇 경우의 예를 들면, 자살 행동에 대한 내담자의 관점에 대한 연구를 수행할 때 연구자들이 내담자가 자살 행동을 한 후에 어떤 생각을 했는지 알아보기 원한다면 "자살 시도 후 살아남은 생존자들에게 물어보는 것" 외에는 별다른 선택권이 없다(Paulson & Worth, 2002).

참여자들이 경험한 현상의 근본적인 구조에 대해 연구하고자 하는 방법론적인 접근을 개념지도 그리기(concept mapping)라고 한다(Kunkel & Newsom, 1996). 어찌 되었든 평가자들은 처음부터 그들이 평가하고자 하는 것이 무엇이며, 어떻게 그것을 해 나갈 것인지 스스로에게 질문해 보아야 한다(Davidson, 1986). 이러한 부분에서 다음에 제시되는 세 가지 모델이 활용될 수 있다. PPR 모델(프로그램과 인원의 합은 결과와 같다는 모델; Gysbers & Henderson, 2006b), PPBS 모델(기획, 계획, 예산제도 모델), 그리고 CIPP 모델(맥락-투입-과정-산출 모델; Humes, 1972; Stufflebeam et al., 1971).

사례 Edward의 평가

Edward는 대학에서 학생생활 관리자로 새롭게 임명되었다. 전임 관리자는 학생들이 원하는 서비스를 제공하지 못했다는 이유로 해고되었고, Edward는 그와 같은 실수를 반복하지 않고 자신의 일을 잘 해낼 수 있기를 진심으로 바랐다. 그래서 그는 학생들을 대상으로 욕구 평가를 실시하기로 결심했다. 그의 계획은 인근 주립대학에서 그 학교 학생들에게 제공했던 활동 중 이 학교 학생들이 원하는 활동들은 무엇인지 학생들을 대상으로 직접 투표를 실시하는 것이었다. 비록 Edward는 규모가 작은 인문대학에 근무하고 있기는 했지만, 만약 학생들의 수요가 있다면 인기가 있는 프로그램을 학생생활 교육과정에 포함시킬 수 있을 것이라고 생각했다. 또한 그는 대학 내에서 별로 인기가 없었던 프로그램은 중단시키고, 그 돈으로 다른 활동들을 시행할 수 있을 것이라고 생각했다.

Edward의 계획 중에서 잘 계획된 부분은 어떤 것인가? 또한 결함으로는 어떤 것들이 있는가?

P+P=R 평가는 Gysbers와 Henderson(2006b)이 학교 상담자들을 위해 고안한 것이지만 수많은 다른 제도적 환경에서도 활용될 수 있다. 학교 상황을 예로 들면, Gysbers와 Henderson은 2001년 No Child Left Behind Act가 통과됨에 따라 학교에서 근무하는 상담자들에게는 자신이 실시하는 상담이 학생의 성공, 특히 학생의 학업 성취도에 기여한다는 것을 입증해야만 하는 부담이 날로 가중되고 있다(McGannon, Carey, & Dimmitt, 2005). 학교 상담자들은 그들이 운영하는 상담 프로그램이 전반적으로 학생들의 성공에 어떻게 기여하는지를 입증하기 위하여 세 가지 종류의 **평가방법**을 사용할 수 있다. 첫 번째 방법은 **구성원 평가**로, 학교 내에서 상담자들이 지도감독을 받고 평가받는 방법에 대해 서술하는 것이다. 두 번째 평가방법은 **프로그램 평가**다. 해당 프로그램이 어느 정도까지 시행되어야

하는지 정도를 알아보기 위하여 기존에 인정받고 있는 프로그램 기준에 비해 특정 프로그램이 어떤 상황에 있는지 알아보는 것이다. 마지막으로, **결과 평가**는 상담자들이 제공하는 프로그램이 학생, 학교 그리고 지역사회에 미치는 영향에 초점을 맞추어 실시할 수 있다. 각각의 평가도 중요하지만 모든 평가가 관련되어 있고 상호작용을 하도록 하는 것이 매우 중요하다. 구성원 평가와 프로그램 평가의 합은 결과 평가가 될 수 있어야 한다.

PPBS 모델은 명확하게 서술된 목표, 목적 그리고 평가 기준을 포함한 프로그램 계획을 강조하는 모델이다. 관련된 상황, 사람, 처치 모두 이 모델의 주요한 관심사라고 할 수 있다. Humes(1972)는 PPBS 모델로부터 파생된 정보는 **규준 참조**(normative referenced) 평가(표준화 검사를 활용할 때, 집단 내 다른 구성원들과 비교하여 행해지는 평가)라기보다는 **준거 참조**(criterion referenced) 평가(평가하고자 하는 범위와 직접적으로 연관된 평가)에 가깝다는 점에 대해 언급하였다. 따라서 적절한 계획과 프로그래밍이 실행된다면 평가자는 효과적인 상담이 내담자의 진전에 중요한 변인이 될 수 있다는 점을 입증해 낼 수 있다. 더욱이 예산 결정과정에서 상담의 영향력이나 비용 효율성 또한 명확하게 드러낼 수 있고, 프로그램의 강점과 약점도 입증해 낼 수 있다. 이때 상담 서비스 관리자들은 현재 제공되고 있지 않은 서비스를 개발하고 제공하기 위한 자금 마련을 정당화할 수 있는 보다 유리한 위치에 있을 수 있다. 이러한 면에서 프로그램 분석은 필수적이라고 할 수 있다.

CIPP 모델은 네 가지 유형의 평가방법을 제시하고 있다. 첫 번째, **맥락(상황) 평가**(context evaluation)에서는 계획했던 프로그램과 실제 실행된 프로그램 간의 비교를 실시한다. 두 번째, **투입 평가**(input evaluation)에서는 프로그램의 목적을 충족하기 위해서 어떤 자원들이 필요하고 그중 활용 가능한 자원은 무엇인지에 대한 정보를 수집한다. 이 부분에서 비용 효율성을 입증할 뿐 아니라 추가적인 자원들이 필요하다는 점을 알려 줄 수도 있다. 세 번째, **과정 평가**(process evaluation)에서는 프로그램 설계의 강점과 약점에 초점을 맞추게 된다. 만약 의사소통 설계와 같은 약점이 발견되면 수정 조치가 취해질 수 있다. 네 번째, **산출 평가**(product evaluation)에서는 전체 프로그램의 최종 결과에 초점을 맞춘다. 이 단계에서 평가자들은 해당 프로그램이 실제로 얼마나 효과가 있었는지 알아보게 되고, 프로그램을 지속하거나 재사용, 확대, 제거하기 위한 계획들 또한 만들 수 있다. 어떤 평가 유형이 사용되는지에 관계없이 대부분의 평가과정은 결론에 도달하는 과정에서 연구를 실시하게 된다.

3. 상담자와 연구

상담학계는 연구와 "오래된 양면적인 관계"를 맺고 있다(Sprinthall, 1981, p. 465). 연구라는 단어는 이에 대한 어떤 비밀스러움을 담고 있다(Leedy & Ormrod, 2001). 그것은 배타적이고, 규정하기 힘들고, 일상생활로부터 동떨어진 활동을 암시하기도 한다. 어떤 상담자들은 연구의 이러한 비밀스러움에 끌리거나 개인적으로 조사에 일반적인 관심을 갖게 됨으로써 연구에 흥미를 느끼게 되기도 한다. 그러나 다른 상담자들에게 "연구는 일반적으로 두려움, 불안, 심지어는 거부라는 정서적 반응을 불러일으킨다"(Fall & VanZandt, 1997, p. 2). 이러한 상담자들은 대부분의 연구가 자신의 실질적인 욕구와 거의 관련이 없다고 느낀다. 나아가 그들은 연구를 차갑고 비인격적인 것으로 인식하기도 한다(Krauskopf, 1982).

몇몇 상담자는 일상적으로 내담자들과 해야 하는 일들이 너무 많기 때문에 최신의 연구 결과들을 알아가기는커녕 연구를 할 수 있는 시간조차 낼 수 없다고 말한다(Sexton, 1993). 따라서 대부분의 상담자는 연구 활동에 관여하지 않으며, 연구와 상담의 실제를 통합하는 데 심각한 차이가 나타나게 된다(Sexton & Whiston, 1996). 심지어 수많은 상담자는 "연구와 연구자들을 향한 반감과 분개에 대한 증거"를 보이기도 한다(Robinson, 1994, p. 339).

연구에 대한 상담자의 부정적인 감정, 그리고 연구를 하기 위한 시간과 에너지를 투자하는 것에 대한 저항은 수많은 요인과 관련이 있다. 그중 주된 요인들은 다음과 같다(Heppner & Anderson, 1985; Sexton, 1993).

- 연구방법에 대한 지식 부족
- 자신이 활용하고 있는 프로그램에 대한 명확한 목표와 목적의 결여
- 효과적인 치료 절차를 수립하는 데 있어서 연구가 얼마나 중요한지에 대한 의식 부족
- 부정적인 결과 도출에 대한 두려움
- 동료들, 슈퍼바이저들로 인한 좌절
- 재정적인 지원의 부족
- 연구 수행에 대한 제한된 능력과 낮은 적성

게다가 몇몇 상담이론은 실증적 연구의 중요성을 경시하고 있기도 하다. 그러나 일부 상담자와 연구 사이의 압박감에도 불구하고 실제적인 상담 활동과 성과 연구 간에는 유사점이 존재하는데, 두 가지 모두 여섯 단계의 과정을 포함하고 있다(Whiston, 1996; 〈표 13-2〉 참고).

〈표 13-2〉 상담 실제 및 성과 연구간 유사점

상담 단계	연구 단계
1. 문제 또는 어려움 확인	1. 연구 문제 확인
2. 목표 수립	2. 연구 설계 수립
3. 개입 결정	3. 처치 완전성 보증 및 결과 측정방법 결정
4. 상담 실행	4. 자료 수집
5. 상담과정 평가	5. 자료 분석
6. 종결	6. 해석 및 결론 도달

출처: Whiston (1996).

예를 들어, 양쪽 모두 첫 단계는 확인하기와 연관되어 있다. 상담에서는 내담자의 문제 또는 어려움을 확인하는 반면, 연구에서는 문제나 조사하려는 문제를 확인하는 데 중점을 둔다. 이와 유사하게, 두 번째 단계에서는 각각의 치료 목표를 수립하고 연구 설계를 수립하게 된다. 이후 상담에서는 상담 개입을 선택하는 결정 단계가 이어지고, 연구에서는 처치의 완전성을 보증(ensuring treatment integrity)하는 방법이 선택된다. 네 번째 단계에서는 상담을 실시하거나 자료를 수집한 다음, 상담과정을 평가하거나 자료를 분석하게 된다. 마지막으로는 양쪽 모두 상담을 종결하거나 연구를 해석하고 결론을 내리게 된다.

생/각/해/보/기

상담과 연구의 진행 단계가 얼마나 유사한지 아는 것이 연구에 대한 당신의 느낌에 어떤 변화를 주었는가? 만약 그렇다면 어떤 점이 그러한가?

4. 연 구

연구에 관한 많은 정의가 있지만 Barkley(1982)가 내린 정의가 가장 탁월하다. "연구(research)는 체계적인 수집이자 조직화이며, 가능한 한 질문에 분명하게 답하기 위해 관찰한 것을 해석하는 것이다."(p. 329) 연구의 과제는 쉽사리 진실을 내놓지 않는 질문들에 대한 답을 찾아가는 것이다. 연구의 질은 저항이 극복될 수 있는 정도, 그리고 영향력의 오염을 최소화함으로써 신뢰도를 최대화할 수 있는 방법이 고안될 수 있는지의 정도에 달려 있다.

연구과정 단계

좋은 연구란 그 단어의 가장 광범위한 정의를 과학적으로 내리는 것이다. 앞서 언급했던 것처럼, 연구는 특정한 모수, 변수 또는 질문에 중점을 두는 체계적인 관찰에서 시작한다(Gay et al., 2006; Heppner et al., 2008). 완벽하고 체계적인 관찰은 변수들 사이의 상관관계와 특정 사건이 왜 발생하는지를 설명하는 데 사용된다. 설명이 이해로 넘어가면 결과적으로 어느 정도 예측이 되고 통제가 된다.

연구조사를 진행하는 데 활용할 수 있는 몇 가지 지침이 있다. 예를 들어, Campbell과 Katona(1953)는 조사 수행과 관련된 단계 순서를 보여 주는 흐름도를 개발했다. 더욱이 최근에 Ary(1996)는 연구를 하기 위한 8단계 과정을 고안했다. 이 과정은 임상 현장에서 잘 활용될 수 있지만 상담 연구의 다른 분야에도 적용 가능하다.

1. 문제 설명: 설명은 명확하고 간결해야 한다. 만약 이 단계에서 혼란이 생긴다면, 조사 노력은 아마도 아무 가치가 없을 것이다. 명확한 문제 설명의 예로, "본 연구의 목적은 상담자와 내담자 사이의 눈 맞춤이 상담과정의 효과와 관련이 있다라는 가설을 검증하기 위한 것이다."를 들 수 있다.
2. 문제 해결에 필요한 정보 확인: 이 단계는 실험을 포함한 심리 또는 교육 검사 또는 체계적 관찰 등에서 얻은 다양한 정보를 포함할 수 있다. 연구자들에게 필요한 몇몇 자료들은 수집이 불가능할 수 있다. 연구자들은 문제 설명을 수정할지, 아니면 연구를 종결할지 결정해야 한다.
3. 자료 수집 방법의 선택과 개발: 일반적인 자료 수집 방법으로 조사, 검사, 객관적 보고서 등이 있다. 만약에 연구자들이 현존하는 적절한 방법을 찾지 못한다면 다른 방법을 개발하여 그 방법의 신뢰도와 타당도를 검증해야 한다.
4. 표적 모집단과 표본 추출 절차 확인: 만약 집단이 충분히 작다면 전체 모집단을 연구할 수 있다. 그렇지 않은 경우에는 신중하게 표준화된 표본 추출과정을 거쳐 표본을 선택해야 한다.
5. 자료 수집을 위한 절차 설계: 이 단계는 어떻게, 언제, 어디서 그리고 누구로부터 정보를 수집할 것인지를 결정하는 것과 관계가 있다.
6. 자료 수집: 원하는 정보를 얻기 위해 체계적인 절차를 수행한다. 일반적으로 이 과정에서는 신중한 모니터링과 지속적인 시간 투자가 이루어진다.
7. 자료 분석: 자료를 의미 있게 조직화하고 그 자료들이 연구하려는 문제에 답을 제공하는지를 결정하기 위해 선택과정이 진행된다.

8. 보고서 준비: 연구 결과는 다른 사람들이 활용할 수 있도록 논문이나 전문적 발표와 같은 의미 있는 형식으로 만들어져야 한다.

연구의 타당도

상담 연구자들이 실무자들을 위해 연구를 실시한 결과, 타당도에 관한 한 가지 중요한 의문이 제기되었다. 즉, 대부분의 연구는 실용적인 문제들에 대해 타당한 결과를 내놓지 못하였고, 그것이 현장에 유용하지도 않았다(Goldman, 1976, 1977, 1978, 1979, 1986, 1992). 많은 연구를 보면 상담 연구에 관한 비전이 결여되어 있고, 대신에 세부사항에 지나치게 집중한다. 이런 방법으로 연구를 수행하는 연구자들은 자연과학 및 생물과학의 실험 연구 설계와 그 과정을 너무 쉽게 받아들인 나머지, '상담에 적합한' 연구방법을 개발하는 데 실패했다. 그들의 연구 결과는 종종 아무 쓸데없고 하찮은 것들이었다.

연구의 타당도 논쟁은 모든 지식이 모든 상담자에게 동등하게 유용하지는 않다는 사실에 기반을 둔다(Krumboltz & Mitchell, 1979). 따라서 제한된 자금과 에너지는 상담자가 기능하는 방식에 차이를 줄 수 있는 연구에 직접적으로 투자되어야 한다. 연구에서 타당도를 정의하는 한 가지 방법은 목표와 의도, 목적과 같이 개인이 상담을 찾는 이유에 집중하는 연구를 강조하는 것이다(Howard, 1985). 타당도에 접근하는 또 다른 중요한 방법은 "상담실에서 이루어지는 활동을 연구에서 얼마나 정확하게 측정해 낼 수 있을지"를 결정하는 것이다(Gelso, 1985, p. 552). 이 같은 연구를 경험 연구(experience-near research)라고 한다. 이 방법은 상담자들에게 적용 가능하며 직접적인 도움이 된다.

실행 연구(action research)는 경험 연구의 한 형태다. 이것은 학습장애가 있는 아이를 어떻게 하면 도울 수 있을지, 또는 아동 집단에서 자존감 프로그램의 효과를 평가하는 것과 같이 상담자들이 일상적으로 만나게 되는 현실적인 문제들을 해결하는 데 초점을 둔다(Gillies, 1993). 실행 연구에는 진단 실행, 참여 실행, 경험적 실행, 실험적 실행에 목적을 둔 연구가 포함된다. 이런 연구 중 일부는 통제하기 어려우며, 보다 엄격한 연구에 비해 쉽게 일반화되지 않는다. 연구에서 타당도 문제를 해결하기 위해 Gelso(1985)는 모든 연구를 읽을 때 '이 연구는 어떻게 진행되었는가? 이 연구는 내가 상담을 할 때 어떻게 적용될 수 있을까?' 와 같은 특정한 질문을 해 볼 것을 제안한다.

연구방법 선택

상담 연구에 내재된 문제들에도 불구하고, 상담자들은 규칙적으로 많은 수의 조사방법론을 활용하고 있다. Kaplan(1964)은 **방법**(method)이란 다양한 훈련에 적용 가능한 절차라고 정의하였다. 대조적으로 **기술**(technique)이란 여러 특정한 훈련에 적용되는 절차다. 대부분의 상담 연구에서는 다른 상담에서도 일반적으로 적용될 수 있는 통제된 관찰과 같은 절차가 사용되기 때문에 **기술**보다는 **방법**이라는 용어가 적절하다. "상담과정을 실험하는 데 최고"로 여겨지는 방법은 없다(Hill, 1982, p. 16). 오히려 다른 연구방법이 다른 연구 문제를 해결하곤 한다(Watkins & Schneider, 1991). 결과적으로 연구방법은 상담과정에 영향을 미칠 수 있는 선택 변수들을 통제함으로써 연구 질문에 대한 답을 제공한다(Kerlinger & Lee, 2000).

모든 연구방법에는 Gelso(1979)가 공기방울(bubbles) 또는 결함이라고 표현한 것이 포함되어 있다. Gelso는 연구방법을 선택하는 것은 자동차 앞 유리에 스티커를 붙이는 것과 같다고 말한다. 스티커 바닥에 공기방울이 언제나 남을 수 있는데, 누군가 가능한 한 모든 공기방울을 빼내려고 노력을 한다 하더라도 약간은 남는다. 공기방울을 완전히 없애는 유일한 방법은 스티커를 안 붙이는 방법밖에 없다. 연구에서 모든 결함을 피하는 유일한 방법은 연구를 하지 않는 것이다. 연구방법이 아직 불확실하기 때문에 전문적인 교화(edification)와 발전이 이루어져야 한다. 이에 대한 대안은 상담의 효과에 대해 지식이 충분하지 않은 채로 남아 있는 것 또는 새로운 방법과 기술을 앞서 발전시키는 것을 택하는 것이다.

사례 Oscar의 관찰

Oscar는 많은 내담자가 자신의 상담실을 나가기 전에 다음 회기를 예약할 때 눈물을 보인다는 것을 알게 되었다. 이 관찰을 통해 그는 보다 나은 방법으로 예약을 할 수 있는 방법이 있는지 궁금해졌다. 한 가지 방법은 내담자들이 상담을 하러 들어가기 전에 다음 예약 시간을 잡도록 하는 것이었다. 이 방법을 통해 내담자들은 겉보기에 덜 당황스럽게, 덜 스트레스를 받으며 건물을 나갈 수 있었다.

그는 그의 아이디어를 다른 임상가들과 직원들에게 제안했다. 그들은 회의적인 반응을 보이긴 했지만, Oscar의 아이디어를 시행하는 데 동의했다.

당신은 Oscar가 가치 있고 유용한 결과를 확실하게 도출하기 위해 무엇을 했어야 했다고 생각하는가?

연구의 강조점

상담 연구는 각기 다른 주안점을 두고 실시될 수 있는데, 그중 가장 중요한 네 가지는 다음과 같다.

- 실험 연구 vs 현장 연구
- 순수 연구 vs 응용 연구
- 과정 연구 vs 성과 연구
- 양적(집단) 연구 vs 질적(개인) 연구

각각의 주안점은 두 조사 범주 사이의 대조성과 연관이 있다. 다양한 범주는 상호 배타적이지 않다. 예를 들어, 실험 장면에서 상담 기술의 결과를 양적으로 보고하는 많은 연구에서는 범주 중 하나 이상을 포함한다(Creswell, 2002).

첫 번째로 살펴볼 것은 실험 연구와 현장 연구다. **실험 연구**(laboratory research)는 관련되지 않은 다양한 변수를 가능한 한 통제할 수 있는 상담 연구실과 같은 제한된 환경 내에서 이루어지도록 하는 것이다(Dobson & Campbell, 1986). 이런 조건하에서 몇몇 연구자는 그들이 가장 신뢰할 만한 정보를 얻을 수 있다고 생각한다. 실제로 연구자인 John Gottman은 그의 '사랑 실험실(love lab)' 에서 커플 관계의 질적인 면과 관련해 극히 적절한 정보를 얻었다는 것을 발견했다. 그러나 **현장 연구**(field research) 실무자들은 대부분의 실험 연구가 인공적이라 보았고, 상담 이론과 기술은 상담 센터와 클리닉 같은 실제적인 상담 상황에서 가장 잘 관찰되고 기록된다고 믿고 있기 때문에 이런 장면들이 현실적인지, 그 결과가 다른 실무자들에게 적용 가능한지에 대해 논쟁을 하고 있다.

두 번째는 순수 연구와 응용 연구다. **순수 연구**(basic research)는 이론을 지향하며, 이를 연습하는 사람들은 "이론에 의해 제기된 어떤 퍼즐이나 문제를 조사하는 데 흥미를 가진다" (Forsyth & Strong, 1986, p. 113). 한 예로, Rogers 이론에 근거한 상담자들이 반영적 임상방법을 사용하는 것과 직면적 임상방법을 사용하는 것에 오랜 시간 동안 중점을 둔 연구를 실시한 것을 들 수 있다. 대조적으로 **응용 연구**(applied research)는 실제적인 문제를 설명하고 그들이 발견한 것을 현존하는 문제에 적용하는 데 중점을 둔다. 응용 연구의 예로는 상담센터에서 상담을 받은 사람들로부터 상담 서비스에 관한 정보를 수집하여 상담의 효율성과 효과성, 지역사회에 기여한 영향을 분석하는 프로그램 평가를 들 수 있다(Astramovich & Coker, 2007). Tracey(1991)는 순수 연구와 응용 연구를 구별하는 한 가지 방법을 제공하였다([그림 13-2] 참고).

[그림 13-2] 순수 연구와 응용 연구, 실습 간의 상관

출처: Tracey (1991).

세 번째는 과정 연구와 성과 연구다. Hill(1991)에 따르면, **과정 연구**(process research)는 "상담과 치료 회기 내에서 무엇이 일어나는지"(p. 85)에 관심을 가진다. 그녀는 상담에서 변화를 식별해 내는 것은 "상당히 압도적이거나 좌절스러울 수 있다."고 언급하였다(Hill, 1982, p. 7). 이 연구에서는 내담자에 대한 상담자의 반응과 같은 몇몇 변인에 집중하는 데 많은 시간과 에너지가 요구된다. 과정 지향적인 연구자들의 소진율이 높을 수 있으나 이런 연구는 상담관계 역동 자체에 대해 알아가는 데 큰 도움을 줄 수 있다. 과정 연구의 예로는 상담 단계에서 상담자가 사용하는 기술의 중요성을 평가하는 Allen Ivey(1980)의 연구를 들 수 있다. 반면, **성과 연구**(outcome research)는 "상담이 내담자에게 미치는 영향을 실험적으로 연구하는 것"이다(Lambert, Masters, & Ogles, 1991, p. 51). 이 연구는 "처치 전후에 특정 종속변수를 측정하는 것이 특징"이다(Hill, 1982. p. 7). 성과 연구의 예로는 우울한 사람들을 대상으로 실시한 인간중심 상담의 효과 연구를 들 수 있다. 성과 연구는 결과를 만들어 내는 요인들보다 결과를 강조한다.

네 번째는 양적 연구와 질적 연구(즉, 자연주의적 탐구)다. **양적 연구**(quantitative research)는 연역적이고 객관적이다. 그리고 흔히 객관적 현상의 명료성, 정확성 그리고 재현 가능성에 관한 주관적 이해를 경시하는 경향을 보인다. 양적 접근방법은 실제적이고 환원적인 개념적 체계, 즉 "객관성, 선형성, 원인과 결과, 반복성 및 재현 가능성, 예측성, 그리고 데이터의 정량화에 가치를 두는" 체계에 토대를 두고 있다(Merchant & Dupuy, 1996, p. 538). 기본적인 양적 연구 설계로는 실험 설계와 설문조사가 있다(Rosenthal, 2001). 상담자의 실제 업무를 고려한 실용적인 결과물을 산출해 낸 양적 연구의 한 예로는 전국 규모의 실천 연구 네트워크(Practice Research Network: PRN)를 들 수 있다. PRN은 대규모 설문조사를 통해 정신건강 상담가들의 일상 업무에 관해 조사하였다(Smith, Sexton, & Bradley, 2005).

이와 반대로 **질적 연구**(qualitative research)는 귀납적이고 자연주의적이며, 인공두뇌학적이고(cybernetic) 현상학적이다. 질적 연구에서는 사람들이 자신과 환경에 대해 알아가는 독특한 틀을 이해하는 것을 가장 강조한다. 이론과 연구가 부족한 상황에서 질적 연구는 유용하게 활용될 수 있다(Merriam, 2002). 질적 연구는 사전에 정의된 매개변수 없이 복잡한 사회 상황을 이해하는 데 중점을 둔다(Creswell, 2002; Jencius & Rotter, 1998). "질적 연구는 통제된 환경에서 인과관계 패턴을 밝혀내기보다는 사람들이 하고 있는 것, 그리고 그들이 발생한 상황을 어떻게 해석하는가에 대해 연구한다." (Merchant & Dupuy, 1996, p. 537) 여러 면에서 질적 연구는 "대인관계의 중요성이 (상담의) 영역을 정의하기 때문에" 특히 상담에 적합하다(Berrios & Lucca, 2006, p. 175). 전반적으로 "상담 영역에서 질적 연구는 상담을 제공하는 것과 제공된 상담에 관해 과학적 연구를 하는 것 모두에 대한 몰입이 필요하다" (p. 181).

빈번하게 사용되는 질적 방법은 현장 연구, 사례 연구, 내러티브 연구, 심층 면접, 개인적 연구가 있다. Mark Savickas(2005)는 내담자가 자기 자신을 일에 맞추기보다, 자신의 일을 자신의 삶에 맞추도록 돕기 위해 내러티브 상담방법을 사용함으로써 질적 연구의 대가임을 증명하였다. 그의 접근은 내담자의 삶을 현재 쓰이고 있는 소설로 바라본다. 이 방법에서는 내담자가 자신의 삶이라는 프로젝트를 발전시켜 가기 위해 자신의 일을 어떻게 활용할 수 있는지를 밝혀내는 반복적인 주제를 중요하게 다룬다.

그러므로 이 두 접근은 각각의 목적 및 연구의 목적에 대한 가정이 다르다는 점에서 차이가 있다(May, 1996; Merchant & Dupuy, 1996). 양적 연구와 질적 연구 어느 것도 다른 것보다 우세한 것은 아니다. 그보다 어떤 문제가 어떤 이유로 제기되었는지에 따라 사용을 달리할 수 있다. 양적 연구의 주요 강점은 많은 양의 자료를 명확하고 수학적인 방법으로 분석한다는 점이다. 질적 연구는 미묘하고 개별화되어 있으며, 발달적이며 실험적으로 보고된 상담 양상을 짚어 내는 방법을 활용하는 강점이 있다(Creswell, 2002; Denzin & Lincoln, 2000; Mertens, 1998).

상담에 관한 연구는 질적 연구(vs 양적 연구) 그리고 현장 연구(vs 실험 연구)의 두 측면으로 기울어져 오고 있다(Goldman, 1992; Watkins & Schneider, 1991). 내담자는 상담과정에서 수동적이기보다는 활동적인 존재로 여겨진다(Gelso, 1985; Howard, 1985). 전반적으로 상담 연구는 내적인 면보다 전체적인 면을 강조하는 추세를 보인다(Froehle, 1985).

주요 연구방법

상담자는 자신이 답을 얻고자 하는 질문, 그들의 특별한 관심, 연구에 사용 가능한 시간과 자원에 적합한 연구방법을 결정한다(Heppner et al., 2008). 방법은 연구의 종속장치가 되어야지 주인이 되어서는 안 된다(Smith, 1981). 연구를 시도할 때 매번 적합한 방법은 없다. Ohlsen(1983)이 진심을 담아 말한 것처럼, "연구 문제를 발달시키고 명확하게 하는 것은 느리게 진행되는 과정이자 공을 드리는 과정이다" (p. 361). 연구 문제는 연구방법을 고려할 수 있는 맥락을 제공한다. 대부분의 경우, 연구 문제는 상담 장면에서 발생하는 상태에 관한 것들이다(LaFountain & Bartos, 2002). 일단 연구 문제를 결정하고 나면 양적 또는 질적 방법을 선택하게 된다.

연구방법과 자료를 얻는 방식은 연구가 개인, 집단 혹은 연인/가족 상담에서 진행이 되었는지에 따라 다를 수 있다. 연구 전략, 즉 연구 프로젝트를 이끌거나 연구 프로젝트에 방향을 제시하는 근본적인 힘은 연구자를 가능한 한 "가장 유리한 위치"에 두려는 경향이 있다(Husband & Foster, 1987, p. 53). 주요 연구방법은 역사적, 기술적, 실험적 관점으로부터 나타나는 자료들에 의해 결정될 수 있다(Galfo & Miller, 1976; Vacc & Loesch, 2001). 이런 방법에 사용되는 절차는 상호 배타적이지 않다. 예를 들어, Tracey(1983)는 하나의 질적 독립체(예: 한 사람)에 중점을 둔 N of 1 연구(N of 1 research)가 역사 연구, 사례 연구, 집중 설계 연구에서 사용될 수 있다고 보았다. 이런 연구는 연합적이거나 실험적일 수 있다. 이런 연구와 다른 연구방법은 상당히 융통성이 있기 때문에 연구자는 전략을 계획하고 연구를 수행할 때 보다 자유로울 수 있다.

생/각/해/보/기

상담 분야에 대한 당신의 지식을 통틀어 당신이 답을 찾고 싶은 가장 흥미로운 문제는 무엇인가? 당신의 질문이 양적 또는 질적 연구방법을 통해 최선의 답을 얻을 수 있을 것이라고 생각하는가?

역사적 연구방법

역사적 연구방법은 상담 분야에서 대체로 거부되어 왔다(Goldman, 1977). 그 이유는 다양하지만, 가장 두드러진 이유는 역사적 연구방법과 역사심리학과의 연합 때문이다(Frey, 1978). 역사심리학은 정신분석 이론과 밀접한 연관을 맺어 왔고, 제기되어 온 질문에 관해 사람과 사건을 이해하는 데 유용한 방법으로 사용되었다(Thoresen, 1978). 그러나 Frey(1978)가 말한 것처럼 역사심리학은 Erik Erikson(1958)과 Wellfleet 집단(Kenneth Keniston과 Robert Coles가 집단 구성원에 포함되었던)에 의해 다음의 두 가지 측면을 포함하고 있다.

- 직업 발달에 영향을 미친 초기부터의 사건과 절차를 경험하고 보고하는 것
- 최근의 이론을 잘 다듬고 새로운 연구 가설을 만드는 것

대부분의 상담 저널들은 유명 상담자의 부고기사의 인쇄 및 이 분야의 선구자들에 대한 인터뷰 등을 다루는 것으로 제한하고 있다(Heppner, 1990a, 1990b). 비록 역사적 연구에 사용된 방법이 일반적으로 다른 연구에 사용된 것보다 덜 엄격하고 좀 더 질적이라 하더라도, 이 연구는 흥미롭고 가치 있는 결과를 만들어 낼 수 있다. 이 연구는 인간을 이해하는 데 있어 중요한 위치를 차지하는데, 전형적인 예로 성격 특성을 연구한 Gordon Allport의 개성 기술적(idiographic) 연구를 들 수 있다. 이러한 연구 접근은 더 나은 발전을 확실히 가능하게 한다.

기술적 연구방법

기술적 연구는 해당 분야에 현존하고 있는 요인들을 다루는 데 중점을 둔다. 기술적 연구의 하위 범주로는 설문조사, 사례 연구, 비교 연구가 있다.

설문조사

설문조사는 대중적으로 가장 많이 사용되는 방법 중 하나로서, 행동의 발생과 관련된 정보들을 수집하고, 잘 이해되지 않은 특성들에 대해 기술하기 위해 사용된다(Fong, 1992; Heppner et al., 2008). 설문조사는 다른 연구방법과 유사하게 진행된다. 연구 문제를 형성하고, 가설을 도출하고, 연구 설계를 선택한 후, 자료를 수집하여 분석한다(Kerlinger & Lee, 2000). 설문조사 자료는 개인 면접, 우편 질문지, 전화 면접, 기존의 녹음 자료나 기록 자료와 같은 비반응적 측정의 네 가지 방법을 통해 수집할 수 있다(Hackett, 1981; Marken, 1981; Moser & Kalton, 1972). 자료는 구조적 또는 비구조적 방법으로 수집될 수도 있고 횡단적(cross-section: 일정한 어느 시점에서 많은 사람을 측정) 또는 종단적(longitudinally: 동일한 사람들을 시간의 흐름에 따라 두 번 또는 그 이상의 시점에서 연속적으로 측정) 방법으로도 수집될 수 있다.

적절하게 구성된다면 설문조사 연구는 상담자에게 내담자들이 내담자 자신과 프로그램에 대해 어떻게 지각하고 있는지에 대한 방대한 양의 정보를 제공해 줄 수 있으며, 내담자의 욕구에 대한 정보 역시 제공해 줄 수 있다(Heppner et al., 2008; Hosie, 1994). 이와 같은 장점에도 불구하고, 설문조사 연구에서는 종종 네 가지의 주요한 문제가 전염병처럼 발생하기도 한다.

- 설문조사 도구가 빈약하게 구성될 수 있다.
- 설문조사는 회수율이 낮을 수도 있다.
- 표본 연구조사 대상은 때때로 비확률(nonrandom) 표본일 수 있고, 모집단을 반영하지

못할 수 있다(Hackett, 1981; Marken, 1981). 이 세 경우 모두 설문조사 연구 설계 및 방법론에 심각한 문제가 있기 때문에 연구 결과가 본질적으로 쓸모없는 것이 될 수밖에 없다.

- 설문조사는(또는 대부분의 다른 연구도 마찬가지로) 비용이 많이 들 수 있다.

설문조사 연구의 대표적인 예로는 남녀 성역할에 관한 뛰어난 발상을 토대로 수행되어 사회적 충격을 불러온 Kinsey 보고서를 들 수 있다. 또한 상담교육 프로그램에 관한 NBCC의 설문조사는 몇 년마다 주기적으로 상담교육 프로그램 출판 책자와 관련된 정보를 수집하는 방식으로 수행되는데, 양적인 정보 수집에 주안점을 둔 이 연구는 국가적인 프로그램 경향과 밀접하게 관련된 정보를 제공하는 역할을 하고 있다.

사례 연구

사례 연구는 사람, 집단, 프로그램과 같은 하나의 구성 단위를 집중적이고 체계적인 종단적 조사를 통해 이해하기 위해 실시된다. 거의 모든 현상은 사례 연구방법에 의해 검토될 수 있다(Leedy & Ormrod, 2001). 어떤 사례 연구들은 신뢰도가 낮은 자기보고 방식으로 진행되며, 또 다른 사례 연구들은 장기간의 자연주의적 탐구조사(naturalistic inquiry) 방식으로 진행된다(Smith, 1981). 자연주의적 탐구조사 연구 실행에는 많은 어려움이 따르는데, 좋은 연구를 구성하는 것이 무엇인가에 대한 이슈, 장기간 지속되는 연구로 인한 인건비 발생, 인과관계를 파악하는 어려움, 결과를 일반화하는 것의 어려움이 있다. 또한 종종 선입견과 후광 효과(사람이나 상황의 특성 부분을 전제로 확상해서 긍정적으로 보는 것)와 같은 문제도 발생한다(Goldman, 1977). 이러한 문제를 최소화하기 위해서 Anton(1978)과 Huber(1980)는 사례 연구에 적당한 몇 가지의 실험 설계를 고안하였다. 이 방법은 제한된 시간과 자원으로 시간의 흐름에 따른 변화를 관찰하는 데 유용하게 활용될 수 있다. 이 실험 설계에 대해서는 이후에 실험방법을 설명하는 부분에서 논의할 것이다.

비교 연구

비교 연구(상관 연구라고도 불림)는 역사/사례 연구방법과 실험 및 준실험 설계 사이를 이어 주는 역할을 한다. 이 연구방법에서는 자료를 활용하여 직접적, 양적인 비교를 실시하며(Cozby, 2001), 인과관계를 밝혀내기 위한 것이 아니라 단순히 여러 요인 간의 유사성에 주목한다. 예를 들어, 정신건강의 다양한 측면을 평가하는 도구의 점수와 신앙심 검사 점수를 비교한 연구를 들 수 있는데(Gladding, Lewis, & Adkins, 1981), 이 연구를 통해 신앙심에서 높은 점수를 받은 사람이 정신건강 평가에서도 높은 점수를 받는다는 점이 밝혀졌다.

그러나 이 연구 결과가 신실할수록 정신건강 수준이 더 높다는 것을 뜻하는 것은 아니다. 그보다는 단순히 점수들의 방향성을 비교했을 뿐이다. 이와 같이 측정된 점수들을 단순 비교하는 연구는 비교 연구의 좋은 예에 해당한다.

실험적 연구방법

실험적 연구방법은 통제된 조건하에서 자료를 설명하고 비교하고 분석하는 방법이다(Galfo & Miller, 1976; Heppner et al., 2008; McLeod, 1995). 상담 연구에 사용되는 실험적 연구방법들은 자연과학에서 그 기원을 찾을 수 있다. 이러한 방법을 사용하는 목적은 결과에 영향을 줄 수 있는 다른 요소들을 통제한 상태에서 하나의 변인이 다른 변인에 미치는 영향을 알아보고자 하는 것이다. 다르게 말하면, 이러한 방법을 사용하는 연구자는 인과관계를 밝혀내고자 하는 것이다. 이를 위하여 독립변인과 종속변인을 설정한다. **독립변인**은 '치료방법' 과 같이 연구자에 의해 조작되는 변인이며, 내담자의 행동과 같은 잠재적인 결과로 기록되는 변인이다. 연구자들은 다른 변인들의 영향이 완전히 제거된다면 **종속변인**은 독립변인에 의한 결과가 될 것이라고 본다. 상담 연구에서 상담자의 나이, 성별, 개인적 매력, 외모 등은 독립변인이 될 수 있고, 이러한 특징에 대한 내담자의 반응, 내담자의 협력 정도, 상담 장면에 대한 전체적인 반응 등은 종속변인이 될 수 있다. 내담자 반응은 비디오 녹화와 오디오 녹음, 상담 사후 인터뷰, 설문의 분석 등 다양한 방법으로 측정될 수 있다.

Cohen(1990)은 연구자들에게 독립변인, 종속변인은 변인의 수가 적고 단순할수록 좋다는 두 가지 원칙을 제시하였다. 연구에 관찰되는 변인의 수가 적고 명확하게 제시될수록 연구자나 독자가 연구의 요점을 이해하기 쉬워진다.

실험 연구를 수행할 때는 **오염변인**(연구의 타당화를 막는 변인, 예를 들어 한 집단의 사람들이 다른 집단의 사람들보다 더 건강한 것)을 통제할 수 있어야 한다. 잠재적인 오염변인을 통제하기 위해 가장 많이 사용되는 방법은 실험집단과 통제집단을 동일하게 구성하는 것이다. 이후 실험집단에서만 독립변인을 조작한 후 두 집단 간의 결과를 비교해 본다면 독립변인의 효과를 알아볼 수 있을 것이다. Campbell과 Stanley(1963)는 실험 및 준실험 연구와 관련된 문제를 자세히 언급하였는데, 이 이슈에 대해서 더 알고 싶은 독자들은 그들의 연구를 참고해 보는 것이 좋을 것이다.

전통적인 실험 연구는 집단 간 비교 연구로 행해져 왔다. 하지만 1970년대 이래로 N of 1로 알려진 **단일사례 연구**(single-subject research) 방식이 상담 영역에서 점차 받아들여지고 있는데, 실제로 상담자들이 많이 사용하고 있는 것은 아니다(Sharpley, 2007). "N이 1(n=1)인 연구, 즉 단일사례 연구는 집단이 아닌 1인의 참가자로부터 얻어진 자료가 연구 설계의 중심이 된다" (p. 350). 단일사례 연구의 장점은 다음과 같다(Lundervold & Belwood,

2000, p. 100).

- 이론으로부터 자유롭기 때문에 어떤 이론적 배경을 가진 상담자도 사용할 수 있다.
- 실제 장면에서 사용하기에 적합하고 유연하게 적용할 수 있다.
- 상담 효과성을 향상시킬 수 있다.
- 통계적 방법의 사용이 필수 조건은 아니다.
- 전문성에 대한 신뢰를 이끌어 낼 수 있는 과학적으로 효과적인 증거를 양산한다.
- CACREP에서 요구하는 기준, 즉 연구자-실무자 상담자 준비 모델에서 강조하는 연구, 책무, 다양한 연구방법론의 사용 등에 부합된다.

Miller(1985, p. 491)는 전통적인 집단 간 비교 연구에 비하여 단일사례 연구의 여섯 가지 장점을 다음과 같이 요약하였다(Hill, Carter, & O'Farrell, 1983; Sue, 1978b).

- 상담자와 내담자 사이에 일어나는 것을 더 적합하게 설명할 수 있다.
- 상담과정에 대한 자료 분석을 통해 긍정적/부정적 결과 모두를 이해할 수 있다.
- 결과 측정방법이 내담자의 구체적인 문제를 측정하기에 적합하다.
- 매우 드물고 평범하지 않는 현상도 연구할 수 있다.
- 진단과 치료에 새로운 절차를 유연하게 적용할 수 있다.
- 한 내담자를 대상으로 중재변인의 효과성을 평가하는 데 사용될 수 있다.

그러나 단일사례 연구의 잠재적인 문제는 '치료의 효과가 나타나지 않을 때' 발생한다. 때에 따라서는 처치와 상관없이 치료 효과가 나타나기도 하는데, 이를 **평균으로의 회귀**(regression toward the mean)라고 한다(즉, "극한의 값은 다시 측정되었을 때 평균과 가까워지는 경향이 있다"; Aldridge, 1994, p. 337). 이러한 문제를 극복하기 위해 특히 약물과 관련한 연구에서는 **휴약기**(washout period)[1]를 가져야 한다.

개인에게 초점을 맞추는 실험 설계로는 단순시계열 설계, 반전 설계, 중다기초선 설계 등이 있다.

---

1) 역자 주: 처치와 상관없이 평균으로의 회귀에 의해 효과가 나타났을 때 이러한 효과가 사라질 수 있는 기간을 말한다.

단순시계열 설계

단순시계열 설계는 가장 흔한 실험 설계방법으로 AB설계라고도 불린다(Sharpley, 2007). 우선 내담자에게 많이 사용되는 목표 행동이 나타나는 빈도를 매일 관찰/기록하여 기저선(A)을 설정한 후, 중재구간(B)을 도입한다. 내담자의 행동을 이전과 같은 방식으로 계속 기록한다. 두 기간 동안 내담자의 목표 행동을 비교하고 경향성을 기록한 후, 결과를 도표로 만들어 보면 중재구간이 어떤 효과를 가져왔는지 판단할 수 있다.

반전 설계

반전 설계는 단순시계열 설계보다는 좀 더 복잡하며, 반전구간을 포함하는 ABAB설계 형태로 구성된다. 첫 번째 구간은 단순시계열 설계처럼 실시되는데, 중재구간(B)이 일정 시간 이후에 종료된 후, 다시 두 번째 기초선 구간과 중재구간이 반복된다. "만일 두 번째 구간이 첫 번째 구간과 동일한 결과를 나타낸다면 중재 자체가 변화를 가져왔음을 확인할 수 있게 된다." (Huber, 1980, p. 212)

중다기초선 설계

여러 기초선 구간을 가지는 실험 연구 설계 중 가장 복잡한 형태로서 결과를 일반화하기에 가장 용이하다. 중다기초선 연구 설계에는 개인 간, 상황 간, 행동 간 설계가 있는데(Schmidt, 1974) 각각 다른 곳에 강조점을 두고 있다. 세 가지 모두의 공통적인 특징은 연구자가 다른 사람, 상황, 행동의 기초선 자료를 수집하고 있는 동안, 선택된 특정의 개인, 상황, 행동에 중재(intervention)가 적용된다는 점이다. 중재가 점차 기초선 구간에 있던 다른 사람, 상황, 행동에 적용되면, 상담자는 중재로 인한 변화를 보다 명확하게 확인할 수 있다. 다른 설계들처럼 결과를 그래프로 표현하는 것이 중요하다.

개인 간 실험 설계의 다섯 단계는 다음과 같다.

1. 변화를 추적 관찰할 수 있는 관찰 가능한 문제 식별
2. 기초선 자료 수집
3. 연구에 활용함
4. 세 가지 연구 설계 중 하나를 선택하여 중재 실행과 중재 결정
5. 목표 행동의 변화 측정

사례 Shannon의 단일설계 연구

Shannon은 단일설계 연구 아이디어에 매료되었다. 그녀는 단일설계 연구가 다른 종류의 양적 연구보다 더 쉽고 간단하다고 생각하였다. 특히 치료과정 안에 있는 사람과 관련한 Irvin Yalom의 글을 읽은 후 상담 회기 내에서 일어난 일들을 내담자와 상담자가 어떻게 받아들이는가에 흥미를 갖게 되었다. Shannon은 자신이 연구의 대상이 될 수 있는지 궁금했다. Shannon은 감각적이고 수용적이고 똑똑하고 충분히 동기화되어 있는 사람이며, 자신이 실험 보고서도 훌륭하게 작성할 수 있을 거라는 점을 잘 알고 있다.

Shannon이 스스로 자신의 연구 대상이 되는 것은 비윤리적인가 혹은 현명한 일인가? 도움이 되는 점과 도움이 되지 않는 점은 무엇인가?

연구 지침

상담 실제를 위한 기초 작업으로 연구를 수행하려는 상담자들은 다음의 지침을 명심해야 한다. 상담자는 연구방법의 장점과 단점을 잘 안식하고 있어야 하고 용어를 신중하게 정의해야 한다. 또한 특정 발견의 범위를 넘어서 결과를 확대하여 일반화하지 않아야 한다. 이러한 과정들은 연구를 가능한 한 객관적으로 평가하는 것에 도움이 될 뿐 아니라, 좀 더 세련되고 윤리적인 방법으로 연구 결과를 실제에 적용할 수 있도록 한다.

연구자들 중 일부는 연구에 성차(gender differences)가 올바르게 평가되었는지에 대해 관심을 가지고 있는데(McHugh, Koeske, & Frieze, 1986; Wakefield, 1992), Altmaier, Greiner와 Griffin-Pierson(1988, p. 346)은 이러한 이슈에 대해서 가장 눈에 띄는 조언을 하고 있다.

- 독자들은 특정 연구가 기초로 하는 '가치'를 주시하여야 한다.
- 상담자들은 연구 결과가 자신들의 경험과 일치하는지 살펴보고, 다른 환경이나 연구에도 수렴될 수 있는 결과인지 살펴보아야 한다.
- 독자들은 출산과 같은 여성에게 중요한 주제를 간과해서는 안 된다.
- 남성과 여성의 차이가 연속선상에서 양극단에 위치하는 것으로 추측해서는 안 된다.
- 논문을 읽을 때 성차가 얼마나 영향을 미치는지 고려해 보아야 한다. 즉, 독자는 관찰된 행동 중 얼마나 많은 변인이 성차에 회의를 두고 설명되고 있는지에 주목해야 한다.

마지막으로, 연구를 수행하는 상담자들은 석사과정과 평생교육 프로그램에서 요구하는 기술들을 잘 숙지하고 활용할 수 있어야 한다. 임상가들은 연구방법론을 잘 공부해서 실전에서 가능한 한 최고의 전문 지식을 반영할 수 있도록 해야 할 것이다.

5. 통계

통계와 통계적 검정은 1900년대 초에 번성하기 시작하였고(Tompson, 2002), 상담자와 같은 전문가에게 필수적인 요소로 작용하고 있다. 모든 상담자는 통계적으로 유의한 연구에 대한 관심 여부와 관계없이 자신의 연구도구, 즉 도서관이나 자신이 가진 자원들, 컴퓨터와 소프트웨어, 측정 기법들, 통계 등에 대해 잘 알고 있어야 한다. 통계는 평가와 연구에서 반드시 필요한 부분은 아니며, 통계를 활용한다고 해서 좋은 연구가 되거나 그렇지 않게 되는 것도 아니다(Leedy & Ormrod, 2001). 그보다 통계는 단순히 연구 결과를 분석하고 해석하고 다른 사람들과 소통하기 위한 하나의 방법이라고 할 수 있다(Wilson & Yager, 1981). Barkley(1982)가 강조하였듯이, "정교한 통계적 기술 없이도 훌륭한 연구자가 되는 것이 가능하고, 반대로 통계를 잘 다루지만 형편없는 연구자가 되는 것도 가능하다" (p. 327). 연구를 하는 것과 통계를 잘하는 것은 구분되어야 한다.

통계적 개념

모든 상담자가 연구 보고서를 올바르게 읽고 평가하기 위해서 반드시 알아두어야 할 통계적 개념들이 있다. 그중 하나는 **중심 경향 측정방법**(measures of the central tendency)으로서 중앙값, 평균, 최빈수를 측정하는 것이다. 이러한 측정방법들은 **평균값**(average)이라는 의미 이상을 나타낸다(LaFountain & Bartos, 2002). **중앙값**(median)은 최고점에서 최하점까지의 분포에서 정중앙에 위치하는 값이다. **평균**(mean)은 점수의 산술적인 평균값을 의미한다. **최빈수**(mode)는 가장 많이 나타나는 값을 말한다. 정규분포상에서 중앙값, 평균, 최빈수는 같은 값을 나타내는데, 실제로 이런 상황은 거의 나타나지 않는다.

다른 중요한 통계적 개념으로는 표준편차와 표집과정이 있다. **표준편차**는 "평균에 대한 점수 분산도를 측정한 것이다" (Marken, 1981, p. 42). 즉, 일련의 점수에 응답 변화도(response variability)가 얼마나 반영되느냐를 의미하는 것으로, 얼마만큼 동질적인 집단인지를 측정하는 것이다. "표준편차가 커질수록 개인 간 가변성은 더 커진다" (Thorndike, 1997, p. 41). **표집**은 연구 결과를 얼마나 실제에 적용할 수 있을지를 좌우하는 중요한 문제다. 만일 표본이 전체 모집단을 적합하게 대표하지 못하면 연구 결과를 전체 집단에 적용하기가 어려워진다. 모집단을 대표할 수 있는 표본이 무작위 방법으로 추출되었을 때 확신을 가지고 연구 결과를 전체 집단으로 일반화할 수 있을 것이다.

통계적 연구방법

기술, 상관, 추리 통계는 연구에서 가장 많이 쓰이는 통계방법이다(Mertens, 1998).

- **기술통계**(descriptive statistics)는 표본의 특징을 있는 그대로 설명한다. 데이터를 구성하고 요약하는 데 사용되는 이러한 방법들은 단일사례 연구를 분석하거나 전체 모집단을 단순한 방법으로 묘사하는 데도 사용된다(예: 평균과 표준편차)(Miller, 1985).
- **상관통계**(correlational statistics)는 관계의 강도나 관련성을 설명하는 데 사용된다. 예를 들어, 약물에 대한 개인의 태도와 실제, 그 약물을 이용하는 정도 사이의 관계 강도를 나타낼 수 있다(Creswell, 2002).
- **추리통계**(inferential statistics)는 주어진 표본을 가지고 집단 간 비교나 전체 모집단에 대한 예측을 할 수 있게 한다. 연구 결과가 우연히 나타난 결과인지 혹은 연구에 적용된 처치 때문인지를 판단할 수 있게 한다(Cozby, 2001).

실험 연구 설계에서 변화가 우연히 발생할 수 있는 확률을 측정하기 위해 수많은 통계적 검증방법이 고안되었는데, 넓은 범수에서 보면 모수적 검증방법과 비모수적 검증방법의 두 가지 방법이 많이 사용되고 있다(Leedy & Ormrod, 2001).

- **일반적인 모수적 검증**(parametric test)이 보다 강력한 방법이다. 모수적 검증은 모집단이 종 모양의 정규분포일 경우 사용하는 방법이다. 모수적 검증의 예로 Pearson의 적률상관계수와 t검증이 있다.
- **비모수적 검증**(nonparametric test)은 모집단의 정규성을 가정할 수 없는 경우에 사용된다. 비모수적 검증이 모수적 검증과 비교하여 유의한 수준의 값을 나타내기 위해서는 표본 크기가 커야 한다. 비모수적 검증의 예로는 Spearman 등위상관계수와 카이제곱(chi-square)이 있다.

이외에도 통계는 여러 연구 결과를 비교하는 데 사용되는데, 잘 알려진 접근 방식으로는 **메타분석**(meta-analysis)이 있다(Glass, 1976; Wilson, 1981). 메타분석이 사용되기 전에는 종종 오류로 가득하고 서술적인 방법으로 쓰인 연구들을 비교해야만 했지만, 메타분석을 활용함으로써 많은 양의 자료를 비교하고 대조할 수 있게 되었다(Baker, Swisher, Nadenichek, & Popowicz, 1984).

통계는 자료를 이해하고, 조직하고, 소통하고, 평가하려는 상담자들에게 매우 가치 있는 도구다(Remer, 1981). 그러나 논문의 독자들이 주로 전문가들이기 때문에 연구 보고서의 저자들은 "통계적 유의성이 상담 연구 결과가 주목할 만하다는 것을 평가하는 유일한 기준이 될 수는 없기 때문에" 연구물의 실제적, 임상적 유의성을 나타낼 수 있는 지표(예: 효과 크기) 또한 독자에게 제공할 수 있어야 한다(Thompson, 2002, p. 66).

요약 및 결론

이 장에서는 평가와 연구 간 관계에 초점을 두었다. 때로 용어들이 동일하게 정의되고 있음에도 불구하고 각각은 다른 목적을 가질 수 있다. 평가는 상담자가 프로그램이 얼마나 내부 직원들이나 내담자의 목표나 목적을 충족하고 있는지 판단하도록 돕는 것을 목적으로 한다. 평가를 수행하는 첫 단계는 욕구 평가를 하는 것이다. 이를 위해 상담자가 활용할 수 있는 유용한 모델이 이 장에서 제시되었다.

많은 상담자는 연구를 두려워한다. 그러나 이러한 두려움은 상담자가 연구를 수행하는 데 많은 방법이 있다는 것을 알게 될수록 줄어들게 될 것이다. 세 가지의 주요 연구방법으로는 역사적, 기술적, 실험적 방법이 있다. 수년 동안 실험 연구의 가치가 높게 평가되었으나 이러한 상황은 점차 변화하고 있으며, 사례 연구와 실험 설계 방식이 점점 대중화되고 있다. 또한 연구방법과 통계적 개념을 이해하는 것 사이의 차이가 점점 커지고 있다. 사람들은 연구방법을 이해하는 것과 통계적 방법을 이해하는 것이 같은 것은 아니라는 점을 인식하고 있다. 연구자에게 두 가지 모두 중요하지만 특별히 한쪽 영역에 더 뛰어난 능력을 보이는 연구자들도 있다.

상담자들은 지속적으로 자신의 연구와 평가 능력을 향상시키고 최신의 것으로 유지하기 위해 노력해야 한다. 지식의 수명은 짧다. 충분히 자신을 단련시키지 못하거나 필요한 변화를 가져오지 못하는 상담자의 영향력은 줄어들고 통계 수치만이 그 자리를 대치하게 될 것이다.

학습활동

1. 소집단 활동으로 정신건강 기관이나 학교에 방문하여 서비스와 인력을 평가하기 위해 어떠한 절차가 사용되고 있는지 조사하라. 기관의 연간 보고서를 읽고, 해당 기관의 활동을 설명하기 위해 얼마나 균일한 평가방법이 사용되었는지 평가하라. 현장 학습에서 발견한 것을 학급에서 발표해 보고, 해당 기관이나 학교에 어떤 제안을 할 수 있을지 논의하라.

2. 학급 활동으로 학교와 기관의 욕구 평가 사례를 수집하라. 이 장에서 소개한 단계별 절차에 따라서 도구들을 평가하라. 이러한 평가 방식의 강점과 약점은 무엇인가? 만일 당신이 이러한 절차를 책임지고 있다면 무엇을 바꾸어 볼 수 있겠는가? 특정 현장에서 욕구 평가를 수행할 때 취할 수 있는 단계를 학급 내에서 역할극으로 실행하라.

3. '상담 연구는 유의미해야 한다.' 는 주제로 찬반 토론을 할 수 있도록 2, 3명씩 팀을 구성해 보자. 각 팀은 '유의미해야 한다' 는 것을 어떻게 정의할 수 있겠는가? 이 용어를 각기 다르게 해석하는 것이 연구 형태에 어떤 영향을 미칠 수 있는가? 토론 후에 기초 연구 및 응용 연구를 수행하는 것의 장점을 논의하라.

4. 세 가지 주요 연구방법(역사적, 기술적, 실험적) 중에 어떤 것을 활용하는 것이 가장 편하게 느껴지는가? 각자의 선호도에 따라 집단을 나누고 각각 집단에서 해당 연구방법을 선택한 이유에 대해 이야기하라. 먼저 당신의 집단에서 특정 연구 접근 방식을 선택한 근거를 정리하여 학급 전체에서 발표하라.

5. 통계에 대해서 어떻게 느끼는가? 3명이 한 조를 이루어 이러한 느낌이 통계적 절차를 배우는 데 방해가 되는지, 도움이 되는지 논의하라. 통계를 배우기 위해 사고 접근법(thinking approach)을 연습해 보라. 느낌보다는 사고가 통계 절차를 배우려는 당신의 태도와 접근 방식에 영향을 미치는가? 학급에서 당신이 받은 인상에 대해 논의하라. 당신 학급에서는 통계 학습과 관련하여 사람들이 느끼는 불안을 극복하는 데 도움이 되는 상담 접근 방식이 있다고 생각하는가? 만약 있다면 어떤 것이 있는가?

제14장

상담에서의 검사, 평가 및 진단

1. 상담에서 검사 사용의 역사
2. 심리검사 및 결과
3. 예상되는 문제점
4. 좋은 검사의 조건
5. 검사의 분류
6. 검사의 실시와 해석
7. 평 가
8. 진 단

나는 뉴욕 증권거래소에서 가져온
시세 테이프(ticker tape)를 읽듯 검사 자료를 읽었다.

당신의 '신경증' 척도는 약간 올라갔는데
Wechsler 점수와는 큰 차이가 보였다.

MBTI 검사의 외향성 척도는 중간 점수 정도,
Strong 프로파일에서는 예술적 관심이 밖으로 표출.

처음에는 월 스트리드 마법사처럼
당신의 미래를 평가하고 예측하려고 했는데 예상치 못한 것을 발견했으니……

당신은 혼자서 당신 손에 쥐고 있는 사실 정보만큼이나
인간관계의 따뜻함을 그리워하고 있었군요.

토론 중에 동료로서의 인간이 나타나고,
당신이 쥐고 있는 종이 뒷면에 사람의 특수성이 드러날 것입니다.

– Gladding (1986/1995)

검사, 평가 및 진단은 상담 의뢰에서부터 추후상담까지 상담의 모든 단계에서 사용되는 "상담과정의 중요한 구성 요소"다(Hohenshil, 1966, p. 65). Hood와 Johnson (2007)에 따르면, "초기에 상담과 심리검사는 거의 동의어로 인식되었다. 1930년대에 상담기관들이 설립되기 시작했는데, 1940년대에 이르러 여러 상담기관이 상담 및 심리검사 센터로 이름 붙여지기도 했다"(p. 3). 현대에도 많은 상담기관의 거의 모든 상담자가 검사, 평가 및 진단에 참여하고 있다. 그 과정에서 각각이 맡은 역할이나 책임은 상담자 개개인이 가진 이론적 배경, 교육, 가치관, 혹은 일하고 있는 환경에 따라 달라진다. 상담의 각 과정과 연결 고리들을 이해하려면 심리검사와 평가, 진단과정을 이해하는 것이 바람직하다.

ACA의 회원들 중 측정도구의 사용에 관심이 많은 상담자들은 일반적으로 Association for Assessment in Counseling and Education(AACE; http://www.theaaceonline.com)에 가입한다. 이 협회의 원래 이름은 가이던스를 위한 측정 및 평가협회, 즉 Association for Measurement and Evaluation in Guidance(AMEG)였으며, 1965년 ACA의 일곱 번째 분과로 승인을 받았다(Sheeley & Eberly, 1985). 현재 『*Measurement and Evaluation in Counseling and Development*』라는 분기별 저널을 출판하고 있다. APA에서도 검사, 평가 및 진단과 관련된 여러 분과들이 있다. 그중 임상심리학(12분과), 학교심리학(16분과), 상담심리학(17분과) 등이 두드러진 분과다.

그 외에도 여러 전문가 집단에서 심리 및 교육 검사에 대한 기준을 수립하였다(AERA, APA, & NCME, 1999). 이 기준은 심리검사 및 측정도구 개발, 검사 실시, 실제 상담 실무에 영향을 미치는 검사 결과의 효과 등에 대한 윤리 규준을 제공한다. 이 기준은 검사 개발자(검사를 만들고 검증하는 사람), 검사 사용자(검사를 실시하는 사람) 그리고 응시자의 세 집단을 통해 검토되었다(Vace et al., 2001, p. 218). 또한 Joint Committee on Testing Practices(http://www.apa.org/science/jctpweb.html#about)에서 공정한 검사 실시를 위한 윤리 강령을 개발하여 수정하였다.

이 장에서는 심리검사, 평가 및 진단 방법과 각 활동이 상담자의 활동에 어떻게 활용되는지에 대해 다룰 것이다. 또한 검사의 타당도, 신뢰도, 표준화 등 검사에 대한 기본 개념에 대해서도 다룰 것이다. 또한 상담자가 주로 사용하는 일부 검사를 검토하고, 마지막으로 평가 및 진단과 유용성의 특성에 대해 검증할 것이다.

1. 상담에서 검사 사용의 역사

상담자가 심리검사를 활용하는 것에 대해 오랫동안 논란이 있었다. 현재 우리가 사용하고 있는 심리검사의 기원은 "19세기 후반의 개인차 연구의 성장"과 더불어 생겨났다(Bradley, 1994, p. 224). 20세기 초반에 Frank Parsons(1909)는 직업 가이던스(vocational guidance)이 공식적인 평가에 근거하여 이루어져야 한다고 주장함으로써 근대 상담자 심리검사 운동에 동참하였다.

제1차 세계대전 당시 군대는 적절한 신입 병사들을 가려내기 위해 지필 지능검사를 개발할 심리학자 집단을 고용하였다(Aiken & Groth-Marnat, 2006). 이러한 심리검사의 선구자로는 Arthur Otis, Robert Yerkes, Alfred Binet(초기 지능검사의 창시자), Charles Spearman(검사이론의 중요한 초기 공헌자), Francis Galton 경(초기 지능검사 기술의 개발자) 등이 있다(Anastasi & Urbina, 1997; Urbina, 2005). 이러한 심리검사 운동은 1920년대에 들어 원동력을 얻었으며, 상담이 새로운 정체성과 원동력을 얻도록 검사 운동, 상담이라는 분야에 새로운 정체성과 권위를 부여하였고, 학교 및 직업상담 기관에서의 활동을 뒷받침할 수 있는 확장된 이론적 근거를 제공하였다.

전문가 집단으로서 상담자들은 각자 다양한 방식과 정도로 심리검사에 참여하였다. 1930년대와 1960년대는 심리검사 및 평가에 대해 두 가지 방식으로 상담자들의 참여가 높았다. 1930년대에는 대공황으로 인해 직업검사의 중요성이 특히 강조되었다. 미네소타 대학의 고용안정연구소(Employment Stabilization Research Institute)에서 그 시대의 직업검사 운동을 이끌었다고도 할 수 있다. 직장을 잃은 사람들은 다시 적절한 일을 찾을 수 있도록 돕기 위해 검사를 조직하고 관리하는 데 기여하였다. Paterson과 Darley(1936)의 연구에서는 1930년대 실업자의 30% 정도가 직업환경과 그들이 받은 직업 훈련이 일치하지 않았다고 추정한다. 1957년 소련에서 스푸트니크호를 쏘아 올린 일은 미국인들에게 큰 충격을 주었다. 많은 미국인은 미국의 과학 수준이 소련에 비해 뒤떨어졌다고 믿었다. 미국 의회는 이후 뛰어난 재능이 있는 학생들을 파악하고, 특히 지속적이고 심화된 과학교육을 권장하기 위해 중등학교에서의 심리검사 및 그 예산에 대한 규정을 포함한 국방교육법, 즉 National Defense Education Act(NDEA)를 통과시켰다.

1970년대와 1980년대에는 심리검사에 대한 비판이 제기되었다. Goldman(1972b) 역시 이러한 비판에 합류했는데, 자신의 논문을 통해 상담과 심리검사의 결합이 실패했다고 선언했다. 같은 해에 National Education Association(NEA)는 Resolution 72-44를 통과시켰는데, 이는 표준화된 지능, 적성 및 성취검사의 사용을 일정 기간 동안 중지할 것을 촉구하였다(Engen, Lamb, & Prediger, 1982; Zytowski, 1982). 그 이후로 검사의 사용을 제한하고 도전하는 여러 법정 소송이 제기되었으며, 심리검사의 사용을 금지하는 여러 표결법안이 입법부에 제안되었다. Jepsen(1982)의 연구에 따르면, 특정 심리검사의 실시를 금지하는 법안이 제기되는 것과 같은 1970년대의 이러한 경향으로 인해 심리검사를 선택하고 그 결과를 해석하는 일은 어느 때보다도 까다롭고 어렵게 되었다. Tyler(1984)에 따르면, "검사거부 운동(the antitesting movement)은 무시할 수 없는 수준"(p. 48)으로 커져 갔다. 아이러니컬하게도 현재 학교에서 검사의 사용은 그 어느 때보다도 인기가 있고, 대부분의 학교상담자가 심리검사의 실시를 자신의 업무 중 중요한 일이라고 인식하고 있다(Elmore, Ekstrom, Diamond, & Whittaker, 1993). 지능 및 성취 검사, 약물남용 검사, 직업검사 등의 심리검사 도구들은 학령기 아동에게 빈번하게 실시되고 있다(Giordano, Schwiebert, & Brotherton, 1997).

학교 및 기타 환경에서 발생하는 심리검사와 관련된 문제의 대부분은 검사도구의 오류를 개정하는 것을 통해 해결하고 있다(Hogan, 2007). Anastasi(1982)는 "현재 사용되고 있는 심리검사는 아직 충분한 그림이 그려지지 않은 상태"(p. v)라고 기술하였다. 따라서 심리교육 검사(psychoeducational test)의 활용 및 남용에 대해 상담 전공 학생들의 훈련 및 상담자들의 지속교육에 있어 신중한 주의가 필요하다(Chew, 1984). 하지만 이보다 더 중요한 것이 있다. Goldman(1994b)에 따르면, "상담자들이 구매하여 활용하는 표준화된 심리검사의 수는 좀 줄일 필요가 있고, 질적 평가의 활용은 증가되어야 할 필요가 있다. 그리고 소비자 집단을 위한 AACE의 노력이 요구된다"(p. 218). 즉, AACE는 상담자들에게 표준화된 심리검사의 장점과 한계에 대해 정확한 정보를 제공해야 한다.

생/각/해/보/기

당신은 어떤 종류의 평가도구나 심리검사를 받아 보았는가? 그러한 심리검사의 적용에 대해 어떻게 기억하는가? 검사의 결과에 대해 어떤 기억을 가지고 있는가? 어떤 방식으로 피드백이 발전했는가?

2. 심리검사 및 결과

Anastasi(1982)는 심리검사(짧게 말해 검사)를 "필수적으로 객관화되고 표준화된 행동"

(p. 22)으로 정의한다. 대부분 검사의 결과는 점수화되어 보고되는데, 이 점수는 사람과 관계되었을 때 의미를 갖는 통계로서 보고된다. 이러한 검사 점수는 현재 특정 행동의 반영이다. 여러 한계에도 불구하고, 검사 점수는 상담에서 중요한 역할을 한다. 검사 점수는 일종의 정보를 담고 있는데, 상담자가 적은 노력과 시간을 투자하고도 여러 방식으로 이를 활용할 수 있도록 돕는다. 검사 및 검사 점수에 대한 여러 비판이 있지만, 심리검사는 평가과정에서 없어서는 안 될 부분이기도 하다. 그리고 검사와 검사 점수는 상담자에 따라 다른 방식으로 활용된다(Anastasi & Urbina, 1997; Urbina, 2005). Loesch(1977)가 관찰했듯이, "우리는 우리가 검사과정에 포함이 될지 그러지 못할지에 대한 선택 권한이 없다" (p. 74). 상담자가 할 수 있는 것은 정보와 책임에 대한 선택뿐이다.

검사를 잘 이해하기 위해 상담자가 알아야 할 것은 다음과 같다(Kaplan & Saccuzzo, 2005).

- 검사의 성격과 표준화 표본
- 검사의 신뢰도와 타당도의 종류와 정도
- 비교할 만한 다른 검사의 신뢰도와 타당도
- 채점 절차
- 검사 시행방법
- 검사의 한계
- 검사의 강점

표준화된 심리검사와 검사 설명서에는 이러한 정보 대부분이 포함되어 있다. 하지만 특정 검사에 대한 지식을 철저히 습득하려면 수년 동안의 공부와 검사 실시 경험이 요구된다. 상담자가 검사를 최대한 잘 활용하는 것이 가장 중요하기 때문에, 응시자에게 그들의 점수가 특정 지역사회 혹은 상황과 관련하여 어떤 의미를 갖는지에 대해 좀 더 구체적인 정보를 제공할 수 있도록 그 지역의 '선험적 결과표' 를 사용하는 것이 현명할 수 있다(Goldman, 1994a, p. 216).

오늘날 미국에서 한 해에 약 1,000만 명의 상담자들이 '검사' '평가' 혹은 '측정' 관련 일을 실시하고 있으며, 이는 학업성취도 검사 혹은 대학입학시험을 포함하지 않은 수치다(Prediger, 1994, p. 228). 일부 상담자는 이러한 검사 실시 및 해석을 전문적으로 하고 있다. 이처럼 전문적으로 검사를 실시하고 평가하기 위해 고용된 전문가들을 **심리측정 전문가**라고 하며, 한 개인의 검사 점수를 '규준-준거 집단(norm-referenced group)' 의 기준과 비교하여 평가하는 활동을 **심리측정**이라고 한다(Gladding, 2006). 심리측정의 반대 개념은 교육학 분야의 구성주의적 관점에서 비롯된 에듀메트릭스(edumetrics)로, 이는 한 개인의 이전의 최고 수행 결과와 비교하여 개인의 수행 정도를 측정하는 것을 말한다(Tymofievich & Leroux, 2000). 그럼에도 불구하고 검사를 실시 · 해석하는 대부분의 전문가 중에는 이를 전임제 일로 하는 경우는 드물다. 일부 상담 관련 전문가 중에는 놀랍게도 이러한 검사도구들에 익숙하지 않은 경우도 있으며, 심리검사에 대해 부정적인 견해를 갖는 사람들도 있다. 심리검사는 종종 '지나치게 객관성을 강조' 한다고 여겨지며, 검사 실시과정이 지나치게 기계적이어서 검사자와 실시자 간의 심리적 거리를 초래할 수도 있다. 이러한 한계를 극복하기 위해서 상담자들은 가장 많이 사용되는 심리검사 및 다른 표준화된 검사들에 대한 우수한 훈련 프로그램을 통해 충분히 수련받을 필요가 있다.

『*Measurement and Evaluation in Counseling and Development*』『*Journal of Counseling Psychology*』『*Journal of Counseling and Development*』『*Review of Educational Research*』를 포함한 많은 심리 관련 저널이 표준화된 심리검사들을 다루고 있으며, 검사와 관련된 검증된 참고 서적들도 많이 있다.

O. K. Buros는 성격검사, 직업검사 및 그 외 다른 검사들에 관한 참고 서적들을 체계적으로 정리하였다. 그의 가장 잘 알려진 책은 『*Test in Print*』다. 이는 그가 설립한 Buros Institute of Mental Measurements 기관에 의해 정기적으로 갱신되고 있으며, 현재 7판까지 출판되었다. Buros는 현재 『*Mental Measurements Yearbook*』의 8판을 작업하고 있는데, 이 책은 이 분야에서 최고 저작으로 간주되고 있다(http://www.un/.edu/buros/bimm/index.html).

3. 예상되는 문제점

상담자들에 의해 실시되는 검사와 심리학자들에 의해 사용되는 검사 간에는 몇 가지 유사점이 있다(Bubenzer, Zimpfer, & Mahrle, 1990). 그러나 검사를 통해 내담자 및 대중의 복지를 증진시키고자 하는 검사의 목표와 관련해서는 누가 검사를 실시하느냐보다 어떻게 검사가 실시되느냐가 더 중요하다(Haris, 1994). 검사는 단독으로 실시되거나 검사 배터리의 일부로 실시될 수도 있다. Cronbach(1979)는 검사 배터리들이 유능하고 잘 훈련된 상담자에 의해 실시 · 해석되지 않는다면 검사의 효용성은 무의미하다고 주장하였다. 개별검사의 경우도 마찬가지다. 심리검사와 관련된 많은 문제가 검사 자체의 결함보다는 검사가 실시 · 해석되는 과정에서 비롯되고 있다(Hood & Johnson, 2007).

Shertzer와 Stone(1980)은 심리검사에 대해 부정적인 견해를 가진 사람들은 다음과 같은 이유로 검사를 반대한다고 말하였다.

- 심리검사는 내담자로 하여금 문제에 대한 해답을 찾는 과정에서 상담자 및 다른 외부 정보에 의존하게 만든다.
- 검사 자료가 개인에 대한 상담자의 전반적인 평가에 편견을 줄 수 있다.
- 일부 검사 자료에 대한 타당도와 신뢰도가 검증되지 않아 그 검사의 효용적인 가치가 제한적이다(p. 311).

다른 비평가들은 일부 검사가 문화적인 편견, 차별적 요소를 포함하고 있거나 관련 없는 항목 혹은 모호한 능력을 측정한다고 지적하고 있다. 또한 기계적인 검사 실시, 검사의 사생활 침해, 검사 반응 조작 가능성, 바람직하지 않은 경쟁 부추기기 등의 한계점을 언급하였다(Hood & Johnson, 2007; Shertzer & Linden, 1979; Talbutt, 1983). "한 개인에 대한 다른 정보들은 충분히 고려하지 않은 채 검사 결과만 맹목적으로 신뢰하는 것은 검사 오용과 관련된 가장 심각한 문제다."(Elmore et al., 1993, p. 76) 또한 대부분의 심리검사가 회상형 자기보고 형태이며, 자기탐색의 수단이 아닌 예측을 위해 사용되는 점도 문제점으로 지적되고 있다(Goldman, 1994b).

특히 소수인종 집단에 검사를 실시하는 것과 관련해 여러 논쟁이 제기되고 있는데, 그중 한 예로 검사의 무분별한 오용 및 남용을 들 수 있다(Suzuki & Kugler, 1995; Suzuki, Meller, & Ponterotto, 2001). 심리측정 도구들은 한 개인에게 영향을 미치는 다양한 문화적 요소 및 민족적 배경 요소들을 충분히 고려해야 한다. Oakland(1982)는 검사가 비인간적인 경험이 될 수도 있으며, 특히 소수 문화권 내의 학생들이 실시한 검사 점수 때문에 비효율적이거나 부적절한 프로그램에 배정될 수 있는 위험성을 지적하였다. 문화적 편견을 배제하기 위해 AACE는 Standards for Multicultural Assessment(http://aace.ncat.edu/; Prediger, 1993)를 개발하였다. 검사 사용에 대한 윤리적 지침은 ACA 윤리 규정(2005)에도 제시되어 있다. 소수인종에 대한 검사 오용을 방지하기 위해 다른 전문가 협회에 의해 제기된 기준뿐만 아니라 이 윤리 규정에 소개된 기준들을 충분히 검토해야 한다(Hansen, 1994). 검사 내 문화적 편견 및 차별은 검사 수행과정에서 발생할 수도 있지만 측정되어야 할 항목이 누락되면서도 발생할 수 있음을 염두에 두어야 한다.

검사 실시의 성공 혹은 실패는 관련 검사를 선택, 실시, 해석하는 상담자들의 민감성, 능력, 지식 수준과 관련이 있다. "상담자들은 이러한 심리검사 도구들에 대해 경험적 접근을 해야 할 의무가 있으며, 특히 규준 및 타당도가 제대로 검증되지 않은 검사들에 대해서는 이러한 접근이 더욱 요구된다."(Carlson, 1989, p. 489) 만일 상담자들이 적합한 검사를 선택하는 과정에서 다양한 기준을 충분히 고려하지 않는다면, 이는 내담자와 상담자 자신 모두에게 비용적 손실을 초래하는 실수가 될 수 있다. 이러한 실수를 방지하기 위해 일부 상담자는 내담자와 함께 의논하여 검사를 선택하기도 한다.

Leaner(1981)와 Oakland(1982)는 심리검사에 대한 일반인들의 태도가 매우 긍정적이라고 보고했다. 심지어 소수 문화 구성원들도 그러했는데, 아마도 심리검사가 유용한 정보들을 많이 제공한다고 믿기 때문일 것이라고 보았다. 일반인들의 관점에서 보면 심리검사의 기본적 기능은 내담자들이 자신의 미래에 대하여 더 나은 의사결정을 하도록 돕는 것이다. 심리검사에는 여러 가지 장점이 있다(Shertzer & Stone, 1980).

- 내담자가 자기를 이해하도록 돕는다.
- 내담자의 욕구가 상담자의 전문 기술로 다룰 수 있는 것인지를 결정하도록 돕는다.
- 상담자가 내담자를 더 잘 이해하도록 한다.
- 상담자가 가장 적절한 상담방법을 정하도록 돕는다.
- 상담자가 내담자의 적성에 맞는 영역, 즉 공학, 예술, 대학원 진학 등을 예측하도록 돕는다.
- 상담자가 내담자 내면에 있는 새로운 흥미를 자극하도록 돕는다.
- 상담자가 자신의 상담 효과를 검증하도록 돕는다.

사례 Susan의 선택적인 결정

Michael은 수업시간 중 행동화(acting out) 문제로 학교 상담자인 Susan에게 의뢰되었다. 그의 담임교사에 의하면, Michael은 수업시간에 가만히 앉아 있지 못하였다. Susan의 상담실에서도 Michael은 가만히 있지 못하고 앉은 자리에서 계속 움직였다.

그와 이야기하는 대신에 Susan은 심리검사를 하기로 결정하고, Buros의 Test in Print에서 행동장애를 측정하는 관련 검사들을 검색한 후 학교 심리학자에게 심리평가를 의뢰하였다.

Susan의 방법에서 무엇이 잘못되었는가? 이 상황에서 무엇이 바람직한가? 당신에게 의뢰된 내담자에 대한 정식 심리평가를 요청하기에 앞서 무엇을 해야 하는가?

4. 좋은 검사의 조건

각각의 심리검사가 다 다르다고는 해도, 모든 검사가 공통적으로 갖추어야 할 특정 조건이 있다. 그중에서도 가장 중요한 것은 타당도, 신뢰도, 표준화, 규준의 네 가지다. 이 네 가지 조건이 갖추어져야 검사 결과를 해석하는 것이 가능하다(Aiken & Groth-Marnat, 2006; Hogan, 2007).

타당도

타당도는 가장 중요한 검사의 조건이다. 타당도는 "검사가 측정하고자 하는 것을 측정하는 정도로서, 결과적으로 점수를 적절하게 해석하는 것을 가능하게 한다" (Gay et al., 2006, p. 134). 만약 타당도가 확보되지 않는다면 사실상 이 검사는 쓸모가 없다. 검사의 타당도는 해당 검사의 결과와 다른 별도의 검사나 규준과의 비교를 통해 결정된다. 예를 들어, 한 검사의 목적이 의학, 법학, 상담학 등의 어떠한 전문적인 분야에서의 개인의 성공과 관련된 잠재력을 측정하고자 한다면, 검사의 점수가 학업성적이나 강사의 평가 등, 개인의 교육이 끝난 이후의 어떤 성공과 관련된 결과와 상관관계가 있어야 한다. 이러한 검사로는 MCAT,[1] LSAT,[2] GRE[3]나 Miller' s Analogies Test(MAT)[4] 등이 있는데, 이 검사들은 모두 전문대학원 혹은 일반대학원에서 학생들의 입학 심사를 할 때 걸러 내는 도구로 사용된다. 이러한 검사의 결과와 학생들의 성공과 관련된 다른 지표들이 서로 높은 상관관계를 보일 때 이 검사가 높은 타당도를 지녔다고 판단할 수 있다.

타당도는 내용타당도, 구인타당도, 준거타당도, 결과타당도의 네 가지로 나뉜다(Anastasi, & Urbina, 1997; Kaplan & Saccuzzo, 2005; Tymofievich & Leroux, 2000; Urbina, 2005). **내용타당도는 안면타당도**(face validity)라고도 불리는데, 검사가 측정하고자 하는 것들을 제대로 측정하고 있는 것처럼 보이는지에 대한 타당도를 뜻한다(Aiken & Groth-Marnat, 2006). 또한 내용타당도는 이 검사가 평가하고자 하는 요인의 모집단을 위해 적절한 표본을 포함하고 있는가에 대해서도 관련이 있다. 일반적으로 내용타당도는 성취도, 적성, 능력 검사 등에서 주로 확인하는 타당도다.

1) 역자 주: 의학전문대학원 수학능력평가를 이른다.
2) 역자 주: 법학전문대학원 수학능력평가를 이른다.
3) 역자 주: 일반대학원 수학능력평가를 이른다.
4) 역자 주: GRE와 마찬가지로 일반대학원 수학능력평가를 이른다.

구인타당도(construct validity)는 타당도 중에서 가장 중요한데, "왜냐하면 그 검사가 실제로 무엇을 측정하는가라는 가장 기본적인 타당도 질문을 하기 때문이다"(Gay et al., 2006, p. 137). 구인타당도는 "검사 측정치가 가정된 구성 개념을 제대로 반영하는 정도"(p. 137)를 말한다. 많은 경우 구인타당도는 관련 개념을 측정하는 검사 개발자의 정의에 따르지만 일반적으로 성격 및 흥미 검사도구들에 적용된다.

준거타당도(criterion validity)는 검사 점수를 특정 영역에 대한 한 개인의 실제 수행과 비교함으로써 검사도구의 타당성을 검증하는 것을 말한다. 예를 들어, 한 개인의 소근육 운동 기술을 측정하는 검사는 그 사람이 이러한 유형의 과제를 수행하는 능력과 비교함으로써 타당화될 것이다. 검사 시점에서 이 준거가 이용 가능하다면 이 검사의 동시타당도가 측정되는 것이며, 이 준거가 검사 실시 당시까지 확보되지 않으면 이는 예측타당도를 측정하게 된다(Aiken & Groth-Marnat, 2006). 상담 장면에서 가장 빈번하게 사용되는 잘 알려진 준거 관련 도구들로는 MMPI-2(동시타당도; Butcher, Williams, & Fowler, 2001)와 개정된 Strong 적성검사(예측타당도; Osborne, Brown, Niles, & Miner, 1997)가 있다.

마지막으로, 최신 유형의 타당도인 **결과타당도**(consequential validity)가 있는데, 이는 검사 사용 및 해석이 지니는 사회적 함의 및 결론을 나타낸다(Tymofievich & Leroux, 2000). 검사 점수 해석은 내담자에게 장기적 효과를 미친다. 상담자는 내담자의 연령에 관계없이 이러한 검사 결과에 대한 내담자의 관점을 고려해야 한다. 검사는 상담자가 내담자에 대해 정보를 얻을 수 있는 하나의 기법일 뿐이며, 상담자는 검사 결과를 지나치게 단정적 혹은 독단적으로 사용해서는 안 된다(Meier & Davis, 2008).

전반적으로 대부분의 표준화된 검사는 높은 타당도를 보인다. 125개 이상의 메타분석을 기초로 한 심리검사들의 타당도에 대한 광범위한 문헌 개관에 따르면 심리검사의 타당도는 의학적 검사도구의 타당도에 상응하는 수준이며, Meyer 등(2001)에 따르면 특히 다차원 평가 절차가 사용된 검사라면 상담 실무 현장에서 충분히 사용될 수 있는 정도의 '강력하고 설득력 있는' 타당도를 가지고 있는 것으로 나타났다.

신뢰도

일상생활에서 신뢰도는 믿고 의지할 수 있음을 의미한다. 이 단어는 심리검사 도구를 기술할 때도 같은 의미를 가진다(Gay et al., 2006, p. 139). 따라서 신뢰도는 한 개인이 동일한 혹은 유사한 검사를 재실시했을 때 검사 점수가 일관되게 나타나는 정도를 의미한다(Anastasi & Urbina, 1997; Hogan, 2007; Urbina, 2005). 신뢰도는 타당도와 어느 정도 관련 있지만 동일하게 보장되진 않는다. 다시 말해, 한 검사 점수가 신뢰성은 있지만 타당하지는 않을 수 있다. 신뢰도를 결정하는 방법에는 세 가지 전통적인 방식이 있다.

- 검사-재검사 신뢰도(tes-retest reliability): 같은 검사를 일정 시간 경과 후 다시 실시
- 동형검사 신뢰도(parallel-form [alternate-form] reliability): 같은 구인을 측정하는 두 개의 동형검사 간 신뢰도 비교
- 내적 일관성 분석(internal consistency analysis): 한 검사 내에 임의로 선택된 두 하위 부분 비교

생/각/해/보/기

검사 점수의 신뢰도에 대해 언제 의문을 갖게 되는가? 특정 시점에서 당신의 전반적인 건강 상태와 같은 외부적 요인들이 검사 결과에 영향을 미치는 것에 대해 어떻게 생각하는가? 만약 검사 결과의 신뢰도가 의심된다면 어떤 조치를 취할 수 있는가?

표준화와 규준

표준화란 동일한 조건하에서 검사가 실시되고 채점되도록 하는 것을 말한다(Aiken & Groth-Marnat, 2006). 표준화는 시간에 따른 개인 내 점수 변화를 비교할 수 있게 해 줄 뿐 아니라, 다른 개인들 간에 점수 비교도 가능하게 해 준다. **규준**이란 특정 집단의 평균 수행 점수를 일컫는 말로, 검사 결과에 대해 개인들 간에 의미 있는 비교를 가능하게 해 준다(Kaplan & Saccuzzo, 2005). 검사 규준에는 여러 한계점이 있으며, 잘못 사용될 수도 있다. 예를 들어, 일부 검사에 대해 제기되는 주요한 비판 중 하나가 이 규준이 소수집단을 배제한 채 다수가 속한 주류 집단원만을 대상으로 세워졌다는 점이다. 따라서 이러한 규준들은 소수인종 및 사회적 약자, 장애가 있는 소수집단들에게 불이익을 줄 수 있다. 상담자들은 검사의 규준이 어떻게 만들어졌는지 주의 깊게 검토할 필요가 있으며, 상담자가 일하는 해당 지역의 규준을 확립할 필요가 있다. 이러한 방식으로 검사의 차별적 문제점과 부적절한 사용을 최소화할 수 있을 것이다.

5. 검사의 분류

검사는 다양하게 분류될 수 있는데, Shertzer와 Stone(1981)은 일곱 가지 방식으로 검사들을 분류하였다.

- 표준화 vs 비표준화 검사: 검사의 실시 및 채점과 관련하여 구체적인 지침이 있는 경우(예: 자기탐색 검사)와 구체적인 지침이 없는 경우(예: 실험적 투사 검사)
- 개인 vs 집단 검사: 특정한 시점에서 한 개인을 측정하도록 고안된 검사(예: Kaufman Assessment Battery for Children; Kamphaus, Beres, Kaufman, & Kaufman, 1996)와 집단적으로 실시하도록 고안된 검사(예: Minnesota School Attitude Survey; Callis, 1985).
- 속도 vs 역량 검사: 검사에 응답하는 데 시간 제한이 있는 검사(예: 대부분 성취검사)와 주어진 질문에 시간적 압박 없이 개인이 가진 능력을 충분히 발휘하도록 고안된 검사(예: 개별적으로 실시되는 지능검사들)
- 수행 vs 지필 검사: 직접 도구들을 조작해야 하는 검사(예: 아동용 Wechsler 지능검사의 물체조립 소검사)와 객관식 및 주관식 형태의 질문지에 응답하는 검사(예: 형용사 체크리스트)
- 객관식 vs 주관식 검사: 검사 채점 시 채점자의 주관적 판단을 필요로 하지 않는 검사(예: 단답식, 참-거짓 체크, 매칭, 다중선택 검사(Aiken & Groth-Marnat, 2006))와 채점자의 주관적 판단을 요하는 검사(예: Wechsler 성인 지능검사(WAIS-III)의 어휘 소검사; Wechsler, 1997).
- 최대 수행 vs 전형적 수행 검사: 피검자가 주어진 검사에서 일정한 시간 내에 자신이 지닌 최대 능력을 나타내도록 요구하는 검사(예: 지능, 능력 검사)와 한 개인이 평소에 전형적으로 보이는 행동을 측정하는 검사(예: 흥미, 적성 검사)
- 규준 vs 준거 검사: 한 개인의 점수를 그 개인이 속한 집단의 구성원들의 점수와 비교하여 해석하는 검사(예: 지능, 성취검사)와 한 개인의 점수를 절대적인 표준 혹은 바람직하게 여겨지는 기준과 비교하여 해석하는 검사(예: 읽기검사; Aiken & Groth-Marnat, 2006; Hogan, 2007)

검사들을 분류하는 방법이자 상담자들에게 보다 더 중요한 기준은 "그 검사가 고안된 목적에 부합하게 혹은 그 검사가 측정하고자 하는 구인에 맞는" 적절한 검사를 선택하는 것이다(Shertzer & Stone, 1981, p. 242). Shertzer와 Stone은 이러한 분류 기준에 따라 검사를 여섯 가지(정신능력, 적성, 성취, 흥미, 진로발달 그리고 성격 검사)로 분류하였다. 검사의 유형은 교육상담, 진로상담 그리고 성격상담의 체계 내에서 분류될 수 있다(Elmore & Roberge, 1982). 세 번째 분류 기준은 Sylvania(1956)에 의해 제안된 것으로, 집단검사들을 사용 빈도에 따라 지능/학업 적성, 진로 적성 그리고 성취/진단 검사로 분류할 수 있다. 이러한 분류 기준은 각각 장점과 제한점이 있다. 상담자들은 대개 네 가지(지능/적성, 흥미/진로, 성격, 성취 검사)로 분류하나 종종 중복되는 기준에 따라 심리검사를 분류한다.

사례 Carl의 코드

Carl은 그가 사용하고자 하는 검사를 선택하는 데 어려움을 겪었다. 그는 검사들을 알파벳 순으로 정리하는 것보다 더 효율적으로 검사들을 분류하길 원했다. 그는 색깔을 이용해 검사들을 분류하기로 결정하고, 지능 관련 검사들은 초록색, 성격검사는 파란색으로 검사들을 정리했다. 색깔별로 검사들을 정리한 후, 가장 많이 사용되는 검사에서 거의 사용되지 않는 검사 순으로 배열했다. 내담자를 만난 후, Carl은 내담자의 파일에 해당 검사의 색깔을 기록하였다.

Carl의 방식에 대해 어떻게 생각하는가? 당신은 당신이 다룰 검사도구들을 어떤 식으로 분류하겠는가?

지능/적성 검사

가장 논란의 소지가 많으면서도 빈번하게 사용되는 검사가 일반지능(general intelligence) 및 특별한 적성(special aptitude)을 측정하기 위해 고안된 검사도구들이다. 지능은 다양한 방식으로 정의되어 왔으며, 절대적으로 통용되는 단일한 정의를 내리기 어려운 구인이다(Gardner, 1993). 실제로 Anastasi(1982)는 "대부분의 지능검사가 언어 능력과 같은 특정 능력을 과대 측정하며, 다른 능력은 배제하고 있다"(p. 228)고 지적하였다. 그녀는 많은 지능검사가 "학업 성취 정도를 측정하기 위해 타당화" 되었으며, 종종 "학업적성 검사로 간주되고 있다"고 하였다(Anastasi, 1982, p. 228). 이러한 맥락에서 Aiken과 Groth-Marnat(2006)은 지능검사를 '추론 및 언어 능력을 요하는 학업적 및 직업적 성취와 관련된 개인의 능력을 측정하기 위해 고안된 도구'로 정의하였다. 상담 장면에서 지능검사들은 주로 상담을 위한 선별도구로 사용되거나 음악 및 기계와 같은 특정 영역의 소질/적성을 측정하기 위한 목적으로 실시되었다.

오늘날 대부분의 지능검사는 1900년대 초반에 Alfred Binet에 의해 프랑스에서 개발된 최초 지능검사를 토대로 하고 있다. Binet-Simon 검사의 개정판인 Stanford-Binet 지능검사는 L. M. Terman에 의해 제작되었고, 1916년에 출판되었다. 이것이 미국 지능검사들의 시초다. 이 검사는 개별적으로 실시되며, 전통적으로 성인보다는 아동을 대상으로 사용되었다. 2000년도에 개정 5판(SB5)이 출시되었는데, 이 검사는 가장 대표적인 지능검사로 간주될 뿐만 아니라, 현재 성인 집단 및 언어 사용에 제약이 있는 사람들을 위해서도 적절한 검사로 평가되고 있다. 개인 지능검사들 중 또 다른 대표적인 검사로는 David Wechsler에 의해 개발된 지능검사를 들 수 있다. Wechsler Preschool and Primary Scale of Intelligence-111(WPPSI-III)는 2세 6개월에서 7세 3개월 연령층에 있는 아동들을 위한 검사이며, Wechsler Intelligence Scale for Children-Fourth Edition(WISC-IV)은 6세에서 16세 11개월 연령층 집단 , Wechsler Adult Intelligence Scale-Third Edition(WAIS-III)은 16세에서 89세까지의 연령층을 위한 검사다. Wechsler 지능검사는 언어성 IQ, 동작성 IQ 그리고 총 합계 IQ 점수를 제시해 준다. Wechsler 지능검사 소척도들에 대한 광범위한 연구가 이루어져 왔는데, 이 소척도들은 지능 평가를 위한 도구로 여겨지고 있다 (Piotrowski & Keller, 1989; Thorndike, 2005).

이 밖에도 비교적 타당한 것으로 알려진 많은 개인 지능검사 도구들이 있다. 그중엔 ① Bayley 영아 발달검사(Bayley Scales of Infant Development), ② Vineland 사회성숙척도(Vineland Social Maturity Scale), ③ Kaufman 아동용 지능검사(Kaufman Assessment Battery for Children: K-ABC), ④ McCarthy 아동능력검사(McCarthy Scales of Children's Abilities), ⑤ Peabody 그림어휘검사(Peabody Picture Vocabulary Test: PPVT-IV), ⑥ Kaufman 청소년 및 성인용 지능검사(Kaufman Adolescent and Adult Intelligence Test: KAIT)가 있다.

또한 집단적으로 실시될 수 있는 다양한 지능검사가 있다. 이 집단 지능검사들은 제1차 세계대전 중에 처음 개발되었는데, 그 당시 미국 군대에 의해 알파와 베타 지능검사가 제작되었다. 이 알파와 베타 지능검사가 오늘날 집단 지능검사 도구의 시초다. 이 검사들은 일반적인 지능 수준에 따라 육군 징집자들을 선발하고 분류하기 위해 처음 시행됐다. 가장 널리 사용되며 타당하게 여겨지는 집단 지능검사로는 ① Otis-Lennon 학업능력검사(Otis-Lennon School Ability Test), ② 인지능력검사(Cognitive Abilities Test), 그리고 ③ 인지적 기술검사(Test of Cognitive Skills)가 있다.

적성검사는 지능검사와 여러 가지 면에서 유사하지만, 적성검사는 피검자가 가진 능력의 범위를 보다 구체적으로 추려 내기 위한 목적으로 개발되었다. Aiken과 Groth-Marnat (2006)은 적성을 "특정한 과제를 수행할 수 있는 능력 혹은 특정한 기술"로 정의하였고, 적성검사는 "장차 특정 분야 직업 내에서 관련 훈련 및 활동을 수행하고 이윤을 창출할 수 있는지에 대한 개인의 능력을 측정하는 검사"로 정의하였다. 적성검사는 대개 두 가지 부류로 나뉜다. ① 다양한 검사도구를 통해 다양한 기술을 측정하는 다중적성검사, ② 단일한 능력 혹은 기술을 측정하는 단일능력검사다(Bradley, 1984). 가장 잘 알려진 다중적성검사로는 ① 대학입학자격시험(Scholastic Aptitude Test: SAT), ② 미국대학입학시험(American College Testing: ACT), ③ Miller 검사(Miller Analogies Test: MAT), ④ 차이적성검사(Differential Aptitude Test: DAT) 그리고 ⑤ 군직업적성검사(Armed Services Vocational Aptitude Battery: ASVAB)가 있다(Anastasi & Urbina, 1997; Hood & Johnson, 2007; Urbina, 2005).

흥미/진로 검사

특정 능력을 발휘함에 있어 능력과 흥미 수준은 서로 관련이 있지만, 흥미를 체계적으로 측정하기 위해 고안된 검사도구들이 있다. Aiken과 Groth-Marnat(2006)은 흥미검사를 "특정 활동 혹은 주제에 대한 개인의 선호 정도를 측정하기 위해 고안된 검사 혹은 체크리스트"로 정의하였다. 이러한 흥미검사에 대한 피검자의 응답은 비슷한 발달 단계에 있는 다른 피검자의 응답 반응과 비교되거나(교육기관에서 실시되는 경우), 혹은 특정 영역에 이미 종사하고 있는 사람들과 비교된다(직업 현장에서 실시되는 경우). "흥미 연구는 주로 교육 및 진로상담 분야에서 활발히 진행되었는데" 한 개인의 학업적, 직업적 성취는 그가 가진 흥미에 의해 상당 부분 영향을 받기 때문이다(Anastasi, 1982, p. 534). 실제로 "흥미검사 결과 해석은 진로상담에서 가장 빈번하게 이뤄지는 일이다"(Savickas, 1998, p. 307).

진로 흥미를 측정하는 검사들은 1927년에 출판된 Strong Vocational Interest Blank (SVIB)와 함께 체계화·표준화되기 시작했다. Strong 흥미검사는 최초 개발된 이후에 총 6번이 개정되었는데, 마지막 개정판인 Strong Interest Inventory (SII)는 총 207개의 직업군을 포함하고 있다. 이 검사의 최초 개발자인 E. K. Strong, Jr는 개발 당시 열 개의 직업군 척도만을 고안했다(Donnay, 1997). SII 검사 결과는 세 개의 영역－일반직업분류(General Occupational Themes), 기본흥미척도(Basic Interest Scales), 직업척도(Occupational Scales)－에 대한 해석을 제공한다. 이는 피검자들이 자신이 가진 일반적인 흥미 수준뿐만 아니라 특정 분야 내의 흥미 수준도 알 수 있도록 해 준다. SII의 또 다른 강점은 그것이 개인과 환경 내 여섯 개의 주요 흥미 영역을 제시한 John Holland의 진로발달 이론과도 밀접한 관련이 있다는 것이다. 여섯 개의 흥미 영역은 R(실재형), I(탐구형), A(예술형), S(사회형), E(기업형), C(관습형)(RIASEC)다(Holland, 1997). 개인-환경 코드 유형이 서로 유사할수록 개인은 그 직업에 대해 더 크게 만족하게 된다(Spokane & Catalano, 2000). 전반적으로 SII는 그 어떤 단일 검사에 의해 측정되는 것 이상으로 포괄적이고 깊이 있게 직업 홍미를 측정한다. 검사자를 위한 안내서는 성인 집단, 다문화 집단, 특수 집단에 대해 검사를 실시할 때의 지침 사항들을 포함하고 있다(Drummond & Jones, 2006). 이외에도 SII는 깊이 있는 이론적 토대, 많은 경험적 연구로부터 그 효용성이 입증되어 왔다는 점, 오랜 기간에 걸쳐 꾸준히 사용되고 있는 실무적 이점 등 많은 장점을 가지고 있다.

또 다른 유명한 진로검사로 Holland의 여섯 가지 개인/환경 유형을 바탕으로 개발된 자기탐색검사(Self-Directed Search: SDS; Holland, 1994)가 있다. 이 검사는 피검사가 스스로 실시, 채점, 해석할 수 있는 검사다. 총 228문항으로 이루어져 있으며, 검사는 세 가지 하위 유형(활동, 유능감, 직업)으로 구성되어 있다(Krieshok, 1987). 검사를 채점한 후, 피검자들은 Occupational Code Finder(SDS에 수록된 책자)에서 세 가지 진로 코드를 알 수 있으며, 이를 직업군 사전(Dictionary of Occupational Titles: DOT)의 진로 코드들과 비교할 수 있다. Holland 진로검사는 읽기에 어려움이 있는 대상을 위해 고안된 Form E를 포함하여 총 네 가지 버전이 있다. 이 검사는 15세부터 70세까지 다양한 연령층에 실시할 수 있다.

세 번째로 유명한 홍미/진로 검사로는 1939년에 처음 출판된 이후 계속 개정되고 있는 Kuder 직업홍미검사(Kuder Occupational Interest Survey: KOIS)가 있다(Kuder, 1939, 1977). 1991년에 KOIS의 마지막 개정판이 출간되었다(Betsworth & Fouad, 1997). Kuder 직업홍미검사는 여섯 개 유형이 있는데, 활동 선호도를 측정하고, 문항 유형이며, 검사시간에 제한이 없다. 그러나 각 유형은 강제 선택법을 사용하여 피검자가 세 개의 문항 쌍에 해당하는 것을 선택하도록 구성되어 있다(Zytowski, 1992). 일부 검사 유형은 컴퓨터로 채점하며, 일부는 자가 채점이 가능하다. 피검자는 각각의 문항 쌍에 자신이 가장 좋아하는 활동과 가장 싫어하는 활동을 선택하도록 되어 있다. Kuder 검사의 점수는 직업 및 대학 전공 선택 시 고려되는 홍미들과 높은 상관이 있다(Zytowski & Holmberg, 1988). 이 검사에서 제시되는 열 개의 일반적인 진로 분야는 다음과 같다(Zytowski, 1992, pp. 245-246).

- 사회적 서비스: '사람을 돕는 일을 선호' —Holland의 S척도
- 설득적: '사람을 만나고 대하는 일을 선호하고 물건 혹은 아이디어를 팔거나 프로젝트를 개발하는 일 선호' —Holland의 E척도
- 관습적: '꼼꼼하고 정확성을 요하는 작업들을 선호' —Holland의 C척도
- 계산적: '숫자, 연산 등에 대해 작업하는 것을 선호' —Holland의 C척도
- 음악적: '공연 관람, 악기 연주, 노래 부르기, 음악 혹은 음악가에 관한 독서하기 등을 선호' —Holland의 A척도

- 예술적: '디자인, 색, 다양한 형태 및 매체들을 활용하여 작품을 창조하는 활동 선호' —Holland의 A척도
- 문학적: '읽고 쓰는 활동 선호' —Holland의 A척도
- 기계적: '기계 혹은 도구를 다루는 일을 선호' —Holland의 R척도
- 활동적: '대부분의 시간을 외부 활동을 위해 보내고, 보통 동식물을 다루는 일을 선호' —Holland의 R척도
- 과학적: '새로운 사실을 발견하거나 문제를 해결하는 일 선호' —Holland의 I척도

네 번째로 유명한 흥미/진로검사는 진로신념검사(Career Beliefs Inventory: CBI; Krumboltz, 1991)다. "자격을 갖춘 검사 전문가에 의해 진로신념검사가 실시된다면 진로결정 과정에 방해가 되는 개인의 신념을 확인하는 데 도움이 될 수 있다." (Krumboltz, 1992, p. 1) 이 검사는 주로 진로상담 초반에 사용될 수 있으며, 개인이 가진 뿌리 깊은 태도 및 신념을 탐색하는 데 유용하게 사용될 수 있다. 그 외에 잘 알려진 흥미/진로 검사들로는 ① 캘리포니아 직업 선호 시스템(California Occupational Preference System), ② Jackson 직업흥미검사(Jackson Vocational Interest Survey), ③ Ohio 직업흥미검사(Ohio Vocational Interest Survey), ④ ACT 흥미검사 남녀공용 개정판(Unisex Edition of the ACT Interest Inventory), ⑤ 직업선호검사(Vocational Preference Inventory)가 있다.

대학 교육과정을 이수하지 않은 학생들을 위한 진로검사로, Bradley(1984)는 대학 훈련 과정을 요하지 않는 직업군 내에서 흥미를 측정하기 위해 고안된 세 가지 흥미검사를 언급하였다. ① 미네소타 직업흥미검사(Minnesota Vocational Interest Inventory), ② 진로측정검사(Career Assessment Inventory), ③ 진로지도검사(Career Guidance Inventory in Trades, Services, and Technologies). 보다 특수화된 사용을 위해 개발된 흥미검사들로는 ④ Bem 성역할 검사(Bem Sex-Role Inventory), ⑤ Jenkins 활동검사(Jenkins Activity Survey), ⑥ 개인지향검사(Personal Orientation Inventory), ⑦ 가치검사(Survey of Values), ⑧ 학업태도검사(Survey of School Attitudes) 등이 있다.

적합한 흥미/진로 검사도구를 선택하기 위해서는 "검사자 당신이 무엇을 측정하고자 하는지, 그리고 어떤 검사를 실시할 수 있는지를 알아야 한다" (Westbrook, 1998, p. 186). 진로 의사결정과 진로 평가 측정도구에 대해 잘 기술하고 있는 두 가지 훌륭한 자료로는 『진로심리 핸드북(*Handbook of Vocational Psychology*)』(Walsh & Savickas, 2005)과 『진로검사도구를 위한 상담자 가이드북(*A Counselor's Guide to Career Assessment Instruments*)』(Kapes & Whitfield, 2001)이 있다. 두 번째 책은 52개의 주요 진로검사를 개관하고, 250개의 검사들에 대해 주석을 달았을 뿐만 아니라 이들 검사를 위해 표집된 모집단에 대해서도

기술하고 있다.

성격검사

성격은 다양한 방식으로 정의될 수 있다. 한 문화권에서 정상으로 간주되는 성격이 다른 문화권에서는 비정상으로 간주될 수도 있다. 그럼에도 불구하고 인간에 대한 생물학적, 사회적, 환경적 요소들을 다루는 많은 성격이론이 있다. 성격검사와 관련하여 20세기에 가장 유명한 이론가는 Henry A. Murray다. 그는 특히 인간의 욕구들(혹은 사회적 영향/압력)과 그것이 인간의 행동을 어떻게 결정하는지에 대해 깊이 있게 다뤘다(Drummond & Jones, 2006).

성격검사(personality test)는 성격 체크리스트, 성격검사(personality inventories) 그리고 투사 기법과 같이 성격을 분석하는 다양한 방식들로 정의될 수 있다(Aiken & Groth-Marnat, 2006). 이러한 검사들은 크게 객관적 검사와 투사적 검사의 두 가지 유형으로 분류될 수 있다. 잘 알려진 객관적 검사로는 ① MMPI-2(Minnesota Multiphasic Personality Inventory-2: MMPI-2), ② MBTI(Myers-Briggs Type Indicator: MBTI) 그리고 ③ EPPS (Edwards Personal Preference Schedule: EPPS)가 있다. 이러한 객관적 검사는 점수를 산출하는 과정에서 채점자의 주관적인 판단 혹은 의견이 개입되지 않는다. 투사적 검사로는 로르샤흐(Rorschach) 잉크반점 검사, 주제통각검사(Thematic Apperception Test: TAT), 집-나무-사람(House-Tree-Person: HTP) 검사 등이 있다. 이러한 투사적 검사는 점수를 산출하는 과정에서 검사 실시자/채점자의 주관적인 판단 및 해석이 다양한 수준으로 개입된다.

성격검사의 시초는 제1차 세계대전 중 R. S. Woodworth에 의해 개발된 Personal Data Sheet라는 자기보고식 검사다(Kaplan & Saccuzzo, 2005). 최초의 유의미한 투사적 검사는 1921년에 출판된 로르샤흐 잉크반점 검사다. 객관적으로 채점되는 성격검사들은 상담 장면에서 광범위하게 사용되므로 앞으로 이 검사들에 대해 자세히 다룰 것이다.

MMPI-2는 오늘날 가장 광범위하게 사용되는 심리검사다(Butcher, 1994). MMPI-2는 원판 MMPI의 개정판이다. 제한된 모집단을 대상으로 표준화된 원판 MMPI와는 달리 이 개정판은 미국의 다양한 인구층을 대표하도록 지리학적·인종적으로 다양한 참조집단을 사용하였다. 재표준화된 MMPI-2는 또한 시각장애, 읽고 쓰기에 제한이 있는 사람, 신체적 장애가 있는 사람들도 검사를 실시할 수 있도록 고안되었다(Drummond & Jones, 2006). MMPI-2는 청소년들을 위한 MMPI-A를 포함하여 다양한 종류가 있는데, 응답자가 그렇다(true)/아니다(false)/무응답(cannot say) 중 하나로 반응할 수 있는 567개의 질문지로 구성된 유형이 가장 많이 사용되고 있다. MMPI-2에는 열 개의 임상척도(〈표 14-1〉 참고)와

〈표 14-1〉 MMPI-2의 임상척도

척도	문항 수	측정 내용
건강염려증(Hs)	(32)	신체적 건강에 대한 과도한 걱정
우울증(D)	(57)	우울, 긍정적 정서 및 자기가치 부인, 흥미 상실, 은둔
히스테리(Hy)	(60)	특정 신체 부위의 불편감 호소, 심리적, 정서적 문제 부인, 사회적 상황에서 불편감 호소
반사회성(Pd)	(50)	반사회적 행동을 표출하고 싶은 충동, 사회적 규범에 대한 거부감
남성성-여성성(Mf)	(56)	전형적인 남성/여성 성역할 정체감에 동일시하는 정도, 심미적 흥미 정도, 활동적-수동적
편집증(Pa)	(40)	피해망상 및 관계망상, 대인관계 민감성, 의심, 도덕적 경직성
강박증(Pt)	(48)	삶에 대한 전반적인 불만족, 집중의 어려움, 우유부단함, 자기의심, 강박적인 경향성
정신분열증(Sc)	(78)	남들과 다르다는 이질감, 소외감, 기괴한 사고, 불후한 가족관계, 성 정체성과 관련된 걱정, 사회로부터 철수되는 경향성
경조증(Ma)	(46)	높은 활동 수준, 사고의 비약, 고조된 감정, 증가된 신체 활동, 대범함, 고양된 자신감
사회적 내향성	(69)	내향-외향 경향성, 사회적 불편감

출처: Drummond (1992).

세 개의 타당도 척도, 즉 거짓말 척도(Lie: L), 비전형 척도(Infrequency: F), 교정척도(Correction: K)가 있다. 여기에 덧붙여 무응답 척도(?)가 있다. MMPI-2는 정신병리적인 문제를 수반한 개인을 구분할 뿐만 아니라 분노, 사회적 소외, A형 행동, 결혼생활 부적응과 같이 중요한 심리적 특성들을 식별할 수 있게 해 준다. 상담자가 이 검사를 적절하고 정확하게 사용하기 위해서는 광범위한 훈련 및 경험이 요구된다. 전반적으로 MMPI-2는 여전히 중요한 심리검사로 여겨지고 있다(Austin, 1994).

MBTI는 Carl Jung의 성격이론을 바탕으로 만들어진 검사다(Myers, 1962, 1980). 이 검사는 진로상담, 결혼/가족 상담, 팀워크 강화 기업상담 등 다양한 상담 장면에서 광범위하게 사용되고 있다(Vacha-Haase & Thompson, 2002, p. 173). MBTI는 감정과 행동에 관한 166개의 문항으로 구성되어 있으며, 두 가지 보기 중 개인이 보다 더 선호하는 것을 체크하도록 되어 있다(Aiken & Groth-Marnat, 2006). 이 검사는 총 네 가지 차원으로 구성되어 있다. 외향 vs 내향(EI), 감각 vs 직관(SN), 사고 vs 감정(TF), 판단 vs 인식(JP). MBTI는 네 가지의 양극성 척도로 구성되어 있다.

- 외향 vs 내향(EI): 인식이나 판단이 외부 세계로 향하는가 혹은 내부 세계로 향하는가

- 감각 vs 직관(SN): 개인이 사물을 지각할 때 주로 어떠한 인식체계에 의존하는가
- 사고 vs 감정(TF): 의사결정을 해야 할 때 어떤 종류의 판단체계를 주로 선호하는가
- 판단 vs 인식(JP): 외부 세계에 대해 사고/감정과 같은 판단적인 태도를 주로 사용하는가 혹은 감각/직관과 같은 인식적인 태도를 주로 사용하는가

4차원을 조합하여 총 16개의 성격 유형이 나올 수 있는데, 이러한 MBTI 성격유형은 상담자에게 피검자가 어떻게 주변 환경을 인식하고 상호작용하는지에 대한 유용한 정보를 제공해 준다(Lynch, 1985). 서로 다른 MBTI 성격 유형들은 다른 직업군 및 생활양식과 연관된다는 연구가 있다(Healy & Woodward, 1998). 예를 들어, 상담심리 전공 학생들 중 76%가 MBTI의 직관/감정 척도들에서 높은 점수를 보였으며, 통찰력이 높고 열정적이며, 온정적인 태도로 어려운 상황에 잘 대처하는 성향을 가진 것으로 나타났다(Myers, 1980). Jung의 심리 유형 선호도를 나타내는 MBTI 대안 검사들로는 Keirsey 기질검사(Keirsey Temperament Sorter; Keirsey & Bates, 1984)와 성격선호 자기기술 질문지(Personal Preferences Self-Description Questionnaire: PPSDQ; Thompson, 1996) 등이 있다.

EPPS는 Henry Murray(1938)에 의해 개발된 욕구-압력 성격이론에 기반을 두고 있다. 총 225개의 강제 선택 문항으로 구성되어 있으며, 15개의 개인적인 욕구의 상대적인 강도를 조사하는 검사다(Anastasi & Urbina, 1997; Urbina, 2005). 이 점수들은 일반 대학생 또는 성인 규준집단을 기준으로 각 개인의 점수가 백분위 차트에 표시된다. 이외에도 객관적으로 채점되는 자기보고식 성격검사들로는 캘리포니아 심리검사(California Psychological Inventory: CPI), Guilford-Zimmerman 기질검사(Guilford-Zimmerman Temperament Survey), Mooney 문제 체크리스트(Mooney Problem Check List), 16PF(Sixteen Personality Factor Questionnaire) 그리고 상태-특성 불안검사(State-Trait Anxiety Inventory: STAI)가 있다.

투사적 검사는 객관적 검사에 비해 덜 구조화되어 있고, 채점과정이 까다로우며, 피검자가 반응을 거짓으로 위조하기가 어렵다. 투사적 검사를 지지하는 사람들은 투사적 검사가 다른 어떤 검사도구보다도 개인 성격의 심층적인 면을 잘 측정한다고 주장한다. Exner(2003)와 같은 일부 연구자 및 임상심리학자들은 이러한 투사적 검사의 시행 및 채점 절차를 표준화하고자 하였다. 일부 검사도구들에 대한 표준화 작업은 성공적으로 이뤄졌으나, TAT와 같이 많은 투사적 검사들의 표준화 정도는 의문시되고 있다. 투사적 검사로는 Holtzman 잉크반점 기법(Holtzman Inkblot Technique), BGT(Bender Gestalt Test), 사람-그림 검사(Draw-a-Person Test), 아동용 주제통각검사(Children's Apperception Test) 그리고 Rotter 문장완성검사(Rotter Incomplete Sentences Blank)가 있다.

성취검사

성취검사는 특정 분야 혹은 과목을 배우는 과정에서 개인이 습득한 지식의 정도 혹은 성취 정도를 측정하는 검사다(Aiken & Groth-Marnat, 2006). 성취검사들은 다른 어떤 종류의 검사보다 측정도구로서 보다 명확한 결과를 제시해 준다. 이 검사들은 피검자가 특정 영역에서 다른 사람들의 성취 수준과 비교하여 자신이 어느 정도 습득하고 성취했는지를 보여준다. 이 검사들은 학업 및 진로결정과 관련하여 피검자들이 알아야 할 정보의 유형을 알게 해 준다(Bradley, 1984). 만약 피검자가 선택한 진로 분야가 그의 적성, 흥미, 성격과 잘 맞으나 관련 지식 혹은 기술이 부족한 경우라면 부족한 부분을 보완해 가며 선택한 진로를 계속 발전시켜 나갈 수 있다.

개인의 성취 정도는 교사가 직접 제작하거나 표준화된 성취검사를 사용해 측정할 수 있다. 교사에 의해 제작된 시험은 수업 중 강조한 특정 내용을 측정할 수 있다는 것과 최신 경향에 맞게 변경할 수 있다는 점, 현재 강조되는 내용 혹은 정보들을 반영할 수 있다는 점의 장점이 있다. 그러나 전반적인 교육 목표 달성 정도를 측정하는 표준화된 성취검사들이 보다 더 주의 깊게 개발된다는 점과 피검자가 다른 사람에 비해 자신의 점수가 어떠한지 상대적인 비교를 할 수 있다는 점의 장점이 있다. 교사가 직접 제작한 시험과 표준화된 성취검사들은 서로의 단점을 보완해 주며, 개인의 학업 성취를 돕는 과정에 유용하게 사용될 수 있다.

다양한 성취검사들은 별개의 목적으로 실시된다. 학교 현장에서 교사가 직접 제작한 검사와 표준화된 검사를 어떻게 조합하여 사용할지는 해당 학생의 연령 및 학년 수준과 관련이 있다. 초등학교와 중학교에서 사용되는 일반 성취검사 배터리는 기본 능력을 측정한다. 이러한 검사들로는 TerraNova 검사(TerraNova Test), Iowa 기본능력검사(Iowa Test of Basic Skill), SRA 성취검사 시리즈(SRA Achievement Series), 메트로폴리탄 성취검사(Metropolitan Achievement Test), 광범위 성취검사(Wide Range Achievement Test) 그리고 Stanford 성취검사(Stanford Achievement Test)가 있다(Anastasi & Urbina, 1997; Urbina, 2005). 학교 상담자들은 교사, 학부모, 타 기관 담당자, 학생 그리고 교육 전문가들과 효과적이고 적절한 방식으로 일하기 위해서는 이러한 검사도구들을 잘 숙지하고 있어야 한다.

Adult Basic Learning Examination과 Tests of General Education Development (GED)와 같이 성인의 성취 정도를 측정하는 검사도구들도 있다. 전문적인 영역에서 성취 정도를 측정하는 성취검사들로는 National Teacher Examination, Law School Admissions Test, National Counselor Examination(NCE) 등이 있다. 이러한 시험에 합격한 개인은 특정 분야 내 전문가로 활동하기 위해 알아야 할 최소한의 지식 수준을 갖추었음을 의미하는

것으로, 이러한 검사들은 일반 대중과 전문가를 분별해 준다.

생/각/해/보/기

국가적으로 인증받고 검사할 수 있는 자격증을 취득하기 위해서 미국 내 상담자들은 NCE 시험을 통과해야 한다. 이 시험에 통과하기 위해 관련 서적을 공부하는 것 이외에 무엇을 준비해야 할까? 이 시험은 지금까지 당신이 봐 온 시험들과 어떤 점이 유사하고 어떤 점이 다른가? 보다 자세한 정보를 위해 NBCC 웹사이트를 참고할 수 있다(http:// www.nbcc.org).

6. 검사의 실시와 해석

상담 장면에서 검사 사용과 관련하여 주요한 비판은 검사 실시 및 해석과 관련이 있다. 검사 실시과정은 각 검사들에 동반된 매뉴얼에 기술되어 있고, 대부분의 검사는 검사 장소 준비부터 검사 안내까지 각 단계마다 따라야 할 단일한 절차들을 구체적으로 기술하고 있다. 일부 검사는 특별한 지침 사항을 포함하고 있는데, 타당한 검사 결과를 얻기 위해 상담자는 반드시 이러한 과정들을 잘 지켜야 한다. 매뉴얼에서 강조되지 않는 한 가지 질문은 피검자가 검사 선택과정에 관여해야 하는가, 만약 그렇다면 얼마나 관여해야 하는가다. 초등학교 학업성취도 검사와 같이 일부 검사의 경우, 피검자가 검사 선택과정에 관여하는 것이 적절하지 않은 경우도 있다. 그러나 다른 경우에는 피검자에게 이로울 수도 있다. Goldman(1971)은 피검자가 검사 선택과정에 관여함으로써 갖는 몇 가지 이점을 설명했다. 피검자가 검사 선택과정에 개입하는 몇 가지 이유는 다음과 같다.

- 피검자의 검사 결과를 수용하고자 하는 의향을 볼 수 있다.
- 독립성을 장려할 수 있다.
- 검사를 선택하는 의사결정 경험이 다른 의사결정 기회에도 적용될 수 있는 가능성, 가치를 학습할 수 있다.
- 다양한 검사에 대한 피검자의 반응을 통해 임상적 진단에 대한 단서를 얻을 수 있다.
- 피검자의 욕구에 가장 부합하는 검사를 선정할 수 있다.

검사를 선택, 실시, 채점한 후, 상담자들은 검사 결과를 피검자가 이해할 수 있는 방식으로 해석할 필요가 있다(Tymofievich & Leroux, 2000). 네 가지 기본 해석 지침은 경우에 따라 피검자에게 도움이 될 수 있다(Goldman, 1971; Hanna, 1988).

- 기술적 해석: 피검자의 현재 상태에 대한 정보를 제공한다.
- 일반적 해석: 피검자가 어떻게 현재의 상황에 이르렀는지를 중점적으로 해석한다.
- 예측적 해석: 미래에 대한 예측을 중점적으로 해석한다.
- 평가적 해석: 검사 해석자의 조언, 추천을 포함한다.

불행히도 일부 상담자는 검사를 실시하고 난 후에 행해지는 해석의 방법에 대한 충분한 교육을 받지 못한 경우가 있다. "검사의 잘못된 사용은 검사를 주로 다루는 고용, 교육, 임상의 세 가지 분야에서 모두 나타난다."(Azar, 1994, p. 16) 검사의 잘못된 사용은 좋은 검사를 잘못된 방식으로 실시하거나 해석하거나 또는 부적절한 이유로 적합하지 않은 사람에게 실시함으로써 발생할 수 있다. 검사가 잘못 사용될 때는 피검자가 "그들에게 제시된 검사 결과의 수치, 차트, 그래프, 다이어그램"의 의미를 이해하지 못하는 경우도 있고(Miller, 1982, p. 87), 처음 상담을 시작했을 때만큼 단일하고 합리적이지 않게 진행될 수도 있다.

검사가 실시될 때 표준화된 절차들을 준수함으로써 검사 규준의 장점 및 제한점을 이해하고, 특정 검사도구의 신뢰도, 타당도를 확인함으로써 검사의 원점수로부터 현재 및 미래 행동들에 대한 의미 있는 해석을 도출해 낼 수 있다. 이로 인해 상담자는 현 검사들이 피검자의 복지를 증진시키는 방식으로 잘 사용되고 있음을 확인할 수 있다(Harris, 1994, p. 10).

검사 해석에 대한 문제점을 보완하기 위해 몇 가지 방식이 제안되었다. 예를 들어, 검사를 받는 사람이 검사 실시에 무리가 없는 교육 수준을 갖추고 민감하게 반응할 수 있음을 확인해야 할 뿐만 아니라, Hanna(1998, p. 477)는 보다 명확하고 정확한 해석을 제공하기 위해 피검자의 백분율 순위를 사용할 것을 권장하였다([그림 14-1] 참고).

검사 해석에 대한 문제점을 보완하는 또 다른 방법은 해석과정에 대한 상담자-내담자의 준비 정도에 달려 있다. 첫째, 상담자들은 검사이론 및 검사도구에 대해 잘 알고 있어야 한다. 그들이 다루는 검사도구들에 대해 잘 알고 있지 않다면 좋은 설명을 제공할 수 없다.

둘째, Tyler(1984)는 검사 점수가 반드시 피검자에 대해 알려 주는 하나의 단서로 다뤄져

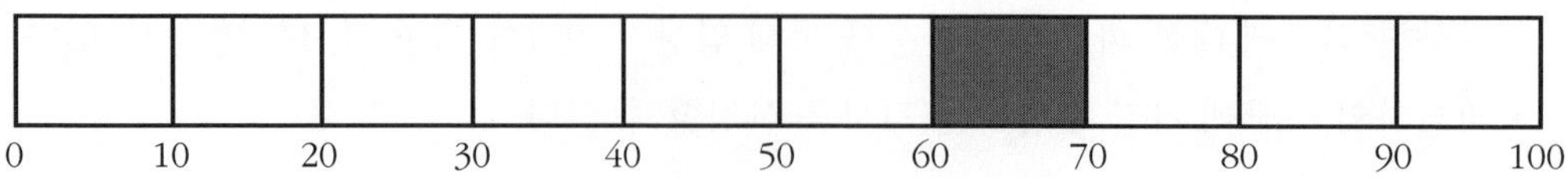

[그림 14-1] 0~100의 표준화된 시험에서 60~70의 백분위 범위에 대한 백분위 순위 밴드

야 함을 주장했다. 점수는 피검자에 대한 부수적인 정보를 알려 주는 수단으로 간주되어야 한다. 내담자에 대한 개별적인 정보를 전반적으로 고려하는 것은 상담자와 내담자 간에 의미 있고 생산적인 작업의 기초가 된다. Goldman(1971)은 검사가 개별적으로 다뤄질 때, 상담자가 피검자에 대해 알 수 있는 그 외의 많은 정보를 놓칠 수 있음을 지적하였다. 개별적인 검사 결과를 다 함께 고려하여 얻은 부수적인 정보들은 내담자에 대한 보다 정확한 평가를 가능하게 해 준다.

셋째, Tinsley와 Bradley(1986), Miller(1982), Strahan과 Kelly(1994)는 검사 결과를 다루는 구체적인 방법들을 제언했다. Tinsley와 Bradley는 상담자가 피검자를 만나기 전에 검사 결과에 대한 명확하고 정확한 해석을 미리 준비해야 함을 강조했다. 그들은 준비 없이 즉흥적으로 검사 결과를 해석하는 것의 위험성을 지적했다. 검사 해석에 대한 적절한 절차는 흥미, 성취 점수와 같은 보다 구체적인 정보를 먼저 해석한 후, 성격검사 결과와 같은 추상적인 정보의 순서로 진행되어야 한다. 검사 정보의 해석이 의미 있으려면 내담자의 정서적 욕구가 고려되어야 함과 동시에 상담자는 검사 정보들을 늘 주의 깊게 염두에 두고 있어야 한다. 두 가지 모두를 달성하기 위한 방안으로 검사 결과를 내담자가 알아야 할 필요가 있는 특정 시점에 해석해 주는 '필요에 기초한' 방식이 있다(Goldman, 1971). 다뤄야 하는 정보의 양이 적은 경우에는 이러한 방식을 따를 수 있으며, 상담자와 내담자 모두 검사 결과를 더 잘 기억할 수 있다. 그러나 이 접근의 주요한 한계점은 피검자에 대해 부분적인 정보만 제공할 수 있다는 점이다.

Tinsley와 Bradley(1986)는 원활한 검사 해석을 위해 상담자와 피검자 간에 라포가 잘 형성되어 안정적인 관계를 바탕으로 피검자가 검사 해석을 받아들일 준비가 되어 있어야 함을 강조했다. 이때 검사 정보는 피검자가 알고 싶어 하는 것에 초점을 맞춰 전달할 수 있다. 검사 해석에 대한 피검자의 피드백이 장려되며, 결과 해석에 대해 상담자와 내담자 간의 충분한 논의가 이루어져야 한다.

Miller(1982)는 내담자에게 검사 결과를 해석하기 위한 다섯 가지 관점에서 유사한 내용을 언급했다. 먼저 그는 피검자가 검사 당일에 가졌던 감정을 기억하고 그 검사에 대한 느낌을 다뤘다. 그다음 검사의 목적을 설명하고 검사 결과가 어떻게 나타났는지를 설명했다(예: 백분율 수치로). 다음으로 그와 피검자는 검사 결과를 함께 검토하고 각 점수들이 무엇을 의미하는지 논의했다. 피검자에게 개방형 질문을 하면서 검사 결과가 어떤 의미를 갖는지 정리하고, 피검자는 검사 점수와 자신이 평소 알고 있던 자신에 대한 정보들을 통합할 수 있었다. 마지막으로 지금까지 다룬 모든 정보를 종합하여 자기성찰을 지속시키기 위한 계획을 세우는 것이다. 상담자들은 피검자가 이러한 계획을 세울 수 있도록 돕는 조력자의 역할은 할 수 있으나, 그 계획 자체는 내담자로부터 비롯되어야 한다.

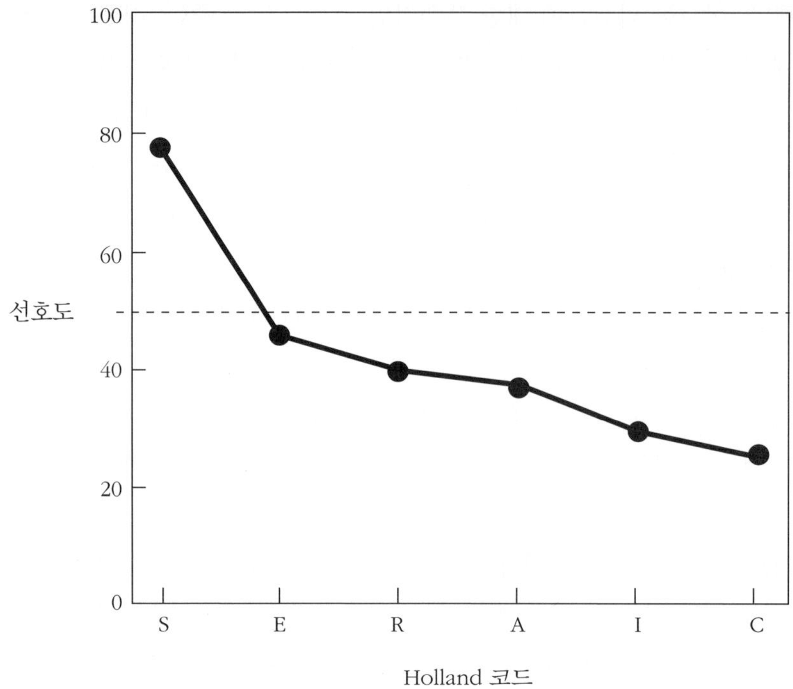

[그림 14-2] 간결한 그래프의 예시

출처: Strahan & Kelly (1994).

정확한 검사 결과를 도출해 내는 마지막 방법은 결과들을 명료한 그래프, 시각적 자료로 제시하는 것이다(Strahan & Kelly, 1994). 시각적 자료는 피검자들이 검사 결과를 간결하고 정확하게 그리고 흥미로운 방식으로 볼 수 있도록 돕는다. 예를 들어, Strong 흥미검사의 RIASEC 홍미 코드들을 가장 높은 홍미에서 낮은 홍미 순으로 그래프로 만든다면 특정 프로파일의 결과들은 [그림 14-2]와 같을 것이다.

전반적으로 검사 해석은 측정과정을 통틀어 가장 민감한 부분 중 하나일 것이다. "적절하게 수행될 때, 검사 결과는 상담과정을 강화시키고 피검자의 변화를 촉진시킬 것이다. 기존 연구들은 검사 결과에 대한 피드백이 많은 피검자에게 이득이 됨을 보여 주고 있다." (Hanson & Claiborn, 2006, p. 349)

사례 Inez의 검사 해석

Inez는 그녀의 내담자 Harry에게 처음으로 검사 해석 상담을 해 줄 때 매우 긴장하고 있었다. 그녀는 내담자의 말에 매우 반영적인 편이었고, 지지하고 북돋아 주는 상담을 주로 하는 편이었다. 그녀는 Harry에게 검사 결과를 주고, 그것이 무엇을 의미하는지 피드백한 후 해석상담을 진행하고자 하였다. 당연히 검사 결과에 대해 잘 모르던 Harry는 그가 실시한 심리검사의 특정 부분에 대해 질문을 하였다. 거짓말 척도가 정말 그가 진실을 말하지 않음을 의미하는지, 혹은 MMPI의 남성성/여성성 척도의 높은 점수는 정확히 무엇을 의미하는지 등에 대해 질문하였다. 훌륭하게도 Inez는 그녀의 내담자 Harry와 보다 직접적이고 적극적인 상호작용을 할 수 있었다.

검사 결과를 해서해 주는 사람의 입장으로서, Harry의 예시를 통해 무엇을 느꼈는가? 당신은 어떤 스타일로 정보를 전달하는가? 그리고 당신이 앞으로 검사 결과에 대한 피드백을 내담자들에게 주고자 한다면 보완해야 할 부분이 있는가?

7. 평 가

게다가 검사를 보완해 주는 것을 **측정**(assessment)과정으로 볼 수 있는데, 측정이란 검사 자료 이외의 인간 행동에 대한 다른 지표 및 정보들을 수집하는 과정 혹은 절차를 말한다. Cormier와 Cormier(1998, p. 151)는 측정의 여섯 가지 목적을 설명했다.

- "피검자가 현재 보이는 문제, 다른 관련된 문제에 대한 정보를 얻기 위해서"
- "이 문제에 기여하는 혹은 막아 주는 관련 요인들을 탐색하기 위해서"
- "상담 결과에 대한 피검자의 목표 및 기대를 결정하기 위해서"
- "상담 후 피검자의 진전 및 치료 효과에 대한 결과치들과 비교할 수 있는 기저 자료를 얻기 위해서"
- 현 문제에 대한 상담자의 시각을 공유함으로써 내담자의 치료에 대한 반응을 증진시키고 치료적인 변화를 촉진하기 위해 "피검자를 교육시키고 동기 부여를 하기 위해서"
- "효과적인 치료 방법 및 전략 수립과정에서 피검자로부터 얻은 정보를 사용하기 위해서". 측정과정에서 얻은 정보는 '현재의 상황에서 이러한 특정 문제를 가진 내담자를 위해 누가 실시한 측정이 가장 효과적인가?' 라는 피검자에 대한 질문에 대답하는 데 도움이 되어야 한다(Paul, 1967, p. 111).

평가는 "표준화된 검사, 진단 인터뷰, 투사 성격검사, 질문지, 정신상태 검사, 체크리스트, 행동 관찰, 의미 있는 타인(의학, 교육, 사회, 법적으로)에 의한 관찰 등의 다양한 공식적/비공식적 기법들을 통해" 얻어진다(Hohenshil, 1996, p. 65). 대개 평가는 단일한 하나의 방법이 아니라 이러한 절차들을 복합적으로 사용하여 이뤄진다(Hood & Johnson, 2007; Wall & Walz, 2004). **측정**이란 단어는 상담의 인간적인 측면을 강조한다. '인간적' 이라 함은 평가되는 사람에 대해 전체적인 그림을 얻는 것을 의미한다. Anastasi(1992b)는 "평가란 단어는 특정 문제에 대한 해결 방안을 이끌어 내는 한 개인에 대한 광범위한 조사로 많이 사용되고 있다" (p. 611)고 말한다.

이전에 언급한 것과 같이, 평가과정의 목표는 현 상황에서 개인에 대한 전반적인 평가를 하는 것이다. 종종 평가는 앞으로 긍정적이고 예측 가능한 결과를 도출해 낼 치료 계획 수립까지 포함하기도 한다(Groth-Marnat, 1997; Kaplan & Saccuzzo, 2005). 상담자가 이러한 치료 계획을 수립하는 것을 돕기 위해 지역 치료 플래너뿐만 아니라 시중에 출판된 자료들도 활용할 수 있다. 예를 들어, Jongsma와 Peterson(1995)은 문제가 되는 행동들에 대한 정의와 그에 대한 장단기 치료 목표들을 정리한 매뉴얼을 제작하였는데, 이 매뉴얼은 다양한 치료적 접근들뿐만 아니라 독서치료도 다루고 있다.

평가를 수행하는 한 가지 방법은 개인의 전기적 자료와 행동적 자료들을 사용하는 것이다. 많은 **구조화된 임상적 인터뷰**가 이러한 종류의 정보를 수집하는 데 활용될 수 있다. "일반적으로 구조화된 인터뷰는 관련된 행동, 증상, 인터뷰를 하는 동안에 일어난 특이한 사건들의 목록, 인터뷰 실시 요강, 자료를 기록하고 분석하는 절차들을 포함한다" (Vacc & Juhnke, 1997, p. 471). 검사자는 일련의 정해진 순서에 따라 피검자에게 질문을 하고, 그 결과를 통하여 진단적 평가(DSM에 따른 임상적 평가) 혹은 기술적 평가(피검자에게 나타나는 심리 문제의 심각한 정도 혹은 DSM을 바탕으로 하지 않는 역기능적인 측면에 대한 기술)가 이뤄질 수 있다.

비록 정식으로 인정된 심리측정 도구는 아니지만, 정신상태검사, Mental Status Examination(MSE)도 정신병리의 측정, 진단 및 치료를 요하는 상담 장면에서 많은 상담자에 의해 점차 사용되고 있는 추세다(Polanski & Hinkle, 2000, p. 357). MSE는 다음의 항목으로 구성되어 있다.

- 외모(피검자의 신체적 특성), 태도(인터뷰에 응하는 피검자의 태도, 검사자와의 상호작용), 활동(신체적, 운동학적 움직임)
- 기분, 정서(내적인 주요 감정 상태)와 감정(외부로 표출되는 피검자의 정서적 상태)
- 언변 및 언어(자신에 대해 표현할 수 있는 능력의 정도, 전반적인 어휘 구사 능력)

- 사고과정(조직화된 정도, 흐름, 사고 능력 정도), 사고 내용, 인식(망상, 환각, 환청, 불안 증상, 공포증)
- 인지(사고 능력, 논리적인 정도, 지능 수준, 추론 능력, 기억력)
- 통찰과 판단 능력(자신의 성격적 특성과 행동에 대한 인지 정도, 통찰, 장기적인 영향 혹은 가능한 결과들에 대해 고려할 수 있는 능력의 정도)

MSE는 "상담자에게 피검자에 대한 객관적 자료(피검자에 대한 관찰)와 주관적 자료(피검자에 의해 제공되는 자료)를 통합할 수 있는 틀을 제공한다"(Polanski & Hinkle, 2000, p. 357). 이 정보들은 정신건강 센터 혹은 정신병원에서 이뤄지는 치료 계획뿐만 아니라 다양한 돌봄 프로그램을 위한 치료 계획을 수립하는 경우에도 사용될 수 있다.

결론적으로 평가(MSE 사용 여부와 상관없이)는 매우 중요하다. 그것은 상담자들에게 무엇이 피검자의 문제인지뿐만 아니라 피검자가 문제 해결을 위해 어떻게 대처해 왔는지도 알 수 있게 해 주기 때문이다. 이러한 절차들은 상담자, 피검자가 서로를 탓하지 않고 보다 서로 협조적인 방식으로 함께 일할 수 있게 도와주며, 과거의 패턴을 반복하기보다는 긍정적인 변화를 줄 새로운 해결 방안을 찾는 과정에 도움이 될 수 있다. 평가는 이러한 일들이 이뤄지는 상담 장면에서 치료적 중재 기법을 발달시키고 치료적 기법들을 배워 가는 데 기여할 수 있다(Egan, 2007). 임상 장면에서 평가는 계속적으로 수행되는 과정이다. 왜냐하면 초기에 보고된 문제가 일단 해결되고 나면 새로운 다음 문제가 생기거나 다른 주제가 부각될 수 있기 때문이다.

8. 진 단

"진단은 평가과정을 통해 도출된 해석 혹은 파생된 의미를 뜻하며, 대개 분류체계의 몇몇 유형의 형태로 보고된다."(Hohenshil, 1993, p. 7) 따라서 진단이란 한 개인의 상태에 대한 기술을 의미하며, 한 개인의 가치에 대한 판단을 뜻하진 않는다(Rueth et al., 1998). 예를 들어, DSM의 개정 4판인 DSM-IV-TR(Amerian Psychiatric Association, 2000)은 미국에서 가장 많이 보고되는 증상 혹은 정신병리에 대한 표준 명칭들을 제공하는데, 이는 피검자에 대해 다음과 같이 하고 있다.

> 단순히 '정신적으로 지체된 혹은 정신분열적인' 과 같은 용어를 사용하기보다는 '정신분열병을 가진 사람' 과 같이 특정 유형의 정신병리를 동반하고 있는 사람으로

> 명명하도록 추천하고 있다. 이러한 접근법을 취하는 이유는 정신장애를 단지 하나의 개인적 특성으로 간주하며, 한 개인에 대한 총체적인 기술 및 결론을 지양하기 위함이다(Hohenshil, 1996, p. 65).

"병리적인 증상을 가지고 있는 모든 내담자는 기본적인 강점과 복잡한 대처 기술 또한 가지고 있다."(Harris et al., 2007, p. 5) 그러므로 진단은 특정 시점에 국한된 측정치며, 고정된 특성이 아니다.

검사 해석과 같은 일부 진단 범주는 적절하게 내담자들과 공유될 수 있다. 그러나 DSM 진단 기준에 의한 진단은 대부분의 경우 내담자에게 알려 주지 않는다. 이러한 진단은 내담자들에게 과도한 걱정을 유발하거나 잘못된 방식으로 다뤄질 수 있기 때문이다(Moursund & Kenny, 2002). 게다가 부정적인 진단은 내담자로 하여금 그들이 진단받은 대로 믿고 행동하게 하는 자성예언(self-fulfilling prophesies) 현상을 유발할 수 있다. 대신 진단은 내담자를 위한 유용한 치료 계획을 수립하는 과정에 사용될 수 있다. 진단은 적절하게 사용될 때 다음과 같은 역할을 한다(Rueth et al., 1998).

- 개인의 현재 기능 상태를 기술한다.
- 내담자와의 작업에서 사용할 수 있는 유용한 정보를 제공한다.
- 일관되고 지속적인 돌봄을 이끈다.
- 치료 계획의 방향을 잡고 적절한 계획을 세울 수 있도록 돕는다.
- 상담자가 제공할 수 있는 치료적 범위 내에서 상담자가 내담자와 잘 작업하도록 돕는다.

진단은 최소 이 두 가지 이유로 매우 중요하다. 첫째, 일부 보험회사는 내담자들이 특정 진단을 받은 경우에 한하여 상담치료 비용을 변제해 준다. 둘째, 담당 돌봄 전문가뿐만 아니라 정신의학자, 심리학자 그리고 의학 전문가와 효과적으로 일하기 위해 상담자들은 내담자의 진단을 명료하게 숙지하고 이해하고 보고할 수 있어야 한다(Hamann, 1994; Hinkle, 1999).

적절한 진단을 만들기 위해 상담자들은 반드시 광범위한 훈련 및 슈퍼비전을 받아야 한다. 상담자들은 진단 유형, 특히 DSM-IV-TR에서 다뤄지는 진단 목록들에 대해 잘 알고 있어야 한다. 또한 진단과정은 점진적인 과정이지 한 시점에서 이뤄지는 단일한 측정이 아님을 숙지하고 있어야 한다(Hohenshil, 1996). "진단 및 치료 계획 수립은 현 상담 실습의 기본 수련 과정이어서" 진단에 대한 전문적인 수준의 수련을 거치지 않아 정확한 진단을 내리지 못하는 것은 비윤리적인 것으로 간주된다(Sommers-Flanagan & Sommers-

Flanagan, 1998, p. 189).

상담자는 진단을 하기 위해서는 먼저 반드시 내담자의 증상 징후들에 대해 관찰하고, 호소 문제를 듣고, 기능상의 어려움이 있는지 확인해야 한다(Lopez et al., 2006). 이렇게 해서 상담자는 내담자의 대처 기술, 스트레스 요인, 학습된 행동뿐만 아니라 문화적, 발달적, 사회경제적, 영성적 차원에서 내담자의 전반적인 삶도 설명할 수 있어야 한다(Rueth et al., 1998). 때때로 내담자의 삶에서 특정 행동은 단지 상황적인 문제로 인해 비롯된 증상일 수도 있고, 심각한 장애로 인해 유발된 증상일 수도 있다. 그러므로 내담자의 문제점은 시간의 연속선상에서 가장 잘 드러나므로 상담자는 과잉 진단, 과소 진단을 하지 않도록 주의 깊게 접근할 필요가 있다. 결국 진단은 신뢰성 있고 타당한 경우에 한하여 유용하다(Sherry, Lyddon, & Henson, 2007). "공식적인 진단을 내릴 때, 특정 증상들이 수반되어야 하고, 이는 내담자의 일상생활에 심각한 장애를 줄 정도로 충분히 심각해야 한다" (Hohenshil, 1996, p. 65). 어떤 경우는 **이중진단**이 내려질 수도 있는데, 이는 한 개인이 동시에 약물 남용과 정신건강 관련 진단에 해당될 때 내려질 수 있다.

정확하게 진단을 내리기 위해 상담자는 내담자의 일상적인 삶에서 가능한 한 많은 관련 요인을 평가하여 최초에 내린 진단 결정을 잠시 보류할 수 있어야 한다(Hill & Ridley, 2001). 정확하고 신뢰할 만한 임상적 판단은 충분한 시간과 고려를 필요로 한다. 임상가들 중, 정확한 임상가들은 덜 정확한 임상가들에 비해 그들의 최종 결정을 더 늦게 내리는 편이다(Elstein, Shulman, & Sprafka, 1978).

마지막으로 진단을 내리는 과정에서 상담자는 행동을 개념화할 수 있는 다른 대안적인 차원들, 예컨대 발달적인 의미(Ivey et al., 2005), 성격 특성의 연속체(Oldham & Morris, 1995) 그리고 웰빙 수준(즉, 한 개인이 '활기 있는 상태' 인가, '힘이 없는 상태' 인가; Keyes & Lopez, 2002)을 충분히 고려해야 한다. DSM을 대체하기 위한 다른 기준들이 널리 받아들여지고 있지는 않지만 이들은 DSM을 넘어서는 다음과 같은 몇 가지 규정들을 가지고 있다.

- 손상된 기능 상태뿐만 아니라 최적의 기능 상태와 건강한 상태도 포함시키기 위해 축V 수정(Lopez et al., 2006)
- 내담자에 대한 보다 포괄적인 이해를 위해 개인이 가진 강점, 성장을 촉진시킬 수 있는 보호 요인을 다루는 축VI 개발(Lopez et al., 2006)
- VIA 강점분류(VIA Classification of Strength) 체계(DSM-IV-TR과 대조되는 체계)와 같이 심리적인 강점들을 기초로 한 새로운 진단 분류체계의 개발(Peterson & Seligman, 2004)

요 약 및 결 론

이 장에서는 상담자가 주로 사용하는 유용한 검사도구의 자질 및 검사 종류에 주안점을 두고 상담 장면에서 일어나는 검사, 평가, 진단의 복잡한 과정에 대해 다뤘다. 심리검사는 상담 자체의 역사만큼이나 긴 역사를 가지고 있으나 상담 장면에서 검사 사용의 인기는 수년간 다양한 추세를 보였다. 그럼에도 불구하고 검사 실시는 점점 상담의 중요한 일부분으로 여겨지고 있다. 그러므로 상담자들은 실시 가능한 검사들에 대해 잘 숙지하고 있어야 하며, 이를 상담 장면에서 적절하게 사용할 줄 알아야 한다. 이러한 검사 관련 지식은 상담자를 보다 유능한 전문가로 만들어 줄 뿐 아니라, 내담자들이 보다 건강하고 생산적인 방식으로 살도록 돕는 데 유용하게 활용될 수 있다. 검사도구에 대해 잘 숙지하고 있다는 것은 검사의 타당도, 신뢰도, 표준화, 사용된 규준집단에 대해 잘 알고 있음을 의미한다. 신뢰할 수 있으나 타당하지 않은 검사는 부적절하다. 마찬가지로 규준집단에 오직 주요 집단 구성원만 포함시킴으로써 소수 문화 집단을 충분히 고려하지 않은 검사도 좋은 검사라고 볼 수 없으며, 때때로 이는 해로운 결과를 도출해 낼 수도 있다.

상담자는 대개 네 개의 주요한 검사도구를 다루게 되는데, 이는 지능/적성 검사, 흥미/진로 검사, 성격검사 그리고 성취검사다. 각 유형 내에는 다양한 종류의 사용 가능한 검사도구들이 있다. 검사를 실시하는 상담자는 자신이 실시하는 검사가 적절함을 검증하기 위해 끊임없이 최신 연구 결과들을 검토해야 한다. 또한 상담자는 실시하려는 검사가 피검자가 원하는 정보를 제공하기 위해 피검자와 충분한 상의를 할 필요가 있다.

마지막으로 상담자는 검사 자료 해석을 민감하고 신중하게 해야 한다. 검사 결과에 대한 해석과 더불어, 행동 관찰, 내담자의 주 호소 문제 등 다른 자료들을 종합하여 상담자는 심리평가를 하고 진단을 내려야 한다. 이를 바탕으로 추후 치료 계획을 수립하게 된다. 이 치료 계획은 내담자가 자신의 파괴적이고 비생산적이며 원치 않는 행동, 사고, 감정을 변화시켜 나가는 데 도움이 되도록 세워져야 한다. 책임감 있고 유능한 상담자로서 내담자에게 최고의 서비스를 제공하고 이익을 극대화하기 위해서는 상담자가 검사, 평가, 진단의 세 가지 모든 과정을 충분히 숙지해야 한다.

학습활동

1. 주요 심리검사 웹사이트에 기재된 교육 및 심리 검사들을 살펴보라. 이용 가능한 다양한 검사를 조사하고, 검사 개발자가 제공하는 정보들을 살펴보라. 소개된 다양한 심리검사들을 이 장에 기술된 네 개의 주요 분야로 분류해 보라. 어떤 검사가 분류하기 쉬우며, 어떤 검사가 가장 분류하기 어려운가? 조사한 내용을 수업시간에 발표하라.

2. 이 장에서 언급된 검사들 중 하나 혹은 수업시간에 추천된 검사도구에 대해 심층적으로 조사해 보라. 그 검사의 타당도, 신뢰도, 표준화, 규준집단에 대해 알아보라. 수업시간에 조사 결과를 보고할 때, 이 검사가 어떤 상담 장면에서 적절하게 사용될 수 있을지 그 이유를 설명해 보라.

3. 일부 상담자는 검사도구가 상담 장면에서 사용되어서는 안 된다고 생각한다. 두 편으로 나눠 이에 대해 토론해 보라. 한 편은 상담과 검사는 양립할 수 없다는 입장을 취해야 한다(Goldman, 1972b, 1994a). 다른 한 편은 상담과정에서 검사가 사용되어야 한다는 입장을 옹호해야 한다(Tinsley & Bradley, 1986). 당신의 결론을 가지고 함께 토론하라.

4. (3인 1조 활동) 검사 해석 상담을 받은 적이 있다면 그 경험에 대해 토론하라. 검사 해석자가 당신의 검사 결과를 설명해 줄 때 무엇을 느꼈는가? 이 경험과 관련하여 가장 기억에 남는 것(예: 결과 자료, 그 당시의 감정, 행동)은 무엇인가? 이 경험이 검사, 검사 해석, 평가과정에 대한 당신의 견해에 어떤 영향을 주었는가?

5. (4인 1조 활동) 진단과 관련된 윤리적, 법적인 고려사항에 대해 토론하라. 어떤 문제가 가장 민감할 수 있다고 생각하는가? 진단에 관한 윤리 강령, 전문가 협회의 지시사항을 참고하라. 당신의 집단이 발견한 것과 의견을 전체 수업시간에 함께 나누라.

제4부

상담의 특수 영역

제15장 … 생애주기와 진로상담

제16장 … 결혼 · 커플 · 가족 상담

제17장 … 전문적인 학교상담

제18장 … 대학생 상담 및 학생생활 서비스

제19장 … 학대 및 장애 상담

제20장 … 정신건강 상담과 지역사회 상담

상담자들은 일반적으로 그들이 가장 좋아하고 가장 전문성을 발휘할 수 있는 내담자 및 치료적 상황에 따라 전문화된다. 전문화는 상담자와 내담자 모두에게 유익을 가져다준다. 왜냐하면 전문화된 상담자는 특정 지식에 정통할 수 있고, 결과적으로 장애나 특정 문제 등에 민감하게 대응할 수 있기 때문이다. 그들은 다른 사람들이 놓칠 수 있는 전조나 증상들을 짚어 낼 수 있다. 그러므로 그들은 내담자가 다른 곳에서 받을 수 없는 도움을 제공하게 된다. 의학 분야에서처럼 상담자들은 자신의 역할을 더욱 빛나게 만들어 주는 독특하고 깊이 있는 지식을 얻게 되는 것이다.

상담은 의학만큼 많은 전문 영역을 갖고 있지는 못하다. 그러나 15~20장은 상담에서 가장 뛰어난 전문 영역을 보여 줄 것이다. 4부의 끝인 20장은 개업 상담자들이 가지는 가능성과 위험성에 대해 토론하게 될 것이다.

제15장

생애주기와 진로상담

1. 진로상담의 중요성
2. 진로상담협회와 자격
3. 진로상담과 진로의 범위
4. 진로 정보
5. 진로 발달이론과 상담
6. 다양한 대상자와 진로상담

찰나의 신호에 항해를 떠날 준비를 하는
조용한 만에 있는 작은 배처럼
그는 마음속 먼 곳에서 생각을 품네.
나는 그의 우현(右舷)에 앉아
변화의 바람 소리를 듣네.
그와 함께 닻을 올리며
출렁이는 삶의 물결을 향해 탐험할 준비를 하네.
선원과 항해사가 가장 잘 알고 있는 상담은
특별한 인내를 요구하네.
항로는 오직 조수가 높거나
산들바람이 계속 불 때 만들 수 있네.

– Gladding (1985)

상담 직종은 Frank Parsons(1909)가 진로 선택과정을 설명하고 직업 안내 운동을 시작하면서 도표화되기 시작했다. Parsons는 단지 일자리를 구하러 다니는 것보다 직업을 선택하는 것이 더 낫다고 말했다. 그의 아이디어가 처음 각광을 받은 이후, 방대한 연구와 이론들이 진로 발달 및 상담 현장에서 만들어져 왔다.

진로를 선택한다는 것은 단순히 생계를 위한 돈을 벌기 위해 무엇을 할까를 결정하는 것 이상의 의미를 담고 있다. 직업은 신체적, 정신적 건강을 포함한 한 개인의 전체 삶의 방식에 영향을 미친다. "직업 역할과 삶의 역할 사이에는 상호 연계성이 있다." (Imbimbo, 1994, p. 50) 수입, 스트레스, 사회적 정체성, 의미, 교육, 의복, 취미, 흥미, 친구, 삶의 방식, 거주지, 심지어 성격 특성조차 그 사람의 직업생활과 연관성이 있다 (Herr, Cramer, & Niles, 2004). 질적 연구를 살펴보면 자신의 직업에서 최고의 행복을 느끼는 사람들은 그들의 흥미에 전념하며, 개인적 경쟁심과 강점을 나타내고, 직업환경이 자유롭고, 도전적이고, 의미 있고, 긍정적인 사회적 환경의 특징을 보이는 곳에서 기능하는 것을 볼 수 있다(Henderson, 2000).

그러나 개인의 직업이 중요하다는 증거가 있음에도 불구하고 종종 진로를 체계적으로 탐색하고 선택하는 기회는 잘 발생하지 않는다. 미국 근로자들의 약 1/5 정도는 그들의 최근 직업을 우연히 얻었다고 하며, 60% 이상은 직업 계획을 다시 세울 수 있다면 더욱 철저하게 직업 선택을 위한 조사를 할 것이라고 말한다(Hoyt, 1989). 따라서 개인이 초기에 진로 관련 정보를 얻고, 계획과 관련된 지식과 융통성을 가지고 직업 시장에 들어가는 것은 중요한 일이다.

진로 선택과정은 개인별로 다르며 다양한 요인에 영향을 받는다. 예를 들어, 성격 유형, 발달 단계, 삶에서의 역할은 중요한 작용을 한다(Drummond & Ryan, 1995). 우연과 뜻밖의 재미(Guindon & Hanna, 2002), 가족 배경(Chope, 2006), 성별 (Hotchkiss & Borow, 1996), 영재성(Maxwell, 2007) 그리고 나이(Canaff, 1997) 역시 직업 선택에 영향을 미칠 수 있다. 덧붙여 진로 선택 당시의 세계 경제도 한 요인이다 (Borgen, 1997). 산업시대에는 정확성과 복종, 기계적 직무 수행이 성공에 필요했던 기술이라면 최근의 과학기술 경제에서는 "경쟁적인 팀워크, 고객 만족, 지속적인 배움과 혁신" 이 강조된다(Staley & Carey, 1997, p. 379).

진로와 관련된 방대한 문헌이 있기 때문에 이 장에서는 이 영역의 개요를 다룰 것이다. 그리고 진로 발달과 진로상담의 전체적인 관점, 생애주기 관점(Norman Gysbers가 처음 제안)을 집중적으로 보게 될 것이다. 또한 다양한 내담자와 함께 수행하기에 적절한 이론과 과제를 살펴볼 것이다.

1. 진로상담의 중요성

긴 역사와 공식화된 모델들이 많이 있음에도 불구하고, 진로상담은 다른 상담이나 심리치료가 가진 것만큼의 인기를 누리지 못했다. 이것은 상담 업계 및 진로상담 서비스가 필요한 사람들 모두에게 불행한 일이다. 고등학교 고학년과 대학 학부생을 대상으로 한 연구를 보면 그들이 가장 원하는 상담 서비스 중 하나가 바로 진로상담임을 알 수 있다. 또한 Brown(1985)은 진로상담이 비생산적이고, 스트레스를 유발하는 환경과 관련된 정서적 문제가 있는 몇몇 내담자에게 성공적인 개입이 될 수 있다고 한다. 개인적 성장 및 발전에 있어 진로상담이 어떻게 공헌했는지는 잘 알려져 있다(Imbimbo, 1994; Krumboltz, 1994). Herr 등(2004)은 개인의 진로 또는 직업생활이 불만족스러울 때 삶 속에서 다양한 어려움과 정신적인 문제가 뒤따르게 된다고 주장한다.

Crites(1981, pp. 14-15)는 진로상담의 중요한 측면을 다음과 같이 나열했다.

1. 진로상담의 필요성은 심리치료의 필요성보다 더 크다. 대부분의 상담은 개인의 내적 사건들만 다루는 것과 대조적으로, 진로상담은 개인의 내적, 외적 사건 모두를 다룬다.
2. 진로상담은 치료적일 수 있다. 진로와 개인 적응 사이에는 긍정적인 상관관계가 존재한다(Crites, 1969; Hinkelman & Luzzo, 2007; Krumboltz, 1994; Super, 1957). 성공적인 진로 결정을 내린 내담자는 다른 문제 영역과 씨름할 수 있는 기술과 자신감을 얻을 수 있다. 그들은 진로 목표를 명확히 했기 때문에 진로 외의 문제를 푸는 데 더 많은 에너지를 투자할 수 있다. Brown(1985)은 내담자에게 개인상담과 진로상담 중 무엇이 먼저 필요할지를 결정하는 데 유용한 평가 전략을 제공한 반면, Krumboltz (1994)는 진로상담과 개인상담은 떼려야 뗄 수 없이 엮여 있고 종종 같이 다뤄져야 한다고 주장한다. 실제 연구 결과는 "진로 도움을 요청하는 사람들은 진로 도움을 요청하지 않는 사람들과 다르다"는 관점을 반박한다(Dollarhide, 1997, p. 180). 예를 들어, 직장을 잃고 다시는 다른 직업을 찾지 못할 것이라는 두려움을 느끼는 사람들은 진로 문제와 개인 불안 문제를 다 가지고 있다. 이런 사람들에게 진로와 직업을 찾는 데 필요한 지적인 정보를 제공함으로써 새로운 직업 또는 삶의 방향을 찾는 것과 관련된 그들의 정서적인 문제를 직면하고 극복하도록 하는 것은 반드시 해야 하는 일이다.
3. 진로상담은 심리치료보다 더 어렵다. Crites는 효과적인 진로 상담자가 되기 위해서는 개

인적 변인과 직업적 변인을 다뤄야 하며, 그 둘 사이의 상호작용이 어떻게 일어나는지 알아야 한다고 말한다. "지식 있고 능숙한 진로 상담자가 되기 위해서는 성격과 진로 상담의 다양한 이론 및 기술을 알고 있어야 하며, 실무와 관련된 최근의 정보를 지속적으로 수집하고 제공할 수 있어야 한다."(Imbimbo, 1994, p. 51) 이것은 이따금 내담자의 내적 세계에 초점을 맞추는 상담의 경우에는 해당하지 않는다.

생/각/해/보/기

당신이 원하는 진로에 언제 흥미를 가지게 되었는가? 어떤 진로상담이라도 받은 적이 있는가? 만약 받았다면 그것이 도움이 되었는가? 만약 받지 못했다면 진로상담을 받았을 경우 어떤 도움을 받을 수 있다고 생각하는가?

2. 진로상담협회와 자격

National Career Development Association(NCDA; http://ncda.org/, 전신은 National Vocational Guidance Association[NVGA])와 National Employment Counselors Association(NECA; http://geocities.com/employmentcounseling/neca.html)는 ACA에 속한 두 분과로, 주로 진로 발달과 상담을 전문으로 한다. ACA에 속한 가장 오랜 분과인 NCDA의 뿌리는 1913년으로 거슬러 올라간다(Sheeley, 1978, 1988; Stephens, 1988). 이 협회는 경영과 산업, 재활 단체, 정부, 사설기관, 교육 장면의 전문가들로 구성되는데, 이들은 직업 정신건강, 직장에서의 물질 남용, 직장인 지원 프로그램(Parker, 1994; Smith, Engels, & Bonk, 1985)과 같은 NCDA의 특별관심 집단과 연계되어 있다. NECA의 회원 자격은 다양할 뿐 아니라 더욱 명확하다. 1966년까지 NECA는 NCDA의 한 관심 집단이었다(Meyer, Helwig, Gjernes, & Chickering, 1985). 두 분과는 『*Career Development Quarterly*』(전신은 『*Vocational Guidance Quarterly*』)와 『*Journal of Employment Counseling*』이라는 분기별 저널을 각각 발간한다.

3. 진로상담과 진로의 범위

진로상담은 이것저것 섞여 있는 분야로 많은 전문가, 사업가, 공공기관 또는 정부로부터 종종 오해를 받고, 언제나 충분히 환영받는 분야는 아니다(Hoyt, 2005). NCDA는 **진로상담**(career counseling)을 "직업인의 역할에 대한 정의와 그 역할이 삶의 다른 역할들과 어떻게 상호작용하는지에 초점을 두고 생의 진로 발달 안에서 개개인을 지원하는 과정"(p. 2)이라고 정의한다.

역사를 통해 진로상담은 **직업 가이던스**(vocational guidance), **고용상담**(occupational counseling), **직업상담**(vocational counseling) 등 다양한 이름으로 알려져 왔다. Crites(1981)는 **진로**(career)라는 단어가 직업(vocation)이라는 단어보다 더욱 현대적이고 포괄적인 단어라고 강조한다. 또한 진로는 Herr 등(2004)이 다른 산업 분야 또는 조직 안에서 유사한 일을 하는 집단이라고 정의한 직업이란 단어보다 더 넓은 의미다. 일(Job)은 단지 경제적 보상을 위해 하는 활동일 뿐이다(Fox, 1994).

진로 상담자는 어떤 사람의 진로 결정을 도울 때 많은 요인을 분명히 고려해야 한다. 이 요인들 중에는 직업과 관련된 흥미, 나이와 삶의 단계, 성숙도, 성별, 가족에 대한 헌신도, 시민으로서의 역할 등이 포함된다. 이 요인들 중 어떤 것들은 다양한 방법으로 드러난다. 예를 들어, McDaniels(1984)에 따르면 한 사람의 전반적인 생애주기 진로에서 일과 여가의 통합 및 상호작용은 C = W + L이라는 공식으로 표현되는데, C는 진로(career), W(work)는 일, L(leisure)은 여가를 의미한다(Gale, 1998, p. 206).

모든 상담이론은 개인이 진로 결정을 내릴 때 잠재적으로 적용할 수 있고 활용할 수 있으나 사람들은 상담관계뿐 아니라 교육적인 방법을 통해서도 그들 스스로가 직업 세계에 어떻게 적응할 수 있는지에 대한 이해와 통찰을 얻는다. 정보를 충분히 제공받은 사람은 다른 사람에 비해 상담 서비스를 덜 원할지 모르며, 이런 종류의 도움에 더욱 긍정적으로 반응할지도 모른다.

4. 진로 정보

NCDA(그 당시 NVGA)는 **진로 정보**(career information)를 "훈련 가능성, 직업의 본질, 다양한 직업 안에서의 직업인의 위치 등과 같이 직업과 관련된 교육적, 직업적, 심리사회적 정보를 포함한 진로 발달의 과정 안에서 유용하게 사용될 수 있는 직업 세계 정보"라고 정의했다(Sears, 1982, p. 139). 진로 정보를 보다 더 현대적인 용어로 표현한 **진로 자료**(career data)는 "직업적, 교육적 기회에 대한 자료의 수집"을 의미한다(Niles & Harris-Bowlsbey, 2005, p. 176). 자료는 "내담자들이 이해하고 결정을 내리는 데 정보로 활용되었을 때, 즉 여러 대안 속에서 하나의 대안을 선택하는 것을 도울 때"(p. 177) 비로소 정보가 된다.

이전의 다른 장에서 논의되었던 것처럼, 가이던스라는 단어는 주로 교육 분야에서 사용되었다. 직업 가이던스는 개인이 직업 세계 안에서 그들이 누구인지 더욱 이해하고 인식함으로써, 현재와 미래의 직업에 대한 정보의 폭을 확장하는 모든 활동과 관련된다. 가이던스 활동에는 다음과 같은 형태가 있다.

- 직업 박람회(다양한 분야의 전문가를 초대해서 그들이 하는 일을 설명하게 함)
- 도서관 숙제
- 외부 인터뷰
- 컴퓨터를 이용한 정보 활용 경험
- 견습(특정인의 직업 활동을 따라다니는 것)
- 교육 강좌
- 역할놀이 같은 실습 활동

직업 가이던스와 진로 정보의 보급은 전통적으로 학교 활동으로 그려져 왔다. 그러나 이 과정은 종종 정부기관, 산업체, 도서관, 그리고 가정 또는 사설 전문가와 같은 학교 밖 환경에서 진행되었다(Harris-Bowlsbey, 1992). C. H. Patterson에 따르면, 직업 가이던스는 "상당히 정상적이면서 정서적인 문제가 없어서 직업 또는 진로 결정을 이성적으로 내리는 데 방해받지 않는 사람을 위한" 것이다(Freeman, 1990, p. 292). 많은 정부기관과 교육기관(예: 국립진로정보 시스템[National Career Information System: NCIS], 오리건 주 유진 소재)은 직업에 대한 정보를 컴퓨터로 처리하며, 그 정보를 도서관으로 보낸다. 일반적으로 진로 정보로 처리되는 방법은 광범위하다.

그러나 모든 학습방법이 다른 방법처럼 효과적인 것은 아니다. 특정 상황에서 진로 정보를 개인적으로 소화하는 데 실패한 사람은 직업 결정에 어려움을 겪는다. 그 결과, **비현실적인 목표**(unrealistic aspiration)를 가질 수 있는데, 이것은 한 사람의 능력을 넘어서는 목표를 말한다(Salomone & McKenna, 1982). 그러므로 진로 결정 과정의 본질이 포함된 진로 결정을 하는 개인에게 양적, 질적 정보를 제공하는 것은 필수적이다. 그 본질은 "진로 결정은 시간의 흐름에 따라 발달한다."와 "의사결정 과정은 단순하지 않고 복잡하다."라는 언급에서 알 수 있다(Krieshok, 1998). 진로 정보와 절차에 대한 지식이 있다고 해서 그것이 진로 발달에서의 자기탐색을 보증하는 것은 아니다. 그러나 좋은 진로 결정은 이러한 자료 없이 만들어질 수 없다. 충분한 정보의 부재 또는 최신 정보의 부재는 개인이 실패한 결정을 하거나 어리석은 선택을 하게 하는 하나의 이유가 된다.

진로 및 흐름에 대한 최신 정보를 찾는 데 있어서 전통적인 참고 자료가 되는 여러 간행물이 있다. 그중에 정부에서 발간한 Dictionary of Occupational Titles(DOT)가 있는데, 지금은 Occupational Information Network(O*Net)로 바뀌어서 미국 노동부에 의해 DOT를 대체하는 용도로 온라인(http://www.doleta.gov/programs/onet)에 탑재되었다. O*Net은 975개의 직업과 직업인이 가져야 할 기술 및 직업 훈련 요청에 대한 정보를 제공하는 알기 쉬운 데이터베이스다. 이 사이트는 정기적으로 업데이트된다. 게다가 Occupational Outlook Handbook(http://www.bls.gov/oco/home.htm)과 노동부의 다른 주요 간행물도 웹에 탑재되어 왔다. 진로 상담자들은 특히 전기 관련 직업 탐색에서 정부 외부의 응용 기술을 사용할 수 있다(Bratina & Bratina, 1998).

사례 Mugsy Bogues와 농구

Mugsy Bogues는 160cm의 키에 62kg이다. 그러나 그는 대학에서 농구를 계속했고, NBA에서 14년을 뛰었다. 그는 패스에 뛰어난 사람이었고, 공 뺏기에 뛰어났으며, 코트 위에서 가장 빠른 사람 중 한 명이었다. 그의 배경은 좋지 못했으나 그는 20세기 후반에 명성과 행운을 거머쥐었다.

Mugsy Bogues와 같은 사례는 진로상담의 가치를 어떻게 반영하는가? (대부분의 진로상담자는 고등학교나 대학교에서 전문 농구선수로 활동하라고 제안하지 않았을 것이다.)

대다수의 컴퓨터 기반 진로 계획 시스템(computer-based career planning systems: CBCPSs)과 컴퓨터 지원 직업 가이던스 시스템(computer-assisted career guidance systems: CACGS)은 진로 정보를 제공하며, 개인이 직업 정보에 대한 가치나 흥미를 자세히 살펴보는 것을 돕는다. 컴퓨터 기반 진로 계획 시스템과 컴퓨터 지원 진로 계획 시스템 그리고 가이던스 시스템의 장점 중 하나는 접근성이다. 이런 시스템은 문화와 생애주기를 가로질러 각양각색의 사람들에게 많은 장면 속에서 적용 가능하다(Harris-Bowlsbey, 1992; Niles & Harris-Bowlsbey, 2005; Sampson & Bloom, 2001). 뛰어난 프로그램들 중 어떤 것은 SIGI-Plus(System of Interactive Guidance and Information, 'Plus' 는 시스템의 개선을 가리킴),

DISCOVER, Kuder 진로 계획 시스템(Kuder Career Planning System; Maples & Luzzo, 2005)을 포함한다.

SIGI-Plus(http://www.valparint.com/sigi.htm; Katz, 1975, 1993)는 다음의 다섯 가지 요소를 포함한다.

- 자기평가(가치)
- 직업 대안의 판별(위치)
- 직업 정보 살펴보기(비교)
- 준비 프로그램에 대한 정보 살펴보기(계획)
- 잠정적인 직업 선택하기(전략)

SIGI-Plus를 사용함으로써 개인은 자신의 가치를 명확히 할 수 있고, 직업 선택사항을 판별할 수 있으며, 선택을 비교하고, 계획 수립 기술을 배우고, 이성적인 진로 선택 기술을 개발할 수 있다.

DISCOVER(http://www.act.org/; ACT, 1998)는 다음의 아홉 가지 모듈을 포함한다.

- 진로 여행 시작하기
- 직업 세계 배우기
- 스스로에 대해 배우기
- 직업 찾기
- 직업 배우기
- 교육 선택하기
- 다음 단계 계획하기
- 자신의 진로 계획하기
- 수행하기

DISCOVER의 대다수 사용자는 순차적인 순서에 따라 모듈을 진행하지만, 모듈은 요구와 욕구에 따라 접근 가능하다.

Kuder 진로 계획 시스템(http://www.kuder.com/)은 진로 발달의 모든 단계에 있는 진로 계획자에게 이해할 만한 해결책을 제공한다. 이 시스템은 Kuder 온라인 진로 포트폴리오(Kuder Online Career Portfolio)와 연구 기반 평가(Research-Based Assessment)를 포함한다. 온라인 진로 포트폴리오는 개인에게 평생 진로 계획을 제공하며, 개인적, 학문적 정보를 저장하기, 교육적, 직업적 정보를 찾고 저장하기, 개요 세우기, 평가과정과 인터넷으로 연결된 어떤 결과에든지 접근하기가 포함된다. 연구 기반 평가는 영어로든 스페인어로든 이용 가능한데, 시스템 사용자가 그들의 흥미, 기술, 직업 가치를 발견하는 것과 이러한 특징들이 직업 세계와 어떻게 연관되어 있는지를 발견하도록 돕는다.

컴퓨터 기반 진로 계획 시스템과 컴퓨터 지원 직업 가이던스 시스템을 더 잘 사용하는 방법은 지속적으로 시행되어 왔는데, 상호 프로그램도 이에 포함된다(Niles & Harris-Bowlsby, 2005; Zunker, 2006). 그러나 그 프로그램들이 얼마나 정교한지와는 상관없이 이런 기술을 사용할 수 있지만 그것을 삶에 어떻게 적용할지에 대해 여전히 의문을 가지고 있는 사람들을 도울 수 있는 훈련된 진로 상담자들을 보유하는 것은 현명한 일이다(Walker-Staggs, 2000).

이러한 방법들 외에 National Occupational Information Coordinating Committee (NOICC)가 개발한 진로 선택 교육과정이 있는데, 이는 영어, 수학, 사회과학 과목 등 고등학교와 같은 교육적 장면에서 학생들과 관련 있는 진로 정보를 제공하기 위해 사용될 수 있다.

게다가 Bolles와 Nelson(2007)의 『*What Color Is Your Parachute?*』와 Kay(2006)의 『*Life's a Bitch and Then Change Careers: 9 Steps to Get Out of Your Funk and on to Your Future*』와 같이 스스로 진로를 찾는 데 도움이 되는 몇 가지 책은 인쇄된 형식으로 읽어 볼 수 있다. 이런 책들은 청소년기 후반 이후부터 대다수의 개인에게 실제적인 단계를 제공하며, 개인적 가치에 대한 정의를 내리고, 이력서 쓰기와 같은 직업 찾기 과제를 성공적으로 완수하도록 도울 수 있다. 또한 이 책들은 특정 흥미가 어디에 어떻게 있는지에 대한 풍부한 정보를 제공한다.

5. 진로 발달이론과 상담

진로 발달이론은 개인이 왜 진로를 선택하는지를 설명한다. 또한 시간이 흐름에 따라 사람들이 진로 적응을 하는 것에 대해 다룬다. 개인 및 직업 발달과 관련하여 폭넓고 깊은 이해를 가진 현대 이론이 1950년대의 문헌에서 그 모습을 드러내기 시작했다(Gysbers, Heppner, & Johnstone, 2003). 그 이론들은 여기에 설명되어 있으며(즉, 특성-요인 이론, 발달이론, 사회인지 진로이론), 이들 이론과 병행되는 상담과정이 진로상담 현장에서 가장 두드러지게 널리 사용되고 있다.

특성-요인 이론

특성-요인 이론(trait-and-factor theory)의 기원은 Frank Parsons에게로 거슬러 올라간다. 이 이론은 내담자의 특성에 대한 평가가 선행되어야 하며, 그 이후에 다양한 직업 속에 내재되어 있는 요소들과 체계적으로 조화를 이루어야 한다고 강조한다. 이 이론은 E. G. Williamson(1939)이 이 이론의 사용을 옹호했던 대공황 기간 동안에 가장 큰 영향력을 끼쳤다. 특성-요인 이론은 1950년대와 1960년대에 잠시 외면당했지만 보다 현대적인 형태로 재부상했는데, '구조화'로서 그 특징이 가장 잘 드러나 있으며, John Holland(1997)와 같은 연구자들의 연구에 반영되었다. 특성-요인 이론의 접근은 사람의 독특성을 늘 강조해 왔다. 이 이론의 오랜 지지자들은 사람의 가능성과 특성이 객관적 · 양적으로 측정될 수 있다고 가정했다. 개인의 동기는 상대적으로 안정적이라고 여겨졌다. 따라서 특정 직업에 대한 만족감은 한 사람의 능력과 직업적 요구 사이에 얼마나 적절한 어울림이 있는지에 달려 있었다.

현대적인 형태에서 특성-요인 이론은 직무 위치에서 요구되는 수행만큼이나 진로의 대인관계적 본질 및 관련된 삶의 방식을 강조한다. Holland(1997)는 여섯 가지의 범주를 분류했는데, 성격 유형과 직업환경은 실재적, 탐구적, 예술적, 사회적, 기업적, 관습적(RIASEC)으로 분류될 수 있다([그림 15-1] 참고). 위계 단계에 따르면 탐구형(I) 직업이 가장 높이 위치해 있으며, 기업형(E), 예술형(A), 사회형(S) 직업이 대략 비슷한 단계로 그 뒤를

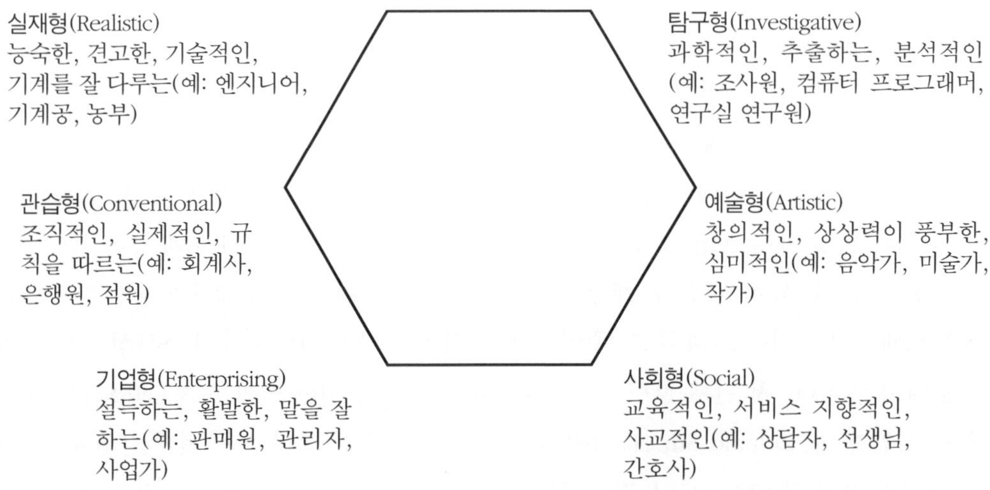

[그림 15-1] Holland의 직업 및 성격의 여섯 가지 범주

출처: Psychological Assessment Resources, Inc. (1973; 1985; 1992; 1997).

따른다. 가장 낮은 위계 단계는 실재형(R), 관습형(C) 직업이다(Gottfredson, 1981).

Holland 코드를 사용한 인구 자료 분석에서 Reardon, Bullock과 Meyer(2007)는 반대편에 있는 Holland 유형 배치가 비대칭적이라는 것을 확신했다. 그들은 1960년에서 2000년에 이르기까지 "실재형 영역에서 가장 많은 사람이 고용되었고, 예술형 영역에서 가장 적은 수의 사람들이 고용되었다"(p. 266)는 것을 발견하였다. 실재형 영역과 기업형 영역에서 고용된 사람들의 수치 차이는 50년 동안 줄어들었고, 2000년에는 양쪽 영역에서 거의 같은 수의 사람들이 고용되었다. 흥미롭게도 다른 네 개의 영역은 비교적 큰 변화 없이 유지된 반면, 탐구형 영역은 이 기간 동안 2배 이상 증가했다. 시대에 상관없이 75~85%의 남성 노동자가 실재형, 기업형 영역에서 고용되었고, 여성들은 관습형, 실재형, 사회형, 특히 최근에는 기업형 영역에서 더욱 변화를 보이고 집중되는 모습을 보였다.

직업 장면에서 개인적 만족은 많은 요인에 따라 달라지지만 가장 중요한 것은 성격 유형과 직업환경, 사회적 지위 사이의 일치다(Gade, Fuqua, & Hurlburt, 1988; Holland & Gottfredson, 1976; Savickas, 1989; Trusty, Robinson, Plata, & Ng, 2000). 또한 주목할 만한 예외성을 지닌 일반적인 규칙이 있다. "여성은 언어와 관계된 직무에 더욱 가치를 두고, 남성은 계산과 관계된 직무에 더욱 가치를 둔다."(Trusty et al., 2000, p. 470) 경제적 또는 문화적 영향과 같이 몇몇 비심리학적 요소는 왜 많은 전문적, 비전문적 직업인들이 그들의 직업을 수용하고 유지하는지를 설명한다(Brown, 2007; Salomone & Sheehan, 1985).

그럼에도 불구하고 Holland가 강조한 것처럼 진로 결정을 하기 위해 스스로에 대한 지식과 직무에서 요구되는 것에 대한 적절한 지식을 가지는 것은 필수적이다. Holland에 따르면 세 글자 코드(three-letter code)는 내담자의 전반적인 성격을 드러내는데, 이는 직업환경의 유형과 연결될 수 있다. 세 글자 코드는 고등학교 때와 같은 생애주기의 초반에 걸쳐 비교적 안정적으로 유지되는 경향이 있다(Miller, 2002). SAE라는 프로파일은 그 사람이 사회형에 가장 가깝고, 그다음으로 예술형, 마지막으로는 기업형이라는 것을 보여 준다. 그러나 직업환경 안에서 사람의 기질에 영향을 주는 것은 문자 코드의 상호작용이다. Miller(1998)는 Holland의 여섯 가지 유형 중 가장 높은 세 개의 점수를 사용하는 대신에 높은 점수 두 개, 중간 점수 두 개, 낮은 점수 두 개가 쌍을 이뤄야 하고, 이를 통해 내담자에게 성격 프로파일의 전체적인 그림을 그려 주고, 주어진 진로 안에서 다른 사람들과의 유사성을 알려 주어야 한다고 말했다. 첫 번째 설명으로 미루어 John Holland는 아마도 A/E/IRS라고 표현하게 될 것인 반면, Donald Super는 S/I/R이라고 할 것이다. 그리고 두 번째 설명에서 Super의 프로파일이 SI/RA/EC일 것이라면, Holland의 프로파일은 AE/IR/SC일 것이다(Weinrach, 1996).

특성-요인 진로상담은 때때로 '세 개의 인터뷰와 먼지구름'과 같이 부적절하게 풍자된다. 첫 번째 인터뷰는 내담자의 배경을 알기 위한 작업과 검사를 수행하는 작업을 위한 것이다. 그다음에 내담자는 일련의 검사를 받고 두 번째 인터뷰로 돌아와 상담자에게 검사 결과에 대한 해석을 듣는다. 세 번째 인터뷰에서 내담자는 간략하게 출력된 자료를 가지고 진로 선택을 재검토하게 되고, 상담자는 내담자가 특정 진로에 대해 한층 더 나아간 정보를 찾도록 격려하게 된다. Williamson(1972)은 원래 내담자들이 자기처리 기술을 배우도록 하기 위해 이 이론을 실행했다. 그러나 Crites(1969, 1981)가 주의를 준 것처럼 특성-요인 진로 상담자는 결정을 할 때 심리적인 현실성을 무시할 수 있으며, 내담자들의 자조 기술을 향상하는 것에 실패할 수 있다. 이런 상담자들은 내담자들이 잊어버리거나 왜곡되게 받아들일 수 있는 검사 정보를 지나치게 강조할지도 모른다.

사례 Hannah와 망치

Hannah는 어린 소녀였을 때부터 도구를 사용하는 것을 좋아했다. 이제 11학년인 그녀는 자유예술 대학을 가야 할지, 무역 학교를 가야 할지 궁금해졌다. 그녀는 양쪽 모두의 장점을 다 가지고 있었다. 그녀의 아버지는 목수였고, 어머니는 선생님이었다. 부모님은 Hannah가 결정하는 것이라면 무엇이든지 도와주겠다고 말했다. Hannah의 Holland 프로파일은 SR/CA/IE로 다소 일반적이지는 않았다. 그녀는 양쪽 모두 가능했다.

만약 당신이 특성-요인 진로 상담자라면 Hannah가 곧 내리게 될 결정과 관련하여 어떤 조언을 해 주겠는가?

발달이론

진로이론에서 가장 널리 알려진 두 개의 이론은 Donald Super와 Eli Ginzberg와 연관되어 있다. 이 이론들은 모두 개인 발달에 근거를 두고 있다. 초기 발달이론은 Ginzberg 등(Ginzberg, Ginsburg, Axelrad, & Herma, 1951)에 의해 소개되었는데, 이 이론은 상당한 영향력을 끼쳐 왔으며 개정되어 왔다(Ginzberg, 1972). 그러나 여기에서는 Super의 이론이 상세하게 설명되고 있다. 그 이유는 Super의 이론과 더불어 보다 광범위한 일들이 이루어졌고, 진로상담에서 다른 발달 접근들은 빛을 발하지 못했기 때문이다.

다른 이론적 문제들과 비교할 때, 발달이론은 일반적으로 더욱 포괄적이고, 직업 행동의 종단적 표현에 더욱 관심을 가지며, 자기개념의 중요성을 강조하는 데 더욱 기울어져 있다. Super(1957, 1990)는 진로 선택을 하게 하는 것은 "자신의 직업적 자기개념을 충족하는 것과 연관되어 있다" 고 믿었다(Hinkelman & Luzzo, 2007, p. 143). 사람들이 스스로를 바라보는 시각은 그들이 무엇을 하는가에 따라 알 수 있다. 그는 직업 발달이 5단계로 나타난다고 제안했는데, 각 단계는 성취되어야 하는 발달적 과업을 포함하고 있다(〈표 15-1〉 참고). 첫 번째 단계는 성장기(growth, 출생~14세)다. 하위 단계인 환상기(fantasy, 4~10세), 흥미기(interest, 11~12세), 능력기(capacity, 13~14세)의 기간 동안 어린아이는 다른 사람과의 관계 안에서 스스로에 대한 정신적인 그림을 형성한다. Super의 이론에서는 이 단계가 복합적인 특성이 있다는 것이 확실히 증명되어 왔다(Palladino Schultheiss, Palma, & Manzi, 2005). 성장과정 동안, 어린아이들은 많은 방식으로 직업 세계를 지향해 가게 된다(예: 탐색, 정보, 흥미 등).

두 번째 단계는 탐색기(exploration, 14~24세)인데, 세 개의 하위 단계를 가지고 있다. 잠정기(tentative, 14~17세), 전환기(transition, 18~21세), 시행기(trial, 22~24세)가 그것이다. 이 단계의 주요 과업은 직업 세계에 대한 일반적인 탐색과 진로 선호에 대한 구체화다.

세 번째 단계는 확립기(establishment, 24~44세)로 알려져 있다. 두 개의 하위 단계인 시행기(trial, 24~30세)와 향상기(advancement, 31~44세)는 자신이 선호하는 직업 현장 안에서 수립해야 할 주요 과업으로 구성되어 있다. 이것이 한번 수립되면 사람들은 은퇴를 하거나 전문성의 최고점에 다다를 때까지 발전에 집중할 수 있다.

네 번째 단계는 유지기(maintenance, 44~64세)인데, 자기가 이미 성취한 것을 보존하는 것을 주요 과업으로 삼는다. 마지막 단계는 은퇴기(decline, 65세~사망)로, 직업으로부터 자유로워지는 시기이면서 다른 만족을 찾는 시기다. 감속기(deceleration, 65~70세)와 은퇴기(retirement, 71세~사망)의 두 하위 단계가 있다.

진로 발달 상담의 주요 공헌은 진로 결정에서 생애주기의 중요성을 강조한다는 점과 다른 과정 및 사건들에 의해 영향을 받게 되는 진로 결정을 강조한다는 점이다. "진로상담을 위한 삶의 패턴 패러다임은 상담자들이 내담자의 소질과 흥미를 단지 규범화된 집단과 비교하는 것이 아니라 삶의 경험의 망 안에서 생각해 보도록 격려한다." (Savickas, 1989, p. 127)

발달적 접근은 진로 패턴 상담으로 개념화될 수 있다(Super, 1954a). 비록 이 방법이 역사적, 서술적 강조 측면에서 비판받아 왔기는 하지만, 이 특성은 이론의 개념적 깊이와 마찬가지로 그 강점이 주목받고 있다(Herr, 1997). 전반적으로 Super에 의해 개념화된 진로 발달 상담은 많은 적용점을 가진다. "예를 들어, 이 상담은 아동들과 청소년들을 위한 진로 발달 프로그램의 주요 골자로 사용되어 왔다." (Brown, 2007, p. 54) 덧붙여 Super가 자신의 말년에 개념화한 포괄적인 무지개 이론(rainbow theory)은 연구자들의 흥미를 지속적

〈표 15-1〉 Super의 진로 발달 5단계

성장기	탐색기	확립기	유지기	은퇴기
0~14세 가정과 학교에서 주요 타인과의 동일시를 통해 자기개념이 발달한다. 이 단계 초기에는 욕구와 환상이 지배적이며, 사회적 참여와 현실 검증이 증가함에 따라 흥미와 능력이 더욱 중요해진다. 자조, 자기지시, 산업 관련, 목표 설정, 지속성과 관련된 행동을 배운다.	14~24세 자기반성, 역할 시도, 직업 탐색이 학교, 야외 활동, 시간제 일을 통해 이루어진다.	24~44세 적절한 영역을 찾고, 고정적인 영역을 세우려는 노력이 이루어진다. 그 후에 직업이 아닌 지위, 일, 고용주의 변화가 일어난다.	44~64세 직업 세계에서 영역을 구축한 후에 그것을 어떻게 유지하는가가 주 관심사다. 완성된 패턴의 연속성을 유지한다. 승진 위치에서 손아래 사람들과 경쟁하도록 강요받는 반면, 현재의 지위를 유지하는 것에 관심을 가진다.	65세 이상 신체적, 정신적 힘이 쇠퇴한다. 직업 활동이 변화하며, 적절한 시기에 그만두게 된다. 새로운 역할이 개발되어야 한다. 먼저 선택적인 참여자가 되고, 그 후 관찰자가 된다. 개인은 은퇴로 잃어버린 것을 대체하기 위해 다른 만족감의 원천을 찾아야 한다.
하위 단계 환상기(4~10세): 욕구가 지배적이며, 역할 수행이 중시된다. 흥미기(11~12세): 열망과 행동을 결정하는 데 흥미가 중시된다. 능력기(13~14세): 능력이 더욱 중시되며, 직업 필요조건(훈련 포함)이 고려된다.	하위 단계 잠정기(14~17세): 욕구, 흥미, 능력, 가치, 기회가 모두 고려된다. 환상, 토론, 과정, 직업 등에서 잠정적인 결정이 만들어지고 시도된다. 가능하고 적절한 영역과 직업 단계가 판별된다.	하위 단계 시도-수행기, 안정화기(24~30세): 원칙이 정해진다. 선택한 직업에 있어 고정적인 영역을 인식한다. 평생 직업이 발견되기 이전에, 또는 평생 직업이 별로 연관성 없는 일에서 성공적으로 수행되기 전에 한두 가지의 변화에서 불만족스러운 결과가 증명될 수 있다. 향상기(31~44세): 안정화를 위한 노력이 이루어진다. 직업 세계에서 안정적인 공간을 만들려 한다. 대부분의 사람이 이 시기를 생산적으로 보낸다. 연공서열이 세워진다. 단골 고객들이 생긴다. 뛰어난 수행 능력이 나타난다. 질적인 부분이 향상된다.		하위 단계 감속기(65~70세): 일의 속도가 늦어진다. 업무가 변하거나 일의 본질이 쇠퇴해 감에 따라 변화한다. 많은 이가 전일제 직업을 대체하기 위해 시간제 직업을 찾는다. 은퇴기(71세 이상): 직장을 완전히 그만두는 데 있어 다양한 모습을 보이며, 시간제 직업으로 전환하거나 자원봉사자로 활동하거나 여가 활동을 한다.

과제	과제-직업 선호 구체화하기	과제	과제	과제
다양한 종류의 사람에 대한 표상을 발달시키는 것 직업 세계에 대한 오리엔테이션을 발달시키고, 직업의 의미를 이해하는 것	전환기(18~21세): 고용시장 또는 전문 훈련에 입문할 때, 그리고 자기개념을 시험하려할 때 현실을 더욱 고려하게 된다. 일반적 선택에서 특별한 선택으로 전환된다. 과제-직업 선호 특수화하기 시행기(22~24세): 외견상 적절한 직업이 발견되며, 첫 직업이 확정되고 잠재적 직업으로 시도된다. 책임은 여전히 임시적이며, 만약 직업이 적절치 않다면 선호에 대해 구체화, 특수화, 시행하는 과정을 다시 수립할 수 있다. 직업 선호를 시행한다. 실제적인 자기개념을 발달시킨다. 기회가 생기면 더욱 학습한다.	원하는 직업을 갖기 위한 기회 찾기 다른 것들과 연관된 것을 배우기 강화와 발전 직업적 지위를 안정적으로 만들기 고정적인 지위를 확립하기	자신의 한계를 받아들이기 다뤄야 하는 새로운 문제를 발견하기 새로운 기술을 발전시키기 핵심적인 활동에 집중하기 이뤄 놓은 지위나 얻은 것들을 보존하기	비직업적인 역할을 발달시키기 은퇴하기에 좋은 시기를 찾기 늘 하고자 원했던 것을 하기 일하는 시간을 줄이기

출처: Herr, Cramer, & Niles (2004).

으로 끌고 있다(Super, 1990; Super, Thompson, & Lindeman, 1988; [그림 15-2] 참고). 결과적으로 이 이론은 진로상담의 기초로서뿐 아니라 진로 발달 성숙을 이해하려는 시도로서도 사용되어 왔다. 그러나 Super식 접근의 문제점 중 한 가지는 유럽인 중심의 배경을 가진 집단이 아닌, 공동 사회적 가치를 더욱 중시하는 아시아계 미국인들과 같은 집단에 응용이 가능한가와 관련된 부분이다.

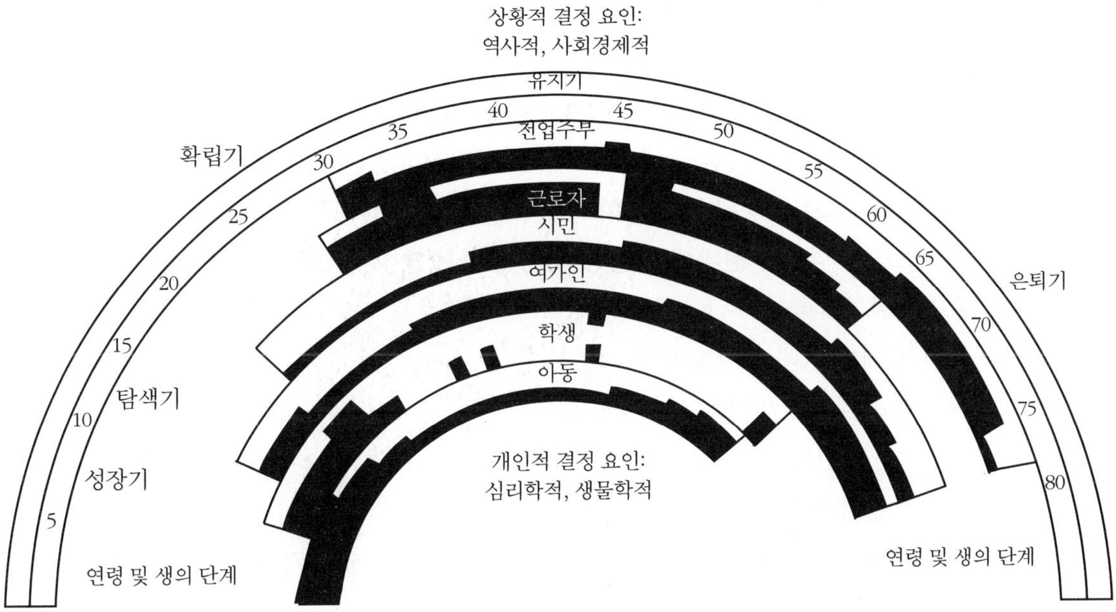

[그림 15-2] Super의 무지개 이론: 여섯 개 역할 도표

출처: Super (1980).

생/각/해/보/기

Super의 진로 발달이론은 당신의 경험과 얼마나 잘 맞는가? 당신의 직업 발달에서 다른 패턴이 보이지는 않는가?

사회인지 진로이론

사회인지 진로이론(social cognitive career theory: SCCT)은 1994년에 처음 발표되었고, 진로 선택과 관련된 연구에 엄청난 영향을 끼쳤다. 이 이론은 Albert Bandura의 초기 작업으로부터 시작되었는데, Bandura는 "개인적 특성, 환경, 외현적 행동으로 추정되는 인과관계 삼각 상호 모델"이 양방향적인 연결방법으로 작동한다고 강조했다(Niles & Harris-Bowlsbey, 2005, p. 87). 이 세 가지 중 가장 중요한 부분은 자기효능감이다. 즉, "특정한 과제를 성공적으로 수행할 수 있는 자신의 능력과 관련된 믿음이다"(Maples & Luzzo, 2005, p. 275).

SCCT의 주요 제안들은 다음과 같다(Brown, 2007, p. 69).

- "사람과 환경 사이의 상호관계는 매우 역동적이다."(예: 그 둘은 서로 영향을 준다)
- "진로 관련 행동은 사람의 네 가지 측면에 영향을 받는데, 행동, 자기효능감, 결과 기대, 유전적으로 결정된 특징에 따르는 목표가 그것이다."
- 자기효능감 믿음과 결과에 대한 기대는 흥미 발달에 영향을 미치는 데 직접적으로 상호작용한다.
- 결과에 대한 기대에 덧붙여 "성별, 인종, 신체적 건강, 장애, 환경적 변인과 같은 요인들은 자기효능감 발달에 영향을 미친다."
- "실제 진로 선택과 실행은 자기효능감, 기대, 목표보다도 더 많은 수의 직간접적인 변인에 영향을 받는다."(예: 차별, 경제적 변인, 우연한 기회)
- "모든 조건은 동일하다. 최고의 능력을 갖춘 사람, 가장 강력한 자기효능감에 대해 믿음을 갖는 사람은 최고 수준의 수행을 보인다."

SCCT의 중요한 다른 가정은 "자기효능감과 흥미는 연결되어 있고" 흥미는 "모델링과 격려뿐 아니라 수행을 독려함으로써 가장 강력하게 개발되고 강화될 수 있다는 점이다. 그러므로 성별(또는 차별) 때문에 특정 활동에 참여하는 기회가 거의 주어지지 않는 여성(또는 소수집단)과 같은 내담자 집단은 이 이론을 적용함으로써 도움을 얻을 수 있다"(Brown, 2007, p. 70).

사회인지 진로이론은 많은 장면에서 사용될 수 있다. 예를 들어, 시골 애팔래치아 지역의 청소년들을 발전·변화시키고, 진로 흥미를 찾도록 돕는 데 사용될 수 있다(Ali & Saunders, 2006). 이 이론은 그들이 가진 잘못된 신념에 대응할 정보가 필요한 1세대 대학생들에게도 사용될 수 있다(Gibbons & Shoffner, 2004). 게다가 SCCT를 기반으로 하는 개입은 다양한 집단에 사용될 수 있다. "SCCT의 추가적인 강점은 이 이론이 진로 발달에서 개인 내적인 부분과 맥락적 변인 모두를 설명한다는 점이다."(Niles & Harris-Bowlsbey, 2005, p. 91)

Krumboltz(1979, 1996)는 진로 발달에서 동등하게 포괄적이지만 발달이 덜된 사회인지 접근에 대해 이야기했다. 그는 개인의 진로 선택에 영향을 주는 네 가지 요인을 설명했다.

- 유전적 자질
- 환경의 조건과 사건
- 학습 경험

- 과제 접근 기술(예: 가치, 직업 습관)

Krumboltz에 따르면, 진로 결정은 내적, 외적 과정 양쪽에 의해 통제된다. 이에 대한 지속적인 학습이 이루어졌으며, Krumboltz는 그 결과를 다음과 같이 명명했다.

- 자기관찰 일반화(self-observation generalization): 사실일 수도 아닐 수도 있는 평가에 대해 드러나는 혹은 드러나지 않는 자기언급
- 과제 접근 기술(task-approach skills): 사람들이 미래에 일어날 사건을 예언하기 위해서 그들의 자기관찰 일반화를 미래에 투사하려고 노력하는 것
- 행동(actions): 구직 활동과 같이 행동을 실행하는 것

전체적으로 Krumboltz 이론의 강점은 그들이 사람을 강화할 것을 찾아 통제하는 존재로 본다는 점이다. 개인과 세계는 변화하는 반면, 사람은 학습 기회를 얻기 위해 배울 수 있고, 그에 따라 진로 결정을 할 수 있다. "요약하자면, Krumboltz는 진로상담에 대한 역동적인 접근을 그렸는데, 이는 남녀 모두에게 적용될 수 있을 뿐 아니라 개인적 시각을 가지고 있는 인종적, 민족적 소수 집단에게도 적용될 수 있다." (Brown, 2007, p. 68)

6. 다양한 대상자와 진로상담

진로상담과 교육은 다양한 장면에서 다양한 대상자와 더불어 진행되어 왔다. Brown (1985)은 일반적으로 진로상담이 대학 상담센터, 재활시설, 고용센터, 공립학교에서 제공된다고 보았다. 그는 진로상담 및 교육이 정신건강 센터와 사설 사무실을 포함한 다른 많은 장소에서도 큰 이점을 가지고 적용될 수 있으리라고 생각했다. Jesser(1983)는 이에 동의하며 미고용인, 학습장애가 있는 사람, 감옥에 있는 사람, 직업 시장으로 다시 들어가고자 하는 정신병원에서 퇴원한 사람과 같은 잠재적인 사용자들에게 진로 정보와 상담을 직접 제공할 필요가 있다고 주장했다. 보상(reimbursement)이라는 측면은 전통적인 대상자 및 장면 이외의 진로상담을 제공하는 데 약점이 된다. 진로 관련 관심사는 DSM-IV-TR에서 다뤄지지 않고 있으며, 대부분의 의료보험에서도 보상 관련 서비스는 제공되지 않는다. 이렇게 적용 범위가 부족하다는 것은 많은 사람이 진로 결정을 하는 데 어려움을 겪는다는 점에서 불행한 일이다. 이러한 어려움은 의사결정 과정 전과 의사결정 과정 중간에 모두 나타나는 세 가지 요인과 관련이 있다.

- 준비 부족
- 정보 부족
- 일관성 없는 정보

진로 의사결정 문제 분류체계는 이러한 요인들을 포함하며 더욱 공식화되었다(Gati & Saka, 2001). 분류체계(도표)가 초반에는 청소년들을 대상으로 일하는 학교 상담자들에게 의미가 있었지만 이 분류체계는 생애주기 전반에 걸쳐 적용 가능성이 있다([그림 15-3] 참고).

진로 개념이 생애주기를 포함하기 때문에 이 분야의 전문 상담자들은 어린아이로부터 80대 성인에 이르기까지 전 연령을 대상으로 진로상담을 진행해야 한다는 것을 알게 된다. 결과적으로 선별된 집단과 효과적으로 작업할 수 있도록 다양한 접근법과 기술이 발전해 왔다.

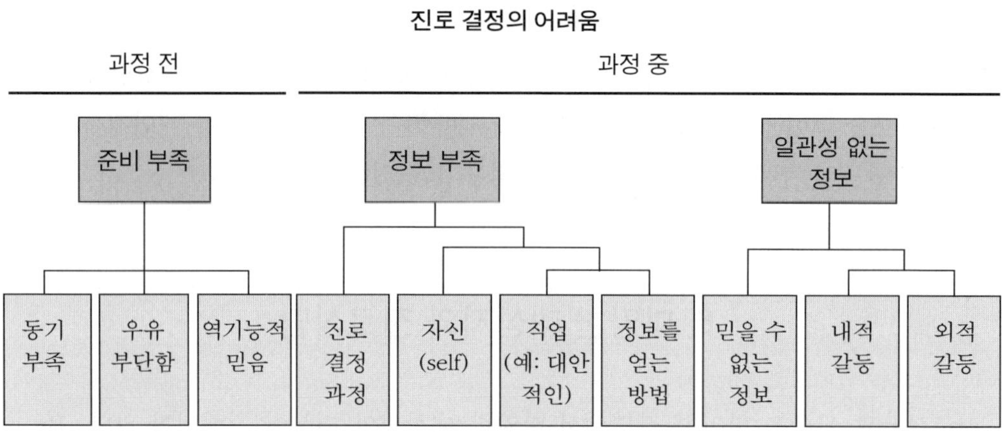

[그림 15-3] 진로 의사결정 문제 분류체계

출처: Gati & Saka (2001).

아동과 진로상담

진로 발달과정은 취학 전 시기에 시작되어 초등학교 시기에 더욱 직접적으로 드러난다. Herr 등(2004)은 학교생활 초반 6년의 기간 동안 많은 아동이 비교적 안정적인 자기개념을 발달시키고, 잠정적으로 직업을 선택한다는 것을 보여 주기 위해 많은 연구를 인용하였고, 이러한 과정에서 진로상담과 직업 가이던스 활동이 제공되었는지 여부를 관찰하게 되었다. 학교에서 진로상담 및 직업 가이던스와 관련된 광범위하고 체계적인 프로그램을 가지고 있는 것은 아동, 특히 고용 기회가 제한된 지역에 사는 아동들에게 유용하다. 이러한 프로그램은 의사결정을 굳히도록 하기보다는 자각시키는 데 중점을 둬야 한다. 또 가능한 한 많은 경험적 활동을 제공해야 하며, 아동들이 진로 선택을 할 수 있음을 깨닫도록 도와야 한다. 아동들은 초등학교를 다닐 때 진로와 관련된 상세한 정보를 받아야 하며, 사회경제적 수준과 성별을 초월할 수 있는 진로 기회를 접해야 한다(Bobo, Hildreth, & Durodoye, 1998).

Jesser(1983)는 초등학교 학생의 진로 인식 수준이 지역 산업체, 제과점, 제조업체 또는 은행에 견학 가는 활동을 통해 향상되어야 한다고 제안한다. 예를 들어, "피자는 초등학교 아동들로부터 즉각적인 주의집중을 끌 수 있고, 피자 가게에 견학 가기는 학습 경험을 제공해 줄 수 있다" (Beale & Nugent, 1996, p. 294; [그림 15-4] 참고). 이런 견학이 사전에 신중하게 계획되고, 시행되고, 적절한 반 학습 활동(예: 반 토론)과 함께 추후 관리될 때, 아동들은 광범위한 관련 직업과 직업 가치, 과제를 수행하는 데 필요한 팀의 중요성 등을 인식하게 된다.

아동들의 진로 인식을 확장시키는 또 다른 방법은 "부모를 학교로 초대해 학생들을 그들의 작업장으로 초대하도록 격려하기"다(Wahl & Blackhurst, 2000, p. 372). 이러한 과정은 부모의 영향력을 역할 모델로서 활용할 수 있고, 미취업 상태이거나 불안정한 취업 상태의 부모를 둔 아동들에게 특히 도움이 될 수 있다. 진로와 관련해 아동들이 가지고 있는 고정관념을 깨기 위해 비전통적인 직업을 가진 사람들을 초대해서 이야기를 들어 보는 것도 도움이 될 수 있다. 그들이 일반적으로 직업 내에서 어떤 일을 하는지에 대한 이야기를 읽거나 비디오를 시청하는 것 역시 도움이 될 수 있다. 예를 들어, 『아동들의 직업 사전(*Children's Dictionary of Occupations*)』(Paramore, Hopke, & Drier, 1999)과 학생 활동 패키지를 포함한 다른 출판물들은 정확한 정보를 얻는 데 훌륭한 자료가 된다.

Splete(1982b)는 아동들과 함께 작업하는 포괄적인 프로그램의 윤곽을 그렸다. 이 프로그램은 선생님과 상담자에 의해 공동으로 계획되며, 부모교육과 반 토론을 포함하고 있다. Splete는 초등학교 수준에서 핵심적인 세 개의 진로 발달 영역이 있다고 강조한다. 그것은 자기인식(즉, 자신의 독특함), 진로 인식과 탐색, 의사결정이다. 잘 설계된, 즉 이른 시기에 수행되고 교육 시스템의 모든 수준에 걸쳐 조율된 직업 가이던스와 진로상담 프로그램은 "진로 결정은 정확한 때, 특정한 시점에서 일어나야 하는 사건이다."와 같은 비합리적이고 의사결정을 방해하는 진로 발달 신화를 떨쳐내며 오래 지속될 수 있다(Lewis & Gilhousen, 1981, p. 297).

이름: ______________________ 날짜: ______________

활동지 5

피자 관련 단어 찾기(Pizza Connection Word Scramble)

이 단어들 중에서 여러분이 맞출 수 있는 단어가 얼마나 있는지 살펴보세요. 이 단어들은 피자 가게 견학을 통해 알 수 있어요.

1. 기, 세, 식, 척, 기 ______________________
2. 니, 매, 저 ______________________
3. 장, 사 ______________________
4. 인, 리, 관 ______________________
5. 인, 여, 주 ______________________
6. 업, 종, 원 ______________________
7. 사, 리, 요 ______________________
8. 이, 터, 웨 ______________________
9. 납, 금, 원, 현, 출 ______________________
10. 당, 식 ______________________
11. 집, 자, 피 ______________________
12. 방, 보, 주, 조 ______________________

정답: (1) 식기세척기, (2) 매니저, (3) 사장, (4) 관리인, (5) 여주인, (6) 종업원, (7) 요리사, (8) 웨이터, (9) 현금출납원, (10) 식당, (11) 피자집, (12) 주방보조

[그림 15-4] 피자 관련 단어 찾기

출처: Beale & Nugent (1996).

생/각/해/보/기

어렸을 때(12세 이전) 간절히 원했던 진로에 대해 생각해 보라. 생각나는 대로 최대한 많이, 최소 한 다섯 개를 적어 보라. 각각은 John Holland 코드와 얼마나 유사한가? 그것은 상담 직업과 얼마나 유사한가?

청소년과 진로상담

청소년들의 진로 문제를 다루기 위해 미국학교상담협회, 즉 American School Counselor Association(ASCA)는 ASCA National Model(2002)을 발전시켰다. 이 모델은 학교 상담자들이 학교 전반에 진로상담을 제공해야 한다는 것과 상담을 제공할 때 학교 내외의 사람들과 관계를 맺어야 한다는 것을 강조한다.

Cole(1982)은 중 · 고등학교에서의 직업 가이던스 활동은 일할 수 있는 기회를 탐색하는 것과 학생들이 가능한 한 미래 진로에 대해 스스로의 강점과 약점을 평가하는 것을 포함해야 한다고 말한다. 그리고 학생들은 재능, 기술, 일반지능, 동기 수준, 친구, 가족, 삶의 경험, 외모, 건강 등을 더욱 인식하고 이에 대한 평가를 시작해야 한다고 주장한다. "산업예술(응용 기술)과 같은 응용예술 교육과정과 가정경제(가족 생애교육), 그리고 컴퓨터 문맹퇴치 교실은…… 통합된 진로교육 기회에 대한 아이디어를 제공한다. 도서관 또는 진로센터는 학생들의 사용에 용이하도록 중간 수준으로 전산화된 진로정보 전달 시스템(career information delivery systems: CIDS)을 보유하고 있을 수 있다."(NOICC, 1994, p. 9) CIDS의 공통된 네 가지 구성 요소는 "평가, 직업 조사, 직업 정보, 교육 정보다"(Gysbers et al., 2003, p. 135). 전반적으로 중학교 학생들의 "진로 탐색은 지적, 사회적 발달에 있어 중요한 보완방법이다"(Craig, Contreras, & Peterson, 2000, p. 24).

고등학교 고학년의 경우, 직업 가이던스와 상담 활동은 학생들의 성숙도와 관련이 있다. 진로 발달 프로그램을 위한 가장 큰 도전 및 필요가 이 단계에서 발생한다. 특히 기본 기술 습득의 영역에서 그러하다(Bynner, 1997). 고등학교 수준의 일반적 진로상담의 세 가지 강조점으로 진로 발달 자극하기, 대우(treatment) 제공하기, 위치 잡도록 돕기가 있다. 더 구체적으로 상담자들은 학생들의 욕구와 기능의 정도에 따라 학생들에게 안심, 정보, 정서적 지지, 현실 검증, 전략 짜기, 태도교육, 직업 경험 등을 제공한다(Herr et al., 2004).

청소년들이 진로에 대한 생각을 구체화하도록 돕는 데 여러 기술이 상당히 효과가 있는 것으로 밝혀졌다. 그중 몇몇은 경험적이고 포괄적인 특징을 지닌 다른 기술들보다 주로 인지적인 성격을 띤다. 인지적 기술의 예로는 미래의 어떤 전형적인 날이나 상 받는 경험, 중간에 경력을 바꾸는 것, 은퇴하기 등을 상상해 보는 것이 있다(Morgan & Skovholt, 1977). 또 다른 인지적 기술은 진로 항목과 진로 발달에 대한 기본적인 정보를 제공하는 것과 관련이 있다. 예를 들어, 진로의 날 행사나 진로 박람회에서 보게 되는 "다양한 직업을 가진 직업인들, 전문가들의 특징을 통해 학생들은 각 직업의 우선적인 직무, 일상 활동들, 훈련의 필요성을 실제적으로 비교해 볼 수 있다" (Wahl & Blackhurst, 2000, p. 372). 현재의 흥미가 가족 구성원들의 직업과 어떤 관련이 있는지 알아보기 위해 직업 가계도([그림 15-5] 참고)를 완성하는 것이 유용하게 사용될 수 있는 마지막 인지적 접근이다(Dickson & Parmerlee, 1980).

보다 경험적이고 포괄적인 기술로 청소년에게 도제식 견습(apprenticeship)을 제공하기가 있다. 이러한 도제식 견습은 청소년을 위한 직업 기반의 학습을 제공하는 인기 있는 접근법이다. 또한 도제식 견습은 대학에 소속되어 있지 않은 학생들이 고등학교에서 초기 직업환경으로 자연스럽게 이동할 수 있도록 돕는다. 도제식 견습은 진로 상담자에게 다음과 같은 면에서 다양한 의욕이 솟게 한다고 주장하고 있다(Hoyt, 1994, p. 222).

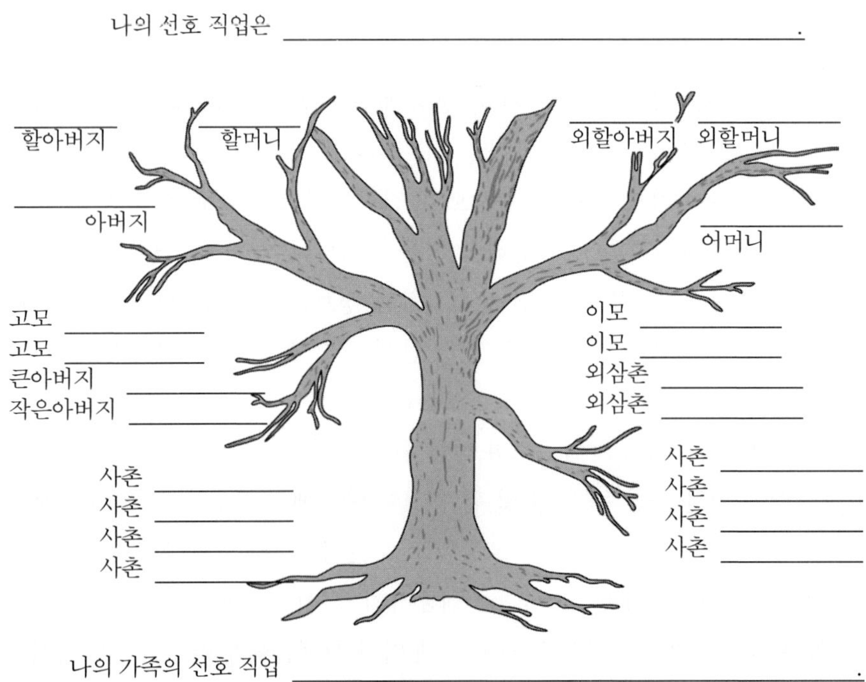

[그림 15-5] 직업 가계도

출처: Dickson & Parmerlee (1980).

① 내담자가 적절한 기술을 배우도록 하여 변화를 도움으로써, ② 내담자가 직업의 종류를 습득하는 방법을 발견하도록 도움으로써(정부 보고서에서 확인된), ③ 내담자가 개인적으로 의미 있는 직업 가치 세트를 개발하도록 도움으로써 내담자 스스로를 위해 직업 현장이 인간적인 곳이 되도록 하여 직업으로부터 얻게 되는 진정한 개인적인 만족감을 얻게 한다.

학교에서 청소년들을 돕는 것에 덧붙여, 진로 상담자는 졸업 전에 학교를 떠나는 고등학교 학생들을 돕기 위해 특별한 노력을 기울여야 한다(Rumberger, 1987). 이 어린 학생들은 그들의 남은 여생 동안 미취업 또는 불완전 취업의 위험에 처해 있다. Mann(1986)의 네 개의 C(돈[cash], 돌봄[care], 컴퓨터[computer], 연합[coalition])와 같은 교육적, 경험적 프로그램은 위기의 학생들이 진로 탐색 및 진로 발달을 하도록 도울 수 있다. Bloch(1988, 1989)에 따르면 학교 밖으로 탈락할 위기에 놓인 학생들을 위한 성공적인 교육상담 프로그램은 다음의 여섯 가지 지침을 따라야 한다.

- 학생의 현재와 미래 상태 사이의 연관성을 만들어야 한다(예: 돈-학생들은 참가비를 면제받음).
- 개개인에 맞게 프로그램을 진행하고 의사소통을 통한 돌봄이 있어야 한다.
- 지역사회 기관 및 사업체와 더불어 성공적인 연합관계를 만들어야 한다.
- 진로 발달 활동 순서를 통합해야 한다.
- 연령과 상태에 적합한 진로 발달 활동을 제공해야 한다.
- 컴퓨터를 포함한 다양하고 광범위한 미디어와 진로 발달 자원을 사용해야 한다.

대학생과 진로상담

"진로 선택에 매진하는 것은 대학생들이 직면한 주요 심리학적 과업들 중 하나다." (Osborn, Howard, & Leierer, 2007, p. 365) 대략 모든 대학생의 절반 이상이 진로와 관련된 문제들을 경험한다(Herr et al., 2004). 그 이유 중 일부는 대학생임에도 불구하고 대부분의 대학생이 자신이 미래에 어떤 소비자가 될 것인지에 대한 정보 제공을 제대로 받지 못했기 때문이다(Laker, 2002, p. 61). 따라서 대학생들은 학사 진로 탐색과정과 같은 진로상담 서비스를 필요로 하고 이를 중요하게 생각한다(Osborn et al., 2007). 심지어 이미 대학 전공과 진로에 대해 결정을 해 놓은 학생들조차도 그들의 선택을 입증하는 추가 정보를 찾는다.

학생들의 요구에 응하기 위해 고등교육기관에서 행하는 종합적인 직업 가이던스 및 상담 프로그램을 통해 많은 서비스가 제공되고 있으며, 이러한 서비스는 다음과 같다(Herr et al., 2004).

- 주요 전공 분야에서의 선택을 돕기
- 심리검사를 통해 자기평가와 자기분석을 제공하기
- 학생들이 직업 세계를 이해하도록 돕기
- 직업 박람회, 인턴 사원 근무, 그리고 교내 면접을 통해 고용 기회의 접근을 촉진하기
- 의사결정 기술을 가르치기
- 특정 대상자의 필요에 응하기

이러한 사항들 외에 학생들은 또한 "인생 진로 발달 상담"을 필요로 한다(Engels, Jacobs, & Kern, 2000). 보다 폭넓은 접근은, 예를 들어 직업인, 가족의 일원, 부모 그리고 시민이 되는 것처럼 적절한 방법으로 "직업 역할과 책임감 사이에 균형을 이루고 통합하는" 가운데 미래 진로를 위한 계획을 세우도록 사람들을 돕는 것을 목적으로 한다(p. 192). 대학생을 위한 진로상담 서비스를 제공할 때, 업무, 친밀한 관계 그리고 책임과 관련되는 문제들을 예상하는 것은 중요한 일이다. 만약 그렇지 않은 경우, 직업-가족 갈등(work-family conflicts: WFC)이 나타나고, 개인의 행동, 감정 그리고 건강에 부정적인 영향을 끼치게 된다(Frone, 2003).

대학생들이 예상되는 문제를 피하고 특정 직업에 대해 **현실적인 직업 미리보기**(realistic job preview: RJPs)를 할 수 있는 방법은 그들이 생각하고 있는 직업에 대한 지식이 있는 사람들과 만나 이야기를 나누는 것이다. 이러한 만남은 궁극적으로 이직 가능성은 줄이고 만족은 높임으로써 잠재적인 구직자들이 직업을 선택하는 데 도움을 준다(Laker, 2002). 학생들은 DISCOVER와 같은 컴퓨터 기반 진로 계획 시스템(CBCPSs)을 통해 이러한 유형의 만남을 보충해야 한다. 그 이유는 이러한 시스템은 활동적이고, 즉각적이며, 독려할 수 있고, 출력된 결과물로 보상받을 수 있기 때문이다. 또한 이 방법을 통해 다른 진로 탐색 활동을 하게 될 개인들이 자기효능감과 가능성을 촉진하게 되기 때문이다(Maples & Luzzo, 2005).

성인과 진로상담

진로 흥미 패턴은 대학생활 때보다도 대학생활 이후에 보다 더 안정적인 경향이 있다. 그럼에도 불구하고 많은 성인이 진로상담을 지속적으로 원한다(Swanson & Hansen, 1988). 실제로 성인은 삶을 통해 안정과 변화의 순환 주기를 경험하는데, 진로 변경은 발달적일

뿐 아니라 삶의 단계 속에서 그 단계에 대한 상황적인 기대를 포함한다(Borgen, 1997; Kerka, 1991). 발달적으로 어떤 성인은 40대에 들어섰을 때 발생하는 중년기 진로 변경을 경험하는데, Erik Erikson은 이 단계를 생산성 대 자기침체로 설명했다. 이때 성인은 더 자기성찰적이 되어 이직을 하거나 자신의 삶에 더 많은 의미를 부여하려고 노력할지 모른다. 상황적으로 성인은 죽음, 해고, 이혼 등과 같은 정신적 외상을 경험한 이후에 진로 변경을 하게 될지도 모른다(Marino, 1996).

성인은 "스스로가 직장에서 불행하다는 것을 아직 발견하지 못했지만 방향을 전환하는 것에 대해 타당한 양가감정을 느낄 때" 그들의 직업과 진로 결정에서 특히 어려운 시간을 갖게 될지 모른다(Lowman, 1993, p. 549). 이러한 상황 속에서 그들은 자기충족적이 되거나 자기패배적이 되는, 직업과 관련된 비논리적 혹은 고질적 신념을 만들게 될지도 모른다(Krumboltz, 1992). 이 같은 신념들 가운데 한 예는 '나는 내가 정말로 좋아하는 직업을 찾지 못할 것이다.' 라는 것이다. 이 같은 경우에서 그들이 생각하는 방식을 바꾸고 보다 현실적이 되도록 돕는 것은 무척 중요하다.

진로상담에서는 성인을 대상으로 상담할 때 변별적 접근과 발달적 접근의 지배적인 두 가지의 방식이 있다. **변별적 접근**(differential approach)에서는 "사람과 환경의 유형 분류체계(typology)는 진로 문제를 다루기 위한 인생의 어떤 전략보다 더욱 유용하다."고 말한다(Holland & Gottfredson, 1976, p. 23). 이 접근은 연령과 관련된 고정관념들, 성별과 소수집단 문제들 그리고 생애주기 문제와 관련된 과학적이고 실제적인 어려움을 피한다. "어느 연령대에서든 한 사람이 직업 관련 대응을 하는 수준과 질적인 면은 성격 유형과 환경 유형의 상호작용뿐만 아니라 개인의 일관성, 변별성과 관련 있다."(Holland & Gottfredson, 1976, p. 23)

이러한 관점에 따라 Holland 유형과 같은 형식을 인식하고 있는 진로 상담자는 특징적인 방법들을 예견할 수 있어서 이 방식을 적용하는 사람은 진로 문제에 대처할 수 있다. 예를 들어, 사회형/예술형(상담자로 일하는 사람들에게 전형적으로 많은)으로 잘 정의된 성격을 지닌 사람은 고등교육과 직업 열망 가지기, 좋은 의사결정 능력 갖추기, 배움에 지속적이고 강한 흥미 가지기, 적절한 개인적 실력 갖추기, 리더십보다는 창조적이고 고차원적인 단계의 수행 안에서 뚜렷한 관심사 가지기를 기대하게 될 것이다(Holland, 1997). 이 같은 특징이 있는 사람은 또한 역경에 직면한 환경을 바꾸거나 떠나려는 경향을 지닐 것이다. 이러한 접근법에서 알 수 있는 장점은 어느 연령에서든 직업 이동에 대한 설명이 쉽다는 점이다. 삶의 어떠한 지점에서든 직업을 옮기는 사람들은 개인과 환경 사이에서 일치하는 지점을 찾으려고 노력한다.

발달적 접근(developmental approach)은 더욱 많은 개인 및 환경 변수에 대해 설명한다.

"사건, 상황, 다른 사람들을 통한 경험은 정체성을 결정함에 있어 커다란 역할을 수행한다(즉, 그들이 무엇을 믿고 무엇에 가치를 두는지, 그들이 다른 이들에게 어떻게 반응하는지, 스스로 생각하는 이미지는 무엇인지)." (Gladstein & Apfel, 1987, p. 181) 발달 생애주기 이론은 성인이 외부의 요인들(예: 배우자, 가족, 친구들)에 어떻게 영향을 받는지, 그리고 이러한 변수들에 어떻게 영향을 주는지에 대해서 항상 스스로를 평가하고 있다고 주장한다. Okun(1984), Gladstein과 Apfel(1987)은 다른 사람 및 사건과의 상호작용은 성인기에 직업을 결정하는 데 지대한 영향을 준다고 믿고 있다.

Gladstein과 Apfel(1987)의 성인 진로상담에 대한 접근은 여섯 가지 요소의 결합으로 집중되는데, 발달적 요소, 종합적 요소, 자기 내 집단(self-in-group)적 요소, 종적 요소, 상호헌신적 요소 그리고 다중방법론 요소가 그것이다. 이 요소들은 삶의 단계 및 변화의 과정 속에서 함께 작용한다. 로체스터 대학교의 성인상담 센터에서 실용적인 단계로 시행되고 있는 이 모델은 시간의 경과에 따른 인간의 종합적인 정체성을 고려한다. 관련된 사례 가운데 Chusmir(1990)는 **비전통적인 직업**(nontraditional careers: 대체로 어느 한쪽의 성별은 고용되지 않는 직업)을 선택하게 되는 때에 사람들이 겪는 과정 가운데에서 많은 요소 간의 상호작용을 강조한다([그림 15-6] 참고). 직업이 전통적이든 그렇지 않든, 직업을 결정하는 데 많은 힘이 들어간다는 것은 사실이다.

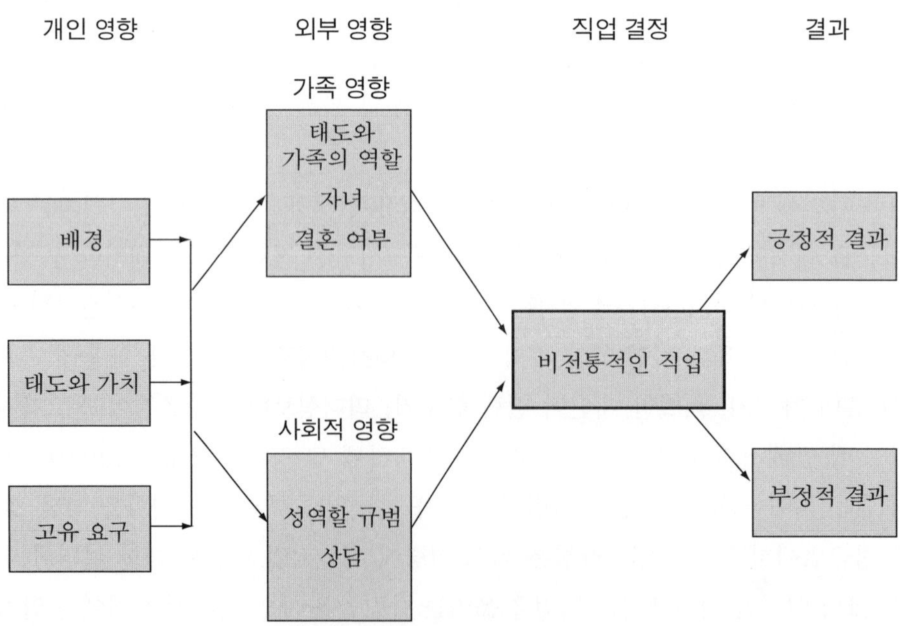

[그림 15-6] 비전통적 직업 선택의 공헌 요소

출처: Chusmir (1990).

사례 **변별력 있는 안내를 받은 Dick**

Dick Doss는 수년간 일자리를 얻기 위해 고군분투하고 있었다. 그는 요리사, 환경미화원, 보안관 그리고 조경사로서 이곳저곳을 옮겨 다녔다. 그는 일에서 어떤 것도 만족하지 못했고, 29세가 되었을 때 진로 상담자인 Susan을 찾아갔다.

Susan은 Dick에게 O*Net을 포함한 다양한 목록을 제공해 주었다. 그녀는 Dick의 결과를 보고 Dick이 지금까지 해 왔지만 실망했던, 현실적이고 전통적인 일자리들과는 반대로 그가 예술적이고 사회적인 부분에서 뚜렷한 능력을 가지고 있다는 것을 기록하였다. 그런 후 이렇듯 뚜렷한 흥미를 가지고 다양한 교육 단계에서 무엇을 할 수 있을지, 그리고 *Occupational Outlook Handbook*을 통해 각각의 분야에서 어떤 고용 창출이 기대되고 있는지를 놓고 Dick과 함께 탐색하였다.

마침내 Dick은 지방 대학에 등록하여 교육을 받기로 결정하게 되었고, 이를 통해 엔터테인먼트 사업과 관련된 직업을 찾는 데 주력할 수 있었다. Dick은 매우 기뻤다. Dick은 Susan에게 이렇게 말하였다. "이런 유형의 직업은 나에게 잘 맞는 것 같아요."

여성 및 소수민족 집단과의 진로상담

"전통적인 진로 발달이론의 많은 가정은 여성과 소수민족 집단에게는 잘 적용되지 않는다."(Luzzo & McWhirter, 2001, p. 61) 여성과 소수민족 집단은 역사적으로 유럽과 미국 남성들보다 더 적은 진로상담을 받아 왔고, 진로를 추구하는 데 있어 더 많은 장애물에 맞닥뜨렸다(Brown, 2002). 그 이유로 이 두 집단과 관련된 고정관념과 관행들을 생각해 볼 수 있다(Herr, Cramer, & Niles, 2004). 예를 들어, 일반적으로 여성들은 가정의 필요에 협조하기 위하여 불연속적인 직업 유형을 가지게 될 것이라고 생각되어 왔다. 비슷하게, 소수민족 집단은 제한된 수의 직종에만 관심을 가지고 있다고 자주 비춰져 왔다. 여성과 소수민족 집단 사이에서 커져 가고 있는 사회적 행동주의는 방대한 연구와 결합되어 부정적인 힘을 이겨 내고, 이 대상자들을 위한 진로상담 모델을 만들어 가는 데 도움을 주고 있다(Peterson & Gonzalez, 2000). 바로 이것이 다른 이유들 가운데 진로 상담자가 일터에서의 사회 정의를 촉진해야만 하는 이유다.

여성

여성을 위한 성별 기반 직업 유형은 다양한 이유로 바뀌어 왔다. 한 예로, 여성은 미국 노동력의 거의 절반을 차지한다(U.S. Department of Health and Human Services, Health Resources and Services Administration, 2006). 게다가 "아동은 더욱 거대한 그리고 더욱 다양한 직업 선택에 노출되고 있다. 나아가 여성은 이전에 남성을 위해 마련된 직업 속으로 진출하였고, 이를 통해 젊은 여성이 접하게 되는 역할 모델의 범위를 넓히고 있다"(Bobo et al., 1998, pp. 40–41).

1970년대 이후, 여성 진로 발달에 대한 연구와 관심이 상당히 높아져 왔다(Luzzo & McWhirter, 2001; Whitmarsh, Brown, Cooper, Hawkins-Rodgers, & Wentworth, 2007). "여성의 진로 발달에 관한 연구는 이와 관련된 내적, 외적인 장벽 모두를 규명해 왔고, 진로 의사결정과 직업 유지에 대한 과정이 남성보다 여성에게 더 복잡하고 제한적이었음을 문서화하고 있다"(Sullivan & Mahalik, 2000, p. 54). 불행하게도 대부분의 진로 발달이론은 여성에게 적합하게 적용될 수 없다. 그 이론이 남성을 위하여 마련된 것들이거나 불완전한 것들이기 때문이다(Cook et al., 2002; Gottfredson, 2005; Jackson & Scharman, 2002).

따라서 상담자는 여성과 상담할 때 종종 새로운 영역에 뛰어들고 있다는 것과 그들이 반드시 주의해야 한다는 것, **직업 성역할 고정관념**(occupational sex-role stereotyping)에 저항해야 한다는 것, 심지어 초등학교 수준에서조차 그렇다는 것을 인지할 필요가 있다(McMahon & Patton, 1997). 일반적인 고정관념에서는 여성을 주로 어머니(양육하는), 아이(의존적인), 철면피를 쓴 초짜(거친 운전), 그리고 성적 도구(Gysbers et al., 2003), 현실적, 탐구적 및 진취적 직업과는 대조되는 사회적, 예술적, 관습적 직업들을 더욱 선호하는 집단으로 그릇되게 가정한다(Tomlinson & Evans-Hughes, 1991).

게다가 '**유리 천장**(glass ceiling)' 현상이 있는데, 이는 여성이 회사에서 단지 어느 정도까지만 승진할 수 있다고 보이는 현상을 일컫는다. 왜냐하면 그들이 최고 수준, 즉 경영자의 의무를 수행할 수 있는 모습으로 보이지 않았기 때문이다. 이러한 근거 없는 믿음이 받아들여질 때 나이의 많고 적음에 상관없이 여성은 능력 및 가능성을 발휘할 기회를 제공받지 못하게 되고, 그 결과 일부 여성은 자신이 가진 능력 혹은 재능을 최대한 끌어올리는 데 실패를 경험하게 된다. 그 결과, 그들은 절대 일하지 않는다. 업무를 할 때 낮고 적당한 헌신성만을 보인다. 혹은 가르치는 일이나 사무직, 간호, 사회적 서비스와 같은 '안전하고' 전통적이고 여성이 지배적으로 차지하고 있는 직업에 관심을 집중한다(Betz & Fitzgerald, 1987; Brown, 2002; Walsh & Osipow, 1994).

여성을 위한 진로상담에서는 이러한 근거 없는 믿음의 바깥에 놓여 있는 다른 장벽 또한 반드시 고려되어야 한다. 예를 들어, 회사의 문화는 직무 수행 시 예상되는 것보다 더 많은 시간을 일하도록 기대하는 것, 특정 행사에 참여하는 것, 또는 '회사의 구성원이 되는 것'을 중심으로 맴돌고 있을지 모른다. 그러므로 여성은 직업 목표를 성취하기 위해서 그들을 둘러싸고 있는 신화(myths)뿐만 아니라 현실을 반드시 극복해야 한다(Luzzo & Mc Whirter, 2001). 상담자는 여성 지배적 직업 영역이 아닌 곳에서 여성들보다 남성들과 사회적으로 접촉함으로써 더욱 순조롭게 직업을 찾게 될지 모른다고 여성들에게 조언할 수 있다(Mencken & Winfield, 2000). 장벽과 오해를 극복하고 균형을 찾는 것은 상담과정에서 필수적인 부분이다.

여성이 직업과 가족을 어떻게 결합시켜 갈지를 이해하기 위해 Jackson과 Scharman(2002)은 "가족과 함께하는 시간을 최대로 높이기 위하여 그들의 직업을 창조적으로 구성하고 있다고 판단된 여성 26명의 국가 표본"(p. 181)을 연구하였다. 그 결과, 이 여성들이 가정 친화적인 직업을 구성하기 위해 어떻게 일을 해 가는지에 대해 여덟 개의 다른 주제가 나타났다. 그들의 전략은 "평화로운 맞바꿈"으로부터 "융통성 있는 직장 동료"의 모습에 이르렀다. 그러나 "각 참가자는 둘 중 어느 하나의 선택을 요구하는 것이 아닌 직업과 가정을 결합시키는 만족스러운 결과를 발견하였다"(p. 184). 종합적으로 그녀들은 놀라울 정도의 자기효능감(즉, 복잡하고 어려운 상황에 대처하고 처리하는 스스로에 대한 자신감)을 지니고 있음을 증명하였다. 이러한 능력은 여성의 진로 발달에서 그 중요성이 점점 증가되고 있다. 진로 자기효능감은 수행 성취나 간접 경험, 정서적 자극, 그리고 언어적 설득과 같이 진로 자기효능감을 구성하는 요소들이 나타나는 집단 안에서 여성과 함께 일함으로써 증가할 수 있다(Sullivan & Mahalik, 2000).

특히 여성이 진로에 대한 우울함을 지니고 있거나 우유부단할 때 함께 일하는 데 도움이 되는 다른 진로상담 전략으로 "**진로 플러스 인생상담**(career plus life counseling)을 제공할 수 있는데, 이것은 뚜렷한 진로 문제에 더해 여성들의 개인적, 관계적 문제에 중점을 두는 상담을 의미한다"(Lucas, Skokowski, & Ancis, 2000, p. 325). 생태학적 관점, 즉 여성이 살고 있는 환경의 맥락과 복잡함 안에서 진로 상담자가 진로 발달 문제를 여성과 상담하는 것은 여성에게 힘을 부여하고 그들의 미래를 가꾸어 가도록 돕는 방법으로 인식되고 있다(Cook et al., 2002).

미래에 여성 진로상담을 하는 데 상담자의 관심을 보증하는 영역은 인구 통계와 경향성이다. 노동 시장은 상품 생산에서 서비스 생산업으로 옮겨 가고 있다(Van Buren, Kelly, & Hall, 1993). 서비스업은 시계 판매원이나 컴퓨터 수리공과 같은 것들이다. 젊은 여성은 더 높은 보수를 추구하고, 숙련된 직업 안에서 비전통적인 직업을 추구할 자격이 되었을 때 이런 직업을 택한다. 이때 여성은 그녀들 혹은 사회의 최고 관심사가 아닌 빈곤, 사회복지, 남성에 대한 의존과 같은 경제적 힘에 더욱 내몰리게 된다. 따라서 "비전통적인 직업 선택의 경제적 이득, 또는 여성의 진정한 흥미 선상에 있는 선택을 고려하도록 젊은 여성을 설득할" 생방송 혹은 녹화 프로그램이 필요하며, 이를 통해 제안된 "진로상담 개입을 위한 시급한 요구"가 있다(Van Buren et al., 1993, p. 101). 흥미롭게도 보다 많은 여성이 진로 흥미를 추구하기 시작했고, 최근 몇 년간 보다 많은 수입을 얻을 수 있거나 삶을 보다 잘 책임질 수 있는 진취적인 직업들로 전향하고 있다(Reardon et al., 2007).

생/각/해/보/기

스스로의 관찰뿐만 아니라 이 장에서 읽은 모든 내용을 통해 볼 때, 왜 여성의 진로상담은 다른 이론, 다른 접근법을 가지는 것이 중요하다고 생각하는가? 남성과 여성 모두에게 동등하게 적용된다고 생각하는 이론이 있는가?

문화적 소수자

문화적 차이가 있는 환경에서 자란 내담자에게 효율적으로 진로상담을 하기 위해서는 다른 변수와 과정을 고려해야 한다(Fouad & Byars-Winston, 2005, p. 223). 그러나 문화적 소수자는 너무나 다양해서 진로 상담자가 개별적 · 집단적으로 다뤄야 하는 모든 요인에 집중하는 것이 거의 불가능하다.

문화적 소수자는 고용주의 차별 관행 문제, 현저한 기술 부족 문제가 있으며, 좋은 직업을 안내하는 정보망 접근이 제한되어서 의미 있는 고용 창출이 어렵다(Leong, 1995). 따라서 많은 인종적/민족적 소수자는 더욱더 낮은 지위, 숙련도를 덜 요구하는 직업에 관심을 기울인다(Fouad & Byars-Winston, 2005, p. 223). 게다가 문화적 소수자(한 집단으로서)의 흥미 유형은 유럽계 미국인이 가졌던 동일한 방식으로 볼 때 Holland(1997)의 둥근 RIASEC 순서 범위에 필연적으로 해당하지 않는 경향이 있다. 따라서 그들을 돕는 데 많은 진로 상담자가 도전을 받는다(Osipow & Fitzgerald, 1996). 미국 성인의 약 27%가 직업 정보를 찾는 데 도움을 요청했던 반면, 이 비율은 특정 소수 대상자 사이에서 훨씬 더 높았다. 아프리카계 미국인은 44%, 아시아인/태평양 섬 사람은 36% 그리고 스페인계/라틴계는 35%였다(National Career Development Association[NCDA], 1990).

상담자는 문화적 소수자가 진로를 설계할 때 특별한 요구가 있음을 반드시 기억해야 한다. 따라서 그 같은 문제에 민감할 필요가 있으며, 동시에 그들의 잠재력을 최대한 끌어내는 것을 방해하는 인위적이고 현실적인 장애물을 극복하도록 도와야 한다. 예를 들어, 백인 학생과 비교하였을 때 흑인 대학생은 직업 선택에서 미래의 수입과 지위에 더욱 관심을 갖는다(Daire, LaMothe, & Fuller, 2007). 유사하게, 평생을 가난한 삶 속에서 살아온 흑인 청년은 직업적으로 불리한 조건에 있는 것으로 간주된다. "그들은 직업과 관련된 긍정적인 경험이 거의 없고, 교육 기회가 제한되었으며, 긍정적인 직업 역할 모델이 빈번하게 부족했기 때문이다." (Dunn & Veltman, 1989, pp. 156-157) 이러한 개인을 위한 구조화된 프로그램은 문화적 혹은 민족적 유산과 능력을 확인하기 위해 긍정적인 역할 모델과 경험을 활용한다. 그럼으로써 전통적인 제한점을 검토하고 극복하도록 한다(Drummond & Ryan, 1995; Locke & Faubert, 1993). 상담자는 다른 내담자를 돕는 것처럼 이런 청년들을 돕는데, 이는 통제해야 하는 장애물과 극복 능력과 관련된 책임감을 구별하기 위함이다(Albert & Luzzo, 1999).

중국계 미국인과 한국계 미국인 부모를 위한 진로인식 프로그램 또한 유익함이 입증되었다(Evanoski & Tse, 1989). 전통적으로 아시아 문화의 부모는 아이의 흥미와는 관계없이 아이를 위해 진로를 결정해 왔다. 그러나 부모에게 미국의 직업 기회를 소개하기 위하여 인근에 워크숍을 개최함으로써 더 많은 선택의 다양성이 관련된 모두에게 열리게 되었다. 이 같은 워크숍의 성공은 두 개의 언어를 사용할 수 있는 역할 모델과 자국어로 쓰인 직업 가이던스 자료 덕분이다.

게이, 레즈비언, 양성애자 그리고 트랜스젠더를 위한 진로상담

진로상담에서 자주 거론되지 않는 특수하고도 다채로운 집단은 게이, 레즈비언들, 양성애자들 그리고 트랜스젠더들이다. 이러한 개인들은 다른 집단 사람들이 흔히 접하게 되는 많은 염려뿐 아니라 특수한 염려도 가지게 된다. 많은 동성애자와 양성애자 그리고 성전환자가 특히 염려하는 것은 바로 직장 내에서 그들의 성적 지향성을 이야기할 것이냐 숨길 것이냐 하는 점이다(Chojnacki & Gelberg, 1994). 만약 그들의 신념과 관행을 솔직하게 인정하게 될 경우, 소수의 성적 지향성 집단에 속한 사람은 차별을 포함하여 개인적이면서 직업 발달적인 걱정과 맞닥뜨리게 된다(Degges-White & Shoffner, 2002). 만약 게이가 다른 직업 집단보다 더욱 동성애 혐오 경향을 지니고 있는 남성 지배적인 직업 속에 있다면 이 같은 걱정은 필연적인 사실이 될 수 있다(Jome, Surething, & Taylor, 2005).

비록 전통적인 진로상담 방법이 보통의 모든 성적 지향성의 사람들에게 적절할지라도 상담자는 게이, 레즈비언과 양성애자 그리고 트랜스젠더가 그들의 삶 속에서 원하는 선호성과 특별한 근무환경 사이의 적절함을 평가하도록 돕기 위해 특별한 관심을 기울여야 한다. "만약 그 과정이 건설적이 될 수 있다면 성적 지향성은 진로상담에서 중요한 변수로서 무시될 수 없다." (Croteau & Thiel, 1993; Degges-White & Shoffner, 2002)

이런 대상자와 상담을 할 때 진로 상담자는 게이, 레즈비언, 양성애자 그리고 트랜스젠더에 대해 그들 스스로와 주변의 공동체가 가진 고정관념을 평가해야 한다. 이 같은 평가 속에서 상담자는 비이성애자들을 향한 개인적, 직업적 그리고 환경적 편견을 반드시 측정해야 한다. 덧붙여 진로 상담자는 성에 귀착되지 않는 자유로운 언어를 사용하고, 이러한 집단 구성원을 위한 공동체 안에 있는 지지 네트워크에 친숙해질 필요가 있다. 더 나아가 상담자는 일터에서 발생하는 협박, 외면, 괴롭힘, 배제 그리고 쫓겨남과 같은 내적, 외적인 차별에 대해 잘 알아야 할 필요가 있다. 또한 **라벤더 천장**(lavender ceiling)에 대해 게이와 레즈비언, 양성애자 그리고 트랜스젠더와 함께 토의할 필요가 있다. 이 장벽은 여성이 겪게 되는 유리 천장과도 동일한데, 그들의 성별과 관련된 신념 때문에 고위 경영층들이 갖는 편견의 영향으로 직업 승진이 조기에 막히는 것을 의미한다(Friskopp & Silverstein, 1995; Zunker, 2006).

요약 및 결론

이 장에서는 진로상담의 중요성이 포함된 다양한 측면과 특히 상담의 발전과 관련하여 일하고 있는 NCDA와 NECA 같은 상담협회에 대한 이모저모를 살펴보았다. 진로상담에 있어 중요한 이론들, 즉 특성-요인, 발달, 사회인지 이론들을 둘러보았다. 특히 생의 발달 연령과 단계가 다른 사람들, 여성, 문화적 소수자 그리고 특별한 성적 지향성을 가진 사람들처럼 특별한 대상자와의 진로상담 역시 설명했다.

종합적으로 진로 의사결정에는 내적 요구와 욕구, 그리고 경제, 성별, 교육 성취, 민족성, 사회적 환경과 같은 외적인 환경을 포함한 다수의 요인이 결합하여 영향을 준다. 또한 전 세계의 발달, 특히 기술적인 부분이 진로 분야에 영향을 주고 있다. "정보화 시대에는 다양한 직업이 이미 그래 왔던 것처럼 많은 직업의 변화가 지속되고 있다."(Walls & Fullmer, 1996, p. 154) 기술의 진보가 새로운 것을 만들어 내거나 오래된 직업을 줄여 감에 따라 이전에 가치 있었던 기술과 전체적인 직업은 감소하거나 사라진다. 따라서 진로상담은 앞으로도 더욱 중요하게 될 것이며, 내담자에게 적절한 상담자가 되고자 한다면 생애주기와 아울러 이 분야의 과정과 실제에 대한 지식을 가지고 있어야 한다.

많은 기능 가운데 진로와 고용 상담자가 수행해야 하는 것들은 다음과 같다.

- 검사 및 목록을 관리하고 해석하기
- 개인적인 상담 회기를 진행하기
- 개별화된 진로 계획을 개발하기
- 내담자가 직업적이고 부업적인 삶의 역할들을 통합하도록 돕기

- 의사결정 기술을 촉진하기
- 직무 스트레스와 실업 혹은 이직을 경험하고 있는 사람들에게 도움 제공하기

학습활동

1. 어린 시절로 돌아가서 그 당시에 인식했던 진로에 대해 생각해 보라. 초기 직장에 대한 꿈(12세 이전)은 현재의 직업적 포부와 어떻게 연관이 있는가? 학급 학생들과 함께 기억에 대해 이야기해 보고, 그 기억이 당신에게 어떤 영향을 주었는지, 지속적으로 어떤 영향을 주고 있는지 토의해 보라.

2. 학급 학생들과 함께 진로 선택 시 여가의 중요성에 대한 의견을 이야기해 보라. 진로 결정에 영향을 줄 수 있는 다른 변수들(예: 연령, 생의 단계, 성숙도, 성별, 가족에 대한 의무)과 비교했을 때 여가의 중요성을 어떻게 평가하는가? 당신의 생각을 학급 전체에서 토의해 보라.

3. 당신이 관심을 가지고 있는 연령대의 집단에게 진로 정보를 제공할 때 사용할 만한 기술에 대해 읽고 평가해 보라. 당신이 가지고 있는 정보를 학급에서 토의해 보라.

4. 당신이 알고 있는 사람 중 진로를 확실히 정한 한 사람을 두고서 Super의 진로 선택 이론을 평가하라. 가능하다면 그 사람과 인터뷰를 하라. Super의 이론이 얻은 정보에 의해 어떻게 입증되고 혹은 입증되지 않았는지에 대해 학급 학생들과 토의해 보라.

5. 진로상담에서 어떤 특정 연령과 특정 범주의 집단이 가장 와 닿았는가? 선호도에 따라 반을 나누라. 진로 결정과 관련된 당신의 연령 또는 범주 집단에서 가장 중요하다고 생각되는 영역에 대해 평가하여 그 결과물을 학급 전체에서 토의해 보라.

제16장

결혼 · 커플 · 가족 상담

1. 가족생활의 변화하는 형태
2. 결혼 · 커플 · 가족 상담의 시작
3. 학회, 교육 그리고 연구
4. 가족생활과 가족생활 주기
5. 결혼/가족 상담 vs 개인/집단 상담
6. 결혼 · 커플 · 가족 상담 개요
7. 결혼 · 커플 · 가족 상담의 절차

서른다섯에는 사랑하는 아내와 자녀들이 있는 한 남자이자
Ph.D.가 되어 있기를……
그는 따뜻한 8월 밤의 보름달과 같이 밝은 희망을 가져본다……

자신의 상상,
꼭 필요하다고 생각한 변화
그리고 상식을 한데 모아
그는 누군가를 치유를 할 수 있는 사람의 역할을 했다.

렌즈 위에 비춰진 후
빠르게 사라져 버리고 마는 작은 형상보다는
더 나은 무엇인가가 되기 위해

촛불을 들고 어둠을 헤치며 걸어가면서
그 어둠의 힘이 무엇인지 되묻는 사람처럼
그는 조용히 여행길에 올랐다……

어려웠던 지난 시간들과 기나긴 여정,
함께 나눈 사랑 그리고 더해진 아이들의 탄생……

이제 그는 유능한 배우가 되어
고요함 가운데 대사를 잊어버린 채로
무대에 올라
묵묵히 자신의 삶을 살아가고 있다……

– Gladding (1974)

결혼관계나 가정생활은 고대로부터 기원한 것이다. 가족이든 커플이든 남자와 여자는 수천 년간 경제적, 사회적, 생식적인 이유로 인해 종교적, 사회적으로 승인되어 짝지어졌다. 결혼, 커플, 가족이라는 용어는 각각 다른 사회에서 각각 다른 함축된 의미를 지니고 있다. 결혼은 일반적으로 경제적, 생식적 이유로 인해 2명의 성인이 사회적이나 종교적으로 하나의 단위로 승인된 것이며, 커플(couple)이라는 용어는 이보다 더 격식에 얽매이지 않고 광범위하게 해석될 수 있다. 커플은 단순히 어떤 관계에 있는 두 사람을 의미한다. 결혼을 했을 수도 있고, 친밀할 수도, 아닐 수도 있다. 그렇기는 하지만 그 두 사람이 한 가지 혹은 그 이상의 방식으로 연관되었을 때 커플이라고 한다. 그러나 가족은 "생물학적 또는 심리적으로 연관되어 있고, 역사적, 정서적 또는 경제적인 유대관계가 있으며, 가족 구성원 스스로 자신을 한 가구의 일원으로 인지하는 사람들"로 구성된다(Gladding, 2007, p. 6). 결혼, 커플, 가족에 대한 이러한 정의는 최대한 융통성을 감안한 것이며, 광범위한 유형을 아우르는 것이다.

결혼 · 커플 · 가족 상담은 상담자들에게 인기 있는 주제인데, 그 이유는 최소한 다음의 세 가지로 정리해 볼 수 있다.

첫 번째, 사람들은 '자신의 가족이 어떻게 기능하는지'에 직접적으로 영향을 받는다는 사실을 상담자들이 잘 알고 있기 때문이다(Goldenberg & Goldenberg, 2002). 예를 들어, 혼돈 상태인 가정의 자녀들은 '가족 내 질서 혹은 심지어 가족 내에서 무엇을 해야 하는지'에 대한 지식이 없기 때문에 다른 사람들과 관계를 맺기 어려워하는 경우가 많다. 반면에 너무 밀착된 가정의 자녀들은 부모나 다른 가족에게 지나치게 의존적이기 때문에 집에서 독립하는 데 어려움을 겪곤 한다.

커플 · 가족 상담이 매력적인 두 번째 이유는 커플이나 가족이 함께 상담을 받으러 오는 경우 상담자의 재정적인 측면에 영향을 줄 수 있기 때문이다.

마지막으로, 상담자들은 결혼 · 커플 · 가족 상담 작업의 포괄적인 본성으로 인해 본질적인 흥미를 느낄 수 있기 때문이다. 결혼 · 커플 · 가족 상담을 진행할 때는 인지해야 하거나 다루어야 할 복합적인 요소들이 있다. 부부, 커플, 가족을 돕는 상담자들은 끊임없이 정신적으로, 심지어 가끔은 육체적으로도 활성화되어 있어야 한다. 상담자에게는 내담자에게 변화가 일어났을 때의 보상뿐 아니라 상담을 하는 과정 자체가 흥미로울 수 있다. 결혼 · 커플 · 가족 상담은 복합적, 다면적 수준에서 가능한 한 가장 효과적인 방법으로 작업하길 바라는 많은 임상가의 마음을 끄는 주제라고 할 수 있다.

이 장에서는 결혼 · 커플 · 가족 상담 기관과 관련 연구에 대한 검토 및 결혼 · 커플 · 가족 상담의 발생과 발달과정에 대해 살펴보고자 한다. 또한 가족생활 주기에 대한 설명과 가족상담과 개인상담, 집단상담의 차이에 대해서도 알아볼 것이다. 결혼 · 커플 · 가족 상담의 시작부터 종결까지의 과정 또한 살펴볼 것이다.

1. 가족생활의 변화하는 형태

오늘날 결혼 · 커플 · 가족 상담에 대한 지대한 관심은 부분적으로 제2차 세계대전 이후에 미국 내 가족생활의 급격한 변화에 기인했다고 볼 수 있다. 제2차 세계대전 전에는 두 가지 유형의 가족이 가장 두드러지게 나타났다.

- 핵가족: 남편, 아내, 자녀 등 핵심 단위로 구성된다.
- 다세대 가족: 자녀, 부모, 조부모 등 최소한 3세대로 구성되며, 고모/이모나 삼촌 등과 같이 결혼하지 않은 친척도 포함될 수 있다.

전쟁 이후에는 이혼율이 증가하면서 두 가지 유형의 가족이 많이 발생하였다.

- 한부모 가족: 생물학적 혹은 입양으로 맺어진 자녀와 한 명의 부모로 구성된다. 자녀와 자신을 돌보아야 할 책임이 오롯이 한부모 자신에게 있다.
- 재혼 가족: 최소한 한 명은 이전에 결혼을 했고, 자녀가 있는 사람들이 만나 결혼해서 이루어진 가정이다.

이와 더불어 1950년대 이후에 사회적 규준과 인구학적인 변화로 인해 앞서 언급한 가족들 외에 몇몇 다른 형태의 가족이 발달하면서 인정을 받게 되었다.

- 맞벌이 가족: 두 부부가 모두 직업을 가지고 있고, 두 사람 모두 자신의 일에 매우 헌신적인 가족
- 무자녀 가족: 의식적으로 자녀를 갖지 않기로 결정했거나 기회적인 요인 혹은 생물학적 요인으로 인해 자녀가 없는 상태로 지내고 있는 가족
- 노인 가족: 가족의 가장이 65세 혹은 그 이상인 가족
- 게이/레즈비언 가족: 동성 커플로 구성된 가족. 이전의 결혼에서 낳은 자녀 혹은 인공

수정으로 낳은 자녀나 입양한 자녀가 있을 수도 있고 없을 수도 있다.

- 다문화 가족: 다른 두 문화권의 두 사람이 결혼하여 형성한 가족. 자녀가 있을 수도 있고 없을 수도 있다.

21세기의 커플과 가족 유형은 매우 다양해졌다. 이러한 관계에 속하기로 결정한 사람들은 매일 그들의 주의를 요하는 수많은 경제적 · 사회적 · 발달적 도전에 직면하게 되지만, 한편으로는 이 관계를 통해 육체적, 재정적, 심리적 지지와 같은 수많은 보상을 받기도 한다. 결혼 · 커플 · 가족 생활의 문제점이나 영향은 엄청나며, 때때로 복잡하기까지 하다. 부부, 커플, 가족들과 작업하는 전문 상담자들은 이러한 관계에 내포된 가능성뿐만 아니라 수많은 어려움을 조율할 수 있어야 한다. 또한 발달적 혹은 상황적으로 그들이 직면할 수 있는 극도로 복잡하고 불안한 변화를 다룰 준비가 되어 있어야 한다.

생/각/해/보/기

당신은 어떤 형태의 가족에서 성장하였는가? 당신이 성장한 가족 유형의 장점과 단점은 무엇인가? 앞서 언급된 가족 유형 중 당신이 선호하는 유형과 그 이유는 무엇인가?

2. 결혼 · 커플 · 가족 상담의 시작

결혼 · 커플 · 가족 상담은 비교적 새로운 분야다(Framo, 1996). 결혼 · 커플 · 가족 상담이 시작된 것은 1940년대에서 1950년대 초반이었지만, 실질적인 성장은 1970년대 후반에서 1980년대에 이루어졌다(Nichols, 1993). 결혼 · 커플 · 가족 상담의 인기 상승이 앞서 언급했던 미국 내의 가족의 형태, 구성, 구조 그리고 주안점의 극적인 변화에 밀접하게 뒤따라 나타나고 있다는 사실은 매우 흥미로운 점이다(Markowitz, 1994). 여기에서는 동시대의 선구자를 포함하여 이 분야의 발달에 영향을 미친 동향들과 특성들에 대해 다루게 될 것이다.

동향

제2차 세계대전 말기에 미국은 "전쟁으로부터 평화 상태에 이르는" 불안한 재조정 상태를 경험했는데, 이로 인해 가족 형태의 증가 외에도 가족에게 영향을 준 세 가지 동향이 나타났다(Walsh, 1993). 그중 하나는 이혼율의 급격한 증가인데, 이러한 변화는 1946년 베이비붐의 시작과 거의 동시에 발생하였다. 과거에는 이혼율이 1946년 당시만큼 높지 않았으나, 1946년 이후에 극적으로 증가하였고, 이후 1990년대까지 안정이 되지 않았다. 그 결과, 불안감 또한 증대되었다. 오늘날 결혼하는 커플의 50~65%는 결국 결혼생활을 마감하고 있다(Maples & Abney, 2006; Whitehead, 1997).

결혼 · 커플 · 가족 상담의 증가에 영향을 미친 두 번째 동향은 '여성의 역할 변화' 라고 볼 수 있다. 제2차 세계대전 이후 보다 많은 여성이 가정 밖에서 직장을 구했고, 많은 여성이 한 가족의 가장이자 생계비를 벌어야 하는 상황에 놓였다. 1960년대 여성의 권리 운동 또한 여성의 기회 신장에 영향을 주었다. 이로 인해 여성들에 관한 관례나 기대가 변화하였다. 그 결과, 다른 주요한 사회적 변화가 그러하듯이 불안이 야기되었고, 가족 내 혹은 결혼한 상태의 남성들과 여성들은 모두 이러한 상황에 적절하게 적응하기 위한 도움을 필요로 하게 되었다. 2007년 미국 여성의 51%는 독신이었다.

미국 대중에게 결혼 · 커플 · 가족 상담을 더욱 의미 있게 만들고 가족생활에 영향을 미친 세 번째 사건은 '인간 수명의 연장' 이라고 할 수 있다. 커플들은 역사상 그 어떤 시기보다 한 파트너와 오랫동안 함께 살아야 한다는 사실을 인지하게 되었다(Maples & Abney, 2006). 그러나 과거 이러한 선례가 별로 없었기 때문에 그들 중 다수는 자신의 배우자, 파트너 혹은 자녀들과 시간의 흐름에 따라 어떻게 관계를 맺어야 하는지 확신할 수가 없었다.

이러한 상황에서 연구자, 실무자, 이론가들은 이와 같은 변화로 인해 영향을 받은 가족, 커플, 개인과 작업을 해야 했다. 따라서 그들은 완전히 새롭게 이 상황을 개념화하고, 결혼한 부부, 커플, 가족과 함께 작업하기 위한 새로운 장을 마련하게 되었다.

가족치료의 선구자와 동시대 지도자

제2차 세계대전 이후로 그리고 현재까지 여기에서 언급될 수 있는 것 이상으로 수많은 전문가들이 결혼 · 커플 · 가족 상담 분야를 발전시켜 왔다. Nathan Ackerman과 Virginia Satir 같은 상담자들은 설득력을 잘 발휘하는 자신의 성격적 특성을 활용하여 상담을 실시하였다. 그 외에도 Salvador Minuchin과 John Gottman과 같은 사람들 또한 매우 중요하고 주목할 만한 연구 성과를 남겼다.

뉴욕의 정신분석학자인 Nathan Ackerman(1958)은 가족치료 형태를 확립하고, 가족 정신분석 등에 초점을 맞추는 등 주목할 만한 성과를 거두었다. Ackerman 이전의 정신분석가들은 가족이 심리치료에 참여할 경우에 치료에 지장을 줄 것이라는 두려움 때문에 개인 내담자를 치료할 때는 가족 구성원들을 고의적으로 배제했다. Ackerman은 가족치료에 정신분석치료를 적용했고, 가족치료가 정신의학 전문가들에게 인정을 받는 데 기여하였다.

Ackerman 시대에 국가적인 차원에서 부각되었던 다른 2명의 선구자들인 Virginia Satir와 Carl Whitaker는 사실상 경험적인 치료를 실시하였다. 두 사람 모두 호감 가는 성격을 가지고 있었고 주목을 받는 사람들이었다. Satir는 특히 유능한 작가이자 진행자였고, Whitaker는 회기 중에 잠들거나 꿈을 꾸는 등 특이한 스타일과 독창성을 지닌 개성이 강한 치료자였으며, 그와 함께 작업한 커플들, 가족들과 결혼, 가족 분야에서 상당한 사상과 논쟁을 유발한 사람이었다.

그러나 초기 가족치료자 중 가장 두각을 나타낸 사람은 아마도 Jay Haley일 것이다. Haley는 Milton Erickson의 사상을 받아들인 후 스스로의 생각과 조합하였으며, 초기 가족 상담자들과 지속적으로 관계를 맺으면서 이 분야에서 자신의 사상을 발전시켜 나갔다. Haley는 또한 전략적 가족치료를 발전시키는 데 중요한 역할을 했고, 구조적 가족치료에도 영향을 미쳤다.

그 외에도 다른 선구자들이 가족 역동 분야와 정신분열증의 병인학 등에 대한 탐색적 연구를 수행하면서 팀을 이루어 작업을 하였다. 이러한 팀들 중에는 캘리포니아 주 팔로 알토의 Gregory Bateson 그룹(Bateson, Jackson, Haley, & Weakland, 1956)과 미국 국립정신건강협회, 즉 National Institute of Mental Health(NIMH)의 Murray Bowen과 Lyman Wynne 그룹 등이 있었다. 그들은 가족 구성원이 정신분열증 환자로 진단받았을 때 부부나 다른 가족이 어떻게 기능하는지에 대해 관찰하였다. Bateson 그룹은 어떤 사람이 두 가지 모순되는 메시지를 동시에 전달받았지만 둘 중 어떠한 메시지도 따르는 것이 불가능할 때 스스로 긴장을 감소시키거나 피하기 위한 방법으로 신체적 · 심리적 증상들을 보이게 된다는 **이중구속**(double bind)과 같은 흥미로운 개념들을 많이 제시하였다. Bowen은 자신의 체계적인 형태의 치료도구인 '**가계도**(한 가족의 3세대를 기하학적인 수치나 선, 단어들을 사용하여 시각적으로 표현한 것)' 를 발전시켰다.

특히 1960년대의 집단 운동 또한 커플 · 가족 상담의 발생에 영향을 미쳤다. 심지어 John Bell (예: Bell, 1975, 1976)과 같은 몇몇 전문가는 가족들을 하나의 집단으로 치료하기 시작하였고, 커플 · 가족 집단상담을 시도하였다(Ohlsen, 1979, 1982). 1960년대부터 외국계 치료자들도 결혼 · 커플 · 가족치료에 중요한 영향을 미쳤다. 그중에는 구조적 가족치료의 창시자인 Salvador Minuchin과 전략적 가족치료의 한 형태인 Milan 접근의 창안자인 Mara Selvini Palazzoli 등이 있으며, 이야기치료의 창립자인 Michael White와 David Epston도 이에 속한다.

보다 최근에는 중서부에서 Steve deShazer와 Bill O' Hanlon에 의해 '해결과 가능성'을 강조한 단기치료가 유입되었다. 그뿐 아니라 Monica McGoldrick(McGoldrick, Giordano, & Pearce, 1996)은 커플과 가족을 치료할 때 다문화적 요소들과 문화적 배경의 중요성을 강조하였다. 오늘날 문화의 개념에는 계승된 문화(예: 민족성, 국적, 종교, 베이비부머와 같은 집단들)와 획득한 문화(예: 상담자가 되면서 획득한 습관과 같은 '학습된 습관')가 포함된다(Markowitz, 1994). Betty Carter와 다수의 사람들은 권력 구조의 중요성과 같은 성 인지적(gender-sensitive) 문제들을 결혼 · 커플 · 가족 상담 분야에 도입하는 데 주력하였다. 마지막으로 John Gottman과 Neil Jacobson 같은 모범적인 연구자들은 다른 전문가들이 결혼 · 커플 그리고 가족 내 역동, 특히 가정폭력이나 중요하게 기능하는 결혼관계 등과 관련된 요소들을 더 잘 이해할 수 있도록 도움을 주었다.

3. 학회, 교육 그리고 연구

학회

결혼 · 커플 · 가족 상담 분야의 임상가들이 많이 참여한 주요 전문가 학회들은 다음과 같다.

- American Association for Marriage and Family Therapy(AAMFT): 1942년에 설립된 가장 크고 오래된 협회
- International Association of Marriage and Family Counselors(IAMFC): ACA 분과. 1986년에 인가를 받았다.
- Division 43: Family Psychology: APA 내 분과. 1984년에 형성되어 커플이나 가족과 작업하는 심리학자들로 구성된다.
- American Family Therapy Association(AFTA): 1977년에 형성되어 아이디어의 교환에 관심이 있는 상급 전문가들의 아카데미로 인정받고 있다(Gladding, 2007).

교육

AAMFT와 IAMFC 모두 커플, 가족과 작업하는 전문가들을 훈련시키기 위한 지침을 설정하였다. AAMFT의 기준은 Commission on Accreditation for Marriage and Family Therapy Education(CAMFTE)에서 작성하고 관리하고 있으며, IAMFC의 기준은 Council for Accreditation of Counseling and Related Educational Programs(CACREP)에서 담당하고 있다. 결혼 · 커플 · 가족 상담자/치료자가 되기 위해서는 최소한 석사학위가 필요하나, 수강해야 하는 관련 과목의 정확한 내용이나 순서에 대해서는 논란이 지속되고 있다(〈표 16-1〉 참고).

〈표 16-1〉 AAMFT와 CACREP가 승인한 석사학위 취득에 필요한 학과목의 예

CACREP 교육과정	AAMFT 교육과정
인간 성장과 발달 (Human Growth and Development)	아동/가족 발달 입문(Introduction Family/Child Dev, Intro. Family/Child Development)
사회/문화적 재단 (Social and Cultural Foundations)	결혼과 가족체계(Marital and Family Systems)
조력관계(Helping Relationships)	결혼/가족 내 역기능(Dysfunctions in Marriage/Family)
집단(Groups)	고급 아동 발달(Advanced Child Development)
생활방식과 경력 개발 (Lifestyle and Career Development)	결혼/가족 평가(Assessment in Marital/Family)
평가/사정(Appraisal/Assessment)	아동/가족 연구방법(Research Methods Child/Family)
연구와 평가(Research and Evaluation)	가족 관련 전문적 주제(Professional Issues Family)
직업 지향성(Professional Orientation)	결혼과 가족치료 이론(Theories of MFT)
결혼과 가족치료의 이론적 기초 (Theoretical Foundation MFT)	결혼/가족 사전실습 (Marriage/Family Pre-Practicum)
결혼과 가족치료 기법/치료 (Techniques/Treatment MFT)	임상 실습(Clinical Practicum)
임상 실습/수련(Clinical Practicum/Internship)	인간의 성행동(Human Sexual Behavior)
물질남용치료(Substance Abuse Treatment)	학위논문(Thesis)
인성학(Human Sexuality)	선택과목
선택과목(Electives)	

출처: Baltimore (1993).

연구

전문가들은 자신의 소속이나 교육적인 배경에 상관없이 사회적인 요구나 연구 기반 확장으로 인해 결혼 · 커플 · 가족 상담 분야에 많은 매력을 느끼고 있다. Gurman과 Kniskern (1981)은 상담자에게 의뢰된 모든 문제의 약 50%가 결혼, 가족 문제와 연관되어 있다고 보고했다. 실업, 성적 부진, 배우자 학대, 우울, 반항, 자아상과 관련된 문제들은 이러한 관점에서 다룰 수 있는 수많은 상황 중 일부일 뿐이다. 개인의 발달은 가족이나 직업과 관련된 문제와 밀접한 관계가 있으며(Okun, 1984), 체계적인 관점에서는 각각 다른 쪽의 해결에 영향을 미친다. Bratcher(1982)는 경험이 풍부한 직업 상담자들에게 직업과 가족 발달의 상호 연관성에 대해 언급하면서 가족체계 이론을 활용할 것을 제안하기도 하였다.

Doherty와 Simmons(1996), Gurman과 Kniskern(1981), Haber(1983), Pinsof와 Wynne (1995), Wohlman과 Stricker(1983) 등이 요약한 조사연구에서는 다수의 흥미로운 결과들이 보고되고 있다.

- 대부분의 내담자들이 호소하는 문제에 대한 가족상담 개입은 최소한 개인에 대한 개입만큼 효과적이며, 변화의 지속성 또한 현저하게 길게 나타난다.
- 가족상담 중 몇몇 유형(예: 물질 남용자들에 대한 구조적-전략적 가족치료)은 다른 상담 접근보다 문제를 다루는 데 훨씬 더 효과적이다.
- 가족상담에 양 부모가 모두 참여하는 경우, 특히 비협조적인 아버지가 참여하는 경우, 성공 확률은 현저히 높아진다. 이와 유사하게, 결혼상담의 효과는 배우자 2명이 상담자를 공동으로 만날 때 그렇지 않은 경우에 비해 거의 2배가량 높아진다.
- 결혼 · 가족 상담 서비스가 배우자 2명에게 공동으로 제공되지 않거나 가족에게 체계적으로 제공되지 않을 경우에 개입의 결과가 부정적으로 나타날 수 있으며, 문제 또한 악화될 수 있다.
- 결혼 · 커플 · 가족 상담 서비스를 받은 내담자들의 만족도는 매우 높게 나타나고 있다. 내담자의 97% 이상이 자신이 받은 서비스를 '좋음'에서부터 '매우 훌륭함' 사이로 평가했다. 대체적으로 결혼 · 가족 상담 도입에 대한 기본 논리들은 그간 입증된 결혼 · 가족 상담의 효과성에 관한 것이다. 이러한 형태의 치료는 논리적이고, 신속하며, 만족스럽고, 경제적이라고 할 수 있다.

사례 결혼 상담자를 애타게 찾는 Shasta

Shasta는 금전적으로 매우 어려운 한부모 가정에서 성장했다. 따라서 그녀는 어떤 가치 있는 물건을 갖게 되면 숨겨야 하고, 음식도 비축해 놓아야 한다고 생각했다. 이후 그녀는 꽤 부유한 Marcus와 결혼했다. 그렇지만 여전히 그녀는 집 주변에 물건들을 감추거나 비축하곤 했고, 이는 두 사람의 관계에 긴장을 유발시켰다. Shasta는 마침내 누군가의 도움이 필요하다고 느꼈고, 결혼과 가족 상담자를 애타게 찾았다.

이 경우 당신은 결혼과 가족 상담자가 Shasta가 자신의 문제를 해결하도록 도울 수 있다고 생각하는가? 만약에 그렇다면 어떻게 도울 수 있을까? 그렇지 않다면 그 이유는 무엇인가?

4. 가족생활과 가족생활 주기

가족생활과 그 내부에서 이루어지는 성장과 발달은 결혼 · 커플 · 가족 상담의 핵심 주제라고 할 수 있다. 가족생활 주기는 가족이 수년에 걸쳐 발달해 가면서 경험하게 되는 각 단계를 일컫는 용어다. 이 단계들은 때때로 개인의 생활 주기에서 나타나는 각 단계들과 유사하게 나타나기도 하고, 이를 보완해 주기도 한다. 그러나 가족생활 주기의 각 단계들은 흔히 가족 내에 포함된 사람들의 수, 성취해야 할 과업의 다양성으로 인해 독특하게 나타난다. Becvar와 Becvar(2006)는 가족생활 주기를 소속되지 않은 성인에서부터 은퇴에 이르는 9단계로 설명했다(〈표 16-2〉 참고).

어떤 가족이나 가족 구성원은 가족생활 주기와 자신의 개인 성장 주기에 따라 단계별 중요 과업을 비교적 '적기에' 성취해 나가는데, 이 경우에는 행복감이 보다 잘 성취될 수 있다(Carter & McGoldrick, 1999). 시기에 관계없이 모든 가족은 **가족 응집력**(정서적 유대감 형성)과 **가족 적응력**(융통적이고 변화에 대처하는 능력)을 감당해 내야 한다. Olson(1986)에 의해 대표되는 이러한 '결혼과 가족관계의 복합구조 모델(circumplex model)'은 각각 네 단계로 구성된다([그림 16-1] 참고). "두 차원은 곡선으로 이루어져 있으며, 두 차원이 모두 명백하게 매우 높거나 매우 낮은 경우는 역기능적인 반면, 두 차원이 균형을 이룬 가족은 보다 적절하게 기능하고 있는 것으로 볼 수 있다." (Maynard & Olson, 1987, p. 502)

성공적이고, 기능적이고, 행복한 가족은 균형을 이루고 있을 뿐 아니라 서로에게 헌신적

〈표 16-2〉 가족생활 주기의 단계

단계	정서	단계별 중요 과업
1. 소속되지 않은 성인	부모-자녀 관계의 분리를 받아들임	a. 원가족에서 분화 b. 동년배들과의 관계 발달 c. 사회생활 시작
2. 결혼 초기	결혼관계에 전념함	a. 부부체계의 형성 b. 배우자가 포함되도록 확대가족과 친구관계 재정비 c. 사회생활에서 요구되는 사항들에 적응
3. 자녀 양육기	새로운 가족 구성원 수용	a. 부부체계에 자녀를 위한 공간 마련 b. 부모 역할 수용 c. 부모, 조부모 역할이 포함되도록 확대가족과의 관계 재정비
4. 자녀 학령전기	새로운 특성 수용	a. 특정 자녀(들)의 욕구에 가족이 적응 b. 에너지 고갈과 사생활 부족에 대처 c. 부부를 위한 시간 마련
5. 자녀 학령기	자녀가 가족 외 관계를 맺도록 허용	a. 가족/사회 상호작용 확대 b. 자녀의 교육적 성장 장려 c. 늘어난 활동적, 시간적 요구에 대처
6. 자녀 청소년기	자녀의 독립을 수용하기 위해 가족 경계의 유연성 증가	a. 부모-자녀 관계 내 균형 변화 b. 중년기 사회생활과 결혼 관련 문제들에 재초점 c. 노인 세대를 돌보기 위한 준비 시작
7. 자녀 독립기	가족 구성원의 유입과 반출 수용	a. 성장한 자녀의 취업, 대학 입학, 결혼 b. 지원을 아끼지 않는 홈베이스 유지 c. 성인이 된 자녀가 때때로 돌아오는 것을 수용
8. 중년기 성인	자녀를 내보내고 서로를 마주 봄	a. 결혼에 대한 재정립 b. 자녀의 배우자, 손자녀가 포함되도록 관계 재정비 c. 각 배우자 부모의 노화에 대처
9. 은퇴	은퇴와 노년기 수용	a. 자신과 부부의 기능 유지 b. 다음 세대 지원 c. 부모, 배우자의 사망에 대처 d. 가정의 종결 혹은 조정

출처: Becvar & Becvar (1993).

이며, 감사할 줄 알고, 함께 시간을 보내며, 훌륭한 의사소통 양식을 가지고 있으며, 고도의 종교적/정신적 지향점을 공유하고 있고, 위기에 긍정적으로 대처할 수 있다(Stinnett, 1998; Stinnett & DeFrain, 1985).

Wilcoxon(1985)에 따르면, 결혼 · 커플 · 가족 상담자들은 가족 구성원 개개인의 발달단계에 적합한 임무에 적절히 대응하면서 가족 내부의 다른 단계들을 잘 인식하고 있어야 한다. 상담자가 가족 개개인과 가족을 전체적으로 잘 파악하고 있을 때, 상담자들은 가족

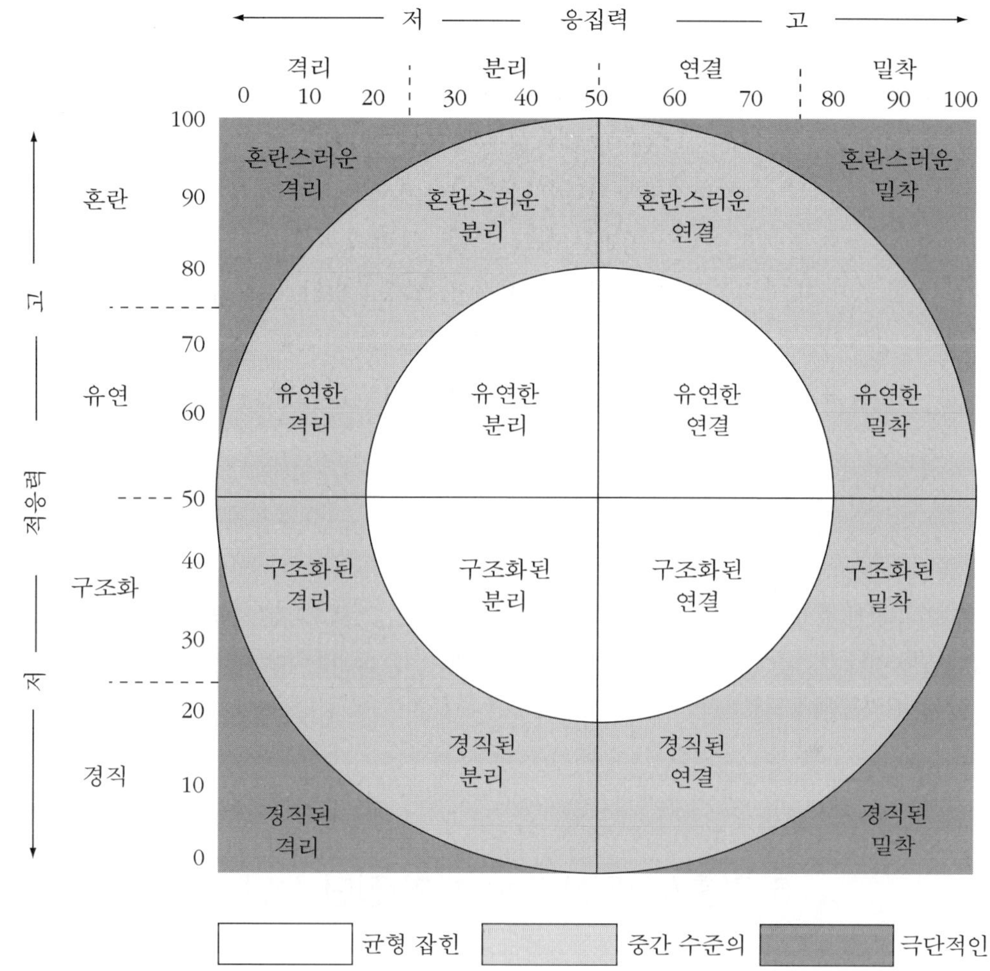

[그림 16-1] 복합구조 모델

출처: Olson (1986).

구성원의 우울증과 같은 징후(Lopez, 1986), 진로 미결정(Kinnier, Brigman, & Noble, 1990), 약물 남용(West, Hosie, & Zarski, 1987) 등이 가족 구조나 기능과 연관되어 있다는 것을 알아차릴 수 있다. 결과적으로 상담자들은 보다 포괄적인 치료 계획을 세울 수 있다.

가족의 양상과 가족 구성원의 정신건강을 평가할 때, 가족의 발달 단계 관례를 기반으로 평가를 실시하는 것이 매우 중요하다. 이러한 과정을 용이하게 하기 위해서 Cater와 McGoldrick(1999)은 한부모 가정이나 혼합가정을 비롯한 전통적, 비전통적 가족들을 위한 발달 과제들을 제안하였다. 비전통적 가족들은 다른 가족들과 다른 부분이 있기 때문에 단순히 보통과 다른 성장/발달 단계를 경험한다고 해서 병리적인 것은 아니라는 점에 주목해야 한다.

Bowen(1978)은 가족의 형태와 관계없이 가족 역기능성을 설명하기 위하여 **밀착**(enmeshment)이나 **삼각화**(triangulation) 같은 용어들을 제안하였다(밀착은 가족 구성원이 서로에게 지나치게 의존적이거나 분화가 안 되어 있는 상황을 뜻하며, 삼각화는 두 사람이 자신들의 갈등을 완화하기 위하여 다른 한 사람을 각각의 방향으로 끌어들이려는 가족 융합 상황을 뜻한다). 커플이나 가족들과 효과적으로 작업하는 상담자들은 가족의 각 과정에 어떻게, 어디서, 언제 개입을 할 것인지 말 것인지를 결정하는 지침을 가지고 있다. 그들은 치료적 행동에서의 실패(예: 모든 사람을 치료과정에 제대로 참여시키지 못함)를 하지도 않고, 그렇다고 과잉반응(아마도 언어적 표현에 너무 많은 강조점을 두는 것)을 하지도 않는다(Gladding, 2007).

생/각/해/보/기

원가족 구성원 중 당신과 가장 가까운 사람은 누구인가? 가장 거리를 두는 사람은 누구인가? 어떤 요인들이나 사건들이 당신들을 가까워지게 하였는가? 어떤 요인들이나 사건들로 인해 당신들이 서로 거리를 두게 되었는가?

5. 결혼/가족 상담 vs 개인/집단 상담

결혼/가족 상담과 개인/집단 상담 접근 간에는 유사점과 차이점이 있다(Gladding, 2007; Hines, 1988; Trotzer, 1988). 유사점들은 주로 이론에 관한 것이다. 개인/집단 상담에 사용되는 몇몇 이론(예: 인간중심 이론, Adler 이론, 현실치료, 행동치료)은 커플 · 가족 상담에서도 사용된다(Horne, 2000). 그 외의 다른 접근들(예: 구조적, 전략적, 해결중심적 가족치료)은 체계이론에 기반을 두고 있으며, 결혼 · 커플 · 가족 상담 고유의 이론을 활용하고 있다. 상담자들은 커플들이나 가족들과 숙련된 작업을 하기 위해서 이전의 이론들을 새롭게 응용하는 것뿐만 아니라 이러한 부가적인 이론들에 대해서도 반드시 배워 두어야 한다.

결혼 · 커플 · 가족 상담과 개인상담은 수많은 가정(assumptions)을 공유하고 있다. 예를 들어, 두 접근 모두 개인의 삶에 가족이 미치는 영향의 중요성을 인식하고 있고, 개인과 환경의 상호작용으로 인해 발생하는 문제 행동들과 분쟁에 초점을 맞추고 있으며, 모두 발달과 관련된 문제를 다룬다. 차이점은 결혼 · 커플 · 가족 상담은 일반적으로 개인뿐 아니라 가족 구성원과 같은 사람들에 대한 개입도 포함시키는 반면, 개인상담은 보통 가족 외부에서 개인에 대해 다룬다는 점이다. 나아가 결혼 · 커플 · 가족 상담은 개개 구성원이 환경에 더욱 잘 대처하도록 돕기 위한 방법으로 개인의 '가족 내부에서' 관련된 문제들을 해결해 나가는 작업들을 하게 된다(Nichols & Schwartz, 2006).

결혼 · 커플 · 가족 상담 회기는 집단상담 회기와 구성, 기본 역동 그리고 발달 단계 면에서 유사하다. 나아가 두 상담 접근 모두 대인관계에 강조점을 둔다. 그러나 집단 절차에 대한 지식이 결혼 · 커플 · 가족 상담에 유용할 수는 있지만 가족은 일반적인 집단과는 다른 면이 있다. 예를 들어, 가족 구성원은 지위와 권력에서 동등하지 않다. 게다가 집단상담의 경우, 처음에 사건에 대해 다룰 때 더 객관적인 반면에 가족 구성원은 가족 신화를 존속시키려고 할 수 있다. 또한 가족은 시간에 구애받지 않는 그들만의 방식을 가지고 있을 뿐 아니라 깊은 역사를 지닌 성역할이나 정서적 유대와도 관련되어 있다. 따라서 다른 형태의 집단에 비해 가족 구성원 간에는 더 심한 감정적 응어리가 전달될 수 있다(Becvar, 1982). 가족도 집단일 수는 있지만 집단상담에서만 일어나는 일들과는 잘 맞지 않을 수 있다.

마지막으로 결혼 · 커플 · 가족 상담의 경우에 대부분 개인상담이나 몇몇 집단상담에서 강조하는 직선적 인과관계와는 반대되는 역동을 강조한다. 즉, 결혼 · 커플 · 가족 상담의 역동은 일반적으로 개인/집단 상담과는 다른 면이 있다. 개인에 대한 관점에서 가족 지향적인 관점으로 이행하기 위해서 Resnikoff(1981)는 상담자들이 가족의 기능이나 역동에 대해 이해하기 위해 스스로 점검해 봐야 할 구체적인 질문들을 제시하였다. 제대로 된 질문을 활용해 봄으로써 상담자들은 '가족'을 내담자로 받아들이고, 가족과 가장 잘 작업하는 방법에 대해 보다 익숙해질 것이다.

- 가족의 외관(outward appearance)은 어떠한가?
- 비생산적이고 반복적인 행동들은 무엇인가? 즉, 가족의 역동은 어떠한가?
- 가족 내부의 기본적 감정은 무엇이며, 그것을 누가 짊어지고 있는가?
- 개개인의 어떠한 역할들이 가족의 저항을 강화시키고 있으며, 가장 일반적인 가족의 방어 형태는 무엇인가?
- 가족 구성원이 서로에게서 어떻게 분화되어 있으며, 하위 집단의 경계들은 어떻게 나타나고 있는가?
- 해당 가족은 가족생활 주기 중 어느 단계를 경험하고 있으며, 가족의 문제 해결 방법은 무엇인가?

커플들과 작업하는 상담자들은 그들의 결혼 유무에 상관없이 이러한 질문들 중 다수를 적용해 보아야 한다.

6. 결혼 · 커플 · 가족 상담 개요

결혼 · 커플 상담

결혼 · 커플 상담 분야의 초기 개척자들은 결혼관계에 속해 있는 개개인에게 초점을 맞추기보다 '결혼' 이나 '커플관계' 에 초점을 맞추었다. 최근에는 세 종류의 독립체, 즉 개인 2명과 하나의 커플(couple)에 중점을 두고 상담을 진행하고 있다. 따라서 최근까지 지속되고 있는 이러한 흐름에 따라 결혼과 커플 상담자들은 상담 초기부터 부부나 커플을 공동회기에 함께 참여시키는 선례를 만들어야 한다.

커플들은 재정, 자녀, 정절, 의사소통 그리고 공존 가능성과 같은 매우 다양한 이유로 인해 결혼 혹은 그들의 관계에 대한 상담을 받고자 한다(Long & Young, 2007). 거의 모든 상황이 도움을 구하기 위한 자극제로 작용할 수 있다. 누가 상담을 먼저 요청했든, 적어도 가능하다면 상담자가 커플 두 사람을 모두 만나는 것이 중요하다. Whitaker(1977)는 상담자가 이러한 방식으로 상담을 구조화할 수 없다면 그들을 도울 수 없거나 오히려 좋지 않은 영향을 줄 수 있다는 점을 언급했다. 적어도 한 회기 혹은 두 회기 동안이라도 부부나 커플 중 한 사람만 상담한다면 이는 다른 한 사람의 불안이나 상담에 대한 저항을 증가시킬 수 있다. 더욱이 커플 중 한 사람이 다른 쪽의 상황 인지나 지지 없이 변화하려고 노력한다면 분쟁이 뒤따르게 될 것이다.

Wilcoxon과 Fenell(1983)은 상담자가 상담에 참여하지 않은 다른 한 사람에게 결혼치료의 과정을 설명할 수 있는 편지를 개발했는데, 이 편지는 커플 중 한 사람만을 상담하게 될 때 발생할 수 있는 위험성에 대해 다루고 있다. 상담자는 이 편지를 상담에 참여한 사람을 통해 상담에 참여하지 않은 사람에게 전달하게 되는데, 이 편지로 상담에 참여하지 않은 사람은 두 사람이 모두 상담에 참여하게 될 때 발생할 수 있는 가능성에 대해 알 수 있게 된다([그림 16-2] 참고).

만약 두 사람이 모두 결혼상담 혹은 커플상담에 참여하기로 결심했다면 상담자는 매우 다양한 접근을 적용해 볼 수 있다. 이 중 다섯 가지는 정신분석, 인지행동, Bowen 체계, 구조적-전략적 그리고 합리적-정서적 행동치료다(Jacobson & Gurman, 2003). 이러한 이론적 관점들은 모두 각각의 강점이 있다. 그러나 대부분의 결혼 · 커플 상담의 이론적 기반은 가족 상담의 그것만큼 강력하지는 않다. 이러한 현상에는 몇 가지 원인이 있지만 가장 주요한 원인은 역사적으로 결혼과 커플 상담자들 대다수는 일차적으로 실천가들이지 연구자나 저술가가 아니기 때문이다. 실천가들은 커플들과 작업하기 위한 독특한 이론적 접근들

(날짜)

Mr. John Jones
111 Smith Street
Anytown, USA ○○○○○

친애하는 Jones 씨,

당신이 이미 알고 있듯이 당신의 아내인 Jill이 결혼과 관련된 어려움들로 인해 치료를 받기 원하고 있습니다. 그러나 Jill은 당신이 부부치료에 참여하고 싶어 하지 않는다고 했습니다.

부부치료 전문가로서 저는 부부 모두에게 배우자 중 한 사람만 치료에 참여하게 될 경우 발생할 수 있는 결과에 대해 알려 줘야 할 의무가 있습니다. 알려진 연구 결과에 따르면 부부치료에 배우자 중 한 사람만 참여하게 될 경우, 부부 두 사람 모두에게 결혼관계의 스트레스와 불만족을 증가시킬 수 있습니다. 반면 양쪽 배우자가 모두 참여한 경우, 많은 부부는 치료가 결혼관계에 대한 스트레스를 감소시키고 만족감을 높이는 데 도움이 되었다고 보고하고 있습니다.

이러한 결과들은 결혼관계 연구의 일반적인 경향들을 반영하지만 반드시 절대적인 것은 아닙니다. 그러나 Jill과 당신에게 부부 중 한 사람만 치료에 참여하게 될 경우에 발생할 수 있는 잠재적인 결과들에 대해 미리 알려 주는 것은 매우 중요합니다. 이러한 정보들을 인지한 후, 당신은 당신의 의도에 가장 적합한 행동들을 선택할 수 있을 것입니다.

이러한 정보들에 대해 심사숙고한 후에 Jill과 당신 두 사람이 향후 치료에 어떻게 참여할 것인지 당신들의 선택에 대해 논의해 보시기 바랍니다. 이러한 방법을 통해 두 사람 모두 상대방의 의도를 명확하게 이해할 수 있을 것입니다.

Jill에게 Jill과 당신이 이 편지를 읽고, 한 사람만 부부치료를 계속함으로써 당신들의 관계에서 발생할 수 있는 잠재적인 결과를 당신이 이해했다는 것에 대한 증명으로 제시된 칸에 사인을 해 오는 과제를 내주었습니다. 만약에 당신이 Jill과 함께 부부치료에 참여하고자 한다면 하단에 사인을 한 후 저의 사무실에 연락을 주시기 바랍니다. 만약에 그렇지 않다면 단순히 하단에 사인을 하고, 다음 회기에 Jill을 통해 이 편지를 돌려보내기를 바랍니다. 당신의 협조에 감사드립니다.

진심을 담아,
치료자 ○○

우리는 하단에 사인을 함으로써 우리가 배우자 중 한 사람만 부부치료를 지속하는 것으로 인해 발생할 수 있는 잠재적인 결과에 대해 이해하고, 이에 대해 논의하였다는 것을 증명합니다.

______________________	______________________
치료에 참여하는 배우자	날짜
______________________	______________________
치료에 참여하지 않는 배우자	날짜

[그림 16-2] 치료에 참여하지 않는 배우자를 참여시키기 위한 편지

출처: Wilcoxon & Fennel (1983).

에 대해 정의하고 출판하는 데 관심이 없거나 시간이 부족하다. 더욱이 최근까지 결혼 · 커플 상담은 가족상담 내 하위 전문 분야로서 간주되어 왔다. 그러나 결혼 · 커플 상담은 이제 보다 강력한 학문 분야가 되어 가고 있으며, 이 분야에 적합한 특수한 방법들을 기술하기 위한 노력이 뒤따르고 있다(Jacobson & Gurman, 2003).

가족상담

가족들은 수많은 이유로 상담을 받게 된다. 대개 가족 구성원이 상담을 받기 시작할 때, 일종의 티켓으로 사용하는 **지목된 환자**(identified patient: IP; 가족 구조 내에서 문제의 원인으로 지목받는 사람)가 있다. 대부분의 가족상담 실천가들은 가족 구성원 중 한 사람을 문제 원인으로 보지는 않으며, 대신 전체 가족체계 내에서 작업을 하고자 한다. 때때로 가족치료는 한 사람의 변화가 가족 전체에 긍정적인 파급 효과를 가져다줄 것이라는 희망을 가지고 개인 관점에서부터 실시되기도 한다(Nichols, 1988).

가족상담은 1970년대 중반부터 급속히 확대되어 왔으며, 다방면의 커플상담도 가족상담에 포함되고 있다. 비록 행동주의 치료자, 이야기 치료자나 해결중심 치료자와 같은 몇몇 가족 상담자는 연속적인 관점에서 인과관계 혹은 구성주의에 기반을 둔 작업을 하고 있지만 대부분은 그렇지 않다. 오히려 이 분야의 대부분의 상담자는 일반체계 이론의 틀에서 작업을 하고 있으며, 가족을 '사회문화적인 맥락 내에서 가족생활 주기에 따라 진화하는 열린 체계'로서 개념화하고 있다. 기능적인 가족들은 규칙을 따르고, 가족 구성원이나 외부 체계의 요구를 충족하기 위한 융통성을 지니고 있다. 가족체계 상담자들은 순환적 인과관계에 역점을 두고 있으며, 또한 다음에 제시되는 개념들을 강조하고 있다.

- **비총합성**(nonsummativity): 전체(가족)는 부분(구성원 개인)의 합보다 크다. 특정한 구성원 한 사람의 행동보다는 가족 내부의 양상을 평가하는 것이 필요하다.
- **동귀결성**(equifinality): 시작은 같아도 다른 결과를 가져올 수 있고, 결과가 같다고 할지라도 시작은 다를 수 있다. 따라서 자연재해를 겪은 가족은 결과적으로 더 강해질 수도 있고 더 약해질 수도 있다. 마찬가지로 건강한 가족은 각기 매우 다른 배경을 가지고 있을 수 있다. 따라서 치료는 특정한 조건이나 사건보다는 상호 영향을 주는 가족 양상에 초점을 맞추어야 한다.
- **의사소통**(communication): 모든 행동은 의사 전달의 기능을 한다. 상호 간에 전달되는 메시지의 두 가지 기능, 즉 **내용**(사실에 기반을 둔 정보)과 **관계**(그 메시지가 어떻게 이해되는지)에 주의를 기울일 수 있어야 한다. 메시지는 어떻게 전달되는지에 따라 다르게

전해진다.

- **가족 규칙**(family rules): 가족의 기능은 명시적이고 묵시적인 규칙들에 기반을 두고 있다. 가족 규칙은 가족의 삶을 지배하는 역할과 행동에 대해 설명해 준다. 대부분의 가족은 **반복 원칙**(redundancy principle)에 따라 상대적으로 적은 수의 예측 가능한 규칙에 따라 운영된다. 가족의 역기능적인 작업 방식을 변화시키도록 돕기 위해 가족 상담자들은 가족이 그들의 규칙을 규정짓거나 확장시킬 수 있도록 도와야 한다.
- **형태발생성**(morphogenesis): 가족이 내 · 외부의 변화하는 요구들을 충족하기 위해 그들의 기능을 조정하는 능력을 형태발생성이라고 한다. 형태발생성은 보통 **제1단계 변화**(first-order change: 이전에 해 오던 것들과 같은 것을 조금 더 지속하는 것)보다는 **제2단계 변화**(second-order change: 기존과 완전히 다른 반응을 만들어 내는 능력)를 필요로 한다(Watzlawick et al., 1974). 가족 구성원은 단순히 말하기만 하는 대신 새로운 행동 방식을 시도할 필요가 있을지도 모른다.
- **항상성**(homeostasis): 생물학적인 유기체와 마찬가지로 가족은 강제적으로 변화시키려고 하지 않는 한 꾸준하고 안정적인 평형 상태를 유지하고자 하는 경향을 가지고 있다. 가족 구성원 중 한 사람이 어떤 행동을 통해 가족의 균형을 깨트리려고 하면 다른 구성원들이 재빨리 부정적인 피드백을 줌으로써 그 상황을 바로잡으려고 노력하게 된다. 이러한 모델은 집의 온도가 설정 온도보다 내려가면 상승하고, 온도가 설정 온도에 다다르면 하강하는 보일러에 비유될 수 있다. 때때로 항상성은 가족이 생애 주기 목표를 달성하는 데 도움이 될 수도 있지만 흔히 가족이 발달 단계에서 다른 단계로 이동하는 것을 방해하기도 한다.

가족체계론적인 접근을 하는 상담자들은 이러한 개념들에 따라 작업을 한다. 예를 들어, 가족 규칙이 암묵적이고 혼란을 일으킨다면 상담자는 가족이 이러한 규정들을 분명하고 명확하게 변화시킬 수 있도록 돕게 된다. 모든 가족 구성원이 이 과정에 참여하게 되고, 그 결과 의사소통 채널이 개방된다. 보통 가족 구성원을 돕기 위해 가계도를 그리기도 하는데, 상담자들은 가계도를 통해 현재 가족에 영향을 미치고 있는 가족 기능의 세대 간 양상을 감지할 수 있다(McGoldrick, Gerson, & Petry, 2008).

가계도를 그릴 때는 3세대가 반드시 포함되어야 한다. 현재의 나이와 직업과 같은 기본 정보뿐 아니라 이름, 출생일, 결혼, 별거, 이혼 등이 표시되어야 한다. 가계도는 흔히 가족 구성원의 행동에 영향을 미치는 세계관과 문화적인 요소들을 평가하기 위한 다문화적 맥락에서 사용될 수도 있다(Thomas, 1998). 종합적으로 가계도는 특히 가족 상담에 갓 입문한 상담자들과 새로 상담을 받기 시작한 내담자들에게 "체계적인 사고를 가능하게 하기 위한 효과적이고 개별적으로 의미 있는 전략을 제공해 주는 것으로 보인다"(Pistole, 1997b, p. 339).

7. 결혼 · 커플 · 가족 상담의 절차

결혼 · 커플 · 가족 상담의 과정은 몇 가지 전제에 기반을 두고 있다. 그중 한 가지는 상담자가 심리적으로 건강하고 스스로의 원가족에 대해 잘 이해하고 있어야 한다는 것이다. 이러한 전제가 충족될 때, 상담자는 명확하게 내담자 가족에 초점을 맞출 수 있을 뿐 아니라 상담자 스스로 해결하지 못한 자신의 가족 문제로 인해 상담 회기에 악영향을 주는 것을 방지할 수 있다.

가족과 작업을 하기 위한 두 번째 전제는 상담자들이 치료과정에서 발생할 수 있는 양상들이나 개입들을 지나치게 강조하거나 축소하지 말아야 한다는 것이다(Gladding, 2007). 즉, 상담자들은 균형감을 잃지 말아야 한다. 가족 구성원을 행복하게 만드는 것에 대해 지나치게 염려하는 것이 아니라 가족 구성원이 매력적인 방식으로 상담에 참여할 수 있도록 해야 하는 것이다.

결혼 · 커플 · 가족 상담을 수행하는 데 필요한 세 번째 요소는 가족이 **자주성을 위한 힘겨루기**(즉, 필요한 변화를 만들어 내기 위한 동기)에서 승리하도록 하는 동안, 상담자는 **구조화를 위한 힘겨루기**(즉, 상담 진행 시 한도를 정하는 것)에서 승리하는 것이다(Napier & Whitaker, 1978). 구조화를 위한 힘겨루기에서는 상담자가 내담자에게 상담자가 가족들과 작업하는 방식, 예를 들어 언제 만나게 되는지, 얼마나 오랫동안 상담을 하는지, 누가 참여하게 되는지 등 중요하지만 일상적인 요소들에 대해 알려 줌으로써 승리를 할 수 있게 된다. 구조화의 대부분은 상담자가 가족에게 읽고 사인하도록 하는 공개성명서에 포함될 수 있다. 치료과정에서 '자주성'은 반드시 커플이나 가족 스스로에게서 비롯되어야 하는 것이다. 그러나 일단 상담자가 상담과정에서 발견한 가능성들을 주의 깊게 듣고 설명해 주면 커플이나 가족 구성원은 보통 공통의 목표들을 향해 협력하게 된다.

네 번째, 결혼 · 커플 · 가족 상담자들은 커플이나 가족이 경험하고 있는 어려움을 그 어려움이 발생한 맥락 내에서 볼 수 있어야 한다. 따라서 상담자는 다양한 삶의 단계에 대해 발달적으로 풍부한 지식을 가지고 있어야 하며, 이상적인 조건이 갖추어지지 않은 상황에서 파괴적이거나 적대적인 상황들을 해결하는 등의 인생 경험도 가지고 있어야 한다. 이러한 기술과 통찰력을 통해 상담자는 커플이나 가족이 각기 다른 삶의 단계, 문화적 규준 혹은 상황에 따른 사정에 직면할 때 어떤 과정을 통해 더욱 가까워지게 되거나 멀어지게 되는지에 대해 이해할 수 있다.

회기 전 계획 세우기

커플이나 가족이 상담에 참여하기 전, 몇 가지 요소들이 반드시 다루어져야 한다. 한 가지는 상담을 신청한 사람이 접수 면접 혹은 일반적인 치료에 대해 어떤 기대를 가지고 있는가에 대한 것이다. 상담을 신청한 사람이 상담을 신청한 이유는 커플이나 가족관계에 있는 다른 사람이 상담을 원하거나 원하지 않는 이유가 될 수도 있고 그렇지 않을 수도 있다. 그럼에도 불구하고 상담자는 상담 신청자의 이야기를 반드시 주의 깊게 듣고 필수적인 임상 정보, 예를 들어 문제에 대한 간결한 설명, 신청자의 이름이나 주소, 전화번호와 같은 사실적인 정보를 반드시 획득해 두어야 한다. 이러한 정보들을 획득할 때, 상담자는 전달된 정보뿐만 아니라 신청자가 말하지 않은 정보에도 귀를 기울여야 한다. 그렇게 함으로써 상담자는 신청자의 가족이 속한 가족생활 주기에서 일반적으로 나타날 수 있는 주제들이나 문화적 전통에 대한 주제들에 대한 가정을 세울 수 있게 된다. 예를 들어, 청소년기 자녀가 있는 가족은 경계와 관련한 문제를 가지고 있을 수 있다. 물론 이러한 문제를 다루는 방식은 전통적인 이탈리아 가족과 전통적인 영국 가족에서 매우 다르게 나타날 수 있다. 그러나 이러한 것에 상관없이 상담 신청 전화를 마무리할 때는 상담 일정을 반드시 잡을 수 있어야 한다.

초기 회기

연구에 따르면, 초기의 몇 회기는 커플 · 가족 치료의 성공 여부에 중요한 영향을 미친다 (Odell & Quinn, 1998). 따라서 출발을 잘하는 것이 매우 중요하다고 할 수 있다. 시작을 잘하기 위한 한 가지 방법은 상담자가 상담에 참여하는 개개인과 라포를 형성할 뿐 아니라 커플이나 가족 전체를 하나의 단위로 보고 라포를 형성하는 것이다. 상호 간의 신뢰, 작업 관계 그리고 공유된 안건이 있는 상황에서 이러한 유대감이 발달하는 것을 **치료적 동맹**이라고 한다. 치료적 동맹은 다음과 같은 방법에 의해 창출될 수 있다.

- **유지**(maintenance): 상담자가 커플이나 가족 구성원의 입장을 확인해 주거나 지지해 주는 것
- **추적**(tracking): 상담자가 일련의 질문을 통해 연쇄적인 사건들을 추적하거나 따라가는 것

- 모방(mimesis): 예를 들어, 상담자가 근심 걱정이 덜한 커플이나 가족과 함께할 때는 매우 쾌활하게 대화하고, 우울한 커플이나 가족과 함께할 때는 심각하게 하는 등 커플 혹은 가족의 의사소통 스타일이나 속도를 받아들이는 것

치료적 동맹을 형성하면서 상담자는 커플이나 가족 그리고 구성원이 각각 '제시한 문제, 사람 또는 상황에 대해 각각 어떤 견해를 가지고 있는지에 대한 관점을 얻게 될 정도'로 참여시킬 수 있어야 한다. 이러한 관점을 틀(frame)이라고 한다. 상담자는 커플이나 가족 구성원이 그들의 관계 내부에서 발생하고 있는 것들에 대해 보다 명확한 관점을 얻도록 하기 위해, 혹은 커플이나 가족들이 그들의 상황을 인지할 수 있는 또 다른 관점을 제공하기 위해(즉, 재정의 재구성) 커플이나 가족의 틀에 도전을 하게 될 수도 있다.

초기 회기 혹은 회기에서 상담자는 관찰자가 될 수 있어야 한다. 상담자는 커플이나 가족이 전형적으로 언어적 혹은 비언어적 수준에서 상호작용하는 방법인 커플 혹은 가족의 춤(family dance)이라고 불리는 현상을 탐색하게 된다(Napier & Whitaker, 1978). 만약 상담자가 처음에 이러한 상호작용을 놓치게 된다 하더라도 이러한 양상은 반복되기 때문에 걱정할 필요는 없다. 단, 상담자는 가족 구성원 중 일부가 희생양(즉, 가족 문제에 대해 비난을 받음)이 되는지를 보기 위해 가족의 춤을 주의 깊게 관찰해야 한다. 예를 들어, 가족이 10대 아들이 늦게 자려고 하며 친구들과 동네에서 어울릴 때 나쁜 짓을 한다는 이유로 '게으른 문제아' 라고 비난하는 경우 등을 주의 깊게 보아야 한다. 아들이 약간의 문제를 일으키는 것이 사실이라고 할지라도, 그 아들이 가족 문제의 주요인은 아닐 가능성이 더 크다. 따라서 상담자는 가족이 가족 내부 어디에 문제가 있다고 생각하는지, 가족이 가지고 있는 가정을 점검해 보고 심지어 그것에 도전해 보아야 할 필요가 있다.

커플이나 가족에게 무슨 일이 일어나고 있는지 정의하거나 명백하게 알아내기 위해 널리 사용되는 방법 중 하나는 순환 질문법이다. 즉, 커플이나 가족의 관계에 초점을 맞추고 구성원 간의 차이점을 강조하는 질문법이라고 할 수 있다. 예를 들어, 아내가 딸에게 심한 말로 공격할 때 딸이 어떻게 반응하고, 아버지 스스로 혹은 다른 가족 구성원은 이에 대해 어떻게 반응하는지 아버지에게 질문해 보는 것이다. 이러한 전략을 통해 상담자와 상담에 참여한 가족은 가족의 삶에 포함된 다양한 역동을 볼 수 있게 될 뿐 아니라 이전까지 가족 내부에서 문제라고 여겨졌던 사람에게 가해진 압력 또한 경감시킬 수 있다. 또한 상담자와 가족은 이런 종류의 질문을 통해 가족 내부에 삼각관계가 발생하고 있는 것(즉, 엄마가 딸과 분쟁이 생길 때마다 남편의 지지를 얻고자 하는 것처럼 두 사람의 분쟁에 제3자나 제3의 집단을 끌어들이는 것)은 아닌지에 대해 알아볼 수도 있다.

이러한 양상을 통해 커플이나 가족에게 개입하는 것 외에도 상담자는 커플이나 가족의

행동(예: 가족 중 누가 누구에게 이야기하고, 누가 누구 옆에 앉는지 등)에 관한 몇몇 초기 가설을 세울 수 있어야 한다. 이런 방법을 통해 상담자는 경계의 특성(즉, 친밀감을 허용하고 보살펴 주는 것 vs 혼자서도 충분히 이야기할 수 있는 능력이 있는 자녀의 말을 부모가 대신해 주려는 것과 같이 경계를 침범하려고 하는 것)에 대해 평가할 수 있다(Worden, 2003). 친밀감과 권력 또한 이러한 방법으로 측정될 수 있다. 관찰을 하거나 커플이나 가족의 대화에 참여함으로써 상담자는 상담과정 중에 발생하는 대화의 내용보다 더 중요하지는 않을지 몰라도 결국 일반적으로 그만큼 중요한, 커플이나 가족 내부의 역동을 조율하기 시작할 수 있다.

결국 첫 회기는 상담자가 커플이나 가족이 어떻게 기능하고 있으며, 그들의 관계가 보다 원활해지도록 돕기 위해 무엇이 필요한지 평가하는 회기다. 이 단계에서 가설적인 목표도 정해지고 다음 회기 약속도 정해진다.

사례 접수 면접 신청 전화를 받은 Cleo

Cleo는 가족 서비스 기관에서 일한 경력이 꽤 되지만, 새벽 2시에 한 여성으로부터 곤혹스러운 전화를 받은 후에야 전화를 받을 때 세부사항을 잘 듣는 것이 얼마나 중요한지를 다시 한 번 깨닫게 되었다. Helena라는 여자는 흐느껴 울면서 Cleo에게 자신의 가정에 학대가 일어나고 있기 때문에 가족을 위해 상담 약속을 잡고 싶다고 말했다. Cleo는 조심스럽게 조사를 한 후에 긴급한 위험사항은 없다는 점을 알게 되었지만 여전히 무언가 문제가 있다고 느꼈다. 그런 후 그녀는 다른 세부사항과 더불어 가족 구성원의 이름과 주소, 관계에 대해 받아 적었다. 마침내 그녀는 Helena에게 "내일 오전 9시에 당신 가족을 내 사무실에서 만나도록 하죠."라고 말했고, Helena는 "난 당신이 나를 위해 우리 가족을 고쳐 줄 수 있을 거라고 생각해요."라고 대답했다.

그제서야 Cleo는 무슨 일이 일어났는지 깨닫게 되었다. Helena는 상담에 올 생각이 없었고, 대신 가족을 상담에 보내서 Cleo가 가족을 '고쳐 주길' 바랐던 것이었다.

이런 경우, 당신은 Helena에게 어떻게 반응할 것인가? 이런 반응을 통해 당신이 성취하기 원하는 점은 무엇인가? 그녀가 의뢰한 가족 구성원이 상담에 오지 않는다면 어떤 어려움이 발생할 것 같은가?

상담 중반기

결혼 · 커플 · 가족 상담의 중반기는 초기 회기와 종결 회기 사이의 회기들로 구성된다.

중반기는 만약 커플이나 가족이 변화를 할 사람들이라면 그들에게 필요한 변화가 일어날 가능성이 높은 시기다.

이 시기 동안 커플이나 가족 그리고 상담자는 새로운 행동들을 탐색해 보고 시도해 보게 된다. 자신들이 변화하기를 원하는지에 대한 확신이 없는 커플이나 가족은 피상적인 변화만을 시도하곤 한다. 이러한 변화를 **1단계 변화**(first-order change)라고 한다. 예를 들어, 부모가 딸과 진지하게 상의하거나 10대인 딸이 스스로의 행동에 대한 책임을 수용하는 것이 얼마나 중요한지 생각하지 않은 채 통행금지 시간만 한 시간 뒤로 미루는 것을 들 수 있다. 구조적 규칙이 변경되는 것을 의미하는 **2단계 변화**(second-order change)는 위의 1단계 변화와는 꽤 다르며, 치료를 받고 있는 커플이나 가족 내부에서 발생하기 원하는 이상적인 변화를 뜻한다. 한 예로, 경직되어 있고 권위주의적인 한 가족이 가족 구성원 모두가 자신과 관련된 제안을 할 기회가 주어지고 실제로 노력한 후에 가족의 상호작용과 관련된 새로운 규칙을 적용해 봄으로써 보다 민주적으로 변화하기 시작하는 것을 2단계 변화라고 할 수 있다(Watzlawick et al., 1974).

커플이나 가족 내부에 변화를 주기 위해서 상담자는 정신적, 언어적 그리고 행동적으로 활성화되어 있어야 한다(Friedlander, Wildman, Heatherington, & Skowron, 1994). 또한 인지적 지식만으로는 거의 변화를 일으키기 힘들기 때문에 상담자는 커플이나 가족 스스로 무엇을 해야 할 필요가 있는지 단순히 이해하는 것 이상을 해낼 수 있도록 해야 한다. 그뿐 아니라 상담 중반기에는 가능한 한 상담자가 커플이나 가족에게 적절한 외부기관을 연계해 주어야 한다. 예를 들어, 한 명 혹은 그 이상의 가족 구성원이 알코올 중독자인 가족을 상담할 때, 상담자는 가족이 AA(Alcoholic Anonymous: 알코올 중독자 치료모임, 절주를 유지할 수 있도록 서로 도와주는 사람들의 조직), AL-Anon(음주 문제가 있는 사람의 성인 친척들이나 친구들의 자조 조직) 또는 Alateen(AL-Anon과 유사한 프로그램이지만 12~19세와 같은 어린 사람들을 위한 프로그램)에 대한 정보를 찾을 수 있도록 도와주어야 한다.

또한 상담자는 중반기에도 커플이나 가족 내부에서 발생하고 있는 과정에 지속적으로 초점을 맞추어야 한다. 대부분의 경우, 커플이나 가족은 가장 쉬운 변화부터 먼저 시도하게 된다. 결과적으로 만약 지금 하고 있는 치료가 그들에게 어떠한 의미가 있다고 생각된다면 상담자는 커플이나 가족이 보다 큰 변화를 할 수 있도록 압력을 주어야 한다. 이러한 압력은 커플이나 가족의 감정적인 반응이나 행동뿐만 아니라 그들의 인식에 집중함으로써 분명하게 나타날 수 있다(Worden, 2003). 때때로 이러한 행동은 직접적인 양상으로 행해질 수도 있는 반면, 다른 경우에는 내담자들을 돌보아 주고 신뢰를 발전시키는 과정에서 획득될 수 있는 '유머'를 치료적 과정에 주입함으로써 성취될 수도 있다. 다음에 제시되는 모녀 간 상호작용을 통해 상담과정에서 변화를 촉진시키기 위해 유머가 활용된 사례를 살펴볼 수 있다.

엄마: 만약 저 애가 그 행동을 다시 한다면 난 죽어 버릴 거예요.

딸: 엄마는 안 그럴 거예요. 엄마는 단지 내가 죄책감을 느끼게 하려고 저러는 거예요.

상담자: 이전에도 이런 대화가 있었던 것처럼 들리는군요.

딸: 그랬어요. 그렇지만 엄마는 절대 죽지 않았고, 난 정말 미칠 것 같아 좌절했어요.

엄마: 다시 말하는데, 만약 네가 한 번만 더 그렇게 한다면 난 정말 죽어 버릴 거야.

상담자가 엄마에게: 음, 그렇다면 당신의 딸은 꽤 능력자군요. 이 아이는 행동 하나로 당신의 삶을 끝내 버릴 수도 있으니까요.

엄마: (극적으로) 맞아요.

상담자가 딸에게: 그리고 당신은 이전에 엄마를 사랑한다고 말했죠.

딸: 그래요. 그렇지만 나는 내가 뭘 할 때마다 보이는 엄마의 반응에 지쳤어요. 엄마는 정말 도를 넘어섰어요.

상담자가 딸에게: 그렇지만 당신의 엄마는 당신이 엄마를 죽일 수도 있을 만큼 힘이 있다고 하는군요. 난 당신이 엄마를 사랑하기 때문에 그렇게 하지 않을 거라는 것을 알아요. 그렇지만 당신에게 정말 그런 힘이 있다면 그보다 좀 약하게 단순히 엄마의 한쪽 팔을 마비시켜 버리는 건 어때요?

엄마: 뭐라고요?

딸(웃으며): 글쎄요. 만약 그렇게 할 수 있다면 엄마는 나에게 같은 말만 되풀이하는 것을 멈출 것이고, 우리 둘이 대화를 해 볼 기회가 생기겠군요.

상담자가 두 사람 모두에게: 아마 그 기회가 지금인 것 같네요. 그리고 우리가 제대로만 한다면 아무도 신체적으로 고통을 당하지 않아도 될 것 같군요.

이 사례에서 상담자는 분쟁에 가장 연관되어 있는 두 사람의 주의를 끌 수 있는, 심각하지만 다소 유머러스한 방법을 사용하여 권력과 극적인 사건에 대한 초미의 과제를 다루고 있으며, 역기능적인 양상을 깨뜨리고, 진정한 대화와 새로운 상호작용이 발생할 수 있는 기회를 만들어 가고 있다.

이전에 작업하던 방법 외에도 상담자는 커플이나 가족이 분명한 방법뿐 아니라 미묘한 방법을 통해 서로를 더욱 수용하려고 하는 등 안정적인 변화가 이루어지고 있다는 증거를 찾아보아야 한다. 예를 들어, 가족들이 앉아 있는 모습, 서로를 부르는 이름, 심지어 서로를 부를 때의 말투 등이 모두 치료를 시작하였을 때와 많이 달라졌다면 이는 모두 커플이나 가족에게 어느 정도 영구적인 변화가 발생했다는 징후일 수 있다. 커플이나 가족이 변화하고 있는 경우, 서로를 부르는 말투도 과거엔 거칠었다면 지금은 부드럽게 변화하고 있을 것이다.

생/각/해/보/기

요즈음 많은 사람이 휴대폰을 들고 다닌다. 사람들의 휴대폰 벨 음색에서 당신은 어떤 점을 주목할 수 있는가? 가족 구성원이 서로에게 사용하는 말투도 이와 비슷한 점이 있는가? 만약 벨 음색이 항상 거슬리는 소리만 전달한다면 당신은 어떻게 반응하겠는가?

결혼 · 커플 · 가족 상담의 중반기에는 상담자가 커플이나 가족 구성원보다 앞서 나가지 않는 것이 매우 중요하다. 만약 그렇게 된다면 커플이나 가족에게 더 이상 도움이 되지 않기 때문에 치료과정이 종결될 수 있다. 따라서 상담자는 균형감을 유지하고 어느 정도까지만 밀어붙이면서 자신의 임무와 목표에 머무를 수 있어야 한다. 커플이나 가족이 관계를 잘 유지하고 진전을 보일 수 있도록 돕는 한 가지 방법은 함께할 수 있는 **숙제**(즉, 서로 대화를 하기 위한 별도의 시간을 정하는 것과 같이 상담 회기 외에서 성취할 수 있는 임무를 부과하는 것)나 **심리교육적인 과제**(즉, 책을 읽거나 비디오를 보는 것)를 부과함으로써 그들이 그야말로 서로에게 배울 수 있고 함께 상호작용할 수 있도록 하는 것이다. 예를 들어, 가족들에게 1960년대 TV 드라마인 〈아담스 패밀리〉 중 몇 회를 보게 할 수 있다. 그들은 이 프로그램을 본 후에 돌아와서 그 섬뜩한 가족의 어떤 점이 좋고 어떤 점이 좋지 않았는지에 대해 이야기할 수 있다. 이 작업을 통해 가족 구성원은 그렇지 않았을 때보다 심지어 어떤 동질감을 갖게 되고, 심리적으로 보다 가깝게 느끼게 될 것이며, 자신들이 누구이며 무엇을 하고 있는지를 그들 스스로 명확하게 하는 데 도움이 될 것이다.

종결

"가족체계론적 관점에서 볼 때, '치료자-가족 치료적 체계'는 목적점에 도달했지만 '가족체계'는 틀림없이 지속되는 것이기 때문에" 커플 혹은 가족 상담에는 '종결'이 부적절한 것으로 여겨질 수 있다(Worden, 2003, p. 187). 그럼에도 불구하고 종결(추후관리 포함)은 커플, 가족과 함께 작업하는 치료의 마지막 단계라고 할 수 있다.

커플이나 가족, 상담자 혹은 이들 모두 종결과정을 시작할 수 있다. 반드시 종결과정을 시작해야 하는 사람이 정해져 있거나 종결이 수행되어야 하는 단 한 가지 방법이 있는 것은 아니다. 그러나 종결은 갑자기 이루어져서는 안 되며, 상담의 하이라이트로 여겨져서도 안 된다(Gladding, 2007). 오히려 종결은 상담자와 커플 혹은 가족이 그동안의 과정을 잘 마감할 수 있도록 계획되어야 한다. 이 과정은 커플이나 가족의 목표가 도달되었는지를 평가하는 수단이 되어야 한다.

따라서 종결을 시작하는 과정에서 상담자와 커플 혹은 가족은 스스로에게 왜 그들이 이 과정에 들어왔는지를 물어보아야 한다. 한 가지 이유는 충분한 진전을 통해 커플이나 가족이 이제는 그 어떤 때보다 더 스스로 잘 기능할 수 있게 되었기 때문일 것이다. 마찬가지로 상담과정에 참여한 모든 사람이 시작했던 것을 성취하였고, 상담을 지속하는 것이 시간이나 노력 면에서 현명한 투자가 아니라는 것을 동의하게 될 것이다.

종결의 이유가 무엇이든, 상담자는 커플이나 가족이 지금까지 해 온 작업들을 요약하고 (적절한 경우) 축하해 주어 커플이나 가족이 상담을 종결할 때 더 자각을 한 상태로, 자신이 성취한 것들을 깨달음으로써 더욱 자신감을 느낄 수 있도록 해야 한다. 요약과 더불어, 종결과정에서는 '모든 구성원이 서로에게 개방적인 평온한 가족을 만드는 것' 과 같은 장기 목표들을 결정하게 된다. 이러한 투영적인 과정을 통해 커플이나 가족 구성원들로 하여금 (때때로 상담자의 조언과 더불어) 무언가 생각하고 계획하도록 할 수 있다. 종결 회기들 중 일부는 좌절을 예견하는 과정 또한 포함시킴으로써 커플이나 가족이 그들이 계획한 목표를 성취하지 못하고 실패했을 때 지나치게 당황하지 않도록 해야 한다.

종결의 마지막 과정은 추후관리다(즉, 일정 기간이 지난 후 커플이나 가족이 치료 이후에 어떻게 지내고 있는지 점검하는 것). 추후관리는 보살핌을 제공할 뿐 아니라 커플이나 가족에게 어떤 것이든 그들이 상담과정에서 시작한 것을 마무리하거나 혹은 다른 문제를 나누기 위해 상담에 복귀할 수 있다는 것을 알려 줄 수 있다. 내담자인 커플이나 가족은 추후관리를 통해 자신이 살고 있는 맥락 내·외부에서 자신이 어느 정도 진보를 이루고 있는지 모니터링되고 있다는 것을 알 수 있기 때문에 추후관리를 받을 때 더욱 잘해 내곤 한다.

요약 및 결론

미국의 가족 형태는 두드러지게 나타났던 몇몇 형태에서 매우 다양한 형태로 수년에 걸쳐 변화되어 왔다. 이러한 변화는 여성 운동, 세계적/지역적 전쟁들 그리고 연방정부의 입법 행위와 같은 사회 내부의 여러 영향력에 의해 야기된 것이다. 이러한 변화로 인해 가족들뿐 아니라 결혼을 하거나 하지 않은 커플들과 작업해야 하는 경우가 많아졌다. 결혼·커플 · 가족 상담 분야는 1950년대부터 이론의 발달과 연구를 통한 효과성의 증명 등 여러 이유로 인해 급속하게 발달해 왔다. 이 분야는 또한 강력한 지지자들과 다양한 커플, 가족 형태에 적합한 독특하고 효과적인 수많은 접근의 생성으로 인해 번영을 이루어 왔다.

결혼 · 커플 · 가족 상담 분야에 들어온 전문가들은 자신의 전문 분야에 따라 적어도 네 가지 협회와 동조해야 한다. 대부분의 상담자들은 ACA 소속인 IAMFC에 참여한다. 그러나 일부는 결혼 · 가족 치료협회 중 가장 규모가 큰 AAMFT에 가입한다. 소속에 관계없이 커플, 가족과 작업하는 상담자들은 결혼 혹은 가족 문제가 발달적인 것인지, 상황적인 것인지를 평가하기 위해 가족생활 주기에 대해 알아야 할 필요가 있다. 결혼 · 커플 · 가족 상담자들은 또한 체계이론(10장 참고)과 커플이나 가족이 체계적으로 작업하는 방법들에 대해 인지하고 있어야 한다.

결혼상담 분야가 때때로 가족상담 모델에 포함되는 경우도 있지만 이 분야의 전문가들은 각각의 분야에서 사용되는 이론과 과정에 대해 인지하고 있어야 한다. 또한 개인이나 집단 이론이 가족과의 작업에 어떤 점이 도움이 되고 또 어떤 점은 오히려 도움이 되지 않는지에 대해서도 알고 있어야 한다. 마지막으로, 결혼 · 커플 · 가족 상담자들은 가족상담에 수반되는 단계들—사전 계획, 초기 회기들, 중반기, 종결—과 각 단계에 적합한 일반적인 기술 및 강조점에 대해 잘 익혀 두어야 한다.

결과적으로 커플이나 가족과 작업하는 것은 사람들을 돕는 역동적이고 흥미로운 방법이라고 할 수 있다. 그 자체의 복잡성과 과정의 복합성으로 인해 모든 사람은 아니더라도 많은 상담자는 이 과정에서 즐거움을 얻고 있으며, 사회의 많은 사람 또한 이익을 얻고 있다.

학습활동

1. 어떠한 가족 형태(예: 핵가족, 맞벌이 가족, 혼합가족, 다문화 가족 등)가 당신에게 가장 친숙한가? 당신이 커플이나 가족과 작업할 때 이러한 지식들이 어떻게 도움이 되거나 방해가 될 것 같은가?

2. 당신의 가족은 가족생활 주기 중 어떤 단계에 속해 있는가? 학급 동료들과 당신이 향후 몇 년 동안 가족생활 주기가 요구하는 어떤 변화들을 겪게 될 것인지 이야기를 나누어 보라.

3. 가족 문제가 있는 사람들을 상담할 때, 가족 상담이 아닌 '일대일' 상담으로 작업할 경우에 장점과 단점은 무엇인가? 당신은 커플이나 가족 구성원 중 단 한 사람만을 대상으로 효과적으로

작업하는 것이 가능하다고 생각하는가? 학급을 두 집단으로 나누어 이 문제에 대해 토론해 보라.

4. 당신은 결혼 · 커플 · 가족 상담 중 어떤 단계를 가장 선호하는가? 혹은 당신이 어떤 단계를 가장 잘 수행해 낼 것이라고 생각하는가? 당신이 그렇게 결정한 이유는 무엇인가? 당신과 같은 생각을 가진 동료들과 집단을 만들어서 당신이 생각하는 이론적 근거에 대해 다른 학급 구성원들에게 설명하라.

5. 결혼 · 커플 · 가족 상담 분야의 선구자들이 기여한 바에 대해 조사하라. 각각은 어떤 유산을 남겼는가? 그 사람이 지지한 과정이나 기술 중 오늘날 커플이나 가족에게 여전히 사용되고 있는 것은 무엇인가?

제17장

전문적인 학교상담

1. ASCA 모델
2. 초등학교 상담 및 지도
3. 중학교 상담 및 지도
4. 고등학교 상담 및 지도
5. 21세기 학교상담

여름이 시작될 무렵의 어느 날,
나는 하교 종소리가 미처 울리기도 전에
일곱 살 소년처럼 현관을 향해 내달렸다.

아이비리그 넥타이가 나부낄 만큼
바람을 가르며 내달리고 있을 때,

삐죽머리의 1학년 아이가
관리 아저씨가 방금 왁스 칠을 끝낸 마루 위를
바로 내 옆에서 헐떡대며 쫓아오고 있었다.

뜀박질을 멈추고 무슨 일인지 물었을 때,
아이는 사람을 그려 달라고 했다.

그러고는 자신이 크레파스와 종이를 가져오지 않았음을 눈치챘는지
조용히 양팔을 벌린 채 나를 포옹하려고 수줍게 다가왔다.

– Gladding (1974)

학교상담 분야에는 나이, 발달 단계, 경험적 배경, 문제 유형 등 광범위한 영역이 포함된다(Baker & Gerler, 2008; Cobia & Henderson, 2007). 미국에서는 매년 350만여 명의 아동이 정규교육을 시작하며, 수백만 명의 아동이 학교교육을 받고 있다. 그중 어떤 아동들은 발전적이고 열정에 차 있으며 유능한 반면, 어떤 아동들은 신체적, 정신적, 문화적 혹은 사회경제적 요인들로 인해 불이익을 받고 있다. 하지만 세 번째 집단의 아동들은 그들 자신의 책임과 무관하게 여러 형태의 아동학대와 같은 심리적 외상으로 고통스러워하고 있다(Fontes, 2002; Richardson & Norman, 1997).

다른 나라의 아동들처럼 미국의 어린 학생들도 자신에게 현재와 앞으로도 계속 영향을 줄 복잡한 사건과 과정들에 직면해 있다. 알코올 및 약물 남용, 가족 패턴의 변화, 낮은 자존감, 절망, 에이즈, 인종 및 민족 간 긴장, 범죄와 폭력, 10대 임신, 성차별, 지식의 폭발적인 증가 등은 아동의 나이, 주위 환경과 무관하게 부정적인 영향을 미친다(Keys & Bemak, 1997; McGowan, 1995).

이러한 곳이 바로 학교 상담자가 속해 있는 곳이다. 학교 현장 속에서 30년이 넘게 진행된 연구 결과, "상담 개입은 학생들의 교육적, 개인적 발달에 상당한 영향을 미친다"(Borders & Drury, 1992, p. 495). 이러한 결과는 학교 상담자들이 아동들의 생활과 교육환경에서 긍정적인 차이를 만들어 낸다는 것을 여실히 보여 준다(Gysbers, 2001; Whiston & Sexton, 1998). 학교 상담자, 전반적인 생활지도, 상담 프로그램은 아동과 청소년들이 학업적, 발달적으로 더 잘 적응할 수 있게끔 한다.

- 더 안전하다고 느낌
- 교사들과 더 좋은 관계를 맺음
- 현재 받는 교육이 자신의 미래와 관련 있다고 믿음
- 학교에서 문제가 덜 생김
- 상급 학년으로 진학함

이 장은 전문 학교 상담자의 일반적인 역할 및 초·중·고등학교별로 고유한 역할과 중복되는 역할을 검토하게 될 것이다. 이 과정에서 학령별로 대상을 다룰 필요가 있는 특별한 상황 및 발달적 측면, 아동의 문화적 배경 및 세계관 차이에 민감하게 반응하는 것의 중요성을 다루게 될 것이다(Baker & Gerler, 2008; Hobson & Kanitz, 1996; Lee, 2001). 학교에서 아동과 관련된 예방 및 조치 사안과 미국학교상담자협회,

즉 American School Counselor Association(ASCA)라는 국가적 모델은 특별히 주의 깊게 살펴보게 될 것이다.

1. ASCA 모델

역사적으로 전문 학교 상담자는 다양한 의무사항을 일상적 업무로 수행해 왔다. "이러한 의무사항 중 일부는 학교상담 프로그램에 대한 국가 규정에 의해 제시된 내용과 일치한다."(Wilkerson & Bellini, 2006, p. 440) 이처럼 몇몇 학교 상담자는 그들이 하는 일을 오해하는 교육감, 교장, 교사, 학생, 부모들에게 자신들의 가치를 증명하기 위해 노력해 왔다(Guerra, 1998). 이러한 혼란을 극복하고 학교 상담자들이 해야 하는 활동이 무엇인가에 초점을 맞추기 위해 ASCA(801 N. Fairfax Street, Suite 310, Alexandria, VA 22314)는 학교상담을 위한 국가적 모델을 공표했다(ASCA, 2002). 협회에서는 학교 상담자가 무엇인가를 정의하고, 전문가 및 일반 대중들에게 학교 상담자의 역할을 명확하게 알렸다.

ASCA 모델은 다음과 같은 분야에서 개선을 통해 학교의 미션을 지원한다.

- 학업 성취
- 진로계획
- 개인적, 사회적 발달

이는 다음에 제시된 바와 같이 순차적으로 연결되는 네 가지 요소를 통해 이루어진다.

- 기초: 신념과 철학, 미션
- 전달체계: 지침 교육과정, 각 학생별 계획, 응대 서비스, 체계 지원
- 관리체계: 합의, 자문위원회, 자료의 활용, 행동 계획, 시간 사용, 일정표 사용
- 의무: 결과 보고서, 학교 상담자 수행 기준, 프로그램 회계 감사

요컨대, ASCA 모델은 학교 상담자가 모든 학생－탁월한 성취를 보이거나 고위험군 학생들에게 국한하지 않은－의 발달에 초점을 맞출 수 있도록 학부모, 학생, 교사, 지원 스태프들과 협력할 것을 권한다. 더 나아가 이 모델은 학교 상담자가 할당받은 시간의 80%를 학생들과 직접 접촉하는 데 사용할 것을 추천하고 있다. 학교 상담자들에게 부적절하게 할당된 의무는 적절한 책임을 위해 폐기되어야 한다(〈표 17-1〉 참고).

〈표 17-1〉 상담에서의 적절한 또는 부적절한 책임

부적절한(비상담적인) 행동	적절한(상담적인) 책임
신입생 전체에 대한 등록 및 일정 잡기	학생 개인과 학업 프로그램 구상하기
인지, 적성 및 성취 검사 관리	인지, 적성 및 성취 검사 해석하기
지각 내지 결석 학생에 대한 출석부 점검하기	잦은 지각이나 결석을 하는 학생 상담하기
징계하기	징계받은 학생 상담하기
규칙에 맞지 않는 복장으로 학교에 온 학생을 집으로 돌려보내기	학생과 적절한 학교 복장에 관해 상담하기
과목 교사 부재 시 수업 진행하기	생활지도 수업 진행을 위해 교사와 협력하기
성적 평균 계산하기	목표 달성과 관련하여 성적 평균 분석하기
생활기록부 보관하기	생활기록부 해석하기
자습시간 감독하기	더 좋은 자습 관리 방안을 교사에게 제안하기
사무기록 보관하기	주와 연방 규정에 따라 보관된 생활기록부를 보장하기
교장실 업무 지원하기	학교장이 학생들의 주된 사안, 필요 사항, 문제를 확인하고 해결하는 과정 지원하기
치료적, 임상적 장면처럼 한 번에 한 학생과만 작업하기	사전 예방 기반의 생활지도 수업 진행을 위해 교사와 협력하기

출처: Amercan School Counselor Association (2002, p. 4).

다양한 수준의 학교 상담자

학교상담 영역에 관한 전문 문헌은 세 가지로 뚜렷이 구분되는 학령 단위별로 초점을 맞추고 있다. 초등학교(K~5학년), 중학교(6~8학년), 고등학교(9~12학년)로 나뉘며, 각 학령에 속하는 학생들은 그들만의 관심사와 보편적인 욕구가 있다.

생/각/해/보/기

당신이 자라면서 접한 학교 상담자에 관해 기억나는 것은 주로 무엇인가? 그들이 수행한 의무는 무엇이었나? 그들의 초점은 여러 수준에 따라 차이가 있었는가? ASCA 모델이 학생들과 그들이 속한 학교에 도움이 되었다고 생각하는가?

2. 초등학교 상담 및 지도

초등학교 상담 및 지도는 상대적으로 최근에 발전되었다. 이 주제에 관한 첫 번째 책이 1950년대에 발행되었으며, 관련 규율은 1965년 이전에는 사실상 존재하지 않았다(Dinkmeyer, 1973a, 1989). 사실 1964년 당시만 해도 열 개 미만의 대학에서 초등학교 상담 교육과정을 제공했다(Muro, 1981).

초등학교 상담이 느리게 발전한 데는 세 가지 이유가 있다(Peters, 1980; Schmidt, 2007). 첫 번째, 많은 사람은 초등학교 교사가 자기 학생들에게 상담자로서의 역할도 해야 한다고 믿었다. 왜냐하면 초등학교 교사들은 학생들과 하루 종일 함께 있으므로 학생들의 특정한 문제를 파악하기에 가장 이상적인 위치에 있는 존재였기 때문이다. 두 번째, 그 시기의 상담은 주로 진로발달이 주된 관심 분야였지 초등학교 아동들이 주된 대상이 아니었다. 마지막으로 많은 사람은 초등학교 수준에서 상담의 필요성을 인식하지 못했다. 심리학자와 사회복지사들은 정서 및 학습 관련 문제를 진단하거나 어려운 가정 상황에 대한 조언을 제공할 목적으로 몇몇 고등학교에서 채용된 정도여서 초등학교 수준에서의 전일제 상담은 고려 대상이 아니었다.

비록 초등학교 상담자들이 1950년대 후반에 처음으로 채용되긴 했지만 초등학교 상담은 1960년대까지는 제대로 탄력을 받지 못했다(Faust, 1968). 1964년 국회에서 National Defense Education Act(NDEA) Title V-A가 통과되면서 상담 서비스의 범위가 초등학교 아동에게까지 확대되었다(Herr, 2002). 그로부터 2년 후, Joint Committee on the Elementary School Counselor(Association for Counselor Education and Supervision[ACES]와 ASCA의 협력 노력)는 상담, 자문, 협력을 강조한 초등학교 상담자의 역할과 기능을 정의한 보고서를 발표했다(ACES-ASCA, 1966). 초등학교 상담자 훈련기관 설립을 위한 정부 보조금이 1968년에 인가되었다. 1972년까지 1만 명 이상의 초등학교 상담자가 채용되었다(Dinkmeyer, 1973a).

1970년대에는 초등학교에 들어간 상담자 수가 수평을 유지하다가 입학 감소, 경제 문제로 인해 일시적으로 떨어졌다(Baker & Gerler, 2008). 하지만 1980년대 후반에 이르러 공공기관들이 학교가 초등 수준에서 상담 서비스를 제공하라는 지시를 내리게 되자, 초등학교 상담자에 대한 수요 급증이 연이어 일어났다. 이 분야에 대한 재조명은 National Commission of Excellence in Education에서 출판한 간행물 『*A Nation at Risk*』의 결과라고 할 수 있다(Schmidt, 2007). 비록 초등학교 상담에 대한 언급은 없었지만, 이 보고서는 모든 학령 수준별로 학교의 의무와 효과성을 강조했다.

강조점 및 역할

초등학교 상담자는 교육 현장에서 정신건강 운동의 선구자라고 할 수 있다. 순수하게 예방적, 발달적 관점에서 개개인과의 상담을 위해 조직화된 직업 분야는 어디에도 없었다. 초등학교 상담자들이 정기적으로 수행해야 하는 업무는 다음과 같다(Campbell & Dahir, 1997).

- 효과적인 학급지도 시행하기
- 개인 및 소집단 상담 제공하기
- 학생들이 자신의 기술과 재능을 확인하도록 지원하기
- 특수 아동들과 활동하기
- 학생들의 진로의식 개발시키기
- 학교, 지역사회 공동체, 사업체 자원과 연계하기
- 교사 및 다른 영역의 전문가에게 자문하기
- 부모/보호자와 대화 및 정보 교환하기
- 학교 개선 및 여러 학문 분야가 관련된 팀에 참여하기

캘리포니아에서 이루어진 초등학교 상담자들의 이상적인 역할에 대한 한 연구에서는 조사에 응한 상담자 중 다수가 상담, 자문, 부모의 도움 행동에 높은 비중의 시간을 할애하는 것으로 밝혀졌다(Furlong, Atkinson, & Janoff, 1979). 그들이 실제 하는 역할과 이상적인 역할은 거의 동일했다. Schmidt와 Osborne(1982)도 개인 및 집단 상담과 교사 자문을 주 활동으로 하는 노스캐롤라이나 주 초등학교 상담자들에 관한 연구에서 유사한 결과를 얻었다. Morse와 Russell(1988)도 태평양 북서지역 초등학교 K~5학년 담당 학교 상담자들의 역할을 분석한 결과, 자문, 상담, 집단 활동이 선호된다는 것을 발견했다. 이 상담자들의 실제 활동의 상위 다섯 개 중 두 개는 학생들과의 개인상담이 포함된 반면, 세 개는 자문 활동이 포함되어 있었다. 또한 이 상담자들이 이상적으로 생각하는 활동의 상위 다섯 개 중 네 개는 학생 집단과의 활동이 포함되어 있었다. 초등학교 상담자들은 보다 많은 시간을 아동들과의 집단 활동으로 보내고 싶어 하는 것으로 보인다(Partin, 1993).

교내 직원들이 초등학교 상담자들에게 할당하려는 업무 중 가장 하위에 위치하면서 부적절한 업무에는 수업 대리, 급식소 및 운동장 모니터링, 학교 규율 담당자나 행정직원으로서 해야 하는 활동이 포함되어 있었다. 초등학교 상담자들이 그런 비상담적 서비스를 맡아야 함을 강조하는 것은 그들과 아동, 자신이 속한 학교에 중대한 결과를 야기하게 된다.

만약 상담자들이 그런 역할을 하게 된다면 상담자의 본 업무를 효과적으로 할 수 없게 될 것이며, 모든 사람이 고통받게 될 것이다.

사례 Pat과 승진

Pat은 초등학교 상담자다. 하루는 학교 교장인 Daniel이 그를 찾아와선 자신의 은퇴를 고민 중이라고 말했다. 대화 도중 Daniel은 Pat에게 훌륭한 교장이 될 수 있을 것이라고 언급했다. Pat이 그러한 책무를 맡을 준비가 되고 매력적인 후보자가 될 수 있도록 하기 위해 Daniel은 Pat에게 자신의 관리 업무 중 일부를 맡아 볼 것을 제안했다. 그러면서 "많은 시간이 걸리지는 않을 걸세. 게다가 중요한 것은 돈을 많이 벌게 될 거라는 거지."라고 말했다.

당신이 Pat의 입장이라고 가정해 보라. 당신은 뭐라고 대답할 것이며, 그 이유는 무엇인가?

초등학교 상담자의 능률에 관한 논문에서 Gerler(1985)는 1974년부터 1984년까지 『*Elementary School Guidance and Counseling*』에 게재된 연구 보고서를 검토했다. 그는 행동적, 정서적, 사회적, 정신적 심상/감각적 인식 관점으로부터 아동들을 돕기 위해 설계된 연구에 초점을 맞췄다. Gerler는 학교상담 프로그램이 "아동의 삶에서 정서, 행동, 대인관계 영역에 긍정적인 영향을 끼칠 수 있으며, 그 결과 아동의 성취에도 긍정적인 영향을 줄 수 있다"(p. 45)는 명백한 근거를 밝혀냈다. 다른 논문에서 Keat(1990)는 아동의 성장과 개발을 돕는 HELPING(health; emotions; learning; personal relationships; imagery; need to know; and guidance of actions, behaviors, and consequences의 첫 글자)이라 불리는 다중 접근 방식을 활용하는 방법을 상세히 열거했다.

초등학교 상담자가 자신이 개입하는 아동들의 삶에서 차이를 만들어 낼 수 있다는 사실은 그들의 서비스를 지속하고 확대하는 강력한 근거가 된다. 이것이 ASCA가 모델을 개발하게 된 이유 중 하나다. 아동에 대한 개입 시기가 이를수록 문제를 다루기는 더 쉬워진다(Bailey, Deery, Gehrke, Perry, & Whitledge, 1989; Campbell & Dahir, 1997). 비전(예를 들면, 아이들은 문제 해결사가 될 수 있다)을 가지고 일을 완수해 내는 학교 상담자들(오리건 주의 Claudia Vangstad와 같은)은 학교의 문화를 완전히 바꿔 놓을 수 있다(Littrell & Peterson, 2001). Vangstad의 사례에서 그녀는 모범적인 초등학교 상담 프로그램을 만들기 위한 열 가지 핵심 가치를 활용하여 학교 문화를 바꾸는 데 일조했다(〈표 17-2〉 참고). 그녀는 자신

〈표 17-2〉 전통적 학교 문화와 새로운 학교 문화의 비교

전통적 학교 문화	1. 어른 주도적 2. 처벌 3. 외부적으로 시행되는 규율 4. 문제에 초점 5. 경쟁적, 비협조적 6. 변화에의 기대 대상: 개인 7. 또래 분리 8. 원칙, 협박, 회초리, 행동 수정을 사용하는 어른들에 의해 접근되는 문제 9. 아동들은 욕설, 구타, 협박으로 문제를 해결하고자 함 10. 아동들은 자신이 변하고, 타인이 변하도록 돕는 것에 권한을 부여받지 못함
새로운 학교 문화	1. 학생 주도적 2. 새로운 기술 습득 3. 스스로 시행하는 규율 4. 문제 해결에 초점 5. 협동적, 협력적 6. 변화에의 기대 대상: 개인, 집단, 공동체 7. 또래 지지 8. 대화, 긍정적 상호작용, 협력, 문제 해결 모델을 사용하는 어른들에 의해 해결되는 문제 9. 아동들은 문제 해결 모델, 또래 지지에 의해 문제를 해결하고자 함 10. 아동들은 자신이 변하고, 타인이 변하도록 돕는 것에 권한을 부여받음

출처: Littrell & Peterson (2001).

의 능력을 다른 사람들도 할 수 있고 또 구입할 수 있는 프로그램을 창의적으로 개발해 내는 데 활용했다.

활동

초등학교 상담자들은 많은 활동에 참여하고 있다. 그러한 활동 중 일부는 아동학대 보고와 같이 법으로 규정되어 있다. "미국에 있는 50개 주 전체와 콜럼비아 특별구에는 학교 및 정부 위탁기관이 아동 학대 및 방치로 의심이나 혐의가 드는 사안에 대해 아동을 보호할 권한이 있는 지역 단체에 보고할 것을 요구하는 법이 있다"(Barrett-Kruse, Martinez, & Carll, 1998, p. 57). 초등학교 상담자가 하는 활동 중 대부분은 그다지 법적 권한이 주어지지 않지만 지나치게 많은 예방 및 교정 활동이 포함되어 있다. 예방은 적절한 시기에 투자되었을 경우에 발생하는 심리적 보상과 그에 따른 결과로 인해 보다 선호되는 방법이다.

예방

초등학교 상담 프로그램은 학생들을 위한 긍정적 학교 분위기를 조성하기 위한 노력의 일환이다. 여기에는 네 가지의 C가 강조된다. 그것은 상담 서비스(Counseling services), 활동의 조직화(Coordination of activites), 관계자들과 협의하기(Consultation with others), 교육과정 개발(Curriculum development)이다. 마지막의 교육과정 개발은 발달상의 것과 교육적인 것을 모두 포함한다. 그것은 그렇지 않았다면 일어나지 않았을 수도 있는 "삶의 기술을 분류하고 어려움을 예방하는 등의 지침"을 만들어 내는 것에 초점을 맞추고 있다(Bailey et al., 1989, p. 9). ASCA 모델(American School Counselor Association[ASCA], 2005)은 초등학교 상담자가 자신의 시간 중 45%는 학급지도에 대한 강의를 하는 데 사용할 것을 제안하고 있다. "학급지도 수업은 학교 상담자들이 학생들에게 학교 전체를 대상으로 하는 기회(상담 부서 차원의 서비스)를 알리고, 학생들의 요구사항(진급 준비, 집단 따돌림 근절 기술 배우기 등)을 다루게 된다"(Akos, Cockman, & Strickland, 2007, p. 455). 최선의 경우는 학급지도 수업이 문제가 발생하기 전에 미리 운영되며, 예방적 차원(학교폭력 등)과 더불어 발전적 차원(긍정적 신체 이미지)에 초점을 맞춰 운영되는 것이다. 사전 예방 차원에서 운영되는 학급지도 수업의 예로, Magnuson(1996)은 『Charlotte의 거미줄(*Charlotte's Web*)』

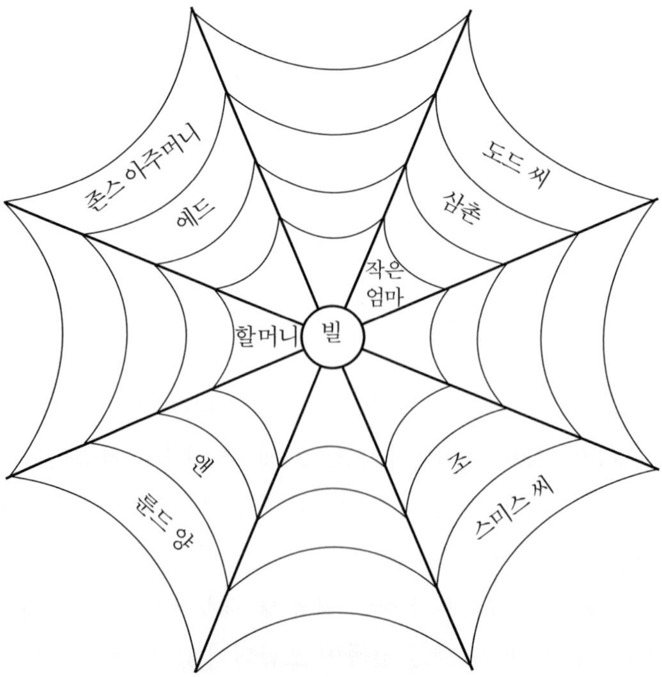

[그림 17-1] 나의 거미줄

출처: Magnuson (1996).

(White, 1952)이라는 책에서 다룬 거미 Charlotte의 먹이를 잡기 위한 거미줄에 비유하여 한 사람의 양육에 관련된 인적자원을 표시한 거미줄을 활용하는 4학년용 수업을 개발했다. Charlotte은 건강을 유지하기 위해 단지 곤충이 필요했지만, 수업에서는 학생들이 충만한 삶을 살기 위해서 여러 친구를 사귈 필요가 있음을 강조한다. 수업은 학생들이 Charlotte과 자신들의 유사점에 대한 토론과 더불어 자신의 삶에서 의미 있고 중요한 사람들로 채워진 '나의 거미줄' 을 그리는 것으로 마무리된다([그림 17-1] 참고).

초등학교 상담자에게 가장 우선시되는 것은 자신의 존재를 알리고, 다른 사람들과의 연계망을 구축하는 것이다. "아동들은 학교 직원들을 자신이 도움을 요청할 일차적인 대상으로 보지 않는다." (Bachman, 1975, p. 108) 그래서 초등학교 상담자들은 자신이 누구이며, 어떤 일을 하며, 언제 어떻게 도움을 줄 수 있는가에 대해 알릴 필요가 있다. 이러한 과정은 대개 오리엔테이션 프로그램 및 교실 방문을 통해 진행하는 것이 가장 효과적이다. 핵심 포인트는 학생, 학부모, 교사, 관리자에게 상담 및 지도가 이용 가능한 서비스이며, 학교의 전체적인 여건에서 얼마나 중요한 부분을 차지하고 있는가를 알리는 것이다.

예컨대, 아주 어린 아동들(3~5세)에 관해서 초등학교 상담자들은 아동의 생활에 관한 발달적 측면을 모니터링하는 것처럼 아동과 그 가족에 대한 특별한 지원을 제공함으로써 자신의 존재를 알릴 수도 있다(Hohenshil & Hohenshil, 1989). 이 연령대에 속하는 많은 아동들은 가난, 가족/지역사회 폭력, 유기 등 다수의 유해한 환경에 직면해 있다(Carnegie Task Force on Meeting the Needs of Young Children, 1994). 이러한 아동들에 대해 초등학교 상담자는 사회화 기술의 중심에 위치하는 친사회적 학급지도 수업을 제공하도록 노력할 수도 있다(Morganett, 1994; Paisley & Hubbard, 1994). 더욱이 초등학교 상담자들은 이러한 아동들을 돕는 노력이 극대화되도록 교사 및 타 정신건강 전문가와 상의할 수 있다.

아동이 낮은 자아개념이나 반사회적 태도로 발달상의 위기에 처해 있을 때는 아동의 나이와 상관없이 부모 및 공동체와 협력하는 것이 특히 중요하다(Capuzzi, 2008). 시간 외 근무가 되더라도 부모들이 일하는 곳을 방문해 그들과 점심식사를 함께하는 것은 상담자가 아동의 교육적 차원에서 가족에게 연락하여 도울 수 있는 방법 중 하나라고 할 수 있다(Evans & Hines, 1997). 학교 상담자에 의한 가족상담 중재는 세 가지 주요한 하위 구조, 즉 가족, 학교 그리고 가족과 학교의 상호작용으로 형성된 하위 조직에 초점을 맞출 수 있는 또 다른 방법이다(Lewis, 1996). 초등학교 상담자들(중학교 및 고등학교 상담자들에 대해서도)은 대부분의 학생 문제가 제대로 기능하지 못하는 가족의 산물이라고 섣불리 추측하는 것을 피해야 한다. 대신 필요에 따라 세 가지 하위 구조를 건설적으로 다루는 데 초점을 맞추어야 한다.

잠재적 해로움을 방지하는 세 번째 방법은 흔히 **동시다발적 활동**으로 알려져 있다. 이 접근법에서 상담자는 공동체 내에서 한 번에 한 세트 이상의 서비스로 접근한다. 예컨대, 사회적 서비스와 재난 전문가 학습이 동시에 진행된다. 학교와 지역사회 단체 간에 조직화된 이러한 형태의 활동은 협력적이며 통합적이다. 이를 위해서는 상담자가 맡은 분야에서의 헌신과 상당한 에너지가 요구된다(Keys et al., 1998).

학교 상담자는 자신들이 제공하는 서비스를 알리고 지역 공동체 내에서 다른 전문가들과 관계를 구축하는 작업과 동시에 교내에서 다양한 분야, 특히 지도 활동 영역에서 적극적으로 활동해야 한다. Myrick(2003)은 지도 관련 프로그램(2~3학급 규모의 학생을 여러 개의 소집단으로 나누어 매주 2회씩 만나는 형태로 운영)에서 사전 예방적, 발달적, 종합적 접근 방식을 추천하였다. 이 활동은 자신에 대한 이해, 의사결정, 문제 해결, 건강한 소년-소녀 관계 형성, 교사들과 잘 지내는 법, 친구 사귀는 법과 같은 구조화된 학습에 초점을 맞추고 있다(Coppock, 1993; Snyder & Daly, 1993). 또한 학급지도는 학생들이 평화롭고 건설적인 방식으로 서로의 차이를 해결하고, 폭력을 예방하는 방법을 배우는 갈등 해결 및 또래 중재를 다루어야 한다(Carruthers, Sweeney, Kmitta, & Harris, 1996).

초등학교 상담자가 제공하는 또 다른 예방 차원의 서비스에는 또래상담 프로그램 및 협의/교육 활동 여건을 조성하는 내용이 포함되어 있다. 또래 상담자(peer mediator)는 긍정적이고 독특한 방식으로 학교와 상담자에게 도움을 주는 특별히 선택되고 훈련받은 학생들이다. 그들은 친구들을 다른 친구들에게 소개해 주고, 공감적이고 수용적인 분위기를 조성하며, 친구들이 개인적인 어려움을 해결할 수 있도록 기회를 제공하며, 어려움이 있는 친구들이 문제 해결 기술을 강화할 수 있도록 돕는다(Garner, Martin, & Martin, 1989). 이런 방식으로 또래 상담자들은 초등학교 상담자가 놓칠 수도 있는 학생 개개인에게 다가가 도움을 줄 수 있다. 또한 또래 상담자들은 학교 전반에 협력적인 분위기를 강화하는 데 기여할 수도 있다(Joynt, 1993). 초등학교에서 또래 상담자의 효용성은 학교 전반의 폭력 문제 예방 및 감소로 드러날 수 있다. 예컨대, Schellenberg, Parks-Savage, Rehfuss(2007)는 3년간의 종단 연구에서 또래상담 프로그램을 학교 전체에서 운영한 결과, 정학 처분이 감소되었으며, "갈등 및 해소, 중재에 관련된 또래 상담자에 관한 중요한 정보를 얻을 수 있었다"(p. 475). 이와 유사한 형태의 다른 상황에서 Scarborough (1997)는 자신이 'Serve Our School(SOS) Club' 이라고 명명한 또래 조력자 프로그램을 통해 5학년생들의 사회적, 정서적, 인지적 기술을 발전시킬 수 있다는 것을 알아냈다. 그 클럽의 학생들은 자신이 맡은 업무를 수행하면서 학교 관계자들을 돕는 지원자로서 봉사했으며, 또한 교차 연령 학습 지원도 하였다. 그 결과는 모든 사람에게 유익했으며, 서로 배우는 계기가 되었다.

상담자들은 교사, 학교 관리자, 학부모를 대상으로 협의/교육을 통해 그들의 공통 관심사를 다루고, 다수의 사람이 협력 방식에서 저지르게 되는 고질적인 문제를 다루는 새로운 방식을 가르치게 된다(Dougherty, 1986). 예컨대, 학생들의 다양성이 인정되고 환영받으며 익숙해져 문화적으로 사이좋게 지낼 수 있는 학급 구성을 돕는 것은 초등학교 상담자에게 가능한 일이다(Herring & White, 1995; Lee, 2001). 교사와 학생 간의 의사소통 기술을 증진시키는 것은 초등학교 상담자가 할 수 있는 또 다른 중대한 협력 서비스다(Hawes, 1989). 초등학교 상담자가 할 수 있는 세 번째 협력 서비스는 효과적인 의사소통 절차와 행동 관리를 강조한 양육 기술에 관한 수업이다(Ritchie & Partin, 1994).

숙련된 초등학교 상담자들은 자신들의 상담자로서의 역할을 예방적 방식으로도 활용할 수 있다. 예컨대, 상담자는 위험에 처한 아동(주변 환경이나 현재 행동 등으로 인해 발달상의 문제가 있는 경우가 대부분임)과 개인상담 형태로 정기적으로 만남으로써 아동이 얼마나 잘 기능하며, 또한 필요한 경우 어떤 중재가 아동 내지 관계자들에게 도움이 되는가를 평정할 수 있다(Webb, 1992). 괴롭힘 행동은 예방적 중재를 야기하는 영역의 문제일 수 있다. 괴롭힘은 대개 "한 개인이 특별한 이유도 없이 다른 사람을 위협하거나 신체적으로 공격하는 것"으로 생각되지만, 여기에는 "욕설하기, 놀리기, 상처를 주는 말 써 놓기, 의도적인 따돌림, 훔치기, 개인 물건 훼손하기"와 같은 것도 포함될 수 있다(Beale & Scott, 2001, p. 300). 이와 무관하게 괴롭힘 행동은 "학생들로 하여금 사적이지 않으며 위협적이지 않은 방식으로 괴롭힘의 수많은 부정적인 결과들을 간접적으로 경험할 수 있게끔 하는"(p. 302) 또래 친구들로 구성된 심리교육 드라마를 활용하여 예방적 방식으로 다룰 수 있다. 아동들이 모방할 만한 긍정적 성인 역할 모델을 제공하는 것도 부모의 신체적 규율, 부정적 또래 모델, 성인에 의한 통제의 부재, 지역 안전에 대한 우려와 같은 부정적 영향을 조직적으로 다루는 것과 더불어 예방적 척도로 도움이 될 수도 있다(Espelage, Bosworth, & Simon, 2000).

게다가 괴롭힘 같은 명백한 문제 외에도 덜 분명한 집단과 행동에 대해서도 예방적 상담 서비스는 필요하다. 예를 들면, 영재 학생들은 예방적 관점에서의 특별한 도움을 필요로 할 수 있다. 이 학생들은 대개 잘 적응하는 것처럼 보이지만 실제로는 미성취, 과도한 활동, 스트레스 관리와 같은 몇 가지 문제를 가지고 있을 수 있다(Greene, 2006). 그들이 스트레스 관리, 향후 계획 수립, 자신 혹은 자신의 능력에 대해 지나치게 비판적이지 않는 방법 등을 배울 수 있도록 돕는 것은 초등학교 상담자가 영재 학생들이 건강한 자기개념을 균형적으로 발전시키도록 도울 수 있는 몇 가지 방안이다.

아동과 이혼 주제를 다루는 과정에서 초등학교 상담자는 예방적 수준에서 보다 잘 해낼 수 있다(Crosbie-Burnett & Newcomer, 1989). 예방적으로 그들은 이혼 문제를 학급지도 수업에서 다룰 수 있다. 이런 수업은 정보상으로는 인도적이어야 하며, 이혼을 둘러싼 다량의 부정적 고정관념과 근거 없는 믿음을 완화시키는 방향으로 진행되어야 한다. 또한 초등학교 상담자들은 이혼에 관련된 특정 아동들의 필요에 집중하기 위해 소집단을 활용할 수도 있다. 이혼을 경험하고 있는 아동들로 구성된 집단은 역기능적 행동들, 특히 양육권이 있거나 없는 부모 모두에 해당되는 행동을 감소시키는 데 효과적인 것으로 알려져 있다(Frieman, 1994).

초등 수준의 소집단 상담 프로그램은 또한 학생들의 학습 행동을 증가시키고, 가난하거나 유색인종인 학생들과 경제적으로나 심리적으로 부유한 학생들 간의 격차를 해소하는 데 도움을 줄 수도 있다(Steen & Kaffenberger, 2007). 학문적 중재와 집단상담의 통합은 학교에서의 성취와 관련된 학생들의 행동(질문하기, 과제 완수, 과업에 머무르기 등)을 증진시킨다. 동시에 "가족 교체, 우정, 분노 조절" (p. 516)과 같은 개인적/사회적 관심사도 다룰 수 있다.

생/각/해/보/기

앞서 읽은 바와 같이 초등학교 상담자들은 예방적 정신보건 서비스를 제공하기 위해 열심히 일하고 있다. 많은 사람이 예방 프로그램에 회의적이라는 이유로 그들이 자신의 일을 일반인들에게 이야하는 것에 대해 어떻게 생각하는가?

교정

교정(remediation)은 상황을 바르게 만들려는 활동이다. 이 단어는 뭔가가 잘못되어 있어서 수정을 하게 된다는 의미를 내포하고 있다. 초등학교 상담에서 많은 활동들이 교정을 지향하고 있는데, 아동들의 자존감이 한 예라고 할 수 있다.

아동들의 자존감은 자기개념, 즉 자신을 학문적, 신체적, 사회적 등 다양한 분야에서 어떻게 인식하고 있는가와 관련이 있다(McWhirter, McWhirter, McWhirter, & McWhirter, 1994, p. 190). 자존감은 또래 집단에서 타인과 자신의 비교에 따른 결과물이다. 그것이 상황적이거나 기질적인 것이라 해도, 자존감은 기본적으로 개인이 그들을 보는 것—사람들이 자신을 어떻게 평가하는가—처럼 얼마나 잘하느냐에 달려 있다(Street & Isaacs, 1998). 자존감은 항상 서서히 발달된다(Duys & Hobson, 2004). 자존감을 강화하는 것은 무척 고된 과정이다. 그런 작업을 위해 상담자는 Robert Kegan의 발달이론에 대한 이해가 필요하다. 특히 Kegan은 자존감 발달에 관한 자신의 가설에 인지적, 도덕적, 심리사회적 발달을 포함하고 있기 때문에 이런 이론은 상담자가 자존감의 발달을 개념화하는 데 도움을 준다. 실용적으로 상담자들은 실패로 위험한 상황에 있는 낮은 자존감의 아동들이 학업적 능숙도, 자기개념, 의사소통 기술, 대처 능력, 통제와 같은 영역에서 좋아질 수 있도록 돕는 데 집중해야 한다. McWhirter 등(1994)은 이를 두고 "능숙도의 다섯 가지 C"(p. 188)라고 불렀다. 상담자들은 이러한 영역에서 사회적 기술 개선, 문제 해결 기술 개선, 대처 기술 개선처럼 기술 향상을 통해 자존감을 강화시킬 수 있다(Street & Isaacs, 1998). 환경적 변화를 만들어 내는 교정과정에서 상담자는 자신의 개인상담 및 집단상담 기법은 물론 사회적 활동 능력을 믿어야 한다.

교정의 필요성 및 수준을 결정하는 한 가지 방법은 요구도 평가를 사용하는 것이다. **요구도 평가**는 특정 인구를 대상으로 문제의 유형, 깊이, 범위에 대한 체계적 평가에 초점을 맞춘 구조적 평가다(Cook, 1989; Rossi & Freeman, 1999). 요구도 평가는 구매할 수도 있으며, 타인으로부터 대여하여 수정하거나 기관 관계자가 고안할 수도 있다. 학교 장면에서는 상담자가 정기적으로 시간을 할애하여 학생, 교사, 학부모, 지원부서 인력을 대상으로 조사를 실시하면 다량의 유용한 정보를 수집할 수 있다. 이렇게 모인 자료는 상담자들이 특정 문제를 다루는 데 도움이 된다. 요구도 조사를 통해 확인된 관심사들은 대개 학교, 가족관계, 대인관계, 자기(self)의 네 가지 영역으로 구분된다(Dinkmeyer & Caldwell, 1970). 학생 관심사 조사(Berube & Berube, 1997)는 요구도 조사의 탁월한 예라고 할 수 있다([그림 17-2] 참고).

교정시간에 보면 어린 아동들은 활동적인 참여과정이 포함된 기법을 중심으로 구성된 상담 전략에 가장 활발하게 반응하는 모습을 종종 보인다. 놀이치료, 독서치료, 게임을 활용하는 것은 상담자가 어린 아동들과 라포를 형성하고 아동들의 자기이해를 촉진하는 데 도움을 주는 대표적인 세 가지 전략적 개입 방안이다.

놀이치료는 기술과 훈련이 요구되는 아동들과의 작업에 특화된 방법이다. 이는 미술치료와 더불어 "다른 형태의 개입 방안보다 상담자와 내담자 간의 문화적 차이에 덜 제한을 받는 방안"이다(Cochran, 1996, p. 287). 그러므로 놀이치료 형태의 상담은 상담자 교육 프로그램에서 빈번하게 운영된다(Landreth, 2002). 기본적으로 아동들은 장난감과 같은 놀이 매체를 통해 정서를 표현한다. 상담자가 아동의 놀이과정에 참여할 때, 즉 아동들의 사고와 감정을 인정하며 그들과 소통할 때, 상담자들은 라포와 조력관계를 형성하게 된다(Campbell, 1993b). 아동들은 자신의 감정을 자연스럽게 표현함으로써 불안한 정서를 보다 잘 인식하고 다룰 수 있게 된다(Thompson & Henderson, 2007). 놀이치료에서 다양한 접근법이 사용되고 있는데, 그중에서도 Jung 이론과 인간중심 이론이 가장 대중적으로 활용된다.

아동들과 놀이치료 회기를 운영할 때는 잘 갖춰진 놀이방이 있는 것이 가장 이상적이다. 하지만 대부분의 학교에는 구비되어 있지 않은 것이 현실이다. 그래서 상담자들은 대개 놀

학년: ________ 성별: 남____ 여____

제시된 내용을 읽고, 당신의 대답을 가장 적절히 표현했다고 생각되는 칸에 다음의 척도를 활용하여 체크하세요.

많이 염려되는: 그 문제에 대해 생각하거나 걱정하는 데 많은 시간을 소비함
약간 염려되는: 그 문제에 대해 생각하거나 걱정하는 데 약간의 시간을 소비함
염려되지 않는: 그 문제에 대해 거의 생각하거나 걱정하지 않음. 혹은 이미 해결된 문제일 수도 있음

각 범주 맨 아래에는 '기타' 문항이 있습니다. 범주에 없는 걱정거리가 있는 경우에는 그 내용을 적고, 적절한 칸에 표시하세요.

주의: 맞거나 틀린 답은 없습니다! 설문조사는 무기명이므로 기록한 내용에 관해서는 비밀을 보장합니다.

학교 및 교내 활동	많이 염려되는	약간 염려되는	염려되지 않는
1. 낮은 성적/유급	________	________	________
2. 문제 상황이 되는 것	________	________	________
3. 집에서 하기엔 너무 많은 과제	________	________	________
4. 집중하지 못하는 것	________	________	________
5. 학교가 너무 엄격함	________	________	________
6. 학교를 좋아하지 않음	________	________	________
7. 반에서 요청받게 되는 것	________	________	________
8. 과제를 이해할 수 없음	________	________	________
9. 기타	________	________	________

집, 가족			
1. 집에서의 돈 문제	________	________	________
2. 가족관계	________	________	________
3. 부모님이 나를 이해 못하심	________	________	________
4. 부모님이 내가 해야 할 것을 말씀하심	________	________	________
5. 나에 대한 부모님의 기대가 너무 큼	________	________	________
6. 가족 구성원과 싸우거나 말다툼을 함	________	________	________
7. 토론하는 일이 거의 없음	________	________	________
8. 아기처럼 취급받음	________	________	________
9. 기타	________	________	________

친구 및 타인			
1. 친구 사귀기	______	______	______
2. 옷	______	______	______
3. 사람들과의 수다	______	______	______
4. 지루함	______	______	______
5. 어떤 집단의 구성원이 되지 못하는 것	______	______	______
6. 이성 친구 사귀기	______	______	______
7. 친구와의 문제	______	______	______
8. 기타	______	______	______
장래			
1. 외부의 폭력이 나에게 미칠 영향	______	______	______
2. 어떻게 돈을 벌까	______	______	______
3. 고등학교 이후에 무엇을 해야 할까	______	______	______
4. 장래에 뭐가 되어야 할까	______	______	______
5. 죽음/죽어 가는 것	______	______	______
6. 오염과 환경	______	______	______
7. 기타	______	______	______
현재 사안			
1. 음주에 대한 의사 결정하기	______	______	______
2. 흡연 및 약물에 대한 의사 결정하기	______	______	______
3. 이성 교제에 대한 의사 결정하기	______	______	______
4. 기타	______	______	______

[그림 17-2] 학생 관심사 조사

출처: Berube & Berube (1997).

이치료 도구를 보관할 수 있는 토트백을 필요로 한다. 놀이치료 도구는 크게 실생활을 표현하는 장난감, 감정 표출 내지 공격성을 드러낼 수 있는 장난감, 창조성을 표현하거나 발현할 수 있는 장난감의 세 종류로 분류할 수 있다(Landreth, 2002). 물품에는 흔히 인형, 가면, 그림 재료, 찰흙이 포함된다. 모래놀이는 낮은 자존감, 낮은 학업 성취도, 높은 불안, 경미한 우울을 보이는 아동과 작업할 때 효과적인 것으로 알려져 있다(Allan & Brown, 1993; Carmichael, 1994). 어떤 경우에는 상담자가 집을 방문하여 부모와 함께 놀이치료 회기를 진행할 수도 있다(Guerney, 1983). 또 다른 경우에는 상담자가 놀이치료 중인 아동에 대한 상담 회기를 잠시 중단해야 할 수도 있다. 아동중심 집단놀이치료는 Baggerly와 Parker(2005)가 아프리카계 미국 소년들에게 특히 효과적임을 입증한 문화적으로 민감한 상담적 접근법이다. 이 접근법은 아프리카 관점의 세계관(정서적 활력, 상호 의존, 선택적 생존, 조화로운 융합; Parham, White, & Ajamu, 2000)을 존중하며 자기확신을 세운다. 또한 이 접근법은 아프리카계 미국 소년들이 인종차별로부터 스스로를 보호하도록 심리 내적으로 강인해지게끔 돕는다(Baggerly & Parker, 2005, p. 393).

또한 **독서치료**는 초등학교 학생들과의 상담 및 지도 활동에서 주로 사용된다(Borders & Paisley, 1992; Gladding & Gladding, 1991). 독서치료는 "아동들이 자신의 문제에 대해 통찰하고 해결 방안을 찾을 수 있도록 돕기 위한 지원책으로써 책(혹은 매체)을 사용하는 것" 이다(Hollander, 1989, pp. 184–185). 예컨대, 〈아기돼지 베이브〉〈포카혼타스〉〈라이온 킹〉〈인어공주〉와 같이 다양성을 강조하는 책이나 비디오는 수용과 관용의 정신을 고취시키는 데 활용될 수 있다(Richardson & Norman, 1997). 특히 이러한 상담도구는 상담자가 아동들에게 내용을 요약해 준 다음에 등장인물의 감정에 대해 공개 토론을 해 보게끔 하고, 등장인물의 행동의 결말을 탐색해 보거나 결말을 그려 보게끔 한다면 아주 유용할 것이다(Schrank, 1982).

학대를 당한 아동과 직접적으로 작업하는 학교 상담자들도 매체 사용이 강압적이지 않은 관계를 고취시킬 수 있는 방법이라는 점에서 독서치료를 활용할 수도 있다. 많은 책이 성적 학대를 당한 경험이 있는 아동들에게 치료적으로 사용될 수 있다. 가장 적합한 책 중 2권이 있는데, 한 소녀가 자신의 아버지가 자신을 만지는 것을 어떻게 다루었는가에 관한 책인 『*I Can't Talk About It*』, 그리고 한 소녀가 자신의 몸에 대한 자각과 자신의 몸을 지키는 것에 대해 그녀의 어머니와 토론한 내용을 담은 책인 『*My Body Is Private*』가 그것이다.

게임은 상담에서 초등학생들과 활동할 수 있는 세 번째 방법이다. 게임은 "상대적으로 아동의 문제에 위협적이지 않게 접촉할 수 있어서 안전함을 제공한다"(Friedberg, 1996, p. 17). 또한 게임은 아이들에게 친숙해서 아이들이 선호한다. 그들이 재미있어 하는 게임일수록 상담관계도 강화된다. 예컨대, 너프볼[1]을 가지고 노는 것을 통해 신경질적인 아이들의 긴장을 완화시킬 수 있으며, 그들의 몇몇 문제 행동이 드러날 수 있게끔 할 수 있다.

자기주장, 분노, 자기통제, 불안, 우울과 같은 초등학생들의 일반적인 문제들을 다루기 위한 많은 게임이 전문적으로 개발되었다(Berg, 1986, 1989, 1990a, 1990b, 1990c; Erford,

---

1) 역자 주: 실로 만들어진 작고 가벼운 공의 일종이다.

2008). 이에 덧붙여 상담자는 단순하고 유연하면서도 아이들이 경험하고 있는 어려움에 접촉할 수 있는 최고의 게임을 고안하여 활용할 수 있다(Friedberg, 1996).

3. 중학교 상담 및 지도

중학교 상담 및 지도가 강조된 것은 초등학교 상담보다 더 최근에 일어난 현상이다. 이는 1970년대에 들어오면서 초등학교나 고등학교 상담자들이 주안점을 둔 것에 맞지 않는 학생들에게 서비스를 제공하기 위한 혼합식 방법으로 강조되기 시작하였다(Cole, 1988; Stamm & Nissman, 1979). 사춘기 이전의 아동들과 어린 청소년들을 위한 특별한 교육과정 및 여건에 관한 아이디어는 중학생 개념－고학년 청소년보다 어린 청소년(12~14세, 7~9학년)을 구분하려는 시도－으로 처음 실행되었다.

일반적으로 중학교는 10~14세의 아동들이 다니게 되며, 6~9학년이 이에 해당된다. 이 연령(학년)의 아동들은 종종 transescent(Cole, 1988; Eichhorn, 1968) 혹은 bubblegummer (Thornburg, 1978)로 불린다. "가족, 학교, 지역사회 내에 존재하는 일상적인 문제들을 경험하는 것과 더불어, 중학생들은 신체적인 변화, 또래 친구들로부터의 압박, 우수해야 한다는 학교의 요구, 부모님과의 갈등, 자아정체성 확립과 관련된 문제 등에 적응하고 있다." (Matthews & Burnett, 1989, p. 122) 그들에게 동질성은 거의 없으며, 그들의 가장 공통적인 특징은 '같지 않음' 이다.

Dougherty(1986)에 따르면, 우리는 다른 집단에 비해 이 시기의 아이들에 대해 아는 바가 별로 없다. 중학교 상담자 중에 이 집단에 관한 연구를 수행하거나 연구 결과를 개재한 사례가 거의 없다는 것이 이를 증명하는 한 예다(St. Clair, 1989). 하지만 Gesell 아동발달 연구소 및 여러 아동연구 센터가 이 시기 동안에 예상되는 인지적, 신체적, 정서적 요인에 관한 자료를 제공하였다(Johnson & Kottman, 1992). 이 자료를 이용할 수 있는 상담자는 거의 없다. 하지만 일반적 수준에서 대부분의 중학교 상담자들은 중학생들이 성취해야 하는 신체적, 지적, 사회적 주요 발달 과업에 대해 인식하고 있다. 이에 대해 Thornburg (1986)는 다음과 같이 간략하게 기술하였다(pp. 170-171).

- 신체적 발달에 대해 인식하기
- 문제 해결 전략에 관한 지식과 개념을 구조화하기
- 실체적인 것에서 추상적 상징으로 넘어가기
- 새로운 사회적, 성적 역할 배우기

- 전형적인 역할 모델 발견하기
- 우정 쌓기
- 독립심 획득하기
- 책임감 개발하기

사례 Marge와 중학교 연구

Marge는 자신이 상담자로서 중학생들의 삶에 변화를 주고 있는가를 알고 싶어 했다. 그래서 그녀는 연구 논문을 작성할 준비를 해야겠다고 생각했다. 하지만 어디서부터 시작해야 할지 몰랐는데, 사전 · 사후 설계가 유용하리라는 생각을 했다. 그래서 학년 초에 학생들에게 그들이 갖고 있는 문제나 고민을 체크하는 설문을 배포했다. 학년 말에도 똑같은 설문을 실시하고 그 결과를 비교했다. 그 결과, 놀랍게도 어떤 문제들은 빈도가 줄어든 것으로 나타난 반면, 어떤 문제들은 더 빈번해진 것으로 나타났다.

중학생에 관한 연구에서 Marge가 올바르게 한 것은 무엇인가? 또한 잘못된 것은 무엇인가? 그녀의 접근방법에서 잘못된 것이 있다면 고쳐야 할 것은 무엇인가?

Elkind(1986)는 발달 과업에 덧붙여 중학생들은 세 가지 기본적인 스트레스 상황도 잘 다룰 수 있어야 한다고 언급했다. A형 스트레스 상황은 밤중에 위험한 지역을 걷지 않는 것과 같이 예측 가능하고 피할 수 있는 것을 의미한다. B형 스트레스 상황은 갑작스러운 죽음과 같이 예측할 수도 없고 피할 수도 없는 것이다. C형 스트레스는 치과에 가는 것처럼 예측 가능하지만 피할 수는 없는 것을 뜻한다.

전반적으로 중학생 연령의 아이들은 초등학생이나 고등학생보다 더 많은 불안을 경험하는 경향이 있다. 그 때문에 그들은 발달 과업을 완수하거나 성공적으로 해결하지 못할 가능성이 있다(Matthews & Burnett, 1989; Schmidt, 2007). 중학교 상담자들은 아이들이 다채롭고 창의적인 방식으로 자기 자신과 세상을 경험할 수 있는 기회를 제공함으로써 그들이 스트레스를 받을 때 가장 도움이 되어 줄 수 있다(Schmidt, 2004). 또한 상담자들은 중학생들이 개성을 발전시킬 뿐만 아니라 일반적인 공통의 관심사를 찾도록 도울 수도 있다. 그러한 과정에서 상담자는 중학생들이 자신의 불안함과 우울함을 극복하고, 마치 폭력이나 여타 파괴적인 행동들이 복잡하고 당황스러운 문제들에 대한 해결책인 양 제안하는 대중문화와 또래 친구들이 미치는 영향력에 대응할 수 있도록 돕는다(Peterson & O'Neal, 1998).

강조점 및 역할

학교는 종종 아이들의 지적 성장은 고무시키는 반면, 신체적, 사회적 발달은 도외시한다(Thornburg, 1986). 초등학교처럼 중학교 상담 및 지도도 아동의 전인적 발달에 초점을 맞춤으로써 이러한 불균형 개선을 추구해야 한다. 이러한 것을 강조하는 것은 전체론적인 관점이라고 할 수 있다. 즉, 상담자는 성장과 발달뿐만 아니라 아동기에서 벗어나 청소년기로 들어가는 이행과정임을 강조한다(Cobia & Henderson, 2007; Schmidt, 2007). 여기에는 다음과 같은 활동들이 포함되어 있다(Campbell & Dahir, 1997).

- 학생 개개인 및 집단과 작업하기
- 교사 및 학교 관리자를 대상으로 작업하기
- 교육기관, 사회복지 단체, 사업체 등으로 구성된 공동체 내에서 작업하기
- 특수 아동들의 독특한 요구를 다룰 목적으로 그 부모와 연계하기

이러한 역할은 상담자가 몇 가지 방법을 동원하여 자신의 수용력과 프로그램을 발전시킨다면 보다 쉽게 진행될 수 있다. Thornburg(1986)에 따르면, 필요한 수용력에는 중학생의 발달적 특징과 학생들이 이루고 싶어 하는 특정 과업에 대한 일반적인 정보가 포함된다. 덧붙여 중학생 상담자는 그들이 상호작용하고 있는 특정 아동과 문제에 관한 자신의 관점을 이해하고 있어야 한다. 끝으로, 중학교 상담자는 학생들이 의사결정을 할 수 있게끔 어떻게 도울 것이며, 그 결과 학생들이 스스로를 도울 수 있게끔 하는 방법을 알 필요가 있다.

이상적으로 중학교 상담자들은 개인상담, 집단 경험, 또래 지원체계, 교사 자문, 학생 평가, 부모 자문, 안내 서비스에 대한 평가의 모든 것을 제공하는 역할을 해야 한다(Bonebrake & Borgers, 1984; Schmidt, 2007). 캔자스 주의 학교 교장과 상담자를 대상으로 한 조사에서 Bonebrake와 Borgers는 참가자들이 중학교 상담자의 이상적인 역할뿐만 아니라 상담자의 역할이 교장 업무 보조, 학생식당 감독, 생활지도 이외의 수업지도 등과 같은 업무에 비해 우선순위에서 뒤로 밀린다는 사실에 대해서도 동의한다는 것을 발견했다. 이 조사 결과는 상담자의 이상적인 역할에 관해 교장과 상담자 모두가 동의한다는 점에서 매우 고무적이다. 그럼에도 불구하고 결국 교장들은 대개 "상담자의 역할과 기능을 학교 내부 사정에 따라 결정한다"(Ribak-Rosenthal, 1994, p. 158). 하지만 학교 밖의 다양한 집단에서는 중학교 상담자의 목적에 대해 다양하게 인식하며, 그에 따라 우선순위를 두고 있다.

그런 평가로부터 야기될 수도 있는 긴장을 완화시킬 목적으로 Bonebrake와 Borgers(1984)는 상담자들이 자신의 업무 내용을 기록하고, 또한 "가시적인, 잘 정리된, 꼼꼼하게

평가된 프로그램"(p. 198)을 수행할 것을 추천한다. 또한 중학교 상담자들은 자신들이 할 일과 그 시기에 관해 다양한 사람과 계속해서 소통할 필요가 있다. 홍보는 물론 서비스의 전달도 초등학교에서 진행되는 것만큼 중요한 부분이다(Ribak-Rosenthal, 1994).

활동

중학생들의 활동에는 예방적인 접근과 교정적인 접근 모두가 요구된다. 상담자가 전체론적인 방식으로 그들에게 진정 도움이 되고자 할 경우 더 많은 장벽을 뚫어야 한다는 것을 제외하면 초등학생들을 다루는 것과 유사하다.

예방

중학생을 대상으로 한 예방 프로그램 중에서 가장 많이 쓰일 것 같은 프로그램은 'Succeeding in School' 이다(Gerler & Anderson, 1986). 50분 수업 10회기로 구성된 이 프로그램은 아이들이 스스로 편안함을 느끼고, 교사들 및 학교와도 편안한 관계가 될 수 있도록 돕는 것에 초점이 맞춰져 있다(Gerler, 1987). 덧붙여 이러한 접근법은 "학생들로 하여금 학업적 성공으로 이끄는 행동, 태도, 인간관계 기술에 초점을 맞추는 것을 돕게끔 설계" 되어 있다(Baker & Gerler, 2008, p. 22). 각 수업별 계획은 성공한 사람들에 대한 동질감 갖기, 학교에서 편안해지기, 친구 및 교사들과 협력하기, 삶에서 일어나는 사건들의 긍정적인 면 인식하기 등과 같이 개인 및 조직 생활에서의 친사회적 측면에 초점이 맞춰져 있다(Baker & Gerler, 2008; Gerler, Drew, & Mohr, 1990). 'Succeeding in School' 은 현재 온라인에도 올라와 있으며, 웹사이트 주소 http://genesislight.com/web%20files/index.htm[2]를 통해 접속이 가능하다. 학생들은 온라인상으로 학교에서의 성공 정도를 사전·사후 검사로 측정해 볼 수 있다.

'Succeeding in School' 프로그램을 보완할 수 있는 것이 Rosemarie Smead(1995)의 아동 및 청소년 대상 집단상담 활동이다. 이 활동은 생활 기술을 발전시킨다. 그녀가 소집단을 대상으로 고안한 실습은 다양한 방법으로 활용할 수 있기 때문에 중학교 상담자들은 학생들이 분노, 슬픔, 스트레스, 이혼, 자기주장, 우정과 같은 민감한 영역을 다룰 수 있도록 돕는 과정에서 유연하게 대처할 수 있다. Akos, Hamm, Mack과 Dunaway(2007)가 지적한 바와 같이, 중학생들은 "또래 집단으로 자연스럽게 합쳐지기"(p. 53) 때문에 집단 활동은 특히 중학생들과의 활동에 적합하다.

---

2) 역자 주: 2013년 3월 기준 http://genesislight.com/succeedinginschool/로 변경되었다.

학급지도와 집단 활동에 덧붙여, 중학교 상담자들(초등학교 상담자와 같이)은 개인상담, 또래상담, 문제 예방을 위한 자문 활동 등을 활용할 수 있다(Thompson & Henderson, 2007). 이 과정을 돕는 치료적 접근법 중 하나는 바로 발달적 상담 및 치료(Developmental Counseling and Therapy: DCT)다(Ivey et al., 2005). DCT는 가족이론, 다문화 이론과 더불어 Kohlberg, Gilligan, Kegan, Erikson의 이론과 같은 개인상담 이론에 근거한 발달적 개념을 포함하고 있다(Myers, Shoffner, & Briggs, 2002). 이 접근법은 상담자들이 자신이 선호하는 발달적 방향—감각운동적인, 사실에 의거한, 형식적 조작, 변증법적/구조적—에 따라 중학생을 이해할 수 있도록 체계적인 방법을 제공한다. 대부분의 중학생은 처음 두 가지 수준으로 이해가 되며, 간혹 세 번째 수준으로 이해해야 하는 경우도 발생한다.

또 하나의 예방 프로그램은 **또래 멘토링**이다. 이 방법에서는 8학년 정도의 선배 학생이 6학년 정도의 어린 학생과 짝을 이룬다. 선배 학생은 협력적인 학습방법을 활용하여 어린 학생을 도와주고 가르친다. Noll(1997)은 나이 차를 두고 연계한 멘토링 프로그램에서 학습장애가 있는 어린 학생의 사회적 기술 습득을 돕는 것을 목표로 설정하였는데, 이러한 방식이 효과가 있었다고 보고하였다. 어린 학생들은 그들의 사회적 발달과정에서 중요한 성취를 이룰 수 있었고, 선배 학생들은 "부모와 더 잘 관계를 맺을 수 있는 능력, 자존감, 효과적인 갈등 해결 기술이 증가하였으며, 조직화 기술이 강화되었다"(p. 241).

생/각/해/보/기

당신의 중학교 시절의 경험과 그 당시 또래 친구들로부터 배운 것을 떠올려 보자. 또래 멘토가 당신을 도울 수 있었을 거라는 것(그 당시 당신에게 그런 멘토가 한 명도 없었다고 가정하고)에 대해 어떻게 생각하는가? 또래 멘토가 되는 것이 도움이 된다는 것(당신이 실제 또래 멘토였든 아니었든)에 대해 어떻게 생각하는가?

중학교 상담자들은 "생활지도는 모든 이의 책임이다. 그런데 학교에 필요한 모든 생활지도 교육을 다룰 만큼 훈련된 상담자가 충분하지 않으므로 교사 기반의 생활지도가 학교상담에 중요한 지원 방안이다."라는 전제에 기반을 두고 있는 교사-조언자 프로그램(teacher-advisor programs: TAPs)을 시작할 수도 있다(Galassi & Gulledge, 1997, p. 56). 이러한 프로그램을 통해 교사들은 상담자 및 자기 학생들의 학업 이외의 생활에 보다 더 관여할 수 있게 된다. 이 프로그램의 수혜자는 바로 중학생들과 그들이 공부하는 학교다.

교정

중학생들에 대해 교정 차원에서 가장 효과적으로 개입할 수 있는 방법은 예방적 차원의 접근방법과 결합하는 것이다. Stamm과 Nissman(1979)에 따르면, 중학교 상담자들의 활동은 "민감한 사람들(전체로서의 학생, 교사, 학부모, 지역사회)을 다루는 인간발달 센터(Human Development Center: HDC)" (p. 52)를 중심으로 운영될 때 가장 효과적이다. 그들은 이들 사람과의 라포를 발전시키고, 가능한 한 가장 생산적인 프로그램을 제공하기 위해 다른 사람들과 함께 중학교 상담 및 생활지도 서비스를 구성할 것을 추천한다. Stamm과 Nissman은 자신들이 종합적인 중학교 상담 및 생활지도 프로그램에 필수라고 생각하는 여덟 가지 서비스 영역을 개략적으로 그렸다. 이 모델은 서비스 영역에 기반을 두고 있으며, ASCA 모델과 같이 통합적이며, 모든 학생(학교 상담자를 통해 서비스가 필요한 대상이 아니더라도)에게 서비스를 제공하는 것을 지향하고 있다([그림 17-3] 참고).

각각의 서비스 영역은 다른 것들과 연결되어 있다. 하지만 중학교 상담자들은 필요한 모든 업무를 혼자서 수행할 수 없기 때문에 책임을 위임하고, 타 학교 직원, 학부모, 지역사회 자원봉사자에게 도움을 요청해야 한다. 이후 상담자는 서비스 활동을 관리하며, 가능한 한 직접 운영하는 업무도 하게 된다.

의사소통 서비스 영역은 주로 공식적 관계와 관련이 있다. 이는 상담자의 지원 활동 부문에 해당하며, 학교상담 프로그램이 하는 업무에 대해 일반인들에게 알리는 것은 매우 중요한 일이다. 반면 **커리큘럼 서비스**는 과정 현장 실습 및 학업 적응에 초점을 맞추고 있다. 중학교 상담자들은 학생들이 또래관계, 가치관과 같은 자신들의 삶에서 중요한 사안들을 다룰 수 있도록 하기 위해 교사들이 교과과정을 "심리학적으로 해석하도록" 도울 필요가 있다(Beane, 1986). 만일 교과과정이 이 연령대의 아이들에게 적절하지 않다면 그들은 자신의 에너지를 비생산적인 활동에 사용하기 쉽다. **평가 서비스 영역**은 검사 및 평가 서비스를 제공하며, 학생들의 장래 목표 및 직업에 초점을 맞춘 진로 자원 영역과 연계되는 경우가 많다.

상담 서비스 영역 및 위기관리 센터 영역도 밀접하게 연결되어 있다. 개인, 또래, 집단 차원의 상담 서비스가 학교 안팎에서 제공되고 있다. 가끔 상담 활동은 "사람들(중학생을 포함하여)이 자신이 믿는 신념에 대해 생각할 때, 타당한 정서적 반응 및 신체적 행동으로 이러한 생각에 반응하는 것", 즉 자기상담을 지향할 때가 있다(Maultsby, 1986, p. 207). 합리적 자기상담은 학생들이 자신의 정서를 효과적으로 다룰 수 있도록 스스로 돕기 위한 연구 기반의 방식이다. 한때는 또래 촉진자가 중학생들이 친구를 사귀고 자신이 속한 주변 환경과 학업에 대해 배울 수 있도록 도운 적이 있었다(Bowman, 1986; Sprinthall, Hall, & Gerler, 1992).

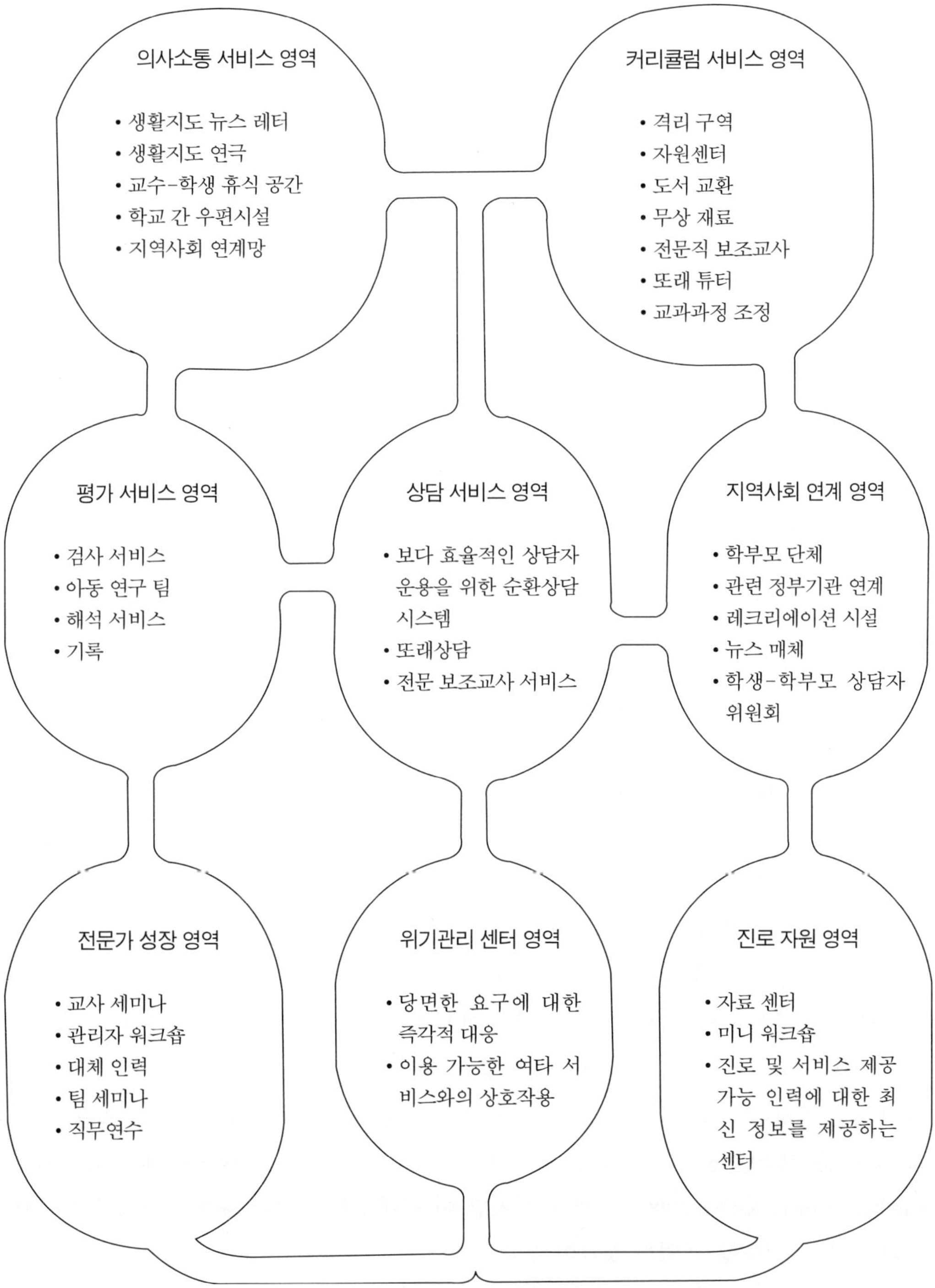

[그림 17-3] 중학교 상담 및 생활지도 프로그램 필수 영역

출처: Stamm & Nissman (1979, p. 54).

Stamm과 Nissman 모델에서 수업기간 동안 위기 관리 인력으로 지정된 사람들이 있다. 그들은 위기 상황에 대처하게 되며, 상담자와 함께 갑작스러운 어려움에 놓인 아이들을 지원할 적절한 방안을 찾게 된다. 개인 차원에서 위기 및 그 결과로 초래된 고통은 손실 혹은 아동의 행동화나 침잠을 야기하는 내부, 외부의 압박과 관련이 있다. 집단 차원에서 위기 상황 및 결과로 초래된 고통은 "살인, 자살, 사고사, 심각한 사고와 같이 다수의 학생에게 영향을 주는 외상"을 수반한다(Lockhart & Keys, 1998, p. 4). (초등학교 및 고등학교 상담자들이 자신들의 학교상담 프로그램에 위기관리 계획과 더불어 위기관리 인력, 더 좋게는 위기관리 팀을 갖추는 것은 매우 중요하다.)

지역사회 연계 영역은 학교와 타 기관 간의 의사소통 라인 구축을 위해 학부모 및 기타 관계자들과의 작업에 초점을 맞춘다. 전문가 성장 영역은 교직원 및 전문직 보조교사를 위한 프로그램을 제공한다. 이 마지막 과업은 상담자의 성공에 결정적인 역할을 한다. 만약 전반적인 학교환경이 긍정적으로 영향을 받게 된다면 중학교 상담자들은 "교사가 학생들의 자기개념 및 자존감 강화와 관련된 기술을 개발"하도록 도와야 한다(Beane, 1986, p. 192).

4. 고등학교 상담 및 지도

"인생에서 청소년 자녀들이 독립을 시도하는 동안에 그들을 다루는 것보다 어려운 일은 거의 없다." (Freud, 1958, p. 278) 청소년의 독립 관련 변인에는 "부모로부터의 새로운 독립에 관한 것, 친구들과의 새로운 친밀함에 관한 것, 자신에 대한 새로운 이해에 관한 것"들이 포함된다(Coll, Thobro, & Hass, 2004, p. 41). 대다수의 청소년은 자신들의 삶에서 이 기간을 이러한 변인과 과업을 건강한 방식으로 경험하면서 통과하지만 몇몇은 큰 어려움을 경험한다. 고등학교 상담자들은 이런 골치 아픈 학생들과 그에 관련된 독특한 문제를 다룰 수 있어야 한다. 상담자는 청소년들의 몇몇 문제는 다른 것에 비해 좀 더 순환적이라는 면에서 다소 편하다고 생각할 수도 있다. 예컨대, "어린 청소년들에게서는 비행 행동이 드물고, 대부분 청소년 중기(15~17세)에서 나타나며, 그 후에는 감소한다" (McCarthy, Brack, Lambert, Brack, & Orr, 1996, p. 277). 하지만 이 연령대와 관련된 다른 관심사들은 상황에 따라 다르며, 예측할 수 없는 것들이 많다.

고등학교 상담 및 지도는 보다 더 성숙한 시민 양성에 기여하는 생활지도 활동에 주안점을 둔 1900년대 초부터 시작되었다(Gysbers & Guidance Program Field Writers, 1990; 1장 참고). 초기에는 Frank Parsons가 고등학교 상담자 증가에 영향을 끼쳤지만, 1930년대에 와서는 John Brewer가 고등학교 생활지도 설립에 열심을 기울였다(Aubrey, 1979). Brewer

는 생활지도와 교육 모두 청소년의 삶을 지원하는 것을 의미한다고 믿었다. 그의 생각은 그 당시에는 광범위하게 수용되지 못했지만 그의 이름하에 이루어진 생활기술 훈련은 차츰 유명해졌다(Gazda, 1989).

고등학교 상담은 1960년대에 이르러 극적인 성장을 이루었다. 이 전문 분야에서 상담자 고용의 수가 1958~1959년에는 1만 2,000여 명이었던 것이 1969~1970년에는 4만여 명으로 3배 이상 늘었다(Shertzer & Stone, 1981). 『*Occupational Outlook Handbook*』에 따르면 2000년에 초등학교 상담자 대비 고등학교 상담자가 1:3의 비율로 대략 6만 3,000여 명의 사람들이 공립학교에서 근무하고 있는 것으로 추정되었다. 그보다 수천 명의 더 많은 상담자가 사립학교에서 근무했다. 게다가 학교 상담자의 고용 기회가 1980년대 후반에 NDEA에서 양성된 상담자가 은퇴함에 따라 그만큼 증가하기 시작했으며, 점점 더 많은 주가 학교의 모든 수준에서 더 좋은 상담 서비스를 제공할 것을 지시했다(Baker & Gerler, 2008). 오늘날 학교에는 10만 명으로 추정되는 상담자가 있으며, 그들 중 다수가 고등학교에서 근무하고 있다.

강조점 및 역할

고등학교 환경에서 상담자는 주로 다음과 같은 업무에 집중한다(Campbell & Dahir, 1997).

- 개인, 집단, 학교 전체에 대한 직접적인 상담 서비스 제공
- 학부모 대상 교육 및 지원 서비스 제공
- 교사 및 직원 대상 자문 및 직무연수 프로그램 제공
- 학급별 생활지도 수업 운영(ASCA 권장사항은 전체 업무시간의 최대 25%)
- 외부 기관으로의 위탁 업무
- 고등학교 이후 학교 및 사업체와의 연계
- 학업적 조언

Aubrey(1979)는 두 가지 요구사항, 즉 ① 학생상담에 관여하는 것, ② 학교 관리자들이 종종 요구하는 일정 관리와 같은 학업, 행정과 관련된 업무를 수행하는 것에 직면한 고등학교 상담자들에게는 실재적인 갈등이 존재한다고 주장했다. 그는 학교 상담자들, 특히 고등학교 상담자들이 상담 이외의 활동들로 인해 종종 교착 상태에 빠진다고 주장했다. Brown(1989)에 따르면 역기능적 상담자들은 학교장으로부터 오해를 사거나 헛수고할 때

가 많고, 양질의 교육을 받지 못했으며, 행동 계획이 부족하고, 홍보 업무를 맡지 못한다. 또한 윤리 규정을 위반하기도 한다. 그들에게 부적절한 역할을 맡기려는 시도를 방지하기 위해 고등학교 상담자들은 그들이 무슨 일을 하며, 그것을 어떻게 하는가를 학생들에게뿐만 아니라 교사, 교장, 학교 관리자들에게도 알릴 필요가 있다(Guerra, 1998). 그들은 "월간 뉴스레터 만들기, 상담자 스케줄 발송, ASCA 역할 성명서 배포, 생활지도 서비스 핸드북 발간, 교무 회의 발표 자료 제작", 그리고 타인들에게 상담자들이 자신의 일을 정확하게 할 경우에 발생하는 비용 효과를 알리는 것을 통해서 이런 일을 할 수 있다(Ribak-Rosenthal, 1994, p. 163).

Peer(1985)는 생활지도 및 상담에 대한 주정부 감독관[3]의 의견과 고등학교 상담자의 역할에 대한 관점과 관련된 타인들의 의견을 이끌어 냈다. 그는 엇갈리는 견해가 있음을 발견했는데, 고등학교 프로그램을 높이 평가한 사람들은 학교장, 관리자, 학생, 대학교 직원, 타 고교 상담자, 상담자 교육자 등이었다. 반면 교사, 학부모, 지역사회 리더, 사업가들은 덜 긍정적이었다. 주정부 감독관들 중에서는 고등학교 상담자들이 상담 이외의 활동에 대해 '아마도' 혹은 '확실하게' 비중 있게 연루되어 있다고 응답한 수가 압도적으로 많았다. 이 결과가 사실이라면 고등학교 상담자가 학교 외부 사람들로부터 많은 비난을 받는 이유에 대해 수긍할 만하다.

또한 Peer의 조사에서 고등학교 상담자들은 집단상담이나 집단 생활지도에 활동적으로 참여하지 않는 것으로서, 자문가로서의 역할을 하지 않고 대다수의 학생에게 영향력을 끼치지 못하는 것으로 드러났다. 전반적으로 고등학교에서의 프로그램은 같은 영역의 초등학교 프로그램만큼 순조로운 것으로 보이지는 않았다. 하지만 그래도 긍정적인 부분은 응답자들이 고등학교 상담자를 규율주의자 역할을 회피하며, 자격이 잘 갖추어진 학생 개개인, 특히 대학(college) 진학 희망자들에게 도움이 되는 것으로 인식하고 있었다는 점이다.

고등학교 상담자에 대한 인식 및 행동을 개선하는 방법은 현실성 있는 필요를 충족하는 역할에 대해 강조하는 것이다. 예컨대, 학교 상담자는 교실 안에서 문제가 해결되도록 하며, 전문가 성장 집단을 개발하며, 교직원 간의 의사소통을 증진시키는 건강한 학습환경의 촉진자가 되어야 한다. 이러한 역할은 전통적으로 자존감이 낮은 집단들 사이에서 상담자를 가장 돋보이게끔 할 것이다. 상담자는 학생-성인 상호작용에서의 성인들 간의 거래에서 촉진자 역할을 함으로써 분리되고 고립되는 집단들 간에 생산적인 변화를 위한 수단을 제공하게 될 것이다.

모든 학교 상담자들에게 중요한 역할은 상담 프로그램을 끊임없이 리모델링하는 것이다

3) 역자 주: 미국에서 각 주 단위로 운영되는 기관의 책임자를 이른다.

(Gysbers & Henderson, 2006b). 이 과정에서는 체계적인 계획이 필수적이다. 여기에는 서비스의 이행뿐 아니라 이러한 활동에 대한 평가도 포함된다. 학교 내에서 생활지도 및 상담 활동을 준비하고 재구성하는 과정에서는 어려움을 경험할 수도 있다. 하지만 그 결과는 상당히 만족스러울 것이다. 만일 고등학교 상담자들이 자신들이 제공하는 서비스와 적절한 역할을 유지하고자 한다면 끊임없이 구성원들과 만나야 할 것이다.

활동

고등학교 상담자의 활동은 크게 몇 가지 영역으로 구분될 수 있다. 자신들의 활동을 평가하는 것과 더불어서 예방, 교정, 개입, 협력 및 촉진 등이 포함된다. 이러한 분류는 상호배타적이지 않으며, 각각의 주제에는 다수의 관심사가 포함되어 있다.

예방

고등학교 상담자들은 초등학교나 중학교 상담자와 같이 예방적 서비스를 강조한다. 이러한 노력은 "포괄적이며 다면적이며 통합적일 필요가 있다"(Keys & Bemak, 1997, p. 257). 왜냐하면 교실 밖 청소년 문제와 학교 문제는 서로 밀접한 관련이 있기 때문이다(McCarthy et al., 1996). 따라서 하나의 상황을 다루기 위해 다른 것을 소홀히 하는 것은 효과적이지 않다.

Sprinthall(1984)은 고등학교에서의 우선적인 예방교육이 "학생들의 지적 발달과 사적 발달에 동시에 영향을 주는 교실에서의 교육적 경험"(p. 494)을 만들어 낸다고 하였다. 우선적인 예방교육을 통해 학생들은 보다 더 자립적으로 활동하는 반면, 또래 집단으로부터는 덜 영향을 받게 된다. 또한 그들은 덜 자기중심적으로 변하는 반면, 의사결정 지침 차원에서 여러 가지 원칙을 더 준수하게 되며, 보다 더 공감적이게 된다. 또한 이 과정에서 교사와 상담자 간의 관계, 학생과 상담자 간의 관계도 강화된다.

우선적인 예방 프로그램을 개발하는 방법에는 여러 가지가 있다. 고등학교 상담자들이 예방을 연습하는 한 가지 방법은 요즘 인기가요에 익숙해지는 것이다(Ostlund & Kinnier, 1997). 그 노래 가사들을 주의 깊게 들음으로써 고등학교 상담자는 "청소년들의 하위 문화에 대해 보다 더 알 수 있게 되고, 많은 청소년이 경험하는 전형적인 문제에 대처하도록 도울 수 있다"(pp. 87-88).

상담자들이 예방을 연습하는 두 번째 방법은 집단, 특히 주제별 집단을 운영하는 것이다. 이를 통해 "유사한 문제를 경험하는 학생들을 함께 모을 수 있고, 상담자가 자신의 시간과 기술을 효율적으로 쓸 수 있다"(Zinck & Littrell, 2000, p. 51). 많은 영역에서 청소년 문제를 다루거나 예방하는 데 집단상담이 효과적이라는 연구 결과가 있다. 예컨대, 위기 상황의 여자 청소년들로 구성된 10주짜리 집단에서 효과적이고 긍정적이며 지속적인 변화가 있다는 것이 밝혀졌다(Zinck & Littrell, 2000).

상담자들이 고등학교에서 사전에 예방하는 또 다른 방법은 학급 단위로 예방 기반의 교과 수업을 가끔 운영하는 것이다. 학교 및 시험 불안, 학업 기술, 대인관계, 자기통제, 진로 계획 문제를 이런 방식으로 다룰 수 있다. 이런 접근법은 크게 두 가지 이점이 있다. 교정 및 개입 활동에 시간이 덜 든다는 것과 상담자가 학생 및 교사에 대해 명확한 태도를 유지할 수 있다는 것이다. 통합교육 중 일부 과정으로 상담자는 학생들이 특정 주제에 관한 책을 읽고 그에 대한 소감을 상담자와 나누는 상호작용 독서치료 과정에 참석하도록 할 수 있다(이 과정은 개인상담에서 개별적으로 이루어질 수도 있다). 질병, 죽음, 가족관계, 자기 파괴적 행동, 정체성, 학대, 인종차별, 성 문제를 다루고 있는 책들은 모두 이용 가능하다. Christenbury, Beale과 Patch(1996)는 그 문제 중 몇 가지를 제안하고 있다. 기타 활동들은 『*Books for You*』(Christenbury, 1995)를 통해 쉽게 진행할 수 있다.

사례 노래를 통한 Leslie의 수업

Leslie는 자신이 근무하는 고등학교 학생들이 하루종일 음악을 듣는다는 사실을 알게 되었다. 그들은 음악을 듣는 것은 물론 노래 가사에 대해 서로 대화도 했으며, 가끔은 노래를 부르며 현관을 거니는 학생도 있었다. 그래서 Leslie는 자신의 생활지도 수업에서 음악과 가사를 사용해서 학생의 대인관계 기술을 향상하기로 결심했다. 그녀는 원래 곡에 학생들이 가사나 친사회적인 가사로 채워야 하는 '노래 올림픽'을 만들었고, 모든 학생이 열광했다. 하지만 그 활동은 너무 경쟁이 치열해지는 결과로 이어지고 말았다.

모든 학생이 보다 많은 배움의 경험을 하게 하려면 Leslie는 그 활동을 어떻게 수정해야 하는가?

예방을 하는 것과 하지 않는 것에 큰 차이가 날 수 있는 문제 영역 네 가지는 약물 남용, 청소년 자살/살인, 에이즈 감염 예방 그리고 폭력적 관계다. 약물 남용 예방을 위한 프로그램은 대상 학생의 문제 초기에 개입할 때, 사회적 영향력 모델을 기반으로 연령대 및 대상자 집단의 차이에 맞춰졌을 때, "기획과정에서 학생, 학부모, 교사, 지역사회 구성원들이 동반되었을 때" 가장 효과적이다(Mohai, 1991). 특정 효과 모델은 다차원적 방법으로 상담자가 잠재적으로 예민한 위기 학생을 대상으로 운영하는 것이다(Gloria & Kurpius Robinson, 2000). 대개 다차원적 접근법은 자존감을 키우고, 부정적인 또래 영향력을 감소시키며, 약물에 대한 정보를 제공한다. 또한 학교에서 활동하는 상담자가 개발한 **학생지원 프로그램**(student assistence program: SAPs)도 효과적이다(Moore & Forster, 1993). SAPs 팀들은 다양한 배경을 가진 학교 직원들로 구성되어 있으며, 교내의 종합 특수교육 팀과 유사한 방식으로 기능한다. 그들은 독특할 수도 있고 평범할 수도 있지만 유용한 정보를 제공하며, 학생들이 자신의 문제에 대처할 수 있도록 돕는다는 점에서 지향하는 바가 동일하다(Rainey, Hensley, & Crutchfield, 1997).

자살 및 살인 예방 프로그램은 각 폭력의 심각성과 그 대안을 강조하는 광범위한 접근법을 따른다. 자살은 매년 미국 청소년의 8%가 시도하는 것으로 추정되며, 미국 청소년 사망 원인 중 3위에 해당한다. 또한 자살은 캐나다 청소년(15~19세)의 사망 원인 중 2위에 해당한다(Everall, Altrows, & Paulson, 2006). 청소년들의 자살 시도는 거의 매분 발생하며, 연간 77만 5,000여 명에 이른다(Carson, Butcher, & Mineka, 2000). 남학생보다는 여학생의 자살 시도가 많지만 실제 자살 성공률은 남학생이 더 높다. 또한 청소년 살인 가해자도 거의 대부분 남학생인 경향이 있다. 특히 청소년 살인 건수 중 학교에서의 발생이 최근 몇 년 동안 극적으로 증가하였다. Columbine[4]이라는 단어는 학교에서 발생한 대규모 살인 사건과 비극적으로 연관되어 있다.

자살, 살인과 같은 반사회적 행동은 다중 결정적(multidetermined) 현상이므로 예방을 위해서는 다양한 개입이 필요하다(Dykeman, Daehlin, Doyle, & Flamer, 1996). 자살과 살인을 예방하는 몇몇 방법은 학생, 학부모 및 학교 직원들이 그들의 위험 신호를 알아차려서 상담자 및 여타 정신건강 전문가에게 알림으로써 그들이 비밀보장 파기를 다루는 전문가 규정이나 법 기준을 의식하게끔 돕는 것이다(Peach & Reddick, 1991; Remley & Sparkman, 1993; Sheeley & Herlihy, 1989). 학교 친구, 가족, 지역사회의 관계자들을 포함시키는 것도 매우 중요하다(Cashwell & Vacc, 1996; Ritchie, 1989). 학교에서의 자살 및 살인 예방 프로그램은 사건 후 반응보다는 사전 대책을 강구하여야 하며, 또한 체계적으로 구성되어야 한다. 그러한 공격성에 대한 한 가지 접근법은 **랩어라운드 프로그램**(wraparound program)으로 알려진 개념이다(Cautilli & Skinner, 1996). 이러한 프로그램들은 폭력의 위험에 빠진 청소년은 물론 그 가족, 지역사회 및 청소년과 관련되어 있는 학교 직원들에게 직접적인 지원을 제공하기 위해 함께 활동하는 상담자를 포함하여 여러 정신건강 전문가들로 구성된 팀에 의해 제공되는 다양한 서비스를 포함하고 있다.

---

4) 역자 주: 1999년 미국 콜로라도 주 Columbine 고등학교에서 일어난 총기 난사 사건을 가리킨다.

자살 및 살인 충동을 경험하는 청소년들의 공통 요인은 우울과 분노 감정이다. 따라서 버팀목 또는 학습 능력 평가용 심리학적 집단과 같이 자존감, 사회적 역량을 증진시키고 상실 및 거절을 다루는 예방적 프로그램이 중요하다. 이러한 프로그램은 청소년들이 자신의 지능을 여러 상황에서 광범위하게 사용할 수 있도록 돕고 회복력, 즉 "개인이 역경이나 발전을 위협하는 상황을 극복하기 위해 내외적 자원을 기꺼이 활용하는 적응적 과정"을 개발할 수 있도록 지원한다(Everall et al., 2006). 이와 유사하게 모방 범죄 및 연쇄 자살 예방과 지역사회 저변 확대를 목표로 하는 프로그램도 중요하다(Popenhagen & Qualley, 1998). 자살 혹은 살인의 위험에 처한 청소년을 발견하는 것도 매우 중요하다. 따라서 잠재적 자살자와 살인 가해자의 필요와 상황에 적합한 청소년 개입 프로그램은 필수적이다. 잠재적 자살, 살인을 다루기 위한 행동 계획은 가능한 한 광범위해야 한다(Capuzzi, 1994).

에이즈 예방 활동 시, 상담자는 학생들의 성에 관련된 활동에 변화가 생기도록 설득할 수도 있고 못할 수도 있다. 하지만 상담자는 정보 및 기술 기반 개입 시스템을 활용하여 학생들이 에이즈 및 기타 성관계를 통해 전염되는 질병과 성 접촉을 피하도록 도울 수 있다(Stevens-Smith & Remley, 1994). 예컨대, 학교 상담자는 학생들에게 HIV 바이러스가 어떻게 전파되며, 정맥주사 바늘 공유나 무방비 상태에서의 즉흥적인 성행위 같은 행동들이 매우 위험하다는 것을 확실하게 알릴 수 있다(Keeling, 1993). 덧붙여 상담자는 잠재적으로 위험한 상황에 대한 모의 실험을 해 봄으로써 학생들에게 대인관계 기술을 습득할 수 있는 기회를 제공할 수 있다. 또한 습관 혹은 주변 환경 바꾸기와 같은 새로운 긍정적 행동을 시도하려는 10대들을 지원할 수도 있다. 지지집단, 부모 및 학교 관리자 대상 워크숍, 또래교육 프로그램 등을 활용할 수도 있다. 또래교육은 청소년들이 파괴적 행동을 만류하고, 생산적인 활동에 초점을 맞출 수 있도록 돕는 강력한 수단 중 하나다(Wittmer & Adorno, 2000).

마지막으로, 대인관계에서의 폭력(학대적 관계 등)은 학교 상담자의 개입을 통해 예방이 가능하다(Becky & Farren, 1997; Bemak & Keys, 2000). 그러한 프로그램에서 상담자는 그들에게 때리기, 밀치기, 말로 협박하는 것 등이 정상적이거나 대인관계에서 필요한 것이 아님을 강조하기 위해 집단 내에서 학생들과 활동하게 된다. 덧붙여 그들은 학생들에게 분노 조절, 자기주장, 책임감 있는 언어적 · 비언어적 의사소통과 같은 폭력 예방 전략을 가르치는 것에 초점을 맞춘다. '안전하게 데이트하기(Dating Saftly)' 는 따라 하기 쉽게 구조화된 프로그램의 한 예다.

이러한 예들이 보여 주듯이, 결론적으로 학교 상담자들은 "학교 및 지역사회 기반 개입 등의 발달에서 리더가 되는 것" 에 관한 기술, 훈련, 지식이 있기 때문에 유리한 위치에 있다(Stevens-Smith & Remley, 1994, p. 182). 그들은 학생들이 대처 기술, 이른바 "스트레스와 역경에 적응할 수 있는 능력" 을 완전히 습득하도록 도울 수 있다(Compass, Connor-

Smtih, Saltzman, Thomsen, & Wadsworth, 2001, p. 87). 이는 필연적 사고와 같은 적극적 수단 또는 단순한 관찰과 같은 소극적 수단을 통해 숙달될 수 있다(Balkin & Roland, 2007).

교정

고등학교 상담자들은 예방 기술을 잘 받아들이지 않는 특정 문제를 가진 청소년들을 돕기 위해 교정 및 개입 프로그램을 운영한다. 적응을 중심으로 행동, 불안, 약물 남용, 섭식 문제와 같은 아동기 및 청소년기의 몇몇 정신장애는 이 시기에 명확하게 나타난다(Geroski et al., 1997). 『정신장애의 진단 및 통계 편람 제4판(DSM-IV-TR)』에 있는 이러한 장애에 대한 확인, 평가, 의뢰, 개입(몇몇 사례에 한함) 방안은 고등학교 상담자나 다른 학교 상담자가 제공할 수 있는 가장 가치 있는 서비스 중 하나다. 시간 및 자원 문제로 고등학교 상담자들은 대개 심각한 정신장애는 직접적으로 다루지 않는 대신, 그들이 활동하는 상황에서 일어나는 특정 문제 행동에 보다 초점을 맞춘다. 이러한 문제 중 가장 일반적인 세 가지는 우울, 부모의 이혼, 10대의 육아 문제다.

청소년기 우울은 부정적인 삶의 스트레스와 관련이 있다(Benson & Deeter, 1992). Forrest(1983)는 전체 학령기 아동의 15% 정도가 외부 스트레스 요인과 부적절한 개인 반응 능력으로 인해 우울해질 수 있다고 하였다. 그는 정서적, 신체적, 지적, 행동적 우울 공통 지표를 나열하였다(〈표 17-3〉 참고). 덧붙여 학교 상담자들이 그 문제를 다룸에 있어 다양한 접근법을 활용할 필요가 있음을 강조하였다. 그중 가장 유명한 Lazarus의 다중 모델은 학생에게 자존감을 높이는 방법을 가르치고, 자신의 우울과 그에 영향을 미치는 스트레스 요인을 인식할 수 있도록 돕고, 긴장 이완법, 새로운 대처 기술, 부정적 자기 메시지를 수정하는 법 등을 가르친다. 이러한 모든 접근법은 상당한 시간과 에너지의 투입을 필요로 한다.

매년 100만 명에 가까운 아이들이 부모의 이혼을 경험하고 있으며, 자신이 18세가 되기 전에 가족이 깨어질 거라고 예상하는 아이들은 미국 전체 아동 중 45%로 추정된다(Whitehead, 1997). 고등학교 상담자들은 직간접적인 서비스를 통해 아동, 부모, 교사들이 이혼에 적응하도록 도울 수 있다(Cook & McBride, 1982). 이혼 문제를 직접 다루는 개입 방안에는 교내에서 아동들을 위한 개인 및 집단 상담이 포함되어 있다. 단기간의 구조화된 집단 활동은 부모의 이혼을 경험한 고등학생들이 그에 대한 자신의 감정을 정리하고 해소할 수 있도록 도움을 주는 등 긍정적인 효과를 가져올 수 있다(Morganett, 1995). 아동의 감정에 대해 교사 및 학부모와 협의하는 것과 같은 간접적인 서비스도 할 수 있다. 교사와 학부모들은 이혼으로 인해 아동에게서 예상되는 일은 무엇이며, 도움을 주는 과정에서 그들이 참여할 수 있는 유용한 개입 방안에는 무엇이 있는가에 대한 정보를 필요로 한다.

〈표 17-3〉 우울 공통 지표

정서적	신체적	지적(인지적)	행동적
슬픔	피로	부정적 자기개념	여리고 느린 말투
불안	수면장애	부정적인 세계관	일상적인 사회적 접촉 철회
죄책감	섭식장애	미래에 대한 부정적 기대	즐거운 활동의 참여 횟수가 적음
분노	소화불량	자기비난	거의 웃지 않음
두려움	변비	자기비판	혼자 먹음 혼자 공부함
불행	부실한 계획	흥미 감소	수업이나 사회적인 만남에서 큰 소리로 말하지 않음
비관주의	생리불순	집중 불능	적대적 성향 표현 회피
기분 변화	외모에 무관심하면서도 그로 인해 심장이 두근거림	빈약한 사고	집단 회피 스포츠, 게임 참여 감소
무력감	두통	양가적 감정	단정치 못한 옷차림 갑작스러운 유급
무가치함	위통	우유부단	잦은 한숨, 잘 욺 미룸

출처: Forrest (1983).

10대의 육아는 사회와 10대 모두에 대한 정서적인 주제로 가득 차 있다. 육아가 혼외 임신으로 인한 것일 경우 감정이 고조되기 마련이다. 학교 상담자에게 주어지는 과제는 이런 청소년들과의 작업을 위한 아웃리치 전략을 개발하는 것이다. 덧붙여 상담자는 어린 부모들의 개인적 관심사와 진로 문제를 다룰 수 있어야 하며, 그들에게 필요한 전문가의 도움을 받을 수 있는 곳으로 위탁할 수 있어야 한다. 그 과정은 대개 학교 상담자와 지역 정신건강 전문가 간의 협력적인 노력을 통해 가장 잘 이루어진다(Kiselica & Pfaller, 1993). 한 가지 필수적인 업무는 10대 부모들이 둘째 아이를 임신하는 것을 예방하는 것이다. 또한 미혼모(혹은 미혼부)가 계속 학교를 다닐 수 있도록 하는 것과 그들이 학업과 사적·대인관계 측면에서 성공 경험을 많이 할 수 있게끔 하는 것도 중요하다(DeRidder, 1993).

협력 및 촉진

협력과 촉진은 다양한 지역사회 및 학교에서 간병인의 활동을 넘어서는 상담자의 활동과 관련이 있다. 지역사회 및 학교 집단을 인식하지 못하거나 관련이 없는 상담자들은 그들이 할 수 있다고 생각하는 것과 달리 효율적이지 못하다(Bradley, 1978). 상담자의 책임에는 직접적인 상담 서비스 외에 다른 방식으로 사람들과 연계시키는 것도 포함된다(Lee

& Walz, 1998). 이처럼 고등학교 상담자들은 교사 및 여타 학교 관계자들과의 활동에 관한 계획도 종종 세워야 한다. 교사, 학교 관리자, 교과과정 외의 활동 지원자들과의 관계를 세워 나감으로써 상담자는 그들의 관점을 학교생활 전반으로 통합하게 되며, "성장과 학습을 자극하는 학교 환경을 조성하는 데 도움을 주게 된다"(Glosoff & Koprowicz, 1990, p. 10).

서비스 코디네이터로서의 학교 상담자 역할에 관한 매우 실제적인 논문에서, DeVoe와 McClam(1982)은 세 가지 역할 수행에 대해 상담자가 책임을 지는 것의 중요성을 강조했다. 첫 번째 역할은 정보 수집이다. 여기에서 상담자는 정보를 수집하거나 학대를 당했고 약물 중독인 임신한 10대와 같이 복잡한 상황에 관한 정보를 수집하기 위해 다른 전문가와 함께 활동하게 된다. 두 번째 역할은 서비스 조직화와 연관되어 있다. 상담자는 자신이 특정 학생의 필요를 충족해 주기 위한 전문 지식을 가지고 있는지 여부를 점검해야 할 때가 있다. 만일 상담자에게 전문 지식이 없다면 적절한 위탁이 이루어져야 한다. 세 번째 역할은 정보 관리자다. 상담자는 학교 밖 상담 장면에서 개인이나 기관에 학생 서비스를 전달할 계획을 조정하게 된다. 이 계획에는 서비스 제공자들 간의 끊임없는 의사소통에 관한 계획 및 실행이 수반된다.

다소 덜 관련이 되지만 상담자가 학교와 지역사회에서 다른 이들과 협력할 수 있는 또 다른 중요한 방식은 개별화교육프로그램(individualized education programs: IEPs), 즉 몇몇 아동의 특별한 필요에 맞춰진 교육 프로그램에 참여하는 것이다(Humes, 1980). 상담자는 직접 개입할 수도 있고, 또는 IEPs가 짜인 학생에게 제공될 서비스를 지원할 수도 있다. 이러한 특별한 프로그램이 아니더라도 상담자들은 비정상적인 학생들이 적절한 교육과 서비스를 반드시 받을 수 있도록 하기 위해 학교 및 지역사회 관계자들과 긴밀하게 연계해서 활동을 할 수도 있다. 이처럼 학교에서 낙오되거나 그들이 살고 있는 지역사회에서 떨어져 나가는 학생들의 수는 점점 줄어들고 있다(Kushman, Sieber, & Heariold-Kinney, 2000).

5. 21세기 학교상담

이 장에서 학교상담에 대한 검토를 통해 명시한 바와 같이 "학교 상담자들은 정상적인 발달 문제부터 심각한 역기능적 문제 전반에 걸쳐 학생과 가족들을 위한 최전방의 정신건강 전문가들이다"(Borders, 2002, p. 184). 학교 상담자는 교사, 학교장, 가족 등 학교 및 지역사회 이해 당사자들과 함께 의도적이면서도 협력적으로 설계된 교육 및 정신건강 계획 모두에 관련되도록 권유받는다(Colbert, Vernon-Jones, & Pransky, 2006; Green & Keys, 2001; Paisley & McMahon, 2001). 이러한 방향에서 한 가지 획기적인 조치는 학생들의 신체적, 정신적 건강의 필요를 충족하기 위한 노력을 조정하고, 건강교육, 간호, 양육, 학교상담, 학교심리학 분야의 전문가들이 포진한 학교 기반 건강 센터(school-based health centers: SBHCs)를 설립한 것이다(Brown, 2006). 이런 환경 속에서 학교 상담자들은 다른 전문가들과 서비스 수혜자들과 함께 활동할 수 있게 되었다.

21세기에 학교와 사회에서 학교 상담자들의 역할은 점진적으로 발전시키는 것과 토론의 대상이 되는 것 모두에 해당된다. 학교 상담자들의 주된 업무는 그들이 근무하는 학교의 건강한 학업과 환경에 필수적이고 포기하지 않는 역할이다. 또한 교육 현장에서 그들의 영향력과 서비스를 계속해서 키워 나가는 것을 마음속에 떠올리고 변화를 만드는 것이다. 1997년에는 학교 개선을 목표로 하는 사회적 지지 단체인 Educational Trust가 학교와 학생, 학교상담 전문가들에게 동기를 부여하는 변화지향 활동에 관여하는 상담자들을 학교에 두는 학교상담의 비전을 제안하였다(Colbert et al., 2006; Sears & Granello, 2002). 나아가 고등교육기관에 학교 상담자 교육과정 개편에 관한 제안사항 구성을 위해 미국 전역에

〈표 17-4〉 학교 상담자를 위한 새로운 비전

현재의 주안점	새로운 비전
정신건강 전문가	학업적/학생 성취에 초점
개별 학생의 관심사	학교 전체 및 구조적 관심사
학생의 부족한 부분에 초점을 맞춘 임상적 모델	학업에 초점, 학생의 강점을 토대로 한 개발
서비스 공급자, 일대일 및 소집단	리더, 설계자, 프로그램 개발자
사적/사회적 측면에 우선순위	학업상담, 학습, 성취, 학생의 성공 지원에 초점
보조 지원 인력	필수적인 구성원을 갖춘 교육 팀
느슨하게 규정된 역할과 책임	사명과 역할 확인에 초점
문지기	결과의 변화를 위한 자료 활용
취업 알선과정에서의 선발 위원	만반의 준비로 모든 학생에 대해 성과를 내기 위한 지지 세력-특히 빈곤층 및 유색인종 학생
단독 혹은 다른 상담자들과의 업무	학교 전체 및 지역사회가 관련된 사안 해결을 위한 교내 모든 관계자와의 팀 구성 및 협력
현상에 대한 지침	변화, 특히 모든 학생의 교육적 형평성을 위한 변화의 중요 매개체
학생에게 우선적으로 개입	학생, 학부모, 교육 전문가, 지역사회, 지역 기관에 대한 개입
학생 및 그의 가족을 돕기 위해 구조적 자원 사용에 대한 의존	학생과 그의 가족을 돕기 위해 지역사회의 자원/기관 및 학교 시스템 자원 기반의 서비스 중개인
학생의 흥미에 따른 고교 이후 과정 설계자	높은 포부를 이루고자 하는 모든 학생에게 경로를 제공하는 지지자

서 열 개 대학을 선정하였다. 이러한 노력의 결과로 학교 상담자들은 "모든 학생의 학업적 성공을 방해하는 구조적 장벽을 제거하는 리더 및 지지자로서 일하는 존재"로 불리게 되었다(House & Hayes, 2002, p. 255). Educational Trust는 이를 "학교 상담자를 위한 새로운 비전"으로 기록하였다(〈표 17-4〉 참고). 이 비전이 학교 상담자에게 얼마나 영향을 미칠 수 있을 것인가는 아직 미지수로 남아 있다. 그러나 "여타 서비스 직업 분야의 학생들과 같이 학교상담도 대규모의 개혁과 재구조화 기간을 보내고 있다"(Adelman & Taylor, 2002, p. 235). 21세기에는 학교 상담자가 그들을 정의하거나 국한시키려는 외부 세력이 누구인지 보다 명확하게 정의할 뿐만 아니라 그들을 다룰 필요가 있을 것이다. 종합적이고 발달적인 학교상담 프로그램의 효과성을 문서화하는 것도 반드시 필요하다(Gysbers, 2001).

Educational Trust가 제안한 리더십에 덧붙여, 이 장 앞부분에서 언급되었던 것처럼 ASCA는 학교상담 프로그램에 대한 국가적 모델을 만들어 냈다(ASCA, 2002). 이 모델은 "학교 상담자가 프로그램을 개발하는 데 필요한 안정적인 지침을 규정하고, 학교 상담자를 위한 공통의 업무 용어를 정의하기 위해 작성되었다"(Lewis & Borunda, 2006, p. 411). 이러한 국가적 모델 기반의 프로그램 시행은 학교 상담자들이 몇몇 학생을 위한 서비스 중심의 접근에서 모든 학생을 위한 프로그램 중심의 접근으로 그들의 초점을 바꿀 수 있도록 돕는다.

Educational Trust와 ASCA 모델은 현재 학교 상담자들이 속해 있는 과도기적 역할에서 그들이 전문가로서 세 가지 주요한 변화를 이뤄 내야 함을 강조한다(Colbert et al., 2006, p. 74).

- 학생, 학부모 등 개인에서 학교 전반의 관심사에 초점을 맞춘 서비스 전달자로
- 반응적 서비스 우선 지향에서 예방 및 발달 중심의 학교상담 동반자 관계로
- 개인 대상 우선의 활동에서 전문가 팀 혹은 지역사회 발전 중심으로

더 나아가 매사추세스 대학교는 집단 따돌림, 진로 개입, 폭력, 집단상담, 사회적 기술 구축과 같은 관련 영역에서 양질의 자료 축적 및 제공, 학교에서의 증거 기반 실천과 같은 것을 제공하는 방향으로 이동했다. 그들은 학교 상담자들과 관련이 있는 이러한 주제와 기타 다른 주제에 관한 연구 지침서 제공을 위해 학교상담 성과연구 센터(Center for School Counseling Outcome Research, http://www.umass. edu/schoolcounseling)를 설립했다. 이 센터는 현장의 학교 상담자들이 효과적인 프로그램을 결정할 수 있도록 관련 연구들을 쉽게 이용할 수 있게 하고 있다(Carey & Dimmitt, 2006, p. 416). 센터는 2003년에 설립되어 지금은 상담자들이 연구, 프로그램 평가, 데이터 활용 분야에서 전문 지식을 개발할 수 있도록 연수 프로그램도 제공해 오고 있다.

요약 및 결론

이 장에서는 전문적인 학교상담에 대해 다루었다. ASCA 모델이 시행되면서, 또한 Educational Trust의 권고사항이 세상의 주목을 받게 되면서 학교 상담자의 역할이 강조되었으며, 학교 상담자와 학교는 과도기를 경험하고 있다.

초등학교 및 중 · 고등학교 상담의 다양한 측면도 이러한 환경에서 어떻게 수행되었는가에 관한 간단한 역사와 함께 다뤄졌다. 각 학령별 상담자의 직무는 독특하게 발달되었지만 모두 개인 내적인 면과 상호관계에 초점을 맞추고 있다. 학교에서 일하는 상담자는 각기 다른 환경에서 살아왔으며, 다양한 세계관을 갖고 있는 아동, 학부모, 학교 관계자들과 어떻게 일할 것인가에 대해 유연하고 숙달되어야 한다. 그들은 어떤 상황을 어떤 방식(상담, 자문, 교과과정 개발 등을 통해)으로 다루는 것이 최선인가를 알아야 한다.

초등학교 상담자들은 예방 서비스를 제공하고, 학생들 자신의 필요에 대한 자각의 정도를 높이며, 그 필요를 건강하고 친사회적 방식으로 충족하는 방법을 늘리는 데 초점을 맞춘다. 이 단계에서 이루어지는 많은 활동은 교과과정에 관련된 사안(학급 생활지도 등)을 강조하고, 소집단 활동을 하며, 다른 사람들에게 자문을 제공한 결과다. 중학교 상담자는 학생들이 아동기에서 청소년기로 넘어가는 과도기를 최대한 순조롭게 지나가도록 돕는 데 보다 더 초점을 맞춘다. 그들은 초등학교 단계에서의 활동과 유사한 활동을 제공하며, 특히 불안을 다루고 좋은 친구관계를 발전시키는 방법처럼 이 연령대의 아동들이 주로 관심을 가지는 상황에 초점을 맞춘다.

고등학교 상담은 전통적으로 위기 상태에 있는 학생이나 영재 학생에 대한 개인상담 서비스를 강조해 왔다. 하지만 요즘 고등학교 상담자들은 ASCA 모델과 Educational Trust로부터 시작된 새로운 모델과 계획 덕분에 점점 다차원화되어 가고 있다. 오늘날 고등학교 상담자들은 학교 환경 전반에 걸쳐 영향을 끼치고, 예방과 교정을 위한 프로그램을 운영하는 데 보다 더 관여한다. 그들은 학생들이 현재 학교에서 앞으로 직업을 구하거나 상급 학교 진학으로의 이행을 결정할 수 있도록 지원한다. 그들에게는 이러한 이행과 관련된 발달 및 상황적 요인의 해결도 똑같이 중요하다.

전반적으로 학교 상담자들은 다양한 업무와 책임을 맡고 있다. 수동적이거나 제대로 교육을 받지 않은 학교 상담자들은 아이들과 사회에 도움이 되는 일을 할 수 없으며, 앞으로도 해선 안 된다는 새로운 인식이 생기고 있다(Cecil & Cobia, 1990; Guerra, 1998; House & Hayes, 2002). 아마도 학교 상담자와 지역사회가 그 과정에 더 참여하게 되고, 관련 학회와 기관의 지도자들이 국가적 수준에서 학교상담 조직을 지속하는 것과 같이 21세기에 모든 학교상담에서의 개선이 이루어지기까지는 앞으로 10년 이상의 시간이 필요할 것이다 (Baker & Gerler, 2008).

학습활동

1. 3명씩 모여서 자신의 초 · 중 · 고등학교 시절의 상담자에 대해 어떻게 생각했는지, 상담자와의 경험이 있다면 얘기를 나누어 보라. 그들은 이 장에서 언급된 학교 상담자 역할의 전형적인 예가 될 수 있는가? 그들이 당신 혹은 당신의 학교에 기여한 최선의 것은 무엇이었는가? 그들이 제공하는 서비스가 개선되기 위해선 무엇이 달라져야 했는가?

2. 학교상담에 대한 ASCA 모델 및 Educational Trust 계획의 영향력에 초점을 맞춘 논문 몇 편을 읽고 당신이 알게 된 결과와 동향은 무엇인가? 그 정보는 당신에게 학교상담이 지향해야 할 방향에 관해 무엇을 말해 주는가?

3. 당신이 중학생이던 때를 회상해 보라. 그 당시 당신의 가장 큰 관심사는 무엇이었으며, 당신은 그것을 어떻게 다루었는가? 다른 동료들과 나눠 보라(당신이 느끼기에 편하다고 생각되는 내용으로). 그때 당신에게 도움이 되었다고 생각되는 상담자의 개입 활동은 무엇인가?

4. 요즘 고등학생들의 가장 큰 관심사는 뭐라고 생각하는가? 가장 크다고 생각되는 순서대로 다섯 가지를 써 보라. 3명씩 짝을 지어 의견을 나눠 본 후, 당신이 속한 집단에서 정한 순위와 학급 전체의 순위를 비교해 보라. 학급 전체의 순위와 어느 정도 일치하는가? 이 관심사 중 하나를 골라 그것을 어떻게 다룰 것인지 토론해 보라.

5. 당신이 초등학교 상담자라고 가정해 보라. 당신이 선택한 주제에 관한 생활지도 수업 계획을 구상해 보라. 그러고 나서 수업에서 당신의 계획을 어떻게 실행할 것인가에 대해 발표해 보라. 당신이 그 주제를 고른 이유는 무엇인가? 당신의 수업을 듣는 이들은 그 경험을 얼마나 유익하게 받아들일 것 같은가?

제18장

대학생 상담 및 학생생활 서비스

1. 학생생활 서비스와 대학상담의 시작
2. 대학생 상담 및 학생생활 서비스를 위한 이론적 배경 및 전문가 배치
3. 대학상담
4. 학생생활 서비스 전문가
5. 비전통적인 학생과의 상담 및 학생생활 서비스

그저 가을 단풍처럼
당신이 가져온 9월의 공기를 감상합니다.

당신의 변화는 단풍의 붉음처럼 화려하지는 않지만
황혼의 불타는 주홍빛처럼 따뜻합니다.

그렇지만 당신의 존재는 개별 혹은 집합으로
낙엽처럼 캠퍼스에 점점이 드러나거나
혹은 부드럽게 섞여 스며들어
회색빛 행정실의 그림자가 되기도 합니다.

당신이 오신 것을 환영합니다.
우리가 여름의 끝에서
선명하고 시원한 공기를 기대한 것만큼

우리는 당신의 정신을 환영합니다
그것은 은유와 이상으로서 우리에게 생기를 불어넣어 주며
변함없이 인생을 살아가기에…….

– Gladding (1982)

매년 1,200만에서 1,300만 명의 미국인들이 고등교육의 수혜를 받고 있다. 21세기에 들어서 25~34세 미국 성인의 25% 이상이 4년제 대학교 이상의 교육과정을 수료했다. 일본도 이와 비슷한 비율을 보이고 있으며, 캐나다는 18%, 영국, 프랑스, 독일은 12%를 보이고 있다(Horton, 1994). "많은 수의 학생, 특히 예전 학생들의 경우 대학 진학을 독립, 의사결정, 역할의 이동이 증가하는 표징으로 받아들였다."(Hinkelman & Luzzo, 2007, p. 144) 이 시기는 또한 "학생들이 적극적으로 자신의 정체성을 개척하고 자신을 정의하려고 하기 때문에 발달에서 결정적인(critical) 기간"이기도 하다(Jourdan, 2006, p. 328). 따라서 대학 진학은 단지 학업의 연장을 의미하지는 않는다. 그것은 또한 학생생활 서비스가 왜 대학기간 중에 제공되어야 하는지의 이유이기도 하다. 학생생활 서비스는 대부분 학교 교육과정의 형태나 보조 프로그램, 혹은 상담의 형태로 제공되는 경우가 많다(Komives, Woodard, & Delworth, 1996).

미국의 대학 캠퍼스에서 학생생활 서비스 및 상담이 시작된 것은 20세기 초반의 일이다. 1930년대에서 1940년대 사이에 미네소타 대학교 학생처장이었던 E. G. Williamson이 교직원의 관점에서 서비스의 시간, 형태 등의 표준을 설정하였는데, 이는 일종의 지시적이고 상담자 중심적인 접근 방식이라고 볼 수 있다(Williamson, 1939). 그의 모델에서는 "내담자들이 되고 싶어 하는 것이 되도록 도와주는 것으로는 충분하지 않다. 그들이 되고 싶은 것 이상으로 이끌어 주는 것이 중요하다."고 강조한다(Ewing, 1990, p. 104). 학생 및 교직원 중심의 미네소타 모델은 세계대전이 끝날 때까지 남아 있었다. 그 당시 연방정부에서는 고등교육기관에서 제공하는 다양한 서비스에 돈을 쏟아붓기 시작하였고, 다양한 관점과 목표를 지닌 서비스들이 서로 충돌하고 경쟁하게 되었다.

학생생활 서비스, 학생 발달, 상담의 중요성에 대한 생각은 1940년대 이후에 점점 더 정착되어 갔다. 이러한 서비스는 1970년대 이후에 학생 관련 업무의 일부로 자리 잡았다(Canon, 1988; Winston & Creamer, 1997). 때로 학생생활 서비스와 대학상담은 여러 구체적인 방식으로 엮여 있다(Evans, Carr, & Stone, 1982). 이 두 가지가 기반으로 하고 있는 공통 영역은, 예컨대 학생의 전체적인 건강과 발달에 중점을 두는 것이다. 따라서 이 장에서는 대학생 상담 및 학생생활 서비스가 학생, 교수, 직원, 행정가 등의 학교생활에 어떻게 기능하고 있고, 어떤 영향을 미치는지에 대해 다룰 것이다.

교실 밖에서 대학생들을 위해 일하는 사람들은 다양한 배경과 훈련을 기반으로 두고 있다(Bloland, 1992; Komives et al., 1996). 그들은 재정 지원, 입학, 직업 계획 및 배치, 보건교육, 학내 노동조합, 등록, 거주, 자문, 국제 활동 등의 부서에서 활동하고 있다. 그들이 제공하는 서비스는 다음과 같다(Kuh, 1996; Kuh, Bean, Bradley, & Coomes, 1986).

- 학생 활동과 관련된 서비스(예: 성적, 학내 활동 등)
- 학생 특성과 관련된 서비스(예: 적성, 포부 등)
- 학생 성장과 관련된 서비스(예: 인지적, 도덕적, 사회/정서적 서비스 등)
- 학업 성적과 관련된 서비스(예: 공부방법 등)

상담자 및 학생 서비스 담당자들은 학생들의 전반적인 발달과 관련된 공통의 관심을 강조한다(Brown & Helms, 1986; Johnson, 1985; Komives et al., 1996). 이와 관련해서 여러 전문가 협회가 얽혀 있다. 1992년까지 ACA 산하의 미국대학교직원협회, American College Personnel Association(ACPA)는 다양한 방면의 전문가들로 구성되어 있었다. 이 협회는 1924년에 공식적으로 결성되었으며, 세 번에 걸쳐 이름을 바꾸었다. 이 협회의 회원들은 학생 서비스와 관련된 직무에 다양하게 임하였다. 또 다른 주요 협회로는 미국대학상담학회, 즉 American College Counseling Association (ACCA)가 있다. 이곳의 회원들은 미국의 각종 대학에서 상담 업무를 전문으로 하는 사람들이다(Davis, 1998; Dean, 1994). 학생생활 서비스 분야의 다른 조직으로는 National Association of Student Personnel Administrators(NASPA), APA의 17분과인 Society of Counseling Psychology, 그리고 American School Counselor Association(ASCA) 등이 있다.

학생생활 서비스와 관련된 각종 전문가들로 구성된 연합 조직을 만들려는 다양한 시도가 여러 해에 걸쳐 이루어졌지만, 결국 아무도 성공하지 못했다(Sheeley, 1983). 이러한 실패는 아마도 그 구성원들이 각기 다른 배경 및 훈련을 기반하고 있기 때문일 것이다(Bloland, 1992). 학생들을 위해 일하는 사람들은 다양한 다른 영역에서 고용되며, 각각의 전문화된 분야와 서비스에 집중하는 경향이 있다. 또한 각 학교에서도 초점을 두는 학생생활 서비스 역시 다양하다. 어떤 대학에서는 연구 및 장학금에 초점을 두고 있고(독일 대학의 전통으로 알려져 있다), 어떤 대학은 전인교육에 중심을 두고 있으며(영국의 인문교육 전통), 어떤 대학은 직업교육 및 전문가 양성(미국식 패러다임)에 초점을 둔다(Rodgers, 1989; Rubin, 1990). 학생생활 서비스 전문가들은 각각의 대학에 대한 자신들의 시각, 의견, 가치관 등을 피력하며, 대학 역시 그들의 가치에 따라 이러한 사람들을 고용한다(Canon, 1985).

또한 학생생활 서비스 관련 출판물 역시 점점 다양해지고 있다. 주요 정기 간행물로는 『*Journal of College Student Development*』『*National Association of Student Personnel Administrators Journal*』『*Journal of College Counseling*』 등이 있다. 주제에 따른 계간지인 New Directions for Student Services(Jossey-Bass 출판)는 매우 영향력 있고 인기 있는 저널이다.

1. 학생생활 서비스와 대학상담의 시작

상담을 포함한 고등교육기관의 학생생활 서비스는 처음부터 넓은 영역에 걸쳐 있었다. "역사적으로 우리가 지금 학생 서비스라고 부르는 일에 대한 교직원의 참여는 전체 참여에서 시작해서 점차 그 기능이 분리되었다."(Fenske, 1989, p. 16)

이러한 변화는 미국 고등교육의 성장과 맞물려 시간이 지나면서 차차 이루어졌다(Canon, 1988, p. 451).

- 1862년 Morrill Land Grant Act가 통과함으로써 미국 고등교육에서 주립대학의 설립 및 최종 우위에 영향을 미쳤다.
- 미국 대학생 집단 내의 다양한 의견 생성
- 대학교수 역할의 변화: 교수가 더 이상 학생의 도덕성 발달에 관여하지 않거나, 학생의 성격 발달에 관여하지 않거나, 혹은 부모의 역할을 대신하지 않는다.
- 대학교수의 연구 및 지적 발달에 대한 관심 증대(예: Hutchins, 1936)
- 학교의 지배 구조와 관련한 일상에 대해 교수의 관심 부족
- 상담 서비스 및 기타 전문 직업군의 출현
- Sanford(1962, 1979) 문서. 대학 재학기간 중 학생의 발달은 어려움과 원조에 의해 이루어지며, 교육과정 활동은 "발달적 변화를 주도하거나 가속화하거나 혹은 억제" 할 수 있다.

직업으로서의 학생생활 서비스는 제1차 세계대전 종전 후부터 1930년대의 대공황 사이에 고등교육기관을 통해 빠른 속도로 성장했다(Fenske, 1989). 이 기간 동안 많은 학생생활 전문가는 이러한 서비스가 주류의 학업 프로그램에 포함되기를 바랐다. 그러나 그 당시 학생생활 서비스와 관련된 이론적 당위성이 강력하게 뒷받침되지 못했고, 이에 따라 학업 프

로그램의 일부가 되지도 못하였다. 이후 많은 수의 학생생활 서비스 전문가가 대공황 시기와 맞물려 해고되었다. 학생생활 서비스는 지금에 이르러서도 “꼭 필요하지만 주변부에 머무르는” 역설적인 위치에 있다(Fenske, 1989, p. 6).

직업으로서의 대학상담은 1940년대 후반까지는 시작하지 못했다. 이 시기에는 대학교수 및 학장이 학생 상담자로서의 역할을 하였다(Pace, Stamler, Yarris, & June, 1996). 이런 식으로 대학상담이 지연된 이유는 대부분의 학생은 학교에 잘 적응하고 있고, 정신적으로 우울한 소수의 학생은 정신과 의사에게 보내면 된다는 식의 문화적 관점 때문이었다. 그러나 제2차 세계대전 이후 많은 수의 참전 군인들이 대학에 돌아오면서 그들을 도울 인력에 대한 필요성이 대두되었고, 대학 캠퍼스 내에 새롭게 상담 센터를 설립하였으며, 상담심리학자 및 상담자들이 그 안에서 일하게 되었다. 나아가 제2차 세계대전 중간과 종전 이후, 상담심리학자들이 정신과 의사가 했던 것과 마찬가지의 임상적 작업을 할 수 있는 권리를 획득하게 되었다(Ewing, 1990).

2. 대학생 상담 및 학생생활 서비스를 위한 이론적 배경 및 전문가 배치

대학생 상담 및 학생생활 서비스는 모든 연령대의 대학생들이 어떠한 방식으로 배우고 성장하고 발달하는지에 대한 이해를 바탕으로 한다. Bloland(1986)는 “처음 채용된 사람들을 제외한 대부분의 전문가는 학생 발달과 관련된 이론 및 실제에 대해 잘 알고 있다.” (p. 1)고 주장한다. 학생들을 대상으로 함께 효과적으로 작업하는 것은 전문적인 지식을 요구한다. 따라서 특히 대학 상담자는 학생들이 가진 자율성, 정체성, 그리고 친밀감 등 예상되는 발달적 갈등과 만성적인 심리장애의 차이점을 잘 구분할 수 있어야 한다(Sharkin, 1997). 아무리 전문가가 좋은 의도로 임하더라도, 대학생들의 발달적 특성과 심리장애의 두 가지의 차이점을 제대로 구분해 내지 못한다면 윤리적 혹은 법적으로 학생에게 해가 될 수도 있다(Canon, 1989; Kitchener, 1985).

이론적 바탕

대학생 상담 및 학생생활 서비스 전문가는 학생들이 겪는 발달적 상황에 대해 예측할 수 있는 여러 이론적 모델을 활용할 수 있어야 한다. 이데올로기적 관점에서는 대리부모, 학생 서비스, 학생 발달의 세 가지 형태가 지배적이다(Rodgers, 1989). 대리부모로서 교수와 교직원들은 학생에게 도덕적 가치를 훈육하는 역할을 한다. 학생 서비스 모델에서는 소비 주체로서의 학생을 강조하고 학생의 발달을 촉진시키는 서비스의 제공을 중요시한다. 이 모델에서는 학생식당 방식의 서비스 제공, 즉 학생이 자신이 필요하다고 여기는 것을 제공받을 수 있는 것이 중요하다. 학생 발달 모델에서는 "대학생들이 배우고 발달하는 것을 도울 수 있는" 연구를 기반으로 한 환경을 설립하는 것에 초점을 맞춘다(Rodgers, 1989, p. 120). 학생 발달 모델은 일종의 사전 행동이며, 특수한 집단의 학생들에게도 유용한 기회를 마련한다.

학생 발달 모델 내에서도 적어도 네 가지 종류의 발달이론, 즉 심리사회적 이론, 인지-구조이론, 개인-환경 상호작용론, 유형론이 활용될 수 있다. 심리사회적 이론은 Arthur Chickering의 저작(예: Chickering & Resisser, 1993)을 통해 잘 설명되어 있다. 그의 설명에 따르면, 대학생들은 일곱 가지의 발달 과업을 가지고 있다. 그것은 유능감(competence), 자율성, 감정 조절, 정체성, 목적, 통합 그리고 인간관계다. 이러한 발달 과업은 Erik Erikson(1968)의 청년기 발달 단계의 연장선에서 이해될 수 있다. Chickering 이론의 강점은 Erikson이 제시한 개념을 대학 상담자 및 학생생활 전문가들에게 맞게 설명하고, 그들이 대학생들이 가지고 있는 주요 문제들과 더불어 상담 실무를 하고, 개입 프로그램을 계획하는 데 활용도가 높다는 점이다. 대학생들이 가지고 있는 주요 문제로는 진로 및 직업발달, 친밀감의 획득, 성인으로서의 인생철학 형성 등이 있다. 좀 더 구체적으로 살펴보면, 1학년 학생들과 4학년 학생들이 당면하고 있는 구체적인 발달의 단계는 같지 않다. 1학년 학생들은 유능감을 확인하고, 감정을 조절하며, 자율성을 발달시키는 데 더 치중하는 경향이 있다. 반면에 4학년 학생들은 정체성을 확립하고, 대인관계에서 자유로워지며, 인생의 목적을 세우고, 통합성을 확립하는 것이 주요 화제다(Rodgers, 1989).

인지-구조 이론은 개인이 어떠한 방식으로 세계를 이해하는 감각을 발달시켜 나가는가에 초점을 맞추고 있다. 이 이론에서는 지각과 평가를 다루는데, 이러한 개념은 도덕 및 지성 모델인 Perry(1970)와 Kohlberg(1984)의 저서에 잘 설명되어 있다. 그들의 이론적 모델은 과정중심, 위계적, 순차적 형태를 가지고 있다. 예를 들어, Perry의 모델은 성장을 단순 이중구조(지위 1과 2)에서 복잡성(지위 3과 4)과 상대성(지위 5와 6), 상대적 형태에 대한 헌신(지위 7과 8)으로 나가는 것으로 파악하였다. Kohlberg의 이론은 "전관습적, 관습적, 관습후인 3단계의 도덕성 발달"을 전제로 한다(Delve, Mintz, & Stewart, 1990, p. 8). 이 이론들에 따르면, 각각의 새로운 단계에는 기존의 단계를 완성한 후에 이를 바탕으로 이를 수 있다. 인지적 불편감은 변화의 원동력이다. 이러한 접근은 "사람들이 민주주의 사회에서 어떻게 생각하고, 어떻게 자신의 행동을 조절하며, 자신의 행동에 책임을 지는지에 대한" 내용을 명시하고 있다(Herman, 1997, p. 147).

개인-환경 상호작용 모델은 "학생과 대학 환경 사이에서 발생하는 다양한 개념화와 상호작용 그리고 그 적합성 및 일관성 정도"에 근거한다(Rodgers, 1989, p. 121). 일관성은 개인의 "만족, 안정성 그리고 아마도 발달"을 이끌어 낼 것이다(Rodgers, 1980, p. 77). 이 이론에서는 인간의 발달이 전체적인 과정을 통해 이루어지는데, 이 전체적인 과정은 개인과 환경이 상호작용하는 모든 측면을 포함한다. 이 이론은 개인의 인생의 한 지점에서 일어난 성장과 발달이 또 다른 발달을 촉진할 수 있다는 점에서 심리사회적 이론과 비슷하다. 예를 들어, 어떤 학생들이 학생 활동에 적극적으로 참여하고, 리더십을 발달시켜 나가다 보면 수동적인 학생들에 비해 생활관리 기술 역시 좀 더 잘 발달시킬 수도 있을 것이다(Cooper, Healy, & Simpson, 1994). 마찬가지로 지역사회 봉사 활동에 적극적으로 참여하는 학생들은 조금 덜 자기중심적이 되어 가고, 공동체의 필요에 대해 민감해지며, 다른 사람에 대해 좀 더 공감적으로 반응할 수 있게 될 것이다(Delve, Mintz, & Stewart, 1990). 심리사회적 이론과 달리 개인-환경 상호작용 이론에서는 본질적인 발달 자체로서의 발달은 존재하지 않는다(Rodgers, 1980, p. 77). 심리사회적 이론과 달리, 사람-환경 이론(Rodgers, 1980, p. 77)에서는 "본질적으로 발달이 없다." 여러 방면에서 이 이론은 Kurt Lewin(1936)의 공식으로 표현될 수 있다. 즉, B=F(P, E)인데, B는 행동이고, P는 사람, E는 환경, F는 함수식을 뜻한다.

유형론에서는 개개인이 가진 기질, 성격 유형, 사회화 패턴의 차이점에 중점을 둔다. 이러한 차이는 시간이 지나면서 사람에게 점점 더 정착되는 것으로 가정되며, 개인의 성격은 각 유형의 조합으로 설명되는 경우가 많다. 성격의 패턴은 개인의 발달적 특성에 영향을 미치고, 각자의 동기, 노력, 성취와도 연결되어 있다고 여겨진다. 이 이론은 John Holland(1997)의 책에 잘 정리되어 있는데, 그는 개인의 성격 유형과 작업 환경의 관계를 설명하고자 하였다.

생/각/해/보/기

대학생들과 상호작용하는 학생생활 서비스 종사자들이 기반으로 하고 있는 발달이론은 다양하다. 책에서 제시한 네 가지의 이론 중 어떤 이론이 당신에게 가장 잘 와 닿는가? 왜 그러한가?

전문성의 준비

대학생 상담 및 학생생활 서비스 분야에서는 적절한 전문성의 준비가 가장 어렵다. 학생생활 서비스 전문가들의 기능이 워낙 다양하기 때문에 하나의 전문성 준비과정이 모든 대학원생의 요구를 만족시킬 수는 없다. 또한 개개인의 요구에 대한 구체화된 전문성이 "같은 대학원 과정에 다니고 있는 모든 학생에게 도움이 되는 것도 아니다"(Sandeen, 1988, p. 21). 따라서 CACREP는 각 분야에서 제공해야 할 각각의 다른 전문성의 기준을 마련하였다. CACREP의 인증을 받은 대학원 과정은 대학상담 및 학생생활 서비스에 대한 전문적인 훈련을 포함하고 있지만, 또다시 각각의 구체화된 전문 영역에 대한 특정한 교과과정과 전문화된 실습과정을 요구한다. 졸업을 위해 필요한 구체적인 교육과정과 경험은 Coucil for the Advancement of Standards for Higuer Education에 의해 인증된다(CAS, 2006). 각 과목에서 성과의 정도 차이가 상당하기 때문에 전문적인 의사결정을 가능한 한 빨리 내리는 것이 각 개인의 대학원 경력을 위해서 필수적이다.

3. 대학상담

강조점 및 역할

각 대학 상담자의 강조점 및 역할은 학생들이 매력적이라고 생각하는 특정 기관들, 그리고 지원 재정을 받고 있는 서비스를 기반으로 하면 대학마다 기준이 매우 다르다. 또한 대학 상담자들의 업무는 그들이 어떠한 모델에서 업무를 수행하는가에 따라서 영향을 받게 된다. 전통적으로 그들의 주요 네 가지 상담 서비스 모델은 대학상담 센터들이 준수하는 모델이었다(Westbrook et al., 1993).

- **심리치료로서의 상담:** 이 모델은 적은 수의 학생을 위한 장기간의 상담을 강조한다. 상담자는 내담자의 성격 변화를 처리하며, 다른 직업 관련 혹은 교육적인 문제들을 학생 학술 고문들에게 의뢰한다. 이러한 접근방법의 전제는 다음과 같다. "자아 발전은 대학생 연령의 학생을 상담하는 데 있어서 핵심적인 치료 쟁점이다"(Hinkel & Luzzo, 2007, p. 144).
- **직업 가이던스로서의 상담:** 이 모델은 학생들이 학문과 직업 관련 문제에 생산적으로 관련지을 수 있도록 도와주는 것에 중점을 준다. 상담자는 학문적 혹은 직업적 문제에 의사결정을 하지 않은 학생들을 다루며 이러한 문제뿐만 아니라 성격적 혹은 감정적 문제를 동반하는 학생들을 다른 기관에 의뢰한다.
- **전통적으로 정의된 상담:** 이 모델은 넓은 범위의 상담 서비스를 중점으로 하며, 그 분야

의 범위는 단기 혹은 장기 목표 간의 관계들과 개인적, 학문적 그리고 경력에 관한 관심사들을 포괄한다(Hinkelman & Luzzo, 2007). 상담자의 역할은 다양하다.

- **협의로서의 상담:** 이 모델은 학생의 정신건강에 직업적으로 영향을 주는 다양한 기관들 혹은 개인과 함께 일하는 것에 중점을 둔다. 상담자는 전략적인 개입을 통해 학생들에게 간접적인 서비스를 제공한다.

글로벌 상담(즉, 상호작용, 상호 의존, 지역사회 시스템)으로 여겨지는 다섯 번째 모델도 지지를 받아 왔다(Pace et al., 1996). 이 모델은 역동적이고 유동적이다. 이 모델은 상담 센터 직원들이 정신적으로 건강한 환경을 조성하기 위해 대학 혹은 대학 지역사회 구성원들과 상호적으로 업무를 수행할 것과 캠퍼스 내에서 개인 그리고 다른 자원들을 사용할 것을 제안한다. 이러한 개념은 '큐브(Cube)' 개념으로부터의 진화(Morrill, Oetting, & Hurst, 1974, p. 355)이며, 큐브 개념과 같이 이 모델은 주요 세 영역을 강조한다. 즉, 상담자들이 개입을 하는데 **표적**(개인, 주요 단체, 협력 단체, 그리고 기관 또는 지역사회), **목적**(교정적, 예방적 또는 발달적), **방법들**(직접 서비스, 상담과 훈련 또는 미디어)이 쓰인다. 글로벌 모델은 상담자의 역할을 바꾸고 상담 센터의 직원들이 더욱 유동적이고 역동적이 될 것을 주문하면서 대학상담 센터에 중점을 둔다([그림 18-1] 참고).

현실에서 대부분의 대학상담 센터는 다양한 내담자를 돕고 지역 캠퍼스 요구를 충족하기 위해 다양한 서비스를 제공하고 있다.

사 례 **Debra 직접 서비스**

Debra는 오랜 세월 동안 한 대학교의 상담 센터 감독으로 열심히 일해 왔다. 그녀는 학생들과 함께 일하는 것을 사랑했으며, 신속하게 좋은 직원을 꾸렸다. Debra는 단지 한 가지 문제를 가지고 있었는데, 그것은 그녀가 어떠한 서비스들이 가장 많이 필요한지 모른다는 것이었다. 하지만 그녀는 상담 센터로부터 그 센터가 운영하고 있는 방법(전통적으로 정의된 상담)을 제공하는 것으로 인하여 문제가 생겨서는 안 된다는 이야기를 듣게 되었다.

상담 센터가 제공하게 될 서비스를 결정할 때 Debra는 다른 어떤 상담 서비스를 고려해야 하는가? 어떤 모델이 당신의 기관에서 가장 잘 운영이 될 것인가? 그 이유는?

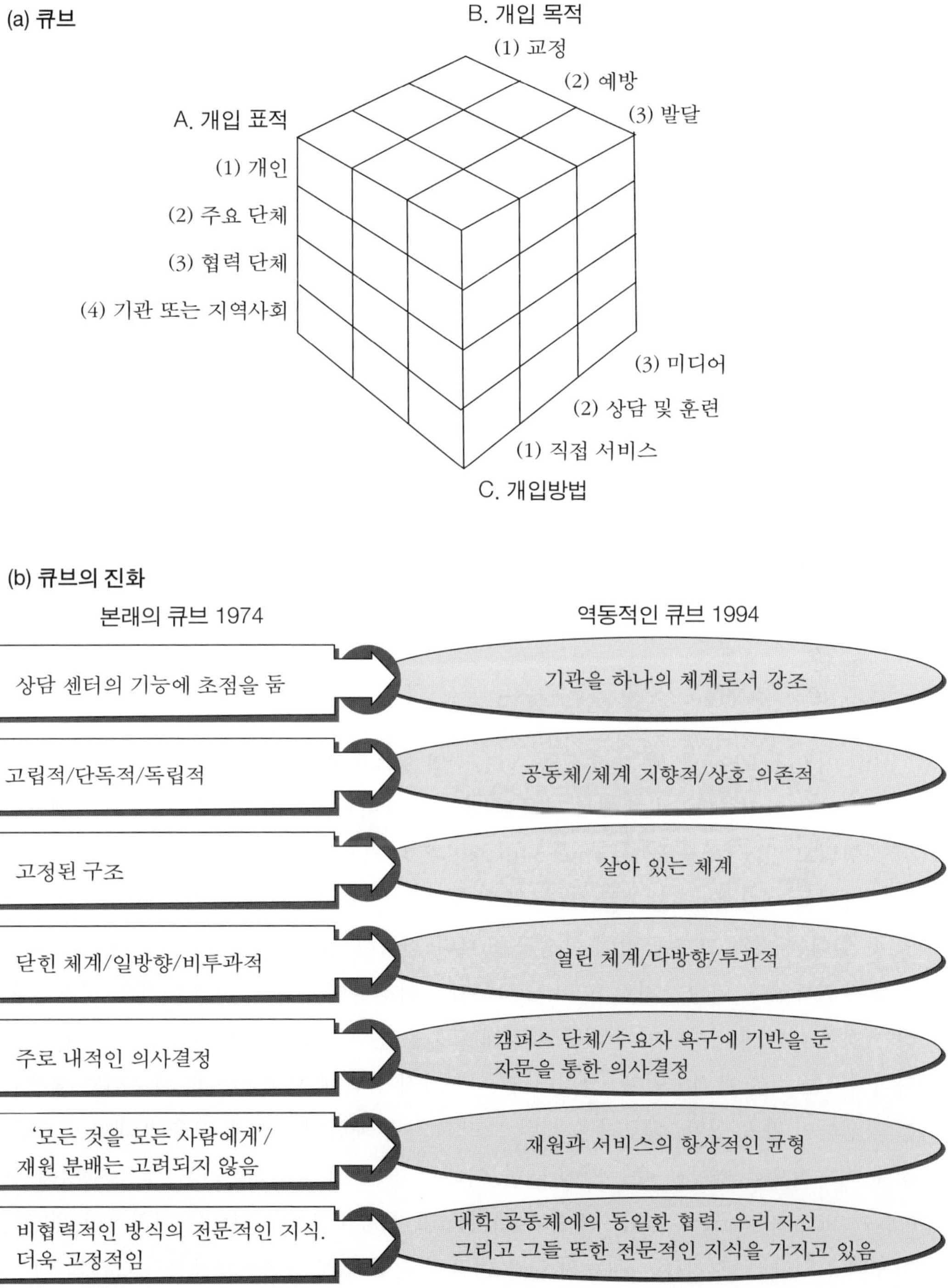

[그림 18-1] 큐브와 큐브의 진화

출처: (a) Morrill, Oetting, & Hurst (1974). (b) Pace, Stamler, Yarris, & June (1996).

활동

대학 상담자들의 활동은 포괄적이고 다양하다는 점에서 학생 같은 삶의 패턴을 가진 전문가의 활동들과 비슷하다. 이 두 집단의 일부 서비스는 중복된다. Lewing과 Cowger (1982)는 일반적으로 대학 상담자들의 의제에 영향을 주는 아홉 가지 상담 기능을 발견하였다.

- 학술 및 교육 상담
- 직업상담
- 개인상담
- 검사
- 슈퍼비전과 훈련
- 연구
- 교육
- 직업 능력 개발
- 관리

사실 이 아홉 가지 중 세 가지 활동(개인, 직업 그리고 교육 상담)이 대학 상담자의 시간 중 50% 이상을 차지한다. 이 책에서 다루고 있는 상담이론들은 대부분이 대학상담 센터들에서 시행되고 있다. 예를 들어, Thurman(1983)은 인지적, 정서적 이미지를 포함하는 REBT가 대학생들 사이에서 A형 행동(시간에 쫓기며 경쟁적이고 적대적인)을 감소시키는 데 효과적일 수 있다는 것과 그 접근법이 학생들을 보다 건강한 성취자로 이끄는 데 도움이 된다는 것을 발견하였다. 마찬가지로 Watkins(1983)는 학생들이 현재 그리고 미래의 계획을 평가하는 것과 대학에 거주할지에 대한 결정에 도움을 준다는 점에서 인간중심 접근이 가장 효과적이라는 것을 발견하였다. 심지어 결혼과 가정 상담에 가장 빈번히 사용되는 체계이론은 학생들이 가족 역학, 상호작용 패턴 그리고 가족 패턴이 어떻게 교육에 대한 중요한 결정에 지속적으로 영향을 주는지에 대한 이해를 돕는 데 효과적이라는 것을 증명해 왔다(Openlander & Searight, 1983). 또한 체계이론의 한 형태인 단기치료는 대학상담 센터에서 이용되고 있다. 단기치료는 치료의 틀을 치료적 진행에 영향(좋은 방향 또는 나쁜 방향)을 줄 수 있는 비가족 구성원을 포함함으로써 확장시켰다(Terry, 1989, p. 352). 이 치료에서 캠퍼스 공동체 내의 대립적인 비가족 구성원들은 의미 있는 관계들을 형성하고 문제에 봉착한 상황들에 변화를 주기 위해 화합을 하게 된다. 이 치료의 숨은 아이디어는 캠퍼스 내의 학생들이 서로서로 문제 해결에 도움을 줄 수 있고, 문제 및 문제 행동의 해결을 통해 그들의 환경을 더욱 건강하게 만들 수 있다는 것에 있다. 이 과정을 통해 비난하기와 책임 전가하기는 멈추게 된다.

대학 상담자들이 직면하고 있는 어려움은 서비스를 제공하는 데 있으며, 그 어려움은 대학상담 센터가 수용하는 88% 이상의 필수 의뢰를 통해 효율적으로 다루어지고 있다(Kiracofe & Wells, 2007). 이러한 사례들은 도전을 받고 있는데, 그 이유는 다른 어떤 것보다 외부 행동의 변화에 더 관심을 가지고 많은 의뢰를 하고 있는 사법 위원회와 관리자 때문이다. 더욱 상황을 악화시키는 것은 사실상 자발적이지 않은 학생들을 다루는 데 필요한 이론적인 문헌이 전혀 없다는 것이다. Kiracofe와 Wells에 따르면, 변화 전략을 위한 준비는 필요로 하는 내담자와 함께 사용되어야 하며, Prochaska(1999)의 준비 모델을 기반으로 해야 한다([그림 18-2] 참고).

자각 전 단계에서 학생들은 변화할 동기를 가지고 있지 않으며, 아마도 처벌과 제재에 가장 잘 반응할지도 모른다. 하지만 혼자 불려 온 학생은 동기 부여 인터뷰와 심리교육적 인식 활동들을 통해 변화와 그들의 삶을 향상하는 활동에 전념할지도 모른다.

또 다른 도전적인 문제는 대학 상담자들이 지속적으로 변화하는 학생 문화에 직면하고 있다는 것이다(Bishop, 1992). 예를 들어, "대략 24%의 대학생들이 신체 변형을 하고…… 문신 그리고 신체 피어싱을 하는 것은 아마도 부상당한 문화 규범을 나타내고 있는지도 모른다"(Roberti & Storch, 2005, p. 15). 대학생들의 행동은 각 세대에 따라 변화한다(〈표 18-1〉 참고). 현재의 학생 집단의 문화는 그 이전의 학생 집단의 문화와 같지 않다. 사실 최근 몇 년간 대학상담 센터 실무자들은 "심각한 심리적 문제를 나타내는 학생의 수가 증가하는

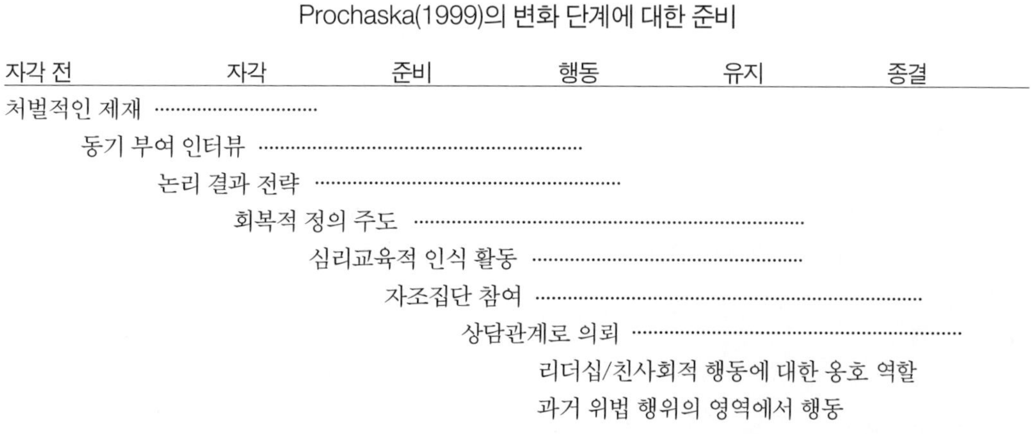

[그림 18-2] 학생의 변화에 대한 준비 기반의 정의 활동을 위한 전략의 연속성

출처: Kiracofe & Wells (2007).

것뿐만 아니라 그 문제의 심각도가 전반적으로 증가하는 것에 대하여 긴급한 우려를 표현하고 있다" (Sharkin, 1997, p. 275).

〈표 18-1〉 대학 및 대학상담 센터에서 볼 수 있는 내담자 문제의 분류

개인과 사회 적응	직업 관련 고민
인간관계의 어려움	• 직업의 불확실
• 분노/짜증/충동 조절	• 진로의 불투명
• 연인과의 결별	• 자기 흥미/능력에 대한 지식의 부족
• 데이트 관련 어려움	**스트레스와 신체화 증상**
• 사랑하는 사람의 죽음	스트레스
• 교우관계의 어려움/외로움	• 두통/복통
• 가족/부모/형제자매	• 불면증
• 연애 상대/배우자	• 외상후 스트레스 장애
자기존중감	불안
• 자기상	• 문제에 대한 집착
• 수줍음	• 수행불안
• 자신감/자기주장	• 긴장
• 실패에 대한 두려움	• 비합리적 불안/공포
존재론적 고민	• 공황발작
• 인생의 의미	**정신적 고통으로 인한 증상**
• 종교의 역할	• 물질남용
• 가치 갈등	• 약물/마약
우울	성적 장애
• 자살하고 싶은 기분과 생각	• 성욕 문제
• 절망감	• 성기능장애
• 누군가의 죽음 이후 비탄	섭식장애
성 학대 및 성희롱	• 거식증
• 학대	• 폭식증
• 희롱	• 신체 이미지 문제
학업 및 직업 관련 고민	특이한 행동
학업 고민	• 혼란된 사고
• 학업 수행	• 환각
• 미루기	• 사회적 고립
• 학습 기술 부족	• 편집증적 사고
• 성적	• 경계성 인격장애

출처: Bishop, Gallagher, & Cohen (2000).

생/각/해/보/기

〈표 18-1〉에 나와 있는 대학생들의 문제 중 당신을 놀라게 한 것이 있는가? 어떤 일들이 발생할 것이라고 기대하였는가? 대학생들이 현재 직면한 문제나 도움이 필요한 부분들에 대해 당신의 인식이 발전된 부분이 있는가?

우울 및 우울 증상은 미국 대학생들 사이에 일반적으로 나타난다(Dixon & Reid, 2000, p. 343). 매년 "20%의 학생들이 대학상담실을 찾아와 상담을 받으며, 그 비율은 계속 늘어날 것으로 기대된다"(Geraghty, 1997, A32). 따라서 교육 프로그램 및 예방 프로그램 모두 학생들이 현재 당면한 문제에 대처할 수 있도록 주기적으로 수정되어야 한다.

전문가 수준에서 다루어지는 서비스가 다양화되고 그 수가 증가하는 것은 모두에게 이익이 된다. College Adjustment Scales는 대학생들이 겪는 일반적인 발달 및 심리적 문제를 가려낸다(Anton & Reed, 1991). 아홉 개의 척도가 불안, 우울, 자살 사고, 물질남용, 자기존중감 문제, 대인관계 문제, 가족 문제, 학업 문제, 진로 및 직업 문제 등의 심리적인 어려움을 측정한다. 이 척도는 대학상담 센터들이 제공하는 서비스 및 프로그램을 이용하는 데 중요한 평가도구로 사용된다.

또래상담은 전통적인 대학상담을 넘어서서 학생들에게 상담 서비스를 효과적으로 전달하는 방법이다. 학생들은 마치 법칙처럼 친구한테 가장 먼저 도움을 청하고, 그다음에 가까운 친척에게 연락을 하며, 마지막으로 자기 가족에게 이야기를 꺼내고, 그래도 안 되면 상담자를 찾아온다. Ragle과 Krone(1985)은 오스틴 소재 텍사스 대학교에서 입학 전 여름 오리엔테이션 프로그램을 마친 신입생들이 또래의 조언자를 찾아 다양한 고민을 토로하는 것을 발견하였다. 나아가 그들은 또래 상담자들과의 접촉이 대학생활에 많은 도움이 되고, 대학이 좀 더 따뜻한 곳이라고 인식하였다고 한다.

때때로 또래 상담자들은 기숙사 조교를 맡기도 한다. 기숙사 조교는 각각의 기숙사에 배정되어 생활한다. 기숙사 조교들이 제공하는 서비스는 치료적이고, 예방적이며, 학생들에게 쉽게 드러나 있다(Schuh, Shipton, & Edman, 1986). 기숙사 조교는 위기 상황에 개입하고, 짧은 상담을 제공하며, 갈등을 중재하고, 정보를 제공한다(Blimling & Miltenberger, 1981). 그들은 학생들로 하여금 상담이나 상담과 관련된 서비스에 호의를 느끼게 하며, 동시에 대학상담 센터에서 상담을 받을 수 있다는 사실을 잘 인식하도록 돕는다(Johnson, Nelson, & Wooden, 1985). 나아가 교수 및 교직원들이 발표나 세미나를 통해 기숙사 조교들에게 학생들의 신체 및 정신 건강 주제에 대해 잘 이해할 수 있는 지원 프로그램을 제공하는 경우도 있다. 또한 기숙사 조교들은 대학상담 센터로부터 이러한 지속적인 전문 훈련 과정과 슈퍼비전을 받는다. 이러한 프로그램은 기숙사 조교 자신에게도 도움이 되고, 기숙사에서 생활하는 학생들 그리고 학교 전체에 통합적이고 예방적인 효과를 가져올 것이다.

대학 상담자는 다른 학생생활 전문가와 함께 서비스 및 프로그램을 제공할 수 있다. 가장 중요한 서비스 네트워크는 알코올, 성적 학대 및 성폭력, 섭식장애, 우울증과 관련된 것이다.

"음주는 대학 캠퍼스의 심각한 문제다."(Laux, Salyers, & Kotova, 2005, p. 41) 대학생의 90%가 학기 중에 때때로 술을 마시며, 20% 정도는 심각한 술꾼으로 한 달에 하루는 1온스[1] 이상의 술을 마신다(Steenbarger, 1998). 따라서 알코올과 관련된 문제나 알코올 남용, 알코올을 수반하는 문제가 만연한 것이 놀랄 일은 아니다(Kadison & DiGeronimo, 2004).

폭음(남자의 경우, 5잔 이상의 음료를 한 번에 마시고, 여자의 경우는 4잔 이상)은 점차 증가 추세에 있다. 대학생의 1/3이 앉은 자리에서 취해 버린다(Commission on Substance Abuse at College and Universities, 1994). 무책임한 음주는 데이트 강간, 피임을 하지 않는 섹스, 학업 장애, 자살 등으로 이어지기도 한다. 대학에서 음주를 금하는 경우, 특정 행사가 있거나 할 때 캠퍼스 인근에서 폭동이 발생하는 경우도 있다(Lively, 1998).

따라서 알코올 남용으로 학생들은 상담자 및 기타 학생생활 전문가들과 접촉하게 될 가능성이 높다(Gill-Wigal, Heaton, Burke, & Gleason, 1988; Kadison & DiGeronimo, 2004). 유효한 치료를 받기 전에 학생들 스스로 통제 불능 행동을 교정하는 데 도움이 필요하다는 사실을 깨달을 필요가 있다. 이를 위해 보통 알코올 남용과 자신의 관계에 대한 부정을 벗어나게 도와줄 체계적인 단계들이 시행된다. 개입은 종종 개인 단위로 이루어지지만 집단 단위로도 흔히 이루어지며, 통찰(insight)과 행동 수정을 포함하여 다양한 치료가 수반된다.

알코올을 남용하는 학생들은 결손 가정에서 자라난 경우가 많다. 그들은 이런 환경에서 성장하는 것 자체와 관련된 여러 문제를 경험하게 된다(예: 일 중독, 우울증, 의존, 반사회적 경향, 음식 중독). 이런 학생에게 상담자들이 사용하는 구체적인 개입에는 학생들로 하여금 가정생활 드라마에서 자신이 맡은 역할을 명확하게 규정하고, 상호작용의 비생산적인 패턴에서 벗어나도록 돕는 것이 포함된다(Crawford & Phyfer, 1988). 비생산적인 패턴을 끝내도록 상담자들이 사용할 수 있는 한 가지 방법으로는 학생들이 이전에 경험하지 못했던 기능적으로 건강한 방식으로 학생들에게 반응해 주는 것이 있다. 또래상담 역시 이 과정에서 어느 정도 도움이 될 수 있다.

근친상간 및 강간 같은 성폭행과 폭력은 많은 학생, 특히 여학생들이 대학생활 동안 다

1) 역자 주: 1온스는 약 28.35g이다.

루어야 하는 문제다. 성적 범죄를 둘러싼 역학은 유사점과 차이점이 있다. 많은 경우 공통분모는 알코올 남용이다. 캠퍼스에서 일어나는 대부분의 강간은 폭행만큼이나 알코올과 관련되어 있다(National Center on Addiction and Substance Abuse at Columbia University, 2007) 성범죄로부터의 회복과정에는 최소 두 단계가 있다. ① 급성-혼란을 특징으로 한다. ② 장기 재조직-외상의 고통을 다루며 지지를 통해 삶을 재건하는 것을 포함한다(Burgess & Holstrom, 1974; Scrignar, 1997).

사례 Al과 알코올

Al은 친척들에게 대학에 가면 그가 얼마나 재미있는 경험들을 하게 될지에 대해 들었다. 대부분의 이야기는 알코올과 관련된 사건들이었다. 그래서 Al은 맥주를 접하기로 마음을 단단히 먹었고, 오래지 않아 기회를 잡을 수 있었다.

Al은 공부 대신 맥주에 심취했다. 그는 거의 매일 밤 술을 마시며 하는 게임을 즐겼다. 그러나 어느 날 밤 그는 다소 취한 상태로 운전하다가 캠퍼스 경찰에 잡혔다. 대학상담 센터에 가 보라는 지시를 받고 Al은 마지못해 그렇게 했다. 그의 상담자인 Charlotte에게 한 첫 마디는 이랬다. "사람이 재미를 볼 때 어떻게 화가 나지 않게 할 수가 있겠어요? 쳇!"

당신이 Charlotte의 상황이라고 생각해 보라. 당신이 맡게 된 Al에게 어떻게 대응할 것인가? 그리고 어떻게 Al로 하여금 자신이 문제가 있고 그것을 다룰 필요가 있다는 걸 알게 할 것인가?

섭식장애, 특히 거식증과 폭식증은 대학 상담자들이 건강 교육자들 같은 학생생활 전문가들과 협력하여 일을 진행할 수 있는 제3의 영역이다. 많은 여성이 자신은 치료가 필요하지 않다고 믿고 있지만, 실제로 섭식장애를 겪고 있는 대학생이 매우 많이 있다(Meyer, 2005). 연구에 따르면 이러한 장애의 정도가 연속선 위에서 움직인다는 것을 알 수 있다. 그 연속선 안에 잡혀 있는 여성들은 부적응적인 인지, 혹은 체중 조절 기술에 대한 잘못된 정보를 가지고 있다(Tylka & Subich, 2002). 그러나 대학 신입생의 65%로 추정되는 비율이 "섭식장애의 행동적, 심리적 특성"을 보이고 있다(Meyer & Russell, 1998, p. 166). 이러한 상담적 요구를 볼 때, 어쩌면 섭식장애는 "발달적 관점에서 고려"되어야 하는지도 모른다(Sharkin, 1997, p. 275). 섭식장애 개입 프로그램은 대부분 섭식장애의 특성에 대해 강조할 뿐만 아니라 그들이 섭식장애 상태에서 경험할 만한 일들을 가능한 한 많이 교육하여 섭식장애가 더 발전되기 이전에 개입하고자 한다. 나아가 이러한 프로그램은 참가자들로 하여금 자기 자신이나 다른 사람이 또다시 폭식증의 사이클에 사로잡힐 수 있다는 것을 알려주어 경고한다. 교육 및 예방의 핵심 요소는 적응적 대처 전략의 사용이다(VanBoven & Espelage, 2006).

대학상담에서 주로 다루는 네 번째 문제 영역은 우울증이다(Kadison & DiGeronimo, 2004). "대학생들은 비슷한 연령과 배경을 가진 다른 집단에 비해 2배에 가까운 임상적 우울이나 기분부전장애를 겪는 것으로 추정된다"(Dixon & Reid, 2000, p. 343). 대학생인 시기에 우울증이나 우울 증상을 겪으면 그 피해가 크다. 학습에도 큰 방해가 되고, 학업에서 성공하기가 어렵다. 우울증을 상담할 때 상담자들은 주로 Beck의 인지 왜곡 이론과 같은 인지적 접근이나 내담자의 성공과 관련된 활동에 참여하게 하는 방식의 행동적 접근, 혹은 합리적 정서치료와 같은 인지-행동적 접근 등을 활용한다. 때때로 우울증은 긍정적인 삶의 경험을 통해 개선되기도 한다(Dixon & Reid, 2000). 따라서 상담적 개입도 좋지만 대학환경 자체를 활용하여 내담자가 대학생활에서 성공 경험을 할 수 있도록 지원하고, 사회적으로 편안하고 환영받는 느낌을 가지도록 돕는 것이 더 치료적일 수도 있다.

대학생과 관련된 문제에 대응할 때, 학생생활 서비스 전문가들과 협력하여 예방적 활동을 진행하는 것 역시 중요하다. "3차 예방은 피해자에 대한 직접적인 서비스를 포함한 치료 활동"이다(Roark, 1987, p. 369). 피해자가 사회적 자원을 활용할 수 있도록 돕고, 신고하는 것을 독려하는 활동 역시 이에 포함된다. 2차 예방은 문제에 대해 직접 다루는 것이다. 데이트 강간이나 그 밖에 이미 캠퍼스 안에서 일어났거나 일어날 확률이 높은 일들에 대해 잠재적 피해자 및 가해자들의 경각심을 일깨우고, 개인에 대한 학대를 막아 내는 정책을 수립한다. 1차 예방은 어떤 문제가 발생하기 이전에 그것을 막는 것에 초점을 두는 활동이다. 이 활동에는 문제가 발생할 수 있을 만한 물리적인 환경 자체를 바꾸고, 참여자들의 경각심을 일깨울 수 있는 훈련을 하는 것 등이 포함된다. 예를 들어, 학생들의 스트레스 관리를 위한 BRIMS(숨 쉬고, 이완하고, 상상하고, 메시지를 떠올리고, 신호를 보내는) 훈련 등을 제공하는 일이 이에 해당된다(Carrese, 1998). 이 프로그램은 학생들로 하여금 스스로에게 긍정적인 메시지를 보내고, 상황을 건설적으로 바라보고 느낄 수 있도록 돕는 신체적 신호를 일깨워서 신체적으로나 정신적으로 긍정적인 자기암시를 일으키게 하는 인지적 프로그램이다. 이 과정을 통해 학생들은 "부정적인 에너지를 건설적인 에너지로 변환하고 불필요한 불안을 만드는 상황을 통제할 수 있게 된다"(p. 140).

4. 학생생활 서비스 전문가

강조점 및 역할

대학생활 지원 서비스는 신입생들이 대학생활에 적응할 수 있도록 지원하는 데 우선적인 초점을 맞춘 학생 지원 서비스다(Williamson, 1961). 이 서비스는 이미 여러 대학에서 이루어져 온 것이지만 오늘날에 와서는 복학생에 대한 한층 높은 수준의 지원, 나아가 소수자 계층의 학생이나 학습장애를 겪고 있는 학생 등 사회의 다양한 구성원을 포용하는 부분으로까지 그 영역을 넓혀 가고 있다(Boesch & Cimbolic, 1994; Lynch & Gussel, 1996; Tate & Schwartz, 1993). 학생생활 서비스를 담당할 전문가를 지망하는 사람들은 인간적인 자질을 갖추고 있어야 한다. 그들은 학생들이 높은 수준의 교육을 학생 개개인의 수준에 맞게 최대한 효과적으로 받아들일 수 있도록 시도하는 한편, 학생들에게 주어진 환경을 최대한 발전적으로 활용할 수 있도록 지원한다. 이러한 과정을 통하여 학생들은 성공적인 사회생활을 시작할 수 있고, 이를 통해 사회에 더욱 기여할 수 있다는 부수적인 효과를 거둘 수 있다는 사실 또한 주목할 가치가 크다(Berdie, 1966; Brown, 1986; Kuh, 1966). 이러한 점에서 학생생활 전문가는 학생 개개인과 대학의 목표 달성을 촉진하는 통합자 역할을 담당하는 대학 구성원이라고 할 수 있다.

대학의 학사 일정(오리엔테이션, 중간고사, 학기말)이 이루어지는 기간에는 학생생활 전문가가 해야 할 일이 급격히 증가한다(Houston, 1971). 개인의 연령이나 발달 단계와 무관하게 일반적으로 나타나는 문제(건강 문제, 불안, 우울증 등)도 분명 존재하지만 특정 학년 또는 시기의 학생들과 직결되는 문제 또한 고려되어야 한다. 예컨대, 대학 1학년생들은 입학 초기 몇 달 동안 특별한 형태의 지원을 필요로 할 소지가 크다. 고등학교를 졸업한 학생들은 정체성의 상실 문제를 겪기 쉬우며, 대학에 적응할 수 있도록 대학 입학 이전에 가졌던 목표라든가 가치관 등을 재조정할 필요가 있는 경우도 많다(Hayes, 1981). 더욱이 대학 1학년생들은 효율적인 시간 관리, 수강 과목 선택, 시험 응시, 학자금 문제를 해결하는 동시에 교우관계 유지하기, 가족사나 개인사에 관한 문제 등 새로운 도전에 직면하게 되기도 한다(Carrese, 1998). "외로움이나 향수 등 사회 적응에 대한 어려움은 대학 1학년 때 겪는 것으로 알려진 가장 일반적인 위기 상황이기도 하다."(Gerdes & Mallinckrodt, 1994, p. 281) 교우관계나 인간관계를 제대로 형성하지 못함으로 인한 정신적인 고통(즉, friendsickness)[2)]

2) 역자 주: 옛 친구의 부재로 인해 발생하는 괴로움을 말한다.

을 겪고, 이것이 내면적으로 침잠하는 형태의 비탄으로 이어지는 경우도 흔히 관찰된다(Paul & Brier, 2001; Ponzetti & Cate, 1988).

생/각/해/보/기

당신이 대학에 입학했을 때 무언가 잃어버린 것은 없었는가? 이러한 상실이 당신에게 어떠한 영향을 주었는가? 대학 입학을 통해 얻은 것은 무엇이었는가? 그것이 당신의 삶에 어떠한 도움을 주었는가?

대학생활만이 가진 또 하나의 독특한 문제는 사교클럽과 관련된 것이다. 남성 사교클럽과 여성 사교클럽으로 구성되는 미국 대학의 사교클럽 문화는 많은 학생에게 즐겁고 유익한 기회가 된다. 하지만 잘 적응하지 못할 경우에는 무력감을 야기하는 요인이 될 수 있다는 측면도 무시할 수 없다. 학생생활 전문가는 이러한 상황에 해당하는 학생을 지원할 경우 학생 개개인이 무엇을 필요로 하는가를 세심히 고려한 다음 지원해야 하며, 나아가 동기생이나 동료 집단에서 환영받지 못하는 학생들이 자신에게 맞는 새로운 동료 집단을 찾을 수 있도록 도와주어야 한다(Atlas & Morier, 1994).

대학생활 적응 문제와 관련하여 Grites(1979)는 43개 항목으로 구성된 사회재적응 평정척도(Social Readjustment Rating Scale: SRRS; Holmes & Rahe, 1967)의 열두 개 항목이 대학 1학년생들의 새로운 환경에 대한 적응 문제에 적용하기에 매우 적합하다는 사실을 발견하였다. 삶의 변화와 관련된 부분으로 적용해 보면 이들 항목의 점수 합계는 SRRS의 개발자들이 '살아가면서 일반으로 겪게 되는 수준의 위기인 250점' 으로 산출된다. 이 정도 점수에 해당하는 집단의 구성원들은 150점 이하를 기록한 집단의 구성원들에 비해 건강이 악화될 확률이 51% 높다고 해석할 수 있다.

나아가 Grites는 대학 외부에서 또 다른 변화(가족이나 친구의 죽음 등)에 직면한 신입생들은 '인생에서의 중대한 위기' 범주에 해당하는 위기를 겪을 소지가 크다는 사실을 발견했다. 이 수준의 위기는 앞서 언급한 수준의 위기보다도 건강을 악화시킬 위험성이 더욱 크다. 따라서 오늘날 다수의 대학은 신입생들이 대학에 대한 소속감을 고취시키고 신입생으로서 겪게 되는 여러 가지 상황에 효과적으로 대처하며 자기계발에도 힘쓸 수 있도록 지원하기 위해 신입생 대상 지원 및 지도를 맡을 학생생활 전담 직원을 두고 있다(Loxley & Whiteley, 1986; Whiteley, 1982). 이러한 노력은 부분적으로 완벽주의 성향을 가진 학생들이 그들 개인의 발전과 사회적으로 만족스러운 삶에 어떤 영향을 주는가를 평가하는 것이 포함되어 있다(Ashby & Rice, 2002; Rice & Dellwo, 2002). 이는 세심한 조치를 요하는 복잡한 과정이지만 학생들이 대학생활을 해 나가는 가운데 한층 높은 자존감을 부여하고 사회성을 함양하는 데 기여할 수 있다는 의의가 있기도 하다.

이러한 예방적 조치들이 이루어진다고는 하지만, 전체 학생들 중 약 10% 정도는 대학생활에서 학업에 심각한 방해가 될 정도의 정서적 어려움에 직면하게 된다(Mathiasen, 1984). 더욱이 시험 부담이나 대학원 진학 등으로 인한 스트레스는 그들의 정신적 부담을 더욱 가중시키는 요인으로 작용한다(Clay, Anderson, & Dixon, 1993). 그들에 대한 적절한 도움(예: 스트레스 관리 프로그램을 통해 적절한 분노 조절 방법을 배우기)이 주어지지 못할 경우에는 심지어 학교를 중퇴할 수준의 정서적, 사회적, 학업적 문제에 봉착할 소지도 있다. 4년제 대학에 입학한 학생들 중 졸업하지 못하는 학생의 비율은 안타깝게도 40~60%에 달하는 실정이다(Brown, 1986; Gerdes & Mallinckrodt, 1994). 더욱 비극적인 사실은 미국에서 자살로 삶을 마감하는 학생의 비율이 연간 100만 명 중 6명에 달한다는 것이다(Chisolm, 1998).

학생생활 서비스를 잘 활용하는 것은 정신건강을 지켜 가면서 성공적으로 학교생활을 하는가의 여부를 알려 줄 가장 중요한 예측변인이 되기도 한다(Polansky, Horan, & Hanish, 1993). 학생들이 성공적이고 알찬 대학생활을 해 나가도록 조력하기 위해서 학생생활 전문가들은 학내 지원 프로그램과 개인별 맞춤 형태의 서비스를 함께 제공한다. 이러한 프로그램의 전반적인 목표는 학생들에게 긍정적인 영향을 주는 한편, 각종 지원 프로그램이 문제해결에 최대한 효과적으로 작용할 수 있도록 그들로 하여금 문제나 고민거리를 문제에 대한 해결이라는 관점에서 보도록 하는 데 있다. 학생생활 전문가의 핵심적 역할은 학생들이 다양한 문제에 대해서 분명한 문제의식을 갖고 건전하게 그에 대처할 수 있도록 조력하는 데 있다(Creamer & Associates, 1990; Deegan & O' Banion, 1989). 예를 들면, 대다수의 대학생은 대학생활을 해 나가는 가운데 가족과의 분리 그리고 한 개인으로서의 정체성 형성이라는 도전에 직면하게 된다. 대학생활 적응 문제와 부모에 대한 애착 사이에는 유의미한 상관관계가 존재한다(Rice & Whaley, 1994). "연구 결과에서는 상호 신뢰와 충분한 의사소통 및 가족애에 토대한 부모에 대한 굳건한 애착, 그리고 떨어져 살아가는 가운데서도 부모와 자녀 간에 서로를 충분히 이해하고 지지하는 관계가 유지될 경우, 이는 대학생들의 학업과 생활에 많은 도움이 되는 것으로 밝혀졌다." (Quintana & Kerr, 1993, p. 349) 학생들이 부모와 떨어져 지내는 생활을 긍정적으로 받아들이면서도 가족과의 유대를 유지할 수 있도록 도와줌으로써 학생생활 전문가들은 학생들의 전반적인 학교 적응은 물론 학업, 나아가 사회생활에서 더 많은 성취를 거두도록 할 수 있을 것이다.

활동

학생생활 전문가들의 활동은 행정, 발달, 상담이라는 그들의 전문 분야에 관련되어 있다. "행정 모델은 학생 서비스가 대학교육에 수반하는 행정 및 서비스 분야에 포함되며, 학생들의 생활을 편리하게 해 주고, 학생의 발달을 보조하는 활동과 프로그램을 제공해 주는 것이라는 전제에 기반한다."(Ambler, 1989, p. 247) 예를 들어, 입학, 성적, 음식, 건강 그리고 학자금 서비스들이 이에 포함된다. 발달 모델은 교육을 강조한다. 예를 들어, 생활지도 세미나나 기숙사 학생회 활동을 통해 학생들의 의사결정 기술의 발달을 돕는 것 등이 포함된다. 상담 모델은 대인관계와 업무에서의 결단성과 관련된 사회적, 감정적인 성장을 강조하고, 연애, 직업, 스트레스 등 당사자가 원하는 주제에 맞추어 전달하는 세미나 등을 학생생활 서비스에 포함시킨다(Forrest, 1989).

모든 학생생활 전문가들이 이 모델들을 따르는 것은 아니며, 모든 학생생활 활동이 전문가들에 의해 지도되는 것도 아니다. 한 연구에 따르면, 미국에 있는 모든 대학의 학생관리부 중 72%가 자신들이 제공하는 서비스에 비공식 전문가들을 활용하여 보충하고 시행한다고 한다(Winston & Ender, 1988). 이 비공식 전문가들은 "동료들에게 서비스와 프로그램을 전달하기 위해 선발되고 훈련받은 대학생들"(p. 466)을 뜻한다. 학생-비공식 전문가들은 기숙사나 신입생 오리엔테이션 프로그램들에 주로 고용된다. 이러한 서비스는 의도적으로 학생들의 적응, 만족 그리고 지속을 도와줄 수 있게끔 만들어졌다. 그들은 위기전화, 학생 자치, 학업지도, 학자금 지원, 국제학생 프로그램 그리고 학생 활동들에도 고용되고 있다.

학생-비공식 전문가들을 활용하는 방식을 통해 전문가들은 직간접적으로 학생들의 리더십을 기를 수 있는 기회를 제공하며, 교내의 생활을 개선하고, 위기에 대처하는 여러 방식의 업무를 완수할 수 있다. 미국에 있는 600개 이상의 대학교가 학생들에게 공식적인 리더십 훈련을 제공하고 있으며, 그 수는 계속 증가 추세에 있다(Freeman, Knott, & Schwartz, 1996; Gregory & Britt, 1987). 하지만 어떤 활동이든지 핵심적인 믿음, 근본적인 원칙, 필연적인 교육과정을 우선으로 해야 그 효과성을 유지할 수 있다(Roberts & Ullom, 1989). 학생생활 전문가들은 더 많은 시간과 노력을 들여 다른 학생들을 돕고, 자신의 리더십을 증진시킬 수 있어야 한다(McDade, 1989). 이러한 이중의 관심을 통해 대학은 좀 더 주도성을 확보하며 공동체로서의 특성을 증진시키는 것이 가능해진다.

5. 비전통적인 학생과의 상담 및 학생생활 서비스

대학 상담자 및 학생생활 서비스 전문가들은 주류 학생들과의 활동뿐만 아니라 비전통적인 학생들의 요구 역시 파악할 수 있어야 한다. 즉, 나이가 많은 대학생, 시간제 대학생, 1세대 대학생,[3] 소수 문화 출신 학생, 체육 특기자를 뜻한다. 이들이 갖는 공통적인 특성으로는 경제적 독립(51%), 시간제 출석(48%), 입학 및 등록의 지연(46%) 등이 있다(Evelyn, 2002). 24세 이상인 비전통적인 학생들은 현재 600만 명에 육박한다(미국 전체 대학생 중 약 40%; Chao & Good, 2004). 그리고 그들의 대부분은 2년제 공립대학을 다니고 있다.

나이가 많은 학생

보통의 학생들보다 나이가 조금 더 많은 학생들은 매우 적극적이며, 양방향의 배움 방식을 선호하고, 가족이나 재정에 관심이 많으며, 배움을 투자의 형태로 생각하기도 한다. 또한 학교 활동과 관련이 없는 여러 활동을 하고 있기도 하다(Richter-Antion, 1986). 이런 학생들은 나이에 따라 두 집단으로 분류될 수 있는데, 한 집단은 25~50세 학생, 다른 집단은 50~80세 학생이다.

첫 번째 25~50세 집단은 보통의 경우 학업에 매우 적극적이다. 왜냐하면 이 학생들은 직업을 바꾸거나 조금 더 나은 경력을 위해 필요한 조건을 채우기 위해, 혹은 결혼이나 이혼 등 가정생활의 변화로 생긴 기회를 잡기 위해 학교로 다시 돌아왔기 때문이다(Aslanian & Brickell, 1980; Chao & Good, 2004). 이 집단의 학생들에게 자기만족과 학교, 사회의 지원은 무엇보다도 중요하다. 고학년 학생들이라 불리기도 하는 50~80세 집단은 매우 다양한 이유로 다시 학업을 시작한 경우가 많은데, 이를테면 학위를 얻기 위해서거나 개인적인 만족을 얻기 위해서다. 그들과 같이 작업하는 경우, 학교 상담자와 학생생활 서비스 전문가들은 반드시 하나 이상의 요인을 염두에 두고 고려하는 것이 좋다. 예를 들면, 조금 더 밝은 조명이나 따뜻한 방 온도 같은 환경 조절, 내담자가 문제 발생이나 통합을 얼마나 받아들이느냐 하는 내담자 발전 단계, 상담 속도(느린 것이 좋다), 감정 전이 같은 잠재적인 어려움, 그리고 독서요법이나 논문 쓰기 같은 상담 기술이 있다. 앞으로도 나이가 많은 학생들을 포함해 상대적으로 나이가 많은 학생들의 수는 지속적으로 늘어날 것이다.

사실 나이가 많은 학생들의 수가 얼마나 빨리 증가하는가 하는 문제와는 별개로 비전통

3) 역자 주: 가족 중 처음으로 대학에 진학한 학생들을 가리킨다.

적인 학생들의 전반적인 수도 늘어나고 있다. 노인 산업은 점차 감소하고 있고, 기술은 발전되고 있으며, 직업 발달에 대한 기회가 증대되고 있기 때문이다. 지역 대학이나 기술대학, 공립대학에는 예전과는 다른 학생들의 등록이 늘어나고 있다. 남학생보다 더 많은 수의 여학생들이 등록하고 있고, 시간제 학생의 수도 증가하고 있으며, 문화적, 인종적 소수집단에 속하는 학생들의 등록이 늘어나고 있다(Hodgkinson, Outtz, & Obarakpor, 1992). 이러한 현상으로 인해 기존의 상담 및 학생생활 서비스가 좀 더 발전할 필요가 생겨났다.

시간제 학생

시간제로 등록하는 대학생들은 고등교육을 받는 학생 전체 인구의 40%에 육박하고 있다. 사실상 전업 학생들에 비해 시간제 학생들이 경험하고 있는 두드러지는 약점들이 있다.

- 시간제 학생[4)]들은 대부분 소수집단 혹은 저임금 가족 출신이다.
- 그들은 전업 학생인 또래에 비해 대학교육을 준비할 시간이 적었다.
- 시간제 학생들의 대부분은 2년제 대학과정이나 비학위 과정, 자격증 과정에 집중되어 있다.
- 시간제 학생들 중 많은 이가 지속적으로 등록을 하지 못하거나, 혹은 전업으로 다른 직업을 가지고 있는 상태에서 공부하고 있다.

따라서 시간제 학생들은 중등교육과정 이후의 교육과정을 등록하고는 있지만 대부분 끊기지 않고 지속적인 학업을 하거나 학위과정에 진입하거나 하는 일들에 대해 부정적이다(Chen, 2007).

시간제 학생들을 돕기 위해 대학 상담자들 및 학생생활 전문가들은 때때로 이러한 학생들과 연락이 끊기지 않도록 주기적인 연락을 주고받아야 할 필요가 있다. 시간제 학생들의 경우 고민을 털어놓고 정보를 제공받을 수 있는 사람이 존재함을 알고 있다면 학업을 지속할 가능성도 더욱 높아질 것이다. 다른 학생들에 비해 공부하는 데 더 많은 어려움을 갖고 있는 시간제 학생들을 대상으로 하는 특별지원 프로그램 또한 학교생활에 많은 도움이 된다. 이러한 학생들의 경우에는 짧으면서도 핵심적인 형태의 지원이 특히 효과적이다.

---

4) 역자 주: 다른 직업에 종사하며 야간제 수업 등을 수강하는 학생을 이른다.

1세대 학생

세 번째로 언급할 대상은 '1세대 학생'이라 불리는 학생들인데, 이는 일반적으로 흔한 경우는 아니다. '1세대 학생'이란 집안에서 처음으로 대학에 입학하는 경우가 되는 학생들을 의미한다. 그들의 사회적 배경은 이민자 2세, 극빈층이었다가 형편이 조금 나아진 경우 등 다양하다(Hodgkinson et al., 1992). 그들은 고등학교를 졸업하는 학생 전체의 27%를 차지하며, 가족 부양 등 특별한 요구사항이 따르는 경우도 많다(Gibbons & Shoffner, 2004). "가족 부양 문제는 1세대 학생들과 2세대 학생들을 구분 짓는 극명한 차이점이다. 이는 대학에 입학할 수 있는가, 그리고 대학교육을 성공적으로 마칠 수 있는가의 여부를 결정하는 중요한 변수이기도 하다." (Fallon, 1997, p. 385)

따라서 1세대 학생에 해당하는 대학생들은 더 많은 요구사항을 가진다고 할 수 있다. 그들은 이수단위 시간, 평점, 학장과 같은 대학 용어들을 포함한 대학 환경에 대한 지식을 충분히 이해해야 한다(Fallon, 1997). 이와 동시에 학생으로서의 역할을 모범적으로 해 나가고, 2세대 학생에 해당하는 동료들의 가치체계를 이해하며, 학업에 필요한 능력을 숙달하는 한편 학생생활 서비스에 대해서도 이해할 필요가 있다. 언어적, 사회적, 문화적 장벽을 극복하고 그에 적응해야 할 필요성도 있다.

소수 문화 출신 학생

대표적인 미국 소수 문화로는 아프리카계 미국인, 미국 원주민, 아시아계 미국인, 히스패닉계 미국인, 기타 다민족계 미국인들의 문화를 들 수 있다. 그들은 "지원의 부재와 자신들을 환영하지 않는 학교 분위기" 같은 또 다른 여러 문제점에 봉착하게 된다(Ancis, Sedlacek, & Mohr, 2000, p. 180). 상당수의 소수집단 출신 학생들은 1세대 학생이나 나이가 많은 대학생, 체육 특기자 등에 비해서도 더욱 소외되는 경향이 있다. 이로 인해 주류 학생들에 비해서 자기들만의 세계를 만들고, 이를 통해 상호 유대를 강화할 개연성 또한 높다(Berkel & Constantine, 2005).

소수 문화 출신 학생들의 학교 적응 및 성공적인 학교생활을 지원하기 위해 대학의 상담자들과 학생생활 서비스 담당직원들은 사회적인 지원과 격려를 보내는 한편, 그들의 민족적 자긍심을 고양할 구체적인 대안을 제시할 수 있다. 예를 들면, 콴자(Kwanzaa)[5] 축제라

5) 역자 주: 미국에서 일부 아프리카계 미국인들이 12월 26일에서 1월 1일 사이에 여는 문화 축제를 뜻한다.

든가, 블랙 히스토리 먼스(Black History Month)[6] 등을 통하여 아프리카계 미국인 학생들에게 민족적 자긍심을 고양할 수 있다(Phelps, Tranakos-Howe, Dagley, & Lyn, 2001). 민족적 정체감과 개인의 자기개념 고취를 위한 소규모 또는 대규모 행사 또한 이들 학생에 대한 효과적인 지원과 조언을 위해 사용될 수 있다. 예컨대, "연구 결과에 따르면 학교에서 담당 멘토 또는 담당자를 배정해 준 라틴아메리카계 학생들은 더 높은 학업 성취를 거둘 가능성이 크다"(Gloria & Rodriguez, 2000, p. 151). 나아가 아프리카계 또는 아시아계 미국인 여학생과 같은 경우에는 상호 의존적 관점에 입각한 상담 활동이 특히 효과적으로 작용할 가능성이 크다(Berkel & Constantine, 2005). 종합하면, "이러한 학생들에 대해 지원과 보호를 제공함으로써 그들이 대학 사회에 더욱 효과적으로 동화되도록 할 수 있는 것이다"(Jourdan, 2006, p. 328).

소수집단 출신 학생들에 대한 격려와 관심 및 상술한 바와 같은 행사와 더불어, 전문 상담자와 학생생활 전문가는 자신이 근무하고 있는 학교의 환경을 이들 소수집단의 시각으로 이해할 필요가 있다. 인종주의나 인종적 편견은 학교 환경에 어느 정도 존재하고 있는 경우가 많다(Vereen et al., 2006). 따라서 그들의 자기효능감을 증진하고 이러한 문제점을 효과적으로 불식시킬 수 있는 상담 활동이라든가 인생 설계 전략 등이 요청된다. 예컨대, 특정 문화에서만 통하는 유머 감각을 이해하는 상담자는 부조리한 상황에 직면했을 때 무력감이나 분노 대신 재치를 발휘함으로써 그들에 대해 더욱 생산적인 방향으로 도움을 줄 수 있을 것이다(Vereen et al., 2006).

그들에게 더욱 긍정적인 영향력을 발휘하여 필요한 변화를 이끌어 내기 위하여 상담자와 학생생활 전문가는 학교 전체를 대상으로 하는 프로그램을 진행하여 학교의 전 구성원(즉, 교수진, 교직원, 학생)에게 영향을 줄 수도 있다. 이러한 프로그램은 특정 집단에 대한 홍보(학과목, 학생자치 활동, 사교클럽 등)의 형태로 이루어질 수도 있고, 학술제나 학내 행사 등을 지원하는 형태로도 이루어질 수 있다(Marks & McLaughlin, 2005). 이러한 활동에 대한 지원을 통하여 대학의 상담자나 학생생활 전문가는 기존의 편견을 불식시키고 서로에 대한 이해와 공감 능력을 향상할 수 있다(Ancis et al., 2000).

---

6) 역자 주: 아프리카계 미국인 출신의 역사학자이자 저술가, 언론인이었던 Carter G. Woodson(1875~1950)이 아프리카계 미국인의 역사를 되새기려는 취지로 창립한 행사 주간으로, 매년 2월 열린다.

사례 시간제 학생, Patricia

Patricia는 과테말라계 이민자 1세대 자녀다. 부모님은 영어를 부분적으로 구사하며, 현재 저임금 노동에 종사하고 있지만 딸에 대한 교육열만큼은 누구에게도 뒤지지 않는다. Patricia 자신 역시 고등학교를 졸업할 무렵만 해도 원대한 포부를 가진 학생이었으며, 백인 학생들이 주류를 이루는 대학교에 장학생으로 입학할 때만 하더라도 평범한 대학 신입생의 일원이었다.

하지만 1학년이 끝나갈 무렵에 접어들면서 Patricia는 고독감과 외로움에 휩싸였다. Patricia의 부모는 그녀의 속마음도, 대학의 동기생들이 라틴계 학생들과 잘 어울리지 않는다는 사실도 알아채지 못했다.

Patricia가 상담을 요청했을 때, 상담자인 Ibby는 다음 학기가 되면 가족도 학교에 와서 지금 상황에서 무엇을 해야 할지에 대해 함께 논의하자고 제안했다. 그러면서 한편으로 Ibby는 Patricia에게 학생지원 센터 소장을 소개해 주면서 대학생활을 더욱 잘해 나가기 위해 해야 할 일이 무엇인지를 스스로 살펴보게 하였다.

당신은 이러한 상담자의 조치에 대해서 어떻게 생각하는가? 당신이 상담자라면 어떻게 하겠는가?

체육 특기자

이어서 소개할 다섯 번째 집단은 체육 특기자다. 이러한 학생들은 앞서 언급한 다른 경우에 비해서도 상담을 받을 기회가 적다(Watson, 2005). 그들 중 상당수는 "대학 제도 또는 그보다 더 큰 사회와 관련된 문제"를 겪고 있는 실정이다(Engstrom & Sedlacek, 1991, p. 189). 그들은 흔히 사회적으로도, 학업적으로도 문제가 있는 학생들로 여겨지기도 한다(Burke, 1993). 더욱이 다수의 체육 특기자는 소수 문화 출신 학생들이거나 자기 집안에서 처음으로 대학생이 된 경우다(Kirk & Kirk, 1993). 운동을 하며 자라 온 환경으로 인해 코치나 스포츠 팀에 대한 의존도가 높다. 그래서 이 학생들은 주류 학생생활에서 동떨어져 있다고 설명될 수도 있고, 학생과 운동선수라는 이중 역할에 대한 스트레스와 문제를 맞이할 수가 있다(Watson, 2005). 시간 관리와 사회성 기술을 가르치는 것은 상담자들과 학생생활 서비스 전문가들이 해 줄 수 있는 것들이다.

체육 특기자들이 부상 등의 이유로 운동선수로서의 정체성을 잃게 되면 일반 학생생활에 적응을 하기 위한 도움이 필요할 것이다(Wooten, 1994). 상담자들과 학생생활 전문가들은 학생들이 자신들의 감정에서 비이성적인 사고를 탐색하고 그것을 올바르게 두도록 도울 수 있다. 체육 특기자 역시 직업 운동선수가 아닌 자기 자신의 위치를 받아들일 수 있도록 하는 동시에 졸업 이후의 진로를 고민해야 한다. 따라서 진로 및 직업 상담과 생활지도를 할 수 있도록 하는 것 역시 중요한 서비스다.

요약 및 결론

대학상담과 학생생활 서비스는 공통점이 많다. 둘 다 학교 내에서 학생들의 전체적인 발달과 성장을 강조하며 이에 대한 긍정적인 관점을 가지고 있다. 게다가 둘 다 학생들이 자신을 더 알게 되고, 자신의 능력을 완전히 사용할 수 있도록 촉진하는 것을 목적으로 한다. 이 직업들은 역사적으로도 공통 부분이 있다. 21세기에 들어서 대학과 관련한 여러 흐름이 있지만, 이 두 전문 직업군은 앞으로 자신들의 전문성을 인정받고, 대학의 전체적인 기능에 긍정적인 기여를 하게 될 것이다.

이 장에서는 상담과 학생생활 서비스와 관련된 대학생들의 발달과 성장의 역사적, 철학적 그리고 실용적 요소에 대해 공부하였다. 이와 관련된 활동의 결과는 매우 다양하다. 상담 센터 역시 앞으로 국제적인 봉사 활동 및 상호작용에서도 주도적인 역할을 하고자 노력하는 추세를 보이기도 한다(Bishop, 1990; Marks & McLaughlin, 2005; Pace et al., 1996). 상담 센터에서 제공하는 서비스로는 자문, 진로 및 직업 상담, 위기 관리 상담, 학내 환경의 개인 맞춤화, 학내 다른 구성원과의 협업 등이 포함된다(Stone & Archer, 1990). 학생생활 서비스는 점점 더 유동적으로 변해 간다. 학생생활의 모든 측면에 있는 전문가들 사이의 대화들이 더 개방적으로 이루어지면서 곳곳의 학생들을 더 잘 도와줄 수 있게 될 것이다.

학습활동

1. 대학교 도서관에 가서 이 장에서 언급한 저널들 중에 어느 저널을 구독하고 있는지 확인해 보자. 최근 발행된 논문을 읽어 보고, 관심이 가는 논문을 하나 찾아 동료 학생들을 위해 요약을 한 후 이야기를 나누어 보아라.

2. 학교의 기숙사 조교를 수업에 초대하여 함께 대화를 나누어 보라. 그들의 업무는 당신이 기대한 업무와 어떤 차이가 있는가? 어떤 부분들이 그 업무의 매력적인 부분이고, 어려운 부분인가?

3. 학생생활 서비스 부서에 있는 전문가에게 그의 직업의 일적인 특성에 대해 설명해 달라고 요청하라. 학생생활 서비스 활동과 다른 학업 활동을 비교해 보고 공통점을 찾아보라. 어떻게 하면 이 두 분야의 활동이 서로 잘 연계될 수 있겠는가?

4. 대학생들은 똑똑하고 명석하다. 어떤 이론이 그들에게 좀 더 유용하고, 어떤 이론이 교육을 덜 받고 있는 집단에게 비효과적이겠는가?

5. 당신이 다니고 있는 대학에서 대학 상담자들과 학생생활 전문가들이 고민해야 할 쟁점이나 문제에는 어떤 것들이 있는가? 누군가 당신에게 이 상황들을 해결할 수 있는 프로그램을 개발하라고 한다면 어떤 단계를 마련할 것인가?

제19장

학대 및 장애 상담

1. 학 대
2. 장애상담

회기가 지속됨에 따라 당신은 나에게
당신이 경험한 상처와 다친 부분을 보여 준다.
슬프기는 하지만 회상과 단어들을 통해서
당신의 아픈 이야기를 들으며 함께 그 삶에 대해서 생각해 본다.
긴장으로 가득 찬
당신의 삶을 뒤흔들고 조정하는 이야기들.
당신은 말한다.
"나는 강철이 녹은 쇳물이고, 당신은 대장장이의 해머이길 바란다."
그렇다면 쇳물이 형태를 갖추기 시작하는 정확한 때에
우리가 함께 힘을 가해서
부드러운 목소리와 내면의 강인함과 따뜻함을 지닌
완전히 새로운 사람을 만들 수 있을 것이다.

– Gladding (1977)

다양한 배경을 가진 상담자들이 학대나 장애와 관련하여 내담자를 만나고 있다. 이 분야의 치료를 전문적으로 하는 상담자들은 다양한 영역에 초점을 맞추고 있는데, 이는 건강한 생활양식 증진, 스트레스 요인 식별 및 제거, 해로운 환경의 개선, 신체적 · 정신적 건강의 유지와 회복 같은 내용을 포함한다. 어떤 내용을 중점적으로 상담할 것인지는 상담자가 가진 기술과 내담자의 요구에 따라 달라진다.

학대 경험이나 장애를 가진 내담자를 상담하는 상담자는 이들 집단의 서비스를 위해 정해 놓은 전문가와 동료들의 기준뿐만 아니라 정부의 법에 의해서도 영향을 받아 왔다. 따라서 이런 특정 내담자를 대상으로 상담하고 있는 상담자들은 연방정부와 주정부의 법률 제정에 적극적으로 참여해야 한다.

1. 학 대

학대는 사람, 장소, 물건을 잘못 대하고, 잘못 사용하며, 잘못 취급하는 것이다. 학대는 능동적으로 일어날 수도 있고, 수동적으로 일어날 수도 있지만 결론적으로는 관련된 사람들에게 모두 상처가 된다는 점에서 같다. 학대에는 수많은 이유가 있다. 하지만 어떤 이유에서건 행위에 대한 설명은 되지 못한다. 상담에서 가장 빈번하게 나타나는 두 가지 핵심적인 영역이 바로 개인 상호 간의 학대(예: 아동, 배우자, 형제자매의 학대)와 개인 내적 학대(예: 물질 남용, 도박, 일 중독)다.

개인 상호 간의 학대

개인 상호 간의 학대는 타인에 대한 폭력, 방치 행동과 관련이 있는데, 특히 형제자매, 배우자, 애인, 아동을 대상으로 가족 안에서 주로 일어난다. 이러한 학대는 정서적 학대와 같이 눈에 띄지 않는 미묘한 형태나 신체적 학대 같은 노골적인 형태로 나타난다.

정서적 학대

모든 학대의 유형 중 정서적 학대가 아마 가장 흔한 유형일 것이다. 노골적으로 드러날 수도 있지만 다른 형태의 학대에 비해서는 학대로 감지하기 힘들 수도 있다. 학대는 특정의 연령, 단계, 성별에 국한되지 않는다. 따라서 정서적 학대도 삶의 여러 단계와 다양한 가족의 형태를 거쳐서 만연되게 나타난다. 하지만 현실적으로 정서적 학대는 성적 지향성이나 결혼 여부와 관계없이 파트너 사이에 자주 일어난다.

Berg-Cross(2002)는 파트너 사이에 일어나는 정서적 학대의 열두 가지 징후를 다음과 같이 보고하였다.

- 질투
- 통제 행동
- 비현실적인 기대
- 소외
- 문제와 감정에 대해서 비난하는 것
- 극도의 민감함
- 언어적 학대
- 고정된 성역할
- 성격과 기분의 갑작스러운 변화
- 위협적 폭력
- 물건을 부수거나 때리는 행위
- 다투는 중 힘을 사용하는 것

생/각/해/보/기

정서적 학대는 매우 흔하기 때문에 다양한 상황에서 여러 가지 형태로 표현되는 것을 볼 수 있을 것이다. 위의 목록 중에서 당신이 목격한 학대의 징후를 말해 보자. 이러한 정서적 학대에 대해서 당신은 어떻게 반응하는가?

아동학대

아동학대(직접적인 행위를 포함)와 아동방임(직접적 행위는 없는 것)은 미국 가정의 주요한 관심사다. 매년 250만 명 이상의 아동이 아동학대와 방임으로 희생당하는 것으로 보고되고 있다(American Academy of Pediatrics, 2007; Skowron & Platt, 2005). 여기에는 방임과 유기뿐만 아니라 신체적, 성적, 심리적 학대도 포함된다. 명심해야 할 것은 학대는 한 가지 형태로 이루어지는 것이 아니며, 주로 학대가 발생하는 가정은 원래 혼동스러우며 가족 구성원 사이의 관계가 손상되어 있다는 점이다(Mullen, Martin, Anderson, Romans, & Herbison, 1995).

아동학대, 특히 정서적, 심리적 학대는 아동의 인지, 정서, 학습뿐만 아니라 공격성, 비행, 자살에까지 영향을 미친다(McWey, 2004). 아동학대는 성인이 되었을 때의 행동에까지 많은 영향을 준다(Elam & Kleist, 1999). 아동기에 학대를 경험한 성인은 자신의 삶에 덜 만족하고 우울감이나 낮은 자존감 같은 행동, 인지, 정서적인 면에서 수많은 불편함으로 고통받는 경향을 보여 준다(May, 2005). 하지만 성인이 되어서의 학대 경험은 이러한 증상에 크게 영향을 미치지 않는 것으로 보인다(Mullen et al., 1995).

아동의 신체적 학대는 가벼운 신체적 접촉에서부터 심각한 것에 이르기까지 연속선상에 있다(Kemp, 1998). 심각한 신체적 아동학대는 외부적으로는 피부의 상처에서부터 죽음으로까지 나타난다. 그 사이에 뼈가 부러지거나, 연부 조직이 부풀어 오르거나, 피가 흐르는 신체적 외상이 있다. 신체적 징후와 더불어 사람에 대한 두려움뿐만 아니라 외상후 스트레스 장애(PTSD)와 같은 심리적인 영향이 있다. 신체적으로 학대당한 많은 아동은 타인을 불신하고 비행 행동을 보이며, 심지어 우울 증상까지 보이기도 한다. 또한 친밀한 타인과 관계를 맺고 유지하는 데 어려움을 겪고 어른이 되었을 때 홀로 있게 된다. 결국 신체적 아동학대는 인지 손상과 학교 적응의 실패, 나중에는 약물 남용까지 가져오는 등 심각한 인지적 문제를 일으킬 수 있다(Skowron & Platt, 2005).

아동학대 중 잠재적으로 가장 큰 영향을 미치는 형태가 바로 아동기 성적 학대(childhood sexual abuse: CSA)다. 이러한 유형의 학대는 쓰다듬는 것과 같은 원하지 않는 접촉, 성적 발언, 관음증, 성행위, 외설물을 포함한다(Cobia, Sobansky, & Ingram, 2004; Elam & Kleist, 1999). 성적 학대는 비극적이지만 아주 흔하게 일어난다. 성적 학대가 미치는 영향은 피해자가 여성이든 남성이든, 이성애자이든 동성애자든 관계없이 장기간의 손상을 가져온다(Hunter, 2006). 성적 학대를 아동기에 겪었을 때, 그것은 우울증, 급성 외상, 심지어 외상후 스트레스 장애까지 이어질 수 있다.

"아동에 대한 성적 학대는 실제 발생하는 것보다 확실히 적게 보고되고 있으며, 특히 남자아이의 경우에 그런 경향이 더 심각하다." (Tomes, 1996, p. 55) 가해자는 남자아이의 경우 주로 가족 밖에 있는 사람이고, 여자아이의 경우는 아주 많은 경우가 친족 중에 있다(Hutchins, 1995, p. 21). 거의 1/3의 소녀들이 18세 전에 성적 학대를 경험하고(Crespi & Howe, 2000), 12~18%의 소년들이 아동기나 청소년기 동안 성적 학대를 경험한다(Cobia et al., 2004; Tomes, 1996). 가족 내에서 성적 학대가 발생했을 때는 많은 경우 부인하기 쉽고 잘 보고되지 않기 때문에 감지하기가 어렵다.

형제자매 간 학대

형제자매 간에도 학대가 일어날 수 있는데, "형제자매 간의 학대는 만연하고 치명적인 결과를 가져올 수 있다"(Kiselica & Morrill-Richards, 2007, p. 148). 미국에서는 아동의 40%가 형제자매 간의 신체적 충돌을 경험하고, 85%가 언어적 학대를 정기적으로 경험하고 있는 것으로 예측된다(p. 148). 형제자매 간의 학대의 이유는 다양한데, 독점하고 지배하려는 경쟁의식에서 비롯되기도 한다. 모든 문화에 걸쳐서 형제자매 간의 학대를 경험한 사람은 살아가면서 학대적인 관계에서 희생자가 되거나 가해자가 될 가능성이 많다(Cunradi, Caetano, & Schafer, 2002).

형제자매 간의 학대는 세 가지 형태, 즉 성적·신체적·정신적으로 발생한다. 성적 학대에서는 주로 남자 형제가 여자 형제의 가해자가 된다. 이것은 일생에 한 번 일어날 수도 있지만 종종 수년간 지속될 수도 있다. 신체적 학대는 때리거나, 차거나, 물거나, 상처 내거나, 옷걸이, 벨트, 포크, 심지어 총을 사용하는 등의 행동으로 나타나며, 신체적으로 손상을 당할 수 있다. 정신적 학대는 지속적이고, 강렬하고, 과장되게 놀리는 행위로 일어날 수 있다. 멸시와 얕잡아 보는 것도 학대의 일부가 될 수 있다. 형제자매 간의 학대는 일반적으로 나이가 들면서 줄어들지만 학대를 경험한 사람에게는 상처로 남는다. 시간이 흐름에 따라 희생자들은 자신보다 힘이 없는 사람에게 더 폭력적인 경향을 나타낼 수도 있다.

배우자 학대

배우자 학대는 빈번하게 "가정폭력" 또는 "배우자 폭력", 즉 "친밀한 관계에서 주로 성인들 사이에 일어나는 폭력"이라고 지칭된다(Kemp, 1998, p. 225). 또한 그것은 "자신과 가까운 배우자의 생각, 믿음, 행동을 통제하려는" 시도이며, "이러한 통제에 저항할 때 배우자를 처벌하려는 행위"다(Peterman & Dixon, 2003, p. 41).

비록 배우자 학대는 남성, 여성 둘 다에 의해서 일어날 수 있지만 현실에서는 주로 남성보다는 여성이 이러한 공포의 희생자인 것이 사실이다. 전체 성인 여성의 21~39%가 이러한 학대를 경험하는 것으로 예측된다(Hage, 2006). 더구나 "외상으로 응급실을 방문한 사람의 20%와 여성 살인의 25%가 배우자 폭력과 관련이 있다"(p. 83).

"배우자 학대는 다양한 형태로 일어나는데, 신체적, 성적, 정신적, 경제적 형태로 나타난다."(Schecter & Ganley, 1995; [그림 19-1] 참고) 이것은 특정 경제 수준에 있는 사람이나 가족 구조, 성적 지향성, 인종 집단에 국한되지 않는다. 배우자 학대의 최악의 모습은 구타인데, 이는 "심각한 신체적 폭행이나 심각한 상처의 위험을 포함하는 폭력이다"(Kemp, 1998, p, 225). 하지만 가정폭력의 다른 형태로는 움켜잡거나, 손바닥으로 때리거나, 밀거나, 물건을 던지는 형태도 있다(O'Leary & Murphy, 1999).

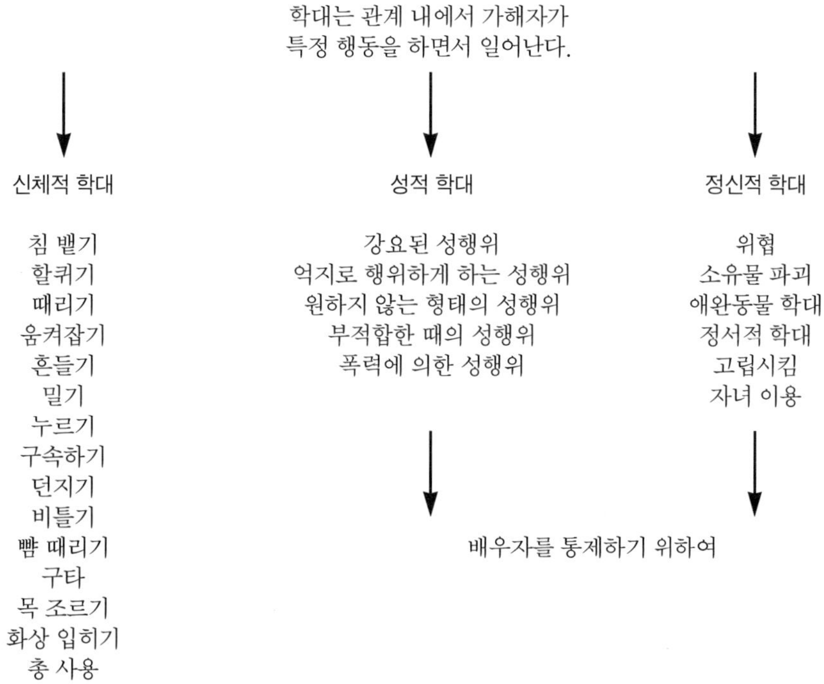

[그림 19-1] Schecter와 Ganley의 정의 모델(definition model)

출처: Schecter & Ganley (1995).

당연한 말일지 모르지만 알코올과 폭력 사이에 관계가 있다는 것은 많은 연구에 의해 뒷받침된다. 예를 들어, Fals-Stewart(2003)는 이성애자 남성의 경우에 술에 취해 있을 때 중도의 공격성이 19배나 높게 나타난다고 보고하였다.

사례 Charlene의 은폐

Charlene은 항상 긴 소매 블라우스와 길게 늘어지는 치마를 입고 학교에 출근한다. 이 모습은 어쩌면 트렌디해 보일 수도 있겠지만 한편으로는 촌스러워 보이기도 했다. 때때로 목에 스카프를 두르기도 하고, 심지어 선글라스를 쓰기도 한다.

Madge는 Charlene의 친한 친구인데, 어느 날 Charlene의 스카프를 두른 목에서 멍이 있는 것을 발견했다. 몇 달 동안 지켜본 결과, 또 다른 신체 징후를 발견했다. 결국 Madge는 Charlene에게 학대받고 있는지 물었고, Charlene은 이를 부인하였다.

당신은 Madge가 어떻게 해야 한다고 생각하는가? 상담을 시작하는 것이 이 시점의 Charlene에게 어떤 도움이 될 수 있을까? 어떤 이유로 그렇게 생각하는가?

개인 상호 간 학대를 예방하고 치료하기

개인 간 학대를 예방하는 프로그램은 대부분이 교육적인 성격을 지닌다. 이 프로그램들은 듣기 기술과 적합하게 행동하면서 상호작용하는 법을 가르치는 데 초점을 맞춘다. 많은 부분이 Adler 학파를 기초로 하고 있다(Gladding, 2007). 프로그램들은 여러 가지 형태이지만 예방 프로그램은 주로 스트레스, 협력하기, 자존감 문제를 다룬다. 대표적인 것이 결혼생활 향상(marriage enrichment) 프로그램이다.

개인 간 학대에 대한 치료는 일반적이다. 배우자 학대와 관련하여 가장 흔한 네 가지 치료법은 부부치료(marital therapy), 분노 관리 훈련(anger management training), 개인치료(individual therapy), 가족 갈등방지 프로그램(domestic conflict containment program)이다. 부부치료는 일반적으로 공동치료나 커플치료의 형태를 지니지만 학대 사례의 경우에는 잠재적 폭력의 위험성 때문에 주로 특정 성에 초점을 둔 가해자 대상의 프로그램이 요구된다.

형제자매 간의 학대를 다루기 위한 많은 상담 접근방법이 있다. 대부분은 부모/보호자, 아동, 관련된 다른 사람에게 직접적으로 개입을 하는데, 아동을 잘 지도하고 적합한 성교육을 하고 가정을 폭력의 증거로 확인하도록 강조한다(Wiehe, 2000).

아동 학내 및 방임의 예방과 치료는 법적, 발달적, 심리적 쟁점과 관련된 복잡한 문제다(Pistorello & Follette, 1998; Wilcoxon et al., 2007). 모든 주에서는 아동 학대와 방임을 보고하는 정신건강 관련 인력과 전문가를 필요로 한다. "아동학대가 잘 보고되지 않는 것은 주로 규제위원회에 의한 징계 조치, 범죄 유죄 선고, 상해에 대한 민사소송과 같은 비전문적인 부산물들 때문이다." (Leslie, 2004, p. 48) 따라서 대부분의 사례에서는 치료를 시작하기 전에 법적인 문제가 해결되어야만 한다. 또한 발달적, 심리학적 문제가 반드시 다루어져야 한다. 예를 들어, 아동의 성학대가 생의 초반부에 일어났다면 이혼 가정의 아이들이 자신들도 희생자였다는 것을 깨닫기 전에 이혼을 자신의 잘못으로 인식하듯이 성학대를 당한 아동들도 스스로를 비난할 가능성이 높다. 또한 아동 성학대 문제는 성인이 되어 이성 간의 문제 등으로 인하여 다른 문제가 복합적으로 일어날 때 주로 다루어지게 된다.

그러므로 상담자들은 아동 성학대를 다룰 때 현재 및 과거의 문제들을 다루어야 한다. 가해자에 대한 배신감과 분노에 대한 감정이 가정 내 개입 이전에 다루어져야 하고, 이러한 상황이 다시는 일어나지 않도록 전체적으로 문제를 바로잡아야 한다. 더욱이 법적인 문제가 관련되어 있기 때문에 가해자가 가족 중의 한 사람이라면 가정 내 개입이 더 어렵고 힘들 수 있다. '아동학대 예방(Prevent Child Abuse America)'과 '부모 자조모임(Parents Anonymous)'과 같은 건강한 가족관계를 증진시키는 데 초점을 맞추는 특정 기관도 있다.

신체적 또는 성적으로 학대를 받은 아동이 겪은 외상을 해결하고 일상에 잘 적응하도록 돕는 데는 한 가지의 특정 치료방법만 있는 것이 아니다(Hyde, Bentovim, & Monck, 1995; Oates & Bross, 1995). 그보다는 이러한 아동들에게 다양한 치료 접근방법이 적용되고 있는데, 대부분의 경우 이에 대한 추후 연구가 잘 이루어지고 있지 않고 그에 대한 결론도 명확하지 않다(Greenwalt, Sklare, & Portes, 1998).

개인 내적 학대

물질 남용

물질 남용은 술, 마약, 담배(즉, 니코틴)와 같은 중독적이고 독성인 물질을 습관적으로 남용하는 것을 말한다. 이러한 정의에서 약물은 음식이라기보다는 자극제, 억제제, 환각제처럼 인간의 신체와 정신에 영향을 미칠 수 있는 물질로 정의된다. 물질 남용은 인간에게 정신적, 신체적, 정서적, 사회적, 영적으로 나쁜 영향을 미친다. 예를 들어, 알코올 남용은 공적인 자리에서 추태를 보이는 것에서부터 데이트 강간에 이르기까지 무질서하고 악의적인 행동을 보이도록 한다(Fagan, 2006). 게다가 물질 남용은 "오늘날 사회의 주요한 공적인 건강 문제" 이고, "성, 사회경제적 수준, 인종, 나이, 종교, 직업, 지역과 상관없이 대부분의 인간에게서 나타나는 문제" 다(Stevens & Smith, 2005, p. iii). 노인, 성인, 청소년의 알코올과 약물 문제는 요양기관, 정신건강 클리닉, 대학, 공립학교 등의 상담자에 의해 일상적으로 다루어지고 있다(Hinkle, 1999).

물질 남용의 본질

물질 남용은 미국 사회에서 정신건강과 관련하여 가장 흔한 문제 중 하나다. 남용이라는 용어는 쾌락과 오락의 목적으로만 약물을 사용하는 것을 의미한다(Weigel, Donovan, Krug, & Dixon, 2007). 알코올 문제와 관련하여 "미국 성인 인구의 10명 중 1명이 문제를 보이고" (Miller & Brown, 1997, p. 1269), 특히 라틴계 미국인 또는 게이, 레즈비언 집단과 같은 특정 문화나 소수자 집단에서는 문제가 더 심각하다(Garrett & Carroll, 2000; Matthews, Lorah, & Fenton, 2006). 연구에 따르면 "병원에 입원한 환자의 12~30%가 알코올 남용 문제로 입원하고" "알코올 문제를 갖고 있는 가정의 건강 관리 비용을 보면 알코올 문제가 없는 가정의 2배나 소요된다" (Steenbarger, 1998, p. 81). 또한 노년층과 같은 특정 집단에서의 알코올 문제는 종종 눈에 띄지 않거나, 오진되거나, 나이가 들어서 나타나는 문제로 치부되기 쉽다(Williams et al., 2005). 안타깝게도 성인 알코올 문제 집단의 5명 중 1명이 특정 형태의 치료를 받는 데 비해 청소년은 "10명 중 1명만" 이 서비스를 받고 있다(Fagan, 2006, p. 326). 전체적으로 매년 미국 내 알코올 집단에 지출되는 비용은 약

1,500억 원 이상으로 추정된다(Lam et al., 1996).

일반적인 미국인들, 특히 청소년은 약물 사용을 가장 압도적인 문제로 보고 있다. 실제로 청소년들의 약물 문제는 범죄, 사회적 압력, 학업 성적, 성 문제보다 성장·발달의 저해와 건강을 해치는 요인으로 나타난다(Center on Addiction and Substance Abuse, 1995). "다행스럽게도 약물을 경험하는 대부분의 청소년은 이후에 물질 남용 문제로 심화되지는 않는다." (Burrow-Sanchez, 2006, p. 283) 알코올, 담배(니코틴), 마리화나는 대부분의 성인과 마찬가지로 청소년에 의해 가장 흔하게 사용되는 것으로 보고되는 물질이다.

외견상으로 물질 남용은 개인적인 문제이지만 특정 물질과 관계 있는 것으로 보일 수 있다. 하지만 현실에서 물질 남용은 복잡한 문제다. 예를 들어, 알코올 남용 문제를 겪고 있는 사람의 주변 사람들은 4배까지 더 부정적인 영향을 받고 있는 것으로 나타난다. 이 사람들은 가족일 수도 있고 친구나 동료일 수도 있다(Fagan, 2006; Vick, Smith, & Herrera, 1998; Williams et al., 2005). 즉, 개인 내부의 남용 문제로 보이지만 또한 본질적으로는 개인 간의 문제이기도 하다.

때때로 하나의 물질을 남용하는 사람은 다른 물질을 남용하기도 한다. 여러 물질 남용(2개 이상의 물질을 동시에 남용하는 것) 현상은 증가하고 있다. 예를 들어, 많은 사람들이 청소년기의 가난이나 희망 없음 등의 삶의 불만족감으로 담배를 피기 시작할 수 있다. 이어지는 또래와의 갈등, 학교 성적의 저하, 부모 흡연, 소수인종의 위치, 외부 통제력의 상실 등의 상황이 흡연을 중독에 이르기까지 심화시킬 수 있다(Hilts, 1996).

중독은 종종 물질 남용의 결과로 나타나며, 생물학적, 사회학적, 행동적 요소를 가지는 복잡하고도 여전히 현재 진행 중인 행동 패턴이다(Scott, 2000). 중독은 "특정한 한 가지 행동 패턴에만 초점을 맞추어 다른 행동들은 최소화하거나 제외시키며, 오직 한 가지 행동 패턴이 개인 내에서와 개인 간에 지속적이고 강렬하게 나타나는 것"으로 정의된다(L'Abate, 1992, p. 2). 중독자의 핵심적 특징은 행동을 통제하는 하나의 물질에 집착함으로써 장기간 다른 행동을 제한한다는 점이다. 중독적 행동들, 도박이나 일 중독 같은 미국 사회에서 사회적으로 용인되는 행동들조차 주요한 문제들로 발전될 수 있다(Jewish Family Services, 2002; L'Abate, Farrar, & Serritella, 1992). 사회의 특정 소수집단은 아마도 중독적 행동에 더 취약할 수 있고, 때로는 대다수의 사람들과 다른 성적 지향성의 이유로 다른 치료 접근방법을 필요로 할 수도 있다(Matthews, Selvidge, & Fisher, 2005).

물질 남용 예방

물질 남용 및 중독 예방 프로그램은 주로 전반적인 수준에서 남용을 막고자 하는 지역사회의 노력과 결부되어 있다. 남용을 방지하기 위해서는 두 가지 요소가 고려되어야만 한다. 첫 번째는 "일반적으로 약물 사용의 가능성을 증가시킬 것으로 정의되는" 위험 요소다 (Burrow-Sanchez, 2006, p. 284). 예를 들어, 가난한 환경, 학업 능력 저하, 약물 사용자와 어울리는 것 등은 모두 위험 요소가 될 수 있다. 반대로 "약물 사용의 가능성을 줄이거나 보호해 줄 수 있는"(p. 284) 보호 요소가 있을 수 있다. 보호 요소로는 안정적이고 모니터링이 잘되는 가정환경, 약물을 사용하지 않는 친구와 어울리는 것, 높은 학업 성취 수준 등이 될 수 있다. 주변에서 일어나는 사건들은 위험 행동, 보호 행동 모두에 영향을 미친다.

물질 남용을 방지하고 보호하기 위하여 많은 프로그램이 개발되고 있는데, 몇몇의 프로그램은 수준 높고 성공적인 결과를 보여 준다. 그중 하나가 지방정부의 보조로 개발된 'Just Say No' 프로그램이다. 이 프로그램은 청소년들이 중독의 가능성이 있거나 위험한 물질 또는 담배 등을 하라고 제안받았을 때 '아니요' 라고 말할 수 있도록 돕는 데 초점을 맞추었다. 이 프로그램을 통하여 학생들은 해로운 약물을 하도록 부추기는 유혹을 어떻게 단호하면서도 적합한 방식으로 거절할 수 있을지를 배우게 된다. 예를 들어, 약물과 관련된 상황에서 그냥 모르는 척하거나 지나쳐 가는 것뿐만 아니라 "나는 괜찮아." 등의 약물 제안을 거절하는 말하기 방법을 배울 수 있게 된다.

다른 효과적인 프로그램으로는 초등학교 고학년과 중학생을 대상으로 한 D.A.R.E.(Drug Abuse Resistance Education) 프로그램이 있다. D.A.R.E.에서는 경찰관이 강사가 되어서 5학년과 6학년 학생들에게 사례를 제공한 후 그것에 대해 생각해 보고 대답하도록 한다 (Ben Gladding, personal correspondence, 1998. 5. 22).

고등학교 수준에서는 S.A.D.D.(Students against Drunk Driving)와 M.A.D.D.(Mothers against Drunk Driving) 같은 연방 단체가 있다. 이 두 단체는 대학 캠퍼스에도 나타나는데, 약물 남용의 해로움과 중독의 위험성에 대해서 교육시키는 것을 목적으로 하고 있다.

청소년 흡연자와 잠재적 또는 실제 코카인 중독자를 위한 효과적인 교육 프로그램들도 있다(Mudore, 1997; Sunich & Doster, 1995). 이 프로그램들은 해당 연령대에 중요한 내부적, 외부적 요소들에 초점을 맞추었다. 외부적 요소는 흡연이 영향을 미치는 심장과 치아, 의복이 될 수 있다. 내부적 요소는 생활양식 선택, 시간 관리, 영양소와 같은 것을 포함한다. 청소년들은 연령대가 낮을수록 외부적 요소가 흡연을 시작하거나 끊을 결심을 하는 데 영향을 미치는 반면, 연령대가 높을수록 내부적인 요소가 영향을 미친다.

물질 남용 및 중독 예방에 접근하는 가장 흔한 방법은 집단 압력과 역동을 활용하는 것이다. 예방 프로그램의 경우에 상담자는 집단 구성원들의 지식을 활용하는 것이 현명하다. 그 이유는 특히 청소년들의 경우 물질 사용과 관련하여 친구들이 약물을 사용하기 때문에, 지루하기 때문에, 스스로 스트레스를 받고 있다고 생각하기 때문에 대부분 약물을 사용하게 된다(National Center on Addiction and Substance Abuse at Columbia University, 2003).

따라서 집단에서 약물을 건강에 해롭고 위험한 것으로 받아들인다면 그 구성원들은 이러한 물질을 덜 사용하려고 할 것이다. 집단의 규범은 약물 사용을 저지하는 요소 중 하나가 될 수 있다(Serritella, 1992). 따라서 교육과 지지 집단은 상담자가 예방 프로그램에서 남용과 중독 행동을 저지하는 데 활용할 수 있는 좋은 수단이 된다(Gladding, 2008).

생/각/해/보/기

많은 종류의 물질 남용 예방 프로그램이 지역적 · 전국적으로 실시되고 있지만 여전히 미국 내에서 주요한 문제로 자리 잡고 있는 이유는 무엇이라고 생각하는가?

물질 남용 치료

전체 상담 사례의 약 25%는 물질 남용 및 중독 문제와 직간접적으로 관련이 있다. 앞서 언급한 대로 어떤 종류의 물질을 남용하거나 그에 중독되어 있는지와는 관계없이 역기능적인 역동 때문에 그들을 상담하는 것은 힘들다. 상담자는 다양한 방법으로 물질 남용자뿐 아니라 중독자들을 상담하지만 그중 세 가지 방법이 지배적이다. 즉, 외래환자, 거주형 환자, 입원환자의 세 가지 방법이 있는데, 외래환자를 다루는 것이 가장 보편적이다(Burrow-Sanchez, 2006).

치료를 시작하기 전에 중요한 것은 반드시 현재 중독 물질을 취하고 있지 않는 상태여야 한다는 점이다. 다시 말해, 치료를 시작하기 전에 이러한 문제가 해결되어야 한다. 프로그램을 시작하기 30일 이상 전에는 몸과 정신이 '깨끗한' 상태여야 한다. 예를 들어, 가정 환경 자체가 알코올 남용을 하도록 체계적으로 조직화되어 있을 수 있고, 과도하게 술을 마시도록 되어 있을 수 있다(Bateson, 1971; Steinglass, 1979). 알코올 문제를 가진 집안에서는 공동책임자(codependent)[1]라 불리는 과도하게 책임을 느끼는 사람과 함께 과도하거나 과소하게 책임을 느끼는 현상(overresponsible-underresponsible phenomenon)이 있다(Berenson, 1992). "과도하게 책임을 느끼는 사람의 주요한 특징은 자기 자신뿐만 아니라 다른 사람의 행동과 감정을 조정하고 영향을 미치는 것으로 자신의 능력에 대한 자존감을 확인한다는 점이다. 이러한 현상은 실패했을 때 부적합함을 느끼는 것과 같은 부정적 결과

1) 역자 주: 상대가 술, 도박으로 정신적 · 육체적으로 중독되어 있을 때 심리적으로 불건전하게 영향을 받게 되는 사람을 이른다.

를 직면할 때 나타난다."(Springer, Britt, & Schlenker, 1998, p. 141) 이런 상황에서는 잘 기능하는 사람과 작업하고, 역기능적인 사람을 바꾸려고 시도하는 것보다는 상황을 잘 조정하는 것이 더 쉽고 생산적이다.

물질 남용 치료에 일반적으로 가장 영향을 미치는 요소들은 "동기, 부인, 이중진단, 매칭, 통제, 재발"이다(L'Abate, 1992, p. 11). **동기**(motivation)는 변화하고자 하는 바람과 관계가 있다. 대부분의 물질 남용자들은 자기 중심화되어 있고, 편하게 느끼기 때문에 변화하고자 하는 바람이 없는 것이 일반적이다. **부인**(denial)은 기본적으로 자신과 타인에게 미치는 물질 남용의 영향을 최소화하는 것이다. 즉, 물질 남용으로 인한 해로움을 최소화하는 것이다. **이중진단**(dual diagnosis)은 물질 남용자가 치료가 필요한 한 가지 이상의 심리적 문제를 가질 수 있음을 의미한다. 예를 들어, 물질 남용자가 중독 문제와 더불어 충동적이고 우울한 문제를 동시에 가지고 있을 수 있다는 것이다. **매칭**(matching)은 질환에 대한 적합한 치료를 제공하는 것을 의미한다. 코카인 과다 복용 같은 특정 물질 남용의 경우는 특정한 치료방법이 필요하다. **통제**(control)는 행동의 규제와 관련이 있는데, 물질 남용자들은 이를 무시하는 경우가 많다. 마지막으로, **재발**(relapse)은 치료받고 있는 행동이 다시 반복되어 나타나는 것을 말한다. 재발되면 물질 남용자들은 기존에 참가하고 있던 프로그램을 중단하게 되며, 이전과 같은 행동으로 되돌아가게 된다.

물질 남용의 치료 전략은 개별적으로 세워질 수 있다. 예를 들어, 물질 남용 사례에서 내담자의 저항이 낮은 수준이라면 **동기면담**(Motivational Interviewing: MI) 전략이 시도될 수 있다(Miller & Rollnick, 2002). "동기면담 전략은 내담자의 변화에 대한 주저함을 줄이고 행동 변화에 대한 동기를 증가시키기 위한 간략한 상담 개입방법이다."(Burrow-Sanchez, 2006, p. 286) 동기면담 전략은 크게는 인간중심주의 상담에서 비롯된 것으로, 내담자가 이해받고 있다고 느끼고 "진정으로 바라는 행동 변화와 일치하는 행동"(p. 286)을 강화하기 위해 적극적 경청, 반영, 재구성과 같은 기술들을 포함한다.

동기면담 전략과 더불어 독서요법으로 작업할 수 있다(Hipple, Comer, & Boren, 1997). 이 접근방법에서 물질 남용과 중독 문제 내담자들은 책을 읽거나 매체를 보거나 들으면서 자신들이 경험한 것과 관련하여 생각들을 나누게 된다. 예를 들어, 청소년과의 작업에서 내담자에게 실제 10대 약물 남용을 소재로 한 소설인 『*Go Ask Alice*』를 읽게 하거나 10대의 알코올 남용을 소재로 한 Jan Cheripko의 소설 『*Imitate the Tiger*』를 읽게 할 수 있다. 상담자와 함께 책의 주인공들에 대해서 좋았던 점, 싫었던 점에 대해서 이야기를 하고, 독서를 통해 어떤 점을 새롭게 깨닫게 되었는지 논의할 수 있다.

Pollock(2006)은 청소년과의 작업, 특히 알코올이나 물질 사용과 관련하여 상담할 때 다음과 같은 점을 주의해야 한다고 언급하였다.

- 청소년과 작업하는 것은 특별한 주의를 요한다.
- 상담의 효율성을 높이기 위해서 가족은 물론 청소년 내담자에게 중요한 인물이 치료에 포함되어야 한다.
- 상담이 무엇인지 청소년들에게 교육되어야 한다.
- 성인들에게 적용되는 치료방법이 청소년에게는 효과가 없을 수 있기 때문에 청소년에게 맞춤화된 치료 전략이 필요하다.
- 치료관계가 중요하지만 상담자가 청소년의 친구가 되려고 하면 잘 기능할 수 없다.
- 청소년상담에서는 "문제 해결, 기술 습득, 단지 잘 듣는 것"(p. 331)이 중심이 되면 최고의 효과를 거둘 수 있다.
- '치료 순간들(therapeutic moments)'은 성인상담에 비해 청소년상담에서는 훨씬 더 고르지 않다.

특정 치료방법

알코올 남용 치료

알코올 남용 치료를 위한, 특히 성인의 경우 수많은 접근방법이 있다. 하지만 가장 잘 알려진 접근 방식은 알코올 중독자 치료모임(AA)이다. AA는 1930년대에 시작된 가장 오래된 성공적인 치료 프로그램이다(AA World Services, 2002). 이 프로그램은 "동료애가 중요한 재활 프로그램"이기도 하다(Warfield & Goldstein, 1996, p. 196). AA에서는 알코올 중독자가 "성격적 결함(character defects)" 때문에 괴로움을 겪는다고 설명한다(AA World Services, 2002). "알코올을 남용함으로써 행복감을 구하도록 하는 느낌, 믿음, 행동들이 있다."(Warfield & Goldstein, 1996, p. 197) AA 모임은 소집단으로 구성되며, 집단 토론에 『*The Big Book*』(AA World Services, 2002) 같은 책이 사용되기도 한다.

AA의 핵심 구성 요소는 영적인 요소에 기반한 12단계 프로그램의 사용이다. AA 모임에서 집단 토론은 구성원들이 타인의 지지를 원해 왔고 더 강력한 힘에 의존하고자 했다는 것을 깨닫도록 돕는 데 중점을 맞추고 있다. 영적인 차원에서 AA는 구성원들이 알코올이나 다른 물질에 대해 자신이 힘이 없다고 받아들일 것을 강조하고 있다. 알코올 사용과 남용을 자제하는 구성원들은 '치료'된 것이 아니라 '회복 중'인 것이다. 또한 AA 안에서는 책임, 용서, 보상(가능하다면), 확신, 의식, 동료애를 강조한다.

AA는 "니코틴 중독, 코카인 남용, 섭식장애, 충동적 도박 및 성행동, 알코올 중독자 자녀의 고통과 같은 다른 문제를 다루는 데도 적용된다"(James & Hazler, 1998, p. 124). 어떤 상담자에게는 AA의 영적인 측면이 불편하게 다가올지도 모르고, 인지-행동 측면이나 인간의 언어로 어떤 점이 요구되는지 논의하고 싶을 수도 있다. REBT에서는 회복 집단을 비영적인 방향으로 향하도록 구성한다.

알코올 남용 내담자의 치료에서 상담자는 가족 및 지역사회와 협력하여 일하는 것이 필요하다. 가족이나 지역사회로부터 지지를 받느냐 혹은 알코올 남용의 희생양이 되느냐는 알코올을 멀리할 수 있는 자제심에 영향을 주며, 개인의 인생을 완전히 다른 것으로 만들 수 있다. AA와 여성 음주와 관련된 다른 회복 프로그램에서는 가족들을 위한 특별 프로그램이 함께 진행된다.

게이, 레즈비언의 경우에 알코올은 사회적 낙인감을 다루는 방편의 일종이기 때문에 특히 더 위험할 수 있다. 게다가 게이, 레즈비언들이 만나는 가장 사회적인 장소는 바로 술집이다(Matthews et al., 2006). 따라서 이러한 내담자와 작업할 때 상담자는 그들을 대화의 장소로 끌어와 치료 계획에 참여시키는 것부터가 필요하다.

니코틴 중독 치료

알코올 남용과 함께 니코틴 중독 또한 널리 퍼져 있는 문제 중 하나다. 미국인의 25% 이상(약 4,800만 명)이 흡연을 하고(Wetter et al., 1998), 그중 500만이 청소년이다. 더욱이 "알코올 중독자의 약 80%가 술과 함께 담배를 피고", 이는 조기 질환과 죽음을 초래한다(Barker, 1997, p. 53). 니코틴에 의존하는 대부분의 성인과 청소년은 담배 끊기를 원한다. 그들은 담배를 끊기 위해 엄청난 시간과 노력을 들이지만 안타깝게도 대부분이 결국 실패하고 만다.

상담자가 내담자로 하여금 니코틴 중독에서 벗어날 수 있는 성공 비율을 높이도록 도울 수 있는 많은 방법이 있다(Singleton & Pope, 2000). 그중 하나가 금연집단 프로그램에서 높은 성공률을 보여 주고 있는 전화상담 방법이다. 전화상담은 15~30분가량 진행되는데, 상담자는 금연을 시도하는 내담자에게 긍정적이고 비판단적인 피드백을 제공한다. 이 전략 뒤에 있는 숨은 의도는 자기효능감을 증진시키는 것이다. 또 다른 접근 방식으로 'rapid smoking'이 있다. 이 프로그램에서는 흡연자가 상담을 하고 난 다음, 매 6초 간격으로 더 이상 할 수 없을 때까지 담배를 흡입하는 것을 1시간씩 6회기 동안 실시한다. 이 프로그램의 목적은 "담배 냄새와 맛에 대한 조건화된 부정적 반응을 이끌어 내기 위한 것"(p. 452)이다.

세 번째 방법은 기술 훈련이다. 이 접근방법에서 내담자는 흡연을 하게끔 유도하는 인지적, 정서적, 환경적 요소들을 깨닫고, 상황을 재구성하며 생각을 멈추는 등의 대처 전략을 배우게 된다. 이 중 가장 성공적인 기술은 구강 대체물, 신체 활동 증가, 버디 시스템 전략뿐만 아니라 금연을 함으로써 얻을 수 있는 경제적, 건강적 이점에 대한 자기진술을 이용하는 것이다. 마지막으로 흡연과 관련한 정보자료를 스스로 이용하는 방법인데, 이 방법은 간단하지만 아주 유용하다. 이 방법에 이용될 수 있는 소책자로 'Clearing the Air'와

'Smart Move'가 있다. 이 소책자를 이용하여 흡연자는 담배를 끊는 과정과 금연 상태를 유지하는 방법을 안내받는다.

사례 Nicholas, 니코틴을 포기하다

Nicholas는 25년 동안 지독한 흡연자로 살아왔다. 매일 담배 1갑을 피웠다. 건강이 좋지 않음에도 Nicholas는 자신이 건강하다 생각하고 있었기 때문에 정기검진에서 의사가 다리 혈종을 발견하고 6주간 입원하도록 진단했을 때 아주 놀랐다.

Nicholas는 처음에는 요청에 응하였다. 담배 한 보루로 10일간을 지냈다. 하지만 다시 아내에게 더 많은 담배를 요구했다. 아내는 남편이 나중에는 애걸하는데도 담배를 주지 않았다. Nicholas는 땀을 흘리고 떨기까지 했다. 아내에게 담배를 더 사 오기를 애걸했지만 아내는 입원기간인 다음 달까지는 담배를 피울 수 없다고 하였다. Nicholas는 결국 담배에 대한 강한 갈구를 버리게 되었다.

아내의 방법에 대해서 어떻게 생각하는가? Nicholas가 퇴원해서도 이 상태가 지속될 수 있을까?

불법 약물 중독 치료

전체 미국 인구 중 약 50만 명이 헤로인 중독자이고, 400만 명이 상습 마리화나 흡연자다. 알코올이나 니코틴이 아닌 코카인 같은 약물에 중독된 사람들은 주로 AA 모델에 바탕을 둔 치료를 받는다. 하지만 이러한 약물에 대한 사회의 큰 거부감과 불법성 때문에 치료가 제공되는 맥락은 동일하지 않다. 예를 들어, 불법 약물치료는 교도소에서 많이 제공되는데, 이는 많은 약물 남용자가 범죄자여서 교도소에 수감중인 경우가 대부분이기 때문이다.

교도소에서 실시되는 효과적인 프로그램의 원형이 바로 뉴욕 주 스태튼 섬의 'Stay'n Out'이다. "이 프로그램의 비결은 바로 꼼짝없이 그 자리에 있을 수밖에 없는 청중들의 상황이다. 참가자들은 치료를 받는 것 외에 달리 선택의 여지가 없다. 그 자리에 있거나 독방으로 수감되거나 둘 중 하나다."(Alter, 1995, pp. 20-21) 이 프로그램이 도덕적으로 정당한가의 문제는 논의의 여지가 있지만 효과는 확실하며, 프로그램의 결과 재범률이 평균보다 훨씬 낮은 25%를 나타냈다. 'Stay'n Out'과 같은 물질 남용 프로그램은 지역사회가 부담해야 할 중독 치료 비용과 범죄로 인해 발생하는 손실에 비해 비용 절감의 효과를 가져올 수 있다.

물질 남용 가족치료

가정은 물질 남용 행위에 많은 영향을 미치는데, 가족 구성원 모두를 포함하지 않고는 물질 중독자를 돕는 것이 어렵다(Doweiko, 1990). "알코올이나 다른 약물들에 화학적으로 의존하는 가정이나 부모를 가진 학생들은 넓은 범위에서 발달적 위기 상황에 처해 있다." (Buelow, 1995, p. 327) 알코올을 남용하는 많은 가정은 소외되어 있는 경우가 많으며, 그 안에서 아동들은 결과적으로 긍정적 역할 모델의 부족으로 어려움을 겪는다. 아동들은 성장해 가면서 이러한 가정 안에서 특히 더 나쁜 영향을 받는 것으로 보인다.

물질 남용은 젊은 사람들이 스트레스를 해소하고, 불안을 줄이고, 시간을 조직화하기 위하여 사용된다(Robinson, 1995). 또한 가정 내의 전반적 역동과 예측 가능한 문제 행동에 대한 관심을 철회함으로써 비기능적인 가정을 보호하거나 안정화하기 위한 시도로 사용된다(Stanton & Todd, 1982). 물질 남용은 섹스에 대한 대체로 사용되기도 하고, 가짜 자기(pseudo-individuation: 자신에 대한 잘못된 지각)를 촉진시킨다. 이러한 복잡하고 서로 연결된 요소들은 물질 남용이 패턴화되어 있는 사람들의 행동 변화를 이끌어 내기 힘들게 만드는데, 따라서 역기능적 시스템을 변화시키기 위해 설계된 집중적인 사회 행동 접근 방식 없이는 행동의 변화가 어렵다(Lee & Walz, 1998).

치료 서비스는 정보 제공의 형태를 취할 수도 있다. 하지만 종종 상담자들은 가족 구성원 개개인뿐만 아니라 하나의 구성 단위로 가정에 미치는 물질 남용의 영향 전체에 대해서 가족과 대립되어야만 한다. 이러한 개입은 수많은 사람과 기관이 참여하는 강력한 시스템적 접근 없이는 어렵다(Kaufman & Kaufman, 1992; Morgan, 1998).

물질 남용의 역기능적 영향, 특히 가정 내 알코올과 약물 오용의 영향을 알고 있는 상담자들은 내담자가 분노와 같은 감정, 가정환경에 대한 부인과 같은 방어기제를 다루도록 도울 수 있다. 또한 상담자는 가족이 자신들의 행동에 대해 책임을 지도록 도울 수도 있다(Krestan & Bepko, 1988). 본질적으로 상담자들은 가족이 기능적 시스템으로 다시 돌아가도록 도울 수 있는데, 즉 "치료과정에 참여하기"와 "남용자가 물질과 함께 폭력적으로 기능하도록 하기보다는 중독을 극복하도록 도울 수 있다"(Van Deusen, Stanton, Scott, Todd, & Mowatt, 1982, p. 39). 이러한 과정에서 가족과 가족 구성원은 발달적 이슈를 해결하도록 도움을 받을 수 있다.

물질 남용 여성, 소수 문화 집단 치료

알코올 남용 미국 여성은 약 500만~700만 명에 이른다. 여성의 물질 사용에 대한 사회적 비난, 질책, 자녀 양육, 비용, 가족의 반대, 잘못된 진단과 같은 장애물은 여성들이 적합한 치료를 받는 것을 어렵게 한다(Van der Wade, Urgenson, Weltz, & Hanna, 2002). 여성 알코올 남용자들은 AA의 1/3을 차지함에도 불구하고, "여성 알코올 중독자 또는 약물 중독자에 대한 AA와 NA의 이점에 대한 실험적 증거가 거의 없다"(Manhal-Baugus, 1998, p. 82). 따라서 여성의 삶의 조건을 반영하고 알코올 중독과 관련하여 여성들이 직면하는 어려움들을 고려한 새로운 이론과 대체 치료 전략이 개발되어야 한다. 이를 위한 프로그램은 기존의 방법과는 다른 방법으로 지역사회의 자원들을 끌어온다. 이 프로그램들 중 하나는 'Women for Sobriety' 로서 자신의 생각을 변화시키도록 돕고, 무기력, 무력감, 죄책감, 의존과 같은 감정을 극복하도록 돕는 인지-행동 조정을 기반으로 한 상호 조력집단 프로그램이다. 이 프로그램에는 여성을 위한, 여성에 의한 지지적 환경에서 긍정적 사고를 촉진시키는 13개의 확언이 있다(Manhal-Baugus, 1998).

성 차이와 함께 문화적 차이는 회복과정에서 영향을 미친다. 소수 문화 속 구성원 치료에는 특별한 관심이 필요할지도 모른다. 예를 들어, 미국 원주민들은 다른 미국인들과는 달리 영적인 요소에서 치료방법을 찾을지도 모른다. 따라서 미국 원주민들과 작업하는 상담자들은 회복을 원하는 개인이나 집단과 작업하기 전에 의학적인 면에서 자문이 필요할지도 모른다(Vick et al., 1998). 이러한 비슷한 원칙이 다른 특정 문화에 속한 구성원들을 치료하는 데도 적용이 된다.

물질 중독 상담자협회 소속, 자격 제도, 교육

International Association of Addictions and Offender Counseling(IAAOC)는 남용 및 중독적 행동을 예방, 치료, 설명하는 데 초점을 맞춘 선도적인 집단 중 하나다. 이 협회에서는 『*Jounal of Addictions & Offender*』와 같은 간행물 출간을 통해서 상담자의 전문성을 강화할 수 있도록 최신 정보를 제공한다. 또 다른 주요 기관으로는 National Association of Alcoholism and Drug Abuse Counselors(NAADAC)가 있는데, 이 기관에서는 중독 상담자 자격증을 발급하고 있다.

특이하게도 NAADAC 회원들은 석·박사학위를 가진 사람들과 그렇지 않은 사람들이 거의 고르게 분포되어 있다(West, Mustaine, & Wyrick, 2002). 물질중독 상담에 초점을 맞춘 교육 프로그램들이 점점 증가하고 있는데, 1994년 이래 NBCC에서는 중독 상담자 자격 과정을 개설해 오고 있다. 현재 물질 중독 상담 분야는 회복 상담자와 일반 상담자로 나뉜다. 회복 상담자는 한때는 중독자였으나 현재는 중독 상태를 벗어났으며, NAADAC 자격 조건에 맞는 과정을 이수한 상담자를 말한다. 그리고 일반 상담자는 상담 관련 석사학위 이상을 가진 물질 중독 관련 분야 상담자를 말한다.

이 두 집단의 효과성은 비슷하게 나타나지만 작업 방식은 뚜렷한 차이가 있다. 회복 상담자는 AA의 12단계에서 설명하고 있는 철학을 바탕으로 한 활동에 더 많이 관여한다(Culbreth & Borders, 1999). 따라서 그들은 '지역사회 교육 프로그램에 참여하고 외부의 내담자를 다루거나 병원에 있는 내담자를 방문하는 것을 선호한다.' 하지만 일반 상담자는 알코올이나 약물 문제를 진단상에서 중독이냐 아니냐로 보기보다는 그 연속선상에서 보려고 한다. 이 분야에서 준전문가보다는 전문가를 선호하는 트렌드에 따라 수많은 절차에서 미래의 변화가 예측된다. 여기에는 슈퍼비전이 행해지는 방식의 변화도 포함된다(Culbreth & Borders, 1999). 또한 이러한 변화 때문에 중독 분야에서 현재에도 일하는 상담자는 좀 더 집중적인 훈련을 필요로 하는데, 이는 복합적인 문제를 보여 주고 있는 다양한 내담자들에게 효과적으로 개입할 수 있는 치료방법을 포함해야 한다(Thombs & Osborn, 2001).

병적 도박

북미 사회에서 중등도의 도박은 중등도의 알코올 사용처럼 사회화의 일부로 받아들이며 심각하게 취급되지 않는다. 하지만 병적 도박은 심각한 문제다(Maske, 2007). 이러한 경우에 도박은 즐겁거나 반짝반짝 빛나는 매력적인 일이 아니다. 병적이고, 비인간적이고, 어쩌면 불법적인 결과를 초래할 수 있는 비극적인 일이다. 전체 인구의 2.5%가 병적 도박을 하는 것으로 나타난다. 이러한 종류의 도박은 가정을 파괴하고 개인의 꿈을 산산조각 낼 뿐만 아니라 삶을 황폐화하고 경제적 파멸을 초래한다.

병적 도박은 여러 가지 면에서 알코올이나 약물 중독과 비슷한다. 병적 도박은 자신의 행동에 대한 통제력을 상실하는 것이다. 계속 도박을 하기 위해서 일상적으로 거짓말을 하고, 다른 중독자들처럼 끊었다가 다시 시작하기를 반복한다.

병적 도박은 베팅을 했을 때 나타나는 현상이 계속해서 맴돌기 때문에 일어나는 것이다. 약물 사용자가 추구하는 '최고조의 상태' 에 비할 수 있는 병적 행복감을 느낄 수 있는 순간인 것이다. 병적 도박은 두뇌의 화학적인 변화를 동반하는데, 종종 도박에서 패를 펼쳐 보이기 전에 손에서 땀이 나고, 심장이 빠르게 뛰며, 현기증을 느끼는 극도의 상태를 경험하기도 한다. 다른 중독과 마찬가지로 병적 도박도 '행위' 에 대해서 '내성' 이 생기게 된다. 따라서 같은 정도의 흥분감을 느끼기 위해서는 베팅 크기를 늘릴 수밖에 없는 것이다.

병적 도박 치료

병적 도박 역시 다른 중독 행동처럼 치료 가능한 것이다. 하지만 심각한 수준의 도박자들은 치료를 꺼린다. 중독의 성질을 이해하지 못해서일 수도 있고, 스스로 문제를 다스릴 수 없다는 것을 인정하고 싶지 않아서일 수도 있다.

도박자들을 도울 수 있는 중요한 자원 중 하나는 도박자 치료모임(Gamblers Anonymous, http://www.gamblersanonymous.org/)이다. 이 모임은 알코올 중독 치료모임(Alocoholics Anonymous)과 같은 12단계의 치료 프로그램을 따른다. 성공률은 다른 중독들과 비슷하다. 하지만 치료기간이 더 길게 걸리고 복잡한데, 도박 중독자들은 알코올, 약물 남용, 병적 쇼핑, 섭식장애와 같은 복합적인 문제를 함께 가지는 경우가 많기 때문이다.

일 중독

일 중독은 병적으로 집중해서 다른 좋은 기회는 내팽겨치고 모든 것을 하나에만 집중한다는 면에서 다른 행위 중독이나 물질 중독과 비슷할 수 있다. Robinson, Flowers와 Ng (2006)은 일 중독을 "충동적이고 점진적이고 잠재적으로 치명적인 장애이고, 스스로 부과한 요구, 충동적인 과노동, 일 조절을 할 수 없음으로 특징지으며, 친밀한 관계 또는 삶의 중요한 활동에 부정적인 영향을 끼칠 정도로 일에 과도하게 탐닉하는 것"(p. 213)으로 정의하였다. 일 중독은 가족관계에 부정적인 영향을 미칠 뿐 아니라 정신건강 문제를 가져올 수 있다(Robinson, 2001; Robinson et al., 2006).

일 중독 치료

Robinson(1995, p. 33)은 일 중독 내담자, 특히 회복 단계에 있는 내담자들을 상담하기 위한 다음의 단계들을 제시하였다.

- 내담자가 천천히 가도록 도와라. 내담자가 일상에서 여유를 가지고 살도록 하기 위해 어떻게 의식적인 노력을 할 수 있는지 실례를 들어 준다.
- 이완하는 법을 배울 수 있도록 가르쳐라. 요가나 명상 배우기, 영적 도서 읽기, 욕조에 몸 담그기 등은 평온함을 가져온다.
- 가정 분위기를 평가할 수 있도록 도와라. 가족 일원과의 상호작용, 특히 긍정적 상호작용은 의미 있고 이완할 수 있는 일이다. 따라서 가족과의 연결 고리를 강화할 수 있는 방법을 찾는 것은 중독 극복을 위해 필요하다.
- 기념일과 의식의 중요성을 강조하라. 기념일에 의식을 행하는 것은 가족을 함께 모이게 하고 삶을 풍요롭게 할 수 있는 열쇠가 된다.
- 내담자가 사회적인 관계 안으로 들어가도록 도와라. 이 전략은 사회생활과 친구관계를 발전시키는 계획과 관련이 있다. 성공적이라면 업무 이외의 사회적 네트워크를 형성하는 방법을 탐색한다.

- 현재를 살도록 하라. 현재를 중시함으로써 회복 중인 중독자는 지금의 경험을 더 즐길 수 있고, 미래에 대해 불안하거나 집착하지 않게 된다.
- 스스로를 보살피도록 내담자를 북돋우라. 중독이 되면 건강한 방법으로 탐닉한다는 것이 어렵다는 생각을 하게 된다. 하지만 스스로 돌보는 것을 연습하는 것은 여러모로 이점이 많다.
- 알맞은 식사, 휴식, 운동이 중요하다는 것을 강조하라. 만약에 신체적으로 또는 정신적으로 문제가 있다면 제대로 기능하기가 어렵다. 따라서 내담자가 식사, 휴식, 운동으로 균형 있는 삶을 유지하는 것은 중독에서 벗어나는 긴 여정을 가는 데 필요하다.
- 내담자가 유년기의 손실을 슬퍼하도록 도와라. 또는 자존감을 표현하도록 도와라. 많은 중독자는 창피함, 슬픔, 분노, 심지어는 과거에 의해 결정되는 듯한 느낌을 가지게 된다. 내담자가 자신의 과거와 경험으로부터 벗어나 회복할 수 있음을 깨닫도록 돕는 것은 정상적으로 기능하도록 조력하는 것으로 시간이 오래 걸릴 수 있다.
- 상담자와의 개별 작업 외 보충 작업으로 주변의 12단계 프로그램에 대한 정보를 내담자에게 주라. 회복 단계에 있는 거의 모든 중독자는 강력하게 인간관계를 강조하는 12단계 프로그램으로부터 도움을 받는다.

생/각/해/보/기

Robinson은 삶의 속도를 줄이고 즐기기 위한 여러 좋은 아이디어를 제시하였다. 이외에 당신이 생각하기에 일 중독자를 상담할 때 활용할 수 있는 다른 아이디어로 어떤 것이 있을까?

2. 장애상담

장애는 미국인의 삶에 만연해 있다. "5,400만 미국인(6명 중 1명)이 일상의 삶을 불편하게 만드는 신체적, 감각적, 정신병적, 인지적 장애를 가지고 있다."(Livneh & Antonah, 2005, p. 12) 통계적으로는 다음과 같다.

- 장애를 가진 900만 명 이상의 미국인이 일을 할 수 없거나 학교를 다닐 수 없다.
- 장애인을 보조하기 위해 미국 정부가 지원하는 보조금과 의료비는 약 600억이다.
- 장애는 노년층, 소수자, 경제적 하층 집단에서 높게 나타난다.

- 미국 인구 10명 중 8명에 이르는 가장 흔한 사망 원인은 만성 질병과 관련이 있다.

하지만 소수인종은 더 심각한 통계 수치를 보이는데, 일반 인구에 비해 더 많은 비율의 사람들이 장애로 고통받고 있다. 그 이유는 다음과 같다(Wilson & Senices, 2005, p. 87).

- 낮은 수입과 가난
- 육체적으로 위험한 직업에 고용되어 있음
- 건강보험 보장의 부족
- 낮은 교육 수준
- 기능의 부정확한 검사와 평가

상담자는 장애를 가진 내담자와 상담을 할 수밖에 없다. 전문 상담 분야의 하나인 재활상담은 장애를 가진 내담자 상담에 초점을 두고 있다. 재활은 현재는 장애를 가지고 있으나 이전에 독립적인 삶을 살았던 내담자를 재교육하는 것으로 정의할 수 있다. 이와 관련하여 재교육은 인생 초반기에 장애가 시작되어 혼자서 자립해 본 적이 없는 내담자를 교육시키는 데 초점을 두고 있다(Bitter, 1979). 재활상담은 그 성공 여부가 여러 요소와 관련 있는 다차원적인 일이다. "재활 상담자는 숙련된 치료자일 뿐만 아니라 경쟁력 있는 사례 관리자여야 한다."(Cook, Bolton, Bellini, & Neath, 1997, p. 193) 재활 서비스의 궁극적인 목표는 취업, 독립적인 삶, 지역사회 참여에 성공하는 것이다(Bolton, 2001).

연방 법률은 장애인을 위한 서비스를 확립하는 데 있어 원동력이 되어 왔다. 예를 들어, 1920년 의회에서는 직업재활법, Vocational Rehabilitation ACT, 즉 주로 신체적 장애를 가진 미국인들에게 초점이 맞추어진 법률을 통과시켰다. 좀 더 최근에 제정된 1990년의 미국장애인법, American with Disabilities Act(ADA)은 핵심 요소를 포함하고 있다. 이 법률은 정신적, 신체적, 행동적 장애를 가진 수백만의 미국인들이 다양한 측면에서의 서비스를 필요로 하고, 국가적 차원에서의 지원 필요성을 알리고 있다. 1997년의 장애인교육법, 즉 Individuals with Disabilities Education Act(IDEA)은 교육적인 측면에서 또 다른 중요성을 지닌다. IDEA는 장애학생에게 적합한 무상의 공교육(free and appropriate public education: FAPE)을 제공할 수 있는 교육기관을 필요로 한다. 또한 1999년의 Ticket to Work and Work Incentives Improvement Act(WIIA)는 장애인 소비자가 사립 비영리, 주 재활기관, 사립 독점 제공 서비스 가운데 선택할 수 있는 능력을 향상하도록 한다(Kosclulek, 2000).

장애의 본질

장애는 인간의 활동과 기능을 제한시키는 신체적, 정신적 상태를 말한다(U.S. Department of Health, Education, and Welfare, 1974). 장애를 가진 내담자는 신체적 · 정서적 · 행동적으로 증상이 표출되는데, 장애는 알코올 중독, 관절염, 맹, 심장혈관 질환, 농, 뇌성마비, 간질, 지적장애, 약물 남용, 신경계 장애, 기형장애, 정신장애, 신부전증, 언어장애, 척추장애를 포함한다.

안타깝게도 장애를 가진 사람은 종종 장애에 대한 오해와 편견을 가진 다른 사람을 만나게 된다. 이런 사람들은 장애를 가진 사람을 괴롭게 만들기도 하는데, 특히 자신과 다를 경우, 특히 레즈비언처럼 소수의 성적 지향성을 가진 사람일 경우 더 괴롭게 만들기도 한다(Hunt, Matthews, Milsom, & Lammel, 2006). 이런 식의 대우는 잔인하고 개인의 일상적인 사회적 상호작용에 영향을 미칠 수도 있다(Leierer, Strohmer, Leclere, Cornwell, & Whitten, 1996, p. 89). 결과적으로 장애를 가진 많은 사람은 다른 사람과의 상호작용을 철회하고, 그로 인해 직업이 없어 독립적 생활을 영위하지 못한다(Blackorby & Wagner, 1996). 실제로 "장애인 집단은 미국 내에 가장 높은 실업률과 능력 이하의 고용률을 보인다"(Clarke & Crowe, 2000, p. 58). 따라서 장애를 가진 사람은 낮은 자존감과 의사결정의 자신감 부족, 사회적 낙인감, 선택 가능한 직업의 제한, 역할 모델의 부족으로 어려움을 겪을 수 있다(Enright, 1997). 그들은 또한 삶의 초기부터 경험이 제한당하게 된다.

핸디캡은 장애와 관련되어 있지만 또한 차이가 있는데, "다양한 장벽의 존재 때문에 만들어지는 관찰 가능하고 인식할 수 있는 장애"를 말한다(Schumacher, 1983, p. 320). 장애와 핸디캡이 있는 사람의 예는 엘리베이터가 없는 건물의 3층 아파트를 할당받은 사지마비 환자 또는 구술로 지침을 설명 듣는 청각장애인의 경우가 될 수 있을 것이다. 상담자는 이러한 상황에서 내담자가 핸디캡을 극복하고 자신의 장애를 효과적으로 다룰 수 있도록 도와야 한다.

장애 상담자, 소속, 자격 제도, 교육

재활상담은 장애를 가진 사람과 작업하는 것이 가장 보편화된 특징이고, 이 분야에서 일하는 대부분이 미국재활상담협회, 즉 American Rehabilitation Counselor Association (ARCA)에 속해 있다. ARCA가 설립되기 전에는 재활 관련 전문 상담기관이 없는 시기가 있었다. 제2차 세계대전 이후에 곧바로 National Vocational Guidance Association(NVGA)의 이익집단으로 ARCA가 조직되었다. ARCA는 1958년에 ACA의 재활상담 분과로 속해 있었으며, 1961년에 비로소 ARCA가 되었다.

Council of Rehabilitation Education(CORE)는 전통적으로 재활상담을 제공하는 기관을 인증해 왔고, 한편 Commission of Rehabilitation Counselor Certification(CRCC)는 CORE에서 인증하는 프로그램을 이수한 재활 상담자를 인증하는 기능을 해 왔다. 이 자격증은 특정 코스와 필수 경력을 채워야지 발급이 된다.

전통적으로 대부분의 재활 상담자들은 연방정부, 주정부, 지역 기관에 고용되어 왔다. 하지만 1960년대 후반 이후로 많은 재활 상담자가 영리 목적의 기관이나 사설 기관으로 옮기고 있다(Lewin, Ramseur, & Sink, 1979). 공적 영역에서 사설 기관으로의 움직임은 경제적 변화, 기업과 보험회사에 의한 새로운 부각, 전국 전문 자격 요구사항, 모든 상담자에게 영향을 미치는 주정부 라이센스 법률과 같은 발전의 결과라고 할 수 있다.

장애를 가진 사람과 작업하기

장애가 있는 내담자들에 대한 상담은 의료 모델과 주로 연계되어 있다는 점에서 다른 상담 모델과 구별되는 측면이 있다(Ehrle, 1979). 장애인 내담자들에 대한 상담에서 의료 모델이 주로 부각되었던 이유는 이러한 내담자들이 신체적인 어려움에 대한 개입을 위해 다른 전문가들보다 먼저 의료진들과 접촉하는 경우가 많기 때문이다. 따라서 오늘날 재활 상담자로 전문화된 상담자에게는 의학적 지식이 필수적으로 요구된다(Emener & Cottone, 1989, p. 577).

한편, 장애인을 조력할 수 있는 또 다른 모델들이 부상하고 있는데(Smart & Smart, 2006), 그중 눈에 띄는 네 가지 모델이 있다. 그중 가장 보편화된 것이 **생물의학 모델**인데, 이는 의학적인 측면을 함께 포함하고 있다. 이 모델은 의료적 부분과는 많이 관여를 하지만 사회정의는 거의 이야기하지 않는다. 생물의학 모델에 의하면, "장애는 자신의 내부에 존재하는 객관적인 상태다" (p. 30). 이 모델에서 장애는 개인 안에 존재하고 있는 결함이고, 이러한 문제에 대해서 개인이 전적으로 책임이 있다고 본다. 즉, 이 모델에서는 장애를 가진 사람을 병리적으로 본다. 이러한 관점은 급성 부상 같은 경우에는 아주 잘 기능할 수 있으므로 "정신병리적 장애에는 덜 유용" 하고 "신체적 장애를 다룰 때" (p. 31) 훨씬 더 강력하다.

장애에 대한 두 번째 개념은 **환경과 기능 모델**이다. 이 모델의 초점은 만성장애에 적합하다. 이 모델에서는 장애를 가진 사람에게 '장애인' 이라는 이름표를 붙인다. 이러한 이름표는 일종의 사회적 편견과 차별을 가져올 수 있다. 하지만 장애에 대한 비난을 개인 외부에 위치시킨다.

사회정치적 모델이 세 번째 모델인데, 때로는 **소수자 모델**이라고도 한다. 이 모델에서는 장애를 지닌 사람은 병적 상태를 지닌 것이 아니라 소수집단에 속하는 것으로 가정한다. "이 모델의 특징은 자기규정, 편견과 차별(때로는 '장애자 차별주의' 라고 불린다)의 제거(또는 감소), 의학적 진단 및 분류에 대한 거절, 미국 법률 아래 완전한 평등과 권리 추구를 포함한다." (p. 34)

네 번째 모델은 **동료 상담자 모델**이다. 이 모델에서는 직접적인 장애 경험이 있는 사람이 바로 최근에 장애를 가지게 된 사람을 돕는 데 가장 최적이라고 가정한다.

장애를 가진 내담자의 적응을 돕기 위해 상담자는 현재 내담자의 기능 수준과 기능을 저해하거나 강화할 수 있는 환경적 상황에 대한 평가가 필요하다. 이러한 평가 후에 상담자는 다양한 종류의 상담이론과 기술을 적용할 수 있다. 사실상 상담의 거의 모든 정서, 행동, 인지, 체계 상담이론들이 적용된다. 장애인과의 재활 작업에서 체계이론은 최근에 더욱 보편화되고 있다(Cottone, Grelle, & Wilson, 1988; Hershenson, 1996).

실제 활용되는 이론과 기술은 상담자의 기술뿐만 아니라 내담자의 필요에 의해서도 영향을 받는다. 예를 들어, 성적인 감정을 느끼는 장애인은 이러한 감정을 어떻게 다루어야 할지에 대해서 심리교육적 접근이 필요할지도 모른다. 반면 우울한 증상을 지닌 또 다른 장애인 내담자는 인지-행동적 개입을 더 필요로 할지 모른다(Boyle, 1994). 게슈탈트, 사이코드라마와 같은 행동 지향적인 접근 방식은 내담자가 상담과정에 더 관여하게 하고 자신의 인생에 대한 책임을 받아들이게 하는 데 아주 강력한 효과를 보인다(Coven, 1977). 더욱이 역할놀이, 판타지 재현, 사이코드라마와 같은 기술을 배울 수 있고, 내담자의 적응을 돕는 데 사용할 수 있다.

장애를 가진 내담자와 작업하는 상담자는 명확한 목표를 가지고 있는 전문가여야 한다(Wright, 1980, 1987). 상담자, 특히 재활 상담자에게는 몇몇의 경쟁적이지만 반드시 상호배타적이지는 않은 역할이나 기능이 있어야 한다. 1960년대 후반 Muthard와 Salomone은 처음으로 재활 상담자의 업무 활동에 대한 체계적 조사를 실시하였다(Bolton & Jaques, 1978). 이 연구자들은 상담자 역할로 특징지어지는 여덟 개의 주요 활동을 주목하였는데, 특히 정서적 측면에서의 상담, 직업상담, 취업에서의 중요성을 강조하였다(Muthard & Salomone, 1978). 이 조사에서 재활 상담자들은 업무시간의 33%를 상담 활동에 보내고, 25%는 행정 업무, 7%는 내담자를 취업시키는 데 보내는 것으로 알려졌다.

1970년 미국의 노동부에서는 재활 상담자의 주요한 열두 개 기능을 목록화하였고, 지금도 여전히 유효하다(Schumacher, 1983).

1. 개인상담: 이 기능은 상담자가 하나 이상의 이론적 모델을 가지고 개인적으로 내담자와 작업하는 것을 말한다. 개인상담은 내담자가 사회적, 감정적으로 환경에 적응하도

록 돕는 데 중요한 역할을 한다.

2. 사례 찾기: 재활 상담자는 자신의 서비스가 기관이나 잠재적 고객들에게 광고나 교육 자료를 통해 알려지도록 한다.
3. 적격 판단: 재활 상담자는 지침의 표준 체계를 가지고 잠재적 내담자가 보조금 지급 기준에 합당한지 판단한다.
4. 훈련: 훈련의 핵심적인 측면은 내담자가 자신이 가진 기술이 무엇인지를 알고, 이를 강화시킬 수 있는 교육이나 훈련 자원을 구하도록 하는 데 있다.
5. 회복 대비: 상담자는 내담자 취업이나 생활의 독립성을 향상하기 위하여 필요한 보조기구(의수나 휠체어)들과 의학 서비스를 마련한다.
6. 지원 서비스: 서비스는 약을 제공하는 것부터 개인과 집단 상담을 제공하는 것까지 있다. 이러한 서비스들은 교육이나 서비스를 받는 동안에 내담자가 개인적, 대인관계 영역에서 발달할 수 있도록 돕는다.
7. 취업 알선: 이 기능은 내담자가 직업을 찾도록 직접적으로 돕는 것이다. 직업 찾기를 시도하는 내담자를 지원하는 것부터 내담자의 동기가 없을 때 더 적극적으로 할 수 있도록 돕는 것까지 포함한다.
8. 계획: 계획하기 과정에서 상담자는 내담자와 동등한 위치에서 작업할 것이 요구된다. 함께하기 작업을 통하여 내담자는 수동적인 서비스 수혜자에서 적극적인 시도자로 바뀐다.
9. 평가: 이 기능은 지속적으로 자신을 고쳐 나가는 작업이다. 상담자는 내담자 삶의 모든 측면으로부터 정보를 수집하여 내담자가 필요한 것과 우선순위를 결정한다.
10. 기관상담: 상담자는 취업 알선이나 평가와 같은 서비스를 제공하기 위해 기관이나 개인과 함께 작업한다. 상담자의 일 중 많은 부분이 다른 전문가들과 함께 작업하는 것이다.
11. 홍보: 상담자는 내담자를 위한 변호인이다. 재활 서비스의 성격과 범위를 지역사회의 리더들에게 알리는 역할을 수행한다.
12. 지속 관리: 이 기능은 상담자가 내담자에게 서비스를 제공하고 있는 기관이나 개인과 지속적으로 상호작용하는 것을 말한다. 또한 내담자와 계속적으로 연락을 유지하며 내담자가 재활을 위한 지속적인 향상을 보이는지 확인한다.

사 례 George와 게임

George는 열정적인 재활 상담자다. 그는 재활 서비스가 필요한 사람을 찾아내는 것을 좋아한다. George는 찾아낸 사람을 특정 위치에 자리 잡게 하는 데도 능숙하지만, 필요한 적합한 서비스나 직업환경에 위치시키는 것도 잘한다.

하지만 George의 문제는 추후 관리가 안 된다는 것이다. 그는 도움을 주는 데는 흥미를 느끼지만 추후 관리는 시간 낭비라고 생각한다.

George의 관점은 재활 서비스를 필요로 하는 사람에게 어떤 도움이 될까? 또는 어떤 점이 부정적 영향을 끼칠까? 명심해야 할 도덕적 고려사항이 있을까?

특정 장애를 가진 내담자

장애를 가진 내담자를 위한 수많은 치료방법이 있다. 상담에 적용되는 거의 모든 이론이 이 집단의 사람들에게 적용된다. Hershenson(1992b)은 상담자가 주어진 과업을 더 잘 수행하도록 돕는 방법을 제안했다. 그는 장애를 개념화하고 적합한 서비스를 제공하는 실질적인 방법을 고안하였다. 그는 장애가 네 가지 힘, 즉 초자연적인 힘 또는 운명, 의료, 자연, 사회 중 하나로부터 비롯된다고 주장하였다. 따라서 치료는 이 네 가지 힘, 즉 초자연에 대한 신념, 의학이나 자연에 대한 논리, 사회의 힘을 강조하는 설명이나 기술을 바탕으로 할 수 있다. 만일 재활 상담자와 내담자가 원인과 치료의 자연적인 면에 동의한다면 서비스는 좀 더 수용적이고 치료적인 방법으로 제공될 수 있다.

Hershenson의 모델을 지지하는 재활 접근 방식의 선택과 원인에 대한 연구에서 Williams, Hershenson과 Fabian(2000)은 내담자의 장애를 운명적인 것으로 돌리는 학부생들은 내담자의 장애가 인생의 큰 부분을 차지하는 것으로 받아들이도록 만든다는 사실을 발견하였다. 장애가 자연적이거나 의학적인 이유에서 생겼다면 의료나 재활 훈련 서비스를 치료방법으로 더 선호하게 된다. 마지막으로 장애의 원인을 사회적 장벽 때문이라고 인식한다면 장벽의 제거를 시도하게 된다.

신체적 장애

척추 손상, 시력 손상과 같은 신체적인 손상은 주요한 손실을 만들어 내고, 상당한 신체적, 정신적 충격으로 귀결된다(Krause & Anson, 1997). 이러한 경우 상담과 재활은 이러한 상황에 대한 내담자와 가족의 적응에 집중하는 것이 필요하다.

Livneh와 Evans(1984)는 신체적 장애를 가진 내담자가 거치는 열두 개의 적응 단계를 지목하였다. 즉, 충격, 분노, 협상, 부인, 애도, 우울, 철회, 내재화된 분노, 외현화된 공격성, 인지, 수용, 적응의 단계를 거친다고 하였다. 각 단계를 함께하는 행동들과 관련된 각각에 적합한 개입 전략이 있다. 예를 들어, 충격 상태의 내담자는 아마도 움직이기 힘들고 인지적으로 혼란되어 있을 수 있다. 이런 상태에서 유용한 개입 전략은 내담자를 신체적·언어적으로 안심시켜 주고, 들어 주고, 함께 있어 주고, 지지나 확신을 보여 주고, 감정을 표출하도록 하고, 필요하다면 적합한 치료기관으로 의뢰하는 개입이 필요하다.

신체적 장애를 지닌 사람을 돕는 사람들은 그들이 회복과정을 통과할 수 있도록 돕는 것이 필요한데, 가능한 한 구체적인 의학적, 사회적, 심리적 평가를 해야 한다. 따라서 상담자들은 척추 손상을 가진 사람이 자신의 인생에 대한 책임을 받아들이도록 내부의 통제력을 발달시키는 동안 적절한 때에 지지적 상담, 위기 개입, 직면을 하도록 하는 것이 필요하다. 또한 이런 내담자와의 대립을 제공해야 한다(Povolny, Kaplan, Marme, & Roldan, 1993). 상담자로서 서비스를 제공할 뿐만 아니라, 신체장애를 가진 사람과 일하는 전문가들은 동시에 대변인, 자문가, 교육자가 되어야 한다. 그들의 업무는 포괄적이고, 직업 기능 사이의 복잡한 관계를 포함한다.

정신적 장애

정신장애를 가진 내담자는 가벼운 인지 능력의 손상에서부터 심각한 손상에 이르는 사람을 포함한다. 아동의 경우, 상담자의 역할과 상담방법은 신체적 장애를 지닌 성인이나 청소년에게 적용되는 방법(지지적 상담, 인생 계획 활동)과 비슷하다. 하지만 정신적 손상을 가진 어린 내담자들은 좀 더 다른 활동을 필요로 한다. 부모가 지니고 있는 장애 자녀에 대한 감정을 다루어 주는 것이 필요하고, 장애아동으로부터 최대한 이끌어 낼 수 있는 긍정적 상호작용 방법을 가르치는 것이 필요하다(Huber, 1979).

두뇌 손상 때문에 정신 결함을 가지게 된 청소년과 작업을 할 때 상담자는 치료 활동뿐 아니라 사회적 이슈에 대해서도 관심을 가지는 것이 필요하다(Bergland & Thomas, 1991). 일반적으로 정신적 손상을 가진 사람과 일할 때, 내담자의 나이나 손상의 이유와 관계없이 심리사회적 이슈에 참여하는 시간과 노력을 투자하는 것이 필요하다(Kaplan, 1993).

ADD 또는 ADHD

주의력결핍장애(ADD)와 주의력결핍 및 과잉행동장애(ADHD)는 학습과 일상적 기능을 저해하는 장애다. 이러한 장애는 일생에 걸쳐 서로 다른 형태로 각기 다른 영향을 미친다

(예를 들어, ADHD의 경우 3~5%의 학령기 아동에게 영향을 미치는데, 부주의, 과잉행동-충동성, 두 가지가 결합된 상태의 세 가지 하위 형태가 있다)(Brown, 2000).

ADHD의 증상과 결과로 "주의 산만, 충동성, 무질서, 나이가 들어도 지속되는 또는 더 악화되는 대인관계 문제들"과 같은 어려움들을 겪게 된다(Schwiebert, Sealander, & Dennison, 2002, p. 5). 또한 높은 수준의 좌절감, 불안, 위축, 우울, 낮아진 자존감 등이 이 장애와 함께 나타날 수 있다.

ADD와 ADHD가 널리 알려진 이후로 이러한 장애를 가진 사람과 작업하는 수많은 상담 전략이 교육과 지역사회 상담 장면 임상가들에 의해 개발되었다. 예를 들면, 상담자는 ADHD 학생이 어떻게 특정 상황에서 행동해야 하는지 연상기호 형태의 신호를 주는 방법으로 중학교 이후의 교육을 준비하고 직업 진입을 하도록 도울 수 있다. 그러한 신호 중 하나가 학교 수업에 집중하는 데 어려움이 있는 학생을 돕는 데 사용될 수 있는 연상기호 SLANT다(Mercer & Mercer, 2001, p. 165). 기호의 의미는 다음과 같다.

S = Sit up straight(똑바로 앉아라)
L = Lean forward(몸을 앞으로 숙여라)
A = Activate thinking and Ask questions(생각을 활성화하고 질문을 하라)
N = Name key information and Nod your head to validate the teacher/speaker
(중요 정보에 이름을 붙이고 교사나 발표자는 긍정의 의미로 고개를 끄덕여라)
T = Track the teacher or speaker(교사나 발표자를 따라가라)

전체적으로 ADD와 ADHD 내담자를 다루는 상담자는 내담자의 성격에서 많은 측면이 장애로부터 영향을 받아 왔고, 이로 인한 문제가 다차원적이기 때문에 치료가 오래 걸릴 수 있다는 점을 잘 알고 있어야 한다(Erk, 2000). ADHD 아동이나 청소년에 대한 개입은 ① 부모상담과 훈련, ② 내담자 교육, ③ 개인 및 집단 상담, ④ 사회기술 훈련을 포함해야 한다(Brown, 2000).

의학적 치료 또한 필요할지 모른다. 적합한 약물치료는 "집중력을 증가시키고 충동성과 과잉행동을 줄여 준다"(Brown, 2000). 메틸페니데이트(Ritalin), 덱스트로암페타민(Dexedrine), 페몰린(Cylert)과 같은 자극제가 ADHD 치료에 주로 투여되는 약물이다. 하지만 ADHD 아동 모두에게 약물치료가 필요한 것은 아니다. 또한 약물치료가 처방되면 처음에는 소량으로 투여되어야 한다. 상담자는 이 장애에 대한 최신의 약물이나 치료방법에 대한 정보를 제공할 수 있어야 한다.

HIV/AIDS

다양한 상담 장면에 있는 상담자들은 HIV/AIDS 내담자에게 서비스를 제공한다(All & Fried, 1994; Glenn, Garcia, Li, & Moore, 1998). HIV는 만성 질병으로 여겨지고, HIV 사람들은 ADA하에 장애로 분류된다. 많은 HIV 환자들은 이미 사회적 낙인감을 가지고 있기 때문에 상담자는 개입을 시작하기 이전에 우선 내담자의 태도와 감정을 살펴보는 것이 필요하다. 상담자는 내담자가 의미 있는 삶의 질을 유지하고, 기능 손실에 대처하고, 존재론적, 영적인 이슈에 직면하는 것과 같은 심리사회적인 상황을 다루도록 도와주어야 한다. 내담자들은 흔히 충격과 분노, 불안, 두려움, 애통함, 우울감을 가진다. 상담자들은 내담자들이 이러한 감정들 또한 직면하도록 도와주어야 한다. 그리고 치료나 죽음을 준비하는 것과 같은 실질적인 고려사항들도 예민하고 사려 깊게 다루어야 한다(Dworkin & Pincu, 1993).

장애를 가진 소수집단

장애여성 노동자와 같은 소수집단을 다루는 경우 상담자들은 이러한 집단의 전형적 발달과정을 잘 알고 있어야 하고, 이러한 집단의 특별한 문제에 맞는 적합한 상담방법을 준비해야 한다. 예를 들어, 장애여성을 상담할 때 "① 직업 또는 기술 훈련이나 교육, ② 가족 지지 서비스, ③ 특성과 요인에 맞는 직업 매칭과 취업 알선, ④ 부드러운 상담 지지 서비스"의 네 가지 요소가 서로 어우러져야 한다(Hollingsworth & Mastroberti, 1983, p. 590).

내담자가 장애를 가졌을 경우 상담자는 다재다능해야만 한다. 상담자는 직접적인 서비스 제공뿐만 아니라 다른 전문가들의 서비스를 잘 조합해야 하고, 내담자가 독립성과 통제감을 잘 획득하는지도 지켜봐야만 한다. 따라서 상담자는 일련의 상담 이론과 기술을 잘 알고 있어야 하고, 내담자의 특성에 맞게 적용하는 능력이 필요하다.

요약 및 결론

물질 중독과 장애상담 영역은 독특하면서도 서로 중첩되는 특징이 있다. 중독과 장애상담에서는 심리적 적응, 예방 프로그램, 치료 전략에 영향을 미치는 역동을 강조한다. 물질 남용자의 치료는 상담의 중요한 부분을 차지한다. 일반적으로 알코올, 담배, 마약과 같은 물질 남용은 개인뿐 아니라 가족, 사회에 악영향을 미친다. 이러한 영역의 문제를 다루기 위해 상담자는 예방과 치료에 초점을 맞추어야 한다. 특히 아동과 유아에게는 교육 프로그램 실시를 통하여 예방이 이루어질 수 있다. 주로 치료 프로그램은 성인 대상으로 초점이 맞추어지는데, 이러한 치료 프로그램에는 폐쇄병동이나 치료기관의 전문적인 프로그램뿐만 아니라 AA 집단 같은 영적, 구조화 프로그램도 포함된다.

장애상담은 예방과 서비스 제공 둘 다에 초점을 맞춘다는 점에서 물질남용 상담과 비슷하다. 이 분야의 상담자는 주로 장애 내담자를 돕는 데 주력하기 때문에 스스로를 차별화하여 바라본다. 재활상담은 전통적으로 장애 내담자를 대상으로 이루어져 왔다. CORE와 CRCC는 재활상담 자격증과 프로그램을 승인하는 역할을 해 왔다. 장애상담과 재활상담 전문가는 다른 분야의 상담자들이 활용하는 이론과 기법을 다각도로 적용한다. 하지만 본질적으로 장애상담과 재활상담은 상담 이상의 특별한 서비스가 필요한 성격을 지녔다. 그러므로 상담자들은 의료 관련 용어도 알아야 하고, 내담자를 상담 장면이 아닌 직업 현장이나 워크숍에 참여하게끔 하기도 한다. 장애 내담자를 상담할 때 반드시 알아두어야 할 점은 대부분의 내담자가 자신이 가진 장애로 스스로를 규정하지 않는다는 점이다. 또한 상담자들은 장애를 가진 사람에 대한 느낌과 생각을 잘 알고 있어야 하고, 내담자에게 자신의 가치를 투여하고 있지 않은지 주의를 기울여야 한다(Smart & Smart, 2006).

학습활동

1. 법률이 지금 살고 있는 지역의 장애 서비스 발달에 어떤 영향을 미쳤는지 소규모로 집단을 이루어 토론하라.

2. AA 집단 회의에 참여하거나 물질중독 상담자가 현재 제공하고 있는 서비스에 대해서 인터뷰를 해 보고, 그 모임에서 무엇을 경험했는지 발표하고 물질중독 상담자 인터뷰에서 무엇을 새롭게 알게 되었는지 토론하라.

3. 앞으로 10년 후 사회적으로 가장 필요로 할 요구가 무엇일지 생각해 보라. 물질중독 상담자와 장애 상담자가 이러한 요구와 연계된 문제들을 어떻게 완화할지 설명해 보라. 당신이 생각하고 있는 특정 장면에 당신의 아이디어를 적용해 보라.

4. Khan과 Cross(1984)는 세 종류의 전문 정신건강 집단, 즉, 정신병리학자, 심리학자, 사회복지사에 의해 제공된 가치체계의 유사점과 차이점을 연구하였다. 가치가 상담 서비스의 전달에 어떤 영향을 미치는지 토론하라.

5. 재활 상담자의 교육 훈련과 자격증을 물질중독 상담자와 비교해 보라. 이들 집단은 어떻게 다른가? 또 비슷한 점은 무엇인가?

제20장

정신건강 상담과 지역사회 상담

1. 정신건강 상담과 지역사회 상담의 역사적 개관
2. 전문 분야로서의 정신건강 상담
3. 전문 분야로서의 지역사회 상담
4. 전문 분야로서의 사설상담

따분한 잿빛 겨울 아침
휘파람처럼 천천히 다가와
골수를 찌르네.
심장에 무거운 압박을
리듬처럼 던지며
가볍게
중단시켜 버리네.
침묵 속에서
우울의 법칙은 보이지 않으나 뼛속까지 느껴지고
미소와 함께
명백히 혐오스러운 때
모래시계처럼 뚝뚝 떨어지는 삶의 절망

– Gladding (1978)

사설 상담소 개업을 포함하여 정신건강 상담 센터나 지역사회 상담기관에서 일하는 것은 많은 상담자의 목표다. 이런 곳에서 일하고자 하는 데는 다양한 이유가 있다. 이런 기관에서 일을 하게 되면 복지 증진, 정신질환의 예방과 처치를 추구하는 정부기관과 일할 수 있는 기회를 가질 수 있고, 때로는 정부기관으로부터 독립적으로 사업을 수주하거나 자문을 제공할 수도 있다. 이런 기회는 많은 상담자에게 기대와 자극이 된다. 정신건강 상담에 종사하는 많은 전문가는 American Mental Health Association (AMHCA; http://www.amhca.org/)에 속해 있다. 그러나 지역사회 상담자들과 개업한 상담자들은 이런 전문 집단을 덜 선택한다. 그들은 대부분 자신들의 전문성을 반영해 주거나 또는 상담에 있어 철학적 성향이 같은 학회에 가입한다.

이 장은 개업한 상담자를 포함하여 정신건강 상담자 또는 지역사회 상담자의 업무의 강점과 한계점을 보여 줄 것이다. 이것은 이 영역에서 중요하다고 강조하는 것과 각각의 전문가들이 실제로 하고자 하는 것을 드러내 보일 것이다. 이들 영역을 평가할 때는 장애에 대한 상담 처치뿐만 아니라 예방과 긍정적인 정신건강 증진에도 주의를 기울이게 될 것이다.

1. 정신건강 상담과 지역사회 상담의 역사적 개관

정신건강 상담

정신건강은 다음과 같이 정의되었다.

> 생산적인 정신 기능의 성공적 실행, 타인과 좋은 관계를 맺는 것, 변화에 대한 적응 능력과 차이를 극복하는 능력. 생애 초기부터 노년에 이르기까지 정신건강은 사고와 의사소통 기술, 학습, 정서적인 성장, 적응 유연성 그리고 자기존중감의 초석이다 (U.S. Department of Health and Human Services, 1999, p. vii).

정신건강에 신체건강만큼 많은 예산이 책정된 적은 없지만 계속해서 주목을 받아 왔다.

미국에서 정신건강에 대해 큰 반향을 불러일으킨 연방법은 1963년에 제정된 지역사회정신건강센터법, Community Mental Health Centers Act다. 이 법안은 지역 정신건강 시설 설립의 근거가 되었다. 이 법에 의해 정신건강 상담자 양성이 시작되었다. 이 법이 시행되자 전국적으로 2,000개 이상의 지역사회 정신건강 센터를 설립할 수 있는 기금이 조성되었다. 또한 지역사회에서 다양한 배경을 가진 정신건강 전문가들을 채용하는 것이 가능하게 되었다. 이 시기가 지나면서 정신건강 센터의 관심은 예방에서 치료로 변화되기 시작했다. 치료는 특별히 1970년대 말과 1980년대 초에 강조되었는데, 주립 또는 국립 정신병원이 환자들을 퇴원시키면서 다양한 정신적 문제를 가진 사람들, 심지어 심각한 수준의 환자들까지 지역 정신건강 시설에 의뢰하였다.

정신건강 상담은 상대적으로 짧은 역사에도 불구하고 많은 방식으로 정의되어 왔다. 처음에 정신건강 상담은 전공 교육과정 없이 지역사회 중심 상담의 특수한 형태로 실행되거나 정신건강 장면에서 실행되는 상담의 한 형태로 설명되었다(Seiler & Messina, 1979). 그러나 해를 거듭하면서 정신건강 상담에 대한 다른 견해들이 나타났는데, 발달적 관점(Ivey, 1989), 관계중심(Ginter, 1989), 치료, 옹호, 또는 환경 개선 등이 이러한 견해에 포함되었다(Hershenson, Power, & Seligman, 1989). Council for Accreditation of Counseling and Related Educational Programs(CACREP, 2001)는 정규 학점, 기본 지식, 기술 등 정신건강 상담의 세부적인 부분들을 발전시켰다.

몇 가지 불리한 점에도 불구하고 정신건강 전문직을 옹호하는 이들은 정신건강 상담이 그 자체의 교육과정(정신진단학, 정신병리학, 정신약리학, 치료 계획 등), ACA 소속 분과학회, 설립자와 리더 및 회원들의 의도, 출판물, 자격 기준(60시간 연수 등) 등으로 볼 때도 분명한 전문 영역이라고 주장한다(Pistole & Roberts, 2002). 현재 정신건강 상담은 '석사과정 수준' 으로 개설되어 있고, 기본적으로는 실천 지향적인 전문 영역이다. 정신건강 상담은 임상적 치료보다는 교육적, 발달적, 예방적 측면의 개념과 철학적 관점을 가지고 전문 상담의 한 영역에 위치하고 있다.

지역사회 상담

지역사회 상담 역시 독특하게 출발하였다. 지역사회 상담이라는 개념은 1970년대 초에 Amos와 Williams(1972)에 의해 사용되었고, 나중엔 Lewis와 Lewis(1977)에 의해 사용되었다. 운이 없게도 지역사회 상담은 처음에는 전문적인 용어로 사용되지 않았는데, 점차 지역사회 환경에서 일하는 상담자들에 의해 사용되었다(Hershenson & Berger, 2001). 그것을 분명하게 하기 위하여 Lewis와 Lewis(1989)는 지역사회 상담자를 다음과 같은 몇 가지 가정에 기초하여 서비스를 전달하는 사람으로 설명하였다.

- 사람들에게 환경은 보호를 제공하는 것이거나 또는 사람들을 제한하는 것이다.
- 다중적인 통합적 접근이 단일 접근보다 더 효과적이다.
- 예방이 치료보다 더 효과적이다.

하지만 운이 없게도 지역사회 상담을 분명하게 정의하려 했던 Lewis와 Lewis의 시도는 사람들이 지역사회 상담의 뜻을 이해하는 데 그다지 도움이 되지 못했다. 그럼에도 불구하고 지역사회 상담 프로그램은 전국 대학으로 확산되기 시작했고, 많은 학생을 입학시켰다. 1981년에 CACREP에서는 지역사회와 다른 기관의 환경(community and other agency setting: CCOAS)을 기준으로 하여 석사과정을 인증하기 시작했다(Hershenson & Berger, 2001). 지역사회 상담 프로그램은 지금까지도 인기가 있는데, 아마도 과정 내에 융통성이 있기 때문인 것으로 보인다.

하지만 놀랍게도 지역사회 상담은 ACA 분과로 등록되어 있지 않다. 대신 상담 교육자들이 모여 있는 ACES(Association for Counselor Education and Supervision) 같은 ACA 분과 내에 지역사회 상담위원회가 구성되어 있다. 상담자들은 전문 영역에서의 다양성 때문에 좀 더 배경에 머물러 있다. 그래서 지역사회 상담은 "과정 또는 성향에 의해서라기보다는 상담 현장"에 의해서 설명된다(Hershenson & Berger, 2001, p. 189).

생/각/해/보/기

정신건강 상담은 철학적인 토대 위에 형식을 갖추고 출현하였으며 법적인 지지를 받고 있다. 지역사회 상담은 좀 더 작업환경에 초점을 맞추고 있어서 개념 정의에 융통성이 있다. 이런 차이로 볼 때, 당신에게는 이 두 가지 상담 전문 영역이 어떻게 보이는가?

2. 전문 분야로서의 정신건강 상담

"정신건강 상담이 역사, 상담 장면, 기법/지식 그리고 역할에서 볼 때 둘 이상의 학문 분야에 걸쳐 있다는 것"은 명백하다(Spruill & Fong, 1990, p. 19). 이러한 다학문적 특성은 새로운 아이디어와 에너지를 얻는 데 이점을 가져다준다. 동시에 그것은 정신건강 분야의 다른 유관 전문가들로부터 정신건강 상담자를 차별화하도록 돕는 데는 약점이 된다(Wilcoxon & Puleo, 1992).

상담 전문직에서 일하는 많은 사람은 정신건강 상담자라는 용어를 사용하며, 플로리다 주처럼 일부 주에서는 이 이름으로 상담자 면허를 승인하고 있다. 정신건강 상담자들은 정신건강 센터, 지역사회 기관, 정신병원, health maintenance organizations(HMOs), employee assistance programs(EAPs), health and wellness promotion programs (HWPs), 노인센터, 위기통제 기관, 아동지도 클리닉 등 다양한 상담 장면에서 일한다. 물론 어떤 사람들은 개업을 하기도 한다. 그들은 폭력 희생자, 우울한 가족, 자살 위기 내담자, 진단 가능한 장애를 가진 사람들 등 다양한 내담자들을 돕는다. 게다가 그들은 문제에 대해 자문하고 교육하며, 때로는 국가 사업에 참여하기도 한다(Hosie, West, & Mackey, 1988; West, Hosie, & Mackey, 1987). 그들은 종종 정신과 의사, 심리학자, 임상 사회사업가, 정신과 간호사, 그리고 다른 상담 전문가들과 팀의 일을 이루는 등 다른 조력 전문가들과 긴밀하게 일하기도 한다(Hansen, 1998). 따라서 정신건강 상담자가 다른 전문가들과 지적으로 소통하거나 기능적이지 못한 내담자를 기술적으로 돕기 위하여 DSM-IV-TR에서 정의하고 있는 바에 따른 정신병리학을 아는 것은 매우 중요하다(Hinkle, 1994; Vacc, Loesch, & Guilbert, 1997).

정신건강 상담자들은 기본적인 상담 기술과 특정 내담자나 문제를 다루는 데 필요한 특수한 기술들을 가지고 있다. 정신건강 상담자들의 주요한 임무는 내담자의 정신건강을 평가하고, 분석하며, 내담자에 대한 정보를 파악하고, 정신과 정서적 상태를 진단하며, 가능한 문제 해결 방법을 찾고, 치료 계획을 세우는 것이다. 정신건강을 위한 예방적 활동과 신체와 정신건강 간의 관계를 이해하는 것도 물론 중요하다.

정신건강 상담자는 결혼 · 가족 상담, 약물 중독, 보험 제도, 소집단 상담 등 상담 응용 영역에도 관심을 가진다(Wilcoxon & Puleo, 1992). 이런 관심은 대부분의 정신건강 상담자들이 현장 실무자들이고, 또 서비스를 제공하는 것으로 생계를 유지해야 한다는 사실에 비추어 볼 때 이해할 만하다.

American Mental Health Counselor Association(AMHCA, 801 N. Fairfax Street, Suite 304, Alexandria, VA 22314)은 회원들이 그들의 영역을 확대하고, 개입 기술과 지식을 개발하도록 지원하기 위해서 많은 T/F를 개설해 왔다. 이들 T/F에서는 경영과 산업, 노년 및 성인 발달, 다양한 장애에 대한 처치, 예방 등과 같은 영역을 다루어 왔다. T/F에서 특정 영역의 정신건강 상담자들이 보다 더 깊이 있는 지식과 기술을 습득하도록 도왔다는 점에서 매우 중요하다 할 수 있다.

AMHCA는 전체적인 건강과 웰니스 그리고 건강과 웰니스 상담자들을 강조한다. 정신건강 상담의 이런 측면은 매우 중요하다. 왜냐하면 지역사회 내에서 일어나는 변화가 미리 준비하지 못한 사람에게는 당황스러움이나 부적응적 행동을 불러일으키기 때문이다. 사람들에게 미리 건강에 대한 정보를 제공하고 지원해 주는 것을 통해 상담자들은 더 심각한 문제(알코올 중독이나 우울증 등)를 예방할 수 있다(Sperry, Carlson, & Lewis, 1993). 이렇게 예방을 강조하는 것은 처치와 치료에 기반을 두고 있는 조력 전문직에서 독특한 것이다.

또한 AMHCA에서는 상담자들을 위한 자격 기준을 마련하였는데, Certified Clinical Mental Health Counselors(CCMHC)가 그것이다. 이것은 1978년에 독자적인 자격증인 National Academy of Certified Clinical Mental Health Counselors(NACCMHC)의 토대가 되었다. 그러나 1993년에 NACCMHC는 National Board for Certified Counselors (NBCC)에 통합되었다.

이론과 기능

정신건강 상담자는 일하는 장소에 따라 사용하는 상담이론과 상담 기법에 차이가 있는데, 그들이 일하는 상담 장면에 따라 수행하는 기능도 다양하다. 한 가지 이론을 사용하는 상담자는 "정신건강 상담의 필수 원칙에 일치된다."라고 주장한다(Bauman & Waldo, 1998, p. 27). 그러나 현장에서는 매우 많은 이론이 사용되고 있다. 정신건강 상담자에 의해 선택되는 이론은 내담자의 욕구에 달려 있다. 일반적으로 정신건강 상담에 관한 저술들에서는 이론 적용에 대해 중요한 두 가지 쟁점을 이야기한다. 그것은 ① 예방과 정신건강 증진, ② 장애와 역기능에 대한 치료다. 이 두 주제는 지속적으로 주목받을 것으로 보이는데, 그것이 정신건강 상담자들의 기본적인 역할로 보이기 때문이다.

1차 예방과 정신건강 증진

정신건강 상담의 역사를 통해 볼 때 기본적인 철학적 강조점은 예방과 정신건강 증진이다. "많은 정신건강 상담자는 그들이 고용되어 있는 학교, 대학, 교회, 지역사회 건강센터, 공립과 사립 기관들에 예방 유형의 프로그램을 적극적으로 제공하고 있다."(Weikel & Palmo, 1989, p. 15) 일차 예방은 "사건 발생 전 개입"으로 특징짓는데, 개별 개입보다는 집단 개입이 특징이다(Baker & Shaw, 1987, p. 2). **1차 예방**은 이론적 토대를 기초로 실시된다(Cowen, 1982). 예를 들어, 1,200개 이상의 상담전화와 사이버상담 기관들은 자살이나 정서적 문제를 다룰 때 선제적인 예방적 접근을 한다(Befriend International, 2007). 선제적 예방이 성공적일 때 개인과 지역사회는 보다 더 건강해지고 적응적이게 된다.

Hall과 Torres(2002)는 청소년들을 위해 지역사회 전반에 걸쳐 실행하기에 적절한 두 가지 예방 모델을 추천했다. 그것은 Bloom(1996)의 **예방 모델**과 Albee의 모델(Albee & Gullotta, 1997)이다.

Bloom의 모델은 세 가지 측면에 초점을 두고 있다.

- 상담자들은 개인의 강점을 증가시키고 약점을 감소시켜야 한다.
- 상담자들은 사회적 지지(부모와 또래를 통한 지지 등)를 증가시키고 사회적인 스트레스는 감소시켜야 한다.
- 청소년들을 위하여 가난, 자연재해와 같은 환경적 변인들을 예방하고 조절해야 한다.

Albee의 모델에서도 상담자가 생태학적인 부정적 영향을 감소시키고 동시에 청소년들의 대처 기술, 자기존중감 그리고 지지체계를 증가시키는 것을 강조하고 있다. 두 모델 모두 상담자가 다른 기관이나 개인과 네트워크를 구성하여 지역사회에 안녕을 보장해 줄 것을 기대한다. 따라서 상담자는 프로그램을 구성하기 위하여 시간과 에너지를 쏟아야만 한다.

사례 Ned와 네트워크

Ned는 처치보다는 예방에 더 관심을 가지고 있다. 그러나 예방 전문가를 찾는 곳이 거의 없어서 어려움에 처했다. 그래서 그는 보조금을 신청하는 방법을 택해서 정기적으로 사업계획서를 제출하거나 갱신해야만 했다.

어느 날 Ned는 업무로 지친 상태에서 보조금을 신청하러 사무실로 갔는데, 기관에서는 의심쩍어했다. 처음에 Ned는 불안을 느꼈다. 그때 그는 생각했다. '나는 내 업무를 알고 있는 전문가들과 네트워크를 형성하고 있고, 내가 가지고 있는 통계 자료들로 나를 보증할 수 있다.' 네트워크를 형성하고 있는 전문가들은 Ned를 도왔고, Ned는 그를 의심쩍어했던 기관으로부터 더 많은 보조금을 받아낼 수 있었다.

이 사례에서 Ned가 사용할 수 있는 다른 전략이 있다면 그것은 무엇인가? 당신은 왜 예방이 기금을 확보하는 데 어렵다고 생각하는가?

선제적 예방이 강조되는 문제 영역은 자살이다. 미국에서 자살은 "성인 사망 원인 9위이고, 17세 이하의 청소년 사망 원인 3위"다(Carney & Hazler, 1998, p. 28). 자살은 캐나다에서도 사망 원인 5위다(Paulson & Worth, 2002).

자살을 호소하는 내담자를 평가할 때, 정신건강 상담자는 자살 시도에 영향을 미치는 다양한 변인이 있음을 명심할 필요가 있다. 예를 들어, "자살 시도는 여자가 남자보다 3배 많지만, 실제 자살에 성공하는 것은 남자가 여자보다 3배 많다"(McWhirter, McWhirter, McWhirter, & McWhirter, 2004, p. 197). 청소년기에는 게이나 레즈비언이 보통의 청소년보다 자살률이 2~3배 높다. 또한 인종 간에도 차이가 있는데, 어떤 인종은 다른 인종에 비해 자살 행동 위험이 더 높다. 미국 원주민 청소년과 라틴계 청소년들은 유럽계 미국인 청소년보다 자살 비율이 더 높다(McWhirter et al., 2004).

성, 성적 지향성, 다문화 변인들 외에도 상담자들은 내담자의 자살 생각을 좀 더 정교하게 평가할 수 있는 평가도구를 사용할 필요가 있다. 국제적으로 사용되는 척도인 성인을 위한 SAD PERSONS 척도(Patterson, Dohn, Bird, & Patterson, 1983)와 청소년용 수정판 SAD PERSONS 척도(A-SPS)는 대부분의 고위험 내담자들을 가려내는 데 사용될 수 있다. 이 척도의 첫 글자는 다음과 같은 뜻을 나타낸다.

Sex(성)
Age(나이)
Depression(우울)
Previous attempt(이전의 시도)
Ethanol(alcohol) abuse(알코올 남용)
Rational thinking loss(비합리적 사고)
Social support system lacking(사회적 지지체계 결핍; 외로움, 고독)
Organized plan(재구성 계획)
No spouse(배우자 상실)
Sickness(질병, 특히 만성 또는 말기 질병)

이것은 정신건강 상담자가 예방에서 사용할 수 있는 각 요소들을 놓치지 않도록 하기 위해 조합한 것이다.

생/각/해/보/기

당신은 자살을 생각하거나 자살을 시도한 사람을 알고 있는가? 그 사람 입장이 되어 보라. 무엇이 자신의 삶을 포기하게 하는가? 무엇이 이런 행동을 하게 했는가?

또 다른 선제적 예방의 한 형태는 건강 발달을 강조하는 것인데, 그것은 자신이 직면한 위기를 효과적으로 다룰 수 있도록 긍정적 대처 방식을 발달시키는 것이다(Hershenson, 1982, 1992). "건강 발달에 기초한 모델로부터 얻어진 상담은 내담자의 건강 발달을 증진시키고자 하는 목적을 성취할 수 있다."(Hershenson, 1982, p. 409) Erik Erikson(1963)과 Abraham Maslow(1962)는 정신건강 상담자가 일할 수 있는 기초를 제공했다. 그들의 저술은 인간 발달에 관한 관찰의 기초를 제공했고, 건강 성장과 발달 증진을 강조할 수 있는 토대가 되었다. 이 두 사람의 사고체계를 통합하여 여섯 가지 개인 발달 성향을 산출해 냈는데, 생존, 성장, 의사소통, 인지, 숙달, 이해가 그것이다. 앞의 두 가지는 자기와 관련이 있고, 중간의 두 가지는 대인 간의 기능과 관련이 있으며, 마지막 두 가지는 과업 성취와 관련이 있다. 정신건강 상담은 대인관계와 과업 실행에서 자신이 향상되는 방향으로 조정하는 개입을 한다.

건강 발달에 관한 중요한 논문 중 Heath(1980)는 건강 성숙의 객관적 모델을 제시했다. 그는 연구를 통해 청소년의 심리적 성숙은 그가 성인이 된 후에 정신건강과 직업 적응을 중요하게 예언해 준다는 것을 밝혀냈다. 그리고 성인 성숙의 정도는 결혼생활과 직업 적응과 관련이 있다는 것을 밝혀냈다.

Heath는 상담자가 내담자의 발달 증진을 위해 적용할 수 있는 실제적인 원리들을 제시했다. 네 가지를 제시하면 다음과 같다(Heath, 1980, p. 395).

- **새로운 상황에 적응할 수 있도록 참여를 격려해 주라.** 직업을 가지도록 돕거나 친밀한 관계를 경험하도록 도와라.
- **학습한 것을 부단하게 외적으로 표현하도록 하라.** Heath는 실행이야말로 모든 인간의 성취를 완벽하게 만든다고 믿었다. 학습은 피드백을 통한 성취다.
- **자기의 결정과 행동의 결과를 경험하도록 하라.** Heath는 이 생각에서 Alfred Adler에게 동의한다. 그는 부적절하거나 과도한 보상은 개인의 발달에 건강하지 못한 영향을 가져온다고 썼다.
- **강점을 강화해 주라.** 행동주의자들의 원리에 따르면, 강화는 새로운 학습에 결정적인 영향을 미친다. Heath는 이에 동의하며, 사람의 강점을 알고 수용하는 것이 자신감을 북돋우고 새로운 학습에 필요한 도움을 가져다준다고 말한다.

세계적 환경이든 개인적 환경이든, 환경을 중요하게 여기는 것은 정신건강 상담자들이 말하는 또 다른 예방적 강조점이다. Huber(1983)는 이 흥미로운 주제에 대한 연구들을 종합하면서 환경이 사람들에게 영향을 미칠 수 있다는 점에 주목했다. 어떤 환경은 사람을 통제하고 제한하지만, 어떤 환경은 사람을 지지해 준다. 이런 사회생태학적 관점을 효과적으로 활용하기 위해서 정신건강 상담자는 다음과 같은 것을 고려해야 한다.

- 특정 상황과 필연적으로 연결되어 있는 문제를 확인하라. 어떤 환경은 건강을 해치는 특정 행동을 강화하기도 하고 제거하기도 한다.
- 내담자 및 내담자에게 중요한 환경으로 작용하는 사람과 협의하라. 대부분의 사람은 자신과 관련된 단순한 일에서도 쉽게 어려움을 발견한다.
- 환경 속에 있는 역동적인 변인들을 평가하라. Moos(1973)는 환경을 평가하는 많은 도구를 개발했다. 상담자는 환경이 내담자의 욕구를 충족하는 것을 돕거나 방해하는지에 대해 내담자와 작업할 수 있다.
- 필요한 곳에서 사회 변화와 사회 정의를 주도적으로 이끌라. 상담자는 내담자가 현재의 환경을 개선할 수 있는 특수한 방법으로 내담자를 도울 수 있다.
- 결과를 평가하라. 이것을 할 수 있는 유일한 방법은 없다. 그러나 내담자가 자신에게 적합한 이상적인 환경을 명료하게 가질수록 가능성을 더 잘 평가할 수 있다.

사회생태학적 관점은 생태계적 사고인데, 그것은 "개인, 가족, 사회문화적 맥락은 상호 연계된다"는 생각을 말한다(Sherrard & Amatea, 1994. p. 5). 이런 관점에서 정신건강 상담은 사람과 관계하고 소통하는 문화적 맥락을 고려한다. 상담에서는 사람과 환경의 상호작용을 중요하게 다룬다(Conyne & Cook, 2004).

결혼은 개인의 웰빙에서 사람과 환경적 요소 모두가 중요하게 작용하는 상황이다(Gladding, 2007). 결혼에서의 만족이라는 주제로 Wiggins, Moody와 Lederer(1983)가 진행한 연구에서는 결혼생활에서의 만족을 가장 중요하게 예언하는 것이 성격 유형의 적합성이었다는 것을 보여 주었다. 이 연구자들은 개인이 "그들의 심리적 필요를 채워 주는 환경을 만족해하고, 그 환경에서 상호작용하기를 기대한다."(p. 177)라고 진술한다는 결론에 도달했다.

인종 간의 결혼은 미국 사회에서나 국제 사회에서 점차 증가하고 있는데, 정신건강 상담자는 그런 부부가 정체성을 가지도록 돕고, 그들의 삶에 나타날 수 있는 스트레스를 사전에 예견하여 준비하도록 함으로써 치료적 접근을 할 수 있다. 이런 스트레스는 결혼관계와 두 사람 사이에서 태어난 아동이 가질 수 있는 문제를 예견해 보면 매우 명확해진다. 이런 점에서 정신건강 상담자는 부부가 자신들이나 지역사회 내에서 서로를 도울 수 있는 것들을 찾도록 돕거나 결혼 증진 프로그램과 같은 특별한 프로그램을 제공할 수 있다(Solsberry, 1994).

사례 Eileen과 환경

Eileen은 중서부의 작은 마을에서 자랐는데, 그곳 사람들은 다정하고 여유 있게 살았다. 그녀는 George와 결혼하면서 고향을 떠나 대도시로 이사를 했는데, 그곳 사람들은 낯선 사람에게 말을 건네지 않았고 정신없이 바쁘게 사는 사람들이었다. Eileen은 그것이 싫었으나 George를 사랑했기 때문에 가능한 한 새로운 환경에 적응하기를 원했다.

Eileen은 대학을 졸업하지 못했기 때문에 근처에 있는 지역 대학에 등록했다. 그녀는 환경에 잘 적응하고 싶었기 때문에 그녀와 같은 환경에 처해 있는 젊은 여성들의 모임을 구성했다. 이 지지집단은 캠퍼스 모임에 그치지 않고, 애인과 배우자까지 함께하는 집단으로 확장되었다. 1년이 지나갈 무렵, Eileen은 그녀가 새로운 환경을 매우 좋아한다는 것을 깨닫게 되었다.

비록 Eileen이 그녀의 환경을 의도적으로 만들기 위해 노력하지는 않았으나 생태학적 마인드를 가진 상담자처럼 활동한 것이다. 당신의 경우, 당신이 더 적응적이거나 건강하게 지내기 위해 환경을 바꿀 수 있다면 그것이 무엇이겠는가?

정신건강 예방에서 전반적으로 강조하는 것은 긍정적 웰니스(예방과 치유에 해당하는 건강 관련 활동이나 개인이 지속적으로 실행할 수 있는 치료적인 활동)에 토대를 두고 있다. 이런 활동들에는 자연식 섭취, 비타민 복용, 스파에 가기, 정기적인 운동, 명상과 기도, 자원봉사 등이 있다(O'Donnell, 1988). "한 개인이 총체적으로 건강하게 기능을 다하도록 하기 위해서는 신체적 건강, 심리적 건강, 지적 상태, 사회적 관계, 정서적 상태, 환경 등을 모두 평가하여야 한다."(Carlson & Ardell, 1988, p. 383) 건강과 웰빙에 대한 관심은 모든 곳에서 드러난다. 예를 들어, 『*Journal of Humanistic Counseling, Development and Education*』 2007년 봄호에서는 웰니스와 건강 증진의 방법을 특집으로 다루었다. 모든 미국인은 긍정적 습관과 부정적 습관을 더 잘 자각하게 되었고, 긍정적 습관은 더 늘리고 부정적 습관은 감소시키는 것에 관심을 가지게 되었다.

건강과 복지에 대한 이런 운동을 뒷받침해 주는 연구가 있다. 신체건강의 효과성에 관한 연구를 개관한 Doan과 Scherman(1987)은 규칙적인 운동이 신체적 건강과 심리적 건강에 매우 유익한 효과를 가져올 수 있다는 생각을 뒷받침해 주는 강력한 근거들을 찾았다. 이 연구는 또한 정기적으로 상담을 받는 것이 건강한 습관이라는 주장도 지지해 주었다. 그들이 내린 연구 결과는 최근에 Penedo와 Dahn(2005)의 연구를 통해 다시 한 번 지지받게 되었다.

웰니스라는 관점에서 일하기 위한 다른 전략들은 다음과 같은 내용들을 포함한다.

- 개인이 할 수 있는 긍정적인 일들과 삶의 질을 향상하는 일을 강조하기
- 전통적인 관점을 바꾸어 전인건강을 강조하기
- 연구하기
- 내담자의 삶에서 Lazarus(1989)가 **다중 모델 치료**(BASIC ID: 행동, 정서, 감각, 상상, 인지, 인간관계, 약/생물학)라고 일컬은 것처럼 신체적인 측면도 강조하기

2차, 3차 예방

기본적인 예방 외에 정신건강 상담자는 2차 예방(이미 표면에 드러났으나 심각해지지 않은 정신건강 문제 통제하기)과 3차 예방(심각한 정신건강 문제가 만성화되지 않도록 통제하기)을 강조한다. 이런 경우에 정신건강 상담자는 내담자의 기능을 평가하고, Rogers, Ellis, Skinner, Glasser 등의 상담자가 제시한 상담이론과 상담 기법을 사용하여 증상과 핵심 문제들을 다룬다.

현장에서 일하는 정신건강 상담자는 많은 도전에 직면한다. 그중 하나가 정신건강 서비스를 필요로 하는 많은 사람에게 적절하게 반응해 주는 것이다. 상담자, 정신과 전문의, 상담심리학자, 사회사업가와 같은 정신건강 서비스 전달자들은 장애를 가진 내담자가 필요로 하는 서비스를 각각의 요구마다 정확하게 제공할 수는 없다. 비록 내담자에 대한 개입이 이들 전문가의 전문 영역이라고 하더라도, 그들은 내담자가 필요로 하는 모든 것을 충족해 줄 수는 없다(Lichtenbert, 1986; Meehl, 1973). 예를 들어, 750만 아동, 또는 미국인의 12%가 "18세 이하에서 정신장애 진단을 받은 사람들이고, 그들 중 절반은 자신들의 장애 때문에 심각한 핸디캡을 가지고 있다. 심각한 정서 및 행동 문제를 가진 아동들은 증가하고 있으며, 이런 문제는 빈곤, 노숙, 약물 남용 등 사회적 문제와 공존한다"(Collins & Collins, 1994, p. 239).

정신건강 상담자들에 대한 다른 도전은 심각한 정신과 환자들의 입원기간을 줄여 나가는 정신병원의 운영 변화다. 이러한 단기입원 정책은 정신적인 문제를 가지고 있는 내담자가 자신이 필요로 하는 치료를 욕구만큼 받을 수 없거나 많은 정신건강 상담자가 보험회사 규정에 따라 개입기간에 한계를 가질 수밖에 없는 외래 방문시설들을 내담자들이 찾게 한다(Hansen, 1998).

1990년대 초반에 간행된 『*Journal of Mental Health Counseling*』에 게재된 논문들을 보면 정신건강 상담자들은 정신건강 상담에서 치료를 중점적으로 다루는 경향을 강하게 보인다(Kiselica & Look, 1993). 이런 상황 변화에 따라 보험회사에서 요구하는 서류와 지방

정부가 만든 HIPAA와 같은 법으로 인해 문서 작업이 증가했다. 이런 점에서 정신건강 상담은 다른 조력 직업들, 즉 심리학, 사회복지, 정신 전문 간호 등과 더 비슷해졌다(Hansen, 1998; Hershenson & Berger, 2001; Waldo, Horswill, & Brotherton, 1993). 어떤 정신건강 상담자는 일반적이거나 특별한 생애 관련 장애, 즉 경미한 우울증(Kolenc, Hartley, & Murdock, 1990), 금연(Pinto & Morrell, 1998), 강박 행동(Dattilio, 1993), 과식과 같은 섭식장애(Gerstein & Hotelling, 1987)를 다룬다.

정신건강 상담자는 DSM-IV-TR을 이용하여 장애를 평가하고 다룬다(부록 C의 DSM-IV-TR 분류 참고). 어떤 상담자는 심각한 정신장애를 다루지만 어떤 상담자는 덜 심각한 장애나 보편적으로 만연해 있는 장애를 다룬다.

초보 상담자나 어려운 정신장애 영역에서 일해 보지 않은 상담자가 정신분열과 같은 어려운 정신장애를 다루기에 적합한 개입이 무엇인지 감을 잡기 위해서는 〈시빌(Sybil)〉 〈이브의 세 얼굴(Three Faces of Eve)〉 〈뷰티플 마인드(A Beautiful Mind)〉와 같은 영화를 보는 것도 도움이 될 것이다.

생/각/해/보/기

당신은 책을 많이 읽거나 TV 쇼, 영화 등을 통해서 다양한 정신장애를 가진 사람을 그려 볼 수 있을 것이다. 이런 사람들은 실제로 어떤 특성을 드러낸다고 보는가? 이 질문을 생각하면서 1장에서 소개했던 Clifford Beers가 정신장애에 대한 대중의 인식을 개선하기 위해 노력한 것을 함께 고려해 보라.

우울과 불안은 "상담에서 접하는 가장 일반적인 증상이다"(Hinkle, 1999, p. 475). 우울은 특히 만연해 있는데, "전체 인구의 10～25%"까지 증가해 있으며, 어떤 우울의 경우에는 "1960년대에 비해 10배"나 증가했다(Paradise & Kirby, 2005, p. 116). 게다가 우울은 "정신건강 분야에서 일하는 사람들에게도 가장 일반적으로 나타나는데…… 조사에 의하면 정신건강 전문가들의 1/3 내지 60%가량이 경험하는 것으로 나타나고 있다"(p. 116).

정확한 특성이나 대상 인구와 관계 없이 우울과 불안은 사회에서 여러 가지 이유로 보편화되어 있는데, 저녁 뉴스나 라디오 토크 등의 영향도 받는다. 불안에서처럼 우울에도 다양한 형태가 있다. 하나 좋은 소식은 우울이나 불안 모두 문제 해결 상담, 해결중심 상담, 이야기치료, 인지-행동 상담과 같은 다양한 개입방법이 있다는 것이다. 이들 방법들은 모두 상담 개입과 예방에 효과가 있다고 알려져 있다(Dixon, 2000; Gladding, 2005; Paradise &

Kirby, 2005).

그리고 우울과 불안장애를 다루는 데 있어 정신건강 상담자는 다른 영역의 상담자들과 마찬가지로 무망감이나 자살 생각으로 고통받는 사람들로부터 도움 요청을 받는다. 자살을 호소하는 내담자와 상담하는 데는 몇 가지 모델이 있는데 위기 개입 모델과 지속적 치료 모델의 두 가지가 대표적이다(Paulson & Worth, 2002). "이 두 모델은 긍정적인 치료관계와 내담자 감정에 대한 정확한 이해의 중요성을 강조한다."(p. 87) 그리고 이 두 모델은 자살 내담자가 자각을 발전시키도록 돕는 것과 새로운 생각을 구성하는 것을 돕는 것이 중요하다고 강조한다. 이 요소들이 자살 생각과 행동을 극복하는 데 필수적인 요소라는 것이 연구를 통해 확인되었다. 하지만 두 가지 접근에서 지속적 치료 모델이 더 강점이 있는데, 그것은 이 모델이 내담자와 상담자 간의 상호작용에 시간을 더 할애할 수 있도록 해 주기 때문인 것으로 보인다.

어쨌든 이 두 가지 모델에서 상담자는 실존적-구성주의적 틀의 사용을 통해 자살을 생각하는 내담자가 새로운 의미를 창조하도록 도울 수 있다(Rogers, 2001). 더 실용적이고 기술적인 특성을 가지고 있는 많은 치료적 접근과 달리, 이 이론적 접근은 "자살 생각을 하는 내담자가 현상학적인 의미 조망으로부터 이해를 증가시킨다"(p. 16). 이 접근은 상담자와 내담자가 장기적인 치료 작업에 참여할 것을 요구하며, 내담자 자신의 생각과 감정을 탐색할 뿐만 아니라 지역사회와 중요한 타자들까지 함께 다룰 것을 요구한다.

3. 전문 분야로서의 지역사회 상담

이 장의 전반부에서 기술한 바와 같이, 지역사회 상담은 다른 어떤 것보다도 상담자가 어디에서 일하느냐에 따라 정의된다. 지역사회 상담자는 다른 영역에서 일하는 어떤 상담 전문가들보다도 만능 상담자로 분류된다. 그리고 지역사회 상담자 양성 교육과정이 매우 다양하기 때문에 전체 이수시간과 CACREP 요구 학점을 제외하고는 이 전공으로 학위를 받고자 하는 많은 사람은 그들에게 특별히 의미가 있다고 여겨지는 상담 분야에 초점을 둔다.

지역사회 상담자는 그가 어디에서 일하는지, 어떤 일을 하는지에 따라 매우 다양한 활동을 한다. 지역사회 상담자는 대부분이 학교 밖에서 일한다(Hershenson & Berger, 2001). 학교 밖은 지역사회의 상담자 그리고 기관 또는 고용주 등과 같이 종합적인 상담 서비스를 제공하는 상담자들에게 잘 맞는 곳이다.

지역사회 상담자들의 고용이 증가되는 곳이 고용지원 프로그램(employee assistance programs: EAPs)이다(Gladding & Newsome, 2004). 이 프로그램은 미국 전역에 걸쳐서 사업장과 연구소에 설치되었다. 프로그램 설치의 목적은 피고용인들이 그들의 직무 수행 행동에 영향을 미치는 문제들을 다루거나 피하도록 돕기 위한 것이다. 효과적으로 업무를 수행하기 위해서 EAP 상담자들은 프로그램을 개설하고, 피고용인들이 관심을 가지는 복지나 은퇴 같은 다양한 주제를 다룬다. 그들은 필요한 경우 외부 전문가를 초빙하여 편안한 시간에 결혼생활과 같은 주제를 다루어 준다. EAP 상담자들은 또한 피고용인들에게 단기상담 서비스를 제공해 주기도 한다. 이런 서비스는 보통 단기상담, 즉 3회기 정도로 제공된다. EAP 상담자들은 지역사회 전문 자원들을 활용하는데, 피고용인에게 더 전문적인 서비스를 제공할 수 있는 정신건강 전문가에게 의뢰하기도 한다. 큰 규모의 회사나 연구소는 그들의 직원에게 EAP 서비스를 제공하지만 작은 회사는 보통 외부에 있는 회사나 연구소의 EAP 상담자에게 의뢰한다.

지역사회 상담자들이 일하는 다른 장소로는 적십자, 지역 긴급전화, 예약 없이 찾아오는 현장상담 센터와 같은 위기 개입 기관이 있다. 위기 상황에 대응하는 사람은 신체건강에서부터 정신건강에 이르기까지 다양한 욕구를 다루어 주어야만 한다. 그래서 천재지변이나 인재에 의한 재앙 등으로 인한 피해자에게 지역사회, 국제 단체, 고용된 상담자, 다른 정신건강 전문가 등이 필요한 상담과 다양한 서비스를 제공하게 된다(Gladding, 2002). 이런 현장에서 일하는 사람은 근무시간과 활동이 표준화되어 있는 곳에서 일하는 사람과 다른 일을 하게 된다. 그들은 또한 자신들이 수행하는 업무에서 평균 이상의 희열과 도전을 느끼며 산다.

마지막으로 지역사회 상담자들은 조력 전문기관에서도 일한다. 예를 들어, 지역사회 상담 배경을 가진 상담자는 약물 남용, 호스피스, 아동 생활지도 클리닉, 웰빙센터, 대학, 병원, 사설 상담기관 등에 채용된다. 그들이 이렇게 많은 곳에 고용되는 이유는 그들이 CACREP에서 요구하는 상담 분야 훈련을 철저히 받았기 때문이며, 다양한 어려움을 겪는 사람들을 돕는 데 매우 유능하기 때문이다. 지역사회 상담자들은 이론과 실제에서 전문화된 훈련을 받는다. 그들은 특수 영역을 다루는 상담자보다는 전반적인 문제를 다루는 상담자로 머문다.

비록 지역사회 상담자가 초기에 특수한 사람들을 다루는 특별한 영역의 전문적 임무를 실행하지는 않지만, 그것이 상담자에게 제한적이 될 수도 있고 강점이 될 수도 있다.

4. 전문 분야로서의 사설상담

개업한 상담 전문가는 그 역사가 정신건강이나 지역사회 상담보다 덜 정리되어 있다. 이런 전문가는 상담의 시작부터 있어 왔다. 사설 상담자는 기관과 관계없이 자신이 개인상담이나 집단상담을 하고 싶어 한다. 보험과 HIPAA를 적용받기 전에는 사설 상담자들이 상담료를 받는 방식은 단순했다. 그들은 현장에서 서비스에 대해 비용을 받는 방식으로 일했다. 그러다 1980년대에 극적인 변화와 함께 현장에서 비용을 지급받는 방법이 사라지기 시작했다.

사설 상담자들이 서비스에 대해 보상을 받는 방식이 변했음에도 불구하고 사설상담은 아직도 인기가 있다. 많은 학생이 상담 전공에 등록할 때 사설 상담기관을 차릴 것에 대한 열망을 가진다. 그뿐 아니라 상담 전공 박사과정에서는 사설상담이 그들이 선호하는 서비스 전달 방식이라는 것을 가르쳐 준다(Zimpfer, 1996; Zimpfer & DeTrude, 1990). 종종 상담자들은 사설상담 기관 운영이야말로 자신들이 보다 편리하게 자신의 삶을 통제하고 경제적으로도 보상을 충분히 받을 수 있을 것이라고 기대한다. 또한 사설상담은 놀라운 경험이 될 수 있을 것이라고 믿는다. 그러나 사설상담은 기존 사설상담 기관에 채용되는 것이 아닌 한 새로 시작하는 데 엄청나게 많은 업무에 부딪힌다.

사설상담의 어려움

사설 상담자로 성공하기 위해서는 상담자에게 임상적 전문성 이상의 많은 능력이 요구된다. 이런 능력들은 다음과 같다.

- 상담 능력과 사업 능력에 균형을 잡을 수 있어야 한다. 아니면 유능한 사업 파트너를 찾아야 한다.
- 기관에서 일할 때는 필요하지 않았던 지지 네트워크를 구축해야 한다. 상담 개입에 필요한 정보나 적절한 전문가에게 의뢰할 수 있는 체제를 제공해 줄 수 있는 동료들이 주변에 있어야 한다.
- 상담자를 고용한 기관에서 상담자와 계약을 체결할 때 특정 지역 내에서 사설상담을 금하거나 퇴근 후 특정 시간 내에 개인상담을 금지하는 등의 제한적인 계약을 극복하거나 피해야 한다(Wyatt, Daniels, & White, 2000).
- '적극적으로 끌어모으는 마케팅' 을 위해 시간을 할애하고 노력해야 한다(즉, 다른 전문가들로부터 독신, 이혼, 미망인 등에 관한 문제로 의뢰를 받을 수 있도록 자신을 매력적으로 만들기). 또한 새로운 것을 배우기도 하고, 자신을 소개하기 위하여 다른 지역사회 전문가들과 정기적으로 만나는 데 시간을 할애해야 한다(Crodzki, 2002).
- 명성을 쌓기 위해 공적 선행에 전문적 서비스를 기꺼이 기부해야 한다. Allen Ivey는

다음과 같이 표현했다. "사설 상담자가 큰돈을 벌기 위해 들어갈 수 있는 문은 엄청 작은 창문뿐이다." (Littrell, 2001, p. 117)

사례 Sicily가 개업에 관심 두다

Sicily는 상담대학원 과정 졸업 결과를 기다리고 있다. 그녀는 국가상담사 자격시험에 합격하면 그날을 '독립기념일'로 선포하고 파티를 연 후 바로 독립해서 개업할 꿈에 젖어 있었다. 파티에서 그녀는 자신이 수개월 내에 사설 상담자로서 새로운 삶을 시작할 것이라고 선언했다.

선언 이후, Sicily는 면허를 취득하기 전엔 사설 상담자가 될 수 없다는 것을 알았고, 면허 취득까지는 많은 시간이 소요된다는 것을 알았다. 그녀는 또 사설상담에 대한 전문성이 없다는 것, 따라서 사람들이 자기를 보기 위해 줄을 서지 않을 것이라는 것도 깨닫게 되었다. 결국 그녀는 자기가 사업을 시작할 수 없다고 고백하게 되었다. 독립적으로 사설상담을 하겠다는 꿈을 접은 후, Sicily는 정신건강 센터에 취업했다.

당신도 Sicily와 같은 꿈을 꾼 적이 있는가? 만약 그렇다면 당신은 그 꿈을 이루려고 무엇을 생각하고 있는가? 만약 아니라면 정신건강 센터에 취업하기로 결정한 Sicily에 대해 어떻게 생각하는가?

사설상담기관 개업의 장점

상담자에게는 사설상담에 발을 들여놓을 기회가 있다. 정신건강 센터 소장은 "사설 상담자는…… 보험 적용 내담자들에게 최고로 경쟁력이 있는 사람들이다."라고 본다(Wyatt et al., 2000, p. 19). 사설 상담자가 가지는 장점들을 정리하면 다음과 같다.

- 정신건강보험을 적용받는 내담자들의 불만족이 증가하고 있다. 이런 환경으로 인해 고객들은 보험 적용 없이 자신들이 서비스를 받고 싶은 대로 서비스를 받고 직접 비용을 지불하는 방식을 좋아하기 시작했다. 이런 점이 개업한 상담자들에게 부를 가져다 줄 것이다.
- 사설상담의 상담자는 질적인 서비스 제공을 통해 지역사회에서 전문가로 명성을 얻을 수 있다.
- 상담자는 자기가 가장 편안한 시간에 사무실에서 일할 수 있다.

• 일하는 곳이 특정 문제를 가진 내담자를 많이 만날 수 있는 대도시라면 상담 전문가로서 명성을 얻을 기회를 가질 수 있다.

반면에 사설상담 기관은 몇 가지 약점도 가지고 있는데, 그런 약점은 상담자가 일하는 곳이라면 어디나 있을 것이다.

요약 및 결론

정신건강 상담은 1970년대에 시작됐다. 정신건강 상담은 기본적으로 1963년에 지역사회정신건강센터법 입법에서 시작되었는데, 이 법으로 인해 전국적으로 정신건강 센터들이 설립되었다. 이들 센터에서는 석사학위 수준의 상담자들이 일하는데, 그들은 자신들을 대표하는 모임이 없기 때문에 기본적으로 권리를 찾지 못했었다.

그래서 American Mental Health Counselors Association(AMHCA)이 설립되었다. 오늘날 정신건강 상담자는 1차 예방뿐만 아니라 다양한 장애들에 개입하여 상담하고 있다. AMHCA를 통하여 그들은 ACA에도 가입하여 활동하고 있다. 정신건강 상담의 전문성은 석사학위 수준의 CACREP에 의해 승인되고 있다.

지역사회 상담은 시작된 지 얼마 되지 않았다. 그것은 1970년대에 학교 밖 장면에서 상담자들이 일하면서 도입되었다. 지역사회 상담자들에 대한 교육 프로그램은 상담자 교육 프로그램에 의해 전국적으로 설치되었으나 이 전문성이 명확하게 어디에 초점을 두고 있는지 정의가 없었다. 그래서 지역사회 상담을 위한 학회가 없다.

그렇기에 이 영역에서 일하는 사람들은 일반적인 상담자로 표현되며, 그들이 누구에게 어떤 서비스를 제공하는지보다 어디에서 일하고 있는지에 의해 정의된다. 지역사회 상담자들은 일반적인 상담자이기 때문에 다양한 곳에서 일한다. 지역사회 상담자들은 스스로를 상담자로 강력하게 정의하기 때문에 시간이 지남에 따라 훈련을 통해 보다 더 전문성을 지닌 것으로 정의될 것이다.

마지막은 사설상담 영역에 대한 이야기인데, 사설상담 영역에는 기회와 함정이 있다. 일반 상담자뿐만 아니라 특수 영역의 상담자들 모두 기관뿐 아니라 개업에 대한 기대를 가지고 있다. 그들이 사설 상담소를 성공적으로 운영하기 위해서는 상담 능력뿐만 아니라 사업 능력도 가지고 있어야 하고, 만약 그렇지 않다면 사업 전문가를 고용해야만 한다. 그 일에는 지지해 주는 사람과 슈퍼비전 집단을 찾는 것과 같은 어려움이 있다. 그리고 자기에게 편리한 시간을 활용하거나 보험회사 계약서 지키기와 같은 머리 아픈 일들을 피할 수 있다는 강점도 있다. 그러나 어쨌든 사설상담은 상담자에게 인기 있는 대안으로 계속 지목될 것이다.

학 습 활 동

1. 다른 반 구성원들로 4명씩 팀을 구성하여 당신의 지역사회에 살고 있는 생계 곤란자, 노인, 중독자 등과 같은 사람들을 위한 1차 예방 계획을 세워라. 당신의 계획이 성공적으로 수행되도록 하기 위해 협력해야만 하는 지역 자원들의 수를 기록하라. 당신의 계획을 모든 사람들에게 설명하라.

2. 과거 5년 동안 출간된 건강 발달 관련 문헌들을 고찰하라. 가장 최근의 경향은 무엇인가? 이런 경향을 정신건강 상담자나 지역사회 상담자가 어떻게 활용할 수 있겠는가?

3. EAP 프로그램 상담자를 방문하라. 이 프로그램에서 제공한 서비스 중 당신에게 놀라움을 준 것은 무엇인가? EAP 상담자에게 그가 수행하는 프로그램의 효과성 평가에 대해 질문하라.

4. 지역사회 상담자로 일하는 것의 장점과 단점은 무엇이라고 생각하는가? 목록을 만들라. 당신의 의견을 동료와 토의해 보라.

5. 사설상담 기관에서 일하는 상담자를 초청하여 그의 일에 대하여 특강을 들으라. 그리고 사설상담 기관의 상담적 측면과 사업적 측면에 대하여 질문하라.

부록 A

미국상담학회 윤리 규정

전문

미국상담학회는 교육적, 과학적, 전문적 조직으로서 회원들은 다양한 장면에서 일하고 있고, 많은 역량을 발휘하여 서비스를 제공하고 있다. 미국상담학회 회원들은 전 생애적 인간 발달을 촉진하기 위해 노력한다. 미국상담학회 회원들은 사람들의 다양성, 가치, 존엄, 가능성 등을 인정하고, 사회문화적 맥락 속에서 그들이 독특하다는 것을 지지하는 비교문화적 입장을 가진다.

전문적 가치는 윤리적 책임을 다하게 하는 중요한 수단이다. 가치들은 원칙의 토대가 된다. 본질적인 가치들은 우리의 행위를 이끌어 내거나 또는 규정된 것들을 넘어서게도 하는데, 이 가치들은 상담자의 의식 내부에 깊숙이 뿌리내리고 있으며, 외부에 의해 부여된 요건보다는 개인적 헌신에 의해 발전된다.

미국상담학회 윤리 규정의 목표

미국상담학회 윤리 규정의 다섯 가지 목적은 다음과 같다.

1. 윤리 규정은 현재와 미래의 회원들 그리고 서비스를 받는 내담자들에게 학회가 제시하는 윤리적 책임의 성질이 어떤 것인지를 분명하게 규정한다.
2. 윤리 규정은 학회가 사명을 다하도록 한다.
3. 윤리 규정은 회원들의 윤리적 행위와 실천이 무엇이어야 하는지를 밝혀 주는 근거가 된다.
4. 윤리 규정은 상담 서비스를 이용하는 내담자에게 최선을 다해 봉사하고, 상담 전문직의 가치를 잘 향상할 수 있도록 전문가로서의 행동을 안내하는 역할을 한다.
5. 윤리 규정은 회원들에 대한 윤리적 고소와 심리 절차에 대한 기준으로 활용된다.

미국상담학회 윤리 규정은 여덟 가지 영역으로 나뉘어 있다.

Section A: 상담관계
Section B: 비밀보장, 증거 거부권, 사생활 보호
Section C: 전문적 책임
Section D: 다른 전문가들과의 관계
Section E: 평가, 사정, 해석
Section F: 슈퍼비전, 훈련, 교육
Section G: 연구 및 출판
Section H: 윤리적 문제 해결

미국상담학회 윤리 규정의 각 영역은 서문부터 시작한다. 각 영역의 서문은 윤리적 행동, 책임과 관련하여 무엇을 염두에 두어야 할지를 논의한다. 서문은 특정 영역의 논조를 설정하며, 미국상담학회 윤리 규정의 각 영역에 담겨 있는 윤리적 임무를 숙고하기 위한 출발점이 된다.

상담자들이 해결하기 어려운 윤리적 갈등에 처했

을 때 조심스럽게 윤리적 의사결정 과정을 고려하기 바란다. 상담자들이 가치, 윤리 원칙, 윤리 기준들을 어떤 방식으로 적용할지 갈등하게 될 때 상담자들끼리도 어느 정도 의견 차이가 있을 수 있다. 가장 효율적인 윤리적 의사결정 모델은 없지만, 상담자들은 일반 대중들이 신뢰할 만한 의사결정 모델과 그 적용에 친숙해져야 한다.

윤리적 의사결정 절차를 선택하고, 맥락에 대한 평가를 통해 상담자들은 내담자가 성장하고 발전할 수 있도록 돕는 의사결정을 할 수 있게 된다.

독자들에게는 미국상담학회 윤리 규정에서 사용하는 용어 중 일부에 대해 간단한 용어 설명이 제공된다.

Section A: 상담관계

서문

상담자는 내담자의 이익과 복지를 향상하는 방식으로 내담자의 성장과 발달을 촉진하고 건강한 관계 형성을 증진시킨다. 상담자는 내담자가 가지고 있는 다양한 문화적 배경을 적극적으로 이해해야 한다. 또한 상담자는 자신의 문화적 정체성이 어떤 것인지, 이것이 상담과정에서 자신의 가치와 신념에 어떤 영향을 미치는지를 탐색해야 한다.

상담자에게 서비스에 대한 재정적 대가가 거의 없거나 전혀 없어도 자신의 전문적 활동의 일부를 공익을 위해 할애함으로써 사회에 기여하여야 한다.

A.1. 내담자 복지

A.1.A. 일차적 책임

상담자의 일차적 책임은 내담자의 존엄성을 존중하고 복지를 증진시키는 것이다.

A.1.B. 기록

상담자는 내담자에게 전문적 서비스를 제공하기 위해서 법, 규정 또는 기관에서 요구하는 절차에 따라 필요한 사항을 기록한다. 상담자는 각종 요구되는 사항들을 고려하여 충분하고 적합하게 작성된 문서를 기록 자료에 포함시킨다. 상담자는 기록 내 문서들이 상담 진행 상황과 제공된 서비스를 정확하게 반영할 수 있도록 적절한 절차를 따른다. 기록에 오류가 있을 경우, 상담자는 기관의 정책에 따라서 그러한 오류들을 수정하는 절차를 밟는다(A.12.g.7., B.6., B.6.g., G.2.j. 참고).

A.1.c. 상담계획

상담자와 내담자는 적합한 성공 가능성이 있으면서 내담자의 능력과 상황에 맞는 상담계획을 수립하는 데 협력한다. 상담자와 내담자는 지속적으로 실행 가능성과 효율성을 평가하기 위해 상담계획을 정기적으로 점검한다. 그리고 이 과정에서 상담자는 내담자가 가진 선택의 자유를 존중한다.

A.1.d. 지지 네트워크 포함

상담자는 지지 자원이 내담자의 삶에 다양한 의미를 가져다준다는 것을 인식한다. 그리고 내담자의 동의하에 적절한 시기에 다른 사람들(종교/영성/지역 지도자, 가족, 친구 등)의 지지, 이해 그리고 참여를 유익한 자원으로 포함시킬 것을 고려한다.

A.1.e. 취업 욕구

상담자는 내담자의 직업과 직업 장면을 고려한다. 즉, 상담자는 내담자의 전반적 능력, 직업적 제한, 신체적 한계, 일반적 기질, 흥미와 적성, 사회적 기술, 교육, 일반적인 자격, 그리고 다른 유관한 성격과 욕구에 일치하는 취업을 고려하면서 내담자와 일한다. 진로발달에 대해 잘 훈련된 상담자는 적절한 때에 내담자가 내담자 자신, 고용주의 흥미, 문화, 복지 등에서 일치하는 곳에 자리 잡을 수 있도록 도울 것이다.

A.2. 상담관계에서의 사전동의(A.12.g., B.5., B.6.b., E.3., E.13.b., F.1.c., G.2.a. 참고)

A.2.a. 사전동의

내담자는 상담관계를 시작하고 유지할 것인지를 선택할 자유가 있는데, 상담과정과 상담자에 대한 적절한 정보가 필요하다. 상담자는 서면과 구두로 내담자에게 상담자와 내담자의 권리와 책임에 대해 자세히 알려 줄 책임이 있다. 사전동의는 상담과정에서 지속되는 것으로, 상담과정 내내 사전동의에 대해 이야기 나눈 것을 문서화한다.

A.2.b. 요구되는 정보의 유형

상담자는 내담자에게 제공되는 모든 서비스의 성격에 대해 명확하게 설명한다. 상담자는 내담자에게 다음 사항들(이것에 국한되지는 않음)에 대해 알려 준다. 서비스 목적, 목표, 기법, 절차, 한계, 잠재된 위험, 이점, 상담자의 면허와 자격, 관련된 경험, 상담자의 자격 박탈이나 사망 시 서비스 지속 방법, 기타 적절한 정보. 상담자는 내담자에게 진단이 미치는 영향, 심리검사와 결과의 사용 의도, 상담 비용, 청구된 요금 조정에 대해 잘 이해할 수 있도록 조치를 취한다. 또한 내담자는 다음과 같은 권리를 가진다. 비밀보장과 한계(수련감독자 또는 개입 팀 전문가들이 어떻게 참여하는지 포함)에 대해 설명받을 권리, 내담자 기록에 대해 명확한 정보를 들을 권리, 지속적인 상담계획에 참여할 권리, 특정 서비스나 상담 방식의 변경을 거부할 권리와 그런 거부의 결과에 대한 전문가적 의견을 들을 권리.

A.2.c. 발달적 · 문화적 감수성

상담자는 발달 단계와 문화에 적합한 방식으로 정보를 전달한다. 상담자는 사전동의와 관련된 문제에 대해 논의할 때 명확하면서도 이해 가능한 언어를 사용한다. 상담자가 사용하는 언어를 내담자가 이해하는 데 어려움이 있을 때는 내담자가 확실히 이해할 수 있도록 필요한 서비스를 제공한다(통역자나 번역자를 배석하거나 번역기를 마련하는 것 등). 상담자는 내담자와 협력하여 사전동의 절차가 가진 문화적 시사점을 고려하고, 가능하다면 상담 서비스 실천을 그에 따라 조절한다.

A.2.d. 동의할 수 없는 사람에 대한 조치

미성년자나 자발적 동의를 할 수 없는 사람을 상담할 때 상담자는 서비스에 대한 내담자의 승인을 구하고 적절히 의사결정에 참여시킨다. 상담자는 내담자가 선택할 수 있는 윤리적 권리, 서비스에 대해 동의나 승인할 수 있는 능력, 부모나 가족이 내담자를 보호하고 내담자를 대신해서 의사결정을 할 법적 권리와 책임 간에 균형을 이루어야 할 필요가 있다는 것을 인식한다.

A.3. 다른 전문가에게 도움 받는 내담자

내담자가 다른 정신건강 전문가와 전문적 관계를 맺고 있는 것을 상담자가 알았을 때는 그 전문가에게 알리는 것에 대해 내담자에게 요청하고, 긍정적이고 협조적인 전문적 관계를 수립하도록 노력한다.

A.4. 해로운 것과 가치를 강요하는 것 피하기

A.4.a. 해로운 것 피하기

상담자는 내담자, 연수생, 피험자에게 해를 입히는 것을 피하기 위해 피할 수 없거나 예측하지 못한 해를 끼쳤을 경우에는 최소화하거나 치료해 주도록 한다.

A.4.b. 개인적 가치

상담자는 자신의 가치, 태도, 신념 그리고 행동들에 대해 인식하고 있으며, 상담목표와 일치하지 않는 가치를 강요하지 않는다. 상담자는 내담자, 연수생, 피험자의 다양성을 존중한다.

A.5. 내담자와의 관계(F.3., F.10., G.3. 참고)

A.5.a. 현재 내담자

현재 내담자, 내담자의 배우자 또는 내담자의 가족 구성원과 성관계 또는 낭만적인 관계나 상호작용은 금지된다.

A.5.b. 과거 내담자

과거 내담자, 내담자의 배우자 또는 내담자의 가족 구성원과의 성관계 또는 낭만적인 관계나 상호작용은 마지막 전문적 관계가 있은 지 5년 동안은 금지된다. 마지막 상담이 있은 지 5년이 지나고 이전의 내담자, 내담자의 배우자 또는 내담자의 가족 구성원과 성관계 또는 낭만적 관계와 상호작용을 시작하기 전에 상담자는 그 상호작용이나 관계가 어떤 측면에서는 여전히 권력관계로 볼 수 있지는 않은지 또는 과거 내담자에게 아직도 해를 입힐 가능성은 없는지에 대해 고려했음을 보여 주고 이를 문서화해야 한다. 만약 권력 관계나 위해 가능성이 있다면 상담자는 상호작용이나 관계의 시작을 피해야 한다.

A.5.c. 비전문적 상호작용 또는 관계

내담자, 과거 내담자, 그들의 배우자, 그들의 가족 구성원과의 관계나 상호작용은 그 관계가 내담자에게 이익이 될 가능성이 있을 때를 제외하고는 피해야 한다(A.5.d. 참고).

A.5.d. 잠재적으로 이익이 되는 상호작용

내담자나 과거 내담자와의 상담자-내담자 간의 비전문적 상호작용이 내담자나 과거 내담자에게 잠재적으로 이익이 될 수 있을 때 상담자는 관계를 시작하기 전에 그런 상호작용의 정당성, 내담자에게 제공되는 잠재적 이득, 내담자나 과거 내담자와 중요한 관계를 맺고 있는 타인에게 예상되는 결과 등을 기록으로 남겨야 한다. 그러한 상호작용은 내담자의 동의하에 시작되어야 한다. 의도하지 않았다 해도 내담자나 과거 내담자에게, 또 내담자와 중요한 관계를 맺고 있는 타인에게 해를 입히게 되면 상담자는 그러한 위해를 치료하려 했다는 증거를 보여야만 한다. 잠재적으로 유익한 상호작용의 예는 다음의 것들이 포함되는데, 공식적인 행사에 참여하기(예: 결혼식/언약식 또는 졸업식), 내담자나 과거 내담자가 제공하는 서비스나 상품을 구매하기(자유로운 물물교환을 제외하고), 아픈 가족 구성원에게 병문안 가기, 전문학회, 조직 또는 지역사회와 상호관계가 있는 모임에 회원으로 가입하기 등이다(A.5.c. 참고).

A.5.e. 전문적 관계에서의 역할 변화

상담자가 내담자와 계약한 관계로부터 역할을 변경할 때는 내담자로부터 사전동의를 얻어야 하고, 내담자가 변화를 거부할 권리가 있음을 설명해야 한다. 역할 변화의 예는 다음과 같다.

1. 개인상담에서 가족상담으로의 변화, 또는 그 반대
2. 법과는 관계없는 평가 역할에서 치료하는 역할로의 변화, 또는 그 반대
3. 상담자에서 연구자로의 변화(내담자를 연구 참여자로 편입), 또는 그 반대
4. 상담자에서 중재자 역할로의 변화, 또는 그 반대

내담자는 상담자의 역할 변화로 인해 생길 수 있는 예상되는 결과(예: 재정적, 법적, 개인적 또는 치료적)에 대해 충분하게 사전에 정보를 제공받아야 한다.

A.6. 개인, 집단, 기관, 사회 수준에서의 역할 및 관계

A.6.a. 옹호

상담자는 적절한 때에 개인, 집단, 기관, 사회적 수준에서 내담자의 성장과 발달을 가로막는 잠재적 방해물과 장애물 탐색을 지원한다.

A.6.b. 비밀보장 및 지원

상담자는 내담자 지원에 앞서 내담자의 동의를 얻어 서비스 제공을 개선하고, 내담자의 접근, 성장, 발달을 저해하는 전반적인 방해물이나 장애물을 제거하기 위해 노력한다.

A.7. 복수의 내담자

상담자가 이미 관계를 맺고 있는 둘 이상의 사람들에게 상담 서비스를 제공하기로 했다면 상담자는 시작할 때 어떤 사람들이 내담자인지, 참여한 사람들 각자와 맺을 관계의 성격을 분명하게 해야 한다. 만약 상담자가 역할을 수행하면서 갈등을 겪을 가능성이 분명하다면 상담자는 그 역할을 적절하게 명료화하고 조정하되 그렇게 되지 않을 경우에는 중단한다(A.8.a., B.4. 참고).

A.8. 집단상담(B.4.a. 참고)

A.8.a. 선발

상담자는 예정된 집단상담/치료 참가자를 선발한다. 가능한 한 상담자는 참가 희망자 중 개인의 욕구와 집단의 목표가 일치하는 사람, 집단 진행을 방해하지 않을 사람, 집단 경험으로 인해 개인의 안녕이 위

협받지 않을 사람들을 선발한다.

A.8.b. 내담자 보호
집단 장면에서 상담자는 내담자들이 신체적, 정서적, 심리적 외상으로부터 보호받도록 주의를 기울인다.

A.9. 불치병 내담자의 임종 보살핌(불치병 내담자에 대한 보살핌)

A.9.a. 질적인 보살핌
상담자는 내담자가 다음의 것들이 가능하도록 조치를 취한다.

1. 신체적, 정서적, 사회적, 영적 요구에 대해 질 높은 보살핌을 받을 수 있도록 한다.
2. 최고 수준의 자기결정이 가능하도록 한다.
3. 임종 보살핌과 관련하여 내담자가 안내를 받고 결정할 수 있도록 가능한 한 모든 기회를 제공한다.
4. 합법적이고 합리적인 결정을 내릴 능력이 있는지에 대한 적절한 평가를 임종 보살핌 실습 경험이 있는 정신건강 전문가로부터 받는다.

A.9.b. 상담자 역량, 선택, 의뢰
상담자는 임종 결정과 관련된 개인적, 도덕적 그리고 역량 관련 문제들을 인식하고, 치명적인 질병을 앓고 있어 임종과 관련된 선택을 탐색하고자 하는 내담자와 함께 작업을 할 것인지 아닌지를 결정한다. 작업하지 않기로 결정한 경우에는 내담자가 필요로 하는 도움을 받을 수 있도록 적절한 의뢰 관련 정보를 제공한다.

A.9.c. 비밀보장
치명적인 질병을 가진 개인에게 서비스를 제공하고 있는 상담자는 그 내담자가 자신의 죽음을 앞당기는 것에 대해 고려하고 있는 경우에 비밀보장을 한 것인지에 대한 선택권이 있다. 이 선택권은 관련법이나 상황의 특수성에 따라 다를 수 있고, 적절한 전문가나 법 관련 기관으로부터 자문이나 슈퍼비전을 받은 후에 부여된다.

A.10. 상담료 및 물품 교환

A.10.a. 기관 내담자로부터 상담료 받기
상담자는 상담자가 소속된 기관을 통해 서비스를 제공받고 있는 내담자가 그 서비스를 양도하는 것에 대해 사적인 요금이나 다른 보상을 받는 것을 거부한다. 어떤 기관의 정책은 기관의 내담자가 직원으로부터 개인 상담실에서 상담을 받도록 명시하는 경우도 있다. 이런 경우 내담자가 사설 상담을 필요로 한다면 어떤 선택을 할 수 있는지에 대해 정보를 제공받아야 한다.

A.10.b. 상담료 책정
상담자는 상담 비용을 책정할 때 내담자와 지역의 경제 상태를 고려해야 한다. 책정된 비용이 내담자에게 부적절할 경우라면 상담자는 지불 가능한 비슷한 다른 서비스를 받을 수 있도록 돕는다.

A.10.c. 상담료 미납
내담자가 상담료를 지불하지 않아 이를 수금하기 위해서 대행회사를 이용하거나 법적 조치를 취하고자 할 때, 상담자는 우선 그에 대한 계획을 내담자에게 알려서 비용을 지불할 기회를 준다.

A.10.d. 물물교환
상담자는 다음과 같은 경우에만 물물교환을 할 수 있다. 관계가 착취적이거나 해로운 것이 아닌 경우, 내담자가 불공정한 이익을 취할 수 있는 것이 아닌 경우, 내담자가 원하고 또 그런 합의가 지역사회 전문가들 사이에서 수용할 만한 경우 등. 상담자는 물물교환의 문화적 의미를 고려하고, 관련된 문제를 내담자와 협의하여 명확하게 서면 계약서에 동의 내용을 기록한다.

A.10.e. 선물 받기
상담자는 문화적 특성에 따라 내담자가 주는 선물이 갈등을 일으키는 요인이 될 수도 있고, 존경과 감사의 표현일 수도 있음을 인식한다. 내담자의 선물을 받을지에 대해 결정할 때, 상담자는 치료관계, 선물의 금전적 가치, 선물을 주는 내담자의 동기, 상담자가 선물을 원하거나 거절하고자 하는 동기 등을 고려한다.

A.11. 종결 및 의뢰

A.11.a. 포기 금지

상담자는 상담 중인 내담자를 포기하거나 방치하지 않는다. 상담자는 필요할 경우 휴가, 질병, 종결 등과 같이 상담이 중단되는 상황에서도 내담자가 상담을 지속적으로 받을 수 있도록 적절한 조치를 취해야 한다.

A.11.b. 내담자를 도와주지 못하는 경우

상담자는 내담자에게 전문적인 도움을 주지 못할 것이라고 판단을 하게 되면 상담을 시작하거나 지속하지 않는다. 상담자는 문화적, 임상적 특징에 맞는 적합한 의뢰 기관에 대해 인지하고, 이런 기관에 내담자를 추천할 수 있다. 내담자가 추천을 거절하면 상담자는 상담관계를 종결해야 한다.

A.11.c. 적절한 종결

상담자는 내담자가 더 이상 도움을 필요로 하지 않고, 득이 되지 않으며, 또는 상담을 지속하는 것이 필요하지 않다는 것이 확실해지면 상담관계를 종결한다. 상담자는 내담자나 내담자에게 중요한 타인으로부터 해를 입을 위험이 있는 경우나 또는 내담자가 합의한 비용을 지불하지 않는 경우에는 상담을 종결할 수 있다. 상담자는 종결 전에 상담을 제공하고, 필요하다면 다른 서비스 제공자를 추천해 준다.

A.11.d. 적절한 서비스 이양

상담자가 내담자를 다른 사람에게 의뢰하는 경우, 적절한 임상적, 행정적 절차가 완료되었는지 확인하고 그 내담자와 다른 상담자와 의사소통이 계속 이루어질 수 있도록 한다.

A.12. 테크놀로지 적용

A.12.a. 이익과 한계

상담자는 상담 과정과 사무/요금 청구 절차에 테크놀로지를 이용함으로써 내담자가 갖게 되는 이익과 한계에 대한 정보를 제공한다. 이 테크놀로지에는 컴퓨터뿐 아니라 전화, 인터넷, 온라인 평가도구, 기타 통신 장비가 포함된다.

A.12.b. 테크놀로지 기반 서비스

테크놀로지를 활용한 원거리 상담 서비스를 제공할 때 상담자는 내담자가 지적, 정서적, 신체적으로 장비를 사용할 수 있는지, 그리고 그런 장비를 사용하는 것이 내담자의 욕구에 적합한 것인지를 결정한다.

A.12.c. 부적절한 서비스

테크놀로지를 활용한 원거리 상담 서비스가 부적절하다고 생각하면 상담자는 면대면 상담 실시를 고려한다.

A.12.d. 접근

상담자가 테크놀로지를 활용한 원거리 상담 서비스를 제공할 때는 컴퓨터 장비에 접근하는 적절한 방법을 제공한다.

A.12.e. 법과 법령

상담자는 테크놀로지를 활용하는 것이 법을 위반하는 것은 아닌지를 확인하고 관련된 모든 법령을 준수한다.

A.12.f. 도움

테크놀로지를 활용할 때, 특히 그 활용이 주나 국가의 경계를 넘나들 때, 상담자는 업무, 법, 기술 차원의 도움을 구한다.

A.12.g. 사전동의

사전동의를 구하는 절차의 일부로 상담자는 다음의 것들을 수행한다.

1. 전자로 전송되는 통신은 비밀보장이 어렵다는 점과 관련된 문제를 전한다.
2. 전자 전송에 접근할 수 있는 권한을 갖고 있는 모든 동료, 수련감독자 그리고 IT 관리자와 같은 모든 고용인에 대해 내담자에게 알린다.

3. 상담 과정에서 내담자가 사용할 테크놀로지에 접근할 수 있는 권한을 갖고 있는 모든 동료, 수련감독자, 그리고 IT 관리자와 같은 모든 고용인에 대해 내담자에게 알린다.
4. 주나 국경을 넘어선 전문 서비스 제공과 관련된 법적 권리와 한계에 대해 내담자에게 알린다.
5. 가능한 한 비밀보장을 위해서 암호화된 웹사이트와 이메일을 사용한다.
6. 암호 사용이 가능하지 않을 경우 상담자는 이 사실을 내담자에게 알리고 내담자만 해당되는 특수한 것이 아닌 일반적인 통신 내용으로 전자 전송을 제한한다.
7. 내담자와 주고받은 기록이 문서로 저장되어 보관된다는 것과 얼마 동안 보관되는지에 대해 알린다.
8. 장비 고장의 가능성과 서비스 제공을 위한 대체 방법에 대해 논의한다.
9. 상담자에게 연락이 안 되는 경우 911이나 지역 위기전화에 직통으로 연락하는 것 등 응급 절차에 대해 내담자에게 알린다.
10. 서비스 제공에 영향을 미칠 수 있는 시간대 차이, 지역 풍습, 문화적 또는 언어적 차이에 대해 의논한다.
11. 테크놀로지에 의해 지원된 원거리 상담 서비스가 의료보험 혜택을 받을 수 없는 경우에는 내담자에게 알린다(A.2. 참고).

A.12.h. 인터넷 웹사이트

인터넷 사이트를 활용하는 상담자는 다음의 것들을 수행한다.

1. 링크가 잘 작동하는지 그리고 전문적으로 적절한지를 정기적으로 점검한다.
2. 장비가 고장일 경우 내담자가 상담자에게 연락할 수 있는 방법을 구안해 놓는다.
3. 고객의 권리를 보호하고 윤리적 측면을 고려하도록 돕기 위하여 관련 주 면허 교부처와 전문적인 자격증 위원회에 링크할 수 있도록 정보를 제공한다.
4. 내담자 신분을 확인할 방법을 만들어 둔다.
5. 내담자가 미성년 아동이거나 법적으로 무능력한 어른 또는 사전동의를 할 능력이 되지 않는 어른들의 경우에는 법정 보호자 또는 다른 법적 대리인의 서면 사전동의를 받는다.
6. 장애인들이 접근할 수 있는 사이트를 제공하기 위해 노력한다.
7. 다른 언어를 사용하는 내담자에게 번역이 불완전할 수 있음을 알리고, 정확한 번역을 제공하기 위해 노력한다.
8. 인터넷과 다른 기술 적용을 통해 알게 된 정보의 타당성과 신뢰성을 내담자가 결정할 수 있도록 한다.

Section B: 비밀보장, 증거 거부권, 사생활 보호

서문

상담자는 신뢰가 상담관계의 초석이 됨을 인식한다. 상담자는 지속적으로 파트너십을 만들어 나가되, 적절한 경계를 설정하고 유지하며, 비밀보장을 유지함으로써 내담자의 신뢰를 얻고자 노력한다. 상담자는 문화적으로 적합한 방식으로 비밀보장에 대하여 내담자에게 전달한다.

B.1. 내담자 권리 존중

B.1.a. 다문화/다양성 고려

상담자는 비밀보장과 사생활 보호가 내포하는 문화적 의미를 인식하고 민감성을 유지한다. 상담자는 정보 공개에 대한 다양한 관점을 존중한다. 상담자는 언제, 어떻게 그리고 누구와 정보를 공유할 수 있는지에 대해 지속적으로 논의한다.

B.1.b. 사생활 존중

상담자는 내담자가 사생활 보호를 받을 권리를 가지고 있음을 인정한다. 상담자는 상담 과정에 도움이 되는 때만 내담자에게 사적인 정보를 제공하도록 요구한다.

B.1.c. 비밀보장

상담자는 내담자 동의 없이 또는 충분한 법적, 윤리적 타당성 없이 비밀 정보를 공개하지 않는다.

B.1.d. 한계에 대한 설명

상담 시작과 상담 과정 동안 상담자는 비밀보장의 한계에 대해 내담자에게 알리고, 정보를 노출해야 하는 상황들이 무엇이 있는지 확인하기 위해 노력한다 (A.2.b. 참고).

B.2. 예외

B.2.a. 위험과 법적 요구

비밀보장이 일반적인 원칙이기는 하지만 내담자나 다른 사람들이 위험에 처한 경우 또는 비밀 정보의 개방이 법적으로 요구되는 경우는 적용되지 않는다. 상담자는 이런 경우에 타당성에 대해 의심이 갈 경우에는 다른 전문가에게 자문을 구한다. 임종과 관련된 문제를 다룰 때는 추가적인 고려사항들이 적용된다 (A.9.c. 참고).

B.2.b. 전염병, 생명을 위협하는 질병

내담자가 전염병이나 치명적이라고 알려진 병을 앓고 있어서 제3자가 감염 위험에 처해 있다는 것을 알게 되었을 때, 상담자는 제3자에게 정보를 공개할 정당성을 가질 수 있다. 정보를 공개하기 전에 상담자는 정확한 진단을 확인하고 내담자가 자신의 질병을 다른 사람에게 알릴 의도가 있는지 또는 특정 상대에게 해를 끼칠 수 있는 행동을 할 의도가 있는지를 종합적으로 평가한다.

B.2.c. 법정 명령에 의한 정보 개방

법정에서 내담자 동의 없이 비밀을 공개하라는 명령을 내리는 경우에 상담자는 서면으로 된 사전 동의서를 내담자에게 받거나, 공개 금지 조치를 취한다. 또한 정보 개방이 내담자 또는 상담관계에 잠재적으로 위험을 가져올 수 있으므로 가능한 한 최소한으로 제한해서 공개한다.

B.2.d. 최소한의 정보 개방

가능한 한 비밀을 공개하기 전에 내담자가 사전에 그 사실을 알고 있고 공개에 대한 의사결정 과정에 참여할 수 있도록 한다. 비밀 정보를 공개해야만 하는 상황이라면 꼭 필요한 정보만 공개한다.

B.3. 타인들과의 정보 공유

B.3.a. 구성원

상담자는 내담자의 사생활과 비밀이 고용인들, 수련자들, 학생들, 보조자들, 자원봉사자들에 의해서도 유지될 수 있도록 모든 노력을 다한다.

B.3.b. 치료 팀

내담자 상담에 팀이 참여하고 있다면 내담자에게 팀의 존재와 구성, 공유하는 정보, 정보 공유 목적 등을 알린다.

B.3.c. 비밀보장 환경

상담자는 내담자의 사생활이 보장되는 환경에서만 비밀 정보에 대해 의논한다.

B.3.d. 보험회사 직원

상담자는 내담자가 공개를 허가한 경우에만 보험회사 직원에게 정보를 공개한다.

B.3.e. 비밀 정보 전송

상담자는 컴퓨터, 이메일, 팩스, 전화, 음성 메일, 자동응답기 그리고 다른 전자 또는 테크놀로지를 사용해 정보를 전송할 때는 비밀이 유지될 수 있도록 사전에 주의를 기울인다(A.12.g. 참고).

B.3.f. 사망한 내담자

상담자는 사망한 내담자의 비밀을 보호하고, 법적 요구와 기관의 정책에 따른다.

B.4. 집단 및 가족

B.4.a. 집단 작업

집단 작업 시 상담자는 집단을 시작할 때 비밀보장

의 중요성과 한계를 명확하게 설명한다.

B.4.b. 부부와 가족 상담

부부와 가족 상담에서 상담자는 누가 '내담자' 인지를 명확하게 지정하고 비밀보장에 대한 기대와 한계에 대해 논의한다. 각 개인의 비밀보장에 대한 권리, 비밀보장을 유지해야 할 의무와 관련해서 상담자는 동의 능력이 있는 참가자들로부터 동의를 구하고, 동의사항을 문서로 기록한다.

B.5. 동의 능력이 결여된 내담자

B.5.a. 내담자에 대한 책임

미성년 내담자나 동의 능력이 결여된 성인 내담자를 상담할 때, 상담자는 상담관계에서 알게 된 정보에 대해 법, 정책, 윤리강령에 명시된 대로 비밀을 보장한다.

B.5.b. 부모와 법적 보호자에 대한 책임

상담자는 부모와 법적 보호자에게 상담자의 역할과 상담관계의 비밀에 대해 알린다. 상담자는 가족의 문화적 다양성에 대해 민감해야 하며, 법에서 규정한 대로 그들 자녀의 복지에 대한 부모/보호자의 고유권리와 책임을 존중한다. 상담자는 내담자에게 최고로 서비스할 수 있도록 부모/보호자와 함께 적절한 협력관계를 유지한다.

B.5.c. 비밀 정보의 공개

미성년 내담자나 정보 공개에 대한 자발적 동의 능력이 결여된 성인 내담자를 상담할 때, 상담자는 적절한 제3자로부터 정보 공개 허락을 받는다. 그런 경우 상담자는 내담자의 이해 수준에 맞게 알리고 내담자의 비밀을 지키기 위해 문화에 맞는 적절한 조치를 취한다.

B.6. 기록

B.6.a. 기록의 비밀보장

상담자는 기록물을 안전한 장소에 보관하고 허가된 사람만 기록물에 접근할 수 있게 한다.

B.6.b. 기록에 대한 동의 구하기

상담자는 컴퓨터나 다른 도구를 이용해 상담 회기를 기록하려면 사전에 내담자에게 동의를 구한다.

B.6.c. 관찰에 대한 동의 구하기

상담자는 슈퍼바이저, 교수, 동료, 훈련 상황에 있는 다른 사람들과 함께 상담 회기를 관찰하거나 축어록을 검토하거나 또는 상담 회기를 녹음한 것을 보게 될 때는 사전에 내담자에게 동의를 구한다.

B.6.d. 내담자의 접근

상담자는 내담자가 요청할 경우 가능하면 기록물에 적절히 접근할 수 있도록 사본을 제공한다. 상담자가 내담자에게 기록물을 보는 것을 제한하거나 기록물의 일부분을 제한하는 것은 기록물 공개가 내담자에게 해를 끼칠 수 있다는 증거가 있는 경우에 한한다. 상담자가 내담자의 요청을 제한할 경우 그 정당성을 기록으로 남긴다. 여러 내담자가 포함된 상황이라면 상담자는 각각의 내담자 개인에게 직접적으로 관련된 부분만 제공하고 다른 내담자들과 관련된 내용은 공개하지 않는다.

B.6.e. 기록에 대한 지원 제공

내담자가 자신의 기록 공개를 요청하는 경우 상담자는 상담 기록의 내용에 대해 지원과 자문을 제공한다.

B.6.f. 공개 또는 기록물 제공

상담자가 법적인 문제와 관련하여 자료를 공개하거나 제공하는 경우 사전에 내담자에게 허락을 받는다. 상담 기록물을 제공받은 사람은 기록의 비밀 공개의 민감성에 대하여 확인하는 절차를 밟는다(A.3., E.4. 참고).

B.6.g. 종결 후 보관 및 파기

상담자는 상담 종결 이후에도 기록물을 보관하고 관리하되, 비밀보장으로 내담자 보호를 위하여 기록물이나 다른 민감한 자료들을 파기한다. 기록물을 남길 필요가 있다면 상담자는 기록물과 문서를 다루는 것과 관련하여 내담자(또는 보호자)의 동의를 얻는다

(A.1.b. 참고).

B.6.h. 합리적인 사전 조치

상담자가 서비스를 제공할 수 없는 상황이 되거나, 자격박탈 또는 죽음 같은 사건이 있더라도 내담자의 비밀이 보호받을 수 있도록 사전에 충분히 조치를 취한다.

B.7. 연구와 훈련

B.7.a. 기관의 승인

상담자는 자신의 연구계획에 대한 정확한 정보를 기관에 제공하고 연구를 수행하기 전에 승인을 받는다. 상담자는 기관으로부터 승인된 연구 절차에 따라 연구를 수행한다.

B.7.b. 지침 준수

상담자는 연구 수행에 있어서 비밀보장과 관련된 정부, 기관, 상담소의 정책과 지침을 준수한다.

B.7.c. 연구에서 얻은 정보의 비밀보장

연구 참여자의 사생활 보호와 비밀보장에 대한 위반은 참여자에게 위험이 될 수 있다. 상담 연구자는 모든 연구 기록을 안전하게 관리한다. 연구자는 참여자들에게 비밀보장 및 사생활 보호 위반으로 발생할 수 있는 위험에 대해 설명하고 예상 가능한 비밀보장의 한계에 대해 알린다. 비밀이 얼마나 유지될 수 있는지와는 상관없이 연구자들은 예상되는 비밀보장의 한계를 참여자에게 알린다(G.2.e. 참고).

B.7.d. 연구정보의 공개

상담자는 사전에 동의를 얻지 못하면 연구 참여자의 신원을 확인할 수 있는 비밀 정보를 공개하지 않는다. 상담관계에서 얻은 자료를 훈련, 연구 또는 출판을 위해 사용하는 것은 참여한 개인들의 익명성이 확실히 보장될 수 있도록 위장된 내용으로 제한된다(G.2.a., G.2.d. 참고).

B.7.e. 신원 확인에 대한 동의

내담자, 학생 또는 수련자의 신원을 프레젠테이션이나 출판물에 밝히는 것은 그들이 자료를 확인하고 동의했을 때만 허락된다.

B.8. 자문

B.8.a. 동의

자문자로서 활동할 때 상담자는 관련된 모든 사람에게 각 개인이 비밀보장을 받을 권리, 각 개인들이 비밀 정보를 지켜야 하는 책임, 그리고 타인과 공유한 정보에 대한 비밀보장의 한계에 대해 동의를 구한다.

B.8.b. 사생활 존중

자문관계에서 획득한 정보는 그 사례와 직접적으로 관계 있는 사람하고만 전문적 목적으로 논의한다. 서면 또는 구두 보고에는 자문의 목적과 관련 있는 자료만 포함하며, 내담자 신원을 보호하고 예기치 않게 사생활을 침해하지 않도록 모든 노력을 기울여야 한다.

B.8.c. 비밀 정보 공개

상담자는 사전에 동의를 얻거나 공개를 피할 수 없는 경우가 아니라면 동료를 자문할 때 내담자 또는 타인이나 기관의 신원이 확인되는 비밀 정보를 공개하지 않는다(D.2.d. 참고).

Section C: 전문적 책임

서문

상담자는 대중과 다른 전문가와의 관계에서 개방적이고, 정직하고, 정확한 의사소통을 추구한다. 상담자는 전문가적 그리고 개인적 역량의 범위 내에서 차별적이지 않은 방법으로 상담을 하며, ACA 윤리 규정을 준수할 책임을 가진다. 상담자는 적극적으로 지역과 상담학회에 참여하여 상담 발전과 향상에 기여한다. 상담자는 개인과 집단이 삶의 질을 향상할 수 있도록 개인, 집단, 기관, 사회 수준에서 변화를 촉진하는 것을 지원하며, 적절한 서비스를 공급하고, 그들이 서비스에 접근하는 것을 방해하는 잠재적 장애를 제거한다. 상담자는 대중에게 엄격한 연구방법에 기초한 상담을 실시할 책임을 가진다. 또한 상담자는 자신의 전문적 책임을 다하기 위해 자신의 정서적, 신체적, 정신적, 영적 안녕을 유지하고 증진하기 위해 자신을 돌보는 활동에 참여한다.

C.1. 표준에 대한 지식

상담자는 ACA 윤리 규정을 읽고, 이해하고, 따르며 관련된 법과 규정을 준수할 책임을 가진다.

C.2. 전문적 역량

C.2.a. 역량의 범위

상담자는 교육과 훈련, 슈퍼비전 받은 경험, 국가자격증, 적절한 전문적 경험 등에 바탕을 둔 자신의 역량 범위 내에서 상담을 실시한다. 상담자는 다양한 내담자 집단과 작업을 하는 데 필요한 지식, 개인적 자각, 감수성, 기술을 습득한다(A.9.b., C.4.e., E.2., F.2., F.11.b. 참고).

C.2.b. 새로운 전문 영역의 상담

상담자는 적절한 교육과 훈련, 또는 슈퍼비전 경험을 한 후에만 새로운 전문 영역을 상담한다. 새로운 전문 영역에서 능력을 발휘하기 위해 준비하는 동안에는 다른 사람들이 해를 입지 않도록 적합한 절차를 밟는다.

C.2.c. 고용을 위한 자격

상담자는 교육, 훈련, 슈퍼비전 등을 받은 경험, 국가 전문 자격증, 적절한 전문적 경험 등에 의해 자격을 갖춘 후 상담자로 일한다. 상담자는 전문적인 상담직에 자격과 역량을 갖춘 사람들만 고용한다.

C.2.d. 효과성 점검

상담자는 전문가로서 활동의 효과성을 지속적으로 점검하고 효과성을 증진시키기 위한 조치를 취한다. 개업한 상담자는 상담자로서의 효과성을 평가하기 위해 필요한 경우 동료에게 슈퍼비전을 받을 수 있다.

C.2.e. 윤리적 책임에 대한 자문

상담자는 윤리적 책임이나 전문적 상담에 대해 의문이 생길 때 다른 상담자나 관련 전문가들에게 자문을 구한다.

C.2.f. 지속적 교육

상담자는 현장에서 활동하기 위해 가장 최근의 과학적이고 전문적인 정보를 획득하기 위해 지속적인 교육을 받을 필요에 대해 인식한다. 상담자는 자신이 사용하고 있는 기법에 대한 역량을 유지하고, 새로운 방법에 개방적이고, 또한 그들이 현장에서 접하고 있는 다양한 집단, 특정 집단에 대한 최신 경향을 파악한다.

C.2.g. 손상

상담자는 자신의 신체적, 정신적, 정서적 문제로부터 생기는 손상 신호에 민감해야 한다. 상담자는 그런 능력 손상이 내담자나 다른 사람들에게 해가 될 것 같은 경우 전문적인 서비스를 제공하지 않아야 한다. 상담자는 전문적 능력의 손상을 초래한 문제에 대해 도움을 요청하고, 필요하다면 다시 안전하게 일을 할 수 있을 것이라는 결정이 내려질 때까지 자신의 전문적 책임을 제한하거나, 연기하거나, 또는 종결한다. 또한 상담자는 동료나 슈퍼바이저가 손상을 인식할 수 있도록 돕고, 동료나 슈퍼바이저가 손상 신호를 보이는 것이 명확할 때는 자문을 제공해 준다.

C.2.h. 상담자 자격박탈 또는 상담 종결

상담자가 상담을 종결하게 될 때 내담자와 파일을 의뢰하는 것은 계획에 따른다. 자격박탈, 죽음, 상담 종결의 경우 상담자는 내담자와 파일의 의뢰계획을 동료나 '기록 보관자'에게 준비하고 알려 준다.

C.3. 홍보와 내담자 권유

C.3.a. 정확한 홍보

상담자가 대중에게 자신의 서비스를 홍보하거나 다른 방법으로 알리게 될 때 위조하거나 현혹시키거나 속이거나 사기를 치지 않도록 분명한 방식으로 자신의 자격을 밝힌다.

C.3.b. 추천장

추천장을 활용하는 상담자는 현재 내담자나 이전의 내담자 또는 부당한 위압에 취약할 수 있는 다른 사람들에게 추천장을 요청하지 않는다.

C.3.c. 다른 사람에 의한 진술

다른 사람들이 상담자 및 그의 전문성에 대해 언급하는 것이 정확하도록 상담자는 노력해야 한다.

C.3.d. 고용관계를 활용한 내담자 모집

상담자는 자신이 고용된 기관의 지위를 이용하여 자신의 개인상담을 위한 내담자, 수련자, 피자문자를 모집하거나 확보하지 않는다.

C.3.e. 홍보

자신의 전문성과 관련된 것을 개발하거나 워크숍 또는 연수를 개최하는 상담자는 내담자들이 정확하고 충분한 정보를 접한 후 선택할 수 있도록 적절한 정보를 공개해야 한다.

C.3.f. 판촉

상담자는 상담, 교육, 훈련, 슈퍼비전 관계를 활용하여 자신의 책이나 연수 등을 판촉하기 위해 속이거나 부당한 압력을 가하지 않는다. 다만 상담자 교육을 목적으로 출판한 교재를 채택할 수는 있다.

C.4. 전문적 자질

C.4.a. 정확한 표현

상담자는 실제로 가지고 있는 전문적인 자격을 주장하거나 표현하며, 다른 사람들이 자신의 자격에 대해 잘못 표시한 것을 알게 되는 경우에는 수정한다. 상담자는 자신의 동료의 자격을 솔직하게 말해 준다. 상담자는 유급으로 일한 경험과 자원봉사로 일한 경험을 분명하게 구분하고, 지속적으로 교육받은 것과 특수하게 훈련받은 것을 정확하게 기술한다(C.2.a. 참고).

C.4.b. 자격증

상담자는 현재 취득한 자격증만 제시한다.

C.4.c. 학위

상담자는 정식학위와 명예학위를 분명히 구분한다.

C.4.d. 박사급 역량 암시

상담자는 상담 또는 인접 분야에서 받은 최고의 학위를 분명하게 기술한다. 상담자는 상담이나 인접 분야에서 석사학위만 소지하고 있으면서 박사학위가 상담이나 인접 분야가 아닌 경우 상담 장면에서 자신을 박사라고 지칭함으로써 상담에서 박사급 역량이 있음을 암시하지 않는다.

C.4.e. 학위 인증 상태

상담자는 학위를 취득한 때의 학위 인증 상태를 분명하게 기술한다.

C.4.f. 학회 회원

상담자는 학회에서 현재 활동하고 있는 회원인지, 전 회원인지를 분명하게 구분한다. ACA 회원은 전문가 회원(최소 상담 전공 석사학위 소지자)과 일반 회원(흥미와 활동이 ACA와 일치하지만 전문가 회원 자격을 갖추지 못함)을 분명하게 구분해야 한다.

C.5. 차별 금지

상담자는 나이, 문화, 장애, 민족, 인종, 종교, 성, 성 정체성, 성적 지향성, 결혼 상태, 언어 선호, 사회경제적 지위 또는 법으로 금지한 어떤 원칙으로도 차별하는 것을 묵과하거나 관여하지 않는다. 상담자는 내담자, 학생, 고용인, 수련자 또는 연구 참여자에게 부정적인 영향을 끼치는 방식으로 차별대우하지 않는다.

C.6. 공적 책무

C.6.a. 성적 위협

상담자는 성적 위협에 관여하거나 묵인하지 않는다. 성적 위협은 성적 유인, 신체적 접촉 또는 성적인 성격을 지니고 있으면서 전문적 활동과 관련되어 일어나는 다음 두 가지 특징을 가진 언어적, 비언어적 행위라 정의한다.

1. 내담자가 싫어하고 불쾌하게 여기는 공격적이고 적대적인 직장환경이나 학습환경에 대해 상담자가 알고 있거나 들었음
2. 그 행동이 발생한 맥락으로 볼 때 분별 있는 사람이라면 위협이라고 인식할 만큼 상당히 심하거나 강렬함

성적 위협은 강렬하거나 심한 행위 또는 지속적이고 광범위한 행위로 일어날 수 있다.

C.6.b. 제3자에게 보고

상담자는 법원, 건강보험회사, 평가보고서를 받는 사람, 그리고 기타 사람들을 포함하는 제3자에게 전문적 활동과 판단을 정확하고, 정직하고, 객관적으로 보고한다.

C.6.c. 미디어 발표

상담자가 대중 강의, 실연, 라디오나 TV 프로그램, 녹음테이프, 기술적 장비, 인쇄된 논문, 우편물 또는 다른 미디어 수단을 이용하여 충고나 의견을 제시할 때는 다음과 같은 사항에 대해 사전에 주의를 기울인다.

1. 자신의 진술이 상담 전문 이론과 실제에 근거한 것이다.
2. 자신의 진술이 ACA 윤리 규정과 일치한다.
3. 정보의 수혜자들로 하여금 전문적 상담관계가 이미 설정된 것처럼 여기게 해서는 안 된다.

C.6.d. 타인 착취

상담자는 전문적 관계를 이용하여 다른 사람을 착취해서는 안 된다.

C.6.e. 치료 모델의 과학적 근거

상담자는 이론에 기초하고 경험적 또는 과학적 근거를 가진 기법/절차/모델을 사용한다. 그렇지 않은 경우 상담자는 '증명되지 않은' 또는 '개발 중' 이라고 기법/절차를 정의해야 하고, 잠재적인 위험을 설명하고, 그러한 기법/절차를 사용하는 것의 윤리적 측면을 고려해야 하며, 내담자를 가능한 한 위험으로부터 보호하는 조치를 취해야 한다(A.4.a., E.5.c., E.5.d. 참고).

C.7. 다른 전문가에 대한 책임

C.7.a. 개인적인 공적 진술

공적인 상황에서 개인적인 진술을 할 때, 상담자는 다른 모든 상담자나 전문가 집단의 입장에서 말하는 것이 아니라 개인적인 관점에서 말한다는 것을 명확하게 해 둔다.

Section D: 다른 전문가들과의 관계

서문

전문 상담자는 동료와의 상호작용의 질이 내담자에게 제공되는 서비스의 질에 영향을 미칠 수 있다는 것을 인식하고 상담 분야 내외의 동료들에 대해 알기 위해 노력한다. 상담자는 상담 서비스를 향상하기 위해 동료들과 긍정적 작업관계와 의사소통 시스템을 구축한다.

D.1. 동료, 고용주, 고용인과의 관계

D.1.a. 다른 접근

상담자는 자신의 상담 접근 방식과 차이가 있는 다른 전문가의 접근 방식을 존중한다. 상담자는 함께 근무하는 다른 전문가 집단의 전통과 관례를 존중한다.

D.1.b. 관계 형성

상담자는 내담자에게 가장 좋은 서비스를 하기 위해 다른 학문 분야의 동료들과 학문 간 협력체계를 만들고 강화한다.

D.1.c. 학문 간 팀워크

내담자에게 다양한 서비스를 제공하는 학문 간 팀의 한 구성원으로서 상담자는 내담자에게 어떻게 최

상의 서비스를 제공할 것인지에 지속적으로 초점을 둔다. 그들은 상담 전문가로서 그리고 다른 학문 분야에 종사하는 동료의 관점, 가치, 경험을 활용하여 내담자의 복지에 영향을 미칠 수 있는 결정에 참여하고 기여한다(A.1.a. 참고).

D.1.d. 비밀보장

상담자가 법, 기관 정책 또는 특정 상황에 의해 법적 또는 행정적 소송에서 한 가지 이상의 역할 수행을 요구받게 되면 동료들과 함께 역할과 비밀보장의 한계를 명확하게 한다(B.1.c., B.1.d., B.2.c., B.2.d., B.3.b. 참고).

D.1.e. 전문적 그리고 윤리적 책무 확립

학문 간 팀의 한 구성원인 상담자는 그 팀 구성원 전체의 그리고 각 구성원의 전문적, 윤리적 책무가 무엇인지 분명하게 한다. 팀의 결정에 윤리적 문제가 제기되면 상담자는 우선 팀 내에서 그 문제를 해결하도록 시도한다. 팀 구성원 간에 해결책에 도달하지 못하면 상담자는 내담자의 복지에 부합하도록 그 문제를 해결할 수 있는 다른 길을 찾는다.

D.1.f. 직원 선발과 배치

상담자는 유능한 직원을 선발하고 그들의 기술과 경험에 적합한 책무를 부과한다.

D.1.g. 고용 정책

시설이나 기관에 취업하는 것은 상담자가 그 시설이나 기관의 전반적인 정책이나 원칙에 동의한다는 것을 의미한다. 상담자는 고용자와 내담자의 성장과 발전에 도움이 되는 방향으로 기관 정책을 변경하는 것이 허용되는 수용 가능한 관리 기준에 대해 합의할 수 있도록 노력한다.

D.1.h. 부정적 조건

상담자는 부적절한 정책과 실천에 대해 고용자에게 문제가 있음을 알린다. 상담자는 기관 내에서 건설적인 조치를 통해 그 정책이나 절차가 변화되도록 노력한다. 그 정책이 잠재적으로 내담자에게 파괴적이고 해가 된다면, 또는 제공되는 서비스의 효율성에 제한을 가하게 되고 변화가 일어날 수 없다면 상담자는 추가적으로 적절한 조치를 취한다. 그런 조치에는 적절한 자격과 인가, 또는 자격증 수여기관에의 의뢰, 그리고 고용관계를 끝내는 것이 포함될 수 있다.

D.1.i. 징계로부터의 보호

상담자는 책임감 있고 윤리적인 방식으로 부적절한 고용주 정책과 실천을 드러낸 피고용인을 위협하거나 해고하지 않도록 주의한다.

D.2. 자문

D.2.a. 자문가 능력

상담자는 자문을 제공할 때 자신이 적합한 자원과 역량을 가지고 있는지 확인한다. 상담자는 요청이 있을 경우에 적절한 의뢰 자원을 제공한다(C.2.a. 참고).

D.2.b. 피자문자 이해

자문을 제공하는 경우 상담자는 피자문자가 문제의 정의, 변화 목표, 개입에 따른 예상 결과에 대해 명확하게 이해할 수 있도록 노력한다.

D.2.c. 자문 목표

자문관계는 피자문자의 적응력과 자기주도적 성장을 지속적으로 장려하고 개발하도록 하는 것이다.

D.2.d. 자문에서의 사전동의

자문을 할 경우, 상담자는 서면이나 구두로 상담자와 피자문자의 권리와 책임에 대해 개관해 줄 의무가 있다. 상담자는 명확하고 이해 가능한 언어로 제공될 서비스의 목적, 비용, 잠재적 위험과 이익, 비밀보장의 한계에 대해 관련된 모든 사람들에게 알린다. 피자문자와 함께 작업하는 데 있어서 상담자는 문제에 대한 명확한 정의, 변화 목표, 피자문자의 요구에 문화적으로 부합되면서도 적합한 개입의 예상되는 결과를 추구하도록 한다(A.2.a., A.2.b. 참고).

Section E: 평가, 사정, 해석

서문

상담자는 상담 과정의 한 부분으로 사정도구를 사용하며, 내담자의 개인적, 문화적 상황을 고려한다. 상담자는 교육, 심리, 진로 사정도구를 개발하고 사용함으로써 내담자 개인과 내담자 집단의 복지를 적절하게 증진시킨다.

E.1. 일반

E.1.a. 사정

교육, 심리, 진로 사정의 주요 목적은 상대적 또는 절대적 용어로 타당하고 신뢰할 만한 측정치를 제공하는 것이다. 이것은 능력, 성격, 흥미, 지능, 성취, 수행 측정을 포함하지만 이것에 제한되지는 않는다. 상담자는 이 부분에 기술되어 있는 것을 양적, 질적 사정 모두에 적용하는 것으로 해석할 필요가 있다는 것을 인식한다.

E.1.b. 내담자 복지

상담자는 사정 결과와 해석을 오용하지 않는다. 그리고 다른 사람들이 이런 사정도구를 통해 얻은 정보를 오용하지 않도록 예방하기 위해 적절한 조치를 취한다. 상담자는 내담자에게 결과, 제시된 해석, 상담자의 결론과 추천의 근거를 알 권리가 있음을 존중한다.

E.2. 사정도구 사용과 해석 능력

E.2.a. 능력의 한계

상담자는 오로지 훈련받고 활용 가능한 검사와 사정 서비스에 대해서만 실시한다. 컴퓨터에 의해 지원을 받는 검사 해석을 사용하는 상담자는 컴퓨터에 기반을 둔 애플리케이션을 사용하기 이전에 측정되는 구인과 사용되는 특정 도구에 대해 훈련받아야 한다. 상담자는 자신의 슈퍼비전을 받는 사람들이 심리 및 진로 사정 기술을 적절히 사용하고 있는지를 확인하도록 한다(A.12. 참고).

E.2.b. 적절한 사용

상담자는 검사 채점과 해석을 상담자 자신이 하든지, 컴퓨터를 사용해서 하든지 혹은 다른 서비스를 사용하든지 상관없이 내담자의 요구에 적합한 사정도구를 적용하고, 채점하고, 해석하고, 활용하는 것에 대해 책임을 진다.

E.2.c. 결과에 근거한 결정

사정 결과에 근거하여 개인이나 정책에 관한 결정을 내릴 책임을 지고 있는 상담자는 타당도 기준, 사정 연구, 사정 개발과 활용지침을 포함하여 교육, 심리, 진로 측정에 대해 완전히 이해한다.

E.3. 사정에서의 사전동의

E.3.a. 내담자에게 설명

사정 전에 상담자는 사정의 특성과 목적, 잠재적 결과, 수령자의 결과 사용에 대해 구체적으로 설명한다. 예외가 명료하게 사전에 합의된 바가 없다면 내담자(또는 내담자를 대신할 합법적인 권한을 가진 사람)가 이해할 수 있는 언어로 설명한다. 상담자는 내담자의 개인적, 문화적 상황, 내담자의 결과 이해 정도, 결과가 내담자에게 미치는 영향을 고려한다(A.2., A.12.g., F.1.c. 참고).

E.3.b. 결과 수령자

상담자는 피검자의 복지, 명확한 이해, 사정 결과를 누가 수령할 것인지에 대한 결정에서 사전 합의를 하여야 한다. 상담자는 개인 또는 집단 사정 결과에 정확하고 적절한 해석을 포함시킨다.

E.4. 유자격자에게 자료 노출

내담자 신원이 적혀 있는 사정 자료는 내담자나 내담자의 법적 대리인의 동의가 있는 경우에만 공개한다. 그런 자료는 자료 해석에 자격이 있다고 상담자가 인정한 사람에게만 공개된다.

E.5. 정신장애 진단

E.5.a. 적절한 진단

상담자는 정신장애에 대해 적절한 진단을 하도록 특별한 주의를 기울인다. 상담자는 내담자 보살핌(예: 치료의 초점, 치료 유형, 추후상담 권유)을 결정하기 위해 사용되는 사정 기술(개인면담을 포함)을 신중하게 선택하고 적절하게 사용한다.

E.5.b. 문화적 감수성

상담자는 내담자의 문제를 규정하는 방식에 문화가 영향을 미친다는 점을 인식한다. 정신장애를 진단할 때 내담자의 사회경제적 경험과 문화적 경험을 고려한다(A.2.c. 참고).

E.5.c. 정신병리 진단에서 역사적, 사회적 편견

상담자는 특정 개인이나 집단에 대해 오진을 내려 정신병리화하는 역사적, 문화적 편견을 가질 수 있다는 점과 이런 편견을 지속시키는 데 역할을 할 수 있다는 것을 인식한다.

E.5.d. 진단 자제

상담자는 내담자나 타인에게 해를 끼칠 수 있다는 확신이 있는 경우에는 진단을 자제하거나 보고하는 것을 자제할 수 있다.

E.6. 도구 선택

E.6.a. 도구의 적절성

상담자가 도구를 선택할 때 도구의 타당도, 신뢰도, 심리측정의 한계, 적절성을 신중하게 고려한다.

E.6.b. 의뢰 정보

내담자 평가를 위해 제3자에게 내담자를 의뢰할 때, 상담자는 적절한 평가도구가 사용될 수 있도록 내담자를 의뢰하는 구체적인 문제와 객관적 자료를 충분히 제공한다(A.9.b., B.3 참고).

E.6.c. 문화적 차이

상담자는 문화적으로 다른 집단을 위한 사정도구를 선택할 경우 그런 내담자 집단에 적절하지 않은 도구를 사용하지 않도록 주의한다(A.2.c., E.5.b. 참고).

E.7. 사정 실시 조건

E.7.a. 실시 조건

상담자는 표준화 과정에서 설정된 것과 동일한 조건하에 사정을 실시한다. 장애가 있는 내담자에게 적용하는 상황과 같이 표준화된 조건하에 사정을 실시할 수 없는 경우, 또는 사정 실시 중 특이행동이나 부정행위 발생 시, 이를 사정 해석 부분에 언급해서 사정 결과의 타당성 결여 또는 타당성에 문제가 있음을 명시해야 한다.

E.7.b. 공업적(기계적) 실시

공학적 방법들이 사정 실시에 사용될 때 상담자는 실시 프로그램이 잘 기능하고 내담자에게 정확한 결과를 제공하는지 확인한다.

E.7.c. 슈퍼비전을 받지 않는 사정

사정도구를 스스로 실시하고 채점하도록 설계되고 타당화되지 않는 한 상담자는 슈퍼비전 없이 사정도구를 사용하지 않는다.

E.7.d. 양호한 조건 공개

상담자는 사정 실시 전에 가장 양호한 사정 결과를 가져오는 조건들을 대상자에게 알린다.

E.8. 사정에서의 문화적 쟁점/다양성

상담자는 내담자가 속한 집단과 다른 집단을 대상으로 규준이 만들어진 사정도구를 사용할 때는 신중을 기한다. 상담자는 연령, 피부색, 문화, 장애, 집단, 성, 인종, 언어, 종교, 영성, 성적 지향성, 사회경제적 지위가 검사 실시와 해석에 영향을 미친다는 것을 인식하고, 다른 관련된 요인들을 고려하여 적절하게 검사 결과를 해석한다(A.2.c., E.5.b. 참고).

E.9. 채점 및 해석

E.9.a. 보고서 작성

결과를 보고할 때 상담자는 사정 상황이나 검사받은 사람의 규준이 부적합하기 때문에 발생할 수 있는 타당도와 신뢰도에서의 제한점을 명시한다.

E.9.b. 연구도구

상담자는 응답자의 결과를 충분히 지지해 주는 자료를 가지고 있지 않은 연구도구를 사용하고 해석할 때는 주의를 기울인다. 그런 도구를 사용한 특별한 목적에 대하여 피검자에게 알린다.

E.9.c. 사정 서비스

사정 절차를 지원하기 위해 채점과 해석 서비스를 제공하는 상담자는 해석에 대한 타당도를 확인시켜준다. 상담자는 목적, 규준, 타당도, 신뢰도, 적용에 대해, 그리고 사용에 적용되는 어떤 특별한 자격 조건에 대해 정확하게 기술한다. 자동화된 검사 해석 서비스를 공적으로 제공하는 것은 전문가에 대한 자문으로 여겨진다. 자문가의 공식적인 책임은 피자문가에게 있으나, 궁극적이고 보다 우위에 두고 고려해야 하는 것은 내담자다.

E.10. 보안

상담자는 검사와 다른 사정도구들이 법과 계약 의무에 맞도록 정직성과 보안을 유지한다. 상담자는 출판자의 승인이나 허락 없이 출판된 사정도구나 그 일부를 복사하거나 수정하지 않는다.

E.11. 오래된 검사 결과

상담자는 현재 문제를 다루기 위해 시기가 지난 자료나 결과를 사용하지 않는다. 상담자는 다른 사람의 시기가 지난 측정이나 사정 자료를 오용하지 않도록 주의한다.

E.12. 제작

상담자는 교육과 심리 사정도구를 개발하고, 출판하고, 사용하기 위해 확증된 과학적 절차, 적합한 기준, 사정에 대한 최신의 전문 지식을 사용한다.

E.13. 법적 소송 절차를 위한 평가

E.13.a. 1차적 책무

법정 평가를 제공할 때, 상담자의 1차적 책무는 객관적 조사 결과를 제시하는 것이다. 객관적 조사 결과는 그 개인을 조사하거나 기록을 검토하는 것을 포함한 평가에 적합한 정보와 기법에 근거해서 입증될 수 있는 것이어야 한다. 상담자는 자신의 전문적 지식과 평가를 통해 수집된 자료들에 의해 지지받을 수 있는 전문적 의견을 제시할 권한을 가진다. 그러나 개인을 조사하는 것이 아직 수행 전일 때는 보고서 제출이나 증언에 한계가 있음을 밝힌다.

E.13.b. 평가에의 동의

평가받는 개인에게 상담자는 만남의 목적이 평가를 위한 것이지 상담이 아니며, 평가보고서를 받을 대상이나 개인의 신분이 밝혀져 있다는 것에 대한 정보를 서면으로 제공한다. 법정 명령으로 인해 평가받는 개인의 서면 동의 없이도 이루어지는 것이 아니라면…… 아동이나 취약한 성인이 평가받을 때는 서면으로 된 사전 동의서를 부모나 보호자로부터 받는다.

E.13.c. 금지된 내담자 평가

상담자는 현재 상담 중이거나 과거에 상담했던 개인을 법적 활용을 목적으로 평가하지 않는다. 상담자는 법적 목적으로 현재 평가 중이거나 과거에 평가했던 개인을 내담자로 받아들이지 않는다.

E.13.d. 잠재적 위험이 있는 관계 피하기

법정 평가를 제공하는 상담자는 현재 평가 중이거나 과거에 평가했던 개인의 가족, 연인, 친구와 잠재적 위험성이 있는 전문적, 개인적 관계를 피한다.

Section F: 슈퍼비전, 훈련, 교육

서문

상담자는 수련자 및 학생과 의미 있고 전문적인 관계를 형성하면서도 적절한 선을 유지하여야 한다. 상담자는 자신의 업무에 대해 이론적이고 교육적인 기초를 가져야 하며, 훈련 중인 상담자를 공정하고, 정확하고, 정직하게 평가하고자 노력한다.

F.1. 상담자 슈퍼비전과 내담자 복지

F.1.a. 내담자 복지

상담 슈퍼바이저의 주요 임무는 다른 상담자 또는 훈련 중인 상담자가 제공하는 서비스를 점검하는 것이다. 슈퍼바이저는 내담자의 안녕과 수련자의 임상 수행 및 전문적 발달을 점검한다. 이런 임무를 완수하기 위해서 슈퍼바이저는 사례 노트 점검, 임상 실습 사례, 실제 상담 관찰을 하기 위해 정기적으로 상담자를 만난다. 수련받는 상담자는 ACA 윤리 규정을 이해하고 따라야 할 책임을 가진다.

F.1.b. 상담자 자격

슈퍼바이저는 상담 서비스를 제공하는 상담자의 자격을 내담자가 확실히 알 수 있도록 한다(A.2.b. 참고).

F1.c. 사전동의와 내담자 권리

슈퍼바이저는 수련받는 상담자가 내담자의 사생활 보호와 비밀보장을 포함한 내담자의 권리를 알고 있도록 한다. 상담자는 내담자에게 전문적 슈퍼비전에 대한 정보를 제공하고, 슈퍼비전 과정이 어떻게 비밀보장 한계에 영향을 주는지 알린다. 상담자는 내담자에게 누가 상담관계 기록에 접근할 수 있는지를 알게 하고, 이런 기록들이 어떻게 사용될 것인지에 대해서도 알린다(A.2.b., B.1.d. 참고).

F.2. 상담자 슈퍼비전 역량

F.2.a. 슈퍼바이저 준비하기

슈퍼비전을 제공하기 전에 상담자는 슈퍼비전 방법과 기법에 대해 훈련을 받는다. 슈퍼비전을 제공하는 상담자는 상담과 슈퍼비전에 대한 주제와 기술을 포함한 지속적 교육 활동에 정기적으로 참여한다(C.2.a., C.2.f. 참고).

F.2.b. 슈퍼비전에서의 다문화 쟁점/다양성

슈퍼바이저는 슈퍼비전 관계에서의 다문화/다양성을 인식하고 다룬다.

F.3. 슈퍼비전 관계

F.3.a. 슈퍼바이지와의 관계

슈퍼바이저는 슈퍼바이지와의 윤리적, 전문적, 개인적, 사회적 관계를 명확하게 정의하고 유지한다. 슈퍼바이저는 현재의 슈퍼바이지와 비전문적 관계를 맺는 것을 피한다. 만약 슈퍼바이저가 슈퍼바이지와 다른 전문적 관계(예: 임상적, 행정적 슈퍼바이저 및 교수)를 맺어야만 한다면 잠재적인 갈등을 최소화하기 위해 노력하며, 슈퍼바이지에게 각 역할에 따르는 기대와 책임에 대해 설명한다. 슈퍼바이저는 슈퍼비전 관계를 손상할 수 있는 어떤 형태의 비전문적 상호작용도 시작하지 않는다.

F.2.b. 성관계

현재의 슈퍼바이지와 성적 또는 로맨틱한 상호작용이나 관계는 금지된다.

F.3.c. 성폭력

슈퍼바이저는 슈퍼바이지에게 성적 위협을 가하거나 묵과하지 않는다(C.6.a. 참고).

F.3.d. 가까운 친척 및 친구

슈퍼바이저는 가까운 친척, 연인, 친구를 슈퍼바이지로 받는 것을 피한다.

F.3.e. 잠재적으로 이익이 되는 관계

슈퍼바이저는 슈퍼바이지와의 관계에서 권력의 영향을 인식한다. 만약 슈퍼바이지와 비전문적 관계가 슈퍼바이지에게 잠재적으로 이익이 될 것으로 보이면 상담자가 내담자와 작업할 때처럼 사전에 조치를 취한다. 잠재적으로 이익이 될 수 있는 상호작용이나 관계는 공식적인 행사 참여, 병원 방문, 스트레스 받는 상황에서의 지지, 전문 학술단체 및 지역사회 조직에 회원으로 가입하는 것이 포함된다. 슈퍼바이저는 임상과 행정적 슈퍼바이저로서의 역할을 벗어나게 될 때 슈퍼바이지와 공식적으로 논의한다. 비전문적 관계를 시작하기 전에 슈퍼바이저는 그러한 상호작용이 필요한 합리적 근거, 잠재적 이익이나 손해, 그리고 슈퍼바이저에게 기대되는 것에 대해 슈퍼바이지와 의논하고 기록해 놓는다. 슈퍼바이저는 추가적인 역할이 있을 경우에 슈퍼바이지와 그 역할의 구체적인 성격과 한계를 명확히 논의한다.

F.4. 슈퍼바이저의 책임

F.4.a. 슈퍼비전에 대한 사전동의

슈퍼바이저는 사전동의를 구하고, 참여 원칙을 슈퍼비전에 반영할 책임이 있다. 슈퍼바이저는 그가 따르는 정책, 슈퍼비전 절차, 슈퍼바이지의 정당한 항의 정책에 대해 알린다.

F.4.b. 응급상황과 부재

슈퍼바이저는 슈퍼바이지가 연락할 수 있는 절차를 만들어 알려 주고, 부재 시 위기상황을 다룰 수 있는 다른 슈퍼바이저의 연락처를 알려 준다.

F.4.c. 슈퍼바이지를 위한 기준

슈퍼바이저는 슈퍼바이지에게 전문적, 윤리적 기준과 법적 책임에 대해 알려 준다. 학위를 마친 상담자의 슈퍼바이저는 상담자가 전문적인 실천 기준을 지키도록 독려한다(C.1. 참고).

F.4.d. 슈퍼비전 관계 종결

슈퍼바이저나 슈퍼바이지는 슈퍼비전 관계 종결 시 사전에 종결을 예고하고, 종결하는 이유를 상대방에게 알린다. 문화적, 임상적, 전문적 문제가 슈퍼비전 관계를 지속하는 데 있어서 핵심적인 쟁점이 될 경우, 양쪽 모두 이런 차이를 극복하기 위해 노력한다. 종결이 결정되면 슈퍼바이저는 가능한 한 다른 슈퍼바이저에게 슈퍼바이지를 의뢰한다.

F.5. 슈퍼비전 평가, 개선, 인증

F.5.a. 평가

슈퍼바이저는 지속적인 수행 평가와 평가 결과를 문서화하여 제공하며, 슈퍼비전 관계를 갖는 동안 정기적인 공식 평가 회기 일정을 사전에 계획한다.

F.5.b. 한계

지속적인 평가를 통해 슈퍼바이저는 슈퍼비전을 방해할 수 있는 슈퍼바이지의 한계에 대해 인식한다. 슈퍼바이저는 필요한 경우 슈퍼바이지에게 교정적 지원을 제공한다. 만약 슈퍼바이지가 전문 서비스 제공에 어려움이 있을 때는 훈련 프로그램, 상담상황 적용, 전문가 자격과정을 그만두도록 권유한다. 슈퍼바이저는 슈퍼바이지가 그만두거나 도움을 받도록 의뢰하는 결정에 대해 자문을 구하고 문서로 남긴다. 슈퍼바이저는 슈퍼바이지가 그런 결정을 할 수 있는 어떤 선택사항들이 있는지 알려 준다(C.2.g. 참고).

F.5.c. 슈퍼바이지에 대한 상담

슈퍼바이지가 상담을 요청하는 경우 슈퍼바이저는 다른 곳에 상담을 의뢰한다. 슈퍼바이저는 슈퍼바이지에게 상담을 제공하지 않는다. 슈퍼바이저는 이런 문제가 내담자, 슈퍼비전 관계, 전문적 기능에 미치는 영향 측면에서 대인관계 능력 문제를 다룬다(F.3.a. 참고).

F.5.d. 인증

슈퍼바이저는 슈퍼바이지가 인증을 받을 만큼 자격을 갖췄다고 믿을 때만 증명서, 자격증, 고용, 학위 또는 훈련 프로그램 수료에 대해 인증해 준다. 자질에도 불구하고 슈퍼바이지가 인증과 관련된 임무 수행을 제대로 할 수 없을 만큼 문제가 있다고 판단되면 슈퍼바이저는 슈퍼바이지를 인증해 주지 않는다.

F.6. 상담자 교육에서의 책임

F.6.a. 상담 교육자

교육 프로그램 개발, 실시, 슈퍼비전 책임을 맡은 상담 교육자는 교사로서 그리고 상담자로서 유능한 사람이어야 한다. 상담 교육자는 전문가의 윤리적, 법적, 규율적인 측면에 대해 알고 있으며, 그 지식을 적용하는 데 능숙하고, 학생과 수련생이 그들의 책임을 인지하도록 돕는다. 상담 교육자는 상담자 교육과 훈련 프로그램을 윤리에 맞게 수행하며 전문가로서 역할 모델이 된다(C.1., C.2.a., C.2.c. 참고).

F.6.b. 다문화/다양성

상담 교육자는 전문적인 상담자 발달을 위해 다문화/다양성과 관련된 자료를 모든 교육과정과 워크숍 등에 포함시킨다.

F.6.c. 연구와 상담 실제의 통합

상담 교육자는 학술적인 연구와 슈퍼비전의 상담 실천을 통합하여 교육과 훈련 프로그램을 개설한다.

F.6.d. 윤리

상담 교육자는 학생과 수련자가 전문가의 윤리적 책임과 기준, 전문가로서 윤리적 책임에 대해 알도록 한다. 상담 교육자는 교육과정 전반에 걸쳐 윤리적으로 고려해야 하는 사항들을 포함시킨다(C.1. 참고).

F.6.e. 동료관계

상담 교육자는 학생이나 수련자가 집단상담을 이끌거나 슈퍼비전을 제공할 때 동료들의 권리가 손상되지 않도록 모든 노력을 기울인다. 상담 교육자는 학생과 수련자가 상담 교육자, 훈련자, 슈퍼바이저와 동일한 윤리적 의무를 가진다는 것을 이해하도록 조치한다.

F.6.f. 혁신적 이론과 기법

상담 교육자가 아직 경험적 근거를 갖고 있지 않거나 충분한 이론적 근거를 갖고 있지 않은 혁신적인 상담 기법 또는 절차를 가르칠 때나 그 상담 기법 또는 절차를 '증명되지 않은' 또는 '개발 중인 것'임을 분명히 밝히고, 학생들에게 그 기법이나 절차를 사용하는 것의 잠재적 위험과 윤리적으로 고려해야 하는 사항들에 대해 설명한다.

F.6.g. 현장 배치

상담 교육자는 훈련 프로그램의 일환으로 현장 배치와 다른 임상 경험에 관한 명확한 정책을 세운다. 상담 교육자는 학생, 수련생, 현장 슈퍼바이저, 프로그램 슈퍼바이저에게 명확하게 진술된 역할과 책임을 부여한다. 상담 교육자는 현장 슈퍼바이저가 슈퍼비전을 제공할 만한 자격이 있는지를 확인하고, 현장 슈퍼바이저에게 이 역할에 따른 전문적, 윤리적 책임이 무엇인지 알린다.

F.6.h. 전문가 공개

상담 서비스를 시작하기 전에 훈련 중인 상담자는 학생 신분임을 밝히고, 이런 상태가 비밀보장의 한계에 어떠한 영향을 미치는지 설명한다. 상담 교육자는 훈련생이 배치된 현장에서 내담자에게 제공되는 서비스와 그 서비스를 제공하는 학생, 수련생의 자격을 내담자에게 확실히 알리도록 한다. 학생, 수련생은 훈련과정 중에 형성된 상담관계에 대한 정보를 사용하기 전에 내담자의 허락을 받는다(A.2.b. 참고).

F.7. 상담자 교육에서의 책임

F.7.a. 오리엔테이션

상담 교육자는 오리엔테이션이 학생의 교육적, 임상적 훈련 내내 지속되는 발달과정이라는 것을 인식한다. 상담 교수진은 예비 학생에게 다음과 같이 상담자 교육 프로그램에서 기대하는 바를 알려 준다.

1. 성공적인 훈련 수료에 필요한 기술 및 지식의 유형과 수준
2. 프로그램의 훈련 목적, 목표, 임무, 이수 교과목
3. 평가 원칙
4. 훈련과정의 일부로서 자기성장과 자기개방을 장려하는 훈련 요소
5. 슈퍼비전 상황 유형과 필요로 하는 임상 현장 경험을 위한 장소 요건

6. 학생, 수련자 평가와 퇴학 정책과 절차
7. 졸업 후 최근 취업 전망

F.7.b. 자기성장 경험

상담교육 프로그램은 입학이나 프로그램 안내 자료집에 자기개방이나 자기성장 경험을 위한 필수요건들에 대해 기술한다. 상담 교육자는 학생이나 수련자의 자기성장과 자기개방을 요구하는 훈련경험을 설계할 때 전문적으로 판단한다. 주요 역할이 교사, 훈련자, 슈퍼바이저인 상담자가 전문성에 대한 윤리적 의무를 다하는 것이 요구될 때, 상담 교육자는 학생이나 수련자에게 자기개방 가져올 수도 있는 결과에 대해 알게 한다. 경험에 의거한 훈련 경험에 대한 평가 요소는 학생의 자기개방 수준에 따르는 것이 아닌 별도로 미리 결정된 학업 기준을 명확하게 기술한다. 상담 교육자는 훈련받는 사람들에게 그들의 역량에 영향을 미칠 수도 있는 개인적 문제를 해결하기 위해 전문적인 도움을 받도록 요구할 수도 있다.

F.8. 학생의 책임

F.8.a. 학생을 위한 기준

훈련 중인 상담자는 ACA 윤리 규정을 이해하고 따를 책임이 있으며, 기관이나 배치된 상담실에서 전문적인 직원의 근무 행위를 다루는 관련 법, 규제 정책, 규율을 준수한다. 학생들은 전문적인 상담자에게 요구되는 것과 똑같은 의무를 내담자들에게 가진다(C.1., H.1. 참고).

F.8.b. 능력 상실

훈련 중인 상담자는 자신의 신체적, 정신적, 정서적 문제가 내담자나 다른 사람들에게 해를 끼칠 것 같은 경우에는 상담 서비스를 제안하거나 제공하는 것을 삼간다. 그들은 능력 상실 신호에 경계를 늦추지 않으면서, 문제에 대한 도움을 요청하고, 서비스를 효율적으로 제공할 수 없다는 것을 알게 될 때는 프로그램 슈퍼바이저에게 알린다. 이와 함께 다른 사람에게 서비스를 제공할 능력을 방해하는 문제를 개선하기 위한 적절한 전문적 서비스를 스스로 찾는다(A.1., C.2.d., C.2.g. 참고).

F.9. 학생 평가 및 개선

F.9.a. 평가

상담자는 학생들에게 훈련 프로그램 시작 전이나 진행되는 내내 기대되는 역량의 수준, 평가 방법, 교과수업과 임상에서의 역량 평가 시간에 대해 명확하게 알려 준다. 상담 교육자는 훈련 프로그램이 지속되는 동안 학생들의 수행을 계속적으로 평가하고 그 평가 결과를 학생들에게 제공한다.

F.9.b. 한계

상담 교육자는 지속적인 평가와 사정을 통해 학생들이 상담 역량을 성취하는 데 수행을 방해할 수 있는 무능함에 대해 인식하고 다룬다. 상담 교육자는

1. 필요한 경우 학생에게 보충적인 지원을 받도록 도와준다.
2. 학생을 퇴학시키거나 원조를 받도록 의뢰하는 결정에 대해 전문적인 자문을 구하고 문서화한다.
3. 학생에게 원조를 받거나 퇴학하도록 요청한 결정을 거두어 달라는 소구권이 시의적절하게 사용될 수 있도록 하고, 기관 정책이나 절차에 따른 정당한 절차를 학생에게 제공한다(C.2.g. 참고).

F.9.c. 학생을 대상으로 한 상담

학생이 상담을 요청하거나 상담 서비스가 개선 절차의 한 부분으로 필요한 경우 상담 교육자는 적절하게 의뢰한다.

F.10. 상담 교육자와 학생 간의 역할 및 관계

F.10.a. 성관계 또는 낭만적 관계

현 학생과의 성관계 또는 낭만적 관계는 금지된다.

F.10.b. 성적 위협

상담 교육자는 학생에게 성적 위협을 가하거나 묵과하지 않는다(C.6.a. 참고).

F.10.c. 이전 학생과의 관계

상담 교육자는 교수진과 학생 간의 관계에 힘의 차이가 있다는 것을 인식한다. 교수진은 이전 학생들과 사회적, 성적 또는 다른 친밀한 관계를 시작할 때는 개방적으로 논의한다. 교수진은 이전 관계가 관계변화에 영향을 줄 수 있다는 점에 대해 이전 학생과 함께 논의한다.

F.10.d. 비전문적 관계

상담 교육자는 학생에게 잠재적인 위험 요소가 있거나 훈련 경험이나 부과된 평점에 손상을 줄 수도 있는 학생과 비전문적 또는 지속적인 전문적 관계 유지를 피한다. 또한 상담 교육자는 학생이나 수련자를 배치한 것에 대해 그 상담소로부터 어떤 형태의 전문적인 서비스나 사례, 수수료, 배상, 보상 등을 받지 않는다.

F.10.e. 상담 서비스

상담 교육자는 훈련 경험과 관련된 간단한 역할이 아니라면 현재의 학생에게 상담자로서 서비스를 제공하지 않는다.

F.10.f. 잠재적인 이익관계

상담 교육자는 교수진과 학생 사이에 힘의 차이가 있음을 인식한다. 만약 학생과의 비전문적 관계가 학생에게 잠재적으로 이익이 된다고 믿으면 상담자가 내담자와 작업할 때처럼 사전에 조치를 취한다. 잠재적으로 이익이 될 수 있는 상호작용이나 관계는 공식적인 행사 참여, 병원 방문, 스트레스 받는 일이 있을 때 지지 제공, 전문 학술단체/조직/지역사회에서의 회원 가입이 포함된다. 상담 교육자는 교사나 수련감독자로서의 역할에서 벗어난 관계를 시작하려고 할 때는 학생과 공개적으로 논의한다. 상담 교육자는 그런 상호작용을 해야 하는 합당한 근거, 잠재적 이익과 약점, 그리고 학생에게 기대되는 결과에 대해 학생과 논의한다. 교육자는 비전문적인 관계를 시작하기 이전에 학생과 가지게 될 추가적인 역할의 구체적 성격과 한계를 명확히 한다. 학생과의 비전문적 관계는 한시적이어야 하며 학생의 동의하에 시작하여야 한다.

F.11. 상담자 교육 및 훈련 프로그램에서의 다문화/다양성 역량

F.11.a. 다양한 교수진

상담 교육자는 다양한 교수진을 신규로 초빙하고 유지하기 위해 노력한다.

F.11.b. 다양한 학생

상담 교육자는 다양한 학생을 신입생으로 모집하고 유지하기 위해 적극적으로 노력한다. 상담 교육자는 학생들이 훈련 경험에 가져오는 다양한 문화와 능력의 유형들을 인식하고 그것들에 가치를 부여함으로써 다문화/다양성에 대한 유능함을 가지게 한다. 상담 교육자는 다양한 학생의 안녕과 학업 수행을 돕기 위해 적절한 편의를 제공한다.

F.11.c. 다문화/다양성 역량

상담 교육자는 훈련이나 슈퍼비전에 다문화/다양성 역량 증진을 위한 내용을 적극적으로 포함시킨다. 상담 교육자는 학생들이 다문화 상담에 있어서의 유능함에 대한 인식, 지식, 기술을 습득할 수 있도록 적극적으로 훈련시킨다. 상담 교육자는 다양한 문화적 관점을 조성하고 표현할 수 있는 사례의 예, 역할극, 토의 문제, 다른 활동들을 포함시킨다.

Section G: 연구 및 출판

서문

연구를 수행하는 상담자는 전문가의 지식 기반에 기여하고, 건강하고 더 정의로운 사회로 인도하는 환경에 대한 보다 더 명확한 이해를 촉진시키기 위해 노력해야 한다. 상담자는 가능한 한 충분히 그리고 기꺼이 그런 활동에 참여함으로써 연구자의 활동을 지원한다. 상담자는 연구 프로그램을 설계하고 실시하는 데 있어서 편향을 최소화하고 다양성을 존중한다.

G.1. 연구 책임

G.1.a. 사람을 대상으로 연구

상담자는 사람을 대상으로 연구를 하고자 할 때 윤리 원칙, 법, 기관지침, 과학적 기준에 합당한 방식으로 연구를 계획하고, 설계하고, 실행하고, 보고한다.

G.1.b. 표준 절차로부터 이탈

연구 주제가 표준이 되는 또는 수용 가능한 절차로부터 벗어날 우려가 있는 경우에는 연구 참여자들의 권리를 보호하기 위해 자문을 구하고 엄중한 안전장치를 마련한다.

G.1.c. 독자적 연구자

독자적 연구자가 심사위원회(Institutional Review Board: IRB)를 거치지 못할 때는 적절한 안전장치를 제공하는 IRB 절차에 친숙한 연구자에게 자문을 구해야 한다.

G.1.d. 피해 방지를 위한 사전 조치

사람을 대상으로 연구를 수행하는 상담자는 연구 과정 내내 참여자의 안녕에 책임을 져야 하며, 참여자에게 심리적, 정서적, 신체적, 사회적으로 피해가 갈 수 있는 영향력을 피하기 위해 합당한 사전 조치를 취해야 한다.

G.1.e. 책임연구자의 책무

윤리적 연구 수행에 대한 궁극적 책임은 책임연구자에게 있다. 연구에 참여하는 다른 모든 사람은 윤리적 책임을 공유하며 각자의 행동에 대해 책임을 진다.

G.1.f. 간섭 최소화

상담자는 연구 참여 때문에 연구 참여자의 삶에 혼란이 일어나지 않도록 합당한 사전 조치를 취한다.

G.1.g. 연구에서 다문화/다양성 고려

연구 목적에 적합하다면 상담자는 문화적 특성을 고려하여 연구 절차를 구체화하는 데 민감하여야 하며, 필요하다면 자문을 구해야 한다.

G.2. 연구 참여자의 권리

G.2.a. 사전동의

개인은 연구 참여자가 되는 것에 동의할 권리를 가진다. 이런 동의를 얻기 위해 상담자는 다음과 같은 것에 유의한다.

1. 연구 목적과 수반되는 절차를 정확하게 설명한다.
2. 실험적이거나 아직 시도해 보지 않았던 어떤 절차가 있다면 분명히 밝힌다.
3. 참여에 따르는 불편함과 위험에 대해 알린다.
4. 합리적으로 예상할 수 있는 개인이나 조직의 어떤 이득이나 변화가 있다면 설명한다.
5. 참여자에게 유리한 적합한 대안 절차를 알린다.
6. 절차에 관련된 질문에 응답한다.
7. 비밀보장의 한계에 대해 설명한다.
8. 연구 결과를 알릴 형식과 잠재적 대상에 대해 설명한다.
9. 참여자가 자신의 동의를 철회하고 싶으면 언제든지 어떤 불이익 없이 철회할 수 있고, 프로젝트에 참가하는 것을 중단할 수 있음을 알린다.

G.2.b. 속임수

상담자는 대안 절차가 실현 가능하지 않은 것이 아니고 기대되는 연구의 가치가 속임수를 방법으로 선택하는 것이 아닌 한 속임수가 포함된 연구를 수행하지 않는다. 그런 속임수는 연구 참여자에게 신체적, 정서적으로 피해를 입힐 가능성이 있으며, 기대되는 가치에도 불구하고 연구자는 그 연구를 수행하지 않는다. 연구의 방법론적 필수요건에 은폐나 속임수가 필요한 경우에는 연구자가 가능하면 빨리 실험에 대해 말해 주는 동안 이렇게 하는 이유에 대해 설명한다.

G.2.c. 학생/수련생 참여

학생이나 슈퍼비전을 받는 사람이 연구자로 포함된 경우, 연구자는 그들에게 연구 활동 참여 여부에 대한 결정이 학업 성적이나 슈퍼비전 관계에 영향을 미치지 않는다는 것을 분명히 알린다.

G.2.d. 내담자 참여

내담자를 포함시키는 연구를 수행하는 상담자는 사전동의 절차에서 내담자가 연구 활동에 참여할 것인지에 대해 자유롭게 선택할 수 있다는 점을 명확하게 한다. 상담자는 참여 거절이나 철회에 따라 내담자가 불리한 영향을 받지 않도록 보호하기 위해 필요한 사전 조치를 취한다.

G.2.e. 비밀보장

연구 과정에서 연구 참여자에 대해 획득한 정보는 비밀로 유지한다. 다른 사람들이 그 정보를 얻을 가능성이 있는 경우, 윤리적인 연구 실행이 되기 위해서는 참여자들에게 사전동의를 얻는 절차의 하나로서 그런 가능성과 더불어 비밀을 보장해 주기 위한 계획을 반드시 설명한다.

G.2.f. 사전동의를 할 수 없는 사람

사전동의를 제공할 수 없는 사람인 경우, 상담자는 법적인 권한을 가진 사람에게 적절한 설명을 하고 참여에 대한 동의를 얻는다.

G.2.g. 참여자에 대한 의무

상담자는 연구 참여자들에게 의무를 다하기 위한 합당한 조치를 취한다.

G.2.h. 자료 수집 후의 설명

자료가 수집된 후 상담자는 연구에 대해 참여자들이 가질 수 있는 오해를 제거하기 위해 연구의 특성을 명확하게 설명한다. 과학적 가치나 인간적 가치로 인해 정보를 지연하거나 보류하는 것이 정당할 경우, 상담자는 해를 입히지 않도록 합당한 조치를 취한다.

G.2.i. 후원자에게 알리기

상담자는 연구 절차와 결과에 대해 후원자, 기관, 출판 채널에 알린다. 상담자는 적합한 사람과 당국이 적절한 정보와 감사를 받도록 한다.

G.2.j. 연구 문서와 기록 파기

학술 프로젝트나 연구가 완료되면 합당한 기간 내에 상담자는 연구 참여자의 신원을 확인할 수 있는 비밀 자료나 정보가 포함된 기록이나 문서(오디오, 비디오, 디지털, 인쇄물)를 파기하는 조치를 취한다. 기록이 예술적인 성격의 것이라면 연구자는 그 기록이나 문서를 다루는 것에 대한 참여자의 동의를 얻는다(B.4.a., B.4.g. 참고).

G.3. 연구 참여자와의 관계(연구가 집중적이고 광범위한 상호작용을 포함하는 경우)

G.3.a. 비전문적 관계

연구 참여자와의 비전문적 관계는 금지된다.

G.3.b. 연구 참여자와의 관계

현재 연구 참여자와 성적 또는 낭만적 상호작용이나 관계를 가지는 것은 금지된다.

G.3.c. 성적 위협과 연구 참여자

연구자는 연구 참여자에게 성적 위협을 가하거나 묵과하지 않는다.

G.3.d. 잠재적으로 이익이 되는 상호작용

연구자와 연구 참여자 간의 비전문적 상호작용이 잠재적으로 이익이 될 수도 있을 때는 연구자가 그런 상호작용을 시작하기 전에 상호작용을 해야 하는 합당한 근거, 잠재적 이익, 기대되는 결과에 대해 문서로 작성해야 한다. 그런 상호작용을 시작할 때는 연구 참여자의 적절한 동의가 있어야 한다. 비전문적 상호작용으로 인해 연구 참여자에게 의도하지 않은 해를 입히게 되면 연구자는 그런 해를 제거하기 위해 노력하였다는 증거를 보여 주어야 한다.

G.4. 결과 보고

G.4.a. 정확한 결과

상담자는 연구를 정확하게 계획하고, 수행하고, 보고한다. 상담자는 연구 자료의 한계와 대안적인 가설에 대해 충분한 논의를 제공한다. 상담자는 오해의 소지가 있거나 속임수가 들어 있는 연구, 자료 왜곡, 허위 자료, 결과의 고의적 편향에 관여하지 않는다. 연구자가 알게 된 연구 결과나 자료 해석에 영향을 미칠 수 있는 모든 변인과 조건을 분명하게 언급한다. 결과가 어느 정도 다양한 집단에 적용 가능할지에 대한 범위를 기술한다.

G.4.b. 불리한 결과 보고의 의무

상담자는 전문적으로 가치가 있다고 판단되는 연구 결과는 무엇이든지 보고한다. 기관, 프로그램, 서비스, 유력한 의견, 기득권에 불리한 영향을 줄 연구 결과도 보고한다.

G.4.c. 오류 보고하기

상담자는 출판된 연구에서 중대한 오류를 발견하면 정오표나 다른 적절한 출판 수단을 통해 그 오류를 수정하는 합당한 조치를 취한다.

G.4.d. 참여자 신분

자료를 제공하고 다른 사람의 연구에서 보조하거나, 연구 결과를 보고하거나 또는 원자료를 이용 가능하게 만든 상담자는 참여자로부터 특별한 권한을 위임받지 않은 경우 참여자의 신분을 감추기 위한 합당한 조치를 취한다. 참여자가 연구에 참여하였다는 것을 스스로 드러낸 경우 연구자는 참여자의 신분과 복지를 보호하기 위해 자료를 각색, 변형하고 연구 결과에 대한 논의가 참여자에게 해를 끼치지 않도록 적극적인 조치를 취한다.

G.4.e. 반복 연구

상담자는 반복 연구를 원하는 자격 있는 전문가에게 연구의 원자료를 충분히 이용할 수 있도록 해 줄 의무가 있다.

G.5. 출판

G.5.a. 기여도 인정

연구를 수행하고 보고할 때, 상담자는 그 주제에 대한 선행 작업에 대해 잘 알고 인정하며, 저작권법을 준수하고, 공로를 인정받아야 할 사람의 공로를 충분히 인정한다.

G.5.b. 표절

상담자는 표절하지 않는다. 즉, 다른 사람의 저작을 자신의 것처럼 나타내지 않는다.

G.5.c. 자료나 아이디어 심사/재출판

상담자는 심사나 출판을 목적으로 아이디어나 자료를 제출할 때, 그런 아이디어나 자료가 이전에 이미 출판된 출판물이거나 제출된 것이라는 것을 충분히 인정하고 편집 심사자들에게도 알린다.

G.5.d. 기여자

상담자는 공저자, 감사의 글, 각주 달기 또는 다른 적절한 방법을 통해 연구나 개념 발전에 상당한 기여를 한 사람들에게 그런 기여에 합당하게 공로를 인정한다. 주 공로자가 제1저자로 기재되고, 비교적 중요하지 않은 기술적 또는 전문적 측면에서 기여한 사람에게는 주석이나 서문에 감사의 표시를 한다.

G.5.e. 기여자 동의

동료나 학생/슈퍼비전을 받는 자와 공동 연구를 수행하는 상담자는 미리 역할 분배, 출판 공로, 받게 될 인정의 종류에 대해 합의한다.

G.5.f. 학생 연구

학생이 교과목을 수강하는 동안 준비한 보고서, 프로젝트, 학위논문, 학생이 주로 기여한 것에 사실상 기초한 논문은 학생을 주 저자로 명시한다.

G.5.g. 이중 제출

상담자는 한 번에 한 학술지에만 심사를 위해 원고를 제출한다. 다른 학술지나 출판물에 전체, 또는 상당한 부분이 출판된 원고는 이전 출판물의 인정이나 허락을 받지 않는 한 출판을 위해 제출하지 않는다.

G.5.h. 전문가 심사

출판, 연구 또는 다른 학술적 목적으로 제출된 자료를 심사하는 상담자는 비밀보장과 제출자의 소유권을 존중한다. 상담자는 타당하고 방어할 수 있는 기준에 근거해 출판 결정을 내리도록 주의를 기울인다. 상담자는 제출한 논문을 시의적절한 방식으로 그리고 연구방법론 면에서 자신의 능력 범위에 근거해 심사한다. 편집장이나 출판사로부터 심사 의뢰를 받은 상담자는 자신의 능력 범위 내에 있는 자료를 심사하고 개인적인 편향을 피하도록 주의를 기울인다.

Section H: 윤리적 문제 해결

서문

상담자는 자신의 전문적 일을 수행하는 데 있어서 법적, 윤리적, 도덕적 태도로 행동한다. 상담자는 내담자 보호와 상담에 대한 신뢰가 높은 수준의 전문적 행위에 달려 있다는 것을 알아야 한다. 상담자는 다른 상담자도 같은 기준을 지키도록 하고, 이런 기준을 확실히 지키도록 하기 위한 적절한 행동을 기꺼이 한다. 상담자는 관련된 모든 사람과 직접적이고 솔직하게 의사소통하여 윤리적 갈등을 해결하려 노력하며, 필요하다면 동료나 슈퍼바이저에게 자문을 구한다. 상담자는 매일의 전문적 활동을 윤리적으로 실천한다. 상담자는 상담에서 쟁점이 되고 있는 최근의 윤리적, 법적 주제에 관련해 지속적으로 전문성을 발전시킨다.

H.1. 기준과 법(F.9.a. 참고)

H.1.a. 지식

상담자는 ACA 윤리 규정, 다른 관련 전문 단체의 윤리 규정 또는 자신이 회원으로 소속되어 있는 면허나 자격증 발급 조직의 윤리 규정을 이해한다. 비윤리적 행위로 고발되었을 때 윤리적 책임에 대한 무지나 오해는 방어책이 되지 못한다.

H.1.b. 윤리와 법 간의 갈등

만약 윤리적 책임이 법, 규정 또는 다른 법적 권위자와 갈등이 생기면 상담자는 ACA 윤리 규정에 따른다는 것을 알리고 갈등을 해결하기 위한 조치를 취한다. 그런 방법으로 갈등이 해결되지 않으면 상담자는 법, 규정, 다른 법적 권위자의 요구 사항을 따를 수 있다.

H.2. 위반 혐의

H.2.a. 기대되는 윤리적 행위

상담자는 동료가 ACA 윤리 규정을 지킬 것을 기대한다. 다른 상담자가 윤리적으로 행동하는지에 대해 의심을 제기할 수 있는 정보를 상담자가 갖고 있을 경우에는 상담자는 적절한 조치를 취한다(H.2.b., H.2.c. 참고).

H.2.b. 비공식적 해결

다른 상담자가 윤리 기준을 위반하고 있다는 믿을 만한 타당한 이유를 상담자가 가지고 있다면, 상담자는 우선 그 위반 상담자와 비공식적으로 문제를 해결하려고 시도해 보되, 이 경우 그 행동과 관련된 비밀보장의 권리를 침해하지 않는 것이어야 한다.

H.2.c. 윤리 위반 보고

분명한 위반이 어떤 개인이나 조직에 상당한 정도로 해를 입혀 왔거나 상당히 해를 입힐 가능성이 있으면, 또는 비공식적인 해결에 적합하지 않거나 적절히 해결되지 않으면 상담자는 그 상황에 적합한 추가 조치를 취한다. 그런 조치에는 전문가 윤리를 다루는 국가위원회, 자율적 국가 면허 발급단체, 국가 자격증위원회 또는 적합한 기관의 권위자에게 의뢰하는 것이 포함될 수 있다. 개입이 비밀보장 권리를 위반하거나 전문적 행위에 대해 의심받는 다른 상담자의 작업을 검토하기 위해 고용되었을 경우에는 이 기준이 적용되지 않는다.

H.2.d. 자문

어떤 특정 상황이나 일련의 행동이 ACA 윤리 규정을 위반하는지에 대해 확실하지 않을 때 상담자는 윤리에 대해 식견이 있는 다른 상담자, 동료 또는 적절한 권위자에게 자문을 구한다.

H.2.e. 조직 갈등

상담자가 가입한 조직의 요구가 ACA 윤리 규정과 갈등을 일으킬 때, 상담자는 그런 갈등의 성격을 구체화하고 슈퍼바이저나 다른 책임 관계자에게 상담자 자신이 ACA 윤리 규정을 따르고 있다는 것을 알린다.

상담자는 조직 내에서 ACA 윤리 규정을 완전히 준수하는 것이 허용될 수 있도록 변화를 위해 노력한다. 그런 노력을 할 때 비밀보장 문제는 꼭 다룬다.

H.2.f. 부당한 제소

상담자는 그 주장이 그릇됨을 증명할 수 있는 사실을 무모하게 경시하거나 계획적으로 무시해서 생긴 윤리적 제소를 시작하거나 참여하거나 조장하지 않는다.

H.2.g. 제소자와 피소자에 대한 부당한 차별

상담자는 어떤 상담자가 윤리적 제소를 제기했다거나 피소되었다는 이유 하나만으로 임용, 진급, 학교나 프로그램 입학, 종신 재직, 승진을 거부하지 않는다. 이것은 그런 절차의 결과에 바탕을 두고 조치를 취해야 하며, 다른 적절한 정보를 고려하고 결정해야 한다.

H.3. 윤리위원회와의 협력

상담자는 윤리 규정 집행 과정을 돕는다. 상담자는 ACA 윤리위원회나 위반으로 제소된 사람에 대한 관할권을 가진 협회나 부처의 윤리위원회의 조사, 절차, 요구에 협력한다. 상담자는 윤리적 위반 제소 처리에 대한 ACA 정책과 절차에 능통하며, 그것을 ACA 윤리 규정 집행지원을 하는 데 참고 자료로 활용한다.

부록 B

인터넷 상담 실행 지침(NBCC 윤리 요강)

National Board Certified Counseling, Inc.
and
Center for Credentialing and Educatiuon, Inc.
3 Terrace Way, Suite D
Greenboro, NC 27403

이 문서는 인터넷 상담 실행 지침에 관한 것이다. 이 내용을 제공하기 전에 먼저 인터넷 상담, 즉 공학에 기반을 둔 원격상담에 대해 정의하고자 한다. 그다음에 인터넷 상담 표준을 제시할 것이다.

면대면 상담과 공학 기반 원격상담

공학에 기반을 둔 원격상담은 계속적으로 성장·발달하고 있다. 컴퓨터 기반 평가, 컴퓨터 보조 정보 시스템과 같은 공학 보조 기술과 전화상담은 매우 광범위하게 활용되고 있다. 정보 전달과 의사소통에 있어서 인터넷의 빠른 발전과 활용은 새로운 형태의 상담을 출현시키고 있다. 너무 빠른 발전은 이 새로운 상담 형태의 의사소통 방식을 이해하는 데 어려움을 주기도 한다.

이 문서의 목적은 새로운 공학적 발달에 쉽게 반응하도록 하기 위해서 공학 기반 원격상담의 개념을 제시하는 것이다. 물론 전통적인 면대면 상담의 정의도 제시될 것이다. 더 나아가 어떻게 공학이 상담 실행에 관련되는지도 보여 줄 것이다.

상담의 본질

상담은 인지적, 정서적, 행동적, 체계적 개입전략들을 사용하여 정신건강, 심리, 인간 발달적 원리들을 개인 성장, 진로발달, 병리 극복 등을 위하여 적용하는 것이다.

상담은 내담자의 욕구와 서비스의 유효성에 따라 단기개입 형태부터 장기개입 형태까지 다양하다. 학급토론, 워크숍, 정보 제공, 심리평가 등과 같은 단기개입은 그런 정도의 내담자 욕구를 충족해 주기에 충분할 것이다. 단기개입을 진행하다가 좀 더 심각한 문제일 경우 장기개입으로 전환하기도 한다. 상담은 한 명의 상담자가 진행하거나 또는 두 명의 상담자가 협력하면서 진행한다. 때로는 한 명의 상담자가 상담을 하다가 내담자에게 필요하다면 다른 전문 영역의 상담자와 함께 협력하기도 한다.

상담의 형태

상담은 다양한 형태가 있다. 상담은 참여자, 장소, 의사소통 매체, 상호작용 과정에 따라 다르다. 상담은 참여자에 따라서 개인상담, 커플상담, 집단상담으로 구분된다. 장소에 따라서는 면대면 상담과 공학 기반 원격상담으로 구분된다. 의사소통 매체에 따라서는 독서, 오디오 장치를 통해 듣기, 채팅이나 화상을 통해 보고 들으며 상담하기 등의 방식으로 나뉜다. 상호작용 과정에 따라서는 동시적 상담과 비동시적 상담으로 구분된다. 동시적 상담은 상담자와 내담자의 반응에 시간 간격이 없는 것이고 비동시적 상담은 상담자와 내담자의 반응 사이에 시간 차이가 있는 것이다.

상담의 형태는 내담자의 욕구와 서비스 제공의 유효성에 의해 정해진다. 원격상담은 접근성과 편의성을 증가시킨다는 측면에서 볼 때 면대면 상담을 보충해 주기도 한다. 멀리 떨어져 있는 커플이나 장애로 거동이 어려운 사람을 상담할 때 원격상담은 매우 유용하다. 상담의 형태를 〈표 1〉로 정리해 보았다. 이 표는 상담 형태 간 관계를 보여 주기 위한 것이다.

〈표 1〉 면대면 상담과 공학 기반 원격상담

상담
면대면 상담
• 개인상담
• 커플상담
• 집단상담
공학 기반 원격상담
• 전화상담
– 전화 개인상담
– 전화 커플상담
– 전화 집단상담
• 인터넷 상담
– 이메일을 통한 개인 인터넷 상담
– 채팅을 통한 개인 인터넷 상담
– 채팅을 통한 커플 인터넷 상담
– 채팅을 통한 집단 인터넷 상담
– 화상을 통한 개인 인터넷 상담
– 화상을 통한 커플 인터넷 상담
– 화상을 통한 집단 인터넷 상담

개념 정의

상담은 인지적, 정서적, 행동적, 체계적 개입 전략들을 사용하여 정신건강, 심리, 인간 발달적 원리들을 개인 성장, 진로발달, 병리 극복 등을 위하여 적용하는 것이다.

면대면 상담은 개인상담, 커플상담, 집단상담에서 상담자와 내담자가 보고 들으면서 동시적으로 상호작용하는 것이다.

공학기반 원격상담은 개인상담, 커플상담, 집단상담에서 전화나 컴퓨터를 사용하여 원거리에서 상담자와 내담자가 의사소통하는 것을 가능하게 해 주는 것이다.

전화상담은 상담자와 내담자가 거리의 제한에도 불구하고 일대일 또는 컨퍼런스 형태로 상호작용하는 것을 가능하게 해 준다.

전화를 통한 개인상담은 상담자와 내담자가 원거리에서 듣는 것을 통해 상호작용하는 것이다.

전화를 통한 커플상담은 상담자와 커플이 원거리에서 듣는 것을 통해 상호작용하는 것이다.

전화를 통한 집단상담은 상담자와 집단원들이 원거리에서 듣는 것을 통해 상호작용하는 것이다.

인터넷 상담은 상담자와 내담자가 거리의 제한에도 불구하고 이메일, 채팅, 화상 컨퍼런스 형태로 원거리에서 동시적 상호작용을 가능하게 해 준다.

이메일을 통한 개인 인터넷 상담은 상담자와 내담자가 메일을 읽는 것을 통해 원거리에서 비동시적 상호작용을 가능하게 해 준다.

채팅을 통한 개인 인터넷 상담은 상담자와 내담자가 원거리에서 듣는 것을 통해 상호작용하는 것이다.

채팅을 통한 커플 인터넷 상담은 상담자와 커플이 원거리에서 듣는 것을 통해 상호작용하는 것이다.

채팅을 통한 집단 인터넷 상담은 상담자와 집단원들이 원거리에서 듣는 것을 통해 상호작용하는 것이다.

화상을 통한 개인 인터넷 상담은 상담자와 내담자가 화상을 통해 보고 들으면서 원거리에서 동시에 상호작용하는 것이다.

화상을 통한 커플 인터넷 상담은 상담자와 커플이 화상을 통해 보고 들으면서 원거리에서 동시에 상호작용하는 것이다.

화상을 통한 집단 인터넷 상담은 상담자와 집단 구성원들이 화상을 통해 보고 들으면서 원거리에서 동시에 상호작용하는 것이다.

인터넷 상담의 윤리적 표준

인터넷 상담 표준은 상담자, 내담자, 상담 훈련자, 인터넷 상담을 실행하고 검증하는 기관이 사용하도록 하기 위한 것이다. 이 표준은 인터넷 상담과 인터넷 상담자들에게 독특한 실행 지침을 제공하기 위한 것이지, 전통적인 상담윤리와 다른 것은 아니다.

인터넷 상담 실행 표준은 NBCC 윤리 규정의 원칙에 토대를 두고 있다. 따라서 이 표준은 NBCC 윤리 규정 최신 버전과 입장이 같다.

새로운 공학기술이 꾸준히 중요하게 유입됨에 따

라 이 표준은 빈번하게 개정될 것이다. 또한 인터넷 상담 윤리 사례가 발생함에 따라 표준 역시도 수정될 것이다.

인터넷 상담자들은 전문상담의 실행에 대한 NBCC 윤리 규정뿐만 아니라 다음의 실행 표준도 준수하여야 한다.

인터넷 상담관계

1. 인터넷 상담 내담자를 명확하게 하기가 어렵다는 점에서 직원들은 번호나 숫자와 같은 사용자의 IP를 확보한다(B.8 참고).
2. 인터넷 상담자는 내담자가 미성년자이거나 또는 의사결정이 어려운 사람인지, 따라서 부모나 보호자 동의가 필요한지 파악한다. 인터넷 상담을 하는 데 부모나 보호자의 동의가 필요하다면 동의하는 사람을 명확하게 한다(B.8 참고).
3. 상담을 구조화할 때, 인터넷 상담자는 내담자에게 인터넷 상담에 접촉하는 절차를 설명해 준다. 그리고 비동시적 상담의 경우 상담자가 이메일을 얼마나 빈번하게 체크할 수 있는지를 알려 준다(B.8 참고).
4. 상담을 구조화할 때, 인터넷 상담자는 전산상 장애 가능성을 설명해 주고, 만약 인터넷 상담이 안 될 때 대안적인 소통방식으로 어떤 것이 있을지 의논한다(B.8 참고).
5. 상담을 구조화할 때, 인터넷 상담자는 볼 수 없는 것 때문에 오해할 수 있는 부분을 내담자가 어떻게 대처해야 하는지를 알려 준다(B.8 참고).
6. 상담을 구조화할 때, 인터넷 상담자는 인터넷상에서 다른 내담자를 위해 지역사회에서 조력할 수 있는 훈련된 전문가와 협력해야 하는데, 위기개입의 경우가 그렇다. 인터넷 상담자와 내담자는 지역의 위기상담 전화번호와 긴급지원 전화번호를 알고 있어야 한다(B.4 참고).
7. 인터넷 상담자는 내담자가 인터넷 상담, 웹 평가, 정보 및 학습자원을 얻기 위해 접근할 수 있는 지역사회 내 공공 인터넷 활용 장소를 알 수 있게 해 줄 책무성을 가진다(B.1 참고).
8. 인터넷 상담자는 장애를 가진 내담자에게 어려움이 될 수 있는 웹사이트 장해 요소들을 정비할 책무성을 가진다(B.1 참고).
9. 인터넷 상담자는 자신의 내담자들이 다른 언어, 다른 시간대, 독특한 문화적 관점을 가질 수 있다는 것을 알아야 한다. 또한 지역의 여건과 지역 내 사건들이 내담자에게 영향을 미칠 수 있다는 것도 알아야 한다(A.12 참고).

인터넷 상담에서의 비밀보장

10. 인터넷 상담자는 인터넷을 이용하는 내담자에게 내담자/상담자/슈퍼바이저 간 상호작용과 관련한 비밀보장에 대해 알려 준다(B.5 참고). 가능하다면 암호화하는 방법도 고려하여야 한다. 만약 암호화가 되지 않는 상황이라면, 내담자는 인터넷상에서 의사소통하는 것이 잠재적인 위험을 내포하고 있음을 고지받아야 한다. 잠재적 위험에는 상담 회기 기록 등을 허락 없이 누군가 보는 것 등이 포함된다.
11. 인터넷 상담자는 상담 회기 자료가 어떻게, 또 얼마 동안 저장되어 관리되는지를 내담자에게 알려준다(B.6 참고).
    회기 자료에는 이메일, 검사 결과, 오디오/비디오 기록, 회기 노트, 상담자와 슈퍼바이저 간 대화 등이 포함된다. 전산 회기와 같은 것은 점점 더 활용이 늘어나는데 기록하는 비용을 감소시켜 주기 때문이다. 따라서 이 기록들은 슈퍼비전, 연구, 법적 처리 절차 등에의 활용이 증가하고 있다.
12. 인터넷 상담자는 내담자와 전산상 자료에 대한 정보를 내담자와 공유하는 적절한 절차를 지켜야 한다(B.5 참고).
    이메일이 자원 제공에 상대적으로 쉽게 이용될 수 있기 때문에, 인터넷 상담자는 인터넷 상담관계의 비밀보장을 확신시켜 줘야 한다.

법적 고려사항과 자격

13. 인터넷 상담자는 인터넷 상담과 슈퍼비전 실시에 대한 법률과 윤리 지침을 고려하여야 한다(A.13 참고).
    전문가협회의 윤리 지침뿐 아니라 지역, 주정부, 연방정부, 지역과 주 차원의 자격관리 위원회 지침도 알아야 한다. 또한 인터넷 상담자와 내담자가 거주하는 지역에 있는 주의 규칙도 고려해야 하는데, 상담자 거주지역뿐만 아니라 내담자 거주지역의 규정들을 숙지하는 것도 중요하다. 인터넷 상담자는 아동 학대 신고 등 연령에 다른 법률적 관습도 주의 깊게 고려해야 하는데, 책임보험은 인터넷 상담 실행이 보험이 적용되는 활동인지를 결정하려 할 것이다.

14. 인터넷 상담자의 웹사이트는 모든 관련된 자격 위원회 및 고객을 보호하기 위한 자격관리 위원회에 링크되어야 한다(B.1 참고).

2001년 11월 3일 개정

부록 C

DSM-IV-TR 분류

NOS=달리 분류되지 않는

진단부호에 x가 나타날 때는 특정 부호가 요구되고 있음을 지시한다.

어떤 장애의 이름에 괄호(　　)가 사용될 때는 특정 정신장애나 일반적인 의학적 상태가 장애의 이름을 기록할 때 괄호 안에 삽입되어야 함을 나타낸다(예: 293.0 갑상선 기능저하증으로 인한 치매).

괄호 안의 숫자는 쪽수를 나타낸다.

만약 현재 진단 기준이 충족되고 있다면 강도에 관한 세부 진단이 주 진단 다음에 기록되어야 한다.

가벼운 정도
중간 정도
심한 정도

만약 더 이상 진단 기준이 충족되고 있지 않다면 다음 세부 진단이 기록된다.

부분관해
완전관해
과거력

출처: American Psychiatric Association (1994).

유아기, 소아기, 청소년기에 흔히 처음으로 진단되는 장애(39)

정신지체(41)

주의: 축2에 기록

317. 경도 정신지체(43)
318.0 중등도 정신지체(43)
318.1 중도 정신지체(43)
318.2. 최중도 정신지체(44)
319. 심각도가 세분되지 않는 정신지체(44)

학습장애(49)

315.00 읽기장애(51)
315.1 산술장애(53)
315.2 쓰기장애(54)
315.9 달리 분류되지 않는 학습장애(56)

운동기술장애(56)

315.4 발달협응장애(56)

의사소통장애(58)

315.31 표현성 언어장애(58)
315.32 혼재 수용-표현성 언어장애(62)
315.39 음운장애(65)
307.0 말더듬증(67)
307.9 달리 분류되지 않는 의사소통장애(69)

광범위성 발달장애(69)

299.00 자폐성 장애(70)
299.80 레트 장애(76)
299.10 아동기붕괴장애(77)
299.80 아스퍼거 장애(80)
299.80 달리 분류되지 않는 광범위성 발달장애(84)

주의력결핍, 파괴적 행동장애(85)

314.xx 주의력결핍 과잉행동장애(85)
.01 복합형
.00 주의력 결핍 우세형
.01 과잉행동 및 충동 우세형
314.9 달리 분류되지 않는 주의력결핍 과잉행동장애(93)
312.xx 품행장애(93)
.81 아동기 발병형
.82 청소년기 발병형
.89 불특정시기 발병
313.81 반항장애(100)
312.9 달리 분류되지 않는 파괴적 행동장애(103)

유아기 또는 초기 아동기의 급식 및 섭식장애(103)

307.52 이식증(103)
307.53 반추장애(105)
307.59 유아기 또는 초기 아동기 급식장애(107)

틱장애(108)

307.52 투렛장애(111)
307.22 만성 운동 또는 음성 틱장애(114)
307.21 일과성 틱장애(115)
세분: 단일화와 재발성
307.20 달리 분류되지 않는 틱장애(116)

배설장애(116)

___._ 유분증(116)
787.6 변비와 변실금 있음
307.7 변비와 변실금 없음
307.6 유뇨증(일반적인 의학적 상태로 인한 것이 아닌)(118)
세분: 야간형/주간형/주야간형

유아기, 아동기 또는 청소년기의 기타 장애(121)

309.21 분리불안장애(121)
세분: 조발성
313.23 선택적 함구증(125)
313.89 유아기 또는 초기 아동기 반응성 애착장애(127)
세분: 억제성/탈억제성
307.3 상동증 운동장애(131)
세분: 자해행동 있음.

313.9 달리 분류되지 않는 유아기, 아동기 또는 청소년기 장애(134)

섬망, 치매, 기억상실장애 및 기타 인지장애(135)

섬망(136)

293.0 일반적인 의학적 상태로 인한 섬망(141)

___._ 물질중독 섬망(특정 물질 부호는 물질 관련 장애 참고)(143)

___._ 물질 금단 섬망(143)

___._ 다발성 변인으로 인한 섬망(특정 병인 각각 기록)(146)

___._ 달리 분류되지 않는 섬망(147)

치매(147)

294.xx 알츠하이머형 치매, 조발성(축3에도 331.0 알츠하이머형 치매 기록)(154)

.10 행동장해 없음

.11 행동장해 있음

294.xx 알츠하이머형 치매, 만발성(축3에도 331.0 알츠하이머형 치매 기록)(154)

.10 행동장해 없음

.11 행동장해 있음

290.xx 혈관성 치매(158)

.40 합병증 없음

.41 섬망 있음

.42 망상 있음

.43 우울 기분 있음

세분: 행동장해 있음

일반적인 의학적 상태로 인한 치매는 5번째 부호로 행동장해 여부를 기록

0 = 행동장해 없음

1 = 행동장해 있음

294.1x 인간면역결핍바이러스병으로 인한 치매(축3에도 중추신경계에 영향을 미치는 042 인간면역결핍바이러스병을 기록)(163)

294.1x 두부외상으로 인한 치매(축3에도 854.00 두부외상을 기록)(164)

294.1x 파킨슨병으로 인한 치매(축3에도 332.0 루이 소체가 있는 치매 기록)(164)

294.1x 헌팅턴병으로 인한 치매(축3에도 333.4 헌팅턴병 기록)(165)

294.1x 피크병으로 인한 치매(축3에도 331.11 피크병을 기록)(165)

294.1x 크로이츠펠트-야콥병으로 인한 치매(축3에도 046.1 크로이츠펠트-야콥병을 기록)(166)

294.1x 일반적인 의학적 상태로 인한 치매(축3에도 일반적 의학적 상태 기록)(167)

___._ 물질 유발 지속성 치매(특정 물질 부호는 물질 관련 장애 참고)(168)

___._ 다발성 병인으로 인한 치매(각각의 특정 병인 기록)(170)

294.8 달리 분류되지 않는 치매(171)

기억상실장애(172)

294.0 일반적인 의학적 상태로 인한 기억상실장애

세분: 일과성/만성(175)

___._ 물질 유발 지속성 기억상실장애(특정 물질 부호 기록은 물질 관련 장애 참고)(177)

294.8 달리 분류되지 않는 기억상실장애(179)

기타 인지장애(179)

294.9 달리 분류되지 않는 인지장애(179)

다른 곳에 분류되지 않는 일반적 의학적 상태로 인한 정신장애(181)

293.89 일반적인 의학적 상태로 인한 긴장증 장애(185)

310.1 일반적인 의학적 상태로 인한 성격 변화(187)

세분: 가변형/탈억제형/공격형/무감정형/편집형/기타형/혼합형/불특정형

293.9 일반적인 의학적 상태로 인한 달리 분류되지 않는 정신장애(190)

물질 관련 장애(191)

다음 세부 진단들은 물질의존에 적용된다.

[a]생리적 의존 있음/생리적 의존 없음

[b]조기완전관해/조기부분관해/지속완전관해/지속부분관해

[c]통제환경에 있음

[d]촉진제 치료 중

다음 세부사항은 물질 유발 장애에 적용된다.

[I]중독 상태에서 발생/[W]금단 상태에서 발병

알코올 관련 장애(212)

알코올 사용 장애(213)

303.90 알코올의존[a,b,c](213)

305.00 알코올 남용(214)

알코올 유발 장애(214)

303.00 알코올중독(214)

291.81 알코올 금단(215)

세분: 지각장해 있음

291.0 알코올중독 섬망(143)

291.0 알코올 금단 섬망(143)

291.2 알코올 유발 지속성 치매(168)

291.1 알코올 유발 지속성 기억상실장애(177)

291.x 알코올 유발 정신증 장애(338)

.5 망상 있음[I,W]

.3 환각 있음[I,W]

291.89 알코올 유발 기분장애[I,W](405)

291.89 알코올 유발 불안장애[I,W](479)

291.89 알코올 유발 성기능부전[I](562)

291.89 알코올 유발 수면장애[I,W](655)

291.9 달리 분류되지 않는 알코올 관련 장애(223)

암페타민(또는 암페타민 유사) 관련 장애(223)

암페타민 사용 장애(224)

304.40 암페타민 의존[a,b,c](224)

305.70 암페타민 남용(225)

암페타민 유발 장애(226)

292.89 암페타민 중독(226)

세분: 지각장해 있음

292.0 암페타민 금단(227)

292.81 암페타민 중독 섬망(143)

291.xx 암페타민 유발 정신증 장애(338)

.11 망상 있음[I]

.12 환각 있음[I]

298.84 암페타민 유발 기분장애[I,W](405)

292.89 암페타민 유발 불안장애[I](479)

292.89 암페타민 유발 성기능부전[I](562)

292.89 암페타민 유발 수면장애[I,W](655)

292.9 달리 분류되지 않는 암페타민 관련 장애(231)

카페인 관련 장애(231)

카페인 유발 장애(232)

305.90 카페인 중독(232)

292.89 카페인 유발 불안장애[I](479)

292.89 카페인 유발 수면장애[I](655)

292.9 달리 분류되지 않는 카페인 관련 장애(234)

대마 관련 장애(234)

대마 사용 장애(236)

304.30 대마 의존[a,b,c](236)

305.20 대마 남용(236)

대마 유발 장애(237)

292.89 대마 중독(237)

세분: 지각장해 있음

291.81 대마 중독 섬망(143)

292.xx 대마 유발 정신증 장애(338)

.11 망상 있음[I]

.12 환각 있음[I]

292.89 대마 유발 불안장애[I](479)

292.9 달리 분류되지 않는 대마 관련 장애(241)

코카인 관련 장애(241)

코카인 사용 장애(242)

304.20 코카인 의존[a,b,c](242)

305.60 코카인 남용(243)

코카인 유발 장애(244)
292.89 코카인 중독(244)
세분: 지각장해 있음
292.0 코카인 금단(245)
292.81 코카인 중독 섬망(143)
291.xx 코카인 유발 정신증 장애(338)
.11 망상 있음[I]
.12 환각 있음[I]
292.84 코카인 유발 기분장애[I,W](405)
292.89 코카인 유발 불안장애[I,W](479)
292.89 코카인 유발 성기능부전[I](562)
292.89 코카인 유발 수면장애[I,W](655)
292.9 달리 분류되지 않는 코카인 관련 장애(250)

환각제 관련 장애(250)
환각제 사용 장애(251)
304.50 환각제 의존[b,c](251)
305.30 환각제 남용(252)

환각제 유발 장애(252)
292.89 환각제 중독(252)
292.89 환각제 지속성 지각장애(253)
292.81 환각제 중독 섬망(143)
291.xx 환각제 유발 정신증 장애(338)
.11 망상 있음[I]
.12 환각 있음[I]
292.84 환각제 유발 기분장애[I](405)
292.89 환각제 유발 불안장애[I](479)
292.9 달리 분류되지 않는 환각제 관련 장애(256)

흡입제 관련 장애(257)
흡입제 사용 장애(258)
304.60 흡입제 의존[b,c](258)
305.90 흡입제 남용(259)

흡입제 유발 장애(259)
292.89 흡입제 중독(259)
292.81 흡입제 중독 섬망(143)
292.82 흡입제 유발 지속성 치매(168)
291.xx 흡입제 유발 정신증 장애(338)
.11 망상 있음[I]
.12 환각 있음[I]
292.84 흡입제 유발 기분장애[I](405)
292.89 흡입제 유발 불안장애[I](479)
292.9 달리 분류되지 않는 흡입제 관련 장애(263)

니코틴 관련 장애(264)
니코틴 사용 장애(264)
305.1 니코틴 의존[a,b](264)

니코틴 유발 장애(265)
292.0 니코틴 금단(265)
292.9 달리 분류되지 않는 니코틴 관련 장애(269)

아편류 관련 장애(269)
아편류 사용 장애(270)
304.00 아편류 의존[a,b,c,d](270)
305.50 아편류 남용(271)

아편류 유발 장애(271)
292.89 아편류 중독(271)
세분: 지각장해 있음
292.0 아편류 금단(272)
292.81 아편류 중독 섬망(143)
291.xx 아편류 유발 정신증 장애(338)
.11 망상 있음[I]
.12 환각 있음[I]
292.84 아편류 유발 기분장애[I](405)
292.89 아편류 유발 성기능부전[I](562)
292.89 아편류 유발 수면장애[I,W](655)
292.9 달리 분류되지 않는 아편류 관련 장애(277)

펜사이클리딘(또는 펜사이클리딘 유사) 관련 장애(278)
펜사이클리딘 사용 장애(279)
304.60 펜사이클리딘 의존[a,b,c](279)
305.90 펜사이클리딘 남용(279)

펜사이클리딘 유발 장애(280)

292.89 펜사이클리딘 중독(280)
세분: 지각장해 있음
292.81 펜사이클리딘 중독 섬망(143)
291.xx 펜사이클리딘 유발 정신증 장애(338)
.11 망상 있음[I]
.12 환각 있음[I]
292.84 펜사이클리딘 유발 기분장애[I](405)
292.89 펜사이클리딘 유발 불안장애[I](479)
292.9 달리 분류되지 않는 펜사이클리딘 관련 장애(283)

진정제, 수면제 또는 항불안제 관련 장애(284)

진정제, 수면제 또는 항불안제 사용 장애(285)

304.10 진정제, 수면제 또는 항불안제 의존[a,b,c](285)
305.40 진정제, 수면제 또는 항불안제 남용(286)

진정제, 수면제 또는 항불안제 유발 장애(286)

292.89 진정제, 수면제 또는 항불안제 중독(286)
292.0 진정제, 수면제 또는 항불안제 금단(287)
세분: 지각장해 있음
292.81 진정제, 수면제 또는 항불안제 중독 섬망(143)
292.81 진정제, 수면제 또는 항불안제 금단 섬망(143)
292.82 진정제, 수면제 또는 항불안제 유발 지속성 치매(168)
292.83 진정제, 수면제 또는 항불안제 유발 지속성 기억상실장애(177)
292.xx 진정제, 수면제 또는 항불안제 유발 정신증 장애(338)
.11 망상 있음[I]
.12 환각 있음[I]
292.84 진정제, 수면제 또는 항불안제 유발 기분장애[I,W](405)
292.89 진정제, 수면제 또는 항불안제 유발 불안장애[I,W](479)
292.89 진정제, 수면제 또는 항불안제 유발 성기능부전[I,W](562)
292.89 진정제, 수면제 또는 항불안제 유발 수면장애[I,W](655)
292.9 달리 분류되지 않는 진정제, 수면제 또는 항불안제 관련 장애(293)

복합물질 관련 장애(293)

304.80 복합물질 의존[a,b,c,d](293)

기타(또는 알려지지 않은) 물질 관련 장애(294)

기타(또는 알려지지 않은) 물질 사용 장애(295)

304.90 기타(또는 알려지지 않은) 물질 의존[a,b,c,d](192)
305.90 기타(또는 알려지지 않은) 물질 남용(198)

기타(또는 알려지지 않은) 물질 유발 장애(295)

292.89 기타(또는 알려지지 않은) 물질 중독(199)
세분: 지각장해 있음
292.0 기타(또는 알려지지 않은) 물질 금단(201)
세분: 지각장해 있음
292.81 기타(또는 알려지지 않은) 물질 유발 섬망(143)
292.82 기타(또는 알려지지 않은) 물질 유발 지속성 치매(168)
292.83 기타(또는 알려지지 않은) 물질 유발 지속성 기억상실장애(177)
292.xx 기타(또는 알려지지 않은) 물질 유발 정신증 장애(338)
.11 망상 있음[I,W]
.12 환각 있음[I,W]
292.84 기타(또는 알려지지 않은) 물질 유발 기분장애[I,W](405)
292.89 기타(또는 알려지지 않은) 물질 불안장애[I,W](479)
292.89 기타(또는 알려지지 않은) 물질 유발 성기능부전[I](562)
292.89 기타(또는 알려지지 않은) 물질 유발 수면장애[I,W](655)
292.9 기타(또는 알려지지 않은) 물질 관련 장애(295)

정신분열증 및 기타 정신증 장애(297)

295.xx 정신분열증(298)

다음의 장기 경과에 관한 분류는 정신분열증의 모든 유형에 적용된다.

일화 중간에 잔류 증상이 있는 일화성(세분: 현저한 부정성 증상 있음)
일화 중간에 잔류 증상이 없는 일화성
지속성(세분: 현저한 부정성 증상 있음)
부분관해의 단일 일화(세분: 현저한 부정성 증상 있음)
기타 유형 또는 불특정형

.30 편집형(313)
.10 와해형(314)
.20 긴장형(315)
.90 감별불능형(316)
.60 잔류형(316)
295.40 정신분열형 장애(317)
세분: 양호한 예후 양상 없음/양호한 예후 양상 있음
295.70 분열정동장애(319)
세분: 양극형/우울형
297.1 망상장애(323)
세분: 색정형/과대형/질투형/피해형/신체형/혼재형/불특정형
298.8 단기 정신증 장애(329)
세분: 뚜렷한 스트레스 요인 있음/뚜렷한 스트레스 요인 없음/산후 발병과 관련되는 것
297.3 공유 정신증 장애(332)
293.xx (일반적인 의학적 상태)로 인한 정신증 장애(334)
.81 망상 있음
.82 환각 있음
___._ 물질 유발 정신증 장애(물질 관련 장애 참조, 특정 물질 유발 정신증 장애 기록)
세분: 중독 상태에서의 발병/금단 상태에서의 발병
298.9 달리 분류되지 않는 정신증 장애(343)

기분장애(345)

다섯 번째 자리에 주요우울장애 또는 양극성 장애의 현재 상태를 기록한다.

1＝경도
2＝중등도
3＝중도, 정신증 양상 없음
4＝중도, 정신증 양상 있음
세분: 기분 일치 정신증 양상 있음/기분 불일치 정신증 양상 있음
5＝부분관해
6＝완전관해
0＝불특정형

다음 세부 진단은 기분장애(현재 또는 가장 최근)에 다음과 같이 적용된다.

[a]심각도/정신증/관해 ○○세부 진단/[b]만성/[c]긴장증 양상 있음/[d]멜랑꼴리아 양상 있음/[e]비전형적 양상 있음/[f]산후발병

다음 세부 진단은 기분장애에 다음과 같이 적용된다.

[g]일화 중간에 완전회복 있음 또는 없음/[h]계절적 유형 있음/[i]급속순환성 있음

우울장애(369)
293.xx 주요우울장애(369)
.2x 단일일화[a,b,c,d,e,f]
.3x 재발성[a,b,c,d,e,f,g,h]
300.4 기분부전장애(376)
세분: 조발성/만발성
세분: 비전형적 양상 있음
311 달리 분류되지 않는 우울장애(381)

양극성 장애(382)

296.xx 양극성장애[1](382)

.0x 단일 조증 일화[a,c,f]

세분: 혼재성

.40 가장 최근의 경조증 일화[a,c,f,g,h,i]

.4x 가장 최근의 조증 일화[a,c,f,g,h,i]

.6x 가장 최근의 혼재성 일화[a,c,f,g,h,i]

.5x 가장 최근의 우울 일화[a,b,c,d,e,f,g,h,i]

.7 가장 최근의 불특정형 일화[g,h,i]

296.89 양극성 장애 II[a,b,c,d,e,f,g,h,i](392)

세분: 현재 또는 최근의 일화 - 경조증/우울

301.13 순환장애(398)

296.80 달리 분류되지 않는 양극장애(400)

293.83 (일반적인 의학적 상태)로 인한 기분장애(401)

세분: 우울 양상 있음/주요 우울 유사 일화 있음/조증 양상 있음/혼재성 양상 있음

___._ 물질 유발 기분장애(405)

유형 세분: 우울 양상 있음/조증 양상 있음/혼재성 양상 있음

세분: 중독 상태에서 발병/금단 상태에서 발병

296.90 달리 분류되지 않는 기분장애(410)

불안장애(429)

300.01 광장공포증 없는 공황장애(433)

300.21 광장공포증 있는 공황장애(433)

300.22 공황장애 과거력 없는 광장공포증(441)

300.29 특정공포증(443)

유형 세분: 동물형/자연환경형/혈액주사 손상형/상황형/기타형

300.23 사회공포증(450)

세분: 일반화형

300.3 강박장애(456)

세분: 병식 부족

309.81 외상후 스트레스 장애(463)

세분: 급성/만성

세분: 지연성

308.3 급성스트레스 장애(469)

300.02 범불안장애(472)

293.84 (일반적인 의학적 상태)로 인한 불안장애(476)

세분: 범불안 증상 있음/공황발작 있음/강박 증상 있음

___._ 물질 유발 불안장애(479)(특정 물질 부호 기록은 물질 관련 장애 참고)

세분: 범불안 증상 있음/공황발작 있음/강박 증상 있음/공포 증상 있음

세분: 중독 상태에서 발병/금단 상태에서 발병

300.00 달리 분류되지 않는 불안장애(484)

신체형 장애(485)

300.81 신체화 장애(486)

300.82 감별불능성 신체형 장애(490)

300.11 전환장애(492)

세분: 운동 증상 또는 결함 있음/감각 증상 또는 결함 있음/발작 또는 경련 있음/혼재 증상 있음

307.xx 통증장애(498)

.80 심리적 요인과 연관된 통증장애

.89 심리적 요인 및 일반적 의학적 상태와 연관된 통증장애

세분: 급성/만성

300.7 건강염려증(504)

세분: 병식 부족

300.7 신체변형장애(507)

300.82 달리 분류되지 않는 신체형 장애(511)

허위성 장애(513)

300.xx 허위성 장애(513)

.16 현저한 심리적 징후 및 증상 있음

.19 현저한 신체적 징후 및 증상 있음

.19 심리적, 신체적 징후와 증상이 함께 있음
300.19 달리 분류되지 않는 허위성 장애(517)

해리장애(519)

300.12 해리성 기억상실증(520)
300.13 해리성 둔주(523)
300.14 해리성 정체감 장애(526)
300.6 이인화 장애(530)
300.15 달리 분류되지 않는 해리장애(532)

성장애 및 성정체감 장애(535)

성기능부전(535)

다음의 세부 진단들은 모두 일차성 성기능부전에 적용된다.

평생형/획득형
일반화형/상황형
심리적 요인으로 인한 것/복합적 요인으로 인한 것

성욕장애(539)

302.71 성욕감퇴장애(539)
302.79 성혐오장애(541)

성적 흥분장애(543)

302.72 여성 성적 흥분장애(543)
302.72 남성 발기장애(545)

오르가슴 장애(547)

302.73 여성 오르가슴 장애(547)
302.74 남성 오르가슴 장애(550)
302.75 조루증(552)

성교 통증장애(554)

302.76 성교통증(일반적 의학적 상태로 인한 것이 아닌)(554)
306.51 질경련증(일반적 의학적 상태로 인한 것이 아닌)(556)

일반적인 의학적 상태로 인한 성기능 부전(558)

625.8 (일반적인 의학적 상태)로 인한 여성 성욕감퇴장애(558)
608.89 (일반적인 의학적 상태)로 인한 남성 성욕감퇴장애(558)
607.84 (일반적인 의학적 상태)로 인한 남성 발기장애(558)
625.0 (일반적인 의학적 상태)로 인한 여성 성교통증장애(558)
608.89 (일반적인 의학적 상태)로 인한 남성 성교통증장애(558)
625.8 (일반적인 의학적 상태)로 인한 기타 여성 성기능 부전(558)
608.89 (일반적인 의학적 상태)로 인한 기타 남성 성기능 부전(558)
___._ 물질 유발 성기능 부전(특정 물질 부호는 물질 관련 장애 참고)(562)
세분: 성욕 손상 있음/흥분감 손상 있음/오르가슴 손상/성교 통증
세분: 중독 상태에서 발병
302.70 달리 분류되지 않는 성기능부전(565)

성도착증(566)

302.4 노출증(569)
302.81 물품음란증(569)
302.89 마찰도착증(570)
302.2 아동기호증(571)
세분: 성적으로 남아 선호/성적으로 여아 선호/성적으로 양성 선호
유형 세분: 근친에 국한
유형 세분: 폐쇄형/비폐쇄형
302.83 성적 피학증(572)
302.84 성적 가학증(573)
302.3 복장도착성 물품음란증(574)
세분: 성 불쾌감 있음
302.82 관음증(575)
302.9 달리 분류되지 않는 성도착증(576)

성정체감 장애(576)

302.xx 성정체감 장애(576)
.6 아동
.85 청소년 또는 성인
세분: 성적으로 남아 선호/성적으로 여아 선호/성적으로 양성 선호/성적으로 양성에 무관심
302.6 달리 분류되지 않는 성정체감 장애(582)
302.9 달리 분류되지 않는 성장애(582)

섭식장애(583)

307.1 거식증(583)
유형 세분: 제한형/폭식형/하제 사용형
307.51 폭식증(589)
유형 세분: 하제 사용형/하제 비사용형
307.50 달리 분류되지 않는 섭식장애(594)

수면장애(597)

일차성 수면장애(598)

수면 곤란증(598)

307.42 일차성 불면증(599)
307.44 일차성 수면과다증(604)
세분: 재발성
347 수면발작(609)
780.59 호흡 관련 수면장애(615)
307.45 일주기 리듬 수면장애(622)
유형 세분: 지연성 수면국면형/시차형/교대근무형/불특정형
307.47 달리 분류되지 않는 수면 곤란증(629)

준수면증(630)

307.47 악몽장애(631)
307.46 수면경악장애(634)
307.46 수면보행장애(639)
307.47 달리 분류되지 않는 준수면증(644)

기타 정신장애 관련 수면장애(645)

307.42 (축1 또는 축2 장애) 관련 불면증(645)
307.44 (축1 또는 축2 장애) 관련 수면과다증(645)

기타 수면장애(651)

780.xx (일반적인 의학적 상태)로 인한 수면장애(651)
.52 불면형
.54 수면과다형
.59 준수면형
.59 혼재형
___._ 물질 유발 수면장애(특정 물질 부호는 물질 관련 장애 참고)(655)
유형 세분: 불면형/수면과다형/준수면형/혼재형
세분: 중독 상태에서 발병/금단 상태에서 발병

다른 곳에 분류되지 않는 충동조절장애(663)

312.34 간헐성 폭발장애(663)
312.32 도벽광(667)
312.33 방화광(669)
312.31 병적 도박(671)
312.39 발모광(674)
312.30 달리 분류되지 않는 충동조절장애(677)

적응장애(679)

309.xx 적응장애(679)
.0 우울 기분 있음
.24 불안 있음
.28 불안 및 우울 기분 있음
.3 품행장해 있음
.4 정서 및 품행장해 있음
.9 불특정형 세분: 급성/만성

성격장애(685)

주의: 축2에 기록

301.0 편집성(망상성) 성격장애(690)

301.20 분열성 성격장애(694)

301.22 분열형 성격장애(697)

301.7 반사회성 성격장애(701)

301.83 경계선 성격장애(706)

301.50 히스테리성 성격장애(711)

301.81 자기애성 성격장애(714)

301.82 회피성 성격장애(718)

301.6 의존성 성격장애(721)

301.4 강박성 성격장애(725)

301.9 달리 분류되지 않는 성격장애(729)

임상적 관심의 초점이 될 수 있는 기타 상태(731)

의학적 상태에 영향을 미치는 심리적 요인(731)

316 (일반적인 의학적 상태)에 영향을 미치는 [특정 심리적 요인](731)

요인의 성질에 따라 명칭을 선택할 것:

의학적 상태에 영향을 미치는 정신장애

의학적 상태에 영향을 미치는 심리 증상

의학적 상태에 영향을 미치는 성격 특성 또는 대처 방식

의학적 상태에 영향을 미치는 부적응 건강행동

의학적 상태에 영향을 미치는 스트레스 관련 생리적 반응

의학적 상태에 영향을 미치는 기타 또는 불특정 심리적 요인

투약유발 운동장애(734)

332.1 신경이완제 유발 파킨슨증후군(735)

333.92 신경이완제 악성증후군(735)

333.7 신경이완제 유발 급성 근육긴장이상증(735)

333.99 신경이완제 유발 급성 운동성 좌불안석증(735)

333.82 신경이완제 유발 만발성 운동이상증(736)

333.1 투약유발 자세 떨림(736)

333.90 달리 분류되지 않는 투약유발 운동장애(736)

기타 투약유발 장애(736)

995.2 달리 분류되지 않는 투약 부작용(736)

관계 문제(736)

V61.9 정신장애 또는 일반적인 의학적 상태 관련 관계 문제(737)

V61.20 부모-자녀 관계 문제(737)

V61.10 파트너 관계 문제(737)

V61.8 형제자매 관계 문제(737)

V61.81 달리 분류되지 않는 관계 문제(737)

학대 또는 방치 관련 문제(738)

V61.21 아동 신체학대(관심의 초점이 피해자인 경우 995.54로 기록한다)(738)

V61.21 아동 성학대(관심의 초점이 피해자인 경우 995.53으로 기록한다)(738)

V61.21 아동 방치(관심의 초점이 피해자인 경우 995.52로 기록한다)(738)

___._ 성인 신체학대(738)

V61.12 (파트너에 의한 경우)

V62.83 (파트너 외의 사람에 의한 경우)
(관심의 초점이 피해자인 경우 995.81로 기록한다)

___._ 성인 성학대(738)

V61.12 (파트너에 의한 경우)

V62.83 (파트너 외의 사람에 의한 경우)
(관심의 초점이 피해자인 경우 995.83으로 기록한다)

임상적 관심의 초점이 될 수 있는 추가 상태(739)

V15.81 치료 불순종(739)

V65.2 꾀병(739)

V71.01 성인의 반사회적 행동(740)

V71.02 아동 또는 청소년의 반사회적 행동(740)
V62.89 경계선 수준의 지적 기능(740)
주의: 축2에 기록
780.9 노화에 의한 인지기능 쇠퇴(740)
V62.82 사별(740)
V62.3 학업 문제(741)
V62.2 직업 문제(741)
313.82 정체감 문제(741)
V62.89 종교적 또는 영적 문제(741)
V62.4 문화적응 문제(741)
V62.89 생애국면 문제(742)

추가 부호(743)

300.9 불특정 정신장애(비정신증)(743)
V71.09 축1 진단되는 상태 없음(743)
799.9 축1 진단되는 상태 보류(743)
V71.09 축2 진단 없음(743)
799.9 축2 진단 보류(743)

다축체계

축1 임상적 장애
임상적 관심의 초점이 될 수 있는 기타 상태
축2 성격장애
정신지체
축3 일반적인 의학적 상태
축4 심리사회적 및 환경적 문제
축5 전반적인 기능 평가

부록 D

상담 관련 기관

American Association for Marriage and Family Therapy
www.AAMFT.org
112 South Alfred St.
Alexandria, VA 22314
(703) 838-9808

American Counseling Association
www.counseling.org
5999 Stevenson Avenue
Alexandria, VA 22304
(703) 823-9800

American Psychological Association
www.APA.org
Division 17/Counseling Psychology
750 First Street, N.E.
Washington, DC 20002-4242
(202) 336-5500

Chi Sigma Iota
www.csi-net.org
P.O. Box 35448
Greensboro, NC 27425-5448
(336) 841-8180

Council for Accreditation of Counseling and Related Educational Programs(CACREP)
www.counseling.org/CACREP/main.htm
5999 Stevenson Avenue
Alexandria, VA 22304-3302
(800) 347-5547, ext.301

National Board for Certified Counselors, Inc.
www.nbcc.org
3 Terrace Way, Suite D
Greensboro, NC 27403-3660
(336) 547-0607

참고: 우리나라 상담 관련 기관/단체

한국청소년상담복지개발원
www.kyci.or.kr
서울특별시 중구 다산로 210번지
홍진빌딩 한국청소년상담복지개발원
02-2250-3000

한국상담학회
www.counselors.or.kr
서울특별시 용산구 서계동 223-33번지
SS빌라 가동 202호
02-875-5830

한국심리학회 상담심리분과학회
www.krcpa.or.kr
서울특별시 성동구 성수2가 3동 277-17

성수아카데미타워 1116호
02-498-8293

한국교육학회 상담교육분과학회
www.ekera.org
서울특별시 서초구 우면동 92-6
한국교육개발원
02-572-4696

한국가족치료학회
www.familytherapy.or.kr
전라북도 전주시 덕진구 덕진동1가 664-14
전북대학교 생활과학대학 아동학과 402호

참고문헌

AA World Services, Inc. (2002). *Alcoholics Anonymous: The story of how many thousands of men and women have recovered from alcoholism* (4th ed.). New York: Author.

Abudabeth, N., & Aseel, H. A. (1999). Transcultural counseling and Arab Americans. In J. McFadden (Ed.), *Transcultural counseling* (2nd ed., pp. 283-296). Alexandria, VA: American Counseling Association.

ACES-ASCA Joint Committee on the Elementary School Counselor. (1966). The elementary school counselor: Preliminary statement. *Personnel and Guidance Journal, 44*, 658-661.

Ackerman, N. W. (1958). *The psycho-dynamics of family life.* New York: Basic Books.

ACT, Inc. (1998). *DISCOVER.* Hunt Valley, MD: Author.

Adelman, H. S., & Taylor, L. (2002). School counselors and school reform: New directions. *Professional School Counseling, 5*, 235-248.

Adler, A. (1927). *Understanding human nature.* Greenwich, CT: Fawcett.

Adler, A. (1931). *What life should mean to you.* Boston: Little, Brown.

Adler, A. (1956). *The individual psychology of Alfred Adler: A systematic presentation in selections from his writings* (H. L. Ansbacher & R. R. Ansbacher, Eds.). New York: Norton.

Adler, A. (1964). *Social interest: A challenge to mankind.* New York: Capricorn.

Ahia, C. E. (2006). A cultural framework for counseling African Americans. In C. C. Lee (Ed.), *Multicultural issues in counseling* (3rd ed., pp. 57-62). Alexandria, VA: American Counseling Association.

Aiken, L. R., Jr., & Groth-Marnat, G. (2006). *Psychological testing and assessment* (12th ed.). Boston: Allyn & Bacon.

Akos, P., Cockman, C. R., & Strickland, C. A. (2007). Differentiating classroom guidance. *Professional School Counseling, 10*, 455-463.

Akos, P., Hamm, J. V., Mack, S. G., & Dunaway, F. (2007). Utilizing the development influence of peers in middle school groups. *Journal for Specialists in Group Work, 32*, 51-60.

Albee, G. W., & Gullotta, T. P. (1997). *Primary prevention works.* Thousand Oaks, CA: Sage.

Albert, K. A., & Luzzo, D. A. (1999). The role of perceived barriers in career development: A social cognitive perspective. *Journal of Counseling and Development, 77*, 431-436.

Alberti, R. E., & Emmons, M. L. (2001). *Your perfect right: Assertive and equality in your life and relationships* (8th ed.). San Luis Obispo, CA: Impact.

Aldridge, D. (1994). Single-case research designs for the creative art therapist. *Arts in Psychotherapy, 21*, 333-342.

Ali, S. R., & Saunders, J. L. (2006). College expectations of rural Appalachian youth: An exploration of social cognitive career theory factors. *Career Development Quarterly, 55*,

All, A. C., & Fried, J. H. (1994). Psychosocial issues surrounding HIV infection that affect rehabilitation. *Journal of Rehabilitation, 60*, 8-11.

Allan, J., & Brown, K. (1993). Jungian play therapy in elementary schools. *Elementary School Guidance and Counseling, 28*, 30-41.

Allen, G. (1977). *Understanding psychotherapy: Comparative perspectives.* Champaign, IL: Research Press.

Allen, V. B. (1986). A historical perspective of the AACD ethics committee. *Journal of Counseling and Development, 64*, 293.

Alter, G. (1995, May 29). What works. *Newsweek*, 18-24.

Altmaier, E. M., Greiner, M., & Griffin-Pierson, S. (1988). The new scholarship on women. *Journal of Counseling and Development, 66*, 345-346.

Alyn, J. H. (1988). The politics of touch in therapy: A response to Willison and Masson. *Journal of Counseling and Development, 66*, 432-433.

Ambler, D. A. (1989). Designing and managing programs: The administrator role. In U. Delworth, G. R. Hanson, & Associates (Eds.), *Student services: A handbook for the profession* (2nd ed., pp. 247-264). San Francisco: Jossey-Bass.

American Counseling Association. (2005). *ACA Code of Ethics*. Alexandria, VA: Author.

American Counseling Association. (2007, August 17). U.S. life expectancy slips in global standing. *ACAeNews, IV*. Retrieved August 17, 2007, from acamember-services@counseling.org

American Educational Research Association, American Psychological Association, and National Council on Measurement in Education. (1999, March). *Standards for educational and psychological tests* (Rev.). Washington, DC: American Educational Research Association.

American Psychiatric Association. (1994). *Diagnostic and statistical manual of mental disorders* (4th ed.). Washington, DC: Author.

American Psychiatric Association. (2000). *Diagnostic and statistical manual of mental disorders* (4th ed., text revision), DSM-IV-TR. Washington, DC: Author.

American School Counselor Association. (2002). *ASCA's national model: A foundation for school counseling programs*. Alexandria, VA: Author.

Americans with Disabilities Act. (1990, July 26). Public Law 101-336. Washington, DC: Government Printing Office.

Amos, W. E., & Williams, D. E. (1972). *Community counseling: A comprehensive team model for developmental services*. St. Louis, MO: Warren H. Green.

Amundson, N. E. (1996). Supporting clients through a change in perspective. *Journal of Employment Counseling, 33*, 155-162.

Anastasi, A. (1982). *Psychological testing* (5th ed.). New York: Macmillan.

Anastasi, A. (1992b). What counselors should know about the use and interpretation of psychological tests. *Journal of Counseling and Development, 70*, 610-615.

Anastasi, A., & Urbina, S. (1997). *Psychological testing* (7th ed.). Upper Saddle River, NJ: Prentice Hall.

Ancis, J. R., Sedlacek, W. E., & Mohr, J. J. (2000). Student perceptions of campus cultural climate by race. *Journal of Counseling and Development, 78*, 180-185.

Anderson, C. M., & Stewart, S. (1983). *Mastering resistance: A practical guide to family therapy*. New York: Guilford.

Anderson, D., & Swanson, C. (1994). *Legal issues in licensure*. Alexandria, VA: American Counseling Association.

Andronico, M. P. (Ed.). (1996). *Men in groups: Insights, interventions, and psychoeducational work*. Washington, DC: American Psychological Association.

Anton, J. L. (1978). Intensive experimental designs: A model for the counselor/researcher. *Personnel and Guidance Journal, 56*, 273-278.

Anton, W. D., & Reed, J. R. (1991). *College adjustment scales professional manual*. Odessa, FL: Psychological Assessment Resources.

Aplin, J. C. (1985). Business realities and organizational consultation. *Counseling Psychologist, 13*, 396-402.

Arredondo, P. (1998). Integrating multicultural counseling competencies and universal helping conditions in culture-specific contexts. *Counseling Psychologist, 26*, 592-601.

Arredondo, P., Rosen, D. C., Rice, T., Perez, P., & Tovar-Gamero, Z. G. (2005). Multicultural counseling: A 10-year content analysis of the Journal of Counseling & Development. *Journal of Counseling and Development, 83*, 155-161.

Arredondo, P., Toporek, R., Brown, S., Jones, J., Locke, D. C., Sanchez, J., et al. (1996). *Operationalization of the multicultural counseling competencies*. Alexandria, VA: Association for Multicultural Counseling and Development.

Arthur, G. L., & Swanson, C. D. (1993). *Confidentiality and privileged communication*. Alexandria, VA: American Counseling Association.

Ary, D. (1996). *Introduction to research in education* (5th ed.). New York: Harcourt Brace.

Ashby, J. S., & Rice, K. G. (2002). Perfectionism, dysfunctional attitudes, and self-esteem: A structural equations analysis. *Journal of Counseling and

Development, 80, 197–203.

Aslanian, C. B., & Brickell, H. M. (1980). *Americans in transition: Life changes as reasons for adult learning*. New York: College Entrance Examination Board.

Association for Specialists in Group Work. (1992). Professional standards for the training of group workers. *Journal for Specialists in Group Work, 17*, 12–19.

Association for Specialists in Group Work. (1998). Best practice guidelines. *Journal for Specialists in Group Work, 23*, 237–244.

Association for Specialists in Group Work. (2000). Professional standards for the training of group workers. *Journal for Specialists in Group Work, 25*, 327–342.

Astramovich, R. L., & Coker, K. (2007). Program evaluation: The accoutability bridge model for counselors. *Journal of Counseling and Development, 85*, 162–172.

Astramovich, R. L., & Harris, K. R. (2007). Promoting self-advocacy among minority students in school counseling. *Journal of Counseling and Development, 85*, 269–276.

Atlas, G., & Morier, D. (1994). The sorority rush process: Self-selection, acceptance criteria, and the effect of rejection. *Journal of College Student Development, 35*, 346–353.

Atkinson, D. R. (2004). *Counseling American minorities: A cross-cultural perspective* (6th ed.). New York: McGraw-Hill.

Aubrey, R. F. (1977). Historical development of guidance and counseling and implications for the future. *Personnel and Guidance Journal, 55*, 288–295.

Aubrey, R. F. (1979). Relationship of guidance and counseling to the established and emerging school curriculum. *School Counselor, 26*, 150–162.

Aubrey, R. F. (1982). A house divided: Guidance and counseling in twentieth-century America. *Personnel and Guidance Journal, 60*, 198–204.

Aubrey, R. F. (1983). The odyssey of counseling and images of the future. *Personnel and Guidance Journal, 61*, 78–82.

Aust, C. F. (1990). Using client's religious values to aid progress in therapy. *Counseling and Values, 34*, 125–129.

Austin, J. T. (1994). Minnesota Multiphasic Personality Inventory (MMPI-2). *Measurement and Evaluation in Counseling and Development, 27*, 178–185.

Auvenshine, D., & Noffsinger, A. L. (1984). *Counseling: An introduction for the health and human services*. Baltimore: University Park Press.

Avasthi, S. (1990). Native American students targeted for math and sciences. *Guidepost, 33*(6), 1, 6, 8.

Axelson, J. A. (1999). *Counseling and development in a multicultural society* (3rd ed.). Pacific Grove, CA: Brooks/Cole.

Azar, B. (1994, June). Could "policing" test use improve assessment? *APA Monitor, 25*, 16.

Bachman, R. W. (1975). Elementary school children's perceptions of helpers and their characteristics. *Elementary School Guidance and Counseling, 10*, 103–109.

Baggerly, J., & Parker, M. (2005). Child-centered group play therapy with African American boys at the elementary school level. *Journal of Counseling and Development, 83*, 387–396.

Bailey, W. R., Deery, N. K., Gehrke, M., Perry, N., & Whitledge, J. (1989). Issues in elementary school counseling: Discussion with American School Counselor Association leaders. *Elementary School Guidance and Counseling, 24*, 4–13.

Baker, S. (1996). Recollections of the boom era in school counseling. *School Counselor, 43*, 163–164.

Baker, S. B., & Gerler, E. R., Jr. (2008). *School counseling for the twenty-first century* (4th ed.). Upper Saddle River, NJ: Merrill/Prentice Hall.

Baker, S. B., & Shaw, M. C. (1987). *Improving counseling through primary prevention*. Upper Saddle River, NJ: Prentice Hall.

Baker, S. B., Swisher, J. D., Nadenichek, P. E., & Popowicz, C. L. (1984). Measured effects of primary prevention strategies. *Personnel and Guidance Journal, 62*, 459–464.

Baldwin, C. (1989). Peaceful alternatives: Inner peace. *Journal of Humanistic Education and Development, 28*, 86–92.

Balkin, R. S., & Roland, C. B. (2007). Reconceptualizing stabilization for counseling adolescents in brief psychiatric hospitalization: A new model. *Journal of Counseling and Development, 85*, 64–72.

Bandura, A. (1976). Effecting change through participant

modeling. In J. D. Krumboltz & C. E. Thoresen (Eds.), *Counseling methods* (pp. 248-265). New York: Holt, Rinehart & Winston.

Bandura, A. (1982). The psychology of chance encounters and life paths. *American Psychologist, 37*, 747-755.

Bandura, A. (2001). Social cognitive theory: An agentic perspective. *Annual Review of Psychology, 52*, 1-25.

Bankart, C. P. (1997). *Talking cures*. Pacific Grove, CA: Brooks/Cole.

Barker, S. B. (1997). Nicotine addiction: An interview with Lori Karan. *Journal of Addiction and Offender Counseling, 17*, 50-55.

Barkley, W. M. (1982). Introducing research to graduate students in the helping professions. *Counselor Education and Supervision, 21*, 327-331.

Barrett-Kruse, C., Martinez, E., & Carll, N. (1998). Beyond reporting suspected abuse: Positively influencing the development of the student within the classroom. *Professional School Counseling, 1*, 57-60.

Barrow, J. C., & Prosen, S. S. (1981). A model of stress and counseling interventions. *Personnel and Guidance Journal, 60*, 5-10.

Barstow, S. (1998, June). Managed care debate heats up in Congress. *Counseling Today, 1*, 26.

Bartlett, W. E., Lee, J. L., & Doyle, R. E. (1985). Historical development of the Association for Religious and Values Issues in Counseling. *Journal of Counseling and Development, 63*, 448-451.

Baruth, L. G., & Manning, M. L. (2007). *Multicultural counseling and psychotherapy: A lifespan perspective* (4th ed.). Upper Saddle River, NJ: Pearson/Prentice Hall.

Bateson, G. H., Jackson, D. D., Haley, J., & Weakland, J. (1956). Toward a theory of schizophrenia. *Behavioral Science, 1*, 251-264.

Bateson, G. H. (1971). The cybernetics of "self": A theory of alcoholism. *Psychiatry, 34*, 1-18.

Bauman, S., & Waldo, M. (1998). Existential theory and mental health counseling: If it were a snake it would have bitten! *Journal of Mental Health Counseling, 20*, 13-27.

Beale, A. V., & Nugent, D. G. (1996). The pizza connection: Enhancing career awareness. *Elementary School Guidance and Counseling, 30*, 294-303.

Beale, A. V., & Scott, P. C. (2001). "Bullybusters": Using drama to empower students to take a stand against bullying behavior. *Professional School Counseling, 4*, 300-305.

Beane, J. A. (1986). The self-enhancing middle-grade school. *School Counselor, 33*, 189-195.

Beaver, M. L. (1991). Life review/reminiscent therapy. In P. K. H. Kim (Ed.), *Serving the elderly: Skills for practice* (pp. 67-89). New York: Aldine de Gruyter.

Beck, A. T., & Weishaar, M. (2008). Cognitive therapy. In R. J. Corsini & D. Wedding (Eds.), *Current psychotherapies* (8th ed., pp. 263-294). Belmont, CA: Thomson Brooks/Cole.

Becky, D., & Farren, P. M. (1997). Teaching students how to understand and avoid abusive relationships. *School Counselor, 44*, 303-308.

Becvar, D. S. (1982). The family is not a group: Or is it? *Journal for Specialists in Group Work, 7*, 88-95.

Becvar, D. S., & Becvar, R. J. (2006). *Family therapy: A systematic integration* (6th ed.). Boston: Allyn & Bacon.

Beers, C. (1908). *A mind that found itself*. New York: Longman Green.

Befrienders International. (2007). *Befrienders Worldwide*. Retrieved August 7, 2007, from http://www-Befrienders.org/index.asp

Beiten, B. K., & Allen, K. R. (2005). Resilience in Arab American couples after September 11, 2001: A systems perspective. *Journal of Marital and Family Therapy, 31*, 251-267.

Bell, D. A. (1985, July 15 and 22). America's great success story: The triumph of Asian Americans. *The New Republic, 3678/3679*, 24-31.

Bell, J. E. (1975). *Family therapy*. New York: Aronson.

Bell, J. E. (1976). A theoretical framework for family group therapy. In P. J. Guerin (Ed.), *Family therapy: Theory and practice* (pp. 129-143). New York: Gardner.

Bemak, F. (1998, February 13). *Counseling at-risk students*. Presentation at Wake Forest University Institute for Ethics and Leadership in Counseling, Winston-Salem, NC.

Bemak, F., & Keys, S. (2000). *Violence and aggressive youth: Intervention and prevention strategies for changing times*. Thousand Oaks, CA: Sage.

Benjamin, A. (1987). *The helping interview* (4th ed.). Boston: Houghton Mifflin.

Benshoff, J. M., & Paisley, P. O. (1996). The structured peer consultation model for school counselors. *Journal of Counseling and Development, 74*, 314–318.

Benson, L. T., & Deeter, T. E. (1992). Moderators of the relation between stress and depression in adolescence. *School Counselor, 39*, 189–194.

Berdie, R. F. (1966). Student personnel work: Definition and redefinition. *Journal of College Student Personnel, 7*, 131–136.

Berenson, B. G., & Mitchell, K. M. (1974). *Confrontation: For better or worse*. Amherst, MA: Human Resource Development Press.

Berenson, D. (1992). The therapist's relationship with couples with an alcoholic member. In E. Kaufman & P. Kaufman (Eds.), *Family therapy of drug and alcohol abuse* (pp. 224–235). Boston: Allyn & Bacon.

Berg, B. (1986). *The assertiveness game*. Dayton, OH: Cognitive Counseling Resources.

Berg, B. (1989). *The anger control game*. Dayton, OH: Cognitive Counseling Resources.

Berg, B. (1990a). *The anxiety management game*. Dayton, OH: Cognitive Counseling Resources.

Berg, B. (1990b). *The depression management game*. Dayton, OH: Cognitive Counseling Resources.

Berg, B. (1990c). *The self-control game*. Dayton, OH: Cognitive Counseling Resources.

Berg-Cross, L. (2002). *Couples therapy* (2nd ed.). Thousand Oaks, CA: Sage.

Bergin, A. E. (1985). Proposed values for guiding and evaluating counseling and psychotherapy. *Counseling and Values, 29*, 99–115.

Bergin, A. E. (1992). Three contributions of a spiritual perspective to counseling, psychotherapy, and behavior change. In M. T. Burke & J. G. Miranti (Eds.), *Ethical and spiritual values in counseling* (pp. 5–15). Alexandria, VA: American Counseling Association.

Bergland, M. M., & Thomas, K. R. (1991). Psychosocial issues following severe head injury of adolescence: Individual and family perceptions. *Rehabilitation Counseling Bulletin, 35*, 5–22.

Bergman, J. S. (1985). *Fishing for barracuda*. New York: Norton.

Berkel, L. A., & Constantine, M. G. (2005). Relational variables and life satisfaction in African American and Asian American college women. *Journal of College Counseling, 8*, 5–13.

Bernard, J. M. (1986). Laura Perls: From ground to figure. *Journal of Counseling and Development, 64*, 367–373.

Bernard, J. M., & Goodyear, R. K. (2004). *Fundamentals of clinical super vision* (3rd ed.). Boston: Allyn & Bacon.

Berne, E. (1964). *Games people play*. New York: Grove.

Berrios, R., & Lucca, N. (2006). Qualitative methodology in counseling research: Recent contributions and challenges for a new century. *Journal of Counseling & Development, 84*, 174–186.

Bertalanffy, L. von (1968). *General systems theory: Foundations, development, application*. New York: Brazillier.

Berube, E., & Berube, L. (1997). Creating small groups using school and community resources to meet student needs. *School Counselor, 44*, 294–302.

Betsworth, D. G., & Fouad, N. A. (1997). Vocational interests: A look at the past 70 years and a glance at the future. *Career Development Quarterly, 46*, 23–47.

Betz, N., & Fitzgerald, L. (1987). *The career psychology of women*. New York: Academic Press.

Beymer, L. (1971). Who killed George Washington? *Personnel and Guidance Journal, 50*, 249–253.

Birren, J. E., Schaie, K. W., & Gatz, M. (Eds.). (1996). *Handbook of the psychology of aging* (4th ed.). San Diego: Academic Press.

Bishop, J. B. (1990). The university counseling center: An agenda for the 1990s. *Journal of Counseling and Development, 68*, 408–413.

Bishop, J. B. (1992). The changing student culture: Implications for counselors and administrators. *Journal of College Student Psychotherapy, 6*, 37–57.

Bishop, J. B., Gallagher, R. P., & Cohen, D. (2000). College students' problems: Status, trends, and research. In D. C. Davis and K. M. Humphrey (Eds.), *College counseling: Issues and strategies for a new millennium* (pp. 89–110). Alexandria, VA: American Counseling Association.

Bitter, J. A. (1979). *Introduction to rehabilitation*. St. Louis: Mosby.

Blackorby, J., & Wagner, M. (1996). Longitudinal postschool outcomes of youth with disabilities: Findings from the national longitudinal transition study. *Exceptional Children, 62*, 399–413.

Blake, R. (1975). Counseling in gerontology. *Personnel and Guidance Journal, 53,* 733–737.

Blake, R. (1982). Assessing the counseling needs of older persons. *Measurement and Evaluation in Guidance, 15,* 188–193.

Blanck, G., & Blanck, R. (1979). *Egopsychology II: Psychoanalytic developmental psychology.* New York: Columbia University Press.

Blatner, A. (2000). *Foundations for psychodrama: History, theory, and practice* (4th ed.). New York: Springer.

Blimling, G. S., & Miltenberger, L. J. (1981). *The resident assistant.* Dubuque, IA: Kendall/Hunt.

Bloch, D. P. (1988). *Reducing the risk: Using career information with at-risk youth.* Eugene, OR: Career Information Systems.

Bloch, D. P. (1989). Using career information with dropouts and at-risk youth. *Career Development Quarterly, 38,* 160–171.

Bloland, P. A. (1986). Student development: The new orthodoxy? Part 1. *ACPA Developments, 13,* 1, 13.

Bloland, P. A. (1992, December). Qualitative research in student affairs. *CAPS Digest,* EDO-CG92.26.

Bloom, M. (1996). *Primary prevention practices.* Thousand Oaks, CA: Sage.

Bobo, M., Hildreth, B. L., & Durodoye, B. (1998). Changing patterns in career choices among African-American, Hispanic, and Anglo children. *Professional School Counseling, 1*(4), 37–42.

Boesch, R., & Cimbolic, P. (1994). Black students' use of college and university counseling centers. *Journal of College Student Development, 35,* 212–216.

Bohart, A. C. (1995). The person-centered psychotherapies. In A. S. Gurman & S. B. Messer (Eds.), *Essential psychotherapies* (pp. 85–127). New York: Guilford.

Bolles, R. N., & Nelson, J. E. (2007). *What color is your parachute?* Berkeley, CA: Ten Speed Press.

Bolton, B. (2001). Measuring rehabilitation outcomes. *Rehabilitation Counseling Bulletin, 44,* 67–75.

Bolton, B., & Jaques, M. E. (1978). Rehabilitation counseling research: Editorial introduction. In B. Bolton & M. E. Jaques (Eds.), *Rehabilitation counseling: Theory and practice* (pp. 163–165). Baltimore: University Park Press.

Bolton, R. (1979). *People skills: How to assert yourself, listen to others, and resolve conflicts.* Upper Saddle River, NJ: Prentice Hall.

Bonebrake, C. R., & Borgers, S. B. (1984). Counselor role as perceived by counselors and principals. *Elementary School Guidance and Counseling, 18,* 194–199.

Borders, L. D. (2002). School counseling in the 21st century: Personal and professional reflections. *Professional School Counseling, 5,* 180–185.

Borders, L. D., & Brown, L. L. (2005). *The new handbook of counseling supervision.* Mahwah, NJ: Erlbaum.

Borders, L. D., & Drury, S. M. (1992). Comprehensive school counseling programs: A review for policymakers and practitioners. *Journal of Counseling and Development, 70,* 487–498.

Borders, L. D., & Leddick, G. R. (1987). *Handbook of counseling super vision.* Alexandria, VA: Association for Counselor Education and Supervision.

Borders, L. D., & Leddick, G. R. (1988). A nationwide survey of super vision training. *Counselor Education and Supervision, 27,* 271–283.

Borders, L. D. (Ed.). (1994). *Supervision: Exploring the effective components.* Greensboro, NC: ERIC/CASS.

Borders, S., & Paisley, P. O. (1992). Children's literature as a resource for classroom guidance. *Elementary School Guidance and Counseling, 27,* 131–139.

Borgen, W. A. (1997). People caught in changing career opportunities: A counseling perspective. *Journal of Employment Counseling, 34,* 133–143.

Bowen, M. (1960). A family concept of schizophrenia. In D. D. Jackson (Ed.), *The etiology of schizophrenia* (pp. 346–372). New York: Basic Books.

Bowen, M. (1976). Theory in the practice of psychotherapy. In P. J. Guerin, Jr. (Ed.), *Family therapy: Theory and practice* (pp. 42–90). New York: Gardner.

Bowen, M. (1978). *Family therapy in clinical practice.* New York: Aronson.

Bowman, J. T., & Reeves, T. G. (1987). Moral development and empathy in counseling. *Counselor Education and Super vision, 26,* 293–298.

Bowman, R. P. (1986). Peer facilitator programs for middle graders: Students helping each other grow up. *School Counselor, 33,* 221–229.

Boy, A. V., & Pine, G. J. (1968). *The counselor in the schools: A reconceptualization.* Boston: Houghton Mifflin.

Boy, A. V., & Pine, G. J. (1983). Counseling: Fundamentals of theoretical renewal. *Counseling and Values, 27,* 248–255.

Boyer, S. P., & Sedlacek, W. E. (1989). Noncognitive predictors of counseling center use by international students. *Journal of Counseling and Development, 67,* 404–407.

Boyle, P. S. (1994). Rehabilitation counselors as providers: The issue of sexuality. *Journal of Applied Rehabilitation Counseling, 25,* 6–10.

Braaten, L. J. (1986). Thirty years with Rogers's necessary and sufficient conditions of therapeutic personality change. *Person-Centered Review, 1,* 37–49.

Bradley, L. J. (1984). Lifespan career assessment for counselors and educators. *Counseling and Human Development, 16,* 1–16.

Bradley, M. K. (1978). Counseling past and present: Is there a future? *Personnel and Guidance Journal, 57,* 42–45.

Bradley, R. W. (1994). Tests and counseling: How did we ever become partners? *Measurement and Evaluation in Counseling and Development, 26,* 224–226.

Bradley, R. W., & Cox, J. A. (2001). Counseling: Evolution of the profession. In D. C. Locke, J. E. Myers, & E. L. Herr (Eds.), *The handbook of counseling* (pp. 27–41). Thousand Oaks, CA: Sage.

Brammer, L. M., Abrego, P., & Shostrom, E. (1993). *Therapeutic counseling and psychotherapy* (6th ed.). Upper Saddle River, NJ: Merrill/Prentice Hall.

Brammer, L. M., & MacDonald, G. (2003). *The helping relationship* (8th ed.). Boston: Allyn & Bacon.

Brammer, R. (2004). *Diversity in counseling*. Belmont, CA: Thomson Brooks/Cole.

Brandt, R. (1959). *Ethical theory*. Upper Saddle River, NJ: Prentice Hall.

Bratcher, W. E. (1982). The influence of the family on career selection: A family systems perspective. *Personnel and Guidance Journal, 61,* 87–91.

Bratina, T. G., & Bratina, T. A. (1998). Electronic career search. *Journal of Employment Counseling, 35,* 17–25.

Braun, S. A., & Cox, J. A. (2005). Managed mental health care: Intentional misdiagnosis of mental disorders. *Journal of Counseling and Development, 83,* 425–433.

Brewer, J. M. (1932). *Education as guidance*. New York: Macmillan.

Brewer, J. M. (1942). *History of vocational guidance*. New York: Harper.

Brinson, J. A. (1996). Cultural sensitivity for counselors: Our challenge for the twenty-first century. *Journal of Humanistic Education and Development, 34,* 195–206.

Bristow-Braitman, A. (1995). Addiction recovery: 12-step program and cognitive-behavioral psychology. *Journal of Counseling and Development, 73,* 414–418.

Broverman, I., Broverman, D., Clarkson, F., Rosenkrantz, P., & Vogel, S. (1970). Sexrole stereotypes and clinical judgments of mental health. *Journal of Consulting and Clinical Psychology, 34,* 1–7.

Brown, D. (1985). Career counseling: Before, after or instead of personal counseling. *Vocational Guidance Quarterly, 33,* 197–201.

Brown, D. (1989). The preservice training and supervision of consultants. *Counseling Psychologist, 13,* 410–425.

Brown, D. (1993). Training consultants: A call to action. *Journal of Counseling and Development, 72,* 139–143.

Brown, D. (1997). Implications of cultural values for cross-cultural consultation with families. *Journal of Counseling and Development, 76,* 29–35.

Brown, D. (2002). The role of work and cultural values in occupational choice, satisfaction, and success: A theoretical statement. *Journal of Counseling and Development, 80,* 48–56.

Brown, D. (2007). *Career information, career counseling, and career development* (9th ed.). Boston: Allyn & Bacon.

Brown, D., Pryzwansky, W. B., & Schulte, A. C. (2005). *Psychological consultation* (6th ed.). Boston: Allyn & Bacon.

Brown, J. A. (1983). Consultation. In J. A. Brown & R. H. Pate, Jr. (Eds.), *Being a counselor: Directions and challenges* (pp. 124–146). Pacific Grove, CA: Brooks/Cole.

Brown, M. B. (2000). Diagnosis and treatment of children and adolescents with attention deficit/hyperactivity disorder. *Journal of Counseling and Development, 78,* 195–203.

Brown, M. B. (2006). School-based health centers: Implications for counselors. *Journal of Counseling and Development, 84,* 187–191.

Brown, N. M. (1990). Men nurturing men. *Family Therapy Networker, 14,* 11.

Brown, N. W. (1998). *Psychoeducational groups*. Muncie, IN: Accelerated Development.

Brown, R. D. (1986). Editorial. *Journal of College Student Personnel, 27*, 99.

Brown, T., & Helms, J. (1986). The relationship between psychological development issues and anticipated self-disclosure. *Journal of College Student Personnel, 27*, 136-141.

Bubenzer, D., Zimpfer, D., & Mahrle, C. (1990). Standardized individual appraisal in agency and private practice: A survey. *Journal of Mental Health Counseling, 12*, 51-66.

Buelow, G. (1995). Comparing students from substance abusing and dysfunctional families: Implications for counseling. *Journal of Counseling and Development, 73*, 327-330.

Buhler, C., & Allen, M. (1972). *Introduction to humanistic psychology*. Pacific Grove, CA: Brooks/Cole.

Bullis, R. K. (1993). *Law and the management of a counseling agency or private practice*. Alexandria, VA: American Counseling Association.

Bunch, B. J., Lund, N. L., & Wiggins, F. K. (1983). Self-disclosure and perceived closeness in the development of group process. *Journal for Specialists in Group Work, 8*, 59-66.

Bundy, M. L., & Poppen, W. A. (1986). School counselors' effectiveness as consultants: A research review. *Elementary School Guidance and Counseling, 20*, 215-222.

Burch, M. A., & Skovholt, T. M. (1982). Counseling services and men in need: A problem in person-environment matching. *AMHCA Journal, 4*, 89-96.

Burck, H. D., & Peterson, G. W. (1975). Needed: More evaluation, not research. *Personnel and Guidance Journal, 53*, 563-569.

Burgess, A. W., & Holstrom, L. L. (1974). Rape trauma syndrome. *American Journal of Psychiatry, 131*, 981-986.

Burke, J. F. (1989). *Contemporary approaches to psychotherapy and counseling*. Pacific Grove, CA: Brooks/Cole.

Burke, K. L. (1993). The negative stereotyping of student athletes. In W. D. Kirk & S. V. Kirk (Eds.), *Student athletes: Shattering the myths and sharing the realities* (pp. 93-98). Alexandria, VA: American Counseling Association.

Burke, M. T., Hackney, H., Hudson, P., Miranti, J., Watts, G. A., & Epp, L. (1999). Spirituality, religion, and CACREP curriculum standards. *Journal of Counseling and Development, 77*, 251-257.

Burke, M. T., & Miranti, J. G. (1995). *Counseling: The spiritual dimension. Alexandria,* VA: American Counseling Association.

Burrow-Sanchez, J. J. (2006). Understanding adolescent substance abuse: Prevalence, risk factors, and clinical implications. *Journal of Counseling and Development, 84*, 283-290.

Butcher, J. N. (1994). The MMPI-2: A new standard for personality assessment and research in counseling settings. *Measurement and Evaluation in Counseling and Development, 27*, 131-150.

Butcher, J. N., Williams, C. L., & Fowler, R. D. (2001). *Essentials of MMPI-2 and MMPI-A interpretation* (2nd ed.). Minneapolis: University of Minnesota Press.

Butler, K. (1990). Spirituality reconsidered. *Family Therapy Networker, 14*, 26-37.

Butler, K. (1994, July/August). Duty of care. *Family Therapy Networker, 18*, 10-11.

Butler, R. N. (1998). *Aging and mental health: Positive psychosocial and biomedical approaches* (5th ed.). Boston: Allyn & Bacon.

Butler, R. N. (2001). Ageism. In G. L. Maddox (Ed.), *Encyclopedia of aging* (Vol. A-L, 3rd ed., p. 38). New York: Springer.

Bynner, J. M. (1997). Basic skills in adolescents' occupational preparation. *Career Development Quarterly, 45*, 300-321.

Calley, N. G. (2007). Integrating theory and research: The development of a research-based treatment program for juvenile male sex offenders. *Journal of Counseling and Development, 85*, 131-142.

Callis, R. (1985). Minnesota School Attitude Survey, Lower and Upper Forms. *Journal of Counseling and Development, 63*, 382.

Campbell, A., & Katona, G. (1953). The sample survey: A technique for social science research. In L. Festinger & D. Katz (Eds.), *Research methods in the behavioral sciences* (pp. 15-55). New York: Dryden.

Campbell, C. (1993a). Strategies for reducing parent resistance to consultation in the schools. *Elementary School Guidance and Counseling, 28*, 83-90.

Campbell, C. A. (1993b). Play, the fabric of elementary school counseling programs. *Elementary School Guidance and Counseling, 28,* 10–16.

Campbell, C. A., & Dahir, C. A. (1997). *Sharing the vision: The national standard for school counseling programs.* Alexandria, VA: American School Counselors Association.

Campbell, D. (1974). *If you don't know where you're going you'll probably end up somewhere else.* Niles, IL: Argus.

Campbell, D. T., & Stanley, J. C. (1963). *Experimental and quasi-experimental designs for research.* Chicago: Rand McNally.

Canaff, A. L. (1997). Later life career planning: A new challenge for career counselors. *Journal of Employment Counseling, 34,* 85–93.

Canon, H. J. (1985). Ethical problems in daily practice. In H. J. Canon & R. D. Brown (Eds.), *Applied ethics in student services* (pp. 5–15). San Francisco: Jossey-Bass.

Canon, H. J. (1988). Nevitt Sanford: Gentle prophet, Jeffersonian rebel. *Journal of Counseling and Development, 66,* 451–457.

Canon, H. J. (1989). Guiding standards and principles. In U. Delworth, G. R. Hanson, & Associates (Eds.), *Student services: A handbook for the professional* (2nd ed., pp. 57–79). San Francisco: Jossey-Bass.

Caplan, G. (1964). *Principles of preventive psychiatry.* New York: Basic Books.

Caplan, G. (1970). *The theory and practice of mental health consultation.* New York: Basic Books.

Caplan, G., & Caplan, R. (1993). *Mental health consultation and collaboration.* San Francisco: Jossey-Bass.

Capuzzi, D. (1994). *Suicide prevention in the schools.* Alexandria, VA: American Counseling Association.

Capuzzi, D. (Ed.). (2008). *Youth at risk: A preventive resource for counselors, teachers, and parents* (4th ed.). Alexandria, VA: American Counseling Association.

Carey, J. C., & Dimmit, C. (2006). Resources for school counselors and counselor educators: The Center for School Counseling and Outcome Research. *Professional School Counseling, 9,* 416–420.

Carey, J. C., Williams, K. S., & Wells, M. (1988). Relationships between dimensions of supervisors' influence and counselor trainees' performance. *Counselor Education and Supervision, 28,* 130–139.

Carkhuff, R. R. (1969). *Helping and human relations* (Vols. 1 & 2). New York: Holt, Rinehart & Winston.

Carkhuff, R. R. (1972). *The art of helping.* Amherst, MA: Human Resource Development Press.

Carkhuff, R. R. (2000). *The art of helping* (8th ed.). Amherst, MA: Human Resource Development Press.

Carkhuff, R. R., & Anthony, W. A. (1979). *The skills of helping.* Amherst, MA: Human Resource Development Press.

Carkhuff, R. R., & Berenson, B. G. (1967). *Beyond counseling and psychotherapy.* New York: Holt, Rinehart & Winston.

Carlson, J., & Ardell, D. E. (1988). Physical fitness as a pathway to wellness and effective counseling. In R. Hayes & R. Aubrey (Eds.), *New directions for counseling and human development* (pp. 383–396). Denver: Love.

Carlson, J., & Dinkmeyer, D., Jr. (2001). *Consultation: Creating school-based interventions.* New York: Brunner/Mazel.

Carlson, J., Watts, R. E., & Maniacci, M. (Eds.). (2006). *Adlerian therapy: Theory and practice.* Washington, DC: American Psychological Association.

Carlson, J. G. (1989). Rebuttal. The MBTI: Not ready for routine use in counseling. A reply. *Journal of Counseling and Development, 67,* 489.

Carmichael, K. D. (1994). Sand play as an elementary school strategy. *Elementary School Guidance and Counseling, 28,* 302–307.

Carnegie Task Force on Meeting the Needs of Young Children. (1994). *Starting points: Meeting the needs of our youngest children.* New York: Author.

Carney, J. V., & Hazler, R. J. (1998). Suicide and cognitive-behavioral counseling: Implications for mental health counselors. *Journal of Mental Health Counseling, 20,* 28–41.

Carrese, M. A. (1998). Managing stress for college success through self-hypnosis. *Journal of Humanistic Education and Development, 36,* 134–142.

Carroll, L., Gilroy, P. J., & Ryan, J. (2002). Counseling transgendered, transsexual, and gender-variant clients. *Journal of Counseling and Development, 80,* 131–139.

Carroll, M. R., & Levo, L. (1985). The association for specialists in group work. *Journal of Counseling *and Development, 63,* 453-454.

Carruthers, W. L., Sweeney, B., Kmitta, D., & Harris, G. (1996). Conflict resolution: An examination of the research literature and a model for program evaluation. *School Counselor, 44,* 5-18.

Carson, R. C., Butcher, J. N., & Mineka, S. (2000). Mood disorder and suicide. In *Abnormal psychology and modern life* (11th ed., pp. 209-267). Boston: Allyn & Bacon.

Carter, B., & McGoldrick, M. (1999). *The expanded family life cycle: Individual, family, and social perspectives* (3rd ed.). Boston: Allyn & Bacon.

Carter, R. T. (1990). The relationship between racism and racial identity among white Americans: An exploratory investigation. *Journal of Counseling and Development, 69,* 46-50.

Casey, J. M. (1996). Gail F. Farwell: A developmentalist who lives his ideas. *School Counselor, 43,* 174-180.

Cashwell, C. S., & Vacc, N. A. (1996). Family functioning and risk behaviors: Influences on adolescent delinquency. *School Counselor, 44,* 105-114.

Cautilli, J., & Skinner, L. (1996, September). Combating youth violence through wrap-around service. *Counseling Today,* 12.

Cavanagh, M. E. (1990). *The counseling experience.* Prospect Heights, IL: Waveland.

Cecil, J. H., & Cobia, D. C. (1990). Educational challenge and change. In H. Hackney (Ed.), *Changing contexts for counselor preparation in the 1990s* (pp. 21-36). Alexandria, VA: Association for Counselor Education and Supervision.

Center on Addiction and Substance Abuse. (1995). *American adolescence.* New York: Columbia University Press.

Chandler, C. K., Holden, J. M., & Kolander, C. A. (1992). Counseling for spiritual wellness: Theory and practice. *Journal of Counseling and Development, 71,* 168-175.

Chang, D. F., Tong, H., Shi, Q., & Zeng, Q. (2005). Letting a hundred flowers bloom: Counseling and psychotherapy in the People's Republic of China. *Journal of Mental Health Counseling, 27,* 104-116.

Chao, R., & Good, G. E. (2004). Nontraditional students' perspectives on college education: A qualitative study. *Journal of College Counseling, 7,* 5-12.

Chauvin, J. C., & Remley, T. P., Jr. (1996). Responding to allegations of unethical conduct. *Journal of Counseling and Development, 74,* 563-568.

Chen, X. (2007). *Part-time undergraduates in post secondary education 2003-04.* Washington, DC: U.S. Department of Education.

Chen-Hayes, S. F. (1997). Counseling lesbian, bisexual, and gay persons in couple and family relationships: Overcoming the stereotypes. *Family Journal, 5,* 236-240.

Chernin, J., Holden, J. M., & Chandler, C. (1997). Bias in psychological assessment: Heterosexism. *Measurement and Evaluation in Counseling and Development, 30,* 68-76.

Cheston, S. E. (2000). A new paradigm for teaching counseling theory and practice. *Counselor Education and Supervision, 39,* 254-269.

Chew, A. L. (1984). Training counselors to interpret psychoeducational evaluations: A course model. *Counselor Education and Supervision, 24,* 114-119.

Chickering, A. W., & Reisser, L. (1993). *Education and identity* (2nd ed.). San Francisco: Jossey-Bass.

Child Abuse. (2007). American Academy of Pediatrics (Retrieved December 28, 2007 from http://www.aap.org/publiced/BK0_ChildAbuse.htm)

Childers, J. H., Jr., & Couch, R. D. (1989). Myths about group counseling: Identifying and challenging misconceptions. *Journal for Specialists in Group Work, 14,* 105-111.

Chisolm, M. S. (1998, May 15). Colleges need to provide early treatment of students' mental illnesses. *Chronicle of Higher Education, 44,* B6-B7.

Chojnacki, J. T., & Gelberg, S. (1994). Toward a conceptualization of career counseling with gay/lesbian/bisexual persons. *Journal of Career Development, 21,* 3-9.

Chope, R. C. (2006). *Family matters: The influence of the family in career decision making.* Austin, TX: Pro-Ed.

Christenbury, L. (Ed.). (1995). *Books for you.* Chicago: National Council of Teachers of English.

Christenbury, L., Beale, A. V., & Patch, S. S. (1996). Interactive bibliocounseling: Recent fiction and nonfiction for adolescents and their counselors. *School Counselor, 44,* 133-145.

Christopher, J. C. (1996). Counseling's inescapable moral visions. *Journal of Counseling and Development,*

75, 17-25.

Chung, R., C-Y. (2005). Women, human rights, and counseling: Crossing international boundaries. *Journal of Counseling and Development, 83,* 262-268.

Chung, R., C-Y., & Bemak, F. (2002). The relationship of culture and empathy in cross-cultural counseling. *Journal of Counseling and Development, 80,* 154-159.

Chusmir, L. H. (1990). Men who make nontraditional career choices. *Journal of Counseling and Development, 69,* 11-16.

Claiborn, C. D. (1979). Counselor verbal intervention, non-verbal behavior and social power. *Journal of Counseling psychology, 26,* 378-383.

Clark, A. J. (2004). Empathy: Implications of three ways of knowing in counseling. *Journal of Humanistic Counseling, Education and Development, 43,* 141-151.

Clark, A. J. (2007). *Empathy in counseling and psychotherapy: Perspectives and practices.* Mahwah, NJ: Erlbaum.

Clarke, N. E., & Crowe, N. M. (2000). Stakeholder attitudes toward ADA title I: Development of an indirect measurement method. *Rehabilitation Counseling Bulletin, 43,* 58-65.

Clawson, T. W., Henderson, D. A., & Schweiger, W. K. (2004). *Counselor preparation: Programs, faculty, trends* (11th ed.). New York: Brunner-Routledge.

Clawson, T. W., & Wildermuth, V. (1992, December). The counselor and NBCC. *CAPS Digest,* EDO-CG-92-14.

Clay, D. L., Anderson, W. P., & Dixon, W. A. (1993). Relationship between anger expression and stress in predicting depression. *Journal of Counseling and Development, 72,* 91-94.

Clemens, E. (2007). Developmental counseling and therapy as a model for school counselor consultation with teachers. *Professional School Counseling, 10,* 352-359.

Cleveland, P. H., & Lindsey, E. W. (1995). Solution-focused family interventions. In A. C. Kilpatrick & T. P. Holland (Eds.), *Working with families* (pp. 145-160). Boston: Allyn & Bacon.

Cobia, D. C., & Henderson, D. A. (2007). *Developing an effective and accountable school counseling program* (2nd ed.). Upper Saddle River, NJ: Prentice Hall.

Cobia, D. C., & Pipes, R. B. (2002). Mandated supervision: An intervention for disciplined professionals. *Journal of Counseling and Development, 80,* 140-144.

Cobia, D. C., Sobansky, R. R., & Ingram, M. (2004). Female survivors of childhood sexual abuse: Implications for couples' therapists. *The Family Journal: Counseling and Therapy for Couples and Families, 12,* 312-318.

Cochran, J. L. (1996). Using play and art therapy to help culturally diverse students overcome barriers to school success. *School Counselor, 43,* 287-298.

Cohen, G. D. (2000). *The creative age.* New York: Avon.

Cohen, J. (1990). Things I have learned (so far). *American Psychologist, 45,* 1304-1312.

Cohen, M. N. (1998, April 17). Culture, not race, explains human diversity. *Chronicle of Higher Education,* B4-B5.

Colangelo, N. (1985). Overview. *Elementary School Guidance and Counseling, 19,* 244-245.

Colangelo, N., & Pulvino, C. J. (1980). Some basic concerns in counseling the elderly. *Counseling and Values, 24,* 68-73.

Colapinto, J. (2000). Structural family therapy. In A. M. Horne (Ed.), *Family counseling and therapy* (3rd ed., pp. 140-169). Itasca, IL: F. E. Peacock.

Colbert, R. D., Vernon-Jones, R., & Pransky, K. (2006). The school change feedback process: Creating a new role for counselors in education reform. *Journal of Counseling and Development, 84,* 72-82.

Cole, C. G. (1982). Career guidance for middle junior high school students. *Vocational Guidance Quarterly, 30,* 308-314.

Cole, C. G. (1988). *Guidance in middle level schools: Everyone's responsibility.* Columbus, OH: National Middle School Association.

Coleman, H. L. K. (1998). General and multicultural counseling competency: Apples and oranges? *Journal of Multicultural Counseling and Development, 26,* 147-156.

Coll, K. M. (1993). Student attitudinal changes in a counseling ethics course. *Counseling and Values, 37,* 165-170.

Coll, K. M., Thobro, P., & Hass, R. (2004). Relational and purpose development in youth offenders. *Journal of Humanistic Counseling, Education and Development, 43,* 41-49.

Collins, B. G., & Collins, T. M. (1994). Child and adolescent mental health: Building a system of care. *Journal of Counseling and Development, 72,* 239–243.

Collins, N. M., & Pieterse, A. L. (2007). Critical incident analysis based training: An approach for developing active racial/cultural awareness. *Journal of Counseling and Development, 85,* 14–23.

Collison, B. B. (1981). Counseling adult males. *Personnel and Guidance Journal, 60,* 219–222.

Collison, B. B. (1982). Needs assessment for guidance program planning: A procedure. *School Counselor, 30,* 115–121.

Combs, A. (1982). *A personal approach to teaching: Beliefs that make a difference.* Boston: Allyn & Bacon.

Commission on Substance Abuse at Colleges and Universities. (1994). *Rethinking rites of passage: Substance abuse on America's campuses.* New York: Center on Addiction and Substance Abuse at Columbia University.

Compass, B. E., Connor-Smith, J. K., Saltzman, H., Thomsen, A. H., & Wadsworth, M. E. (2001). Coping with stress during childhood and adolescence: Problems, progress, and potential in theory and research. *Psychological Bulletin, 127,* 87–127.

Conoley, J. C. (1981). Emergent training issues in consultation. In J. C. Conoley (Ed.), *Consultation in schools: Theory, research procedures* (pp. 223–263). New York: Academic Press.

Conoley, J. C., & Conoley, C. W. (1992). *School consultation: Practice and training* (2nd ed.). Boston: Allyn & Bacon.

Constantine, M. G., Hage, S. M., Kindaichi, M. M., & Bryant, R. M. (2007). Social justice and multicultural issues: Implications for the practice and training of counselors and counseling psychologists. *Journal of Counseling and Development, 85,* 24–29.

Conyne, R. K. (1975). Environmental assessment: Mapping for counselor action. *Personnel and Guidance Journal, 54,* 150–154.

Conyne, R. K. (1998). What to look for in groups: Helping trainees become more sensitive to multicultural issues. *Journal for Specialists in Group Work, 23,* 22–32.

Conyne, R. K., & Cook, E. (2004). *Ecological counseling: An innovative approach to conceptualizing person-environment interaction.* Alexandria, VA: American Counseling Association.

Cook, A. S., & McBride, J. S. (1982). *Divorce: Helping children cope. School Counselor, 30,* 89–94.

Cook, D., Bolton, B., Bellini, J., & Neath, J. (1997). A statewide investigation of the rehabilitation counselor generalist hypothesis. *Rehabilitation Counseling Bulletin, 40, 192–201.*

Cook, D. W. (1989). Systematic need assessment: A primer. *Journal of Counseling and Development, 67,* 462–464.

Cook, E. P. (Ed.). (1993). *Women, relationships, and power: Implications for counseling.* Alexandria, VA: American Counseling Association.

Cook, E. P., Heppner, M. J., & O'Brien, K. M. (2002). Career development of women of color and White women: Assumptions, conceptualizations, and interventions from an ecological perspective. *Career Development Quarterly, 50,* 291–305.

Cooper, D. L., Healy, M., & Simpson, J. (1994). Student development through involvement: Specific changes over time. *Journal of College Student Development, 35,* 98–101.

Coppock, M. W. (1993). Small group plan for improving friendships and self-esteem. *Elementary School Guidance and Counseling, 28,* 152–154.

Corcoran, K. O., & Mallinckrodt, B. (2000). Adult attachment, self-efficacy, perspective taking, and conflict resolution. *Journal of Counseling and Development, 78,* 473–483.

Corey, G. (2005). *Theory and practice of counseling and psychotherapy* (7th ed.). Belmont, CA: Thomson Brooks/Cole.

Corey, G. (2008). *Theory and practice of group counseling* (7th ed.). Belmont, CA: Thomson Brooks/Cole.

Corey, G., Corey, M. S., & Callanan, P. (2007). *Issues and ethics in the helping professions* (7th ed.). Belmont, CA: Thomson Brooks/Cole.

Cormier, L. S., & Cormier, W. H. (1998). *Fundamental skills and cognitive behavioral interventions* (4th ed.). Pacific Grove, CA: Brooks/Cole.

Cormier, L. S., & Hackney, H. (2008). *Counseling strategies and interventions* (7th ed.). Boston: Pearson/Allyn & Bacon.

Cormier, W. H., & Cormier, L. S. (1998). *Interviewing strategies for helpers* (4th ed.). Pacific Grove, CA: Brooks/Cole.

Cornelius-White, J. H. D. (2005). Teaching person-centered multicultural counseling: Collaborative endeavors to transcend resistance and increase awareness. *Journal of Humanistic Counseling, Education and Development, 44,* 225-236.

Corsini, R. J. (2008). Introduction. In R. J. Corsini & D. Wedding (Eds.), *Current psychotherapies* (8th ed., pp. 1-13). Belmont, CA: Thomson Brooks/Cole.

Corsini, R. J., & Wedding, D. (Eds.). (2008). *Current psychotherapies* (8th ed.). Belmont, CA: Thomson Brooks/Cole.

Costa, L., & Altekruse, M. (1994). Duty-to-warn guidelines for mental health counselors. *Journal of Counseling and Development, 72,* 346-350.

Cottone, R. R., & Claus, R. E. (2000). Ethical decision-making models: A review of the literature. *Journal of Counseling and Development, 78,* 279.

Cottone, R. R., Grelle, M., & Wilson, W. C. (1988). The accuracy of systemic versus psychological evidence in judging vocational evaluator recommendations: A preliminary test of a systemic theory of vocational rehabilitation. *Journal of Rehabilitation, 54,* 45-52.

Cottone, R. R., & Tarvydas, V. M. (2007). *Ethical and professional issues in counseling* (3rd ed.). Upper Saddle River, NJ: Merrill/Prentice Hall.

Couch, R. D. (1995). Four steps for conducting a pregroup screening inter view. *Journal for Specialists in Group Work, 20,* 18-25.

Council for Accreditation of Counseling and Related Educational Programs. (2001). *CACREP accreditation manual.* Alexandria, VA: Author.

Council for the Advancement of Standards in Higher Education. (2006). *CAS professional standards for higher education* (6th ed.). Washington, DC: Author.

Coven, A. B. (1977). Using Gestalt psychodrama experiments in rehabilitation counseling. *Personnel and Guidance Journal, 56,* 143-147.

Cowan, E. W., & Presbury, J. H. (2000). Meeting client resistance and reactance with reverence. *Journal of Counseling and Development, 78,* 411-419.

Cowen, E. L. (1982). Primary prevention research: Barrier opportunities. *Journal of Primary Prevention, 2,* 131-141.

Cox, B. J., & Waller, L. L. (1991). *Bridging the communication gap with the elderly.* Chicago: American Hospital Association.

Cox, H. G. (1995). *Later life: The realities of aging* (5th ed.). Upper Saddle River, NJ: Prentice Hall.

Cozby, P. C. (2001). *Methods in behavioral research* (7th ed.). Palo Alto, CA: Mayfield.

Craig, M. P., Contreras, M., & Peterson, N. (2000). Multicultural career exploration with adolescent females. In N. Peterson & R. C. Gonzalez (Eds.), *Career counseling models for diverse populations* (pp. 20-35). Pacific Grove, CA: Brooks/Cole.

Crawford, R. L. (1994). *Avoiding counselor malpractice.* Alexandria, VA: American Counseling Association.

Crawford, R. L., & Phyfer, A. Q. (1988). Adult children of alcoholics: A counseling model. *Journal of College Student Development, 29,* 105-111.

Creamer, D. G., & Associates (1990). *College student development: Theory and practices for the 1990s.* Alexandria, VA: American College Personnel Association.

Crespi, T. D., & Howe, E. A. (2000, March). Families in crisis: Considerations and implications for school counselors. *Counseling Today, 42*(9), 6.

Creswell, J. W. (2002). *Educational research: planning, conducting, and evaluating quantitative and qualitative research* (2nd ed.). Upper Saddle River, NJ: Merrill/Prentice Hall.

Crites, J. O. (1969). *Vocational psychology.* New York: McGraw-Hill.

Crites, J. O. (1981). *Career counseling: Models, methods, and materials.* New York: McGraw-Hill.

Crodzki, L. (2002, May/June). Practice strategies. *Family Therapy Magazine, 1,* 43-44.

Cronbach, L. J. (1979). The Armed Services Vocational Aptitude Battery: A test battery in transition. *Personnel and Guidance Journal, 57,* 232-237.

Crosbie-Burnett, M., & Newcomer, L. L. (1989). A multimodal intervention for group counseling with children of divorce. *Elementary School Guidance and Counseling, 23,* 155-166.

Croteau, J. M., & Thiel, M. J. (1993). Integrating sexual orientation in career counseling: Acting to end a form of the personal-career dichotomy. *Career Development Quarterly, 42,* 174-179.

Culbreth, J. R., & Borders, L. D. (1999). Perceptions of the supervisory relationship: Recovering and nonrecovering substance abuse counselors. *Journal of Counseling* and Development, 77, 330–338.

Cunradi, C., Caetano, R., & Schafer, J. (2002). Socioeconomic predictors of intimate partner violence among White, Black, and Hispanic couples in the United States. *Journal of Family Violence, 17*, 377–389.

Curtis, J. M. (1981). Indications and contraindications in the use of therapist's self-disclosure. *Psychological Reports, 49*, 449–507.

Curtis, R., & Sherlock, J. J. (2006). Wearing two hats: Counselors working as managerial leaders in agencies and schools. *Journal of Counseling and Development, 84*, 120–126.

Daire, A. P., LaMothe, S., & Fuller, D. P. (2007). Differences between Black/African American and White college students regarding influences on high school completion, college attendance, and career choice. *Career Development Quarterly, 55*, 275–279.

Daniel, T., & Ivey, A. E. (2007). *Microcounseling: Making skills work in a multicultural world*. Springfield, IL: Thomas.

Daniels, J. A. (2001). Managed care, ethics, and counseling. *Journal of Counseling and Development, 79*, 119–122.

Daniels, J. A. (2002). Assessing threats of school violence: Implications for counselors. *Journal of Counseling and Development, 80*, 215–218.

Daniels, M. H., Mines, R., & Gressard, C. (1981). A meta-model for evaluating counseling programs. *Personnel and Guidance Journal, 5*(9), 578–582.

Daniluk, J. C., & Haverkamp, B. E. (1993). Ethical issues in counseling adult survivors of incest. *Journal of Counseling and Development, 72*, 16–22.

Das, A. K. (1987). Indigenous models of therapy in traditional Asian societies. *Journal of Multicultural Counseling and Development, 15*, 25–37.

Das, A. K. (1998). Frankl and the realm of meaning. *Journal of Humanistic Education and Development, 36*, 199–211.

Dattilio, F. M. (1993). A practical update on the treatment of obsessive-compulsive disorders. *Journal of Mental Health Counseling, 15*, 244–259.

Daugherty, D. A., Murphy, M. J., & Paugh, J. (2001). An examination of the Adlerian construct of social interest with criminal offenders. *Journal of Counseling and Development, 79*, 465–471.

Davenport, D. S., & Yurich, J. M. (1991). Multicultural gender issues. *Journal of Counseling and Development, 70*, 64–71.

Davidson, J. P., III. (1986, March). *Developing an effective evaluation plan*. Paper presented at the Jefferson County (Alabama) Model School Program, Birmingham, AL.

Davis, D. C. (1998). The American College Counseling Association: A historical view. *Journal of College Counseling, 1*, 7–9.

Davis, H. V. (1988). *Frank Parsons: Prophet, innovator, counselor*. Carbondale: University of Southern Illinois Press.

Davis, J. (1914). *Vocational and moral guidance*. Boston: Ginn.

Davis, T., & Ritchie, M. (1993). Confidentiality and the school counselor: A challenge for the 1990s. *School Counselor, 41*, 23–30.

Day, R. W., & Sparacio, R. T. (1980). Structuring the counseling process. *Personnel and Guidance Journal, 59*, 246–249.

Day, S. X. (2008). *Theory and design in counseling and psychotherapy* (2nd ed.). Boston: Lahaska Press.

Dean, L. A. (1994, June). Chimney building. *Visions, 2*, 3–4.

DeAngelis, T. (1992, November). Best psychological treatment for many men: Group therapy. *APA Monitor, 23*, 31.

Deegan, W. L., & O'Banion, T. (Eds.). (1989). *Perspectives on student development*. San Francisco: Jossey Bass.

Degges-White, S., & Shoffner, M. F. (2002). Career counseling with lesbian clients: Using the theory of work adjustment as a framework. *Career Development Quarterly, 51*, 87–96.

Del Prete, T. (1998). Getting back in touch with students: Should we risk it? *Professional School Counseling, 1*(4), 62–65.

DeLaszlo, V. S. (1994). *The basic writings of C. G. Jung*. New York: Modern Library.

DeLucia-Waack, J. L. (1996). Multiculturalism is inherent in all group work. *Journal for Specialists in Group Work, 21*, 218–223.

DeLucia-Waack, J. L. (1999). Supervision for counselors working with eating disorders groups: Countertransference issues related to body image, food, and weight. *Journal of Counseling and Development, 77*, 379–388.

Delve, C. I., Mintz, S. D., & Stewart, G. M. (1990).

Community service as values education. San Francisco: Jossey-Bass.

Denzin, N. K., & Lincoln, Y. S. E. (2000). *Handbook of qualitative research* (2nd ed.). Thousand Oaks, CA: Sage.

DeRidder, L. M. (1993). Teenage pregnancy: Etiology and educational interventions. *Educational Psychology Review, 5,* 87-103.

deShazer, S. (1984). The death of resistance. *Family Process, 23,* 11-17.

deShazer, S. (1991). *Putting differences to work*. New York: Norton.

DeVoe, M. W., & McClam, T. (1982). Service coordination: The school counselor. *School Counselor, 30,* 95-100.

Dickson, G. L., & Parmerlee, J. R. (1980). The occupation family tree: A career counseling technique. *School Counselor, 28,* 99-104.

Dingman, R. L. (1990, November). *Counselor credentialing laws*. Paper presented at the Southern Association for Counselor Education and Supervision Conference, Norfolk, VA.

Dinkmeyer, D. (1973a). Elementary school counseling: Prospects and potentials. *School Counselor, 52,* 171-174.

Dinkmeyer, D. (1989). Beginnings of "Elementary School Guidance and Counseling." *Elementary School Guidance and Counseling, 24,* 99-101.

Dinkmeyer, D., & Losoncy, L. E. (1980). *The encouragement book: Becoming a positive person*. Upper Saddle River, NJ: Prentice Hall.

Dinkmeyer, D. C. (1971). The "C" group: Integrating knowledge and experience to change behavior. *Counseling Psychologist, 3,* 63-72.

Dinkmeyer, D. C. (1973b). The parent C group. *Personnel and Guidance Journal, 52,* 4.

Dinkmeyer, D. C., & Caldwell, C. E. (1970). *Developmental counseling and guidance: A comprehensive school approach*. New York: McGraw-Hill.

Dinkmeyer, D. C., & Carlson, J. (1973). *Consulting: Facilitating human potential and processes*. Upper Saddle River, NJ: Prentice Hall.

Dinkmeyer, D. C., & Muro, J. J. (1979). *Group counseling: Theory and practice* (2nd ed.). Itasca, IL: F. E. Peacock.

Dinkmeyer, D. C., Jr., & Carlson, J. (2006). *Consultation: Creating school-based interventions* (3rd ed.). New York: Routledge.

Dixon, D. N., & Glover, J. A. (1984). *Counseling: A problem-solving approach*. New York: Wiley.

Dixon, W. A. (2000). Problem-solving appraisal and depression: Evidence for a recovery model. *Journal of Counseling and Development, 78,* 87-91.

Dixon, W. A., & Reid, J. K. (2000). Positive life events as a moderator of stress-related depressive symptoms. *Journal of Counseling and Development, 78,* 343-347.

Doan, R. E., & Scherman, A. (1987). The therapeutic effect of physical fitness on measures of personality: A literature review. *Journal of Counseling and Development, 66,* 28-36.

Dobson, J. E., & Campbell, N. J. (1986). Laboratory outcomes of personal growth groups. *Journal for Specialists in Group Work, 11,* 9-15.

Doherty, W. J., & Simmons, D. S. (1996). Clinical practice patterns of marriage and family therapists: A national survey of therapists and their clients. *Journal of Marital and Family Therapy, 22,* 9-25.

Dollarhide, C. T. (1997). Counseling for meaning in work and life: An integrated approach. *Journal of Humanistic Education and Development, 35,* 178-187.

Donigian, J., & Malnati, R. (1997). *Systemic group therapy: A triadic model*. Pacific Grove, CA: Brooks/Cole.

Donnay, D. A. C. (1997). E. K. Strong's legacy and beyond: 70 years of the Strong Interest Inventory. *Career Development Quarterly, 46,* 2-22.

Dorn, F. J. (1984). The social influence model: A social psychological approach to counseling. *Personnel and Guidance Journal, 62,* 342-345.

Doster, J. A., & Nesbitt, J. G. (1979). Psychotherapy and self-disclosure. In G. J. Chelune (Ed.), *Self-disclosure: Origins, patterns, and implications and openness in inter personal relationships* (pp. 177-224). San Francisco: Jossey-Bass.

Dougherty, A. M. (1986). The blossoming of youth: Middle graders "on the grow." *School Counselor, 33,* 167-169.

Dougherty, A. M. (2005). *Psychological consultation and collaboration in school and community settings* (4th ed.). Pacific Grove, CA: Brooks/Cole.

Doweiko, H. E. (1990). *Concepts of chemical dependency*. Pacific Grove, CA: Brooks/Cole.

Doyle, K. (1997). Substance abuse counselors in recovery: Implications for the ethical issue of dual relationships.

Journal of Counseling and Development, 75, 428–432.

Drapela, V. J. (1983). Counseling, consultation, and super vision: A visual clarification of their relationship. *Personnel and Guidance Journal, 62,* 158–162.

Dreikurs, R. R. (1950). *Fundamentals of Adlerian psychology.* Chicago: Alfred Adler Institute.

Dreikurs, R. R. (1967). *Psychodynamics, psychotherapy, and counseling.* Chicago: Alfred Adler Institute.

Dreikurs, R. R., & Mosak, H. H. (1966). The tasks of life: I. Adler's three tests. *Individual Psychologist, 4,* 18–22.

Dreikurs, R. R., & Soltz, V. (1964). *Children: The challenge.* New York: Hawthorne.

Drummond, R. J., & Jones, K. D. (2006). *Appraisal procedures for counselors and helping professionals* (6th ed.). Upper Saddle River, NJ: Merrill/Prentice Hall.

Drummond, R. J., & Ryan, C. W. (1995). *Career counseling: A developmental approach.* Upper Saddle River, NJ: Merrill/Prentice Hall.

Dryden, W. (1994). Reason and emotion in psychotherapy: Thirty years on. *Journal of Rational Emotive and Cognitive Behavior Therapy, 12,* 83–89.

Dunn, C. W., & Veltman, G. C. (1989). Addressing the restrictive career maturity patterns of minority youth: A program evaluation. *Journal of Multicultural Counseling and Development, 17,* 156–164.

Dustin, D., & Ehly, S. (1984). Skills for effective consultation. *School Counselor, 31,* 23–29.

Duys, D. K., & Hobson, S. M. (2004). Reconceptualizing self-esteem: Implications of Kegan's constructive-developmental model for school counselors. *Journal of Humanistic Counseling, Education, and Development, 43,* 152–162.

Dworkin, S., & Pincu, L. (1993). Counseling in the era of AIDS. *Journal of Counseling and Development, 71,* 275–281.

Dye, H. A., & Borders, L. D. (1990). Counseling supervisors: Standards for preparation and practice. *Journal of Counseling and Development, 69,* 27–29.

Dyer, W. W., & Vriend, J. (1977). A goal-setting checklist for counselors. *Personnel and Guidance Journal, 55,* 469–471.

Dykeman, C., Daehlin, W., Doyle, S., & Flamer, H. S. (1996). Psychological predictors of school-based violence: Implications for school counselors. *School Counselor, 44,* 35–47.

Edgemon, A. W., Remley, T. P., Jr., & Snoddy, H. N. (1985). Integrating the counselor's point of view. *School Counselor, 32,* 296–301.

Education Trust. (1997). *The national guidance and counseling reform program.* Washington, DC: Author.

Egan, G. (2007). *The skilled helper* (8th ed.). Belmont, CA: Thomson Brooks/Cole.

Ehrle, R. A. (1979). Rehabilitation counselors on the threshold of the 1980s. *Counselor Education and Supervision, 18,* 174–180.

Eichhorn, D. H. (1968). Middle school organization: A new dimension. *Theory into Practice, 7,* 111–113.

Elam, G. A., & Kleist, D. M. (1999). Research on the long-term effects of child abuse. *The Family Journal: Counseling and Therapy for Couples and Families, 7,* 154–160.

El Nasser, H., & Overberg, P. (2002, June 5). More people identify themselves as simply 'American.' *USA Today,* p. A1.

Elkind, D. (1986). Stress and the middle grader. *School Counselor, 33,* 196–206.

Ellis, A. (1962). *Reason and emotion in psychotherapy.* New York: Stuart.

Ellis, A. (1971). *Growth through reason.* Palo Alto, CA: Science and Behavior Books.

Ellis, A. (1980). Foreword. In S. R. Walen, R. DiGiuseppe, & R. L. Wesslon (Eds.), *A practitioner's guide to rational-emotive therapy* (pp. vii.xii). New York: Oxford University Press.

Ellis, A. (1984). Must most psychotherapists remain as incompetent as they are now? In J. Hariman (Ed.), *Does psychotherapy really help people?* Springfield, IL: Thomas.

Ellis, A. (2008). Rational-emotive behavior therapy. In R. J. Corsini & D. Wedding (Eds.), *Current psychotherapies* (8th ed., pp. 187–222). Belmont, CA: Thomson Brooks/Cole.

Elmore, P. B., Ekstrom, R. B., Diamond, E. E., & Whittaker, S. (1993). School counselors' test use patterns and practices. *School Counselor, 41,* 73–80.

Elmore, T. M. (1984). Counselor education and counseling psychology: A house divided? *ACES Newsletter, 44,* 4, 6.

Elmore, T. M., & Roberge, L. P. (1982). Assessment and

experiencing: On measuring the marigolds. *Measurement and Evaluation in Guidance, 15,* 95-102.

Elstein, A. S., Shulman, A. S., & Sprafka, S. A. (1978). *Medical problem solving: An analysis of clinical reasoning*. Cambridge, MA: Harvard University Press.

Emener, W. G., & Cottone, R. R. (1989). Professionalization, deprofessionalization, and reprofessionalization of rehabilitation counseling according to criteria of professions. *Journal of Counseling and Development, 67,* 576-581.

Emerson, S., & Markos, P. A. (1996). Signs and symptoms of the impaired counselor. *Journal of Humanistic Education and Development, 34,* 108-117.

Engels, D. W., Jacobs, B. C., & Kern, C. W. (2000). Life-career developmental counseling. In D. C. Davis & K. M. Hemphrey (Eds.), *College counseling: Issues and strategies for a new millennium* (pp. 187-203). Alexandria, VA: American Counseling Association.

Engen, H. B., Lamb, R. R., & Prediger, D. J. (1982). Are secondary schools still using standardized tests? *Personnel and Guidance Journal, 60,* 287-290.

English, H. B., & English, A. C. (1956). *A comprehensive dictionary of psychological and psychoanalytical terms.* New York: Longman Green.

Engstrom, C. M., & Sedlacek, W. E. (1991). A study of prejudice toward university student-athletes. *Journal of Counseling and Development, 70,* 189-193.

Enns, C. Z. (1993). Twenty years of feminist counseling and therapy. *Counseling Psychologist, 21,* 3-87.

Enns, C. Z. (1996). Counselors and the backlash: "Rape hype" and "false-memory syndrome." *Journal of Counseling and Development, 74,* 358-367.

Enns, C. Z., & Hackett, G. (1993). A comparison of feminist and nonfeminist women's and men's reactions to nonsexist and feminist counseling: A replication and extension. *Journal of Counseling and Development, 71,* 499-509.

Enright, M. S. (1997). The impact of short-term career development programs on people with disabilities. *Rehabilitation Counseling Bulletin, 40,* 285-300.

Epp, L. R. (1998). The courage to be an existential counselor: An interview with Clemmont E. Vontress. *Journal of Mental Health Counseling, 20,* 1-12.

Erber, J. T. (2005). *Aging and older adulthood.* Belmont, CA: Thomson Wadsworth.

Erdberg, P. (1996). The Rorschach. In C. S. Newmark (Ed.), *Major psychological assessment instruments* (2nd ed.). Boston: Allyn & Bacon.

Erdman, P., & Lampe, R. (1996). Adapting basic skills to counsel children. *Journal of Counseling and Development, 74,* 374-377.

Erford, B. T. (2008). *Therapeutic dinosaur games.* Alexandria, VA: American Counseling Association.

Erickson, M. (1954). Special techniques of brief hypnotherapy. *Journal of Clinical and Experimental Hypnosis, 2,* 109-129.

Eriksen, K., & Kress, V. E. (2006). The DSM and the professional counseling identity: Bridging the gap. *Journal of Mental Health Counseling, 28,* 202-217.

Erikson, E. H. (1958). *Young man Luther.* New York: Norton.

Erikson, E. H. (1963). *Childhood and society* (2nd ed.). New York: Norton.

Erikson, E. H. (1968). *Identity, youth and crisis.* New York: Norton.

Erk, R. R. (2000). Five frameworks for increasing understanding and effective treatment of attention-deficit/hyperactivity disorder: Predominately inattentive type. *Journal of Counseling and Development, 78,* 389-399.

Erkel, R. T. (1990, May/June). The birth of a movement. *Family Therapy Networker, 14,* 26-35.

Erwin, T. M. (2006). A qualitative analysis of the Lesbian Connection's discussion forum. *Journal of Counseling and Development, 84,* 95-107.

Espelage, D. L., Bosworth, K., & Simon, T. R. (2000). Examining the social context of bullying behaviors in early adolescence. *Journal of Counseling and Development, 78,* 326-333.

Evanoski, P. O., & Tse, F. W. (1989). Career awareness programs for Chinese and Korean American parents. *Journal of Counseling and Development, 67,* 472-474.

Evans, D. R., Hearn, M. T., Uhlemann, M. R., & Ivey, A. E. (2008). *Essential interviewing* (7th ed.). Belmont, CA: Thomson Brooks/Cole.

Evans, J. E., & Hines, P. L. (1997). Lunch with school counselors: Reaching parents through their workplace. *Professional School Counseling, 1,* 45-47.

Evans, K. M., Kincade, E. A., Marbley, A. F., & Seem, S. R. (2005). Feminism and feminist therapy: Lessons from the past and hopes for the future. *Journal of Counseling and Development, 83,* 269-277.

Evans, N. J., Carr, J., & Stone, J. E. (1982). Developmental programming: A collaborative effort of residence life and counseling center staff. *Journal of College Student Personnel, 23,* 48-53.

Evelyn, J. (2002, June 14). Nontraditional students dominate undergraduate enrollments, study finds. *Chronicle of Higher Education 48*(40), A34.

Everal, R. D., Altrows, K. J., & Paulson, B. L. (2006). Creating a future: A study of resilience in suicidal female adolescents. *Journal of Counseling and Development, 84,* 461-470.

Everly, G. S., Lating, J. M., & Mitchell, J. T. (2000). Innovations in group intervention: Critical Incident Stress Debriefing (CISD) and Critical Incident Stress Management (CISM). In A. R. Roberts (Eds.), *Crisis intervention handbook: Assessment, treatment, and research*. New York: Oxford Press.

Ewing, D. B. (1990). Direct from Minnesota: E. G. Williamson. In P. P. Heppner (Ed.), *Pioneers in counseling and development: Personal and professional perspectives* (pp. 104-111). Alexandria, VA: American Counseling Association.

Exner, J. E. (2003). *The Rorschach: A comprehensive system* (4th ed.). New York: Wiley.

Fagan, J. (1970). The task of the therapist. In J. Fagan & I. L. Shepherd (Eds.), *Gestalt therapy now* (pp. 88-106). Palo Alto, CA: Science and Behavior Books.

Fagan, J., & Shepherd, I. L. (1970). Theory of Gestalt therapy. In J. Fagan & I. L. Shepherd (Eds.), *Gestalt therapy now* (pp. 1-7). Palo Alto, CA: Science and Behavior Books.

Fagan, R. (2006). Counseling and treating adolescents with alcohol and other substance use problems and their families. *The Family Journal: Counseling and Therapy for Couples and Families, 14,* 326-333.

Faiver, C., Eisengart, S., & Colonna, R. (2004). *The counselor intern's handbook* (3rd ed.). Pacific Grove, CA: Brooks/Cole.

Fall, M., & VanZandt, C. E. Z. (1997). Partners in research: School counselors and counselor educators working together. *Professional School Counseling, 1,* 2-3.

Fallon, M. V. (1997). The school counselor's role in first generation students' college plans. *School Counselor, 44,* 384-393.

Fals-Stewart, W. (2003). The occurrence of partner physical aggression on days of alcohol consumption: A longitudinal diary study. *Journal of Consulting and Clinical Psychology, 71,* 41-51.

Fauth, J., & Hayes, J. A. (2006). Counselors' stress appraisal as predictors of countertransference behavior with male clients. *Journal of Counseling and Development, 84,* 430-439.

Faust, V. (1968). *History of elementary school counseling: Overview and critique.* Boston: Houghton Mifflin.

Fenske, R. H. (1989). Evolution of the student ser vices professional. In U. Delworth, G. R. Hanson, & Associates (Eds.), *Student services: A handbook for the profession* (2nd ed., pp. 25-56). San Francisco: Jossey-Bass.

Fernando, D. M. (2007). Existential theory and solution-focused strategies: Integration and application. *Journal of Mental Health Counseling, 29,* 226-241.

Fiedler, F. (1950). The concept of the ideal therapeutic relationship. *Journal of Consulting Psychology, 45,* 659-666.

Fischer, A. R., Jome, L. M., & Atkinson, R. A. (1998). Back to the future of multicultural psychotherapy with a common factors approach. *Counseling Psychologist, 26,* 602-606.

Fishman, C. H. (1988). *Treating troubled adolescents: A family therapy approach.* New York: Basic Books.

Fleming, J. S., & Rickord, B. (1997). Solution-focused brief therapy: One answer to managed mental health care. *Family Journal, 5,* 286-294.

Fogle, D. O. (1979). Preparing students for the worst: The power of negative thinking. *Personnel and Guidance Journal, 57,* 364-367.

Fong, M. L. (1992). When a survey isn't research. *Counselor Education and Supervision, 31,* 194-195.

Fong, M. L., & Cox, B. G. (1983). Trust as an underlying dynamic in the counseling process: How clients test trust. *Personnel and Guidance Journal, 62,* 163-166.

Fontes, L. A. (2002). Child discipline and physical abuse in immigrant Latino families: Reducing violence and misunderstandings. *Journal of Counseling and Development, 80,* 31-40.

Ford, D., & Urban, H. (1998). *Systems of psychotherapy: A*

comparative study (2nd ed.). New York: Wiley.

Ford, D. Y., Harris, J. J., III, & Schuerger, J. M. (1993). Racial identity development among gifted Black students. *Journal of Counseling and Development, 71,* 409-417.

Forester-Miller, H., & Davis, T. E. (1996). *A practitioner's guide to ethical decision making.* Alexandria, VA: American Counseling Association.

Forrest, D. V. (1983). Depression: Information and interventions for school counselors. *School Counselor, 30,* 269-279.

Forrest, L. (1989). Guiding, supporting, and advising students: The counselor role. In U. Delworth, G. R. Hanson, & Associates (Eds.), *Student services: A handbook for the profession* (2nd ed., pp. 265-283). San Francisco: Jossey-Bass.

Forsyth, D. R., & Strong, S. R. (1986). The scientific study of counseling and psychotherapy. *American Psychologist, 41,* 113-119.

Foster, S. (1996, December). Characteristics of an effective counselor. *Counseling Today,* 21.

Fouad, N. A., & Byars-Winston, A. M. (2005). Cultural context of career choice: Meta-analysis of race/ethnicity differences. *Career Development Quarterly, 53,* 223-233.

Fox, M. (1994). *The reinvention of work: A new vision of livelihood for our time.* San Francisco: Harper.

Framo, J. L. (1996). A personal retrospective of the family therapy field: Then and now. *Journal of Marital and Family Therapy, 22,* 289-316.

Frankl, V. (1962). *Man's search for meaning: An introduction to logotherapy.* New York: Washington Square Press.

Frankl, V. (1967). *Psychotherapy and existentialism: Selected papers on logotherapy.* New York: Washington Square Press.

Frankl, V. (1969). *Psychotherapy and existentialism: Selected papers on logotherapy.* New York: Simon & Schuster.

Freeman, F. H., Knott, K. B., & Schwartz, M. K. (1996). *Leadership education: A source book.* Greensboro, NC: Center for Creative Leadership.

Freeman, S. C. (1990). C. H. Patterson on client-centered career counseling: An interview. *Career Development Quarterly, 38,* 291-301.

Fretz, B. R., & Mills, D. H. (1980). *Licensing and certification of psychologists and counselors.* San Francisco: Jossey-Bass.

Freud, A. (1936). *The ego and the mechanisms of defense* (J. Strachey, Trans.). New York: International Universities Press.

Freud, A. (1958). Adolescence. *Psychoanalytic Study of the Child, 13,* 255-278.

Frey, D. H. (1972). Conceptualizing counseling theories. *Counselor Education and Supervision, 11,* 243-250.

Frey, D. H. (1978). Science and the single case in counseling research. *Personnel and Guidance Journal, 56,* 263-268.

Friedan, B. (1994). *The fountain of age.* New York: Touchstone.

Friedberg, R. D. (1996). Cognitive-behavioral games and workbooks: Tips for school counselors. *Elementary School Guidance and Counseling, 31,* 11-19.

Friedlander, M. L., Wildman, J., Heatherington, L., & Skowron, E. A. (1994). What we do and don't know about the process of family therapy. *Journal of Family Psychology, 8,* 390-416.

Friedman, E. H. (1991). Bowen theory and therapy. In A. S. Gurman & D. P. Kniskern (Eds.), *Handbook of family therapy* (Vol. 2, pp. 134-170). New York: Brunner/Mazel.

Frieman, B. B. (1994). Children of divorced parents: Action steps for the counselor to involve fathers. *The School Counselor, 28,* 197-205.

Friesen, J. D. (1985). *Structural-strategic marriage and family therapy.* New York: Gardner.

Friskopp, A., & Silverstein, S. (1995). *Straight jobs gay lives.* New York: Scribner.

Froehle, T. C. (1985). Guest editorial. *Counselor Education and Supervision, 24,* 323-324.

Frone, M. R. (2003). Work-family balance. In J. C. Quick & L. E. Terrick (Eds.), *Handbook of occupational health psychology* (pp. 143-162). Washington, DC: American Psychological Association.

Fuqua, D. R., & Newman, J. L. (1985). Individual consultation. *Counseling Psychologist, 13,* 390-395.

Furlong, M. J., Atkinson, D. R., & Janoff, D. S. (1979). Elementary school counselors' perceptions of their actual and ideal roles. *Elementary School Guidance and Counseling, 14,* 4-11.

Gade, E., Fuqua, D., & Hurlburt, G. (1988). The relationship of Holland's personality types to educational satisfaction with a Native-American high school population. *Journal of Counseling Psychology, 35,* 183–186.

Gale, A. U. (1998). Carl McDaniels: A life of transitions. *Journal of Counseling and Development, 76,* 202–207.

Galfo, A. J., & Miller, E. (1976). *Interpreting educational research* (3rd ed.). Dubuque, IA: Wm. C. Brown.

Galassi, J. P., & Gulledge, S. A. (1997). The middle school counselor and teacher-advisor programs. *Professional School Counseling, 1,* 55–60.

Gallessich, J. (1974). Training the school psychologist for consultation. *Journal of School Psychology, 12,* 138–149.

Gallessich, J. (1982). *The profession and practice of consultation.* San Francisco: Jossey-Bass.

Gallessich, J. (1985). Toward a meta-theory of consultation. *Counseling Psychologist, 13,* 336–354.

Galvin, M., & Ivey, A. E. (1981). Researching one's own interviewing style: Does your theory of choice match your actual practice? *Personnel and Guidance Journal, 59,* 536–542.

Ganje-Fling, M. A., & McCarthy, P. (1996). Impact of childhood sexual abuse on client spiritual development: Counseling implications. *Journal of Counseling and Development, 74,* 253–258.

Gardner, H. (1993). *Frames of mind: The theory of multiple intelligences.* New York: Basic Books.

Garner, R., Martin, D., & Martin, M. (1989). The PALS program: A peer counseling training program for junior high school. *Elementary School Guidance and Counseling, 24,* 68–76.

Garretson, D. J. (1993). Psychological misdiagnosis of African Americans. *Journal of Multicultural Counseling and Development, 21,* 119–126.

Garrett, M. T. (2006). When eagle speaks: Counseling Native Americans. In C. C. Lee (Ed.), *Multicultural issues in counseling* (3rd ed., pp. 25–54). Alexandria, VA: American Counseling Association.

Garrett, M. T., & Carroll, J. J. (2000). Mending the broken circle: Treatment of substance dependence among Native Americans. *Journal of Counseling and Development, 78,* 379–388.

Garrett, M. T., & Pichette, E. F. (2000). Red as an apple: Native American acculturation and counseling with or without reservation. *Journal of Counseling and Development, 78,* 3–13.

Gati, I., & Saka, N. (2001). High school students' career-related decision-making difficulties. *Journal of Counseling and Development, 79,* 331–340.

Gaushell, H., & Lawson, D. (1994, November). *Counselor trainee family-of-origin structure and current intergenerational family relationships: Implications for counselor training.* Paper presented at the Southern Association of Counselor Education and Supervision Convention, Charlotte, NC.

Gay, L. R., Mills, G. E., & Airasian, P. (2006). *Educational research* (8th ed.). Upper Saddle River, NJ: Merrill/Prentice Hall.

Gazda, G. M. (1989). *Group counseling: A developmental approach* (4th ed.). Boston: Allyn & Bacon.

Gazda, G. M., Ginter, E. J., & Horne, A. M. (2001). *Group counseling and group psychotherapy: Theory and application.* Boston: Allyn & Bacon.

Geertz, C. (1973). *The interpretation of cultures.* New York: Basic Books.

Geis, G. L., & Chapman, R. (1971). Knowledge of results and other possible reinforcers in self-instructional systems. *Educational Technology, 2,* 38–50.

Gelso, C. J. (1979). Research in counseling: Methodological and professional issues. *Counseling Psychologist, 8,* 7–36.

Gelso, C. J. (1985). Rigor, relevance, and counseling research: On the need to maintain our course between Scylla and Charybdis, *Journal of Counseling and Development, 63,* 551–553.

Gelso, C. J., & Carter, J. A. (1985). The relationship in counseling and psychotherapy: Components, consequences, and theoretical antecedents. *Counseling Psychologist, 13,* 155–243.

Gemignani, M., & Gliiberto, M. (2005). Counseling and psychotherapy in Italy: A profession in constant change. *Journal of Mental Health Counseling, 27,* 168–184.

Geraghty, M. (1997, August 1). Campuses see steep increase in students seeking counseling. *Chronicle of Higher Education,* A32.

Gerdes, H., & Mallinckrodt, B. (1994). Emotional, social, and academic adjustment of college students: A longitudinal study of retention. *Journal of Counseling and Development, 72,* 281–288.

Gerler, E. R. (1987). Classroom guidance for success in overseas schools. *International Quarterly, 5,* 18–22.

Gerler, E. R., & Anderson, R. F. (1986). The effects of classroom guidance on children's success in school. *Journal of Counseling and Development, 65,* 78-81.

Gerler, E. R., Drew, N. S., & Mohr, P. (1990). Succeeding in middle school: A multimodal approach. *Elementary School Guidance and Counseling, 24,* 263-271.

Gerler, E. R., Jr. (1985). Elementary school counseling research and the classroom learning environment. *Elementary School Guidance and Counseling, 20,* 39-48.

Geroski, A. M., Rodgers, K. A., & Breen, D. T. (1997). Using the DSM-IV to enhance collaboration among school counselors, clinical counselors, and primary care physicians. *Journal of Counseling and Development, 75,* 231-239.

Gerstein, L. H., & Hotelling, K. (1987). Length of group treatment and changes in women with bulimia. *Journal of Mental Health Counseling, 9,* 162-173.

Gertner, D. M. (1994). Understanding and serving the needs of men. *Counseling and Human Development, 27,* 1-16.

Gibbons, M. M., & Shoffner, M. F. (2004). Perspective first-generation college students: Meeting their needs through social cognitive career theory. *Professional School Counseling, 8,* 91-97.

Gibson, D. M., & Myers, J. E. (2000). Gender and infertility: A relational approach to counseling women. *Journal of Counseling and Development, 78,* 400-410.

Giles, T. A. (1983). Counseling services and men in need: A response to Burch and Skovholt. *AMHCA Journal, 5,* 39-43.

Gill, S. J. (1982). Professional disclosure and consumer protection in counseling. *Personnel and Guidance Journal, 60,* 443-446.

Gillies, R. M. (1993). Action research in school counseling. *School Counselor, 41,* 69-72.

Gilligan, C. (1982). *In a different voice: Psychological theory and women's development.* Cambridge, MA: Harvard University Press.

Gill-Wigal, J., Heaton, J., Burke, J., & Gleason, J. (1988). When too much is too much. *Journal of College Student Development, 29,* 274-275.

Ginter, E. J. (1989). Slayers of monster watermelons found in the mental health patch. *Journal of Mental Health Counseling, 11,* 77-85.

Ginter, E. J. (2001). Private practice. In D. C. Locke, J. E. Myers, & E. L. Herr (Eds.), *The handbook of counseling* (pp. 355-372). Thousand Oaks, CA: Sage.

Ginter, E. J. (2002). Journal of Counseling and Development (JCD) and counseling's interwoven nature: Achieving a more complete understanding of the present through "historization" (Musings of an exiting editor-an editorial postscript). *Journal of Counseling and Development, 80,* 219-222.

Ginzberg, E. (1972). Toward a theory of occupational choice: A restatement. *Vocational Guidance Quarterly, 20,* 169-176.

Ginzberg, E., Ginsburg, S. W., Axelrad, S., & Herma, J. L. (1951). *Occupational choice.* New York: Columbia University Press.

Giordano, F. G., Schwiebert, V. L., & Brotherton, W. D. (1997). School counselors' perceptions of the usefulness of standardized test, frequency of their use, and assessment training needs. *School Counselor, 44,* 198-205.

Gladding, S. T. (1990a). Coming full cycle: Reentry after the group. *Journal for Specialists in Group Work, 15,* 130-131.

Gladding, S. T. (1990b). Let us not grow weary of theory. *Journal for Specialists in Group Work, 15,* 194.

Gladding, S. T. (1995). Humor in counseling: Using a natural resource. *Journal of Humanistic Education and Development, 34,* 3-12.

Gladding, S. T. (2002a). *Becoming a counselor: The light, the bright, and the serious.* Alexandria, VA: American Counseling Association,

Gladding, S. T. (2002b). Reflections on counseling after the crisis. In G. R. Walz and C. J. Kinkman (Eds.). *Helping people cope with tragedy and grief* (pp 9-12). Greensboro, NC: ERIC/CASS and NBCC.

Gladding, S. T. (2004). *Counseling as an art: The creative arts in counseling* (3rd ed.). Alexandria, VA: American Counseling Association.

Gladding, S. T. (2005). *Counseling theories: Essential concepts and applications.* Upper Saddle River, NJ: Pearson Merrill Prentice Hall.

Gladding, S. T. (2006). *The counseling dictionary* (2nd ed.). Upper Saddle River, NJ: Pearson.

Gladding, S. T. (2007). *Family therapy: History, theory, and practice* (4th ed.). Upper Saddle River, NJ: Merrill/ Prentice Hall.

Gladding, S. T. (2008). *Groups: A counseling specialty* (5th ed.). Upper Saddle River, NJ: Merrill/ Prentice Hall.

Gladding, S. T., & Gladding, C. (1991). The ABCs of bibliotherapy for school counselors. *School Counselor, 39,* 7–13.

Gladding, S. T., & Hood, W. D. (1974). Five cents, please. *School Counselor, 21,* 40–43.

Gladding, S. T., Lewis, E. L., & Adkins, L. (1981). Religious beliefs and positive mental health: The GLA scale and counseling. *Counseling and Values, 25,* 206–215.

Gladding, S. T., & Newsome, D. (2004). *Community and agency counseling.* (2nd ed.). Upper Saddle River, NJ: Merrill/Prentice Hall.

Gladstein, G. A. (1983). Understanding empathy: Integrating counseling, developmental, and social psychology perspectives. *Journal of Counseling psychology, 30,* 467–482.

Gladstein, G. A., & Apfel, F. S. (1987). A theoretically based adult career counseling center. *Career Development Quarterly, 36,* 178–185.

Glass, G. V. (1976). Primary, secondary, and meta-analyses of research. *Educational Researcher, 5,* 3–8.

Glasser, W. (1965). *Reality therapy: A new approach to psychiatry.* New York: Harper & Row.

Glasser, W. (1980). Reality therapy: An explanation of the steps of reality therapy. In W. Glasser (Ed.), *What are you doing? How people are helped through reality therapy.* New York: Harper & Row.

Glasser, W. (1981). *Stations of the mind.* New York: Harper & Row.

Glasser, W. (1984). *Control theory: A new explanation of how we control our lives.* New York: Harper & Row.

Glasser, W. (1988, November). *Reality therapy.* Workshop presented at the Alabama Association for Counseling and Development, Fall Conference, Birmingham.

Glasser, W. (1998). *Choice theory.* New York: Harper Collins.

Glasser, W. (2000). School violence from the perspective of William Glasser. *Professional School Counseling, 4,* 77–80.

Glasser, W. (2005, February). *Reality therapy today.* Presentation at the Wake Forest University Counseling Winter Forum. Winston-Salem, NC.

Glasser, W., & Wubbolding, R. (1995). Reality therapy. In R. Corsini & D. Wedding (Eds.), *Current psychotherapies* (5th ed., pp. 293–321). Itasca, IL: F. E. Peacock.

Glauser, A. S., & Bozarth, J. D. (2001). Person-centered counseling: The culture within. *Journal of Counseling and Development, 79,* 142–147.

Glenn, M., Garcia, J., Li, L., & Moore, D. (1998). Preparation of rehabilitation counselors to serve people living with HIV/AIDS. *Rehabilitation Counseling Bulletin, 41,* 190–200.

Gloria, A. M., & Kurpius Robinson, S. E. (2000). I can't live without it: Adolescent substance abuse from a cultural and contextual framework. In D. Capuzzi & D. R. Gross (Eds.), *Youth at risk* (3rd ed., pp. 409–439). Alexandria, VA: American Counseling Association.

Gloria, A. M., & Rodriguez, E. R. (2000). Counseling Latino university students: Psychosociocultural issues for consideration. *Journal of Counseling and Development, 78,* 145–154.

Glosoff, H. L., Herlihy, B., & Spence, E. B. (2000). Privileged communication in the counselor-client relationship. *Journal of Counseling and Development, 78,* 454–462.

Glosoff, H. L., & Koprowicz, C. L. (1990). *Children achieving potential. Alexandria,* VA: American Counseling Association.

Goetz, B. (1998, May 27). *An inside/outsider's view of the counseling profession today.* Paper presented at the Chi Sigma Iota Invitational Counselor Advocacy Conference, Greensboro, NC.

Gold, J., & Pitariu, G. V. (2004). Opening the eyes of counselors to the emotional abuse of men: An overlooked dynamic in dysfunctional families. *Journal of Humanistic Counseling, Education and Development, 43,* 178–187.

Gold, L. (1979). Adler's theory of dreams: An holistic approach to interpretation. In B. B. Wolman (Ed.), *Handbook of dreams: Research, theories, and applications.* New York: Van Nostrand Reinhold.

Goldberg, C. (1975). Termination: A meaningful pseudo-dilemma in psychotherapy. *Psychotherapy, 12,* 341–343.

Goldberg, J. R. (1994, June). Spirituality, religion and secular values: What role in psychotherapy? *Family Therapy News, 25*(9), 16–17.

Goldenberg, H., & Goldenberg, I. (2002). *Counseling today's family* (4th ed.). Pacific Grove, CA: Brooks/Cole.

Goldiamond, I. (1976). Self-reinforcement. *Journal of*

Applied Behavior Analysis, 9, 509–514.

Goldin, E., & Bordan, T. (1999). The use of humor in counseling: The laughing cure. *Journal of Counseling and Development, 77,* 405–410.

Goldin, E., Bordan, T., Araoz, D. L., Gladding, S. T., Kaplan, D., Krumbolz, J., et al. (2006). Humor in counseling: Leader perspectives. *Journal of Counseling and Development, 84,* 397–404.

Goldman, L. (1971). *Using tests in counseling* (2nd ed.). New York: Appleton-Century-Crofts.

Goldman, L. (1972a). Introduction. *Personnel and Guidance Journal, 51,* 85.

Goldman, L. (1972b). Tests and counseling: The marriage that failed. *Measurement and Evaluation in Guidance, 4,* 213–220.

Goldman, L. G. (1976). A revolution in counseling research. *Journal of Counseling Psychology, 23,* 543–552.

Goldman, L. G. (1977). Toward more meaningful research. *Personnel and Guidance Journal, 55,* 363–368.

Goldman, L. G. (1978). Science, research, and practice: Confusing the issues. *Personnel and Guidance Journal, 56,* 641–642.

Goldman, L. G. (1979). Research is more than technology. *Counseling Psychologist, 8,* 41–44.

Goldman, L. G. (1986). Research and evaluation. In M. D. Lewis, R. L. Hayes, & J. A. Lewis (Eds.), *The counseling profession* (pp. 278–300). Itasca, IL: F. E. Peacock.

Goldman, L. G. (1992). Qualitative assessment: An approach for counselors. *Journal of Counseling and Development, 70,* 616–621.

Goldman, L. (1994a). The marriage between tests and counseling redux: Summary of the 1972 article. *Measurement and Evaluation in Counseling and Development, 26,* 214–216.

Goldman, L. (1994b). The marriage is over...for most of us. *Measurement and Evaluation in Counseling and Development, 26,* 217–218.

Goldstein, A. (1971). *Psychotherapeutic attraction.* New York: Pergamon.

Goldstein, A. P. (1973). *Structural learning therapy: Toward a psychotherapy for the poor.* New York: Academic Press.

Gonzalez, G. M. (1997). The emergence of Chicanos in the twenty-first century: Implications for counseling, research, and policy. *Journal of Multicultural Counseling and Development, 25,* 94–106.

Goodman, J., Schlossberg, N. K., & Anderson, M. L. (2006). *Counseling adults in transition: Linking practice with theory* (3rd ed.). New York: Springer.

Goodnough, G. E., & Ripley, V. (1997). Structured groups for high school seniors making the transition to college and to military service. *School Counselor, 44,* 230–234.

Goodyear, R. K. (1976). Counselors as community psychologists. *Personnel and Guidance Journal, 54,* 512–516.

Goodyear, R. K. (1981). Termination as a loss experience for the counselor. *Personnel and Guidance Journal, 59,* 349–350.

Goodyear, R. K. (1984). On our journal's evolution: Historical developments, transitions, and future directions. *Journal of Counseling and Development, 63,* 3–9.

Goodyear, R. K. (1987). In memory of Carl Ransom Rogers. *Journal of Counseling and Development, 65,* 523–524.

Goodyear, R. K., & Bradley, F. O. (1980). The helping process as contractual. *Personnel and Guidance Journal, 58,* 512–515.

Goodyear, R. K., & Watkins, C. E., Jr. (1983). C. H. Patterson: The counselor's counselor. *Personnel and Guidance Journal, 61,* 592–597.

Gottfredson, L. S. (1981). Circumscription and compromise: A developmental theory of occupational aspirations. *Journal of Counseling Psychology, 28,* 545–579.

Gottfredson, L. S. (2005). Applying Gottfredson's theory of circumscription and compromise in career guidance and counseling. In S. D. Brown & R. W. Lent (Eds.), *Career development and counseling: Putting theory and research to work* (pp. 71–100). Hoboken, NJ: Wiley.

Goud, N. (1990). Spiritual and ethical beliefs of humanists in the counseling profession. *Journal of Counseling and Development, 68,* 571–574.

Granello, D. H. (2004). Assisting beginning counselors in becoming gay affirmative: A workshop approach. *Journal of Humanistic Counseling, Education and Development, 43,* 50–64.

Grant, B. (1992). The moral nature of psychotherapy. In M. T. Burke & J. G. Miranti (Eds.), *Ethical and spiritual values in counseling* (pp. 27–35). Alexandria, VA: American Counseling Association.

Green, A., & Keys, S. G. (2001). Expanding the developmental school counseling paradigm: Meeting the needs of the 21st century student. *Professional School Counseling, 5,* 84–95.

Greene, G. J., Hamilton, N., & Rolling, M. (1986). Differentiation of self and psychiatric dialogue: An empirical study. *Family Therapy, 8,* 187–194.

Greene, M. (2006). Helping build lives: Career and life development of gifted and talented students. *Professional School Counseling, 10*(1), 34–42.

Greenwalt, B. C., Sklare, G., & Portes, P. (1998). The therapeutic treatment provided in cases involving physical child abuse: A description of current practices. *Child Abuse and Neglect, 22,* 71–78.

Gregory, R. A., & Britt, S. (1987). What the good ones do: Characteristics of promising leadership development programs. *Campus Activities Programming, 20,* 33–35.

Grites, T. J. (1979). Between high school counselor and college advisor: A void. *Personnel and Guidance Journal, 58,* 200–204.

Grosch, W. N., & Olsen, D. C. (1994). *When helping starts to hurt.* New York: Norton.

Grosse, S. J. (2002). Children and post traumatic stress disorder: What classroom teachers should know. In G. R. Walz & C. J. Kirkman (Eds.), *Helping people cope with tragedy and grief* (pp. 23–27). Greensboro, NC: ERIC & NBCC.

Groth-Marnat, G. (1997). *Handbook of psychological assessment* (3rd ed.). New York: Wiley.

Guerney, L. (1983). Client-centered (nondirective) play therapy. In C. E. Schaeffer & K. J. O'Connor (Eds.), *Handbook of play therapy* (pp. 21–64). New York: Wiley.

Guerra, P. (1998, January). Advocating for school counseling. *Counseling Today,* 20.

Guindon, M. H., & Hanna, F. J. (2002). Coincidence, happenstance, serendipity, fate, or the hand of God: Case studies in synchronicity. *Career Development Quarterly, 50,* 195–208.

Gumaer, J., & Scott, L. (1985). Training group leaders in ethical decision making. *Journal for Specialists in Group Work, 10,* 198–204.

Gummere, R. M., Jr. (1988). The counselor as prophet: Frank Parsons, 1854–1908. *Journal of Counseling and Development, 66,* 402–405.

Gurman, A., & Kniskern, D. (1981). Family therapy outcome research: Knowns and unknowns. In A. Gurman & D. Kniskern (Eds.), *Handbook of family therapy* (pp. 742–775). New York: Brunner/Mazel.

Guy, J. D. (1987). *The personal life of the psychotherapist.* New York: Wiley.

Gysbers, N. C. (2001). School guidance and counseling in the 21st century: Remember the past into the future. *Professional School Counseling, 5,* 96–105.

Gysbers, N. C., & Guidance Program Field Writers. (1990). *Comprehensive guidance programs that work.* Ann Arbor, MI: ERIC/CAPS.

Gysbers, N. C., & Henderson, P. (2006a). Comprehensive guidance and counseling evaluation programs: Program + Personnel = Results. In G. R. Waltz, J. C. Bleuer, & R. K. Yep (Eds.), Vistas: Compelling perspectives on counseling 2006 (pp. 187–190). Alexandria, VA: American Counseling Association.

Gysbers, N. C., & Henderson, P. (2006b). *Developing and managing your school guidance and counseling program* (4th ed.). Alexandria, VA: American Counseling Association.

Gysbers, N. C., Heppner, J. A., & Johnstone, J. A. (2003). *Career counseling: Process, issues, & techniques* (2nd ed.). Boston: Allyn & Bacon.

Haase, R. F. (1970). The relationship of sex and instructional set to the regulation of interpersonal interaction distance in a counseling analogue. *Journal of Counseling Psychology, 17,* 233–236.

Haase, R. F., & DiMattia, D. J. (1976). Spatial environments and verbal conditioning in a quasi-counseling interview. *Journal of Counseling Psychology, 23,* 414–421.

Haber, R. A. (1983). The family dance around drug abuse. *Personnel and Guidance Journal, 61,* 428–430.

Haberstroh, S., Duffey, T., Evans, M., Gee, R., & Trepal, H. (2007). The experience of online counseling. *Journal of Mental Health Counseling, 29,* 269–282.

Hackett, G. (1981). Survey research methods. *Personnel and Guidance Journal, 59,* 599–604.

Hackney, H. (1978). The evolution of empathy. *Personnel and Guidance Journal, 57,* 35–38.

Hackney, H., & Wrenn, C. G. (1990). The contemporary counselor in a changed world. In H. Hackney (Ed.), *Changing contexts for counselor preparation in the 1990s* (pp. 1–20). Alexandria, VA: Association for

Counselor Education and Supervision.

Hadley, R. G., & Mitchell, L. K. (1995). *Counseling research and program evaluation*. Pacific Grove, CA: Brooks/Cole.

Hage, S. M. (2006). Profiles of women survivors: The development of agency in abusive relationships. *Journal of Counseling and Development, 84*, 83–94.

Haggard-Grann, U. (2007). Assessing violence risk: A review and clinical recommendation. *Journal of Counseling and Development, 85*, 294–301.

Hall, A. S., & Torres, I. (2002). Partnerships in preventing adolescent stress: Increasing self-esteem, coping, and support through effective counseling. *Journal of Mental Health Counseling, 24*, 97–109.

Hall, C. S. (1954). *A primer of Freudian psychology*. New York: New American Library.

Hamachek, D. E. (1988). Evaluating self-concept and ego development within Erikson's psychosocial framework: A formulation. *Journal of Counseling and Development, 66*, 354–360.

Hamann, E. E. (1994). Clinicians and diagnosis: Ethical concerns and clinical competence. *Journal of Counseling and Development, 72*, 259–260.

Hammerschlag, C. A. (1988). *The dancing healers*. San Francisco: Harper & Row.

Hanna, C. A., Hanna, F. J., Giordano, F. G., & Tollerud, T. (1998). Meeting the needs of women in counseling: Implications of a review of the literature. *Journal of Humanistic Education and Development, 36*, 160–170.

Hanna, G. S. (1988). Using percentile bands for meaningful descriptive test score interpretations. *Journal of Counseling and Development, 66*, 477–483.

Hansen, J. C., & Prather, F. (1980). The impact of values and attitudes in counseling the aged. *Counseling and Values, 24*, 74–85.

Hansen, J. C., Rossberg, R. H., & Cramer, S. H. (1994). *Counseling: Theory and process* (5th ed.). Boston: Allyn & Bacon.

Hansen, J. C., Stevic, R. R., & Warner, R. W. (1986). *Counseling: Theory and process* (4th ed.). Boston: Allyn & Bacon.

Hansen, J. C., Warner, R. W., & Smith, E. J. (1980). *Group counseling* (2nd ed.). Chicago: Rand McNally.

Hansen, J-I. C. (1994). Multiculturalism in assessment. *Measurement and Evaluation in Counseling and Development, 27*, 67.

Hansen, J. T. (1998). Do mental health counselors require training in the treatment of mentally disordered clients? A challenge to the conclusions of Vacc, Loesch, and Guilbert. *Journal of Mental Health Counseling, 20*, 183–188.

Hansen, J. T. (2006). Counseling theories within a postmodernist epistemology: New roles for theories in counseling practice. *Journal of Counseling and Development, 84*, 291–297.

Hanson, P. (1972). What to look for in groups: An observation guide. In J. Pfeiffer & J. Jones (Eds.), *The 1972 annual handbook for group facilitators* (pp. 21–24). San Diego: Pfeiffer.

Hanson, W. E., & Claiborn, C. D. (2006). Effects of test interpretation style and favorability in the counseling process. *Journal of Counseling and Development, 84*, 349–357.

Harding, A. K., Gray, L. A., & Neal, M. (1993). Confidentiality limits with clients who have HIV: A review of ethical and legal guidelines and professional policies. *Journal of Counseling and Development, 71*, 297–304.

Hare-Mustin, R. T. (1983). An appraisal of the relationship between women and psychotherapy. *American Psychologist, 38*, 593–599.

Harman, R. L. (1977). Beyond techniques. *Counselor Education and Supervision, 17*, 157–158.

Harman, R. L. (1997). *Gestalt therapy techniques: Working with groups, couples, and sexually dysfunctional men*. Northvale, NJ: Aronson.

Harold, M. (1985). Council's history examined after 50 years. *Guidepost, 27*(10), 4.

Harper, F. D. (1994). Afrinesians of the Americas: A new concept of ethnic identity. *Journal of Multicultural Counseling and Development, 22*, 3–6.

Harris, A. H. S., Thoresen, C. E., & Lopez, S. J. (2007). Integrating positive psychology into counseling: Why and (when appropriate) how. *Journal of Counseling and Development, 85*, 3–13.

Harris, F. (1994, April). Everyday ethics. *ACCA Visions, 2*, 7–8, 10.

Harris, S. M., & Busby, D. M. (1998). Therapist physical attractiveness: An unexplored influence on client disclosure. *Journal of Marital and Family Therapy,*

24, 251-257.

Harris-Bowlsbey, J. (1992, December). Building blocks of computer-based career planning systems. *CAPS Digest,* EDO-CG-92-7.

Harris-Bowlsbey, J., Dikel, M. R., & Sampson, J. P. (Eds.). (2002). *The Internet: A tool for career planning* (2nd ed.). Alexandria, VA: American Counseling Association.

Hartung, P. J., & Blustein, D. L. (2002). Reason, intuition, and social justice: Elaborating on Parsons' career decision-making model. *Journal of Counseling and Development, 80,* 41-47.

Hashimi, J. (1991). Counseling older adults. In P. K. H. Kim (Ed.), *Serving the elderly: Skills for practice* (pp. 33-51). New York: Aldine de Gruyter.

Hatcher, C., & Himelsteint, P. (Eds.). (1997). *The handbook of Gestalt therapy.* Northvale, NJ: Aronson.

Havighurst, R. J. (1959). Social and psychological needs of the aging. In L. Gorlow & W. Katkovsky (Eds.), *Reading in the psychology of adjustment* (pp. 443-447). New York: McGraw-Hill.

Hawes, D. J. (1989). Communication between teachers and children: A counselor consultant/trainer model. *Elementary School Guidance and Counseling, 24,* 58-67.

Hay, C. E., & Kinnier, R. T. (1998). Homework in counseling. *Journal of Mental Health Counseling, 20,* 122-132.

Hayes, P. A. (1996). Addressing the complexities of culture and gender in counseling. *Journal of Counseling and Development, 74,* 332-338.

Hayes, R. L. (1981). High school graduation: The case for identity loss. *Personnel and Guidance Journal, 59,* 369-371.

Hayes, R. L. (1993). Life, death, and reconstructive self. *Journal of Humanistic Education and Development, 32,* 85-88.

Hayman, P. M., & Covert, J. A. (1986). Ethical dilemmas in college counseling centers. *Journal of Counseling and Development, 64,* 318-320.

Healy, C. C., & Woodward, G. A. (1998). The Myers-Briggs Type Indicator and career obstacles. *Measurement and Evaluation in Counseling and Development, 31,* 74-85.

Heath, D. H. (1980). Wanted: A comprehensive model of healthy development. *Personnel and Guidance Journal, 58,* 391-399.

Heinrich, R. K., Corbin, J. L., & Thomas, K. R. (1990). Counseling Native Americans. *Journal of Counseling and Development, 69,* 128-133.

Helwig, A. (2002, Summer). New Orleans workshop highlights. *NECA Newsletter,* 2.

Henderson, D. A. (2007). School counseling. In R. R. Cottone & V. M. Tarvydas, *Ethical and professional issues in counseling* (3rd ed., pp. 241-267). Upper Saddle River, NJ: Prentice Hall.

Henderson, S. J. (2000). "Follow your bliss": A process for career happiness. *Journal of Counseling and Development, 78,* 305-315.

Hendrick, S. S. (1988). Counselor self-disclosure. *Journal of Counseling and Development, 66,* 419-424.

Henkin, W. A. (1985). Toward counseling the Japanese in America: A cross-cultural primer. *Journal of Counseling and Development, 63,* 500-503.

Heppner, P. P. (1990a). Life lines: Institutional perspectives [Feature editor's introduction]. *Journal of Counseling and Development, 68,* 246.

Heppner, P. P. (1990b). *Pioneers in counseling and development: Personal and professional perspectives.* Alexandria, VA: American Counseling Association.

Heppner, P. P., & Anderson, W. P. (1985). On the perceived nonutility of research in counseling. *Journal of Counseling and Development, 63,* 545-547.

Heppner, P. P., Wampold, B. E., & Kivlighan, D. M., Jr. (2008). *Research design in counseling* (3rd ed.). Belmont, CA: Thomson Brooks/Cole.

Herlihy, B. (1996). When a colleague is impaired: The individual counselor's response. *Journal of Humanistic Education and Development, 34,* 118-127.

Herlihy, B., & Corey, C. (2006). *ACA ethical standards casebook* (6th ed.). Alexandria, VA: American Counseling Association.

Herlihy, B., & Sheeley, V. L. (1987). Privileged communication in selected helping professions: A comparison among statutes. *Journal of Counseling and Development, 64,* 479-483.

Herman, K. C. (1993). Reassessing predictors of therapist competence. *Journal of Counseling and Development, 72,* 29-32.

Herman, W. E. (1997). Values acquisition: Some critical distinctions and implications. *Journal of Humanistic Education and Development, 35,* 146-155.

Hermann, M. A., & Herlihy, B. R. (2006). Legal and ethical

implications of refusing to counsel homosexual clients. *Journal of Counseling and Development, 84,* 414–418.

Herr, E. L. (1985). AACD: An association committed to unity through diversity. *Journal of Counseling and Development, 63,* 395–404.

Herr, E. L. (1997). Super's life-span, life-space and its outlook for refinement. *Career Development Quarterly, 45,* 238–246.

Herr, E. L. (2002). School reform and perspectives on the role of school counselors: A century of proposals for change. *Professional School Counseling, 5,* 220–234.

Herr, E. L., Cramer, S. H., & Niles, S. G. (2004). *Career guidance and counseling through the lifespan: Systematic approaches* (6th ed.). Boston: Allyn & Bacon.

Herr, E. L., & Fabian, E. S. (1993). The Journal of Counseling and Development: Its legacy and its aspirations. *Journal of Counseling and Development, 72,* 3–4.

Herr, E. L., & Niles, S. G. (1994). Multicultural career guidance in the schools. In P. Pedersen & J. C. Carey (Eds.), *Multicultural counseling in schools* (pp. 177–194). Boston: Allyn & Bacon.

Herring, R. D. (1996). Synergetic counseling and Native American Indian students. *Journal of Counseling and Development, 74,* 542–547.

Herring, R. D. (1997). The creative arts: An avenue to wellness among Native American Indians. *Journal of Humanistic Education and Development, 36,* 106–113.

Herring, R. D., & White, L. M. (1995). School counselors, teachers, and the culturally compatible classroom: Partnerships in multicultural education. *Journal of Humanistic Education and Development, 34,* 52–64.

Hershenson, D. B. (1982). A formulation of counseling based on the healthy personality. *Personnel and Guidance Journal, 60,* 406–409.

Hershenson, D. B. (1992a). A genuine copy of a fake Dior: Mental health counseling's pursuit of pathology. *Journal of Mental Health Counseling, 14,* 419–421.

Hershenson, D. B. (1992b). Conceptions of disability: Implications for rehabilitation. *Rehabilitation Counseling Bulletin, 35,* 154–159.

Hershenson, D. B. (1996). A systems reformulation of a developmental model of work adjustment. *Rehabilitation Counseling Bulletin, 40,* 2–10.

Hershenson, D. B., & Berger, G. P. (2001). The state of community counseling: A survey of directors of CACREP-accredited programs. *Journal of Counseling and Development, 79,* 188–193.

Hershenson, D. B., Power, P. W., & Seligman, L. (1989). Mental health counseling theory: Present status and future prospects. *Journal of Mental Health Counseling, 11,* 44–69.

Hetherington, C., Hillerbrand, E., & Etringer, B. D. (1989). Career counseling with gay men: Issues and recommendations for research. *Journal of Counseling and Development, 67,* 452–453.

Hetzel, R. D., Barton, D. A., & Davenport, D. S. (1994). Helping men change: A group counseling model for male clients. *Journal for Specialists in Group Work, 19,* 52–64.

Hill, C. (2004). *Helping skills: Facilitating exploration, insight, and action* (2nd ed.). Washington, DC: American Psychological Association.

Hill, C. E. (1982). Counseling process research: Philosophical and methodological dilemmas. *Counseling Psychologist, 10,* 7–19.

Hill, C. E. (1991). Almost everything you ever wanted to know about how to do process research on counseling and psychotherapy but didn't know who to ask. In C. E. Watkins, Jr., & L. Schneider (Eds.), *Research in counseling* (pp. 85–118). Hillsdale, NJ: Erlbaum.

Hill, C. E., Carter, J. A., & O'Farrell, M. K. (1983). A case study of the process and outcomes of time-limited counseling. *Journal of Counseling Psychology, 30,* 3–18.

Hill, C. L., & Ridley, C. R. (2001). Diagnostic decision making: Do counselors delay final judgment? *Journal of Counseling and Development, 79,* 98–104.

Hilts, P. J. (1996). *Smokescreen: The truth behind the tobacco industry cover-up.* Reading, MA: Addison-Wesley.

Hines, M. (1988). Similarities and differences in group and family therapy. *Journal for Specialists in Group Work, 13,* 173–179.

Hinkelman, J. M., & Luzzo, D. A. (2007). Mental health and career development of college students. *Journal of Counseling and Development, 85,* 143–147.

Hinkle, J. S. (1994a). DSM-IV: Prognosis and implications for mental health counselors. *Journal of Mental Health Counseling, 16*, 174-183.

Hinkle, J. S. (1994b, September). *Psychodiagnosis and treatment planning under the DSM-IV.* Workshop presentation of the North Carolina Counseling Association, Greensboro, NC.

Hinkle, J. S. (1994c). *Psychodiagnosis and treatment planning using the DSM-IV*. Greensboro, NC: Author.

Hinkle, J. S. (1999). A voice from the trenches: A reaction to Ivey and Ivey (1998). *Journal of Counseling and Development, 77,* 474-483.

Hinson, J. A., & Swanson, J. L. (1993). Willingness to seek help as a function of self-disclosure and problem severity. *Journal of Counseling and Development, 71,* 465-470.

Hinterkopf, E. (1998). *Integrating spirituality in counseling: A manual for using the experiential focusing method*. Alexandria, VA: American Counseling Association.

Hipple, T., Comer, M., & Boren, D. (1997). Twenty recent novels (and more) about adolescents for bibliotherapy. *Professional School Counseling, 1,* 65-67.

Hitchcock, A. A. (1984). Work, aging, and counseling. *Journal of Counseling and Development, 63,* 258-259.

Hobson, S. M., & Kanitz, H. M. (1996). Multicultural counseling: An ethical issue for school counselors. *School Counselor, 43,* 245-255.

Hodgkinson, H. L., Outtz, J. H., & Obarakpor, A. M. (1992). *The nation and the states: A profile and data book of America's diversity.* Washington, DC: Institute for Educational Leadership.

Hoffman, R. M. (2006). Gender self-definition and gender self-acceptance in women: Intersections with feminist, womanist, and ethnic identities. *Journal of Counseling and Development, 84,* 358-372.

Hogan, T. P. (2007). *Psychological testing: A practical introduction* (2nd ed.). New York: Wiley.

Hohenshil, T. H. (1993). Assessment and diagnosis in the Journal of Counseling and Development. *Journal of Counseling and Development, 72,* 7.

Hohenshil, T. H. (1996). Role of assessment and diagnosis in counseling. *Journal of Counseling and Development, 75,* 64-67.

Hohenshil, T. H. (2000). High tech counseling. *Journal of Counseling and Development, 78,* 365-368.

Hohenshil, T. H., & Hohenshil, S. B. (1989). Preschool counseling. *Journal of Counseling and Development, 67,* 430-431.

Holden, J. (1993). *Behavioral consequences on behavior.* Unpublished manuscript, University of North Texas, Denton.

Holden, J. (2001). Cognitive-behavioral counseling. In D. C. Locke, J. E. Myers, & E. L. Herr (Eds.), *The handbook of counseling* (pp. 131-150). Thousand Oaks, CA: Sage.

Holiday, M., Leach, M. M., & Davidson, M. (1994). Multicultural counseling and intrapersonal value conflict: A case study. *Counseling and Values, 38,* 136-142.

Holland, J. L. (1994). *Self-directed search*. Odessa, FL: Psychological Assessment Resources.

Holland, J. L. (1997). *Making vocational choices: A theory of vocational preferences and work environments* (3rd ed.). Odessa, FL: Psychological Assessment Resources.

Holland, J. L., & Gottfredson, G. D. (1976). Using a typology of persons and environments to explain careers: Some extensions and clarifications. *Counseling Psychologist, 6,* 20-29.

Hollander, S. K. (1989). Coping with child sexual abuse through children's books. *Elementary School Guidance and Counseling, 23,* 183-193.

Hollingsworth, D. K., & Mastroberti, C. J. (1983). Women, work, and disability. *Personnel and Guidance Journal, 61,* 587-591.

Hollis, J. W. (1997). *Counselor preparation 1996-1998* (9th ed.). Muncie, IN: Accelerated Development.

Hollis, J. W. (2000). *Counselor preparation 1999-2001: Programs, faculty, trends* (10th ed.). Philadelphia: Taylor & Francis.

Holmes, T. H., & Rahe, R. H. (1967). The social readjustment rating scale. *Journal of Psychosomatic Research, 11,* 213-218.

Hood, A. B., & Johnson, R. W. (2007). *Assessment in counseling* (4th ed.). Alexandria, VA: American Counseling Association.

Horne, A. M. (2000). *Family counseling and therapy* (3rd ed.). Itasca, IL: F. E. Peacock.

Horne, A. M., & Mason, J. (1991, August). *Counseling men.*

Paper presented at the Annual Convention of the American Psychological Association, San Francisco.

Horton, N. (1994, October 10). United States has most educated population. *Higher Education and National Affairs, 43,* 3.

Hosie, T. W. (1994). Program evaluation: A potential area of expertise for counselors. *Counselor Education and Supervision, 33,* 349–355.

Hosie, T. W., West, J. D., & Mackey, J. A. (1988). Employment and roles of mental health counselors in substance-abuse centers. *Journal of Mental Health Counseling, 10,* 188–198.

Hotchkiss, L., & Borow, H. (1996). Sociological perspective on work and career development. In D. Brown, L. Brooks, & Associates (Eds.), *Career choice and development* (3rd ed.). San Francisco: Jossey-Bass.

House, E. R. (1978). Assumptions underlying evaluation models. *Educational Researcher, 7,* 4–12.

House, R. M., & Hayes, R. L. (2002). School counselors: Becoming key players in school reform. *Professional School Counseling, 5,* 249–256.

House, R. M., & Miller, J. L. (1997). Counseling gay, lesbian, and bisexual clients. In D. Capuzzi & D. R. Gross (Eds.), *Introduction to the counseling profession* (2nd ed., pp. 397–432). Boston: Allyn & Bacon.

Houston, B. K. (1971). Sources, effects and individual vulnerability of psychological problems for college students. *Journal of Counseling Psychology, 18,* 157–161.

Howard, G. S. (1985). Can research in the human sciences become more relevant to practice? *Journal of Counseling and Development, 63,* 539–544.

Hoyt, K. B. (1989). Policy implications of selected data from adult employed workers in the 1987 Gallup Career Development Survey. In D. Brown & C. W. Minor (Eds.), *Working in America: A status report on planning and problems* (pp. 6–24). Alexandria, VA: National Career Development Association.

Hoyt, K. B. (1994). Youth apprenticeship "American style" and career development. *Career Development Quarterly, 42,* 216–223.

Hoyt, K. B. (2005). *Career education: History and future.* Broken Arrow, OK: National Career Development Association.

Hubble, M. A., & Gelso, C. J. (1978). Effects of counselor attire in an initial interview. *Journal of Counseling Psychology, 25,* 581–584.

Huber, C. H. (1979). Parents of the handicapped child: Facilitating acceptance through group counseling. *Personnel and Guidance Journal, 57,* 267–269.

Huber, C. H. (1980). Research and the school counselor. *School Counselor, 27,* 210–216.

Huber, C. H. (1983). A social-ecological approach to the counseling process. *AMHCA Journal, 5,* 4–11.

Huber, C. H. (1989). Paradox-orthodox: Brief pastoral psychotherapy. *Individual Psychology, 45,* 230–237.

Hudson, P. (1998, April/May). Spirituality: A growing resource. *Family Therapy News, 29*(2), 10–11.

Huey, W. C. (1986). Ethical concerns in school counseling. *Journal of Counseling and Development, 64,* 321–322.

Huffman, S. B., & Myers, J. E. (1999). Counseling women in midlife: An integrative approach to menopause. *Journal of Counseling and Development, 77,* 258–266.

Hulse-Killacky, D. (1993). Personal and professional endings. *Journal of Humanistic Education and Development, 32,* 92–94.

Hulse-Killacky, D., Killacky, J., & Donigian, J. (2001). *Making task groups work in your world.* Upper Saddle River, NJ: Prentice Hall.

Humes, C. W., II. (1972). Accountability: A boon to guidance. *Personnel and Guidance Journal, 51,* 21–26.

Humes, C. W., II. (1978). School counselors and P.L. 94–142. *School Counselor, 25,* 192–195.

Humes, C. W., II. (1980). Counseling IEPs. *School Counselor, 28,* 87–91.

Hummell, D. L., Talbutt, L. C., & Alexander, M. D. (1985). *Law and ethics in counseling.* New York: Van Nostrand Reinhold.

Hunt, B., Matthews, C., Milsom, A., & Lammel, J. A. (2006). Lesbians with physical disabilities: A qualitative study of their experiences with counseling. *Journal of Counseling and Development, 84,* 163–173.

Hunter, S. V. (2006). Understanding the complexity of child sexual abuse: A review of the literature with implications for family counseling. *The Family Journal: Counseling and Therapy for Couples and Families, 14,* 349–358.

Husband, R., & Foster, W. (1987). Understanding qualitative research: A strategic approach to qualitative methodology. *Journal of Humanistic Education and Development, 26,* 50-63.

Huskey, H. H. (1994, April). Counseling the senior student. *Visions, 2,* 10-11.

Hutchins, D. E., & Vaught, C. G. (1997). *Helping relationships and strategies* (3rd ed.). Pacific Grove, CA: Brooks/Cole.

Hutchins, J. (1995, December). Barrett calls for MFT mediation for false memory families. *Family Therapy News, 26,* 21.

Hutchins, R. M. (1936). *The higher learning in America.* New Haven, CT: Yale University Press.

Hutchinson, N. L., Freeman, J. G., & Quick, V. E. (1996). Group counseling intervention for solving problems on the job. *Journal of Employment Counseling, 33,* 2-19.

Hyde, C., Bentovim, A., & Monck, E. (1995). Some clinical and methodological implications of a treatment outcome study of sexually abused children. *Child Abuse and Neglect, 19,* 1387-1399.

Imbimbo, P. V. (1994). Integrating personal and career counseling: A challenge for counselors. *Journal of Employment Counseling, 31,* 50-59.

Ingersoll, R. E. (1994). Spirituality, religion, and counseling: Dimensions and relationships. *Counseling and Values, 38,* 98-111.

Israelashvili, M. (1998). Preventiveschool counseling: A stress inoculation perspective. *Professional School Counseling, 1,* 21-25.

Ivey, A. E. (1971). *Microcounseling.* Springfield, IL: Thomas.

Ivey, A. E. (1980). *Counseling and psychotherapy: Skills, theories, and practice.* Upper Saddle River, NJ: Prentice Hall.

Ivey, A. E. (1989). Mental health counseling: A developmental process and profession. *Journal of Mental Health Counseling, 11,* 26-35.

Ivey, A. E. (1990). Prejudice in the profession. *Guidepost, 33*(6), 2.

Ivey, A. E., & Goncalves, O. F. (1988). Developmental therapy: Integrating developmental processes into the clinical practice. *Journal of Counseling and Development, 66,* 406-413.

Ivey, A. E., & Ivey, M. B. (1990). Assessing and facilitating children's cognitive development: Developmental counseling and therapy in a case of child abuse. *Journal of Counseling and Development, 68,* 299-305.

Ivey, A. E., & Ivey, M. B. (1998). Reframing DSM-IV: Positive strategies from developmental counseling and theory. *Journal of Counseling and Development, 76,* 334-350.

Ivey, A. E., & Ivey, M. B. (2007). *Intentional interviewing and counseling* (7th ed.). Belmont, CA: Thomson Brooks/Cole.

Ivey, A. E., Ivey, M. B., Myers, J. E., & Sweeney, T. J. (2005). *Developmental counseling and therapy: Promoting wellness over the lifespan.* Boston: Lahaska.

Iwasaki, M. (2005). Mental health and counseling in Japan: A path toward societal transformation. *Journal of Mental Health Counseling, 27,* 129-141.

Jackson, A. P., & Scharman, J. S. (2002). Constructing family-friendly careers: Mothers' experiences. *Journal of Counseling and Development, 80,* 180-187.

Jackson, D. N., & Hayes, D. H. (1993). Multicultural issues in consultation. *Journal of Counseling and Development, 72,* 144-147.

Jackson, M. L. (1987). Cross-cultural counseling at the crossroads: A dialogue with Clemmont E. Vontress. *Journal of Counseling and Development, 66,* 20-23.

Jacobs, E. E., Harvill, R. L., & Masson, R. L. (2006). *Group counseling* (5th ed.). Belmont, CA: Thomson Brooks/Cole.

Jacobson, N. S., & Gurman, A. S. (Eds.). (2003). *Clinical handbook of couple therapy* (3rd ed.). New York: Guilford.

James, M. D., & Hazler, R. J. (1998). Using metaphors to soften resistance in chemically dependent clients. *Journal of Humanistic Education and Development, 36,* 122-133.

James, R. K. (2008). *Crisis intervention strategies* (6th ed.). Belmont, CA: Thomson Brooks/Cole.

James, R. K. & Gilliland, B. E., (2003). *Theories and strategies in counseling and psychotherapy* (5th ed.). Boston: Allyn & Bacon.

James, S. H., & Greenwalt, B. C. (2001). Documenting success and achievement: Presentation and working portfolios for counselors. *Journal of Counseling and Development, 79,* 161-165.

Jencius, M., & Rotter, J. C. (1998, March). *Applying naturalistic studies in counseling.* Paper presented at the American Counseling Association Conference,

Indianapolis, IN.

Jepsen, D. A. (1982). Test usage in the 1970s: A summary and interpretation. *Measurement and Evaluation in Guidance, 15,* 164–168.

Jesser, D. L. (1983). Career education: Challenges and issues. *Journal of Career Education, 10,* 70–79.

Jewish Family Services. (2002). *Teens and gambling.* Buffalo, NY: Author.

Johnson, C. S. (1985). The American College Personnel Association. *Journal of Counseling and Development, 63,* 405–410.

Johnson, D. W., & Johnson, F. P. (2006). *Joining together* (9th ed.). Boston: Allyn & Bacon.

Johnson, M., & Scarato, A. M. (1979). A knowledge base for counselors of women. *Counseling Psychologist, 8,* 14–16.

Johnson, W. B., & Hayes, D. N. (1997). An identity-focused counseling group for men. *Journal of Mental Health Counseling, 19,* 295–303.

Johnson, D. H., Nelson, S. E., & Wooden, D. J. (1985). Faculty and student knowledge of university counseling center services. *Journal of College Student Personnel, 26,* 27–32.

Johnson, W., & Kottman, T. (1992). Developmental needs of middle school students: Implications for counselors. *Elementary School Guidance and Counseling, 27,* 3–14.

Jolliff, D. (1994). Group work with men. *Journal for Specialists in Group Work, 19,* 50–51.

Jome, L. M., Surething, N. A., & Taylor, K. K. (2005). Relationally oriented masculinity, gender nontraditional interests, and occupational traditionality of employed men. *Journal of Career Development, 32,* 183–197.

Jones, K. D., & Robinson, E. H. (2000). Psychoeducational groups: A model for choosing topics and exercises appropriate to group stages. *Journal for Specialists in Group Work, 25,* 356–365.

Jones, R. M. (1979). Freudian and post-Freudian theories of dreams. In B. B. Wolman (Ed.), *Handbook of dreams: Research, theories, and applications.* New York: Litton.

Jongsma, A. E., Jr., & Peterson, L. M. (1995). *The complete psychotherapy treatment planner.* New York: Wiley.

Jordan, J. V. (1995). A relational approach to psychotherapy. *Women and Therapy, 16,* 51–61.

Jordan, K. (2002). Providing crisis counseling to New Yorkers after the terrorist attack on the World Trade Center. *The Family Journal: Counseling and Therapy for Couples and Families, 10,* 139–144.

Jourard, S. (1971). *The transparent self.* Princeton, NJ: Van Nostrand.

Jourard, S. M. (1958). *Personal adjustment: An approach through the study of healthy personality.* New York: Macmillan.

Jourard, S. M. (1964). *The transparent self: Self-disclosure and well-being.* Princeton, NJ: Van Nostrand.

Jourard, S. M. (1968). *Disclosing man to himself.* Princeton, NJ: Van Nostrand.

Jourdan, A. (2006). The impact of the family environment on the ethnic identity development of multiethnic college students. *Journal of Counseling and Development, 84,* 328–340.

Joynt, D. F. (1993). *A peer counseling primer.* Danbury, CT: Author.

Juhnke, G. A. (1996). The adapted-SAD PERSONS: A suicide assessment scale designed for use with children. *Elementary School Guidance and Counseling, 30,* 252–258.

Kadison, R., & DiGeronimo, T. F. (2004). *College of the overwhelmed: The campus mental health crisis and what to do about it.* San Francisco: Jossey-Bass.

Kahn, W. J. (1976). Self-management: Learning to be our own counselor. *Personnel and Guidance Journal, 55,* 176–180.

Kahnweiler, W. M. (1979). The school counselor as consultant: A historical review. *Personnel and Guidance Journal, 57,* 374–380.

Kampfe, C. M. (2002). Older adults' perceptions of residential relocation. *Journal of Humanistic Counseling, Education and Development, 41,* 103–113.

Kamphaus, R. W., Beres, K. A., Kaufman, A. S., & Kaufman, N. L. (1996). The Kaufman Assessment Battery for Children (K-ABC). In C. S. New-mark (Ed.), *Major psychological assessment instruments* (2nd ed.). Boston: Allyn & Bacon.

Kampwirth, T. J. (2006). *Collaborative consultation in the schools* (3rd ed.). Upper Saddle River, NJ: Merrill/Prentice Hall.

Kapes, J. T., & Whitfield, E. A. (2001). *A counselor's guide to career assessment instruments* (4th ed.).

Columbus, OH: National Career Development Association.

Kaplan, A. (1964). *The conduct of inquiry*. San Francisco: Chandler.

Kaplan, R. M., & Saccuzzo, D. P. (2005). *Psychological testing: Principles, applications, and issues* (6th ed.). Belmont, CA: Thomson Brooks/ Cole.

Kaplan, S. P. (1993). Five year tracking of psychosocial changes in people with severe traumatic brain injury. *Rehabilitation Counseling Bulletin, 36,* 151-159.

Katz, M. R. (1975). *SIGI: A computer-based system of interactive guidance and information*. Princeton, NJ: Educational Testing Service.

Katz, M. R. (1993). *Computer-assisted career decision-making: The guide in the machine*. Hillsdale, NJ: Erlbaum.

Kaufman, E., & Kaufman, P. (Eds.). (1992). *Family therapy of drug and alcohol abuse*. Boston: Allyn & Bacon.

Kay, A. (2006). *Life's a bitch and then you change careers. 9 steps to get out of your funk and on to the future*. New York: STC Paperbacks.

Keat, D. B., II (1990). Change in child multimodal counseling. *Elementary School Guidance and Counseling, 24,* 248-262.

Keeling, R. P. (1993). HIV disease: Current concepts. *Journal of Counseling and Development, 71,* 261-274.

Kees, N. L. (2005). Women's voices, women's lives: An introduction to the special issue on women and counseling. *Journal of Counseling and Development, 83,* 259-261.

Keirsey, D., & Bates, M. (1984). *Please understand me: Character and temperament types*. Del Mar, CA: Prometheus Nemesis Book Company.

Keller, J. F., Corake, J. W., & Brooking, J. Y. (1975). Effects of a program in rational thinking on anxieties in older persons. *Journal of Counseling psychology, 22,* 54-57.

Kelly, E. W., Jr. (1995). *Spirituality and religion in counseling and psychotherapy*. Alexandria, VA: American Counseling Association.

Kelly, K. R. (1988). Defending eclecticism: The utility of informed choice. *Journal of Mental Health Counseling, 10,* 210-213.

Kelly, K. R., & Hall, A. S. (1994). Affirming the assumptions of the developmental model for counseling men. *Journal of Mental Health Counseling, 16,* 475-482.

Kemp, A. (1998). *Abuse in the family: An introduction*. Pacific Grove, CA: Brooks/Cole.

Kemp, J. T. (1984). Learning from clients: Counseling the frail and dying elderly. *Personnel and Guidance Journal, 62,* 270-272.

Kempler, W. (1973). Gestalt therapy. In R. Corsini (Ed.), *Current psychotherapies* (pp. 251-286). Itasca, IL: F. E. Peacock.

Kendall, P. C. (1990). *Coping cat workbook*. Philadelphia: Temple University.

Kerka, S. (1991). *Adults in career transition*. ERIC Digest, ED338896.

Kerlinger, F. N., & Lee, H. B. (2000). *Foundations of behavioral research* (4th ed.). New York: Harcourt.

Kern, C. W., & Watts, R. E. (1993). Adlerian counseling. *Texas Counseling Association Journal, 21,* 85-95.

Kernberg, O. (1975). *Borderline conditions and pathological narcissism*. New York: Aronson.

Kernes, J. L., & McWhirter, J. J. (2001). Counselors' attribution of responsibility, etiology, and counseling strategy. *Journal of Counseling and Development, 79,* 304-313.

Kerr, B. A., Claiborn, C. D., & Dixon, D. N. (1982). Training counselors in persuasion. *Counselor Education and Supervision, 22,* 138-147.

Kerr, M. E. (1988). Chronic anxiety and defining a self. *The Atlantic Monthly, 262,* 35-37, 40-44, 46-58.

Kerr, M. E., & Bowen, M. (1988). *Family evaluation: An approach based on Bowen theory*. New York: Norton.

Keyes, C. L. M., & Lopez, S. J. (2002). Toward a science of mental health: Positive directions in psychodiagnosis and treatment. In C. R. Snyder & S. J. Lopez (Eds.), *The handbook of positive psychology* (pp. 45-62). New York: Oxford University Press.

Keys, S. G., & Bemak, F. (1997). School-family-community linked services: A school counseling role for changing times. *School Counselor, 44,* 255-263.

Keys, S. G., Bemak, F., Carpenter, S. L., & King-Sears, M. E. (1998). Collaborative consultant: A new role for counselors serving at-risk youths. *Journal of Counseling and Development, 76,* 123-133.

Khan, J. A., & Cross, D. G. (1984). Mental health professionals: How different are their values? *AMHCA Journal, 6,* 42-51.

Kim-Appel, D., Appel, J., Newman, I., & Parr, P. (2007).

Testing the effectiveness of Bowen's concept of differentiation in predicting psychological distress in individuals age 62 years or older. *The Family Journal: Counseling and Therapy for Couples and Families, 15,* 224–233.

Kimmel, D. C. (1988). Ageism, psychology, and public policy. *American Psychologist, 43,* 175–178.

Kinnier, R. T., Brigman, S. L., & Noble, F. C. (1990). Career indecision and family enmeshment. *Journal of Counseling and Development, 68,* 309–312.

Kiracofe, N. M., & Wells, L. (2007). Mandated disciplinary counseling on campus: Problems and possibilities. *Journal of Counseling and Development, 85,* 259–268.

Kirk, W. D., & Kirk, S. V. (1993). The African American student athlete. In W. D. Kirk & S. V. Kirk (Eds.), *Student athletes: Shattering the myths and sharing the realities* (pp. 99–112). Alexandria, VA: American Counseling Association.

Kisch, R. M. (1977). Client as "consultant-observer" in the role-play model. *Personnel and Guidance Journal, 55,* 494–495.

Kiselica, M. S., & Look, C. T. (1993). Mental health counseling and prevention: Disparity between philosophy and practice? *Journal of Mental Health Counseling, 15,* 3–14.

Kiselica, M. S., & Morrill-Richards, M. (2007). Sibling maltreatment: The forgotten abuse. *Journal of Counseling and Development, 85,* 148–161.

Kiselica, M. S., & Pfaller, J. (1993). Helping teenage parents: The independent and collaborative roles of counselor educators and school counselors. *Journal of Counseling and Development, 72,* 42–48.

Kiselica, M. S., & Robinson, M. (2001). Bringing advocacy counseling to life: The history, issues, and human dramas of social justice working in counseling. *Journal of Counseling and Development, 79,* 387–397.

Kitchener, K. S. (1985). Ethical principles and ethical decisions in student affairs. In H. J. Canon & R. D. Brown (Eds.), *Applied ethics in student services* (pp. 17–29). San Francisco: Jossey-Bass.

Kitchener, K. S. (1986). Teaching applied ethics in counselor education: An integration of psychological processes and philosophical analysis. *Journal of Counseling and Development, 64,* 306–310.

Kitchener, K. S. (1994, May). Doing good well: The wisdom behind ethical supervision. *Counseling and Human Development,* 1–8.

Klaw, E., & Humphreys, K. (2004). The role of peer-led mutual help groups promoting health and well-being. In J. L. DeLucia-Waack, D. A. Gerrity, C. R. Kalodner, & M. T. Riva (Eds.), *Handbook of group counseling and psychotherapy* (pp. 630–640). Thousand Oaks, CA: Sage.

Kleist, D. M., & White, L. J. (1997). The values of counseling: A disparity between a philosophy of prevention in counseling and counselor practice and training. *Counseling and Values, 41,* 128–140.

Kline, W. B. (1986). The risks of client self-disclosure. *AMHCA Journal, 8,* 94–99.

Knapp, S., & Vandecreek, L. (1982). Tarasoff: Five years later. *Professional psychology, 13,* 511–516.

Knowles, D. (1979). On the tendency of volunteer helpers to give advice. *Journal of Counseling Psychology, 26,* 352–354.

Kohlberg, L. (1969). *Stages in the development of moral thought and action.* New York: Holt, Rinehart & Winston.

Kohlberg, L. (1984). *Essays on moral development: Vol. 2. The psychology of moral development: The nature and validity of moral stages.* New York: Harper & Row.

Kolenc, K. M., Hartley, D. L., & Murdock, N. L. (1990). The relationship of mild depression to stress and coping. *Journal of Mental Health Counseling, 12,* 76–92.

Komives, S. R., Woodard, D. B., Jr., & Delworth, U. (1996). *Student services: A handbook for the profession* (3rd ed.). San Francisco: Jossey-Bass.

Kopla, M., & Keitel, M. A. (Eds.). (2003). *Handbook of counseling women.* Thousand Oaks, CA: Sage.

Kosclulek, J. F. (2000). The Ticket to Work and Work Incentives Improvement Act (WIIA) of 1999. *Rehabilitation Counselors Bulletin, 43,* 1–2.

Kottler, J. A. (1991). *The complete therapist.* San Francisco: Jossey-Bass.

Kottler, J. A. (1993). *On being a therapist.* San Francisco: Jossey-Bass.

Kottler, J. A. (1994a). *Advanced group leadership.* Pacific Grove, CA: Brooks/Cole.

Kottler, J. A. (1994b). Working with difficult group members. *Journal for Specialists in Group Work, 19,* 3–10.

Kottler, J. A., Sexton, T. L., & Whiston, S. C. (1994). *The heart of healing*. San Francisco: Jossey-Bass.

Kovacs, A. L. (1965). The intimate relationship: A therapeutic paradox. *Psychotherapy, 2*, 97-103.

Kovacs, A. L. (1976). The emotional hazards of teaching psychotherapy. *Psychotherapy, 13*, 321-334.

Kraus, K., & Hulse-Killacky, D. (1996). Balancing process and content in groups: A metaphor. *Journal for Specialists in Group Work, 21*, 90-93.

Krause, J. S., & Anson, C. A. (1997). Adjustment after spinal cord injury: Relationship to participation in employment or educational activities. *Rehabilitation Counseling Bulletin, 40*, 202-214.

Krauskopf, C. J. (1982). Science and evaluation research. *Counseling Psychologist, 10*, 71-72.

Kress, V. E., & Shoffner, M. F. (2007). Focus groups: A practical and applied research approach for counselors. *Journal of Counseling and Development, 85*, 189-195.

Kress, V. E. W., Eriksen, K. P., Rayle, A. D., & Ford, S. J. W. (2005). The DSM-IV-TR and culture: Considerations for counselors. *Journal of Counseling and Development, 83*, 97-104.

Krestan, J., & Bepko, C. (1988). Alcohol problems and the family life cycle. In B. Carter & M. McGoldrick (Eds.), *The changing family life cycle* (2nd ed., pp. 483-511). New York: Gardner.

Krieshok, T. S. (1987). Review of the Self Directed Search. *Journal of Counseling and Development, 65*, 512-514.

Krieshok, T. S. (1998). An anti-introspectivist view of career decision making. *Career Development Quarterly, 46*, 210-229.

Krumboltz, J. D. (1966a). Behavioral goals of counseling. *Journal of Counseling Psychology, 13*, 153-159.

Krumboltz, J. D. (1979). *Social learning and career decision making*. New York: Carroll.

Krumboltz, J. D. (1991). *Manual for the Career Beliefs Inventory*. Palo Alto, CA: Consulting Psychologists Press.

Krumboltz, J. D. (1992, December). Challenging troublesome career beliefs. *CAPS Digest*, EDOCG-92-4.

Krumboltz, J. D. (1994). Integrating career and personal counseling. *Career Development Quarterly, 42*, 143-148.

Krumboltz, J. D. (1996). A learning theory of career counseling. In M. Savickas & B. Walsh (Eds.), *Integrating career theory and practice* (pp. 233-280). Palo Alto, CA: CPP Books.

Krumboltz, J. D. (Ed.). (1966b). *Revolution in counseling*. Boston: Houghton Mifflin.

Krumboltz, J. D., & Levin, A. S. (2004). *Luck is no accident*. Atascadero, CA: Impact Publishers.

Krumboltz, J. D., & Mitchell, L. K. (1979). Relevant rigorous research. *Counseling Psychologist, 8*, 50-52.

Krumboltz, J. D., & Thoresen, C. E. (Eds.). (1969). *Behavioral counseling: Cases and techniques*. New York: Holt, Rhinehart, and Winston.

Krumboltz, J. D., & Thoresen, C. E. (1976). *Counseling methods*. New York: Holt, Rinehart & Winston.

Kubler-Ross, E. (1969). *On death and dying*. New York: Macmillan.

Kuder, F. (1939). *Manual for the Preference Record*. Chicago: Science Research Associates.

Kuder, F. (1977). *Activity interest and occupational choice*. Chicago: Science Research Associates.

Kuh, G. D. (1996). *Student learning outside the classroom: Transcending artificial boundaries*. Washington, DC: George Washington University.

Kuh, G. D., Bean, J. R., Bradley, R. K., & Coomes, M. D. (1986). Contributions of student affairs journals to the literature on college students. *Journal of College Student Personnel, 27*, 292-304.

Kunkel, M. A., & Newsom, S. (1996). Presenting problems for mental health services: A concept map. *Journal of Mental Health Counseling, 18*, 53-63.

Kurpius, D. J. (1978). Consultation theory and process: An integrated model. *Personnel and Guidance Journal, 56*, 335-338.

Kurpius, D. J. (1986a). Consultation: An important human and organizational intervention. *Journal of Counseling and Human Service Professions, 1*, 58-66.

Kurpius, D. J. (1986b). The helping relationship. In M. D. Lewis, R. L. Hayes, & J. A. Lewis (Eds.), *The counseling profession* (pp. 96-129). Itasca, IL: F. E. Peacock.

Kurpius, D. J. (1988). *Handbook of consultation: An intervention for advocacy and outreach*. Alexandria, VA: American Counseling Association.

Kurpius, D. J., & Brubaker, J. C. (1976). *Psycho-educational consultation: Definitions-functions-preparation*. Bloomington: Indiana University Press.

Kurpius, D. J., & Fuqua, D. R. (1993). Fundamental issues in defining consultation. *Journal of Counseling and Development, 71,* 598-600.

Kurpius, D. J., Fuqua, D. R., & Rozecki, T. (1993). The consulting process: A multidimensional approach. *Journal of Counseling and Development, 71,* 601-606.

Kurpius, D. J., & Robinson, S. E. (1978). An overview of consultation. *Personnel and Guidance Journal, 56,* 321-323.

Kurtz, P. D., & Tandy, C. C. (1995). Narrative family interventions. In A. C. Kilpatrick & T. P. Holland (Eds.), *Working with families* (pp. 177-197). Boston: Allyn & Bacon.

Kushman, J. W., Sieber, C., & Heariold-Kinney, P. (2000). This isn't the place for me: School dropout. In D. Capuzzi & D. R. Gross (Eds.), *Youth at risk* (3rd ed., pp. 471-507). Alexandria, VA: American Counseling Association.

L'Abate, L. (1992). Introduction. In L. L'Abate, G. E. Farrar, & D. A. Serritella (Eds.), *Handbook of differential treatments for addiction* (pp. 1-4). Boston: Allyn & Bacon.

L'Abate, L., Farrar, G. E., & Serritella, D. A. (Eds.). (1992). *Handbook of differential treatments for addiction.* Boston: Allyn & Bacon.

L'Abate, L., & Thaxton, M. L. (1981). Differentiation of resources in mental health delivery: Implications of training. *Professional Psychology, 12,* 761-767.

LaBarge, E. (1981). Counseling patients with senile dementia of the Alzheimer type and their families. *Personnel and Guidance Journal, 60,* 139-142.

LaCross, M. B. (1975). Non-verbal behavior and perceived counselor attractiveness and persuasiveness. *Journal of Counseling Psychology, 22,* 563-566.

Ladd, E. T. (1971). Counselors, confidences, and the civil liberties of clients. *Personnel and Guidance Journal, 50,* 261-268.

LaFountain, R. M., & Bartos, R. B. (2002). *Research and statistics made meaningful in counseling and student affairs.* Pacific Grove, CA: Brooks/ Cole.

LaFountain, R. M., Garner, N. E., & Eliason, G. T. (1996). Solution-focused counseling groups: A key for school counselors. *School Counselor, 43,* 256-267.

Laker, D. R. (2002). The career wheel: An exercise for exploring and validating one's career choices. *Journal of Employment Counseling, 39,* 61-71.

Lam, C. S., Hilburger, J., Kornbleuth, M., Jenkins, J., Brown, D., & Racenstein, J. M. (1996). A treatment matching model for substance abuse rehabilitation clients. *Rehabilitation Counseling Bulletin, 39,* 202-216.

Lambert, M. J., Masters, K. S., & Ogles, B. M. (1991). Outcome research in counseling. In C. E. Watkins, Jr., & L. J. Schneider (Eds.), *Research in counseling* (pp. 51-83). Hillsdale, NJ: Erlbaum.

Lambie, G. W. (2007). The contribution of ego development level to burnout in school counselors: Implications for professional school counseling. *Journal of Counseling and Development, 85,* 82-88.

Landis, L. L., & Young, M. E. (1994). The reflective team in counselor education. *Counselor Education and Supervision, 33,* 210-218.

Landreth, G. L. (2002). *Play therapy: The art of the relationship* (2nd ed.). New York: Brunner-Routledge.

Lanning, W. (1992, December). Ethical codes and responsible decision-making. *ACA Guidepost, 35,* 21.

Lapan, R. T., Gysbers, N. C., & Petroski, G. F. (2001). Helping seventh graders be safe and successful: A statewide study of the impact of comprehensive guidance and counseling programs. *Journal of Counseling and Development, 79,* 320-330.

Lapsley, D. K., & Quintana, S. M. (1985). Recent approaches to the moral and social education of children. *Elementary School Guidance and Counseling, 19,* 246-259.

Laux, J. M., Salyers, K. M., & Kotova, E. (2005). A psychometric evaluation of the SASSI3 in a college sample. *Journal of College Counseling, 8,* 41-51.

Lawler, A. C. (1990). The healthy self: Variations on a theme. *Journal of Counseling and Development, 68,* 652-654.

Lawless, L. L., Ginter, E. J., & Kelly, K. R. (1999). Managed care: What mental health counselors need to know. *Journal of Mental Health Counseling, 21,* 50-65.

Lawrence, G., & Kurpius, S. E. R. (2000). Legal and ethical issues involved when counseling minors in nonschool settings. *Journal of Counseling and Development, 78,* 130-136.

Lawson, A. W. (1994). Family therapy and addictions. In J. A. Lewis (Ed.), *Addiction: Concepts and strategies for treatment* (pp. 211-232). Gathersburg, MD: Aspen.

Lawson, D. (1994). Identifying pretreatment change. *Journal of Counseling and Development, 72,* 244–248.

Lawson, G., Venart, E., Hazler, R. J., & Kottler, J. A. (2007). Toward a culture of counselor wellness. *Journal of Humanistic Counseling, Education and Development, 46,* 5–19.

Layne, C. M., & Hohenshil, T. H. (2005). High tech counseling: Revisited. *Journal of Counseling and Development, 83,* 222–226.

Lazarus, A. A. (1985). Behavior rehearsal. In A. S. Bellack & M. Hersen (Eds.), *Dictionary of behavior therapy techniques* (p. 22). New York: Pergamon.

Lazarus, A. A. (2008). Multimodal therapy. In R. J. Corsini & D. Wedding (Eds.), *Current psychotherapies* (8th ed., pp. 368–401). Belmont, CA: Thomson Brooks/ Cole.

Lazarus, A. A., & Beutler, L. E. (1993). On technical eclecticism. *Journal of Counseling and Development, 71,* 381–385.

Lazarus, A. P. (1989). *The practice of multimodal therapy: Systematic, comprehensive, and effective psychotherapy.* Baltimore: Johns Hopkins University Press.

Leaman, D. R. (1978). Confrontation in counseling. *Personnel and Guidance Journal, 56,* 630–633.

Learner, B. (1981). Representative democracy, "men of zeal," and testing legislation. *American Psychologist, 36,* 270–275.

Lee, C. C. (1989). AMCD: The next generation. *Journal of Multicultural Counseling and Development, 17,* 165–170.

Lee, C. C. (1998). Professional counseling in a global context: Collaboration for international social action. In C. C. Lee & G. R. Walz (Eds.), *Social action: A mandate for counselors* (pp. 293. 306). Alexandria, VA: American Counseling Association.

Lee, C. C. (2001). Culturally responsive school counselors and programs: Addressing the needs of all students. *Professional School Counseling, 4,* 257–261.

Lee, C. C. (Ed.). (2006a). *Counseling for social justice* (2nd ed.). Alexandria, VA: American Counseling Association.

Lee, C. C. (Ed.). (2006b). *Multicultural issues in counseling: New approaches to diversity* (3rd ed.). Alexandria, VA: American Counseling Association.

Lee, C. C., & Walz, G. R. (Eds.). (1998). *Social action: A mandate for counselors.* Alexandria, VA: American Counseling Association.

Lee, J. M. (1966). Issues and emphases in guidance: A historical perspective. In J. M. Lee & N. J. Pallone (Eds.), *Readings in guidance and counseling.* New York: Sheed & Ward.

Lee, R. M., & Robbins, S. B. (2000). Understanding social connectedness in college women and men. *Journal of Counseling and Development, 78,* 484–491.

Leech, N. L., & Kees, N. L. (2005). Researching women's groups: Findings, limitations, and recommendations. *Journal of Counseling and Development, 83,* 367–373.

Leedy, P. D., & Ormrod, J. E. (2001). *Practical research* (7th ed.). Upper Saddle River, NJ: Merrill/ Prentice Hall.

Lefrancois, G. R. (1999). *The lifespan* (6th ed.). Belmont, CA: Wadsworth.

Leibert, T. W. (2006). Making change visible: The possibilities in assessing mental health counseling outcomes. *Journal of Counseling and Development, 84,* 108–113.

Leierer, S. J., Strohmer, D. C., Leclere, W. A., Cornwell, B. J., & Whitten, S. L. (1996). The effect of counselor disability, attending behavior, and client problem on counseling. *Rehabilitation Counseling Bulletin, 40,* 92–96.

Lemoire, S. J., & Chen, C. P. (2005). Applying person-centered counseling to sexual minority adolescents. *Journal of Counseling and Development, 83,* 146–154.

Lenhardt, A. M. C. (1997). Grieving disenfranchised losses: Background and strategies for counselors. *Journal of Humanistic Education and Development, 35,* 208–218.

Leonard, M. M., & Collins, A. M. (1979). Woman as footnote. *Counseling Psychologist, 8,* 6–7.

Leong, F. T. L. (Ed.). (1995). *Career development and vocational behavior of racial and ethnic minorities.* Hillsdale, NJ: Erlbaum.

Lerner, S., & Lerner, H. (1983). A systematic approach to resistance: Theoretical and technical considerations. *American Journal of Psychotherapy, 37,* 387–399.

Leslie, R. S. (2004, July/August). Minimizing liability. *Family Therapy Magazine, 3*(4), 46–48.

Levenson, A. J. (1981). Ageism: A major deterrent to the introduction of curricula in aging. *Gerontology and Geriatrics Education, 1,* 161–162.

Levine, E. (1983). A training model that stresses the dynamic dimensions of counseling. *Personnel and Guidance Journal, 61,* 431–433.

Lewin, S. S., Ramseur, J. H., & Sink, J. M. (1979). The role of private rehabilitation: Founder, catalyst, competitor. *Journal of Rehabilitation, 45,* 16–19.

Lewing, R. J., Jr., & Cowger, E. L., Jr. (1982). Time spent on college counselor functions. *Journal of College Student Personnel, 23,* 41–48.

Lewis, J., & Lewis, M. (1977). *Community counseling: A human services approach.* New York: Wiley.

Lewis, J., & Lewis, M. (1989). *Community counseling.* Pacific Grove, CA: Brooks/Cole.

Lewis, J. A., Hayes, B. A., & Bradley, L. J. (Eds.). (1992). *Counseling women over the life span.* Denver: Love.

Lewis, J. A., & Lewis, M. D. (1977). *Community counseling: A human service approach.* New York: Wiley.

Lewis, R. A., & Gilhousen, M. R. (1981). Myths of career development: A cognitive approach to vocational counseling. *Personnel and Guidance Journal, 59,* 296–299.

Lewis, R. E., & Borunda, R. (2006). Lived stories: Participatory leadership in school counseling. *Journal of Counseling and Development, 84,* 406–413.

Lewis, W. (1996). A proposal for initiating family counseling interventions by school counselors. *School Counselor, 44,* 93–99.

Lichtenberg, J. W. (1986). Counseling research: Irrelevant or ignored? *Journal of Counseling and Development, 64,* 365–366.

Lieberman, M. A. (1991). Group methods. In F. H. Kanfer & A. P. Goldstein (Eds.), *Helping people change: A textbook of methods* (4th ed.). Boston: Allyn & Bacon.

Lieberman, M. A. (1994). Self-help groups. In H. I. Kaplan & B. J. Sadock (Eds.), *Comprehensive group psychotherapy* (3rd ed.). Baltimore: Williams & Wilkins.

Lindemann, E. (1944). Symptomatology and management of acute grief. *American Journal of Psychiatry, 101,* 141–148.

Lindemann, E. (1956). The meaning of crisis in individual and family. *Teachers College Record, 57,* 310.

Lippert, L. (1997). Women at midlife: Implications for theories of women's adult development. *Journal of Counseling and Development, 76,* 16–22.

Littrell, J. M. (2001). Allen E. Ivey: Transforming counseling theory and practice. *Journal of Counseling and Development, 79,* 105–118.

Littrell, J. M., & Peterson, J. S. (2001). Transforming the school culture: A model based on an exemplary counselor. *Professional School Counseling, 4,* 310–313.

Lively, K. (1998, May 15). At Michigan State, a protest escalated into a night of fires, tear gas, and arrests. *Chronicle of Higher Education, 44,* A46.

Livneh, H., & Antonak, R. F. (2005). Psychosocial adaptation to chronic illness and disability: A primer for counselors. *Journal of Counseling and Development, 83,* 12–20.

Livneh, H., & Evans, J. (1984). Adjusting to disability: Behavioral correlates and intervention strategies. *Personnel and Guidance Journal, 62,* 363–368.

Livneh, H., & Sherwood-Hawes, A. (1993). Group counseling approaches with persons who have sustained myocardial infarction. *Journal of Counseling and Development, 72,* 57–61.

Locke, D. C. (1990). A not so provincial view of multicultural counseling. *Counselor Education and Supervision, 30,* 18–25.

Locke, D. C. (1998, Spring). Beyond U.S. borders. *American Counselor, 1,* 13–16.

Locke, D. C., & Faubert, M. (1993). Getting on the right track: A program for African American high school students. *School Counselor, 41,* 129–133.

Lockhart, E. J., & Keys, S. G. (1998). The mental health counseling role of school counselors. *Professional School Counseling, 1*(4), 3–6.

Loesch, L. (1977). Guest editorial. *Elementary School Guidance and Counseling, 12,* 74–75.

Loesch, L. (1984). Professional credentialing in counseling: 1984. *Counseling and Human Development, 17,* 1–11.

Loewenstein, S. F. (1979). Helping family members cope with divorce. In S. Eisenberg & L. E. Patterson (Eds.), *Helping clients with special concerns* (pp. 193–217). Boston: Houghton Mifflin.

Logan, W. L. (1997). Peer consultation group: Doing what works for counselors. *Professional School Counseling, 1,* 4–6.

London, M. (1982). How do you say good-bye after you've said hello? *Personnel and Guidance Journal, 60,* 412–414.

Long, L. L., & Young, M. E. (2007). *Counseling and therapy for couples* (2nd ed.). Belmont, CA: Thomson Brooks/Cole.

Lopez, F. G. (1986). Family structure and depression: Implications for the counseling of depressed college students. *Journal of Counseling and Development, 64,* 508–511.

Lopez, S. J., Edwards, L. M., Pedrotti, J. T., Prosser, E. C., LaRue, S., Spalitto, S. V., et al. (2006). Beyond the DSM-IV: Assumptions, alternatives, and alterations. *Journal of Counseling and Development, 84,* 259–267.

Lopez-Baez, S. I. (2006). Counseling Latinas: Culturally responsive interventions. In C. C. Lee (Ed.), *Multicultural issues in counseling* (3rd ed., pp. 187–194). Alexandria, VA: American Counseling Association.

Loughary, J. W., Stripling, R. O., & Fitzgerald, P. W. (Eds.). (1965). *Counseling: A growing profession.* Washington, DC: American Personnel and Guidance Association.

Lowman, R. L. (1993). The interdomain model of career assessment and counseling. *Journal of Counseling and Development, 71,* 549–554.

Loxley, J. C., & Whiteley, J. M. (1986). *Character development in college students.* Alexandria, VA: American Counseling Association.

Luborsky, E. B., O'Reilly-Landry, M., & Arlow, J. A. (2008). Psychoanalysis. In R. J. Corsini & D. Wedding (Eds.), *Current psychotherapies* (8th ed., pp. 15–62). Belmont, CA: Thomson Brooks/ Cole.

Lucas, M. S., Skokowski, C. T., & Ancis, J. R. (2000). Contextual themes in career decision making of female clients who indicate depression. *Journal of Counseling and Development, 78,* 316–325.

Luft, J. (1970). *Group process: An introduction to group dynamics.* Palo Alto, CA: National Press Books.

Lum, D. (2007). *Culturally competent practice: A framework for understanding diverse groups and justice issues* (3rd ed.). Belmont, CA: Thomson Brooks/Cole.

Lundervold, D. A., & Belwood, M. F. (2000). The best kept secret in counseling: Single-case (N=1) experimental design. *Journal of Counseling and Development, 78,* 92–102.

Lusky, M. B., & Hayes, R. L. (2001). Collaborative consultation and program evaluation. *Journal of Counseling and Development, 79,* 26–38.

Luzzo, D. A., & McWhirter, E. H. (2001). Sex and ethnic differences in the perception of educational and career-related barriers and levels of coping efficacy. *Journal of Counseling and Development, 79,* 61–67.

Lyddon, W. J., Clay, A. L., & Sparks, C. L. (2001). Metaphor and change in counseling. *Journal of Counseling and Development, 79,* 269–274.

Lynch, A. Q. (1985). The Myers-Briggs Type Indicator: A tool for appreciating employee and client diversity. *Journal of Employment Counseling, 22,* 104–109.

Lynch, R. T., & Gussel, L. (1996). Disclosure and self-advocacy regarding disability-related needs: Strategies to maximize integration in postsecondary education. *Journal of Counseling and Development, 74,* 352–357.

Lynch, R. K., & Maki, D. (1981). Searching for structure: A trait-factor approach to vocational rehabilitation. *Vocational Guidance Quarterly, 30,* 61–68.

Lynn, S. J., & Frauman, D. (1985). Group psychotherapy. In S. J. Lynn & J. P. Garske (Eds.), *Contemporary psychotherapies: Models and methods* (pp. 419–458). Upper Saddle River, NJ: Merrill/Prentice Hall.

MacCluskie, K. C., & Ingersoll, R. E. (2001). *Becoming a 21st century agency counselor.* Pacific Grove, CA: Brooks/Cole.

Madanes, C. (1984). *Behind the one-way mirror: Advances in the practice of strategic therapy.* San Francisco: Jossey-Bass.

Magnuson, S. (1996). Charlotte's web: Expanding a classroom activity for a guidance lesson. *Elementary School Guidance and Counseling, 31,* 75–76.

Maholick, L. T., & Turner, D. W. (1979). Termination: The difficult farewell. *American Journal of Psychotherapy, 33,* 583–591.

Manderscheid, R. W., & Sonnenschein, M. A. (1992). *Mental health in the United States, 1992* (DHHS Publication No. [SMA] 92-1942). Washington, DC: U.S. Government Printing Office.

Manhal-Baugus, M. (1998). The self-in-relation theory and Women for Sobriety: Female-specific theory and mutual help group for chemically dependent women. *Journal of Addiction and Offender Counseling, 18,* 78–87.

Mann, D. (1986). Dropout prevention: Getting serious about programs that work. *NASSP Bulletin, 70,* 66–73.

Manthei, R. J. (1983). Client choice of therapist or therapy. *Personnel and Guidance Journal, 61*, 334-340.

Maples, M. F., & Abney, P. C. (2006). Baby boomers mature and gerontological counseling comes of age. *Journal of Counseling and Development, 84*, 3-9.

Maples, M. F., Dupey, P., Torres-Rivera, E., Phan, L. T., Vereen, L., & Garrett, M. T. (2001). Ethnic diversity and the use of humor in counseling: Appropriate or inappropriate? *Journal of Counseling and Development, 79*, 53-60.

Maples, M. F., Packman, J., Abney, P., Daugherty, R. F., Casey, J. A., & Pirtle, L. (2005). Suicide by teenagers in middle school: A postvention team approach. *Journal of Counseling and Development, 83*, 397-405.

Maples, M. R., & Luzzo, D. A. (2005). Evaluating DISCOVER's effectiveness in enhancing college students' social cognitive career development. *Career Development Quarterly, 53*, 274-285.

Margolin, G. (1982). Ethical and legal considerations in marital and family therapy. *American Psychologist, 37*, 788-801.

Marino, T. M. (1979). Resensitizing men: A male perspective. *Personnel and Guidance Journal, 58*, 102-105.

Marino, T. M. (1994, December). Starving for acceptance. *Counseling Today, 37*, 1, 4.

Marino, T. W. (1996, July). Looking for greener pastures. *Counseling Today*, 16.

Marinoble, R. M. (1998). Homosexuality: A blind spot in the school mirror. *Professional School Counseling, 1*, 4-7.

Marken, R. (1981). *Methods in experimental psychology*. Pacific Grove, CA: Brooks/Cole.

Markowitz, L. M. (1994, July/ August). The cross-culture of multiculturalism. *Family Therapy Networker, 18*, 18-27, 69.

Marks, L. I., & McLaughlin, R. H. (2005). Outreach by college counselors: Increasing student attendance at presentations. *Journal of College Counseling, 8*, 86-96.

Marotta, S. A. (2000). Best practices for counselors who treat post-traumatic stress disorder. *Journal of Counseling and Development, 78*, 492-495.

Marotta, S. A., & Asner, K. K. (1999). Group psychotherapy for women with a history of incest: The research base. *Journal of Counseling and Development, 77*, 315-323.

Martin, D., & Martin, M. (1989). Bridging the gap between research and practice. *Journal of Counseling and Development, 67*, 491-492.

Maske, M. (2007, July 18). Falcons' Vick indicted in dog fighting case. *Washington Post*, p. E1.

Maslow, A. H. (1962). *Toward a psychology of being*. Princeton, NJ: Van Nostrand.

Mathewson, R. H. (1949). *Guidance policy and practice*. New York: Harper.

Mathiasen, R. E. (1984). Attitudes and needs of the college student-client. *Journal of College Student Personnel, 25*, 274-275.

Matthews, C. R. (2005). Infusing lesbian, gay, and bisexual issues into counselor education. *Journal of Humanistic Counseling, Education and Development, 44*, 168-184.

Matthews, C. R., Lorah, P., & Fenton, J. (2006). Treatment experiences of gays and lesbians in recovery from addiction: A qualitative inquiry. *Journal of Mental Health Counseling, 28*, 110-132.

Matthews, C. R., Selvidge, M. M. D., & Fisher, K. (2005). Addictions counselors' attitudes and behaviors toward gay, lesbian, and bisexual clients. *Journal of Counseling and Development, 83*, 57-65.

Matthews, D. B., & Burnett, D. D. (1989). Anxiety: An achievement component. *Journal of Humanistic Education and Development, 27*, 122-131.

Maultsby, M. C., Jr. (1984). *Rational behavior therapy*. Upper Saddle River, NJ: Prentice Hall.

Maultsby, M. C., Jr. (1986). Teaching rational self-counseling to middle graders. *School Counselor, 33*, 207-219.

Maxwell, M. (2007). Career counseling is personal counseling: A constructivist approach to nurturing the development of gifted female adolescents. *Career Development Quarterly, 55*, 206-224.

May, J. C. (2005). Family attachment narrative therapy: Healing the experience of early childhood maltreatment. *Journal of Marital and Family Therapy, 31*, 221-237.

May, K. M. (1996). Naturalistic inquiry and counseling: Contemplating commonalities. *Counseling and Values, 40*, 219-229.

May, R. (1939). *The art of counseling*. New York: Abingdon-Cokesbury.

May, R. (1975). *The courage to create*. New York: Norton.

May, R. (1977). *The meaning of anxiety* (Rev. ed.). New York: Norton.

May, R., Angel, E., & Ellenberger, H. (Eds.). (1958). *Existence*. New York: Simon & Schuster.

May, R., Remen, N., Young, D., & Berland, W. (1985). The wounded healer. *Saybrook Review, 5,* 84–93.

May, R., & Yalom, I. (2000). Existential psychotherapy. In R. J. Corsini & D. Wedding (Eds.), *Current psychotherapies* (6th ed., pp. 273–302). Itasca, IL: F. E. Peacock.

Maynard, P. E., & Olson, D. H. (1987). Circumplex model of family systems: A treatment tool in family counseling. *Journal of Counseling and Development, 65,* 502–504.

Mays, D. T., & Franks, C. M. (1980). Getting worse: Psychotherapy or no treatment: The jury should still be out. *Professional Psychology, 2,* 78–92.

McAuliffe, G., & Lovell, C. (2006). The influence of counselor epistemology on the helping interview: A qualitative study. *Journal of Counseling and Development, 84,* 308–317.

McBride, M. C., & Martin, G. E. (1990). A framework for eclecticism: The importance of theory to mental health counseling. *Journal of Mental Health Counseling, 12,* 495–505.

McCarthy, C. J., Brack, C. J., Lambert, R. G., Brack, G., & Orr, D. P. (1996). Predicting emotional and behavioral risk factors in adolescents. *School Counselor, 43,* 277–286.

McCarthy, M., & Sorenson, G. (1993). School counselors and consultants: Legal duties and liabilities. *Journal of Counseling and Development, 72,* 159–167.

McCarthy, P., DeBell, C., Kanuha, V., & McLeod, J. (1988). Myths of supervision: Identifying the gaps between theory and practice. *Counselor Education and Supervision, 28,* 22–28.

McClure, B. A. (1990). The group mind: Generative and regressive groups. *Journal for Specialists in Group Work, 15,* 159–170.

McClure, B. A. (1994). The shadow side of regressive groups. *Counseling and Values, 38,* 77–89.

McClure, B. A., & Russo, T. R. (1996). The politics of counseling: Looking back and forward. *Counseling and Values, 40,* 162–174.

McCormick, J. F. (1998). Ten summer rejuvenators for school counselors. *Professional School Counseling, 1,* 61–63.

McCoy, G. A. (1994, April). A plan for the first group session. *ASCA Counselor, 31,* 18.

McCracken, J. E., Hayes, J. A., & Dell, D. (1997). Attributions of responsibility for memory problems in older and younger adults. *Journal of Counseling and Development, 75,* 385–391.

McDade, S. A. (1989). Leadership development: A key to the new leadership role of student affairs professionals. *NASPA Journal, 27,* 33–41.

McDaniels, C. (1984). The work/leisure connection. *Vocational Guidance Quarterly, 33,* 35–44.

McFadden, J., & Lipscomb, W. D. (1985). History of the Association for Non-white Concerns in Personnel and Guidance. *Journal of Counseling and Development, 63,* 444–447.

McFadden, J. (Ed.). (1999). *Transcultural counseling* (2nd ed.). Alexandria, VA: American Counseling Association.

McGannon, W., Carey, J., & Dimmitt, C. (2005). *The current status of school counseling outcome research* (Research Monograph No. 2). Amherst: Center for School Counseling Outcome Research, University of Massachusetts, School of Education.

McGee, T. F., Schuman, B. N., & Racusen, F. (1972). Termination in group psychotherapy. *American Journal of Psychotherapy, 26,* 521–532.

McGoldrick, M., Gerson, R., & Petry, S. (2008). *Genograms: Assessment and intervention* (3rd ed.). New York: Norton.

McGoldrick, M., Giordano, J., & Pearce, J. K. (Eds.). (1996). *Ethnicity and family therapy* (2nd ed.). New York: Guilford.

McGowan, A. S. (1995). "Suffer the little children": A developmental perspective. *Journal of Humanistic Education and Development, 34,* 50–51.

McGrath, E., Keita, G. F., Strickland, N. R., & Russo, N. (1990). *Women and depression*. Washington, DC: American Psychological Association.

McHugh, M. C., Koeske, R. D., & Frieze, I. H. (1986). Issues to consider in conducting nonsexist psychological research. *American Psychologist, 41,* 879–890.

McIllroy, J. H. (1979). Career as lifestyle: An existential view. *Personnel and Guidance Journal, 57,* 351–354.

McLeod, J. (1995). *Doing counselling research*. Thousand Oaks, CA: Sage.

McMahon, M., & Patton, W. (1997). Gender differences in children and adolescents' perceptions of influences on their career development. *School Counselor, 44,* 368–376.

McRae, M. B., Thompson, D. A., & Cooper, S. (1999). Black churches as therapeutic groups. *Journal of Multicultural Counseling and Development, 27,* 207–220.

McWey, L. M. (2004). Predictors of attachment styles of children in foster care: An attachment theory model for working with families. *Journal of Marital and Family Therapy, 30,* 439–452.

McWhirter, J. J., McWhirter, B. T., McWhirter, A. M., & McWhirter, E. H. (1994). High-and low-risk characteristics of youth: The five Cs of competency. *School Counselor, 28,* 188–196.

McWhirter, J. J., McWhirter, B. T., McWhirter, E. H., & McWhirter, R. J. (2004). *At-risk youth: A comprehensive response* (3rd ed.). Belmont, CA: Thomson Brooks/Cole.

Means, B. L. (1973). Levels of empathic response. *Personnel and Guidance Journal, 52,* 23–28.

Meehl, P. (1973). *Psychodiagnosis: Selected papers.* New York: Norton.

Mehrabian, A. (1970). Some determinants of affiliation and conformity. *Psychological Reports, 27,* 19–29.

Mehrabian, A. (1971). *Silent messages.* Belmont, CA: Wadsworth.

Meichenbaum, D. (1993). Changing conceptions of cognitive behavior modification: Retrospect and prospect. *Journal of Consulting and Clinical Psychology, 61,* 202–204.

Meier, S. T., & Davis, S. R. (2008). *The elements of counseling* (6th ed.). Belmont, CA: Thomson Brooks/ Cole.

Mencken, F. C., & Winfield, I. (2000). Job search and sex segregation: Does sex of social contact matter? *Sex Roles, 42,* 847–865.

Mendelowitz, E., & Schneider, K. (2008). Existential psychotherapy. In R. J. Corsini & D. Wedding (Eds.), *Current psychotherapies* (8th ed., pp. 295–327). Belmont, CA: Thomson Brooks/Cole.

Mercer, C. D., & Mercer, A. R. (2001). *Teaching students with learning problems* (6th ed.). Upper Saddle River, NJ: Prentice Hall.

Merchant, N., & Dupuy, P. (1996). Multicultural counseling and qualitative research: Shared worldview and skills. *Journal of Counseling and Development, 74,* 537–541.

Merriam, S. B. (2002). Assessing and evaluating qualitative research. In S. B. Merriam (Ed.), *Qualitative research in practice* (pp. 18–33). San Francisco: Jossey-Bass.

Merrill Education. (2007). *A guide to ethical conduct for the helping professions* (2nd ed.). Upper Saddle River, NJ: Author.

Merta, R. J. (1995). Group work: Multicultural perspectives. In J. G. Ponterotto, J. M. Casas, L. A. Suzuki, & C. M. Alexander (Eds.), *Handbook of multicultural counseling* (pp. 567–585). Thousand Oaks, CA: Sage.

Mertens, D. M. (1998). *Research methods in education and psychology.* Thousand Oaks, CA: Sage.

Meyer, D., Helwig, A., Gjernes, O., & Chickering, J. (1985). The National Employment Counselors Association. *Journal of Counseling and Development, 63,* 440–443.

Meyer, D. F. (2005). Psychological correlates of help seeking for eating-disorder symptoms in female college students. *Journal of College Counseling, 8,* 20–30.

Meyer, D. F., & Russell, R. K. (1998). Caretaking, separation from parents, and the development of eating disorders. *Journal of Counseling and Development, 76,* 166–173.

Meyer, G. J., Finn, S. E., Eyde, L. D., Kay, G. G., Moreland, K. L., Dies, R. R., et al. (2001). Psychological testing and psychological assessment: A review of evidence and issues. *American Psychologist, 56,* 128–165.

Middleton, R. A., Flowers, C., & Zawaiza, T. (1996). Multiculturalism, affirmative action, and section 21 of the 1992 Rehabilitation Act amendments: Fact or fiction? *Rehabilitation Counseling Bulletin, 40,* 11–30.

Miller, G. A., Wagner, A., Britton, T. P., & Gridley, B. E. (1998). A framework for understanding the wounding of healers. *Counseling and Values, 42,* 124–132.

Miller, G. M. (1982). Deriving meaning from standardized tests: Interpreting test results to clients. *Measurement and Evaluation in Guidance, 15,* 87–94.

Miller, J. B., & Stiver, I. R. (1997). The healing connection: How women form relationships in therapy and in life. Northvale, NJ: Aronson.

Miller, K. L., Miller, S. M., & Stull, J. C. (2007). Predictors of counselor educators' cultural discriminatory behavior. *Journal of Counseling and Development, 85,* 325–336.

Miller, M. J. (1985). Analyzing client change graphically.

Journal of Counseling and Development, 63, 491-494.

Miller, M. J. (1996). Client-centered reflections on career decision making. *Journal of Employment Counseling, 33,* 43-46.

Miller, M. J. (1998). Broadening the use of Holland's hexagon with specific implications for career counselors. *Journal of Employment Counseling, 35,* 2-6.

Miller, M. J. (2002). Longitudinal examination of a three-letter holland code. *Journal of Employment Counseling, 39,* 43-48.

Miller, W. R., & Brown, S. A. (1997). Why psychologists should treat alcohol and drug problems. *American Psychologist, 52,* 1269-1279.

Miller, W. R., & Rollnick, S. (2002). *Motivational interviewing: Preparing people for change* (2nd ed.). New York: Guilford.

Minuchin, P., Colapinto, J., & Minuchin, S. (1999). *Working with families of the poor.* New York: Guilford.

Minuchin, S. (1974). *Families and family therapy.* Cambridge, MA: Harvard University Press.

Minuchin, S., & Fishman, H. C. (1981). *Family therapy techniques.* Cambridge, MA: Harvard University Press.

Minuchin, S., Montalvo, B., Guerney, B., Rosman, B., & Schumer, F. (1967). *Families of the slums.* New York: Basic Books.

Miranda, A. O., Bilot, J. M., Peluso, P. R., Berman, K., & Van Meek, L. G (2006). Latino families: The relevance of the connection among acculturation, family dynamics, and health for family counseling research and practice. *The Family Journal: Counseling and Therapy for Couples and Families, 14,* 268-273.

Mitchell, R. (2001). *Documentation in counseling records* (2nd ed.). Alexandria, VA: American Counseling Association.

Mitchell, R. (2007). *Documentation in counseling records: An overview of ethical, legal, and clinical issues* (3rd ed.). Alexandria, VA: American Counseling Association.

Miwa, Y., & Hanyu, K. (2006). The effects of interior design on communication and impressions of a counselor in a counseling room. *Environment and Behavior, 38,* 484-502.

Mohai, C. E. (1991). *Are school-based drug prevention programs working?* Ann Arbor, MI: CAPS Digest (EDO-CG-91-1).

Moleski, S. M., & Kiselica, M. S. (2005). Dual relationships: A continuum ranging from the destructive to the therapeutic. *Journal of Counseling and Development, 83,* 3-11.

Mollen, D. (2006). Voluntarily childfree women: Experiences and counseling consideration. *Journal of Mental Health Counseling, 28,* 269-284.

Monk, G. (1998). Narrative therapy: An exemplar of the post-modern breed of therapies. *Counseling and Human Development, 30*(5), 1-14.

Moon, K. A. (2007). A client-centered review of Rogers with Gloria. *Journal of Counseling and Development, 85,* 277-285.

Moore, D., & Haverkamp, B. E. (1989). Measured increases in male emotional expressiveness following a structured group intervention. *Journal of Counseling and Development, 67,* 513-517.

Moore, D., & Leafgren, F. (Eds.). (1990). *Problem solving strategies and interventions for men in conflict.* Alexandria, VA: American Counseling Association.

Moore, D. D., & Forster, J. R. (1993). Student assistance programs: New approaches for reducing adolescent substance abuse. *Journal of Counseling and Development, 71,* 326-329.

Moos, R. (1973). Conceptualization of human environments. *American Psychologist, 28,* 652-665.

Morgan, J. I., & Skovholt, T. M. (1977). Using inner experience: Fantasy and daydreams in career counseling. *Journal of Counseling Psychology, 24,* 391-397.

Morgan, J. P., Jr. (1994). Bereavement in older adults. *Journal of Mental Health Counseling, 16,* 318-326.

Morgan, O. J. (1998). Addiction, family treatment, and healing resources: An interview with David Berenson. *Journal of Addiction and Offender Counseling, 18,* 54-62.

Mori, S. (2000). Addressing the mental health concerns of international students. *Journal of Counseling and Development, 78,* 137-144.

Morran, D. K. (1982). Leader and member self-disclosing behavior in counseling groups. *Journal for Specialists in Group Work, 7,* 218-223.

Morrill, W. H., Oetting, E. R., & Hurst, J. C. (1974). Dimensions of counselor functioning. *Personnel and Guidance Journal, 53,* 354-359.

Morrissey, M. (1997, October). The invisible minority: Counseling Asian Americans. *Counseling Today, 1,* 21.

Morrissey, M. (1998, January). The growing problem of elder abuse. *Counseling Today,* 14.

Morse, C. L., & Russell, T. (1988). How elementary counselors see their role: An empirical study. *Elementary School Guidance and Counseling, 23,* 54-62.

Mosak, H., & Maniacci, M. P. (2008). Adlerian psychotherapy. In R. J. Corsini & D. Wedding (Eds.), *Current psychotherapies* (8th ed., pp. 63-106). Belmont, CA: Thomson Brooks/Cole.

Moser, C. A., & Kalton, G. (Eds.). (1972). *Survey methods in social investigation* (2nd ed.). New York: Basic Books.

Mostert, D. L., Johnson, E., & Mostert, M. P. (1997). The utility of solution-focused, brief counseling in schools: Potential from an initial study. *Professional School Counseling, 1,* 21-24.

Moursund, J., & Kenny, M. C. (2002). *The process of counseling and therapy* (4th ed.). Upper Saddle River, NJ: Prentice Hall.

Mudore, C. F. (1997). Assisting young people in quitting tobacco. *Professional School Counseling, 1,* 61-62.

Mullen, P. E., Martin, J. L., Anderson, J. C., Romans, S. E., & Herbison, G. P. (1995). The long-term impact of physical, emotional, and sexual abuse of children: A community study. *Child Abuse and Neglect, 20,* 7-21.

Munro, J. N., & Bach, T. R. (1975). Effect of time-limited counseling on client change. *Journal of Counseling Psychology, 22,* 395-398.

Muro, J. J. (1981). On target: On top. *Elementary School Guidance and Counseling, 15,* 307-314.

Murphy, K. E. (1998). Is managed care unethical? *IAMFC Family Digest, 11*(1), 3.

Murray, H. A. (1938). *Explorations in personality*. New York: Oxford University Press.

Muthard, J. E., & Salomone, P. R. (1978). The role and function of the rehabilitation counselor. In B. Bolton & M. E. Jaques (Eds.), *Rehabilitation counseling: Theory and practice* (pp. 166-175). Baltimore: University Park Press.

Myers, I. B. (1962). *Manual for the Myers-Briggs Type Indicator*. Palo Alto, CA: Consulting Psychologists Press.

Myers, I. B. (1980). *Gifts differing*. Palo Alto, CA: Consulting Psychologists Press.

Myers, J., & Sweeney, T. J. (2005). *Counseling for wellness: Theory, research, and practice*. Alexandria, VA: American Counseling Association.

Myers, J. E. (1983). A national survey of geriatric mental health services. *AMHCA Journal, 5,* 69-74.

Myers, J. E. (1990a). Aging: An over view for mental health counselors. *Journal of Mental Health Counseling, 12,* 245-259.

Myers, J. E. (1995). From "forgotten and ignored" to standards and certification: Gerontological counseling comes of age. *Journal of Counseling and Development, 74,* 143.

Myers, J. E. (1998). Combatting ageism: The rights of older persons. In C. C. Lee & G. Walz (Eds.), *Social action for counselors*. Alexandria, VA: American Counseling Association.

Myers, J. E., Poidevant, J. M., & Dean, L. A. (1991). Groups for older persons and their caregivers: A review of the literature. *Journal for Specialists in Group Work, 16,* 197-205.

Myers, J. E., & Sweeney, T. J. (2001). Specialties in counseling. In D. C. Locke, J. E. Myers, & E. L. Herr (Eds.), *The handbook of counseling* (pp. 43-54). Thousand Oaks, CA: Sage.

Myers, J. E., Sweeney, T. J., & Witmer, J. M. (2000). The wheel of wellness: Counseling for wellness: A holistic model for treatment planning. *Journal of Counseling and Development, 78,* 251-266.

Myers, J. E., Shoffner, M. F., & Briggs, M. K. (2002). Developmental counseling and therapy: An effective approach to understanding and counseling children. *Professional School Counseling, 5,* 194-202.

Myers, J. E., & Truluck, M. (1998). Human beliefs, religious values, and the counseling process: A comparison of counselors and other mental health professionals. *Counseling and Values, 42,* 106-123.

Myers, J. E. (Ed.). (1990b). Techniques for counseling older persons. *Journal of Mental Health Counseling, 12,* 245-394.

Myers, S. (2000). Empathetic listening: Reports on the experience of being heard. *Journal of Humanistic Psychology, 40,* 148-173.

Myrick, R. D. (1997). Traveling together on the road ahead.

Professional School Counseling, 1, 4–8.

Myrick, R. D. (2003). *Developmental guidance and counseling: A practical approach* (4th ed.). Minneapolis: Educational Media Corporation.

Napier, A., & Whitaker, C. (1978). *The family crucible.* New York: Harper & Row.

Napier, A. Y. (1988). *The fragile bond.* New York: Harper & Row.

Nasser-McMillan, S. C., & Hakim-Larson, J. (2003). Counseling considerations among Arab Americans. *Journal of Counseling and Development, 81,* 150–159.

National Career Development Association. (1990). *National survey of working America, 1990: Selected findings.* Alexandria, VA: Author.

National Center on Addiction and Substance Abuse at Columbia University. (2003). *CASA 2003 teen survey: High stress, frequent boredom, too much spending money: Triple threat that hikes risk of teen substance abuse.* New York: Author.

National Center on Addiction and Substance Abuse at Columbia University. (2007). *Wasting the best and brightest.* New York: Author.

National Occupational Information Coordinating Committee. (1994). *Program guide: Planning to meet career development needs in school-to-work transition programs.* Washington, DC: U.S. Government Printing Office.

Negy, C. (2004). *Cross-cultural psychotherapy: Toward a critical understanding of diverse clients.* Reno, NV: Bent Tree Press.

Nelligan, A. (1994, Fall). Balancing process and content: A collaborative experience. *Together, 23,* 8–9.

Nelson, J. A. (2006). For parents only: A strategic family therapy approach in school counseling. *The Family Journal: Counseling and Therapy for Couples and Families, 14,* 180–183.

Nelson, M. L. (1996). Separation versus connection: The gender controversy: Implications for counseling women. *Journal of Counseling and Development, 74,* 339–344.

Nelson, R. C., & Shifron, R. (1985). Choice awareness in consultation. *Counselor Education and Supervision, 24,* 298–306.

Ness, M. E. (1989). The use of humorous journal articles in counselor training. *Counselor Education and Supervision, 29,* 35–43.

Neugarten, B. L. (1971, December). Grow old along with me! The best is yet to be. *Psychology Today,* 48–56.

Neugarten, B. L. (1978). The rise of the young-old. In R. Gross, B. Gross, & S. Seidman (Eds.), *The new old: Struggling for decent aging* (pp. 47–49). New York: Doubleday.

Newman, J. L. (1993). Ethical issues in consultation. *Journal of Counseling and Development, 72,* 148–156.

Newman, J. L., Fuqua, D. R., Gray, E. A., & Simpson, D. B. (2006). Gender differences in the relationship of anger and depression in a clinical sample. *Journal of Counseling and Development, 84,* 157–162.

Nicholas, D. R., Gobble, D. C., Crose, R. G., & Frank, B. (1992). A systems view of health, wellness, and gender: Implications for mental health counseling. *Journal of Mental Health Counseling, 14,* 8–19.

Nichols, M. (1988). *The self in the system: Expanding the limits of family therapy.* New York: Brunner/ Mazel.

Nichols, M., & Schwartz, R. C. (2006). *Family therapy: Concepts and methods* (7th ed.). Boston: Allyn & Bacon.

Nichols, M. P. (1998). The lost art of listening. *IAMFC Family Digest, 11*(1), 1–2, 4, 11.

Nichols, W. C. (1993). *The AAMFGC: 50 years of marital and family therapy.* Washington, DC: American Association of Marriage and Family Therapists.

Niles, S. G., & Harris-Bowlsbey, J. H. (2005). *Career development interventions in the 21st century* (2nd ed.). Upper Saddle River, NJ: Merrill/ Prentice Hall.

Nims, D. R. (1998). Searching for self: A theoretical model for applying family systems to adolescent group work. *Journal for Specialists in Group Work, 23,* 133–144.

Nisson, J. E., Love, K. M., Taylor, K. J., & Slusher, A. L. (2007). A content and sample analysis of quantitative articles published in the Journal of Counseling & Development between 1991 and 2000. *Journal of Counseling and Development, 85,* 357–363.

Noll, V. (1997). Cross-age mentoring program for social skills development. *School Counselor, 44,* 239–242.

Norcross, J. C., & Beutler, L. E. (2008). Integrative psychotherapies. In R. J. Corsini & D. Wedding (Eds.), *Current psychotherapies* (8th ed., pp. 481–511). Belmont, CA: Thomson Brooks/Cole.

Nugent, F. A. (1981). *Professional counseling.* Pacific Grove, CA: Brooks/Cole.

Nugent, F. A., & Jones, K. D. (2005). *An introduction to the profession of counseling* (4th ed.). Upper Saddle River, NJ: Merrill/Prentice Hall.

Nwachuku, U., & Ivey, A. (1991). Culture-specific counseling: An alternative model. *Journal of Counseling and Development, 70,* 106-111.

Nye, R. D. (2000). *Three psychologies: Perspectives from Freud, Skinner, and Rogers* (6th ed.). Pacific Grove, CA: Brooks/Cole.

Nystul, M. S. (2006). *The art and science of counseling and psychotherapy* (3rd ed.). Upper Saddle River, NJ: Merrill/Prentice Hall.

Oates, R. K., & Bross, D. C. (1995). What have we learned about treating child physical abuse? A literature review of the last decade. *Child Abuse and Neglect, 19,* 463-473.

Oakland, T. (1982). Nonbiased assessment in counseling: Issues and guidelines. *Measurement and Evaluation in Guidance, 15,* 107-116.

O'Brien, B. A., & Lewis, M. (1975). A community adolescent self-help center. *Personnel and Guidance Journal, 54,* 212-216.

Odell, M., & Quinn, W. H. (1998). Therapist and client behaviors in the first interview: Effect on session impact and treatment duration. *Journal of Marital and Family Therapy, 24,* 369-388.

O'Donnell, J. M. (1988). The holistic health movement: Implications for counseling theory and practice. In R. Hayes & R. Aubrey (Eds.), *New directions for counseling and human development* (pp. 365-382). Denver: Love.

Oetting, E. R. (1976). Planning and reporting evaluative research: Part 2. *Personnel and Guidance Journal, 55,* 60-64.

O'Hanlon, W. H., & Weiner-Davis, M. (1989). *In search of solutions: A new direction in psychotherapy.* New York: Norton.

Ohlsen, M. M. (1977). *Group counseling* (2nd ed.). New York: Holt, Rinehart & Winston.

Ohlsen, M. M. (1979). *Marriage counseling in groups.* Champaign, IL: Research Press.

Ohlsen, M. M. (1982). Family therapy with the triad model. In A. M. Horne & M. M. Ohlsen (Eds.), *Family counseling and therapy* (pp. 412-434). Itasca, IL: F. E. Peacock.

Ohlsen, M. M. (1983). *Introduction to counseling.* Itasca, IL: F. E. Peacock.

Okun, B. F. (1984). *Working with adults: Individual, family, and career development.* Pacific Grove, CA: Brooks/Cole.

Okun, B. F. (1990). *Seeking connections in psychotherapy.* San Francisco: Jossey-Bass.

Okun, B. R. (1997). *Effective helping: Interviewing and counseling techniques* (5th ed.). Belmont, CA: Thomson.

Okun, B. F., Fried, J., & Okun, M. L. (1999). *Understanding diversity: A learning-as-practice primer.* Pacific Grove, CA: Brooks/ Cole.

Okun, B. F., & Kantrowitz, R. E. (2008). *Effective helping: Interviewing and counseling techniques* (7th ed.). Belmont, CA: Thomson Brooks/Cole.

Oldham, J. M., & Morris, L. B. (1995). *New personality self-portrait: Why you think, work, love, and act the way you do.* New York: Bantam.

O'Leary, K. D., & Murphy, C. (1999). Clinical issues in the assessment of partner violence. In R. Ammerman & M. Hersen (Eds.), *Assessment of family violence: A clinical and legal sourcebook* (pp. 46-94). New York: Wiley.

Olsen, L. D. (1971). Ethical standards for group leaders. *Personnel and Guidance Journal, 50,* 288.

Olson, D. H. (1986). Circumplex model VII: Validation studies and FACES III. *Family Process, 25,* 337-351.

Onedera, J. D., & Greenwalt, B. (2007). Choice theory: An interview with Dr. William Glasser. *The Family Journal: Counseling and Therapy for Couples and Families, 15,* 79-86.

O'Neil, J. M., & Carroll, M. R. (1988). A gender role workshop focused on sexism, gender role conflict, and the gender role journey. *Journal of Counseling and Development, 67,* 193-197.

Openlander, P., & Searight, R. (1983). Family counseling perspectives in the college counseling center. *Journal of College Student Personnel, 24,* 423-427.

Osborn, D. S., Howard, D. K., & Leierer, S. J. (2007). The effect of a career development course on the dysfunctional career thoughts of racially and ethnically diverse college freshment. *Career Development Quarterly, 55,* 365-377.

Osborne, J. L., Collison, B. B., House, R. M., Gray, L. A., Firth, J., & Lou, M. (1998). Developing a social advocacy model for counselor education. *Counselor*

Education and Supervision, 37, 190–202.

Osborne, W. L. (1982). Group counseling: Direction and intention. *Journal for Specialists in Group Work, 7,* 275–280.

Osborne, W. L., Brown, S., Niles, S., & Miner, C. U. (1997). *Career development assessment and counseling.* Alexandria, VA: ACA.

Osipow, S. H., & Fitzgerald, L. F. (1996). *Theories of career development* (4th ed.). Boston: Allyn & Bacon.

Ostlund, D. R., & Kinnier, R. T. (1997). Values of youth: Messages from the most popular songs of four decades. *Journal of Humanistic Education and Development, 36,* 83–91.

Otani, A. (1989). Client resistance in counseling: Its theoretical rationale and taxonomic classification. *Journal of Counseling and Development, 67,* 458–461.

Ottens, A. J., & Klein, J. F. (2005). Common factors: Where the soul of counseling and psychotherapy resides. *Journal of Humanistic Counseling, Education and Development, 44,* 32–45.

Otwell, P. S., & Mullis, F. (1997). Counselor-led staff development: An efficient approach to teacher consultation. *Professional School Counseling, 1,* 25–30.

Pace, D., Stamler, V. L., Yarris, E., & June, L. (1996). Rounding out the Cube: Evolution to a global model for counseling centers. *Journal of Counseling and Development, 74,* 321–325.

Pachis, B., Rettman, S., & Gotthoffer, D. (2001). *Counseling on the net 2001.* Boston: Allyn & Bacon.

Pack-Brown, S. P., Whittington-Clark, L. E., & Parker, W. M. (1998). *Images of me: A guide to group work with African-American women.* Boston: Allyn & Bacon.

Paisley, P. O., & Hubbard, G. T. (1994). *Developmental school counseling programs: From theory to practice.* Alexandria, VA: American Counseling Association.

Paisley, P. O., & McMahon, H. G. (2001). School counseling for the 21st century: Challenges and opportunities. *Professional School Counseling, 5,* 106–115.

Palladino Schultheiss, D. E., Palma, T. V., & Manzi, A. J. (2005). Career development in middle childhood: A qualitative inquiry. *Career Development Quarterly, 53,* 246–262.

Papero, D. V. (1996). Bowen family systems and marriage. In N. S. Jacobson & A. S. Gurman (Eds.), *Clinical handbook of marital therapy.* New York: Guilford.

Paradise, L. V., & Kirby, P. C. (2005). The treatment and prevention of depression: Implications for counseling and counselor training. *Journal of Counseling and Development, 83,* 116–119.

Paramore, B., Hopke, W. E., & Drier, H. N. (1999). *Children's dictionary of occupations.* Bloomington, IL: Meridian Education Corp.

Parham, T. A. (2002). Counseling models for African Americans: The what and how of counseling. In T. A. Parham (Ed.), *Counseling persons of African descent: Raising the bar of practitioner competence* (pp. 100–118). Thousand Oaks, CA: Sage.

Parham, T. A., White, J. L., & Ajamu, A. (2000). *The psychology of Blacks: An African centered perspective.* Upper Saddle River, NJ: Prentice Hall.

Parker, M. (1994, March). SIG updates. *Career Developments, 9,* 14–15.

Parker, R. M., & Szymanski, E. M. (1996). Ethics and publications. *Rehabilitation Counseling Bulletin, 39,* 162–163.

Parker, W. M., Archer, J., & Scott, J. (1992). *Multicultural relations on campus.* Muncie, IN: Accelerated Development.

Parsons, F. (1909). *Choosing a vocation.* Boston: Houghton Mifflin.

Parsons, R. D. (1996). *The skilled consultant: A systematic approach to the theory and practice of consultation.* Boston: Allyn & Bacon.

Partin, R. (1993). School counselors' time: Where does it go? *School Counselor, 40,* 274–281.

Passons, W. R. (1975). *Gestalt approaches to counseling.* New York: Holt, Rinehart & Winston.

Paterson, D. J., & Darley, J. (1936). *Men, women, and jobs.* Minneapolis: University of Minnesota Press.

Patterson, C. H. (1971). Are ethics different in different settings? *Personnel and Guidance Journal, 50,* 254–259.

Patterson, C. H. (1985). *The therapeutic relationship.* Pacific Grove, CA: Brooks/Cole.

Patterson, G. R. (1971). *Families: Applications of social learning to family life.* Champaign, IL: Research Press.

Patterson, L. E., & Welfel, E. R. (2005). *Counseling process* (6th ed.). Pacific Grove, CA: Brooks/Cole.

Patterson, W., Dohn, H., Bird, J., & Patterson, G. (1983).

Evaluation of suicide patients: The SAD PERSONS scale. *Psychosomatics, 24,* 343–349.

Paul, E. L., & Brier, S. (2001). Friendsickness in the transition to college: Precollege predictors and college adjustment correlates. *Journal of Counseling and Development, 79,* 77–89.

Paul, G. L. (1967). Strategy of outcome research in psychotherapy. *Journal of Consulting Psychology, 31,* 109–118.

Paulson, B. L., & Worth, M. (2002). Counseling for suicide: Client perspectives. *Journal of Counseling and Development, 80,* 86–93.

Peach, L., & Reddick, T. L. (1991). Counselors can make a difference in preventing adolescent suicide. *School Counselor, 39,* 107–110.

Pearson, J. E. (1988). A support group for women with relationship dependency. *Journal of Counseling and Development, 66,* 394–396.

Pearson, Q. M. (1998). Terminating before counseling has ended: Counseling implications and strategies for counselor relocation. *Journal of Mental Health Counseling, 20,* 55–63.

Pearson, Q. M. (2000). Opportunities and challenges in the supervisory relationship: Implications for counselor supervision. *Journal of Mental Health Counseling, 22,* 283.

Peck, M. S. (1978). *The road less traveled.* New York: Simon & Schuster.

Pedersen, P. (1987). Ten frequent assumptions of cultural bias in counseling. *Journal of Multicultural Counseling and Development, 15,* 16–22.

Pedersen, P. (1990). The constructs of complexity and balance in multicultural counseling theory and practice. *Journal of Counseling and Development, 68,* 550–554.

Pedersen, P. B. (1977). The triad model of cross-cultural counselor training. *Personnel and Guidance Journal, 56,* 94–100.

Pedersen, P. B. (1978). Four dimensions of cross-cultural skill in counselor training. *Personnel and Guidance Journal, 56,* 480–484.

Pedersen, P. B. (1982). Cross-cultural training for counselors and therapists. In E. Marshall & D. Kurtz (Eds.), *Interpersonal helping skills: A guide to training methods, programs, and resources.* San Francisco: Jossey-Bass.

Pedersen, P., Lonner, W. J., & Draguns, J. G. (Eds.). (1976). *Counseling across cultures.* Honolulu: University of Hawaii Press.

Peer, G. G. (1985). The status of secondary school guidance: A national survey. *School Counselor, 32,* 181–189.

Pelsma, D. M., & Borgers, S. B. (1986). Experience-based ethics: A developmental model of learning ethical reasoning. *Journal of Counseling and Development, 64,* 311–314.

Pence, E., Paymar, M., Ritmeester, T., & Shepard, M. (1998). *Education groups for men who batter: The Duluth model.* New York: Springer.

Penedo, F. J., & Dahn, J. R. (2005). Exercise and well-being: A review of mental and physical health benefits associated with physical activity. *Current Opinions in Psychiatry, 18,* 189–193.

Perls, F. S. (1969). *Gestalt therapy verbation.* Lafayette, CA: Real People Press.

Perry, W. G., Jr. (1970). *Forms of intellectual and ethical development in the college years.* New York: Holt, Rinehart & Winston.

Peterman, L. M., & Dixon, C. G. (2003). Domestic violence between same-sex partners: Implications for counseling. *Journal of Counseling and Development, 81,* 40–47.

Peters, H. J. (1980). *Guidance in the elementary schools.* New York: Macmillan.

Petersen, S. (2000). Multicultural perspective on middle-class women's identity development. *Journal of Counseling and Development, 78,* 63–71.

Peterson, C., & Seligman, M. E. P. (2004). *Character strength and virtues: A handbook and classification.* Washington, DC: American Psychological Association.

Peterson, K. S. (2002, July 15). For better sex: Less conflict, more friendship. *USA Today,* p. 6D.

Peterson, K. S., & O'Neal, G. (1998, March 25). Society more violent; so are its children. *USA Today,* p. 3A.

Peterson, N., & Gonzalez, R. C. (Eds.). (2000). *Career counseling models for diverse populations.* Pacific Grove, CA: Brooks/Cole.

Peterson, N., & Priour, G. (2000). Battered women: A group vocational counseling model. In N. Peterson & R. C. Gonzalez (Eds.), *Career counseling models for diverse populations* (pp. 205–218). Pacific Grove, CA: Brooks/Cole.

Petrocelli, J. V. (2002). Processes and stages of change:

Counseling with the transtheoretical model of change. *Journal of Counseling and Development, 80,* 22-30.

Phelps, R. E., Tranakos-Howe, S., Dagley, J. C., & Lyn, M. K. (2001). Encouragement and ethnicity in African American college students. *Journal of Counseling and Development, 79,* 90-97.

Piazza, N. J., & Baruth, N. E. (1990). Client record guidelines. *Journal of Counseling and Development, 68,* 313-316.

Piercy, F. P., & Lobsenz, N. M. (1994). *Stop marital fights before they start.* New York: Berkeley.

Pietrofesa, J. J., Hoffman, A., & Splete, H. H. (1984). *Counseling: An introduction* (2nd ed.). Boston: Houghton Mifflin.

Pinsof, W. M., & Wynne, L. C. (1995). The efficacy of marital and family therapy: An empirical overview, conclusions and recommendations. *Journal of Marital and Family Therapy, 21,* 585-614.

Pinson-Milburn, N. M., Fabian, E. S., Schlossberg, N. K., & Pyle, M. (1996). Grandparents raising grandchildren. *Journal of Counseling and Development, 74,* 548-554.

Pinterits, E. J., & Atkinson, D. R. (1998). The diversity video forum: An adjunct to diversity sensitive training in the classroom. *Counselor Education and Supervision, 37,* 203-216.

Pinto, R. P. & Morrell, E. M. (1988). Current approaches and future trends in smoking cessation programs. *Journal of Mental Health Counseling, 10,* 95-110.

Piotrowski, C., & Keller, J. (1989). Psychological testing in outpatient mental health facilities: A national study. *Professional Psychology: Research and Practice, 20,* 423-425.

Pistole, M. C. (1997a). Attachment theory: Contributions to group work. *Journal for Specialists in Group Work, 22,* 7-21.

Pistole, M. C. (1997b). Using the genogram to teach systems thinking. *Family Journal, 5,* 337-341.

Pistole, M. C., & Roberts, A. (2002). Mental health counseling: Toward resolving identity confusion. *Journal of Mental Health Counseling, 24,* 1-19.

Pistorello, J., & Follette, V. M. (1998). Childhood sexual abuse and couples' relationships: Female survivors' reports in therapy group. *Journal of Marital and Family Therapy, 24,* 473-485.

Podemski, R. S., & Childers, J. H., Jr. (1980). The counselor as change agent: An organizational analysis. *School Counselor, 27,* 168-174.

Polanski, P. J., & Hinkle, J. S. (2000). The mental status examination: Its use by professional counselors. *Journal of Counseling and Development, 78,* 357-364.

Polansky, J., Horan, J. J., & Hanish, C. (1993). Experimental construct validity of the outcomes of study skills training and career counseling as treatments for the retention of at-risk students. *Journal of Counseling and Development, 71,* 488-492.

Pollack, W. S., & Levant, R. F. (Eds.). (1998). *New psychotherapies for men.* New York: Wiley.

Pollock, S. L. (2006). Internet counseling and its feasibility for marriage and family counseling. *The Family Journal: Counseling and Therapy for Couples and Families, 14,* 65-70.

Polster, E., & Polster, M. (1973). *Gestalt therapy integrated: Contours of theory and practice.* New York: Brunner/Mazel.

Ponterotto, J. G., & Casas, J. M. (1987). In search of multicultural competence within counselor education programs. *Journal of Counseling and Development, 65,* 430-434.

Ponterotto, J. G., & Sabnani, H. B. (1989). "Classics" in multicultural counseling: A systematic five-year content analysis. *Journal of Multicultural Counseling and Development, 17,* 23-37.

Ponzetti, J. J., Jr., & Cate, R. M. (1988). The relationship of personal attributes and friendship variables in predicting loneliness. *Journal of College Student Development, 29,* 292-298.

Ponzo, Z. (1978). Age prejudice of "act your age." *Personnel and Guidance Journal, 57,* 140-144.

Ponzo, Z. (1985). The counselor and physical attractiveness. *Journal of Counseling and Development, 63,* 482-485.

Pope, M., & Sweinsdottir, M. (2005). *Frank,* We Hardly Knew Ye: The Very Personal Side of Frank Parsons. *Journal of Counseling and Development, 83,* 105-115.

Popenhagen, M. P., & Qualley, R. M. (1998). Adolescent suicide: Detection, intervention, and prevention. *Professional School Counseling, 1,* 30-35.

Posthuma, B. W. (2002). *Small groups in counseling and*

therapy: Process and leadership (4th ed.). Boston: Allyn & Bacon.

Povolny, M. A., Kaplan, S., Marme, M., & Roldan, G. (1993). Perceptions of adjustment issues following a spinal cord injury: A case study. *Journal of Applied Rehabilitation Counseling, 24,* 31–34.

Prediger, D. J. (1994). Tests and counseling: The marriage that prevailed. *Measurement and Evaluation in Counseling and Development, 26,* 227–234.

Prediger, D. J. (Ed.). (1993). *Multicultural assessment standards: A compilation for counselors.* Alexandria, VA: Association for Assessment in Counseling.

Presbury, J. H., Echterling, L. G., & McKee, J. E. (2002). *Ideas and tools for brief counseling.* Upper Saddle River, NJ: Prentice Hall.

Pressly, P. K., & Heesacker, M. (2001). The physical environment and counseling: A review of theory and research. *Journal of Counseling and Development, 79,* 148–160.

Priest, R. (1991). Racism and prejudice as negative impacts on African American clients in therapy. *Journal of Counseling and Development, 70,* 213–215.

Prieto, L. R., & Scheel, K. R. (2002). Using case documentation to strengthen counselor trainees' case conceptualization skills. *Journal of Counseling and Development, 80,* 11–21.

Prochaska, J. O. (1999). How do people change, and how can we change to help many more people? In M. A. Hubble, B. L. Duncan, & S. D. Miller (Eds.), *The heart and soul of change: What works in therapy* (pp. 227–255). Washington, DC: American Psychological Association.

Prochaska, J. O., & DiClemente, C. C. (1992). The transtheoretical approach. In J. C. Norcross & M. R. Goldfried (Eds.), *Handbook of psychotherapy integration* (pp. 300–334). New York: Basic Books.

Prochaska, J. O., & Norcross, J. C. (2007). *Systems of psychotherapy: A transtheoretical analysis* (6th ed.). Belmont, CA: Wadsworth.

Purkey, W. W., & Schmidt, J. J. (1987). *The inviting relationship.* Upper Saddle River, NJ: Prentice Hall.

Puterbaugh, D. T. (2006). Communication counseling as a part of a treatment plan for depression. *Journal of Counseling and Development, 84,* 373–380.

Pyle, K. R. (2000). A group approach to career decision making. In N. Peterson & R. C. Gonzalez (Eds.), *Career counseling models for diverse populations* (pp. 121–136). Pacific Grove, CA: Brooks/ Cole.

Quintana, S. M., & Kerr, J. (1993). Relational needs in late adolescent separation-individuation. *Journal of Counseling and Development, 71,* 349–354.

Ragle, J., & Krone, K. (1985). Extending orientation: Telephone contacts by peer advisors. *Journal of College Student Personnel, 26,* 80–81.

Rainey, L. M., Hensley, F. A., & Crutchfield, L. B. (1997). Implementation of support groups in elementary and middle school student assistant programs. *Professional School Counseling, 1,* 36–40.

Rak, C. F., & Patterson, L. E. (1996). Promoting resilience in at-risk children. *Journal of Counseling and Development, 74,* 368–373.

Randolph, D. L., & Graun, K. (1988). Resistance to consultation: A synthesis for counselor-consultants. *Journal of Counseling and Development, 67,* 182–184.

Raney, S., & Cinarbas, D. C. (2005). Counseling in developing countries: Turkey and India as examples. *Journal of Mental Health Counseling, 27,* 149–160.

Rayle, A. D. (2006). Mattering to others: Implications for the counseling relationship. *Journal of Counseling and Development, 84,* 483–487.

Reardon, R. C., Bullock, E. E., & Meyer, K. E. (2007). A Holland perspective on the U.S. workforce from 1960 to 2000. *Career Development Quarterly, 55,* 262–274.

Reese, R. J., Conoley, C. W., & Brossart, D. F. (2006). The attractiveness of telephone counseling: An empirical investigation of current perceptions. *Journal of Counseling and Development, 84,* 54–60.

Remer, R. (1981). The counselor and research: An introduction. *Personnel and Guidance Journal, 59,* 567–571.

Remley, T. P., Jr. (1985). The law and ethical practices in elementary and middle schools. *Elementary School Guidance and Counseling, 19,* 181–189.

Remley, T. P., Jr. (1991). *Preparing for court appearances.* Alexandria, VA: American Counseling Association.

Remley, T. P., Jr. (1992, Spring). You and the law. *American Counselor, 1,* 33.

Remley, T. P., Jr., & Herlihy, B. (2005). *Ethical, legal, and professional issues in counseling* (2nd ed.). Upper Saddle River, NJ: Prentice Hall.

Remley, T. P., Jr., Herlihy, B., & Herlihy, S. B. (1997). The U.S. Supreme Court decision in *Jaffee* v. *Redmond*: Implications for counselors. *Journal of Counseling and Development, 75,* 213–218.

Remley, T. P., Jr., Hermann, M. A., & Huey, W. C. (Eds.). (2003). *Ethical and legal issues in school counseling* (2nd ed.). Alexandria, VA: American School Counselor Association.

Remley, T. P., Jr., & Sparkman, L. B. (1993). Student suicides: The counselor's limited legal liability. *School Counselor, 40,* 164–169.

Resnikoff, R. D. (1981). Teaching family therapy: Ten key questions for understanding the family as patient. *Journal of Marital and Family Therapy, 7,* 135–142.

Ribak-Rosenthal, N. (1994). Reasons individuals become school administrators, school counselors, and teachers. *School Counselor, 41,* 158–164.

Rice, K. G., & Dellwo, J. P. (2002). Perfectionism and self-development: Implications for college adjustment. *Journal of Counseling and Development, 80,* 188–196.

Rice, K. G., & Whaley, T. J. (1994). A short term longitudinal study of within-semester stability and change in attachment and college student adjustment. *Journal of College Student Development, 35,* 324–330.

Richardson, E. H. (1981). Cultural and historical perspectives in counseling American Indians. In D. W. Sue (Ed.), *Counseling the culturally different* (pp. 216–249). New York: Wiley.

Richardson, R. C., & Norman, K. I. (1997). "Rita dearest, it's OK to be different": Teaching children acceptance and tolerance. *Journal of Humanistic Education and Development, 35,* 188–197.

Richter-Antion, D. (1986). Qualitative differences between adult and younger students. *NASPA Journal, 23,* 58–62.

Ridley, C. R. (2005). *Overcoming unintentional racism in counseling and therapy: A practitioner's guide to intentional intervention* (2nd ed.). Thousand Oaks, CA: Sage.

Rimm, D. C., & Cunningham, H. M. (1985). Behavior therapies. In S. J. Lynn & J. P. Garske (Eds.), *Contemporary psychotherapies: Models and methods* (pp. 221–259). Upper Saddle River, NJ: Prentice Hall.

Riordan, R. J., & Beggs, M. S. (1987). Counselors and self-help groups. *Journal of Counseling and Development, 65,* 427–429.

Ritchie, M. H. (1986). Counseling the involuntary client. *Journal of Counseling and Development, 64,* 516–518.

Ritchie, M. H. (1989). Enhancing the public image of school counseling: A marketing approach. *School Counselor, 37,* 54–61.

Ritchie, M. H., & Partin, R. L. (1994). Parent education and consultation activities of school counselors. *School Counselor, 41,* 165–170.

Ritter, K. Y. (1982). Training group counselors: A total curriculum perspective. *Journal for Specialists in Group Work, 7,* 266–274.

Riva, M. T., Lippert, L., & Tackett, M. J. (2000). Selection practices of group leaders: A national survey. *Journal for Specialists in Group Work, 25,* 157–169.

Roark, M. L. (1987). Preventing violence on college campuses. *Journal of Counseling and Development, 65,* 367–371.

Roberti, J. W., & Storch, E. A. (2005). Psychosocial adjustment of college students with tattoos and piercings. *Journal of College Counseling, 8,* 14–19.

Roberts, A. R. (2000). *Crisis intervention handbook: Assessment, treatment, and research*. New York: Oxford Press.

Roberts, D., & Ullom, C. (1989). Student leadership program model. *NASPA Journal, 27,* 67–74.

Roberts, S. (2007, August 9). Minorities now form majority in one-third of most-populous countries. *The New York Times* [online]. Retrieved August 9, 2007, from http://www.nytimes.com/2007/08/09us/09census.html?th&emc=th

Robinson, B. E. (1995, July). Helping clients with work addiction: Don't overdo it. *Counseling Today, 38,* 31–32.

Robinson, B. E. (2001). Workaholism and family functioning: A profile of familial relationships, psychological outcomes, and research considerations. *Contemporary Family Research, 23,* 123–135.

Robinson, B. E., Flowers, C., & Ng, K-M (2006). The relationship between workaholism and marital disaffection: Husbands' perspective. *The Family Journal: Counseling and Therapy for Couples and Families, 14,* 213–220.

Robinson, E. H., III. (1994). Critical issues in counselor education: Mentors, models, and money. *Counselor*

Education and Supervision, 33, 339-343.

Robinson, F. P. (1950). *Principles and procedures of student counseling*. New York: Harper.

Robinson, S. E., & Gross, D. R. (1986). Counseling research: Ethics and issues. *Journal of Counseling and Development, 64,* 331-333.

Robinson, S. E., & Kinnier, R. T. (1988). Self-instructional versus traditional training for teaching basic counseling skills. *Counselor Education and Supervision, 28,* 140-145.

Robinson, T. L., & Howard-Hamilton, M. (2000). *The convergence of race, ethnicity, and gender: Multiple identities in counseling*. Upper Saddle River, NJ: Merrill/Prentice Hall.

Rodgers, R. F. (1980). Theories underlying student development. In D. G. Creamer (Ed.), *Student development in higher education* (pp. 10. 96). Cincinnati, OH: American College Personnel Association.

Rodgers, R. F. (1989). Student development. In U. Delworth, G. R. Hanson, & Associates (Eds.), *Student services: A handbook for the profession* (2nd ed., pp. 117-164). San Francisco: Jossey-Bass.

Roehlke, H. J. (1988). Critical incidents in counselor development: Examples of Jung's concept of synchronicity. *Journal of Counseling and Development, 67,* 133-134.

Rogers, C. R. (1942). *Counseling and psychotherapy*. Boston: Houghton Mifflin.

Rogers, C. R. (1951). *Client-centered therapy*. Boston: Houghton Mifflin.

Rogers, C. R. (1955). Persons or science? A philosophical question. *American Psychologist, 10,* 267-278.

Rogers, C. R. (1957). The necessary and sufficient conditions of therapeutic personality change. *Journal of Consulting psychology, 21,* 95-103.

Rogers, C. R. (1961). *On becoming a person*. Boston: Houghton Mifflin.

Rogers, C. R. (1964). Toward a science of the person. In T. W. Wann (Ed.), *Behaviorism and phenomenology: Contrasting bases for modern psychology* (pp. 109-140). Chicago: University of Chicago Press.

Rogers, C. R. (1967). The conditions of change from a client-centered view. In B. Berenson & R. Cankhuff (Eds.), *Sources of gain in counseling and psychotherapy* (pp. 71-86). New York: Holt, Rinehart & Winston.

Rogers, C. R. (1970). *Carl Rogers on encounter groups*. New York: Harper & Row.

Rogers, C. R. (1975). Empathic: An unappreciated way of being. *Counseling Psychologist, 5,* 2-10.

Rogers, C. R. (1977). *Carl Rogers on personal power: Inner strength and its revolutionary impact*. New York: Delacorte.

Rogers, C. R. (1980). *A way of being*. Boston: Houghton Mifflin.

Rogers, C. R. (1987). The underlying theory: Drawn from experience with individuals and groups. *Counseling and Values, 32,* 38-46.

Rogers, J. R. (1990). Female suicide: The trend toward increased lethality in method of choice and its implications. *Journal of Counseling and Development, 69,* 37-38.

Rogers, J. R. (2001). Theoretical grounding: The "missing link" in suicide research. *Journal of Counseling and Development, 79,* 16-25.

Roloff, M. E., & Miller, G. R. (Eds.). (1980). *Persuasion: New directions in theory and research*. Beverly Hills, CA: Sage.

Romero, D., Silva, S. M., & Romero, P. S. (1989). In memory: Rene A. Ruiz. *Journal of Counseling and Development, 67,* 498-505.

Ronnestad, M. H., & Skovholt, T. M. (1993). Supervision of beginning and advanced graduate students of counseling and psychotherapy. *Journal of Counseling and Development, 71,* 396-405.

Rosen, S., & Tesser, A. (1970). On the reluctance to communicate undesirable information: The MUM effect. *Sociometry, 33,* 253-263.

Rosenthal, H. (2005). *Before you see your first client*. Philadelphia: Brunner-Routledge.

Rosenthal, J. A. (2001). *Statistics and data interpretation for the helping professions*. Pacific Grove, CA: Brooks/Cole.

Rossi, P. H., & Freeman, H. E. (1999). *Evaluation: A systematic approach* (6th ed.). Beverly Hills, CA: Sage.

Rowley, W. J., & MacDonald, D. (2001). Counseling and the law: A cross-cultural perspective. *Journal of Counseling and Development, 79,* 422-429.

Rubin, S. G. (1990). Transforming the university through service learning. In C. I. Delve, S. D. Mintz, & G. M. Stewart (Eds.), *Community services as values education* (pp.

111–124). San Francisco: Jossey-Bass.

Rudolph, J. (1989). The impact of contemporary ideology and AIDS on the counseling of gay clients. *Counseling and Values, 33,* 96–108.

Rueth, T., Demmitt, A., & Burger, S. (1998, March). *Counselors and the DSM-IV: Intentional and unintentional consequences of diagnosis.* Paper presented at the American Counseling Association Convention, Indianapolis, IN.

Ruiz, R. A. (1981). Cultural and historical perspectives in counseling Hispanics. In D. W. Sue (Ed.), *Counseling the culturally different* (pp. 186–215). New York: Wiley.

Ruiz, R. A., & Padilla, A. M. (1977). Counseling Latinos. *Personnel and Guidance Journal, 55,* 401–408.

Rule, W. R. (1982). Pursuing the horizon: Striving for elusive goals. *Personnel and Guidance Journal, 61,* 195–197.

Rumberger, R. W. (1987). High school dropouts. *Review of Educational Research, 57,* 101–122.

Rybak, C. J., & Brown, B. M. (1997). Group conflict: Communication patterns and group development. *Journal for Specialists in Group Work, 22,* 31–42.

Rybak, C. J., Eastin, C. L., & Robbins, I. (2004). Native American healing practices and counseling. *Journal of Humanistic Counseling, Education and Development, 43,* 25–32.

Sack, R. T. (1985). On giving advice. *AMHCA Journal, 7,* 127–132.

Sack, R. T. (1988). Counseling responses when clients say "I don't know." *Journal of Mental Health Counseling, 10,* 179–187.

Saidla, D. D. (1990). Cognitive development and group stages. *Journal for Specialists in Group Work, 15,* 15–20.

Salisbury, A. (1975). Counseling older persons: A neglected area in counselor education and supervision. *Counselor Education and Supervision, 4,* 237–238.

Salomone, P. R., & McKenna, P. (1982). Difficult career counseling cases. I: Unrealistic vocational aspirations. *Personnel and Guidance Journal, 60,* 283–286.

Salomone, P. R., & Sheehan, M. C. (1985). Vocational stability and congruence: An examination of Holland's proposition. *Vocational Guidance Quarterly, 34,* 91–98.

Sampson, J. P., Kolodinsky, R. W., & Greeno, B. P. (1997). Counseling on the information highway: Future possibilities and potential problems. *Journal of Counseling and Development, 75,* 203–212.

Sampson, J. P., Jr., & Bloom, J. W. (2001). The potential for success and failure of computer applications in counseling and guidance. In D. C. Locke, J. E. Myers, & E. L. Herr (Eds.), *The handbook of counseling* (pp. 613–627). Thousand Oaks, CA: Sage.

Sandeen, A. (1988). *Student affairs: Issues, problems and trends.* Ann Arbor, MI: ERIC/CAPS.

Sanders, D. (1987). Cultural conflicts: An important factor in the academic failures of American Indian students. *Journal of Multicultural Counseling and Development, 15,* 81–90.

Sandhu, D. S. (1997). Psychocultural profiles of Asian and Pacific Islander Americans: Implications for counseling and psychotherapy. *Journal of Multicultural Counseling and Development, 25,* 7–22.

Sanford, N. (1962). *The American college.* New York: Wiley.

Sanford, N. (1979). Freshman personality: A stage in human development. In N. Sanford & J. Axelrod (Eds.), *College and character.* Berkeley, CA: Montaigne.

Savage, T. A., Harley, D. A., & Nowak, T. M. (2005). Applying social empowerment strategies as tools for self-advocacy in counseling lesbian and gay male clients. *Journal of Counseling and Development, 83,* 131–137.

Savickas, M. L. (1989). Annual review: Practice and research in career counseling and development, 1988. *Career Development Quarterly, 38,* 100–134.

Savickas, M. L. (1998). Interpreting interest inventories: A case example. *Career Development Quarterly, 46,* 307–319.

Savickas, M. L. (2005). The theory and practice of career construction. In S. D. Brown & R. W. Lent (Eds.), *Career development and counseling: Putting theory and research to work* (pp. 42–70). New York: Wiley.

Scarborough, J. L. (1997). The SOS Club: A practical peer helper program. *Professional School Counseling, 1,* 25–28.

Schecter, S., & Ganley, A. (1995). *Domestic violence: A national curriculum for family preservation practitioners.* San Francisco: Family Violence Prevention Fund.

Schein, E. H. (1978). The role of the consultant: Content expert or process facilitator? *Personnel and*

Guidance Journal, 56, 339–343.

Schellenberg, R. C., Parks-Savage, A., & Rehfuss, M. (2007). Reducing levels of elementary school violence with peer mediation. *Professional School Counseling, 10,* 475–481.

Scher, M. (1979). On counseling men. *Personnel and Guidance Journal, 57,* 252–254.

Scher, M. (1981). Men in hiding: A challenge for the counselor. *Personnel and Guidance Journal, 60,* 199–202.

Scher, M., & Stevens, M. (1987). Men and violence. *Journal of Counseling and Development, 65,* 351–355.

Schlossberg, N. K. (1990). Training counselors to work with older adults. *Generations, 15,* 7–10.

Schmidt, J. A. (1974). Research techniques for counselors: The multiple baseline. *Personnel and Guidance Journal, 53,* 200–206.

Schmidt, J. J. (2004). *A survival guide for the elementary/middle school counselor* (2nd ed.). San Francisco: Jossey-Bass.

Schmidt, J. J. (2007). *Counseling in schools: Comprehensive programs of responsive services for all students* (5th ed.). Boston: Allyn & Bacon.

Schmidt, J. J., & Osborne, W. L. (1981). Counseling and consultation: Separate processes or the same? *Personnel and Guidance Journal, 60,* 168–170.

Schmidt, J. J., & Osborne, W. L. (1982). The way we were (and are): A profile of elementary counselors in North Carolina. *Elementary School Guidance and Counseling, 16,* 163–171.

Schneller, G., & Chalungsooth, P. (2002, June). Development of a multilingual tool to assess client presenting problems. *American College Counseling Association Visions,* 5–7.

Schofield, W. (1964). *Psychotherapy: The purchase of friendship.* Upper Saddle River, NJ: Prentice Hall.

Schrank, F. A. (1982). Bibliotherapy as an elementary school counseling tool. *Elementary School Guidance and Counseling, 16,* 218–227.

Schuh, J. J., Shipton, W. C., & Edman, N. (1986). Counseling problems encountered by resident assistants: An update. *Journal of College Student Personnel, 27,* 26–33.

Schumacher, B. (1983). Rehabilitation counseling. In M. M. Ohlsen (Ed.), *Introduction to counseling* (pp. 313–324). Itasca, IL: F. E. Peacock.

Schutz, W. (1971). *Here comes everybody: Bodymind and encounter culture.* New York: Harper & Row.

Schwiebert, V. L., Myers, J. E., & Dice, C. (2000). Ethical guidelines for counselors working with older adults. *Journal of Counseling and Development, 78,* 123–129.

Schwiebert, V. L., Sealander, K. A., & Dennison, J. L. (2002). Strategies for counselors working with high school students with attention-deficit/hyperactivity disorder. *Journal of Counseling and Development, 80,* 3–10.

Scott, C. G. (2000). Ethical issues in addiction counseling. *Rehabilitation Counseling Bulletin, 43,* 209–214.

Scrignar, C. B. (1997). *Post-traumatic stress disorder, diagnosis, treatment and legal issues* (3rd ed.). New York: Bruno.

Sears, R., Rudisill, J., & Mason-Sear, C. (2006). *Consultation skills for mental health professionals.* New York: Wiley.

Sears, S. (1982). A definition of career guidance terms: A National Vocational Guidance Association perspective. *Vocational Guidance Quarterly, 31,* 137–143.

Sears, S. J., & Granello, D. H. (2002). School counseling now and in the future: A reaction. *Professional School Counseling, 5,* 164–171.

Seiler, G., Brooks, D. K., Jr., & Beck, E. S. (1987). Training standards of the American Mental Health Counselors Association: History, rationale, and implications. *Journal of Mental Health Counseling, 9,* 199–209.

Seiler, G., & Messina, J. J. (1979). Toward professional identity: The dimensions of mental health counseling in perspective. *AMHCA Journal, 1,* 3–8.

Seligman, L. (1984). Temporary termination. *Journal of Counseling and Development, 63,* 43–44.

Seligman, L. (1997). *Diagnosis and treatment planning in counseling* (2nd ed.). New York: Plenum.

Seligman, L. (1999). Twenty years of diagnosis and the DSM. *Journal of Mental Health Counseling, 21,* 229–239.

Seligman, L. (2006). *Theories of counseling and psychotherapy: Systems, strategies, and skills* (2nd ed.). Upper Saddle River, NJ: Pearson/ Prentice Hall.

Selvini-Palazzoli, M., Boscolo, L., Cecchin, G., & Prata, G. (1978). *Paradox and counterparadox.* New York: Monson.

Senour, M. N. (1982). How counselors influence clients. *Personnel and Guidance Journal, 60,* 345–349.

Serritella, D. A. (1992). Tobacco addiction. In L. L'Abate, G.

E. Farrar, & D. A. Serritella (Eds.), *Handbook of differential treatments for addiction* (pp. 97–112). Boston: Allyn & Bacon.

Seto, A., Becker, K. W., & Akutsu, M. (2006). Counseling Japanese men on fathering. *Journal of Counseling and Development, 84,* 488–492.

Sexton, T. L. (1993). A review of the counseling outcome research. In G. R. Walz & J. C. Bleuer (Eds.), *Counselor efficacy* (pp. 79–119). Ann Arbor, MI: ERIC/CAPS.

Sexton, T. L. (1994). Systemic thinking in a linear world: Issues in the application of interactional counseling. *Journal of Counseling and Development, 72,* 249–258.

Sexton, T. L. (1996). The relevance of counseling outcome research: Current trends and practical implications. *Journal of Counseling and Development, 74,* 590–600.

Sexton, T. L., & Whiston, S. C. (1994). The status of the counseling relationship: An empirical review, theoretical implications, and research directions. *Counseling Psychology, 22,* 6–78.

Sexton, T. L., & Whiston, S. C. (1996). Integrating counseling research and practice. *Journal of Counseling and Development, 74,* 588–589.

Shanks, J. L. (1982). Expanding treatment for the elderly: Counseling in a private medical practice. *Personnel and Guidance Journal, 61,* 553–555.

Shapiro, J. L., Peltz, L. S., & Bernadett-Shapiro, S. (1998). *Brief group treatment: Practical training for therapists and counselors*. Pacific Grove, CA: Brooks/ Cole.

Sharkin, B. S. (1997). Increasing severity of presenting problems in college counseling centers: A closer look. *Journal of Counseling and Development, 75,* 275–281.

Sharpley, C. F. (2007). So why aren't counselors reporting n = 1 research designs? *Journal of Counseling and Development, 85,* 349–356.

Shaw, H. E., & Shaw, S. F. (2006). Critical ethical issues in online counseling: Assessing current practices with an ethical intent checklist. *Journal of Counseling and Development, 84,* 41–53.

Shea, C. (1998, January 30). Why depression strikes more women than men: "Ruminative coping" may provide answers. *Chronicle of Higher Education, 44,* A14.

Sheehy, G. (1976). *Passages: Predictable crises of adult life.* New York: Bantam.

Sheeley, V. L. (1978). *Career guidance leadership in America: Pioneering professionals*. Falls Church, VA: National Vocational Guidance Association.

Sheeley, V. L. (1983). NADW and NAAS: 60 years of organizational relationships. In B. A. Belson & L. E. Fitzgerald (Eds.), *Thus, we spoke: ACPA-NAWDAC, 1958-1975*. Alexandria, VA: American College Personnel Association.

Sheeley, V. L. (1988). Historical perspectives on NVGA/NCDA: What our leaders think. *Career Development Quarterly, 36,* 307–320.

Sheeley, V. L. (2002). American Counseling Association: the 50th year celebration of excellence. *Journal of Counseling and Development, 80,* 387–393.

Sheeley, V. L., & Eberly, C. G. (1985). Two decades of leadership in measurement and evaluation. *Journal of Counseling and Development, 63,* 436–439.

Sheeley, V. L., & Herlihy, B. (1989). Counseling suicidal teens: A duty to warn and protect. *School Counselor, 37,* 89–97.

Sherman, R. (1993). The intimacy genogram. *The Family Journal: Counseling and Therapy for Couples and Families, 1,* 91–93.

Sherrard, P. A. D., & Amatea, E. S. (1994). Through the looking glass: A preview. *Journal of Mental Health Counseling, 16,* 3–5.

Sherry, A., Lyddon, W. J., & Henson, R. K. (2007). Adult attachment and developmental personalities styles: An empirical study. *Journal of Counseling and Development, 85,* 337–348.

Shertzer, B., & Linden, J. D. (1979). *Fundamentals of individual appraisal, assessment techniques for counselors*. Boston: Houghton Mifflin.

Shertzer, B., & Stone, S. C. (1974). *Fundamentals of counseling* (2nd ed.). Boston: Houghton Mifflin.

Shertzer, B., & Stone, S. C. (1980). *Fundamentals of counseling* (3rd ed.). Boston: Houghton Mifflin.

Shertzer, B., & Stone, S. C. (1981). *Fundamentals of guidance* (4th ed.). Boston: Houghton Mifflin.

Shulman, L. (1999). *The skills of helping individuals, families, groups, and communities* (4th ed.). Itasca, IL: F. E. Peacock.

Siegal, J. C., & Sell, J. M. (1978). Effects of objective evidence of expertness and nonverbal behavior on client perceived expertness. *Journal of Counseling*

Psychology, 25, 188-192.

Sielski, L. M. (1979). Understanding body language. *Personnel and Guidance Journal, 57,* 238-242.

Simkin, J. S. (1975). An introduction to Gestalt therapy. In F. D. Stephenson (Ed.), *Gestalt therapy primer* (pp. 3-12). Springfield, IL: Thomas.

Simon, G. M. (1989). An alternative defense of eclecticism: Responding to Kelly and Ginter. *Journal of Mental Health Counseling, 2,* 280-288.

Simon, L., Gaul, R., Friedlander, M. L., & Heatherington, L. (1992). Client gender and sex role: Predictors of counselors' impressions and expectations. *Journal of Counseling and Development, 71,* 48-52.

Simone, D. H., McCarthy, P., & Skay, C. L. (1998). An investigation of client and counselor variables that influence the likelihood of counselor self-disclosure. *Journal of Counseling and Development, 76,* 174-182.

Singleton, M. G., & Pope, M. (2000). A comparison of successful smoking cessation interventions for adults and adolescents. *Journal of Counseling and Development, 78,* 448-453.

Sinick, D. (1979). Professional development in counseling older persons. *Counselor Education and Supervision, 19,* 4-12.

Sinick, D. (1980). Attitudes and values in aging. *Counseling and Values, 24,* 148-154.

Skinner, B. F. (1953). *Science and human behavior.* New York: Macmillan.

Sklare, G., Keener, R., & Mas, C. (1990). Preparing members for "here-and-now" group counseling. *Journal for Specialists in Group Work, 15,* 141-148.

Sklare, G., Petrosko, J., & Howell, S. (1993). The effect of pre-group training on members' level of anxiety. *Journal for Specialists in Group Work, 18,* 109-114.

Skovholt, T. M., & McCarthy, P. R. (1988). Critical incidents: Catalysts for counselor development. *Journal of Counseling and Development, 67,* 69-72.

Skowron, E.A., & Platt, L. F. (2005). Differentiation of self and child abuse potential in young adulthood. *The Family Journal: Counseling and Therapy for Couples and Families, 13,* 281-290.

Slavik, S. (1991). Early memories as a guide to client movement through life. *Canadian Journal of Counseling, 25,* 331-337.

Smart, D. W., & Smart, J. F. (1997). DSM-IV and culturally sensitive diagnosis: Some observations for counselors. *Journal of Counseling and Development, 75,* 392-398.

Smart, J. F., & Smart, D. W. (2006). Models of disability: Implications for the counseling profession. *Journal of Counseling and Development, 84,* 29-40.

Smead, R. (1995). *Skills and techniques for group work with children and adolescents.* Champaign, IL: Research Press.

Smith, E. J. (1977). Counseling black individuals: Some stereotypes. *Personnel and Guidance Journal, 55,* 390-396.

Smith, E. M. J., & Vasquez, M. J. T. (1985). Introduction. *Counseling Psychologist, 13,* 531-536.

Smith, H. (2001). Professional identity for counselors. In D. C. Locke, J. E. Myers, & E. L. Herr (Eds.), *The handbook of counseling* (pp. 569-579). Thousand Oaks, CA: Sage.

Smith, H. B., Sexton, T. H., & Bradley, L. J. (2005). The practice research network: Research into practice, practice into research. *Counseling and Psychotherapy Research, 5,* 285-290.

Smith, M. L. (1981). Naturalistic research. *Personnel and Guidance Journal, 59,* 585-589.

Smith, R. L., Engels, D. W., & Bonk, E. C. (1985). The past and future: The National Vocational Guidance Association. *Journal of Counseling and Development, 63,* 420-423.

Snider, M. (1992). *Process family therapy.* Boston: Allyn & Bacon.

Snider, P. D. (1987). Client records: Inexpensive liability protection for mental health counselors. *Journal of Mental Health Counseling, 9,* 134-141.

Snyder, B. A. (2005). Aging and spirituality: Reclaiming connection through storytelling. *Adultspan Journal, 4,* 49-55.

Snyder, B. A., & Daly, T. P. (1993). Restructuring guidance and counseling programs. *School Counselor, 41,* 36-42.

Solomon, C. (1982). Special issue on political action: Introduction. *Personnel and Guidance Journal, 60,* 580.

Solsberry, P. W. (1994). Interracial couples in the United States of America: Implications for mental health counseling. *Journal of Mental Health Counseling, 16,* 304-316.

Sommers-Flanagan, J. (2007). The development and evolution of person-centered expressive art therapy: A conversation with Natalie Rogers. *Journal of Counseling and Development, 85,* 120-125.

Sommers-Flanagan, J., & Sommers-Flanagan, R. (1998). Assessment and diagnosis of conduct disorder. *Journal of Counseling and Development, 76,* 189-197.

Sperry, L., Carlson, J., & Lewis, J. (1993). Health counseling strategies and interventions. *Journal of Mental Health Counseling, 15,* 15-25.

Splete, H. H. (1982a). Consultation by the counselor. *Counseling and Human Development, 15,* 1-7.

Splete, H. H. (1982b). Planning for a comprehensive career guidance program in the elementary schools. *Vocational Guidance Quarterly, 30,* 300-307.

Springer, C. A., Britt, T. W., & Schlenker, B. R. (1998). Codependency: Clarifying the construct. *Journal of Mental Health Counseling, 20,* 141-158.

Springer, C. A., & Lease, S. H. (2000). The impact of multiple AIDS related bereavement in the gay male population. *Journal of Counseling and Development, 78,* 297-304.

Sprinthall, N. A. (1981). A new model for research in service of guidance and counseling. *Personnel and Guidance Journal, 59,* 487-496.

Sprinthall, N. A. (1984). Primary prevention: A road paved with a plethora of promises and procrastinations. *Personnel and Guidance Journal, 62,* 491-495.

Sprinthall, N. A., Hall, J. S., & Gerler, E. R., Jr. (1992). Peer counseling for middle school students experiencing family divorce: A deliberate psychological education model. *Elementary School Guidance and Counseling, 26,* 279-294.

Spruill, D. A., & Fong, M. L. (1990). Defining the domain of mental health counseling: From identity confusion to consensus. *Journal of Mental Health Counseling, 12,* 12-23.

Spokane, A. R., & Catalano, M. (2000). The Self-Directed Search: A theory-driven array of self-guided career interventions. In C. E. Watkins, Jr., & V. I. Campbell (Eds.), *Testing and assessment in counseling practice* (2nd ed., pp. 339-370). Mahwah, NJ: Erlbaum.

St. Clair, K. L. (1989). Middle school counseling research: A resource for school counselors. *Elementary School Guidance and Counseling, 23,* 219-226.

St. Germaine, J. (1993). Dual relationships: What's wrong with them? *American Counselor, 2,* 25-30.

Stadler, H. (1986). Preface to the special issue. *Journal of Counseling and Development, 64,* 291.

Staley, W. L., & Carey, A. L. (1997). The role of school counselors in facilitating a quality twenty-first century workforce. *School Counselor, 44,* 377-383.

Stamm, M. L., & Nissman, B. S. (1979). *Improving middle school guidance.* Boston: Allyn & Bacon.

Stanard, R. P., Sandhu, D. S., & Painter, L. C. (2000). Assessment of spirituality in counseling. *Journal of Counseling and Development, 78,* 204-210.

Stanton, M., & Todd, T. (1982). *The family therapy of drug abuse and addiction.* New York: Guilford.

Statton, J. E., & Wilborn, B. (1991). Adlerian counseling and the early recollections of children. *Individual Psychology, 47,* 338-347.

Steen, S., & Kaffenberger, C. J. (2007). Integrating academic interventions into small group counseling in elementary school. *Professional School Counseling, 10,* 516-519.

Steenbarger, B. N. (1998). Alcohol abuse and college counseling: An overview of research and practice. *Journal of College Counseling, 1,* 81-92.

Steinglass, P. (1979). Family therapy with alcoholics: A review. In E. Kaufman & P. N. Kaufman (Eds.), *Family therapy of drug and alcohol abuse* (pp. 147-186). New York: Gardner.

Steinhauser, L., & Bradley, R. (1983). Accreditation of counselor education programs. *Counselor Education and Supervision, 25,* 98-108.

Stephens, W. R. (1988). Birth of the National Vocational Guidance Association. *Career Development Quarterly, 36,* 293-306.

Stevens, P., & Smith, R. L. (2005). *Substance abuse counseling: Theory and practice* (3rd ed.). Upper Saddle River, NJ: Merrill/Prentice Hall.

Stevens-Smith, P., & Hughes, M. M. (1993). *Legal issues in marriage and family counseling.* Alexandria, VA: American Counseling Association.

Stevens-Smith, P., & Remley, T. P., Jr. (1994). Drugs, AIDS, and teens: intervention and the school counselor. *School Counselor, 41,* 180-184.

Stinnett, N. (1998). *Good families.* New York: Doubleday.

Stinnett, N., & DeFrain, J. (1985). *Secrets of strong families.* Boston: Little, Brown.

Stockton, R., Barr, J. E., & Klein, R. (1981). Identifying the group dropout: A review of the literature. *Journal for Specialists in Group Work, 6,* 75–82.

Stone, C. B. (2005). *School counseling principles: Ethics and law.* Alexandria, VA: American School Counselors Association.

Stone, G. L., & Archer, J., Jr. (1990). College and university counseling centers in the 1990s: Challenges and limits. *Counseling Psychologist, 18,* 539–607.

Strahan, R. F., & Kelly, A. E. (1994). Showing clients what their profiles mean. *Journal of Counseling and Development, 72,* 329–331.

Street, S., & Isaacs, M. (1998). Self-esteem: Justifying its existence. *Professional School Counseling, 1,* 46–50.

Stripling, R. O. (1978). ACES guidelines for doctoral preparation in counselor education. *Counselor Education and Supervision, 17,* 163–166.

Strong, E. K., Jr. (1943). *Vocational interests of men and women.* Stanford, CA: Stanford University Press.

Strong, S. R. (1968). Counseling: An interpersonal influence process. *Journal of Counseling psychology, 15,* 215–224.

Strong, S. R. (1982). Emerging integrations of clinical and social psychology: A clinician's perspective. In G. Weary & H. Mirels (Eds.), *Integrations of clinical and social psychology* (pp. 181–213). New York: Oxford University Press.

Stude, E. W., & McKelvey, J. (1979). Ethics and the law: Friend or foe? *Personnel and Guidance Journal, 57,* 453–456.

Stufflebeam, D. L., Foley, W. J., Gephart, W. J., Guba, E. G., Hammond, R. L., Merriman, H. D., et al. (1971). *Educational evaluation and decision-making.* Bloomington, IN: Phi Delta Kappa.

Stum, D. (1982). DIRECT: A consultation skills training model. *Personnel and Guidance Journal, 60,* 296–302.

Sue, D. W. (1978a). Counseling across cultures. *Personnel and Guidance Journal, 56,* 451.

Sue, D. W. (1978b). Editorial. *Personnel and Guidance Journal, 56,* 260.

Sue, D. W. (1992, Winter). The challenge of multiculturalism. *American Counselor, 1,* 6–14.

Sue, D. W., Arredondo, P., & McDavis, R. J. (1992). Multicultural counseling competencies and standards: A call to the profession. *Journal of Counseling and Development, 70,* 477–486.

Sue, D. W., Ivey, A. E., & Pedersen, P. (1996). *A theory of multicultural counseling and therapy.* Pacific Grove, CA: Brooks/Cole.

Sue, D. W., & Sue, D. (1973). Understanding Asian-Americans: The neglected minority: An overview. *Personnel and Guidance Journal, 51,* 387–389.

Sue, D. W., & Sue, D. (2003). *Counseling the culturally different: Theory and practice* (4th ed.). New York: Wiley.

Sue, D. W., & Sue, S. (1972). Counseling Chinese-Americans. *Personnel and Guidance Journal, 50,* 637–644.

Sullivan, K. R., & Mahalik, J. R. (2000). Increasing career self-efficacy for women: Evaluating a group intervention. *Journal of Counseling and Development, 78,* 54–62.

Sunich, M. F., & Doster, J. (1995, June). Cocaine—Part II. *Amethyst Journal, 1,* 1–2.

Super, D. E. (1954a). Career patterns as a basis for vocational counseling. *Journal of Counseling Psychology, 1,* 12–19.

Super, D. E. (1954b). Guidance: Manpower utilization or human development? *Personnel and Guidance Journal, 33,* 8–14.

Super, D. E. (1955). Transition: From vocational guidance to counseling psychology. *Journal of Counseling Psychology, 2,* 3–9.

Super, D. E. (1957). *The psychology of careers.* New York: Harper.

Super, D. E. (1983). Synthesis: Or is it distillation? *Personnel and Guidance Journal, 61,* 511–514.

Super, D. E. (1990). A life-span, life-space approach to career development. In D. Brown, L. Brooks, & Associates (Eds.), *Career choice and development: Applying contemporary theories to practice* (2nd ed., pp. 197–261). San Francisco: Jossey-Bass.

Super, D. E., Thompson, A. S., & Lindeman, R. H. (1988). *Adult career concerns inventory.* Palo Alto, CA: Consulting Psychologists Press.

Suzuki, L. A., & Kugler, J. F. (1995). Intelligence and personality assessment. In J. G. Ponterotto, J. M. Casas, L. A. Suzuki, & C. M. Alexander (Eds.), *Handbook of multicultural counseling* (pp. 493–515). Thousand Oaks, CA: Sage.

Suzuki, L. A., Meller, P. J., & Ponterotto, J. G. (Eds.). (2001). *Handbook of multicultural assessment: Clinical, psychological, and educational applications* (2nd ed.). San Francisco: Jossey-Bass.

Swanson, C. D. (1983a). Ethics and the counselor. In J. A. Brown & R. H. Pate, Jr. (Eds.), *Being a counselor* (pp. 47-65). Pacific Grove, CA: Brooks/Cole.

Swanson, C. D. (1983b). The law and the counselor. In J. A. Brown & R. H. Pate, Jr. (Eds.), *Being a counselor* (pp. 26-46). Pacific Grove, CA: Brooks/Cole.

Swanson, J. L., & Hansen, J. C. (1988). Stability of vocational interests over 4-year, 8-year, and 12-year intervals. *Journal of Vocational Behavior, 33,* 185-202.

Swartz-Kulstad, J. L., & Martin, W. E., Jr. (1999). Impact on culture and context on psychosocial adaptation: The cultural and contextual guide process. *Journal of Counseling and Development, 77,* 281-293.

Sweeney, T. J. (1989). Excellence vs. elitism. *Newsletter of Chi Sigma Iota, 5,* 1, 11.

Sweeney, T. J. (1991). Counseling credentialing: Purpose and origin. In F. O. Bradley (Ed.), *Credentialing in counseling* (pp. 1-12). Alexandria, VA: Association for Counselor Education and Supervision.

Sweeney, T. J. (1998). *Adlerian counseling* (4th ed.). Muncie, IN: Accelerated Development.

Sweeney, T. J. (2001). Counseling: Historical origins and philosophical roots. In D. C. Locke, J. E. Myers, & E. L. Herr (Eds.), *The handbook of counseling* (pp. 3-26). Thousand Oaks, CA: Sage.

Sylvania, K. C. (1956). Test usage in counseling centers. *Personnel and Guidance Journal, 34,* 559-564.

Talbutt, L. C. (1981). Ethical standards: Assets and limitations. *Personnel and Guidance Journal, 60,* 110-112.

Talbutt, L. C. (1983). The counselor and testing: Some legal concerns. *School Counselor, 30,* 245-250.

Tamminen, A. W., & Smaby, M. H. (1981). Helping counselors learn to confront. *Personnel and Guidance Journal, 60,* 41-45.

Tate, D. S., & Schwartz, C. L. (1993). Increasing the retention of American Indian students in professional programs in higher education. *Journal of American Indian Education, 32,* 21-31.

Taub, D. J. (1998). Promoting student development through psychoeducational groups: A perspective on the goals and process matrix. *Journal for Specialists in Group Work, 23,* 196-201.

Taylor, J. G., & Baker, S. B. (2007). Psychosocial and moral development of PTSD-diagnosed combat veterans. *Journal of Counseling and Development, 85,* 364-369.

Tedeschi, G. J., Zhu, S-H, Anderson, C. M., Cummins, S., & Ribner, N. G. (2005). Putting it on the line: Telephone counseling for adolescent smokers. *Journal of Counseling and Development, 83,* 416-424.

Tennyson, W. W., & Strom, S. M. (1986). Beyond professional standards: Developing responsibleness. *Journal of Counseling and Development, 64,* 298-302.

Terres, C. K., & Larrabee, M. J. (1985). Ethical issues and group work with children. *Elementary School Guidance and Counseling, 19,* 190-197.

Terry, L. L. (1989). Assessing and constructing a meaningful system: Systemic perspective in a college counseling center. *Journal of Counseling and Development, 67,* 352-355.

Teyber, E. (2000). *Interpersonal process in psychotherapy: A relational approach*. Belmont, CA: Wadsworth/Thomson.

Thames, T. B., & Hill, C. E. (1979). Are special skills necessary for counseling women? *Counseling Psychologist, 8,* 17-18.

Thomas, A. J. (1998). Understanding culture and worldview in family systems: Use of the multicultural genogram. *The Family Journal, 6,* 24-32.

Thomas, G. P., & Ezell, B. (1972). The contract as counseling technique. *Personnel and Guidance Journal, 51,* 27-31.

Thomas, S. C. (1996). A sociological perspective on contextualism. *Journal of Counseling and Development, 74,* 529-536.

Thomas, V. (1994). Value analysis: A model of personal and professional ethics in marriage and family counseling. *Counseling and Values, 38,* 193-203.

Thombs, D. L., & Osborn, C. J. (2001). A cluster analysis study of clinical orientations among chemical dependency counselors. *Journal of Counseling and Development, 79,* 450-458.

Thompson, A. (1990). *Guide to ethical practice in psychotherapy*. New York: Wiley.

Thompson, B. (1996). *Personal Preferences Self-Description Questionnaire*. College Station, TX: Psychometrics Group.

Thompson, B. (2002). 'Statistical', 'practical', and 'clinical': How many kinds of significance do counselors need to consider? *Journal of Counseling and Development, 80,* 64–71.

Thompson, C. D., & Henderson, D. A. (2007). *Counseling children* (7th ed.). Belmont, CA: Thomson Brooks/Cole.

Thoresen, C. E. (1978). Making better science, intensively. *Personnel and Guidance Journal, 56,* 279–282.

Thornburg, H. D. (1978). *The bubblegum years: Sticking with kids from 9 to 13.* Tucson: HELP Books.

Thornburg, H. D. (1986). The counselor's impact on middle-grade students. *School Counselor, 33,* 170–177.

Thorndike, R. M. (1997). *Measurement and evaluation in psychology and education* (6th ed.). Upper Saddle River, NJ: Merrill/Prentice Hall.

Thorndike, R. M. (2005). *Measurement and evaluation in psychology and education* (7th ed.). Upper Saddle River, NJ: Merrill/Prentice Hall.

Thurman, C. (1983). Effects of a rational-emotive treatment program on Type A behavior among college students. *Journal of College Student Personnel, 24,* 417–423.

Tinsley, H. E. A., & Bradley, R. W. (1986). Test interpretation. *Journal of Counseling and Development, 65,* 462–466.

Todd, T. C. (1986). Structural-strategic marital therapy. In N. S. Jacobson & A. S. Gurman (Eds.), *Clinical handbook of marital therapy* (pp. 71–105). New York: Guilford.

Tomes, H. (1996, August). Are we in denial about child abuse? *APA Monitor, 27,* 55.

Tomine, S. (1986). Private practice in gerontological counseling. *Journal of Counseling and Development, 64,* 406–409.

Tomlinson, S. M., & Evans-Hughes, G. (1991). Gender, ethnicity, and college students' responses to the Strong-Campbell Interest Inventory. *Journal of Counseling and Development, 70,* 151–155.

Tracey, T. J. (1983). Single case research: An added tool for counselors and super visors. *Counselor Education and Supervision, 22,* 185–196.

Tracey, T. J. (1991). Counseling research as an applied science. In C. E. Watkins, Jr., & L. J. Schneider (Eds.), *Research in counseling* (pp. 3–32). Hillsdale, NJ: Erlbaum.

Trotzer, J. P. (1988). Family theory as a group resource. *Journal for Specialists in Group Work, 13,* 180–185.

Truax, C., & Mitchell, K. (1971). Research on certain therapist interpersonal skills in relation to process and outcome. In A. E. Bergin & S. L. Garfield (Eds.), *Handbook of psychotherapy and behavior change: An empirical analysis.* New York: Wiley.

Truax, C. B., & Carkhuff, R. R. (1967). *Toward effective counseling and psychotherapy: Training and practice.* Chicago: Aldine.

Trusty, J., Robinson, C. R., Plata, M., & Ng, K-M. (2000). Effects of gender, socioeconomic status, and early academic performance on postsecondary educational choice. *Journal of Counseling and Development, 78,* 463–472.

Tuckman, B. (1965). Developmental sequence in small groups. *Psychological Bulletin, 63,* 384–399.

Tuckman, B. W., & Jensen, M. A. (1977). Stages of small group development revisited. *Group and Organizational Studies, 2,* 419–427.

Turner, J., & Helms, D. (1994). *Lifespan development* (5th ed.). Chicago: Holt, Rinehart.

Turock, A. (1978). Effective challenging through additive empathy. *Personnel and Guidance Journal, 57,* 144–149.

Turock, A. (1980). Immediacy in counseling: Recognizing clients' unspoken messages. *Personnel and Guidance Journal, 59,* 168–172.

Tursi, M. M., & Cochran, J. L. (2006). Cognitive-behavioral tasks accomplished in a person-centered relational framework. *Journal of Counseling and Development, 84,* 387–396.

Tyler, L. E. (1984). What tests don't measure. *Journal of Counseling and Development, 63,* 48–50.

Tyler, L. E. (1986). Farewell to guidance. *Journal of Counseling and Human Service Professions, 1,* 152–155.

Tylka, T. L., & Subich, L. M. (2002). Exploring young women's perceptions of the effectiveness and safety of maladaptive weight control techniques. *Journal of Counseling and Development, 80,* 101–110.

Tymchuk, A. J. (1986). Guidelines for ethical decision making. *Canadian Psychology, 27,* 36–43.

Tymofievich, M., & Leroux, J. A. (2000). Counselors' competencies in using assessments. *Measurement and Evaluation in Counseling and Development, 33,* 50–59.

Tysl, L. (1997, January). Counselors have a responsibility to promote the counseling profession. *Counseling Today,* 16.

Umansky, D. L., & Holloway, E. L. (1984). The counselor as consultant: From model to practice. *School Counselor, 31,* 329–338.

Ungersma, A. J. (1961). *The search for meaning*. Philadelphia: Westminster.

Urbina, S. (2005). *Essentials of psychological testing*. New York: Wiley.

U.S. Department of Health and Human Services, Health Resources and Services Administration. (2006). *Women's health USA 2006*. Retreived August 17, 2007, from http://www.mchb.hrsa.gov/whusa_06/popchar/0207wlf.htm

U.S. Department of Health and Human Services, National Institute of Mental Health. (1999). *Mental health: A report of the Surgeon General-Executive Summary*. Rockville, MD: Author.

U.S. Department of Health, Education, and Welfare. (1974). Vocational rehabilitation program: Implementation provisions, rules and regulations. *Federal Register, 39,* 42470–42507.

U.S. Employment Service. (1939). *Dictionary of occupational titles*. Washington, DC: Author.

Utsey, S. O., Ponterotto, J. G., Reynolds, A. L., & Cancelli, A. A. (2000). Racial discrimination, coping, life satisfaction, and self-esteem among African Americans. *Journal of Counseling and Development, 78,* 72–80.

Vacc, N., Loesch, L., & Guilbert, D. (1997). The clientele of certified clinical mental health counselors. *Journal of Mental Health Counseling, 19,* 165–170.

Vacc, N. A., & Juhnke, G. A. (1997). The use of structured clinical interviews for assessment in counseling. *Journal of Counseling and Development, 75,* 470–480.

Vacc, N. A., Juhnke, G. A., & Nilsen, K. A. (2001). Community mental health service providers' code of ethics and the Standards for Educational and Psychological Testing. *Journal of Counseling and Development, 79,* 217–224.

Vacc, N. A., & Loesch, L. C. (2001). *A professional orientation to counseling* (3rd ed.). Philadelphia: Brunner-Routledge.

Vacha-Haase, T., & Thompson, B. (2002). Alternative ways of measuring counselees' Jungian psychological-type preferences. *Journal of Counseling and Development, 80,* 173–179.

Vaihinger, H. (1911). *The philosophy of "as if."* New York: Harcourt, Brace, & World.

Valle, R. (1986). Cross-cultural competence in minority communities: A curriculum implementation strategy. In M. R. Miranda & H. H. L. Kitano (Eds.), *Mental health research and practice in minority communities: Development of culturally sensitive training programs* (pp. 29–49). Rockville, MD: National Institute of Mental Health. (ERIC Document Reproduction Service No. ED278754)

VanBoven, A. M., & Espelage, D. L. (2006). Depressive symptoms, coping strategies, and disordered eating among college women. *Journal of Counseling and Development, 84,* 341–348.

Van Buren, J. (1992). Gender-fair counseling. In J. A. Lewis, B. Hayes, & L. J. Bradley (Eds.), *Counseling women over the life span* (pp. 271–289). Denver: Love.

Van Buren, J. B., Kelly, K. R., & Hall, A. S. (1993). Modeling nontraditional career choices: Effects of gender and school location on response to a brief videotape. *Journal of Counseling and Development, 72,* 101–104.

Van der Wade, H., Urgenson, F. T., Weltz, S. H., & Hanna, F. J. (2002). Women and alcoholism: A biopsychosocial perspective and treatment approaches. *Journal of Counseling and Development, 80,* 145–153.

Van Deusen, J. M., Stanton, M. D., Scott, S. M., Todd, S. C., & Mowatt, D. T. (1982). Getting the addict to agree to involve the family of origin: The initial contact. In M. D. Stanton, T. C. Todd, & Associates (Eds.), *The family therapy of drug abuse and addiction* (pp. 39–59). New York: Guilford.

Van Hoose, W. H., & Kottler, J. (1985). *Ethical and legal issues in counseling and psychotherapy* (2nd ed.). San Francisco: Jossey-Bass.

Van Hoose, W. H., & Paradise, L. V. (1979). *Ethics in counseling and psychotherapy*. Cranston, RI: Carroll.

Vandenbos, G. R., Cummings, N., & Deleon, P. H. (1992). A century of psychotherapy: Economic and environmental influences. In D. K. Freedheim (Ed.), *History of psychotherapy: A century of change* (pp. 65–102). Washington, DC: American Psychological Association.

Vereen, L. G., Butler, S. K., Williams, F. C., Darg, J. A., & Downing, T. K. E. (2006). The use of humor when counseling African American college students. *Journal of Counseling and Development, 84,* 10–

15.

Vernon, A. (1989). *Thinking, feeling, and behaving: An emotional education curriculum for children* (Grades 1-6). Champaign, IL: Research Press.

Vick, R. D., Smith, L. M., & Herrera, C. I. R. (1998). The healing circle: An alternative path to alcoholism recovery. *Counseling and Values, 42,* 133-141.

Vickio, C. J. (1990). The goodbye brochure: Helping students to cope with transition and loss. *Journal of Counseling and Development, 68,* 575-577.

Viney, L. L., Henry, R. M., & Campbell, J. (2001). The impact of group work on offender adolescents. *Journal of Counseling and Development, 79,* 373-381.

Voight, N. L., Lawler, A., & Fulkerson, K. F. (1980). Community-based guidance: A "Tupperware party" approach to mid-life decision making. *Personnel and Guidance Journal, 59,* 106-107.

Vontress, C. E. (1966). Counseling the culturally different adolescent: A school-community approach. In J. C. Gowan & G. Demos (Eds.), *The disadvantaged and potential dropout* (pp. 357-366). Springfield, IL: Thomas.

Vontress, C. E. (1967). The culturally different. *Employment Service Review, 4,* 35-36.

Vontress, C. E. (1996). A personal retrospective on cross-cultural counseling. *Journal of Multicultural Counseling and Development, 16,* 73-83.

Vontress, C. E., & Epp, L. R. (1997). Historical hostility in the African client: Implications for counseling. *Journal of Multicultural Counseling and Development, 25,* 170-184.

Vriend, J., & Dyer, W. W. (1973). Counseling the reluctant client. *Journal of Counseling psychology, 20,* 240-246.

Wade, J. C. (1998). Male reference group identity dependence: A theory of male identity. *Counseling Psychologist, 26,* 349-383.

Wahl, K. H., & Blackhurst, A. (2000). Factors affecting the occupational and educational aspirations of children and adolescents. *Professional School Counseling, 3,* 367-374.

Wakefield, J. C. (1992). The concept of mental disorder: On the boundary between biological facts and social values. *American Psychologist, 47,* 373-388.

Waldo, M. (1985). Curative factor framework for conceptualizing group counseling. *Journal for Counseling and Development, 64,* 52-58.

Waldo, M. (1989). Primary prevention in university residence halls: Paraprofessional-led relationship enhancement groups for college roommates. *Journal of Counseling and Development, 67,* 465-471.

Waldo, M., & Bauman, S. (1998). Regrouping the categorization of group work: A goal and process (GAP) matrix for groups. *Journal for Specialists in Group Work, 23,* 164-176.

Waldo, M., Horswill, R. K., & Brotherton, W. D. (1993). Collaborating with state departments to achieve recognition of mental health counselors. *Journal of Mental Health Counseling, 15,* 342-346.

Walen, S. R., DiGuiseppe, R., & Dryden, W. (1992). *A practitioner's guide to rational-emotive therapy.* New York: Oxford University Press.

Walker-Staggs, J. (2000). DISCOVER. In N. Peterson & R. C. Gonzalez (Eds.), *Career counseling models for diverse populations* (pp. 112-120). Pacific Grove, CA: Brooks/Cole.

Wall, J. E., & Walz, G. R. (Eds.). (2004). *Measuring up: Assessment issues for teachers, counselors, and admistators.* Greensboro, NC: CAPS Press.

Wallace, W. A., & Hall, D. L. (1996). *Psychological consultation: Perspectives and applications.* Pacific Grove, CA: Brooks/Cole.

Walls, R. T., & Fullmer, S. L. (1996). Comparing rehabilitated workers with the United States workforce. *Rehabilitation Counseling Bulletin, 40*(2), 153-164.

Walsh, F. (1993). Conceptualizations of normal family functioning. In F. Walsh (Ed.), *Normal family process* (2nd ed., pp. 3-42). New York: Guilford.

Walsh, R. (2000). Asian psychotherapies. In R. J. Corsini & D. Wedding (Eds.), *Current psychotherapies* (6th ed., pp. 407-444). Itasca, IL: F. E. Peacock.

Walsh, W. B., & Osipow, S. H. (1994). *Career counseling for women.* Hillsdale, NJ: Erlbaum.

Walsh, W. B., & Savickas, M. (Eds.). (2005). *Handbook of vocational psychology* (3rd ed.). Hillsdale, NJ: Erlbaum.

Walsh, W. M., & Keenan, R. (1997). Narrative family therapy. *Family Journal, 5,* 332-336.

Walter, J., & Peller, J. (1992). *Becoming solution-focused in brief therapy.* New York: Brunner/Mazel.

Walz, G. R., & Kirkman, C. J. (Eds.). (2002). *Helping people cope with tragedy and grief.* Greensboro, NC: ERIC & NBCC.

Ward, D. E. (1982). A model for the more effective use of theory in group work. *Journal for Specialists in Group Work, 7,* 224–230.

Ward, D. E. (1984). Termination of individual counseling: Concepts and strategies. *Journal of Counseling and Development, 63,* 21–25.

Ward, D. E. (2002). Like old friends, old familiar terms and concepts need attention. *Journal for Specialists in Group Work, 27,* 119–121.

Warfield, R. D., & Goldstein, M. B. (1996). Spirituality: The key to recovery from alcoholism. *Counseling and Values, 40,* 196–205.

Warnath, C. F. (1977). Relationship and growth theories and agency counseling. *Counselor Education and Supervision, 17,* 84–91.

Wastell, C. A. (1996). Feminist development theory: Implications for counseling. *Journal of Counseling and Development, 74,* 575–581.

Watanabe, C. (1973). Self-expression and the Asian American experience. *Personnel and Guidance Journal, 51,* 390–396.

Watkins, C. (2001). Comprehensive guidance programs in an international context. *Professional School Counseling, 4,* 262–270.

Watkins, C. E., Jr. (1983a). Burnout in counseling practice: Some potential professional and personal hazards of becoming a counselor. *Personnel and Guidance Journal, 61,* 304–308.

Watkins, C. E., Jr. (1983b). Counselor acting out in the counseling situation: An exploratory analysis. *Personnel and Guidance Journal, 61,* 417–423.

Watkins, C. E., Jr. (1985). Early recollections as a projective technique in counseling: An Adlerian view. *AMHCA Journal, 7,* 32–40.

Watkins, C. E., Jr. (1990a). The effects of counselor self-disclosure: A research review. *Counseling Psychologist, 18,* 477–500.

Watkins, C. E., Jr. (1990b). The testing of the test section of the *Journal of Counseling and Development*: Historical, contemporary, and future perspectives. *Journal of Counseling and Development, 69,* 70–74.

Watkins, C. E., Jr., & Schneider, L. J. (1989). Self-involving versus self-disclosing counselor statements during an initial interview. *Journal of Counseling and Development, 67,* 345–349.

Watkins, C. E., Jr., & Schneider, L. J. (1991). Research in counseling: Some concluding thoughts and ideas. In C. E. Watkins, Jr., & L. J. Schneider (Eds.), *Research in counseling* (pp. 287–299). Hillsdale, NJ: Erlbaum.

Watkins, E. (1983). Project retain: A client centered approach to student retention. *Journal of College Student Personnel, 24,* 81.

Watson, J. C. (2005). College student-athletes' attitudes toward help-seeking behavior and expectations of counseling services. *Journal of College Student Development, 46,* 442–429.

Watzlawick, P. (1983). *The situation is hopeless, but not serious*. New York: Norton.

Watzlawick, P., Weakland, J. H., & Fisch, R. (1974). *Change: Principles of problem formation and problem resolution*. New York: W.W. Norton.

Webb, W. (1992). Empowering at-risk children. *Elementary School Guidance and Counseling, 27,* 96–103.

Webber, J., Bass, D. D., & Yep, R. (Eds.). (2005). *Terrorism, trauma, and tragedies: A counselor's guide to preparing and responding* (2nd ed.). Alexandria, VA: American Counseling Association.

Webster, S. R., Vogel, D. L., Wie, M., & McLain, R. (2006). African American men, gender role conflict, and psychological distress: The role of racial identity. *Journal of Counseling and Development, 84,* 419–429.

Wechsler, D. (1997). *Wechsler Adult Intelligence Scale–Third Edition*. San Antonio, TX: Psychological Corporation.

Wedding, D., & Pope, K. S. (2008). Contemporary challenges and controversies. In R. J. Corsini & D. Wedding (Eds.), *Current psychotherapies* (8th ed., pp. 512–540). Belmont, CA: Thomson Brooks/ Cole.

Weigel, D. J., Donovan, K. A., Krug, K. S., & Dixon, W. A. (2007). Prescription opioid abuse and dependence: Assessment strategies for counselors. *Journal of Counseling and Development, 85,* 211–215.

Weikel, W. J., & Palmo, A. J. (1989). The evolution and practice of mental health counseling. *Journal of Mental Health Counseling, 11,* 17–25.

Weinrach, S. G. (1980). Unconventional therapist: Albert Ellis. *Personnel and Guidance Journal, 59,* 152–160.

Weinrach, S. G. (1987). Microcounseling and beyond: A dialogue with Allen Ivey. *Journal of Counseling and Development, 65,* 532–537.

Weinrach, S. G. (1996). The psychological and vocational interest patterns of Donald Super and John Holland. *Journal of Counseling and Development, 75,* 5-16.

Weinrach, S. G., Ellis, A., MacLaren, C., DiGiuseppe, R., Vernon, A., Wolfe, J., et al. (2001). Rational emotive behavior therapy successes and failures: Eight personal perspectives. *Journal of Counseling and Development, 79,* 259-268.

Weinrach, S. G., & Thomas, K. R. (1998). Diversity-sensitive counseling today: A postmodern clash of values. *Journal of Counseling and Development, 76,* 115-122.

Weiss, R. S. (Ed.). (1973). *Loneliness.* Cambridge, MA: MIT Press.

Welfel, E. R. (2006). *Ethics in counseling and psychotherapy* (3rd ed.). Pacific Grove, CA: Brooks/ Cole.

Welfel, E. R., Danzinger, P. R., & Santoro, S. (2000). Mandated reporting of abuse/maltreatment of older adults: A primer for counselors. *Journal of Counseling and Development, 78,* 284-292.

Welfel, E. R., & Lipsitz, N. E. (1983a). Ethical orientation of counselors: Its relationship to moral reasoning and level of training. *Counselor Education and Supervision, 23,* 35-45.

Welfel, E. R., & Lipsitz, N. E. (1983b). Wanted: A comprehensive approach to ethics research and education. *Counselor Education and Supervision, 22,* 320-332.

Welfel, E. R., & Patterson, L. E. (2005). *The counseling process: A multitheoretical integrative approach* (6th ed.). Belmont, CA: Thomson Brooks/Cole.

Wendel, P. (1997, October). Cultural bias among minority counselors. *Counseling Today, 1,* 20.

Werner, J. L. (1978). Community mental health consultation with agencies. *Personnel and Guidance Journal, 56,* 364-368.

Werth, J. L., Jr., & Gordon, J. R. (2002). Amicus Curiae Brief for the United States Supreme Court on mental health issues associated with 'physician-assisted suicides.' *Journal of Counseling and Development, 80,* 160-172.

West, J. D., Bubenzer, D. L., Smith, J. M., & Hamm, T. L. (1997). Insoo Kim Berg and solution-focused therapy. *Family Journal, 5,* 286-294.

West, J. D., Hosie, T. W., & Mackey, J. A. (1987). Employment and roles of counselors in mental health agencies. *Journal of Counseling and Development, 66,* 135-138.

West, J. D., Hosie, T. W., & Zarski, J. J. (1987). Family dynamics and substance abuse: A preliminary study. *Journal of Counseling and Development, 65,* 487-490.

West, P. L., Mustaine, B. L., & Wyrick, B. (2002). Apples and oranges make a nice start for a fruit salad: A response to Culbreth and Borders (1999). *Journal of Counseling and Development, 80,* 72-76.

Westbrook, B. W. (1988). Suggestions for selecting appropriate career assessment instruments. *Measurement and Evaluation in Counseling and Development, 20,* 181-186.

Westbrook, F. D., Kandell, J. J., Kirkland, S. E., Phillips, P. E., Regan, A. M., Medvene, A., et al. (1993). University campus consultation: Opportunities and limitations. *Journal of Counseling and Development, 71,* 684-688.

Westcott, N. A. (1983). Application of the structured life-review technique in counseling elders. *Personnel and Guidance Journal, 62,* 180-181.

Wester, S. R., Vogel, D. L., Wei, M., & McLain, R. (2006). African American men, gender role conflict, and psychological distress: The role of racial identity. *Journal of Counseling and Development, 84,* 419-429.

Westgate, C. E. (1996). Spiritual wellness and depression. *Journal of Counseling and Development, 75,* 26-35.

Westcott, N. A. (1983). Application of the structured life-review technique in counseling elders. *Personnel and Guidance Journal, 62,* 180-181.

Wetter, D. W., Fiore, M. C., Gritz, E. R., Lando, H. A., Stitzer, M. L., Hasselblad, V. et al. (1998). The agency for health care policy and research smoking cessation clinical practice guideline. *American Psychologist, 53,* 657-669.

Wheeler, A. M., & Bertram, B. (2008). *The counselor and the law: A guide to legal and ethical practice* (5th ed.). Alexandria, VA: American Counseling Association.

Wheeler, C. D., & D'Andrea, L. M. (2004). Teaching counseling students to understand and use immediacy. *Journal of Humanistic Counseling, Education and Development, 43,* 117-128.

Wheeler, P. T., & Loesch, L. (1981). Program evaluation and counseling: Yesterday, today, and tomorrow.

Personnel and Guidance Journal, 59, 573–578.

Whiston, S. C. (1996). Accountability through action research: Research methods for practitioners. *Journal of Counseling and Development, 74,* 616–623.

Whiston, S. C. (2002). Response to the past, present, and future of school counseling: Raising some issues. *Professional School Counseling, 5,* 148–155.

Whiston, S. C., & Sexton, T. L. (1998). A review of school counseling outcome research: Implications for practice. *Journal of Counseling and Development, 76,* 412–426.

Whitaker, C. (1977). *Process techniques of family therapy.* Interaction, 1, 4–19.

White, E. B. (1952). *Charlotte's web.* New York: Trophy.

White, M. (1995). *Re-authoring lives.* Adelaide, Australia: Dulwich Centre Publications.

White, M., & Epston, D. (1990). *Narrative means to therapeutic ends.* New York: Norton.

Whitehead, B. D. (1997). *The divorce culture.* New York: Knopf.

Whiteley, J. M. (1982). *Character development in college students.* Alexandria, VA: American Counseling Association.

Whiteley, J. M. (1984). Counseling psychology: A historical perspective. *Counseling Psychologist, 12,* 2–109.

Whitmarsh, L., Brown, D., Cooper, J., Hawkins-Rodgers, Y., & Went-worth, D. K. (2007). Choices and challenges: A qualitative exploration of professional women's career patterns. *Career Development Quarterly, 55,* 225–236.

Wiehe, V. R. (2000). Sibling abuse. In H. Henderson (Ed.), *Domestic violence and child abuse resource source-book* (pp. 409–492). Detroit, MI: Omnigraphics.

Wiggins, J., & Weslander, D. (1979). Personality characteristics of counselors rated as effective or ineffective. *Journal of Vocational Behavior, 15,* 175–185.

Wiggins, J. D., Moody, A. D., & Lederer, D. A. (1983). Personality typologies related to marital satisfaction. *AMHCA Journal, 5,* 169–178.

Wilcox-Matthew, L., Ottens, A., & Minor, C. W. (1997). An analysis of significant events in counseling. *Journal of Counseling and Development, 75,* 282–291.

Wilcoxon, S. A. (1985). Healthy family functioning: The other side of family pathology. *Journal of Counseling and Development, 63,* 495–499.

Wilcoxon, S. A. (1986). Engaging nonattending family members in marital and family counseling: Ethical issues. *Journal of Counseling and Development, 64,* 323–324.

Wilcoxon, S. A. (1987). Ethical standards: A study of application and utility. *Journal of Counseling and Development, 65,* 510–511.

Wilcoxon, S. A., & Fenell, D. (1983). Engaging the non-attending spouse in marital therapy through the use of therapist-initiated written communication. *Journal of Marital and Family Therapy, 9,* 199–203.

Wilcoxon, S. A., & Puleo, S. G. (1992). Professional-development needs of mental health counselors: Results of a national survey. *Journal of Mental Health Counseling, 14,* 187–195.

Wilcoxon, S. A., Remley, T. P., Jr., Gladding, S. T., & Huber, C. H. (2007). *Ethical, legal and professional issues in the practice of marriage and family therapy* (4th ed.). Upper Saddle River, NJ: Merrill/ Prentice Hall.

Wilkerson, K., & Bellini, J. (2006). Interpersonal and organizational factors associated with burnout among school counselors. *Journal of Counseling and Development, 84,* 440–450.

Williams, C. B., & Freeman, L. T. (2002). Report of the ACA Ethics Committee: 2000–2001. *Journal of Counseling and Development, 80,* 251–254.

Williams, D. T., Hershenson, D. B., & Fabian, E. S. (2000). Causal attributions of disabilities and the choice of rehabilitation approach. *Rehabilitation Counseling Bulletin, 43,* 106–112.

Williams, J. E. (1962). Changes in self and other perceptions following brief educational-vocational counseling. *Journal of Counseling Psychology, 9,* 18–30.

Williams, J. M., Ballard, M. B., & Alessi, H. (2005). Aging and alcohol abuse: Increasing counselor awareness. *Adultspan Journal, 4,* 7–18.

Williamson, E. G. (1939). *How to counsel students: A manual of techniques for clinical counselors.* New York: McGraw-Hill.

Williamson, E. G. (1961). *Student personnel services in colleges and universities.* New York: McGraw-Hill.

Williamson, E. G. (1972). Trait-and-factor theory and individual differences. In B. Stefflre & W. H. Grant (Eds.), *Theories of counseling* (2nd ed., pp. 136–176). New York: McGraw-Hill.

Williamson, E. G., & Big gs, D. A. (1979). Trait-factor theory and individual differences. In H. M. Burks, Jr. & B. Stefflre (Eds.), *Theories of counseling* (3rd ed., pp. 91-131). New York: McGraw-Hill.

Willison, B., & Masson, R. (1986). The role of touch in therapy: An adjunct to communications. *Journal of Counseling and Development, 65,* 497-500.

Wilmarth, R. R. (1985, Summer). Historical perspective, part two. *AMHCA News, 8,* 21.

Wilson, F. R., & Yager, G. G. (1981). A process model for prevention program research. *Personnel and Guidance Journal, 59,* 590-595.

Wilson, G. T. (2008). Behavior therapy. In R. J. Corsini & D. Wedding (Eds.), *Current psychotherapies* (8th ed., pp. 223-262). Belmont, CA: Thomson Brooks/Cole.

Wilson, K. B., & Senices, J. (2005). Exploring the vocational rehabilitation acceptance rates for Hispanics versus Non-Hispanics in the United States. *Journal of Counseling and Development, 83,* 86-96.

Winston, R. B., Jr., & Creamer, D. G. (1997). *Improving staffing practices in student affairs.* San Francisco: Jossey-Bass.

Winston, R. B., Jr., & Ender, S. C. (1988). Use of student paraprofessionals in divisions of college student affairs. *Journal of Counseling and Development, 66,* 466-473.

Witmer, J. M., & Young, M. E. (1996). Preventing counselor impairment: A wellness model. *Journal of Humanistic Education and Development, 34,* 141-155.

Wittmer, J., & Adorno, G. (2000). *Managing your school counseling program: Developmental strategies* (2nd ed.). Minneapolis: Educational Media Corporation.

Wohlman, B., & Stricker, G. (1983). *Handbook of family and marital therapy.* New York: Plenum.

Woody, R. H. (1988). *Fifty ways to avoid malpractice.* Sarasota, FL: Professional Resource Exchange.

Woody, R. H., Hansen, J. C., & Rossberg, R. H. (1989). *Counseling psychology.* Pacific Grove, CA: Brooks/Cole.

Wooten, H. R. (1994). Cutting losses for student-athletes in transition: An integrative transition model. *Journal of Employment Counseling, 31,* 2-9.

Worden, M. (2003). *Family therapy basics* (3rd ed.). Pacific Grove, CA: Brooks/Cole.

Worth, M. R. (1983). Adults. In J. A. Brown & R. H. Pate, Jr., (Eds.), *Being a counselor* (pp. 230-252). Pacific Grove, CA: Brooks/ Cole.

Wrenn, C. G. (1962a). *The counselor in a changing world.* Washington, DC: American Personnel and Guidance Association.

Wrenn, C. G. (1962b). The culturally encapsulated counselor. *Harvard Educational Review, 32,* 444-449.

Wright, G. N. (1980). *Total rehabilitation.* Boston: Little, Brown.

Wright, G. N. (1987). Rehabilitation counselors' qualifications and client responsibilities structure their professional relationships. *Journal of Applied Rehabilitation Counseling, 18,* 18-20.

Wubbolding, R. E. (1988). *Using reality therapy.* New York: Harper/ Collins.

Wubbolding, R. E. (1991). *Understanding reality therapy: A metaphorical approach.* New York: Harper.

Wubbolding, R. E. (1998). *Cycle of managing, supervising, counseling, and coaching using reality therapy.* Cincinnati: Center for Reality Therapy.

Wubbolding, R. E. (2000). *Reality therapy for the 21st century.* New York: Brunner-Routledge.

Wyatt, T., Daniels, M. H., & White, L. J. (2000). Noncompetition agreements and the counseling profession: An unrecognized reality for private practitioners. *Journal of Counseling and Development, 78,* 14-20.

Wylie, M. S. (1991, March/April). Family therapy's neglected prophet. *Family Therapy Networker, 15,* 24-37, 77.

Wynne, L. C., Ryckoff, I., Day, J., & Hirsch, S. I. (1958). Pseudomutuality in the family relationships of schizophrenics. *Psychiatry, 21,* 205-220.

Yalom, I. D. (2005). *The theory and practice of group psychotherapy* (5th ed.). New York: Basic Books.

Yalom, I. D., & Lieberman, M. (1971). A study of encounter group casualties. *Archives of General Psychiatry, 25,* 16-30.

Yeh, C. J., & Hwang, M. Y. (2000). Interdependence in ethnic identity and self: Implications for theory and practice. *Journal of Counseling and Development, 78,* 420-429.

Young, J. S., Wiggins-Frame, M., & Cashwell, C. S. (2007). Spirituality and counselor competence: A national survey of American Counseling Association members. *Journal of Counseling and Development, 85,* 47-52.

Young, M. E. (2005). *Learning the art of helping: Building blocks and techniques* (3rd ed.). Upper Saddle River, NJ: Merrill/Prentice Hall.

Young, R. A. (1988). Ordinary explanations and career theories. *Journal of Counseling and Development, 66,* 336-339.

Zalaquett, C. P., & Stens, A. N. (2006). Psychosocial treatment for major depression and dysthymia in older adults: A review of the research literature. *Journal of Counseling and Development, 84,* 192-201.

Zimpfer, D. (1996). Five-year follow-up of doctoral graduates in counseling. *Counselor Education and Supervision, 35,* 218-229.

Zimpfer, D., & DeTrude, J. (1990). Follow-up of doctoral graduates in counseling. *Journal of Counseling and Development, 69,* 51-5.

Zinck, K., & Littrell, J. M. (2000). Action research shows group counseling effective with at-risk adolescent girls. *Professional School Counseling, 4,* 50-59.

Zinker, J. (1978). *Creative process in Gestalt therapy.* New York: Random House.

Zinnbauer, B. J., & Pargament, K. I. (2000). Working with the sacred: Four approaches to religious and spiritual issues in counseling. *Journal of Counseling and Development, 78,* 162-171.

Zins, J. E. (1993). Enhancing consultee problem-solving skills in consultative interactions. *Journal of Counseling and Development, 72,* 185-188.

Zunker, V. G. (2006). *Career counseling* (7th ed.). Pacific Grove, CA: Brooks/Cole.

Zytowski, D. (1985). Frank! Frank! Where are you now that we need you? *Counseling Psychologist, 13,* 129-135.

Zytowski, D. G. (1992). Three generations: The continuing evolution of Frederic Kuder's interest inventories. *Journal of Counseling and Development, 71,* 245-248.

Zytowski, D. G., & Holmberg, K. S. (1988). Preferences: Frederic Kuder's contributions to the counseling profession. *Journal of Counseling and Development, 67,* 150-156.

찾아보기

《인 명》

Ackerman, N. 506, 507
Adler, A. 275

Bach, G. 349
Beers, C. 26
Berg, I. K. 329
Binet, A. 432
Bowen, M. 318

Caplan, G. 334
Carter, B. 508
Chickering, A. 577

Davis, J. B. 25
Deming, W. E. 348
deShazer, S. 328. 508

Epston, D. 332
Erickson, M. 329
Erikson, E. 39, 642

Fagan, J. 289
Frankl, V. 285
Freud, A. 270
Freud, S. 270

Gibb, J. 348
Gilligan, C. 39, 157
Goodman, P. 289
Gottman, J. 506, 508

Haley, J. 325, 507

Jacobson, N. 508
Jones, M. C. 300

Kegan, R. 544
Kerr, M. 318
Kohlberg, L. 39

Lewin, K. 348
Lindemann, E. 334

Madanes, C. 325
Maslow, A. 642
May, R. 58, 285
McGoldrick, M. 508
Minuchin, S. 322, 506, 508
Moreno, J. L. 348

O'Hanlon, B. 328, 508

Palazzoli, M. S. 508
Parsons, F. 25

Pavlov, I. 300
Peck, S. 165
Perls, F. 289, 348
Perls, L. 289

Robinson, F. 215
Rogers, C. 29, 71, 281, 348, 349

Satir, V. 506, 507
Schutz, W. 348
Shepherd, I. L. 289
Skinner, B. F. 300
Spearman, C. 432
Stoller, F. 349
Super, D. 88

Watson, J. B. 300
Watzlawick, P. 325
Weakland, J. 325
Weiner-Davis, M. 329
Whitaker, C. 507
White, M. 332
Williamson, E. G. 28, 71, 573

《내 용》

1세대 학생 595
12단계 프로그램 165
17분과 31
4단계 집단 발달 361
9 · 11 테러 41

AA 165, 524, 614
AACD 38, 39
AACE 436
AADA 148
AAMFT 508
ABCT 304
ACA 22, 40, 64, 78, 87
ACA 윤리 규정 89, 102, 113, 436
ADD 628
ADHD 628
Adler 이론 275
AFTA 508
AL-Anon 524
Alateen 524
AMCD 123
APA 88
APGA 30, 36
ASCA 31, 534
ASCA 모델 534
ASD 42
ASERVIC 87, 165
ASGW 347

BASIC ID 267, 645
BRIMS 588

C집단 385
CACREP 64, 76
Chi Sigma Iota 46
Columbine4 561
counseling 140
CT 306

DCT 553
Division 43: Family Psychology 508
DSM 23, 73
DSM-IV-TR 73, 74
DSM-IV-TR 분류 684

ERIC/ CAPS 34

Gregory Bateson 그룹 507

HIPAA 79

HIV 바이러스 562
HIV/AIDS 630
Holland 코드 476

IAAOC 618
IAMFC 508

ICD-10 73

Johari의 창 211

MUM 효과 225

NAADAC 618
NBCC 37, 64
NCATE 64
NCDA 469
NDEA 31
NECA 469

PTSD 42

REBT 306
RT 306

SAFE 227
SFBT 328
SOLER 200
STIPS 76
Succeeding in School 552

T-집단 349

WDEP 체계 313
wellness 20, 43

가계도 319, 507
가이던스 21, 25, 38
가정생활 503
가정폭력 606
가족 503, 515
가족 응집력 511
가족 적응력 511
가족상담 518
가족생활 주기 511
가족생활의 변화하는 형태 504
가족의 상호작용 323
가족체계 526
감정의 반영 197
감정의 요약 197
감정의 해부학 308
강도 323
강조 194
강화 계획 301
강화 인자의 사용 301
개방형 질문 194
개방형 집단 367
개별화교육프로그램 565
개인 내적 학대 609
개인 상호 간의 학대 603
개인 자문 384
개인 회기 종결 244
개인심리학 275
개인적 적응 269
개인적 조절 269
개인-환경 상호작용 모델 578
개인/집단 상담 514
거시적 접근 269
검사 배터리 435
검사 점수 434
검사의 실시와 해석 451
검사-재검사 신뢰도 440
검증 66
게슈탈트 289
게슈탈트 상담 289
게이 162
게임 548
격려하기 278
결과타당도 439
결혼 · 커플 상담 516
결혼 · 커플 · 가족 상담 503, 505
결혼 · 커플 · 가족 상담의 과정 520
결혼관계 503

결혼/가족 상담 514
경계 설정 323
계약 진행 388
계약을 위한 관계 형성 388
계약하기 226
계획 실행 388
계획 평가 388
고등학교 상담 556
고등학교 상담자 557
고용상담 470
고착 271
공감 199, 283
공동책임자 612
공학적 기술 45
과잉교정 304
과정 연구 415
과정적 자문-협동적 자문 모델 383
과제 설정하기 279
과제/작업 집단 357
교정 544
구두법 323
구인타당도 439
구조적 가족상담 322
구조화 178
구조화를 위한 힘겨루기 520
귀인 보넬 70
규준 440
그릇된 생활양식 277
근친상간 586
긍정적인 존중 281
기관 자문 393
기능적 영구성 213
기법의 절충 267
기본적인 공감 199, 218
기숙사 조교 585
기적질문 330
꿈의 분석 272

나이 든 노년기 149
나이가 많은 학생 593
남성상담 158
내담자 스프에 침 뱉기 278
내담자의 권리 110
내담자의 기록 110
내담자의 자질 189
내담자의 저항 248
내용타당도 438
내적 일관성 분석 440
내파치료와 홍수법 304
노년기 149
노인상담 147, 151
놀이치료 545
능숙도의 다섯 가지 545
니코틴 중독 615
니코틴 중독 치료 615

다문화 121
다문화 상담 121
다문화 상담 역량 126
다문화 상담의 역사 122
다문화 역량 표준 123
다중 모델 치료 645
다중관계 101
다초점 반응 216
단계적 설득법 185
대리부모 576
대인관계에서의 공감적 이해 218
대학 상담자 579
대학상담 575
대학상담 센터 580
대학생 상담 576
대학생과 진로상담 489
덕 윤리 100
도덕 85
독서치료 548
독자성 311
동기면담 613
동성애자 162
동형검사 신뢰도 440
등록 66
또래 멘토링 553
또래 상담자 542
또래 집단 544

라벤더 천장 498
라티노 134
랩어라운드 프로그램 561
레즈비언 162
리더십 46

마라톤 집단 349
마무리 및 계약 종결 388
마치 ~인 것처럼 행동하기 278
매력 191
면허 68
명시적인 시연 229
무의식 270
무조건적인 긍정적 존중 283
문제 분석 388
문제 해결 중심 이론 72
문제 확인 388
문제의 외재화 333
문화 121
문화적 영향의 지나친 적용 124
문화적으로 민감한 공감 199
물리적 환경 187
물질 남용 609
물질 남용 가족치료 617
물질 남용 및 중독 예방 611
물질 남용 치료 612
물질 중독 상담자협회 소속 618
미국 원주민 137
미국상담학회 22
미국상담학회 윤리 규정 653
미끄러운 경사면 효과 102
미네소타 이론 28
미성년자 109
미혼모 564
미혼부 564
밀착 514

발달이론 477
발달적 상담 및 치료 553
발달적인 위기 335
발전된 수준의 공감 199, 218
방식전환 상담 266
방어기제 271
배우자 학대 606
버튼 누르기 279
법원 명령 112
병적 도박 619
병적 도박 치료 619
보상 계약 304
보수교육 75
보스턴의 사례 25
보통 해결중심 단기상담 328
불균형 323
불법 행위 108
비동질적인 집단 364
비밀 정보 106, 111
비밀보장 104, 106, 367
비언어적 행동의 인정 197
비자발적 내담자 183
비전문적 도움 62
비현실적인 목표 205

사교클럽 590
사람과 사람의 관계 321
사생활 106
사설상담 648
사이버 상담 99
사이코드라마 348
사전 집단 인터뷰 363
사전 집단 훈련 363
사회 구조적 관점 236
사회 정의 44
사회복지사 63
사회인지 진로이론 481
삼각관계 522
삼각화 514
상담 20
상담 서비스 영역 554
상담 조직화 방법 71
상담 집단 356
상담과 자문 381
상담과정 177
상담관계 종결 245
상담관계의 종결 241

상담에서의 비윤리적 행동 86
상담의 전문 분야 23
상담이론 264
상담자 56
상담자 자격 65
상담자 주도 종결 253
상담자가 되고자 하는 부정적인 동기 56
상담자의 자질 190
상담자의 저항 249
상담자–내담자 관계 177
상담자–자문가 377
상처받은 치료자 58
상황적인 위기 335
생태계적인 위기 335
생활지도 553
선제적 예방 640
설명 요청 195
섭식장애 587
성격검사 447
성과 연구 415
성별에 따른 상담 153
성숙한 조력 집단 350
성인과 진로상담 490
성적 지향성 162
성취검사 450
성폭행 586
소거 302
소수 문화 출신 학생 595
소진 60
순수 연구 414
순환 질문법 522
순환적 인과관계 318
슈퍼바이저 76
슈퍼비전 76
스트레스 감소 훈련 72
스푸트니크호 432
시간제 학생 594
시연 228
신경증적 허구 275
신뢰 191
신뢰도 439
신체적 장애 627
실연화 323
실존적인 위기 335
실존주의 상담 263, 285
실험 291
실험 연구 414
심리검사 432
심리교육 집단 355
심리사회적 이론 577
심리측정 434
심리측정 전문가 434
심리치료 21
심리치료 집단 357
심리학자 63

아동과 이혼 주제 543
아동중심 집단놀이치료 548
아동학대 604
아랍계 미국인 139
아시아–태평양계 미국인 135
아프리카계 미국인 132
안면타당도 438
안전하게 데이트하기 562
알코올 남용 586
알코올 남용 치료 614
알코올 문제 609
알코올 중독자 치료모임 165
약물 사용 610
양보적 설득법 185
양성애자 162
양적 연구 415
언어적 · 비언어적 행동 200
에믹 관점 121
에틱 관점 121
여러 물질 남용 610
여성 진로 발달 494
여성상담 154
여성의 역할 변화 506
역전이 234
연구 409, 410
연구과정 411
연구방법 416
연구의 타당도 412

연습 291
열등감 275
영성 164
영성, 윤리, 종교적 가치와 관련된 상담분과 87
예약 388
오클라호마 시 폭탄 테러 41
옹호 77
완전하게 되기 위해 분투하기 275
요구도 평가 545
용암법 246
우울과 불안 646
우울증 588
우월감 275
원 만들기 292
웰니스 20, 43, 72
웹 상담 99
위기 상황 스트레스 해소활동 338
위기관리 센터 영역 554
위기상담 334
위법 행위 108
유능한 상담자 57, 214
유럽계 미국인 131
유리 천장 494
유지 302
윤리 85
윤리적 원칙 100
윤리적 의사결정 91
윤리적 추론 92
윤리적 행동을 위한 다른 지침 93
은밀한 시연 229
응용 연구 414
의뢰하기 257
의사소통 서비스 영역 554
의사-환자(처방) 모델 382
의식 270
이끌기 215
이드 270
이론적 통합 267
이야기치료 332
이중구속 507
이중진단 613
인간주의 280
인간주의 상담이론 33
인간주의 이론 280
인간중심 상담 281
인식 바꾸기 213
인적 서비스와 관련된 일을 하는 사람 62
인종차별 124
인지적 구조 첨가 324
인지적 반응 217
인지치료 299
인지-구조 이론 577
인터넷 상담 실행 지침 680
일 중독 620
일 중독 치료 620
일반지능 442
일반화 302

자격증 66
자기 내부의 사각지대 211
자기 포착하기 278
자기개방 220, 368
자기이론 281
자기주장 훈련 303
자문 377
자문 발생 단계 388
자문 훈련 395
자문의 차원 383
자발성 182
자아 270
자유연상 272
자조집단 350
자조/자기지지 집단 350
자주성을 위한 힘겨루기 520
잠재적 내용 272
장애 623
장애 상담자 623
장애를 가진 소수집단 630
장애상담 621
재검토하기 258
재구조화 214, 324
재명명 326
재정의 기법 323
재진술 197, 333

재활 622
재활상담 622
저항 분석 273
저항적인 내담자 184
전략적 기획 46
전략적(단기) 상담 325
전문 상담자 64
전문가 성장 영역 556
전문가 윤리 규정 88
전문가 증인 112
전문가(제공) 모델 382
전문상담 22
전문성 191
전문적 도움 63
전문적 상담의 실행 지침 22
전의식 270
전이 231
전이 분석 273
전화상담 615
젊은 노년기 149
정서적 반응 217
정서적 학대 603
정신건강 상담 635, 636
정신건강 상담자 638
정신과 의사 63
정신분석 이론 269
정신적 장애 628
정체성 47
정확한 공감 218
제시된 문제의 심각성 178
조건적인 존중 281
조기 종결 250
조력기술 프로그램 35
조사문 194
조직화되지 않은 목표 205
조직/지역사회 자문 386
종결에 대한 저항 247
종결의 시작 243
주의를 기울임 200
준거타당도 439
중독 610
중재 모델 382
중학교 상담 549
중학교 상담자 549
즉시성 222
증명서 333
지능검사 432
지능/적성 검사 442
지도 집단 359
지목된 환자 518
지역사회 상담 636
지역사회 상담 프로그램 637
지역사회 상담자 34, 647
지역사회 연계 영역 556
지역사회 정신건강 센터 636
직면 225
직면하기 278
직선적 인과관계 318
직업 가이던스 27, 432, 470
직업 성역할 고정관념 494
직업상담 470
진단 457
진로 470
진로 발달이론 474
진로 자료 471
진로 정보 470
진로검사 445
진로상담 468, 483
진실된 관계 235
질문 321
질문 요청하기 278
질적 연구 415
집단 구성원 363
집단 자문 385
집단 작업 347
집단 작업의 미래 371
집단과정 364
집단상담 354
집단의 유형 355
집단의 크기 366

참만남 집단 349
처벌 302
척도질문 330

첫 회기 진행 198
청소년과 진로상담 487
청소년기 우울 563
체계이론 317
체계적 감감법 303
체육 특기자 597
초기 상담 192
초등학교 상담 536
초등학교 상담자 537
초이론 모델 268
초자아 270
최대한의 이끌기 216
최소한의 이끌기 216
추후모임 369
추후상담 256
출생 순위 276
취업지도 38
측정 455
치료적 동맹 521
칭찬하기 330

커리큘럼 서비스 554
커플 503
커플과 가족 유형 505

타당도 438
타임아웃 304
탈삼각관계 321
통계 424
통계적 검정 424
트랜스젠더 162
특성-요인 상담 28
특성-요인 이론 475
특정 상담 상황에서의 윤리 96
특정 장애를 가진 내담자 627

페미니스트 이론 157
평가 단계 403
평가 모델 404
평가 서비스 영역 554
평가과정 403
폐쇄형 질문 194
폐쇄형 집단 367
포커스 집단 358
포트폴리오 78
폭력 586
폭음 586
표면적 내용 272
표준화 440
피드백 368
피드백 및 계획 수립 388

학교 가이던스 26
학교 자문 390
학교상담 533
학교상담과 윤리 98
학대 603
학생 발달 577
학생 서비스 577
학생생활 서비스 575, 591
학생생활 서비스 전문가 589
학생지원 프로그램 561
합리적-정서적 행동치료 299
해결중심 상담 328
해석 273
행동 시연 302
행동 형성 302
행동적 반응 217
행동주의 상담 299
현실치료 299
현장 연구 414
형사상 책임 108
형제자매 간 학대 605
혼합주의 267
환경 계획 303
환경 지도 386
환자 63
효과적인 목표 205
효과적인 집단 리더 370
흥미검사 444
희생양 522
히스패닉 134

저자에 대하여

Samuel T. Gladding은 노스캐롤라이나 주 윈스턴세일럼 소재 Wake Forest Univestiy의 상담학과 교수다. 그는 1971년부터 공립 및 사립 상담기관에서 상담을 해 오고 있기도 하다. 그는 American Counseling Association(ACA), Association for Counselor Education and Supervision(ACES), Association for Specialists in Group Work(ASGW), Chi Sigma Iota(counseling academic and professional honor society international) 회장을 역임했다.

Gladding은 *Journal for Specialists in Group Work*의 선임 편집자이고, 100여 권의 전문 서적을 출간하였다. 1999년에 그는 *Journal of Counseling and Development*의 출판기간 중 1978~1993년에 해당하는 15년 동안 가장 많은 공헌을 한 상위 1% 내에 선정되기도 하였다. 그는 최근에 여러 권의 책을 저술하기도 했다. 『*Community and Agency Counseling* (3rd ed.)』(Debbie Newsome 공저, 2009), 『*Group Work: A Counseling Specialty* (5th ed.)』(2008), 『*Family Therapy: History, Theory, and Practice* (4th ed.)』(2007), 『*Becoming a Counselor: The Light, The Bright, and the Serious* (2nd ed.)』(2008), 『*The Counseling Dictionary* (2nd ed.)』(2006), 『*The Creative Arts in Counseling* (3rd ed.)』(2004).

Gladding은 전에 버밍엄 소재 University of Alabama와 Fairfield University (Connecticut)에서 학생들을 가르쳤다. 그는 Wake Forest, Yale, University of North Carolina-Greenboro에서 학위를 취득하였다. 그는 National Certified Counselor(NCC) 자격증과 Certified Clinical Mental Health Counselor (CCMHC) 자격증을 취득하였고, 노스캐롤라이나 주정부 자격증인 Licensed Professional Counselor 자격증을 취득하였다. 그는 American Counseling Association 정회원이고, Gilbert and Kathleen Wrenn for a Humanitarian and Caring Person의 수상자이기도 하다.

Gladding 박사는 Claire Tillson Gladding과 결혼하였고, Ben, Nate, Tim 세 아이의 아빠다. 그는 상담 이외에 테니스, 수영 그리고 유머를 즐기며 살고 있다.

역자에 대하여

노성덕 Rho Sungdurk

서울대학교에서 상담 전공으로 박사학위를 취득하고, 현재 여성가족부 산하 한국청소년상담복지개발원에서 상담교수로 일하고 있다. 숙명여자대학교, 안양대학교 대학원 등에서 강의하고 있다. 전북대학교 학생생활연구소 전임상담원, 서울대학교 BK21사업단 연구원, 안양시청소년상담센터 소장 등을 역임하였으며, 1급 청소년상담사(여성가족부), 1급 전문상담사(한국상담학회), 1급 정신보건상담사(한국상담학회/한국상담심리학회), MBTI일반강사(한국MBTI연구소) 등의 자격을 취득하였다. 저서로는 『찾아가는 상담』(학지사, 2008), 『학교 또래상담』(학지사, 2009), 『전문상담교사와 학교상담』(학지사, 2010), 『또래상담』(2판, 공저, 학지사, 2010), 『소년원 또래상담 프로그램』(공저, 학지사, 2010), 『위기개입』(4판, 공저, 한국청소년상담원, 2010), 『지역사회상담』(공저, 한국청소년상담원, 2011), 『전문상담교사 길라잡이』(학지사, 2013)가 있고, 역서로는 『상담기관의 카운슬러되기』(공역, 시그마프레스, 2008), 『DSM-IV-TR 진단에 따른 아동 · 청소년 상담 및 심리치료』(공역, 시그마프레스, 2010) 등이 있다.

김호정 Kim Hojung

연세대학교에서 아동 · 가족학과 상담 전공 박사과정 중에 있으며, 현재 여성가족부 산하 한국청소년상담복지개발원에서 상담자로 일하고 있다. 2급 청소년상담사(여성가족부), 2급 가족치료사(한국가족치료학회), 단기가족치료전문가(단기가족치료연구소) 등의 자격을 취득하였고, 정서장애를 가지고 있는 아동 · 청소년을 반려동물을 활용하여 치료하는 동물매개치료(AAT)에 관심을 가지고 참여하고 있다. 역서로 『DSM-IV-TR 진단에 따른 아동 · 청소년 상담 및 심리치료』(공역, 시그마프레스, 2010)가 있다.

이윤희 Lee Yunhee

서울대학교에서 상담 전공으로 박사과정을 수료하였으며, 현재 서울대학교 MIMC연구센터 연구원으로 일하고 있다. 한국청소년상담복지개발원에서 상담자로 일했으며, 재직시에 인터넷중독 고위험군 청소년을 대상으로 하는 기숙형 치료 프로그램 '레스큐 스쿨(Rescue school)'을 담당한 바 있다. 미국 내 재활상담사 자격증인 CRC(Certified Rehabilitation Counselor) 자격을 취득하였다. 역서로 『DSM-IV-TR 진단에 따른 아동 · 청소년 상담 및 심리치료』(공역, 시그마프레스, 2010)가 있다.

윤은희 Yoon Eunhui

미국 University of Florida에서 상담자교육 전공 박사과정 중에 있으며 동 대학교에 출강하고 있다. 한국청소년상담복지개발원에서 상담자로 일했으며, 극동대학교, 부천대학교 등에서 강의한 바 있다. 중등학교 2급 정교사(교육인적자원부), 2급 청소년상담사(여성가족부), MBTI일반강사(한국MBTI연구소) 등의 자격을 취득하였고, 위기청소년에 대한 위기개입 상담과 매체상담, 지역사회 상담 등에 관심을 가지고 있다. 역서로 『DSM-IV-TR 진단에 따른 아동 · 청소년 상담 및 심리치료』(공역, 시그마프레스, 2010)가 있다.

채중민 Chae Joongmin

고려대학교에서 임상 및 심리상담 전공으로 석사학위를 취득하고, 현재 삼성전자 열린상담센터에서 전문상담사로 일하고 있다. 한국청소년상담복지개발원에서 상담자로 일했으며, 재직시에 위기청소년 자활 · 자립을 지원하는 두드림 · 해밀 사업을 수행하였다. 2급 청소년상담사(여성가족부), 2급 상담심리사(한국상담심리학회), 2급 임상심리사(산업인력관리공단) 등의 자격을 취득하였다. 저서로는 『위기개입』(4판, 공저, 한국청소년상담원, 2010)이 있다.

김병관 Kim Byunggwan

서울대학교에서 상담 전공 박사과정 중에 있으며, 현재 서울대학교 대학생활문화원 전임상담원으로 일하고 있다. 한국청소년상담복지개발원에서 상담자로 일하면서 또래상담, 상담자 연수, 청소년동반자 사업 등을 담당한 바 있고, 2급 전문상담사(한국상담학회) 자격을 취득하였다. 저서로는 『소년원 또래상담 프로그램』(공저, 학지사, 2010)이 있다.

상담심리학

Counseling: A Comprehensive Profession, 6th ed.

2014년 2월 5일 1판 1쇄 인쇄
2014년 2월 10일 1판 1쇄 발행

지은이 • Samuel T. Gladding
옮긴이 • 노성덕 · 김호정 · 이윤희 · 윤은희 · 채중민 · 김병관
펴낸이 • 김진환
펴낸곳 • (주) 학지사
121-837 서울특별시 마포구 서교동 352-29 마인드월드빌딩 5층
대표전화 • 02)330-5114 팩스 • 02)324-2345
등록번호 • 제313-2006-000265호

홈페이지 • http://www.hakjisa.co.kr
커뮤니티 • http://cafe.naver.com/hakjisa

ISBN 978-89-997-0268-6 93180

정가 25,000원

이 도서의 국립중앙도서관 출판시도서목록(CIP)은 서지정보유통지원시스템 홈페이지(http://seoji.nl.go.kr)와 국가자료공동목록시스템(http://www.nl.go.kr/kolisnet)에서 이용하실 수 있습니다.
(CIP제어번호: CIP2013029226)